2025 제23회 사회복지사1급 국가시험대비

김진원 사회복지사1급
통합이론서

제 3 교시 사회복지정책과 제도

김진원 편저

- 체계적으로 종합 정리된
  핵심이론과 기출표기로 선택과 집중!!
- 빈출내용의 도식화 및 특수 암기비법을 통한
  즉석 뇌새김!!
- 역대 기출논점, 최신 출제경향, 개정 사회복지법령
  완벽반영!!

오리지널 전공교수가 '장인정신'으로 집필한
클라쓰가 다른 No.1 전문교재!!

오이코스북스
OIKOSBOOKS

김진원 사회복지사 1급 통합이론서 제3교시

머리말

> 범사에 기한이 있고
> 천하만사가 다 이룰 때가 있나니…
> For everything there is a season,
> a time for every activity under heaven.
> —Ecclesiastes(전도서) 3 : 1

사회복지학 정통파 전공교수가 '장인정신'으로 집필한
수험적합성 1위의 합격비결서

"저처럼 나이가 들어 공부하셔도
교수님의 커리큘럼을 충실히 따라 가시면
꼭 합격하실 수 있으실 겁니다.
무한 긍정을 주신 교수님께 감사드립니다."
- 제22회 합격 김○숙 선생님 -

수험사회복지학 대한민국 No.1
인화(仁和) 김진원 인사드립니다.

  2003년 제1회 사회복지사1급 국가시험이 시행된 이후 2024년 제22회 시험이 치러지는 기간 동안 비록 출제수준이 향상되긴 했지만, 그간 기출문제가 누적되어 있음에도 불구하고 합격률이 높지 않은 가장 큰 이유는 '수험적합성이 있는 전문화된 교재와 강의'의 부재로 수험생들이 '헛다리짚는 공부'를 하고 있기 때문입니다. 전문화된 수험효율적인 수험서를 집필하여, 합격의 길로 인도하는 등대같은 역할을 해야겠다는 가슴벅찬 소명의식으로 수험 교재집필과 강의를 시작하였습니다.

  '사회복지수험서적 역사상 유일'하게 제1회부터 제22회까지 전(全)회분 기출문제를 총망라하여, 진도별로 심층분석한 전공교수로서 시험이 출제되는 범위와 폭은 물론 시험에 무조건 출제되는 시험족보를 가장 잘 알고 있습니다. 역대기출문제를 심층분석하여 추출한 시험족보와 기출논점을 토대로 시험에 출제된 내용을 빠짐없이 총망라한 '이해·정리·암기를 위한 통합이론서'를 출간하게 되었습니다.

"공부의 깊이와 넓이를 정확하게 재단해 주시는
교수님의 강의 순서대로 그대로 따라가면서 공부한다면
합격은 반드시 저절로 온다는 걸 간곡하게 알려드리고 싶습니다."
- 제21회 합격 염채경 선생님 -

수험적합성 1위의 합격비결서로서 이해·정리·암기를 위한 김진원 Oikos 사회복지사1급 「통합이론서」의 특징은 다음과 같습니다.

01 1급 전회분 기출논점과 중요지문을 완벽히 반영하였습니다.
어떠한 문제라도 대비할 수 있도록 기초부터 심화까지, 기본개념이나 원리에서부터 최신이론에 이르기까지 필수개념과 핵심이론을 꼼꼼히 종합 정리하였습니다. 또한 이론서의 내용 곳곳에 실제 기출지문을 대체하여 삽입함으로써 출제되었던 내용과 기출경향을 쉽게 간파할 수 있도록 하였습니다.

02 1급 국가시험 역대·전회분 기출표시를 내용에 삽입했습니다.
기출표시는 빈출 및 출제여부를 한눈에 파악함으로써, 중요도 변별을 통한 선택과 집중의 학습이 가능하게 합니다. 그리고 전체문제 중 80~90%이상이 기출논점에서 다시 출제되고 있는 1급 시험의 출제경향을 활용하여 안전하고 정확하게 합격점수인 60%를 공략하고 단박에 합격이 가능하도록 해 드릴 것입니다.

03 빈출내용 도식화 및 특수 암기법을 통해 즉석 뇌새김이 가능하도록 했습니다.
복잡한 내용이나 빈출내용을 도식화·도해화하고, 필수적으로 임기해야 하는 내용과 관련해서는 특수 암기법을 제시하였습니다. 도식화한 내용과 특수 암기법은 이론공부를 통해 이해한 내용을 수험생 개개인이 정리하여 암기를 하는 데 실제적인 도움이 되어 드릴 것입니다.

04 최근 바뀐 정책 및 개정법령의 주요내용을 완벽 반영하고 도식화하였습니다.
최근 제·개정된 사회복지법령과 바뀐 정책의 내용을 충실히 반영하여 최근 경향에 맞게 안심하고 학습할 수 있도록 하였습니다. 또한 최근 법령문제가 법조문의 일부만 바꾸어 그대로 출제되고 있기 때문에 법조문 그 자체를 그대로 보고 눈에 익힐 수 있도록 **주요법령의 핵심내용과 빈출조문을 도표화시켜** 정리하였습니다.

> "약은 약사에게, 1급 사회복지사시험은 국내 최고의 전문가 김진원 교수님께!!
> 제가 진짜 놀랐던 점은 기존 기출문제가 아닌 것 중에도
> 교재에 나온 단어, 문장 그대로 시험문제 나오는 게 굉장히 많습니다.
> 그리고 예측해 주시는 것 들은 그냥 다 나온다고 보시면 됩니다."
> - 제20회 합격 남상근 선생님 -

아끼는 제자들의 1급 국가시험대비를 정규수업과 방학 집중특강으로 믿고 맡겨주시는 총신대학교, 성결대학교 등 여러 대학의 교수님들께, 그리고 다듬어야 할 부분이 많은 원목(原木) 같은 사람의 강의와 교재를 추천해주시고 응원해주시는 선생님들께 마음 깊이 감사드립니다. 과분하고도 따뜻한 배려에 부응하기 위해 겸허히 배전의 노력으로 최선을 다하겠습니다.

이 책을 보시는 선생님의 수험생활과 남은 평생에 저의 생명이시요 힘이 되시는 참으로 좋으신 하나님의 은총이 충만하시길 간절히 기원드립니다.

2024년 2월
oikonomos 인화(仁和) 김진원

김진원 사회복지사 1급 통합이론서 제3교시

합격수기

저처럼 나이가 들어 공부하셔도 교수님의 커리큘럼을 충실히 따라 가시면 꼭 합격하실 수 있으실 겁니다.

김O숙 선생님
(2024년 제22회 합격)

1. 수험정보

회　차	22회	필기점수	1교시 사회복지기초	38점
준비기간	7개월		2교시 사회복지실천	58점
응시횟수	1회		3교시 사회복지정책과 제도	54점

2. 간단한 자기소개

저는 10년 전에 사회복지사 공부를 하고 중간에 요양원등에서 2년정도 근무하였고, 육아와 가사를 병행하면서 여러가지 일들을 하였습니다. 사회복지사 1급을 준비하려고 마음먹은 때에는 사회복지기관에서 1년 정도 근무중으로 정책과 법에 대한 궁금증이 생겨서 사회복지사 1급 시험 도전을 너무 쉽게 결정하였습니다.

3. 김진원 Oikos 사회복지사1급 교재와 강의로 공부한 계기

사회복지사 1급 시험을 치기 위해서 여러 강의를 검색하고 상담도 받았었는데 검색도중 김진원 교수님의 강의가 좋다는 후기를 보게 되었고 심사숙고 끝에 작년 6월에 사회복지사 1급을 시작하였습니다.

4. 교수님의 장점

김진원 교수님의 강의는 열정이 넘치시고 긍정적인 생각을 심어주셔서 약해지고 부정적으로 변하는 마음을 다잡아주는 힘이 있으십니다. 또한 여러가지 체계적인 커리큘럼이 있기 때문에 자신의 사정에 맞는 방향을 설정해서 공부를 진행할 수 있습니다.

5. 자신만의 슬럼프 극복방법은 무엇일까요?

작년 6월에 사회복지사 1급 시험을 시작할 때는 좀더 전문적인 사회복지지식을 습득하고자 하는 마음과 더불어 자격증까지 취득하고자 사회복지사 1급 전과정 끝장 완결팩으로 한번에 붙을 수 있다는 생각에 연장불가상품을 구매하여 이론부터 차근히 2회독하리라는 마음으로 시작하였습니다. 그러나 회사와 집안 대소사로 시간은 부족하고 강의를 듣고 있으나 머리에는 들어오지 않는다는 것을 느끼고 점점 자신감이 떨어졌습니다. 10월 중순 회사를 그만두고 본격적으로 3개월 남은 시점에 기본심화이론을 1/3만 들은 상태로 진도설정을 하였습니다.

강의 목차를 출력하여 10월에 기본심화이론을 모두 듣고(이해는 못한 상태), 11월부터는 교수님께서 말씀해 주신 것과 저의 공부패턴에 맞춰서 단기합격핵심요약강의를 1강 듣고 그 진도만큼 단원별 기출문제풀이(해설까지 모두 봄)를 12월 중순까지 진행하였습니다. 이때까지도 기계적으로 반복하는 정도고 내 머리에 습득이 되는지 계속 의문의 연속이었습니다. 그러나 교수님의 "하면됩니다. 단원별 기출문제 3회독하세요. 무의식에 남아있습니다"에 의지하며 단원별 기출문제풀이 강의를 과목별로 듣고(단기핵심요약강의 간단히 훑어보기), 내가 다시 한번 보기를 하여 3회독을 실행하였습니다. 또한 마지막에 모의고사를 풀어야 하나 고민을 하였으나 공부가 완전히 되어있지 않은 상황에서 무의미하다고 느껴져 기출족보 OX로 마무리를 하였는데 아주 도움이 많이 되었습니다. 시간이 부족하여 반만 자세히 보고 나머지는 중요한 부분만 봐야했는데 마지막에 기출족보 OX를 2회독하면 전체적으로 정리가 되겠다는 생각이 들었습니다. 저는 공부를 할때 내용을 꼭꼭 씹어먹듯이 자세히 해야하는데, 시간이 부족하여 생쌀을 씹지 않고 삼키듯 하니 몸살이 날 지경이었습니다. 그때마다 교수님과 함께 "화이팅"을 외치며, 부정적인 생각은 외면하면서 포기하지 않고 끝까지 진행할 수 있었습니다.

6. 본인이 생각하는 합격 비결은 무엇인가요?

이번 사회복지사 1급 시험은 방대한 공부량과 시간부족으로 기존에 제가 하던 공부방식과 완전히 다른 교수님께서 제시해주시는 방법으로 진행하였습니다. 하지만 50 나이에 공부한 내용은 뒤돌아 서면 생각이 나지 않고 스마트폰에 익숙해져서 기억하지 않는 일상을 보내왔었기 때문에 시험장에 들어갈 때 까지도 내 머리속에 지식이 남아 있을까를 의심하였습니다. 하지만 교수님 말씀대로 무의식에 남아 있는 지식이 있었고 시험전 마지막 3일은 진도를 포기하고 나만의 노트와 교수님께서 주신 '반드시 암기해야할 한국편'등 자료를 보며 엄청난 이론과 모델들의 틀을 정리하였습니다. '마지막 끝장 법령특강'까지 해주셔서 생계급여 비율(30% -> 32%)을 맞출수 있었습니다. 너무 머리가 아파서 외부에서는 강의를 잘 듣지 않았지만 마지막에는 어느정도 공부가 된 상태에서 스마트폰으로 단기합격핵심요약 강의와 유튜브에서 해주시는 연도, 암기자료들을 들으니 도움이 많이 되었습니다. 처음에는 교수님 강의가 귀에 들어오지 않는다고 불평을 하였으나 공부가 되지 않아서이고 어느정도 진도가 나가면 처음에는 외계어 같던 이론들이 이해가 되고 문제에 접목할 수 있었습니다. 방대한 이론과 모델은 중요 키워드를 함께 암기하였으며 교수님의 암기방법도 도움이 많이 되었습니다.

7. 다른·수험생에게 하고 싶은 한마디

제가 공부방법을 두서없이 자세히 나열하듯이 적은 것은 저도 다른 선생님들의 합격후기를 보며 도움을 받았기 때문입니다. 각자 자신의 상황에 따라 공부를 해야 겠지만 저는 짧은 기간에 준비하느라 너무 힘들어서 조금 긴 시간으로 준비하시라고 말씀드리고 싶습니다. 저도 학창시절 공부를 좀 했다고 할 수 있으나 세월은 거스를 수 없어서 단기기억력이 급격이 줄어들지만 그 동안 사회생활에서 얻은 지식도 도움이 되니 저처럼 나이가 들어 공부하셔도 교수님의 커리큘럼을 충실히 따라 가시면 꼭 합격하실 수 있으실 겁니다. 무한 긍정을 주신 교수님께 감사드립니다.

김진원 사회복지사 1급 통합이론서 제3교시

합격수기

교수님의 열정과 위하는 마음은 어떤 말로 표현이 안될 정도로 컸고 감사했습니다.

김의열 선생님
(2022년 제20회 합격)

1. 수험정보

회 차	20회	필기점수	1교시 사회복지기초	32점
준비기간	9개월		2교시 사회복지실천	60점
응시횟수	2회		3교시 사회복지정책과 제도	37점

2. 간단한 자기소개

저는 19회 시험에 떨어지고 20회 시험을 보게 된 김의열 수강생입니다.

3. 김진원 Oikos 사회복지사1급 교재와 강의로 공부한 계기

지인들을 통해 소개받아 유튜브 무료 핵심요약강의를 들어보았고 핵심요약 교재도 읽어보며 현자패스 프리미미엄을 결제했습니다^^

4. 교수님의 장점

① 고민상담
- 전화로 상담 받았는데 시원한 상담과 조언해 주셨습니다.
- 모르는 문제를 밴드와 톡으로 여쭤봤는데 든든했습니다!!!

② 교재
- 시험에 나왔던 것을 굵게 표시해두셨고 개념을 순위별로 정리하셨는데 그것이 20회에 정말 도움 많이 되었습니다.
- 그래서 예전 합격후기를 보면 "답이 보여요"라는 말을 듣고 처음에는 그러려니 했지만 20회 때 그것을 몸소 느껴 신기했습니다ㅠㅠ

③ 열정과 위하는 마음
- 강의를 들어보신 분들은 아시겠지만 교수님의 열정과 위하는 마음은 어떤 말로 표현이 안될 정도로 컸고 감사했습니다.

5. 자신만의 슬럼프 극복방법은 무엇일까요?

- 힘들때는 그냥 푹 쉬었고 발전된 저를 생각했습니다.
- 그리고 사회복지사1급 오픈채팅방과 주변 지인들에게 위로랑 격려도 받고 그랬습니다.
- 무엇보다 저는 정신건강사회복지사에 관심이 있어 그 목적을 위해 버티고 20회는 간절했기에 간절함으로 발버둥쳤습니다.

6. 본인이 생각하는 합격 비결은 무엇인가요?

- 문장을 있는 그대로 외우는 것도 좋은데 핵심포인트를 찾는 것도 중요합니다. 그 핵심포인트만 알아도 문제를 풀 수 있습니다.
- 연관되는 개념들이 많습니다. 그만큼 하나를 알면 여러 가지를 알 수 있습니다!!
- 법제론은 어렵고 양이 많지만 조문만 외우면 전략과목으로 만들 수 있습니다.
- 각 교시별 전략과목을 세우는 것도 도움됩니다.
  ex) 1교시: 인행사 2교시: 실천론, 기술론 3교시: 행정론, 법제론

7. 다른 수험생에게 하고 싶은 한마디

- 정답은 아니지만 저의 공부방법을 말씀드리겠습니다.
- 처음에는 이론강의를 듣고 공부한 단원을 역대기출로 공부했습니다.
- 중간에는 핵심요약강의를 듣고 공부한 단원을 역대기출 2회독과 OX기출로 풀었습니다.
- 마지막에는 하루에 한 과목씩 역대기출 3회독 했고 회차별기출로 실제 시험 시간처럼 공부도 했으며 프라임 법학원 무료 핵심요약강의로 복습했습니다. 그리고 핵심기출1000제로 문제를 계속 풀었습니다.
- 전 20회가 너무 간절했기에 전라도 광주 →〉서울로 족집게 강의도 들으러 갔는데 이정도까지는 아니더라도 간절하게 공부 하셨으면 합니다!!
- 그리고 그냥 공부만 하지 마시고 목표를 설정하며 공부하셨으면 좋겠습니다.
- 꽃은 피어나는 계절이 모두 다릅니다. 그래서 지금 피어나지 않다고 좌절 하지 마시고 맛있는것도 드시며 좋은 것도 보면서 장기적인 싸움 잘 해쳐나가기를 응원하겠습니다~

뭐든 원하는 것을 쟁취하기 위해서는 '간절함'이 바탕이 되어야 한다
- 그때의 나에게 해주고 싶은 이야기 中 -

김진원 사회복지사 1급 통합이론서 제3교시

합격수기

주저하지 말고 김진원 교수님과 함께하세요. 합격으로 가는 지름길이며..

김동기 선생님
(2022년 제20회 합격)

1. 수험정보

회차	20회	필기점수	1교시 사회복지기초	36점
준비기간	10개월		2교시 사회복지실천	58점
응시횟수	1회		3교시 사회복지정책과 제도	52점

2. 간단한 자기소개

현재 사회복지시설에 근무하고 있는 국내 최초(?) 남성 방사선사 입니다.

3. 김진원 Oikos 사회복지사1급 교재와 강의로 공부한 계기

시중에 거의 모든 교재를 보았으며 대학시절 방사선사 국가고시를 준비할 때 역대기출문제집이 있었습니다. 한 과목 한과목 어느 부분에서 나오는지 논점이 중요하다는 것을 알았기에 뒤도 돌아보지 않고 선택하였습니다. 가장 단기간에 빠르고 정확히 합격할 수 있는 방법인걸 이미 알고 있었기 때문입니다.

4. 교수님의 장점

오직긍정 !! 하나 둘 셋!! 정말 무시못할 긍정입니다. 구호를 외치며 지친몸이지만 웃는 얼굴을 발견할 수 있었습니다. 수업내내 그냥 넘어가는 일 없이 모든 과목을 이해가 가겠금 해주셔서 스텝바이 스텝으로 누적되니 어려운 문제도 척척 풀어낼 수있었습니다. 모두들 조사론이 어렵다고 하셨지만 ... 방사선을 저공한 저에겐 그다지 어렵지 않았고 오히려 교수님의 강의가 덧대어져 시너지 효과를 발휘 할 수 있었습니다.

5. 자신만의 슬럼프 극복방법은 무엇일까요?

매주 1회는 무조건 공부를 않하는 날로 정해놓았으며, 문제를 풀며 점수가 안나오는 정체기를 맞이할 때교수님께 꾸준히 질문을 하였습니다. 그 때마다 성실히 답변을 주셨습니다.
시간이 얼마 없는 것 처럼 느껴졌지만 그래도 역대기출을 더 회독하라는 말씀을 해주셨습니다. 그대로 따라가니 점수가 오르는 것을 느끼며 자신감도 붙었고 모의고사 때 160점 정도 되는 점수도 받았습니다. (개인적으로 모의고사 처럼 실제 시험이 나온다면 아마.... 역대 최고 어려운 문제가 아닐까도 싶습니다.)

6. 본인이 생각하는 합격 비결은 무엇인가요?

직장인으로서 날잡고 주말 공부가 아닌 매일 꾸준~히 하루30분이 되었든 매일 같이 하는 것 입니다. 그리고 무엇보다 밴드가입과 교수님과의 소통이 큰 요인이라 할 수 있습니다. 마지막으로 시간이 있으시다면 기본이론강의 , 역대기출3회독 , 1급합격생요약노트강의 이렇게만 들어주셔도 떨어질 일이 절대 없습니다.
참고로 본인은 기본이론강의,역대기출3회독,1급합격생요약노트 강의 및 2회독,ox문제집,모의고사5회분,9개년기출2회독,1000제1회독,족집게벼락강의 3회독 이정도 공부했습니다.

7. 다른 수험생에게 하고 싶은 한마디

시중에 에x윌 등 유명 교재들이 많지만 절대적으로 말씀 드릴 수 있는 것은 역대기출 문제집 회독과 교수님 및 밴드와의 소통입니다. 어쩌면 밴드라는 집단이 있었기에 동질감을 느끼고 힘을낼 수 있지 않았나 싶습니다. 주저하지 말고 김진원 교수님과 함께하세요. 합격으로 가는 지름길이며
정말 시험장에 가면 답이 물고기처럼 뛰어오르는 환상적인 경험을 하시게 될 겁니다. 저에게는 작지만 큰 꿈이 있습니다. 현재는 30대초반 이지만 40대가 되었을 때 의료사회복지사가 되어보고도 싶고, 재가복지센터도 꾸려보고 싶습니다.
방사선사로서 사회복지사로서 저에게 꿈에 한걸음 더 다가가게 해주신 김진원 교수님께 다시한번 감사드립니다. 핫 둘 셋 !! 화이팅!!

김진원 사회복지사 1급 통합이론서 제3교시

> **합격수기**

사복1급 합격의 첫 단추는 오이코스 김진원 교수님을 선택한 것입니다.

정다연 선생님
(2021년 제19회 합격)

1. 수험정보

회 차	19회	필기점수	1교시 사회복지기초	28점
준비기간	10개월		2교시 사회복지실천	59점
응시횟수	2회		3교시 사회복지정책과 제도	52점

2. 간단한 자기소개

안녕하세요. 저는 서울에서 거주하는 42세 18년차 직장인이자 초등학생 학부모입니다. 저는 타 전공 학사라서 학점은행제로 사회복지2급을 취득했습니다. 1급 공부 시작 할 때 배경지식은 거의 백지 상태였습니다. 리포트 작성 때 프로이트, 에릭슨, 피아제 등 학자들 몇명 생각 난 것이 전부였습니다. 사회복지를 하게 된 계기는, 친구가 요양원 사회복지사로 근무하고 있기에 복지관련 이야기를 곁에서 들어왔습니다. 고령화 사회로 갈수록 복지 쪽은 수요가 많고, 사회봉사에도 기여 하는 일이라 저도 관심을 갖게 되었습니다.

3. 김진원 Oikos 사회복지사1급 교재와 강의로 공부한 계기

내일 배움 카드로 처음 한두 달은 국비 1급 강의를 들었습니다. 지금 생각해 보면 제 주변에 사회복지1급 취득자가 없었고 관련 정보가 부족 했었던 것 같습니다. 국비에서 제공되는 자료만 보던 2019년 어느 날 여름, 더위를 식힐 겸 대형서점에 들려 사회복지1급 관련 서적을 보는데, 여러 종류가 있었지만 그중 일본어 인가? "오이코스" 책이 눈에 띄었습니다. 책 겉표지에 잘생긴 남자 교수님 사진이 있어서 다른 책들과 더 구분이 쉬웠습니다. 책을 살펴보다 집으로 돌아와 아무래도 국비 지원 강의로는 "이대로 내가 1급 시험을 볼 수 있을까?" 의구심이 들었고 사회복지1급 관련된 정보를 찾아봅니다. 그러다 알게 된 유튜브 6080법칙및 합격 설명회! 사회복지사1급 시험은 김진원 교수님 수업을 들으면 되겠구나~!! 하면서 모두의 자격증에 회원가입해서 시작했습니다. 유튜브 김진원 교수님과 서점에서 봤던 책 오이코스 책 교수님과 동일한 분이었구나! 알게 되었습니다. 앵무새 같이 자료화면 읽어주는 국비 지원 무료강의보단 수험 적합성 있는 제대로 된 강의를 듣고 새로 개정된 교재로 공부하셔서 한 번에 합격 하는 것 이 시간과 비용을 최대로 아끼는 방법임을 꼭 알려드리고 싶습니다.

4. 교수님의 장점

저의 사복1급 합격의 첫 단추는 오이코스 김진원 교수님을 선택한 것입니다. 선택을 했고 교수님을 믿고 따랐습니다. 사회복지 전체 8영역 전 과목 직접 강의 하시고, 교재를 직접 편저 하신 사회복지 수험서 분야에 정통하신 분이라 믿음이 갔습니다. 김진원 교수님은 인강에서 직접 판서해 주시면서 강의 하십니다.

요약 정리하여 판서를 할 수 있다는 것은 뛰어난 강의 경력을 입증하는 증거구요. 판서를 잘 하기 위해서는 교재 연구가 그만큼 중요한데 매년 출제된 내용을 반영한 교재로 최신 강의를 해주십니다. 핵심요약과 역대기출 문제집은 교수님 책 중 베스트 인거 같습니다. 수업내용을 잘 전달해주시는 입담도 넘 재밌습니다. 곰곰이 생각해 보면 그냥 허투루 하신 말이 아닌 생각해 보면 다 암기가 더 잘 되도록 하신 말씀입니다. 이게 수험생 입장에서 왜 중요한지 모르신다면, 국비 지원 무료 인강 들어보시면 차이점을 확실히 알 수 있으십니다^^
또 하나의 김진원 교수님의 차별점 은 카톡, 밴드 등을 통해 교수님께서는 수험생 한 명 한명 질문에 대해 1:1로 직접 답변을 해주십니다. 티칭 및 멘토 역할도 해주시거든요. 온라인 이지만 교수님과 직접 소통 되어 관리를 받을 수 있습니다. 저에겐 특히 오이코스 스터디, 열공반 을 통해 학습 관리가 잘 진행 되었습니다. 선생님들과 같이 공부하는 시너지가 있거든요. 8과목 OX 와 하프모고 실시간 zoom 화상 강의도 매우 많은 도움 되었습니다. 김진원 교수님, 시험 전날까지 수험생들과 함께 페이스메이커로 달려주셔서 정말 감사했습니다!!

5. 자신만의 슬럼프 극복방법은 무엇일까요?

공부할 시간이 많이 없는 게 단점인 직장인.. 그러나 장점은 직장인 이라는 것이지요. 즉 공부에 투자할 자금이 있다는 것입니다. 프리미엄 패스, 영양제 건강식품섭취 등 나의 공부에 도움이 된다면 아낌없이 투자하시기 바랍니다. 저는 공부하는 기간 동안 감기며 코로나 등 질병에 걸리지 않게 무척 노력을 기울였습니다. 몸이 안 좋으면 집중이 안 되기 때문입니다. 그럼에도 가장 힘들었던 점은 직장일과 병행 하고, 코로나 사태로 집에 있는 아이 식사 챙겨주면서 공부를 병행하는 것이었습니다. 공부에만 몰입 할 수 있는 환경이 안 되었기에 시험 공부 기간을 길게 잡았습니다. 시험이 점차 다가오고 나서는 마음이 초조해 집니다. 이럴수록 마인드 컨트롤을 하고 "나는 할 수 있다"를 계속 되새겼습니다. 그리고 슬럼프에 빠질 땐 "지금 안하면 일 년 더 해야 한다"는 생각으로 극복했습니다.

6.본인이 생각하는 합격 비결은 무엇인가요?

저희 수험 기간은 10개월 정도이고 6월 말 부터 오이코스 스터디에 참가해 매일 공부 내용을 인증 하였습니다. 11월부터는 오이코스 열공반에 참가해서 꾸준히 공부를 이어갔습니다. 2020년 4월부터 9월까지 6개월 동안은 87강정도 되는 기본 이론 강의 2회, 역대기출 1회독을 하였고, 10월부터 12월까지 핵심요약강의 5회, 역대기출 5회독을 하며 모르는 부분은 기본 이론 강의와 책을 다시 찾아보았습니다. 1월부터는 족집게 적중요약집, 9개년 기출문제, 모의고사, OX 문제집을 병행하며 구멍 메우기를 하였습니다. 직장일과 가사일, 불가피한 집안 행사 등이 발생하면 제일먼저 제 공부시간이 줄어드는 것 을 알기에 공부 기간을 길게 잡고, 6개월 동안은 하루 2-3시간정도, 시험 전 4개월 앞둔 시점부터 평일, 주말 엔 4-5시간 꾸준히 공부한 것이 저의 합격비결 같습니다. 교수님께서 알려주시는 커리큘럼에 따라 공부하시면 안정적인 합격으로 가는 길입니다.

7.다른 수험생에게 하고 싶은 한마디

여러분들도 꼭 오이코스 스터디 참여해보세요~ 강력추천 합니다. 혼자서는 하다 지쳐 포기하고 싶다가도 스터디 멤버들의 학습인증을 보면 자극도 되고 약속한 분량대로 인증을 하기 위해서라도 매일 학습을 하게 됩니다. 이 모든 것은 교수님께서 전부 비용 없이 해 주신 다는 것 단지 전 과목 강의 등록하기만 하면 되는 혜택입니다. 오이코스 스터디를 잘 활용하게 이끌어 주신 교수님, 조교선생님, 감사합니다! 고득점 합격은 아니지만 제 기준으로 말씀드리면 직장인 분들에게는 3,6,9 법칙! 하루 3시간 주6일 9개월 동안 꾸준하게 정해진 분량을 공부하시길 권합니다. 물론 저도 공부를 못한 날도 있고, 공부 잘되는 날은 더 많이 하기 도 하였습니다. 시험을 앞두거나 주말은 공부 시간을 배로 늘리시면 됩니다. 끝까지 포기 하지 마시고 교수님이 하라는 것만 해도 합격의 영광은 이 글을 보시는 선생님의 것입니다. 교수님이 늘 강의 마지막에 외쳐 주시는 할 수 있다는 용기를 주는 매직 단어로 글을 마칩니다. 핫 둘 셋 화 이 팅!!!

김진원 사회복지사 1급 통합이론서 제3교시

합격수기

교수님이 보라는 것만 보면 충분히 합격점을 넘고도 남는다는 것을 시험장에서 깨닫게 되더군요.

한운규 선생님
(2020년 제18회 합격)

교수님 안녕하세요. 제가 합격 인사를 늦게 드리게 된 것은 과락에 대한 이해가 부족했기 때문입니다.
1교시에 "인간행동과 사회환경"은 21개 맞았는데요.
조사론 문제지에 36번 문제에 답이 체크가 되어 있지 않았고 아무리 기억을 되살려 봐도 시간이 부족해서 급하게 옮기다 보니 답안지에 답을 밀려 표시한 것으로 생각되었습니다.
그래서 조사론으로 인해 과락이 되었다고 생각했습니다.
무엇보다도 그 동안 함께 고생한 가족들에게 실망과 걱정을 끼치게 되어 미안하고 얼굴을 못 들겠더라구요.
정말로 "큐블러-로스의 죽음에 대한 적응 5단계"를 경험 하게 되더라구요.

부정-분노-타협-우울- 결국은 모든 사실을 "수용"하고 내년을 다시 대비해야겠다는 결코 인정 하고 싶지 않은 생각에 이르게 되었습니다. 그래서 19회 시험은 어떻게 준비해야 하나 싶어서 교수님이 진행하는 19회 대비 O.T 를 보던 중 1교시에 조사론을 0점을 맞아도 인간행동과 사회환경을 20문제만 넘으면 과락이 아니라는 것을 알게 되었습니다. 이렇게 지옥에서 살아 돌아온 느낌으로 다시 합격수기를 올리게 되어 너무 기쁘고 행복할 뿐입니다. 끝까지 교수님의 강의는 한 개도 버릴 것이 없다는 것을 알게 되었습니다.

55세의 나이에 "모두의 자격증"에 가입하여 공부하였습니다. 예년보다 늦은 2월 8일.내가 시험을 치른 교실에는 20대 남성 1명 과 여성 23명으로 모두 25명이 시험을 봤는데요. 그 중에서 제가 나이가 가장 많았던 것으로 보입니다. 40대도 1~2명 있었지만 보통 20~30대였습니다.
아침 8시쯤 도착한 교실은 공기가 쌀쌀하였고 긴장감속에 책장 넘기는 소리만 간혹 들렸습니다.
"좀 더 공부를 열심히 할 걸"하는 후회 섞인 생각을 하고 있는데
2명의 감독관님이 들어오시는데 손에 들고 있는 봉인된 누런 시험지 봉투가 눈에 들어왔습니다.
나의 심장은 더 빨리 뛰기 시작했고 나는 진정해 보려고 심호흡을 크게 해보며 18회 시험은 시작 되었습니다.

교수님의 "특별한 암기법"은 정말 매 교시마다 필요할 때마다 교수님의 강의하시는 목소리가 "환청"처럼 들려와서 신기했습니다. 법제론의 사회복지서비스법(아동.노인.장애인복지법 등)의 4~5문제는 포기하고 거의 공부를 하지 않았고요. 시험 전 날은 5시간 동안 "개정법령" 특강을 들었는데요. 육체적으로 지쳐가고 정신도 멍해지던 3교시 법제론영역에서 전날에 특강을 듣고 정리한 덕분인지 무려 20개 맞춰서 합계138점~150점 정도 될 것으로 예상됩니다. 시험 직전에 꼭 "개정법률특강" 꼭 들으시길 추천 합니다.

혼자서 공부하기에는 "사회복지사 1급" 시험범위는 방대하고 처음에는 정말 막막할 수도 있습니다.
저도 처음에 두꺼운 "이론서"와 "기출문제집" 6권 받아보고 숨이 턱 막히던 기억이 납니다.
하지만 교수님이 보라는 것만 보면 충분히 합격점을 넘고도 남는다는 것을 시험장에서 깨닫게 되더군요.

그리고 제가 교수님의 강의를 선택하길 잘했다는 생각이 들었던 부분은
준비기간 동안 "질문 게시판"에 질문한 건 수를 세어보니 대략 100여건 정도 되었는데요.
질문 하나 하나 저의 눈높이에 맞춰 상세하게 설명을 달아 주시고 격려해 주셔서
인터넷 강의로 외롭게 공부하는 저로써는 포기하고 싶은 마음이 들고 지칠 때 마다
너무도 큰 지지와 힘이 되었습니다.
많은 수험생들의 질문으로 인해 시간도 부족하고 힘드셨을 텐데도 불구하고
단 한 번도 빠짐없이 모든 질문에 답 글을 남겨 주셨습니다.
책임을 다하시는 모습에서 많은 도움을 받았고 감사를 드립니다.

그리고 또 하나의 특급 무기인 교수님의 "핵심이론노트"는
다른 출판사의 어떤 요약집과도 비교를 거부합니다.
"합격생 핵심이론노트"를 자신에게 맞게 잘 활용하신다면 모두가 합격하실 것이라고 봅니다.
핵심이론노트의 여백은 "신의 한수"라고 생각합니다.
저는 이론 강의를 들을 때도 기출문제를 풀 때도
항상 핵심이론노트를 옆에 두고 여백에 메모하고 옮겨 적었습니다.
교수님이 집필하신 모든 책은 목차와 순서가 같기 때문에 공부하기에 수월하였습니다.
저는 "합격생 핵심이론노트" 덕분에 합격을 했다고 해도 과언은 아니라고 생각합니다.

저는 시험의 합격이 목표이기도 했지만
사회복지사1급으로써 알아야 할 것을 학습 한다는 생각으로 공부를 했는데요.
시험은 초심을 잃지 않고 자신과 약속을 지키며 조금씩 전진하는 것이라고 생각합니다.
저는 의구심이 누구보다 많은 사람인데요.
저를 비롯해서 많은 합격하신 분들이 이미 검증을 마쳤습니다.
교수님을 믿고 진도만 따라 가시면 무조건 합격은 보장된다고 생각합니다.
"김진원교수님"을 선택하시는 분들은 이미 "합격" 하신 것이라고 봅니다.
우리나라 사회복지학의 큰 축을 담당하시는 교수님의 연구에 무궁한 발전과 함께 항상 강건하시길 기원합니다.
그리고 끝으로 모바일 강의 때문에 자주 휴대폰과 탭을 번갈아가면서 선택할 수 있도록
도움을 주신 임직원분들께도 감사를 드립니다.

김진원 사회복지사 1급 통합이론서 제3교시

합격수기

비전공자이며 기본기가 없고 공부 머리가 안되는 나이 많은 저도 한달만에 기적적으로 합격!

권지윤 선생님
(2019년 제17회 합격)

1. 수험정보

회　차	17회	필기점수	1교시 사회복지기초	29점
준비기간	10개월		2교시 사회복지실천	49점
응시횟수	3회		3교시 사회복지정책과 제도	42점

2. 간단한 자기소개

저는 39세이며 학점은행제로 2급 취득 후 바로 취업이 되어 현장에서 근무하고 있는 사회복지사 입니다.
사회복지와는 무관한 관광과를 전공하여 전공 분야의 직업 생활을 하다가 교회에서 중등부 교사를 하면서 교회에서 운영하는 애육원에 소속된 아동들을 만나게 되면서 사회복지와 아동, 청소년에 대한 관심이 생겨 뒤늦게 공부를 하게 되었습니다. 직장 생활과 병행하며 학점 은행제를 통하여 공부를 하고 실습까지 마쳐 5년여에 걸쳐 2급 자격증을 취득하였으며 얼마 되지 않아 이직하여 사회복지 현장에 첫발을 내딛게 되었습니다. 장애아동 치료시설을 거쳐 현재는 지역아동센터에서 근무하고 있습니다.

3. 김진원 Oikos 사회복지사1급 교재와 강의로 공부한 계기

저는 삼수 끝에 이번 2019년 17회 시험에 합격하게 되었으며 15회(2017년)때 처음으로 경험 삼아 아무 준비 없이 시험 친 것이 84점 나왔습니다. 16회(2018년)에는 더드림 교재를 구입하면 카페에서 무료 인터넷 강의 수강이 가능하여 두어 달 공부를 하였으나 파고들수록 어려운 개념 정립이 되지 않아 수박 겉핥기 식으로 인행사나 겨우 끝낸 것 같습니다. 점수는 공부 안 했을 때와 별반 차이 없이 87점이 나와서 도대체 어디서부터 어떻게 공부를 해야하나 하고 절망했던 기억이 있습니다. 이번에도 생업에 지쳐 별다른 대비 없이 한 해를 다 보내고 원서 접수 시즌이 되어 의무감에 마지막 날까지 고민하다가 접수를 했고 시험이 한달 여 남은 시점에서 막막하기만 하고 시간은 촉박하여 그제서야 뒤늦은 후회를 하며 작년에 접어두었던 교재를 펴고 카페를 들락거리며 재미도 없는 공부를 시작해 보았습니다. 그러나 잠만 오고 벌서는 시간이 계속 되었고 요행을 바라며 혹시나 하는 마음으로 스트레스만 받던 중 사회복지사 1급 합격 방법, 플랜 등을 인터넷에서 검색하던 중 모두의 자격증 김진원 교수님의 강의를 알게 되었고 교재와 강의 등 신세계를 경험하게 되었습니다. 프리패스 이벤트도 혹했고 이번에 안되면 내년에 하지 뭐 하는 심정으로 강의 수강을 시작했습니다.

4. 교수님의 장점

정말 감사하게도 김진원 교수님과 너무 잘 맞았던 것 같습니다. 일방적인 공세이지만 정말 교수님을 잘 만났습니다. 일단 너무 귀여우시고 잘 생기셔서 마음에 들었고ㅎㅎ 말씀도 조리있게 잘하시며 중간중간 에피소드나 암기방법 등 재미있어서 강의를 들으며 혼자 빵 터지는 경우가 많았습니다. 사회복지사로 현장에서 일을 하면서 대략적으로 알고 있었던 정의나 개념을 정립하고 사회복지의 역사적 흐름 등을 일목 요연하게 공부하니 뿌듯했습니다. 그간의 시험을 기출 분석하여 정확한 기출 표기를 한 것도 좋았고 자랑하실 만하다고 생각합니다. 일단 재미가 있으니 짧은 기간 동안 기본 이론 강의 수강이 가능했습니다. 후반부로 갈수록 기출문제 풀이나 오답 풀이는 다 못 들었지만 기본 이론 강의가 큰 힘이 되었습니다. 마지막에 항상 "화이팅!" 외쳐 주시는 것에서도 수험생들을 응원하고 계시다는 진심이 느껴졌고 힘이 났습니다. 감사합니다.

5. 자신만의 슬럼프 극복방법은 무엇일까요?

기본기가 없고 공부 습관이 고착되지 않은 상태에서 갑자기 억지로 많은 분량의 강의를 듣는다는 게 쉽지는 않았는데 일단 하루 분량을 정해놓고 꼭 목표치를 수강하고 넘어갈 수 있도록 계획을 세웠습니다. 계획대로 다 되지는 않았지만 무너질때마다 다시 목표를 수정해서 기본 이론강의는 다 들어야겠다고 마음먹고 했습니다. 집에서는 공부가 잘 되지 않아서 시립 도서관에서 공부를 하는 방법도 있었고 무엇보다 체력을 튼튼히 하기 위해서 잘 챙겨먹고 수시로 강의를 반복해서 듣고 질문에 답하며 스스로 정리하는게 도움이 되었습니다.

6. 본인이 생각하는 합격 비결은 무엇인가요?

딱 120점에 턱걸이로 된 거라 비결이라고 하기도 송구하네요.. 운이 좋았던 것 같고 기본 이론강의를 다 들은 것입니다. 기본 이론을 제대로 정립하여 머릿속에 저장하지는 못했지만 들을 때만이라도 이해하고 넘어갔던 게 남아 있었는지 기출문제 맥락 파악이라던지 개념 이해에 큰 도움이 되었습니다. 후반에 촉박해질수록 기출문제를 제대로 못해서 불안했는데 기본 이론 강의를 먼저 들은것이 더 탁월한 선택이었다고 봅니다.

7. 다른 수험생에게 하고 싶은 한마디

정말 김진원 교수님 강의를 들으면 됩니다. 됩디다.. 저같은 사람도.. 비전공자이며 기본기가 없고 공부 머리가 안되는 나이 많은 저도 한달 만에 기적으로 그것도 스릴있게 120점 턱걸이로 됐습니다. 가채점 후 어디다 말도 못하고 ㅎㅎ 스릴있게 합격했네요. 정말 교수님이 이끄시는 대로 따라만 가시면 언제 되도 됩니다. 제가 교수님을 못 만났더라면 얼마나 더 많은 시간을 허비하며 헤매고 방황하며 좌절하고 이건 내가 안되는 분야구나 하고 포기했을 겁니다. 길을 가더라도 제대로 가야합니다. 안내하는 사람이 네비게이션처럼 정확하게 길을 알려줍니다. 그럼 내가 원하는 목적지에 다다를 수 있어요. ^^ 파이팅!

김진원 사회복지사 1급 통합이론서 제3교시

시험제도

시험과목, 시험방법, 시험시간, 합격자 결정기준 등

1. 시험과목 및 시험방법

시험과목(3과목)	시험영역(8영역)	문제수(총점)	문제형식
사회복지기초 (50문항)	○ 인간행동과 사회환경 (25문항) ○ 사회복지조사론 (25문항)	200문제 (1문제 1점, 200점) ※ 2014년 제12회 시험부터 문항수가 영역별 30문항에서 25문항으로 변경	객관식 5지 택1형
사회복지실천 (75문항)	○ 사회복지실천론 (25문항) ○ 사회복지실천기술론 (25문항) ○ 지역사회복지론 (25문항)		
사회복지정책과 제도 (75문항)	○ 사회복지정책론 (25문항) ○ 사회복지행정론 (25문항) ○ 사회복지법제론 (25문항)		

※ 시험관련 법령 등을 적용하여 정답을 구하여야 하는 문제는 시험시행일 현재 시행중인 법령을 기준으로 출제함

2. 시험시간

구분	시험과목		입실시간	시험시간
1교시	사회복지기초 (50문항)	○ 인간행동과 사회환경 ○ 사회복지조사론	09:00	09:30~10:20 (50분)
휴식 10:20 ~ 10:40 (20분)				
2교시	사회복지실천 (75문항)	○ 사회복지실천론 ○ 사회복지실천기술론 ○ 지역사회복지론	10:40	10:50~12:05 (75분)
점심시간 12:05 ~ 12:25 (20분)				
3교시	사회복지정책과 제도 (75문항)	○ 사회복지정책론 ○ 사회복지행정론 ○ 사회복지법제론	12:25	12:35~13:50 (75분)

※ 응시편의 제공 대상자의 경우는 시행지부/지사 사정에 따라 유동적 적용가능(1.2배, 1.5배, 1.7배 시간 연장)

3. 합격(예정)자 결정기준 등(사회복지사업법 시행령 제3조제5항)

가. 시험의 합격결정에 있어서는 매 과목 4할 이상, 전 과목 총점의 6할 이상을 득점한 자를 합격예정자로 결정

나. 사회복지사 1급 국가시험 합격예정자는 한국사회복지사협회에서 응시자격 서류심사를 실시하며, 응시자격서류를 정해진 기한 내에 제출하지 않거나 심사결과 부적격자인 경우에는 최종불합격 처리함

다. 최종합격자 발표 후라도 제출된 서류 등의 기재사항이 사실과 다르거나 응시자격 부적격 사유가 발견될 때에는 합격을 취소함

연도별 현황·제도분석

1. 연도별 시험현황

구분	3회 05년	4회 06년	5회 07년	6회 08년	7회 09년	8회 10년	9회 11년	10회 12년	11회 13년	12회 14년	13회 15년	14회 16년	15회 17년	16회 18년	17회 19년	18회 20년	19회 21년	20회 22년	21회 23년	22회 24년
시험일자	3월6일	3월12일	3월4일	2월3일	2월8일	1월24일	1월23일	2월5일	1월26일	1월25일	1월24일	1월23일	1월21일	1월20일	1월19일	2월8일	2월6일	1월22일	1월14일	1월13일
시험요일	일요일									토요일										
접수인원	10,287명	14,617명	20,580명	27,017명	29,770명	26,587명	25,471명	28,143명	25,719명	27,882명	26,327명	25,949명	24,674명	27,520명	28,273명	33,788명	35,598명	31,018명	30,544명	31,608명
응시인원	8,635명	12,151명	16,166명	19,493명	22,753명	23,050명	21,868명	23,627명	20,544명	22,604명	21,393명	20,946명	19,514명	21,975명	22,646명	25,462명	28,391명	24,248명	24,119명	25,458명
합격자	3,731명	5,056명	4,006명	9,034명	7,081명	9,700명	3,119명	10,254명	5,839명	6,412명	6,820명	9,919명	5,284명	7,422명	7,801명	8,457명	17,295명	8,882명	9,826명	7,633명
합격률	43%	42%	25%	46%	31%	42%	14%	43.4%	28.42%	28.4%	31.9%	47.35%	27.07%	33.7%	34.45%	33.21%	60.92%	36.62%	40.7%	29.98%
시험과목	필수3과목(8영역) ※ 10회 시험부터 시험문제 공개																			
문항수	240(영역별 30문제)									200(영역별 25문제, 12회부터)										

2. 시험제도 분석

구분	시험과목 (3과목)	시험영역 (8개 영역)	문항수	배점(문항당1점)		과락/합격 커트라인	시험시간
				영역별	과목별		
제1교시	사회복지기초 (50문항)	인간행동과 사회환경	25	25	50점	20점 이상	50분
		사회복지조사론	25	25			
제2교시	사회복지실천 (75문항)	사회복지실천론	25	25	75점	매 과목 만점의 40%이상 / 30점 이상	75분
		사회복지실천기술론	25	25			
		지역사회복지론	25	25			
제3교시	사회복지정책과 제도 (75문항)	사회복지정책론	25	25	75점	30점 이상	75분
		사회복지행정론	25	25			
		사회복지법제론	25	25			
계	3과목 (8개영역)		200문항	200점		전 과목 총점의 60% 이상 120점이상	문항당 60초

김진원 사회복지사 1급 통합이론서 제3교시

출제경향

1 제1교시 사회복지기초 과목

제1영역 인간행동과 사회환경

이해 틀	목차 (교과목 지침서에 준함)	1회 2003	2회 2004	3회 2005	4회 2006	5회 2007	6회 2008	7회 2009	8회 2010	9회 2011	10회 2012	11회 2013	12회 2014	13회 2015	14회 2016	15회 2017	16회 2018	17회 2019	18회 2020	19회 2021	20회 2022	21회 2023	22회 2024
서설	제1장 인간행동 발달과 사회복지	1	1	2	3	2	3	1	2	1	3	3	2	2	2	2	1	2	2	1	3	2	1
전생애 주기적 발달 관점 에서 이해	제2장 태내기, 영유아기, 학령전기	1	3	2	3	4	3	4	3	3	5	3	3	2	4	3	3	3(1)	3	3(2)	2(1)	3(1)	3(1)
	태내기 : 임신~출산	1	1	-	1	1	2	1	1	1	1	1	1	-	1	1	1	1	1	1	1	-	1
	영유아기 : 0~2세	-	2	-	2	2	1	1	1	1	3	1	1	1	2	-	1	1(1)	1	1(1)	1	2	1(1)
	학령전기 : 3~6세	-	-	1	1	1	1	1	1	1	1	1	1	1	1	1	1	1	1	1(1)	1	1(1)	1
	제3장 아동기 : 7~12세	2	1	2	1	1	2	1	1	2	2	1	2	1	1	1	1	(1)	1(1)	1	1(1)	1	1(1)
	제4장 청소년기 : 13~18세	-	2	2	1	2	1	2	1	2	3	2	2	1	1	1	-	2	1(1)	2	1(1)	1	1
	제5장 청년기 : 19~39세	1	-	1	1	-	1	1	1	-	1	1	-	1	1	(1)	1	1(1)	-	1	1	(1)	1
	제6장 중·장년기 : 40~64세	1	1	1	1	1	1	1	1	1	1	2	1	1	1	1	1	1	1(1)	1	1	1	1(1)
	제7장 노년기 : 65세 이상	-	2	2	2	2	1	2	1	2	1	2	1	1	2	1	1	(1)	1	1	2(1)	(1)	1(1)	(1)
인간의 성격에 대한 이해	제8장 정신역동이론	9	8	6	5	5	6	5	5	7	11	4	6	5	3	5	6	5(3)	4(2)	4(2)	3(1)	3	4(4)
	프로이트의 정신분석이론	5	4	2	2	2	3	1	3	4	1	1	1	-	1	2	2(1)	1(1)	1(1)	1(1)	1	1(1)
	에릭슨의 심리사회이론	2	2	1	1	2	-	1	2	3	1	2	1	2	1	1	1(1)	1	1	-	1	1(1)
	융의 분석심리이론	1	1	1	1	1	1	2	1	2	1	1	1	1	2	1	1	1(1)	1	1	1	1(1)
	아들러의 개인심리이론	1	1	1	1	1	1	1	1	1	1	2	1	1	(1)	1	1(1)	1	-	1(1)
	제9장 행동주의 이론	3	3	3	2	2	3	2	3	4	10	4	4	2	3	3	2	1(1)	2(1)	2(1)	2(2)	2	2(2)
	초기 행동주의와 스키너의 학습이론	1	2	1	1	1	1	2	5	4	3	1	1	1	2	1	-	1(1)	1(1)	2(1)	1(1)	1(1)
	반두라의 사회학습이론	2	1	2	1	1	2	1	2	2	4	-	1	1	2	2	2	-	1(1)	1	1	(1)	1(1)
	제10장 인지이론	2	4	1	2	5	1	2	2	2	7	4	2	4	2	3	2	-	1(3)	1(2)	2(1)	1	1(1)
	피아제의 인지이론	2	3	1	1	4	1	1	1	2	4	1	1	3	2	3	2	-	1(1)	1(1)	1(1)	1	1
	콜버그의 도덕발달이론과 인지치료	-	1	-	1	1	-	1	1	-	3	1	1	1	-	-	(1)	1	(2)	(1)	1	-	(1)
	제11장 인본주의 이론	2	2	2	2	1	3	3	2	2	3	2	2	1	2	3	2	1	(1)	3(1)	2(1)	2(1)	2	1(2)
	로저스의 현상학 이론	1	1	1	1	1	1	2	1	2	1	1	-	1	1	1	(1)	2	1(1)	1(1)	1	1(1)
	매슬로우의 인간동기이론	1	1	1	1	2	2	1	1	1	1	1	1	2	1	-	-	1(1)	1	1	1	(1)
사회 환경에 대한 이해	제12장 사회체계 이론	1	2	1	2	1	4	1	2	2	1	2	2	-	1	2	3	4	2	4	4	3	4
	제13장 사회체계로서의 가족과 집단	-	-	-	2	1	1	1	3	2	1	-	-	-	1	2	1	(2)	2	-	-	1	-
	제14장 사회체계로서의 조직·지역사회·문화	-	2	-	1	1	1	1	-	1	2	1	2	1	1	1(3)	-	-	1	2	2

※ 표 안에 ( ) 안의 숫자는 단독 출제되지는 않았으나 문제의 지문상에 해당 부분의 내용이 출제된 것을 의미합니다.
※ 제12회 시험부터 영역별 30문제에서 25문제 출제로 변경되었으므로 출제빈도는 12회시험부터 눈여겨보시기 바랍니다.

제2영역 사회복지조사론

이해 틀	목차 (교과목 지침서에 준함)	1회 2003	2회 2004	3회 2005	4회 2006	5회 2007	6회 2008	7회 2009	8회 2010	9회 2011	10회 2012	11회 2013	12회 2014	13회 2015	14회 2016	15회 2017	16회 2018	17회 2019	18회 2020	19회 2021	20회 2022	21회 2023	22회 2024
사회조사 방법의 기초	제1장 과학과 조사연구방법	1	3	6	3	3	3	3	–	3	4	4	3	2	3	3	4	–	2	2	1(3)	2	3
	제2장 사회조사방법의 기본 개념	–	4	1	5	2	3	3	4	3	3	3	3	3	5	3	2(1)	4(1)	3	2	2(3)	2	2
	제3장 사회조사방법의 형태와 절차	2	5	1	1	2	2	1	2	3	1	2	2	2	(2)	3	1	1	3	1	2(1)	2	2
사회조사 방법의 설계	제4장 질문지 작성	–	1	2	1	1	1	1	1	1	–	1	–	1	–	–	1	–	1	–	(3)	–	–
	제5장 측정과 척도	2	1	2	2	3	3	3	3	2	1	2	2	1	1	3	2(1)	2	3	3	3	3	3
	제6장 신뢰도와 타당도	1	3	3	2	2	2	2	3	2	1	2	2	2	3	3	2	2(2)	3	2(1)	3(1)	3	2
	제7장 표본추출(표집)	2	5	2	3	3	3	4	5	4	3	4	4	4	2	2	3	4	2	2	3(2)	3	2
자료수집	제8장 자료수집과 질문지법	–	1	1	1	1	1	1	2	–	4	–	3	1	1	1	1	(2)	1(1)	2	(1)	–	–
	제9장 면접법과 관찰법	–	1	1	2	2	1	2	1	2	–	1	–	1	–	(1)	1	(3)	(2)	–	(1)	2	1
	제10장 비반응성 자료수집과 내용 분석	–	1	1	1	–	2	1	1	1	2	1	2	1	3	1	1	(2)	1(2)	1	–	–	1
	제11장 실험설계(집단설계)	3	7	6	3	4	4	4	5	5	5	4	3	4	5	3	2	4(1)	2	4	3	3	4
	제12장 단일사례연구	2	1	1	1	–	–	–	–	1	–	1	1	(1)	1	1	1	1	1	1	–	2	1
	제13장 질적 연구방법론	–	1	1	2	1	1	1	2	1	2	5	1	1	1	2	2	4	3	4	3	2	3
	제14장 욕구조사와 평가조사	–	2	2	1	5	3	4	2	3	3	1	–	1	1(1)	2	1	(1)	–	1	1	1	–
자료 처리/ 보고서 작성	제15장 자료처리 및 연구보고서 작성	–	1	1	1	1	1	–	–	–	–	–	–	–	–	–	–	–	–	–	–	–	–

※ 표 안에 ( ) 안의 숫자는 단독 출제되지는 않았으나 문제의 지문상에 해당 부분의 내용이 출제된 것을 의미합니다.

김진원 사회복지사 1급 통합이론서 제3교시

출제경향

2 제2교시 사회복지실천 과목

제1영역 사회복지실천론

이해 틀	목차 (교과목 지침서에 준함)	1회 2003	2회 2004	3회 2005	4회 2006	5회 2007	6회 2008	7회 2009	8회 2010	9회 2011	10회 2012	11회 2013	12회 2014	13회 2015	14회 2016	15회 2017	16회 2018	17회 2019	18회 2020	19회 2021	20회 2022	21회 2023	22회 2024
사회복지실천에 대한 이해	제1장 사회복지 실천의 개념 및 정의	1	2	1	2	1	1	1	2	2	5	2	1	1	1	1	2	1	-	1	1	2	1
	제2장 사회복지 실천의 가치와 윤리	2	4	3	2	3	3	2	3	3	3	3	-	2	2	2	2	2	3	3	3	2	4
	제3장 사회복지실천의 역사적 발달과정	1	2	2	2	2	3	2	2	4	3	3	3	2	3	3	2	2	2	2	2	2	3
	제4장 사회복지 실천의 현장에 대한 이해	1	4	3	3	2	4	2	2	3	2	1	4	4	2	2	2	2	1	2	1	2	1
접근방법	제5장 사회복지 실천의 관점: 통합적 접근	-	5	5	4	4	5	7	6	6	4	4	3	3	3	4	5	4	4	4	4	3	4
관계론과 면접론	제6장 사회복지 실천의 관계론	2	3	1	2	2	4	5	3	3	2	3	4	2	2	3	2	3	4	3	4	4	3
	제7장 사회복지 실천의 면접론	5	5	2	2	3	-	1	3	3	3	3	3	2	2	2	2	3	2	3	2	2	2
과정론	제8장 접수 및 자료수집	2	2	2	1	2	2	1	1	1	3	3	-	2	2	1	2	2	2	2	1	1	1
	제9장 사정단계	-	5	3	1	3	5	-	1	2	2	2	1	2	2	-	2	2	1	1	1	1	1
	제10장 계획 수립 단계	1	2	1	2	2	-	-	-	1	1	1	2	1	1	1	-	1	-	1	-	-	1
	제11장 개입단계	-	-	2	5	3	2	4	3	1	-	1	1	1	2	2	1	-	1	-	1	2	1
	제12장 종결과 평가단계	3	3	2	2	1	-	2	2	-	1	1	-	2	1	-	1	1	1	1	1	-	-
사례관리	제13장 사례관리	-	-	1	1	2	1	3	2	2	3	3	2	3	3	2	3	3	3	3	3	4	2

※ 표 안에 ( ) 안의 숫자는 단독 출제되지는 않았으나 문제의 지문상에 해당 부분의 내용이 출제된 것을 의미합니다.
※ 제12회 시험부터 영역별 30문제에서 25문제 출제로 변경되었으므로 출제빈도는 12회시험부터 눈여겨보시기 바랍니다.

제2영역 사회복지실천기술론

이해 틀	목차 (교과목 지침서에 준함)	1회 2003	2회 2004	3회 2005	4회 2006	5회 2007	6회 2008	7회 2009	8회 2010	9회 2011	10회 2012	11회 2013	12회 2014	13회 2015	14회 2016	15회 2017	16회 2018	17회 2019	18회 2020	19회 2021	20회 2022	21회 2023	22회 2024
사회복지사의 전문성	제1장 사회복지사의 전문성	2	2	–	1	2	4	2	3	–	–	–	–	–	–	2	–	3	1	1	1		2
사회복지 실천 모델과 개입 기술	제2장 정신역동 모델	–	–	–	1	2	2	1	1	2	3	–	1	1	1	1	1	1	1	1	1	1	1
	제3장 심리사회 모델	1	3	1	3	2	2	3	1	–	2	3	2	–	1	1	1	1	–	–	1(1)	1	1(1)
	제4장 인지행동 모델과 행동수정모델	–	2	3	2	3	5	3	2	2	2	3	3	3	2	3	3	2	2	1	3(2)	4	1(3)
	제5장 과제중심 모델	–	–	2	2	1	1	2	2	2	1	1	1	1	1	1	1	1(1)	–	1	1(1)	(1)	1
	제6장 역량강화 모델과 위기 개입 모델	1	1	–	–	2	1	–	2	4	–	2	2	2	2	2	2	1(2)	3	3	1(1)	1(3)	1(4)
가족 대상 사회복지 실천과 기술	제7장 가족에 대한 이해	–	–	3	1	1	2	2	3	4	2	3	4	1	1	3	2	2	1		1	2	2
	제8장 가족문제 사정	1	3	1	2	3	2	3	2	1	2	3	1	1	2	1	–	2	1	1	2	–
	제9장 가족대상 실천기법: 가족치료의 다양한 접근	1	1	2	–	2	1	3	2	6	5	5	5	4	7	6	3	5(1)	4	8	6	4	5(2)
집단 대상 사회복지 실천과 기술	제10장 집단대상 실천기법	1	4	3	4	3	3	3	3	3	3	2	4	4	2	2(1)	1(1)	2(2)	1	2	1
	제11장 집단의 역동성	–	2	3	2	2	3	2	1	2	3	1	3	2	–	–	2	2(1)	(3)	3	2	–	2
	제12장 집단발달 단계	1	1	2	1	3	3	4	4	4	2	2	3	2	4	2	4	2	4	3	3	3	4
기록과 평가	제13장 사회복지 실천기록	1	3	1	3	2	–	2	1	1	1	1	1	1	1	1	1	1	1	1	1		1
	제14장 사회복지 실천평가	–	1	1	1	–	–	2	2	1	2	1	1	1	2	2	1	–	1	1
	※ 사례관리	–	–	2	3	–	–	–	1	–	–	–	–	–	–	–	–	–	–	–	–	–	–

※ 표 안에 ( ) 안의 숫자는 단독 출제되지는 않았으나 문제의 지문상에 해당 부분의 내용이 출제된 것을 의미합니다.
※ 제12회 시험부터 영역별 30문제에서 25문제 출제로 변경되었으므로 출제빈도는 12회시험부터 눈여겨보시기 바랍니다.

김진원 사회복지사 1급 통합이론서 제3교시

출제경향

제3영역 지역사회복지론

이해 틀	목차 (교과목 지침서에 준함)	2회 2004	3회 2005	4회 2006	5회 2007	6회 2008	7회 2009	8회 2010	9회 2011	10회 2012	11회 2013	12회 2014	13회 2015	14회 2016	15회 2017	16회 2018	17회 2019	18회 2020	19회 2021	20회 2022	21회 2023	22회 2024
지역사회 복지의 이해	제1장 지역사회에 대한 이해	-	1	1	1	1	1	1	1	2	1	1	1	2	2	1	2	1	2	2	1	1
	제2장 지역사회복지와 지역사회 복지실천의 이해	5	3	-	3	3	4	2	3	2	3	1	3	1	1	1	1	2	-	1	2	2
	제3장 지역사회복지 역사의 이해	3	2	2	2	2	2	4	2	3	2	3	4	3	5	3	3	3	3	3	3	4
지역사회 복지의 이론과 모델	제4장 지역사회복지의 이론적 기초이해	-	-	-	-	1	1	1	2	2	2	3	3	2	3	2	1	2	2	2	3	3
	제5장 지역사회복지의 실천모델에 대한 이해	1	4	6	5	5	3	5	5	2	6	3	3	2	2	3	2	2	3	3	3	2
지역사회 복지 실천의 과정과 기술	제6장 지역사회복지 실천의 과정	-	4	2	-	3	3	-	3	4	3	2	4	2	3	3	2	1	1	3	2	2
	제7장 지역사회복지 실천에서의 사회복지사의 역할	1	2	1	3	1	2	1	2	1	3	1	1	-	1	1	1($\frac{1}{2}$)	-	-	1	2	
	제8장 지역사회복지 실천에서의 사회복지사의 기술	2	-	3	2	3	1	2	3	3	1	2	6	3	2	3	3($\frac{1}{2}$)	4	2	2	2	
	제9장 사회행동의 전략과 전술	-	1	2	3	-	4	3	1	1	2	-	1	-	-	-	1	-	-	-	-	
지역사회 복지실천 추진체계	제10장 지역사회 보장계획	2	-	1	1	1	1	1	1	2	2	-	1	1	1	1	2	1	1	1	1	1
	제11장 공공지역사회 복지실천의 추진체계	-	2	2	1	3	4	2	3	3	-	-	1	1	3	2	2	3	3	2	2	1
	제12장 민간지역사회 복지실천의 추진체계	12	8	5	8	6	7	7	5	5	4	5	1	3	3	3	4	3	4	4	3	4
지역사회 복지운동	제13장 지역사회복지 운동	3	3	1	-	-	1	1	1	-	-	1	-	1	1	1	2	1	2	2	2	1

※ 표 안에 ( ) 안의 숫자는 단독 출제되지는 않았으나 문제의 지문상에 해당 부분의 내용이 출제된 것을 의미합니다.
※ 제12회 시험부터 영역별 30문제에서 25문제 출제로 변경되었으므로 출제빈도는 12회시험부터 눈여겨보시기 바랍니다.

3 제3교시 사회복지정책과 제도 과목

제1영역 사회복지정책론

이해 틀	목차 (교과목 지침서에 준함)	1회 2003	2회 2004	3회 2005	4회 2006	5회 2007	6회 2008	7회 2009	8회 2010	9회 2011	10회 2012	11회 2013	12회 2014	13회 2015	14회 2016	15회 2017	16회 2018	17회 2019	18회 2020	19회 2021	20회 2022	21회 2023	22회 2024
사회복지 정책의 기초	제1장 사회복지 정책의 이해	1	2	2	3	1	1	–	3	3	1	1	1	2	2	2	2	2	2	3	2	2	3
	제2장 사회복지 정책의 가치와 갈등	–	2	2	2	1	1	1	2	1	1	1	2	2	2	1	1	2	1	1	1	2	–
사회복지 정책의 역사와 발달이론	제3장 사회복지 정책의 역사적 전개	4	6	2	–	4	5	1	4	5	4	3	4	3	1	4	3	1	3	2	1	2	2
	제4장 사회복지 정책의 이론과 사상	5	4	3	4	4	3	1	4	2	4	5	3	6	4	2	4	1	4	2	4	3	3
사회복지 정책의 과정과 분석틀	제5장 사회복지 정책의 형성과정	–	2	3	4	3	2	2	1	2	3	3	2	3	2	2	1	2	1	2	1	3	–
	제6장 사회복지 정책의 내용분석	2	6	6	5	5	5	6	6	8	7	9	5	4	10	1	5	2	5	7	5	3	7
사회 보장의 이해	제7장 사회보장의 이해	2	3	2	3	2	2	2	3	–	1	1	2	–	2	1	5	1	1	2	2	2	3
	제8장 빈곤과 공공부조 제도	2	4	3	4	3	5	2	4	3	2	4	3	1	2	4	4	3	4	3	4	5	6
	제9장 공적연금 제도의 이해	1	1	2	–	1	2	3	2	2	2	–	2	2	–	3	1	2	1	1	1	1	(1)
	제10장 국민건강보장 제도의 이해	–	1	1	1	–	2	1	3	1	2	1	1	2	1	–	2	2	1	2	1	2	(2)
	제11장 산업재해보상 보험제도의 이해	–	–	1	–	1	1	1	1	1	1	–	1	–	2	1	1	1	–	1	½	(1)
	제12장 고용보험 제도의 이해	–	1	–	–	1	1	–	1	–	1	–	1	–	1	–	1	1	½	(1)
	제13장 사회서비스정책	–	–	–	–	–	–	–	–	–	–	–	–	–	–	–	–	2	–	1	–	–	–

※ 표 안에 ( ) 안의 숫자는 단독 출제되지는 않았으나 문제의 지문상에 해당 부분의 내용이 출제된 것을 의미합니다.
※ 제12회 시험부터 영역별 30문제에서 25문제 출제로 변경되었으므로 출제빈도는 12회시험부터 눈여겨보시기 바랍니다.

김진원 사회복지사 1급 통합이론서 제3교시

출제경향

제2영역 사회복지행정론

이해 틀	목차 (교과목 지침서에 준함)	1회 2003	2회 2004	3회 2005	4회 2006	5회 2007	6회 2008	7회 2009	8회 2010	9회 2011	10회 2012	11회 2013	12회 2014	13회 2015	14회 2016	15회 2017	16회 2018	17회 2019	18회 2020	19회 2021	20회 2022	21회 2023	22회 2024
사회복지 행정의 이해	제1장 사회복지 행정의 개념과 특성	-	3	-	1	1	1	2	1	2	2	2	1	1	2	1	1	1	2	1	1	2	1
	제2장 사회복지 행정의 역사	-	1	1	1	1	1	1	1	2	2	1	2	1	1	3	-	1	3	3	3	3	1
사회복지 행정 이론과 조직이해	제3장 사회복지 행정의 이론적 배경	1	3	4	3	3	4	3	4	3	3	3	3	2	3	5	2	3	2(1)	5(4)	5(2)	3
	제4장 사회복지 조직의 구조와 조직화	3	-	4	3	3	4	2	3	3	4	2	2	1	1	1	2	1	-	1	1	2
	제5장 사회복지조직의 기획과 의사결정	2	3	2	3	2	2	3	2	4	2	3	2	3	4	3	3	1	1	1	1	2
	제6장 리더십 (leadership)	-	3	3	2	2	1	3	2	3	2	1	2	1	1	1	2	1	3	2	3	2	3
사회복지 조직 관리와 인사관리	제7장 인적자원관리	1	3	4	5	1	2	2	3	2	2	1	1	3	1	4	4	3	2(1)	3	4
	제8장 재정관리	1	3	4	3	2	3	3	3	3	2	1	2	2	1	2	2	2	2	2	1	2
	제9장 서비스 품질 관리와 위험관리	-	-	-	-	-	-	-	-	-	-	-	-	-	-	1	1	-	(2)	1	(3)	1
	제10장 정보관리 시스템	-	1	-	1	1	1	1	-	1	1	1	1	-	-	-	-	-	-	-	1	-
	제11장 프로그램 개발과 평가	1	4	2	2	4	3	5	5	4	3	6	4	5	2	3	2	4	2	2(1)	1	1	1
	제12장 사회복지 서비스전달체계	-	4	3	2	2	3	2	2	3	2	3	5	4	6	3	2	3	-	4	1	1	3
	제13장 마케팅과 홍보	-	1	2	1	2	2	2	2	1	1	1	-	1	1	1	1	1	2	1	3	2
평가와 책임성, 변화	제14장 사회복지 조직의 책임성과 평가	-	1	-	1	-	-	2	-	1	2	1	1	1	1	2	1	2	2	2	-	-
	제15장 사회복지 조직의 환경변화	-	1	1	1	1	2	1	1	-	1	-	1	2	1	1	1	-	-	-

※ 표 안에 ( ) 안의 숫자는 단독 출제되지는 않았으나 문제의 지문상에 해당 부분의 내용이 출제된 것을 의미합니다.
※ 제12회 시험부터 영역별 30문제에서 25문제 출제로 변경되었으므로 출제빈도는 12회시험부터 눈여겨보시기 바랍니다.

제3영역 사회복지법제론

이해 틀	목차 (교과목 지침서에 준함)	3회 2005	4회 2006	5회 2007	6회 2008	7회 2009	8회 2010	9회 2011	10회 2012	11회 2013	12회 2014	13회 2015	14회 2016	15회 2017	16회 2018	17회 2019	18회 2020	19회 2021	20회 2022	21회 2023	22회 2024
총론	제1장 사회복지법의 개념과 체계	1	3	3	2	2	1	3	3	1	3	2	2	2	1	1	-	3	1	1	1
	제2장 사회복지법의 역사적 형성과 특징	-	2	-	-	-	-	-	-	-	-	1	-	1	-	-	-	-	-	-	-
	제3장 사회복지의 권리성	1	1	1	1	1	1	-	-	-	1	1	-	-	1(1)	1	-	1	1	1
	제4장 사회복지의 법률관계	2	2	2	1	1	-	2	1	2	1	1	-	-	-	-	-	-	1	-	-
	제5장 사회복지 주체에 대한 법적 검토	-	1	-	1	-	-	-	-	-	-	-	-	-	-	-	-	-	-	-	-
	제6장 사회복지사 등의 법적 지위와 권한	1	1	-	2	2	2	1	1	1	-	-	-	-	1	-	-	-	-	-	-
	제7장 우리나라 사회복지 입법 변천사	3	-	1	1	1	1	1	1	1	1	1	1	1	1	1	1	1	1	2	1
	제8장 국제법과 사회복지	2	1	1	1	1	-	-	-	-	-	-	-	-	-	-	-	-	-	-	-
각론	제9장 사회보장기본법	3	1	-	1	2	1	1	2	1	1	1	3	4	4	3	2	2	3	3	3
	↳ 사회보장급여의 이용·제공 및 수급권자 발굴에 관한 법률	-	-	-	-	-	-	-	-	-	-	-	-	-	-	1	2	1	3	4	2
	제10장 사회복지사업법	4	3	3	3	3	3	2	4	4	4	4	3	4	3	3	3	3	3	2	1	4
	제11장 공공부조법	4	4	6	5	6	5	3	4	5	5	5	4	3	3	3	3	4	3	4	4	4
	국민기초생활보장법	3	3	5	1	4	3	1	2	2	2	2	1	1	1	1	-	-	1	1	3	2
	의료급여법	1	1	1	2	1	1	1	1	1	1	2	1	1	1	-	-	-	1	-	1
	긴급복지지원법	-	-	-	1	1	1	-	1	1	1	-	1	-	-	-	-	-	-	-	-
	기초연금법	-	-	-	1	-	-	1	1	1	1	1	1	1	1	1	1	1	1	1	1
	장애인연금법	-	-	-	-	-	-	-	-	-	-	-	-	-	-	-	-	-	-	-	-
	제12장 사회보험법	2	3	4	3	2	4	6	5	5	7	6	5	3	5	3	5	4	4	5	3	5
	국민연금법	1	1	1	1	1	-	2	1	1	2	1	1	-	1	-	1	1	-	1	1	1
	국민건강보험법	1	1	1	1	1	2	1	1	1	1	2	1	1	1	1	1	1	1	1	1	1
	고용보험법	-	-	1	-	-	-	1	1	1	1	1	1	1	1	1	1	1	1	1	1	2
	산업재해보상보험법	-	1	1	-	-	1	1	1	1	2	1	1	1	1	-	1	1	1	1	-	1
	노인장기요양보험법	-	-	-	1	-	1	1	1	1	1	1	1	1	1	1	1	-	1	1	1
	제13장 사회복지서비스법	7	7	10	5	8	10	9	7	7	4	5	4	3	5	6	7	5	5	5	4
	아동복지법	1	2	1	1	1	1	1	1	1	1	1	-	1	1	1	(2)	1	2	1
	노인복지법	1	1	2	1	2	2	2	1	1	1	1	1	1	1	1	-	1(2)	1	-	1
	장애인복지법	1	1	1	-	2	1	1	1	1	1	1	1	1	1	1	1	(1)	1	1	1
	한부모가족지원법	1	1	1	1	-	1	1	1	1	-	1	1	1	1	1	-	(2)	1	1	1
	영유아보육법	-	-	-	1	1	2	-	1	-	-	-	-	-	-	-	-	-	-	-	-
	정신건강증진 및 정신질환자 복지서비스 지원에 관한 법률	1	1	1	-	-	1	2	1	1	-	-	-	-	-	-	-	-	1	-
	사회복지공동모금회법	1	-	1	-	1	-	-	1	-	-	-	-	-	-	1	1	1	-	-	1
	입양특례법	-	-	1	-	-	-	1	-	-	-	-	-	-	-	-	-	-	-	-	-
	장애인·노인·임산부 등의 편의증진에 관한 법률	1	-	-	-	1	-	-	-	-	-	-	-	-	-	-	-	-	-	-	-
	농어촌주민의 보건복지 증진을 위한 특별법	-	-	1	-	-	-	-	-	-	-	-	-	-	-	-	-	-	-	-	-
	식품등 기부 활성화에 관한 법률	-	1	-	1	-	-	-	-	-	-	-	-	-	-	-	-	-	-	-	-
	다문화 가족지원법	-	-	-	-	-	1	-	1	1	-	-	-	1	1	-	1	(1)	-	-	-
	가정폭력 및 피해자보호 등에 관한 법률	-	-	1	-	-	1	-	-	-	1	-	1	-	1	1	1	1	-	-	-
	성매매방지 및 피해자 보호 등에 관한 법률	-	-	-	-	-	1	1	-	-	-	-	-	-	-	-	-	-	-	-	-
	성폭력방지 및 피해자 보호 등에 관한 법률	-	-	-	-	-	-	-	-	-	-	-	-	1	-	1	1	-	-	-	-
	건강가정기본법	-	-	-	-	-	-	-	-	-	-	-	-	-	-	-	-	-	1	-
	제14장 사회복지 관련법	-	-	-	1	-	1	1	1	1	-	-	1	-	1	-	-	-	-	-	-
	자원봉사활동 기본법	-	-	-	-	1	-	-	-	-	-	-	-	-	-	-	-	-	-	-	-
	장애인고용촉진 및 직업재활법	-	-	-	-	-	-	1	1	-	-	-	-	-	-	-	-	-	-	-	-
	제15장 판례	-	1	-	-	1	-	2	-	1	-	1	-	1	-	1	-	-	1	-

※ 표 안에 ( ) 안의 숫자는 단독 출제되지는 않았으나 문제의 지문상에 해당 부분의 내용이 출제된 것을 의미합니다.
※ 제12회 시험부터 영역별 30문제에서 25문제 출제로 변경되었으므로 출제빈도는 12회시험부터 눈여겨보시기 바랍니다.

Contents

제1영역 사회복지정책론

제1부 사회복지 정책의 기초
- 제1장　사회복지정책의 이해 …………………………………… 36
- 제2장　사회복지정책의 가치와 갈등 …………………………… 64

제2부 사회복지 정책의 역사와 발달이론
- 제3장　사회복지정책의 역사적 전개 …………………………… 76
- 제4장　사회복지정책의 이론과 사상 …………………………… 122

제3부 사회복지 정책의 형성과정
- 제5장　사회복지정책의 형성과정 ……………………………… 156
- 제6장　사회복지정책의 내용분석 ……………………………… 178

제4부 사회보장의 이해
- 제7장　사회보장의 이해 ………………………………………… 212
- 제8장　빈곤과 공공부조제도 …………………………………… 224
- 제9장　공적연금제도의 이해 …………………………………… 254
- 제10장　국민건강보장제도의 이해 ……………………………… 266
- 제11장　산업재해보상보험제도의 이해 ………………………… 278
- 제12장　고용보험제도의 이해 …………………………………… 284

제 2 영역 사회복지행정론

제1부 사회복지 행정의 이해
- 제1장 사회복지행정의 개념과 특성 ·················· 294
- 제2장 사회복지행정의 역사 ·················· 306

제2부 사회복지행정 이론과 조직이해
- 제3장 사회복지행정의 이론적 배경 ·················· 320
- 제4장 사회복지조직의 구조와 조직화 ·················· 348

제3부 사회복지 조직관리와 인사관리
- 제5장 사회복지조직의 기획과 의사결정 ·················· 372
- 제6장 리더십(leadership) ·················· 394
- 제7장 인적자원관리 ·················· 416
- 제8장 재정관리 ·················· 442
- 제9장 서비스 품질관리와 위험관리 ·················· 462
- 제10장 정보관리시스템 ·················· 468
- 제11장 프로그램 개발과 평가 ·················· 474
- 제12장 사회복지서비스 전달체계 ·················· 490
- 제13장 마케팅과 홍보 ·················· 500

제4부 평가와 책임성, 변화
- 제14장 사회복지조직의 책임성과 평가 ·················· 510
- 제15장 사회복지조직의 환경변화 ·················· 518

Contents

제3영역 사회복지법제론

제1부 총론

제1장	사회복지법의 개념과 체계	528
제2장	사회복지법의 역사적 형성과 특징	546
제3장	사회복지의 권리성	552
제4장	사회복지의 법률관계	562
제5장	사회복지 주체에 대한 법적 검토	580
제6장	사회복지사 등의 법적 지위와 권한	588
제7장	우리나라 사회복지 입법 변천사	596
제8장	국제법과 사회복지	602

제2부 각론

제9장	사회보장기본법	614
제10장	사회복지사업법	640
제11장	공공부조법	668
제12장	사회보험법	712
제13장	사회복지서비스법	780
제14장	사회복지 관련법	876
제15장	판례	884

부록

- 참고문헌 902
- 찾아보기 908

MEMO

김진원 OIKOS 사회복지사1급 통합이론서 3교시

3교시

사회복지 정책과 제도

3교시
사회복지 정책과 제도

제1영역
사회복지정책론
Social Welfare Policy

교과목 개요

사회복지정책 강의를 통하여 사회복지정책이 갖는 개념을 이해한다. 이러한 이해를 기초로 사회복지정책이 여타 공공정책(경제정책, 외교정책, 국방정책 등)과 어떻게 다른 지를 파악하는 한편, 사회사업실천론과 사회복지정책의 긴밀한 관계성을 이해한다. 더 나아가 사회복지정책을 이론적(theoretical) 측면과 실제적(practical) 측면에서 분석할 수 있는 능력을 배양함으로써 정책 결정 과정, 정책 수행 과정, 정책 비용, 정책 결과 등을 이해할 수 있도록 한다. 이러한 과정에 대한 이해는 정책 대안 제시 능력 배양으로 이어질 수 있도록 교육한다.

교과목 목표

1. 사회복지정책에 관한 기본적인 개념의 이해
2. 사회복지정책의 목표와 가치에 대한 이해
3. 사회복지의 공급 주체 간 역할분담과 국가의 역할에 대한 이해
4. 사회복지정책 발달 이론에 대한 이해
5. 사회복지정책의 형성 과정에 대한 지식을 습득하고 활용하는 능력 획득: 사회적 욕구나 사회문제들이 왜 생기며, 어떤 욕구나 문제들이 사회문제로 수용되고, 어떤 과정을 통해서 사회적 쟁점으로 부각되어 사회복지정책으로 전환되는지에 대한 지식 획득
6. 사회복지정책 분석을 위한 준거 틀(framework)을 습득하고 활용하는 능력획득
7. 실제 사회복지정책을 분석하고 욕구와 문제 해결을 위한 대안제시 능력 배양

출제 경향 분석

이해 틀	목차 (교과목 지침서에 준함)	10회 2012	11회 2013	12회 2014	13회 2015	14회 2016	15회 2017	16회 2018	17회 2019	18회 2020	19회 2021	20회 2022	21회 2023	22회 2024
사회복지 정책의 기초	제1장 사회복지 정책의 이해	1	1	1	2	2	2	2	2	2	3	2	2	3
	제2장 사회복지 정책의 가치와 갈등	1	1	2	2	2	1	1	2	1	1	1	2	-
사회복지 정책의 역사와 발달이론	제3장 사회복지 정책의 역사적 전개	4	3	4	3	1	4	3	1	3	2	1	2	2
	제4장 사회복지 정책의 이론과 사상	4	5	3	6	4	2	4	1	4	2	4	3	3
사회복지 정책의 과정과 분석틀	제5장 사회복지 정책의 형성과정	3	3	2	3	2	2	1	2	1	2	1	3	-
	제6장 사회복지 정책의 내용분석	7	9	5	4	10	1	5	2	5	7	5	3	7
사회 보장의 이해	제7장 사회보장의 이해	1	1	1	-	2	1	1	5	1	1	2	2	3
	제8장 빈곤과 공공부조 제도	2	4	3	1	2	4	4	3	4	3	4	5	6
	제9장 공적연금 제도의 이해	2	-	2	2	-	3	1	2	1	1	1	1	(1)
	제10장 국민건강보장 제도의 이해	1	2	1	1	-	2	2	1	2	1	2	1	(2)
	제11장 산업재해보상 보험제도의 이해	1	1	-	1	1	-	2	1	1	-	1	½	(1)
	제12장 고용보험 제도의 이해	1	-	1	-	-	1	-	1	-	1	1	½	(1)
	제13장 사회서비스정책	-	-	-	-	-	-	-	2	-	1	-	-	-

※ 표 안에 ( ) 안의 숫자는 단독 출제되지는 않았으나 문제의 지문상에 해당 부분의 내용이 출제된 것을 의미합니다.
※ 제12회 시험부터 영역별 30문제에서 25문제 출제로 변경되었으므로 출제빈도는 12회시험부터 눈여겨보시기 바랍니다.

김진원 OIKOS 사회복지사1급 통합이론서 3교시

제 1 부

사회복지 정책의 기초

제1장 사회복지정책의 이해
제2장 사회복지정책의 가치와 갈등

CHAPTER 01 사회복지정책의 이해

제1부 **사회복지정책의 기초**

제1장 회차별 출제빈도, 출제비중 및 출제논점 1, 2, 3순위

10회 2012	11회 2013	12회 2014	13회 2015	14회 2016	15회 2017	16회 2018	17회 2019	18회 2020	19회 2021	20회 2022	21회 2023	22회 2024
1	1	1	2	2	2	2	2	2	3	2	2	3

출제 비중	출제 논점		
	1순위 ☺	2순위 ※	3순위 ☆
1 2 3	① 사회복지정책의 목적, 목표, 필요성, 특성, 기능 ② 사회복지의 주체 논의: 시장실패 vs 정부실패	① 사회복지정책의 기능: 소득재분배의 유형 ② 복지다원주의(복지혼합)	① 사회복지정책의 기본원리: 연대성

1순위 스마일표시(☺) : 출제 빈출도가 높은 부분으로 무조건 시험에 출제되는 영역
2순위 당구장표시(※) : 나왔다 안 나왔다 하는 영역이지만 출제가능성 높은 영역
3순위 별 표(☆)　　　 : 출제 된 적이 있긴 하지만 다시 출제될 가능성은 다소 떨어지는 영역

MAP

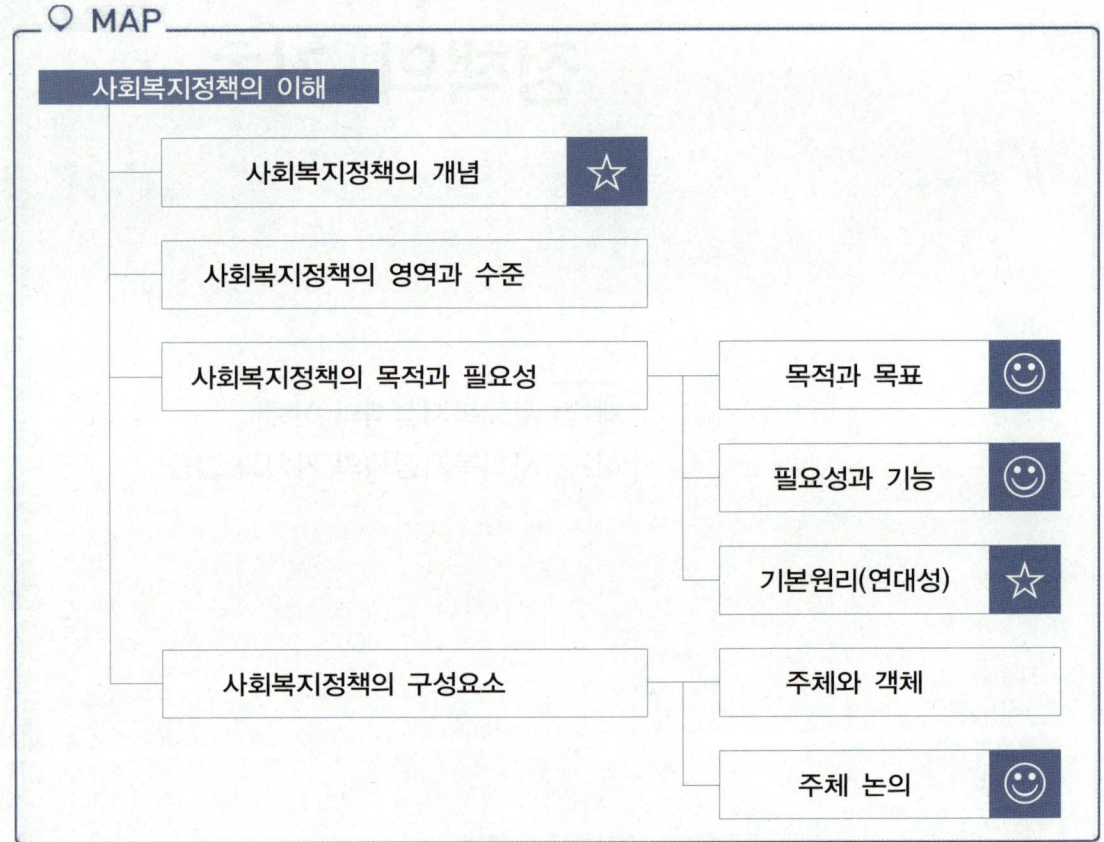

01 사회복지정책(social welfare policy)의 개념

1 사회복지정책을 사회복지와 정책의 합성어로 보는 입장

(1) 사회복지의 개념

① **어의적 개념** : 사회적(social)이란 형용사와 복지(welfare)라는 명사의 복합명사
  ㉠ 사회적(social)의 개념은 '지역사회나 집단 속에서 함께 지내다'라는 의미이며, 복지(welfare)는 well(만족스럽게, 잘…)과 fare(지내다, 살아가다)의 합성어로 '만족스럽게 지내는 상태, 건강하고 행복하며 안락한 상태, 안녕(well-being)'의 의미이다.
  ㉡ 사회적으로 만족스러운 상태를 의미하며 그것을 지향하는 실천적 활동을 포함한 개념으로, 공동체 사회에서 사회 내적인 관계를 기초로 구성원들의 전생애에 걸쳐 건강하고 안락한 바람직한 삶을 추구하는 사회적 노력이다.

■ 어의적 관점: Social + Welfare ■

사회적(Social)	복지(Welfare)
• 사회 안에서의 삶의 질을 의미 • 개인, 집단, 사회 전체 간 **사회 내적인 관계** • 인간관계를 잘 한다는 사교적이라는 의미와 동일 • 물질적이거나 영리적인 요소보다는 **비영리적인 속성**을 가짐 • 이타적 속성의 **공동체적 삶의 요소를 중시**하는 것	• 불만이 없는 상태, 만족할 만한 상태 • 안락하고 만족한 상태 또는 이를 달성해 가는 과정

사회복지(Social Welfare)
인간이 만족스러운 삶을 영위할 수 있도록 하는 개인적 차원의 노력과 제도적 차원의 원조를 모두 포괄하는 의미

② **사회복지 대상에 따른 개념**
  ㉠ **협의의(한정적) 사회복지 ≒ 잔여적·선별적(예외주의) 사회복지** : 사회복지의 대상을 사회적 약자 계층과 요보호 대상자들로 한정지어 실천하는 소극적 개념을 의미하며, 대상으로 사회적·경제적 생활곤란자, 국가부조를 받는 저소득층, 아동, 노인, 장애인 등 기타 원조를 필요로 하는 자들이 된다.
  ㉡ **광의의 사회복지 ≒ 제도적·보편적(보편주의) 사회복지** : 모든 사회구성원 전체의 복지를 정부나 사회가 책임지는 것을 의미하며, 사회적인 제반 서비스를 체계적으로 조직화하는 공공정책과 사회보장제도를 포괄하는 개념이며, 그 대상으로는 전체 국민이 된다.

■ 대상에 따른 개념: 협의의(한정적) 사회복지 vs 광의의 사회복지 ■

구 분	협의의(한정적) 사회복지	광의의 사회복지
차이점	• **사회적 약자 계층과 요보호대상자** • 사회·경제적 생활 곤란자, 장애인, 노인, 아동 • 가족·시장을 통해 복지욕구 충족하지 못한 자 • 소극적 개념을 의미(소극적 입장) ≒ **잔여적·선별적(예외주의) 사회복지**	• **모든 국민(전체 국민)의 최상의 복지와 안녕** • 사회성원 전체 • 적극적 개념을 의미(적극적 입장) ≒ **제도적·보편적(보편주의) 사회복지**
공통점	• **국가나 사회(공공과 민간) 노력 모두 포함**, 국가와 사회가 책임지는 것 • ~ 예방서비스, 치료와 예방	

③ **기능적 정의 : 윌렌스키와 르보(Wilensky & Lebeaux)의 개념 정의** [②⑧②]

윌렌스키와 르보(Wilensky & Lebeaux)는 『Industrial Society and Social Welfare』의 저서에서 사회복지의 개념을 기능적인 관점에서 '잔여적' 개념과 '제도적' 개념으로 설명하였다.

㉠ **잔여적(residual) 사회복지**

㉮ 사회복지제도란 **가족 또는 시장과 같은 정상적인 공급구조가 제 기능을 발휘하지 못하는 경우에 파생되는 문제를 해결하기 위해 활동을 시작하는 것**으로 본다.

㉯ 개인의 욕구를 충족시켜 주어야 하는 가정이 가장의 실직이나 병고로 제 기능을 하지 못하거나, 시장체계가 경기침체나 그 밖의 요인으로 인하여 제 기능을 하지 못할 때 **사회복지가 가정이나 시장체계를 대신하여 개입하게 되는** 것이다.

㉰ 사회복지는 보충적, 일시적, 임시적, 혹은 대체적인 성격을 지니며, **비상대책으로서의 기능을 수행하므로 가정이나 시장체계가 그 기능을 회복했을 때에 개입을 중단하게 된다.**

　　☒ 제도적 개념에 따르면 가족과 시장에 의한 개인의 욕구 충족이 실패했을 때 국가가 잠정적·일시적으로 그 기능을 대신한다.(X)

㉱ 사회복지활동이 **사회를 유지하고 발전시키는데 필수적 기능을 수행하지 않는다.**

㉲ 사회복지의 혜택을 받는 사람은 대체로 다른 사람보다 약하고 적응을 잘 하지 못하는 비정상적이고 병리적인 사람으로 간주되며, 이로 인해 **사회복지 수혜자는 시혜(dole)나 자선(charity)을 받는 사람이라는 낙인(stigma, 오명)이 찍히기도 한다.**

㉳ 잔여적 개념의 사회복지를 반영하는 대표적인 사회복지프로그램은 **공공부조 프로그램**이다.

㉡ **제도적(institutional) 사회복지**

㉮ 사회복지는 사회를 유지하기 위한 사회구성원의 상부상조로서, **다른 사회제도가 수행하는 기능과 구별되며 독립적으로 수행**한다. 즉 사회복지는 그 사회의 '**제일선의 기능(first line function)'을 수행**하는 것으로 본다.

㉯ 사회복지는 **현대 산업사회에서 사람들이 만족할 만한 수준의 삶과 건강을 누릴 수 있도록 하는 제도적 기능을 수행하는 것**으로 보며, 이 개념에서는 복잡한 현대사회에 있어서 각 개인이 자신의 능력과 자아를 최대한 계발하고 발전시키기 위해 **사회복지의 혜택을 받는 것은 정상적이라고 본다.**

ⓒ 사회복지를 제도적 관점에서 볼 때 사회복지는 잔여적 개념의 소극적인 입장에서 벗어나 **적극적 입장에서의 사회통합기능**을 지니게 된다.
ⓓ **연금제도나 건강보험제도와 같은 사회보험제도들**이 제도적인 사회복지를 반영하는 대표적인 사회복지 프로그램이라고 할 수 있다.

■ 잔여적 사회복지와 제도적 사회복지의 비교 ■

구 분	잔여적(residual) 사회복지	제도적(institutional) 사회복지
시대 배경	前 산업사회(전통사회) ← 산업화 →	산업사회
기능구분	• 안전망 기능만 수행, 보충적(다른 제도의 종속적 제도), 일시적, 대체적	• 제일선의 기능(독자적인 기능과 역할), 제도적 기능 → 1차적 기능 : 상부상조
사회적 가치	• 개인주의 (정)보수주의 (경)자유방임주의 • 간섭받지 않는 자유, 개인주의, 시장경제원칙을 기본가치로 자본주의 정신에 충실	• 집합주의 (정)자유주의, 사민주의 (경)수정자본주의 • 평등의 구현, 빈곤으로부터의 자유, 우애를 기본적인 가치로 함
전 제	• 가족과 시장(사회체제)의 완전성 • 정부실패(정부의 비효율성) 전제	• 가족과 시장(사회체제)의 불완전성 • 시장실패(시장의 비효율성) 전제
사회문제 원인	• 개인의 책임(개인적 결함) ⇒ 과실자기책임의 원칙	• 사회구조적 책임 ⇒ 무과실책임(집합적 책임)
대상 및 결정방법	• 한정적 개념(특수계층이나 계층에 한정) • 선별주의(예외주의) 원칙 ↳ 국가 책임 최소화	• 광의적 개념(모든 국민에게 제공) • 보편주의 원칙 ↳ 국가 책임 점차 확대
빈곤의 해결	• 개별적 해결, 사후·치료적	• 집단적·제도적 해결, 사전·예방적
처 방 (기술 및 정책수단)	• 임시구제(응급처치적 요소) • 공공부조, 메디케이드(Medicaid) • 비기여·무기여, 일반조세	• 제도적 조치 • 사회보험 • 기여금, 수익자 부담 원칙
빈곤수준	• 절대적 빈곤의 개념에 따라 빈곤 수준을 낮게 책정	• 상대적 빈곤의 개념에 따라 사회적 박탈감을 인정하여 빈곤의 수준을 높게 책정
개입 기간	• 부조는 일시적 개선, 가능한 일찍 종결 (가족시장 기능회복하면 개입중단)	• 서비스는 예방과 재활을 강조하는 제도화로 영구적일 수 있음
사회복지 수혜자	• 사회복지수혜자 : 시혜자선 받는 사람, 비정상적 → 병리적 관점 • 사회적 낙인(stigma) 수반	• 사회복지수혜자 : 권리로서 받음, 정상적 • 사회적 낙인(stigma) 없음

※ 잔여적 개념은 작은 정부를 옹호하고 시장과 민간의 역할을 중시하는 보수주의자들의 선호와 맥락을 같이한다.(O)

③ **이념적 정의**

라이언(Ryan, 1971)은 사회복지의 이념적 토대를 근거로 예외주의(exceptionalism)와 보편주의(universalism) 입장에서 접근하였다.

㉠ 예외주의(exceptionalism) = 선별주의(selectivity)
  ㉮ 사회(복지)문제란 **특정범주**(빈민, 노인, 장애인, 소년소녀가장 등)**에 속한 사람들에게서 예측할 수 없게 발생하는 것**이며, 사회규범에 비추어 볼 때 다분히 예외적이고 개인의 결함, 사고, 불행한 상황 속에서 발생하는 것으로 이를 해결하기 위한 수단도 자연히 **개별적 접근방법**에 의해야 한다고 보는 것이다.
  ㉯ 사회복지서비스가 **개인적 욕구에 근거를 두고 제공되며 자산조사에 근거하여 최소한의 기준에 미치지 못하는 사람에게만 급여를 제공**한다.
  ㉰ **잔여적 복지개념에 입각**하여 자격요건이 결핍의 입증, 즉 다른 정상적 체계의 붕괴를 입증하는 데 기초를 두고 있다.
  ㉱ **개인주의 사상**(정치적으로 보수주의기반, 경제적으로 자유방임주의 기반)**에 영향**을 받았다.
  ㉲ '잔여적 복지국가 모형'에 가깝다.
㉡ 보편주의(universalism)
  ㉮ 사회(복지)문제의 발생 원인을 **사회체제**(가족이나 시장)**의 불완전성과 불공평성**에 두고, 이러한 문제의 발생은 그 예측이 가능하고 공공의 노력으로 예방 내지 문제해결이 가능하다고 보는 이념이다.
  ㉯ 전 국민을 사회복지의 대상자로 삼는 것을 말하는데, **시민권에 입각해 하나의 권리로 복지서비스를 제공**하고, 복지 수혜자격과 기준을 균등화한다.
  ㉰ **제도적 복지개념에 입각**하여 특정 대상들만 수급권이 주어지는 것이 아니라 모든 시민이 사회적 권리로서 사회복지서비스를 받을 수 있다는 원리이다.
  ㉱ **집합주의 사상**(정치적으로 사회민주주의, 급진주의 등)**에 영향**을 받았다.
  ㉲ '제도적 복지국가 모형'에 가깝다.

■ 이념적 정의(Ryan) : 예외주의와 보편주의 ■

구 분	예외주의(exceptionalism)	보편주의(universalism)

주요 내용	• 가족과 시장(사회체제)의 **완전성**을 전제
	• 예외적인 사람들에게 예측할 수 없게 발생
	  ↳ ∴ **개별적 접근, 개인욕구에 따라 자격제한**
	• 사회복지를 시혜(dole)나 자선(charity)으로 간주
	• **잔여적 복지개념에 입각**
	• 개인주의 사상에 영향 받음
	• **정부실패**(정부의 비효율성) 전제
	  ㉾ 공공부조, 공공임대주택 등
		• 가족과 시장의 **불완전성과 불공평성**을 전제
		• 문제발생 예측가능
		  ↳ ∴ **모든 사람이 권리로서 존중**
		• 사회복지를 **시민권에 입각한 권리**로 간주
		• **제도적 복지개념에 입각**
		• 집합주의 사상에 영향 받음
		• **시장실패**(시장의 비효율성) 전제
		  ㉾ 보편적 연금, 사회보험 등

장점	• 목표(대상)효율성이 높음 • 개인욕구에 따라 자격제한 → 비용효과성 有 • 제한적 급여제공 : 특정 욕구 대상자들에게 집중적 자원할당	• 운영 효율성이 높음(행정절차용이) • 사회결속력·사회통합증진 → 사회적 효과성 有 • 정치적 이점 : 포괄성 원칙으로 정치적 지지 이끌어 내는데 유리

단점	• 운영 효율성이 낮음 → 자격요건 심사 복잡한 절차로 **행정운영비용多** • 수급자들에게 **낙인감과 수치감(stigma)을 주고 사회통합저해** • 부정수급자 예방 위해 지속적 감시 • **정치적 지지기반 협소**	• **목표효율성이 낮음** • 한정된 자원의 효과적 사용 한계 • **경제적 효율성이 낮음**
비교	• 예외주의 : 잔여적 복지, 개인주의, **정부실패(정부의 비효율성)**, 개인적 욕구 근거, 목표효율성↑, 운영효율성↓ • 보편주의 : 제도적 복지, 집합주의, **시장실패(시장의 비효율성)**, 시민권 입각 권리, 목표효율성↓, 운영효율성↑	

(2) 정책(Policy)의 개념

특정 목적을 달성하기 위해 필요한 행동들의 원칙, 지침, 일정한 계획, 조직화된 노력이다.

■ 제 학자들의 정책에 대한 정의 ■

학 자	정 의
티트머스(Titmuss)	주어진 목표에 지향된 행동을 지배하는 원리
라스웰과 카플란 (Lasswell & Kaplan)	목표, 가치 및 실천에 관한 프로그램
프레스맨과 윌다프스키 (Pressman & Wildavsky)	목표 및 그것을 실천하기 위한 행동 지침
칸(Kahn)	지속적인 계획(standing plan), 장래 의사결정의 지침이거나 결정의 연속선
레인(Rein)	계획선택의 실체(substance of planning choice)
길버트와 스펙트 (Gilbert & Specht)	공·사의 기관에 있어 행동의 방향이나 계획의 기초를 이루는 결정과 선택

(3) 사회복지정책의 일반적 정의

① 사회문제의 해결 또는 사회적 욕구 충족과 같은 주요한 기능들을 수행하는 사회제도로서의 **사회복지를 달성하기 위한 행동들(프로그램, 서비스, 제도 등)의 원칙, 지침, 일정한 계획, 조직화된 노력**이다.
② **협의의 개념은** 국가와 지방자치단체가 계획하는 사회복지의 계획과 방침으로 한정하지만, **광의의 개념은** 국가와 지방자치단체 이외에 기타 공공기관, 민간복지기관이 추진하는 사회복지의 계획과 방침을 모두 포함한다.
③ 사회복지정책은 국민의 복지증진을 위해 복지국가가 사용하는 수단이다.

2 국가별 차이점을 중시하는 입장

(1) 독일의 사회정책 개념
① 사회정책이란 용어가 일반화 된 것은 Wagner, Schmoller 등 **강단사회주의자 또는 국가사회주의자(state socialism)가** 중심이 되어 '사회정책학회'를 창립한 이후이다.
② **계급정책·노동(통제)정책으로서의 사회정책** 전통이 이어져 노동조건을 규제하는 노동법이 사회복지프로그램에서 중요한 위치를 점하고 있다.
→ 국가의 사회개량정책 이상으로 노동계급에 대한 정략적 행위로서의 정치적 의의를 내포
③ 국민 개개인이 시민으로서가 아닌 사회보험의 피보험자로서만 사회복지급여를 제공받을 수 있을 정도로 **사회보험의 비중이 크다.**

(2) 영국의 사회정책 개념
① 독일의 사회정책이나 미국의 사회보장보다 훨씬 포괄적으로 사회보장뿐만 아니라 보건의료(건강), 주택, 교육, 고용 및 가족정책까지 포함한다.
② 사회정책을 제도로 말할 때는 사회서비스(social services)라고 하며, **사회정책의 범위를 전 세계에서 가장 넓게 본다.**

(3) 미국의 사회정책 개념
① 우리의 사회복지정책과 유사한 개념으로 사회보장(social security)이라는 개념이 좀 더 자주 쓰이고 있다.
② 미국의 사회정책은 영국의 경우와 달라서 **개인주의적 복지정책**이라 할 수 있다.

(4) 스웨덴, 노르웨이 등 스칸디나비아 국가들 [⑭]
① 모든 시민을 대상으로 한 평등한 급여와 서비스를 국가의 일반재정을 사용하여 제공함으로써 **보편주의·연대주의적 사회복지정책을 발전시켜왔다. → 사회민주주의 모형**
② 정부의 일반재정을 사용한 프로그램이 많기 때문에 높은 수준의 재분배를 달성할 수 있었으며, **성장과 분배를 성공적으로 조화시켜온 것으로 평가**되고 있다.

(5) 소결 : 국가별 사회복지정책의 개념
① **독일의 사회정책** : 자본주의 체제 유지 또는 사회적 질서의 유지를 목적으로 하는 **권위주의적 국가정책의 성격**
② **영국의 사회정책** : 국가정책이기는 하지만 질서유지가 아니라 시민의 복지(사회복지)를 목적으로 한다는 점에서 **탈권위주의적**
③ **미국의 사회복지정책** : 영국의 사회정책과 같이 사회복지의 향상을 목적으로 하되 공공(국가)복지뿐만 아니라 민간복지까지 강조한다는 점에서 **가장 탈권위주의적**

02 사회복지정책의 영역과 수준

1 사회복지정책의 영역 및 내용

좁은 의미로 소득보장, 건강, 주택, 대인적 사회서비스 등 네 가지 영역으로 구분하고, 넓은 의미로 소득보장, 건강, 주택, 대인적 사회서비스, 교육, 조세정책, 노동시장정책 등 7대 영역으로 분류한다.

사회복지정책의 영역		사회복지정책의 내용
협의의 사회복지 정책	소득보장정책	• 노령, 사망, 장해, 실업, 질병과 사고, 저임금 등으로 소득원을 상실했을 때 소득의 일부나 전부를 보상해 주는 제도 • 사회보험(연금보험), 공공부조(국민기초생활보장제도), 각종 수당제도, 고용보험, 실업급여, 퇴직금, 최저임금제도 등
	건강보장정책	• 의료비의 경제적 부담을 줄여 빈곤을 예방하는 소득보장적 국민건강보험과 노인요양보험, 의료급여 및 부조, 그리고 양질의 의료서비스를 보장하는 정책
	주택보장정책 (주거복지 정책)	• 주택의 열악한 환경과 관련하여 질병, 가족해체, 정신적 스트레스 등의 문제를 사전에 예방하기 위한 것 • 주택저당대부제도, 저소득층 주거보장을 위한 공공임대주택사업 및 무주택자 지원사업, 국민주택, 주거환경개선사업 등
	대인적 사회서비스	• 사회복지서비스정책은 아동, 청소년, 장애인, 노인, 여성 등 사회적 약자를 대상으로 하는 대인적(對人的) 사회복지서비스(personal social service)를 말한다. • 사회복지사업법에 명시된 각종 **사회복지서비스** 지원 등
광의의 사회복지 정책	교육보장정책	• 국민의 지적 수준을 향상시키면서 경제성장을 촉진하는 데 그 목표를 둔다. • 의무교육제도, 국민기초생활보장급여 중 교육보호, 영유아보육, 저소득 중·고등학교 재학생 학비지원, 학교급식, 산업체 부설학교, 장학금제도 등
	조세정책	• 실질적으로 소득보장의 기능을 하고, 불평등을 완화시킨다. • **부(負)의 소득세[NIT, Negative Income Tax, 역(逆)소득세], 근로소득공제제도(EITC)**, 각종 세금감면정책 등
	노동시장정책	• 자본주의 사회의 자본과 임금노동 사이의 관계에서 발생하는 모든 문제는 노동문제로, 그 사회의 모순적 구조를 전형적으로 반영하는 핵심문제이다. • 고용정책, 노사정책, 임금정책, 사회보장, 산업복지, 고용보험 중 고용안정사업, 직업능력개발사업 등

2 사회복지정책의 수준(Popple and Leighninger, 2008)

① **거시적 수준(macro level)의 정책** : 이 정책은 사회복지서비스나 급여의 기본적인 틀을 제공하는 법령이나 지침을 의미
② **중간수준(mezzo level)의 정책** : 이 정책은 기관들이 스스로의 운영에 필요한 원칙을 설정하는 행정적인 정책으로, 복지서비스를 전달하는 일선의 공공 혹은 민간기관들이 법령이나 지침에 따라서 특정 프로그램의 시행을 위한 구체적인 절차나 내부 규칙들을 마련하는 것
③ **미시적 수준(micro level)의 정책** : 이 정책은 사회복지실천가와 같은 개인이 거시적, 중간수준의 정책들을 수급자에 대한 실질적인 서비스로 변화시킬 때 발생하는 것으로, 실천가의 개인정책

03 사회복지정책의 목적, 필요성, 기본원리

1 사회복지정책의 목적과 목표

(1) 사회복지정책의 목적

① 인간다운 생활을 통해서 인간의 존엄성은 유지·확보되고 인간 존엄성은 사회복지정책의 최고의 목적이 되는 것이다.
② 우리나라 헌법 제34조 "모든 국민은 인간다운 생활을 할 권리를 가진다."를 중심으로 하는 구체적인 사회복지관련 규정을 설정해 놓고 있다.

(2) 사회복지정책의 목표

① **정책의 목적**은 일반적이고 추상적인 반면에, **정책의 목표는 세부적이고 구체적이고 조작적(operational)이고 직접 측정이 가능해야 한다.**
② **사회복지정책 목표의 다양한 형태**
  ㉠ 정책목표는 정책이 실현되는 시기에 따라 **장기적 목표와 단기적 목표** → 빈곤문제를 해결하기 위한 아동의 교육은 **장기적인 목표**, 극빈자에 대한 현금 지급은 **단기적인 목표**
  ㉡ 정책목표는 명확하게 **공표된 목표와 잠재적으로 숨어있는 목표** → 빈곤문제를 해결하는 정책은 저소득층 지원 정책이 **공표된 목표**, 사회의 안정과 정치체제의 지지 확대는 **숨어있는 목표**
  ㉢ 정책목표는 **의도한 목표와 의도하지 않은 목표** → 정책이 집행되면 의도하지 않은 부수적인 효과(side effect)가 발생(노인복지의 수혜자는 노인, 부양하는 성인 자녀도 2차적인 수혜자)
③ 사회복지정책의 목표 형태(한국사회복지행정학회, 2007)
  ㉠ 기본적 목표 : 개인적, 집단적 측면
    ㉮ 인간의 존엄성 유지
    ㉯ 자립성 유지
    ㉰ 개인적 성장과 계발

ⓒ **사회 기능적 목표** : 사회 전체적 측면
  ㉮ **사회통합과 안정** : 다른 사회제도가 제 기능을 상실하였을 때, 사회 전반에 걸쳐 질서와 안정, 통합에 기여한다.
  ㉯ **경제성장과 안정** : 사회복지서비스는 노동력의 질적 수준을 향상시켜 경제성장에 플러스 효과를 주며, 사회복지재원은 경기변동에 영향을 미쳐 경기를 안정화시키기도 한다.
  ㉰ **정치적 안정** : 불평등과 사회적 갈등을 해소시켜 정치적 안정을 가져다준다.

2 사회복지정책의 필요성과 기능

(1) 사회복지정책의 필요성과 특성 [②⑥⑨⑭㉑]

① **사회복지정책의 필요성**
  ㉠ 인간의 존엄성 유지와 생존권의 보장(최저생활보장)
  ㉡ 빈곤의 경감
  ㉢ 평등의 증진(소득재분배의 추구)
     ✗ 개인적 선택의 기회 극대화(×)
  ㉣ 사회적 배제의 배제를 통한 사회통합의 증진(사회연대의식에 기초)
  ㉤ 사회적 안정의 증진
  ㉥ 개인의 자립성의 유지 및 증진
  ㉦ 개인의 성장과 개발
  ㉧ 사회문제 해결
  ㉨ 사회정의의 확립
  ㉩ **시장실패를 전제**
     ✗ 효율적인 시장체계 구축(×), 경제적 효율성(×)

② **사회복지정책의 특성** [⑭⑯⑰]
  ㉠ 인간지향적 특성
  ㉡ **개별적 욕구충족(욕구충족의 개별성)**, 직접적 욕구충족(욕구의 직접적 해결), 소비적인 욕구해결
  ㉢ 국민최저생활을 보장
  ㉣ 비용과 편익의 균형성(비용과 효용의 양면성)
  ㉤ **일방적 제공(unilateral transfer, 일방적 이전*)** : 혜택을 받기 위해 어떤 조건이나 노력을 하지 않아도 일방적으로 제공해주는 정책들을 추구
     ✗ 사회복지서비스에서의 교환은 쌍방적이며, 급여에 대한 대가를 반드시 지불해야 하는 이전(移轉)관계이다.(×)
  ㉥ **사회적 선택성(가치판단적 특성)** : 사회구성원들의 선호나 가치를 반영해야 하는 특성
     ✗ 가치중립적(×)

> **일방적 이전(unilateral transfer)**
> 재화나 서비스의 제공자가 그 재화나 서비스의 수급자로부터 특정한 물질적 혹은 비물질적 대가를 받지 않고 주는 것을 말한다. 반면, 시장에서의 교환은 쌍방적(bilateral)이며, 이는 특정한 이득을 받으면 반드시 그것에 대한 대가를 지불해야 하는 이전관계이다.

- ⊗ **시장논리보다 정치논리에 좌우되는 특성** : 자원을 갖게 되는 것은 정치논리(political status, 시민이 자원을 가질 자격이 있다는)에 달려 있음
- ⊙ **욕구의 비시장적 해결** : 시장기제 밖에서 결정되는 분배, 즉 2차적 분배에만 관여하는 것
- ㊂ 소득의 재분배성
- ㊄ 공식적인 문제 해결(욕구해결의 공식성)
- ㊀ **욕구의 비영리성** : 기본적으로 영리를 추구하기보다는 문제를 겪고 있는 대상의 문제 해결에 초점을 두고 행하는 활동
- ㊆ 사회구성원의 불만해소로 인한 사회통제, 정치적 정당성의 확보에 의한 정치적 안정
- ㊇ 개인의 자립성을 강조
- ㊊ 사회연대의식에 기초

(2) 사회복지정책의 기능 [④⑧⑬⑭⑮⑲]

① **사회복지정책의 일반적 기능**
   ㉠ **사회통합과 정치적 안정화 기능** [⑲]
   ㉡ **국민의 최저생활 보장 기능** [⑲]
   ㉢ 사회문제 해결과 사회적 욕구의 충족
   ㉣ **경제순환과 사회복지정책의 기능**
      ㉮ **경제성장과 조정**
         ⓐ 사회복지정책이 경제성장에 긍정적 효과를 가져오는 요인은 사회복지활동을 통해 **인적 자본의 질적 수준이 향상되기 때문**이다.
         ⓑ 경기가 가열되면 조세나 사회보장비 부담을 증가시켜 경기를 진정시킬 수 있으며 **불황 시에는 부담을 감소시켜 경기를 자극시키는 효과**를 얻을 수 있다.
      ㉯ **자동안정화 기능** : 경기가 상승하면 경기가 과열되지 않도록 막고 경기가 하락하면 지나치게 하락하지 않도록 막아주는 역할이 중요하다. [⑲]
      ㉰ **자본축적 기능** : 연금제도를 **적립방식**으로 운영하는 경우 자본축적 효과가 발생한다.
      ㉱ **경제정책과 사회복지정책과의 관계** : 경제적 활성화를 위한 영양분이 바로 복지정책이며, 복지정책은 경제적, 재정적 토양이 없으면 불가능한 것이다. 즉 삶의 질을 향상시키기 위한 방법으로는 **경제정책과 복지정책이 서로 상생적인 역할과 기능**을 한다.
         ⓐ 사회복지정책은 그 나라의 경제정책에 의해 절대적 영향을 받는다. 경제정책에 의해 정부예산이 세워지고, 경제정책이 얼마나 성공하느냐에 따라 한 나라의 경제성장이 좌우되며, 경제성장에 따라 분배정책의 성공 여부도 달려있다.
         ⓑ 사회복지정책은 경제를 촉진시킨다. 즉 경제를 촉진시키는 것은 경제제도가 아니라 노동력을 보유한 사람이며, 변화하는 사회적 요구에 건강한 노동력을 통해 지속적으로 대처하기 위해서는 적절한 복지제도가 필요하다.
         ⓒ 신자유주의자들은 사회복지정책이 경제성장의 걸림돌이라고 보지만, 케인즈가 규명한 바와 같이 사회복지정책은 유효수요를 창출하여 경제활동을 진작시킨다.

> **OIKOS UP** 케인즈(J.M.Keynes)의 경제이론 [⑰]
>
> ① 고전파 경제학에서는 실업은 기업주와 노동자 간 임금계약에 의해 좌우된다고 보았지만, 케인즈는 실업이 유효수요(투자 + 소비)에 좌우된다고 보았다.
>   ㉠ 고용 증가 → 소득 증가 → 소비행위(유효수요) 증가
>   ㉡ 소비행위(유효수요) 감소 → 소득 감소 → 고용 감소(실업 증가)
> ② 고전파 경제학에서는 저축의 증가는 이자율을 인하시키고, 이자율의 인하는 투자를 촉진시킨다고 보았다. 그러나, 케인즈는 저축은 퇴장이며, 퇴장은 투자를 증가시키는 것이 아니라 실업을 증가시킨다고 보았다(저축 증가 → 투자 감소 → 고용 감소).
>   ✗ 케인즈 경제이론에 관한 설명 – 소득이 증가하면 저축이 감소하고, 투자의 감소로 이어진다.(×)
> ③ 부와 소득의 불평등은 사회적 해악으로 보았다. 부유층이 소비하고 남은 부분이 저축을 증가시키고, 이는 소비감소와 투자감소로 이어지며 실업을 증가시킨다.

　　㉤ 개인적 자립과 성장(개인의 잠재 능력 향상)
　㉥ **사회복지계정의 기능** : 정태적 기능과 동태적 기능
　　㉮ **사회복지계정(social budget)** : 매년도 사회복지정책의 일환으로 소요되는 전체 비용의 내역을 각각 급여지출의 총액과 재정수입의 총액으로 구분하여 작성한 통계자료를 의미
　　㉯ **사회복지계정의 기능** : 사회현상에 대한 정보를 제공하는 정태적 기능과 사회현상의 개선을 목표로 하는 정책적 의사결정에 도움을 주는 동태적 기능 수행
　㉦ **사회통제(social control) 기능** : 자본주의적 사회규범과 지배가치에 순응하는 시민의 양성, 사회문제에 신속히 대응하여 사회가 혼란에 빠지는 것을 예방하는 기능이다.
　㉧ 사회질서의 형성과 교정 기능
　㉨ 재생산의 보장 기능
　㉩ 사회화의 기능
　㉪ 소득 재분배(사회복지정책의 분배적 기능, 2차적인 배분기능) [⑲]
　　✗ 1차적인 배분 기능(×), 1차적으로 소득이 분배되는 것(×)
　　✗ 소득재분배는 1차적으로 시장을 통해서 발생한다.(×)

> **주의**
>
> 사회구성원 모두가 동의할 수 있는 공정한 분배를 위한 정책방향을 설정함에 있어서 2가지 원칙이 있다(이정우, 2002). **첫째, 능력의 원칙(능력에 따른 배분)은** 사회적 부가가치의 분배가 생산과정에서 개인이 수행한 기여도에 비례하도록 하는 사상을 바탕으로 하고 있다. 여기서 평등의 관점은 개인별 생산의 기여도와 분배의 몫이 상호 일치하도록 하는 것을 의미한다. **둘째, 필요의 원칙(필요에 따른 배분)은** 소득의 분배가 생산과정에서 개인의 기여도에 상관없이 인간의 욕구수준에 준하여 평등하게 이루어질 수 있도록 하는 사상을 바탕으로 하고 있다. 일반적으로 소득은 인간의 생존이나 복지욕구를 충족하는 수단으로 활용되므로 필요의 원칙은 소비욕구를 분배의 기준으로 채택하게 된다.
> ✗ 사회복지정책의 기능 – 능력에 따른 배분(×), 능력에 비례한 배분 원칙(×)

제1장 **사회복지정책의 이해**

② **사회복지정책과 소득재분배** [⑨⑬⑮⑲⑳㉒]

> - 급여산정 시 저소득층에 유리하게 설계 되어 있기 때문에 급여지출이 국민소득에서 차지하는 비율이 클수록 소득재분배 효과는 크게 나타남
> - 사회적 위험에 노출될 가능성이 높은 계층은 소득이 낮은 계층에 집중되어 있기 때문에 보호하고 있는 사회적 위험의 종류가 많을수록 소득재분배 효과는 증가
> - 사회보장제도의 적용범위를 특정 산업, 직종, 계층에 따라 달리하면 소득재분배 효과는 상이하게 나타남

㉠ 공적 메커니즘과 사적 메커니즘
  ㉮ **사적 소득이전**(private transfer) : 민간부문 안에서 자발적 동기에 의해 이루어지는 현금이전 [⑮㉒]
    ⓔ 가족구성원 간의 소득이전이 가장 중요한 사적 재분배 메커니즘이고, 친인척이나 친지간의 소득이전, 각종 민간보험이나 기업복지
    ⓧ 소득재분배는 조세를 통해서만 발생한다.(×)
  ㉯ **공식 소득이전** : 정부의 소득이전 메커니즘 ⓔ 사회보험, 사회복지서비스, 조세

㉡ Webb은 사회보장의 소득재분배효과를 다음과 같이 세 가지로 구분
  ㉮ **수직적 재분배**(vertical redistribution) [⑬⑯⑲⑳㉒]
    ⓐ 부자로부터 빈민으로의 소득이전(고소득층 대 저소득층) ⓔ 공공부조
    ⓑ 소득계층들간의 재분배형태인 수직적 재분배는 **누진적이거나 역진적인 형태**를 취할 수 있다. → 부자에서 빈민으로의 소득이전의 긍정적 재분배와 빈민으로부터 부자로의 소득이전인 부정적 재분배로 구분
    ⓧ 사회적 취약계층을 대상으로 하는 사회복지서비스는 수직적 재분배 효과가 있다.(○)
    ⓧ 수직적 재분배의 예로 공공부조제도를 들 수 있다.(○)
  ㉯ **수평적 재분배**(horizontal redistribution) [⑬⑯⑲⑳㉒]
    ⓐ 유사한 총소득을 가진 가족 간의 소득이전
    ⓑ 집단 내에서 위험발생에 따른 재분배 형태(고위험집단 대 저위험집단)
    ⓔ 사회보험, 동일한 소득계층 내에서 건강한 사람으로부터 질병자로(건강보험), 자녀가 없는 계층으로부터 자녀가 있는 계층으로(가족수당), 취업자로부터 실업자에게로(고용보험), 사고를 당하지 않은 사람으로부터 사고를 당한 사람에게로(산재보험) 소득이 재분배되는 형태
    ⓧ 위험 미발생집단에서 위험 발생집단으로 소득이 이전되는 것은 수평적 소득재분배에 해당한다.(○)
    ⓧ 수평적 재분배는 누진적 재분배의 효과가 가장 크다.(×)
  ㉰ **우발적 재분배**(contingency redistribution) : 특정한 우발적 사고(재해, 질병 등)로 고통받는 자로의 소득이전. 소득집단 간의 소득이전이 아니라 우발적인 사고를 당하지 않은 집단으로부터 우발적 사고를 당한 집단(contingency group)으로의 소득이전

㉢ Titmuss는 소득재분배가 일어나는 시간을 기준으로 하여 장기적 재분배와 단기적 재분배 [㉒]
  ㉮ **단기적 재분배**(immediate redistribution) : 현재 드러난 사회적 욕구의 충족을 위해 현재의 자원을 사용하여 소득재분배를 기하는 것 ⓔ 공공부조
    ⓧ 단기적 재분배는 적립방식 공적연금을 들 수 있다.(×)
  ㉯ **장기적 재분배**(redistribution in command-over-resources in time) : 생애(time-span)에 걸쳐 발생하는 재분배. ⓔ 적립방식(fund system)의 연금

ⓛ 세대 내 재분배와 세대 간 재분배 [⑤⑯②]
  ㉮ 세대 내 재분배(intra-generational redistribution) [⑬]
    젊은 시절의 소득을 적립해 놓았다가 노년기에 되찾는 것과 같은 **한 세대 안에서 재분배**
    ⓔ 적립방식
    ⊗ 세대 간 재분배는 적립방식을 통해 운영된다.(×)
  ㉯ 세대 간 재분배(inter-generational redistribution) [⑬②]
    한 세대에서 다음 세대로의 소득이전(**현세대 대 미래세대, 노령세대 대 근로세대**)
    ⓔ 부과방식연금(pay-as-you-go-system, PAYGS)
    ⊗ 세대 내 재분배에서는 한 세대에서 다음 세대로 소득이 이전된다.(×)

ⓜ **시간적 소득재분배와 사람 간 소득재분배** [⑤]
  ㉮ **시간적 소득재분배** : 한 개인(또는 가계)의 생활 소득에 따른 시간적인 소득재분배를 뜻한다. 즉 근로자가 자신의 일생의 소득을 전체 인생으로 나누어 소득을 재분배하는 의미이다.
    ⓔ 인생의 기간 중 높은 소득 시기에서 낮은 소득 시기로, 건강한 시기에서 병약한 시기로, 안정적 근로생활 시기에서 불안정한 소득시기로 소득을 이전함으로써 소득재분배에 의해 생애 전반에 걸쳐 안정적인 생활을 영위하도록 하는 기능
  ㉯ **사람 간 소득재분배** : 개인의 최초 소득상태가 시장기능 한계로 인해 정당치 못하다고 판단할 때 이를 바로잡는 수단으로서 소득재분배 기능을 수행하기 때문에, **전체 국민의 소득이 정당화될 수 있도록 하는 역할을 수행하는 것이 사람 간 소득재분배**이다.
    ⓔ 수직적 재분배, 수평적 재분배, 세대 간 재분배

■ 소득재분배의 유형 ■

유 형		핵심내용	예
사적 재분배		민간부문 안에서 자발적인 동기에 의해 이루어지는 현금의 이전	친인척이나 친지간의 소득이전, **각종 민간보험이나 기업복지**
공적 재분배		정부의 소득이전 메커니즘	사회보험, 조세, **근로연계복지**
우발적 재분배		우발적 사고(재해, 질병 등)를 당하지 않은 집단으로부터 우발적 사고를 당한 집단으로 소득이전	**건강보험, 산재보험**
장기적 재분배		생애에 걸쳐 발생하는 재분배	국민연금 중 **적립방식** 연금
단기적 재분배		현재 드러난 사회적 욕구의 충족을 위해 현재의 자원을 사용하여 소득재분배를 기하는 것	**공공부조**
세대 내 재분배		• 젊은 시절의 소득을 적립해 놓았다가 노년기에 되찾는 것 • **청년기 대 노년기**	국민연금 중 **적립방식**연금
	수직적 재분배	• 동일 세대 내 + 서로 다른 소득계층 간 재분배 • 부자로부터 빈민으로의 소득이전 • **고소득층 대 저소득층**	**공공부조**
	수평적 재분배	• 동일 세대 내 + 동일한 소득계층 내 + 위험발생집단 간 재분배 • 유사한 총소득을 가진 사람 간의 소득이전 • **고위험집단 대 저위험집단**	**사회보험, 가족(아동)수당**

세대 간 재분배	· 청년세대에서 노인세대로의 소득이전 · **현세대 대 미래세대, 노령세대 대 근로세대**	국민연금 중 **부과방식**연금
시간적 재분배	· 한 개인이 안정된 근로생활 시기에서 불안정한 소득시기로 소득을 이전하는 것 · 사회구성원이 자신의 미래 소비를 위해 현재 소비를 포기하고 소득의 일부를 미래로 이전하는 것 · 인생 기간 중 **높은 소득 시기에서 낮은 소득 시기로, 건강한 시기에서 병약한 시기**	
사람간 재분배	· 전체 국민의 소득이 정당화될 수 있도록 하는 역할을 수행하는 것 · 사람 간의 소득재분배 형태는 수직적 재분배, 수평적 재분배, 세대 간 재분배로 구분하여 설명	

③ 역기능에 대한 논의

- ㉠ **국가에 의한 사회복지정책의 한계** : 대상자 선정, 전달체계의 수립 등에 많은 운영비용을 사용하게 될 때 드는 비용에 의한 비효율성이 나타난다.
- ㉡ **경제성장의 저해** : 성장의 과실을 골고루 분배하다보면 투자할 정부의 재원이 부족하게 되고, 이렇게 되면 경제성장이 저해된다고 본다.
- ㉢ **빈곤함정(poverty trap, 빈곤의 덫)** : 사회복지급여에 의존하여 근로의욕을 상실하여 빈곤에 머무르는 현상, 즉 높은 수준의 사회보장급여가 존재할 경우 자력으로 일을 해서 가난으로부터 벗어나려 하기보다는 사회보장급여에 의존하여 생계를 해결하려는 의존심이 생겨 결국 가난에 정체되어 버리는 현상을 말한다.
- ㉣ **도덕적 해이** : 보험을 염두하고 각종 위험으로부터 불감증을 가지고 보험에 가입하기 전에 비해 위험 발생을 예방하려는 노력을 덜하게 되는 현상을 말한다.
- ㉤ **실업함정(unemployment trap)** : 수급상태를 유지하기 위해 취업을 꺼리게 되는 현상으로, 실업급여는 수급자의 재취업을 위한 적극적인 구직노력을 약화시키는 근로동기 약화를 초래할 수 있다.

3 사회복지정책의 기본원리(이정우, 2002) [17][19]

(1) 연대성의 원칙과 원조성의 원칙

① 연대성의 원칙 [17]

- ㉠ **연대성의 정의**
    - ㉮ 조직 내부의 구성원 상호간 결속력 또는 유대감을 의미하며, 동료의식 및 연대의식으로 표현된다.
    - ㉯ 연대성의 수준은 특정 사안에 대해 얼마나 많은 수의 조직 구성원이 공동의 관심사로 인식할 수 있는가에 따라 차이를 보이게 된다.
- ㉡ **연대성의 원칙과 사회복지정책**
    - ㉮ 사회문제의 해결방식으로서 연대성이 가진 2가지 특성
        - ⓐ 사회문제의 해결과정에서 조직 구성원 상호간 '이타적 희생정신'을 필요로 한다는 점
        - ⓑ 사회문제에 대한 집단적 대처수단으로서 상호성, 구체적으로 '상부상조의 정신'을 바탕으로 하고 있다는 점

④ 연대성은 개인주의와 전체주의라는 일방적 논리를 지양하고 양자를 절충하는 사회철학, 즉 개인의 이해와 전체의 이해가 균형적으로 반영될 수 있도록 하는 상호주의를 바탕으로 함
  ⓐ **개인주의(individualism)** : 이기주의(egoism)의 관점에서 사회는 단지 개인의 이익을 보호하기 위해 존재한다고 인식하는 사회철학
  ⓑ **전체주의(collectivism, 집합주의)** : 이타주의(altruism)의 관점에서 사회의 이익이 개인의 이익에 우선한다는 사회철학 → 사회는 스스로의 존재 목적을 가지고 있으며, 개인과 사회 간 이해의 대립현상이 발생하게 될 경우 개인이 마땅히 전체를 위하여 희생하여야만 한다.

ⓒ 조직의 규모와 연대성의 수준
  ㉮ 연대성은 초기의 경우 공동의 관심사를 배경으로 결성된 소규모 집단의 조직연대성으로부터 출발하였다. 예 혈연 또는 자연공동체, 직장 또는 동일 직종 단위의 공제조합 등
    ⓐ 소규모 공동체를 대상으로 하는 연대성의 경우 개별적 특성을 가지고 있다. 즉 **공동체에 대한 개인의 연대의식은 당사자의 자유의지에 달려 있다.**
      - 개인은 공동체에 대한 정서적 소속감이나 심리적 유대감에 따라 연대의식의 수준을 달리 할 수 있다.
      - 또한, 개인의 연대의식은 공동체에 대한 도덕적 의무감이나 조직 내부의 강제적 규범에 의해 영향을 받을 수 있다.
    ⓑ 소규모 조직의 경우 연대성의 동원능력이 절대적으로 미흡할 뿐만 아니라, 연대의식의 수준이 개인별로 차이를 보이게 되어 근대사회 이후 대규모적으로 발생하고 있는 사회문제를 해결하기에 한계가 있다.
  ㉯ 근대적 형태의 사회복지정책은 최초로 소수의 특정집단을 대상으로 출발하여 점차 전 국민을 대상으로 확대되어 오고 있다.
    ⓐ 사회보험제도의 가입계층이 확대될 경우 사회문제의 해결능력은 그에 상응하는 만큼 향상될 수 있다.
      - 공동체의 규모가 커질수록 나눔의 효과가 증가되어 규모의 경제가 발생하기 때문이다.
      - 그러나, 가입계층의 확대는 가입자 상호간 연대의식에 부정적 영향을 미칠 수 있다.
    ⓑ **연대성의 강도는 조직 구성원 내부의 동질성과 밀접한 관련**을 가지고 있다.
      - 조직 구성원 개개인의 이해가 충실히 반영될 수 있는 소집단인 가족, 친족, 직장 동료 등의 경우 조직의 연대성이 비교적 긴밀하게 유지될 수 있다.
      - 집단의 규모가 커질수록 동질성이 희박하게 되어 구성원 상호간 연대의식이 약화되는 문제가 나타날 수 있다.
      - **자발적 차원의 연대의식이 부족하게 되는 문제에 대처하여 국가는** 연대의식의 강요, 즉 사회보험의 경우 제도의 가입과 보험료 납부의 의무 등 **강제적 규정을 동원**하게 된다.

② 원조성의 원칙
　㉠ 원조성의 정의
　　㉮ 이웃이 곤경에 처하게 되었을 경우 사람들은 그를 **진정으로 도울 수 있는 방법**을 모색하여야 할 책임이 있다.
　　㉯ 진정한 도움과 관련한 핵심적인 내용은 '사회원조의 절차'에서 찾아볼 수 있다.
　㉡ 원조성의 원칙과 사회복지정책
　　㉮ 당사자의 자구노력이 우선하여야 하며, 사회원조 또한 이러한 자구노력을 지원하기 위한 차원에서 이루어져야만 한다.
　　㉯ 개인의 자구노력이 반드시 사회원조에 우선하는 것은 아니다.
　　　ⓐ 그 이유는 일부에 있어서 사회원조가 선행되어야만 개인의 자구능력이 확보되는 경우도 있기 때문이다.
　　　　예) 고기잡이의 경우 그물과 물고기 잡는 방법에 대한 사회적 지원이 있을 때 개인의 자립이 가능
　　　ⓑ 따라서, 개개인의 사정을 고려하여 자구노력 또는 사회원조의 우선순위가 결정되어야 할 필요가 있다.
　　㉰ '사회원조의 절차'는 원조에 있어서 가족-친척-이웃-직장-자선기관-국가의 순서적 개념이 아니라, 다양한 사회원조집단 상호간의 관계에서 파악되어야 한다.
　　　ⓐ 원조주체는 피해 당사자와 심리적으로나 지리적으로 근접한 주체에게 위임하는 것이 바람직한데, 그 이유는 피해당사자의 상황이나 욕구를 비교적 용이하게 파악할 수 있고 가장 적절한 사회적 서비스를 제공할 능력이 있기 때문이다.
　　　ⓑ 국가는 원조주체에게 과도한 부담이 돌아가지 않도록 별도의 지원체계를 마련할 필요가 있으며, 일부 문제의 경우 사회 또는 국가 전체적 차원에서 해결하는 것이 바람직한 경우도 있다.

(2) 보험의 원칙, 부조의 원칙 [⑲]
　① 보험의 원칙 [⑲]
　　㉠ 보험은 특정한 위험을 집단적 노력으로 극복할 수 있도록 고안된 제도적 장치이다.
　　　예) 민간보험(상업보험), 사회보험
　　㉡ 보험의 기능
　　　㉮ 가입자 상호간 위험분산의 기능 및 위험조정의 기능
　　　㉯ 배타적 자구성의 원칙
　　　　ⓐ 경제학적 측면에서 볼 때 보험이란 일종의 상품으로 이의 소비를 통한 효용(위험으로부터의 보호)을 누리기 위해서는 사전에 적절한 가격(보험료)을 지불해야 한다.
　　　　ⓑ 가격을 지불하지 않은 사람의 경우 아무런 보험의 혜택이 제공되지 않게 된다.
　② 공급의 원칙
　　㉠ 공급의 원칙은 국가의 가부장적 역할을 바탕으로 사회문제를 해결하는 방식이다.
　　㉡ **사회문제 해결방식에 따라 사회보상의 원칙과 보편성의 원칙으로 구분**

㉮ **사회보상의 원칙** : 사회적 기여행위 또는 국가나 사회로 인한 개인의 피해에 대한 특별보상, 즉 인과성의 원리에 입각하여 사회문제를 해결하는 방식이다.
  예 국가유공자 보훈제도, 의사상자 보호제도 등
  ⓐ 상호성의 원칙이 결여되고 있다는 점, 즉 당사자의 사전적 비용부담의 여부에 상관없이 급여가 제공된다는 점에서 보험의 원칙과 차이가 있다.
  ⓑ 급여는 개인의 경제적 수준이나 사회적 신분에 상관없이 공익의 기여 또는 피해의 수준 등 정해진 일정한 요건을 충족할 경우 지급된다.
  ⓒ 해당자의 경우 당사자의 사회적 기여나 피해를 토대로 급여에 대한 당연한 법적 청구권이 인정된다.
  ⓓ 관련 제도의 운영에 따른 소요재원은 전액 정부의 일반재정에서 충당되며, 사회보험제도와 달리 국가(중앙정부)에 의해 직접적으로 관리된다.
㉯ **보편성의 원칙** : 문제발생의 원인에 상관없이 단순히 특정한 피해현상 그 자체를 대상으로 보편적인 보호가 이루어질 수 있도록 하는 방식이다.
  예 경로우대제도, 아동수당, 영국의 NHS, 덴마크의 기초연금제도 등
  ⓐ 사회계층별 신분에 상관없이 모두에게 보호의 혜택이 돌아갈 수 있다.
  ⓑ 급여의 수준이 모두에게 동등하다.
  ⓒ 전적으로 국가의 일반재정으로 운영되며, 제도의 관리 운영 또한 중앙정부에 의해 이루어진다.
  ⓓ 급여의 수준은 국가 재정부담능력을 감안하여 최소한의 기초적 욕구를 충족하는 수준에 머무르고 있다.

③ **부조의 원칙** [19]
  ㉠ 부조의 원칙은 빈곤문제를 해결하여 국민의 생존권을 보장하기 위한 수단으로 활용된다.
    예 국민기초생활보장제도
    ㉮ 생계유지의 능력이 없거나 생활이 특히 어려운 극빈계층을 대상으로 그들의 생계보호 및 자활지원을 목표로 하는 사회복지제도에 적용되고 있다.
    ㉯ 사회적 보호의 수준으로서 생존권의 범위는 육체적 생존을 위해 반드시 필요로 하는 최저수준에서 점차 건강하고 사회문화적 최저수준으로 확대되고 있다.
  ㉡ **부조의 원칙 특징**
    ㉮ 급여 제공에 있어서 상호성의 원칙이 적용되지 않는다는 점에서 공급의 원칙과 유사하지만, 대상자의 사전적 비용부담은 물론 사회적 기여나 피해의 여부에 상관없이 빈곤현상 그 자체를 대상으로 급여가 제공된다는 점에서 공급의 원칙과 차별성을 보인다.
    ㉯ 사회적 차원의 보호와 지원의 경우 후순위의 원칙이 적용된다.
    ㉰ 급여의 수준과 관련하여 보충성의 원칙이 적용되고 있다.
    ㉱ 부조의 원칙에 입각한 사회적 보호는 개별성의 원칙을 바탕으로 이루어지고 있다.
    ㉲ 급여의 종류는 일반생계보호와 특별생계보호가 있다.
      ⓐ 일반생계보호 : 빈곤가계의 생계보호를 위한 목적으로 운영

ⓑ 특별생계보호 : 법으로 정한 별도의 애로요인(암 등 중대질환이나 치매, 중풍, 장애 등으로 고가의 치료비용이 요구될 경우)이 발생하게 될 경우 빈곤선 이상의 소득계층에 대해서도 수급자격을 부여하기 위한 목적으로 도입
㉥ 급여는 대개의 경우 한시적으로 지급된다.
㉦ 대상자는 원칙적으로 제도적 보호를 요구할 수 있는 법적 권리를 가지게 된다.
㉧ 재원은 국가의 일반재정(중앙정부와 지방정부의 공동재정)에서 충당되며, 제도의 관리 운영은 개별 자치단체의 주도로 이루어지게 된다.

■ 보험의 원칙, 공급의 원칙, 부조의 원칙 상호간 특징 및 기능 비교 ■

구 분		보험의 원칙	공급의 원칙	부조의 원칙
대표적 제도		사회보험제도	국가유공자 보훈제도 아동수당	국민기초생활보장제도
재원의 조달		노사반반 부담의 보험료와 일정수준의 국가보조	조세	조세
사회복지 정책적 효과성	적용범위의 포괄성	보통	가장 우수	가장 나쁨
	소득의 재분배 효과	가장 나쁨[1]	가장 우수	보통
	급여의 수준	가장 우수	가장 나쁨	가장 나쁨
경제적 효율성		가장 우수	가장 나쁨	보통

주 1) : 소득비례형 연금보험제도에 한하여 적용 됨

소득재분배 : 재원조달 측면에서 부조방식이 보험방식보다 재분배 효과가 크다.(○)

04 사회복지정책의 구성요소

1 사회복지정책의 주체와 객체

(1) **사회복지정책의 주체(사회복지의 제공주체)** : 사회복지정책을 누가 입안하고 실천하느냐
① **사회복지정책의 주체는 국가와 민간, 공사의 혼합체계**
㉠ 국가에는 중앙과 지방정부가 포함
㉡ 민간에는 가족, 친족, 상호부조, 자원봉사조직, 종교조직, 기업, 영리조직 및 비영리조직
② **공사의 혼합체계**
공사분리(×), 민간과 공공의 분리(×)
㉠ 최근 사회복지정책은 국가와 민간의 장점과 단점을 수렴하여 제공되는 **공사의 혼합체계가 주류**를 이루고 있다.
㉡ 주체와 재정의 측면에서 다양한 주체들이 개발되고 협력적으로 함께 해야 한다는 **복지혼합(welfare mix)** 또는 **복지다원주의(welfare pluralism)**가 점차 강조되고 있다.

■ 공사혼합체계의 유형 구분 ■

구 분	내 용
병행보완형	• 공공과 민간이 사회복지재원과 급여생산을 공동으로 행하고 동일한 복지급여(급여 A)를 각기 다른 복지수요자(수요자 갑, 을)에게 제공하는 모델 • 공공조직이 제공하는 자격기준에 미달하는 자나 공공복지의 사각지대에 대해서 민간조직이 서비스를 제공하는 형태
병행보충형	• 공공과 민간이 사회복지재원과 급여생산을 공동으로 행하는 점에서 병행보완형과 동일하나, 상이한 급여(급여 A, B)를 동일한 수요자(수요자 갑)에게 제공하는 형태 • 기초적인 욕구는 국가의 사회복지 프로그램에 의해 부가적인 욕구는 지역의 민간조직을 통해 대응
협동대리형	• 재원의 조달은 공공이 하고, 급여의 생산은 민간조직이 담당하여 상이한 급여(급여 A, B)를 상이한 복지수요자(수요자 갑, 을)에게 제공하는 형태 • 공공조직은 재원을 좀 더 안정적으로 공급할 수 있고 민간조직의 분파주의를 극복하고 질적 통제를 통해 보호의 질을 개선할 수 있으며, 민간조직은 공공조직보다 소규모로 운영되기 때문에 관료화의 문제를 피할 수 있고 경쟁을 통해 효과적이고 효율적인 급여를 제공할 수 있음.
협동동반형	• 재원의 조달은 공공이 담당하고, 다양한 민간조직들이 급여의 생산에 참여하여 다양한 급여(급여 A, B 등)를 다양한 복지 수요자(수요자 갑, 을 등)에게 제공하는 형태 • 이 모형에서 민간조직은 재원조달을 전적으로 공공에 의존하게 됨으로써 자율성과 독립성을 상실하고, 민간조직은 정책개발에서 상당한 재량권을 가질 뿐만 아니라, 공공조직의 정책결정 과정에서 직·간접적인 영향력을 행사할 수 있음.

(2) 사회복지정책의 객체(대상) : 사회적 욕구와 사회문제

■ 사회적 욕구와 사회적 문제 ■

사회적 욕구	생활의 질과 관계(음식, 주택, 의료급여, 교육, 사회 환경적 서비스, 오락적 기회, 유쾌한 이웃관계, 교통시설) → **개인주의적 이념에 기초**
사회적 문제	탈선, 반사회적 행위, 부적응, 사회적 불평등, 사회해체 → **집합주의적 이념에 기초**

① 사회적 욕구 → 개인주의적 이념에 기초

　㉠ 욕구의 분류 : 인간욕구, 기본욕구, 사회적 욕구

　　㉮ **인간욕구(human needs)** : 인간이 어떠한 목적을 위하여 필요하거나 필수적인 것이 결핍될 때 갖는 공통적 욕구를 말함

　　㉯ **기본욕구(basic needs)** : 기본욕구라는 말 속에는 인간이면 누구나 그 수준 이하로 떨어져서 생활해서는 안된다는 일종의 규범적 선언이 내포되어 있음

　　㉰ **사회적 욕구(social needs)**

　　　ⓐ 비복지(非福祉, diswelfare)와 같은 새로운 사회적 위험들 때문에 개인의 기본욕구를 충족시키지 못하는 사람들의 숫자가 많아지면, 기본욕구는 사회적 욕구가 됨

ⓑ 개인의 복지를 저해하면서도 그 원인이 개인에게 있기보다는 사회 전체에 있을 때 그런 요인들을 티트머스(Titmuss)는 비복지(diswelfare)라고 명명함
ⓒ 인간 욕구들 중에서 기본적 욕구로 1차 제한을 한 뒤 사회적 서비스의 개념으로 2차 제한을 가한 결과가 사회적 욕구이다.

② 사회문제 → 집합주의적 이념에 기초
㉠ 사회복지의 필요성을 촉진시키는 현대 사회의 특성
㉮ **인구 저출산 및 고령화의 진전** : 고령인구의 증가로 장기요양보호 욕구가 폭증하고 있으며, 출산율 감소로 노령인구에 대한 사회적 부양부담이 증대되고 있다.
㉯ **가족구조의 변화와 여성경제활동참가율의 증대** : 핵가족화, 결혼률 감소, 이혼율 증가로 인한 가족해체의 증가와 여성 경제활동참가율 증가추세로 가족을 지원하거나 가족을 대체하는 사회복지 서비스에 대한 욕구가 증대되고 있다.
㉰ **양극화의 심화** : 중산층의 붕괴로 사회양극화가 심화되고 있으며, 중산층 붕괴현상은 도시와 농촌 간의 지역격차와 **외국노동자 문제의 악화**에 의해 가속화되고 있다.
  ※ 국가 간의 노동인구 이동이 줄어들고 있다.(×)
㉱ **자본주의 생산양식의 변화와 노동시장의 유연화** : 다품종 소량생산·차별적 소비사회로 변화, 정보통신기술 발달로 인한 서비스업의 양극화 현상으로 비정규직이 증가(임시직, 시간제, 계약제 고용형태)되고, 이런 노동시장구조의 변화는 고실업의 지속 및 장기실업의 증가를 가져왔다.
㉲ **국제결혼 이주자의 증가** : 최근 세계경제위기는 인종문제를 악화시킬 수 있는 사회환경을 조성하고 있어 국제결혼 이주자의 증가는 선진국들이 직면한 사회문제이다.

㉡ 테일러-구비(Taylor-Gooby)가 말한 새로운 사회적 위험 [19]
㉮ **새로운 사회적 위험(new social risks, 신사회적 위험)**
ⓐ 1970년대 중반이후 후기산업사회 혹은 탈산업사회(2人생계부양모델)로의 이행에서 나타나는 새로운 형태의 사회적 위험을 말한다. ↔ 구사회적 위험(1人생계부양모델): 남성가장의 사회적 위험
ⓑ 후기산업사회로의 이행과 연관된 경제, 사회변동과 연관된 결과로서 사람들의 생애기간에 직면하는 위험들로 규정한다.
㉯ **새로운 사회적 위험의 4가지 발생경로**
ⓐ 맞벌이 부부의 증가와 여성교육의 향상으로 여성들의 노동시장 참여가 급증하면서 일과 가정을 양립하기 어려운 저숙련 여성층에서 신사회위험이 나타난다.
  ※ 새로운 사회적 위험(new social risk) : 여성들의 유급노동시장으로의 참여 증가로 일과 가정의 양립문제가 확산되고 있다.(○)
ⓑ 노인인구의 증가로 노인케어의 부담이 급증하고 있는데, 노인케어는 상당부분 여성에게 주어져 있고 여성이 케어와 직장을 병행하기 어려워 노동시장에서 철수하면 홀벌이 부부가 되기 때문에 빈곤의 가능성이 높아진다.
  ※ 새로운 사회적 위험(new social risk) : 노인인구 증가로 인한 복지비용 증가와 노인 돌봄이 중요한 문제로 대두되고 있다.(○)

ⓒ 노동시장구조의 변화는 교육수준이 낮은 사람들이 사회적으로 배제되는 위험을 발생시킨다. 즉, 교육수준이 낮을수록 실업에 빠질 확률과 장기빈곤에 빠질 위험성이 높아진다.
ⓓ 민영화된 공적연금, 의료보험 등에서 소비자가 선택을 잘못할 경우 혹은 민영보험에 대한 규제가 잘 이루어지지 않을 경우 새로운 위험이 발생할 수 있다.

㉰ 사회적 취약계층이 새로운 사회적 위험에 노출될 가능성이 높은 세 영역
ⓐ **가족과 성역할의 변화와 관련** : 일과 가족의 책임, 특히 아동양육의 책임간의 균형을 잡는 것, 노인 수발에 대한 요청을 받거나 혹은 수발 대상자가 되어 가족의 지원이 없는 경우
ⓑ **노동시장 변화와 관련** : 적절한 수준의 임금과 안정적인 직업을 얻는데 필요한 기술이 없는 경우, 쓸모없게 된 기술과 훈련을 받았거나 혹은 평생교육을 통해 그 기술과 훈련을 제고시킬 수 없는 경우
ⓒ **복지국가 변동과 관련** : 불안정하고 부적절한 연금과 불만족스러운 서비스를 제공하는 민간공급을 이용하는 경우

2 사회복지의 주체 논의 : 공공부문과 민간부문

(1) 개 요
① 사회복지를 제공하는 주체는 **공공부문**(국가, 즉 중앙정부와 지방정부)과 **민간부문**(가족과 친족, 종교, 기업, 상호부조 등)이라는 두 가지 부문으로 논의된다.
② 두 가지 부문의 혼합된 형태인 **제3부문에 대한 논의가 최근 부각**되고 있으며, 주체와 재정의 측면에서 공공과 민간을 나누지 않고 다양한 주체들이 개발되고 협력적으로 함께 해야 한다는 **복지혼합(welfare mix)** 또는 **복지다원주의(welfare pluralism)**가 점차 강조되고 있다.

■ 사회복지의 주체구분 ■

제1섹터	제3섹터	제2섹터
공공부문	비영리부문	영리(시장) = 순수민간부문
공공부문(중앙정부+지방정부)	민간부문(영리+비영리)	
공공부문의 필요성	복지다원주의	민간부문의 필요성

(2) 공공부문의 필요성(시장실패, 시장비효율성, 국가개입의 정당성) [①④⑤⑥⑩⑪⑰⑱⑲⑳㉑㉒]
시장 시스템의 문제가 발생하여 시장의 효율성이 의심을 받게 되면 국가가 나서서 경제와 사회의 기능을 원상 복귀할 수 있도록 개입하게 되는데, 이런 상황을 일컬어 "시장의 실패"라고 칭한다.
① **외부효과(external effect)** [⑰⑳㉑]
㉠ **외부효과**란 어떤 사람의 행동이 다른 사람의 복지에 시장기제 밖에서 영향을 주는 것을 말하는 것으로, 긍정적 외부효과와 부정적 외부효과가 있다.
㉮ **긍정적 외부효과(= 외부경제, 이웃효과)** : 어떤 사람의 행위를 통해 다른 사람들이 어떤 대가를 지불하지 않고도 이득을 보는 것

㉮ **부정적 외부효과(= 외부불경제)** : 오염된 강의 예처럼 한 사람의 행위가 그 행위에 대한 비용을 지불하지 않고 다른 사람들의 복지에 해를 주는 것
ⓒ 사회복지를 통한 **긍정적 외부효과가 크기 때문**에 국가가 아닌 민간이(시장기제를 통해) 제공하면 사회적으로 바람직한 수준의 공급이 이루어지지 않기 때문이다.

② **사회복지재화의 공공재적 성격** [⑱⑲㉑㉑]
  ⓐ **공공재(public goods)란** 구성원 각자가 그 생산에 기여했는지 여부에 관계없이 모든 구성원들이 활용할 수 있는 재화를 말한다.
    ㉮ **사회재** 혹은 **집합재**라고도 불리며, 전형적인 예가 등대, 국방서비스 등이다.
    ㉯ **머스그레이브(R. Musgrave)는** 사회복지의 재화나 서비스를 **가치재(merit goods)** 혹은 **준공공재(quasi-public goods)**라 불렀다.
  ⓑ 비용을 지불하지 않은 자를 소비로부터 배제할 수 있는 사유재와 달리, 공공재는 **비경쟁적(비경합성), 비배제적(비배타성)인 성격**을 가지고 있다.
    ㉮ 공공재의 공급을 시장에 맡겨 둘 경우 **무임승차**의 문제가 발생할 수 있다.
    ㉯ **무임승차현상(free-rider phenomanon)이란** 개인들은 공공재에 대한 욕구가 있더라도 숨겨서, 일단 이 재화가 제공되면 비용을 지불하지 않고 혜택을 보는 것을 말한다.
      ⓧ 실업보험을 민간 시장에서 제공할 때 발생할 수 있는 문제점 - 무임승차자 문제가 발생한다.(×)
  ⓒ 사람들이 공공재를 사용하는 것을 통제하기가 어렵기 때문에 시장에만 맡겨 둘 경우 아무도 공공재 공급을 하려고 하지 않을 것이므로 공급이 바람직한 수준으로 이루어지지 않는다.
      ⓧ 공공재적인 성격이 강한 재화나 서비스는 민간에서 제공하는 것이 바람직하다.(×)

③ **정보의 비대칭성** : 정보를 많이 가지고 있는 자가 적게 가진 자에게 손해되는 행동을 하는 것 [⑰⑳㉑㉒]
  ⓐ **불완전한 정보** [공급자 > 수요자] [⑲]
    ㉮ 효율적인 시장 시스템이 되기 위해서는 합리적인 교환이 이루어져야 하지만, 상품이나 서비스가 일반인들이 잘 알 수 없는 전문적이고 특수한 것(ⓔ 의료서비스, 법률서비스 등)이라고 한다면 수요자는 아무리 따져보려고 해도 알 수 없는 경우가 많다.
    ㉯ 상대적으로 정보가 많은 공급자에 의해 독점적으로 비효율적인 자원배분이 이루어질 수 있으므로, 국가에 의해 관리하고 통제되어야 한다.
      ⓧ 사회복지의 재화나 서비스는 정보의 불완전성으로 인해 소비자들의 합리적 선택에 차이가 난다.(O)
  ⓑ **역의선택(adverse selection = 불리한 선택)** [공급자(민영) < 수요자]] [㉒]
    ㉮ **역의 선택이란** 사회보험이 보장하고자 하는 위험 요인(노령, 건강악화, 실업, 산업재해, 요양)의 발생 가능성이 높은 사람들이 가장 높을 것으로 예상되는 시기에 집중적으로 보험 가입을 하려고 하는 반면 그런 위험 상황에 직면하지 않는 사람들은 보험 가입을 기피하려는 현상을 말한다. → **소득재분배(우발적 재분배) 등의 효과가 없어지게 됨**
    ㉯ 우리나라의 5대 사회보험(요양보험 포함)은 정부에 의해 관리되고 있고, **전국민이 의무적으로 가입(강제가입)되어 있는데 그 이유는 역의선택을 예방**하기 위해서이다.
  ⓒ **도덕적 해이(moral hazard)** [공급자(민영) < 수요자] [㉒]
    ㉮ **도덕적 해이는** 보험가입자가 위험발생을 예방·회피하는 행위를 적게 하여 위험발생이 높아지는 현상을 말한다.

㉰ 공급자인 민영보험회사가 보험가입자를 개별적으로 다 파악할 수 없는 정보의 비대칭 상황이기 때문에, 가입 이후에 이런 위험을 회피하려는 노력을 얼마나 했는지 보험회사가 파악하기 어려운 경우 항상 분쟁이 발생할 수밖에 없다.

④ **불완전한 경쟁**
  ㉠ 소수의 생산주체에 의한 독과점체제가 형성될 경우는 독점기업이 자의적으로 설정하는 수준에서 상품의 가격과 생산량이 결정되고 공동담합행위가 있게 되기 쉽다.
  ㉡ 따라서 **정부가 독과점금지 관련 시책을 통해 경쟁질서의 유지 또는 경쟁조건의 정비를 위해 노력**해야 한다.

⑤ **규모의 경제(economy of scale)**] [㉒]
  ㉠ **규모의 경제란** 고정비가 높은 산업에서 기업의 규모가 커질수록 비용 대비 고정비 비율이 작아져서 이득을 보는 것이다. 생산설비를 확대하여 생산량을 증가시키면 어느 한도까지는 재화를 하나 만들어내기 위해 평균적으로 들어가는 비용이 감소하게 되는 것이다.
  ㉡ **사회복지의 재화나 서비스는 규모의 경제효과가 있다.** 즉 전국민을 대상으로 하는 사회보험이나 의료서비스는 민간 시장의 경쟁에 맡길 때보다 비용 절감 효과를 나타낼 수 있다. 민간에 맡기게 되면 영업비, 광고비, 인건비, 시설비 등이 지나치게 많이 들 수가 있다.

⑥ **위험발생의 상호의존성(= 위험의 비독립성)** [⑫⑱]
  ㉠ 민간시장에서 어떤 보험상품이 제공되기 위해서는 그 상품을 제공하는 데 있어 **보험회사가 재정적 안정**이 이루어져야 한다.
  ㉡ 어떤 사람의 위험발생과 다른 사람의 위험발생이 관련되어 있을 때(예 실업, 노령) 재정안정은 이루어지기 어렵고, 민간시장에서 보험상품이 제공되기 어렵다.
  ✗ 실업보험을 민간 시장에서 제공할 때 발생할 수 있는 문제점 – 위험발생이 상호의존적이기 때문에 보험료율 계산이 어렵다.(O)

⑦ **물품평등주의(commodity egalitarianism)**
  ㉠ 사람들이 기본적인 삶에 필요한 물품들(예 먹는 것, 자는 것, 의료서비스, 즉 치료하는 것에 필요한 재화나 서비스들)의 평등, 즉 인간생존에 필요한 재화나 서비스는 사회구성원 모두가 평등하게 가져야 한다는 것을 말한다.
  ㉡ 사람들은 막연한 소득이나 부의 평등(현금급여) 보다 물품의 평등(현물급여)에 훨씬 더 관심을 가지므로 **정치적으로 설득력이 있다.** 즉 **현금급여보다 현물급여가 정치적 설득력이 있는 이유**이다.

⑧ **소득분배의 불공평** : 누진과세제도, 최저임금제도 등의 소득재분배 정책을 실시하여 시장경제의 결함을 극복하게 된다.
  ✗ 사회복지 재화나 서비스를 국가가 제공해야 하는 이유 – 경제성장의 낙수효과 발생(×)

> **낙수효과(trickle down effect, 적하효과)**
> 부자에게 돌아갈 양이 증가하면, 결국 조금씩 자원의 일부가 빈자들에게도 돌아간다는 논리로, 분배보다는 성장, 형평성보다는 효율성에 우선을 둔 주장이다. 즉, 대기업 및 부유층의 소득이 증대되면 더 많은 투자가 이루어져 경기가 활성화되고, 전체 GDP 증가로 중소기업과 저소득층에게도 혜택이 돌아가 소득 양극화가 해소된다는 것이다.

> **OIKOS UP** 국가에서 의료서비스를 제공해야 하는 시장실패의 근거 [8②]
>
> ① **의료서비스에 대한 정보의 불균형** : 불완전한 정보, 즉 정보의 비대칭성을 말한다.
>   - 사회복지 재화나 서비스를 국가가 제공해야 하는 이유 - 의료서비스에 대한 정보의 비대칭 문제 해결(O)
> ② **의료서비스의 독과점** : 정보의 비대칭성으로 인해 공급자가 그 재화의 형태, 질, 가격 등을 결정하여 독과점한다는 것이다. 따라서 제3자(국가의 전문관료)가 개입해야 한다는 것이다.
> ③ **의료서비스의 인본주의적 성격** : 의료서비스가 산업적 측면, 즉 시장경제 논리보다는 인본주의 차원에서 국가가 무료 제공 또는 비영리단체에 의해 운영되어야 한다는 것이다.
> ④ **의료서비스의 가치재적 성격** : 가치재(merit goods)란 모든 국민이 최소한 일정 수준 이상의 혜택이 돌아가게 만들어야 한다는 관점에서 정부가 직접 생산, 공급하는 상품을 뜻한다(예 의료, 주택, 교육서비스 등).

(3) 민간부문의 필요성(정부실패, 정부비효율성, 시장효율성, 非시장실패) [③]

정부실패(government failure)는 시장의 실패를 교정하기 위한 정부의 정책적 개입이 원래의 목표를 달성하지 못하고 오히려 효율적인 자원배분을 저해하는 상황을 말한다. 정부의 실패가 발생하는 원인에는 규제자의 불완전한 지식·정보, 규제수단의 불완전성, 규제의 경직성, 근시안적인 규제, 규제자의 개인적 편견이나 권한확보 욕구, 정치적 제약 등이 있다.

① **파생적 외부성(derived externality, 파생적 외부효과)**
  ㉠ 시장실패를 바로잡기 위한 국가개입으로부터 야기되는 잠재적·비의도적 확산효과나 부작용을 말하는 것이다.
  ㉡ 긍정적인 것도 있으나 부정적인 역효과일 경우도 있으며, 부정적인 효과가 파생될 경우에는 정부실패의 원인이 될 수 있다.
    - 예 전세입자 보호를 위한 임대차기간연장 정책이 전세금 폭등시킨 것, 비정규직 보호를 위해 제정된 비정규직 법안이 비정규직을 해고시키는 문제를 야기하는 것 등

② **X-비효율성(X-inefficiency)**
  ㉠ 조직 운영측면에서 제기되는 효율성으로, **독점과 같은 제한된 경쟁 상황에서 기술적으로 가능한 최소 비용을 달성하지 못하는 것**을 의미한다.
  ㉡ 정부는 관료제 조직으로 독점적으로 운영되기 때문에 생존과 경쟁의 압박이 거의 없어 조직원의 활동이 나태해지거나 방만해짐으로 인해 비효율이 발생된다.

③ **정부조직의 내부성(internalities)**
  ㉠ 조직에서 비공식적(개인적, 사적) 목표가 공식적(사회적, 공익적) 목표를 대체하는 현상으로 **사회전체의 목표와 조직내부목표의 괴리가 있는 것**을 말한다.
  ㉡ 정부조직은 공익을 추구하는 것이 공식적 목표임에도 관료가 개인적 이익이나 자신의 소속기관의 이익(부서의 예산 확대, 자리늘리기, 설비 바꾸기 등)에만 집착함으로써 조직내부목표가 사회전체 목표와 괴리가 있게 된다.

④ **비용과 편익(수익)의 절연**
  ㉠ 정부산출물은 공공재라는 특성상 편익수혜자와 비용부담자가 직접 연결되어 있지 않고 분리되어 있어 정부산출물의 양과 질은 생산비용과 괴리가 된다.

ⓛ 공급자인 공무원은 비용에 대해 둔감해져 비용은 고려하지 않고 공공서비스 총량만 늘리는 것에 관심을 가지게 되어 자원을 효율적으로 활용하는 것이 어려워진다.

⑤ **권력의 편재(권력과 특혜의 남용, 권력으로 인한 분배적 불공평)**
  ㉠ 권력의 특혜나 남용 등 정부정책에 의해서 발생되는 분배적 불공평으로, 분배적 정의를 실현하기 위한 정책이 오히려 특정집단에만 이익을 가져다 주는 것을 말한다.
  ㉡ 정부가 특정기업이나 개인에게 특혜를 제공함으로써 권력이 이들에게 편중되어 존재하게 되는 것으로, 특혜를 받은 기업·개인에게만 많은 소득이 돌아가게 된다.

⑥ **도덕적 해이(moral hazard)** [⑧]
  ㉠ 사회복지제도는 인간으로 하여금 나태와 기만 등의 도덕적 해이를 조장한다
    (예 미혼모 발생, 이혼율 증가, 빈곤함정, 실업함정 등).
  ㉡ **도덕적 해이 현상 줄이기 위한 제도** : 조건부 수급제도, 본인부담금제도, 근로소득공제제도, 자활소득공제제도
  ㉢ 도덕적 해이(moral hazard)는 시장실패의 원인은 물론, 정부실패의 원인

⑦ **빈곤함정(poverty trap, 빈곤의 덫)** : 높은 수준의 사회보장급여가 존재할 경우 자력으로 일을 해서 가난으로부터 벗어나려 하기보다는 사회보장급여에 의존하여 생계를 해결하려는 의존심이 생겨 결국 가난에 정체되어 버리는 현상을 말한다.

⑧ **실업함정(unemployment trap)** : 수급상태를 유지하기 위해 취업을 꺼리게 되는 현상을 말하는 것으로, 실업급여는 수급자의 재취업을 위한 적극적인 구직노력을 약화시키는 근로동기 약화를 초래할 수 있다.

⑨ **비경쟁적(비경합성)이고 관료제적인 성격** : 정부는 관료제 조직으로, 독점적으로 운영되기 때문에 관료제 조직은 생존과 경쟁의 압박이 거의 없으며 비효율적이다.
  ✗ 공공부문의 전달체계는 경쟁체제가 이루어지기 때문에 효율적이다.(×)

⑩ **창의적이고 혁신적인 정책개발이 어려움** : 정부 개입은 필히 강제와 획일화를 동반하여 각 개인이 가진 암묵적 지식을 이끌어내는데 한계가 있어 창의적이고 혁신적인 정책개발이 어렵다.

⑪ **경제성장의 저해** : 근로동기의 약화로 노동력 공급 감소, 저축과 투자 감소 등으로 경제성장이 저해된다.

⑫ **정치적 결정** : 정부의 공공정책이라는 것이 정치적으로 결정되는 경우가 많은데, 정치적으로 사회복지정책이 결정되고 재화와 서비스가 분배될 경우 불필요한 재화와 서비스의 확대 및 낭비를 가져올 수 있는 위험이 내재한다.

⑬ **생산부문에 사용될 자원의 축소** : 공공부문의 사회복지에 대한 과대한 지출로 생산부문에 사용할 인력과 자본이 줄어들게 되어 경제성장이 이루어지기 어렵다.

⑭ **소비자선택의 왜곡**

(4) 복지다원주의(welfare pluralism) = 복지공급의 다원화 [⑨⑭⑫]

① **복지혼합(welfare mix) = 복지혼합경제(mixed economy of welfare) = 케어의 혼합경제**
  ㉠ 사회복지의 재화나 서비스는 공공부문과 민간부문에서 적절한 역할분담을 통해 제공되어야 한다는 관점이다. → **민영화**
    ⓧ 복지다원주의 또는 복지혼합에 관한 설명 : 국가는 복지의 주된 공급자로 인정하면서도 불평등을 야기하는 시장은 복지 공급자로 수용하지 않는다.(×)
  ㉡ 최근에는 공사의 혼합체계이다. ⓧ 공사분리(×), 민간과 공공의 분리(×)
    예) 시립사회복지관의 민간 위탁, 사회복지기관에서 사회적 기업 운영, 바우처 방식을 이용한 보육서비스 제공, 노인장기요양보험을 활용한 노인요양병원 운영 등

② 한 사회는 한 사회에서 복지의 원천은 다양하며, **복지제공주체로서 국가 이외에 시장, 비공식부문, 자원부문 등의 역할을 포괄적으로 고려할 것을 강조**한다.
  ㉠ **복지다원주의의 네 가지 차원**
    ㉮ **비공식부문** : 가족·친구·이웃 등
    ㉯ **자발적인 부문** : 자원봉사조직, 자조조직, 전국적 조직을 갖춘 대규모 민간단체
    ㉰ **상업적 부문** : 기업복지, 민간보험, 시장을 통한 복지서비스의 공급 등
    ㉱ **공적 부문** : 국가기관이 중심
  ㉡ 역사적으로 볼 때 복지제공영역의 비중상변화, 즉 **복지총량의 변화보다 각 영역 간 역할재분배(복지혼합비의 재조정)**를 가져왔다.
  ㉢ 복지제공의 주체로 국가 외에 다른 주체를 수용한다는 점에서 복지국가를 비판하는 논리로 쓰인다.

③ **복지다원주의의 핵심논리 및 주장**
  ㉠ 복지공급형태의 다양성(복지공급의 다원화) → 역할분담론
  ㉡ 국가를 포함한 복지제공의 주체를 재구성하는 논리
  ㉢ 서비스 이용자의 선택권 강화
  ㉣ 참여와 탈중앙화(decentralization) → 시민들의 참여에 의한 정책결정
  ㉤ 비공식부문과 자원부문의 역할과 기능을 재평가하여 활용
    ⓧ 복지다원주의 또는 복지혼합에 관한 설명 : 비공식부문은 제도적 복지의 발달에도 불구하고 존재하는 비복지 문제에 대응하는 복지주체이다.(O)
  ㉥ 제3섹터(비영리부문)를 강조

MEMO

CHAPTER 02 사회복지정책의 가치와 갈등

제1부 **사회복지정책의 기초**

제2장 회차별 출제빈도, 출제비중 및 출제논점 1, 2, 3순위

10회 2012	11회 2013	12회 2014	13회 2015	14회 2016	15회 2017	16회 2018	17회 2019	18회 2020	19회 2021	20회 2022	21회 2023	22회 2024
1	1	2	2	2	1	1	2	1	1	1	2	-

출제 비중	출제 논점		
	1순위 ☺	2순위 ※	3순위 ☆
1~2	① 평등(equality): 기회의 평등, 비례적 평등, 수량적 평등 ② 자유(freedom): 소극적 자유 vs 적극적 자유	① 사회정의: 롤즈(J. Rawls)의 사회정의론 ② 효율성(efficiency) ③ 사회적 적절성: 욕구(need)	

1순위 스마일표시(☺) : 출제 빈출도가 높은 부분으로 무조건 시험에 출제되는 영역
2순위 당구장표시(※) : 나왔다 안 나왔다 하는 영역이지만 출제가능성 높은 영역
3순위 별 표(☆)   : 출제 된 적이 있긴 하지만 다시 출제될 가능성은 다소 떨어지는 영역

MAP

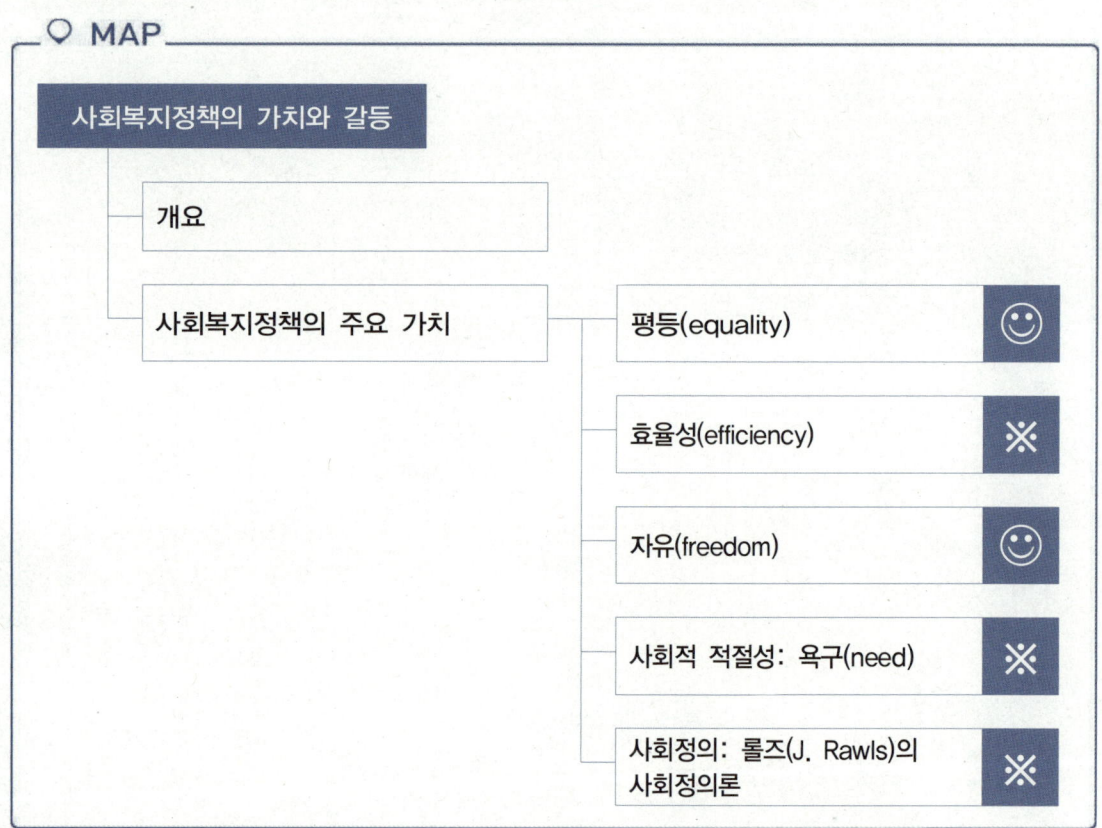

01 개 요

1 사회복지정책에서 가치의 의의

① 사회의 안정 및 유지를 위해서 제도적으로 완성된 정책들은 **사회적 가치의 소산**이라고 할 수 있으며, **정책의 결정은 사회가 어떤 가치를 선호하는가에 따라 달라질 수 있으므로** 사회복지정책의 연구를 위해서는 가치의 분석이 매우 중요하다.

② 그 나라의 사회복지정책을 보면 어떤 가치가 지배적인지 알 수 있으며, 동시에 그 사회의 주요 가치가 무엇인지를 알면 사회복지정책의 형태 및 내용 그리고 범위가 어떻게 발전될 수 있을지 가늠할 수가 있다.

2 사회복지정책의 기본 가치

(1) 인간의 존중

① 각 개인이 처한 상황과 관계없이 누구나 존중받을 수 있으며 존중받아야 한다는 가치이다.

② 인종, 성, 경제적·정치적·사회적 지위, 종교, 국적, 지능, 육체적 조건이라는 속성으로 인해 무시되거나 차별받아서는 안 된다.

(2) 생존권 보장

① 인간이 인간답게 살아가는데 필요한 기본적인 수준을 보장해주어야 한다는 가치이다.

② 생존권은 국가에 대하여 인간의 생존을 유지할 수 있는 생활에 필요한 서비스를 요구할 수 있는 권리를 의미하는 것으로 헌법 제34조에서 "모든 국민은 인간다운 생활을 할 권리를 가진다."라고 규정하고 있다.

(3) 사회연대

① 사회통합이라는 말과 연결되는데 사회가 개인주의화 되어 각자 분리되어 있는 것이 아니라 서로에 대한 관심과 배려로 하나가 되는 것을 말한다.

② 사회연대의 정신은 사회 구성원 모두의 책임감을 토대로 한 더불어 사는 사회를 만들고자 하는 의도를 담고 있다.

02 사회복지정책의 주요 가치

1 평등(equality) [④⑧⑩⑪⑫⑬⑯⑰⑲㉑]

(1) 기회의 평등(equal opportunity) = 과정상의 평등 [⑰㉑]

① 각 개인은 자신의 소질과 능력을 자유롭게 계발할 평등한 권리와 기회를 가지고, **동일한 업적에 대해서는 동일한 보상**이 주어진다.
  ㉠ 개인의 능력이나 장애와 상관없이 기회를 모든 사람에게 균등하게 제공한다.
  ㉡ 모든 사회적 제도에 대한 접근을 모든 사람에게 균등하게 열어놓는다는 입장이다.

② 일할 수 있는 기회를 주는 것, 교육기회를 통해 빈곤을 탈피할 수 있는 능력을 갖도록 하는 것, 차별 없는 승진 기회, 누구나 열심히 일해서 부자가 될 수 있는 기회가 보장되는 민주적인 사회가 기회의 평등국가라 할 수 있다.

③ **결과보다는 과정을 중시** 여기는 평등 개념으로, 평등수준이 수량적 평등이나 비례적 평등에 비해 **가장 소극적인 평등 개념**이다.
  ㉠ 가장 최소한의 국가개입을 주장하는 보수주의자들이 자주 사용하는 개념이다.
  ㉡ **참여와 시작 단계에서부터 평등을 강조**하지만, 결과가 평등한가 아닌가의 측면은 완전히 무시한 채 결과를 얻을 수 있는 **과정상의 기회만을 똑같이 평등하게 해주는 것**이다.
  ㉢ 이미 불평등한 출발선에서 시작된 기회라면 그 결과는 결코 평등할 수 없다. → **기회의 평등 개념을 강조하는 사회는 기회의 평등이라는 이름 아래 수 많은 결과의 불평등 존재**
  ⊗ 결과가 평등하다면 과정의 불평등은 상관없다는 것이 기회의 평등이다.(×)

④ **대표적인 예** : We-start, donor-start, Head-start, Dream Start '교육복지투자우선지역사업'과 같은 빈곤대책의 교육프로그램, 사회적으로 취약한 아동을 위한 적극적 교육 지원

(2) 조건적 평등(conditional equality)

① 기회의 평등과 연결되는 것으로 **사회적 기회를 획득하려는 자유경쟁의 출발 조건을 평등하게 정비하고자 노력하는 것**이다.
  ㉠ 순수하게 개인의 능력에 모든 것을 맡기는 것이 아니라 개인의 능력 부족을 사회적으로 메워 주는 것을 필수로 인식한다.
  ㉡ 사회적 약자에게 호의적 조치를 취함으로써 실질적 평등을 이루려는 것이다.

② 대표적인 예
  ㉠ 100m 달리기에서 신체장애인은 앞에서 출발하도록 하는 것
  ㉡ **긍정적 차별**(positive discrimination) = **적극적 조치**(affirmative action), 차별철폐행동 등

> **OIKOS UP** 긍정적 차별(positive discrimination) [⑪⑬]
>
> ① 궁극적으로 평등을 지향해 긍정적인 의도로 차별이라는 방법을 실시한다는 정치사회적 용어로. 영어로는 '적극적 조치'(affirmative action)이다.
> ② 이 용어는 1960년대 미국의 케네디 시절 차별받는 소외집단, 특히 흑인들을 대상으로 행해진 차별 극복 정책으로 거슬러 올라갈 수 있다.
> ③ 자본주의 사회의 구조적 이유로 많은 부정적 차별(negative discrimination)이 존재하여 특정집단의 소속을 이유로 '공평'한 배분이 안 된다(임금의 남녀차별). 집단별 평등의 개념에서는 진정한 평등을 위하여 불이익 집단에게 긍정적 차별(positive discrimination)을 하여 불공평한 배분을 시정해야 한다(여자, 장애인, 저소득층 등의 특정집단들에게 일자리, 진급, 대학입학 등에서 유리하게 대우하는 것).
> ④ 조건적 평등(기회의 평등), 적극적 자유, 급여 자격 중 보상, 급여 종류 중 기회에 해당함
>
> 　긍정적 차별(positive discrimination)은 평등의 가치를 저해한다.(×)
> 　긍정적 차별(Positive discrimination)은 형평의 가치를 저해한다.(×)

(3) 비례적 평등(proportional equality) = 공평(equity, 형평성) [②③③⑭⑯⑰⑲⑳]

① 개인의 욕구, 노력, 능력, 기여, 공헌, 업적에 따라 사회적 자원을 상이하게 배분하는 것으로 자본주의 사회에서 실질적으로 가장 널리 사용하는 개념이다.
  ㉠ 형평성(equity, 공평)이라고도 하며, 공정한 처우(fair treatment)와 연관된다.
  ㉡ 수량적 평등에 비해 평등 수준이 조금 떨어진다.

② 대표적인 예
  ㉠ 소득비례에 의해 기여금을 내야 혜택을 받는 사회보험이 해당 → 소득비례급여
  ㉡ '국민연금'과 같이 보험료를 많이 낸 사람에게 더 많은 연금을 받게 하는 것
  ㉢ '열등수급의 원칙(less eligibility)'에 따라 국민기초생활보장법의 급여액이 결정되는 것
    　형평성이 신빈민법의 열등처우원칙에 적용되었다.(○)

(4) 수량적 평등(numerical equality, 산술적 평등) = 결과의 평등(equality of result) = 절대적 평등 [⑭⑰]

① 모든 사람을 똑같이 취급하고 욕구나 능력의 차이에 관계없이 사회적 자원을 똑같이 분배(균등급여)하는 것을 말한다.
  ㉠ 출발점이나 타고난 자연적 능력의 차이는 고려하지 않고 **법적 조치나 정치적 수단을 이용하여 마지막 결과의 평등만을 달성**하고자 한다.
  ㉡ 평등의 개념 가운데 **가장 적극적인 것**으로서 '결과의 평등'으로도 불린다.
  ㉢ 결과의 완전한 평등은 어떤 사회에도 존재하지 않으며 현실적으로도 존재할 수 없다.
② **보편주의적인 특성**을 가지고 있는데, 특정인들에게만 혜택이 돌아가는 것이 아니라 전체 사회 구성원들이 동일한 혜택을 누리는 것이다. → 부자들의 소극적 자유를 제한(○)
③ **여러 사회복지정책 가운데 가장 발달된 정책은 수량적 평등(결과의 평등)을 달성할 수 있는 것**이며, 이런 정책들이 발달된 나라를 복지국가라고 부르고 있다.

④ 대표적인 예
  ㉠ 모든 영국 국민들에게 무상으로 제공되는 **의료서비스인** NHS(National Health Service)
  ㉡ **국민기초생활보장법**과 같이 수급권자의 능력과 보험료 납부 또는 사회적 기여와 관계없이 급여를 제공하는 것이 여기에 해당 → 가장 대표적인 것이 **공공부조**

2 효율성(efficiency)

평등을 강조하면 효율성이 침해받고, 효율을 강조하면 평등에서 멀어질 수 있기 때문에 효율적인 평등 정책은 사실상 실현이 어려운 것이 현실이다.

■ **효율성 개념의 차원** ■

궁극적 목표로서의 효율성	파레토 효율(Pareto Efficiency, 배분적 효율)	
수단으로서의 효율성	목표효율성	목표대상자와 실제 수급자의 비교를 통해서 판단
	운영효율성	산출 대비 운영비용의 비교를 통해 판단

(1) 수단으로서의 효율성

> - 효율은 그 자체로 목적이 될 수 없고 평등가치 실현을 위한 수단적 가치
> - 수단으로서 효율은 평등을 추구하는 여러 정책 가운데 어느 것이 특정 목표를 달성하는데 보다 적은 자원으로 보다 더 큰 평등을 성취할 수 있는가를 판단하는 기준 → 투입(인적, 물적 자원) 대비 산출(정책효과)이 높은 것을 의미

① **목표효율성(target efficiency, 대상효율성)**
  ㉠ 목표효율성은 **정책이 목표로 하는 대상들에게 그 정책에 사용되는 자원이 얼마나 집중적으로 할당되는가의 여부를 판단하는 기준**이다.
  ㉡ 빈곤 감소라는 측면에서 사회보험과 공공 부조를 비교 했을 때, 공공부조가 상대적으로 주어진 자원을 저소득층에게 보다 집중적으로 할당할 수 있다. 따라서 공공부조가 사회보험보다 목표효율성이 높다고 한다.

② **운영 효율성(administrative efficiency)**
  ㉠ 정책을 집행하고 운영하는 과정에서 투입되는 운영비용의 효율을 판단하는 기준이다. 사회복지정책을 운영하는데 드는 비용이 적을수록 운영 효율성이 좋다(높다)고 할 수 있다.
  ㉡ 보편주의에 입각한 정책들은 비교적 운영비용이 적게 들어 운영 효율성이 좋다. 즉 가족수당은 장기 거주 여부와 일정 연령 이하의 아동의 숫자만 파악하면 되고, 보편적 의료서비스의 경우에는 거주 여부 및 거주 기간만 파악하면 된다.
  ㉢ 운영 효율성 수준은 절대적으로 결정되기보다는 상대적으로 결정
    ㉮ 공공부조는 자산조사, 개별욕구조사 등 막대한 행정비용이 소모되기 때문에 사회보험에 비해 운영 효율성이 낮다.
    ㉯ 사회보험은 공공부조에 비해서는 운영 효율성이 좋으나 보편적 프로그램과 비교할 경우, 상대적으로 운영 효율성이 떨어진다.

■ 사회보험과 공공부조의 목표효율성, 운영 효율성 ■

구 분	사회보험	공공부조
목표효율성(= 대상효율성)	낮음	높음
운영 효율성	높음	낮음

(2) 궁극적 목표로서의 효율 : 파레토 효율(Pareto Efficiency, 배분적 효율) [14][17]

① 더 이상 어떠한 개선이 불가능한 최적의 자원배분상태로서 **사회적 자원의 바람직한 배분**이라는 보다 포괄적인 측면에 초점을 두고 있다.
  ㉠ 다른 사람의 효용을 저해하지 않고서는 특정 사람의 효용을 높이는 것이 불가능한 상태이다.
  ㉡ 어떤 배분상태가 파레토 효율적이라는 것은 **모든 사람이 만족하는 자원의 배분상태**를 말한다.

② 어떠한 자원의 배분이 특정 사람들의 효용을 줄이지 않으면서도 다른 사람들의 효용을 높일 수 있다면 그러한 배분은 파레토 효율의 정의상 효율적인 것이 된다.
  ㉠ 파레토 효율적인 사회적 자원의 배분은 **완전경쟁의 시장에서 개인의 효용을 극대화하려고 하는 이기적인 사람들이 충분한 정보를 바탕으로 합리적이고 자발적인 선택에 의한 교환이 이루어질 때 자동적으로 달성**된다고 본다.
  ㉡ **각자가 개인의 이익을 극대화하고자 하는 선택을 하게 되면** 시장의 경쟁논리에 의하여 모든 사람의 효용(만족감)을 높이는 방향으로 사회적 자원이 배분될 수 있다는 것이다.
    예) 버스나 지하철을 탔을 때, 노약자석에 일반인들이 앉지 않아 빈자리가 있을 때 잠시 앉았다가 노인이나 임산부 등이 나타나면 자리를 비켜준다면, 나의 만족은 증가시키면서도 다른 사람들에게는 피해를 주지 않은 상태가 될 수 있다.
    ※ 파레토 효율의 정의상 소득재분배는 매우 효율적이다.(×)
    └ 특정한 사람들의 효용을 높이기 위해 다른 사람들의 효용을 줄여야 하기 때문임

③ **파레토 개선(Pareto improvement, 파레토 향상)이란** 다른 사람들의 효용을 감소시키지 않으면서 어떤 사람들의 효용을 증가시키는 것으로, 파레토 개선의 예로 민간의 자선활동을 들 수 있다.

④ 반복지주의자(자유시장주의자) vs 복지주의자(정부개입 옹호자)
  ㉠ **자유시장주의자** : 파레토 효율성을 시장 효율성과 같은 의미로 사용 → (정부의 개입이 없는) 완전경쟁시장에서 자원의 효율적인 배분이 가능하다고 보고 시장효율성을 주장
  ㉡ **정부개입을 옹호하는 이들** : 완전경쟁시장에서 파레토 효율성을 달성할 수 없음 → 정부가 시장에 개입하거나 시장에서의 분배결과를 시정할 때에야 효율적인 배분이 가능하여 사회 전체의 효용도 높일 수 있다는 것

3 자유(freedom) [9][10][13][14][16][18][19][21]

자유의 사상은 인간 존중의식과도 연결되는 중요한 가치라고 할 수 있으나, **평등정책을 추진할 경우 일부 가진 자들의 자유가 침해됨으로써 자유와 평등의 대립구도가 형성**된다.

※ 평등을 추구하는 사회복지정책은 선택의 자유를 제한한다는 비판이 있다.(O)

(1) 소극적 자유(negative freedom)와 적극적 자유(positive freedom)

① **소극적 자유** : 다른 사람의 간섭 혹은 의지(will)로부터의 자유 → 강제가 없는 상태, 외적 구속력이 없는 상태(압제, 빈곤, 공포로부터의 자유)
  ㉠ '기회(opportunity)'의 측면을 강조
  ㉡ 사회복지정책이 시장기제에 개입하여 개인들의 자유로운 선택의 기회를 제한할 때는 소극적 자유를 침해하는 것이 된다.
  ㉢ (신)보수주의/자유주의자들이 강조하는 자유의 개념
    - 자유지상주의 관점에서는 적극적 자유를 옹호한다.(×)
    - 결과의 평등을 달성하기 위해 부자들의 소득을 재분배하더라도 소극적 자유를 침해하지 않는다.(×)

② **적극적 자유** : 자신이 원하는 것을 할 수 있는 자유
  ㉠ '능력(capacity)'의 측면을 강조
  ㉡ 사회복지정책을 통하여 소외받는 자들이 **자신이 원하는 것을 할 수 있는 능력**을 갖게 되는 것은 적극적인 자유를 신장시키는 것이다.
  ㉢ 사회민주주의, 복지국가 전성기에 강조하는 자유의 개념
    - 소극적 자유는 자신이 원하는 것을 할 수 있는 자유를 강조한다.(×)
    - 적극적 자유의 관점에서 자유의 침해는 개인에게 필요한 자원이나 기회를 박탈당한 것을 의미한다.(O)

(2) 사회복지정책과 자유

① 사회복지정책은 **특정한 사람들(주로 부자들)의 소극적 자유는 줄이는 반면 다른 사람들(주로 빈자들)의 적극적 자유는 증가시킨다.**
② **현물보다는 현금이 수급자에게 선택의 자유를 더 줄 수 있어 강조되지만**, 불필요한 곳에 사용될 수 있는 문제로 인해 현물이 선호되기도 한다.
③ **공공재는 집합적인 형태로 강제적으로 제공되는 것이 그 재화의 양과 질을 높일 수 있어, 적극적 자유의 수준이 집합적으로 높아진다.**

4 사회적 적절성 : 욕구(need) [④①⑭⑯②②]

(1) 사회복지정책은 평등가치의 실현과 사회적 적절성, 즉 욕구수준에 맞게 제공되는 것을 강조한다.

① 사회복지정책은 **자원의 희소성** 때문에 국민의 모든 욕구에 대응할 수는 없지만 최대한 욕구수준을 맞추려는 노력을 해야 한다.
  - 적절성은 일정한 수준의 신체적·정신적 복리를 제공하는 것을 의미한다.(O)
② **사회적 적절성은 형평성과 상충된다.** → 형평성의 대표적인 예로서 '열등수급의 원칙(less eligibility)'에 따라 국민기초생활보장법의 급여액이 결정되는 것은 욕구수준에 맞게 제공된다는 사회적 적절성의 의미와 상충되는 것

(2) 사회적 적절성에 기초하여 자원을 배분하는 데에는 국가가 시장보다 효과적이다.
  ① 욕구를 어디까지 인정하느냐는 욕구에 대한 상이한 가치관의 차이들이 합의되는 정치적 과정을 통해 결정되는 경향이 있으므로 국가에서 공공의 욕구(public interest)로 다루는 것이 유리하다.
  ② 공공의 욕구를 만족시키면 사회 전체의 이익(public interest)이 증가될 수 있는 것이다.

(3) 사회적 적절성은 '원하는 것'의 만족이 아니라 '욕구(need)'의 만족을 의미한다.
  ① 시장기제에서 자원 배분은 사람들이 주관적으로 원하기 때문에(want) 혹은 바라기 때문에(desire) 이루어지는데, 이때 분배되는 자원들이 실제로 그 사람들에게 만족을 주는지의 여부는 불확실하다.
  ② 시장에서의 원하는 것(want) 혹은 바라는 것(desire)은 주관적인 것이라면, 사회적 적절성은 욕구의 객관성이 더 중시된다.

(4) 절대적 욕구와 상대적 욕구
  ① **절대적 욕구** : 욕구의 수준이 일정한 액수로 결정되며, 절대적 욕구의 수준은 사람이 살아가는 데 최소한으로 필요한 것들이기 때문에 사회가 생활수준이 점차 나아지더라도 그 수준이 크게 변화하지 않기 때문에 **전반적인 생활수준의 상승에 비례하여 자동적으로 점점 낮아질 수 있다.**
    예 최저생계비 지급, 최저임금, 빈곤선
  ② **상대적 욕구** : 사회의 관습, 규범, 사회적 기준 등에 의하여 결정되며, **사회의 전반적인 생활수준이 올라가면 상대적 욕구의 수준도 올라가서 결국 상대적 욕구가 만족되는 사람들의 비율은 자동적으로 높아지지 않는다.**

(5) 사회복지정책급여의 적절성
  ① 인간다운 생활을 할 수 있는 수준의 급여를 제공하는 것이다.
  ② 급여를 받는 사람의 삶의 질에 대한 관심의 표현이다.
  ③ 일정한 수준의 물질적, 정신적 복지를 제공해야 한다는 것과 관련된다.
  ④ 적절성에 대한 가치와 기준은 시간과 환경에 따라 변화하는 성격을 지닌다.

5 사회정의 : 롤즈(J. Rawls)의 사회정의론 [③④⑤㉑]

(1) **한 사회의 사회적 자원이 충분치 못한 상황에서 그 구성원이 합리적 개인들이라면 개별적으로 살아가기보다는 사회적 협동체를 건설하고자 하며, '정의의 원칙'에 자발적으로 합의한다.**
  ① '정의의 원칙'이란 기본적인 사회제도 내에서 권리와 의무를 할당하는 방식을 제공하며, 사회적 협동에서의 개인들 간의 이익과 부담의 적절한 분배를 규정하는 규칙이다.
  ② 사회의 구성원들에 의해 정의의 원칙들이 채택되는 최초의 상황에 대한 철학적 해석이 '**원초적 상황(original position, 원초적 입장)**'이다.
    → 원초적 상황에서 사회구성원 간의 사회적 계약의 원칙을 도출함

㉠ 롤즈는 사회계약설적 입장에서의 당사자들이 여러 대안을 선택할 것인가를 논의할 때에 그들이 갖추어야 할 자격요건을 원초적 상황이라 불렀다.

㉡ 원초적 상황을 공정하게 설정하기 위해 롤즈가 독창적으로 구상한 개념 범주인 **무지의 베일**(veil of ignorance)은 정의의 원칙을 합의할 계약 당사자들이 자신들에 대한 정보들(예 사회적 지위, 계층상의 위치, 소질, 지능, 태어난 사회의 특징 등)에 관해 전적으로 무지해야 한다는 것이다.

(2) **정의의 원칙** : 정의의 원칙들이 충돌할 때 제1원칙이 제2원칙에 우선하며, 제2원칙 내에서는 '**공정한 기회균등의 원칙**'이 '**차등의 원칙**'에 우선되어 적용된다.

> **주의**
> 롤즈의 사회정의론은 크게 2가지 기본원칙으로 구성되어 있다. 첫째, **평등의 원칙은** 한 사회에서 모든 개별 인간들은 다른 인간들이 가진 것과 양립할 수 있는 한 최대한의 기본적 자유를 누릴 수 있는 동등한 권리를 가진다는 것으로, 이는 인간이라는 존재가 가진 자유에 대한 기본적 권리의 존엄성을 선언하는 것으로 이들 사이에 어떠한 차별이 있을 수 없다는 원칙의 선언이다. 둘째, **차별의 원칙은** 평등의 원칙에 반하여 불평등한 처우가 존재할 수 있다면 과연 그것이 어떻게 정당화될 수 있는지 그 조건을 규정하고자 한 것이다.

① **제1원칙** : 자유우선의 원칙, 즉, 개개인이 기본적 자유를 동등하게 누릴 수 있는 **기본적 자유의 평등원칙이다.** → 개인의 자유를 중시한다는 점에서 "자유주의적 전통"에 속함

㉠ "기본적 자유를 규정하는 종류의 규칙들은 모든 사람에게 동등하게 적용되어야 하며, 그것은 모든 사람의 동일한 자유와 양립할 수 있는 가장 광범위한 자유를 허용해야 한다."는 것이다.

㉡ 복지를 명목으로 기본적 자유를 침해하는 것은 바람직하지 않으며, 경제적 자유는 기본적 자유에 포함시키지 않는다.

② **제2원칙** : 정당한 사회·경제적 불평등*의 원칙(정당한 불평등)으로 다음의 2가지 조건을 만족시키도록 분배 및 재분배되어야 정당화될 수 있다는 것이다.

> **불평등**
> 여기서의 불평등은 직책이나 직위상의 어떤 차등이 아니라, 그런 직책이나 직위에 직접·간접으로 결부되는 특전이나 부, 혹은 과세에 대한 부담, 강제적 봉사 따위와 같은 이득과 부담에 있어서의 차등으로 이해하는 것이 좋을 것이다.

㉠ **공정한 기회 균등의 원리(기회평등의 원칙)** : 한 사회에서 사회적·경제적 불평등을 결과할 수 있는 지위와 직책은 모든 사람에게 개방되어 접근의 기회가 평등하게 제공되어야 한다는 것

예 장애인에게 직업기회, 노인에게 일자리 제공, 여성취업 확대 등

㉡ **차등의 원리** : 한 사회에서 허용되는 사회적·경제적 불평등은 최소 수혜자(불평등이 가장 불리한 처지에 놓여있는 사람들)에게 최대의 이익이 되는 경우에 한해 인정될 수 있다는 것(maximin rule, 최소극대화원칙 → 평등주의적 분배의 근거를 제공)

㉮ 정당한 불평등이 아닌 부당한 불평등(출생, 즉 가족의 유산으로 쌓은 부와 소득의 불평등, 천부적 재능의 불평등)을 시정하는 것이다.

㉯ 최소극대화원칙(maximin rule)은 롤즈의 분배정의론의 전체 체계 내에서 가장 핵심적인 조건이다.

(3) 평가
① 천부적 재능이나 가족의 유산으로 쌓은 부와 소득의 불평등 자체는 인정한다는 점에서 전통적 자유주의자의 한계를 공유하면서, 다른 한편으로 차등의 원칙을 통해 어느 정도 한계를 벗어나려 한다.
② 사회복지정책의 공공부조 대상자들처럼 사회의 최소수혜자들에 대한 사회적 개입을 정당화하고 기회평등을 확대해나가는 데 적절한 이론적 근거를 제시할 수 있다.

03 사회복지정책의 가치갈등

1 평등과 효율, 자유의 가치갈등

(1) 평등과 효율의 가치갈등
① 자본의 논리 또는 시장의 논리를 강조하는 사람들은 사회복지정책이 확대되면 효율적이지 못하고 사유재산권을 침해하는 등의 문제가 있다고 주장하며 평등정책을 반대하고 있다.
② 공공부문의 필요성(시장실패, 시장비효율성) vs 민간부문의 필요성(정부실패, 시장효율성)

(2) 평등과 자유의 가치갈등
① **자유를 중요시했던 이념**은 계몽주의를 시작으로 공리주의, 중상주의를 거쳐 자유방임주의로 발전하였으며 최근에는 신자유주의 경제논리의 근거가 되고 있다.
② **평등을 중요시했던 이념**은 마르크스주의, 신마르크스주의, 페이비언사회주의, 사민주의로 이어지면서 사회복지 확대의 근거이론으로 활용되고 있다.
③ **자본가나 기득권층은 자유를 선호**하고, **노동자나 빈곤층을 대변하는 사람들은 평등을 강조**한다.
  ㉠ 기득권층은 평등을 강조한 사회복지정책이 확대되면 자유가 침해되기 때문에 사회복지정책의 확대를 반대하는 경향이 있다.
  ㉡ 기득권층이 말하는 자유는 소극적 자유며, 사회복지정책은 적극적 자유를 확대할 수 있다.

2 사회적 적절성(욕구), 대상효율성, 그리고 총비용의 관계

① 사회적 적절성 수준이 높다고 하는 것은 생존권이 위협받는 대상들에게 삶의 질을 누릴 수 있는 정도로 충분히 제공되었다는 것을 의미한다.
② 제한된 사회복지 자원 내에서 사회적 적절성을 높이기 위해서는 대상효율성이 높아야 한다. 즉 반드시 혜택을 받아야 하는 사람들에게 집중적으로 배분이 이루어질 필요가 있다.
③ 사회적 적절성 수준이 높고 대상효율성이 향상되면 사회복지예산에 소요되는 비용, 즉 '총비용'은 크게 타격을 입지 않는다.

김진원 OIKOS 사회복지사1급 통합이론서 3교시

제2부

사회복지정책의 역사와 발달이론

제3장 사회복지정책의 역사적 전개
제4장 사회복지정책의 이론과 사상

CHAPTER 03 사회복지정책의 역사적 전개

제2부 **사회복지정책의 역사와 발달이론**

제3장 회차별 출제빈도, 출제비중 및 출제논점 1, 2, 3순위

10회 2012	11회 2013	12회 2014	13회 2015	14회 2016	15회 2017	16회 2018	17회 2019	18회 2020	19회 2021	20회 2022	21회 2023	22회 2024
4	3	4	3	1	4	3	1	3	2	1	2	2

출제 비중	출제 논점		
	1순위 ☺	2순위 ※	3순위 ☆
13.4	① 베버리지 보고서(Beveridge Report, 1942년) ② 독일의 비스마르크 3대 사회보험 ③ 미국의 사회보장법(1935년)	① 빈민법 단계: 엘-정-작-길-스-공-신 ② 한국의 사회복지 역사	① 영국의 국민보험법 (1911년) ② 복지국가의 황금기, 위기기, 재편기

1순위 스마일표시(☺) : 출제 빈출도가 높은 부분으로 무조건 시험에 출제되는 영역
2순위 당구장표시(※) : 나왔다 안 나왔다 하는 영역이지만 출제가능성 높은 영역
3순위 별 표(☆)   : 출제 된 적이 있긴 하지만 다시 출제될 가능성은 다소 떨어지는 영역

MAP

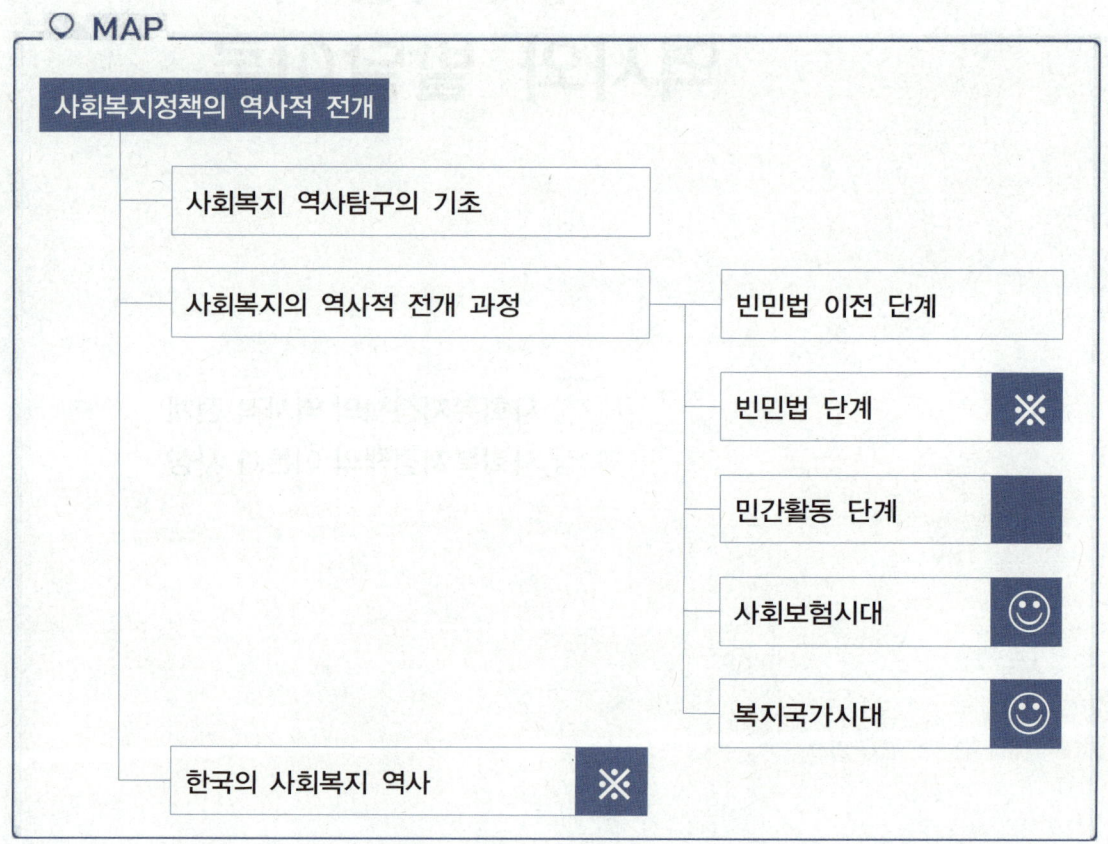

01 사회복지 역사탐구의 기초

1 사회복지 역사 연구의 대상(구체적 분석대상)

① **사회복지 외부체계** : 사회복지체계의 변화에 영향을 주는 정치, 경제, 사회 및 이념
② **사회복지 내부체계** : 욕구체계, 전달체계, 책임–자원체계

■ 사회복지 역사의 분석 대상 및 분석의 흐름도 ■

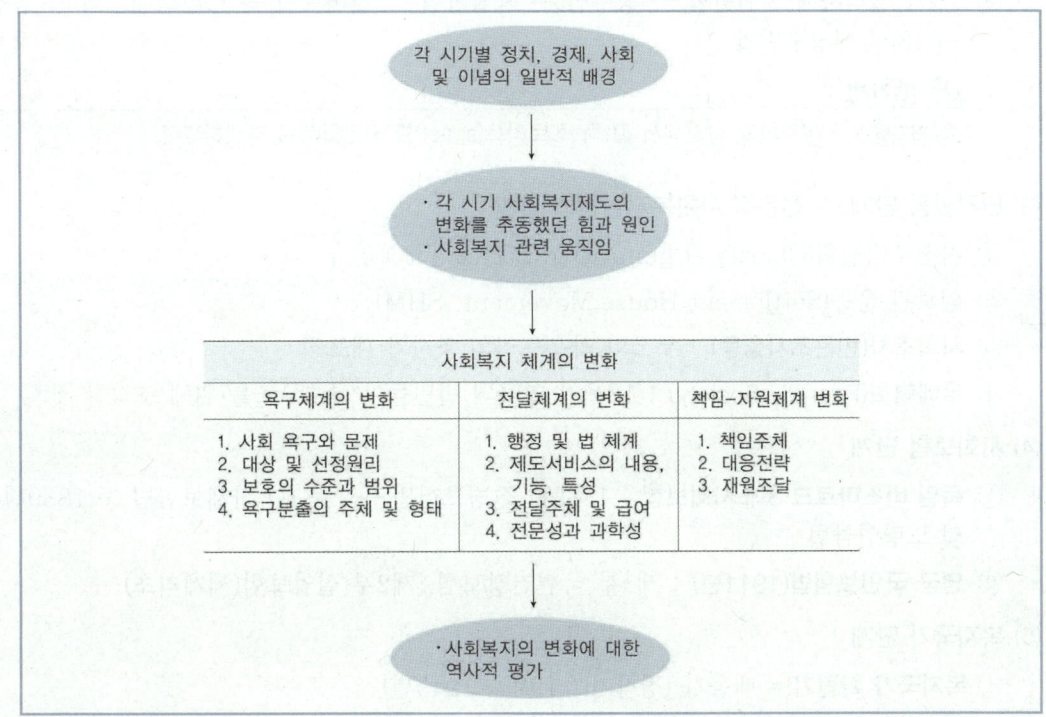

2 사회복지의 역사 개괄

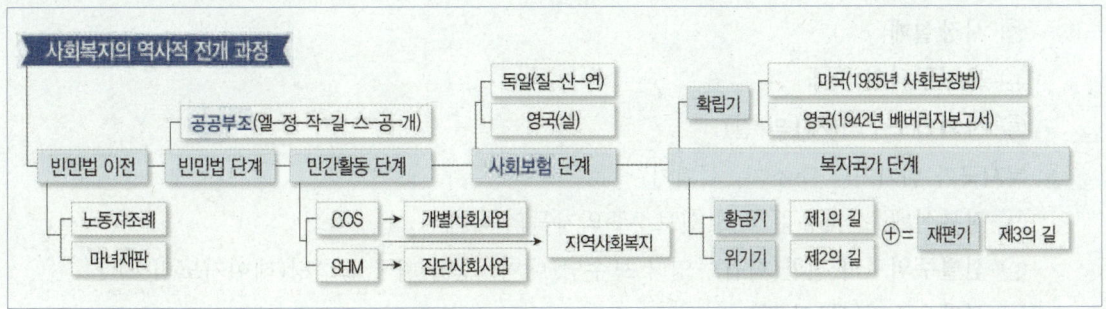

(1) 빈민법 이전 단계 : 빈민에 대한 대처
  ① **노동자 조례**(노동자 규제법, 노동자칙령 ; 1349) → 노동능력자에 대한 대처
  ② **마녀재판** → 노동무능력자에 대한 대처

(2) 빈민법 단계 → 공공부조
  ① **중상주의**(Mercantilism) = 교역경제(trade economy)주의
  ② **대중궁핍 발생 원인** : 엔클로져(enclosure, 종획운동), 헨리 8세의 수장령(1534) : 수도원의 해산, 가격혁명의 영향
  ③ 1601 엘리자베스 빈민법 → 정주법 → 작업장법 → 길버트법 → 스핀햄랜드법 → 공장법 → 1834 개정구빈법

  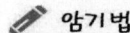 암기법
  엘리자베스가 **정**리하고 **작**업해서 **길** 즉 **스**트리트(street)를 국민들에게 **공**개하였다.

(3) 민간활동 단계 → 전문적 사회복지실천의 출발
  ① **자선조직협회**(Charity Organization Society, COS)
  ② **인보관 운동**(Settlement House Movement, SHM)
  ③ **사회조사**(빈곤조사활동) : 부쓰와 라운트리의 조사가 대표적
  ④ **우애협회**(Friendly Society) : 18세기 영국의 빈민들이 상호부조를 위해 조직한 것

(4) 사회보험 단계
  ① **독일 비스마르크 3대 사회보험** : 1883년 질병보험법 → 1884년 산재보험법 → 1889년 폐질 및 노령연금법
  ② **영국 국민보험법(1911년)** : 제1부 국민건강보험, **제2부 실업보험(세계최초)**

(5) 복지국가 단계
  ① **복지국가 확립기**(= 태동기, 정착기 : 1920~1945년)
    ㉠ **시장실패**, 케인즈와 혼합경제의 성립
    ㉡ 미국의 사회보장법(the Social Security Act, 1935년)
    ㉢ 영국의 베버리지 보고서(Beveridge Report, 1942년)
  ② **복지국가 황금기**(= 팽창기, 융성기 : 1945~1970년대 중반)
    ㉠ 시장실패
    ㉡ 보편주의의 확대
    ㉢ 사회민주주의(제1의 길)
  ③ **복지국가 위기기**(= 축소기, 쇠퇴기)
    ㉠ **정부실패**, 신자유주의 및 신보수주의자들의 득세
    ㉡ **선별주의로의 전환**(회귀), 영국 보수당(대처리즘), 미국 공화당(레이거노믹스)
    ㉢ 신자유주의(제2의 길)

④ 복지국가 재편기
  ㉠ 에스핑-앤더슨(세 가지 길) : 사민주의, 보수주의(조합주의), 자유주의복지국가
  ㉡ 제3의 길 : 적극적 복지(사회투자국가, 복지다원주의, 의식전환)

02 사회복지의 역사적 전개 과정

1 빈민법 이전 단계 : 고대 및 중세의 사회복지

(1) 고대의 사회복지사업 : 상부상조, 자선적 구제사상, 공동생활체

(2) 중세의 사회복지
  ① 중세사회의 특징
    ㉠ 중세의 시기 : 고대 그리스, 로마시대와 근대 르네상스와의 중간시대(5C 말~15C까지)
    ㉡ 사회변화 : 노예제사회 → 농노제(農奴制)사회로 변화한 시기
    ㉢ 봉건사회의 성립(봉건제)
    ㉣ 중세의 사회조직 : 장원(공동노동과 공동작업)
  ② 중세사회의 사회상황
    ㉠ 흑사병
      ㉮ 1348년, 흑사병이 온 유럽과 영국을 덮쳐 어떤 지역에서는 인구의 절반이 사망하기도 하였다.
      ㉯ 흑사병은 새로운 국제 간 무역으로 긴 항해가 되면서 인도로부터 전염된 쥐가 퍼뜨린 병이었을 것이라고 추측된다.
      ㉰ 이로 인해 대중은 크게 동요되었으며 유대인, 이슬람교도, 나병환자, 장애자, 동성연애자, 여성을 희생양으로 삼아 신의 저주를 속죄해야 한다는 생각을 갖게 되었다.
    ㉡ 마녀사냥
      ㉮ 흑사병이 나타나기 시작했을 즈음 여성은 마녀로서 비판의 대상이 되었는데, 이때까지 사람들은 병은 저주 때문에 생긴다는 신념을 가지고 있었다.
      ㉯ 성직자들은 여자가 비난의 대상이라는 믿음을 버리도록 설교했으나, 마녀들에 대한 믿음은 사탄의 저주 공포와 융합되어 학살로 이어졌다(300년 동안 수천 명의 여성들이 죽임 당함).
      ㉰ 대부분의 경우 마녀로 붙잡힌 여성들은 55세에서 65세 사이로 이웃의 자선을 구걸하며 혼자 사는 거지였다.
  ③ 중세의 사회복지사업 : 수도원
    ㉠ 교회가 발전하면서 중세 초기의 순수함을 잃어버리고 현실적 경향을 띠고 있을 때 공간적으로는 세속으로부터 떨어져 청빈, 순종 및 청결 등의 계율을 지켜서 신앙에 힘쓰는 조직이었다.
    ㉡ 전체수입 중 1/10을 빈민구제에 사용하고 숙박을 제공하였다.

2 빈민법 단계(소극적 국가개입) : 영국의 엘리자베스 구빈법~신빈민법 시대까지

(1) **빈민법 단계(소극적 국가개입)**
① **사회복지의 시작을 의미하는 것**을 말하며 이는 **사회문제에 대한 국가 개입**(국가가 그 사회문제의 해결에 책임이 있음을 인식)이란 의미를 지닌다.
② 사회 자체의 모순에서 발생한 것이라는 인식에 기초하여 국가개입이 이루어지는 적극적 의미가 아닌 **소극적 국가개입**을 말한다. → 빈곤의 사회학적 결정요인들에 대한 접근 부재
③ 소극적 국가개입의 시작은 **엘리자베스 빈민법**을 그 시발점으로 하고 있으며, 억제정책을 전개하였던 **신빈민법 시대까지 포함**한다.

(2) **사회, 경제, 사상적 배경**
빈민법의 성립 시기를 이해하는데 있어서 중요한 것은 바로 이 시기가 **자본주의의 성립기**, 즉 **중상주의가 득세한 시기**라는 사실이다.
① **중상주의(Mercantilism) = 교역경제(trade economy)주의**
   ㉠ 근세 절대주의 국가의 성립 이후부터 산업혁명 개시까지의 기간, 즉 **대략 15세기 중반부터 18세기 중반까지** 약 300년 간 유럽대륙을 지배하던 경제정책이자 경제사상을 지칭하는 용어이다.
      ㉮ 경제사적으로 **근대 자본제사회의 성립기**, 정치적으로는 중앙집권적 절대군주국가의 시대
      ㉯ 노동자들이 외국과의 통상경쟁을 위해 **저임금과 열악한 노동조건을 강요** → 대량의 빈곤이 발생하여 급기야 국가개입이 이루어지지 않을 수 없게 만들었던 시대 상황
   ㉡ **사회복지의 발전에 있어서 깊이 연관되는 중상주의 경제정책**
      ㉮ **무역정책** : 수입을 제한하고 수출을 장려했으며, 자국 상품이 경쟁력을 갖기 위해서는 생산비를 절감해야 하며 이를 위해서는 **원료의 값과 노임(임금)을 싸게** 하여야 한다.
      ㉯ **인구정책** : 인구의 증가는 그만큼 생산을 증가시킬 수 있다고 보았기 때문에 **적극적인 인구장려정책**을 추진하였다.
② **대중궁핍의 발생과 원인**
   ㉠ **발생** : 엘리자베스 구빈법이 형성되는 16세기 중엽부터 17세기 초까지는 상당히 증가하였는데, 17세기에 전인구 550만 명 중 4분의 1이 보호를 필요로 하는 사람이었다.
   ㉡ **발생원인** : 엔클로져(enclosure, 종획운동), 수도원의 해산, 가격혁명의 영향
      ㉮ **엔클로져(enclosure, 종획운동)**
         ⓐ **공동경작권이 존재하고 있던 토지를 경계표식으로 담을 치고, 공동경작권을 배제하고 사유지임을 명시하는 것**을 일컫는 말이다.
         ⓑ 15~16세기 이후 증가하는 인구로 말미암은 **양육과 양모의 수요가 급증**하면서 엔클로져가 대규모로 행해졌다.
         ⓒ 엔클로저의 영향
            – 갑자기 경작지를 빌릴 수 없게 되어 생계수단을 잃어버린 농민의 문제

- 농지의 축소 → 식량의 감소 → 곡물가격을 상승시키는 작용 → 생활상의 곤란
- 토마스 모어(Thomas More)의 「유토피아(Utopia), 1516」에서 '양이 사람을 잡아먹는다.'
㉯ **가격혁명의 영향** : 당시 신대륙으로부터 은이 대량으로 유입됨으로써 물가가 등귀하게 되었고, 이것 때문에 노동비용은 상대적으로 저렴하게 되었다는 것
㉰ **헨리 8세의 수장령(首長令, 1534)** : 수도원의 해산
ⓐ **수장령** : 왕의 이혼문제를 둘러싸고 로마 교황청과의 갈등 끝에 로마 가톨릭과의 관계를 단절하고 헨리 8세 자신이 영국의 정치적 수장일 뿐만 아니라 종교적인 수장임을 선포
ⓑ 수도원의 폐쇄로 인하여 거리로 내몰린 빈민의 수는 88,000명 이상으로 추정되고 있는데, 교회의 책임이 아니라 귀족이 주체가 된 국가가 책임지지 않을 수 없게 되었음
③ **빈민에 대한 대처방식** : 노동자 조례와 마녀재판
㉠ 노동자 조례(The Statute of Labours, 1349, 노동자 규제법) → 노동능력자에 대한 대처
㉮ 국가의 입장에서 볼 때 위협적인 존재였던 노동능력 있는 빈민의 문제에 대처하기 위하여 제정된 것으로, **억압 일변도의 정책**이었다.
㉯ 배경 : 흑사병(The Black Death)에 의한 노동인구의 격감(전인구의 1/3 정도가 사망)
㉰ 지주 계급들은 농민이 토지를 떠나 부랑자와 빈민이 되는 것을 방지하기 위해 입법화를 주장했으며, 이에 **에드워드 3세(Edward Ⅲ)가 1349년에 제정**하였다.
㉡ 마녀재판 → 노동무능력자에 대한 대처
㉮ 인간차별과 인간학대의 대표적인 사상으로, 사회불안을 이용해서 체제의 모순을 가난한 미망인이나 독거노인, 정신장애인 등 빈곤층에게 돌려 체제를 공고히 하는 역할을 한 것이다.
㉯ 마녀는 일반적으로 빈곤층이었고, 마녀를 고발한 쪽은 일반적으로 유복한 계층이었으나 상당한 계층 차이가 아니라 '약간' 상층의 사람들이었다.

(3) 빈민법 시대의 구빈제도

① **엘리자베스 빈민법(Elizabethan Poor Law, 1601)** : 빈민통제법 [⑥⑧⑨⑩⑫]
1572년부터 시작된 일련의 법을 체계화하여 정비하여, 1601년에 제정된 법으로 **빈민구제를 위한 제 법령을 집대성**하였다.
㉠ 의의 : 공공부조의 효시, 빈민에 대한 국가부조의 시작
㉮ 빈민의 관리를 국가의 책임(빈민구제의 책임을 교회가 아닌 국가가 최초로 지게 됨)으로 하되 빈민의 권리는 아직 수용되지 않았다(대상자 권리 인정하지 않음).
㉯ 부양의무를 부모에서 조부모의 부양책임으로까지 확대하여 친족의 부양책임을 강조하였다.
㉰ 가족과 친족이 부양하지 못하는 빈민을 해당 교구가 책임을 지고 부양하도록 규정함으로써 교구를 중심으로 한 구제가 시작되었다. → 빈민에 대한 1차적 부양의무와 책임을 가족에 두었으며, 교구(국가)는 2차적 책임을 진다.

- ㉣ 빈민구제 업무의 **전국적 행정구조를 수립**하였고, 지방행정의 책임을 강화하였다.
- ㉤ 목적세의 성격을 갖는 별도의 세금(구빈세)을 **활용**하였다.
- ㉥ 빈민을 분류화(자격이 있는 빈자와 자격 없는 빈자로 구분)하였다.
- ㉦ 엘리자베스 구빈법은 1834년 개정구빈법에 이어 1948년 영국의 국가부조법이 제정되기까지 약 350년간 영국의 구빈사업의 기본 이념을 담고 효력이 지속되었다.

ⓛ **빈민을 억압하고 사회질서를 유지하려는 사회통제적 성격이 강한 법령**
- ㉮ 이전에 존재했던 법들에 비해 덜 억압적이기는 하지만, 여전히 빈민들을 억압하고 통제 또는 관리하는 법으로서의 성격이 강해 **형사법으로서의 성격**을 띠고 있는 법이다.
- ㉯ 지역별로 징계방을 두어, 노동을 거부하거나, 도망을 치거나, 구걸 혹은 게으른 생활을 목적으로 타지역으로 옮긴 사람을 가두게 하였다.

ⓒ **행정기구 : 추밀원(중앙기구) → 치안판사(지방의 책임자) → 빈민감독관(교구)**
- ㉮ 추밀원을 정점으로 하여 **중앙집권적 빈민통제**를 특성으로 한다.
- ㉯ 지방의 책임자였던 치안판사는 중앙기구인 추밀원의 행정적 통제를 받았다.
- ㉰ '치안판사'의 총괄지도하에서 **각 교구에 '빈민감독관'의 임명이 의무화**되었다.
- ㉱ **빈민감독관이 구빈세(poor rates) 징수** 등의 구빈행정을 담당하였으며, 음식물이나 돈을 배분하고 교구의 구빈원을 지도·감독하는 일을 담당하였다.
- ㉲ 엘리자베스 빈민법의 제도화 이후 1834년 개정빈민법이 제정되기까지 지방 기금에 의한, 지방 관리에 의한, 지방 빈민에 대한 구빈행정이 명백한 원칙으로 지속되었다.

ⓔ **노동능력의 유무에 따른 빈민의 분류화(대상자 선정기준의 법제화)** : 수급대상자들을 노동능력 유무를 중심으로 분류하여 대상자의 선정기준을 규정 → **차별화된 빈민정책실시**
- ㉮ **노동능력 있는 빈민(able bodied poor)** : '**가치없는 빈민**', 즉 도움을 받을 만한 가치가 없는 빈민들로서 자격 없는 빈민들이다.
  - ⓐ **노역장(workhouse, 작업장)**에서 일을 하는 조건(강제노역을 시킴)으로 최소한의 구호를 제공하였다.
  - ⓑ 도망쳐서 구걸하거나 일하기를 싫어하는 게으른 자에 대해서는 **교정원(house of correction)** 또는 감옥에 감금하여 중노동을 시켰으며, 이들에 대한 자선은 금지하였으며, 이주도 제한하였다.
- ㉯ **노동 능력 없는 빈민(impotent poor)** : '**가치 있는 빈민**'으로, 도움을 마땅히 받을 만한 가치가 있는 빈민들로서, **구빈원에 수용하여 보호함(indoor relief, 원내구제)**을 원칙으로 하되, 거주할 집이 있으면 **원외구제(outdoor relief, 거택보호)**를 병행하였다.
- ㉰ **요보호 아동(dependent children, 빈곤아동)**
  - ⓐ 고아, 기아 또는 부모가 양육능력을 상실한 아동은 시민에게 무료 **위탁 보호**를 시킴
  - ⓑ 유료로 위탁할 경우에는 최저입찰자에게 위탁 보호시켜 **도제(apprentices)로써 활용**하도록 함
- ㉱ **구빈사업에 소요되는 재원의 확보** : 교구(parish)를 단위로 주민이 납부하는 일종의 고정자산세 성격의 **구빈세(poor rate)** → 정주법을 만들게 된 요인으로 작용

■ 원내구제 원칙과 원외 구제원칙 ■

구 분	내 용
엘리자베스 빈민법	원내구제 원칙 + 예외적 원외구제 병행
작업장법	원내구제 원칙(작업장)
길버트법	원외구제 원칙
개정구빈법	원내구제 원칙(작업장) + 제한적 원외구제 병행

② **정주법(Settlement Act, 1662) : 거주지제한입법** [10②]
  ㉠ 의의 : 빈민들의 소속 교구를 명확히 하고 도시유입 빈민을 막기 위해 1662년 제정
    ㉮ 빈민들이 자유롭게 이동할 수 있는 권한을 금지시키는 것으로, 복지와 관련된 법이라기보다는 억압적 정책의 특성을 가지고 있다.
    ㉯ 극단적인 교구주의(parochialism, 지방주의) 내지 지방할거주의의 표현이었으며, 농촌 노동력의 이농을 막기 위한 봉건제도의 산물(노동자들의 이동권 제한)이었다.
  ㉡ 배경
    ㉮ 노동력의 안정을 확보하고자 했던 **농업자본가들의 이해가 반영된 제도**이다.
    ㉯ 빈민의 이동 권한을 금지시킨 이유는 빈민이 자신의 교구에 유입됨으로 말미암아 재정부담이 늘어나는 것을 막기 위한 것이다. 빈민구제를 위해 세금을 내야하는 중산층 또는 농업자본가 입장에서는 빈민의 증가 또는 유입을 억제하려고 하였다.
  ㉢ 한계
    ㉮ 이 법은 낮은 임금으로 일을 시킬 노동력이 필요한 농업자본가의 이익을 대변한 법이며, **빈민의 주거선택과 이전의 자유를 침해한 것으로서 비판을 받게 되었다.**
    ㉯ 봉건제가 붕괴되는 시기이자 빈민의 노동력 그 자체가 부의 원천이 되어 가는 시기였음에도, 사람을 토지에 묶어 두려는 시대착오적인 입법이라고 평가받았다.
    ㉰ **아담 스미스(A. Smith)는 『국부론』에서 비판** : 노동력의 자유로운 이동을 금지하는 법률이 자유주의 실현을 막고 국부축적에 걸림돌이 되는 것이라는 입장에서 비판

③ **작업장법(Workhouse Test Act or Knatchbull's Act, 1722)**
  ㉠ 의의
    ㉮ 작업장 테스트법, 작업장 선서법, 나치블법이라고도 하며, 이 법률에서 작업장이란 구원을 억제하면서 노동의욕을 선서케 하는 곳이라고 규정하였다.
    ㉯ 엘리자베스 빈민법 하에서 빈민들이 가졌던 '권리'에 대한 최초의 침해로서 비난을 받고 있다.
    ㉰ 오늘날 직업보도프로그램의 효시가 되었으며, 자활프로그램과 유사한 성격을 지닌 제도라고 볼 수 있다.

> **OIKOS UP** 　　브리스톨 작업장(1696년)
>
> ① 설립 : 브리스톨(Bristol) 시에 여러 교구들이 모여 공동작업장(2개의 작업장)을 1696년 설립
> ② 의도 : 빈민들에게 수입을 줄 수 있는 합당한 일자리를 마련해줌
> ③ 의의 : 노동가능한 빈민들에게 기술을 가르쳐 소득을 제공해주는 기회를 마련하였다는 점에서 오늘날의 빈민 직업보도프로그램의 효시라는 점에서 의의
> ④ 결과 : 거리에 상습적 걸인이나 난폭한 부랑자가 자취를 감추게 되었음
> 　　㉠ 좋은 의도에도 불구하고 작업장 수용을 꺼리는 빈민들이 구제요청을 꺼렸기 때문에 걸식의 감소와 구빈세의 저하를 가져왔음
> 　　㉡ 시설에 입소시켜 보호하는 비용이 많이 지출되어 경제성이 없다는 것이 증명되었지만, 구제신청 억제효과가 있다는 결과를 보여줌 → 1722년 작업장법은 구원억제 수단의 작업장을 상정

　　㉡ 목 적
　　　㉮ 빈민에게 보다 적극적으로 노동을 강요하기 위해 출현한 제도적 장치가 작업장법이다.
　　　　ⓐ 18세기 **중상주의 영향**으로 노동 능력이 있는 빈민을 고용함으로써 국가적인 부의 증대에 기여하고자 하는 목적에서 만들어졌다.
　　　　ⓑ **중상주의자들**은 빈민에 대한 처벌적 효과를 선호하면서 빈민의 나태는 노동자와 국가 모두에게 손해가 되므로 **빈민을 고용하여 국부의 축적에 기여하자**는 주장을 하였다.
　　　㉯ **작업장의 사용 목적(Webbs의 구분)**
　　　　ⓐ 이윤추구적인 빈민고용의 수단
　　　　ⓑ 나태한 피구제빈민에 대한 형벌적 시설로서의 작업장
　　　　ⓒ 노동능력 없는 빈민에 대한 수용시설
　　　　ⓓ 구원 억제수단
　　　　ⓔ 선서제의 적용 수단
　　　　ⓕ 전문화된 처우시설
　　㉢ 한 계
　　　㉮ 작업장에서의 생산물은 사기업체와의 경쟁에서 뒤떨어지고 경영면에서도 승산이 없었으며, 교구민의 세부담 증가, 빈민의 혹사, 노동력의 착취 등 많은 문제를 일으켰다.
　　　㉯ 작업장 선서와 청부제도가 결합되어 작업장은 공포의 기관이 되었으며, 교구의 지하감옥으로 변하였다.
　　　㉰ 영리를 추구하는 **개인에게 작업장을 위탁·운영(청부제도)**하면서 많은 이윤을 남기기 위해 가혹하게 일을 시키든지, 제공되는 서비스를 줄이는 방식으로 작업장 내의 생활상태는 매우 열악해졌으며, **노동능력의 유무와 상관없이 모든 연령, 성별, 계층이 한꺼번에 수용되는 혼합 작업장**으로 변모되었다.
④ 길버트법(the Thomas Gilbert Act, 1782) [9⑱⑳㉑㉒]
　㉠ 길버트가 제안하여 통과된 법안 = 빈민의 구제·고용 개선을 위한 길버트법
　　㉮ 작업장 빈민의 비참한 생활과 착취를 개선할 목적(일괄 청부제도 폐지)으로 제정
　　㉯ 인도주의적 구빈제도(빈민법의 인도주의화)라고 평가

- ⓒ 의의 : **임금보조제도의 시작, 실질적 원외구제의 효시(원외구제 원칙)**
  - ㉮ 빈민을 무조건 작업장에 수용하지 않고 **노동 가능 유무에 따라 자신의 집에서 거주하면서 도움을 받을 수 있도록 원외구제(out-door relief, 거택보호)의 개념을 도입**하였다.
    - ⓐ **노동능력이 있는 빈민**은 작업장에서 일을 시키되 노동의 대가로 받는 임금이 생활에 부족하면 부족분을 국가가 보충해주었다.
    - ⓑ **노동능력이 없는 빈민**은 작업장에 보내지 않고 현금급여를 받게 하고 인근의 적당한 곳에서 일을 할 수 있도록 하는 원외구제를 허용했다.
    - ⓧⓞ 길버트법은 작업장 노동의 비인도적인 문제에 대응하여 원외구제를 실시하였다.(O)
  - ㉯ 이 법의 시행으로 교구연합이 결성되었으며, **최초로 유급 구빈사무원을 채용**하였다.
- ⓒ 구성 : 제3부로 구성
  - ㉮ **제1부** : 종래의 구빈행정에 대한 비판적 규정 → **비판의 중점** : 작업장법 폐단
  - ㉯ **제2부** : 연합교구의 설치와 구빈행정의 합리화 방안에 관한 것
    - ⓐ **연합교구 설치** : 영세교구들이 연합한 **빈민공장 설립 허용(구빈행정단위 확대)** → Why? 특성별 빈민들의 분류 가능
    - ⓑ **구빈행정 합리화** : **전문관리인제 도입** → 유급전문관리로 구제위원과 감찰관 임명
  - ㉰ **제3부** : 빈민처우의 개선에 관한 것
    - ⓐ **노동의 대가로 얻은 수입이 생활에 부족할 경우 부족액수를 보충**
    - ⓑ 작업장은 노동능력 없는 빈민을 위한 보호시설로 간주, **노동능력 있는 빈민에 대한 구제는 시설 외 구제**
- ⓔ 한 계
  - ㉮ 인도주의적 처우에 따라 **교구민의 구빈세 부담이 가중**되어 일부의 불만을 일으켰다.
  - ㉯ 이 법은 스핀햄랜드법과 함께 개정구빈법 태동의 빌미를 주었다.
⑤ **스핀햄랜드법(Speenhamland Act, 1795)** [⑧⑨⑩⑫㉒]
- ㉠ 의의 : 가족수당이나 최저생활보장(최저임금제도)의 기반 → **임금보조제도의 발전**
  - ㉮ 구빈세 재정으로 저임금을 보충해주려던 **인도주의적 제도**로, 1795년 버켜셔(Berkshire)주 스핀햄랜드 지역의 치안판사 회의에서 제정되었다.
  - ㉯ 지역의 식량가격을 기준으로 최저생계비를 설정하여 최저생활기준에 미달되는 **임금의 부족액을 보조하는 일종의 임금보조제도**이다.
    - ⓐ **보편실행표 기준** : 구호금액의 결정기준을 **가족의 최저생계유지 비용선**에 두고, 최저생계비 이하의 임금노동자들은 식품척도(bread-scale) 기준을 적용해 보충
    - ⓑ **고용주들이 표준임금만 지급**하고 생계유지책임을 구빈제도에 떠넘김
  - ㉰ **최초로 대가족(가족 수)을 고려**했다는 점에서 의의를 가지며, 또한 경제적 불황기에 노동자의 보호 권리를 인정했다는 점에서도 중요성을 갖는다.
- ㉡ 내 용
  - ㉮ 근로자의 **가족 수와 물가 수준(빵 가격과 부양가족의 수)**을 고려하여 일정 수준 이하의 모든 근로자의 임금에 대해 보조금을 지급하는 것이었으며, **가족생계임금을 보장**하려 하였다.
    - ⓧⓞ 스핀햄랜드법은 빈민의 임금을 보충하기 위해 가족 수에 따라 보조금을 지급할 수 있게 했다.(O)

- ⓓ 임금보조금의 액수는 **빵의 가격에 연동해서** 정해야 하며 **빈민 개개인의 수입에 관계없이 최저소득이 보증**되어야 하는 것을 기본으로 한다.
  → **버커셔빵법(Berkshire Bread Act)**
- ⓔ 이 법은 전국적으로 실시되었는데, **생활비와 가족 수에 따라 연동제적 비율**로 저임금 노동자의 임금을 보충해 주었으며 노인, 장애인 등에 대한 원외구제가 확대되었다.
- ⓕ **오늘날의 가족수당이나 최저생활보장의 기반(가족수당과 최저임금제도의 기초)**을 이루었다는 점에서도 의의가 있다.

ⓒ 한계
- ⓐ 전국적으로 확산되는 등 발전되었으나 노동의욕을 고취시키는 대신 **나태를 조장한다는 비판의 근거**가 되었다.
- ⓑ 노동인구가 농촌지역을 중심으로 집중되어 **구빈세가 증가함에 따라 개정 구빈법 도입의 빌미로 작용**하게 되었다.
- ⓒ 새롭게 등장한 산업체계가 요구하는 **자유시장경제의 발전과 상충**되었다.
- ⓓ 고용주가 저임금을 지급하더라도 구빈세로부터 보조금이 지급된 결과, 노동자들을 위한 임금보조금이 아니라 **고용주에 대한 보조금**이 되었다.

⑥ **공장법(Factory Act of 1819, 1833)** [⑫]
ⓐ 배경 → 아동의 노동 여건을 개선
- ⓐ 19세기 방직업의 발전은 빈민의 자녀를 이용 → 방직공장의 저렴한 노동력
- ⓑ 4세 아동이 노동하는 경우가 있고, 노동시간의 법적 제한이 없어 16시간에서 18시간 노동을 함

ⓑ **1802년 '옥면공장 등의 도제의 건강 및 품성을 위한 법률'**: 세계 최초로 연소 공장노동자의 노동시간을 규제하고 최소 수준의 위생화 교육을 보장하는 법령

ⓒ **1819년과 1833년 공장법** → 로버트 필(Robert Peel)경에 의해 통과
- ⓐ **1819년 공장법 제정**: 아동들의 노동시간을 1일 12시간으로 제한하고 야간노동을 금지시켰다. 그러나 빈곤가정의 아동에게만 적용되고 일반가정의 아동을 고용한 면방직업자들의 착취는 계속되었다.
- ⓑ **1833년 공장법 개정**: 방직산업에 9세 이하의 아동은 노동을 금지시켰고, 하루 최고 노동시간을 제한하였다.

⑦ **개정빈민법(The Poor Law Reform Act, 1834) : 신빈민법** [②⑪⑲㉑㉒]
ⓐ 개요
- ⓐ **제정**: 1832년 왕립위원회(Royal Commission)의 조사를 토대로 1834년에 제정
- ⓑ **1차적인 제정 목적**: 구빈비용의 억제, 억압정책으로의 회귀 [⑨]

ⓑ **경제자유주의의 승리로서의 개정구빈법**: 전제군주와 특권적 지주계급을 위한 빈민법이 아니라 이제 자본가계급이라고 하는 새로운 주인에게 봉사하는 것이 됨 [⑳]
- ⓐ 1834년 이전의 빈민법이 국가 - 지주계급의 지배연합이 구축해 온 봉건적 정치경제 질서를 효과적으로 유지하기 위한 사회정책적 수단이었다.

㉯ 1834년 개정빈민법은 국가 – 자본가계급의 지배연합이 자본주의적 정치경제 질서를 효과적으로 지탱하기 위한 사회정책적 수단을 제공하게 되었다.
  ⓐ 국가는 빈민에 대한 정치적 통제를 확고히 하고, 국가기구를 더욱 확장할 수 있는 기회를 획득함
  ⓑ 자본가계급은 노동의 상품화를 통해 자본주의 체제의 근본적인 시장기제를 유지하고 값싼 노동력을 풍부히 공급받을 수 있는 여건을 만듦

※ 신빈민법은 특권적 지주계급을 위한 법으로 구빈업무를 전국적으로 통일하였다.(×)

ⓒ **신빈민법 태동배경(제정배경)** [⑥]
  ㉮ **산업혁명과 구빈민법의 파탄** : 중세 봉건농노제에 적합했던 구빈민법이 산업혁명 이후의 자본주의 시대에는 적합하지 않았음
  ㉯ **Speenhamland제도의 모순** : 길버트법과 스핀햄랜드법이 시행되면서 구빈세의 부담이 늘어난 교구와 자본가 계층에서 구빈비용을 감소시킬 것을 강하게 주장
  ㉰ **구빈세의 증대와 세부담의 불공평** : 교구 간 구빈세 부담의 불공평과 동일 교구 내 개인 간의 세부담 불공평(공업자본가들의 구빈세 부담이 가벼웠음)에 대한 대안을 요구함
  ㉱ **새로운 구빈정책사상의 등장**
    ⓐ 개인주의적 빈곤죄악관
    ⓑ 인구론과 임금기금설의 입장
      – Malthus의 인구론(맬서스주의) : 인구 증가율이 식량의 증가율보다 높다고 단정하면서, 빈민법을 일종의 분배정책으로 간주하지 않고 인구 증가의 '적극적 沮害物'을 완화시키며, 식량을 증가시키지 않고 오히려 인구를 증가시키는 것
      – Ricardo의 임금기금론(임금철칙설) : 국부의 특정한 비율만이 임금의 형태로 활용될 수 있는데, 빈곤구제에 지출되면 임금으로 지급될 수 있는 몫이 적어져 경제력이 있던 사람도 궁핍해진다는 것
    ⓒ Bentham과 행정개혁 : '최대다수의 최대행복'이라는 가치와 '최대행복'을 실현하기 위해(전체 다수의 행복을 극대화하기 위해) 빈민구제의 범위나 수준은 최소화되어야 한다고 보았음
  ㉲ **왕립위원회 보고서의 6가지 주요 내용**
    ㉮ 스핀햄랜드법의 임금보조제도를 **철폐**한다.
    ㉯ **노동이 가능한 빈민은 작업장에 배치**한다.
    ㉰ **병자나 노인 그리고 허약자와 아동을 거느린 과부에게만 원외구제**를 한다.
    ㉱ 빈민의 생활조건은 자활하는 **최하급 노동자의 생활조건보다 높지 않아야** 한다.
    ㉲ 왕명에 의하여 **중앙통제위원회를 설립**한다.
    ㉳ 교구단위의 구호행정을 '**구빈연합연맹**'으로 통합한다.

ⓓ **개정구빈법의 네 가지 원칙**
  ㉮ **열등 처우의 원칙(principle of less eligibility)** [①⑩⑯⑱⑲㉑]
    ⓐ 피구제자의 생활수준은 최하급 독립노동자의 상태 이하가 되지 않으면 안 된다. 즉 **피구제빈민의 상태는 독립하고 있는 노동자보다 실질적으로 적격이어서는 안 된다.**

ⓑ 구제받는 빈민의 생활수준이 상대적으로 더 높을 경우 임금노동자가 구제받는 쪽을 선택하게 되어 나태를 심화시킨다는 것이다.
ⓒ 공공부조제도에서도 일반적으로 적용되는 원칙으로 보충급여방식의 생계급여 등에서 발견할 수 있으며, **공평(비례적 평등)**과 유사한 원칙이다.
㉯ **작업장 제도(작업장 수용)의 원칙(= 원내구제의 원칙, 작업장 재설립의 원칙)** [⑲㉑㉒]
ⓐ 내 용
- 스핀햄랜드법에 의한 임금보조와 아동수당, 가족수당을 폐지하고, **길버트법에 의한 노동능력자에 대한 원외구제를 중지(시설 외 구제 금지)**한다.
- 노동 능력이 있는 빈민에게 원외구제를 금지하고 작업장 수용으로 한정(**노인, 허약자, 빈곤모자 가정 등에게 원외구호를 제한적으로 실시**)하였다. 이것은 사회복지서비스가 **재가복지보다는 시설수용 위주로 발전하는 계기**가 된다.
  💬 신빈민법(New Poor Law) – 원외구제를 인정하였다.(×)
  💬 신빈민법은 열등처우의 원칙을 적용하였고 원내제를 금지했다.(×)
ⓑ **의도** : 극빈층만이 빈민법의 대상이 되게 만듦, 구제대상자가 구제에 대한 대가로 노동을 하게 함, 작업장을 통해 빈민법의 매력을 제거함. → 구빈비용의 절감
㉰ **전국적 통일의 원칙(principle of national uniformity, 균일처우의 원칙)** [⑲⑳]
ⓐ 내 용
- 피구제자에게 주어지는 구제는 지방정부가 아니라 중앙정부의 행정기관인 구빈법위원회에 의해 전국적으로 통일되었다. → 각 교구에 따라 상이하게 시행되고 있는 구빈행정을 전국적으로 통일시키는 것
- **중앙집권적인 구빈행정 전달체계**를 중앙정부의 구빈법위원회-보좌위원-연합교구의 빈민보호위원으로 재편하였다.
  💬 신빈민법(New Poor Law) – 구빈행정체계를 통일시키고자 하였다.(O)
ⓑ 의 도
- 가장 참신하고 독창적인 내용(**구빈행정을 위한 중앙기구의 설립**)이었다.
- 전국적 구빈행정기구를 통해 지역에 **피구제빈민의 처우를 통일**하고자 하였다.
㉱ **작업장 조사 또는 작업장 심사(workhouse test)의 원칙**
ⓐ 빈곤처우의 지나친 다양성과 자격조사에 따른 부패를 해소하기 위해 **단순조사를 실시**하였고, 이를 통해 구제적용의 다양성과 불확실성을 배제하였다.
ⓑ **구빈법보고서에서의 작업장 검사 원리** : "신청자의 주장(욕구)을 자동적으로 검증하는 원리인데, 신청자는 빈민구제의 조건에 동의하지 않으면 구제가 거절되며, 만약 구제조건에 동의한다면 그가 가난하다는 것을 증명하는 셈이다."

(4) **독일의 구빈제도**
① **함부르크(Hamburg) 구빈제도(1788년)**
㉠ 개 요
㉮ 가난한 사람과 가난하지 않은 사람의 장벽은 허물어져야 하며 이는 시민화를 통해 이루어져야 한다는 생각을 가지고 출발했다(**시민화 교육으로 직업교육에 초점**).

- ㉯ 교회의 무질서한 자선활동을 배제하고자 한 것으로, **구빈의 체계가 교회의 자선에서보다 책임적인 시민 연합체의 활동을 활성화했다.**
- ㉰ 함부르크 구빈제도는 구빈자의 욕구와 자원에 대한 개별화된 조사에 근거해서 노동가능한 사람들에게는 일자리를 제공한다는 원칙을 가지고 노력했다.

ⓒ **평가와 결과**
- ㉮ 초기에는 성공을 보이는 듯했으나 **재정적인 취약성과 빈민의 수가 대규모화**되어 후기에는 실패를 했다.
- ㉯ 초기에는 문전구걸금지, 빈민직업학교와 병원의 건립, 요보호자의 구제, 갱생을 위한 통합적 제도 설립 등의 효과를 보았으나, 인구의 집중과 요구호자의 증대로 인한 상담원과 그 재원의 구축 및 활동을 전개하지 못해 결국 붕괴되었다.

② **엘버펠트(Elberfeld) 구빈제도(1852년)**
- ⓐ **시행** : 창시자는 다니엘 폰 하이텍(Daniel von Heydtek)으로 **함부르크구빈제도의 미비점을 수정 보완**하여 엘버펠트시(Elberfeld)가 채택·시행한 제도이다.
- ⓑ **주요 내용**
  - ㉮ 전적으로 **공공조세에 의해 운영**되었으며, **빈민구제를 지구조직화** 하였다. → **영국의 자선조직협회 설립(1869)에 심대한 영향**(영국의 COS는 독일 엘버펠트시스템처럼 도시를 소규모 구역으로 쪼개고, 각각의 구역에서 자원봉사자 시민집단이 구호배분을 집행)
  - ㉯ 시를 546지구로 구분하고 각 지구에 약 300명의 주민이 배당되도록 하여 빈민의 경우 4명 이하가 되도록 구분하였다.
  - ㉰ 각 지구에 명예직 구빈위원(almoner)을 두어 빈민구제담당관 역할 및 빈민의 상담 상대역을 하며, 방문조사와 생활실태를 파악케 하였다. → 민생위원제도의 시초가 됨

3 민간활동 단계 : 전문적 사회복지실천의 출발

(1) 빈민법의 퇴장
① 20세기를 전후로 하여 약 400년 동안 영국 구빈행정의 법적 기반이 되어 왔던 빈민법(貧民法)은, 빈민들의 정치적 지위 향상·복지국가주의적 빈곤관의 정립 등을 배경으로 해체의 길로 접어들게 된다.
② 빈민법은 무수히 많은 문제점을 안고 있었으나, 2차 세계대전 후인 1948년 노동당 정부가 국민부조법을 제정함으로써 빈민법은 비로소 완전히 폐지되었다.

(2) 민간활동 단계
① **개 요**
- ⓐ 사회보험 시대가 도래되기 전이자 빈민법 시대가 퇴조하던 시기, 즉 **19세기 후반 빅토리아 시대에 민간활동이 활발히 전개**되었다.
- ⓑ 19세기 후반에는 국가 차원의 대응이 미흡함에 따라 개인적 차원의 자선사업과 박애사업이 시작되었고, 인도주의적 사회개량사상과 연계된 민간차원의 사회복지활동이 활발하게 전개된다.

② 박애정신과 상호부조, 자조 등의 신념이 확산되면서 전개되는 특징적 활동
　㉠ 자선조직협회(Charity Organization Society, COS)
　㉡ 인보관 운동(Settlement House Movement, SHM)
　㉢ 사회조사(빈곤조사활동) : 부쓰와 라운트리의 조사가 대표적 [10]
　㉣ 우애협회(Friendly Society) : 18세기 영국의 빈민들이 상호부조를 위해 조직한 것
　㉤ 기타 민간활동 : 저축은행, 신용협동조합, 우애보험, 이민자들의 협회 등

4 사회보험시대 : 복지국가의 태동기(확립기)

(1) 사회보험 태동

① **진정한 의미의 사회복지정책의 시작**
　㉠ 사회보험 시대는 19세기 말에서 20세기 중반까지 비교적 짧았지만 진정한 의미에서 사회복지정책이 시작된 시기라고 볼 수 있다.
　㉡ 빈민법 시대에는 빈민 구제에 한정되었고, 민간자선활동 시기는 국가적 차원의 제도적 형태로 발전하지 못한 것에 비해 **사회보험은 건강, 산업재해, 노령, 실업 등과 같은 광범위한 영역의 예방에 초점이 맞추어지고, 국가적 차원의 제도적 발전(국가개입 기능의 확대)을 이끌었으며, 빈민 이외에 노동자 계급에까지 확대**되었기 때문이다.

② **태동 배경**
　㉠ 빈민법이 봉건시대의 빈민을 위한 국가정책이라면 **사회보험은 자본주의 발달에 따른 사회문제(자본주의의 발전과 각종 사회문제의 심화) 해소**를 위한 사회복지정책이라 할 수 있다.
　㉡ 영국에서 신빈민법이 만들어지고 자선단체운동이 활발해지는 과정을 겪는 동안 독일에서는 산업화에 따른 **노동자 계급의 급증(노동자의 정치세력화)**, 이에 따른 각종 사회적 문제들에 골몰했다.
　㉢ **숙련된 노동자들이 산업화에 있어서 매우 중요한 부분을 차지했기 때문에 이들의 확보를 위한 전략**으로서도 사회보험이 필요했던 것이다.

■ 사회보장제도의 최초 도입기(Pierson, 1999 재정리) ■

구 분	임의적 사회보험제도 포함			강제적 보험
	첫 번째	두 번째	세 번째	
산재보험	독일(1871)	스위스(1881)	오스트리아(1887)	**독일(1884)**
건강보험	독일(1883)	이탈리아(1886)	오스트리아(1888)	**독일(1883)**
연금보험	독일(1889)	덴마크(1891)	프랑스(1895)	**독일(1889)**
실업보험	프랑스(1905)	노르웨이(1906)	덴마크(1907)	**영국(1911)**
가족수당	오스트리아(1921)	뉴질랜드(1926)	벨기에(1930)	**뉴질랜드(1926)**

(2) 사회보험의 전신 : 공제조합
  ① 공제조합과 사회보험의 관계
    ㉠ **독일** : 1880년대 독일제국이 사회입법의 일환으로 건강보험을 도입(1883년)할 때 중앙집중식 관리 기구를 새로 만드는 대신 이미 질병급여를 제공하고 있었던 기존의 공제조합을 중심으로 질병금고(sickness funds, 건강보험조합)를 만들었다.
    ㉡ **영국** : 1911년 국민보험의 하나로 건강보험을 실시하면서 별도의 관리 기구를 신설한 게 아니라 기존의 공제조합 중에서 정부가 공인한 조합(approved societies)에게 맡겼다.
    ㉢ **프랑스** : 1930년에 공적연금을 시행할 때 기존의 공제조합들을 일선금고로 활용했다.
  ② 공제조합의 개념 및 한계
    ㉠ **개념** : 조합원 상호 간의 부조와 복지를 목적으로 것으로, 조합원이 갹출한 일정의 부금을 재원으로 해서 조합원이 노령, 재해, 실업, 질병, 사망 등의 사고를 당했을 경우 급여를 지급한다.
    ㉡ **한 계**
      ㉮ 노동자들의 복지문제에 국가가 본격적으로 개입하기 전까지 노동자들의 재해, 질병, 노령, 사망 등 사회적 위험을 상호부조를 통해 스스로 해결하고자 했던 자조(self-help) 조직이었다.
      ㉯ 조합원의 범위가 좁고 비조합원에 대해 배타적이었으며, 재정규모가 영세한 공제조합은 산업화가 본격적으로 진행되면서 규모가 엄청나게 커진 사회적 위험(대량 실업, 산업재해, 직업병 등)에 대응하긴 역부족이었으며 이때 등장한 것이 국가의 사회보험이었다.

(3) **독일 비스마르크 사회보험의 도입(1880년대)** [⑫⑳]
  ① **도입배경**
    ㉠ 사회보험은 19세기 말 당시 가장 선진적인 자본주의 국가로서의 영국에서 출현한 것이 아니라 **후발 공업국인 독일제국에서 세계 최초로 탄생**하였다.
      ㉮ **영국의 경우** 노동자 정당인 노동당과 일시적이나마 우호적 관계에 있었던 자유당 정권에 의해서 포괄적 개혁정책의 일환으로 사회보험제도가 채택되었으나, **독일의 경우 권위주의적 정치권력에 의하여 노동자 세력을 통제하기 위해**(노동자 계급을 국가권력에 의해 결속시키기 위해) **사회보험제도를 도입**하였다.
      ㉯ **권위주의적 개혁** : 노동자의 권리에 대한 이념적 정당화는 노동자들의 요구, 즉 아래로부터의 요구에 의해서가 아니라 위로부터 주어지는 것으로 국가의 의무라고 하는 가부장제적 개념으로부터 주어진 것
    ㉡ 비스마르크(Bismark, 1815~1898)는 영토통일에 이어 독일민족의 내부적 통일, 즉 **사회통합의 필요성**을 통감하고 이른바 **'채찍과 당근' 정책**에 착수하였다. → **노동자의 충성심을 국가로 유도하기 위해** 기획되었다.
      ㉮ **채찍** : 사회주의자들에 대한 탄압책인 **사회주의자 진압법(1878년)**으로, 영국에서 격화되던 사회주의 운동이 독일에 영향을 미칠 것을 우려하여 사회주의를 금하는 입법조치였다.

㉯ **당근** : 사회민주주의 세력의 영향력을 무산시키고 사회주의 탄압법에 대한 보충적 조치로, 노동자 계급을 국가 내로 통합시키기 위한 일정한 양보책인 **사회보험**을 말한다.
  ⓧⓞ 비스마르크는 독일제국의 사회통합을 위해 사회보험을 도입하였다.(O)

② **비스마르크 3대 사회보험 : 의료보험·산재보험·연금** [①⑪④⑥⑧]
  ㉠ **1883년에 제정된 질병보험법** : 육체노동자와 저임금 화이트칼라 노동자 전원을 대상으로, 보험료는 노동자가 2/3, 사용자가 1/3을 부담하였다. **세계 최초의 사회보험이다.**
  ㉡ **1884년의 산업재해보험법(노동재해보험법)**
    ㉮ 질병보험과 동일한 집단을 적용대상으로 하여 사용자만의 보험료부담(**보험료는 사용자가 전적으로 책임**)으로 운영되었다. 임의적 사회보험의 형태로 1871년 산재보험이 있었다.
    ㉯ 사회주의자는 노동자들을 국가복지의 노예로 만드는 것으로 보아 산재보험의 도입을 반대하였다.
  ㉢ **1889년의 폐질 및 노령연금법(노령·폐질·유족연금보험법)** : 육체노동자와 저임금의 화이트칼라노동자 전원을 대상으로 노동자와 사용자가 동일한 보험료를 지불하는 것이었다.

  ✎ 암기법
  팔팔(88)해서 **쌈(3)**질만 하던 비스마르크가 **사(4)**재떨어 **연구(9)**에 몰두해서 사회보험만들었다.

③ **독일 사회보험제도의 특징**
  ㉠ 시행 초기에는 임노동자 특히 **육체노동자(프롤레타리아트)가 주된 대상**이었다.
  ㉡ 자본제적 생산양식에서 발생한 문제인 **사회적 위험(social risks, 산업재해, 실업, 질병, 정년퇴직 등)에 대한 대응책**이었다.
  ㉢ 재정을 노동자와 자본가가 공동 부담한다. 이런 점에서는 **코포라티즘(조합주의)의 원조**로 볼 수도 있다.
  ㉣ 소속 계급집단의 지위를 유지시키고, **지역별·직능별로 보험관리 대상을 분리하는 현재 사회보험 원칙의 토대**가 되었다.

(4) **영국 사회복지정책의 변화**
  ① **왕립 빈민법 위원회의 구성과 빈민법 보고서 제출**
    ㉠ **왕립 빈민법 위원회의 구성(1905년)**
      ㉮ 1905년 보수당의 **벨푸어(Authur Balfour) 수상**이 퇴임 직전에 구빈법에 관한 왕립조사위원회를 임명하였다.
      ㉯ 구빈위원 및 지방자치청의 관료들, 6인의 COS 회원, 경제학자와 종교인, 페비안협회의 회원, 노동계 대표 등 18명으로 출범하였다.
      ㉰ **영국 사회의 의견대립의 축소판**
        ⓐ 1834년 신빈민법 정신의 종언과 신시대의 개시를 알리는 '대전환의 전장'
        ⓑ 3년간의 활동결과 일치된 의견을 제출하지 못하고, 14인이 서명한 다수파 보고서와 4인의 소수파가 서명한 소수파 보고서라는 분리된 보고서를 제출

- ⓒ 빈민법 보고서의 제출(1909년) : 다수파보고서와 소수파보고서 [②]
  - ㉮ 1909년 2월 「구빈법 및 실업구제에 관한 왕립위원회의 보고서(Report of the Royal Commission on the Poor Laws and Relief of Distress)」와 「분리보고서(Separate Report)」라고 하는, 두 개의 보고서로 분리된 채로 제출되었다.
  - ㉯ 전자는 다수파보고서, 후자는 소수파 보고서로 통상 불리는 것으로, 왕립위원회의 보고서에 따라 곧바로 새로운 법률이 제정된 바는 없었지만, **이후 다양한 주요 사회입법들이 등장하는데 영향**을 미쳤다.

■ 다수파보고서와 소수파보고서의 비교 ■

구 분	다수파 보고서	소수파 보고서
주 축	자선조직협회 회원	페이비안협회 회원
이념 배경	보수주의	페이비안 사회주의
빈민과 빈곤정책에 대한 시각	• 빈곤의 원인을 **개인의 생활태도, 즉 나태와 무책임**에서 찾았다. • 빈민의 자활의지를 불신했으며, 빈민에게는 관대한 동정보다는 가혹한 조치가 필요하다고 생각했다.	• 빈곤을 개인의 문제가 아니라 **불합리하고 불건전한 사회질서의 결과(사회구조적 원인)**이다. • 빈곤의 해결을 위해 공공지출이 불가피하다고 여겼다.
구빈행정의 운영방식	• 현행 구빈제도의 개혁을 통한 유지·존속을 주장	• 현행 빈민법의 완전한 해체(폐지) 주장

※ 왕립빈민법위원회의 소수파보고서는 구빈법의 폐지보다는 개혁을 주장했다.(×)

② **자유당 정부의 사회개혁**
  - ㉠ **자유당의 집권(1905~1914년)**
    - ㉮ 1905년 보수당 정부 총사퇴, 1906년 총선 자유당(356개 의석차지)이 정권장악
    - ㉯ 빈민법과는 질적으로 다른 사회복지정책도입으로 **영국 복지국가의 기초**
  - ㉡ **New Liberalism** ※ Neo-Liberalism(×)
    - ㉮ = 진보주의, 신자유주의(the new liberalism), 사회적 자유주의(social liberalism)
    - ㉯ 그린(Thomas Hill Green), 홉하우스(Leonard T. Hobhouse), 홉슨(J. A. Hobson) 등을 중심으로 하는 일련의 자유주의자들은 인간을 억압하는 주 원인이 과거에는 국가권력이었으나 이제는 빈곤이라고 보고, 국가의 복지제도 확충을 통한 노동자들의 빈곤 퇴치를 주장하는 것으로 **영국 자유당의 사회개혁입법에 영향**
    - ㉰ 신자유주의(the new liberalism)라고 부른 것은 자유방임의 시장경제를 지지하였던 고전적 자유주의와 구별하기 위한 것

> **OIKOS UP** New-Liberalism과 Neo-Liberalism
> ① 신자유주의(New-Liberalism)는 자유방임의 시장경제를 비판하였다는 점에서 자유방임의 시장경제를 신뢰하는 현대의 신자유주의(Neo-Liberalism)와 정 반대의 입장
> ② 자유주의의 내용변화 : 국가의 개입을 최초로 이론적으로 구성한 신자유주의(New Liberalism)를 출발점 → 보다 더 큰 국가개입의 정당성을 제공하였던 '사회적 자유주의(social liberalism)' → 비대해진 국가개입을 다시 최소한의 개입으로 축소시키기를 지향하는 신자유주의(Neo Liberalism)

ⓒ 개혁적 사회입법의 대두
  ㉮ 등장 계기
    ⓐ 지배계급층이 지주와 농업노동자의 관계로부터 산업자본가와 산업노동자의 관계로 전환, 중심적 사회문제들은 자본제적 모순을 반영한 새로운 사회문제들로 대체
    ⓑ 각종 사회조사 활동을 통해 빈곤의 실태와 원인에 대한 사회적 인식이 변화
    ⓒ **시민권의 확장** : 남성노동자들에 대한 보통선거권 부여(노동자들 정치적 권리 확대)
    ⓓ 국민생활 최저선(national minimum) 개념(국가적 효율성 관념 포함)이 대두
    ⓔ 자유당이 집권당으로 등장
  ㉯ 1906년의 교육법을 필두로 고용주 산재보상 책임을 규정한 1907년의 노동자보상법, 1908년의 아동법, **최초로 노인들에게 무갹출 연금을 지급하도록 한 1908년의 노령연금법**, 의료보험과 실업보험으로 구성된 **영국 최초의 사회보험인 1911년의 국민보험법 등이 개혁의 산물**이다.
  ㉰ 국민보험은 사실상 2개의 사회보험, 즉 **의료보험과 실업보험이 동시에 제도화된 것**으로 당시 정부 내에서 개혁을 주도했던 **로이드 조지(David Lloyd George)와 윈스터 처칠(Winston Churchill)의 합작품**이었다.
③ **영국의 국민보험법(1911년)** : 영국 최초의 사회보험 [⑫⑯]
  ㉠ 개 요
    ㉮ 제1부와 제2부로 나뉘어져 있고, **제1부는 국민건강보험(의료보험, National Health Insurance), 제2부는 실업보험(Unemployment Insurance)**을 그 내용으로 하고 있다.
    ㉯ 소득연계방식의 독일과는 달리 정액제(flat rate)를 채택했으며, **건강보험과 실업보험 모두 보험료는 노·사·정 3자 부담 방식을 최초로 적용**했다.
  ㉡ **국민보험 제1부** : 국민건강보험(의료보험)
    ㉮ 국민보험의 제1부이자 로이드 조지가 '앰뷸런스'라고 부른 의료보험은 공제조합, 보험회사, 의사 등과 같은 강력한 기득권 집단들과 장시간 협상을 거쳐 탄생하였다.
    ㉯ 건강보험제도 도입을 촉진한 요소
      ⓐ **국민최저선 관념** : 빈민화를 막고 사회주의 혁명의 위험으로부터 자본주의체제 보호
      ⓑ **국가적 효율성 관념** : 보어전(1899~1902)을 수행하면서 다수의 지원병이 심각한 건강불량상태(국력쇠잔) → 국민건강증진을 위한 정책적 조치의 필요성 절감
  ㉢ **국민보험 제2부** : 실업보험
    ㉮ 건강보험제도는 이미 독일에서 오랜 역사를 가지고 있었던 데에 반해, **강제적 실업보험은 거의 전례를 볼 수 없는 영국의 독창적인 시도**였다.
    ㉯ 법안 작성의 중심 인물은 처칠, 베버리지, 그리고 스미스(H. Llewellyn Smith) 3인이었는데, 실업보험을 하나의 아이디어나 구상에서 실업보험제도로 실현시킨 추진력은 처칠이었다.

5 복지국가시대

(1) 복지국가의 확립기(정착기, 1920~1945)

① **국가 책임주의의 확립** : 대공황, 전쟁, 전체주의 등장
  ㉠ 개 요
    ㉮ 복지국가(welfare state)라고 부르는 자본주의적 국가의 변형체는 **대공황과 두 차례의 세계대전을 겪으면서 1945년을 전후하여 대략 1950년 이전에 완성**되었다.
    ㉯ 이 시기를 규정짓는 가장 큰 특징
      ⓐ 엄청난 규모의 대공황과 두 차례의 세계대전을 겪었다는 점이다.
      ⓑ 이 두 가지 끔직한 경험의 와중에 유럽과 아시아를 중심으로 **전체주의 국가가 등장**했다.
  ㉡ **대공황** : 총수요관리에 초점을 둔 케인즈(J. M. Keynes, 1883~1946)경제이론은 국가의 경제정책의 주요한 수단으로 등장하기 시작했으며 총수요 증가를 위한 다양한 재정정책이 시행되는 계기를 마련해주었다.
  ㉢ **세계대전** : 세계대전이 초래한 엄청난 재난은 기존의 모든 공적·사적 복지제도들을 파산시키거나 작동 불능의 상태로 만들게 됨으로써 국가의 책임과 개입이 당연한 것이 되었다.
  ㉣ **전체주의의 등장**
    ㉮ 20세기 전반에 공산주의와 사회주의가 등장했으며, 자본주의 내부에서도 1920년대와 1930년대를 거치면서 파시스트(fascist) 국가(독일, 스페인, 이탈리아, 일본)가 등장
    ㉯ 러시아의 볼세비키 혁명이 성공한 이후 서구 국가들은 이런 위협에 대응하기 위해 모든 시민에 대해 보호와 지원을 약속하고 실행해야 했으며, 종전 후에 국가의 집합적 공공재 및 서비스 제공을 위한 국가의 계획에 찬동하는 합의 분위기로 이어졌다.

② **복지국가 확립을 위한 동인(動因)들**
  ㉠ **노동조합과 사회민주주의의 정치세력화**
    ㉮ 1920년대 기점으로 노동계급의 정치적 분화를 완료하고, 부르주아 및 지주계급의 정당(보수당, 자유당, 농민당)과 **노동계급의 정당(사민당, 노동당, 공산당)**의 유형으로 크게 분화
    ㉯ 이들 정당들은 조직화된 노동계급, 개량적 자본분파, 그리고 많은 중간계급 성원 및 농민들과 연합하여 개혁적 선거연합을 형성하여 국가권력을 장악
  ㉡ **케인즈(유효수요이론)와 혼합경제의 성립** [⑰]
    ㉮ 1929대공황이 세계 자본주의를 덮치면서 고전파 경제학은 몰락의 길을 걷게 되었다. 케인즈의 주 공격 대상은 '**세이의 법칙**'(Say's law of market, 공급이 수요를 창출한다는 대단히 낙관적인 고전파의 주장)이었다.
    ㉯ 케인즈는 사람들이 소비를 충분히 하지 않으면 상품은 팔리지 않고 기업은 감원을 할 것이면 총생산량(GNP)은 감소할 것으로 보았다.

㉰ **최선의 불황 타개책은 소비를 진작시키는 것**, 즉 총수요를 진작시키는 것이었고, 소비를 늘려 생산량과 수요량의 차이를 극복할 수 있게 할 수 있는 **주체는 정부(정부의 지출 증대와 조세정책)**라고 하였다. → 정부지출의 증대는 대규모의 공공사업의 확대, 정부에 의한 대규모 투자 등을 의미, 논리적으로 보면 **사회복지도 유효수요 정책의 일환**
　　　㉱ 자본주의를 완전히 포기한 것이 아니라 국가에 의해 보완되는 것, 즉 민간부문의 활동과 정부부문의 활동이 공존하고 혼합된 **혼합경제(mixed economy)**의 경제운용방식이었다.
　ⓒ **베버리지 보고서**
　ⓓ **국제적 노력** : 대서양 헌장, UN인권선언, 국제노동기구(ILO) 노력, 국제사회보장협회(ISSA)
③ **미국 사회복지정책의 성립** : 사회보장법(1935년)
　㉠ **사회보장법의 태동배경** : 경제대공황
　　　㉮ 1929년의 대공황은 미국경제를 붕괴시켰으며, 몇몇 도시들에서는 실업률이 40%에 달했고 90%에 달하는 지역도 있었다.
　　　㉯ 후버(Hoover) 대통령은 정부의 개입은 미국식 생활방식에 어긋난다 하여 단호히 거부하고, 빈민구제를 위해 연방정부가 주정부를 원조해야 한다는 요구를 거부하였다.
　　　㉰ 1932년 11월의 대통령 선거에서 후버 대통령이 패배하고 **1933년 다소 진보적인 주지사 출신인 프랭클린 루즈벨트(Franklin Delano Roosevelt)가 대통령으로 새로이 취임**하였다.
　　　㉱ 대공황은 자유주의 시장경제체제가 생존권을 보장하기에는 무기력하다는 것을 확인하는 계기가 되어 **케인즈주의적 경제이념**이 싹을 틔웠으며, 루즈벨트 대통령의 사회보장법을 계기로 미국식 복지국가가 약 30여 년간 지속될 수 있는 원동력이 되었다.
　　　　※ 미국은 대공황을 경험하면서 총공급관리에 초점을 둔 국가정책을 도입하였다.(X)
　㉡ **대공황에 대한 미국의 대응과정** : 뉴딜(New Deal)정책
　　루즈벨트 대통령은 전문 자문단(Brain Trust)을 조직하여 **구제(Relief), 부흥(Recovery) 및 개혁(Reform)의 과업(3R)**을 목적으로 하는 뉴딜정책을 발표하였다.
　　　㉮ **제1차 뉴딜(New Deal)정책** : 후버댐 및 테네시강 유역의 댐건설 등을 통해 경기부양에 힘썼다(예 긴급은행법, 농업조정법, 국가산업부흥법 등).
　　　㉯ **제2차 뉴딜(New Deal)정책** : 1935년 7월, 사회보장법(the Social Security Act)이 제정됨으로써 **사회보장에 대한 연방정부의 영속적인 책임을 확인**함으로써 현대 복지국가의 토대를 마련하는 계기가 되었다.
　　　　※ 미국의 사회보장법(1935)은 연방정부의 책임을 축소하고 지방정부의 책임을 확대하였다.(X)
　㉢ **사회보장법(the Social Security Act, 1935년)의 제정** [①⑧⑨⑫⑬]
　　기여식 사회보험과 공공부조로 이루어져 있는데 **사회보험으로는 연방정부의 노령연금, 주정부 차원의 실업보험이 도입되었고 공공부조는 노인, 맹인, 빈곤아동을 대상으로 하였다.**

구분	핵심 내용
사회보험(2개)	• 노령연금 : 연방직영(연방정부가 재정과 운영담당) • 실업보험 : 연방과 주가 함께, 주정부가 운영 산재보험(×), 의료보험(×)
공공부조(3개) ↳ 연방재정지원	• 노인부조 • 시각장애인부조 • 빈곤아동부조(ADC) → 1950년 AFDC(**부양아동가족원조프로그램**) → 1997년 TANF(임시빈곤가정원조프로그램)
사회복지서비스 ↳ 연방보조금	**= 보건 및 복지 서비스** • 모자보건, 아동복지서비스, 직업재활 및 공중보건 서비스 등

④ **베버리지 보고서(Beveridge Report, 1942년)** [②⑧⑨⑩⑪⑫⑮⑱]

㉠ **개요**

  ㉮ 웨스트민스터 사원 근처에 폭탄이 떨어진 1941년 5월 사회복지제도의 개혁에 착수하였다.

    ⓐ 1941년 6월 당시의 사회적 서비스의 구조와 그 효율성을 조사하고 필요한 개혁을 실시하기 위해서 '**사회보험 및 관련 사업에 관한 각 부서 연락위원회**'가 의회의 만장일치로 구성, 베버리지(William Beveridge) 경이 위원장으로 임명되었다.

    ⓑ 위원회는 기존의 복지프로그램들을 전면 검토하여 포괄적이고 통합적인 사회보험 시스템을 설계할 것을 제안하는 획기적인 개혁 내용이 담긴 보고서를 **1942년 12월에 발표**하였다(1942년 9월 완성 → 일부 각료들이 지나치게 혁명적이라고 반대, 발간은 12월).

  ㉯ 베버리지는 케인즈와 함께 전후 복지국가의 상징이 되었으며 복지국가는 종종 '**베버리지의 자식**(children of Beveridge)'으로 여겨졌다.

  ㉰ 2차 세계대전 직후 총선에서 윈스터 처칠의 보수당을 애틀리(1945년 9월 선거에서 총리로 임명)가 이끈 노동당이 이기고 집권하였으며, **애틀리와 노동당은 베버리지 보고서에 입각하여 기성복을 만들 듯 복지국가를 만들어 나갔고, 베버리지 보고서는 복지국가의 청사진**이 되었다.

㉡ **5대 사회악과 제거방안** : 베버리지는 국가재건을 위해 극복해야 할 5대 사회악(Five Giants)을 지적하고, 이의 극복을 위해 국민의 최저한의 삶을 보장해야 한다고 주장했다. [①㉑]

제3장 **사회복지정책의 역사적 전개** 97

■ 베버리지의 5대 사회악과 제3의 길에서의 적극적 복지요소 ■

소극적 복지(소극적 요소)		적극적 복지
베버리지의 5대 사회악과 제거방안		(베버리지의 지양)
5대 사회악(Five Giants)	제거방안	기든스가 적극적인 것으로 대체시킨 것
결핍(want, 궁핍)	소득보장정책	자율성
질병(disease)	의료보장정책	활력적인 **건강**
무지(ignorance)	교육보장정책	인생의 지속적인 부분으로서의 **교육**
불결(squalor)	주택보장정책	안녕
나태(idleness)	고용보장정책	진취성

📝 암기법
베버리지는 전후 부흥계획으로 전쟁으로 **불**에 탄 **나무**를 베어버렸다. 빈곤과 질병은 사회복지의 주된 문제로 당연한 것으로 안 외워도 된다.

ⓒ **사회보장의 정의** : 베버리지 보고서에 의하면 **사회보장이란** 실업, 질병 및 재해로 인한 소득의 중단 또는 노령, 은퇴, 부양자의 사망, 출산, 결혼 및 사망 등의 예외적 지출에 대비할 수 있는 일정 **소득의 보장을 의미**한다.

ⓔ **베버리지의 사회보장(=소득보장) 프로그램** [⑮]
  ㉮ **주제도** : 강제적 사회보험 ⊗⊗ 빈곤계층을 대상으로 하는 선별적 복지를 강조(X)
  ㉯ **보조제도** : 국가부조 → 사회보험에 포함시킬 수 없는 빈자

ⓕ **사회보장(소득보장)의 성공을 위한 3대 전제** [⑤⑭⑱]
  ㉮ **가족(아동)수당** : 가족의 크기와 소득을 고려하여 결정 → 남성가장소득모델가정(남성 임금은 가족임금이 아니라 개인임금이므로 가구단의 소득유지위해 필요)
  ㉯ **포괄적 보건서비스(포괄적 의료 및 재활서비스)** : 치료적일 뿐 아니라 예방적이어야 → 질병급여나 장애급여 등에 대한 수요를 줄임으로써 재정안정 도모
  ㉰ **완전고용** : 보험료를 지불할 수 있는 완전고용이 절대적으로 필요 → 재원확보의 전제조건

■ 베버리지의 사회보장 프로그램 ■

주제도(main method)	보조제도(subsoduary method)
강제적(compulsory) 사회보험의 원칙 1. 정액급여(flat-rate benefits)의 원칙 2. 정액기여(flat-rate contribution)의 원칙 3. 행정책임의 통합(unification of administration responsibility) 4. 급여 충분성(adequate benefits) 원칙 5. 포괄성(comprehensiveness) 원칙 6. 피보험자의 세분(classification) 원칙	국가부조(national assistance) : 사회보험에 포함시킬 수 없는 빈자 임의보험(voluntary insurance) : 강제 사회보험 대상자 중에서 소득이 많은 사람들을 위한 소득 비례보험, 국민최저선 이상(기본욕구이상)은 개인이 준비할 수 있도록 한 것임
사회보장의 3대 전제(assumptions) 1. 아동수당(chilldren's allowance) 2. 포괄적 의료 및 재활 서비스(comprehensive health and rehabilitation service) 3. 완전고용의 유지(maintenance of employment)	

ⓑ 사회보장계획의 기본 원칙
  ㉮ 미래를 위한 어떤 제안도 이해관계자 집단에 의해 제약되어서는 안 된다.
  ㉯ 보고서의 사회보장계획이 주로 결핍(want)의 퇴치와 소득보장에 초점을 두고 있지만, 이는 사회진보를 위한 포괄적 정책의 일부로서 간주되어야 한다.
  ㉰ 사회보장은 **정부와 민간의 협력(cooperation)에 의해 달성**되어야 한다.
ⓢ 사회보험 운영의 기본 원칙(6대 원칙) [⑥⑨⑱]
  ㉮ **기여의 균일화(균일기여, 균일갹출, 정액제 기여, 정액부담)** ❌ 차등기여(×)
    ⓐ 소득에 관계없이(소득의 높고 낮음에 상관없이) 동일한 보험료를 납부해야 한다.
    ⓑ 보험료의 징수와 관련한 행정비용을 절감할 수 있는 효과가 있다.
  ㉯ **급여의 균일화(균일한 급여, 정액제 급여)** : 모든 대상자들에게 동일한 액수를 제공한다.
    ❌ 차등급여(×), 소득비례급여(×), 소득비례방식의 사회보험 도입(×)
  ㉰ **급여의 적절화(급여의 적절성, 충분한 급여)** : 급여수준과 급여기간은 일상생활을 하는 데 충분할 정도가 되어야 한다.
  ㉱ **대상(피보험자)의 분류화** : 인구층을 피고용자, 자영인, 전업주부, 기타 노동인구, 취업 전 청소년, 노동불능 고령자 등 6개 집단으로 분류(6개 대상층)하고 이들 모든 인구층의 욕구를 보장한다.
  ㉲ **적용범위의 포괄화** : 노동자 집단에 자영자를 포함하여, 모든 사람과 욕구를 포괄해야 한다는 것이다.
  ㉳ **행정의 통합화(행정책임의 통합)**
    ⓐ 노령, 장애, 실업, 질병 등과 같은 사회적 위험들을 하나의 국민보험에서 통합적으로 운영한다.
    ⓑ 지방사무소를 둔 하나의 사회보험금고를 관리·운영하고, 개인은 한 번 통합된 갹출료를 납부하면 된다. 즉 사회보험을 하나의 통일된 체계로 통합하고 또한 행정운영비의 낭비를 최소화하기 위한 것이다.
ⓞ 핵심이념
  ㉮ **보편주의(universalism)** : 모든 시민을 포함하고 동일한 급여를 제공하며 빈민에 대한 자산조사의 낙인을 없애자는 관념이다.
  ㉯ **최저생계비 원칙(the subsistence principle)** : 사회보험이 시민들의 자조의 관념에 해를 끼치지 않으려면 급여는 단지 기본적 욕구만 충족시켜야 했던 것이다.
ⓩ 베버리지 보고서의 영향 [㉒]
  ㉮ **1945년의 가족수당법**, 1946년의 산업재해 국민보험법과 국민보험법 및 국민보건서비스법, **1948년의 국민부조법**(the National Assistance Act, "현행 구빈법은 그 효력을 정지한다."라고 규정함으로써 구빈법을 공식적이고 실질적으로 폐기) 등 보고서의 권고사항들이 입법화되었다.
    ❌ 베버리지보고서를 근거로 하여 가족수당법, 국민부조법 등이 제정되었다.(O)
  ㉯ 영국이 1908년부터 만들어진 잡다한 사회입법들을 현대적인 사회보험의 골격으로 재정비해서 전국민들을 **요람에서 무덤까지**(from cradle to grave for entire nation) 보장하는 계획을 수립한 것은 베버리지의 공헌이라고 볼 수 있다.

㉰ 사회보험급여를 받는 사람도 공공부조를 신청하여야 하는 경우가 늘어나게 되어 당초 **사회보험제도가 성숙하면 공공부조는 사라질 것이라는 예측과는 달리 공공부조의 대상은 오히려 늘어났고**, 보고서의 구상이 그대로 적용되지 못했지만 전후 복지국가의 사상적 기반이 된 보고서로 평가된다.

(2) 복지국가의 팽창기(황금기, 융성기) : 1945년 ~ 1970년대 중반

① 개 요
  ㉠ 1950년대부터 1960년대까지는 복지국가 팽창기(황금기)로서, 이 시기는 제2차 세계대전이 끝난 후부터 세계적인 불황의 신호탄이 되었던 1973년의 오일 쇼크를 전후한 시기까지이다.
  ㉡ 이 시기에 집권한 정치정당은 원래의 정치적 성향에 관계없이 복지국가확충에 노력하였다.
    → 동의(consensus, 화해)의 정치구조(politics of consensus) : 국가－자본－노동간 형성

② 복지국가 팽창의 사회·경제적 배경 [③⑤]
  ㉠ **자본주의의 대호황** : '풍요의 시기'
    ㉮ **경제성장** : 포드주의적 대량생산방식(Fordism)이 공산진영을 포함한 전 세계에 확산되면서 대량생산과 대량소비가 많은 국가에서 현실로 나타났다. → **사회복지발달의 물질적 기반확보**
    ㉯ **완전고용과 인플레이션의 안정** : 1950년에서 1970년대 초반까지의 약 20여 년의 시기는 완전고용을 달성한 시간이었으며, 인플레이션도 매우 낮은 상태를 유지했다.
  ㉡ **합의의 정치구조와 버츠컬리즘(Butskellism)**
    ㉮ **합의의 정치구조** : 계급 간의 합의와 정당 간의 합의
    ㉯ **버츠컬리즘(Butskellism)** : 어느 정당이 집권해도 제도의 근본적 변화 없이 복지제도의 프로그램과 내용은 꾸준히 확대

> **OIKOS UP 버츠컬리즘(Butskellism)**
> 이 용어는 1950년대 초 시사주간지 〈이코노미스트〉에서 보수당과 노동당의 정책적 기조를 나타내기 위해 사용된 말로 당시 보수당 정부의 재무장관이던 버틀러(R. M. Butler)와 그의 노동당 예비내각(shadow cabinet)의 상대역이며 후에 노동당 내 수정주의 흐름을 주도했던 게이츠컬(H. Gaitskell)의 이름을 합성한 것이다. 버틀러는 우파연구소인 IEA가 창설되어 보수당의 좌경화를 공격했을 때 "실업의 풀(pool)을 만들어야 한다고 주장하는 사람은 그 풀 속에 던져 넣어 헤엄쳐 보게 해야 한다."고 일갈한 보수당 내 개혁분파의 대표자였으며, 게이츠컬은 자본주의의 인간화야말로 노동당의 임무라고 믿었던 노동당 내의 대표적 수정주의자였다. 마치 오월동주(吳越同舟, 서로 미워하면서도 공통의 어려움이나 이해를 위해 협력)의 형태라고 할 수 있다.

  ㉢ **노동자 계급의 영향력, 국제기구의 역할, 시민권 운동**
    ㉮ **노동자 계급의 영향력** : 19세기 후반 이후 계속해서 확대되어온 노동자계급의 조직화는 복지국가 황금기에 이르러 더욱 강력한 정치적 영향력을 발휘하였다.
    ㉯ **국제기구역할** : ILO(국제노동기구)와 같은 국제기구의 사회보장에 대한 관심의 증대도 이 시기 사회복지의 세계적 확대에 많은 영향을 주었다.

ⓓ **시민권 운동** : 이 시기 '시민 각성의 시대' 혹은 '시민권 운동의 시대'로 불릴 정도로 미국과 유럽을 휩쓴 시민운동에 힘입은 바가 컸다.
ⓔ **국민국가의 강화** → 국민국가(national state)는 국가가 방대한 국가기구를 수립하여 전 영토와 주민을 국가의 직접적 통제 하에 두는 지배체제
③ 이 시기 국가별 복지국가의 발전 양상
  ㉠ **복지국가 성장기(1940년대~1950년대)**
    ⓐ **복지국가의 성장 동력** : 대공황의 발생과 제2차 세계대전의 영향
    ⓑ **영국 사회복지의 발달** : 1940년대 '베버리지 보고서'의 발표 이후 국민보건서비스법(1946년), 국민부조법(1948년) 등으로 제도화되어 복지국가정책의 기틀이 마련되었다.
    ⓒ **미국 사회복지의 발달** : 메디케어와 메디케이드가 1965년 사회보장법에 추가
      ⓐ **메디케어(Medicare, 의료보험)** : 노령연금수급자를 대상으로 함
      ⓑ **메디케이드(Medicaid, 의료보호)** : 공공부조 수혜대상자인 극빈자를 대상으로 하는 프로그램 [2]
  ㉡ **복지국가 성숙기(1960년대~1970년대 중반)**
    ⓐ 경제성장을 기반으로 1960년~1970년대 초까지는 복지제도 수혜자의 범위와 규모가 확대되고, 보편적인 복지제도의 확장으로 복지국가 전반적인 발달이 이루어진다.
    ⓑ **미국 존슨행정부의 빈곤과의 전쟁(1964년)** [2]
      ⓐ 존슨(Johnson) 대통령은 1964년 빈곤의 제거와 모든 사람의 높은 생활수준을 보장하는 '위대한 사회(Great Society)'의 건설을 목표로 한 '빈곤과의 전쟁(War on Poverty)'을 선포하였다.
      ⓑ **주요 내용**
        - 미취학아동의 훈련과 저소득 농촌가정과 이주노동자에 대한 보조금을 지급하는 **헤드스타트(Head Start)**
        - 1964년 식품권프로그램(Food Stamp Program) 제정
        - 1964년 시민권법 제정 → 흑인의 투표권 인정, 연방에서의 모든 차별 불법

(3) **복지국가의 위기기(축소기) : 1970년대 중반 이후** [16]
① **복지국가 축소(위기)의 배경**
  ㉠ 1973~1974년 석유위기(oil shock)의 시작으로 전 세계가 경제위기에 빠짐에 따라 대부분의 국가에서 성장의 폭은 줄고 긴축지출을 해야 하는 상황이 발생했다.
  ㉡ 경기침체로 실업자와 빈곤자들의 증가 및 고령화되어 가는 인구구조 변화로 국가가 사회보장을 통해 보호해야 하는 인구가 증가하는 동시에 세원의 감소를 가져왔다.
    → 국가에 대한 재정압박
  ㉢ 경기침체 국면에서 사회복지의 축소는 불가피하며 경제성과 고용증대가 우선이라는 주장이 설득력을 얻게 되는 계기가 되었다.

② **복지국가 위기의 원인** [③⑥⑧⑨⑬] ❌ 세계화(×), 냉전체제의 붕괴(×), 복지혼합(×)
  ㉠ 경기침체(경제성장률 둔화, 실업률의 증가)
  ㉡ 국가재정위기(국가 재정지출적자의 확대, 재정적자의 증가, 스태그플레이션)
  ㉢ 관료 및 행정 기구의 팽창과 비효율성
  ㉣ 포디즘적 생산방식의 비효율성(소품종 대량생산체제의 약화)
  ㉤ 독점자본주의의 축적과 정당화 간의 모순
  ㉥ 국가–자본–노동 간의 화해적 정치구조의 균열
  ㉦ 노동조합의 약화
  ㉧ 신자유주의 이념의 확산

> **OIKOS UP 세계화(globalization, 지구화)**
>
> 세계화라는 단어는 원래 교역이나 자본이동 측면과 같은 경제학적 현상에서 유래되었으나, 점차 국제 정치, 문화, 사회 등의 영역으로 사용이 확대되었다.
> ① **세계화에 대한 학자들의 개념에서 공통적으로 포함된 사항**
>   ㉠ 지리적 의미의 중요성 상실, 즉 국민국가의 영역을 초월하는 전지구적 범위에서 일어나는 현상
>   ㉡ 단일과정이라기보다 정치, 경제, 사회, 문화의 각 영역이 상호간에 기능적으로 연결되고 통합되는 복합과정
>   ㉢ 지구적(global), 국가적(national), 국지적(local) 수준에서 질적 변화를 수반하는 다차원적 현상
> ② **세계화로 인한 특성** : 무역의 자유(무역정책의 자유화), 국제 자본의 자유로운 이동(자본통제의 철폐, 자본의 급속한 이동), 자본시장의 해외투자가들에 대한 개방, 조세감면, 경쟁, 공기업의 민영화, 초국적화 현상, 장벽의 완화, 이민자의 유입 및 유출, 노동력의 이동, 문화적 다원주의(문화적 다양성) 등

③ **신자유주의 및 신보수주의자들의 득세**
  ㉠ 레이건과 대처 그리고 자유방임적 신우파 세력들은 지난 수십년 간의 사회복지의 팽창이 **경제 침체의 주된 원인**일 뿐만 아니라 **가정과 사회의 타락을 초래한 주범**이라고 주장했다.
  ㉡ 신자유주의자들은 경기침체를 극복하기 위해서는 **케인즈주의 경제사회정책을 포기**하고, 경제의 자율성을 회복시키는 방법, 즉 통화주의 정책밖에 없다고 주장하였다.
  ㉢ **영국의 대처와 미국의 레이건으로 대변되는 신자유주의적 복지정책**이 이후 30여년 간 맹위를 떨치게 된다.

> **OIKOS UP 신자유주의의 3대 핵심기조**
> ① **민영화(다원화)** : 공공조직이 수행하던 역할을 민간조직으로 이전하는 것을 말하고, 이를 위해 서비스구매계약 등의 방식을 주로 사용한다.
> ② **지방화(분권화)** : 주로 연방정부의 기능을 지방정부로 이전하는 것을 뜻하는데, 지방정부는 이를 민영화나 시장화와 결합해서 사회복지서비스를 공급한다.
> ③ **시장화(영리화)** : 영리조직의 사회복지서비스분야에의 참여를 개방하는 형태로 나타난다.

④ 영국과 미국의 복지축소정책
  ㉠ 영국의 복지축소정책
    ㉮ 선별주의적 사회복지로 전환
    ㉯ 보수당 정부 집권(대처리즘) : 1979년 노동당 정부가 실각하고 신자유주의의 이념을 국정목표로 삼았던 대처 수상의 보수당 정부가 집권하면서 복지비용을 삭감하고 지출구조를 변화시키며, 사회보장과 사회복지서비스 전달체계를 변화시켰으며, 대인적 사회서비스 영역에서는 지역 내의 사회복지서비스를 강조하였다. [⑧]
  ㉡ 미국의 복지축소정책
    ㉮ 레이거노믹스(Reaganomics)의 등장
      ⓐ 이 정책은 경제회복의 처방으로서 기업회생을 위한 조세감면과 철저한 통화관리, 연방정부 지출비의 삭감 그리고 사회복지 지출의 억제 등을 골자
      ⓑ 급여 증가의 억제, 사회보장세의 인상, 퇴직연령의 연장 등의 조치를 취하고, 사회복지 재정지출을 축소하고, 사회복지 서비스 전달체계의 민영화를 실시
    ㉯ 레이건 정부의 신보수주의적 주요 정책 : 자산조사 엄격시행, 연령제한, 수혜자의 소득상한선의 하향조정, 연방보조금의 삭감 등
    ㉰ 자유주의 시장경제이념에 기초한 복지정책의 연장
      ⓐ 빈곤층에 대한 대책으로 일자리 창출에 **근로자연계형복지**(Welfare to Work, WtW, 근로조건부복지, 근로강요복지)제도를 도입
      ⓑ 부양아동이 있는 빈곤가족에 대한 보조제도인 AFDC(**부양어린이가 있는 가족에 대한 지원**)와 공공부조 등의 **자격요건을 강화**시켰고 생산적 복지를 강조하게 되었다.

OIKOS UP   AFDC를 폐지하고 TANF로 개편 [⑭②]

① 1996년 복지개혁법(개인책임 및 근로기회조정법, Personal Responsibility and Work Opportunity Reconciliation Act : PRWORA)
  ㉠ 미국에서는 1996년 클린턴 행정부가 복지개혁법(PRWORA)을 도입하면서 60년 역사를 지닌 미국의 공공부조제도 가운데 가장 중요한 프로그램인 AFDC를 폐지
  ㉡ 조건 없는 시혜보다는 자립과 근로를 지원하는 인센티브형 복지제도로 전환할 필요성에 따라 1996년 AFDC를 1997년 TANF로 개편
② ADC → AFDC → TANF
  ㉠ 1935년 ADC(Aid to Dependent Children, 빈곤아동부조)는 빈곤아동에 초점
  ㉡ AFDC(Aid to Families with Dependent children, 부양아동가족원조프로그램) : 1950년에 AFDC로 명칭을 바꾸면서 빈곤아동과 같이 사는 성인들의 복지에도 관심 확대
  ㉢ TANF(Temporary Assistance for Needy Families, 임시빈곤가정원조 또는 빈곤가족한시지원) : 일정한 근로요건을 충족할 경우에 한정된 기간 동안에만 정부가 지원을 하는 방식으로, TANF 급여는 어느 시점에서는 2년까지만, 일생을 통해서 5년이 초과할 수 없다는 내용으로 '개인책임'의 개념이 매우 엄격하게 해석 → 수급기간 제한, 개인책임 강조, 근로연계복지 강화, 주정부의 역할과 기능 강화
      미국의 빈곤가족한시지원(TANF)에 관한 설명 : 요보호아동가족부조(AFDC)와 병행(×)

(4) 복지국가의 재편기 [⑤⑧⑬]

① 개 요
- ㉠ **스태그플레이션**으로 인한 고실업과 물가상승의 문제, 그리고 이로 인한 정치구조의 균열 이외에도 다양한 도전에 직면
- ㉡ 인구사회학적으로는 이혼, 낮은 출산율 등으로 인한 **가족체계의 불안정성이 증가**하고 **인구노령화가 진행**되었으며, 이는 사회복지정책의 지속 가능성을 위협하는 부담으로 작용

② 생산체계(축적체계)의 변화
- ㉠ 위기 이전의 베버리지·케인지안 복지국가의 생산체제는 **포디즘**(Fordism, 포드주의)이다. 포디즘은 포드 자동차 회사에서 비롯된 용어로서 과학적 관리방법인 **테일러주의**(Taylorism)에 컨베이어 시스템(conveyor system)을 결합시킨 대량생산체제를 그 특징으로 본다.
- ㉡ 위기 이후 생산체제가 포디즘에서 포스트포디즘(Post-Fordism, 포스트포드주의)으로 변화하게 된다.
  - ㉮ 포디즘이 대량생산체제였다면 포스트포디즘은 **다품종 소량생산체제**이다.
  - ㉯ 저숙련 노동력을 대량 투입하여 획일적인 상품을 생산하는 것이 아니라 시장 변화에 적절하게 대처할 수 있도록 **노동시장을 유연화하고 소수의 숙련 노동자를 필요**로 하게 된다.
  - ㉰ 이로 인해 **노동계급은 숙련 정도에 따라** 서로 다른 이해관계를 갖게 되면서 **상당히 이질적인 집단으로 변모**하게 된다. 이러한 경향은 **산업구조가 제조업 중심에서 서비스업 중심으로 재편되면서 더욱 심화**된다. 서비스업은 제조업과 달리 고숙련·고부가가치산업과 저숙련·저부가가치산업으로 크게 양극화된 부분이기 때문이다.
  - ㉱ 포스트 포디즘 생산체제는 성장과 고용, 복지를 동시에 추구해 온 **기존의 베버리지·케인지안 복지국가의 기반을 동요**시켰다.
  - ㉲ 신자유주의·신보수주의의 영향으로 국가개입과 복지급여의 축소가 강조되고 노동시장에서의 근로를 강조하는 슘페테리안 경제이론이 힘을 얻으면서 **슘페테리안 워크페어 체제가 구축**되었다.

③ 슘페테리안 근로연계복지국가
- ㉠ 포스트포드주의 자본주의 경제체제에 대응하는 복지국가의 변화된 모습으로서 **국가개입이 수요보다는 공급측면을 중시하고, 사회복지정책이 노동시장의 유연성과 국제경쟁력을 위한 비용부담의 감소와 연결되는 것**을 내용으로 하고 있다.
- ㉡ **근로연계복지정책 특징** [⑬]
  - ㉮ 복지급여에 대해 국가보다 개인책임을 강조한다.
  - ㉯ 수급자의 근로유인을 강화하는 것이 목적이다.
  - ㉰ 취업 우선전략과 인적자원 투자전략이 활용된다.
  - ㉱ 취업을 위한 직업훈련을 강조한다.
  - ㉲ 자활지원사업은 근로연계복지정책에 해당한다.

■ 베버리지·케인스주의적 복지국가 대 슘페테리언 근로연계 복지국가 ■

베버리지·케인스주의적 복지국가 (Beveridge-Keynesian Welfare state)	슘페테리언 근로연계 복지국가 (Schumpeterian Workfare State)
포드주의(Fordism)	포스트 포드주의(Post-Fordism)
• 제품생산 : 소품종대량생산(경직성, 경직체계)	• 다품종소량생산(노동의 유연성)
• 국가의 역할과 활동 : 국가역할의 증대 (규제, 집중화)	• 국가개입의 축소 (탈규제, 분권화, 지방화)
복지주의(Welfare)	노동연계 복지전략(Workfare)
• 정책의 목표 : 소득유지 또는 소득이전을 통해 빈곤의 감소와 욕구충족을 주된 정책목표로 설정하고 있고, 급여자격에 대한 권리성과 욕구에 기초한 원조활동을 강조함으로써 욕구중심의 급여자격 방식에 초점	• 개인책임성에 기초(개인의 책임성에 따른 상호의무와 강제성을 기초한 급여자격 방식)한 급여자격 방식의 변동에 강조점을 두고 있으며, 노동프로그램의 참여를 확대하고 조건부과를 통한 강제성을 기초(노동의 가치를 강화)로 함.
• 개인적 차원 : 급여자격에 기초한 복지체계와 자발적 참여	• 강제적인 프로그램 참여와 개별 행동수정의 강화
• 조직적 차원 : 급여자격에 기초한 요구과정, 급여전달의 관료적 논리(구조화된 관료주의)	• 노동·취업촉진, 복지요구의 저지, 점증하는 지방결정권과 내부적 경쟁을 통한 유연적 관료주의
• 기능적 차원 : '욕구에 기초한 급여자격'과 보편주의를 지지하고 수동적 소득지원을 강조, 수요중심의 개입양식	• 시장에 기초한 강제성과 선별주의 그리고 적극적 노동시장으로의 편입, 공급측면의 개입양식

03 한국의 사회복지 역사

1 정부수립 이전의 사회복지

(1) 근대 이전의 사회복지

① 삼국시대 이전(고조선시대)
  ㉠ 고조선의 '8조법금'은 우리나라 최초의 복지제도라 할 수 있다.
  ㉡ 8조법금은 사회의 안녕과 질서유지 차원에서 국민의 생명, 신체, 재산, 정조 등 이른바 생존권적 기본권을 지향하는 사회적 법치주의의 이념에 입각한 법제였다.

② 삼국시대
  ㉠ 진대법(賑貸法)
    ㉮ 고구려 고국천왕 16년(194)에 제정된 것으로, 내외대열법이란 별명을 가진 것이다.
    ㉯ 고구려의 재상인 을파소가 만든 것으로, 춘궁기인 3월~7월에 관곡을 빈민에게 그 가구 수의 다소에 따라 필요한 만큼 대여했다가 추수기인 10월에 관에 도로 납입(상환)케 한 제도이다.

㉰ 후세 **고려의 의창과 조선의 환곡, 사창으로 연결**되었다.
　　　㉱ **이 법의 목적**
　　　　ⓐ 춘궁기에 빈민을 구제한다.
　　　　ⓑ 영농자본을 대여함으로써 농민의 실농(失農)을 방지한다.
　　　　ⓒ 일반국민의 생활을 안정시킨다.
　　　　ⓓ 관곡을 적절하게 활용함으로써 그 낭비와 사장을 없애는데 있다.
　㉡ **창 제**
　　　㉮ **삼국시대 공통의 구제제도로, 창이란 양곡을 비축해 두는 창고를 의미한다.**
　　　㉯ 지역공동체마다(부락별로) 곡창을 설치(부경)하고, 질병, 풍수해, 전란 시에 양곡을 방출하는 제도이다.
　㉢ **관곡(官穀)의 진급(賑給)** : 정부에서 비축하고 있는 관곡을 각종 재해로 인한 빈민과 이재민에게 배급하여 구제하는 것이다.
　㉣ **사궁구휼(四窮救恤)** : 홀아비, 과부, 고아, 노인의 무의무탁한 빈민을 대상으로 군주가 이들을 방문, 위로하고 의류, 곡물 및 관재를 급여하여 이들을 구제하였다.
　㉤ **조조감면(租調減免)** : 재해로 인해 심한 피해를 입은 지역의 주민들에게 그 재해 정도에 따라 조세를 감면해 주는 제도이다.
　㉥ **대곡자모구면(貸穀子母俱免)** : 춘궁기 등에 백성에게 대여한 관곡을 거두어들일 시기가 되었는데 재해로 인한 흉작으로 상환이 곤란할 때에는 원래 관곡 및 이자를 감면해 주는 것이다.
　㉦ **경형방수(輕刑放囚)** : 천재지변과 같은 자연재난은 위정자인 군주의 잘못에 대한 신의 분노 또는 죄라고 하여 군주는 형벌의 경감 또는 방수 등으로 선정을 베풀어 신의 노여움을 풀고자 하였다.
　㉧ **종자 및 식량의 급여** : 전년의 흉작으로 인하여 백성들이 곤경에 빠져 영농의 종곡이 없거나 또는 식량이 부족할 때 관의 비축곡을 풀어 이들에게 영농 종자용 또는 식량으로 대여 또는 급여하는 것으로 삼국에 있어 자주 실시되었다.
　㉨ **왕의 책기감선(責己減膳)** : 각종 재난이 발생하는 것은 왕 자신의 잘못에 기인한 것이라 하여, 왕은 자신을 죄인으로 생각하고 자신이 일상생활하던 정전(正殿)에 기거하는 것을 피하여 뜰 아래 방에서 기거하고 또 식사도 평소와 달리 소식을 하며 자신의 생활을 삼갔다.

③ **고려시대**
　㉠ **정인지의 「고려사」에 나온 고려의 5개 종목의 진휼사업** [⑥]
　　　㉮ **재면지제(災免之制)** : 천재지변, 전쟁, 질병 등으로 인한 이재민의 조세, 부역 및 형벌 등의 전부 혹은 일부를 감면해 주는 것이다.
　　　㉯ **수한질려진대지제(水旱疾癘賑貸之制)** : 재면지제가 이재민에게 조세, 형역 등을 **면제, 감면**해 주는 것에 비해, **수한질여진대**는 천재지변, 전쟁, 질병 등으로 피해를 입은 이재민들에게 쌀, 잡곡, 소금, 간장, 의류 등 각종 물품과 의료, 주택 등을 **급여(대여)하는** 사업이다.

㉓ **납속보관지제(納粟補官之制)** : 이는 원래 중국 원나라의 제도였으며 고려 충렬왕 원년(1275)에 국가 재정의 부족을 보충하기 위하여 일정한 금품을 납입한 자에게 일정한 관직을 주었던 것으로 **구휼과는 무관한 것**이었다.

㉔ **환과고독진대지제(鰥寡孤獨賑貸之制)** : 홀아비(鰥), 과부(홀어미, 寡), 고아(孤), 자식 없는 노인(獨)에게 양곡을 주고 세금을 면제해 주는 제도이다.

㉕ **은면지제(恩免之制)** : 개국, 즉위, 제사, 순시, 불사, 경사, 전쟁 후, 기타 적절한 시기에 왕이 베푸는 각종 은전을 말한다.

ⓒ 상설 공적구제기관

㉮ **흑창(黑倉)** : 태조 때 설치된 것으로 독자적인 진대기관으로서 관곡을 봄에 빌려주고 가을에 거두어들인 고구려의 진대법으로부터 영향을 받았다. 흑창은 평상시 관곡을 저장했다가 비상시 빈궁한 백성에게 대여하여 추수기에 상환토록 한 것이다.

㉯ **의창(義倉)** : 태조 때의 흑창을 성종 5년(986)에 이르러 당의 제도를 받아들여 그의 규모를 넓혀 쌀 1만석을 증축하고 이름을 의창이라 개칭하였다.

㉰ **상평창(常平倉)** : 조적을 통한 물가조절기능과 가난한 자에 대한 구빈의 두 가지 기능을 담당하였다.

㉱ **제위보(濟危寶)** : 광종 14년(953)에 처음 설치된 것으로 빈민, 행려(이재민)의 구호와 치료를 맡아보던 기관이었다. 일종의 관립재단법인이다.

㉲ **동서대비원(東西大悲院)** : 주로 환자의 치료와 빈민구제를 담당하였는데 기한자, 노인, 고아, 환과고독 등도 수용하여 진휼하였으며 빈민에게 음식을 제공하는 등 **현대의 병원과 복지원(수용시설)을 겸한 구료기관**이었다. 조선시대에는 **동서활인원(東西活人院)**으로 개칭하였다.

㉳ **혜민국(惠民局)** : 예종 7년(1112)에 설치된 기관으로 천재지변이나 기근, 전염병 등 재해를 당하는 빈민을 치료해주고 약품을 지급하는 **국립구료기관**이었다.

㉴ **유비창(有備倉)** : 충선왕 2년(1310)에 처음 설치되었으며, 재난으로 빈민이 발생하거나 물가가 폭등하였을 때 이에 대비하기 위하여 설치된 창고로서 동서대비원을 비롯한 타구빈기관에도 미곡을 공급하던 의창과 상평창의 복합적 기능을 가진 구빈기관이었다.

㉵ **연호미법** : 충선왕 때 설치된 것으로 풍년에 호의 대소에 따라 차등있게 곡식을 내어 비축하였다가 유사시에 발하여 재해에 대비하기 위한 것이었다.

ⓒ 임시로 설치된 공공 구빈기관

㉮ **동서제위도감** : 예종 원년(1106)에 설치되었으며, 임시구빈기관으로 재난 시 빈민을 진휼하고 병자를 치료하였다.

㉯ **구제도감(救濟都監)** : 예종 4년(1109)에 설치된 것으로 대기근, 질병 등으로 백성들이 재난을 당하였을 때 곡물, 반숙, 소금, 간장, 참기름, 채소, 의류, 배, 솜 등으로 이들을 진휼하고 구료하기 위한 관설기관이다.

㉰ **구급도감(救急都監)** : 고종 45년(1258)에 설치되었는데, 기근이 심하게 발생하였을 때 빈민뿐만 아니라 양반관료와 양반의 과부 및 군사, 승도, 그리고 제 역인에게도 미곡을 사여(賜與)하는 등 진휼하기 위하여 일시적으로 설치되었던 것으로 생각된다.

㉣ **해아도감(孩兒都監)** : 충목왕 3년(1347)에 설치된 구빈기관으로 주로 유유아(乳幼兒)를 보호 양육하는 일을 맡아보던 기관으로 우리나라 사상 **최초의 관설영아원**이다.
㉤ **진제도감(賑濟都監)** : 충목왕 4년(1348)에 설치된 구빈기관으로, 천재지변에 의한 재난발생시 진휼을 실시했던 것으로 구제도감이나 구급도감과 유사한 기관이었다.
㉥ **진제색(賑濟色)** : 임시 구빈기관으로, 기근 시 기민들에게 죽을 베풀었던 일시적인 기관이다.

④ 조선시대
  ㉠ **비황제도(備荒制度)** : 곡물저장을 통한 구제를 목적으로 하는 상설 구제 제도
    ㉮ **의창(義倉)** : 흉년 시 창민을 구제하기 위해 양곡을 저장해 두는 제도였다.
    ㉯ **상평창(常平倉)**
      ⓐ 무상구제의 의창과는 달리 기민(饑民)에 대한 대여곡으로 상환의무가 주어졌다는 점에서 의창과는 달리 진일보된 제도라 할 수 있다.
      ⓑ 경국대전을 기본법으로 하여 국민 생활의 경제적 안정을 목표로 설치되었으며, 인조 13년(1636)에 진휼청에 병합되었다.
    ㉰ **사창(社倉)** : 국가적 차원의 구제 제도가 아니라 **촌락이나 부락단위의 구휼제도**인데, 재앙이나 흉년을 대비한 제도였다.
  ㉡ **구황제도(救荒制度)** : 직접적인 구빈대책
    ㉮ **사궁의 보호** : 사궁(四窮)이란 빈곤하고 자활할 수 없는 환과고독(鰥寡孤獨)을 말한다. 늙고 아내가 없는 홀아비를 鰥, 늙고 남편이 없는 여인을 寡, 어리고 부모가 없는 자를 孤, 늙고 자녀가 없는 노인을 獨이라 하였다.
    ㉯ **시식제도(施食制度, 시식소)** : 고려시대부터 시작된 것으로 조선시대에는 흉년과 춘궁기에 걸인과 여행자를 위해 사원, 사찰 등의 장소에 취사장, 식탁을 설치하고 직접 시여하였다. **현재 노숙인 대상 무료급식소와 유사**하다.
    ㉰ **노인보호사업**
      ⓐ **기로소(耆老所)** : 태조 3년에 설립하여 정2품 이상, 70세 이상 노인의 놀이장소로 사용하였는데, 일종의 경로당과 같은 역할을 하였다.
      ⓑ **치사제도** : 문종 2년에 생긴 제도로, 나이 많은 벼슬자가 벼슬을 사양하고 물러나는 것으로, 오늘날의 해고를 위한 정년제와는 의미가 다르며 경로의 의미가 있었다.
  ㉢ 애민구휼제도
    ㉮ **태아의 보호(胎兒保護)** : 조선시대의 형법전인 「대명률(大明律)」에 따라 부인 범죄자가 임신 중인 경우에는 친가에 책임지워 맡겨두었다가 출산하여 백일이 지난 뒤에 비로소 처형하는 규정이다.
    ㉯ **수양임시사목(收養臨時事目)** : 현종 2년(1661)부터 숙종 7년(1685)에 이르는 동안 이 사목은 유기아 수양대책을 규정한 법령이었다.
    ㉰ **목양보호제도(牧養保護制度)** : 부랑 걸식하는 아동에 대해 부모, 친척 또는 주인이 없어 무의탁한 경우 수용보호하는 제도이다.

㉔ **자휼전칙(字恤典則)** : 조선시대 후반 **가장 대표적인 아동복지관련법령**
  ⓐ **정조 7년(1783)**에 자휼전칙이라고 불리는 유기 및 부랑걸식 아동보호법이 공포·시행되었다.
  ⓑ 역대의 교지 사목 등을 정리 발전시킨 것으로 유기 및 부랑 걸식하는 아동을 **관가에서 유양(乳養) 또는 민가에 수양하도록 허가한 법**이다.
  ⓒ 요구호 아동의 구휼에 있어 개인·민간의 책임보다 국가의 책임과 역할을 다소 인정한 것으로, 유기아 또는 부랑아 대책에 있어 **1601년의 엘리자베스빈민법의 취지와 대동소이**하다.
  ⓓ **정조의 전교와 9개의 절목으로 구성**되어 있는데, 정조의 전교는 구구절절 백성의 비참한 상태, 특히 무의무탁한 유기아의 비참한 처지에 대해 왕으로서의 책임과 관심을 갖고 있음을 보여주는 내용이다.
  ⓔ **9개 절목의 내용** : 나이 및 구제기간, **행걸아 구제에 있어서 1차적으로 친족의 책임의 원칙**, 행걸아 구제방법, 유기아 발견과 보고절차, 유기아 구휼에 있어서 젖어미제도, 행걸아 유기아 입양과 추거(推去, 본래의 연고권자가 찾아가는 것), 행걸아 유기아 죽 먹이고 젖먹이는 절차와 진휼청 낭관에 의한 사후 감독, 의목과 의료시행, 지방에서의 절차와 재정

㉑ 인보상조제도
  ㉮ **계(契)** : 불행을 당하거나 큰일을 치르고자 할 때 지역주민들 간 상부상조(相扶相助)한 관행으로 가장 보편화된 것이었다. 공제부조를 목적으로 하는 계, 공동 담보와 연대를 목적으로 하는 계, 동호 친목을 위한 계, 동업을 목적으로 하는 계, 이익을 목적으로 하는 계, 비밀 결사를 목적으로 하는 계 등이 있었다.
  ㉯ **두레** : 농민 협동체의 조직으로서, 농촌사회의 상호협동(상호협력), 상호관찰(감찰)의 조직으로 발달한 것이다. **촌락단위로 조직했으며 사무를 보는 대표자가 존재했다.**
  ㉰ **향약(鄕約)**
    ⓐ 조선시대 향촌사회의 자치규약(사회적 규약)으로서 조선의 지배층을 구성하던 양반계층에 의해 동원된 사회질서 유지를 위한 하나의 방법으로 향교와 밀접한 관계를 이루면서 **민간자치단체로 출발**했다.
    ⓑ 향약의 주된 내용은 **덕업상권(德業相勸), 과실상규(過失相規), 예속상교(禮俗相交), 환난상휼(患難相恤)**을 주된 정신으로 하는 것이었다. → 환난상휼 조가 전통사회 상부상조와 관련하여 사회복지와 가장 관련이 깊음.

㉒ 오가통제도(五家統制度)
  ㉮ **조선시대 정부에 의해 어느 정도 강제성을 지닌 인보제도**로, 국가가 인보(隣保)·구빈(救貧)과 함께 지역통제의 목적으로 실시한 제도이다.
  ㉯ 이 제도는 가구원의 수, 재력의 빈부에 관계없이 반드시 인접해 있는 다섯 가구로 일통을 편성함(다섯 집을 1통으로 묶음)을 원칙으로 하고 남는 가구가 있을 때에는 적당히 인접한 통에 첨부시켰다.

(2) 근대 이후의 사회복지입법

① 일제강점기
- ㉠ **조선구호령(1944년 3월)** : 전문6장 제31조로 구성
  - ㉮ 일제는 일본 본토에서 1929년에 제정하여 1932년부터 실시하던 「구호법」을 원용하여 「조선구호령」을 실시하였다.
  - ㉯ 이는 일본의 구호법을 기초로 하고 모자보호법과 의료보호법을 부분적으로 부가해서 종합화시킨 법이다.
  - ㉰ **적용대상** : 65세 이상의 노쇠자, 13세 이하의 유아, 임산부, 불구, 폐질, 질병, 상이, 기타 정신 또는 신체의 장애로 인하여 노동을 하기에 지장이 있는 자
  - ㉱ **급여의 내용(구호의 종류)** : 제17조에는 생활부조, 의료부조, 조산부조(출산부조), 생업부조의 네 가지와 장제부조(특정한 피보호자에게는 매장부조도 급여한다)가 규정되어 있다.
  - ㉲ **원 칙**
    - ⓐ 신청주의에 의해 실시되며, 이를 심사하기 위해 자산조사를 거치도록 규정
    - ⓑ 구호방법은 거택구호와 시설수용구호로 구분하고 거택구호를 원칙. 즉 거택보호가 원칙이며, 거택구호가 불가능하다고 인정되는 경우 구호시설수용, 위탁수용, 또는 개인의 가정 혹은 적당한 시설에 위탁수용할 수 있도록 규정하고 있다.
    - ⓒ 구호기관은 구호를 받는 자의 거주지의 부(府)·읍(邑)·면(面)장으로 하였고, 구호의 비용은 부·읍·면이 부담하고 이에 대해 도나 총독부가 보조하도록 하였다.
  - ㉳ **의 의**
    - ⓐ 조선구호령은 일제치하에 있어서 국민들을 회유하고 종속시키기 위한 정치적 맥락에서 제정된 명목상의 규정에 지나지 않았다.
    - ⓑ 일제시대의 조선구호령은 광복 후 미군정기를 거쳐 1961년에 「생활보호법」이 제정되기까지 한국이 공공부조의 기본법으로 위치를 가지고 있었으며, 1961년 이후에도 생활보호법의 기본 골격으로 남아 있었다.
    - ⓒ 1999년 9월 7일에 「국민기초생활보장법」이 제정됨에 따라 새로운 공공부조의 기본 틀을 갖추게 되면서 구법시대는 막을 내렸다.
- ㉡ **기타사항**
  - ㉮ 조선사회사업연구회 결성(1921)
  - ㉯ 조선감화령(1923년 9월)
  - ㉰ 방면위원(方面委員, 현재의 민생위원)제도(1927년)

② 미군정시대
- ㉠ **시대적 배경** : 일본 제국주의가 패망하고 1945년 광복을 맞이한 후 미군정(美軍政)이 3년간(1945년 9월 8일~1948년 8월 15일)의 신탁통치를 하게 된다.
- ㉡ **사회복지제도**
  - ㉮ 광복직전인 1944년 3월 1일에 제정·공포된 조선구호령은 일제 말기의 법제였으나 1946년 1월 12일자로 후생국보 제3호로 이어져 1961년 12월 30일 생활보호법이 제정

될 때까지 그 역할이 계속됨으로써, 미군정 3년 동안 빈곤정책 및 빈곤행정의 중추적인 역할을 했다.
ⓝ 1946년 미군정은 구호준칙으로 후생국보3호, 후생국보3A호, 후생국보3C호를 제정
  ⓐ **후생국보3호의 C항은 공공구호(public relief)를 규정 → 조선구호령과 유사**
  ⓑ **후생국보3A호는 이재민과 피난민에 대한 구호를 규정** : 구호내용으로는 식량, 의류, 숙사, 연료, 주택부조, 긴급의료, 매장, 차표제공 등을 들 수 있다.
  ⓒ 후생국보3C호는 궁민과 실업자에 대한 구호규칙으로서, 거택구호 시 세대인원에 대한 지급한도액을 규정하고 있다.
ⓓ 미군정은 군정법령 제112호(1946.9.18)로 「아동노동법규」를 제정하여 전세계의 문명국가가 채용하는 인도적·계몽적 원리에 따라 어린이의 노동을 보호하였다.
ⓔ 1947년 5월 16일에는 과도정부 법령 제4호로 「미성년자노동보호법」을 제정·공포하여 미성년자를 유해, 위험한 직업 또는 과중한 노동으로부터 보호하여 어린이의 건전한 발육과 정당한 이익을 보장하도록 하였다. 이 법은 「근로기준법」(1953.8.9)이 실시되기 전까지 아동복지증진에 커다란 영향을 미쳤으며, **근로기준법 제정과 동시에 자동폐기되었다.**

2 정부수립 이후의 사회복지

(1) **제1·2공화국의 사회복지입법 : 1948년 8월~1961년 5월**

① **제1·2공화국의 시대적 배경**
  ㉠ 1948년 8월 15일 자유민주주의를 정치의 기본질서로 하는 대한민국 정부가 수립되고 제1공화국이 탄생되었다.
  ㉡ 제1공화국이 출범한지 2년 후인 1950년에 6·25가 발발하였으며, 1953년 7월 27일 휴전협정이 체결되었다.
  ㉢ 제1공화국이 무너진 후 허정을 수반으로 하는 과도정부가 수립되어 1960년 7월 29일 총선거가 실시되어 대통령 윤보선과 국무총리 장면의 제2공화국(1960.8.23.~ 1961.5.16.)이 탄생하였다. 그러나 1961년 5·16군사 쿠데타로 붕괴되었다.

② **제1·2공화국의 사회복지입법**
  ㉠ **제헌헌법(48.7.17., 생존권 규정)** : 이 규정은 비록 제한적이기는 하지만 생존권 이념을 헌법에 명시하였다는 점에서 의의를 찾을 수 있다. 제헌헌법 제19조에 "노령, 질병 기타 근로능력의 상실로 인하여 생활유지의 능력이 없는 자는 법률이 정하는 바에 의하여 국가의 보호를 받는다."라고 하여 생존권을 헌법에 명문으로 규정하였다.
  ㉡ 대한적십자 조직법(49.4)
  ㉢ 후생시설 설치기준령(50.2.27)
  ㉣ 군사원호법(50.4)
  ㉤ 경찰원호법(51)

ⓑ 후생시설 운영요령(52.10.4)
ⓢ 어린이헌장(1956년 제정·공포)
ⓞ 사회사업을 목적으로 하는 법인설립 허가신청에 관한 규칙(52.4.21)
ⓩ 근로기준법(53.5.10)
ⓒ **공무원연금법(60.1.1)** [⑩㉑]
  ㉮ 이 법은 **우리나라 사회보험관련법 중 첫 번째 입법**이라는 점, 즉 **사회보험법의 효시**로서 의미를 찾을 수 있다.
  ㉯ 당시로서 특권계급에 속하는 공무원을 우대하기 위한 법적 장치라는 점에서 정치적 고려가 엿보인다.
  ㉰ **공적연금 제정 순서 : 공무원연금법(1960년) → 군인연금법(1963년) → 사립학교교원연금법(1973년) → 국민연금법(1986년)**

📝 암기법
공군사관학교는 국민을 위해 있다.

③ 기타 사회복지정책
  ㉠ 사회복지계 대학교육 시작
    ㉮ 최초의 대학교육을 위해 1947년 9월 이화여자대학의 기독교학과에서 사회사업전공이 설치되고, 이어 1953년에는 중앙신학교에서 사회사업학과가 설치되었다.
    ㉯ 1957년에 사회복지전문인력 단기양성소인 국립중앙사회사업 종사자 훈련소(후에 국립중앙사회복지연수원으로 개칭)를 창설하였다.
  ㉡ 사회복지행정조직의 변천
    ㉮ 정부수립 후 보건후생부와 노동부를 합병하여 사회부로 통합하였다가 이후 사회부에서 보건부가 독립하였으나 다시 통합되어 보건사회부로 개칭되었다.
    ㉯ 보건사회부는 산하 노동청이 1981년 노동부로 승격되기까지 우리나라의 보건, 위생, 노동, 사회행정의 총괄부서로서의 기능을 하였다.

(2) **제3공화국의 사회복지입법 : 1961년 5월~1972년 10월**
① 제3공화국의 시대적 배경
  ㉠ 1961년 5·16군사 쿠데타로 정권을 인수한 군사정부는 군정(1961~1963)을 거쳐 1963년 10월 15일 대통령선거를 치루고, 정부를 민정에 이양하여 제3공화국의 탄생(1962.12.17.~1972.10.17)을 보았으나, 혁명정부의 지도자들이 제3공화국의 지도자가 됨으로써 혁명정부의 국가목표는 그대로 계승되었다.
  ㉡ 군사정부는 쿠데타의 명분과 민심안정을 위하여 '시급한 민생고의 해결'이라는 공약을 내세우고 이의 실천을 위해 국가종합개발정책으로 제1차 경제개발 5개년 계획을 수립했다.
② 군사정부와 제3공화국의 사회복지입법
  ㉠ 갱생보호법(61.9.30)
  ㉡ 군사원호보상법(61.11.1)

ⓒ 고아입양특례법(61.9.30, 외국 입양 합법화)
ⓔ 윤락행위등방지법(61.11.9) → 2004년 성매매방지 및 피해자보호 등에 관한 법률 제정으로 폐지
ⓜ 생활보호법(61.12.30. 시행 : 62.1.1)
  ㉮ 공공부조의 가장 핵심적 역할을 담당하는 생활보호법이 1961년 12월 30일 제정·공포
  ㉯ 이 법의 제정에 의해 1944년 제정된 조선구호령이 폐기되었으며, 2000년 10월「국민기초생활보장법」의 시행으로 대체될 때까지 약 40년간 공공부조법률로서 기능
  ㉰ 조선구호령의 구호원칙을 사실상 답습한 것으로 수급자격을 인구학적 요건을 중심으로 범주화함으로써 모든 국민의 인간다운 생활보장이라는 기본 정신에서 벗어나 있었다.
ⓑ 아동복리법(61.12.30) → 1981년 아동복지법
ⓢ 재해구호법(62.3.30)
ⓞ 국가유공자 및 월남귀순자 특별원호법(62.4.16) → 국가유공자 등 특별원호법(75.12.31) → 1984년 국가유공자 등 예우 및 지원에 관한 법률에 의해 폐지
ⓩ 제3공화국 헌법의 생존권 규정 개정(1962.12.17.) : '인간다운 생활을 할 권리' 신설
  ㉮ 생존권 규정인 **인간다운 생활을 할 권리 보장 조항을 헌법에 포함**시킴으로써 제헌헌법보다 적극적이고 보편적으로 생존권 조항을 명시하였다.
  ㉯ 제3공화국 헌법 제30조 제1항에서 "모든 국민은 인간다운 생활을 할 권리를 가진다."고 규정하고, 제2항에서 "국가는 사회보장의 증진에 노력하여야 한다."고 규정하였으며, 제3항에서 "생활능력이 없는 국민은 법률이 정하는 바에 의하여 국가의 보호를 받는다."고 규정하였다.
ⓩ 군인연금법(63.1.28., 공무원연금법에서 분리)
ⓚ 산업재해보상보험법(63.11.5) [⑩⑭⑰, 법제론 ⑲㉑]
  ㉮ 1963년 11월 5일 제정된 이 법은 근로자의 업무상의 재해에 대해 신속하고 공정한 보상을 행함을 목적으로 한다.
  ㉯ 5대 사회보험법 제정 순서 : 산업재해보상보험법(1963.11 제정, 64년 시행) → 의료보험법(1963.12 제정, 77년 시행) → 국민연금법(1986년 제정, 88년 시행) → 고용보험법(1993년 제정, 95년 시행) → 노인장기요양보험법(2007년 제정, 2008년 시행) [⑰]

> ✏ 암기법
> 오대산의 연고는 노인에게 효과가 좋다.

  ㉰ 사회보험 전 국민 및 전 사업장(1인 이상) 확대 시기 빠른 순서 : 국민건강보험제도(1989년) → 고용보험제도(1998년) → 국민연금제도(1999년) → 산업재해보상보험제도(2000년)

> ✏ 암기법
> 친구가 결혼이 일의(건강보험)고 연상과 했다.(친구가 결혼을 일찍했는데 자신보다 나이가 많은 연상과 했다)

ⓔ **사회보장에 관한 법률(63.11.5) → 1995년 사회보장기본법**
  ㉮ 1963년 11월 5일에 국민의 인간다운 생활을 보장하기 위한 사회보장기본법으로 제정되었으나 기본법으로서의 존재 의의를 가지기에는 미흡한 **전문 7개조에 불과한 법**이다.
  ㉯ 시행령을 제정하지 않아서 시행을 하지 않다가 **1995년 12월 10일 사회보장기본법**이 제정됨에 따라 폐기되었다.

ⓕ **의료보험법(63.12.16., 가입임의성을 인정하여 사회보험 의의상실)**
  ㉮ 1963년 12월 16일에 국민의 질병, 부상, 분만, 사망 등에 대해 보험급여를 실시함으로써 국민보건을 증진시키고 사회보장의 증진을 도모하고자 제정되었다.
  ㉯ 제정 당시에는 대상자의 가입에 임의성을 인정하여 사회보험으로서 의의를 상실하였지만, 1977년 7월 1일부터는 500인 이상의 사업장은 강제가입을 의무화함으로써 제대로 시행되었다.
  ㉰ 2000년 7월 1일부터 국민건강보험법으로 전면 개정되어 시행되었다.
  ㉱ **건강보험 연혁 : 1963년 12월 의료보험법 제정(임의규정) → 1976년 의료보험법 개정(강행규정)** : 500인 이상의 사업장 강제가입 의무화 → **1977년 7월 시행 → 1989년 도시지역 의료보험을 실시하여 전국민 의료보험을 달성** → 1997년 국민의료보험법 개정(부분 통합 : 공무원·사립학교 교직원 의료보험업무를 통합하여 국민의료보험관리공단에서 수행) → 1999년 국민건강보험법(완전통합 : 행정통합), 통합실시는 2000년 → 2003년 재정통합(직장·지역보험의 재정통합)

ⓖ **사회복지사업법(70.1.1)** [법제론 ⑬⑲㉑, 실천론 ⑭]
  ㉮ 1970년 1월 1일 제정, 동년 4월 15일에 시행 → **사회복지사업종사자 자격증**
  ㉯ **사회복지법인에 대한 법적 근거가 만들어졌으며**, 사회복지시설의 설치·운영은 국가·지방자치단체 및 시·도지사의 허가를 받은 사회복지법인 또는 보건사회부장관의 허가를 받은 기타의 법인에 한정하였다.

■ 사회복지사업법 발전과정 ■

연 도	주요 내용
1970 제정	• 사회복지사업종사자 제도 • 사회복지법인 제도 도입
1983	• 사회복지사 자격 제도, 자격 1·2·3급으로 구분 • 사회복지관 설립운영 근거규정 마련 • (한국)사회복지협의회 법정 단체화 조항 신설
1992 전부개정	• 사회복지전담공무원 신설 • 복지사무전담기구 설치
1997 전부개정	• 사회복지시설 설치·운영 허가제를 신고제로 변경 • 사회복지시설 평가제도(3년마다 1회 이상 평가) • 사회복지사1급 국가시험
2000	• 사회복지의 날(9월 7일) 제정
2003	• 지역사회복지계획 수립(4년마다) • 지역사회복지협의체 설치

(3) 제4공화국의 사회복지입법 : 1972년 10월~1979년 10월

① **제4공화국의 시대적 배경**

4공화국의 정치체계는 한국적 민주주의의 토착화라는 미명하에 장기집권을 위한 유신헌법(1972. 10.27)을 만들어 대통령을 정치권력의 최고정점으로 하는 권위주의적 정부가 들어서자 이에 대한 체제 도전이 끊임없이 일어나 정치적 상황은 끊임없는 불안의 연속이었으므로, 체제의 정통성 확립을 위해 최소한 국민에게 지지를 받을 수 있는 유인책을 제공하여야 하는 정치적 상황이었다.

② **제4공화국의 사회복지입법**

㉠ 국민복지연금법(73.12.24., 10여 년 동안 시행 보류) [법제론 ㉑]

　㉮ 1973년 12월 24일 제정된 이 법은 국민의 노령, 폐질 또는 사망 등 사회적 위험이 발생할 경우에 대비하여 가입자의 갹출금을 주된 재원으로 연금급여를 실시함으로써 국민의 생활안정과 복지증진에 기여하는 것을 목적으로 한다.

　㉯ 국민복지연금법은 경제적 불황과 사회현실의 여건부족을 이유로 그 시행을 10여 년 동안 보류하여 사실상 유명무실화되었지만, 형식상으로는 1988년에 시행된 국민연금의 기초가 되었다.

　㉰ 1973년의 중화학공업육성계획과 함께 국민연금제도의 도입이 발표되었다. 당초 중화학공업의 재정계획은 외자도입이나 외국의 직접투자보다 국내저축으로 충당할 예정이었다. 따라서 국민의 민간저축률을 높이기 위해 근로자들을 20년 갹출을 필요로 하는 국민복지연금기금에 참여시키려 한 것이다.

㉡ 사립학교교원연금법(73.12.20) → 2000년 사립학교교직원연금법

㉢ 개정(강제적용)의료보험법(76.12.22. 시행 : 77.1.1)

　㉮ 1963년 제정된 의료보험법은 강제가입제도가 아닌 임의가입제도여서 강제가입을 원칙으로 하는 사회보험으로서의 역할을 상실하였다.

　㉯ 1976년 12월 전면 개정되어 공무원·교직원·군인을 제외한 500인 이상 사업장 근로자에게 강제적용됨으로써 실질적인 의료보험이 실시되었다.

　㉰ 1977년 1월 1일 500인 이상 사업장 근로자를 대상으로 최초로 강제적용방식을 도입한 직장의료보험을 실시하였다. 사실상 사회보험으로서의 의료보험제도가 도입되었다.

㉣ 입양특례법(76.12.31) → 1995년 입양촉진 및 절차에 관한 특례법 → 2011년 8월 4일 입양특례법

㉤ 의료보호법(77.12.31) → 2001년 의료급여법

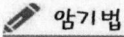 **암기법**

똥구멍이 찢어지게 가난한 친구가 치질(77)걸려 치료~

(4) 제5공화국의 사회복지입법 : 1980년 10월~1988년 2월
  ① 제5공화국의 시대적 배경
    ㉠ 1979년 10·26사태 이후 1980년 10월 27일 제8차 헌법이 개정되어 제5공화국(1980. 10.27~1988.2.24, 6공헌법 1987.2.29제정·1988.2.25시행)이 시작되었다.
    ㉡ 제5공화국은 체제의 정통성 확보를 위한 노력의 일환으로 일단의 사회복지 입법을 단행하였다.
  ② 제5공화국의 사회복지입법
    ㉠ 사회복지사업기금법(80.12.31) → 1997년 사회복지공동모금법 제정으로 폐지
    ㉡ 아동복지법(81.4.13. 61년 아동복리법의 전면개정) [법제론 ⑲]
    ㉢ 노인복지법(81.6.5) [법제론 ⑬⑱⑲㉑]
    ㉣ 심신장애자복지법(81.6.5) → 1989년 장애인복지법
      ㉮ 1981년 유엔이 '세계장애인의 해'를 선포하자, 우리나라에서는 심신장애자복지법을 1981년 6월 5일 제정하였다.
      ㉯ 1988년 서울 장애인올림픽 개최를 계기로 장애인에 대한 사회적 관심이 높아짐에 따라 심신장애자복지법은 **1989년 장애인복지법으로 전면적 개정**이 이루어졌다.
    ㉤ **사회복지사업법(일부개정)(83.5.21)**
      ㉮ **사회복지사자격제도 도입**(사회복지사업종사자를 사회복지사로 명칭으로 변경)
      ㉯ 사회복지사 자격을 1급에서 3급으로 구분하여 3종류로 나눔
      ㉰ 사회복지관 설립운영 근거규정 마련
      ㉱ 한국사회복지협의회를 법정단체화하고, 이에 업무위탁을 할 수 있도록 함
    ㉥ **생활보호법(전부개정)(82.12.31 개정, 83.7.1 시행)**
      ㉮ 구법에서 규정한 네 가지의 보호 종류(생계보호, 의료보호, 해산보호, 장제보호)에 자활보호와 교육보호를 추가하여 6종류로 확대하였다.
        → 국민기초생활보장법 제정으로 **주거급여 추가**
      ㉯ 구법의 생활무능력자에 대한 보호규정을 확대하여 **근로능력이 있으면서 가난한 자의 자활을 보호하는 내용을 추가**하였다.
    ㉦ **국민연금법(86.12.31. 시행 : 1988.1.1)** : 1973년 제정된 국민복지연금법이 여러 가지 사정으로 시행이 유보되어 오다가 **1986년 국민연금법으로 개칭**하고, 1988년 시행 [법제론 ⑲㉑]
    ㉧ **최저임금법(1986 제정·시행, 최저임금제도 도입)** → 1988년 최저임금제도 시행 [⑭]
    ㉨ 남녀고용평등법(87.12.4) → 2007년 남녀고용평등과 일·가정 지원에 관한 법률
(5) 제6공화국의 사회복지입법 : 1988년 2월~현재까지
  ① 제6공화국의 시대적 배경
    ㉠ 5공화국에 이어 1988년 2월 25일 직선제 선거에 의해 당선된 노태우 후보가 제13대 대통령으로 취임하여 제6공화국이 출범했고, 1993년 2월 25일 김영삼 정부(14대)가 들어섰다.

㉡ 1998년 2월 25일 정부 수립 50년 만에 여야 정권교체에 의한 김대중 정부(15대)가 출범하였으며, 2003년 노무현 정부(16대)가 들어섰다. 2008년 이명박 정부(17대), 2013년 박근혜 정부(18대)가 새로이 출범하였다.

② **제6공화국 1기 노태우 정부(1988.2~1993.2)**
  ㉠ 보호관찰법(88.12.30) → 1995년 보호관찰 등에 관한 법률로 변경, 2011년 사회복지사업법 개정 복지입법 추가
  ㉡ 모자복지법(89.4.1) → 2002년 모·부자복지법 → 2007년 한부모가족지원법
      ↳ 2008년 다문화가족지원법

  > **암기법**
  > 시장 한 구석에서 팔구(89)사는 모자가정 엄마가 아이들 걱정에 한(한부모가족지원법)퀴(2007)에 다(다문화가족지원법)팔(2008)아 버렸다.

  ㉢ 장애인고용촉진 등에 관한 법률(90.1.13) → **2000년 장애인고용촉진 및 직업재활법**
  ㉣ 장애인복지법(89.12.20., 81년 제정된 심신장애자복지법 전부개정) [법제론 ⑲]
  ㉤ 영유아보육법(91.1.14) [법제론 ⑮]

  > **암기법**
  > 여성들이 보육시설에 아이들 맡기고 일(1)하도록 구(9)제 해주었다. 구(9)일(1)

  ㉥ 청소년기본법(91.12.13)
  ㉦ 사회복지사업법(전부개정)(92.12.8) : 일선 행정기관에 **사회복지전담공무원**을 두고 시·군·구에 복지사무전담기구를 설치할 수 있도록 하는 규정
  ㉧ 고령자고용촉진법(91.12.31) → **2008년 고용상 연령차별금지 및 고령자고용촉진에 관한 법률** → 고령자는 55세 이상인 사람으로 하며, 준고령자는 50세 이상 55세 미만인 사람으로 한다.

③ **제6공화국 2기 김영삼 문민정부(1993.2~1998.2)**
  ㉠ 일제하 일본군 위안부에 대한 생활안정지원법(93.6.11) → **2002년 일제하 일본군위안부 피해자에 대한 생활안정지원 및 기념사업 등에 관한 법률**
  ㉡ **고용보험법(93.12.27. 시행 : 95.7.1) → 4대 사회보험체제 완비** [법제론 ⑱⑲㉑]
  ㉢ 성폭력범죄의 처벌 및 피해자보호 등에 관한 법률(94.1.5) → 2010년 4월 15일 성폭력방지 및 피해자 보호 등에 관한 법률, 성폭력 범죄의 처벌 등에 관한 특례법
  ㉣ 보호관찰 등에 관한 법률(95.1.5)
  ㉤ 국민연금법개정(95.1.5. 95.7.1부터 **농어민연금 시행**)
  ㉥ 사회보장기본법(95.12.30)
  ㉦ 정신보건법(95.12.30) → 정신건강증진 및 정신질환자 복지서비스 지원에 관한 법률(2016.5.29.전부개정, 2017.5.30.시행)
  ㉧ 여성발전기본법(95.12.30) → **양성평등기본법(2014.5.28.전부개정, 2015.7.1.시행)**

> 📝 **암기법**
> 정신(정신보건법) 바짝 차리고 사회복지 제대로 하기 위해 **사회보장기본법**을 제정! 특별히 여성(여성발전기본법)에게 잘하는 복지!

- ㈜ **사회복지공동모금법(97.3.27., 사회복지사업기금법 폐지)** : 지역사회 단위의 민간재원 확보를 위한 민간주도의 공동모금활동에 관한 근거를 마련(민간사회복지재정의 자율성 신장)
  → 1999년 사회복지공동모금회법 [법제론 ⑲]
- ㈜ 청소년보호법(97.3.7)
- ㈜ 장애인·노인·임산부 등의 편의증진에 관한 법률(97.4.10)

> 📝 **암기법**
> 1997년 IMF 당시 경제적으로 어렵고 사회가 혼란할 때 **장애인·노인·임산부**와 **청소년보호**하기 위해 민간재원기금을 모으려고 **사회복지공동모금법**을 제정하였다.

- ㈜ **사회복지사업법(전부개정)(97.8.22)**
  - ㉮ 사회복지시설 설치·운영에 대한 허가제를 신고제로 변경
  - ㉯ 사회복지사 1급 국가시험 도입(2003년 시행)
  - ㉰ 사회복지시설 평가제도입(사회복지시설을 3년에 1회 이상 평가)
- ㈜ 가정폭력방지 및 피해자보호 등에 관한 법률(97.12.31)
- ㈜ 국민의료보험법(의료보험제도의 통합)(97.12.31. 시행 : 98.10.1)

④ **제6공화국 3기 김대중 국민의 정부(1998.2~2003.2)** → 생산적 복지
- ㉠ **국민연금법 개정(전국민 연금 시행)(98.12.31. 시행 : 99.4.1)** : 도시지역의 자영자, 5인 미만 사업장 근로자, 임시 및 일용직 근로자, 시간제 근로자 등 도시지역 전 주민에게 확대 적용되었다. → 전국민 연금시대가 개막되는 기틀이 마련
- ㉡ **국민건강보험법(99.2.8.제정, 2000.7.1.시행)** [⑩. 법제론 ⑲㉑]
- ㉢ **국민기초생활보장법(99.9.7.제정, 2000.10.1.시행 → 생활보호법은 폐지)** : 주거급여를 신설, 긴급구호제도(긴급급여) 도입 [⑩. 법제론 ⑬⑲㉑]
- ㉣ 장애인고용촉진 및 직업재활법(2000.1.12)
- ㉤ 의료급여법(2001.5.24. 77년 제정된 의료보호법의 전부개정)
- ㉥ 일제하 일본군 위안부 피해자에 대한 생활안정지원 및 기념사업 등에 관한 법률(2002.12.11)
- ㉦ 모·부자복지법(2002.12.18. 시행 : 2003.6.18) → 2007년 한부모가족지원법으로 개칭

⑤ **제6공화국 4기 노무현 참여정부(2003.2~2008.2)** → 참여복지
- ㉠ **사회복지사업법 (일부개정)(2003.7.30)** → 개정규정은 2005년부터 시행
  - ㉮ 지역사회복지협의체가 도입
  - ㉯ 지역사회복지계획 수립이 지방자치단체의 의무 → 제1기 시·군·구 지역사회복지계획수립 2005년(1기 : '07~'10, 2기 : '11~'14, 3기 : '15~'18, 4기 : '19~'22, 5기 : '23~'26)

- ⓛ 청소년복지지원법(2004.2.9)
- ⓒ 청소년활동진흥법(2003.12.30)
- ⓔ **영유아보육법 개정(2004.1.8)** : 시설설치를 신고제에서 인가제로 전환
- ⓜ **농어촌주민의 보건복지증진을 위한 특별법(2004.1.29.)** : 세계무역시장의 자유화와 우리나라 농업시장의 개방으로 인해 예상되는 농어촌의 위기를 타개하기 위해 입법
- ⓗ **노인복지법 개정(2004.1.29., 긴급전화 및 노인보호전문기관 설치규정)**
- ⓢ 학교폭력예방 및 대책에 관한 법률(2004.1.29.)
- ⓞ 건강가정기본법(2004.2.9.)

> ✏️ **암기법**
> · 1004(천사)같은 가정 만들자는 취지에서 제정한 건강가정기본법! 그런데 1004년은 있을 수 없으니까 2004년!

- ⓩ 국민기초생활보장법 개정(2004.3.5., 최저생계비 계측조사주기 5년에서 3년으로 단축)
- ⓧ 성매매 방지 및 피해자 보호 등에 관한 법률(2004.3.22)
- ⓚ 교통약자의 이동편의 증진법(2005.1.27)
- ⓣ 저출산고령사회기본법(2005.5.18)
- ⓟ 자원봉사활동기본법(2005.8.4)
- ⓗ **긴급복지지원법(2005.12.23)** : 시행일(2006.3.24)로부터 5년간 그 효력을 가지는 한시법으로 제정이 되었으나, 2009년 5월 28일 개정으로 한시법이라는 규정 삭제 [법제론 ⑤⑱]

> ✏️ **암기법**
> **2005년** 뭐가 그리 긴급했을까? 저출산고령사회 때문이다. 긴급하니까 **자원봉사자** 많이 필요해졌다.

- ㉮ 식품기부활성화에 관한 법률(2006.3.24)
- ㉯ 조세특례제한법 개정(2006.12.30., 근로장려세제 'EITC'제도 도입)
- ㉰ 사회적 기업 육성법(2007.1.3.제정, 2007.7.1. 시행) [지역복지 ③]
- ㉱ 장애인차별금지 및 권리구제 등에 관한 법률(2007.4.10.제정, 2008.4.11. 시행)

> ✏️ **암기법**
> 장애인을 차별하지 않는 것이 이치(2007)에 맞다!!

- ㉲ 장애인복지법 (전부개정)(2007.4.11) : '장애아동부양수당'이 '장애아동수당'으로 개정
- ㉳ 기초노령연금법(2007.4.25.제정, 2008.1.1. 시행) → 기초연금법(2014.5.20. 제정)
- ㉴ 노인장기요양보험법(2007.4.27. 시행 : 2008.7.1.) [법제론 ⑬⑮]
- ㉵ 장애인 등에 대한 특수교육법(2007.5.25., 특수교육진흥법 폐지)
- ㉶ 한부모가족지원법(2007.10.17)
- ㉷ 다문화가족지원법(2008.3.21) [법제론 ⑤]

⑥ **제6공화국 5기 이명박 실용정부(2008.2~2013.2)** → 능동적 복지
  ㉠ 장애인연금법(2010.4.12) [법제론 ⑮]
  ㉡ 성폭력방지 및 피해자보호 등에 관한 법률(2010.4.15)
  ㉢ 장애인활동지원에 관한 법률(2011.1.4)
  ㉣ 노숙인 등의 복지 및 자립지원에 관한 법률(2011.6.7)
  ㉤ 장애아동복지지원법(2011.8.4.)
  ㉥ 사회서비스 이용 및 이용권 관리에 관한 법률(2011.8.4)

  > ✏️ **암기법**
  > **장애인활동지원**하고 **노숙인**과 **장애아동**에게 **사회서비스 이용** 지원해서 이들이 스스로 두 발로 반드시 **11**자로 설 수 있도록 자립할 수 있도록 하자!

  ㉦ **협동조합기본법**(2012.1.26.제정, 2012.12.1.시행) [지역복지 ⑬]
  ㉧ **사회보장기본법(전부개정)**(2012.1.26.개정, 2013.1.27.시행) [지역복지 ⑬]
    ㉮ 사회보장의 정의에서 **출산, 양육**을 사회적 위험으로 포함하여 보호
    ㉯ **사회복지서비스와 관련 복지제도를 사회서비스로 포괄하여 확대**
    ㉰ 기본욕구와 특수욕구를 고려하여 소득·서비스를 보장하는 **맞춤형 사회보장제도인 평생사회안전망의 개념을 도입**
    ㉱ 사회보장위원회의 권한을 강화하여 사회보장에 관한 주요 시책을 심의·조정
  ㉨ **사회복지사업법(일부개정)**(2012.1.26.개정, 2012.8.5.시행)
    ㉮ 사회복지사업에 있어 **인권보호 강화**
    ㉯ 사회복지법인의 이사 정수를 최소 **5명에서 7명으로 증원**, 법인 이사 정수의 3분의 1 이상을 사회복지위원회 및 지역사회복지협의체에서 추천한 사람 중에서 선임

⑦ **제6공화국 6기 박근혜 정부(2013.2~2017.3)**
  ㉠ 아동학대범죄의 처벌 등에 관한 특례법(2014.1.28. 제정, 2014.9.29. 시행)
  ㉡ **기초연금법**(2014.5.20. 제정, 2014.7.1. 시행) [법제론 ⑱㉑]
  ㉢ 발달장애인 권리보장 및 지원에 관한 법률(2014.5.20.제정, 2015.11.21.시행)
  ㉣ 학교 밖 청소년 지원에 관한 법률(2014.5.28.제정, 2015.5.29.시행)
  ㉤ 사회보장급여의 이용·제공 및 수급권자 발굴에 관한 법률(2014.12.30.제정, 2015. 7.1. 시행)

⑧ **제6공화국 7기 문재인 정부(2017.3~2022.5)**
  ㉠ **아동수당법**(2018.3.27. 제정, 2018.9.1. 시행)
  ㉡ **사회복지사업법(일부개정)**(2018.12.11., 2020.12.12.시행) : 전문 사회복지사제도 도입

MEMO

사회복지정책의 이론과 사상

제2부 **사회복지정책의 역사와 발달이론**

제4장 회차별 출제빈도, 출제비중 및 출제논점 1, 2, 3순위

10회 2012	11회 2013	12회 2014	13회 2015	14회 2016	15회 2017	16회 2018	17회 2019	18회 2020	19회 2021	20회 2022	21회 2023	22회 2024
4	5	3	6	4	2	4	1	4	2	4	3	3

출제 비중	출제 논점		
	1순위 ☺	2순위 ※	3순위 ☆
13.6	① 사회복지제도발달이론: 산업화 이론, 시민권론, 확산이론, 사회양심론, 음모이론 ② 에스핑-앤더슨의 복지국가 유형화 ③ 제3의 길(사회투자국가)	① 복지국가발전이론: 이익집단이론(다원주의이론), 사민주의, 조합주의, 국가론, 독점자본주의 ② 조지와 윌딩의 이데올로기 모형	① 제 학자들의 구분: 2분법, 3분법, 4분법... ② 케인즈주의, 신자유주의와 신보수주의

1순위 스마일표시(☺) : 출제 빈출도가 높은 부분으로 무조건 시험에 출제되는 영역
2순위 당구장표시(※) : 나왔다 안 나왔다 하는 영역이지만 출제가능성 높은 영역
3순위 별 표(☆) : 출제 된 적이 있긴 하지만 다시 출제될 가능성은 다소 떨어지는 영역

MAP

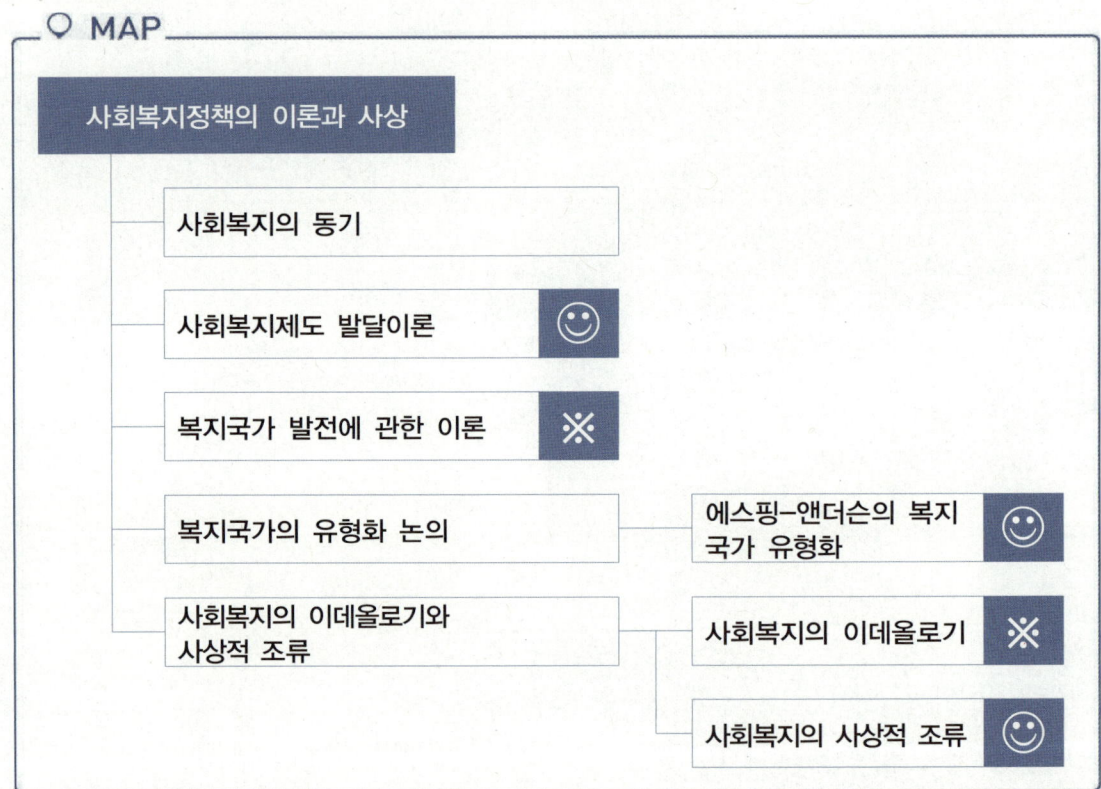

01 사회복지의 동기

1 개 요

마카로프(Macarov, 1978)는 사회복지의 동기를 **상호부조적 동기, 종교적 동기, 정치적 동기, 경제적 동기, 이데올로기적 동기**로 구분하고, 오늘날의 사회복지제도가 이런 다양한 동기들이 복합적으로 작용한 결과라고 설명하였으며, 김상균 외(2012)은 **측은지심, 상부상조, 종교적 의무, 정치적 배려, 경제적 이득, 이데올로기 명분, 전문직업적 동기**(professional motives)로 정리하였다.

2 사회복지의 동기

(1) 측은지심(惻隱之心)

① **다른 사람을 딱하고 불쌍히 여기는 것**으로, 측은지심이 발동되었다고 원조행위가 따르는 것은 아니며 측은지심에 의한 원조행위가 자주 발생하는 것도 아니다.

② 사회복지행위자의 순수성과 자발성을 특징으로 하지만, 측은지심에서 우러나온 원조행위는 자선(charity)과 같이 **주는 자의 일방적 행동에 가깝다**.

   예) 성금기탁자, 의연금 출연자, 기부자, 독지가, 자선사업가, 자원봉사자 등

(2) 상부상조(mutual aid, 상호부조)

① 주는 자와 받는 자가 **쌍방향의 원조행위를 하는 경우**로 서로가 서로를 돕는 형태를 말하며, **사회복지제도의 주기능**에 해당된다.

② 사회적으로 가장 오래되고 **가장 보편적인 사회복지의 동기**이다.

   예) 두레, 계, 길드(guilds), 우애조합(friendly societies), 노동조합(trade unions), 자조집단, 자원봉사조직, 동창회, 향우회, 자활기업 등

(3) 종교적 의무

① 자선적 동기의 의미를 지니는 것으로, **주는 자의 심적 태도에 의해서 실시되고 받는 자의 입장은 비교적 중요시하지 않는 특성**을 가진다.

② 권리로서 사회복지의 개념이 부각되면서 많이 약화되었지만, 자원봉사활동이나 종교단체의 복지활동에서는 여전히 중요한 동기이다.

(4) 정치적 동기 또는 정치적 배려

① 정치적 이유로 국가가 사회복지제도를 발전시키는 경우는 **정치적 권력의 획득**(예) 1930년대 미국의 사회보장법, 독일의 비스마르크의 사회보험 도입), **사회적 불안의 회피**(예) 영국의 구빈법, 미국의 1960년대 빈곤과의 전쟁), **정치적 부산물**(예) 미국의 1988년 가족지원법의 부산물로 보육프로그램 확대 및 직업훈련을 지원하는 보조금이나 장학금을 지급하는 프로그램이 확립됨)로서 사회복지제도에 영향을 미치는 것이다.

② 현대사회의 민주주의 정치체제하에서 사회복지정책이 정치적 목적으로 활용되는 경우가 많아지고 있다.

(5) 경제적 동기 또는 경제적 이득
① 사회복지를 **정부가 주도해서 제공하는 것이 다른 방법보다 더 효율적이기 때문에**(시장실패의 상황에서) 등장하였다.
② 경제적 동기에서 사회복지제도를 발전시키는 경우 사회문제비용 감소, 사회문제가 경제에 미치는 부정적 결과 감소, 경제적 부산물로서 사회제도에 영향을 미친다.

(6) 이데올로기적 동기 또는 이데올로기적 명분
① 사회복지제도나 사회복지실천은 이데올로기로부터 직접적 영향을 받을 뿐 아니라 이데올로기에 의해 그 가치와 원리, 방법, 방향 등이 결정된다.
② 사회복지에서 중시되는 주요 이데올로기는 **이타주의**(altruism, 제3자의 간섭이나 강제가 없는 자유상태에서 타인을 이롭게 하는 행위를 가치 있게 생각하는 것), **평등주의**(eqalitarianism, 결과로서의 평등을 상대적으로 더 강조), **인도주의 또는 인간중심주의**(humanitarianism, 인간의 존엄성과 박애를 중시)를 들 수 있다.

(7) 전문직업적 동기
사회복지사의 사회복지실천은 물론 사회정책 전문가나 사회복지행정가의 직업선택을 위한 중요한 동기로 작용한다.

02 사회복지제도 발달 이론 "Y(사회복지제도) = F(X)"

사회복지제도가 왜 형성되며, 변화를 겪게 되는가를 설명하는 이론을 사회복지제도 변천론, 사회복지발달론, 사회정책발달론 등으로 표현한다.

1 체제의 내부적 논리에 기반한 사회정책발달론
체제의 내부적 논리란 산업화 과정, 계급관계의 역동성, 이익집단의 활동, 정치경제구조의 특성 등이 한 국가의 체제 내부에서 이루어진다는 의미로서 국가단위를 중심으로 생각하는 것을 말한다.

(1) 사회양심론(the social conscience theory) [⑤⑥⑧⑨⑫⑯⑱⑲㉑]
① X = 사회적 양심(사회구성원들의 집단양심)의 증대
  ㉠ 시혜적 관점을 기반으로 **사회 전체의 선의의 집합적 표현**이 사회복지라는 것을 강조한다.
  ㉡ **인도주의 사상에 기초**하여 이타주의와 사회적 책임성 맥락에서 사회복지제도의 발달을 설명한다.
    ⊗ 수렴이론 : 사회적 양심과 이타주의의 확대에 따라 모든 국가는 복지국가로 수렴한다.(×)
② **기본전제(John Baker)** : 이 내용 중 전부나 일부를 직설적으로나 묵시적으로 인정하면 일단 사회양심론의 부류에 속하게 된다.

㉠ 인간이 지니고 있는 서로를 위한 사랑을 국가를 통해 표현하는 것으로써 **사회적 이타주의가 제도화된 것**이 사회복지라는 것이다.

㉡ 사회복지정책은 **사회적 의무**(social obligation)**감의 확대와 심화**, 그리고 **욕구에 대한 국민들의 지식향상**이란 두 요인에 의해 변화된다.

㉢ **변화는 축적적(누적적)**이며 관대함과 관심 영역의 증대방향으로 물론 균일적 변화폭은 아니지만 **줄기차게 진화**한다.
→ 진화론적 관점

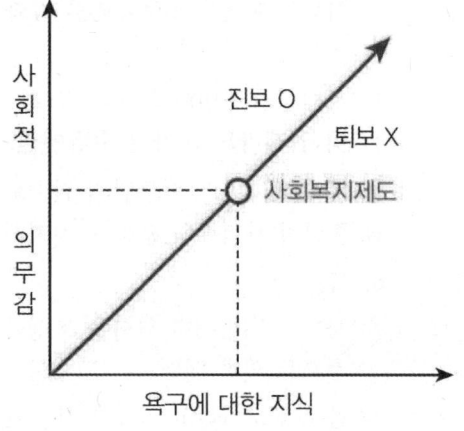

㉣ 개선은 불가피하며 현행 서비스는 **지금까지의 것 중 최선의 것**이다. 즉, **현재 사회복지수준은 최고단계**이다.

㉤ 역사적으로 볼 때 현행 서비스가 완전한 것은 아닐지라도 **사회복지의 주된 문제는 이미 해결**되었고 사회는 안정기반 위에 구축되어 있기 때문에 지속적 발전을 기대할 수 있다.

③ **장점** : 낙관적이고 문제해결 중심의 시각이라는 것

④ **단점(비판점)**

㉠ **자비적 특성을 지나치게 강조**한 나머지 국가의 역할이나 서비스 제공자의 역할에 관한 왜곡된 견해를 갖게 함으로써 사회적 과정의 정확한 이해를 방해할 수 있다는 것이다.

㉡ 인간 본성의 일부인 **선(善)은 동서고금을 막론하고 존재해 왔음에도** 불구하고 사회복지제도를 유독 현대사회의 산물로서 설명하려는 것은 무리이다.

㉢ 선행을 가장한 위선의 존재를 이 이론으로써는 파악해 내지 못할 뿐 아니라 사회복지제도 발달사에 나타나는 **진보와 퇴보의 교차현상을 적절히 설명할 수 없다**.

(2) **음모이론**(the conspiracy theory, 사회통제이론) [①⑤⑯⑲]

① X = 사회안정 및 질서의 유지와 사회통제에 따라 영향

② Piven과 Cloward의 빈민규제론(Regulating the Poor)

㉠ 미국 태생의 중산층 계급이 자비심이 아닌 **빈민을 규제하기 위해 공공복지제도를 사용**한다.

㉡ **사회복지제도는 공공의 복지를 위해 실행되는 것이 아니라 빈민을 규제하기 위해 사용**된다고 본다.

㉢ 경제 침체기에 대량실업 등의 사회문제로 인한 **사회적 위험 증가에 대비하기 위해 사회복지제도를 확대하고 어느 정도 안정이 되면 축소**한다.

③ 주요 내용

㉠ **사회양심론에 정면으로 도전하는 입장**을 취하고 있다.

㉡ **지배계층이 기존의 사회질서가 위협받고 있다고 느낄 때** 사회적 안정과 지배질서 유지를 위한 목적으로 사회정책을 제시한다고 본다.

ⓒ **사회통제 혹은 노동규범을 강화**하기 위한 엘리트의 장기적 음모로 사회복지정책이 발달한 것이다.
ⓔ 사회정책의 변화를 줄곧 진화의 과정을 밟아 발전만 되는 것이 아니라 **개선과 악화의 양면이 언제라도 교차될 수밖에 없는 성질의 것**으로 본다.
④ **음모이론의 예** : 사회보험의 원조로 알려진 비스마르크(Bismarck) 입법의 동기를, 노동자 계급 중심의 사회주의 운동을 저지시켜 기존 질서를 유지하기 위한 속셈으로 보는 견해
⑤ **비판점**
ⓐ 사회안정에 대한 **위협을 조성하지 않는 집단(노인, 아동 등)이면서도 사회적 서비스의 확충으로 인한 혜택**을 입고 있는 사례를 설명할 수 없다.
ⓑ 음모가 도사리고 있음은 사실이지만 그렇게 자주 있는 것도 아니고 또 반드시 음모가 성공하는 것도 아니다.

(3) **시민권론**(the citizenship theory) [①④⑤⑥⑧⑨⑩⑫⑱⑲㉒]
① X = 시민권이 발전(시민권의 분화 현상, 사회권의 확립)
ⓐ 마샬(T. H. Marshall)은 사회복지제도의 변천을 시민권의 변천이란 측면에서 진화론적으로 설명
ⓑ 시민권의 분화 현상과 사회권의 확립이라는 진화적 과정에 따라 개선 및 확대되는 것
ⓒ 시민권이 발달되면서 사회복지도 하나의 권리적 차원에서 발전
② **주요 내용**
ⓐ **시민권** : 공동체의 완전한 성원에게 부여된 여러 가지의 권리와 권력을 향유할 수 있는 지위(사회구성원으로 인정받는 일종의 지위)
㉮ 시민권의 요소를 법 앞에서의 **자유와 평등과 같은 공민권**(civil right) → 18세기에서 19세기에 걸쳐 확립
㉯ 참정권과 같은 **정치권**(political right) → 19세기와 20세기 사이
㉰ 복지권과 같은 **사회권**(social right) → 20세기 중반까지 조성

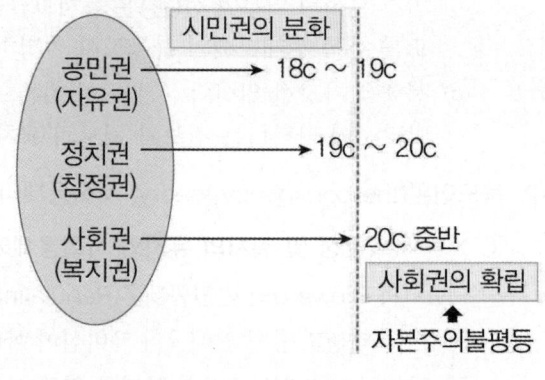

✏️ **암기법**
시민권이 보장되는 사회가 공(공민권)정(정치권)사회(사회권)이다.

❌ 시민권이론은 정치권, 공민권, 사회권의 순서로 발달한 것으로 본다.(×)

ⓑ 시민권이 발달한 서구 선진국에서는 사회복지 수급을 하나의 기본권(생존권적 기본권)으로 인정하게 되었다.

ⓒ 자본주의가 발달하면서 불평등한 계급구조가 형성되고 이에 대한 저항으로 법 앞에 자유와 평등을 보장받고자 하는 욕구가 표출되고, **사회적 불평등을 해소하기 위한 방편으로 시민권을 주장하는 것**에 관심을 가지게 되었다. → 시민권은 자본주의의 불평등과 양립(○)
  ㉮ 시민권은 **사회적 불평등 구조(불평등한 계층구조)의 전제 위에 발생**한 것으로써 **사회적 불평등과 시민권은 밀접한 관련**이 있다.
  ㉯ 계급갈등으로 사회적 불평등이 심화되었는데 사회적 불평등을 완화시키기 위한 장치로서 시민권이 대두하게 되었고, 시민권이 발달하게 되면서 **사회복지도 하나의 권리적 차원에서 발전하게 되었다**는 것이다.
③ **비판점**: 복지의 개념을 법에 규정된 권리, 즉 사회권으로서만 파악하는 것이 너무 제한적임, 남성 백인에게만 유효한 권리 범주에 불과하며, 여성과 흑인 등 다른 집단의 권리는 보장하지 못했음, 영국의 사례에 국한, 시민권의 발전을 자연적인 진화의 과정으로 간주하여, 투쟁을 통해 실질적으로 획득될 수 있다는 것을 간과함 등

(4) 산업화 이론(industrialization theory, 수렴이론) [①③④⑤⑧⑨⑩⑫⑬⑭⑯⑱⑲㉑㉒]

① X = 산업화(기술발전 또는 자본주의 발전)
  ㉠ 복지국가 발전은 산업화된 사회에서 발생하는 '**욕구(needs)**'에 대한 대응이 산업화로 인해서 가능해진 '**자원(resources)**'을 통해서 이루어진 것으로 본다.
  ㉡ 사회복지정책은 산업화 과정에서 필연적으로 나타난 새로운 욕구와 사회문제를 **경제성장으로 확보된 자원**을 통해 해결하는 방안으로 등장하였다.
  ㉢ 대표적인 학자로는 **윌렌스키(H. Wilensky)**가 있다.

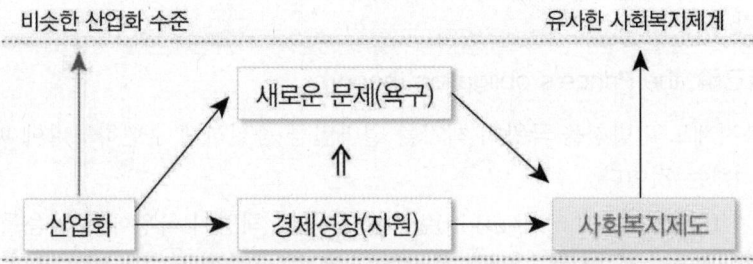

  ⊗ 산업화이론은 사회복지정책발달은 그 사회의 산업화 정도에 따라 결정된다고 보는 이론이다.(○)
  ⊗ 산업화론 – 농경사회에서 산업사회로 변화하면서 사회문제가 발생하였고, 그 대책으로 사회복지정책이 발달함(○)

② **수렴이론(convergence theory)**
  ㉠ 자본주의 사회든 사회주의 사회든 **산업화만 되면 복지국가가 필요하게 된다**는 것이다.
  ㉡ 산업이 고도로 발전하게 되면 산업 사회의 기능적 필수 요건에 따라, **경제발전수준과 사회복지발전수준이 비슷해진다**고 본다.
  ㉢ 서로 다른 정치이념과 정치문화를 가진 국가들도 일단 산업화가 비슷한 수준에 도달하면 유사한 사회복지체계를 가지게 된다고 보는 시각이다.
  ⊗ 수렴이론은 그 사회의 기술수준과 산업화 정도에 따라 사회복지의 발달이 수렴된다고 본다.(○)

③ **합리이론(the rationality theory)** : 어떤 형태의 사회이든 산업화되는 과정에서는 필연적으로 각종 사회문제가 파생 → **합리적 인간이 고안해 낸 합리적 문제 해결책이 사회복지정책**

④ **구조기능주의이론** [⑱]
  ㉠ 산업화이론은 '유기체의 항상성(homeostasis)'라는 관점에서 사회를 보기 때문에 구조기능주의이론이라고 불리기도 한다.
  ㉡ 욕구가 있고 자원이 있으면 욕구가 자동적으로 해결된다고 보는 유기체적 조절론과 유사해진다.
    ※ 구조기능주의론 – 사회복지는 산업화, 도시화에 따른 사회문제에 대한 적응의 결과임(O)

⑤ **산업화 이론의 비판** : 산업화로 인해 사회복지에 대한 욕구가 왜 증가할 수밖에 없는가를 설명하였지만, 이런 욕구는 구체적인 사회복지제도로 나타나는 과정을 설명하지 못한다.

(5) 테크놀로지론(the technology theory)

① **테크놀로지 결정론(technological determinism)**이라고도 불린다.
② 사회복지제도의 변화를 테크놀로지, 특히 사회행정 및 사회공학의 기술적 발달(자료수집, 처리, 보관기술, 기획의 기술, 정책분석의 기법, 예산편성의 기술 등)과 같은 **비사회적인 (nonsocial) 힘에 의해 결정**되는 것으로 설명한다.

(6) 사회정의론(the social justice theory)

① 사회복지발달(사회복지정책)의 기본 요소인 **사회정의의 개념 변화**로 보는 입장이다.
② 사회정책의 발달과정을 사회정의(자유로 혹은 평등으로 대표되든 간에)의 확대 실천의 과정이라고 가정한다.

(7) 책기론(責己論, the Prince's obligation theory)

① 사회복지제도의 변천을 국왕이 책기를 얼마만큼 충실하게 구현하느냐에 따라 좌우되는 것으로 해석하는 것이다.
  ㉠ 책기(the Prince's obligation)란 **민생구휼의 책임이 국왕에게 있음**을 뜻하는 단어이다.
  ㉡ 국왕이 그러한 책임을 져야 하는 논리적 근거는 선정(善政) 또는 인정(仁政)과 같이 군주가 이른바 도덕정치를 실현하는 데 필수적으로 갖추어야 할 의무사항에서 발견된다.
② 책기론은 왕도정치 하에서 발견되는 각종 사회복지제도의 변천을 설명하려는 시도에서 나온 하나의 가설이라고 이해할 수 있다.

2 체제의 외부적 상호규정 관계에 기반한 사회정책발달론

체제의 외부적 상호규정 관계란 한 국가의 체제 내부 논리에 치중하는 기존의 전통적인 논리에서 벗어나 국가 간의 관계 및 자본주의·사회주의 체제 간의 모순을 체제 내부 논리와 관련시키는 상호규정 관계를 말한다.

(1) 확산 이론(the diffusion theory, 전파이론) [①③⑧⑨⑪⑫⑯⑲]
   ① X = 선진복지모델의 확산
      ㉠ **지리적 확산** : 개별 국가의 사회정책발달이 **인접한 국가 간에 공간적으로 확산**되는 경우
         📌 독일 사회보험의 유럽으로의 확산
      ㉡ **위계적 확산** : **선진국의 사회복지제도가 후진국으로 확산된다**는 논리
   ② 주요 내용
      ㉠ 한 나라의 사회복지정책이 인접한 다른 나라에 영향을 미쳐 **선진복지모델이 확산되었다고** 보는 이론 → 국가 간 의사소통 또는 국제적 모방모델
      ㉡ 사회복지제도의 도입을 **모방과정**(processes of imitation)의 결과로 인식하며, 각 나라들은 '**선구적인 복지국가의 노력들을 복사**'한다는 것이다.
      ㉢ 국가 간 교류에 의해 사회(복지)정책의 아이디어와 경험이 **한 나라에서 다른 나라로 전파**되었다고 본다.
   ③ **한계점** : 두 체제 간의 모순적 관계를 강조하는 진영모순 개념과 근본적으로 상이할 뿐만 아니라 냉전체제가 사회복지에 미친 복잡한 과정을 설명하기에는 근본적 한계를 가진다.

(2) 종속이론(the dependency theory)
   ① 이 가설은 **제3세계의 사회정책을 설명하는 데에는 서구에서 개발된 이론이 부적절하다는 가정에서 출발**한다.
   ② 제3세계 국가들의 사회복지제도 발달의 특성을 한마디로 '**저발전**'이라 특징짓고, 저발전의 이유를 **식민영향**에서 찾고 있다.
      ㉠ **식민영향**(colonial influence) : 식민시대에 종주국들이 그들의 이익에 이바지할 수 있는 방향으로 사회복지제도를 운영했던 것이 식민 종식 이후에도 그대로 답습되거나 유지되는 현상
      ㉡ 특권계층의 지위를 유지하거나 강화시키기 위한 수단으로서 사회보장제도가 운영되었던 식민시대의 악습이 식민시대의 종식에도 불구하고 청산되지 않고 새로 등장한 자국 내의 지배계급들에 의해 그대로 전승되고 있다는 것
         📌 우리의 경험인 36년간의 왜정 치하의 사회정책

(3) 진영모순론(two camps contradiction theory)
   ① 개요
      ㉠ 제1차 세계대전, 1920년대 후반의 대공황, 그리고 제2차 세계대전 등으로 표출되는 **세계적 수준에서의 '자본주의의 전반적 위기'의 원인을 설명하는 이론**으로, 세계 자본주의를 정치경제학적 시각으로 분석하는 데 주요한 개념으로 사용되어 왔다.
      ㉡ 2차 대전을 경과하면서 세계가 자본주의와 사회주의 양대 진영으로 분열된 이후 본격적으로 격화되기 시작한 양대 진영의 모순관계는 사회의 각 방면에서 여러 가지 현상을 수반하며, 이것은 각국의 사회복지제도의 형성에도 직·간접적으로 영향을 미치게 된다.

② **진영모순의 논리**
  ㉠ **부정적 영향론** : 양 진영의 대립·경쟁관계가 자본주의권과 사회주의권의 사회복지발달에 부정적 영향을 주었다.
    ㉮ 진영모순의 **군사적 측면**, 즉 **양 진영의 군비경쟁**과 이로 인한 **막대한 군사비지출**로 인하여 사회복지를 확대할 수 있는 국가재정을 억제하거나 축소시킨다는 측면에서 접근할 수 있다.
    ㉯ **이념대립 측면**으로 진영 간의 대립상황에서 자본주의권의 지배층은 공산주의적 분위기가 풍기는 사회복지 확대·옹호세력의 이데올로기적 정당성과 정치적 역량을 약화시킴으로써 사회복지가 발전될 이념적, 정치적 역량의 토대를 제약하는 것으로 작용하게 된다.
  ㉡ **긍정적 영향론** : '위험계층'을 체제 내로 흡수하기 위한 각종 평등주의적 조치(사회복지제도는 그 조치 중의 하나임)를 확충하게 하는 요인으로 작용한다.

03 복지국가 발전에 관한 이론

1 개 요

복지국가가 왜 발전하게 되었는가? 즉 복지국가란 어떤 성격의 국가인지, 복지국가를 발전시키는 주요한 힘은 어디서 나왔는지 등 복지국가에 관한 이론은 다양하다. **산업화 이론도 복지국가 발전을 설명하는 이론 중 하나로 가장 먼저 등장**하여 가장 많은 논의와 비판을 받은 이론이다.

2 복지국가 발전의 주요 동인을 설명하는 이론

(1) **신마르크스주의(Neo-Marxism) 이론 = 독점자본주의 이론** [③③⑭]
  ① **개 요**
    ㉠ **전통적 마르크스주의에 이론적 기초를 둔 갈등주의적 시각**으로, 고도로 발전된 **자본주의 사회의 현상을 분석**하여 복지국가 발전 현상을 설명한다.
    ㉡ 자본주의는 고전적인 경쟁적 자본주의로부터 점차 독점적 자본주의로 변화하기 시작했으며, 국가의 역할도 소극적 역할에서 점차 적극적으로 자본주의 경제에 개입한다.
    ㉢ 고도의 독점자본주의를 분석하기 시작하였고, 이러한 가운데서 **복지국가 발전을 독점자본주의의 속성과 연결시켜 복지국가 발전을 설명**하게 된 것이다.
  ② **유형** : 국가의 자율적 역할 정도에 따라 도구주의 관점과 구조주의 관점으로 대별
    ㉠ **도구주의 관점**
      ㉮ **국가는 자본가계급의 이익을 결정하는 도구**에 지나지 않기 때문에 주요한 복지정책은 자본가계급에 의해 제안되고 결정된다고 본다.
      ㉯ 복지국가 정책은 자본가들에 의해 자본축적의 필요성, 대공황과 같은 자본축적의 위기, 대규모 폭동과 같은 정치적 도전 등이 발생하는 것에 대한 대응으로 본다.

ⓛ **구조주의 관점**
  ㉮ 국가는 자본가계급의 단기적인 이익을 희생하더라도 **자본주의 경제의 장기적인 안정과 강화를 위하여 어느 정도의 자율성을 갖고 자본가계급에 반하는 복지정책을 추진(정당화기능)**하고 또한 **자본축적의 역할을 적극적으로 수행**한다고 본다.
  ㉯ 자본가들이 국가기구에 영향력을 행사하는 것과 상관없이 자본주의에서의 국가는 필연적으로 자본주의사회 경제체제를 유지하고 강화해야 한다는 것이다.
    ⓐ 노동자계급의 도전이 자본주의에 매우 위협적이어서 노동자계급을 통제하고 분열시키는 기능이 매우 중요하다.
    ⓑ 자본가들은 계급의식도 없고 개인들의 단기적 이익 때문에 분열되기 쉬워서 국가만이 노동자계급의 통제와 분열작업을 효과적으로 할 수 있다.
    ⓒ 이 같은 분열작업을 하는데 있어 협동 전략상 복지정책을 자본가들의 반대에도 불구하고 확대할 수 있다는 것이다.

③ **주요 학자와 내용**
  ㉠ James O'Connor : 『자본주의 국가의 재정위기』(Fiscal Crisis of the State)
    ㉮ 독점자본주의 단계에서 국가가 수행해야만 하는 두 가지의 기본적이고, 모순적인 기능
      ⓐ **자본의 축적(accumulation)** : 국가는 먼저 이윤이 발생하여 자본축적이 될 수 있는 상황을 유지하고 만들어야만 한다는 것
      ⓑ **정당화(legitimization)** : 이를 위해 사회조화 내지 사회 안정의 상황도 유지하고 만들어야 한다는 것
    ㉯ 경쟁자본주의에서 독점자본주의로 변화하는 과정에서 치열한 경쟁에 의해서 잉여자본의 문제가 심각해진다. 이러한 **잉여자본**은 두 가지 형태이다.
      ⓐ **잉여생산 능력으로부터 발생하는 잉여재화** : 국가는 독점자본의 생산물들의 소비를 전국적으로 추진 ⓔ 정부의 독점 군수산업물 직접구입 혹은 소비확대 정책
      ⓑ **기술발전으로부터 발생하는 잉여인구** : 잉여인구로부터 발생할 수 있는 사회불안정을 방지하는 역할을 해야 한다. 즉 독점자본의 성장으로 과잉생산, 대량실업자 양산, 불경기 등의 문제가 더 심각해질 수 있기 때문에 이러한 문제해결을 위해서는 국가가 나서야 된다는 것이다.
    ㉰ 자본축적과 정당화를 위해서 국가는 구체적으로 두 가지 성격의 지출을 함
      ⓐ **사회적 자본을 위한 지출**(사회적 자본은 두 가지 종류로 나눌 수 있는데)
        - **사회적 투자** : 사회가 갖고 있는 노동력의 생산성을 증가시키는, 즉 자본의 이윤율을 증가시키는 프로그램들에 대한 투자이다.
          ⓔ 정부가 기술개발을 위해 투자하는 것, 노동자의 훈련 혹은 재훈련을 위해 투자 등
        - **사회적 소비** : 간접적으로 노동력의 재생산 비용을 낮추는 것으로 자본축적을 하기 위한 방법이다.
          ⓔ 사회보험 프로그램 등이 여기에 속하는데 이러한 것들은 노동비용을 낮추는 기능을 하고 동시에 노동자들의 재생산 능력을 확대시킨다.

ⓑ **사회적 비용을 위한 지출** : 국가의 정당화 기능을 수행하기 위하여, 즉 사회조화를 위하여 사용되는 방법으로 노동력의 생산성이라는 문제와 직접적인 관계는 없다. 즉 이것은 비노동력 인구들에 의한 사회 안정의 훼손 가능성을 막는 것을 목적으로 한다.
  예 공적부조 프로그램
㉰ 이와 같은 논의에 의하면 사회복지 프로그램은 크게 두 가지 성격으로 구분할 수 있다.
  ⓐ 하나는 노동인구를 대상으로 하여 노동력 재생산에 초점을 맞추는 프로그램(사회보험)이다.
  ⓑ 다른 하나는 비노동인구의 사회통제를 위한 것(공적부조)이다.
㉱ O'Connor의 논의에 의하면 **한 국가의 전체 생산 가운데 독점자본 부분의 비중이 커질수록 국가에 의한 자본축적과 정당화의 기능은 커지고, 또한 이러한 과정에서 독점자본의 비중은 더욱 커지게 된다.** 다시 말하면 국가 역할의 확대는 독점자본 확대의 원인이자 동시에 결과이다. 즉 복지국가의 확대는 독점자본 부문의 확대와 정(正)의 관계에 있고 이러한 관계는 서로 상승 효과가 있다는 것이다.
ⓒ Ian Gough : 『복지국가의 정치경제학』(The Political Economy of the Welfare State)
ⓒ Claus Offe : 『복지국가의 모순』(The Political Economy of the Welfare State)

④ **기여한 측면**
㉠ 산업화 이론이 무시한 자본주의의 문제―계급문제, 노동력 재생산 등―를 분석하여 복지국가 발전을 설명한 점이다.
㉡ 누가 복지국가로 인해 이익을 보느냐는 문제에 대한 답을 명확히 해 주었다. 산업화 이론은 이러한 문제에 대해 모호하여 복지국가에서는 사회 전체의 이익이 확대되는 것으로 보았다.
㉢ 복지국가의 성격을 좀 더 거시적으로 볼 수 있게 한 점이다.
㉣ 국가의 역할에 대한 이해를 더 높일 수 있다. 즉 왜 국가가 적극적으로 자본주의 발전단계에서 경제체계에 개입해야 하는가를 보여준다.
㉤ 구체적인 복지국가 정책의 내용을 분석하는데 도움을 준다.

⑤ **몇 가지 한계점**
㉠ 너무 지나치게 자본주의 구조로부터의 **경제적 결정론**에 의지한다.
㉡ 민주정치에서 여러 행위자들의 역할을 무시한 점이다.
㉢ 고도 산업자본주의에 모두 적용될 수 있느냐의 문제, 즉 자본주의 경제의 구조만으로는 설명이 안 되는 '자유'의 영역을 간과하였다.
㉣ 이러한 이론에서 사용하는 개념 틀이 너무 거시적이며, 이러한 개념들을 경험적 조사에 사용하기에 어렵기 때문에 이러한 이론을 지지 혹은 반박할 실증적 연구의 어려움이 있는 점이다.

(2) **이익집단 정치이론(Interest group politics, 이익집단 이론, 다원주의 이론)** [③⑫⑭⑯②]
① **개 요**
㉠ 복지국가의 발전원인을 국가의 정치적 역할에서 찾는 **이해관계로 맺어진 집단(이익집단)이 공통 목적을 달성하기 위해 사회복지제도를 활용한다고 보는 이론**이다.

- ㉮ **이익집단** : 공통의 목적을 가지고 공공정책에 영향을 미치기 위해 노력하는 개인들의 조직체를 말한다. → **비계급적 집단들**
- ㉯ 복지국가의 발전은 **다양한 이익집단들 사이에서 사회적 자원의 배분을 둘러싼 경쟁이 치열해지고, 이러한 집단들의 정치적 힘이 중요해져서 정치가들이 이들의 요구를 수용**하는 데에서 나온 결과라고 본다.
- ㉰ 다양한 집단 간 경쟁과정에서 희소한 사회적 자원의 배분을 둘러싼 갈등이 발생하면 그것을 국가가 중재하게 되는데 그 결과로 복지국가가 발전한다는 견해이다.
  - ⊗⊙ 이익집단이론은 다양한 이익집단들의 정치적 활동을 통해 복지국가가 발달한 것으로 본다.(○)
- ㉱ **노인집단(노인들의 정치적 힘의 증대), 노동자집단이나 장애인집단**, 의사집단, 인종집단 등이 자신들의 이익을 위해 노력한 결과 사회복지제도가 발전되었다고 본다.

② **이 이론을 뒷받침하는 논리적 근거**
- ㉠ 현대사회에 들어와서 **전통적인 계급의 차이에 의한 정치적인 구분이 약해진다**는 것이다.
- ㉡ 직업, 산업, 경제적 집단들이 이질화되어 **계급 내에도 다양한 이익추구 집단들이 형성**된다.
- ㉢ 정부의 공공정책에의 지출은 민주주의 사회에서 **선거에서의 득표를 위한 경쟁에서 비롯**된다.

> **OIKOS UP** 다원주의 이론 [지역복지 ⑭⑮]
> ① 1950년대와 1960년대 달(Dahl)과 폴스비(Polsby) 등이 개발한 **정책결정이론**으로, 다양한 집단들과 이익단체들이 권력을 가지려고 경쟁하며 정책결정에 영향을 미치려 한다는 시장논리에 근거하여 개발된 이론이다.
> ② **기본적인 가정**
>   ㉠ 영향을 끼치고자 하는 모든 집단들의 주장이 동등하게 청취된다는 것
>   ㉡ 권력은 어떤 개인이나 집단에 집중된 것이 아닌 광범위하게 확산되어 있음
>   ㉢ 정부는 공정하고 중립적인 입장에서 심판자 역할을 할 뿐임
> ③ 정책은 개개인과 집단의 이익대결과 갈등을 정부가 공정하고 종합적인 입장에서 조정한 결과로서의 균형(equilibrium)을 의미하는 것으로 해석한다.

(3) **조합주의(corporatism, 코포라티즘) 이론** [⑩]
① **다원주의(pluralism)의 변종**으로서 **거대한 노조(월등한 이익집단)가 출현**하여 사용자와 대등한 수준에서 **임금·근로조건 등 노사 간의 주요 현안을 협상하고 정부가 이를 중재**하며, 정부와 노사 간의 현안인 물가와 복지 등의 문제를 상의·결정하는 **삼자협동주의(tripartism)**가 정착된 제2차 세계대전 이후 서구 사회의 특징을 지칭한다.
  - ㉠ 노조와 자본가단체는 다원주의에서 말하는 평범한 압력집단(pressure groups)에서 '**통치기구(governing institutions)**'로 변화된 거대한 힘을 가진 조직을 말한다.
  - ㉡ 코포라티즘의 대표적 성공사례 : 스웨덴의 1938년 있었던 '**살쯔요바덴 협정**'(사용자 임금인상을 약속 사내 복지제도를 확충, 노동자는 파업을 자제 생산성 향상에 힘을 쏟고, 정부는 가능한 한 사용자의 경영권에 간섭자제 내용)
② 거리의 계급투쟁을 지양하고 자본가, 노동자, 국가 3자가 협력하여 연합체적 국가의 사회경제정책을 결정하는 체제로서 **국가는 중립적인 조정자의 역할을 수행한다**는 관점이다.

③ 국가적 현안이 이렇게 의회 밖에서 삼자에 의해 결정되자 의회의 정책결정권한이 상당히 약화되었으며, 이런 정책결정구조는 사회복지정책의 확대·발전에 큰 영향을 주었다.
→ 코포라티즘이 활성화되면 의회가 무력화된다.

(4) **사회민주주의 이론(권력자원이론)** [③⑤⑭⑱㉑㉑]
① 개 요
㉠ 복지국가는 **노동의 정치적 세력 확대의 결과로 노동자계급을 대변하는 정치적 집단의 정치적 세력이 커질수록 발전**한다. → 자본과 노동의 계급투쟁에서 노동이 획득한 승리의 전리품
㉡ **사회민주주의 이론의 논리적 근거는 크게 다음의 3가지**
㉮ '생산수단의 국유화'를 안 해도 '소비의 국유화'를 통해 자본가들을 국가가 통제하므로 자본주의는 문제가 되지 않는다는 것이다.
㉯ 의회민주주의 제도에서의 정치적 힘을 강조한다.
㉰ 자본주의가 발전하면서 **계급구조가 분산 혹은 다양화되는 면(자본주의의 계급구조 변화)**을 중시한다.
㉢ 계급구조의 변화로 인한 자본의 힘이 상대적으로 약화된 환경 속에서 **의회민주주의를 통한 무산자(have-not)들의 정치적 힘은 반대로 커질 수 있다**는 것이다.

② **코르피(Korpi)의 권력자원이론(Power Resource Theory)** [⑪⑱㉑㉑]
㉠ 노동자계급이 단결된 정치적 힘을 통해 권력자원을 동원할 경우 노동자계급에게 유리한 방향으로 정책을 이끌어 갈 수 있고, 이 결과 획득한 승리의 전리품이 복지국가이다.
㉡ **노동자계급의 정치적 세력이 확대되면 그 결과로 사회복지가 발전**한다고 본다.
※ 권력자원론 – 사회복지정책은 권력 엘리트의 산물임(×)

OIKOS UP 사회민주주의 이론에서 복지국가가 발전하기 위하여 충족되어야 할 7가지의 요인
① 선거권의 노동계급으로의 확대 ② 노동계급을 대변하는 사회민주당의 발전 ③ 강한, 그리고 중앙집권화된 노동조합운동 ④ 우익정당의 약화 ⑤ 지속적인 사회민주당의 집권 ⑥ 지속적인 경제성장 ⑦ 노동자의 강한 계급의식과 종교, 언어, 인종적 분열의 약화

※ 권력자원론 – 복지국가 발전의 중요 변수들은 노동조합의 중앙집중화 정도, 노동자 정당의 영향력 등이다.(O)
※ 권력자원이론은 노동조합의 중앙집중화 정도, 좌파정당의 집권을 복지국가 발달의 변수로 본다.(O)

(5) **국가중심적 이론(state-centered theories) = 국가론(the statist approach)** [③⑨⑭㉑]
① 주요 내용
사회복지정책을 독립된 주체인 국가가 스스로 문제를 인식하고 해결하려고 하는 노력의 산물로 파악한다.
㉠ 사회복지를 제공하는 공급의 측면에서 복지국가 발전을 설명, 즉 국가의 적극적인 역할을 강조한다.

    ⓒ 사회복지에 대한 **수요가 비슷하더라도** 각 국가의 구조에 따라 대응하는 방향과 내용이 다르다고 본다.
    ⓒ 복지국가 발전은 각 국가들이 갖고 있는 **국가구조의 특이성에 의하여 결정**된다고 본다.
    ㉣ 국가조직의 형태에 초점을 맞추어 **국가조직이 중앙집권적이고 조합주의적인 국가조직의 형태가 복지국가발전을 설명하는 데 중요**하다고 본다.
        ⊗⊗ 국가중심이론 – 중앙집권적이거나 조합주의적인 국가구조의 형태와 정치인의 개혁성 등이 사회복지의 수요를 증대시켜서 복지국가가 발전하게 되었다.(O)
    ㉤ 많은 사회복지 정책은 국가관료기구를 맡고 있는 개혁적인 정치가나 전문관료들에 의하여 국가발전의 장기적인 안목을 가진 **전문화된 관료기구의 바탕**에서 이루어졌다고 본다.
        예) 1930년대 미국 루스벨트 행정부가 뉴딜정책의 일환으로 추진한 농업조정과 산업부흥법
        ⊗⊗ 국가중심적 이론 – 적극적 행위자로서 국가를 강조하고 사회복지정책의 발전을 국가 관료제의 영향으로 설명한다.(O)

② 평 가
    ㉠ 장점
        ㉮ **사회복지를 제공하는 공급자로서의 국가를 강조**함으로 복지국가 발전에 대한 설명의 폭을 넓히고, 복지국가 발전에서의 **각 국가들이 갖고 있는 국가구조적 특이성**을 역사적인 발전과정의 맥락에서 분석하는 장점을 갖고 있다.
        ㉯ 소극적인 국가 역할에서 벗어나 **적극적인 '행위자'로서의 국가를 강조**한 점도 복지국가에 대한 이해의 폭을 넓힌 것이다.
    ㉡ **단점** : 사회복지에의 욕구에 대한 대응을 국가에 따라 어떻게 하느냐에만 초점을 맞추었기 때문에 복지국가 발전에 대한 본질적인 원인에 대하여는 등한시할 수 있는 한계가 있다.

04 복지국가의 유형화 논의

1 복지국가의 유형화 논의

(1) 유형화 논의의 필요성
① 복지국가가 왜 발전되었는가, 왜 확대될 수 밖에 없는가에 관한 이론을 살펴보았으나, 이런 일반이론으로 오늘날의 복지국가들의 다양한 형태들을 이해하는 데 한계가 있다.
② **왜 이런 다양한 유형으로 발전하였는가?** 즉 다양한 복지국가들을 유형화하는 작업을 통해 좀 더 구체적인 분석이 필요하다.

(2) 복지국가 유형화에 관한 기존의 연구들
① 사회복지 **지출**(GDP에서 차지하는 비율)에 관한 유형화
② 주요 사회복지 **프로그램의 도입 시기**에 따른 유형화
③ **복지국가 성격의 개념적 분석**에 따른 유형화(소득분배적 측면이나 정치적 이념의 차이 등 질적인 구분)

④ 복지국가정책의 **결정요인 분석**에 따른 유형화(도입 시기에 영향을 준 요인들로 산업화나 도시화의 정도, 노동자계급의 정치적 압력의 정도, 입헌군주제냐 의회민주제냐의 문제 등을 통해 분류)
⑤ 복지국가 **프로그램의 내용분석**에 따른 유형화(복지프로그램들의 급여 자격, 급여의 수준, 전달의 방법, 재분배효과, 재원조달 방법 등을 분석)

2 복지국가의 유형화 = 사회복지모형

(1) 제 학자들의 구분
① **윌렌스키와 르보(Wilensky & Lebeaux)의 2분 모형** [13⑯]
   ㉠ 잔여적(residual) 사회복지
   ㉡ 제도적(institutional) 사회복지
② **티트머스(Titmuss)의 3분 모형** [⑩⑬⑯]
   ㉠ 개 요
      ㉮ 윌렌스키와 르보(Wilensky and LeBeaux)가 제시한 잔여적 모형과 제도적 모형에 **산업성취-업적 모형이 추가된 것**이다.
      ㉯ 잔여적 모형, 산업상 업적과 수행능력(Industrial Achievement-Performance) 모형, 제도적 재분배 모형
   ㉡ **산업(업적)성취(Industrial Achievement-Performance) 모형**
      ㉮ 사회복지의 제공이 **시장에서의 업적**(시장에서의 역할정도)**과 밀접한 관계가 있는 것을 강조**하는 것으로, 사회복지의 급여를 시장에서의 직무수행의 정도, 생산성의 정도에 따라서 차등을 두어야 한다는 점을 강조한다.
      ㉯ 사회복지제도의 중요한 역할을 **경제의 부속물로서 통합·구체화**하고 있으며, **시장경제원리에서의 생산성을 중심으로 한 사회구성**(업적, 신분향상, 작업수행 등)을 목표로 한다.
      ㉰ 사회복지를 기능주의의 입장에서 해석하며 또한 **사회복지를 경제성장의 수단으로 활용하고자 하기 때문에 시녀적(handmaid) 모형**이라고도 한다.
      ㉱ **사회보험**이 주요 프로그램이다.
   ㉢ 세 가지의 역할분담 복지형태 [⑩]
      ㉮ **사회복지(social welfare)** : 전통적인 광의의 사회복지 서비스 모두를 포함
         예 소득보장, 교육, 건강, 개별적 사회서비스 등
      ㉯ **재정복지(fiscal welfare)** : 국가의 조세정책에 의해 간접적으로 국민들의 복지를 높이는 것
         예 아동이 있는 가구에 대한 조세감면, 민간보험 가입 시에는 보험료에 대한 조세감면 등의 조세감면 정책 등
      ㉰ **직업복지(occupational welfare)** : 개인이 속한 기업에서 제공하는 여러 가지의 사회복지 급여
         예 기업연금, 기업에서 제공하는 의료보험 등

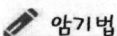
티트머스는 **사재직**을 버리고 **산업**현장에 뛰어들었다.

④ 조지와 윌딩(George & Wilding)의 4분 모형 – 정치적 이념의 차이에 따른 분류 [⑯]
  ㉠ 반집합주의(anti-collectivism)
  ㉡ 소극적 집합주의(reluctant collectivism)
  ㉢ 페이비언 사회주의(Fabian Socialism)
  ㉣ 마르크스주의(Marxism)

⑤ 주요 학자의 구분 모형
  ㉠ 파커(J. Parker)의 모형
    ㉮ **자유방임주의형** : 개인주의에 기초하며, 능력에 따른 배분을 강조
    ㉯ **자유주의형** : 자유방임주의형과 사회주의형의 중간형태
    ㉰ **사회주의형** : 평등과 정치·경제·사회권을 강조

    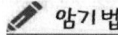 암기법
    총을 가지고 파방~! 자살(사)했다.

  ㉡ 퍼니스와 틸튼(Furniss & Tilton)의 모형 [⑬⑯]
    ㉮ **적극적 국가(positive state)** : 경제적 효율성에 기여할 수 있는 복지서비스만 실시 → 미국
    ㉯ **사회보장국가(social security state)** : 국민최저수준의 보장 → 영국
    ㉰ **사회복지국가(social welfare state)** : 국민최저수준이상의 보장(보편적인 삶의 질 향상 추구) → 스웨덴

    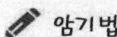 암기법
    적극적으로 퍼트(퍼니스와 틸튼)릴려고 사회보장을 사회복지로 변경하였다.

  ㉢ 미쉬라(Mishra)의 모형 – 사회복지와 경제의 관계에 따른 분류 [⑬⑯]
    ㉮ 1977년 분류 : ⓐ 잔여주의, ⓑ 제도주의, ⓒ 사회주의
    ㉯ 1984년 분류
      ⓐ **다원적 혹은 분화된(pluralist or differentiated) 복지국가** : 사회복지는 경제와 구분되고 대립된다. 따라서 경제에 나쁜 영향을 주는 사회복지는 제한되며, 잔여적인 역할을 한다.
      ⓑ **조합주의적 혹은 통합된(corporate or integrated) 복지국가** : 사회복지와 경제는 구분되지 않고 상호의존적이며 상호관련된다. 복지정책은 경제집단들 혹은 계급간의 상호협력 하에 추진된다.

    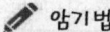 암기법
    미숫(미쉬라)가루 분(분화된)말통(통합된)

■ 복지이데올로기의 구분 ■

연도	제작자	구 분						
1965	Wedderburn	반집합주의		시민권		전체주의		기능주의
1974	Titmuss	잔여주의		산업주의				제도주의
1976	George & Wilding	반집합주의	소극적 집합주의		페이비언 사회주의			마르크스주의
1977	Mishra	잔여주의		제도주의				사회주의
1979	Furniss & Tilton	보수주의	적극적 국가		사회보장국가		사회복지국가	급진주의
1979	Room	시장자유주의		정치적 자유주의		민주적 사회주의		신마르크스주의
1979	Pinker	고전파 경제이론		신중상주의적 집합주의				마르크스주의적 사회주의
1981	Taylor-Gooby & Dale	개인주의		개량주의		구조주의		마르크스주의
1989	Williams	반집합주의	사회개량주의	페이비언 사회주의	급진적 사회행정	복지정치경제학	페미니즘	반인종주의
1994	George & Wilding	신우파	중도노선	사회민주주의		마르크스주의	페미니즘	녹색주의

📝 **암기법**

워터(워더) 묻은 손으로는 **반**(반집합주의)**드시**(시민권) **전**(전체주의)**기**(기능주의) 만지면 안 된다.

📝 **암기법**

타일러(테일러 구비 & 데일)!! **개인**(개인주의)을 **개량**(개량주의)시키려고 할 때 **마**(마르크스주의)**구**(구조주의) 때리지 말고..

(2) **에스핑-앤더슨(Esping-Andersen)의 복지국가 유형화** [②④⑤⑥⑧⑩⑪⑫⑬⑭⑮⑯⑲㉑㉒]

① **유형화의 기준** : 탈상품화의 정도와 계층화(사회계층체제의 형태)를 기준

㉠ **탈상품화(de-commodification)**

㉮ 상품화로부터 벗어난 정도를 의미하는 것인데, 노동자가 자신의 **노동력을 상품**으로 시장에 팔지 않아도 살아갈 수 있는 정도를 말한다.

ⓐ 노동자들은 가진 것이 노동력 뿐이므로 노동력 자체가 상품이 되는데 이것을 시장에 팔아야 살아갈 수밖에 없는 상황은 바로 '상품화'의 상황이다.

ⓑ 자신이 노동시장에서 일을 할 수 없는 여러 가지 상황에 처했을 때 국가가 어느 정도 수준의 급여를 제공해주는가의 정도를 의미한다.

㉯ 복지정책의 시장 영향력 완화 정도를 분석하기 위한 개념 틀이다.

㉰ 탈상품화가 높을수록 복지선진국을 의미한다.

㉡ **계층화(stratification)**

㉮ 사회복지제도가 사회계층 체제를 유지시켜주는지 아니면 계층파괴를 유도하는지에 대한 개념(계급과 신분의 근본적인 균열을 의미)이다.

㉯ 소득재분배와 같은 맥락에서 이해될 수 있는데 어떤 사회복지제도가 **소득재분배**에 유리하다면 계층화에는 불리하다.

ⓒ **수혜제공과 관련된 국가-시장-가족의 관계** : 복지제공의주체가 누구인가와 이들 간의 결합 관계가 어떻게 이루어지는가에 대한 문제와 관련된 것으로, 각 주체의 결합관계에 따라 탈상품화와 계층화가 영향을 받게 된다.

■ 에스핑-앤더슨 복지국가유형의 주요 분류기준 ■

구분	자유주의적 복지국가	조합주의적 복지국가	사회민주주의적 복지국가
탈상품화 정도	매우 낮음 (최소화)	높음 (제한적, 일정한 한계)	매우 높음 (크다)
계층화 정도	계층 간 대립 심화 (계층화 높음, 계층화 유리)	계층 간 차이 유지 (사회계층 유지, 계층화 유지)	계층 간 통합 강화 (계층화 낮음, 계층화 불리)
국가의 역할	주변적	보조적	중심적
가족의 역할	주변적	중심적	주변적
시장의 역할	중심적	주변적	주변적
연대근거	시장	가족	국가

② **에스핑-앤더슨의 분류**
  ㉠ **자유주의적 복지국가**(liberal welfare state)
    ㉮ 탈상품화 정도 매우 미약(최소화)하고, 계층화 정도는 높다(계층화 유리, 재분배 효과 미약).
    ㉯ 잔여적이고 선별주의적 복지제도가 발달되었으며, 개인책임과 자조원리를 강조한다.
    ㉰ 공공부조 프로그램을 강조(저소득층에 초점을 맞춤)하며, 자산조사에 의해 이루어지는 공공부조 중심이므로 자격기준이 까다롭고 치욕감을 줄 수 있다.
    ㉱ 열등처우의 원칙을 강조하며 근로의욕을 북돋는 제도가 발달했다.
    ㉲ 사회권의 영역은 제한되고 다차원의 사회계층체제를 발생시킨다.
    ㉳ 노동윤리가 강조되며, 산업화 효과가 큰 국가이다.
    ㉴ 시장의 효율성과 근로의욕 고취를 강조한다.
    ㉵ 국가가 복지의 핵심이기보다는 **사적 시장의 복지를 장려**한다. 즉, 주로 종교단체나 자원봉사조직과 같은 민간부문이 사회서비스를 전달한다.
    ㉶ 시장 규제완화와 복지축소를 통해 복지국가 위기 타개를 모색하고 있다.
    ㉷ **미국, 캐나다, 호주** 등이 대표적이다.
      ⊗ 사회민주주의 복지국가는 국가의 책임을 최소화하고 시장을 통해 문제해결을 한다.(X)
  ㉡ **보수주의적 복지국가 또는 조합주의적 복지국가**(corporatist welfare state)
    ㉮ 탈상품화 정도가 높은 편은 아니고(탈상품화 효과 일정한 한계) 사회계층의 유지를 목적으로 한다.
    ㉯ 직업별, 계층별로 다른 종류의 복지급여가 제공되며 사회보험의 형태에 크게 의존한다. 사회적 지위에 따른 사회보험혜택의 차이가 있다.

- ㉰ 사회복지의 주체는 **민간보다는 국가가 핵심적 역할**을 한다.
- ㉱ 복지대상자가 공직자, 사무직, 노동자와 같은 **직업 범주에 따라 구분**되고 국가는 이들이 직무 경력을 쌓아가도록 교육과 직업훈련을 적극 지원하고, 이들의 소득보장은 주로 **사회보험(분절된 사회보험)을 통해 제공**된다.
- ㉲ 국가에 의한 사회적 지위 차이 유지에 대한 강조로 **국가복지의 재분배 효과는 거의 없으며, 사회보험 가입자들의 직장 이동성 활성화가 어렵다.**
- ㉳ 제국주의, 권위주의, 가톨릭 교리의 영향을 많이 받는 형태로, **복지운영의 세 가지 특징**은 다음과 같다(김상균 외, 2012).
    - ⓐ **조합주의(corporatism)** : 사회보험제도가 직종이나 계통에 따라 수백, 수천 개의 기금으로 분리되고 각기 독립재정으로 관리
        - 조합단위의 제도로 인하여 위험분산의 효과가 상대적으로 낮게 발생
        - 산업재해와 같은 동일한 위험에 대해서 다수의 운영주체가 존재
    - ⓑ **군주제 국가주의(monarchical)** : 공무원을 특권계층으로 분리시켜 각종 사회보장제도를 따로 운영하고, 수급자격이나 급여수준이 파격적으로 유리하게 되어 있음
    - ⓒ **가족주의(familialism)** : 각종 복지제도가 남성가구주 중심으로 되어 있으며, 가족을 서비스제공자로 간주할 뿐 아니라 가족구성원의 복지에 대한 궁극적 책임소재지로 삼음 → **가족의 중요성을 강조하는 종교와 문화적 신념의 영향력이 강함**
        - 보수주의 복지체제 국가는 가족의 중요성을 강조한다.(O)
- ㉴ **독일**, 오스트리아, 프랑스, 이탈리아 등이 대표적이다.

ⓒ **사회민주적 복지국가**(social democratic welfare state)
- ㉮ **탈상품화 효과가 가장 크고 소득재분배에 관심(계층화에 불리)**을 갖는다.
- ㉯ 보편주의 원칙에 따라 취약계층에서부터 중산층까지 포괄적으로 혜택을 제공한다. 즉, **시민권에 기초한 보편적이고 포괄적인 복지체계를 특징**으로 한다.
    - 사회민주주의복지국가는 보편적 원칙과 사회권을 통한 탈상품화 효과가 크다.(O)
- ㉰ 보편적인 사회수당을 핵심정책으로 하며, 최소한의 수준을 보장하는 것이 아니라 **최적 수준의 보장을 제공**한다.
- ㉱ 성장과 복지의 균형을 추구하며 **노동자들의 완전고용을 중시**한다.
- ㉲ '일할 권리'와 '사회복지에의 권리(소득보장의 권리)'를 **밀접히 연결**시키고 있다.
- ㉳ 아동, 노인 등에 대한 직접적인 책임을 지며, 이는 **여성의 노동시장 참여와 같은 노동정책과 적극적으로 연계**되어 있다.
- ㉴ **경제정책과 사회복지정책이 통합**되어 있는데, 가장 대표적인 것이 완전고용정책이다.
- ㉵ **공공부문의 고용확대**로 복지국가 위기 타개를 모색하고 있다.
- ㉶ **스웨덴**, 덴마크, 노르웨이, 핀란드와 같은 스칸디나비아반도 국가들이 대표적이다.

■ 에스핑-앤더슨의 복지국가모형 ■

구 분		자유주의 국가	조합주의 국가	사회민주주의 국가
특 징		자유주의적 노동 윤리 강조, 시장 원리에 입각한 차별적 수혜	정부, 자본, 노동의 협조관계에 의한 경제복지정책 수행	보편주의 원칙과 사회권을 통한 **최대 수준**의 복지 추구
해당 국가		**미국**, 캐나다, 호주	**독일**, 프랑스, 오스트리아	**스웨덴**, 노르웨이
탈상품화 정도		최소화	제한적	크다
계층화		계층화 정도가 높음	사회계층 유지 목적	계층화에 불리
보편주의		빈곤층 대상	제한적 수혜	보편적 복지
사회권		사회권 미약	사회권 인정	사회권 강조
급여	급여대상	저소득층	피용자	전국민
	급여종류	최소 범위	필요시 확대	다양화
	급여수준	최저 생계비 수준	**능력별 차등**	중간계층 생활 수준
본인부담		높음	높음	낮음
가족	가족복지 서비스	가족책임	미약	강함 (아동, 노인 **국가 책임**)
	가족책임	강함	강함	미약
탈가족화 정도		최소화	제한적	크다
자산조사		공적 부조의 엄격한 자산조사	축소	축소
사회보험 운영체계		분립적	분립적	**통합적**
직업복지		강함	미약	미약
소득재분배 기능		미약	미약	강함

OIKOS UP 가족주의와 탈가족화 [㉑㉒]

에스핑-앤더슨(Esping-Andersen)은 가족 중심의 책임을 강조하는 가족주의(familialism)와 가족에 대한 사회적 책임을 강조하는 탈가족화(de-familization)의 양축을 중심으로 서구 국가들을 분석

① 탈가족화(de-familization)
  ㉠ 가족의 복지 부담을 덜고(가족의 복지 부담을 완화), 가족에 대한 개인의 복지의존을 감소시키는 정도
  ㉡ 여성들이 가족에 대한 책임으로부터 자유로워 상품화될 수 있는 정도

② 복지국가의 형태에 따른 핵심 내용
  ㉠ 자유주의적 복지국가(liberal welfare state) ➔ 탈가족화 정도 최소화
  ㉡ 조합주의적 복지국가(corporatist welfare state) 또는 보수주의적 복지국가 ➔ 탈가족화 정도 제한적
  ㉢ 사회민주적 복지국가(social democratic welfare state) ➔ 탈가족화 정도 크다.
  ⓧ 보수주의 복지국가는 탈가족주의와 통합적 사회보험을 강조한다.(X)

05 사회복지의 이데올로기와 사상적 조류

1 사회복지의 이데올로기

연도	제작자	이념의 연속선			
		극 우	중 도 우	중 도 좌	극 좌
1958	윌렌스키와 르보 (2분법)	잔여적	제도적		
1974	티트머스 (3분법)	잔여적	산업적 성취 및 업적	제도적 재분배	
1975	파커	자유방임	자유주의	사회주의	
1976	버터워스와 홀만	잔여적	제도적		
1976	조지와 윌딩 (4분법)	반집합주의	소극적 집합주의	페이비안 사회주의	마르크스주의
	6분법	신우파	중도노선	사회민주주의	마르크스주의
1977	미쉬라	잔여적	제도적		규범적
			자유주의	사회민주주의	
1979	룸	시장자유주의	자유주의		신마르크스주의
			정치적 자유주의	사회민주주의	
지향하는 사회		← 자본주의 지향(옹호)		사회주의 지향(옹호) →	
사회복지정책 입장		반대/부정적	제한적 지지	열광적 지지	반대/부정적
복지국가		반대	찬성	적극 찬성	적극반대
정부역할(정부개입)		부정적	조건부 인정	적극 인정	적극 인정
시장경제		적극 옹호	일부보완(수정)	대폭수정(극복)	시장경제부정
주요 인물 (대표학자)		**아담스미스**, 리카도, **하이에크**, 프리드만, 파우엘	갈브레이스, **베버리지**, 케인스	크로슬랜드, **토오니**, **티트머스**	스트래취, 라스키, 이안 고프, 밀리반드
갈등적 사회가치		개인주의 선별주의 자유(소극적 자유) 효율, 불평등옹호 기회의 평등 경쟁 자조	⇔ 사회가치 ⇒		집합주의 보편주의 자유(적극적 자유) 평등 결과의 평등 협동(우애) 이타심(인도주의)

2 조지와 윌딩(Vic George & Paul Wilding)의 모형

(1) 개요

① **초기 모형(1976년)** : 1976년 『이데올로기와 사회복지』(Ideology and Social Welfare)
→ 반집합주의, 소극적 집합주의, 페이비안 사회주의, 마르크스주의

② **수정된 모형(1994년)** : 1994년 『복지와 이데올로기』(Welfare and Ideology)
→ 신우파, 중도노선, 사회민주주의, 마르크스주의, 페미니즘, 녹색주의

(2) 조지와 윌딩의 이데올로기 초기 모형(1976년) [①⑤⑪⑬⑰㉑]

① **반집합주의(anti-collectivism) → 신우파** [⑰㉑]

㉠ **기본적 특징** : 소비의 개인화

㉮ **아담 스미스(Adam Smith)와 데이비드 리카도(David Ricardo) 등 고전파 경제학자들의 자유주의사상, 하이예크(Hayek), 프리드만(Friedman), 파우엘(Powell)과 같은 자유주의 현대철학자들의 신자유주의, 신우파 정책과 신보수 세력의 사회권위주의적 접근**의 3가지 형태를 종합하여 지칭하는 말이다.

㉯ 20세기에 대공황을 거쳐 케인즈주의가 대두되면서 정치적으로 밀려났다가 1970년대 경기침체를 계기로 신자유주의와 신보수주의의 이념형 특성을 보이며 다시 부활하였다.

㉡ **평등 및 불평등에 대한 입장** : 불평등을 옹호하는 입장으로, 불평등은 경제성장에 기여할 수 있다고 본다.

㉢ **경제체계에 대한 입장**

㉮ **자유시장은 경제를 조직하는 가장 효율적인 방법, 최저수준 이상의 급여에 대해서는 모두 반대**

㉯ **시장실패가 발생할 경우 시장에서 조정이 가능하다고 봄**
→ 자유시장의 조절기능이 안정된 것으로 봄

㉣ **정부역할에 대한 입장 → 정부개입을 부정**

㉮ 개인들의 자발적 질서가 효율적 기능할 수 있도록 필요한 틀을 제공하는 정도로 제한한다.

㉯ **규칙제정자, 공동자원의 관리자, 가부장적 역할로만 제한**한다.
→ 전통적 가치와 국가권위의 회복을 강조

㉤ **복지국가에 대한 부정적 태도**

㉮ 복지국가정책은 각 개인들을 강제하여 조세를 납부하게 함으로써 **재산축적 및 납세의 자유를 강제하게 된다**고 보고 있다.

㉯ 복지국가는 소수의 이익집단들의 요구를 만족하게 하며, **서비스 공급의 독점권을 가짐에 따라 개인의 선택권을 제한**한다고 비판한다.

㉰ **복지국가는 경제체계와 사회체계를 불안정하게 하며, 매우 비효율적인 시스템**이다. 즉, 사회복지정책 확대가 경제적 비효율성과 근로동기 약화를 가져왔다고 비판한다.

㉣ 복지혜택은 주로 최저생계비 이하의 빈곤층에 대하여 **국가온정주의적 차원**에서 정치적 안정유지를 위해 최소한으로 주어져야 한다.

② **소극적 집합주의(reluctant collectivism)** → 중도노선 [⑧㉑]
  ㉠ 기본적 특징
    ㉮ **대표적인 학자** : 베버리지(Beveridge), 케인스(Keynes), 갈브레이스(Galbraith)
    ㉯ 소극적 집합주의는 케인스(J. M. Keynes) 경제이론(국가개입주의)을 **토대**로 한다.
    ㉰ **국가개입주의** : 자본주의의 자기규제적이지 못한 결함을 직시하고 이의 해결을 위해 일정한 수준에서의 국가개입이 불가피하다고 보는 실용주의적 입장이다.
  ㉡ **실용주의적 자본주의 노선** : 자본주의는 심각한 결점이 있지만 **교정(수정)**될 수 있다.
  ㉢ **기본적 가치** : 자본주의적 경제구조를 선호하기 때문에 **개인주의, 사적기업, 자조**를 강조
  ㉣ **평등 및 불평등에 대한 입장** : 불평등을 옹호하는 입장으로, 노력에 대한 경제적 보상과 노력하지 않은 것에 대한 차별은 자유롭고 효율적인 노동시장에서 필수적이라고 보았다.
  ㉤ **정부의 역할** → 정부개입을 조건부로 인정
    ㉮ 정부개입은 사회변화를 위한 것이 아니라 기존의 경제체계를 잘 보존하기 위해서이다.
    ㉯ 시장경제에 의해 순조롭게 해결되지 못하는 영역에 대한 치료적 기능에 머물 수밖에 없다.

③ **페이비언 사회주의(Fabian Socialism)** → 사회민주주의 [①②⑨⑬㉑]
  ㉠ **기본적 특징** : 소비의 국유화, 소비의 사회화
    ㉮ **대표적인 학자** : 티트머스(Titmuss), 토오니(Tawney), 크로스랜드(Crosland)
    ㉯ 영국 **노동당의 기본 노선**으로, 노동당이 복지국가를 건설하는데 가장 영향력 있는 이념
    ㉰ 계급 간 전쟁보다 **공리주의적 윤리**를 중시하며, 소득의 평등보다 **부의 평등**을 중시
  ㉡ **기본적 가치** : 평등, 민주, 우애, 인도주의와 같은 프랑스 혁명 이후 등장한 시민사회의 기본적인 가치를 신봉하며, 사회통합을 중시한다.
  ㉢ **자본주의에 대한 입장** : 자본주의를 수정의 대상이 아니라 **극복의 대상**으로 본 것이 국가개입주의와 다른 점이며, 이 점에서 마르크스주의와 가깝다.
  ㉣ **사회개혁방법** : **계급혁명을 부정**(계급갈등은 사회통합의 가장 큰 적이며 비효율 초래)하고 평화적이고 점진적인 방법으로 사회주의를 건설한다는 점에서 마르크스주의와 차별성을 보이고 있다. → **자본주의를 개혁**
  ㉤ **정부의 역할** : 사회적 선을 추구하고 달성하는데 있어 매우 긍정적 역할을 수행한다.
  ㉥ **복지국가에 대한 태도**
    ㉮ 페이비언 사회주의는 마르크스주의와 달리 **민주적인 방법(민주주의)**, 즉 **점진주의 노선**을 채택하여 사회주의 사상을 중산층에 침투시킴으로써 자본주의를 개혁시킬 수 있으며, 이런 접근방법의 결실이 복지국가라고 보고 있다.
    ㉯ **복지국가는 사회주의로 가는 수단**이다. 즉 복지국가를 궁극적으로 도달하여야 할 사회주의에로의 길에서의 한 단계로 본다.

④ 마르크스주의(Marxism) [⑨⑩⑪⑬㉑]
  ㉠ 기본적인 특징 : 생산수단의 국유화
    ㉮ 대표적인 학자 : 스트래취(Strachey), 라스키(Laski), 고프(Gough), 밀리반드(Miliband)
    ㉯ 중심적 사회가치 : 자유, 평등, 우애를 중시, 자유는 광의적이며 적극적인 개념
  ㉡ 자본주의에 대한 입장
    ㉮ 마르크스주의자들은 자본주의를 착취체제로 보았고, 자본주의의 비인간성을 비판하였다.
    ㉯ 복지국가(welfare state) 보다는 복지자본주의(welfare capitalism)라는 표현이 더 정확하다고 주장한다.
  ㉢ 사회복지에 대한 입장 → 복지국가 적극반대
    ㉮ 사회복지정책을 부정적으로 보고 있다. 다만, 무조건 부정한 것은 아니다. 사회의 근본적 변혁을 지향하는 계급투쟁에 의해 양보된 사회복지정책은 노동자 계급의 혁명의식을 약화시키는 것이 아니라 의미가 있다고 보았다.
      ※ 마르크스주의 - 복지국가는 자본과 노동계급 간 갈등의 결과이다.(O)
    ㉯ 사회복지정책이 노동자계급이나 빈민을 위한 것이라 하더라도 **부르주아 국가가 시행하는 한 실질적 평등을 이루는 것이 아니라 일시적 방편**이라 보고 있다.
    ㉰ 독일의 사회보험에 대해서 '**노동자들을 올바른 길에서 이탈시키려는 지배계급의 술수 또는 프롤레타리아트 혁명을 무력화시키려는 전술적 책략**'으로 보고 있다.
  ㉣ 페이비안 사회주의와 마르크스주의의 차이점
    ㉮ **페이비안 사회주의는 의회주의적 방법을 선호**하지만, **마르크스주의는 계급혁명적 방법**을 내세운다.
    ㉯ 페이비언 사회주의의 **개혁적 노선에 대해 마르크스주의는 부정적으로 보는 입장**
      → 개혁은 기존 상황에 대한 수용으로 이어질 수 있고, 사회주의에 대한 헌신을 떨어뜨리기 때문

(2) 조지와 윌딩의 수정된 이데올로기 모형(1994년) [①⑨⑫㉑]
  ① 신우파 → 복지국가 반대
    ㉠ 반집합주의(anti-collectivism)의 성향을 지닌 신우파의 3대 가치는 **자유, 개인주의 그리고 불평등**으로, 그 중에서도 자유가 으뜸가는 가치이다.
      ㉮ **자유를 소극적인(negative) 개념, 즉 강제가 없는 상태**로 파악한다.
      ㉯ 평등보다는 자유를 명백히 우선시하기 때문에 **불평등을 옹호하는 입장**이 된다.
    ㉡ 정부의 개입이 유해하다고 주장한다.
      ㉮ 복지국가는 개인의 자유를 침해하며 국가의 독점은 경쟁력과 혁신성을 감소시키는 등 경제적 비효율성을 증대시킴으로써 경제성장을 저해시킨다.
      ㉯ 더 많은 사회지출에 대한 지속적 욕구를 창출시켜 자원의 낭비를 초래한다.
    ㉢ **이상적 복지사회는 국가의 역할이 축소되는 대신 시장이 더 많은 역할을 수행하는 형태이다.**

② 중도노선 → 복지국가 제한적 지지
  ㉠ 국가 차원의 복지정책을 통해 **자본주의의 사회적 폐해를 완화할 필요가 있고, 그것이 가능하다는 생각에 기초**하고 있다.
  ㉡ **실용적(pragmatic) 성격**을 지닌 중도노선은 신우파와 유사하게 자유, 개인주의, 그리고 경쟁적 사기업을 신봉한다.
  ㉢ 신우파와의 차이는 중심가치에 대한 신뢰의 강도이다. **중도노선은 중심가치들을 절대적 가치로 믿지 않으며, 조건부로 신봉**한다.
  ㉣ **정부의 행동이 필연적이거나 효율적일 때로만 국가개입을 제한**하며, 근본적으로는 정부의 개입을 최소화시키는 것이 바람직하다.

③ 사회민주주의(민주적 사회주의) → 복지국가 열광적 지지
  ㉠ 중심적 사회가치는 **평등, 자유, 우애(fraternity)**이다.
    ㉮ 평등개념은 **과도한 불평등의 감소를 의미**한다. 그것은 **국민최저선(national minimum)의 설정, 기회평등의 촉진, 취약자에 대한 적극적 차별의 시행**을 통해 이루어질 수 있다고 본다.
    ㉯ 자유는 **적극적(positive) 자유**를 뜻한다.
    ㉰ 경쟁보다 **협동**, 자조보다 **이타심**, 개인의 요구보다 **공동체의 선**, 권리보다 **의무**
  ㉡ 경제성장은 국민들에게 선택권을 넓혀주고, 빈부격차를 감소시켜 주며, 사회적 자본을 증대시켜 주기 때문에 꼭 필요하지만, 경제성장에는 내재적으로 불평등이 뒤따르기 때문에 **정부는 불평등 완화조치도 함께 취해야 한다는 것**이다.
  ㉢ 자본주의를 철폐하려는 것이 아니라 자본주의를 인간화하는 **시장사회주의를 지향**한다.
  ㉣ 민주적 사회주의자들이 바라는 사회주의의 핵심적 특징은 **점진주의와 민주주의**이다.

④ 마르크스주의 → 복지국가 반대 [⑨⑩⑪⑬]
  ㉠ **자유, 평등, 우애를 중시**, 자유는 **광의적이며 적극적인 개념**이다. 마르크스주의자에게 경제적 평등없는 자유는 기만이다.
  ㉡ 마르크스주의에서 말하는 경제적 평등과 계급갈등에 대한 강조는 사회경제적 측면에서 정부의 강력하고 적극적인 역할로 이어진다.

⑤ 페미니즘(Feminism) → 복지국가 양면적 입장 [⑩㉑]
  ㉠ 페미니스트의 복지국가관은 **양면적(ambivalent)**이다.
    ㉮ **긍정적 입장** : 가족정책 또는 양성평등정책 등 여성친화적 국가라는 호의적 반응
    ㉯ **부정적 입장** : 성차별 체계(gender system)의 현대적 양상에 지나지 않는다는 입장
      → 복지국가가 여성 특유의 욕구에 대한 배려에 실패했음을 강조(성적 차별로 인해 복지기회가 박탈)
      ⓐ **빈곤의 여성화(feminization of poverty) 현상**에서 볼 수 있듯이 복지국가가 여성에게 적절한 독립적 소득을 보장하지 못했다는 것
      ⓑ **돌봄(care) 역할**은 당연히 여성이 해야 하는 것으로 보면서, 이를 개인적이고 사적 영역에 속한 것으로 간주한다고 비판

㉡ 페미니즘의 시각
- ㉮ **자유주의적 페미니즘(liberal feminism)** : 교육, 직업, 사회적 위치 등에서 **남성과의 동등한 권리획득에 주된 관심**. 국가관이 단순하고 순진, 여성 불평등을 공적 영역에만 한정시킨다는 비판을 받기도 함
- ㉯ **사회주의적 페미니즘(socialist feminism)** : 현 사회를 가부장 중심의 자본주의사회라고 보고, 여성의 무임금 가사노동은 차세대 노동자를 재생산하고 남성가구주에게 무급의 서비스를 제공한다고 해석. 복지국가의 가족정책은 **가부장적 자본주의 착취체계 유지시킨다고 비판**
- ㉰ **급진적 페미니즘(radical feminism)** : 여성집단은 남성집단에 의해 억압받는 존재로 파악. 억압의 뿌리는 생물학에 근거하거나 고용과 피고용의 관계라고 보며, 특히 강간이나 가정폭력 등에 주목하며, **남성과 여성을 적대관계로 봄**

⑥ **녹색주의(Greenism, 생태주의) → 복지국가 반대** [⑨㉑]
- ㉠ 환경을 무질서한 착취로부터 보호하고 방어해야 한다는 자각을 의미하는 것이다.
- ㉡ 복지국가의 '성장'의 패러다임을 거부하고 '공생'의 패러다임을 옹호한다.
- ㉢ 녹색주의는 선진산업사회의 정부역할에 관해 다섯 가지 기본적 비판
  - ㉮ 경제성장과 소비의 지속 확대가 가능하며 바람직하다는 신념에 입각한 복지국가는 잘못되었다.
  - ㉯ 공업, 농업, 의료부문이 사용하는 대규모 기술은 유해하다.
  - ㉰ 산업사회의 탐욕적이고 개인주의적인 정신은 자원 고갈을 촉진시킨다.
  - ㉱ 복지국가의 사회복지 서비스는 사회문제의 원인이 아닌 현상만을 다루고 있다.
  - ㉲ 경제성장과 소비의 감축과 마찬가지로 **공공복지 지출도 축소되어야 한다**.
- ㉣ 녹색주의의 두 가지 시각
  - ㉮ **밝고(light) 약한(weak) 녹색주의** : 환경을 무질서한 착취로부터 보호하고 방어해야 한다는 자각 아래 환경친화적 경제성장과 소비를 주장
  - ㉯ **어둡고(dark) 강한(strong)** : 현재 환경문제 오직 경제성장과 소비의 축소만이 유일한 해결책, 종의 평등주의(speciegalitarianism) 주장

3 사회복지의 사상적 조류

(1) **중상주의(Mercantilism) = 교역경제(trade economy)주의**

① **태동 배경**
- ㉠ **봉건주의 사회인 중세와 자유방임주의 사회인 자본주의의 중간 과정**으로서 일관된 원리체계에 기반한 것이 아니라 계몽주의 이후의 정치·경제적인 변혁의 한 흐름이라 볼 수 있다.
- ㉡ 중상적인 국가들의 핵심적인 경제정책은 무역을 통한 생산성 향상이었고, **국가 부의 증대**에 모든 관심이 모아졌다.

② **기본 특징**
- ㉠ 중상주의 이론과 정책은 **국가의 힘을 강화하기 위해 나라의 경제를 정부가 규제하는 것**이 그 기본적 특성이었다.

ⓒ 상업을 통제하기 위한 법률들을 제정하였고, **노동능력이 있는 모든 사람들에게 노동을 강제화하는 정책**을 취하였다. 즉 **노동하는 자들을 관리·보호하는 일을 주요정책과제**로 생각하였다.

③ **노동자, 빈민에 대한 입장**
ⓐ 국가이익을 위해 봉사하는 것이 노동자들의 의무로 간주되었으며, **노동자들을 근면하게 하기 위해서는 임금수준이 항상 낮게 유지되어야 한다는 입장**이었다.
ⓑ 빈곤을 사회악으로 간주하지 않고, 오히려 일을 시킬 수 있는 빈민이 존재하므로 국가의 부를 이루기 위한 노동력을 확보한다고 보았다. 즉 '**빈곤의 유용성**'이 대두하게 된다.

(2) **자유방임주의 = 고전적 자유주의**
① 중상주의 화폐경제의 발전과 함께 자유경제 내지 자유무역을 의미하는 '**자유방임주의**' 형태로 발전하게 된다.
② **경제적으로 체계화 시킨 사람은 아담 스미스**로 그는 "국부론(1776)"에서 개인의 이익을 추구하는 자유로운 경제활동이야말로 사회적 부를 가져오는 것이며, 또 그 활동은 '**보이지 않는 손(시장기구)**'에 의해 부의 공정하고 효율적인 배분도 실현될 수 있다고 하였다.
③ **자유방임은 무간섭주의를 큰 특징**으로 하며, 사회의 이익은 개인의 이익을 최대한 발휘할 때만이 획득될 수 있다고 본다. 따라서 사회복지의 책임에서는 거리가 먼 사상이라고 볼 수 있다.

OIKOS UP 온정주의, 맬서스주의, 스펜서주의

구 분	내 용
온정주의 (Paternalism)	• **노동자와 자본가의 관계(고용관계)를 가족적인 관계, 즉 부자의 은애의 정에 의해 해결되는 것**으로 보는 설 → 신분적 예속 아래 자본가가 노동자를 복종하게 만드는 봉건적 고용제도·고용정책 예 봉건사회에 예속된 농부와 봉건영주 간의 관계, 바스마르크 사회보험 입법(노동자계급을 국가에 속박, 전통적인 불평등체계 고수·온존)
맬서스주의 (Malthusianism)	• 18C 말 맬서스(Malus)가 제창한 인구원리와 인구대책을 받아들이는 것 • 인구는 기하급수적 증가, 식량은 산술급수적 증가 → 과잉인구가 발생하여 빈곤과 악덕이 필연적으로 발생 → 인구와 식량과의 균형을 위해 인구증가의 억제요망 • **빈민구제가 개인의 자유와 자립심, 그리고 근면성을 파괴**한다고 봄 → 정상적인 시장에서 일자리와 빵을 구하지 못하는 사람을 국가가 구제하는 **빈민법은 인간의 자연법칙을 거역하는 것**(국가의 빈민구제 반대) • 맬서스의 반빈민법적인 주장을 가장 충실히 반영한 것 → 열등처우의 원칙(Less Eligibility Principle)
스펜서주의 (Malthusianism)	• **스펜서의 사회진화론** : 인간의 빈곤과 고통은 당사자에게 혹독한 시련이겠지만, 장기적으로 보면 사회적으로 쓸모없는 자들을 정리하는 자연법칙과정 • 도태되어야 할 자들의 목숨을 연명시켜 주는 반면에 사회적으로 필요한 유능한 사람들의 증가는 억제하는 국가의 빈민구제제도는 용납될 수 없음 • **사회복지에 관한 인식** ⓐ 사회를 자유방임주의에 맡기고 국가가 인위적인 간섭을 하지 않으면, 개인과 사회의 복지가 최대한 증대된다는 **자유방임주의에 입각** ⓑ 빈민구제를 법적(Statutory), 자발적(Voluntary), 비공식적(Informal)인 것으로 유형화된 후, **비공식적 구제 사업을 제외한 법적·자발적 구제 사업을 반대**

(3) 케인즈주의와 사회민주주의
  ① 케인즈주의 [⑬⑰]
    ㉠ '국가 개입주의'라고도 하는데, 자본주의 경제는 국가가 직접 개입해야만 제대로 작동될 수 있다는 핵심 주장 때문에 붙여진 이름으로 경제학자 케인즈가 집대성한 경제이론으로 베버리지, 갤브레이스 등이 여기에 속한다.
    ㉡ 1929년에 시작된 세계공황 시기에 자본주의 사회의 위기를 극복하기 위해 등장한 학파로서 **자본주의는 최선의 경제체제이지만 공정하고 효율적으로 기능하기 위해서는 국가에 의한 적절한 규제와 통제가 필요**하다고 보는 것이다.
    ㉢ 자본주의적 생산에는 생산과 소비 사이의 모순, 즉 항상적으로 존재하는 과잉생산이라는 고유한 모순이 있다는 것을 주장하고, **국가가 유효수요를 창출해야 한다는 이론으로 발전**하게 되었다.
    ㉣ 복지국가 확장기에 대부분의 선진자본주의 국가에서 받아들여져서 이른바 혼합경제 시스템을 만들어낸다.
  ② 사회민주주의
    ㉠ 추구하는 이상은 사회주의이지만 그 방법에 있어서 급진사회주의의 혁명적 노선을 따르지 않고 **의회 민주주의의 정치적 방법을 통해 점진적으로 자본주의를 개혁**하고자 하였다.
    ㉡ 조세정책을 포함하여 **적극적이고 보편적 복지정책을 통해 자원배분을 강조**한다.

(4) **신자유주의(neo-liberalism)와 신보수주의(neo-conservatism)** [②③⑭]
  ① '신우파', '반집합주의'로 구분되는 사상, 자유방임주의의 후예, 반복지적 사상
  ② 신자유주의가 대두된 것은 케인즈 경제이론의 실패에 기원을 두고 있으며, 복지국가는 국민의 책임보다 권리를 강조한다고 비판한다.
  ③ **국가권력의 시장개입을 비판(시장의 자율적 경쟁을 강조)**하고 시장의 기능과 민간의 자유로운 활동을 중시하는 이론으로 시장지상주의 또는 자본주의 중심의 경제논리를 뒷받침한다.
  ④ **자유무역과 시장개방을 강조**하는데, 많이 알려진 '세계화'라는 용어가 나온 것이 신자유주의를 배경으로 한다.
  ⑤ 최소한의 급여수준과 응급적이고 일시적인 **잔여적 복지모델을 추구**하게 된다.
  ⑥ 영국의 대처 정부(대처리즘), 미국의 레이건 정부(레이거노믹스), 일본의 나카소네 정부 등이 이러한 흐름에 해당하며, 복지국가에서 **자유방임적 시장경제로 전환시키려는 정책**을 추구하였다.
  ⑦ 사회적 목표를 달성하고자 하는 **사회정책을 경제정책에 종속시키려는 시도**를 했으며 이러한 정책적 전환의 주요 특징은 다음과 같다.
    ㉠ 시장경제 체제에 대한 국가의 간섭 자제(정부의 역할 축소) → 작은 정부를 지향
    ㉡ 공급 위주의 고용정책 강화
    ㉢ 법인세 인하(탈규제)를 통한 기업경쟁력의 강화
    ㉣ 개인주의, 경쟁의 원리, 소극적 자유 강조
    ㉤ 개인의 자유를 최대한 보장, 창의력을 향상시킬 수 있도록 사회보장제도 개혁
    ㉥ 사회보장정책에 있어서 **급여조건의 강화, 급여수준의 인하, 급여기간의 단축** 등을 시도

(5) 제3의 길(The Third Way) [②④⑪]

① 태동배경 및 기본 성격

㉠ 앤서니 기든스(Antony Giddens)가 제시하는 사회 이념으로서 구식 사회민주주의와 신자유주의를 초월하는 사고와 정책 형성의 틀이며 이런 관점에서 추진되는 복지정책을 말한다.

앤서니 기든스(1938년~)는 영국의 사회학자로 현대 사회학계 최고의 거목이자 영국이 배출한 세계적 석학이다. 기든스는 제3의 길을 이론적으로 체계화했으며, 이를 1997년 총선에서 승리한 노동당의 정치인 토니 블레어(Tony Blair)가 자신의 기본적인 정치노선으로 채택했다.

㉡ 정(正)으로 받아들여졌던 사회민주주의라는 제1의 길의 문제점을 지적하고, 이에 대한 대안으로서 반(反)으로 내세웠던 제2의 길인 신자유주의를 추종하는 것이 아니라, 양자의 단점을 배제하고 장점만을 받아들여 융화시킨 합(合)으로서 창안된 새로운 복지정책의 기본 틀을 제시한다.

㉢ 고복지-고부담-저효율로 요약되는 사회민주적 복지국가 노선(제1의 길)과 고효율-저부담-불평등으로 정리되는 신자유주의적 시장경제 노선(제2의 길)을 지양한 새로운 정책노선으로서 시민들의 사회경제생활을 보장하는 동시에 시장의 활력을 높이자는 신노동당 프로젝트, 즉 구식의 사민주의와 신자유주의로부터의 차별화 전략이었다.

  예 영국의 블레어('블레어리즘' 또는 '블레어노믹스'), 독일의 슈레더('새로운 중도'), 미국의 복지개혁, 우리나라의 DJ노믹스(생산적 복지) 등

② 제3의 길 복지정책

㉠ 사회보장과 재분배에 관심을 기울이는 동시에 경제적 부의 산출에도 관심을 갖는다.

㉡ 부의 창출과 사회적 형평을 동시에 기하려는 적극적 복지정책이다.

㉢ 개인주의와 집합주의 간의 조화를 꾀한다.

㉣ '자본주의 죽이기'가 아닌 '인간의 얼굴을 한 자본주의 만들기'에 나선 유럽좌파의 부활이다. 즉 인도주의적 자본주의 내지 인간중심적 자본주의를 지향한다.

㉤ 일하는 복지(welfare to work), 즉 의존형 복지로부터 자립형 복지로의 전환을 의도한다.

③ 제3의 길에서 내세우는 대안, 즉 적극적 복지(active welfare)

㉠ 국민들에게 경제적 혜택을 직접 제공하기보다는 인적 자원에 투자하는 복지국가, 즉 사회투자국가(social investment state)로 개편하는 것(예 노령인구대책과 실업대책)

  사회투자전략 : 사회적 약자 집단에 대한 현금이전을 중시한다.(X)

㉡ 복지다원주의(welfare pluralism)이다. 복지다원주의란 복지의 주체를 다원화하자는 것인데, 기존의 중앙정부 중심의 복지공급을 지양하고 비영리자발부분(제3부문), 기업, 지방정부 등도 그 주체로 삼자는 게 요지이다. → 제3섹터와 지역사회의 역할 강조

㉢ 의식전환이다. 위험성의 긍정적, 활력적 측면을 이용하고, 위험의 감수에 대해 자원을 제공하는 것을 의미한다. 혜택을 포기하고 직업을 찾는 것, 혹은 특정한 산업에서 일자리를 얻는 것은 위험성으로 고취된 활동이다.

(6) **사회투자국가**(social investment state) [⑦⑧⑭⑮㉑]
  ① **개 념**
    ㉠ 영국에서 논의되었던 제3의 길의 정책 지향과 특성은 영국 노동당이 중간계층의 표를 획득하기 위하여 제시된 것이다.
    ㉡ 신자유주의와 구 사회민주주의와 구별되는 이른바 '제3의 길'의 실천전략으로서, 교육과 직업훈련 등 인적 자원에 대한 투자를 통하여 사회정책의 생산기능을 강화함으로써 경제성장과 사회정책 간의 선순환을 적극적으로 모색하는 국가모형이다.
    ㉢ **직접적 경제적 혜택보다는 인적자본과 사회자본에의 투자를 통해 시민들의 경제활동 참여 기회를 확대하고 더 나은 일자리를 갖게 함(노동시장의 참여를 통한 근로의무를 강조)**으로써 경제성장과 사회통합을 동시에 추구하는 국가전략이다.
    ㉣ **주요 내용** : 경제정책과 사회정책의 통합, 사전예방적·기회의 평등 중심, 적극적 노동시장정책을 추구
  ② **사회투자국가의 특성**
    ㉠ 전통적인 과세와 지출을 강조하는 대신 **사회투자를 강조**한다.
    ㉡ **사회정책과 경제정책을 통합적으로 실시**하여 사회적 목표를 추구한다.
    ㉢ 사회투자의 핵심은 **인적 자본 및 사회적 자본에의 투자**이다.
    ㉣ 인적자본의 근본적 육성을 통해 **사회참여 촉진을 목표**로 한다.
    ㉤ **시민들의 경제활동 참여기회를 확대하고 더 나은 일자리를 갖게 하고자 하는 것이다.**
    ㉥ **시민의 권리는 의무와 균형(권리와 의무의 조화)을 이루어야 한다고 주장**한다.
    ㉦ **아동 세대에게 교육기회를 제공하여 미래의 근로능력을 향상**시킨다.
    ㉧ **사회투자국가는 결과의 평등보다는 기회의 평등**에 관심을 가지며 불평등의 해소보다는 **사회적 포섭(사회적 배제 감소)에 더 관심을 갖는다.**
      ⓧ 사회투자전략 – 인적자원에 대한 투자는 결과의 평등을 목적으로 한다.(X)
  ③ **사회투자국가의 사례**
    ㉠ 영국의 청년실업자를 위한 뉴딜(New Deal) 프로그램
    ㉡ 영국의 'Sure-Start' 프로그램, 우리나라의 '위스타트', '희망 스타트'
    ㉢ 자산형성정책, 즉 한국의 아동발달계좌(Children Development Account)
      ⓧ 사회투자전략 – 현재 아동세대에 대한 선제적 투자를 중시한다.(O)

■ 제3의 길 = 제1의 길 + 제2의 길 ■

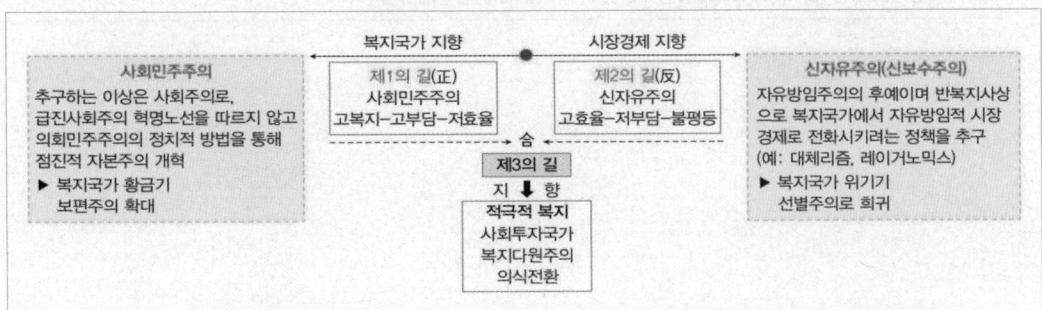

OIKOS UP 디딤씨앗통장(CDA) [9]

① **목 적**
  ㉠ 취약계층 아동의 사회진출 시 학자금·취업·창업·주거마련 등에 소요되는 초기비용 마련을 위한 자산형성을 적극적·장기적으로 지원할 필요
  ㉡ 2007년 4월부터 미래 성장 동력인 아동에 대한 사회투자로 빈곤의 대물림을 방지하고 건전한 사회인 육성을 위해 "아동발달지원계좌(CDA : Child Development Account)" 추진(사업 시작)
    → 대국민 사업명칭으로 2009년 1월부터 "디딤씨앗통장"을 사용

② **지원대상**
  ㉠ 보호대상아동 : 만 18세 미만의 아동복지시설(아동양육시설, 공동생활가정) 보호아동, 가정위탁 보호아동, 장애인생활시설 아동, 소년소녀가정 아동
  ㉡ 기초생활수급가구 아동 : 중위소득 50% 이하의 수급 가구(생계·의료·주거·교육 급여) 아동 중 신규 선정하여 만18세 미만까지 지원
    ※ 2024년 신규선정 대상 : 만 0세~17세
  ㉢ 기 가입 아동 중 가정복귀 및 탈수급가구 아동 : 보호대상아동이 가정복귀 시, 보호구분을 '가정복귀'로 변경하여 계속 지원, 기초생활수급가구 아동 또한 해당 가정이 중위소득 50%를 초과해도 계속 지원
  ㉣ 중복지원불가 : 지자체의 유사 자산형성지원사업과 중복 지원 불가
    ㉮ 서울시 희망플러스, 꿈나래통장* 등과 중복지원 금지
      * 기초생활수급자 가정의 아동 지원 사업으로, 서울시는 기초생활수급가구 아동 신규가입 대상 제외
    ㉯ 다만, 복지부의 '희망키움통장, 청년내일저축계좌'는 지원대상 및 사업취지를 고려하여, '디딤씨앗통장'과 중복지원 가능

③ **지원기간** : 보호대상아동 및 기초생활수급가구 아동 가입 시부터 만 18세 미만까지 지원
    * 정부(지자체) 지원은 만 18세 미만까지 해당

④ **매칭 및 적립**
  ㉠ 기본매칭적립 : 아동이 후원자 또는 보호자의 도움 등으로 적립 시 월 5만원 내의 범위(최대 적립금액은 월 50만원)에서 1:2로 매칭하여 국가(지자체)가 월 10만원 내 지원
  ㉡ 추가적립액 : 아동(보호자, 후원자 등)은 월 최대 50만원(연간 600만원)까지 적립이 가능하나, 월 5만원을 넘는 추가 적립액에 대한 국가 매칭 불가(매칭지원금은 월 최대 10만원)

⑤ **적립금 사용 용도**
  ㉠ 만 18세(만기) 이후 학자금, 기술자격 및 취업훈련비용, 창업지원금, 주거마련 지원 등 자립을 위한 용도에 한하여 사용 가능
  ㉡ 만 24세까지 학자금·기술자격취득·주거마련 등 자립사용용도가 발생하지 않은 경우, 만 24세 도달 시 사용 용도 제한 없이 아동 적립금 및 정부 매칭지원금의 지급 가능

MEMO

김진원 OIKOS 사회복지사 1급 통합이론서 3교시

제3부

사회복지정책의 형성과정

제5장 사회복지정책의 형성과정
제6장 사회복지정책의 내용분석

CHAPTER 05 사회복지정책의 형성과정

제3부 **사회복지정책의 형성과정**

제5장 회차별 출제빈도, 출제비중 및 출제논점 1, 2, 3순위

10회 2012	11회 2013	12회 2014	13회 2015	14회 2016	15회 2017	16회 2018	17회 2019	18회 2020	19회 2021	20회 2022	21회 2023	22회 2024
3	3	2	3	2	2	1	2	1	2	1	3	–

출제비중	출제 논점		
	1순위 ☺	2순위 ※	3순위 ☆
02³	① 사회복지정책 형성과정: 사회복지정책의 평가 ② 정책결정의 이론모형: 합, 만, 최, 쓰, 혼, 엘, 공	① 사회복지정책 형성과정: 대안 형성	① 사회복지정책 형성과정: 아젠다 형성, 집행

1순위 스마일표시(☺) : 출제 빈출도가 높은 부분으로 무조건 시험에 출제되는 영역
2순위 당구장표시(※) : 나왔다 안 나왔다 하는 영역이지만 출제가능성 높은 영역
3순위 별 표(☆) : 출제 된 적이 있긴 하지만 다시 출제될 가능성은 다소 떨어지는 영역

MAP

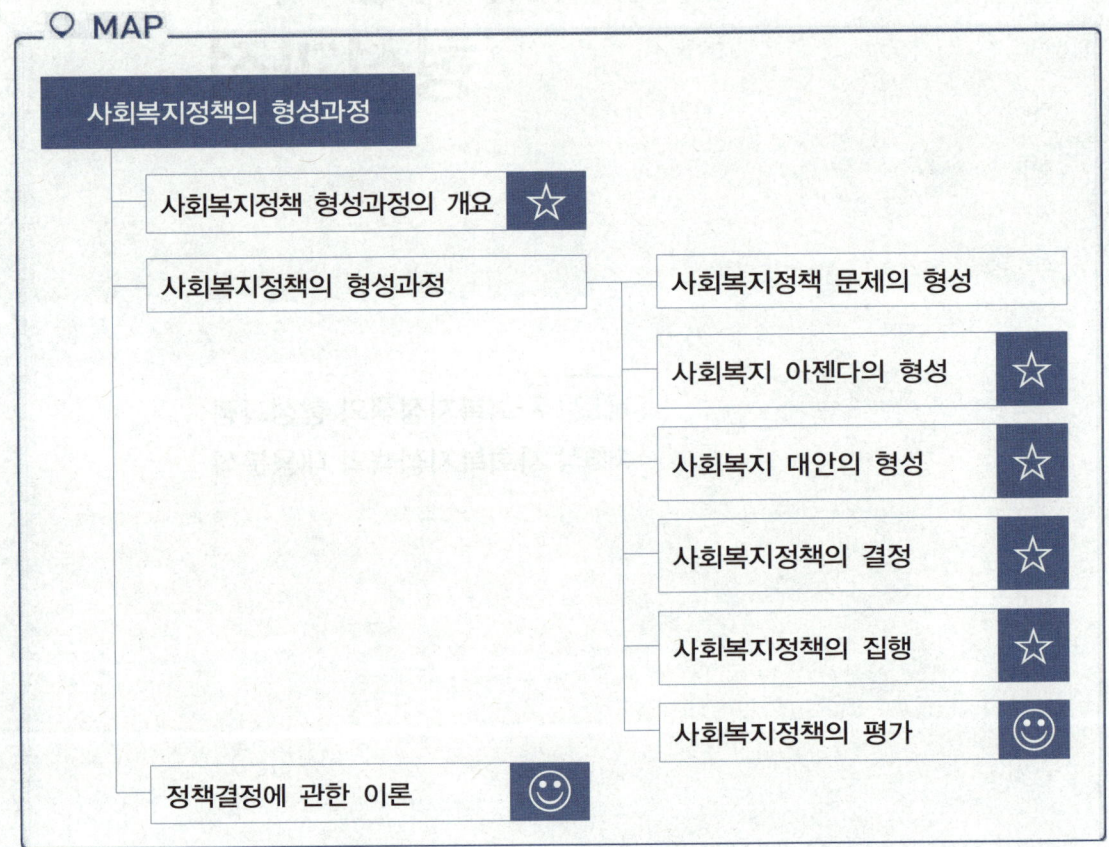

01 사회복지정책 형성과정의 개요

1 사회복지정책형성의 개념과 단계구분 [③⑪]

① 각종 사회복지정책이 만들어지기까지의 과정
② 사회복지정책 형성의 단계구분(과정) : 정책문제 형성 → 정책아젠다 형성 → 정책대안 형성 → 정책결정 → 정책집행 → 평가

■ 사회복지정책의 형성과정 ■

구 분			핵 심 내 용
개 념			각종 사회복지정책이 만들어지기까지의 과정
단계구분			정책문제의 형성 → 정책아젠다의 형성 → 정책대안의 형성 → 정책의 결정 → 정책의 집행 → 정책의 평가
문제형성	사회문제		사회복지정책을 형성하게끔 하는 가장 중요한 원동력이자 원천
	사회적 이슈		정책논점으로 부각된 정치적 요구나 문제 → 공공관심을 끌어 공공정책상의 논점으로 제시
아젠다	개념		정책꾼(policy actor)들의 논의가 이루어지는 문제나 요구를 의제 → 의제들의 목록 ⇒ 아젠다(agenda)
	종류	공공아젠다	정부 당국이 합법적으로 다룰 수 있는 문제라고 정치적 공동체의 구성원들이 공통적으로 인지하고 있는 모든 이슈들
		정부아젠다	권위 있는 의사결정자가 뚜렷이 적극적이고도 진지한 관심을 기울이는 이슈들의 모음
	아젠다 형성 이론 모형	외부주도 모형	[공공의제 ⇒ 정부의제], 민주주의 정치체제가 발달된 선진국
		동원모형	[정부의제 ⇒ 공공의제], 이론적 배경 엘리트론, 후진국
		내부접근 모형	[정부의제 ⇏ 공공의제], → 후진국에서나 있을 수 있는 모델
대안형성			• 여러 가지 대안들을 비교·평가한 후 어떤 대안이 가장 효과적이고 효율적인가를 찾아내는 과정 • 성격 : 정보의 산출과정, 비정치적 성격, 기술적 과정
정책결정			• 권위 있는 정책결정자가 문제해결을 위한 여러 대안들 가운데 하나를 선택하는 행위 또는 과정 • 성격 : 권위있는 결정, 해결방안의 채택, 공익적 성격, 정치적 성격, 거시적 성격
정책집행			• 의도된 정책목표를 달성하기 위하여 결정된 사항들을 구체화시키는 활동을 의미 • 특징 : 정치적 성격 띰
정책평가			• 정책활동에 관한 평가 → 평가란 어떤 활동에 관해 정보를 수집하고 분석하며 해석함으로써 그 가치를 판단하는 것 • 성격 : 기술적 성격, 실용적 성격, 개별 사례적 성격, 가치지향적 성격, 종합학문적 성격, 정치적 성격

2 사회복지정책 형성과정(송근원 외, 2005)

① **문제 형성** : 어떤 문제로 고통받는 사람들이 그러한 상황이나 조건을 해결해야 할 문제로 인식하는 단계
② **요구** : 사회복지 문제의 해결을 정부에 대하여 요청하는 구체적인 행동
　예 캠페인, 입법청원활동 등
③ **의제 형성** : 문제에 대해 대중적 관심 수준에서 끝나지 않고 정책꾼들의 관심을 받으면서 문제해결을 위한 구체적인 논의를 하는 단계
④ **정책 대안마련** : 문제의 해결을 위해 효율적이고 효과적인 여러 가지 방안을 논의하는 단계
⑤ **정책 결정** : 여러 가지 대안 중에서 문제 해결에 가장 적합하다고 판단되는 방안을 정책으로 결정하는 단계
⑥ **정책 집행 단계** : 채택된 정책을 통해 혜택을 받는 대상자들에게 실질적인 집행을 행하는 단계
⑦ **정책 평가 단계** : 채택되고 집행이 이루어진 정책이 원래 의도했던 바대로 잘 수행되었는지, 정책을 통해 문제 해결이 되었는지, 정책의 확대 및 축소 여부의 결정을 위해 평가를 수행한다.

■ 문제의 정책과정으로의 발전과정 ■

조건	→	문제	→	요구	→	의제	→	대안	→	정책
주관적 인식		바람 구체적 행동		갈등 공공의 관심		해결책 타협		선택 결정		

---

02 사회복지정책의 형성과정

1 사회복지정책 문제의 형성

(1) 사회복지정책 과정상 정책문제와 관련된 개념들

① **사회문제(social problems)** : 사회복지정책을 형성하게끔 하는 가장 중요한 원동력이자 주된 원천이다.
② **사회적 이슈(issue)**
　㉠ 이슈는 정책적 논점으로 부각된 정치적 요구나 문제를 의미하는 것이다.
　㉡ **어떤 문제(problem)나 요구(demand)가 공공의 관심을 끌어 공공정책상의 논점으로 제시**되어 '이해갈등'이 나타나는 경우, 특히 정책결정자의 관심을 끌어 정책꾼들에 의하여 논의되고 여기에 관련된 사람들 간의 이해관계가 노정되는 경우를 뜻한다.

ⓒ 이슈의 종류
- ㉮ **없이슈(non-issue) 또는 억압된 이슈(depressed issue)** : 문제로서 등장하였으나 정치권력이나 또 다른 압력에 의해 더 이상 파급되지 못하고 사장되는 문제
- ㉯ **잠재적 이슈** : 공공의 관심을 끌어 언론이나 정치가들에 의해 논의가 되었으나 시간이 흐르거나 더 강력한 이슈가 등장함에 따라 더 이상 이슈가 되지 못하는 경우

③ 의제와 아젠다(agenda)
- ㉠ 의제 : 이슈 중에서 정책적 대상으로 채택된 문제를 의미하는 것으로, 정책꾼(policy actor)들의 논의가 이루어지는 문제나 요구
- ㉡ 아젠다 : 의제들의 목록 또는 집합으로 안건을 말하며, 공공정책으로 전환되기 위하여 정책결정자들의 관심을 불러일으키고 논의될 수 있는 상태에 있는 문제나 이슈를 의미

④ 정책대안과 정책
- ㉠ 정책의제가 정책꾼들에 의해 논의되어 여러 가지 해결방안 중 하나를 선택하게 되는데, 이때의 해결방안들을 **정책대안**이라 부른다.
- ㉡ 선택된 대안을 **정책**이라고 하며, 정책대안의 선택과정을 **정책결정과정**이라 한다.

■ 사회문제가 정책으로 발전하는 과정 ■

사회문제 → 사회적 이슈 → 의제&아젠다 → 정책대안 → 정책

(2) 사회문제의 이슈화

① **이슈화 과정** : 어떤 문제를 일반 국민들에게 알리고 관심을 불러 일으키게 하는 과정을 의미한다.

② **이슈 제기자(issue initiator)**
- ㉠ 누가 이슈 제기자가 되어야 할 것인가는 이슈화 전략에서 매우 중요한 사항이며, **일반국민들, 클라이언트, 사회복지전문가, 언론, 정치인** 등이 있다.
- ㉡ **사회복지전문가들**은 이와 같은 여러 장점을 가지고 있는 동시에 이들의 임무 자체가 클라이언트의 복지를 위한 것이므로 사회복지문제를 이슈화시켜 정부아젠다 위에 올려 놓는 데에 **최적격인 사람들**이라 할 수 있다.

③ **이슈 유발장치(triggering mechanism, 이슈 촉발장치)** : 문제가 이슈로 전환되는 과정에서 도움을 주는 예기치 못한 사건들을 말하는 것이다.

④ **이슈화 과정에의 참여자** : 동일시집단에서 관심집단, 관심공중, 일반공중 등으로 참여자를 확대해 나가면 나갈수록, 그 결과 이슈화된 문제는 정치인, 정부관료, 특별위원회, 외부기관, 공공 및 민간 연구기관 등에 의해서 **안건으로 상정되고 공공의제로 될 가능성이 높아진다**.
- ㉠ 이슈 다투는 이들(contending parties) : 이슈 갈등에 끼어들어 직접 논쟁에 참여하는 사람들이나 집단들을 말한다.

ⓛ 관련공중(relevant public) : 싸움판에서 구경꾼들 각각에게 그 싸움이 주는 의미가 다른 것처럼, 이슈에 대한 사람들의 관심 및 참여 정도에 따라 관련공중을 네 집단으로 나눌 수 있다.
  ㉮ 동일시집단(identification group) : 논쟁당사자들이 제기한 이슈에 걸려 있는 이익과 자기 자신들의 이익을 동일시하는 집단으로서 이슈갈등에 가장 민감하게 반응하는 집단
  ㉯ 관심집단(attention group) : 이슈갈등에 즉각적으로 개입하진 않으나, 이슈가 그들의 관심권 속에 부상되면 쉽게 동원 가능한 집단
  ㉰ 관심공중(attentive public, 관련대중) : 이슈에 대해 일반적으로 인지하고 있고 관심을 가지고 있는 집단으로, 교육수준이 높고, 소득수준이 높은 인구층으로 구성
  ㉱ 일반공중(general public, 일반대중) : 이슈에 대해 알지 못하고, 관심없는 소극적 인구층

2 사회복지정책 아젠다(의제)의 형성

(1) 아젠다의 개념과 종류
  ① 개념 : 어떤 문제가 대중들의 관심을 얻어 이슈화되고 점차 규모가 확대되면 **정책꾼들이 공식적으로 논의하게 되는데 이때 논의하게 되는 문제나 이슈의 목록을 의미**
  ② 아젠다의 종류 : 콥과 엘더(Cobb & Elder)의 분류 [④⑨]
    ㉠ 체제아젠다(system agenda)
      ㉮ 공공아젠다(public agenda)
      ㉯ 공공의 관심을 끌 가치가 있고, **현재의 정부 당국이 합법적으로 다룰 수 있는 문제라고 정치적 공동체의 구성원들이 공통적으로 인지하고 있는 모든 이슈들**을 말한다.
      ㉰ 국민 대부분이 문제라고 인식하고 있으므로 이러한 여론을 수용하여 문제 해결을 위해 노력해야 한다는 생각을 갖게 하는 의제를 말한다.
      ㉱ 단지 문제 영역을 확인하는 정도이므로 반드시 문제를 해결할 대안을 제시할 필요는 없고 해당 문제에 대해 정책꾼들이 다양한 관점에서 논의하는 정도에 그친다.
    ㉡ 제도 아젠다(institutional agenda)
      ㉮ 정부아젠다(government agenda), 공식아젠다(formal agenda, 형식아젠다)
      ㉯ **권위 있는 의사결정자가 뚜렷이 적극적이고도 진지한 관심을 기울이는 이슈들의 모음**을 말한다.
      ㉰ 체제아젠다와 제도아젠다의 차이점
        ⓐ **체제아젠다가** 어떤 문제에 대해 심각하게 인식하고 논의해야 할 의제라고 합의하는 수준이라면, **제도아젠다는** 정부의 공식적인 의사결정과정에서 논의를 거쳐 문제 해결을 위해 구체적으로 논의하기로 결정한 의제목록을 의미한다.
        ⓑ **체제아젠다가** 토론을 위한 주제 정도라면, **제도아젠다는** 행동을 위한 구체적이고 특수한 아젠다로 구성되므로 국회아젠다, 대통령아젠다, 행정부아젠다, 사법부아젠다 등으로 구분이 된다.

③ 아젠다 형성과정의 특징
  ㉠ **이슈의 정의 문제** : 정책꾼들에 의하여 정책과정 속에서 "어떤 문제가 고려될 것인가"가 아니라, "어떻게 그 문제가 정의될 것인가"에 따라서 정책논의 방향이 결정될 수 있다.
  ㉡ **이슈갈등** : 이슈의 정의나 정치적 과정의 속성으로 인하여 아젠다 형성 단계는 이해관계자들 사이의 이슈 갈등이 나타나기 마련이다.
  ㉢ **정치적 과정** : 국민적 차원에서 이슈를 다룰 때는 해당 문제가 얼마나 심각하고 절실한가에 따라 이슈의 크기가 커질 수도 있고 작아질 수도 있지만 아젠다 형성과정에서 정책꾼들이 문제나 이슈를 의제로서 논의할 때는 **정치적 특성이 크게 반영**된다.
  ㉣ **이슈의 변화** : 이슈는 재정의 되어 가는 역동적 상황 속에서 여러 가지의 아래 이슈들로 구체화하거나 다양화하기도 하며, 보다 모호한 표현의 추상적인 이슈로 통합되기도 하며, 또한 이슈 확장과정 속에서 재정의 되고 변질되거나 다른 이슈로 대치되기도 한다.

(2) 콥(Cobb)과 로스와 로스(Ross and Ross)의 사회복지정책 아젠다 형성에 관한 이론모형
  ① **외부주도모형(outside initiative model)**
    ㉠ 정부가 아니라 **개인이나 집단이 특정 문제를 이슈화시켜** 일반 대중들에게 널리 알리고 이것이 공공의제를 거쳐 정부의제에 오르는 경우를 말한다.
    ㉡ 외부주도형이 되려면 **민주주의 정치체제가 발달된 선진국에서 많이 나타나는 현상**이다.
    ㉢ 정책의제가 형성되기까지는 **일반 대중의 폭넓은 관심과 참여가 필수적**이므로 이 과정에서 언론과 대중매체가 중요한 역할을 담당한다.

■ 아젠다 형성에 관한 외부주도모형 ■

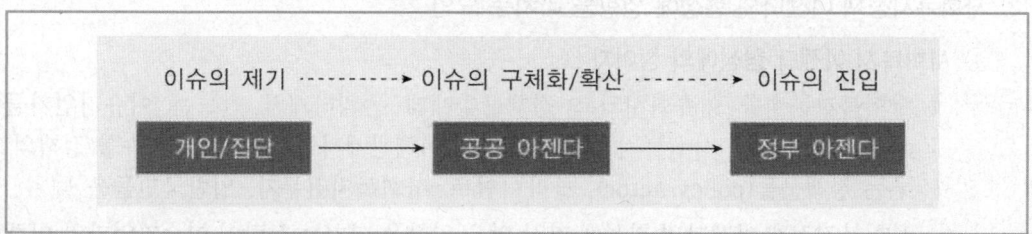

  ② **동원모형(mobilization model)** [⑨]
    ㉠ 외부주도형과는 반대로 이슈 자체가 **정부내부에서부터 먼저 제기가 된 후 이것을 정부가 국민들에게 홍보를 하여 공공의제로 확산되는 모형**으로, 이론적 배경은 엘리트론이다.
    ㉡ 동원모형은 정치적 민주화가 이루어지지 않은 **후진국의 정치체제에서 나타나는 경향**이 있다.
      ㉮ 아프리카의 경제개발이나 우리나라 군부독재 시절은 동원모형에 의한 정책들이 주로 시행되었다.
    ㉯ **선진국에서도 이 모형으로 설명할 수 있는 정책들이 있다.**
      예 아시아나 아프리카의 경제개발계획이나 인구정책 등, 우리나라 노인장기요양보험제도 정부 차원에서 시범사업을 거쳐 실시된 정책

■ 아젠다 형성에 관한 동원모형 ■

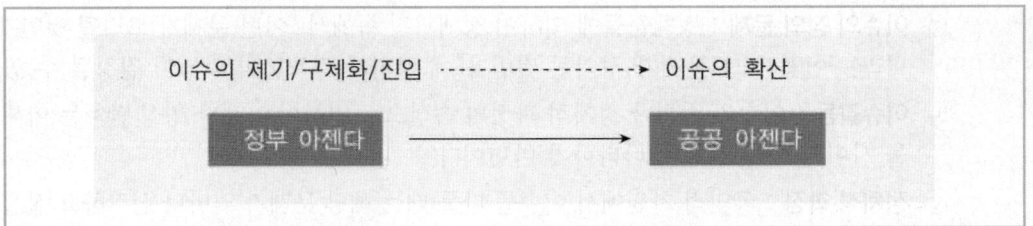

③ **내부접근모형(inside access model)**
　㉠ 정부에서 이슈를 창출하여 의제화하는 것은 동원모형과 같지만 문제는 **의제로 논의되는 과정에서 국민들은 모르게 한 후 정책이 만들어진 이후에 알리는 형태**이다.
　㉡ **민주주의가 발달하지 못한 후진국에서나 있을 수 있는 모델유형**이다.
　　예) 우리나라에서도 '신무기 구입에 관한 이슈'에 관한 것이나 첨단산업 선정과 같은 문제에 대해 의제로 논의되는 과정을 일반 국민이 모른 채 진행된 적이 있었음

■ 아젠다 형성에 관한 내부접근모형 ■

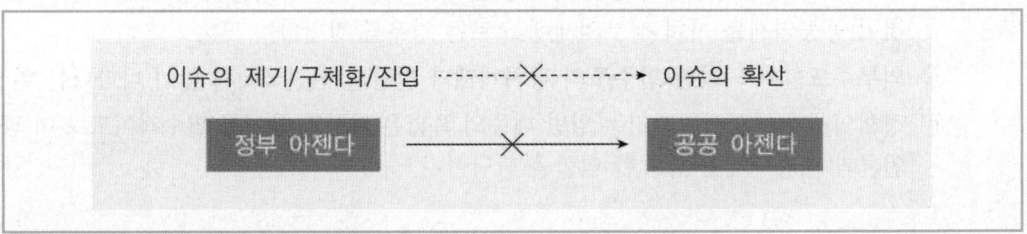

(3) 사회복지정책 아젠다의 형성에 영향을 미치는 요인
　① **사회복지 아젠다 형성에의 참여자** [⑨]
　　㉠ 사회복지문제를 이슈화시키고 정책꾼들에게 논의하게끔 만드는 **이슈기업가들**(issue entrepreneurs), 사회복지 이슈와 관련된 **이해관계자들**, 사회복지 이슈를 정책의제로 다루는 **정책꾼들**(policy actor), 클라이언트, 사회복지전문가, 일반국민들을 들 수 있다.
　　㉡ 사회복지정책 **아젠다의 형성에 가장 많은 영향**을 미치는 사람이 **이슈기업가와 이해당사자**들이다.
　② **정치체제 자체** : 체제는 '**편견의 동원체**'(mobilization of bias)라 할 수 있는데, 어느 사회이든 그 사회의 정치체제는 사회복지문제가 어떻게 취급되는가에 영향을 미친다.
　③ **다른 이슈들의 존재** : 사회복지 이슈는 다른 이슈와 아젠다공간 차지하기 경쟁에서 살아남기 힘든 경쟁력이 약한 이슈라 할 수 있다.

3 사회복지정책 대안의 형성

(1) 정책대안형성의 개념과 성격
① **정책대안 형성과정의 의미**
  ㉠ 정책목표를 달성할 수 있는 정책수단으로서의 정책대안들을 개발하여, 어떠한 정책대안이 가장 바람직한 것인가를 비교하고 분석하는 과정을 의미한다.
  ㉡ 하나의 방안을 주장하는 것이 아니라 여러 가지 대안들을 비교·평가한 후 어떤 대안이 가장 효과적이고 효율적인가를 찾아내는 과정이다.
② **정책대안 형성과정의 성격**
  ㉠ **정보의 산출과정** : 정책대안의 형성과정은 정책결정자를 위하여 정보를 만들어 내는 과정이다.
  ㉡ **비정치적 성격** : 정책대안의 형성 및 개발과정은 이해당사자들 사이의 정치라는 현상과는 무관하게 진행되는 것이 보통이다.
  ㉢ **기술적 과정** : 정책대안을 개발하고 비교, 분석, 검토하는 과정은 기술적 과정이자 지적 활동이다.

(2) 정책대안 형성단계에서 고려해야 할 사항
① **대안의 탐색 및 개발** [⑮]
  ㉠ **과거에 추진되었던 정책이나 현재 시행되고 있는 정책**은 정책분석가들이 고려하는 가장 중요한 정책대안의 원천이 된다.
  ㉡ **외국 또는 다른 지방정부의 정책 사례**에서 많은 아이디어를 얻어 정책대안을 개발할 수 있다.
  ㉢ 사회복지학, 심리학, 경제학, 사회학, 정치학 등 **사회과학적 지식이나 이론모형**으로부터 정책대안을 만들어 낼 수 있다.
  ㉣ **직관적 방법**은 정책대안을 주관적인 판단 하에 만들어 내는 방법으로, 보통 정책대안에 관한 선례나 전문지식 및 상황에 대한 정보가 부족할 때 사용하는 방법이다.
② **대안의 비교분석** [⑯]
  ㉠ **효과성(effectiveness)** : 사회복지정책의 목표 달성도와 관련된 수단 지향적 기준으로, 효과성은 문제 해결에 동원되는 자원과 이로부터 나타나는 복지서비스의 관계, 곧 투입과 산출의 관계에서, 투입에 상관없이 산출을 최대한으로 만드는 것을 말한다.
  ㉡ **사회적 효과성(social effectiveness)** : 사회복지정책의 시행 결과 나타나는 사회적 유대감의 달성 등 사회복지의 사회적 통합 기능에 관한 것으로, 사회복지에서는 인간의 존엄성을 전제로 하는 까닭에 능률이나 효과성보다는 사회적 효과성을 중요시하는 경우가 많다.
  ㉢ **효율성(efficiency, 능률성)** : 투입과 산출의 비율을 의미한다. 투입이 일정하면 산출을 최대한으로 만드는 것이 능률적인 것이고, 산출이 일정하다면 투입을 최소화하는 것이 능률적인 것이다.

② **사회적 형평(social equity)**: 사회복지정책이 시행되는 경우 사회계층 사이의 불평등이 어느 정도 시정될 수 있는가에 관한 것으로, 사회계층 가운데 특히 불리한 입장에 있는 층에 대한 정책적 고려를 통해 진정한 공정을 이룰 수 있는가에 관한 것이다.
  ㉮ **수평적 형평성**: 복지서비스를 제공하는 경우 같은 조건의 클라이언트에 대한 서비스의 배분이 동일하여야 한다는 것
  ㉯ **수직적 형평성**: 성별, 나이, 지리적 위치, 건강, 소득 따위에서 차이가 있는 시민들 사이의 복지서비스 배분에는 서로 다른 기준이 적용되어야 한다는 것

⑩ **실현 가능성(feasibility)**
  ㉮ **기술적 실현 가능성**
    ⓐ 좁은 의미의 기술적 문제뿐만 아니라 집행 가능성을 포함하여 사용되며, 이 기준은 집행기관이 그 문제를 다룰 수 있는 능력과 깊이 관련된다.
    ⓑ 문제를 다룰 수 있는 집행기관의 전문화 수준, 재정능력, 행정능력에 비추어 볼 때, 그 정책대안이 만족스럽게 시행될 수 있을 것인가에 관한 기준이다.
  ㉯ **정치적 실현 가능성**: 정책대안이 정치적으로 받아들여질 수 있는가에 관한 것이며, 이 외에도 사회, 윤리적으로 받아들여질 수 있는가, 그리고 법적으로 저촉되는 것은 아닌가에 관한 사항도 넓게는 이 기준 속에 포함된다.
    ※ 사회적 형평성은 정책대안이 가진 정치적 수용 가능성을 중요시 한다.(X)

(3) 사회복지정책 대안의 형성기법

① **미래의 예측 방법**
  ㉠ **유추(analogy)**: '같은 꼴'(isomorphism)구조를 통해서 미래의 상황이나 문제를 추정하는 방법
    예 새로운 문제의 해결에 선례를 적용하는 경우 등
  ㉡ **경향성 분석(tendency analysis)**: 과거의 경향이나 추세를 미래에 연장시켜 추측하는 방법을 통하여 미래를 예측하는 방법
    예 과거 수년간의 서울시 노인정 수의 증가 추세를 가지고 앞으로의 서울시 노인정 수의 증가를 예측하는 방법 등
  ㉢ **마르코프 모형(Marcov model)**: 과거에 있었던 변화를 토대로 하여 앞으로 나타날 변화를 연속적으로 예측하는 데 사용되는 모형으로, 어떤 상황이 시간의 흐름에 따라 일정한 확률로 변해 가는 경우에 최종적 상태를 예측하여 정책결정에 도움을 줄 수 있는 확률적 정보를 제공
  ㉣ **회귀분석(regression analysis)**: 변수들 사이의 인과관계를 전제로 하여 만들어낸 회귀방정식을 통하여 미래를 예측하는 방법
  ㉤ **델파이(Delphi) 기법**: 예측하려는 현상에 관한 선례가 없거나 적절한 자료가 없는 경우, 전문가들로부터 의견을 모으고, 교환하고, 발전시킴으로서 미래를 예측하는 방법이다.

② **대안의 비교분석 기법**
  ㉠ **비용편익분석(cost-benefit analysis)** [④. 행정론 ⑬]
    ㉮ 각각의 정책대안을 집행할 때 사용될 비용과 예상 편익을 주로 견주어 보는 방법으로, **효율성 평가를 위하여 성과를 화폐적 가치로 환산해서 비용과 대비해 보는 방법**이다.

- ⓐ **편익**이란 질병의 감소, 사망률 저하, 경제적 생산성의 향상 등이나 직업능력 사업의 경우 참가자의 경제적 생산성과 미래의 수입 등이 될 수 있다.
- ⓑ 모든 **비용과 편익을 화폐가치로 환산**하여 기간별로 추정하고 여기에 할인율을 적용하여 전 기간에 걸친 비용과 편익의 현재가치를 계산한다.
- ㉰ **문제점** : 사회복지정책에서 화폐가치로 계량화할 수 없는 부분, 경제적 합리성 때문에 능률성이라는 기준은 만족시킬 수 있으나 사회적 형평이나 클라이언트의 반응성 등의 기준은 적용하기가 곤란하다는 점

ⓒ **비용효과분석(cost-effectiveness analysis)**
- ㉮ **대안의 시행 시 사용되는 비용과 나타나는 효과를 비교 분석하는 방법**으로, 여러 대안 중 정책 목표를 달성하는데 상대적으로 비용이 적게 드는 대안을 선택하는 것과 정해진 비용을 사용했을 때 상대적으로 효과가 많이 나타나는 대안을 선택하는 것이다.
- ㉯ **비용편익분석과의 차이점**
  - ⓐ 비용편익분석에서는 편익이 화폐가치로 환산되어야 하지만, **비용효과분석에서는 효과가 화폐가치뿐만 아니라 물건의 단위나 용역의 단위 등으로도 나타낼 수 있다.**
  - ⓑ 비용효과분석에서는 **비용과 효과의 비율을 가지고 비교가 가능**하다.

ⓒ **줄서기 분석기법(queuing)**
- ㉮ 줄서서 기다리는 시간 등의 사회적 비용과 이를 줄이기 위해 투자하는 시설투자비의 적정 수준을 찾아내기 위한 분석기법이다.
- ㉯ 어떤 정책을 당장 추진했을 때 몇 명의 대기자가 발생하는지, 몇 명이 줄을 서서 기다리게 되는지를 검토하여 정책 대안으로서의 효용성을 따지는 방법이다.

ⓔ **모의실험(simulation)** : 사회복지문제나 욕구가 어떻게 변화될 것인가를 앞으로 나타날 것으로 예상되는 비슷한 상황 속에서 분석함으로써 미래를 예측할 수 있다.

ⓕ **결정분석(decision analysis)기법** : 정책대안의 결과를 예측하기 위하여 나타날 수 있는 확률적 사건을 나무 가지처럼 그려 놓고 분석하는 방법이다.

(4) **사회복지정책 대안 형성의 문제점**
① **예측능력의 한계** : 정확한 정보와 자료의 부족 및 정책분석가의 판단 잘못 등의 원인 때문에 그렇게 하지 못하는 경우가 많다.
② **계량화의 문제** : 사회복지정책에서는 본질적으로 계량화할 수 없는 부분이 많이 있다.
③ **비교 기준으로서의 공동 척도 결핍** : 여러 대안들을 비교하기 위해서는 이들이 장단점을 비교 교량해야 하는데, 이들을 서로 비교할 수 있는 공동척도가 없는 경우가 많다.
④ **비용과 시간의 문제** : 시간과 비용이 한정되어 있는 까닭에 한정된 시간과 비용의 한계 속에서 정책대안이 탐색되고 개발될 수밖에 없다.
⑤ **다른 국가 목표와의 관계** : 사회복지정책 대안형성과정에서는 다른 국가목표와 대립 상충하는 경우도 있을 수 있다.

4 사회복지정책의 결정 [④⑤]

(1) 정책결정의 의미
① 권위 있는 정책결정자가 문제해결을 위한 여러 대안들 가운데 하나를 선택하는 행위 또는 과정을 말한다.
② 정책결정자가 하나의 대안을 정책으로 채택하는 행위가 일어나기 위해 이루어지는 **대안 간의 비교분석 행위 및 과정을 포함**한다.

(2) 정책결정의 성격
① **권위 있는 결정** : 정책결정은 정책결정을 할 수 있는 권한을 가진 사람, 곧 권위 있는 정책결정자만이 할 수 있다는 점에서 정책의제 형성이나 정책대안의 형성과는 다르다.
② **해결방안의 채택** : 정책결정과정은 사회세력들의 다툼 속에서 권위 있는 정책결정자에 의하여 이루어지는 해결대안의 채택이라는 점에 그 특징이 있다.
③ **공익적 성격** : 사회적 약자의 문제를 다루는 사회복지정책의 경우, 이러한 공익적 성격은 정책결정과정에서 두드러지게 나타난다.
④ **정치적 성격** : 사회복지정책의 결정과정이 사회 전체를 위한 공익적 성격을 띠기는 하지만, 결정된 사회복지정책은 사회세력들 사이의 타협의 산물이라고도 볼 수 있다.
⑤ **거시적 시각** : 다른 정책과의 관계 및 장래의 사회적 상황변화 등 사회 전체적인 입장에서 거시적 조망이 필요하다.

5 사회복지정책의 집행 [④⑤]

(1) 정책집행의 의미
① 의도된 정책목표를 달성하기 위하여 결정된 사항들을 구체화시키는 활동을 의미하는 것으로, 정책집행자인 관료들과 클라이언트의 직접적인 상호작용을 통하여 정책목표를 구체화시켜 나가는 과정이다.
② 여러 사회세력들의 세력관계를 반영해 주는 과정이라고 볼 수 있으며, **정치적 성격을 띤다는 점에 그 특징**이 있다.

(2) 정책집행의 성격
① 정책집행은 복지정책의 목표를 달성하기 위한 **관리기술적 과정**(예 집행조직의 문화나 선례, 표준운영절차 등이 많이 작용)**이며, 동시에 정치적 과정이다.**
② **정치적 성격으로 인해 결정된 정책이 그대로 다 집행되는 것은 아니다.**
  ㉠ 정책집행이 의도대로 이루어지지 않고 약화되거나, 없집행(non-implementation) 현상이 나타나기도 한다.
  ㉡ 정치적 과정으로서의 사회복지정책의 집행과정 속에서 클라이언트인 사회적 약자들은 불리한 입장에 서는 것이 보통이다.

6 사회복지정책의 평가 [④⑤⑥⑦⑨⑩⑪⑫⑭⑮⑲]

(1) **정책평가의 의미와 필요성**

① **정책평가의 의미** : 정책활동에 관한 평가를 말하는데, 평가란 **어떤 활동에 관해 정보를 수집하고 분석하며 해석함으로써 그 가치를 판단하는 것**을 뜻한다.
  ❌ 정책평가란 정책활동의 가치를 가늠하기 위한 정보수집·분석·해석활동(O)
  ㉠ 정책활동의 범위를 어떻게 잡느냐에 따라 **좁은 의미의 정책평가와 넓은 의미의 정책평가**로 나눈다.
    ㉮ **좁은 의미의 정책평가** : 정책집행의 결과에 대한 평가, 곧 정책이 원래 의도한 문제의 해결에 얼마만큼 영향을 미쳤는가에 대한 평가활동을 의미한다.
    ㉯ **넓은 의미의 정책평가** : 정책결정 이전부터 정책집행 이후까지의 모든 정책과정 속에서 이루어지는 정책활동에 대한 평가를 의미한다.
  ㉡ **정책평가의 내용**
    ㉮ **평가목표는 정책평가자 결정이나 평가의 기준 설정에 영향**을 미치며, 평가유형의 결정은 평가목표와 평가대상의 결정 이후에 이루어진다.
      ⓐ 평가목표를 어떻게 설정 하느냐에 따라 정책평가자가 결정되고 평가의 기준 및 평가의 범위가 뚜렷해진다.
      ⓑ 평가목표가 설정되고 난 후 평가가 이루어질 시공간적 범위를 확정지어야 한다.
    ㉯ 평가는 정책 담당자, 정책 대상자 및 지역주민 등 **다양한 인적 요인에 영향**을 받는다.
    ㉰ 정책평가를 위해 사회복지정책 프로그램의 내용이 파악되면, 그 정책프로그램이 영향을 미치는 과정에 관한 인과모형을 형성한다. **인과모형은 평가설계의 형태와 평가기법의 결정에 기초**가 된다.
    ㉱ 정책평가를 통해 사회복지정책 프로그램의 목표를 어느 정도나 달성하였는지를 파악할 수 있고, 그에 대한 **책임의 소재**를 찾아낼 수 있다.
    ㉲ 통계기법 및 분석기법 등이 요구된다는 점에서 정책평가는 **기술적(技術的) 성격**을 띤다.
    ㉳ 정책평가의 결과는 **본질적으로 무엇이 잘되고 무엇이 잘못되었는지에 대한 가치판단을 포함**한다(가치지향적인 성격).

② **정책평가의 필요성** [⑭⑰] ❌ 정책결정이론 형성(X)
  ㉠ **정책프로그램의 효과성 증진** : 정책의 성공을 위한 원칙, 자원, 수단, 방법 등을 제시해 주며, 이런 정보는 사회복지정책 프로그램의 결정에 기초적인 자료가 되고, 그 정책프로그램의 효과성을 높이는 데 사용됨
  ㉡ **정책활동에 대한 책임성 확보** : 정책활동에 대한 책임성이나 근거를 확보하기 위하여 필요함
  ㉢ **정책연구의 기초** : 사회복지정책의 평가를 통해 제시된 자료를 기초로 기존 정책이론이 수정되거나 강화되기도 하며, 사회복지정책의 형성이나 집행에 관한 이론의 형성에 기여함
  ㉣ **정책개선에 필요한 정보획득** : 기존 정책의 개선에 필요한 정보를 얻기 위함

ⓜ **정책활동 통제 및 감사의 필요성** : 정책 프로그램에 대한 감독, 통제를 위한 정보제공을 위함
ⓑ 문제해결을 위한 정책결정에 필요한 정보를 얻기 위함
ⓢ 사회복지정책의 시행이나 관리의 효용성을 위함

(2) 정책평가의 성격 [⑳]

① **기술적 성격** : 평가기법 등의 기술을 필요로 하며, 통계기법 및 그것을 분석하는 기법 등이 요구된다는 점에서 정책평가는 기술적(技術的)성격을 띤다.
② **실용적 성격** : 정책평가의 연구결과는 정책의 실제에 유용하게 사용될 수 있어야 한다.
③ **개별 사례적 성격** : 일반적으로 정책평가는 구체적인 정책 프로그램이나 그 프로그램이 적용된 개별 사례를 연구 대상으로 하여 이루어진다.
④ **가치지향적 성격** : 정책평가의 결과는 본질적으로 무엇이 잘되고 무엇이 잘못되었는가에 대한 가치판단을 포함한다.
⑤ **종합학문적 성격** : 정책을 평가하기 위해서는 정책문제에 관한 이론적 지식뿐만 아니라 정책평가의 실제에 사용되는 여러 가지 통계기법들이 포함된 전문지식이 필요하다.
⑥ **정치적 성격** : 정책결정자, 정책프로그램의 집행자, 정책프로그램의 자금을 지원하는 집단, 그 정책에 의하여 영향을 받는 이해집단 및 클라이언트 등의 영향을 받는다.

(3) 정책평가의 유용성 [⑩]

① **정책평가의 질적 문제** : 정책평가의 질적 문제는 정책평가 결과가 되돌이 되어 사용할 수 있도록 타당성을 띠는가 여부에 관한 것으로, 질적으로 우수한 정책평가가 이루어져야 한다.
② **시간적 적절성의 문제** : 정책 시행을 담당하는 조직이나 기관이 정책평가 결과를 되돌릴 수 있도록 정책담당자에게 적시에 전달되어야 한다.
③ **정책담당자의 의지** : 정책결정자나 집행자가 정책평가의 결과를 이해하고 그것을 반영시키려는 의지가 있어야 한다.
④ **되돌이 장치의 문제** : 정책평가가 되돌이되어 쓰이려면 정책담당자에게 정책평가 결과 보고서가 전달되어야 하는데, 정기적 회합이나 평가결과를 되돌이시킬 수 있는 공식적인 통로가 제도화되어야 한다.

(4) 정책평가의 기준과 평가유형 [④⑤⑥⑦⑨⑪⑬⑲]

- 평가기준 및 평가지표를 선택 시에 **측정용이성보다 정책목표를 우선**해야 한다.
- 평가유형의 결정은 평가목표와 평가대상의 **결정 이후**에 이루어진다. [⑪]

① **평가 기준** [④⑤⑥⑦⑨⑬]
  ㉠ **효과성(effectiveness)** : 정책의 목표달성 정도를 나타내는 것으로 그 측정단위는 정책을 통해 제공된 서비스의 양이라 할 수 있다.
    ㉮ 투입된 것보다 결과를 기준으로 삼아 무엇이 얼마나 달성되었는지를 측정하는 것이다,

㉯ 투입에 상관없이 산출을 최대한으로 만드는 것을 말하며, 자원이 얼마가 들든지 간에 복지서비스를 최대한도로 창출해 내는 것이다.
　ⓒ 효율성(efficiency, 능률성)
　　㉮ 투입 대비 산출(편익)의 비율, 즉 경제적 가치로 환산하여 평가하는 것이다.
　　㉯ 투입이 일정하면 산출을 최대한으로 만드는 것이 능률적인 것이고, 산출이 일정하다면 투입을 최소화하는 것이 능률적인 것이다.
　　　예) 사회복지문제의 해결에 동원할 수 있는 자원이 한정되어 있는 경우, 그 자원을 가지고 문제의 해결을 위한 복지서비스를 최대한도로 창출 제공하는 것이 능률적인 것이며, 만약 현재 제공되는 복지서비스의 수준이 만족스러운 것이라면, 그러한 복지서비스를 창출 제공하는 데 드는 자원을 최소한으로 줄이면서 같은 수준의 복지서비스를 창출 제공하는 것이 능률적이다.
　ⓒ 적절성(adequacy, 충분성)
　　㉮ 정책의 집행 이후 문제의 해결정도를 측정하는 것으로, 이때는 해결하고자 하는 문제의 명확한 규정과 해결방법의 현실성을 함께 다룬다.
　　㉯ 부분적으로는 어떤 노력의 정도를 나타내며, 정책의 효과의 규모와 범위가 정책에 대한 수요에 비추어 알맞은 것이냐 하는 것을 검토하는 기준이다.
　ⓔ 적합성(appropriateness)
　　㉮ 집행된 정책이 가지고 있는 목표와 정책의 결과가 어느 정도의 가치를 가지고 있는가를 평가하는 것으로, 집단의 만족도와 지지도를 살펴봄으로써 가능하다.
　　㉯ 정책의 목표가 사회가 추구하는 가치를 반영하고 있느냐 하는 것을 검토하는 기준이다.
　ⓜ 반응성(responsiveness, 대응성)
　　㉮ 그 정책의 시행과정에서 얼마나 클라이언트의 참여가 가능하며 클라이언트의 의견이 반영되었는가이다.
　　㉯ 서비스의 혜택을 받은 개인이나 집단의 요구를 얼마나 수용했는가에 대한 만족도로, 이는 정책의 실시 전후에 나타난 요구와 만족도를 조사하여 측정하게 된다.
　ⓗ 형평성(equity, 공평성)
　　㉮ 분배의 공정성에 의거하여 전체 사회구성원의 이익에 타당하게 분배되었는가를 살펴보는 것이다.
　　㉯ 그동안 정부의 각종 서비스 혜택을 누리지 못한 소외계층에 대하여 서비스를 제공함으로써 분배의 측면에서 사회적 형평성을 이루었는가를 측정하는 것이다.
　ⓢ **커버리지와 바이어스** [④]
　　㉮ **커버리지(coverage) : 어떤 정책프로그램에 대한 대상 집단의 참여가 실제로 얼마나 이루어지고 있는가 하는 정도**로, 실제로 정책프로그램에 정책대상 집단 구성원 중 어느 정도가 참가하고 있는가
　　　예) 낮은 커버리지는 어떤 정책 프로그램에 대한 욕구는 있으나 아직 커버(충족)되지 않고 남아 있는 비율을 말하고, 초과 커버리지는 부적절한 수급자가 많음을 의미하는 것으로 정책설계가 잘못되었음을 나타낸다.
　　㉯ **바이어스(bias) : 지정된 대상집단의 각 하위집단들의 참여 정도가 서로 다른 정도**
　　　예) 복지관의 방과 후 교실 이용자가 주로 전업주부에 집중되어 있는 경우 바이어스가 있는 것이다. 즉 왜 일하는 부모의 자녀들의 이용이 저조한지를 조사하여 이를 반영하는 것은 바이어스를 시정하기 위한 것이다.

② 평가 유형 [⑤⑪⑲]
  ㉠ 평가대상 및 시간을 기준으로 형성평가, 총괄평가 [⑪⑲]
    ㉮ **형성평가(과정평가)** : 정책집행의 관리와 전략의 수정·보완이 목적으로 정책집행과정에 나타난 활동을 분석하여 평가하는 방법이다.
      ⓧ 과정평가는 최초의 정책목표 달성 여부를 평가하는 것이다.(X)
      ⓧ 과정평가는 정책집행 후에 평가하는 활동을 말한다.(X)
    ㉯ **총괄평가(결과평가)** : 정책 집행 후 정책이 사회에 미친 영향(정책효과)을 추정하는 판단활동으로 정책영향평가라고도 한다.
      ⓧ 총괄평가는 정책이 집행되고 난 후 정책이 사회에 미친 영향을 평가하는 것이다.(O)
      ⓧ 결과평가는 정책집행 중간의 평가로 전략 설계의 수정보완을 하지 못한다.(X)
  ㉢ **총괄평가 : 효과성평가, 효율성평가** [⑪⑬⑲]

구 분	주요 내용
효과성 평가	• 정책 목표의 달성 정도를 평가 • 산출평가(outputs evaluation)와 성과평가(outcomes evaluation) 분류 　㉮ **산출평가** : 주로 정책 실시결과의 양적인 면에 대한 평가 　㉯ **성과평가** : 질적인 면까지 고려한 평가 　ⓧ 효과성평가는 정책의 효과를 투입된 자원과 대비하는 평가이다.(X)
효율성 평가	• 정책 수행의 비용 적절성을 평가 • 효율성을 평가하는 두 가지 주요 접근방법 　㉮ **비용효과분석(cost-effectiveness)** : 정책에 드는 비용만 화폐가치로 환산 　㉯ **비용편익분석(cost-benefit)** : 정책의 비용과 산출(성과)을 모두 화폐가치로 환산 　ⓧ 효과성 평가는 정책성과를 화폐단위로 환산하기 쉬운 경우에 적절하다.(X) 　ⓧ 효율성 평가는 정책목표 달성을 위한 비용 대비 편익을 비교하는 것이다.(O)

  ㉡ 평가주체에 따라 자체평가, 내부평가, 외부평가
    ㉮ **자체평가** : 정책 또는 사업의 집행을 담당하고 있는 사람들 자신이 수행하는 평가
    ㉯ **내부평가** : 정책 또는 사업의 집행자 자신은 아니지만, 그것의 시행에 책임을 지고 있는 기관의 직원이 수행하는 평가
    ㉰ **외부평가** : 제3자적 위치에 있는 외부 전문가가 수행하는 평가
  ㉣ **영향평가(impact evaluation)** [⑤]
    ㉮ 어떤 정책이 의도한 방향으로 어떤 변화를 야기시킨 정도(파급효과)를 검토하는 것이다.
    ㉯ 평가의 시행이나 과정보다는 프로그램의 파급효과에 대한 집중적 평가이다. [⑤]

03 정책결정에 관한 이론

1 정책결정의 합리성(rationality)

(1) **합리성의 의의**
① **논리나 이성의 적합성을 가리키는 개념으로, 인간은 합리성에 따라 행동하고 결정**한다.
② 정책결정자는 고도의 합리성을 가지고 문제를 생각하고 정보를 수집하고 체계적으로 정리하며 결정하며, 정책결정에 따른 정책에 관하여 연구하고 분석하는 목적은 정책의 합리성을 제고하는 데 있다.

(2) **합리성의 유형**
① 사이먼(Simon)은 합리성을 **실질적 합리성과 절차적 합리성**(행동대안을 선택하기 위하여 수행하는 인지과정의 절차가 합리적인가를 가리키는 개념)으로 분류하였다.
② 인간의 인지능력의 한계로 반드시 최선의 대안을 선택할 수는 없으며, 주어진 상황에서 갖고 있는 정보, 지식을 이용하여 의식적인 인지과정을 적절히 밟아서 선택이 이루어진다.
  ㉠ **기술적 합리성** : 정책문제를 해결할 수 있는 여러 가지 대안들을 비교하여 가장 효과적인 대안을 선택한다는 것(예 태양에너지 개발과 핵에너지 개발 중 어떤 대안을 선택할 때)
  ㉡ **경제적 합리성** : 가장 능률적인 대안을 선택하는 것(총 편익이 가장 큰 것 선택)
  ㉢ **법적 합리성** : 법률, 규칙, 선례 등에 합치하는 대안을 선택한다는 것(공무원채용제도를 남녀차별이나 연령차별 등을 금지하는 법령에 저촉되지 않도록 만들 때 이런 합리성이 확보)
  ㉣ **사회적 합리성** : 가치 있는 사회제도의 유지 및 개선에 이바지하는 대안을 선택하는 것(구성원들이 민주적으로 참여할 수 있는 장치를 확보하는 데 도움이 되는 정책대안 선택)
  ㉤ **실질적 합리성** : 주어진 상황 하에서 실제로 가장 적절한 대안을 선택하는 것(정보통신에 대한 정책대안들 중 우리가 갖고 있는 기술, 정보, 지식 등을 활용하여 위의 합리성들을 달성할 수 있는 대안을 선택하는 경우)

2 정책결정의 이론모형

(1) **합리모형(rational model) → 고도의 합리성** [②⑤⑧⑩⑫⑭⑯㉑, 행정론 ⑤⑥⑦]

주창한 특별한 학자는 없고, 정책결정자가 최선의 대안을 선택하기 위하여 분석적 절차를 밟는 것을 의미한다. 사이먼(Simon)이 '합리적 선택의 고전이론'이라 부르는 합리모형은 정책결정에서 합리성을 추구하는 모형이다.
① **기본전제** : 최대한의 사회적 이득 보장으로서의 정책
  ㉠ 정책결정자가 전지 전능한 것처럼 가정한다.
  ㉡ 인간은 이성과 고도의 합리성에 따라 행동하고 결정한다고 가정한다. → 종합적인 정보를 얻어 의사결정에 고도의 합리성을 만듦

ⓒ 이러한 이성을 활용하여 가능한 모든 대안을 검토할 수 있다고 보는 것이다. → 모든 정보와 최대한의 자원을 기초로 결정
ⓔ 정책 대안들의 **결과를 정확히 예측**하고 비용편익 혹은 비용효과를 정확히 산출할 수 있다고 가정한다.

② **합리모형에 대한 비판** : 합리성을 가진 점은 인정되나 정책결정자의 현실적 주관적인 가치판단 기준, 정보의 비대칭성 등으로 인해 **객관성이 결여되고 불필요한 요소를 지니기 때문에 현실 적용에 한계**(기술적인 측면에서 현실성이 결여된 모형으로 낙인)가 있다. → 비현실성

(2) **만족모형(Satisfying Model, 제한적 합리모형)** → **제한적 합리성** [⑤⑥⑧⑩⑫⑭⑯, 행정론 ⑦㉑]
① **기본전제** : 최선의 대안을 선택하기보다는 만족할 만한 대안 선택
  ㉠ 인간은 여러 가지 제한조건으로 합리성을 지닐 수 없기 때문에 합리적인 면과 불합리적인 면을 모두 가지고 있다는 것을 전제로 한다.
  ㉡ 제한된 합리성
    ㉮ **사이몬은 제한된 합리성이란 개념을 도입**(bounded rationality) : 필요한 정보가 모두 없고, 가능한 대안들을 모두 탐색할 수 없고, 결과도 정확히 예측할 수 없다.
    ㉯ 현실적인 제약 때문에 인간은 제한된 범위 내에서 합리성을 추구할 수 밖에 없다고 주장한다.
    ㉰ 의사결정자들은 **과거의 경험, 관습적 대안들을 토대**로 하여 단순한 현실 모델을 구성함으로써 **만족할 만한 해결책을 모색**한다.
② **만족모형의 내용**
  ㉠ **제한된 합리성을 추구하게 되면 최선의 대안을 선택하기보다는 만족할 만한 대안을 선택**하게 된다고 주장한다.
  ㉡ 만족모형에서의 절차
    ㉮ 만족할 만한 대안의 선택
    ㉯ **몇 가지 대안만 탐색** : 소수의 대안만 탐색하고, 그 대안에 대해서만 분석
    ㉰ **중요할 결과만 예측** : 대안의 결과들 중 중요하다고 생각되는 요소들에 대해서만 예측
③ **만족모형의 한계점**
  ㉠ **만족스러운 대안의 불명확성** : 어느 정도 수준이 만족할만한 수준인지에 대한 객관적인 기준이 없다.
  ㉡ **반쇄신적 경향** : 만족할 만한 정책대안이 나타나는 경우 더 이상의 대안에 대한 탐색이 중단되므로, 더 훌륭한 정책 대안이 있어도 그대로 사장되어 보수적인 성향을 띨 수밖에 없다.
    ⊗ 만족모형 – 합리모형보다 혁신적이고 진보적인 정책결정이 이루어진다.(X)

(3) **점증모형(incrementalism model)** → **정치적 합리성** [⑥⑧⑫⑯㉑, 행정론 ⑤⑥⑦⑪⑫]
① **기본전제** : 과거정책의 변형으로서의 정책
  ㉠ **린드블롬(Lindblom), 윌다브스키(Wildavsky) 등이 주장한 이론**으로, 정책결정이 갖고 있는 정치적인 의미에 관심을 갖고 있다.

ⓒ '대충 헤쳐 나가는 학문'이라는 린드블룸의 논문 제목에서도 알 수 있듯이 **조금씩 기존 정책을 수정, 보완해 나가는 수준에서 정책결정을 하는 계속적인 정책결정을 함축**하고 있다.
② 내용
　　㉠ 결정자가 완전히 새로운 것을 모색하는 것이 아니라 **기존 정책에서 수정 또는 변화된 상황을 중심으로 모색**하고, 점진적 차원에서만 관심을 가지고 소수대안만 고려하며, 대안들 중에 핵심대안만 제한적으로 평가한다.
　　ⓒ 정책결정의 효율성은 정책내용에 따르기보다는 **합의된 것에 의존**한다.
　　ⓒ 기존 대안에서 제한된 변화에만 관심을 가진다. 근본적이고 전반적인 대안은 고려하지 않는다.
　　㉣ 주로 공공기관에서 많이 사용한다.
　　㉤ 시민과 정치인의 지지를 얻을 수 있는 **정치적 합리성을 중요시한다. → 여론의 반응에 따라 정책수정을 반복**
③ 한계점
　　㉠ 합리모형의 단점을 보완하는 것은 인정하지만 **기존 정책을 그대로 유지하고 부분적인 조정**이라는 점에서 한계가 있다.
　　ⓒ 현실수준에 그치므로 보수주의로 빠지기 쉽다. 즉 쇄신을 저해한다.

(4) **혼합모형(mixed-scanning model) → 종합적 합리성** [⑧⑩⑯㉑]
① **기본전제** : 합리모형(기본적인 결정) + 점증모형(세부적인 결정)
　　㉠ 에찌오니(A. Etzioni)는 **합리모형과 점증모형의 공과를 고려**하여 두 이론의 한계점을 보완하는 적절한 시도로 혼합모형의 필요성을 주장하였다.
　　ⓒ 혼합모형이란 **종합적 합리성**을 바탕으로 하여 큰 범위에서의 기본적인 결정은 합리적으로 이루어지지만, 세부적 결정은 기본적 결정을 보완 수정하여 점증적으로 이루어진다고 주장하는 정책결정모형이다.
　　　예　두 종류의 카메라를 이용하여, 시야가 넓은 카메라로 거시적으로 탐색하고, 그 정보를 바탕으로 시야가 좁은 카메라로 그 지역을 미시적으로 관측하는 것이다. 근본적 결정(큰 카메라)이 설정한 테두리 내에서 철저하게 세부적 결정에서 취할 전략이다.
　　　❌ 혼합모형은 합리모형과 최적모형을 혼합하여 최선의 정책결정에 도달하는 정책결정모형이다.(X)
② **평가** : 합리모형의 비현실적 측면과 점증주의의 보수적인 측면을 극복할 수 있는 전략을 제시한 것이 이 모형의 큰 장점이다.

(5) **최적 모형(optimal model) → 경제적 합리성 + 초합리성** [⑥⑦⑩⑫⑭⑯㉑, 행정론 ⑤⑥]
① **기본전제** : 정책결정을 체계론적 시각에서 파악하고 정책성과를 최적화하려는 정책결정
　　㉠ 정책결정을 **체계론적 시각에서 파악하고 정책성과를 최적화**하려는 정책결정모형이다.
　　ⓒ 정책성과를 최적화한다는 의미는 정책결정과정에서 투입보다 산출이 커야 한다는 의미이다. 즉 정책결정에 드는 비용보다는 효과가 높아야 한다는 것을 전제로 한다.

② 특징
　㉠ 합리적인 요소가 아니라 초합리적인 요소도 중요한 역할을 한다.
　　㉮ 초합리성(extra-rationality)이란 직관, 판단, 통찰력 등 인간 의식의 밑바탕에 깔려 있는 아래의식적(sub-conscious) 요소를 뜻하는데, 이들이 정책결정에 도움이 된다고 본다.
　　㉯ 지적합리성과 직관, 판단, 창의력, 잠재의식을 강조. 즉 인간의 합리성 뿐 아니라 직관과 창의력과 같은 요소까지 발휘하여 정책을 결정해야 한다고 한다.
　㉡ 양적 분석뿐만 아니라 질적 분석도 동시에 고려한다.
　㉢ 기존의 합리적 결정 방식이 지나치게 수리적 완벽성을 추구하여 현실성을 잃는 것을 경계한다.

③ 적용문제
　㉠ 그 동안 무시되었던 초합리적 요소를 정책결정모형에 삽입함으로써 이들이 실제 정책결정과정에서 사용되고 있음을 밝혀냈다는 점에서 크게 이바지 하였다.
　㉡ 초합리성의 달성방법이 명확하지 않으며, 이러한 요소를 강조하게 되면 신비주의에 빠질 가능성이 있고 주먹구구식 정책결정에 대한 변명거리로 사용될 수 있다는 비판을 받는다.

(6) 쓰레기통 모형(garbage can model) [⑥⑦⑧⑫⑬㉑, 행정론 ⑥⑦㉑]
① 기본전제 : 조직화된 혼란 상태(organized anarchies, 조직화된 무정부 상태) 속에서 나타나는 몇 가지 흐름에 의하여 우연히 이루어진다고 보는 모형
　㉠ 코헨(Cohen), 마치(March), 올슨(Olsen), 킹돈(Kingdon) 등의 학자들에 의해 고안된 모형
　㉡ 정책결정이 합리성이나 협상, 타협 등을 통해 이루어지는 것이 아니라 **몇 가지 흐름에 의하여 우연히 이루어진다고 보는 모형**이다.
　　※ 쓰레기통모형 - 정책결정의 여러 가지 조건들이 모두 충족되어야만 정책이 결정될 수 있다.(X)
　　※ 점증모형은 조직화된 무정부상태 속에서 점진적으로 질서를 찾아가는 과정을 정책결정과정으로 설명한다.(X)

② 코헨과 마치와 올슨의 정책결정에 대한 설명
　㉠ 정책과정은 네 가지 흐름으로 구성되어 있으며 마치 갖가지 쓰레기가 여기저기에서 우연히 한 쓰레기통에 모이듯이 **이러한 네 가지 흐름이 서로 다른 시간에 우연히 동시에 통 안에 흘러들어와 정책결정이 이루어진다고 보는 모형**이다.
　㉡ 네 가지 흐름
　　㉮ 사회적 이슈로 부각되어 해결을 요하는 **정책문제의 흐름**
　　㉯ 정책결정권자가 정책결정을 선택할 수 있는 기회를 뜻하는 **선택기회의 흐름**
　　㉰ 문제에 대한 해결방안으로서의 **해결방안의 흐름**
　　㉱ 정책결정과정에 참여하는 **참여자들의 흐름**

③ 킹돈(Kingdon)의 쓰레기통 모형 [⑬⑰]
　㉠ **정치의 흐름**(정치인, 이익집단), **문제의 흐름**(언론, 클라이언트), **정책(대안)의 흐름**(관료, 연구자)이라는 세 가지 흐름이 각각 따로 존재하며, 각 흐름의 주요 참여자도 각각 다르다고 본다.

ⓛ 정책전문가들은 지속적으로 특정 사회문제에 대한 정책대안들을 연구하고 있으며, 정책대안들이 정치적 흐름과 문제 흐름에 의해 정책 아젠다(agenda)로 등장할 때까지 기다린다.
ⓒ 이들 세 가지 흐름이 우연히 만날 때 정책의 창문이 열리며, 이때 정책결정을 하지 않으면 정책의 창문은 닫히게 되고 세 개의 흐름은 다시 제각각 흘러가게 된다는 것이다.

■ 킹돈의 정책결정모형(송근원 외, 2005) ■

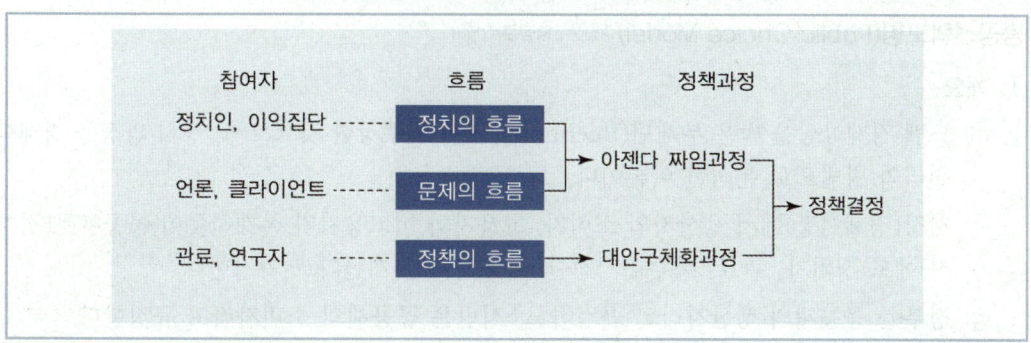

④ 특 징
  ㉠ 점진적이고 예견된 문제의 해결보다는 **복잡하고 급변하는 상황 속에서 신속한 의사결정이 이루어진 경우를 설명하는데 적합**하다.
  ㉡ 기존 정책결정모형들이 정책문제가 제시되면, 그에 대한 정책대안이 탐색되고, 정책결정이 이루어진다는 시간적 앞뒤 관계를 상정하는 데 반해, 쓰레기통 모형은 **각각의 흐름이 독자적으로 흘러가다가 이들이 우연히 결합됨으로써 합쳐진 선택 기회의 흐름을 이루게 되고 그때 정책결정이 이루어진다고 본다.**
  ㉢ 사람들은 그 자신의 **시간적 제약 때문에 아주 짧은 시간 동안에만 결정과정에 참여**한다.
⑤ 비판 : "복잡하고 혼란한 상황"이 조직의 모든 의사결정 행태에서 발견되는 것이 아니라 **일부분의 조직에서 또는 일시적으로 나타나는 의사결정 행태를 설명하는데 적합할 뿐**이라는 비판도 제기된다.

(7) 엘리트 모형 [③⑤⑥, 행정론 ⑥]
  ① 엘리트들의 선호로서의 정책 ⓧ 엘리트와 대중의 의사소통에 의한 정책결정(X)
    ㉠ 사회복지정책이 집단 사이의 갈등이나 요구를 통해 만들어지는 것이 아니라 **파워엘리트 또는 지배엘리트에 의해서 결정된다고 보는 이론**이다. 여기에서 파워엘리트라는 개념은 국가는 의도적이든 그렇지 않든 사회의 엘리트집단의 이해관계를 고려할 수밖에 없다는 의미를 함축하고 있다.
    ㉡ **엘리트에 속하는 집단은** 기업의 고위관리자, 지식인 계층, 고위 행정관료 등이 해당되며, 기업이나 정부조직, 사회 지도층 인사 등 사회의 여러 조직체에서 강력한 영향력을 행사하고 있는 리더들이다.

② 내용
- ㉠ 엘리트에 속하는 사람들은 자신들이 일반 대중을 이끌어나간다고 인식하고, 자신과 주변의 정치력과 자본력 등으로 정부를 통제, 관리하고 정부의 주요 정책에 영향력을 행사한다.
- ㉡ 엘리트들은 자신들의 이익이나 영향력 행사를 위해 동류의식이 필요함을 알기 때문에 서로 도움을 주고받으면서 **강한 연대를 무기로 사회정책에 중요한 영향력을 행사**한다.

(8) **공공선택모형(Public Choice Model)** [⑤⑦, 행정론 ⑦㉑]

① 개요
- ㉠ 노벨 경제학상을 받은 **부케넌(Buchanan)교수가 주장한 것**으로서, 정치 과정을 경제학의 원리와 방법으로 분석한 이론이다.
- ㉡ 시장(경제시장)에서 생산자와 소비자, 고용자와 피고용자가 존재하듯이 공공부문(정치시장)에도 정치가, 관료, 특수이익집단, 투표자가 존재한다고 가정한다.
- ㉢ **정부를 공공재의 생산자라고 규정하고, 시민은 공공재의 소비자라고 규정**한다.
  - ⓧ 공공선택모형은 시민들을 공공재의 생산자로 규정하고 정부를 소비자로 규정한다.(X)

② **기본전제** : 인간을 '경제인(homo economocus)'으로 가정하고, 경제적 행위를 할 때 뿐만 아니라 정치적 행위를 할 때에도 **개인의 이기심에 따라 자신의 이익을 극대화하는 방향으로 의사결정**을 한다고 본다.
→ 이해관계에 있는 개인들의 집합적 결정으로서의 정책, 민주적 의사결정을 통한 정책결정
- ㉠ 첫째, 개인은 민간 부문에서와 같이 공공부문에서도 자기이익을 극대화시키려고 한다는 것이다.
- ㉡ 둘째, 이러한 이기적인 개개인이 공동참여하여 정책을 결정하는 것이 정치과정이며, 이 경우에도 개개인은 각자의 이익을 극대화시키고자 노력한다.
- ㉢ 셋째, 따라서 가장 바람직한 것은 **집합적 정책결정이라는 것**이다. 이 경우 바람직한 집합적 결정이란 정보의 제공, 설득과 합의, 정치적 타협 등을 위한 정치적 비용을 극소화시키는 일이다. → 집단적인 주된 문제를 개인적인 선택과 결합
- ㉣ 넷째, 특히 **정치인들은 공익보다는 자신의 사익을 증대시키려고 하는 까닭에 정부재정은 적자를 면치 못한다.**
- ㉤ 다섯째, 따라서 공공정책의 결정은 이에 참여하는 **국민의 수가 많을수록 효율적이고 민주적**이라는 것이다. → 민주적 의사결정을 통한 정책결정
- ㉥ 여섯째, 각자의 이기적 목적을 위해 최대한 합리적으로 의사결정을 하면 모두에게 이익이 되는 공공정책이 만들어질 수 있다고 본다.

③ 결론
- ㉠ **국민의 대표적 참여와 상황적응적인 행정구조를 강조**하고 있다. 동시에 공공선택모형은 합리모형이 갖는 정책의 경직성과 비인간성의 난점을 극복할 수 있는 가능성을 제시하고 있다.
- ㉡ 각자의 이익적 목적 달성을 위해 최대한 합리적으로 의사결정을 한다면(**다수의 자기이익**

극대화과정에서 정치적 결정) 결국 모두에게 이익이 되는 공공정책이 만들어질 수 있다고 보는 것이다.
ⓒ 정책결정권자인 정치가나 관료도 자신의 이익을 극대화하기 위해 노력한다는 가정에 입각한 이론이다.

> **OIKOS UP** **연합모형(회사모형)** [행정론 ㉑]
> ① 개인의 의사결정보다 **조직 내부의 집단적 의사결정** 측면을 자세히 취급하고 발전시킨 모형으로, 경제학적인 시장 중심적 설명에서 벗어나 회사라는 일종의 조직구조와 목표의 변화, 기대의 형성 및 선택이라는 관점에서 설명한다.
> ② 이 모형을 구성하는 세 가지 범주는 **조직의 목표, 조직의 기대, 조직의 의사결정**으로, 의사결정이란 조직의 기대에 의해 형성되는 조직의 목표를 성취시키는 과정으로 본다.
> ③ 의사결정에 영향을 미칠 수 있는 연합체가 조직의 제약요인을 극복하기 위해 벌이는 협상을 통해 합의에 이르는 과정을 다룬다.
> ④ 조직의 연합체는 조직의 구성원과 조직과 관련이 있는 외부 인사들로 구성되며, 이들은 조직의 기대를 형성하고, 이것에 의해 조직의 목표를 설정해서 의사결정에 영향을 미치게 된다. 이런 의미에서 **연합모형**이라고 한다.
> ⊗ 사회복지조직의 의사결정모형 : 연합모형은 경제적·시장 중심적 시각에서 이루어지는 모형이다.(×)

사회복지정책의 내용분석

제3부 **사회복지정책의 형성과정**

제6장 회차별 출제빈도, 출제비중 및 출제논점 1, 2, 3순위

10회 2012	11회 2013	12회 2014	13회 2015	14회 2016	15회 2017	16회 2018	17회 2019	18회 2020	19회 2021	20회 2022	21회 2023	22회 2024
7	9	5	4	10	1	5	2	5	7	5	3	7

출제 비중	출제 논점		
	1순위 ☺	2순위 ※	3순위 ☆
15 / 10	① 사회적 할당(급여자격): 보편주의 vs 선별주의, 귀속적 욕구, 보상/기여, 진단적 구분, 자산조사 ② 사회적 급여(급여종류): 현물 vs 현금, 증서, 권력, 기회	① 재원체계: 공공(일반예산, 사회보험료, 조세지출) vs 민간(사용자부담, 자발적 기여, 기업복지, 비공식) ② 전달체계: 공공(중앙/지방) vs 민간(비영리/영리)	① 사회복지정책 분석의 3가지 접근방법 (3P)

1순위 스마일표시(☺): 출제 빈출도가 높은 부분으로 무조건 시험에 출제되는 영역
2순위 당구장표시(※): 나왔다 안 나왔다 하는 영역이지만 출제가능성 높은 영역
3순위 별 표(☆): 출제 된 적이 있긴 하지만 다시 출제될 가능성은 다소 떨어지는 영역

MAP

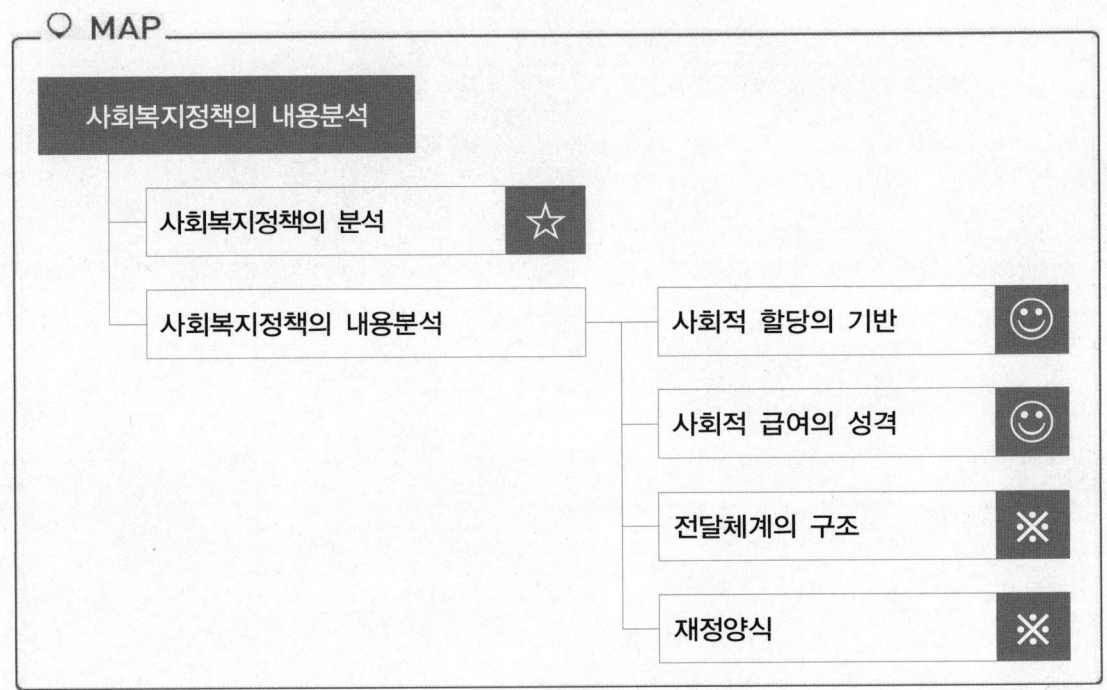

01 사회복지정책의 분석(Neil Gilbert & Paul Terrell)

1 사회복지정책 분석의 3가지 접근방법(3P) [9⑩⑪⑫⑭⑱⑲㉑]   인식(perception) 분석(X)

3가지 접근방법(3P)	주요 내용
과정분석 (studies of process) 정책의 계획과 관련 (계획가)	→ 사회복지정책 형성과정(전개과정) 분석 • 사회복지정책 형성의 역동성을 사회정치적 변수와 기술적·방법적 변수를 중심으로 하여 분석하는 접근 • 계획에 관련된 각종 정보와 다양한 정치조직, 정부 조직, 기타 여러 조직들 간의 관계 및 상호작용이 정책형성에 어떻게 영향을 미치는가를 분석하는데 가장 많은 관심을 둠 　 과정분석은 정책사정(policy assessment)이 어떻게 이루어지는지를 이해하기 위한 목적에서 이루어진다.(O) 　 산물분석은 정책이 형성되는 사회정치적 맥락을 고찰한다.(×) 　 과정분석은 연구자의 주관을 배제해야 한다.(×)
산물분석 = 산출분석 (studies of product) 정책의 운영이나 행정관련 (행정가)	→ 사회복지정책 내용분석 • 기획(planning) 과정을 통해 얻게 되는 산물은 일련의 정책선택 • 정책선택(Policy Choice)과 관련된 여러 가지 쟁점을 분석하는 접근을 말하는 것으로, 선택의 차원에는 할당 체계(급여 대상), 급여체계(급여 내용), 전달 체계, 재정(재원)체계가 있음 　 성과분석은 정책결정이라는 정책활동의 결과물에 대한 내용을 분석하는 것이다.(×) 　 과정분석은 정책 기획과정(planning process)을 거쳐 이끌어 낸 여러 정책대안을 분석한다.(×)
성과분석 = 효과분석 (studies of performance) 정책의 조사연구와 관련 (조사연구자)	→ 사회복지정책 결과평가분석 • 특정한 정책선택에 의해 실행된 프로그램이 낳은 결과를 기술하고 평가하는 데 관심 • 조사방법론은 성과를 측정하는데 관련된 중요한 기술적·이론적 지식과 기법을 제공함 　 산물분석은 특정정책이 실행된 이후 그 결과를 분석·평가하는 데 관심을 둔다.(×)

2 사회복지정책 내용분석(산출분석)의 분석틀 [②⑧⑳]

(1) 분석 틀의 구성요소 : 선택의 차원(dimensions of choice)

① 사회적 **할당의 기반**(혹은 근거)(the base of social **allocation**)은 무엇인가?
　→ 누가(who) 급여를 받는가? 급여대상 또는 급여자격(대상체계 또는 할당체계)
② 사회적 **급여의 형태**(the types of social **provisions**)는 무엇인가?
　→ 무엇을(what) 받는가? 급여내용 또는 급여형태(급여체계)
③ 사회적 급여를 전달하기 위한 **전략**(the strategies for the **delivery**)은 무엇인가?
　→ 어떻게(how) 급여를 받는가? 전달체계

④ 사회적 급여에 **필요한 재정을 마련하기 위한 방법**(the ways the finance)은 무엇인가?
→ 재정은 **어떻게**(how) 마련할 것인가? **재정(재원)체계**

(2) 이 4가지 분석틀은 사회복지정책이 무엇을(급여내용), 누구에게(급여대상), 어떻게(전달체계와 재원) 제공하는 가의 질문에 대한 응답이라고 할 수 있으며, 이 4가지 대상을 각각 할당체계(급여대상), 급여체계(급여내용), 전달체계와 재정(재원)체계라고도 한다.

■ 사회복지정책의 4가지 분석틀 ■

선택차원		의 미	예(건강보험제도) [20]
사회적 할당	누가(who) 급여를 받는가?	급여자격 : 대상(할당)체계	기여조건
사회적 급여	무엇을(what) 받는가?	급여형태(종류) : 급여체계	현금급여, 현물급여
전달체계	어떻게(how) 급여를 받는가?	전달방법 : 전달체계	민간전달체계, 공공전달체계
재정(재원)	재정은 **어떻게**(how) 마련할 것인가?	재정마련방법 : 재정(재원)체계	보험료, 국고보조금, 이용료

OIKOS UP 공익(public interest)을 바라보는 관점(남찬섭 외 역, 2007) [12]

① **유기체적 견해**(organismic view)
  ㉠ 공동체를 이루고 있는 개인들의 구체적인 이익과 선호를 초월하는 이상적인 공익이 존재한다고 믿고 있는 것으로, 공동체는 하나의 유기체로 인식된다.
  ㉡ 지역사회와 정책기획가는 환자와 의사의 관계로 볼 수 있다. 지역사회의 이익을 진단함에 있어 기획가는 전문가적 가치와 기술적 전문성을 지침으로 사용한다(전문가로서의 기획가). 이 견해의 주요가치는 전문성 가치이다.

② **공동체적 견해**(community view)
  ㉠ 기본적으로 공동체 구성원 모두가 공통적으로 가지고 있는 관심사로 이루어진 일원적이 공익을 상정하는 것으로, 개인 및 집단이 공유하지 않는 목표보다 공통된 목표가 훨씬 중요한 것으로 인식된다.
  ㉡ 하위이익보다 전체 공동체의 일원적인 이익에 더 많은 비중을 부여하기 위해서 중심적인 의사결정 과정에 뛰어드는, 그리고 전체로서 정치체(the body politic)가 추구하는 목표를 잘 알고 있다고 판단되는 입법가 또는 행정가가 포함되는 기획 과정과 관련이 있다(입법가로서의 기획가). 이 견해의 주요가치는 리더십 가치이다.

③ **개인주의적 견해**(individualistic view)
  ㉠ 일원적인 공익이란 존재하지 않으며, 대신 서로 다른 관심을 가진 서로 다른 다수가 존재한다고 보는 견해이다. 이런 시각에서 공익이란 서로 경쟁적인 관계에 있는 이익들 간의 상호작용과정에서 나타나는 한시적 타협점에 불과하다.
  ㉡ 공익에 대한 이러한 개인주의적 견해는 이익대변적 기획, 즉 기획선택에 영향을 미치는 가치 및 이익을 가진 특정집단에 대해 책임성을 갖는 기획과 연관된다. 이 경우 대중으로부터 지지를 얻기 위해 상이한 관점들이 경쟁을 벌이는 과정에 있어서 해당 집단의 참여 및 영향력을 높이는 것이 주된 목표가 된다. 따라서 이 견해의 주요 가치는 참여의 가치이다.

02 사회복지정책의 내용분석

1 사회적 할당의 기반 "누가 급여를(혜택을) 받는가?"

(1) **예비적 작업 : 보편주의 vs 선별주의** [⑨⑩⑪⑬⑭⑱⑲⑳㉒]

① **보편주의(universalism)** : 사회복지 급여는 **사회적 권리(social right)**로서 모든 사람에게 주어져야 한다는 원리로, **사회통합, 사회효과성**을 강조한다.
  ㉠ **사회권으로서의 사회복지** : 특정 위험에 처한 사람 뿐 아니라 **모든 국민이 보편적으로 누릴 수 있는 권리**라는 것을 강조한다.
  ㉡ **사회통합 관점** : 인간의 존엄성과 사회통합을 유지할 수 있는 방법으로 사회복지 급여가 제공되어야 한다는 입장이다.
  ㉢ **정치적 이점** : 비용이 많이 들지만 특정 대상의 이익을 대변하지 않고 모든 국민을 대상으로 하는 포괄성의 원칙으로 정치적 지지를 이끌어내는데 유리하다.
  ㉣ **장점과 단점**
    ㉮ **장점** : 최저소득을 보장함으로써 빈곤을 예방할 수 있고 수혜자에게 심리적·사회적 낙인을 가하지 않으며, 행정절차가 용이(운영 효율성 높음, 간편한 행정업무)하며, 수혜자격과 기준의 균등성을 유지할 수 있으며, 모든 시민의 구매력을 일정 수준에서 유지(유효수요)함으로써 경제적 안정과 성장에 기여한다.
    ㉯ **단점** : 제한된 자원을 꼭 필요한 부분에 효과적으로 사용(목표효율성)하는 데 한계
  　국민기초생활보장제도는 부양의무자 조건을 완화하였으므로 보편주의 제도이다.(×)

② **선별주의(selectivism)** : 개인의 욕구(individual needs)에 기초하여 사회복지의 급여가 주어져야 한다는 원리로, **비용효과성(효율성)**을 강조한다.
  ㉠ **복지대상에 대한 엄격한 구분**
    ㉮ 선별주의자들은 생활상의 조건으로 복지 욕구가 있다고 판단된 사람들, 즉 빈곤자, 장애인, 무능력자, 노인, 결손가정과 같이 특수한 문제를 겪고 있는 대상의 급여를 선호한다.
    ㉯ 대상을 선정하기 위해 소득·자산조사를 활용하는 정책이 발달했다.
  ㉡ **제한적인 급여 제공** : 특정 욕구가 있는 대상들에게 집중적으로 자원을 할당하기 때문에 비용효과적이고 목표효율성이 높다고 할 수 있다.
  ㉢ **장점과 단점**
    ㉮ **장점** : 서비스를 도움이 필요한 사람에게 집중시킬 수 있고, 자원의 낭비가 없으며, 비용이 적게 든다.
    ㉯ **단점** : 자산조사 과정과 일반 시민들과의 관계에서 낙인을 피할 수 없다.
  　선별주의는 수급자격이 제한된 급여를 제공하기 위해 자산조사 또는 소득조사를 한다.(O)

(2) 할당원리에 따른 또 다른 관점 : 선택의 연속체 [③⑧⑫⑭⑱⑲㉑㉒]

■ 급여자격 조건 분류 ■

사회복지의 제도적 개념 【보편주의】	⇐	⇒	사회복지의 잔여적 개념 【선별주의】	
• 사회복지급여는 **사회적 권리**(social right) • 인간의 존엄성과 사회통합을 유지 • 모든 국민을 대상으로 하는 포괄성의 원칙으로 정치적 지지(**정치적 이점**) • **시장실패**를 전제로 함			• **개인의 욕구**(individual needs)에 기초한 급여 • **비용효과성**(효율성)을 강조 • **제한적인 급여 제공** : 특정 욕구가 있는 대상들에게 집중적으로 자원을 할당 • **정부실패**를 전제로 함	
※ **사회적 효과성** : 모든 개인들이 사회조직체구성원으로서 대우받는 정도 → 사회적 할당이 보편적으로 이루어져야 함 [㉑]			※ **비용효과성** : 욕구가 가장 많은 사람이지만, 구매할 능력이 가장 적은 사람에게 얼마나 할당되었는가 → 자원의 낭비가 없어야 하며, 고도의 선별성이 요구됨	
• **장점** : 빈곤예방, 심리·사회적 낙인 無, 수혜자격과 기준의 균등성 유지, 사회적 효과성↑, 행정절차용이(운영의 효율성↑) • **단점** : 목표효율성↓, 비용효과성↓, 수직적 재분배효과↓			• **장점** : 빈곤완화, 목표효율성↑, 자원과 비용낭비↓, 비용효과성↑, 수직적 재분배효과↑ • **단점** : 심리·사회적 낙인 有, 운영의 효율성↓, 사회적 효과성↓, 근로의욕감소, 사회통합↓	
귀속적 욕구		보 상	등급 분류/진단적 차별	자산조사에 의한 욕구
인구학적 요건(성별, 연령), 결혼여부, 거주지역과 같은 특정한 집단 구성원으로서 조건을 갖춘 사람을 대상		사회적·경제적으로 공헌을 한 사람들의 집단과 사회로부터 부당한 피해 입은 사람들 대상	각 개별적 사례에 대한 전문가(사회복지사, 의사 등 전문가나 행정관료)가 어떤 재화나 서비스를 특별히 필요로 하는가를 판단	한 개인이 필요한 재화나 서비스를 구입할 능력이 없음을 나타내는 증거를 기초로 하여 수급자격을 판정하는 것
거주 여부, 거주기간, 시민권	인구학적 속성 (나이, 가족수, 결혼 여부 등)	보험료 납부, 공헌(유공자, 특수직역연금) 사회적 희생자 (인종차별, 성차별, 도시개발에 의해 피해 입은 사람) 긍정적 차별	전문적 혹은 행정적 판단	자산조사
사회수당		사회보험	장애등급 등	공공부조
집단지향적 할당(범주적 할당)			개인적 할당	
욕구판단기준				
규범적 판단		형평성을 위한 규범적 판단	기술적 진단 (기술적 등급분류)	경제적 기준

- 사회적 할당의 기반은 보편주의와 선별주의의 이분법적인 개념보다 훨씬 더 복잡한 성격을 가지고 있다.
    - 예 기초연금은 65세 이상이면 자격이 되는 측면에서는 보편주의 같지만 소득·자산조사를 실시하기 때문에 선별주의 원칙을 따른다고 할 수 있다.
- 길버트와 테렐(Gilbert & Terrell)이 구분한 사회복지대상자 선정의 기준 : ㉮ 귀속적 욕구, ㉯ 보상, ㉰ 등급 분류(진단적 차별), ㉱ 자산조사에 의한 욕구
    - ⊗ 사회복지정책의 수급조건 – 최종 학력(×), 진단평가(○)

① 귀속적 욕구(attributed need)
  ㉠ 개요 : 인구학적 요건(성별, 연령), 결혼 여부, 거주지역과 같은 특정한 집단 구성원으로서 조건을 갖춘 사람을 대상으로 한다.
    ㉮ 복지가 발달된 국가일수록 귀속적 욕구만으로 급여자격이 주어지는 경우가 많다.
    ㉯ 보편주의에 가까운 자격조건이다.
      - 예 가족 구성에 따라 지급하는 가족수당, 65세 이상 노인이 되면 지급하는 보편적 연금, 국적과 거주기간만으로 지급하는 영국의 NHS 등
    ㉰ 전문가의 규범적 판단기준(normative criteria of need)에 따라 특정집단이 대상자로 선정된다.
  ㉡ 거주 여부, 거주기간, 시민권
    ㉮ 거주 여부가 유일한 자격요건인 경우
      가장 개방적인 것으로 한 나라 혹은 지역에 거주만 하면 누구에게나 급여자격을 부여하는 방법
      - 예 영국의 NHS, 스웨덴이나 캐나다의 공적의료보장서비스
    ㉯ 거주 여부가 다른 자격조건과 더불어 필요한 경우
      ⓐ 거주 여부 + 거주기간에 따른 자격조건 : 대부분의 사회복지정책들은 여행자와 같은 단기간 거주자에게는 자격을 주지 않는다.
      ⓑ 거주 여부 + 거주기간 + 시민권자 : 우리나라의 출산장려금제도도 해당 지역에 주민등록을 해야만 각 지역의 출산장려금을 받을 수 있다.
  ㉢ 인구학적 속성(인구학적 조건) [③]
    ㉮ 인구학적 조건만 갖추면(거주조건도 갖춰야 한다) 급여를 받을 수 있는 경우 : 65세 혹은 70세 이상의 노인이면 누구나 급여 자격을 주는 **보편적 연금**, 아이를 키우는 가구에게는 누구나 자격을 주는 **아동수당(가족수당)** 등 [④]
    ㉯ 다른 조건을 갖추어야 자격이 되는 경우
      나이, 가족 수, 결혼 여부, 특정의 인구학적 집단에 속하는 경우(여성, 인종집단 등) 등도 갖추어야 하는 경우
      - 예 65세 이상이면서 소득/자산조사의 조건이 필요한 범주적 공공부조(기초노령연금), 미국의 Affirmative Action 프로그램(적극적 차별시정조치, 여성과 소수집단에 대한 취업이나 임금을 유리하게 하는 것) 등
    ㉰ 인구학적 조건은 수직적 재분배 효과가 작으며, 사회통합효과는 크다.

② 보상(compensation)
  ㉠ 개 요
    사회적·경제적으로 특별한 혹은 일정한 공헌을 한 사람들의 집단 또는 사회로부터 부당한 피해를 입은 사람들의 집단에 속할 것을 조건으로 하는 할당 원리이다.
    ㉮ 일정한 보험료를 납부한 사람을 대상으로 급여가 제공되는 형태로, 보상의 대표적인 형태는 사회보험이다.
    ㉯ 선별주의보다는 보편주의 원칙에 가깝다.
      예 사회적 희생자(인종차별과 성차별의 희생자)를 대상으로 하는 경우, 국가유공자와 같이 사회적으로 중요한 공헌을 한 사람을 대상으로 보상을 해 주는 경우, 미국의 Affirmative Action 프로그램(적극적 차별시정조치) 등
    ㉰ 형평성에 맞춰 전문가가 규범적으로 판단(normative criteria for equity)한 특정집단이 대상자로 선정된다.
  ㉡ 기 여
    ㉮ **사회보험 프로그램의 보험료 납부 형태** : 일정 기간 동안 일정한 액수의 보험료 납부가 전제되어야 한다.
    ㉯ **국가에 사회적 혹은 경제적 기여 여부** : 국가를 방위하거나 죽거나 부상당한 군인이나 그 유가족들에 대한 보상차원의 급여, 공무원·군인·교직원연금 등
③ 진단적 구분(diagnostic differentiation, 진단적 차별, 등급분류)
  ㉠ 각 개별적 사례에 대한 전문가(사회복지사, 의사와 같은 전문가나 행정관료)가 어떤 재화 혹은 서비스를 특별히 필요로 하는가를 판단할 것을 조건으로 하는 할당원리이다.
    예 신체장애인이나 정신장애인의 경우 그들 각각이 어떤 재화나 서비스를 특별히 필요로 할지를 전문가가 판단해야 한다.
  ㉡ 욕구에 대한 기술적 분류기준(technical diagnostic criteria of need)에 따라 개별적으로 대상을 선정한다.
    노인장기요양보험제도는 요양등급을 판정하여 급여를 제공하므로 진단적 구분이 적용된다.(O)
④ 자산조사에 의한 욕구(means-tested need)
  ㉠ 개 요
    ㉮ 한 개인이 필요한 재화나 서비스를 구입할 능력이 없음을 나타내는 증거를 기초로 하여 수급자격을 판정하는 것을 말하며, 어떤 개인이 사회적 급여를 받을 수 있는지의 여부는 주로 경제적 조건에 의해 결정된다.
      ⓐ 공공부조와 같이 자격기준 선정에서 소득·자산조사를 통하는 방법으로, **가장 선별주의적 원칙에 가깝다.**
      ⓑ 재화와 서비스를 스스로 구매할 능력이 없다는 명백한 증거를 자산조사를 통해 확인하는 것이 가장 중요하다.
    ㉯ 개인의 경제적 여건에 좌우되며, 자격이 되기 위해 매우 제한적인 원칙을 따른다.
    ㉰ 욕구의 경제적 기준(economic criteria of need)에 따라 개별적으로 대상자를 선정한다.

ⓒ 소득·자산조사 [③⑬⑱]
  ㉮ 공공부조 프로그램(국민기초생활보장제도)의 자격을 결정하는 핵심 기준이다.
  ㉯ 대상효율성이 높고, 근로의욕을 감소시키며, 수직적 재분배 효과가 높다.
  ㉰ 자산조사보다는 소득조사가 낙인을 유발하는 효과가 낮다.
    ⊗ 소득이나 자산을 조사하여 대상을 선정하는 것은 보편주의 원칙에 부합한다.(×)
    ⊗ 국민연금은 소득수준 하위 70%를 기준으로 급여자격이 부여되므로 자산조사 방식이 적용된다.(×)

2 사회적 급여의 성격 "무엇을 받는가?"

(1) 기본적 급여형태 : 현금급여와 현물급여
  ① 현금(cash) 급여 [②④⑤⑥⑧⑨⑫⑭⑮㉑㉒]
    ⊙ 개 요
      ㉮ 수급자가 자신에게 필요한 재화나 서비스를 직접 시장에서 구매가능 하도록 화폐형태로 지급하는 급여형태이다.
      ㉯ 사회복지정책의 급여 가운데 가장 큰 영역이다.
        예 국민연금(노령연금, 장애연금, 유족연금), 산재보험의 장애수당, 공공부조, 장애연금, 기초(노령)연금, 가족수당 등
    ⓒ 현금급여의 장점
      ㉮ 수급자의 권리를 인정하여 인간의 존엄성을 유지시켜줄 수 있다.
      ㉯ 수급자의 효용을 높일 수 있다. 즉 소비자 주권(consumer sovereignty)을 높일 수 있다. → 소비자 선택권이 잘 보장되는 순서 : 현금급여 - 증서 - 현물급여(○)
      ㉰ 수급자들의 선택의 폭을 넓혀주고(복지상품이나 서비스의 선택권을 보장), 자기결정(self-determination)권리를 보호해 준다.
        ⊗ 현물급여는 자기결정권을 강조한다.(×)
      ㉱ 프로그램의 운영비용이 적게 들어 운영 효율성(administrative efficiency)이 높다. 즉, 사회복지기관 관리운영비의 절감과 행정적 편의를 가져다 줄 수 있다.
      ㉲ 저소득층이 필요로 하는 현금을 직접 제공해주므로 가계수입이 늘어나게 되어 빈곤문제 해결 측면에서 현물보다 장점을 가질 수 있다.
        ⊗ 취약계층의 경제적 문제를 근본적으로 해결할 수 있다.(○)
    ⓒ 현금급여의 단점
      ㉮ 수급권자의 개인적 효용은 극대화되지만 사회적 효용성은 떨어질 수 있다.
      ㉯ 실생활에 반드시 필요하지 않은 재화(알코올이나 도박 등)에 소모할 가능성이 있다.
      ㉰ 목표효율성(target efficiency)은 현물에 비해 떨어진다.
      ㉱ 개인적으로 물품을 구매함에 따라 구입 단가가 상승하게 되어 가계 지출을 늘릴 수 있다.

② 현물(goods) 급여(물질적 재화와 서비스) [①④⑤⑦⑧⑨⑫⑭⑮⑰⑳]
　㉠ 개 요
　　㉮ 사회복지 수급대상자들에게 생활에 필요한 물품(product)이나 서비스(service)를 직접 급여로 제공해주는 급여형태로, 공급자(서비스기관)에게 보조금을 지급하는 방식이다.
　　　ⓐ **서비스(services)** : 클라이언트를 위해 제공되는 활동을 말하며, 가정봉사 서비스, 상담, 사례관리, 그리고 훈련 등이 서비스의 범주에 속한다. **전이가능하지 않는 급여**이다.
　　　　　서비스는 클라이언트를 위한 제반 활동을 말하며 목적 외 다른 용도로 사용할 수 없다.(O)
　　　ⓑ **재화(goods)** : 식품, 의류, 주택 등과 같은 물질적인 상품을 말하며, **제한된 전이가치**를 가진다.
　　　　　예) 현물급여 가운데 가장 큰 것은 의료서비스와 교육서비스이며, 이 외에도 음식, 주택, 에너지, 각종 직업훈련, 상담 등으로 종류가 다양
　　　　　[행정론 20회] 사회복지서비스 급여의 유형과 전달체계 특성은 관련이 없다.(×)
　　㉯ **가치재(merit goods)는 현물급여가 현금급여보다 선호되는 이유이다.** 가치재(merit goods)란 모든 국민이 최소한 일정 수준 이상의 혜택이 돌아가게 만들어야 한다는 관점에서 정부가 직접 생산, 공급하는 상품(예) 의료, 주택, 교육서비스 등)을 뜻한다.
　㉡ 현물급여의 장점
　　㉮ 정책의 **목표효율성(target efficiency)**을 높일 수 있다.
　　㉯ 현물급여는 현금급여에 비하여 **급여의 남용이나 오용**을 할 가능성이 적다.
　　㉰ **사회적 효용 측면에서 유리**하다.
　　㉱ 현물급여는 현금급여에 비하여 세금이 반드시 쓰일 곳에 쓰인다는 것을 보여줄 수 있어 **정치적인 측면에서 선호**된다. → 납세자들이 선호하며, 정치적으로 유리함
　　㉲ 현물의 경우에 **정부관료들은 그들의 조직이 커질 수 있어 권력이나 기타 여러 가지 측면에서 유리하기 때문에 선호**된다.
　　㉳ **규모의 경제 측면에서 유리하다.** 즉 현물급여가 현금급여보다 대량생산과 대량소비로 인한 규모의 경제효과가 커 프로그램 비용을 줄일 수 있다.
　㉢ 현물급여의 단점
　　㉮ **수급자의 권리가 침해**될 수 있고, **낙인감과 치욕감**을 줄 수 있다.
　　㉯ 현물을 보관하고, 관리하며, 전달하는데 많은 비용이 들기 때문에 **운영 효율성이 낮다.**
　　　　　현물급여는 집합적 선을 추구하고 용도 외 사용을 방지하지만 관리비용이 많이 든다.(O)
　　㉰ 수급자 **개인들의 복지욕구와 괴리**가 나타날 수 있으며, 개인의 **효용성(만족감)은 떨어진다.**
　　㉱ **수급자의 소비에 강제성이 개입되어 개인의 자유나 자기결정이 침해**받을 수 있다.
　　　　　현금급여는 사회적 통제를 강조한다.(×)
　　㉲ 현물을 생산·제공하는 집단과의 정치적 거래로 인해 **필요 이상의 현물이 제공되면 자원의 낭비가 발생**할 수 있다.

■ 5대 사회보험 급여의 종류 ■ [②④⑩⑲②]

구 분			급여종류	
국민연금	현금급여		노령연금	
		장애연금	장애등급(1~4등급)에 따라 지급 (산재 장해급여 : 14등급)	
		유족연금	**유족범위 : 배우자-자녀-부모-손자녀-조부모**(산재 유족급여 : 형제자매), **최우선 순위자 지급**	
		반환일시금	사망일시금 포함	
국민건강보험	현물급여	요양급여		
		건강검진 : **2년마다 1회 실시**, 비사무직 종사자는 1년에 1회 실시		
	현금급여	요양비		
		임신·출산진료비(이용권)		
		장애인보조기기 급여비		
		본인부담상한제		
		ⓘ 주의 상병수당 : 2025년 도입 목표로 2022년 7월부터 시범사업 시작		
노인장기요양보험	현물급여	재가급여	방문요양, 방문목욕, 방문간호	
			주·야간보호, 단기보호, 기타재가급여	
		시설급여		
	현금급여	특별현금급여	가족요양비, 특례요양비, 요양병원간병비	
산재보험	현물급여	요양급여 : **3일 이내 요양**으로 치유될 수 있으면 지급 않음		
	현금급여	간병급여, 장해급여, 직업재활급여, 상병보상연금		
		휴업급여, 유족급여, 장례비		
고용보험	현금 + 현물	고용안정사업		
		직업능력개발사업		
	현금급여	실업급여	구직급여	상병급여
				연장급여(개별, 특별, 훈련)
			취업촉진수당	조기재취업수당
				직업능력개발수당
				광역구직활동비
				이주비
		출산전후휴가급여		
		육아휴직급여		

㊀ 국민건강보험법상 장애인 보조기기에 대한 보험급여는 현금급여이다.(O)
㊀ 노인장기요양보험법상 재가급여는 현물급여이다.(O)
㊀ 고용보험법상 구직급여는 현물급여이다.(×)

(2) 대안적 급여 형태 : 선택의 확장
① 증서(vouchers) [③④⑧⑨⑪⑫⑭⑯㉑㉒, 행정론 ⑪]
  ㉠ 개 요
    일정한 용도 내에서 수급자로 하여금 원하는 재화나 서비스를 자유롭게 선택할 수 있으며, 지정된 용도 이외의 목적으로 사용할 수 없게 하는 방법이다.
    ㉮ 현금급여와 현물급여의 단점을 보완하고 장점을 최대한 부각시키기 위한 중간적인 성격의 급여방법이다.
    ㉯ 소비자의 선택을 보장해 줌과 동시에 소비행태에 관한 사회통제도 어느 정도 가능케 한다.
      ⓔ 영유아보육제도의 보육서비스, 장애인활동지원제도의 활동지원급여, 장애아동복지지원제도의 발달재활서비스, 우리나라의 산모 및 신생아, 아동, 장애인, 노인 등을 대상으로 하는 바우처 제도, **전자바우처**(e-바우처, 서비스를 구매·지불할 수 있는 서비스이용권을 신용·체크카드 등 금융카드로 구현한 형태), 미국의 식품교환권(food stamp), 교육증서(educational voucher) 등
  ㉡ 증서의 장점
    ㉮ 현금급여의 장점인 **소비자 선택의 자유**를 비록 제한적이지만 살릴 수 있다.
    ㉯ 현금급여의 무제한 선택의 자유에서 발생하는 '**비합리적 선택**'의 문제를 어느 정도 줄일 수 있다.
    ㉰ 재화나 서비스 공급자들 사이의 경쟁을 유발시켜 재화나 서비스의 질을 높일 수 있다.
      ⊗ 공급자(서비스기관)에게 보조금을 지급하는 방식보다 공급자 간 서비스 질 경쟁 유도에 용이하다.(○)
    ㉱ 현물급여의 장점인 **정책의 목표효율성이나 대상효율성을 부분적**으로 이룰 수 있다.
    ㉲ **현물급여보다 비록 제한적이나마 수급자들의 효용**을 높일 수 있다.
    ㉳ 현물급여에 비하여 **관리·운영하는데 드는 운영비용이 적게 든다.**
  ㉢ 증서의 단점
    ㉮ 중간적 성격으로 인해 지지세력이 크지 않다.
      ⊗ 증서는 일정한 범위 내에서만 교환가치를 가지기 때문에 개인주의자와 집합주의자 모두 선호한다.(○)
    ㉯ **서비스 공급자가 특정 소비자를 선호, 회피하는 현상이 발생**한다.
    ㉰ 현물급여를 관리하는 관료의 입장에서 보면 증서는 현물급여보다 불리할 수 있다.
    ㉱ 현물급여의 장점인 목표효율성을 이루는데 어려움이 있다.

OIKOS UP 사회서비스 전자바우처 제도 [⑭㉒]

① 개 념
  ㉠ 사회서비스 : 일반적인 의미에서 개인 또는 사회전체의 복지증진 및 삶의 질 향상을 위해 사회적으로 제공되는 서비스를 말하며 공공행정(일반행정, 환경, 안전), 사회복지(보육, 아동, 장애인, 노인 보호), 보건의료(간병, 간호), 교육(방과 후 활동, 특수 교육), 문화(도서관, 박물관, 미술관 등 문화시설 운영)를 포괄하는 개념이다.
  ㉡ 전자바우처 : 바우처는 이용 가능한 서비스의 금액이나 수량이 기재된 증표(이용권)로 전자바우처는 서비스 신청, 이용, 비용 지불/정산 등의 전 과정을 전산시스템으로 처리하는 전달수단을 말한다.
② 도입 : **전자바우처 방식의 사회서비스는 2007년에 최초로 도입**
  ㉠ 「전자식 바우처」는 금융기관 시스템을 활용하는 것으로, 급여형태는 신용카드 또는 체크카드로 구현한 증서이다.
  ㉡ 자금흐름의 투명성, 업무 효율성 확보, 정보 집적 관리를 통한 사회서비스 발전기반을 마련하기 위해 도입하였다.

ⓒ 바우처(서비스 이용권) 제도는 수요자 중심의 직접 지원방식으로, 공급기관의 허위·부당 청구 등 도덕적 해이를 최소화 할 수 있다.

❌ 사회서비스 전자바우처 : 서비스 제공자의 도덕적 해이를 방지하기 위해 도입되었다.(O)

③ 기존제도와의 차이점

구 분	공급기관 지원방식	수요자 지원방식
대 상	수급자 등 저소득층(수동적 보호대상)	서민·중산층까지 확대(능동적 구매자)
서비스 비용	전액 국가 지원	일부 본인부담
서비스 시간	공급기관 재량	대상자 욕구별 표준화
공 급 기 관	단일 기관 독점	다수 기관 경쟁
특 징	획일적이고 정형화된 서비스 제공	공급자간 경쟁을 통한 다양한 서비스 제공

④ 사회서비스 전자바우처사업 현황

	사업명
장애인 활동지원	장애인 활동지원, 시·도 추가지원
지역자율형 사회서비스투자사업	지역사회서비스투자, 산모신생아건강관리지원, 가사간병방문지원
장애아동가족지원	발달재활서비스, 언어발달지원
발달장애인지원	발달장애인부모상담지원, 발달장애인주간활동서비스, 청소년발달장애학생방과후활동서비스
임신출산 진료비지원	
청소년산모 임신출산 의료비지원	
기저귀 조제분유 지원	
에너지 바우처	
아이돌봄지원	
여성청소년 생리대바우처 지원사업	
첫만남이용권 지원사업	

※ **지역자율형 사회서비스투자사업** : 기존 개별보조로 재정지원이 될 때에는 중앙정부에서 직접 기획·관리한 사회서비스 공급체계로서, 지역 특성과 주민의 다양한 서비스 욕구 충족에 한계가 있었다. 사회서비스 공급이 효율적으로 이루어지도록 지방의 자율성을 강화하고 수요자 중심적 공급체계로 개편을 추진한 것이다. 즉 사회서비스 재정지원 방식을 개별보조가 아닌 포괄보조(Block Grant)로 전환하여 지역의 사업 기획 및 집행상 자율성·책임성을 부여한 것이다.

⑤ **도입성과** : 사업의 전자화로 행정관리비용 감소 및 재정운영의 효율성과 투명성이 제고
ⓐ 일자리 창출 : 고용 취약계층에게 적합한 일자리 제공으로 서민생활 안정 및 경제활동 참여기회 확대
ⓑ 선택권 강화 : 복지서비스 대상자가 소극적인 복지수급자에서 능동적인 서비스 구매자로 전환되어 수요자의 선택권 강화 → 수요자 지원방식 전환으로 국민의 정책체감도 및 만족도 증가
ⓒ 품질 경쟁체계 구축 : 복지분야 독점상태를 해소하여 경쟁을 통한 서비스 품질 제고환경 구축
→ 민간 및 대학 등 다양한 사회서비스 제공기관 신규 확충
ⓓ 투명성·효율성 향상 : 사업의 전자화로 행정관리비용 감소, 재정운영의 효율성 및 투명성 제고, 지불·정산업무 전산화로 지방자치단체의 사회서비스 행정부담이 대폭 경감
- 기존 수작업의 종이바우처는 지불소요기간이 1~2개월인 반면, 전자바우처는 지불소요기간이 10일 내로 지불소요기간이 단축
- 중앙정보 집적체계로 사업실적을 실시간 파악할 수 있게 되었으며, 행정비용이 절감

② **기회(opportunities)** [⑩⑭㉑㉒]
바람직한 어떤 목적을 성취하기 위해 활용되는 **유인과 재가(裁可)를 말하는 것으로 무형의 급여형 태이다.**
- ㉠ 기회를 주는 것은 **노동시장의 경쟁 상황에서 불리한 상황에 처해 있는 집단들이 소득을 획득할 수 있는 기회를 줌으로써 불평등을 완화시키고자 하는 것이다.**
- ㉡ 노동시장에서 차별받는 대상들에게 더 많은 기회를 제공하여 **긍정적인 차별을 통한 평등의 가치를 실현하고자 하는 것이다.**
- ㉢ 기회를 주는 것은 **간접적인 형태의 서비스이며 과정상의 평등만을 제공하는 것이므로** 빈곤자들의 소득향상에 직접적으로 도움이 되지 않는 경우가 많으며, 다른 급여의 형태들에 비하여 사회복지정책의 궁극적인 목표인 **소득의 평등을 이루는 것이 어려운 한계**를 갖고 있다.
  - 예 장애인의무고용제도, 빈곤층 자녀의 대학입학정원 할당, 여성고용할당제도 등과 같이 사회의 불이익집단들(소수인종, 여성, 노인, 장애인 등)에게 진학, 취업, 진급 등에서 유리한 기회를 주어 시장의 경쟁에서 평등한 기회를 주는 형태
  - ⓧ 기회를 제공하는 프로그램의 예로 장애인의무고용제를 들 수 있다.(O)

③ **권력(power)** [⑨⑭]
- ㉠ **재화와 자원의 통제에 영향을 미칠 수 있는 힘을 재분배하는 것을 말하는 것으로, 수급자가 직접 급여에 대한 결정이나 그와 관련된 정책결정에 참여하는 것이다.**
  - ㉮ 사회복지정책의 수급자로 하여금 정책결정에 대한 권력(power)을 주어 정책의 내용(급여자격, 급여액 등)이 그들에게 유리하게 결정되도록 하는 것들이 있다.
  - ㉯ 현금이나 증서 등과 같은 방식으로 소비되는 것은 아니지만, 재화나 서비스, 기회에 비해 사회·경제적 선택 그 자체에 대한 통제력은 훨씬 더 많이 제공한다.
    - ⓧ 기회는 재화와 자원을 통제할 수 있는 영향력을 의미하며 정책에 관한 의사결정권을 갖는 것을 말한다.(×)
- ㉡ **장점** : 참여민주주의(participation democracy)와 민주적 거버넌스 실현, 재화나 자원을 통제하는 영향력의 재분배, 이용자 참여 등
- ㉢ 단점
  - ㉮ 정책의 결정에 시민참여(citizen participation)는 대부분 명목적(nominal)인 참여에 그쳐 실질적인 정책내용에 영향을 주지 못한다.
    - ⓐ 수급자들의 참여율이 낮을 뿐만 아니라 참여한 사람들이 실질적으로 수급자의 이익을 대변하기보다 기존의 정책결정자들에 의해 선택된 사람들이라는 것이다.
    - ⓑ 수급자들이 정책의 내용에 대한 이해가 적기 때문에 참여를 해도 실질적인 정책변화에 영향을 줄 수 없다.
  - ㉯ 참여민주주의의 이름하에 대개의 경우 기득권자의 합리화를 위한 도구로 쓰일 가능성이 높다.

OIKOS UP 서비스구매계약과 보조금

① **서비스구매계약(POSC, Purchase of Service Contract)**
  ㉠ 자원공급자(대개 공공)가 구체적인 서비스의 내용을 두고 그것을 실행할 서비스 생산자(대개 민간서비스 기관)들과 계약을 맺어 서비스를 제공하는 것
  ㉡ 정부기관이 특정서비스의 내용과 대상자까지 지정해서, 서비스 제공사업자를 경쟁을 통해 확보 → 서비스 프로그램은 기획자(정부)와 생산자(민간조직)로 역할 분리
  ㉢ 일괄보조금 지원방식이 아니라 각 서비스별로 제공되는 서비스의 규격, 양, 품질 등이 계약에 따라 정해지고 서비스 비용은 계약에 따라 지불되는 방식
  ㉣ 서비스 구매계약에 의한 재원 지원방식에서는 서비스 성과측정이 중요한 이슈
② **보조금(Grant)**
  ㉠ 비교적 포괄적인 프로그램에 대해 지원하고, 세세한 프로그램 결정은 프로그램 자체에서 기획
  ㉡ 서비스성격자체는 공공성을 가지고 있으나 공공부문만으로는 서비스나 재화의 생산·공급이 수요에 미치지 못할 경우 이와 유사한 서비스를 제공하는 민간부문에 보조금을 제공함으로써 이에 기여하는 방식

3 전달체계의 구조 "어떻게 급여를 받는가?"

(1) 전달체계의 개념 [19]

① 서비스 제공자들 사이 또는 서비스 제공자와 수급자 사이에 존재하는 조직체계와 서비스의 이동 통로를 의미하는 것으로, 급여대상자에게 선택된 급여를 전달하는 조직적 장치이다.
  ㉠ 공급자와 수요자를 이어주는 매개체 역할을 한다.
  ㉡ 아무리 정책의 내용이 바람직하다 하더라도 **전달체계가 적절하지 못하면 그 정책이 추구하는 목표를 이루기가 어려운 것**이다.
② 사회복지전달체계는 클라이언트에게 **사회복지서비스를 제공하기 위한 조직 및 인력**이다.
  ⓧ 사회복지전달체계 - 공급자와 수요자가 가격기구를 매개로 상호작용하는 것을 원칙으로 한다.(×)

(2) 전달체계의 평가기준 [19]

① **재화나 서비스의 속성** : 사회복지정책에서 제공되는 재화나 서비스는 다양하고, 이런 재화나 서비스는 다른 속성을 갖고 있기 때문에 속성의 차이에 따라 전달체계의 차이가 필요하다.
  ㉠ 사회복지재화나 서비스들 중 **공공재적 성격이 강하고 외부효과의 큰 경우**(예 의료서비스, 교육서비스, 아동복지를 위한 재화나 서비스들)는 **정부(그것도 중앙정부)에서 제공하는 것이 바람직**하다.
    ⓧ 공공재적인 성격이 강한 재화나 서비스는 민간에서 제공하는 것이 바람직하다.(×)
  ㉡ 사회복지재화나 서비스들 중 소비자들이 합리적으로 선택하기 위해 많은 정보가 필요하거나 그 정보를 구하는데 많은 비용이 드는 속성을 갖고 있는 경우(예 의료서비스)는 민간부문에서 제공하면 그러한 재화의 형태, 가격, 질 등에서 비효율적 배분이 일어나기 때문에 **정부가 제공하는 것이 바람직**하다.
    ⓧ 사회복지의 재화나 서비스는 정보의 불완전성으로 인해 소비자들의 합리적 선택에 차이가 난다.(○)
  ㉢ 사회복지재화나 서비스들 중 속성상 **대규모로 혹은 강제적으로 제공하는 것이 기술적인 측면에서 바람직한 경우**(예 사회보험)는 민간부문에서 제공하게 되면 가입을 자발적으로 하게 됨으로써 '역의 선택' 문제가 발생되기 때문에 **정부에서 제공하는 것이 바람직**하다.

ⓔ 사회복지재화나 서비스들 중 속성상 **여러 전달체계에서 보완적으로 제공되면 바람직한 경우에는** 단일한 전달체계에서 독점적으로 제공하기 보다 **여러 전달체계가 보완적으로 제공할 수 있도록 정부, 민간 또는 혼합적 전달체계가 제공하는 것이** 바람직하다.

> 사회복지 재화나 서비스는 단일한 전달체계에서 독점적으로 제공하는 것이 바람직하다.(×)

② **정부전달체계와 민간전달체계**

- **정부전달체계가 유리** : 평등(소득재분배) 혹은 사회적 적절성의 목표, 통합적(integration), 재화나 서비스에 대한 조정(coordination)과 체계화, 지속적(continuity), 서비스에 대한 남용과 오용 방지
- **민간전달체계가 유리** : 효율적(efficiency), 경쟁적(competition), 재화나 서비스에 쉽게 접근(accessibility), 수급자의 욕구에 대응적이고 책임적(accountability), 수급자의 선택의 자유 넓힘

㉠ 전달체계가 얼마나 **평등(소득재분배) 혹은 사회적 적절성의 목표를 이룰 수 있는가? 평등의 기준은** 다양한 전달체계들을 비교할 때 **가장 우선적으로 고려되어야 한다.**
   → 정부 전달체계가 유리하다.

㉡ 얼마나 **통합적(integration)**인가? 사회복지의 재화, 서비스나 그 전달방법은 매우 다양하기 때문에, 누구에게나 인간다운 생활을 할 수 있는 기본적 욕구를 모두 만족시키기 위해서는 제공되는 **재화나 서비스에 대한 조정(coordination)과 체계화가 필요**하다.
   → 정부 전달체계가 유리하다.

㉢ 얼마나 **지속적(continuity)**인가?
   ㉮ 사회복지재화나 서비스에 대한 욕구가 있을 때, 지속적이고 안정적인 서비스를 제공하기 위해서는 안정적인 재원이 뒷받침되어야 한다.
   ㉯ 민간부문의 소규모 전달체계보다는 정부예산에 의존하는 대규모의 **정부 전달체계가 유리하다.**

㉣ 얼마나 수급자들의 **서비스에 대한 남용과 오용**을 막을 수 있는가?
   ㉮ 사회복지재화나 서비스는 시장기제에서의 쌍방적 교환과 달리 일방적으로 지급되기 때문에 오용과 남용의 문제가 발생할 수 있다.
   ㉯ 수급자에게 선택의 자유 폭이 넓은 민간 전달체계보다 **조정과 통제능력이 높은 정부 전달체계가 이 점에서는 유리하다.**

> 사회복지 재화나 서비스는 수급자들에 의한 오용과 남용의 문제가 발생하지 않는다.(×)

㉤ 얼마나 **경쟁적(competition)**인가?
   ㉮ 일반적으로 재화나 서비스가 단일 제공자에 의해 독점적으로 제공되면 그 재화의 질은 낮아지고 가격은 높아질 수 있는데, 재화나 서비스를 여러 제공자가 경쟁적으로 제공할 때 그 가격과 질에 있어 소비자에게 유리하다.
   ㉯ 정부의 전달체계는 대개 독점적 성격을 갖고 있기에 **이 경우에는 민간부문의 전달체계가 바람직하다.**

ⓑ 얼마나 재화나 서비스에 쉽게 **접근**(accessibility)할 수 있는가?
  ㉮ 전달체계는 공간적·시간적인 측면에서 수급자가 서비스를 쉽게 이용할 수 있도록 만들어져야 한다.
  ㉯ 정부 전달체계보다는 수급자가 사는 지역사회에 위치하고 단기간에 급여가 이루어질 수 있는 **소규모의 민간부문 전달체계**가 더 바람직하다.
ⓢ 얼마나 수급자의 **욕구에 대응적이고 책임적**(accountability)인가?
  ㉮ 서비스에 대한 욕구형태(양, 질, 형태 등)의 변화에 대하여 얼마나 신속하고 융통성 있게 대응할 수 있느냐 하는 점이다.
  ㉯ 관료제적 속성을 갖고 있는 **정부의 전달체계가 민간 전달체계보다 이런 점에서 불리하다**.
ⓞ 얼마나 **수급자의 선택의 자유**를 넓힐 수 있는가? → 다양한 서비스를 경쟁적으로 제공하는 **민간 전달체계가 획일적인 정부 전달체계보다 장점**이 있다.
ⓩ 얼마나 **효율적**(efficiency)인가? 재화의 공급자나 수급자 모두 충분한 정보를 바탕으로 합리적인 선택을 하게 되면 모두의 효용을 극대화하기 때문에 그 재화의 효율적인 배분이 이루어진다. → 민간부문의 전달체계가 바람직하다.

(3) 공공부문 전달체계 : 중앙정부와 지방정부 [⑧⑪]

① **중앙정부**
  ㉠ **중앙정부의 역할이 큰 이유**
    ㉮ 의료나 교육서비스와 같이 공공재적 서비스 제공 측면에서는 중앙정부 차원의 접근이 유리하다.
    ㉯ 사회보험과 같이 재화의 가격이나 서비스 질적 향상을 기하기 위해서는 대상인구가 많을 경우 유리한데 이런 규모의 경제 측면의 장점을 발휘할 수 있다.
    ㉰ 사회복지정책이 추구하는 목표인 평등(소득재분배)과 사회적 적절성의 가치를 구현하는데 중앙정부가 유리하다.
    ㉱ 일반조세에 의한 막대한 예산을 통해 안정적이고 지속적인 서비스 제공이 가능하다.
    ㉲ 다양한 사회복지에 대한 욕구를 체계화하여 다양한 프로그램을 통합, 조정하기에 유리하다.
  ㉡ **중앙정부 전달체계의 한계점** [⑥]
    ㉮ **자원의 비효율적 배분** : 중앙정부에서 제공하는 재화들은 일반적으로 그것들의 공급량이나 형태에 관한 수급자의 선택이 반영되기 어렵기 때문에 수급자들의 효용을 극대화하는 데 한계가 있다.
    ㉯ **독점적 공급에 따른 서비스 질 저하** : 중앙정부의 재화는 공급자가 독점적이기 때문에 공급자가 다양하고 많은 시장경제 체계에 비해 재화의 가격과 질에 있어 수급자에게 불리할 수 있다.
    ㉰ **변화하는 욕구에 융통성 있는 대응 부족** : 정부조직의 관료성으로 인하여 수급자의 욕구에 대한 대응이 신속하지 못하고 지역특수적인 욕구에 대한 대응이 융통적이지 못하다.

② 지방정부 [⑥]
  ㉠ 지방정부의 역할이 큰 이유
    ㉮ 지역주민들의 욕구를 더 신속적이고 효율적으로 해결할 수 있다.
    ㉯ 지방정부들 간의 경쟁을 유발시켜, 경쟁논리에 의하여 재화의 가격과 질이 향상될 가능성이 있다.
    ㉰ 중앙정부에 비해 비교적 창의적이고 실험적인 서비스 개발이 용이하다.
    ㉱ 서비스 수혜자들이 정책결정에 참여할 기회가 높아져 수급자의 입장이 반영될 수 있다.
  ㉡ 지방정부 전달체계의 한계점
    ㉮ 중앙정부와 지방정부의 재원부담의 비중에 있어 지방정부의 부담이 증가하면 **지역 간 불평등이 야기**될 수 있다.
    ㉯ **지역 간 불평등을 야기 시켜 사회통합을 저해**한다.
    ㉰ 규모의 경제실현이 어려워 **대규모의 재정과 행정능력을 필요로 하는 사회보험의 경우 기술적인 측면에서 불리**하다.
    ㉱ 중앙정부에 비해 지방정부는 재정적, 행정적 열세로 **프로그램의 안정성과 지속성 보장**이 어렵다.

(4) 민간부문 전달체계 [⑤⑳]
  ① 순수민간부문 [⑤]
    ㉠ **민간부문의 장점** : 효율성, 경쟁성, 선택의 자유, 접근성, 신속대응성, 융통성 등
      ㉮ **사회복지 수요자들의 욕구에 신속하고 융통성 있게 대응**할 수 있다.
      ㉯ 관료적이고 독점적인 정부차원의 전달보다는 **자유경쟁의 원리에 의하여 자원을 효율적으로 배분**할 수 있다.
      ㉰ 정치적인 이유로 인해 발생하는 **불필요한 서비스의 확대를 예방**할 수 있다.
      ㉱ **지역의 욕구에 즉각적으로 대응**할 수 있다. 즉 접근성이 높다.
      ㉲ **소비자의 선택권이 비교적 잘 보장**된다.
      ㉳ **다양한 욕구를 반영해야 할 때는 효과적**이다.
    ㉡ 민간부문의 단점
      ㉮ 공공부문에 비해 재정이 불안정하여 **서비스의 지속성**을 보장하기 어렵다.
      ㉯ 재정의 취약성, 규모의 경제의 어려움 등으로 사회복지정책이 추구하는 평등 즉 **소득재분배를 달성**하기가 어렵다.
      ㉰ 사회복지재화는 대부분 **공공재적인 성격**을 가지고 있고, 외부효과가 발생할 가능성이 높기 때문에 시장경제 원리에 입각하여 이런 재화를 제공하려는 주체가 나타나기 어렵다.
      ㉱ 사회복지 서비스의 질과 양은 전국적으로 확대될 때 **규모의 경제 측면**에서 유리하다. 그러나 민간차원에서 제공될 경우 규모가 작아질 수밖에 없어서 수급자의 욕구를 충족시키기에 한계가 있다.
        ※ 민간 영리기관이 사회서비스를 전달하는 사례 - 개인 사업자가 노인요양시설을 운영하는 사례(O)

② **민영화(privatization)** [④⑦⑩⑱]
　㉠ **개념과 등장 배경**
　　㉮ **개념** : 정부부문이 운영하던 사회복지서비스를 민간부문(private sector)에게 이양(transfer)하는 것과 일정한 계약 아래 민간기관 및 비영리단체에게 운영을 위탁하는 것을 말하며, 이 같은 **민간영역의 확대를 장려하는 사회적 흐름**을 말한다.
　　㉯ **등장배경** : 공공부문의 실패, 신자유주의의 대두, 민간부문 및 시장활성화를 통한 경제 활성화, 수요자 중심서비스 체계에 대한 선호 등
　　　　※ 민영화 - 1980년대 등장한 신자유주의와 관련이 있다.(O)
　　　　※ 민영화 - 정부가 공급하는 재화와 서비스 비용을 절감하기 위해 도입되었다.(O)
　㉡ **논리**
　　㉮ 경쟁적 자유시장이 국가가 개입하는 것보다 효율적이며, 공공관료제는 사회복지재화의 분배에 실패했다고 본다.
　　㉯ 민간기관들은 사회복지서비스의 생산과 전달에 있어서 가장 효율적인 방법을 활용하기 때문에 우수한 성과를 산출할 수 있다고 본다.
　　㉰ 민영화로 사회복지 수급권자들이 선택(소비자 선택)할 수 있는 영역이 많아질 수 있다고 한다.
　　　　※ 민영화 - 소비자 선호와 소비자 선택을 중시한다.(O)
　㉢ **문제점**
　　㉮ 비용을 서비스 제공자와 이용자가 부담해야 하는데, 이 경우 고비용의 문제, 위탁관리의 유착문제 등이 나타날 수 있어 **재정 접근성이 떨어진다**.
　　　　※ 민영화 - 상업화를 통해 취약계층의 서비스 접근성이 높아진다.(×)
　　㉯ 서비스의 지속성 측면에서도 불리하다.

OIKOS UP 전달체계의 운영주체 : 비영리조직 vs 영리조직

비영리조직(기관)으로 할 것이냐 영리조직으로 할 것이냐와 관련한 선택기준
① **서비스의 표준화 정도** : 공중보건을 위한 예방접종과 같이 단일한 절차를 요하거나 표준화된 결과물을 갖는 서비스의 경우 비영리기관이 더 바람직하다.
② **클라이언트 집단의 능력** : 착취당할 위험이 높은 클라이언트 집단(아동 및 지적장애인 등과 같은 표현능력이 부족한 이용자, 정서적인 혼란을 겪고 있는 사람들 등)에 대해서는 서비스의 공적 책임성과 자선적 윤리 차원에서 비영리기관이 더 바람직하다.
③ **서비스의 위험성(서비스 제공에 있어서 강제성의 필요 여부)** : 공공적 강제력이 개입되는 서비스(아동보호서비스, 보호관찰 서비스, 기초생활보장 조건부수급자 등)는 개인의 자유를 침해할 수 있는 경우 공적 책임성이 더 큰 비영리기관이 더 바람직하다.
④ **관련규정 준수에 대한 감독의 강력성 정도(규제의 효과성 여부)** : 클라이언트 보호 및 기준 준수 여부에 대해서 관리감독이 철저하게 이루어질 수만 있다면 영리 공급자와 비영리공급자 가운데 어느 쪽이 서비스를 전달하든 큰 차이는 없다. 다만, 사회서비스는 규제의 범위와 효력이 언제나 제한적이므로, 이럴 때는 비영리기관이 더 바람직하다.

(5) 사회복지전달체계 재구조화 전략 [㉑㉒]

길버트(N. Gilbert)와 테렐(P. Terrell)은 서비스의 분열성, 불연속성, 무책임성, 비접근성 등의 전달체계 문제점들을 감소시키기 위해 사회복지전달체계 재구조화 전략을 아래 표와 같이 주장하였다.

전략 구분	주요 내용
정책결정에 관련된 권한과 통제력 재구조화 전략	① 조정 : 중앙집중화, 연합, 사례별 협력 ② 시민참여 : 비배분적 참여, 정상적 참여, 재분배적 참여
과업할당(업무배치) 재구조화 전략	① 역할부과 ② 전문가 이탈
전달체계의 조직구성 변화 전략	① 전문화된 접근 구조 ② 의도적 중복 : 경쟁, 분리

① 정책결정에 관련된 권한과 통제력 재구조화 전략

㉠ **조정** : 통합적이고 포괄적인 사회복지서비스 체계를 개발하려는 목적을 가진 전략

㉮ **중앙집중화** : 행정적 통합을 통한 조정 전략으로 가장 강력한 조정절차 중 하나이다.

> 예 영국에서 1970년 제정된 「지방정부 및 사회서비스에 관한 법률」에 의해 새로이 창설된 '지방정부 사회서비스국' 산하로, 아동복지국, 지역사회개발국, 가정봉사국, 그리고 여타 지방의 사회서비스 기관들의 인원과 기능을 통합하였다.

㉯ **연합(federation, 연방화)** : 서로 다른 기관들의 자원을 지역적으로 집중화하지만 기관을 행정적으로 통합하지는 않는 것으로, 의사결정을 가진 공식적인 직원구조들 간 지속적인 협력체제를 말한다.

ⓐ 일정 정도의 의사결정권한을 연합으로 협력하고 있는 기관들의 승인(비준) 대상으로 삼는다.

ⓑ 연합된 구조에서는 구성단체들이 공동운명의식을 가지고 기관들간 협력적인 관계 아래 그들의 기술, 자원, 지식, 직원을 교환한다.

㉰ **사례별 협력(case-level collaboration, 사례수준 협력)** : 사회복지기관과 기관의 직원들 간 상호작용을 분산시키는 것으로, 각 기관의 최일선 사회복지사들 간 원조 네트워크를 만드는 것이다.

㉡ **시민참여(citizen participation)** : 민주주의라는 가치에 근거한 전략으로 기관과 클라이언트 사이에 의사결정권한을 재분배하려는 목적을 가진 전략이다. 클라이언트가 영향력을 행사해야 보다 책임있고 효과적인 서비스를 제공받을 수 있다는 논리에 근거한 것이다.

㉮ **비배분적 참여(유사참여)** : 시민들이 교육이나 치료 형태로 참여하거나 명목적으로만 참여하는 것으로, 기존 의사결정권한에 실질적 변화가 없는 경우이다.

㉯ **정상적 참여(명목적 참여)** : 의사결정과정에 시민이 실질적으로 참여하지만, 그것이 의사결정의 결과를 크게 바꾸지는 못하는 경우이다.

㉰ **재분배적 참여** : 사서비스 전달체계에 관련된 의사결정에 시민들이 실질적으로 영향력을 행사할 수 있도록 권위구조가 변형되는 경우이다.

② **과업할당(업무배치) 재구조화 전략**
  ㉠ **역할부과(role attachment, 역할연결)** : 중산층 출신의 사회복지사와 하층 출신의 클라이언트를 연결시키는 역할을 만드는 것이다.
    ㉮ 이 전략은 사회복지사와 클라이언트의 계층(계급)적 격차로 인해 수혜대상자인 클라이언트들이 서비스 전달체계에 진입하고, 서비스 전달체계를 통해 서비스를 받는 데 장애가 된다는 생각에 기초한다.
    ㉯ 두 계층(계급) 간의 격차를 해소시켜 줄 수 있는 인간적 매개체(human link, 인간연계)가 필요하며, 이런 사회계급 간 중개기능 역할을 수행하는 사람으로는 그 지역주민의 가치와 문화에 대해 잘 아는 하층민 출신의 비전문적 보조요원을 채용하는 것이다.
  ㉡ **관료적 구조로부터의 전문가 이탈(전문가의 철수)** : 서비스 전달을 향상시키기 위해 관료적 구조를 개혁하기보다 관료적 구조로부터 이탈하는 것이다.
    ㉮ 기관의 정책에 의해 서비스 전달에 주어지는 제약을 극복하기 위해서 전문가들은 개인 개업을 하여 자신들이 제공하는 서비스 행위 각각에 대해 클라이언트로부터 대가를 받는 전략을 택하는 것이 더 좋다는 것이다.
    ㉯ 이 전략에서 사회복지사들은 관료로부터 기업가로 역할을 바꾸게 되는 것이다.
③ **전달체계의 조직구성(단위조직의 수와 형태) 변화 전략**
  ㉠ **전문화된 접근구조** : 클라이언트가 서비스에 접근하는 것 자체를 하나의 독자적인 사회복지서비스로서 제공한다는 것이다. [㉒]
    ㉮ 기관의 전문성을 유지하면서 클라이언트의 접근성을 높이기 위한 방안으로 전달체계에 '공평무사한 전문적 접수창구'라는 새로운 구조를 첨가할 필요가 있다.
    ㉯ 이러한 새로운 '접수창구'는 클라이언트가 관료적으로 짜인 복잡한 전달체계의 미로를 좀 더 쉽게 헤쳐 나가도록 도움을 주는 사례옹호(case-advocacy, 권익보호), 자문, 정보제공, 의뢰서비스 등을 전문적으로 제공하는 기관으로 나타난다.
  ㉡ **의도적인 중복** : 기존 전달체계 내에서 이미 제공되고 있는 서비스의 일부 또는 전부를 새로운 기관으로 하여금 또 다시 제공토록 하는 전략이다.
    ㉮ **경쟁** : 전달체계 내에서 클라이언트와 자원을 놓고 기존 기관과 경쟁관계에 있게 될 새로운 기관을 만드는 전략이다.
      ⓐ **직접적 경쟁전략** : 새로운 기관을 만듦으로써 기존의 전달체계 구조를 변화시키는 것
        ▣ 지역사회에 대해 보육 서비스 및 상담 등을 제공하는 기존의 기관으로 하여금 그들 서비스를 확대하도록 자금을 제공하지 않고, 똑같은 서비스를 제공하는 기관을 새롭게 하나 더 만들어 이 기관에 자금을 제공
      ⓑ **간접적 경쟁전략** : 사회적 급여의 형태를 변화시키는 방법
        ▣ 서비스를 받을 수 있는 증서를 나누어 주는 것
    ㉯ **분리** : 기존의 전달체계 외부에 새로운 기관을 조직하는 것이다.
      ⓐ 기존의 서비스 네트워크 밖에 하나의 대안적 서비스를 제공하는 것으로, 기존 전달체계 내로 진입을 시도하지 않는다.
      ⓑ 이 전략의 목적은 인종차별이나 성차별 또는 사회경제적 지위상의 문제로 인해 기존의 전달체계 내에서는 적절하게 서비스를 제공받을 수 없는 소외계층을 위한 새로운 서비스 네트워크를 구축하려는 것이다.

4 재정양식 : 재원 "재정은 어떻게 마련할 것인가?"

(1) 사회복지재원의 중요성과 기능
① 사회복지재원의 중요성
  ㉠ 사회복지정책을 구체적인 서비스 형태로 전환하기 위해서 필요하다.
  ㉡ 사회복지정책의 효율성과 효과성의 판단 기준이 되기 때문에 중요하다.
  ㉢ 사회복지재원은 개인의 문제가 아닌 사회 전체의 문제 해결을 위해 국민의 세금으로 운영되기 때문에 책임성이 따른다.
  ㉣ 사회복지재원은 정책의 목표를 효과적이고 효율적으로 달성할 수 있는 수단이 된다.
  ㉤ 평등의 실현을 위한 소득재분배 기능을 수행하기 위해서 사회복지재원이 필요하다.
  ㉥ 사회복지재원은 사회통합의 목표를 달성하기 위해서도 중요한 역할을 담당한다.
  ㉦ 사회복지정책에 사용할 재원은 제한되어 있기 때문에 제한된 재원으로 사회적 목표를 효율적으로 달성할 수 있는 방안을 고민하지 않으면 안 된다.

② 사회복지재원의 기능
  ㉠ 시장실패를 보전하는 자원배분의 조정 기능
  ㉡ 빈부의 격차를 완화하여 사회적 안정화를 꾀하는 소득의 공평분배 기능
  ㉢ 경기변동을 완화시켜 국민경제의 안정적 성장을 지속시키는 경제의 안정화 기능

(2) 사회복지정책의 재원 [③⑪②]

구 분	핵심 내용
공공부문 재원	① **조세를 근거로 한 일반예산** : 직접세(소득세, 부세), 간접세(소비세) 　㉠ **직접세** : 세금을 부담하는 자와 세금을 납부하는 자가 일치하는 세금 　㉡ **간접세** : 세금을 부담하는 자와 세금을 납부하는 자가 불일치하는 세금 ② **목적세인 사회보장성 조세(사회보험료)** : 사회보험료(국가에 의한 강제 부과 및 관리·운영이 이루어지기 때문에 공공부문으로 분류) ③ **조세지출**(tax expenditure, 조세비용) : 특정 목표를 위한 세금감면을 해주는 것으로 원래 세금으로 거두어들여야 했던 예산이므로 공공부문으로 분류
민간부문 재원	① **사용자 부담**(user fee, 수익자 부담, 이용료) : 사회복지기관에서 어떤 서비스를 받을 때 수급자가 일정한 액수를 부담하는 것 혹은 우리의 건강보험에서 본인이 일정한 액수를 부담하는 것 ② **자발적인 기여(기부금)** : 미국의 United Way, 우리나라 '사회복지공동모금회'에 기여한 재원, 불우이웃돕기 성금 등 ③ **기업복지** : 국민연금이나 기업연금이 없는 상황에서 퇴직한 사람들의 복지를 위하여 국가에 의하여 법으로 사용자에게 강제로 부과하는 퇴직금제도 ④ **비공식부문(가족, 친척, 이웃 등)** : 가족 내 혹은 가족 간 이전(inter-family transfer)
복지다원주의	다양한 재원을 혼합하여 사용

누진성 비교	• 민간부문재원 < 공공부문재원 • 공공부문재원의 누진성 : 조세지출 < 사회보험료 < 일반예산(조세) • 일반예산(조세)의 누진성 : 간접세 < 직접세 • 간접세의 누진성 : 일반소비세 < 부가가치세 < 특별소비세

OIKOS UP 중앙정부와 지방정부 간의 복지재정 이전체계 [②⑯]

지방정부의 재량권은 일반교부세 > 포괄적 보조금 > 범주적 보조금 순이다.
① **일반교부세(보통교부세)** 는 국가가 지방자치단체의 매년도 기준 재정 수요액과 기준 재정 수입액과의 차액인 재원부족액에 대해 그 지방자치단체에 교부하는 조세로, 예산의 편성과 운영은 자치단체의 자율성에 기초하여 운영한다.
  ㉠ 참고로 우리나라는 복지재정의 분권화로 2005년 분권교부세가 도입되었다. 분권교부세제도는 국고보조사업의 지방이양에 따른 재원이양 방식으로 5년 동안 한시적으로 도입(2009년까지 한시적으로 운영)한 제도이다.
  ㉡ 2010년 보통교부세로 통합될 예정이었으나 분권교부세 운영기간을 다시 5년간, 즉 2014년 12월 31일까지 한시적으로 연장되었다.
② **포괄적 보조금(block grants)** 은 범주적 보조금처럼 세부적인 프로그램 항목별로 지원하는 것이 아니라 프로그램의 기능별로 크게 묶어 지원하는 것으로, 범주적 보조금보다 지방정부의 독립성을 다소 높여 지방정부의 특수한 욕구에 대해 보다 융통성 있게 대처할 수 있는 장점이 있다.
③ **범주적 보조금(categorial grants)** 은 재원이 사용될 세부적인 항목(⑩ 대상 인구집단, 프로그램의 목표 등)을 지정하여 제공한다.

(3) 공공부문 재원 [②④⑩⑪⑭⑯⑱]

① **정부의 일반예산(일반조세)** [②]
  ㉠ **일반예산을 구성하는 조세** : 소득에 부과하는 소득세(개인소득세와 법인소득세), 소비에 부과하는 소비세(부가가치세 등), 부(富)에 부과하는 세(재산세, 상속세 등)
    ㉮ **소득세(직접세)** : 개인소득에 부과되는 **개인소득세**와 법인의 수익에 부과되는 **법인소득세**가 있다.
      ⓐ 개인소득세는 기본적으로 부담능력의 원칙(ability to pay)에 따라 세율이 부과되므로 고소득층의 세율이 저소득층보다 높다.
      ⓑ 개인소득세는 일반예산을 구성하는 조세 가운데 가장 크고, 소득재분배효과가 가장 크다.
      ⓒ 아무리 조세가 누진성이 높아도 이 조세가 일반예산에서 차지하는 크기가 적다면 소득재분배 효과는 적을 수밖에 없다.
      ⓓ 소득세는 소득에 따라 부과하는 직접세의 성격을 띠고 있으므로 **간접세인 소비세**에 비해 누진적인 세금이라 할 수 있다.
        개인소득세는 누진성이 강하고 일반소비세는 역진성이 강하다.(○)
    ㉯ **소비세(간접세)** : 소비세는 모든 상품에 단일세율을 부과하는 **일반소비세**와 특정한 상품을 구매할 때 부과하는 **특별소비세**로 구분된다. 여기에 하나를 더 추가하면 상품의 생산에서 최종소비에 이르기까지 여러 단계에서 부과하는 **부가가치세**가 있다.

ⓐ **누진성 측면 : 일반소비세 < 부가가치세 < 특별소비세**
ⓑ 소비세는 간접세로 분류될 수 있으므로 직접세인 소득세에 비해 역진적인 특성이 있으므로 저소득층에게 불리한 세금이다.
ⓒ 우리나라는 간접세의 비중이 선진국보다 높다.

㉰ **부(富)세(직접세)** : 부세는 소득세와 함께 재산과 소득이 많을수록 많은 세율이 적용되는 직접세의 성격을 띠고 있으며 기본적으로 **누진성이 강조된 세금이다.**
ⓐ **재산세** : 지방세 중 하나로서 토지, 건축물, 주택, 선박, 항공기를 소유하고 있는 경우 소유자의 지불능력과 관계없이 재산에 대하여 동일한 세액을 부과하지만, 많은 재산들을 포괄적으로 세금부과대상에 포함시키는 것이 어렵기 때문에 재산이 많은 사람들이 없는 사람들에 비해 재산세에 대한 실질 조세부담률이 적다.
ⓑ **종합부동산세** : 종합부동산세는 많은 재산을 보유한 사람들에게 부과하는 세금으로, 소득이나 재산이 많을수록 세부담이 많아지는 측면에서 누진성이 강화된 세금이다.
ⓒ **상속세 및 증여세** : 부모의 무상이전에 대해 부과하는 세금으로서 개인의 노력에 의해 부가 축적되었다고 볼 수 없기 때문에 **비교적 세금이 무겁게 매겨지며,** 상속세와 증여세는 **소득재분배적인 기능을 수행하기 위해 만들어진 세금**이라고 볼 수 있다. 그러나 이러한 세금을 납부하는 사람은 소수이다보니 실제로 소득재분배 기능은 약한 것이 현실이다.
　🔍 일반세 중 재산세의 계층 간 소득재분배 효과가 가장 크다.(×)

ⓛ **일반예산의 필요성(장점)** [③⑤⑥⑨]
㉮ **일반예산은 소득재분배를 이루는데 가장 중요한 재원이라는 점이다.**
ⓐ 일반예산을 구성하는 세금들은 반드시 누진적인 성격은 아니지만 사회보장성 조세나 조세지출에 비해서는 누진적이라는 점에서 소득재분배를 이루는데 적합하다.
　🔍 소득재분배 : 조세를 재원으로 하는 공공부조제도에서 일반적으로 나타난다.(○)
ⓑ 일반예산의 비중이 커질수록 고소득층의 조세부담은 커지겠지만 사회 전체의 소득재분배, 즉 평등을 구현할 수 있는 재원은 증가할 수 있다는 것이다.
ⓒ 사회복지정책의 프로그램들 대부분은 일반예산을 통해 충당된 재원인 경우가 많다.
　🔍 한국의 사회복지정책 재원은 주로 민간 기부금에 의존한다.(×)
㉯ 일반예산은 모든 국민의 세금을 통해 이루어졌으므로 일반예산을 통한 사회복지정책은 모든 국민이 급여대상이라고 할 수 있다. 사회보장성 조세와 같이 목적이 정해진 예산의 경우는 보험료를 납부한 사람들만 급여대상이 되는 것과 비교할 때 **사회복지의 보편성을 확보(급여 대상의 확대)하는데 유리**하다고 할 수 있다.
㉰ 일반예산은 사회복지정책의 안정성과 지속성을 확보해줄 수 있다.
ⓐ 우선 일반예산의 규모가 다른 조세에 비해 월등히 크기 때문에 안정적으로 정책을 추진할 수 있다.
ⓑ 세금납부는 국민의 의무이기 때문에 안정적으로 세수를 확보할 수가 있으며, 이미 결정된 사회복지정책은 국가가 존재하는 한 지속적으로 추진할 수 있다.

ⓒ 일반예산의 누진성과 역진성 [19]
  ㉮ 조세의 누진성 : 소득이 높은 사람일수록 조세부담률(세율)이 높아지는 것을 의미
    ⓐ 개인소득세를 비롯해서 법인세, 상속세, 증여세 등이 해당되는데, 이 같은 조세는 소득이 많을수록 세금을 많이 내는 원리이다.
    ⓑ 일반예산 중 개인소득세와 부세가 해당되고, 소비세 중 특별소비세가 누진적이다.
    ⓒ 직접세는 대개 누진적 조세에 해당된다.
  ㉯ 조세의 역진성 : 경제적 능력이 높을수록 조세 부담률이 낮아지는 것
    ⓐ 대표적인 역진적 조세는 사람들이 소비할 때 부과하는 조세들로서 일반소비세, 부가가치세 등이며, 이들은 간접세로서 모두 동일세율로 부과되는 것이 특징이다.
    ⓑ 사회보장성 조세와 조세지출도 일정 부분 역진적 특성을 보이고 있다.
    ⓒ 이런 조세들은 경제적 능력에 상관없이 동일세율을 부과하기 때문에, 실질적으로 경제적 능력이 높은 사람들의 조세부담률이 경제적 능력이 낮은 사람들의 그것에 비하여 낮기 때문에, 역진적이라 할 수 있다.
      ✗ 조세가 역진적일수록 소득재분배의 기능이 크다.(×)

② 목적세(ear-marked tax)인 사회보장성 조세(Social security tax) : 사회보험료 [⑥⑨⑬⑲㉒]
  ㉠ 개 요
    ㉮ 특별한 목적을 위해서 부과하는 세이며, 일반예산과는 달리 특정한 목적을 위해 재원을 조달하는 방법으로 세입과 지출을 연계시키는 수익자부담원칙에 의한 조세이다.
      ⓐ 목적세는 조세를 정부가 제공하는 공공서비스에 대한 가격으로 보고 혜택을 받은 사람들이 이에 대한 대가를 지불하는 것이라 볼 수 있다.
      ⓑ 교통세, 방위세, 교육세, 농어촌특별세 등의 목적세가 있고, 이러한 세들로부터의 조세수입도 큰 편이다.
  ㉯ 단점 : 사용 용도가 명백하므로 납세자의 납득을 얻기는 비교적 쉬우나 특정 목적 이외에는 사용할 수 없어 재정의 운용을 제한하고 경비지출 간에 불균형을 초래하는 수가 많은 단점이 있다.
  ㉰ 장점 : 일반예산은 사회복지정책 이외의 목적으로도 사용될 수 있는 신축적인 측면이 있다면 사회보장세는 사용목적이 정해져 있어서 다른 정책부문과 경합되지 않아 재원으로서 안정성을 갖출 수 있다.
    ⓐ 직접적으로 목적지향적이기 때문에 재원의 안정성을 유지할 수 있고, 정책목적에 연계시키는 것이 상대적으로 용이하다.
    ⓑ 보험료 갹출에 의해 수급권이 자동적으로 발생하므로 낙인효과가 없다.
    ⓒ 사회보험가입자는 보험운영에 공식적으로 참여할 권한을 갖는다.
    ⓓ 사업주로 하여금 사고발생 예방의 유인을 제공한다.
    ⓔ 보험료가 적립되는 경우에는 공공의 목적을 위해 공적인 자금으로 이용될 수 있다.
      ✓ 목적세는 사용목적이 정해져 있어 재원 안정성이 높다.(O)

- ⓒ **목적세와 사회보장세(사회보험료)** [⑦⑨⑩]
  - ㉮ 사회보장세도 특정 목적을 위해 사용되므로 일종의 목적세라고 할 수 있는데, 서구에서는 사회보장을 위한 조세가 일반예산보다 규모가 큰 경우도 있다.
  - ㉯ 사회보장세를 공공부문의 재원으로 분류하는 것은 사회보험료를 국가에 의해 조세처럼 강제로 부과시키고 있으며, 관리·운영 역시 국가에 의한 공공기관에서 이루어지기 때문이다.
  - ㉰ 목적세의 부담자-수혜자 일치 정도와 사회보험료의 부담자-수혜자 일치 정도가 다르다. 즉, **사회보험료가 목적세(교통세, 방위세, 교육세 등)보다 부담자-수혜자의 일치 정도가 더 크다.**
- ⓒ **사회보장성 조세의 필요성**
  - ㉮ **강제적 부과(강제가입)에 따른 장점** : 강제 부과가 이루어지기 때문에 노령, 실업, 질병, 장애 등과 같은 위험 발생 가능성이 높은 사람들만 가입하려는 '역의 선택' 문제를 예방할 수 있다.
  - ㉯ **권리의식을 가질 수 있음** : 소득보장 기능을 하기 때문에 소득유지(income maintenance) 프로그램으로 불리우기도 하는데, 미래에 받을 수 있는 '권리'를 갖는 것으로 인식되어 조세저항을 상대적으로 줄일 수 있어서 정치적으로 유리하다.
  - ㉰ **조세저항을 줄임** : 용도를 명확하게 알 수 없는 일반예산과는 달리 사회보장성 조세는 사용되는 용도가 비교적 명확하기 때문에 조세저항이 상대적으로 적다.
    - ✎ 사회보험료는 조세에 비해 징수에 대한 저항이 적다.(O)
- ㉣ **사회보험료와 조세(일반예산)의 비교** [⑯⑱㉒]
  - ㉮ **사회보험료와 조세와의 관계에 대한 2가지 견해** [㉒]
    - ⓐ 임금에 부과되는 조세라는 점에서 본질적으로 같다고 보거나 사회보험료를 조세의 일부라고 보는 입장이다.
    - ⓑ 사회보험료를 재분배를 위해 사회보장기구에 지불되는 사회화된 임금으로서 조세의 일부가 아니라 임금의 일부라고 보는 입장이다.
      - ✎ 사회보험료를 조세로 보기는 하지만 임금으로 보지는 않는다.(×)
  - ㉯ **사회보험료와 조세의 공통점** [㉒]
    - ⓐ 공통적으로 빈곤완화, 소득안정(소득유지), 불평등 완화 등 동일한 기능을 수행한다.
      - ✎ 조세와 사회보험료는 공통적으로 빈곤완화, 위험분산, 소득유지, 불평등 완화의 기능을 수행한다.(×)
    - ⓑ 국가의 공권력(정부의 사회보장부처, 공법상의 기구인 사회보장기관, 세무당국 등)을 사용한다.
    - ⓒ 소득이 많은 사람이 더 많이 부담한다는 점에서 두 제도 모두 누진적 요소를 가지고 있다.
  - ㉰ **사회보험료와 조세의 차이점** [⑯⑱㉒]
    - ⓐ 조세는 **추정된 부담능력**(assumed capacity)을 고려하지만, 사회보험료는 부담능력을 고려하지 않는다. 조세는 납세자가 장차 받을 수 있을 것으로 기대되는 어떤 것의 가치가 아니라 추정된 조세부담능력에 관련되어 있지만, 사회보험료는 지불능력

(capacity to pay)이 아니라 앞으로 급여를 받을 수 있을 것으로 기대되어지는 가치 즉, **급여가치(the value of the benefits)에 따라** 부과되는 것이다.
- ❌ 조세와 달리 사회보험료는 추정된 부담능력(assumed capacity)을 고려한다.(×)
- ❌ 조세는 지불능력(capacity to pay)과 관련되어 있다.(O)

ⓑ 조세나 보험료 모두 소득의 일정 부분에 부과되는 공적 비용이라는 점에서는 같지만, **조세는 보험료와 달리 국가의 반대급부(어떤 일에 대응하여 얻게 되는 이익)가 특정화되어 있지 않다.**

ⓒ 조세에는 소득상한선(ceiling)이 없지만, **사회보험료에는 소득상한선이 있어 고소득층에게 유리**하다.
- ❌ 조세와 사회보험료는 공통적으로 상한선이 있어서 고소득층에 유리하다.(×)

ⓓ 조세에는 인적 공제가 있지만, **사회보험료에는 인적 공제가 없어 저소득층에게 불리**하다.

ⓔ **사회보험료는 조세에 비해 역진적이다.** 즉, 조세가 사회보험료보다 누진적이다.
- ❌ 고용주가 부담하는 사회보험료는 수직적 소득재분배 성격을 지닌다.(O)
- ❌ 조세는 사회보험료에 비해 소득역진적이다.(×)

OIKOS UP 사회보장성 조세의 역진성

역진적(regressive)이란 소득이 올라갈수록 세율이 낮아지는 것을 의미한다. 사회보장세를 통한 사회보장정책의 재원이 일반예산에 비해 누진적이지 못하고 역진적인 이유, 소득재분배효과가 크지 않은 이유는 다음과 같다(송근원 외, 2006).
① 부과기준이 소득에 한정되고 자산소득은 추가로 보험료가 부과되지 않는다는 점
② 과세 소득기준이 모든 소득계층의 근로소득(earning)에 동률(동일한 비율)로 부과
③ 부과기준이 되는 조세부과대상 소득의 일정한 상한액(ceiling) 내에서만 부과
④ 사용자와 피고용자가 동률로 부담하는데, 이때 사용자부담이 실질적으로 대부분 피고용자의 부담일 경우 (피고용자의 임금을 줄이기 힘든 경우에는 상품가격의 상승을 통하여 소비자에게 전가)
⑤ 사회보장성 조세는 가족 수나 욕구를 고려하지 않고 모든 근로소득에 부과하기 때문에 저소득층의 부담률이 상대적으로 높음
⑥ 근로소득에 부과되므로 일반적으로 노동집중적인(labor intensive) 산업이 자본집중적인(capital intensive) 산업에 비하여 총노동비용의 측면에서 볼 때 불리 → 저소득층의 사람들이 고소득층의 사람들에 비해 노동집중적인 산업에서 일할 가능성이 크기 때문에 임금하락, 실업 등으로 인한 부담

③ **조세지출(tax expenditure)** [④⑥⑦⑧⑩⑪⑭⑫]
  ㉠ 정부에서 납세자에게 부과했던 세금의 일부를 **감면·공제·면제**해줌으로써 조세부과의 원래 취지(국민생활개선)를 실현하는 것이다.
  ㉮ 방식과 형태상의 문제일 뿐 **정부 예산의 일부(공공재원)**라고 할 수 있다. 감면이나 공제해주지 않을 것이라면 이것은 정부의 일반예산에 포함시키게 될 것이기 때문이다.
  ㉯ **조세지출의 형태** : 조세감면, 인적공제(personal exemption), 소득공제(deduction), 세액공제(taxcredit) 등

ⓒ 장점
   ㉮ 조세를 부과하고 이것을 다시 대상자를 선별해 급여하는 데 드는 비용들을 줄임으로써 국가운영의 효율성을 높이는 데 있다.
   ㉯ 국가의 재정을 확대하지 않으면서 민간부문을 활성화시킬 수 있다.
   ㉰ 가처분소득은 시장소득에서 세금과 사회 보험료를 제한 나머지 소득, 즉 개인이 자유롭게 사용할 수 있는 실질 소득을 말하는데, 조세지출을 통해 세금이 감면되었으므로 가처분 소득이 늘어나게 된다.

ⓒ 단점
   ㉮ 일반예산이나 사회보장성 조세에 비해 소득재분배 효과가 떨어진다. 즉, 일부 소득항목에 대한 소득공제로 인해 재분배 효과가 대체로 역진적(regressive)이다.
   ㉯ **저소득층은 소득이 낮기 때문에 과세대상에서 제외되는 경우가 많아 오히려 조세지출의 혜택에서 제외되는 경우가 많다.**
       - 조세지출은 부유층보다 빈곤층에게 유리하게 설계된다.(×)
       - 조세감면은 일부 소득항목에 대한 소득공제로 인해 재분배효과가 대체로 누진적이다.(×)
       - 사회복지의 민간재원에는 조세지출, 기부금, 기업복지, 퇴직금 등이 포함된다.(×)

OIKOS UP 시장소득과 가처분소득

① **시장소득** = 근로소득 + 사업소득 + 재산소득 + 사적이전소득
② **가처분소득** = 시장소득 + 공적이전소득(연금·실업·산재급여, 생계급여, 장애수당 등) − 공적 비소비지출(조세, 사회보험료 등)
③ 상위층의 경우에는 시장소득이 가처분소득보다 클 것이고, 하위층의 경우에는 가처분소득이 시장소득보다 클 것이다.
④ 시장소득 기준 지니계수에서 가처분소득 기준 지니계수를 차감한 값은 소득재분배 정책으로 인해 변화된 개선 효과를 의미한다.

(4) 민간부문 재원
   ① **사용자부담**(user fee, 수익자부담, 이용료) [⑤⑦⑩⑯⑱㉑㉒]
      ㉠ 개 요
         ㉮ 사회복지급여나 서비스를 이용하는 클라이언트와 제3자(공공사회복지기관이나 사회보장기관, 보험회사 등)가 사회복지기관의 서비스를 이용한 대가를 지불하는 방법으로 재원을 조달하는 것을 일컫는다.
            - 이용료는 클라이언트가 직접 지불한 것을 제외하고 사회보장기관 등의 제3자가 서비스 비용을 지불한 것을 의미한다.(×)
         ㉯ 공공부문에서는 건강보험과 노인장기요양보험의 경우 의료 서비스를 받을 때 **일부는 보험을 통해서 지급이 되나 일부는 서비스를 받는 사람이 부담(의료서비스의 본인 부담금)하는 것**을 말한다.
         ㉰ 민간부문에서는 지역사회 사회복지기관이나 유료 요양시설의 서비스를 받을 때 **완전히 무료가 아니라 서비스 수급자가 일부 부담하는 것**을 말한다.

ⓒ **사용자 부담의 필요성** [⑦⑩]
㉮ 서비스의 중복·남용같은 '**도덕적 해이(moral hazard)**'의 **문제를 해결**하는데 **도움**이 된다.
㉯ 수급자들이 서비스의 형태와 질에 대하여 관심이 높아지기 때문에 서비스 제공자는 서비스의 질에 대해 강한 책임감을 갖게 되어 서비스의 질이 향상되는 효과가 있다.
㉰ 낙인감·치욕감(자존심의 손상)을 줄여 주어 자기존중(self-respect)을 높일 수 있다.
㉱ 국가의 사회복지 재정 부담을 완화할 수 있다.
㉲ 무료 또는 저가서비스 제공에서 오는 서비스의 남용을 억제하여 자원 효율성을 높인다.

ⓒ **사용자 부담의 문제점**
㉮ 사회복지서비스는 저소득층이 주로 이용하게 되는데 사용자 부담액에 부담을 느끼게 됨으로써 **서비스 이용에 제한을 줄 수 있다.**
㉯ 소득재분배를 악화시킬 수 있는 요인이 될 수 있다.
　　⊗ 이용료는 저소득층의 서비스 이용을 저해할 수 있다.(O)

OIKOS UP　　**이용료(본인부담금) 부과방식(fee charging)** [⑱⑲]

① **연동제(sliding scale)**
㉠ 서비스 이용자의 경제적 능력에 따라 차등화하여 요금을 부과하는 것으로, 이렇게 부과된 요금은 더 가난한 사람들을 도와주는 역할을 한다.
㉡ 요금부과에 의해 들어온 수입이 서비스에 소요된 비용을 모두 충당하는 일은 없고, 또 요금을 납부할 능력이 없다고 하여 서비스를 거절당하는 일도 없다.
㉢ 서비스 이용자들이 납부하리라 기대하는 요금수준과 그들의 납부능력, 서비스에 소요된 실제비용, 그리고 수입을 얻고자 하는 기관의 기대 간의 상충 속에서 이용료 수준이 결정된다.

② **정률제(coinsurance)** : 이용료를 그 부담 능력에 따라 징수한다는 점에서 능력비례원칙을 따르는데, 인적 공제를 가지지 않기 때문에 저소득층에게는 높은 부담이 된다.

③ **정액제(copayment)**
㉠ 서비스 비용에 관계없이 일정액을 부담시키는 방법, 즉 가입대상자 모두에게 동일한 액수의 비용을 징수하는 제도이다.
㉡ 요금부과 수준은 부담능력이 낮은 계층을 기준으로 하고 있기 때문에 재원의 확대를 곤란하게 하고 그 결과 급여수준을 낮추든지 부족한 재원을 정부재정에 의존하는 수 밖에 없다.

⊗ 이용료(본인부담금) 부과 방식에 따른 소득재분배 효과가 작은 것에서 큰 순서로 나열 : 정액제 - 정률제 - 연동제(sliding scale)(O)
⊗ 사회복지재원으로서 이용료는 연동제보다 정액제일 때 소득재분배 효과가 크다.(×)

---

② **자발적 기여(voluntary contribution, 기부금)** [㉒]
㉠ **개 요**
㉮ **민간의 강제에 의하지 않은 자발적인 기부**를 말하는 것으로, 개인, 기업, 재단 등이 사회복지기관이나 기관의 프로그램에 조건 없이 주는 증여를 말한다.
㉯ 자선이나 박애의 동기만을 기초로 하는 것이 아니라 정부의 조세감면정책, 즉 기부금에 대한 세금을 면제해 주는 정책이 자발적 기여의 주된 동기가 되고 있다.
　　⊗ 기부금 규모는 국세청이 추산한 액수보다 더 적을 것으로 추정된다.(×)

- ⓒ 자발적 기여의 필요성
  - ㉮ 사용 용도를 정확히 알 수 없는 일반예산과 달리 분명한 목적과 구체적인 사업에 쓰이므로 재원조달이 용이할 수 있다.
  - ㉯ 새롭고 창의적인 사회복지서비스 개발이 용이하고 융통성 있게 운영할 수 있다.
  - ㉰ 지역사회와 밀접한 연관성을 가지므로 지역사회의 변화하는 욕구에 민감하게 대응할 수 있다.
- ⓒ 자발적 기여의 문제점
  - ㉮ 자발적 기여가 중상위 계층에 의해 주로 이루어지기 때문에 조세감면의 혜택도 주로 이들에게 돌아가기 때문에 소득재분배효과가 조세비용의 경우와 같이 소득역진성이 발생한다.
  - ㉯ 자발적 기여를 재원으로 하는 급여는 특정대상, 특정사업에 쓰이는 경우가 많아 공공복지 급여에 비하여 소득재분배 효과가 낮다.
  - ㉰ 기부자의 경제적 상황에 따라 기부액수의 변화가 크기 때문에 안정적인 재원이 되기 어렵다.
  - ㉱ 자발적 기여가 확대되면 공공복지의 필요성에 대한 인식이 줄어듦에 따라 정책 확대를 위한 세금에 대해 조세 저항이 강해질 수 있다.

③ **기업복지(직업복지)** [⑱②②]
  - ㉠ **개 요**
    - ㉮ 고용주가 피고용자들에게 제공하는 **임금 외 급여 또는 부가급여**를 통한 피고용자들의 복지를 증진시키는 것을 말한다.
      - 예 기업연금, 민간 건강보험, 유급휴가, 주택구입비 지원, 사택 제공, 무이자대출, 사내 후생시설, 차량운영비, 자녀의 학비지원 등
        - 기업복지는 기업이 그 피용자들에게 제공하는 임금과 임금 외 급여 또는 부가급여를 의미한다.(×)
    - ㉯ 기업복지가 발달한 나라는 정부차원의 공공복지가 잘 발달하지 못한 경우가 많다.
  - ㉡ **기업복지 재원의 필요성(기업복지의 장점)**
    - ㉮ 기업복지의 확대는 국가의 사회보장 수요를 감소시키므로 조세부담을 줄일 수 있다.
    - ㉯ **우수한 인력의 확보와 유지, 기업에 대한 충성심 강화**와 같이 양질의 피고용자들을 고용하거나 유지하는데 필요한 동기강화 요인이 된다.
    - ㉰ **기업에 대한 사회적 이미지를 제고하는 기능과 노사관계의 안정화 기능**을 수행하며, 근로의욕을 고취하여 **생산성이 향상**하는 효과가 있다.
    - ㉱ 기업복지의 주요 수급자들은 저임금 근로자가 아니고 중간 혹은 고임금 근로자들이다.
    - ㉲ 기업은 피고용자에게 임금을 지급하는 것보다 **기업복지급여를 제공하는 것이 세제상 유리**하다는 것이다.
      - 기업의 입장에서 임금을 높여주는 것보다 조세부담의 측면에 유리하다.(O)
  - ㉢ **기업복지 재원의 문제점(기업복지의 단점)**
    - ㉮ 사용자와 피용자 모두에게 유리하게 작용할 수 있으나 사회전체적인 소득재분배를 이

루는 데는 큰 도움이 되지 못한다.
　　㉯ 기업복지의 재원을 조세 수입으로 대체하여 국가 차원의 공공복지를 강화하는 것이 소득재분배적 측면에서 유리하다는 지적이 나오고 있다.
　　㉰ 고소득층일수록 기업복지의 급여수준이 높아지고, 임시직은 배제하고 정규직에게만 제공되며, 실업자는 대상에서 제외되기 때문에 **소득재분배에 역행하는 특성**이 있다.
　　　※ 기업이 직원들에게 제공하는 기업복지는 소득역진적 성격이 강하다.(O)
　　　※ 기업복지의 장점 - 조세방식보다 재분배효과가 크다.(×)
　　　※ 기업복지의 규모가 커질수록 노동자들 사이의 불평등이 증가한다.(O)

④ **비공식 부문** : 가족 간 이전(inter-family transfer) [⑨]
　㉠ **개 요**
　　㉮ 사람들의 복지는 공식적인 부문에서뿐만 아니라 비공식적인 부문(가족, 친척, 이웃 등)에서도 많이 해결된다.
　　㉯ 국가복지가 발달하기 이전보다 상대적으로 덜 중요하더라도, 오늘날 많은 국가들에서 많은 사람들의 복지욕구가 비공식 부문에서 해결되고 있다.
　㉡ **비공식 부문 재원의 필요성**
　　㉮ 사회적·정서적 측면에서 가족들에 의한 보호가 더 안정적일 수 있다.
　　㉯ 어떤 국가들에서는 국가복지가 발전해도 그 사회의 사회적, 문화적인 관습과 규범에 의해 비공식 부문이 계속 중요한 역할을 할 수 있다.
　　㉰ 공공복지 재원을 줄일 수 있고, 수급자의 자유로운 선택의 여지가 넓어질 수 있다.
　　㉱ 시간적·공간적인 측면에서 복지욕구를 빨리 해결하는데 장점이 있으며, 즉 국가복지에 의한 방법은 많은 시간이 걸린다.
　　㉲ 비공식 부문(특히 가족)에서의 복지해결은 국가복지보다 비물질적인 측면에서는 더 질이 높은 서비스가 이루어질 수 있다.
　㉢ **비공식 부문 재원의 문제점**
　　㉮ 가장 단순하면서도 가장 중요한 비공식 재원의 문제점은 많은 사람들의 복지욕구가 비공식 부문만으로 해결이 되지 않는다는 점이다.
　　㉯ 사회복지가 추구하는 소득재분배(평등)를 이루는데 한계가 있다.
　　㉰ 소득계층별로 비공식 부문 사회복지의 수급의 불평등이 크다.
　　㉱ 저소득층은 비공식 부문의 재원만으로는 복지욕구를 해결하기에는 한계가 있다.

(5) **복지혼합(공공부문과 민간부문의 혼합)의 유형들** [⑱]
다음 다섯 가지의 공공부문과 민간부문의 혼합유형들은 직접적이든 간접적이든 정부의 재정지출이 필요한 유형들로, 서비스의 조정자와 지출자는 정부이고 서비스 제공자만이 민간부문에서 이루어진다.
① **계약(contract)** : 정부가 특정의 서비스를 지정하여 민간기관으로 하여금 소비자에게 제공토록 하고 그 때 소요되는 재원을 정부가 부담하는 방법으로, 이 경우 서비스 조정자와 지불자가 정부이고, 서비스 제공자는 민간이다.

② **재정보조** : 정부가 사회복지 서비스를 제공하는 민간기관에 재정적으로 보조를 해주는 방법이다.
  ㉠ 계약의 형태는 정부가 특정의 서비스를 지정하여 민간기관에 재정지원을 하는 것이라면, 재정보조는 민간기관에 일반적 재정지원(grants, 보조금)을 하는 것이다.
  ㉡ 민간기관의 다양한 서비스 제공의 융통성을 높여, 소비자들의 서비스 선택의 폭을 넓힐 수 있다. 즉, 계약의 방법보다 민간부문의 장점을 더 살릴 수 있다.

③ **증서(voucher)** : 정부가 특정의 사회복지 재화나 서비스를 구입할 수 있는 증서를 소비자에게 제공하여 소비자들이 민간부문에서 서비스를 이용하게 하는 방법이다.
  ㉠ 재정보조 방법은 정부가 서비스 제공자에게 재정보조를 하는 것이라면, 이것은 정부가 소비자에게 직접 보조를 주는 것이다.
  ㉡ 정부가 소비자에게 직접 보조를 주는 것이므로, 소비자들의 서비스 선택의 자유는 더 넓혀진다.

④ **상환(reimbursements)** : 소비자들이 민간부문에서 사회복지서비스를 구입하게 하고 그것에 대한 지출은 소비자들에게 상환해 주는 방법이다.
  ㉠ 정부로부터 민간부문에로의 재정지출 유형들 가운데 가장 민간부문적인 요소가 강조되는 형태이다.
  ㉡ 증서 유형보다 더욱 소비자 선택을 높이고, 다양한 사회복지서비스 제공자들 사이의 경쟁도 더욱 높일 수 있다.

⑤ **세제혜택**
  ㉠ 지금까지의 형태들은 사회복지 서비스에 대하여 정부가 직접적인 재정지출을 하는 형태라면, 세제혜택방법은 정부의 간접적인 지출의 형태이다.
  ㉡ 겉으로는 서비스에 대한 지출이 민간부문에서 이루어진 것처럼 보이지만 궁극적인 지출의 부담자는 정부이다.
    ㉮ 첫째, 사회복지 재화나 서비스를 제공하는 사회복지기관에 여러 형태의 세제상의 혜택을 주는 형태가 있다. 예 의료서비스를 받을 때 소요되는 비용을 세금계산에서 면제해 주는 것 등
    ㉯ 둘째, 일반 소비자들에게 사회복지서비스를 구입할 때 혹은 사회복지에의 욕구가 많을 때 세제상의 혜택을 준다. 예 아동, 노인, 장애인 등이 있는 가족에게 세제상의 혜택을 주는 것 등
    ㉰ 셋째, 사회복지기관이 아닌 일반 기업의 사용자에게 세제상의 혜택을 주어 여러 형태의 기업복지를 제공토록 하는 방법이다.

　　　※ 복지혼합(welfare-mix)의 유형 중 서비스 이용자의 선택권이 작은 것에서 큰 순서 : 계약 – 증서 – 세제혜택(O)

MEMO

김진원 OIKOS 사회복지사1급 통합이론서 3교시

제4부

사회보장의 이해

제7장 사회보장의 이해
제8장 빈곤과 공공부조제도
제9장 공적연금제도의 이해
제10장 국민건강보장제도의 이해
제11장 산업재해보상보험제도의 이해
제12장 고용보험제도의 이해

CHAPTER 07 사회보장의 이해

제4부 **사회보장의 이해**

제7장 회차별 출제빈도, 출제비중 및 출제논점 1, 2, 3순위

10회 2012	11회 2013	12회 2014	13회 2015	14회 2016	15회 2017	16회 2018	17회 2019	18회 2020	19회 2021	20회 2022	21회 2023	22회 2024
1	1	1	–	2	1	1	5	1	1	2	2	3

출제 비중	출제 논점		
	1순위 ☺	2순위 ※	3순위 ☆
015	① 사회보험과 민간보험의 차이점	① 공공부조와 사회보험의 차이점	① 사회보장의 체계 및 영역

1순위 스마일표시(☺) : 출제 빈출도가 높은 부분으로 무조건 시험에 출제되는 영역
2순위 당구장표시(※) : 나왔다 안 나왔다 하는 영역이지만 출제가능성 높은 영역
3순위 별 표(☆)   : 출제 된 적이 있긴 하지만 다시 출제될 가능성은 다소 떨어지는 영역

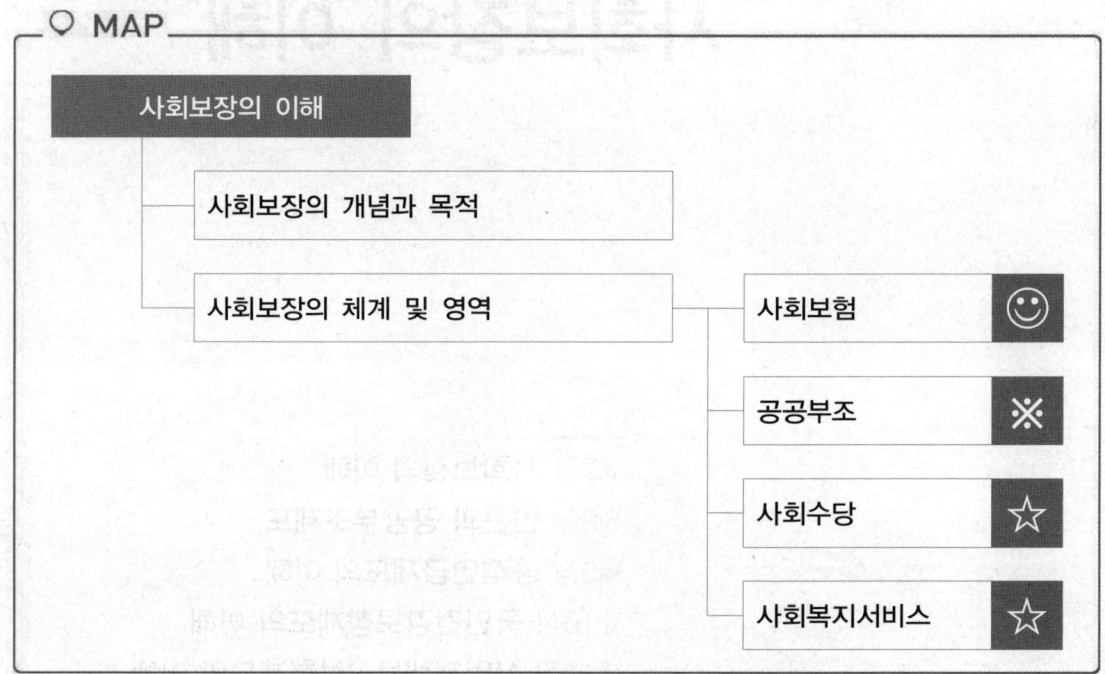

01 사회보장의 개념과 목적

1 사회보장의 개념

① **베버리지 보고서(1942)** : 실업, 질병 또는 부상으로 인하여 소득이 줄어들었을 때 이에 대처하기 위하여, 또는 노령에 의한 퇴직이나 본인 이외의 사망에 의한 부양의 상실에 대비하고, 출생, 사망 및 결혼 등과 같은 예외적인 지출을 해결하기 위하여 **소득을 보장하는 것**을 말한다.

② **국제노동기구(ILO, 1984)**
  ㉠ 질병, 출산, 재해, 실업, 장애, 노령, 사망에 따른 소득의 상실 또는 실제적 감소(소득의 감소 또는 특별한 지출로 인해)에 의해 야기되는 경제사회적 고통을 사회가 공공대책에 의해 보호하고, 의료보호와 아동수당 등을 제공하는 것으로 정의한다.
  ㉡ 사회보험, 사회부조, 일반조세로 재정이 지원되는 급여사회수당, 가족급여, 적립기금, 사용자 지급급여, 사회서비스 등으로 분류하여 기술하고 있다.

③ **우리나라 사회보장기본법** : "사회보장"이란 출산, 양육, 실업, 노령, 장애, 질병, 빈곤 및 사망 등의 사회적 위험으로부터 모든 국민을 보호하고 국민 삶의 질을 향상시키는 데 필요한 **소득·서비스를 보장**하는 **사회보험, 공공부조, 사회서비스**를 말한다.

④ **미 국**
  ㉠ 사회보장이란 용어는 1933년 미국에서 최초로 등장하여 1935년 사회보장법(Social Security Act)에서 공식적으로 사용되었다.
  ㉡ 노령, 장애, 가장의 사망으로 인한 유족의 생존 등의 문제를 가진 사람들에게 경제적 보장을 제공하기 위한 연방정부가 제공하는 일련의 사회보험 프로그램을 의미한다. 즉, 미국에서 사회보장프로그램들은 **전반적으로 경제적 보장프로그램의 일부분으로 범위가 좁게 인식**된다.

2 사회보장의 목적

① 인간의 최저생활보장
② 소득재분배
③ 사회적 연대감(사회통합)의 증대
④ 경제기반 정비기능
⑤ 경제안정화 기능

02 사회보장의 체계 및 영역

1 사회보험(Social Insurance) → 기여-비소득·자산조사 프로그램

(1) 사회보험의 개념과 특징 [②③④⑤⑪⑰⑱⑲㉑]

① **사회보험의 개념**
- ㉠ 사회보장제도 중 가장 중요한 제도로서, **사회적 위험을 보험방식으로 대처**하여 국민의 건강과 소득을 보장하는 제도로, **기여-비소득·자산조사 프로그램**이다.
    - ※ 공공부조, 사회보험, 사회수당의 특성 – 사회보험의 급여조건은 보험료 기여조건과 함께 사회적 위험에 직면해야 하는 조건이 부가된다.(O)
- ㉡ **위험분산(pooling of risks)과 공동부담**이라는 보험기술을 사회적 보호수단으로 사용한다는 점이 민간보험과 유사한 성격을 지니고 있다.
- ㉢ **우리나라 5대 사회보험법 제정 순서** : 산업재해보상보험법(1963년) → 의료보험법(1963년) → 국민연금법(1986년) → 고용보험법(1993년) → 노인장기요양보험법(2007년)
- ㉣ **공적연금 제정 순서** : 공무원연금법(1960년) → 군인연금법(1963년) → 사립학교교원연금법(1973년 12월 30일) → 국민연금법(1986년)

② **사회보험의 특징** → 1차 사회안전망(예방)
- ㉠ **강제적으로 가입시킨(강제적용의 원리) 프로그램 → 강제적용원칙을 적용하는 이유** : 사회연대의식제고, 위험분산 극대화, 국민생활안정성 보장, 역의 선택 방지
- ㉡ 사회보험의 보험료와 급여는 **개인적 공평성과 사회적 적절성을 반영하지만, 개인적 공평성(형평성)보다는 사회적 적절성(충분성)을 더 중시**
    - ㉮ **사회적 충분성** : 모든 가입자에게 최저생계 수준 이상을 유지토록 급여를 제공하는 것
    - ㉯ **개인적 형평성** : 자신이 낸 보험료에 비례하여 급여를 받는 것
- ㉢ **급여는 권리**이며 자산조사가 불필요
    - ※ 사회보험 급여를 받을 권리 여부는 자산조사 결과에 근거하여 결정된다.(×)
- ㉣ 공공부조와 비교할 때 **보편주의적 성격의 제도**

■ 공공부조와 사회보험의 보호수준 ■

공공부조의 보호 수준은 상한선이 최저생활보호인 데 반해, 사회보험의 보호 수준은 하한선이 최저생활보호이다. 즉, 공공부조는 건강하고 문화적인 최저생활을 유지하도록 보장하는 국민적 최소한을 보장하는 데 반해, 사회보험은 퇴직 이전의 소득을 보장하기 위해 노력하고 있으며 하한선이 최저생활보호이다.

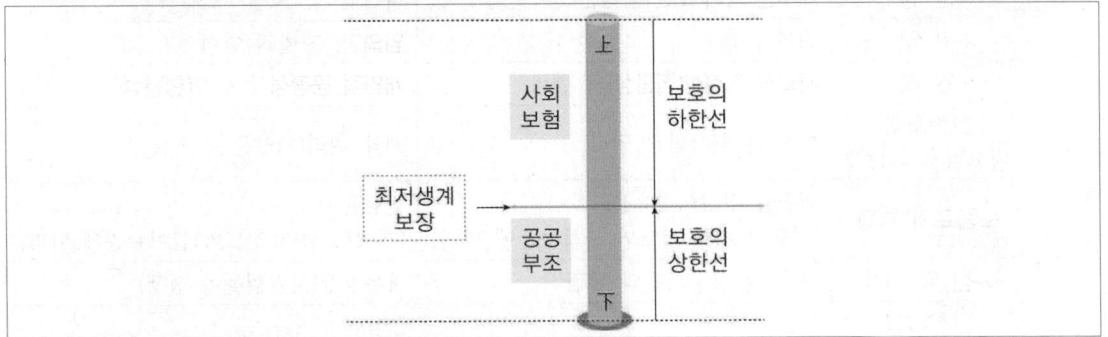

(2) 사회보험의 장점과 단점(채구묵, 2009)

① 사회보험의 장점
  ㉠ 사회적 위험에 당면하여 소득 중단될 때 **이전의 생활수준을 최대한 유지**하게 해준다.
  ㉡ 해당 프로그램을 운영하는 데 소요되는 **재정의 확보가 용이**하다.
  ㉢ 기여금을 지불함으로써 급여를 받을 수 있기 때문에 **권리로서 급여**를 받을 수 있다.
  ㉣ 공공부조에 비해 근로자의 **근로의욕을 약화**시키는 정도가 작다.

② 사회보험의 단점
  ㉠ 공공부조에 비해 **대상효율성(target efficiency)**이 낮다.
  ㉡ 본인의 기여금에 근거하여 급여를 지불하기 때문에 공공부조에 비해 **소득재분배 효과가 낮다**.

(3) 사회보험과 민간보험의 비교 [②③⑥⑧⑩⑰⑲]

① 사회보험과 민간보험의 공통점(Rejda, 1994)
  ㉠ **위험이전(risk transfer)**에 기초하고 있으며, **위험의 광범위한 공동분담**에 기초하고 있다.
  ㉡ 적용범위, 급여 및 재정과 관련된 **모든 조건을 구체적이고 완전하게 제공**한다.
  ㉢ 급여의 적격 여부(eligibility)와 양이 **엄격한 수리적 계산을 필요**로 한다.
  ㉣ 프로그램의 비용을 충족시키는 데 충분한 **기여금(contributions)*과 보험료지불(payment of premiums)을 필요**로 한다.
  ㉤ 드러난(demonstrated) 욕구에 기초하지 않고 **사전에 결정된 급여를 제공**한다.
    ※ 사회보험은 피보험자의 욕구에 기초하지 않고 사전에 결정된 급여를 제공한다.(O)
  ㉥ 전체 사회를 대상으로 경제적 안정을 제공한다.

> **기여금(contribution)**
> 강제성을 지닌 사회보험은 기여금이라고 한다. 즉, 개인의 의사와는 무관하게 제도의 규정에 따라 의무적으로 부담해야 하는 돈이다. 반면, 민간보험의 보험료(premium)는 보험가입자가 민간보험회사와 자유계약을 맺어 개인적 필요성과 자신의 지불능력에 따라 보험자에게 지불하는 돈을 말한다.

② 사회보험과 민간보험의 차이점 [②③⑥⑧⑩⑰⑳]

구 분	사회보험	민간보험(사보험)
제도의 목적	**최저생계(최저생활)** 또는 의료보장	개인적 필요에 따른 보장
운 영	**대부분 국가 또는 공법인**	사기업
가 입	**강제**적 적용	**임의**적, 자발적 참여
원 리	사회적 적절성(적합성)의 원리	개인적 공평성의 원리(형평성)
보험자와 피보험자의 관계	법적 권리(사회적 권리)	계약 권리(계약준수)
보험료의 부과	위험률 상당이하요율 (평균적 위험 정도와 소득수준에 따라)	경험율 (개별적 위험 정도와 급여수준에 따라)
독점 및 경쟁	정부 및 공공기관의 독점	자유경쟁(사기업들이 경쟁)
보험자의 위험 선택	불필요	필요
인플레이션 대책	가능	취약
보호수준 (보험료산정)	**최저소득을 보장**	개인의 의사와 **지불능력에 따라 보장**
성 격	사회적 위험의 분산 (예측하지 못한 위험 해결)	영리추구의 성격 (계약에 규정된 위험발생에 대한 서비스)
공동부담 여부	공동부담의 원칙	본인부담 위주
차별요소	복지요소로서 사회적 적절성과 보장성을 강조	보험요소로서 개인적 공평성과 효율성을 강조
재정예측성	수요예상 곤란	수요예상가능

※ 사회보험은 현금급여를 원칙으로 하고, 민영보험은 현물급여를 원칙으로 한다.(×)
※ 사회보험은 국가가 주로 독점하지만 민영보험은 사기업들이 경쟁한다.(O)

2 공공부조(Public Assistance) → 비기여-소득·자산조사 프로그램

(1) 공공부조의 개념과 특징

① 공공부조의 개념
　㉠ 사회보험 다음으로 사회보장제도에서 큰 비중을 차지하고 있으며, 모든 국민이 인간다운 생활을 영위하도록 하기 위해 **국가 및 지방자치단체의 책임 하에 생활유지능력이 없거나 생활이 어려운 국민의 최저생활을 보장하고 자립을 지원하는 제도**를 말한다.
　㉡ 비기여-소득·자산조사 프로그램으로, 기여금을 지불하지 않았으나 **소득조사**(income test), **자산조사**(means test)를 거쳐 그 조건에 해당하는 사람에게 소득을 지원하는 제도이다.

② 공공부조의 특징 → 2차 사회안전망(기초생활보장, 보완적 장치), 보충급여, 자산조사
　㉠ 빈곤에 대한 최후의 국가적 대응책이다.
　㉡ 생활곤궁자가(빈곤층이) 주 대상이 되고 있다.
　㉢ 공공부조는 **빈곤의 결과 발생하는 고통을 완화시키는 특징**을 갖고 있다.

② 사후적이고 소극적인 특징을 갖고 있다.
⑩ 선별적인(선택주의) 프로그램이다.
⑪ 제2차적 사회안전망의 역할을 수행하고 있다.
⑫ **최저생활**(social minimum, national minimum)을 유지할 수 있도록 **보호**해 주는 제도이다. → 보호의 상한선
⑬ 재원조달을 **일반조세를 통해 마련**한다. → 소득의 일방적 이전(unilateral transference)
⑭ **사회적 형평**(social equity)을 도모하는 특징을 갖고 있다.
　㉮ 같은 처지에 있는 공공부조 대상자들은 모두 똑같이 대우해 주는 **수평적 형평**을 기함
　㉯ 서로 다른 처지에 있는 사람들은 서로 다르게 대우해 줌으로써 **수직적 형평성**을 기함

(2) **공공부조의 장점과 단점** [⑱㉑]
　① **공공부조의 장점**
　　㉠ 가난한 사람에게 집중적으로 급여를 제공할 수 있어 **대상효율성**(target efficiency)이 **높다**.
　　㉡ 기여 없이 가난한 사람에게 급여를 제공하기 때문에 **소득재분배 효과가 크다**.
　　㉢ **빈곤자 원조 프로그램으로 중요한 역할**을 할 수 있다.
　② **공공부조의 단점**
　　㉠ 수급자들을 **낙인화**(stigma)시켜 수치심을 갖도록 함으로써 인간의 존엄성을 훼손할 수 있다.
　　㉡ 일정한 소득, 자산 이하인 사람에게 급여를 제공하기 때문에 **근로의욕이나 저축동기를 약화**시킬 수 있다. → **빈곤의 덫**(poverty trap), **복지종속성**(welfare dependency)
　　㉢ 수급조건을 맞추기 위해 소득과 재산을 낮게 신고하거나 부양의무자를 신고하지 않는 등 **오용과 남용의 소지**가 있다.
　　㉣ 수급자와 납세자 사이의 대립을 유발시켜 **국민연대성**을 약화시킬 수 있다.
　　㉤ 자산조사를 실시하는데 있어 행정비용이 많이 소요되는 등 **운영 효율성이 낮다**.
　　㉥ 기여금 없이 급여를 받기 때문에 **권리가 아니라 시혜**(charity)로 생각하기 쉽다.
　　　❋ 공공부조, 사회보험, 사회수당의 특성 - 공공부조는 다른 두 제도에 비해 권리성이 약하다.(O)

■ **공공부조와 사회보험의 차이점** [⑤⑥⑰㉒] ■

구 분	공공부조	사회보험
기 원	빈민법	공제조합
주 체	국가(지방자치단체)	국가(관리운영기구)
목 적	구빈, 사후적 대책, 빈곤완화	방빈, 사전적 대책, 빈곤예방
이 념	**선별주의**	**보편주의**
원 리	평등주의	형평주의(비례원리 강조)
객 체	저소득층(소수빈곤층)	모든 국민(국민전체, 다수)
자격요건	자산조사, 소득조사	기여금, 사회적 위험에 처한 자
조 사	**상태조사(O), 자산조사(O)**	**상태조사(O), 자산조사(×)**

재 원	일반조세	보험료
급여 수준	국민적 최소한 (National Minimum)	적정선
수급권의 성격	법적 권리성 약하고 추상적	법적 권리성 강함
재정 예측성	곤란	용이
비용효과성	높음	낮음
사회적 효과성	낮음	높음

OIKOS UP 상태조사(status test) → 공공부조와 사회보험 모두 실시
① 공공부조는 상태조사를 통해 수혜대상자가 근로능력을 갖고 있는지 여부와 부양의무자가 존재하는 지 여부를 조사한다.
② 사회보험은 상태조사를 통해 수혜대상자가 노령, 사망, 질병, 실업, 산업재해 등과 같은 사회적 사고를 당해 일정한 수혜자격 요건을 갖추었는지 여부를 조사한다.

3 사회복지서비스(Social Welfare Service) [⑰]

(1) 사회복지서비스의 개념과 특징

① **사회복지서비스의 개념**
㉠ 사회보험, 공공부조와 더불어 사회복지영역의 핵심을 이루고 있는 것으로, **비기여-소득·자산조사 프로그램이나 비기여-비소득·자산조사 프로그램 형태로 실시**되고 있다.
㉡ 사회복지서비스 수급자가 일정비율을 부담하고 나머지는 정부재정지원에 의해 급여가 제공되는 경우도 있다.

② **사회복지서비스의 특징** → 물질적·비물질적 보상, 전문성
㉠ 상담, 직업알선, 교육, 재활, 시설이용과 같은 **비경제적 원조가 주류**를 이룬다.
㉡ 사회적으로 소외되고 열악한 위치에 있는 아동, 노인, 여성 및 장애인 등을 우선 대상으로 **사회복지 전문가에 의한 전문적인 서비스가 제공**되는 것이다.
㉢ 독일의 사회보험과 미국의 사회보장법과는 달리 모든 국민의 보편적 서비스 제공을 위하여 **영국의 베버리지보고서를 통해 확대, 발전된 제도적 서비스**라 볼 수 있다.

(2) 사회보험 및 공공부조와 다른 특성

구 분	사회보험/공공부조	사회복지서비스
급여내용과 형태	소득이나 물질적인 급여가 주류 이룸	비물질적·심리사회적 서비스(무형의 서비스)를 주된 내용
급여 특성상	법은 획일적이고 표준적 (대상자를 보편적·평균적 사람으로 상정하여 접근)	개인적 욕구의 특수성에 따라 개별적 처우를 제공해야 하는 점이 더 어려움
전문적 개입과 기술	법적으로 규정하는 경우 **일선 행정가에게 역할을 위임**하는 경우가 대부분	급여는 서비스가 대부분이어서 서비스를 전달하는 사람의 **전문적 개입과 기술이 중요**

4 사회수당(Social Allowance) → 비기여-비소득·자산조사 프로그램 [16 18 22]

(1) 사회수당의 개념과 특징

① **사회수당의 개념**

㉠ 비기여-비소득·자산조사 프로그램으로, 수급자의 소득, 고용, 재산과 관계없이(일정한 인구학적 조건만 갖추면) 모든 시민과 주민들에게 정액의 현금급여를 제공하는 것으로 재정은 일반조세로 충당된다.

　※ 사회수당과 사회보험은 기여 여부를 급여 지급 요건으로 한다.(×)

㉡ 데모그란트(demogrant)라고도 하며, 사회보장 프로그램으로 늦게 도입된 제도이지만 가장 발전된 제도이며 **가장 보편적인 프로그램** 유형이다.

　예) 인구학적 제약 없이 모든 국민에게 급여를 제공하는 초·중등학교 무상교육, 국민건강서비스(National Health Service)와 일정한 인구학적 조건을 갖춘 사람에게 급여를 제공하는 아동(가족)수당 등이 있다.

② **사회수당의 특징 → 보편적 급여, 사회적 권리**

㉠ 기여금을 지불하지 않았다는 점에서 공공부조와 같지만, **소득조사나 자산조사를 받지 않고 급여를 받을 수 있다**는 점에서 공공부조와 다르다.

㉡ 기여금을 지불하지 않고 급여를 받는다는 점에서 사회보험과 다르다.

(2) 사회수당의 장점과 단점 [18]

① **사회수당의 장점**

㉠ 사회보장을 **권리, 즉 사회권(social right)**으로 가질 수 있으며 낙인문제가 발생하지 않는다.

㉡ **모든 국민**은 인간의 존엄성을 향유할 수 있다.

㉢ **국민 간에 연대의식을 향상시켜 사회통합**의 목적을 달성할 수 있다.

㉣ 공공부조에 비해 근로동기 감소효과가 적다.

㉤ 수평적 재분배 효과가 있다.

㉥ 운영효율성이 높다.

　※ 공공부조, 사회보험, 사회수당의 특성 - 운영효율성은 세 제도 중 공공부조가 가장 높다.(×)

② **사회수당의 단점**

㉠ 가난한 사람에게 급여를 집중적으로 제공하지 못하므로 **대상효율성이 낮다**.

　※ 사회수당은 사회적 적절성 가치 실현 정도가 높다.(×) → 사회적 적절성 수준이 높다고 하는 것은 생존권이 위협받는 대상들에게 삶의 질을 누릴 수 있는 정도로 충분히 제공되었다는 것을 의미한다. 따라서, 제한된 사회복지 자원 내에서 사회적 적절성을 높이기 위해서는 대상효율성이 높아야 한다. 사회수당은 운영효율성은 높지만 대상효율성은 낮아서 사회적 적절성 가치 실현 정도가 낮다.

㉡ 부자나 가난한 사람 모두에게 급여가 제공되므로 **소득재분배 효과가 낮다**.

㉢ 모든 사람에게 급여가 제공되기 때문에 **재정이 많이 소요되고 재정확보가 어렵다**.

■ 아동수당법 [18 19 20 21] ■

구 분	핵심 내용
연 혁	아동수당법(2018.3.27.제정, 2018.9.1.시행)
지급대상	• 아동수당은 8세 미만의 아동에게 매월 10만원을 지급한다. • 영아수당 : 2세 미만의 아동에게는 매월 50만원 이상으로서 대통령령으로 정하는 금액을 추가로 지급한다. **OIKOS UP 영아수당(신설 2021.12.14., 2022.1.1. 시행)** 영아기 특성상 종일·밀착 돌봄이 필요하고 부모가 가정양육을 선호하고 있어 실제 영아의 어린이집 이용률은 0세 3.4퍼센트, 1세 36.6퍼센트로 매우 낮은 상황임. 그럼에도 영아의 가정양육 지원금액보다 어린이집 이용 시 지원금액이 커 부모의 영아기 양육선택권을 제약하고 있음. 이에 아동을 양육하는 가정의 양육에 따른 경제적 부담을 경감하고, 양육방식의 선택권을 보장하기 위하여 2022년 1월 1일부터 출생하는 만 2세 미만의 아동에게는 매월 최고 50만원의 아동수당을 추가로 지급하되, 보육료 이용권 및 아이돌봄 이용권으로도 수령할 수 있도록 하려는 것임.
지급신청	아동수당을 지급받으려는 보호자 또는 보건복지부령으로 정하는 보호자의 대리인("보호자등")은 특별자치시장·특별자치도지사·시장·군수·구청장에게 아동수당의 지급을 신청할 수 있다.
지급시기	아동수당의 지급을 신청한 날이 속하는 달부터 8세 생일이 도래하는 달의 전달까지 매월 정기적으로 수급아동 또는 그 보호자에게 아동수당을 지급한다.
지급방법	아동수당은 현금으로 지급한다. 다만, 특별자치시장·특별자치도지사·시장·군수·구청장은 대통령령으로 정하는 바에 따라 해당 지방자치단체의 조례로 정하는 다른 방법으로도 지급할 수 있다. ※ **영아수당** : 제4조제5항에 따른 아동수당은 현금으로 지급한다. 다만, 대통령령으로 정하는 바에 따라 「영유아보육법」 제34조의3의 보육서비스 이용권 또는 「아이돌봄 지원법」 제21조의 아이돌봄서비스 이용권으로도 지급할 수 있다.
시효	아동수당 수급권자의 권리와 환수금을 환수할 권리는 5년간 행사하지 아니하면 시효의 완성으로 소멸한다.

03 아동수당법

1 개 요

① 2018년 3월 27일 제정되어 2018년 9월 1일 시행
② 관장부처 : 보건복지부(아동복지정책과)

2 법률 내용분석(2021.12.14. 일부개정, 2022.4.1. 시행)

제1장 총칙

제1조	목적	이 법은 아동에게 아동수당을 지급하여 아동 양육에 따른 경제적 부담을 경감하고 건강한 성장 환경을 조성함으로써 아동의 기본적 권리와 복지를 증진함을 목적으로 한다.
제2조	정의	이 법에서 사용하는 용어의 뜻은 다음과 같다. 1. "**아동수당 수급권**"이란 이 법에 따른 아동수당을 받을 권리를 말한다. 2. "**아동수당 수급권자**"란 아동수당 수급권을 가진 아동을 말한다. 3. "**수급아동**"이란 제9조에 따라 아동수당의 지급이 결정되어 아동수당을 받을 예정이거나 받고 있는 아동을 말한다. 4. "**보호자**"란 아동의 친권자·후견인 또는 그 밖의 사람으로서 아동을 사실상 보호·양육하고 있는 사람을 말한다.

제2장 아동수당의 신청 및 지급 등

| 제4조 | 아동수당의 지급 대상 및 지급액
[⑱⑲⑳㉑] | ① 아동수당은 **8세 미만의 아동에게 매월 10만원을 지급**한다.
② 삭제 〈2019. 1. 15.〉
③ 삭제 〈2019. 1. 15.〉
④ 삭제 〈2019. 1. 15.〉
⑤ 제1항에도 불구하고 **2세 미만의 아동에게는 매월 50만원 이상으로서 대통령령으로 정하는 금액을 추가로 지급**한다.〈개정 2023. 6. 13., 시행 2023. 9. 14.〉

OIKOS UP 아동수당의 추가 지급 대상 및 지급액(시행령 제2조)
「아동수당법」(이하 "법"이라 한다) 제4조제5항에서 "대통령령으로 정하는 금액"이란 다음 각 호의 구분에 따른 금액을 말한다.
1. 1세 미만의 아동: 매월 100만원
2. 1세 이상 2세 미만의 아동: 매월 50만원

⊗ 아동수당은 인구학적 기준을 적용한 제도이다.(O)
⊗ 선별주의에 근거한 제도 : 아동수당(×)
⊗ 아동수당은 전체 아동이 적용대상이 아니므로 선별주의 제도이다.(×)
⊗ 만 10세 아동은 아동수당을 받을 수 있다.(×) |

제6조	아동수당의 지급 신청	① 아동수당을 지급받으려는 보호자 또는 보건복지부령으로 정하는 보호자의 대리인(이하 "보호자등"이라 한다)은 **특별자치시장·특별자치도지사·시장·군수·구청장에게 아동수당의 지급을 신청**할 수 있다. ② **삭제** 〈2019.1.15.〉 ③ 제1항에 따른 아동수당 지급 신청의 방법·절차 등에 필요한 사항은 대통령령으로 정한다.
제9조	아동수당의 지급 결정 등	① 특별자치시장·특별자치도지사·시장·군수·구청장은 제7조에 따른 조사·질문 등을 거쳐 아동수당 수급권의 발생·변경·상실에 관한 사항을 확인하고, 아동수당의 지급 여부 등을 결정한다. ② 특별자치시장·특별자치도지사·시장·군수·구청장은 제1항에 따른 결정을 한 경우에는 서면 또는 전자적 방법으로 그 결정 내용과 이유를 구체적으로 밝혀 아동수당지급신청자에게 지체 없이 통지하여야 한다. ③ 특별자치시장·특별자치도지사·시장·군수·구청장은 수급아동의 보호자가 제7조제1항에 따른 서류 또는 자료를 제출하지 아니하거나 거짓 서류 또는 자료를 제출한 경우, 조사·질문을 거부·방해 또는 기피하거나 거짓 답변을 한 경우에는 아동수당 지급의 결정을 취소할 수 있다. ④ 제1항부터 제3항까지의 규정에 따른 결정·결정 취소의 절차 및 통지 등에 필요한 사항은 보건복지부령으로 정한다.
제10조	아동수당의 지급 시기 및 방법 등	① 특별자치시장·특별자치도지사·시장·군수·구청장은 제9조제1항에 따라 아동수당의 지급을 결정한 아동에 대하여 **아동수당의 지급을 신청한 날이 속하는 달부터 8세 생일이 도래하는 달의 전달까지 매월 정기적으로 수급아동 또는 그 보호자에게 아동수당을 지급**한다. 다만, 수급아동이 「아동복지법」 제52조제1항제1호의 아동양육시설이나 같은 항 제4호의 공동생활가정에서 보호조치되고 있는 경우 등 보건복지부장관이 정하는 경우에는 아동수당의 전부 또는 일부를 같은 법 제42조의 자산형성지원사업에 따라 개설된 수급아동 명의의 계좌에 입금하여 지급할 수 있다. ② 제1항에도 불구하고 **아동이 출생한 후 출생일을 포함한 60일 이내에 아동수당의 지급을 신청하는 경우에는 출생일이 속하는 달부터 소급하여 지급**한다. 다만, 보건복지부령으로 정하는 부득이한 사유로 아동이 출생한 후 출생일을 포함한 60일 이내에 아동수당의 지급을 신청하지 못한 경우에는 그 사유가 존재하는 기간을 60일 이내의 기간에 산입하지 아니한다. ③ **제4조제1항에 따른 아동수당은 현금으로 지급**한다. 다만, 특별자치시장·특별자치도지사·시장·군수·구청장은 대통령령으로 정하는 바에 따라 해당 지방자치단체의 조례로 정하는 다른 방법으로도 지급할 수 있다. ④ **제4조제5항에 따른 아동수당은 현금으로 지급**한다. 다만, 대통령령으로 정하는 바에 따라 「영유아보육법」 제34조의3의 보육서비스 이용권 또는 「아이돌봄 지원법」 제21조의 아이돌봄서비스 이용권으로도 지급할 수 있다. ⑤ 제1항부터 제4항까지에서 규정한 사항 외에 아동수당의 지급 시기·방법 및 절차 등에 필요한 사항은 대통령령으로 정한다.

제3장 수급아동의 사후관리

제11조	미지급 아동수당	① 수급아동이 사망한 경우로서 그 아동에게 지급되지 아니한 아동수당(이하 "미지급 아동수당"이라 한다)이 있는 경우에는 그 수급아동의 사망 당시 보호자는 미지급 아동수당을 청구할 수 있다. 이 경우 특별자치시장·특별자치도지사·시장·군수·구청장은 지체 없이 그 지급 여부를 결정하여 그 보호자에게 통지하여야 한다. ② 제1항에 따른 미지급 아동수당의 청구 절차·방법 등에 필요한 사항은 대통령령으로 정한다.

제13조	아동수당의 지급 정지	① 특별자치시장·특별자치도지사·시장·군수·구청장은 다음 각 호의 어느 하나에 해당하는 경우에는 **그 사유가 발생한 날이 속하는 달의 다음 달부터 그 사유가 소멸한 날이 속하는 달까지 아동수당의 지급을 정지**한다.
		  1. **수급아동의 국외 체류기간이 90일 이상 지속되는 경우.** 이 경우 아동수당의 지급 신청 당시부터 국외에 체류 중인 수급아동의 국외 체류기간은 해당 아동이 국외로 출국한 날(해당 아동이 국외에서 출생한 경우에는 그 아동이 출생한 날을 말한다)부터 기산(起算)한다.
		  2. **수급아동이 행방불명되거나 실종되는 등 대통령령으로 정하는 바에 따라 사망한 것으로 추정되는 경우**
		  3. 그 밖에 제1호 및 제2호에 준하는 경우로서 대통령령으로 정하는 경우
		② 특별자치시장·특별자치도지사·시장·군수·구청장은 **수급아동의 보호자가 제7조제1항에 따른 서류 또는 자료를 제출하지 아니하거나 거짓의 서류 또는 자료를 제출한 경우, 조사·질문을 거부·방해 또는 기피하거나 거짓 답변을 한 경우**에는 아동수급의 지급을 정지할 수 있다.
		③ 제1항 및 제2항에 따른 지급 정지의 절차 등에 필요한 사항은 보건복지부령으로 정한다.

제14조	아동수당 수급권의 상실	수급아동은 다음 각 호의 어느 하나에 해당하게 된 경우에는 그 사유가 발생한 날이 속하는 달의 다음 달부터 아동수당 수급권을 상실한다. 1. **사망한 경우** 2. **국적을 상실한 경우** 3. 그 밖에 대통령령으로 정하는 **아동수당 수급권의 상실 사유가 발생한 경우**

제4장 아동수당 수급권자의 권리 보호

제18조	아동수당 수급권의 보호	① 아동수당 수급권은 양도하거나 담보로 제공할 수 없으며, 압류 대상으로 할 수 없다. ② 아동수당으로 지급받은 금품은 압류할 수 없다.
제13조	아동수당의 지급 정지	① 제9조제1항에 따른 결정이나 그 밖에 이 법에 따른 처분에 이의가 있는 사람은 특별자치시장·특별자치도지사·시장·군수·구청장에게 이의신청을 할 수 있다. ② 제1항에 따른 이의신청은 그 처분이 있음을 안 날부터 90일 이내에 서면으로 하여야 한다. 다만, 정당한 사유로 그 기간 이내에 이의신청을 할 수 없었음을 증명한 경우에는 그 사유가 소멸한 날부터 60일 이내에 이의신청을 할 수 있다. ③ 특별자치시장·특별자치도지사·시장·군수·구청장은 제2항에 따라 이의신청을 받은 날부터 30일 이내에 이를 검토하고 처분이 위법·부당하다고 인정될 때에는 시정하거나 그 밖에 필요한 조치를 하여야 한다. 다만, 그 기간 내에 조치를 할 수 없는 부득이한 사유가 있는 경우에는 30일의 범위에서 연장할 수 있다.

제5장 보칙

제20조	시효	아동수당 수급권자의 권리와 제16조에 따른 환수금을 환수할 권리는 **5년간 행사하지 아니하면 시효의 완성으로 소멸**한다.

빈곤과 공공부조제도

제4부 **사회보장의 이해**

제8장 회차별 출제빈도, 출제비중 및 출제논점 1, 2, 3순위

10회 2012	11회 2013	12회 2014	13회 2015	14회 2016	15회 2017	16회 2018	17회 2019	18회 2020	19회 2021	20회 2022	21회 2023	22회 2024
2	4	3	1	2	4	4	3	4	3	4	5	6

출제 비중	출제 논점		
	1순위 ☺	2순위 ※	3순위 ☆
14.6	① 소득불평등측정: 로렌츠 곡선, 지니계수, 10분위 분배율, 5분위 분배율 ② 국민기초생활보장제도	① 사회적 배제(social exclusion) ② 빈곤의 정도 측정: 빈곤율, 빈곤갭 ③ 기초연금제도, 근로장려세제	① 빈곤선의 측정: 절대적, 상대적, 주관적 ② 의료급여제도, 긴급복지지원제도, 장애인연금제도

1순위 스마일표시(☺) : 출제 빈출도가 높은 부분으로 무조건 시험에 출제되는 영역
2순위 당구장표시(※) : 나왔다 안 나왔다 하는 영역이지만 출제가능성 높은 영역
3순위 별 표(☆) : 출제 된 적이 있긴 하지만 다시 출제될 가능성은 다소 떨어지는 영역

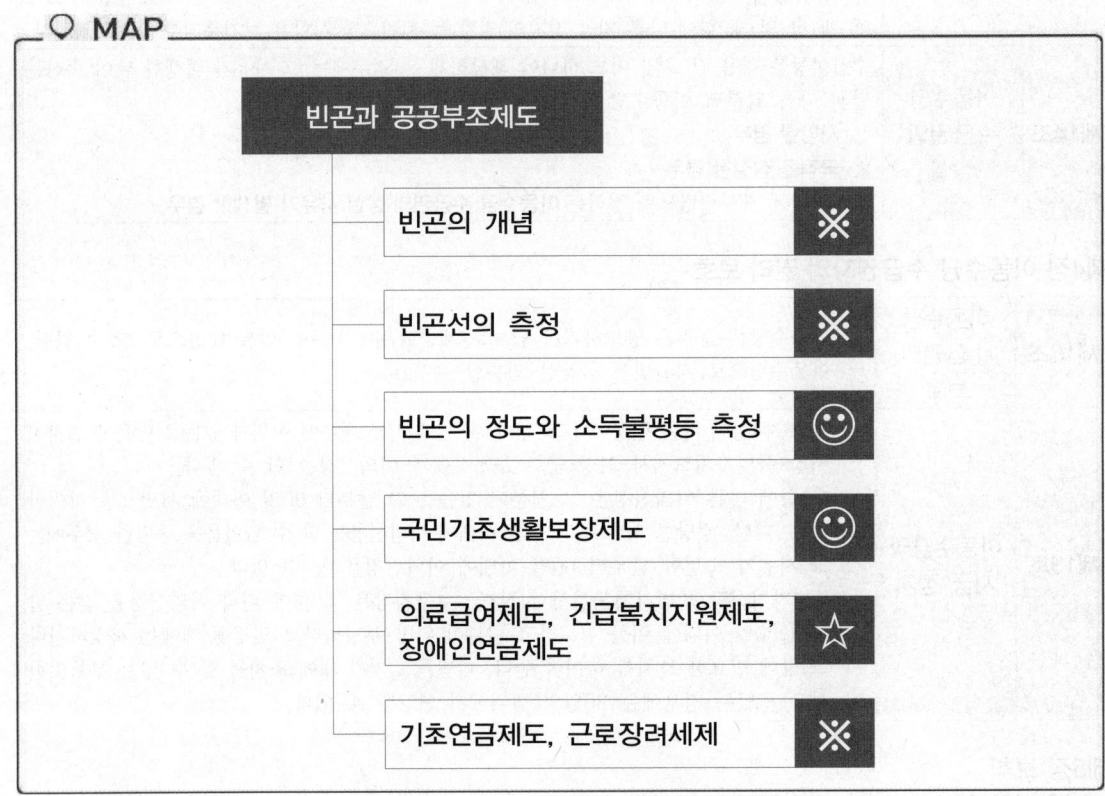

01 빈곤의 개념

1 경제적 빈곤

경제적 측면(주로 소득과 재산)에서 인간다운 생활을 영위하기에 부족한 상태

(1) 객관적 빈곤 : 객관적 기준에 의한 부족 상태

① **절대적 빈곤(absolute poverty)** [⑱⑳㉒]

　㉠ 최소한의 소득기준으로 빈곤을 개념화한 것으로, **최소한의 신체적 효율성**(physical efficiency, **생물학적 효율성**)을 유지하는 데 필요한 의·식·주를 가지지 못한 수준을 말한다.

　㉡ **최소한의 생활수준에 미치지 못하는 것**, 즉 한 개인이나 가구의 소득 또는 지출이 최저 생활을 하는 데 필요한 생계비에 미달되는 상태를 말한다.

　㉢ 절대빈곤의 개념은 빈곤에 대해 세계 최초로 대규모 과학적 사회조사를 한 찰스 부스(Charles Booth)로부터 시작되었다.

　　※ 절대적 빈곤은 최소한의 생필품을 구입하는데 필요한 비용으로 정한다.(O)
　　※ 상대적 박탈은 인간의 기본적 욕구의 기준을 생물학적 요인에만 초점을 둔다.(×)
　　※ 상대적 빈곤은 생존에 필요한 생활수준이 최소한의 수준에 도달하지 못한 상태를 말한다.(×)

② **상대적 빈곤** [⑮⑱㉑]

　㉠ 사회의 다른 사람들과 비교해 상대적으로 적게 가지고 있는 상태를 의미하는 것으로, **한 사회의 평균적인 생활수준과 비교하여 빈곤을 규정하는 것**이다.

　㉡ 사회·문화·경제생활의 향상과 발전 및 풍요한 생활에서도 나타나는 **불평등 혹은 상대적 박탈이란 관점에서 파악하는 개념**이다.

　　※ 상대적 빈곤은 한 사회의 평균적인 생활수준을 기준으로 정한다.(O)
　　※ 상대적 빈곤은 소득불평등과 관계가 있다.(O)

(2) 주관적 빈곤 [㉒]

① 절대적 빈곤이나 상대적 빈곤이 제3자의 판단, 즉 객관적인 차원에서 논하는 것이라면 **주관적 빈곤은 객관적인 기준 없이 주관적인 판단에 근거하여 정의되는 빈곤**을 말한다.

　　※ 라이덴방식은 객관적 평가에 기초하여 빈곤선을 측정한다.(×)

② 객관적인 비교 기준이 있으면 상대적 빈곤 개념이 되겠지만 비교 기준이 따로 없이 스스로 빈곤하다고 느끼는 주관적 감정과 관계가 있으므로 상대적 개념과 차이가 있다.

2 문화적 빈곤

(1) 개념

① 문화(= 생활양식)적 측면에서 정의된 빈곤으로, 이를 처음 정의한 사람은 오스카 루이스(Oscar Lewis)이다.

② 가난한 사람들은 사회의 지배문화(dominant culture)와 질적으로 다른 하위문화(subculture)에서 살기 때문에 그들의 태도, 가치, 행동 등에서 다르고 나아가 그들 특유의 생활양식을 이루어 가며 이러한 생활양식은 **사회화의 과정을 통해 세대 간에 전승되어 영속화**된다.

(2) 빈곤문화(culture of poverty)의 특징
① 빈곤문화는 빈민들이 학교, 교회, 정당, 노조 등 사회의 주된 제도들에 참여하거나 동화하는 것을 막아서 **주류사회의 지배적인 가치를 수용하지 못하게** 한다.
② 모자가정이나 부자가정과 같은 **결손가정이 많으며 합법적 결혼 없이 동거하는 가정이 많다.**
③ 절망감, 의존심, 열등감 등을 배양하여 **쉽게 체념하고 운명주의자가 되며** 출세에 대한 동기가 매우 약하고 충동을 억제하지 못하여 현재 중심적인 생활을 영위한다.
④ 빈곤은 **악순환**(vicious cycle of poverty), 즉 **세대 간에 전승**이 되어 영속화된다.

3 인간적 빈곤(human poverty)

(1) 개념
① 소득 이외의 **인간의 삶의 질에 영향을 미치는 요인들이 결핍된 상태**를 말한다.
② 인간적 빈곤이 고려하는 소득 이외의 요인들은 짧은 수명, 아동의 영양실조, 높은 문맹률, 수질오염 등이 있다.

(2) 측정
① **인간빈곤지수**(human poverty index)로 **측정**한다.
② 이 지수는 생존, 지식, 품위 있는 생활수준이라는 세 가지 **박탈영역과 사회적 배제로 측정**된다.

4 사회적 배제(social exclusion) [⑤⑥⑤⑯⑧②]

(1) 개념 및 배경
① 개 념
  ㉠ 한 사회에서 소수자가 그 사회의 사회적·경제적·문화적 주류영역에 포함되지 못하고 차단되거나 힘의 열세에 놓이게 되는 현상을 일컫는 말이다. → 소비·저축·생산·정치·사회활동 등 정상적 사회활동의 참여에 장애를 겪고 있거나 기능할 수 없는 상태
  ㉡ 사회적 배제란 **정상적 사회활동의 참여에 장애를 겪고 있거나 기능할 수 없는 상태**로, 정상적이라고 간주하는 사회활동은 다음과 같은 다섯 가지 차원의 활동이다. → 다섯 가지 활동들 중 첫 번째의 소비활동이 전통적 소득빈곤 개념에 유사한 것, 나머지 네 개는 **사회적 배제 개념에서 새로이 확장된 차원들**
    ㉮ 일정 수준의 재화와 서비스를 소비할 수 있는 **소비활동**
    ㉯ 예금을 하거나 주택 등 재산을 소유하는 **저축활동**
    ㉰ 유급노동, 교육훈련, 가족 돌봄 등 경제적, 사회적으로 가치 있는 활동에 참여하는 **생산활동**
    ㉱ 사회적, 물리적 환경 개선과 같은 집단적 노력에 참여하는 **정치활동**

㉥ 가족이나 친구들과의 유의미한 사회적 상호작용에 참여하고 공동체의 일원이 되는 **사회활동**
　　⊗ 사회적 배제의 특성 : 사회적 관계망으로부터의 단절 문제를 제기한다.(○)
ⓒ **사회적 배제의 유형에는** 노동시장, 경제, 문화, 사회적 고립, 공간적, 제도적 배제가 있으며, 복지권리, 고용에 대한 접근성, 차별문제, 사회적 관계망, 사회참여 능력 등에 초점을 맞춘다. → 개인과 집단의 박탈과 불평등을 유발하는 다양한 영역을 포괄

② 배 경
ⓐ 전후 복지국가 건설기인 1950년대부터 약 50여년이 지나는 동안 빈곤의 문제를 해결하기 위한 국가의 사회복지적 노력과 투자에도 불구하고 장기실업자들과 저소득자들의 빈곤의 문제가 개선되지 않고 있으며, 오히려 그러한 빈곤의 문제가 만성화·세습화되고, 빈부격차는 더욱 확대되는 상황을 배경으로 한다.
ⓑ 1960년대 유럽에서는 사회적 배제를 '사회적 부적응'의 문제로 제기하면서 전통적인 의미의 '빈곤' 개념을 대체하는 개념으로 등장하였다.
　㉮ 1950년대 프랑스에서 **정책담론의 장**에서 먼저 사용되었고 1980대 이후 발전하였으며, 유럽을 중심으로 많이 사용되고 있다.
　㉯ **1980년대 중반 프랑스의 사회당 정부가** 사회적 배제를 '장기적이고 반복적인 실업' 뿐만 아니라 가족의 위기, 1인 단독가구의 증가, 사회적 고립과 계급연대의 퇴조에 따른 전반적인 사회적 유대(social bond)의 불안정성을 통칭하는 용어로 사용하였다.
　　⊗ 사회적 배제 개념은 열등처우의 원칙으로부터 등장하였다.(×)
ⓒ **제3의 길 '사회투자국가'에서의 사회적 포섭** : 소득이 아니라 '기회를 재분배'를 통해 경제의 패자들이 사회 밖으로 튕겨져 나가 **사회적 배제상태에 빠지는 것을 막아 사회 내로 포섭**해야 한다.

(2) 기존 빈곤의 개념과 차이점
기존의 빈곤현상 뿐만 아니라, 변화하는 경제구조 속에서의 사회적 차별과 소외 현상에 이르기까지 관심 영역의 확장 → 기존 빈곤 개념에 대한 확대개념

기존 빈곤(구빈곤)	사회적 배제(신빈곤)
단순히 **경제적, 물질적 결핍현상을 중시하여 지출 위주의 소득보장정책을 추구**	경제적, 재정적 측면뿐 아니라 **사회적, 심리적 측면**에도 관심 (**소득문제에 국한되지 않는 다차원적인 불리함을 의미**)을 가짐
빈곤에 대한 결과적 상태, 현상적 측면에 관심	빈곤의 원인, **빈곤에의 과정(빈곤의 역동성과 동태적 과정에 초점**)에 더욱 관심
산업 혹은 고용구조 변화에 적응하지 못한 **개인의 책임을 지적**	배제라는 결과의 원인으로서 **사회구조를 강조 → 빈곤의 근본적인 책임은 사회권의 보장이나 정책의 주요결정 과정에서 개인을 제외시키는 사회**

⊗ 소득의 결핍 그 자체보다 다양한 배제 행위가 발생하는 과정에 초점을 둔다.(○)
⊗ 특정 집단이 경험하는 배제는 정태적 사건이 아니라 동태적 과정으로 본다.(○)
⊗ 사회적 배제의 특성 : 문제의 초점을 소득의 결핍으로 제한한다.(×)

02 빈곤선의 측정

1 절대적 빈곤선 측정방법 : 라운트리방식, 오샨스키방식 [⑤⑧⑲⑳]

(1) 라운트리(Rowntree) 방식 [㉑]

① 전물량방식(Market Basket, 마켓바스킷 방식) 또는 예산기준방식(budget standards)
② 인간생활에 필수적인 모든 품목에 대하여 최저한의 수준을 정하고 화폐가치로 환산하여 최저생계비를 구하는 방식으로 영국의 라운트리(Rowntree)가 1899년 요크시의 빈곤을 추정하는 데 처음으로 사용하였다.
③ 기초생활필수품 전체 목록을 작성하고 각 목록들의 최저 지출비를 모두 더해서 최저생계비를 산출한다. 즉, 식료품, 의료, 교통, 주택, 난방 등 표준적인 소비를 위해 얼마가 지출되어야 하는지를 조사하는 것으로 전체 소비지출을 감안한다.
④ 장점과 단점
  ㉠ 장점 : 사치품과 고가품을 배제하고 필수품만을 마켓바스켓에 포함할 수 있다.
  ㉡ 단점 : 마켓바스켓을 구성하는데 있어서 전문가의 자의성이 개입된다.

> **OIKOS UP 우리나라의 최저생계비 계측**
>
> ① 우리나라의 최저생계비 : 절대적 빈곤선으로서 전물량 방식
> ② 최저생계비 계측
>   ㉠ 최저생계비는 국민이 건강하고 문화적인 생활을 유지하기 위하여 소요되는 최소한의 비용으로서, 기초생활수급자 등 각종 복지대상자 선정 및 급여의 기준으로 활용 ↔ 최적의 비용(×)
>   ㉡ 보건복지부 장관은 최저생계비 결정을 위한 계측조사를 국민의 소득, 지출수준과 수급권자의 가구유형 등 생활실태, 물가 상승률 등을 고려하여 3년마다 실시
>   ㉮ 1997년 8월 22일 「생활보호법」 개정으로 최저생계비 규정(5년마다 계측조사 실시)
>   ㉯ 1999년(최초 계측조사), 2004년, 2007년 계측조사 실시(2004년 계측조사 주기 5년 → 3년 변경)
>   ㉰ 비계측년도의 최저생계비는 계측년도의 최저생계비에 소비자물가상승률을 적용
>   ㉱ 개정 前 : 공익대표, 민간전문가, 관계부처 공무원 등 12인으로 구성된 중앙생활보장위원회의 심의·의결을 거쳐 매년 9월1일까지 다음 연도 최저생계비를 공표
> ③ 수급자 선정 및 급여 기준 : 전물량 방식에서 중위소득(상대적 빈곤 관점 반영)으로 변경 [⑱⑲]
>   ㉠ 2014년 12월 30일 「국민기초생활보장법」 개정(2015.7.1.시행)
>   ㉡ 기준 중위소득이 급여종류별 선정기준과 생계급여 지급액을 정하는 기준이고, 부양의무자의 부양능력을 판단하는 기준
>   ㉢ 수급자 선정 및 급여 기준으로 최저생계비 기준을 활용하지 않더라도 기준 중위소득이 수급자의 최저생활을 보장하는지 여부를 확인하기 위하여 최저생계비를 3년마다 계측
>   ⓧ⓪ 기초생활보장제도의 수급자 선정기준은 상대적 빈곤 개념을 반영하고 있다.(O)

(2) 오샨스키 척도(the Orshansky) = 반물량방식 [②⑲㉑㉒]

① 오샨스키 척도(the Orshansky)는 최저생계비 개념에 입각하여 빈곤을 측정하는 방법으로서 1960년대 초 미국 사회보장청 경제학자로 일한 Molly Orshansky가 개발하였다.

② 라운트리 방식처럼 모든 항목의 생계비를 조사하지 않고, 어느 한 목록(예를 들면 식품)을 택하고, 소득 가운데 해당 목록에 대한 지출 비용이 얼마인가를 파악한 후, 해당 목록의 최저비용이 소득 가운데 차지하는 비율을 산정하고, **그 비율의 역수(엥겔계수의 역수)를 해당 목록의 최저지출비용에 곱하여 최저생계비를 산출**하는 방식이다.

- 전(全)물량 방식은 식료품비를 계산하고 엥겔수의 역을 곱해서 빈곤선을 기준으로 측정하는 방식이다.(×)
- 반물량 방식은 모든 항목의 생계비를 계산하지 않고 엥겔계수를 활용하여 생계비를 추정한다.(O)

③ 엥겔계수로 생계비를 추정한다는 점에서 이를 **반물량방식**이라고도 한다. **식료품비가 총가계지출에서 차지하는 비율을 엥겔계수**라 하며, 엥겔계수는 영향학적 기준을 충족시키는데 필요한 최저한의 비용, 즉 객관적인 식품비(이론적 식품비)를 계산하여 절대적 빈곤선을 계산하는 방식이다.

④ 미국(미국의 사회보장청)의 공식적인 빈곤선 측정 방법으로 사용되고 있다.

⑤ 장점과 단점
  ㉠ **장점** : 비교적 객관적으로 계측할 수 있고, 수정하기도 쉽다.
  ㉡ **단점** : 빈곤선이 엥겔계수의 수치변화에 영향을 크게 받으며, 최저식품비 또는 연구자에 따라 매우 큰 차이를 보이는가 하면, 빈곤의 측정방법이 너무 단순하여 빈민이 경험하는 다양한 생활상의 어려움을 제대로 반영하지 못한다는 한계가 있다.

2 상대적 빈곤선 측정방법 [16·19·20·21]

평균 혹은 중위소득 비율, 소득분배상 일정 비율, 상대적 박탈

(1) 평균 혹은 중위소득 비율 [9·10·11·18·19·20·21]

① 사회구성원의 **평균소득(mean)의 일정 비율, 또는 중위소득(median)의 일정 비율을 빈곤선으로 설정하는 방법**이다.

- 예) 평균소득의 50%를 빈곤선으로 설정하고 이하의 소득을 가진 가구에서 생활하는 사람들을 빈민으로 간주하는 방법
- 예) 중위소득의 50%를 빈곤선으로 책정할 경우, 사회구성원 99명을 소득액 순으로 나열하여 이 중 50번째 사람의 소득 50%를 빈곤선으로 한다.

  ㉠ 소득분배의 분포는 중간 이하의 낮은 소득층에 속하는 사람들이 많고, 매우 적은 숫자의 고소득층으로 분포되어 있어 **평균소득은 중위소득보다 일반적으로 높다.**
  ㉡ **평균소득을 기준으로 할 경우 중위소득을 기준으로 한 경우보다 빈곤선 이하에 속하는 사람들의 수가 증가할 수 있다.**

- 중위소득 또는 평균소득을 근거로 빈곤선을 측정하는 것은 절대적 빈곤 측정방식이다.(×)

② 상대적 빈곤을 사용하는 학자들 사이의 쟁점
  ㉠ 평균소득으로 할 것인지 중위소득으로 할 것인지
    ㉮ **평균소득 기준** : 소득 불평등을 중시하는 것이어서 중위소득을 기준으로 삼을 때보다 빈곤선 이하의 사람 숫자를 증가시킬 수 있음
    ㉯ **중위소득 기준** : 평균소득 기준은 불필요하게 많은 사람을 빈곤한 것으로 간주

ⓒ **소득의 몇 %를 빈곤선으로 할 것인지** : 순전히 작위적이어서 과학적 근거가 없음
③ 경제성장 등으로 삶의 수준이 전반적으로 향상되면 빈곤선의 수준이 같은 비율로 향상되어, 절대적 빈곤선의 최대 약점인 전반적 생활수준 변화를 고려하지 못하는 점이 해결(단, 중위소득의 경우 소득향상이 고소득층에 몰리면 빈곤선 수준은 올라가지 못함).
④ 2014년 12월 30일 「국민기초생활보장법」 개정(2015.7.1.시행)으로 **전물량** 방식에서 **중위소득(상대적 빈곤 관점 반영)으로 변경**되었다.

(2) 소득분배상 일정 비율 [⑲]

① 사회구성원의 소득을 낮은 소득에서부터 높은 소득 순으로 배열한 다음, 소득분배 분포상의 하위(下位) 일정 비율에 해당하는 소득을 빈곤선으로 정하고, 빈곤선 이하의 소득을 가진 사람들을 빈곤층으로 규정하는 방법이다.
② 평균소득이 같은 경우라도 소득불평등의 정도가 낮은 사회에서는 빈곤선에 해당하는 소득액이 높아지고, 반면 소득불평등의 정도가 높은 사회에서는 빈곤선에 해당하는 소득액은 낮아지게 된다.

❌ 반물량 방식은 소득분배 분포 상에서 하위 10%나 20%를 빈곤한 사람들로 간주한다.(×)

(3) 타운센드(Townsend) 방식 [⑳㉑]

① 타운젠드(Townsend)는 **상대적 박탈개념을 박탈지표를 사용해서 총체적 박탈점수를 계산**한 후 이 점수를 소득수준과 비교해서 일정의 소득 수준 이하에서 박탈점수가 급격히 떨어지면 그 급강지점(breakdown point)을 빈곤선으로 결정한다.
② **상대적 박탈이란** 어떤 사람들은 대부분의 다른 사람들보다 자신이 소득이나 물질적 소유물을 더 적게 가지고 있다고 인식하고, 그들이 더 많은 소득이나 물질을 받을 자격이 있다고 믿는 것이다.

3 주관적 빈곤선 : 여론조사에 의한 방법, Leyden 방법 [⑤⑧⑲]

(1) 여론조사에 의한 방법

그럭저럭 살아가는 데 필요한 최소비용이 얼마인가를 설문하여 조사된 금액을 평균하여 빈곤선을 산출하는 방법이다.

예) 현재 당신이 생활하는 지역사회에서 부모와 두 자녀가 그럭저럭 살아가는 데 필요한 최소소득이 얼마라고 생각하십니까? 라는 질문을 하여 답변한 최소소득을 평균을 내어 빈곤선을 결정하는 방법이다.

(2) 라이덴(Leyden) 방식 [⑲㉑]

네덜란드 Leyden 대학을 중심으로 발전된 방법이다. 빈곤선을 책정함에 있어서 먼저 사람들에게 그들 자신들의 상황을 고려할 때 그럭저럭 살아가는 데 소요되는 최저생계비 또는 최소소득(minimum income)이 얼마인가를 묻고, 이를 바탕으로 이 사람들이 판단한 최소소득과 그들의 실제소득과의 관계를 분석하여 결정하는 방법이다.

❌ 라이덴 방식은 상대적 빈곤 측정방식이다.(×)

03 빈곤의 정도와 소득불평등 측정

1 빈곤의 정도 측정 : 빈곤율, 빈곤갭, Sen 지수 [⑨⑩⑯⑰⑱②②]

(1) 빈곤율(poverty rate) 측정 → 빈곤의 규모
① 가장 보편적인 빈곤지수로 빈곤한 사람들의 수가 전체 인구에서 차지하는 비율, 즉 **빈곤선 이하의 사람수 ÷ 전체인구수**
② 전체가구 중 몇 퍼센트가 빈곤가구인가를 밝히는 방법으로, **빈곤의 규모를 측정**하는 간단한 방법이다.
③ 빈곤율이 동일하더라도 전체인구 수에 따라 빈곤선 이하의 사람 수는 상이할 수 있다.
④ **한계점**
  ㉠ 빈곤선 이하의 빈자들의 숫자만 고려할 뿐이지 그들의 소득이 빈곤선에서 얼마만큼 부족한가에 대해선 간과한다는 것이다.
  ㉡ 빈자들 간의 소득 분배(더 가난한 자로부터 덜 가난한 자로의 소득이전이 있을 경우)에 의해 전혀 영향을 받지 않는다는 것이다.

(2) 빈곤갭(poverty gap, 소득갭비율) 측정 → 빈곤의 심도
① 빈곤선 이하의 사람들을 소득을 모두 빈곤선 수준까지 끌어올리기 위해 어느 정도의 소득이 필요한가를 보여주는 지표로 **빈곤의 심각성을 파악**할 수 있다.
② 빈곤선을 정한 후 소득이 빈곤선에 미치지 못하는 가구를 빈곤가구로 정의하고, 전체 빈곤가구에 대해 「**빈곤선 - 가구소득**」을 계산하여 이를 모두 합한 것이다. → 빈곤선 이하에 있는 사람들의 격차 부분의 합
③ 빈곤갭이 같더라도 두 사회의 빈곤층의 소득분포는 상이할 수 있다.
※ 빈곤율은 모든 빈곤층의 소득을 빈곤선 수준으로 끌어올리는 데에 필요한 총소득으로 빈곤의 심도를 나타낸다.(×)

(3) Sen 지수 → 빈곤율과 빈곤갭의 약점을 보완 [⑱]
① 빈곤율과 빈곤갭(소득갭 비율)에 빈자들의 소득분배 지니계수를 결합하여 만들어진 빈곤척도 지수이다.
② 센(Sen) 지수는 0에서 1 사이의 값을 가진다. 모든 사람들의 소득이 빈곤선 위에 있을 때 0이고 모든 사람의 소득이 0일 때 1이 된다.
※ 센(Sen) 지수는 빈곤집단 내의 불평등 정도를 반영한다.(○)

2 소득불평등의 측정(불평등측정치)

(1) 로렌츠 곡선 [⑧⑩⑪⑯⑰⑱②]
① 한 사회의 구성원을 소득이 가장 낮은 사람으로부터 높아지는 순서대로 차례대로 배열한다고 할 때, 하위 몇 %에 속하는 사람들이 차지하는 전체소득 중의 비율을 나타내는 점들을 모아 놓은 곡선을 의미한다.

② 수평축(가로축)은 **최저소득자로부터 최고소득자의 순으로 인구의 비율을 나타내고 수직축(세로축)은 소득의 비율**을 나타낸다.
　㉠ 로렌츠곡선에서 원점에서 평행한 **대각선은 '완전평등선(균등분포선, 45° 선과 일치)', 수직선(직각선)은 '완전불평등선'**을 의미한다.
　㉡ 완전평등대각선에서 X축을 향하여 타원이 그려지는데, 그 타원이 X축에 가까워질수록 불균등한 소득분배를 나타내며, **타원이 '완전평등선'에 가까워질수록 평등**한 소득분배를 나타낸다.
　　⊗⊙ 로렌츠곡선의 가로축은 소득을 기준으로 하위에서 상위 순서로 모든 인구의 누적분포를 표시한다.(O)
　　⊗⊙ 완전 평등 사회에서 로렌츠곡선은 45° 각도의 직선과 거리가 가장 멀어진다.(×)
③ 로렌츠 곡선은 **지니계수를 산출하기 위한 기초**가 된다.
　㉠ 로렌츠 곡선이 **완전평등선일 때 지니계수는 0**이 된다.
　㉡ 로렌츠 곡선이 **완전불평등선일 때 지니계수는 1**이 된다.

■ 로렌츠곡선(Lorenz Curve) ■

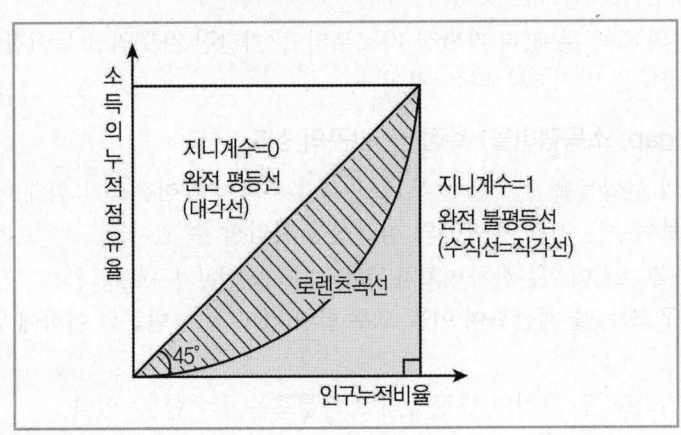

(2) **지니계수(Gini Coefficient)** [⑥⑧⑩⑪⑫⑤⑯⑰⑱⑳㉒]
① 이탈리아의 통계학자인 코라도 지니(Corrado Gini)가 개발한 것으로 지니 계수는 소득 불균형의 정도를 나타내는 통계학적 지수이다.
② 지니 계수는 **0과 1 사이의 값**으로 나타내며 **0에 가까울수록 소득이 균등하게 배분됨**을 의미하며, **1에 가까울수록 불평등도가 높다**는 것을 의미한다.
　㉠ 한 사회의 모든 구성원의 소득이 같다면 **지니계수는 0**이 된다.
　㉡ 한 개인이 모든 소득을 독점하고 나머지는 소득이 없는 상태의 **지니계수는 1**이 된다.
　　⊗⊙ 지니계수가 1일 경우는 완전 평등한 분배상태를 의미한다.(×)
　　⊗⊙ 지니계수는 불평등도가 증가할수록 수치가 커져 가장 불평등한 상태는 1이다.(O)
③ **지니계수 계산 공식**

$$지니계수 = \frac{소득분배균등선과\ 로렌츠곡선\ 간의\ 면적}{소득분배균등선과\ 종 \cdot 횡축이\ 이루는\ 삼각형의\ 면적}$$

(3) 10분위 분배율 [⑧⑪⑫⑯⑰]

① 모든 사람을 소득크기 순으로 배열한 후 이를 10등급으로 분류하고, 소득이 낮은 1~4등급까지의 소득합계를 소득이 가장 높은 9~10등급의 소득합계로 나눈 비율로서, 상위소득 20%의 소득합계에 대한 하위소득 40%의 비율을 말한다.

② **10분위 분배율 계산 공식**

$$\frac{10분위}{분배율} = \frac{\text{소득이 낮은 1~4등급까지의 소득합계(하위소득 40\%)}}{\text{소득이 가장 높은 9~10등급의 소득합계(상위소득 20\%)}}$$

③ 비율의 값이 높으면 소득 격차가 작고, 반대로 낮으면 소득 격차가 큰 것이다.
➜ 수치가 **클수록 평등**하고 작을수록 불평등한 것이다.

(4) 5분위 분배율 [⑨⑪⑫⑯⑰]

① 상위 20%인 소득 분위 9와 10의 소득총액을 하위 20%인 소득 분위 1과 2의 소득총액으로 나눈 값이다.

② **5분위 분배율 계산 공식**

$$\frac{5분위}{분배율} = \frac{\text{소득분위 9와 10의 소득총액(상위소득 20\%)}}{\text{소득분위 1과 2의 소득총액(하위소득 20\%)}}$$

③ 비율의 값이 높으면 소득 격차가 크고, 반대로 낮으면 소득 격차가 작은 것이다.
➜ 수치가 **클수록 불평등**하고 작을수록 평등한 것이다.
   ⓧ 5분위 배율에서는 수치가 작을수록 평등한 상태를 나타낸다.(O)

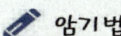
암기법
<u>10평</u>(10분위 분배율은 클수록 평등)에서 하룻 밤 자는데 <u>5불</u>(5분위 분배율은 클수록 불평등)이다.

OIKOS UP 불평등도의 측정 : 실증적 측정치와 규범적 측정치로 분류

① **실증적 측정치(positive measures)** : 사회복지개념을 명시적으로 사용하지 않은 측정치
  ㉠ 범위(range)
  ㉡ 상대평균편차(relative mean deviation)
  ㉢ 분산(variance)과 변이계수(coefficient of variation)
  ㉣ 대수의 분산(variance of logarithms)
  ㉤ 지니계수(Gini coefficient)
  ㉥ 타일의 엔트로피 지수(Theil's entropy measure)

② **규범적 측정치(normative measures)** : 사회복지의 개념과 불평등한 분배로부터 야기되는 사회적 손실에 근거한 측정치
  ㉠ 달톤 지수(Dalton's measure)
  ㉡ 앳킨슨 지수(Atkinson measure)

04 공공부조제도의 이해

1 공공부조(公共扶助, public assistance)의 의의

사회보장제도의 하나로서 모든 국민이 인간다운 생활을 영위하도록 하기 위해 **국가 및 지방자치단체의 책임 하에 생활유지능력이 없거나 생활이 어려운 국민의 최저생활을 보장하고 자립을 지원하는 제도**를 말한다.

2 공공부조의 원리 [⑪⑮⑱]

① **생존권 보장의 원리** : 국민은 누구나 생활상 곤궁에 처했을 때에는 국가에 대하여 급여를 청구할 권리가 있으며, 국가는 국민의 요구를 해결해 주어야 할 법적 의무가 있다는 원리이다.
② **국가(공공)책임의 원리** : 국가는 생존권을 실현하기 위한 구체적인 제도로 국민기초생활보장제도를 만들었고, 이의 실시에 대한 궁극적인 책임을 져야 한다는 원리이다.
③ **최저생활보장의 원리** : 최저한도의 수요가 충족되는 정도의 생활보장을 모든 국민이 똑같이 누리게 하자는 원리이다.
④ **무차별평등의 원리** : 요보호상태에 빠지게 된 곤궁의 요인이 무엇이든지 또는 인종, 신조, 성별 및 사회적 신분여하를 불문하고, 법의 적용상 차별적인 취급을 받음이 없이 무차별 평등하게 보장받아야 한다는 원리이다.
⑤ **보충성의 원리(= 후순위성의 원리)** : 최저한도의 생활유지가 어려운 경우 최종적으로 국가가 개입하여 부족분을 보충한다는 것 → **빈곤함정 유발원인과 직접적인 연관**
　㉠ 재산·소득·근로능력 등 활용의 원칙
　㉡ 사적 부양의 원칙(부양의무자의 부양 우선의 원칙)
　㉢ 타법 우선의 원칙
　㉣ 보충급여의 원칙
⑥ **자립조장의 원리** : 대상자가 경제생활의 면에 있어 급여를 받지 않고도 자력으로 정상적인 사회인으로 생활해 나갈 수 있도록 원조하는 것을 말한다.
⑦ **근로연계성의 원리** : 공공부조는 원조프로그램으로서 근로능력자에 대해서는 구직등록이나 고용 및 직업훈련프로그램에 참가하는 것을 조건으로 원조를 제공하는 근로연계를 실시할 수 있다(예 자활사업 참여를 조건으로 생계급여를 지급받는 수급자인 조건부수급자).

3 우리나라의 공공부조제도(법) [⑰]

① 국민기초생활보장법
② 의료급여법
③ 긴급복지지원법
④ 기초연금법
⑤ 장애인연금법

05 국민기초생활보장제도 [⑤⑯⑱㉑㉒]

구 분	핵심내용
개 요	① 의의 　㉠ 공공부조수급권의 법적 명확화 　㉡ 최저생계비 이하에 있는 모든 국민들의 기초생활을 보장 　㉢ 근로능력 있는 국민에게 자활지원서비스제공(적극적 자활정책) ② 국민기초생활보장법과 생활보호법의 차이 　㉠ **생활보호법** : 연령과 근로능력 상실을 자격요건으로 규정하고 있어 **범주적(선별적) 공공부조** 성격 　㉡ **국민기초생활보장법** : 소득인정액이 최저생계비 이하인 자로 확대하여 **일반적(보편적) 공공부조** 성격 ③ 급여의 기본원칙 [⑪] 　㉠ 신청보장 원칙 및 직권보장의 보완 　㉡ 최저생활보장의 원칙 　㉢ 보충급여의 원칙 　㉣ 자립지원의 원칙 　㉤ 개별성의 원칙 　㉥ 타급여 우선의 원칙 　㉦ 보편성의 원칙 ④ 주요연혁 및 발전과정 | 구 분 | 핵심내용 | |---|---| | 조선구호령 | • 1944년 3월 1일 조선총독 명의 전문 6장 제31조 공포 실시 | | 생활보호법 | • 1961년 법률 제913호로 제정 • 1978년에는 의료보호법의 제정으로 생활보호대상자에 대한 의료보호가 행하여지기 시작 • 1982년 전면 개정 → **자활보호와 교육보호** 추가 [㉒] • 1997년 일부 개정 → **자활후견기관**의 지정, 자활공동체의 설립·운영 등의 제도를 신설 | | 국민기초 생활보장법 | • 1999년 9월 7일 국민기초생활보장법이 제정 → **주거급여 추가**, 긴급구호제도(긴급급여) 도입 • 2000년 10월 1일부터 시행 → **생활보호법 폐지** • 2004년 개정 **최저생계비 계측조사주기 5년 → 3년 단축** • 2014년 12월 30일 개정(2015.7.1.시행) : **맞춤형 급여 체계** |

```
기존(통합급여)                    맞춤형 급여
                  ┌─────────────┬─────────────┬─────────────┬─────────────┐
                  생계급여수급자   의료급여수급자   주거급여수급자   교육급여수급자
   부양의무자기준   부양의무자기준   부양의무자기준   부양의무자기준   부양의무자기준
     적용          미적용          적용          미적용          미적용
              (단, 예외조항 있음)
```

선정기준	급여종류	선정기준	급여종류	선정기준	급여종류	선정기준	급여종류	선정기준	급여종류
최저생계비 100% 이하	생계급여 주거급여 의료급여 자활급여 교육급여 해산급여 장제급여	중위소득 32% 이하	생계급여 주거급여 의료급여 자활급여 교육급여 해산급여 장제급여	중위소득 40% 이하 〈최저생계비 수준〉	의료급여 주거급여 자활급여 교육급여 해산급여 장제급여	중위소득 48% 이하	주거급여 자활급여 교육급여 해산급여 장제급여	중위소득 50% 이하	교육급여 자활급여

※ "맞춤형 급여"란 「국민기초생활 보장법」 개정안(2014. 12. 30.)의 별칭, 즉 맞춤형 급여는 법률용어는 아니며, 이전의 통합급여 방식과 구분하기 위하여 현 제도 운영 방식을 "맞춤형급여"라 칭함.

※ 생계급여는 2021.10.1. 이후 부양의무자 기준이 폐지됨. 단, 부양의무자가 연 소득 1억원(월 소득 834만원) 및 일반재산 9억원을 초과하는 경우 생계급여 대상에서 제외됨. ➔ 생계급여, 주거급여, 교육급여는 부양의무자 부양능력 판정기준을 적용하지 않음

목적	생활이 어려운 사람에게 필요한 급여를 실시하여 이들의 **최저생활을 보장하고 자활을 돕는 것을 목적**
정의 [④⑧⑳, 법제론 ③④⑦ ⑩⑪⑰⑱⑳]	• 수급권자 : 급여를 받을 수 있는 **자격을 가진 사람** ↔ 수급자 : 급여를 받는 사람 • 보장기관 : 급여를 실시하는 국가 또는 지방자치단체 ↔ 보장시설 : 사회복지시설 • 부양의무자 : **수급권자의 1촌의 직계혈족**(부모자식 간) **및 그 배우자**, 다만, 사망한 1촌의 직계혈족의 배우자는 제외 → 아버지, 어머니, (결혼한)아들, (결혼한)딸, 며느리, 사위 • 최저보장수준 : 국민의 소득·지출 수준과 수급자의 가구 유형 등 생활실태, 물가상승률 등을 고려하여 제6조에 따라 **급여의 종류별로 공표하는 금액이나 보장수준** • 최저생계비 : 국민이 건강하고 문화적인 생활을 유지하기 위하여 필요한 **최소한의 비용** ⓧ 최적의 비용(×) • 개별가구 : 자격요건에 부합하는지에 관한 조사를 받는 기본단위로서 수급자 또는 수급권자로 구성된 가구 • 소득인정액 : 개별가구의 소득평가액 + 재산의 소득환산액 • 차상위계층 : 수급권자에 해당하지 아니하는 계층으로서 **소득인정액이 기준중위소득의 100분의 50 이하인 사람**(2015.4.20.개정, 차상위계층 범위확대) ↔ 개정 前 : 소득인정액이 최저생계비의 100분의 120 이하인 자 • 기준 중위소득 : 중앙생활보장위원회의 심의·의결을 거쳐 고시하는 **국민 가구소득의 중위 값** → 중위소득 : 전국의 모든 가구를 소득별로 순위를 매겼을 때, **한 가운데 위치하는 가구의 소득**을 말함
급여의 기본 원칙 [②⑪⑱, 법제론]	① 재산·근로능력 등 활용의 원칙 ② 사적 부양의 원칙 ⇨ 보충성의 원리 ③ 타급여 우선의 원칙

④⑤⑩⑬	• 이 법에 따른 급여는 수급자가 자신의 생활의 유지·향상을 위하여 그의 **소득, 재산, 근로능력 등을 활용**하여 최대한 노력하는 것을 전제로 이를 보충·발전시키는 것을 기본원칙으로 한다. • 부양의무자의 부양과 다른 법령에 따른 보호는 이 법에 따른 급여에 우선하여 행하여지는 것으로 한다. 다만, 다른 법령에 따른 보호의 수준이 이 법에서 정하는 수준에 이르지 아니하는 경우에는 나머지 부분에 관하여 이 법에 따른 급여를 받을 권리를 잃지 아니한다.
급여의 기준 [②④⑱, 법제론 ③④⑦⑩⑬⑰]	• 최저생활보장의 원칙 • 구체성·개별성의 원칙 • **개별가구단위의 원칙 → 예외 : 개인단위** • 지방자치단체인 보장기관은~ 이 법에 따른 **급여의 범위 및 수준을 초과하여 급여를 실시**
외국인에 대한 특례 [⑯, 법제론 ⑤⑩⑯⑲]	**국내에 체류하고 있는 외국인 중** 대한민국 국민과 혼인하여 본인 또는 배우자가 임신 중이거나 대한민국 국적의 미성년 자녀를 양육하고 있거나 배우자의 대한민국 국적인 직계존속(直系尊屬)과 생계나 주거를 같이하고 있는 사람으로서 대통령령으로 정하는 사람이 이 법에 따른 급여를 받을 수 있는 자격을 가진 경우에는 **수급권자가 된다.**
최저보장 수준의 결정 [⑯]	• 보건복지부장관 또는 소관 중앙행정기관의 장은 급여의 종류별 수급자 선정기준 및 최저보장수준을 결정하여야 한다. • 보건복지부장관 또는 소관 중앙행정기관의 장은 **매년 8월 1일까지** ~에 따른 중앙생활보장위원회의 심의·의결을 거쳐 다음 연도의 급여의 종류별 **수급자 선정기준 및 최저보장수준을 공표**하여야 한다. **▌▌OIKOS UP [개정 前] 최저생계비의 결정** • 보건복지부장관은 국민의 소득·지출 수준과 수급권자의 가구 유형 등 생활실태, 물가상승률 등을 고려하여 최저생계비를 결정 • 보건복지부장관은 **매년 9월 1일까지** ~ 중앙생활보장위원회의 심의·의결을 거쳐 다음 연도의 최저생계비를 공표
기준중위 소득의 산정 [법제론 ⑭⑯]	• **기준 중위소득**은 「통계법」 제27조에 따라 **통계청이 공표하는 통계자료의 가구 경상소득**(근로소득, 사업소득, 재산소득, 이전소득을 합산한 소득)**의 중간 값**에 최근 가구소득 평균 증가율, 가구규모에 따른 소득수준의 차이 등을 반영하여 가구규모별로 산정 **▌▌OIKOS UP 기준 중위소득** • 기준 중위소득은 **급여종류별 선정기준과 생계급여 지급액을 정하는 기준**이고, 부양의무자의 **부양능력을 판단하는 기준**이 됨 • 수급자 선정 및 급여 기준으로 최저생계비 기준을 활용하지 않더라도 **기준 중위소득이 수급자의 최저생활을 보장하는지 여부를 확인하기 위하여 최저생계비를 3년마다 계측**
소득인정액의 산정 [법제론 ⑮]	• **개별가구의 소득평가액**은 개별가구의 실제소득에도 불구하고 **보장기관이 급여의 결정 및 실시 등에 사용하기 위하여 산출한 금액으로 다음 각 호의 소득**을 합한 개별가구의 실제소득에서 장애·질병·양육 등 가구 특성에 따른 지출요인, 근로를 유인하기 위한 요인, 그 밖에 추가적인 지출요인에 해당하는 금액을 감하여 산정 1. **근로소득** 2. **사업소득** 3. **재산소득** 4. **이전소득**

- 재산의 소득환산액은 **개별가구의 재산가액에서** 기본재산액(기초생활의 유지에 필요하다고 보건복지부장관이 정하여 고시하는 재산액을 말한다) 및 부채를 공제한 금액에 **소득환산율을 곱하여 산정**. 이 경우 소득으로 환산하는 재산의 범위는 다음 각 호와 같음
  1. 일반재산(금융재산 및 자동차를 제외한 재산을 말한다)
  2. 금융재산
  3. 자동차

OIKOS UP 소득의 범위(시행령 제5조) [⑮]

① "실제소득"이란 다음 각 호의 소득을 합산한 금액을 말한다.
  1. **근로소득** : 근로의 제공으로 얻는 소득. 다만, 「소득세법」에 따라 비과세되는 근로소득은 제외하되, 다음 각 목의 급여는 근로소득에 포함한다.
    가. 「소득세법」에 따라 비과세되는 급여
    나. 「소득세법 시행령」에 따라 비과세되는 급여
  2. **사업소득**
    가. 농업소득 : 경종업, 과수·원예업, 양잠업, 종묘업, 특수작물생산업, 가축사육업, 종축업 또는 부화업과 이에 부수하는 업무에서 얻는 소득
    나. 임업소득 : 영림업, 임산물생산업 또는 야생조수사육업과 이에 부수하는 업무에서 얻는 소득
    다. 어업소득 : 어업과 이에 부수하는 업무에서 얻는 소득
    라. 기타사업소득 : 도매업, 소매업, 제조업, 그 밖의 사업에서 얻는 소득
  3. **재산소득**
    가. 임대소득 : 부동산, 동산, 권리 또는 그 밖의 재산의 대여로 발생하는 소득
    나. 이자소득 : 예금·주식·채권의 이자와 배당 또는 할인에 의하여 발생하는 소득 중 보건복지부장관이 정하는 금액 이상의 소득
    다. 연금소득 : 「소득세법」에 따라 발생하는 연금 또는 소득과 「보험업법」 제4조제1항제1호나목의 연금보험에 의하여 발생하는 소득
  4. **이전소득**[차상위계층에 속하는 사람(차상위자)에 대해서는 생활여건 등을 고려하여 보건복지부장관이 정하여 고시하는 바에 따라 다음 각 목의 이전소득의 범위를 달리할 수 있다]
    가. 친족 또는 후원자 등으로부터 정기적으로 받는 금품 중 보건복지부장관이 정하는 금액 이상의 금품
    나. 제5조의6제1항제4호다목에 따라 보건복지부장관이 정하는 금액
    다. 「국민연금법」, 「기초연금법」, 「공무원연금법」, 「군인연금법」, 「별정우체국법」, 「사립학교교직원 연금법」, 「고용보험법」, 「산업재해보상보험법」, 「국민연금과 직역연금의 연계에 관한 법률」, 「보훈보상대상자 지원에 관한 법률」, 「독립유공자예우에 관한 법률」, 「국가유공자 등 예우 및 지원에 관한 법률」, 「고엽제후유의증 등 환자지원 및 단체설립에 관한 법률」, 「자동차손해배상 보장법」, 「참전유공자 예우 및 단체설립에 관한 법률」 등에 따라 정기적으로 지급되는 각종 수당·연금·급여 또는 그 밖의 금품
② 제1항에도 불구하고 다음 각 호의 금품은 소득으로 보지 아니한다.
  1. **퇴직금, 현상금, 보상금**, 「조세특례제한법」에 따른 **근로장려금 및 자녀장려금** 등 정기적으로 지급되는 것으로 볼 수 없는 금품
  2. 보육·교육 또는 그 밖에 이와 유사한 성질의 서비스 이용을 전제로 받는 **보육료, 학자금**, 그 밖에 이와 유사한 금품
  3. 법 제43조제5항에 따라 지방자치단체가 지급하는 금품으로서 보건복지부장관이 정하는 금품

OIKOS UP 재산의 범위(시행령 제5조의3)

법 제6조의3제2항 후단에 따른 소득으로 환산하는 재산의 범위는 다음 각 호의 재산으로 한다.

1. **일반재산**
   가. 「지방세법」에 따른 토지, 건축물 및 주택. 다만, 종중재산·마을공동재산, 그 밖에 이에 준하는 공동의 목적으로 사용하는 재산은 제외한다.
   나. 「지방세법」에 따른 항공기 및 선박
   다. 주택·상가 등에 대한 임차보증금(전세금을 포함한다)
   라. 100만원 이상의 가축, 종묘(種苗) 등 동산(장애인 재활보조기구 등 보건복지부장관이 정하는 동산은 제외한다) 및 「지방세법」 제6조제11호에 따른 입목
   마. 「지방세법」에 따른 어업권
   바. 「지방세법」에 따른 회원권
   사. 「소득세법」에 따른 조합원입주권
   아. 건물이 완성되는 때에 그 건물과 이에 부수되는 토지를 취득할 수 있는 권리(사목에 따른 조합원입주권은 제외한다)

2. **금융재산**
   가. 현금 및 「금융실명거래 및 비밀보장에 관한 법률」에 따른 금융자산
   나. 「보험업법」에 따른 보험상품

3. **「지방세법」에 따른 자동차.** 다만, 장애인 사용 자동차 등 보건복지부장관이 정하여 고시하는 자동차는 제외한다.

급여의 종류와 방법
[⑧⑭⑰]
	생계급여
	[⑯⑱, 법제론
	⑥⑩⑫⑯]
		• 의복, 음식물 및 연료비와 그 밖에 일상생활에 기본적으로 필요한 금품을 지급
		• **선정기준** : 기준 중위소득의 100분의 30 이상
		  ↳ 2024년 생계·의료급여 선정기준 및 최저보장수준(보건복지부고시, 2023. 8.16.제정, 2024.1.1.시행) : 생계급여의 급여 선정기준선은 **기준 중위소득의 32%**
		• **부양의무자 제도 미적용**
		• **급여의 기본원칙** : ㉠ 현금급여의 원칙, ㉡ 정기급여의 원칙(매월 20일 정기적으로 지급), ㉢ 직접급여의 원칙(수급자에게 직접 지급), ㉣ **차등급여의 원칙**(수급자의 소득인정액 등 고려 차등), ㉤ 주거급여의 원칙[**보장시설, 타인가정위탁 실시(O)**], ㉥ 자활사업에 참가할 조건으로 지급(조건부수급자)
		  ※ 생계급여는 수급자의 소득인정액 등을 고려하여 차등지급할 수 있다.(O)
		
		제8조(생계급여의 내용 등) ① 생계급여는 수급자에게 의복, 음식물 및 연료비와 그 밖에 일상생활에 기본적으로 필요한 금품을 지급하여 그 생계를 유지하게 하는 것으로 한다.
		② **생계급여 수급권자는 부양의무자가 없거나, 부양의무자가 있어도 부양능력이 없거나 부양을 받을 수 없는 사람으로서 그 소득인정액이** 제20조제2항에 따른 중앙생활보장위원회의 심의·의결을 거쳐 결정하는 금액(이하 이 조에서 **"생계급여 선정기준"**이라 한다) **이하인 사람으로 한다.** 이 경우 생계급여 선정기준은 기준 중위소득의 100분의 30 이상으로 한다.

	주거급여 [법제론 ⑥⑧⑯]	• 주거 안정에 필요한 임차료, 유지·수선비 등 • 주거급여에 관하여 필요한 사항은 따로 법률에서 정한다. → 주거급여법 • **국토교통부장관의 소관**

	• **선정기준** : 기준 중위소득의 100분의 43 이상(주거급여법 제5조) ↳ 2024년 주거급여 선정기준 및 최저보장수준(국토교통부고시, 2023. 8.17.제정, 2024.1.1.시행) : 주거급여의 급여 선정기준선은 **기준 중위소득의 48%** • 부양의무자 제도 미적용(2018.10.1.시행, 2018.1.16.주거급여법 개정)
의료급여 [⑳]	• 수급자에게 건강한 생활을 유지하는 데 필요한 각종 검사 및 치료 등을 지급하는 것 • **선정기준** : 기준 중위소득의 100분의 40 이상 ⊗ 의료급여 선정기준은 기준 중위소득의 100분의 50 이상으로 한다.(×)
교육급여 [⑳, 법제론 ⑨]	• 입학금, 수업료, 학용품비 등 ⊗ 대학교 입학·재학(×) • 교육부장관의 소관 • **선정기준** : 기준 중위소득의 100분의 50 이상 • 부양의무자 제도 미적용
해산급여 [법제론 ⑧]	조산(助産), 분만 전과 분만 후에 필요한 조치와 보호
장제급여	사체의 검안·운반·화장 또는 매장, 그 밖의 장제조치
자활급여 [법제론 ⑧]	수급자의 자활을 돕기 위하여 급여를 실시

🖊️ 암기법

교생의 주장은 급여수준 낮추면 학생들이 **지해**~

- 차상위계층에 속하는 사람에 대한 급여는 보장기관이 차상위자의 가구별 생활여건을 고려하여 예산의 범위에서 제1항 제2호부터 제4호까지(**주거급여, 의료급여, 교육급여**), 제6호(**장제급여**) 및 제7호(**자활급여**)에 따른 급여의 전부 또는 일부를 실시할 수 있음
  ⊗ 생계급여, 해산급여(×)
- 제8조(생계급여), 제11조(주거급여), 제12조(교육급여), 제12조의3(의료급여), 13조(해산급여), 제14조(장제급여) 및 제15조(자활급여)에 따른 수급권자에 해당하지 아니하여도 **생활이 어려운 사람으로서 일정 기간 동안** 이 법에서 정하는 **급여의 전부 또는 일부가 필요하다**고 보건복지부장관 또는 소관 중앙행정기관의 장이 정하는 사람은 **수급권자로 봄**

▌OIKOS UP   수급자 선정기준 = 부양의무자 + 소득인정액

① **부양의무자 기준이 적용되는 수급자 종류**
  ㉠ **부양의무자 제도 적용** : 의료급여 수급자
  ㉡ **부양의무자 제도 미적용** : 생계급여 수급자*, 교육급여 수급자, 주거급여 수급자
    * 단, 부양의무자의 연 소득 1억원(월 소득 834만원) 또는 일반재산 9억원을 초과하는 경우 생계급여 대상에서 제외
② **소득인정액**
  ㉠ **소득인정액** = 소득평가액 (실제소득 – 가구특성별 지출비용 – 근로소득공제) + **재산의 소득환산액** [(재산 – 기본재산액 – 부채) × 소득환산율]
  ㉡ 가구의 소득인정액을 "가구규모별·급여종류별 선정기준"과 비교하여 급여종류별로 수급자 선정 및 생계·주거급여액 결정

부양능력 등 [법제론 ⑪㉑]	• **부양능력이 없는 것** 1. 기준 중위소득 수준을 고려하여 **대통령령으로 정하는 소득·재산 기준 미만인 경우** ↳ 수급자인 경우 등 2. 직계존속 또는「장애인연금법」제2조 제1호의 **중증장애인인 직계비속을 자신의 주거에서 부양하는 경우**로서 **보건복지부장관이 정하여 고시하는 경우** 3. 그 밖에 질병, 교육, 가구 특성 등으로 **부양능력이 없다고 보건복지부장관이 정하는 경우** • **부양을 받을 수 없는 것** 1. 부양의무자가 「**병역법**」에 따라 징집되거나 소집된 경우 2. 부양의무자가 「**해외이주법**」 제2조의 해외이주자에 해당하는 경우 3. 부양의무자가 「**형의 집행 및 수용자의 처우에 관한 법률**」 및 「**치료감호법**」 등에 따른 교도소, 구치소, 치료감호시설 등에 수용 중인 경우 4. 부양의무자에 대하여 **실종선고 절차가 진행 중**인 경우 5. 부양의무자가 제32조의 **보장시설에서 급여를 받고 있는 경우** 6. 부양의무자의 **가출 또는 행방불명** 7. 부양의무자가 **부양을 기피하거나 거부하는 경우** 8. 그 밖에 부양을 받을 수 없는 것으로 보건복지부장관이 정하는 경우
자활지원 [법제론 ③⑤⑨⑪⑭]	• **한국자활복지개발원(개정 前 : 중앙자활센터)** : 수급자 및 차상위자의 자활촉진에 필요한 사업을 수행하기 위하여 한국자활복지개발원("자활복지개발원")을 설립한다. • **광역자활센터** : 보장기관은 수급자 및 차상위자의 자활촉진에 필요한 다음 각 호의 사업을 수행하게 하기 위하여 **사회복지법인, 사회적 협동조합 등 비영리법인과 단체를 법인 등의 신청**을 받아 특별시·광역시·특별자치시·도·특별자치도(시·도) 단위의 **광역자활센터로 지정**할 수 있다. • **지역자활센터** : 보장기관은 수급자 및 차상위자의 자활 촉진에 필요한 다음 각 호의 사업을 수행하게 하기 위하여 **사회복지법인, 사회적 협동조합 등 비영리법인과 단체(이하 "법인 등")를 법인 등의 신청**을 받아 **지역자활센터로 지정**할 수 있다.

| 보장기관
[법제론 ③⑤⑬
⑯⑳㉑] | 보장기관 | 수급권자 또는 수급자의 거주지를 관할하는 **시·도지사와 시장·군수·구청장**[제7조제1항제4호의 교육급여인 경우에는 특별시·광역시·특별자치시·도·특별자치도의 교육감(이하 "**시·도교육감**"이라 한다)을 말함]

제19(보장기관) ① 이 법에 따른 급여는 수급권자 또는 수급자의 거주지를 관할하는 **시·도지사와 시장·군수·구청장**[제7조제1항제4호의 교육급여인 경우에는 특별시·광역시·특별자치시·도·특별자치도의 교육감(이하 "**시·도교육감**"이라 한다)을 말한다. 이하 같다]**이 실시**한다. 다만, 주거가 일정하지 아니한 경우에는 수급권자 또는 수급자가 실제 거주하는 지역을 관할하는 시장·군수·구청장이 실시한다.
② 제1항에도 불구하고 **보건복지부장관, 소관 중앙행정기관의 장과 시·도지사**는 수급자를 각각 국가나 해당 지방자치단체가 경영하는 보장시설에 입소하게 하거나 다른 보장시설에 위탁하여 급여를 실시할 수 있다.

보장기관은「국민기초생활 보장법」에 따라 급여를 실시하는 보건복지부장관, 국토교통부장관, 교육부장관, 특별시장·광역시장·도지사, 특별자치시장·특별자치도지사·시장·군수·구청장, 특별시·광역시·특별자치시·도·특별자치도의 교육감임[법 제2조, 제19조] |

	생활보장 위원회	생활보장사업의 기획·조사·실시 등에 관한 사항을 심의·의결하기 위하여 **보건복지부와 시·도 및 시·군·구에 둠**
	중앙생활 보장 위원회	• 보건복지부에 두는 중앙생활보장위원회 **심의·의결** → 기초생활보장 종합계획의 수립, 소득인정액 산정방식과 기준 중위소득의 결정, 급여의 종류별 수급자 선정기준과 최저보장수준의 결정, 급여기준의 적정성 등 평가 및 실태조사에 관한 사항, 급여의 종류별 누락·중복, 차상위계층의 지원사업 등에 대한 조정, 자활기금의 적립·관리 및 사용에 관한 지침의 수립 • 위원장 : **보건복지부장관** • 위원 : 위원장을 포함하여 **16명 이내의 위원**으로 구성
	기초생활보장 계획의 수립 및 평가	• 소관 중앙행정기관의 장은 수급자의 최저생활을 보장하기 위하여 **3년마다 소관별로 기초생활보장 기본계획을 수립**하여 보건복지부장관에게 제출하여야 한다. • 보건복지부장관은 수급권자, 수급자 및 차상위계층 등의 규모·생활실태 파악, 최저생계비 계측 등을 위하여 **3년마다 실태조사를 실시·공표**하여야 한다.
급여의 실시	급여신청 [⑱⑳, 법제론 ⑬]	• 수급권자와 그 친족, 그 밖의 관계인은 **특별자치도지사·시장·군수·구청장에게** 수급권자에 대한 급여를 신청할 수 있다. • 사회복지 전담공무원은 급여를 **직권으로 신청** 가능
	차상위 계층에 대한 조사	• 시장·군수·구청장은 급여의 종류별 수급자 선정기준의 변경 등에 의하여 수급권자의 범위가 변동함에 따라 **다음 연도에 이 법에 따른 급여가 필요할 것으로 예측되는 수급권자의 규모를 조사**하기 위하여 보건복지부령으로 정하는 바에 따라 차상위계층에 대하여 조사할 수 있다. • 시장·군수·구청장은 제1항에 따른 조사를 하려는 경우 **조사대상자의 동의**를 받아야 한다. 이 경우 조사대상자의 동의는 다음 연도의 급여신청으로 본다.
	급여의 결정 등	신청인에 대한 제3항의 통지는 **급여의 신청일부터 30일(개정 前 : 14일) 이내**에 하여야 함
	자활지원 계획의 수립	시장·군수·구청장은 수급자의 자활을 체계적으로 지원하기 위하여 보건복지부장관이 정하는 바에 따라~ **수급자 가구별로 자활지원계획을 수립**하고 그에 따라 이 법에 따른 급여를 실시하여야 한다.
	긴급급여 (긴급구호 제도)	• 1999.9.7. 긴급구호제도 신설 • 특별자치도지사·시장·군수·구청장은 ~급여 실시 여부의 결정을 하기 전이라도 수급권자에게 급여를 실시할 긴급한 필요가 인정될 때 제7조 제1항의 급여 일부를 실시
급여의 변경 [법제론 ⑬]		보장기관은 **수급자의 소득·재산·근로능력 등이 변동된 경우에는 직권으로** 또는 수급자나 그 친족, 그 밖의 관계인의 신청에 의하여 그에 대한 급여의 종류·방법 등을 **변경할 수 있음**
보장비용의 부담구분		• 국가 또는 시·도가 직접 수행하는 보장업무에 드는 비용은 국가 또는 해당 시·도가 부담 • 시·군·구가 수행하는 보장업무에 드는 비용 중 보장업무에 드는 인건비와 사무비 및 생활보장위원회의 운영에 드는 비용은 해당 시·군·구가 부담 • 지방자치단체의 조례에 따라 이 법에 따른 **급여 범위 및 수준을 초과하여 급여를 실시하는 경우 그 초과 보장비용은 해당 지방자치단체가 부담**

구분	시·도지사에 대한 이의신청	보건복지부장관에 대한 이의신청
권리구제	• 시장·군수·구청장(교육급여인 경우에는 시·도교육감)의 처분에 대하여 이의가 있는 경우 • 결정의 통지를 받은 날부터 **90일**(개정 前 : 60일) 이내 • 시·도지사(해당 특별자치시장·특별자치도지사 및 시·도교육감)에게 서면 또는 구두로 이의를 신청	• 시·도지사의 처분 등에 대하여 이의 • 처분 등의 통지를 받은 날부터 **90일**(개정 前 : 60일) 이내 • 보건복지부장관에게(주거급여 또는 교육급여인 경우에는 소관 중앙행정기관의 장, 보건복지부장관에게 한 이의신청은 소관 중앙행정기관의 장에게 한 것) 서면 또는 구두로 이의를 신청
소멸시효	급여청구권은 **5년간** 행사하지 않으면 시효로 소멸(국가재정법 제96조)	

06 의료급여제도 [㉖㉒]

구분	핵심 내용
연혁	• 1961년 생활보호법의 제정으로 의료보호제도 실시 • 1977년 의료보호법이 제정되면서 생활보호법에서 분리 • 2001년 5월 24일 의료급여법 제정(2001년 10월 1일 시행)
정의 [⑳]	• **수급권자** : 이 법에 따라 의료급여를 받을 수 있는 자격을 가진 사람 • **의료급여기관** : 수급권자에 대한 진료·조제 또는 투약 등을 담당하는 의료기관 및 약국 등 • **부양의무자** : 수급권자를 부양할 책임이 있는 사람으로서 수급권자의 1촌 직계혈족 및 그 배우자 ⊗◎ 의료급여 수급권자의 1촌 직계혈족 및 그 배우자는 원칙적으로 부양의무가 있다.(O)

수급권자
[⑱⑳]
[법제론 ③④
⑥⑦⑨
⑩⑬⑮]
	① 이 법에 따른 수급권자는 다음 각 호와 같다.
	  1. 「국민기초생활 보장법」에 따른 의료급여 수급자
	  2. 「재해구호법」에 따른 이재민
	  3. 「의사상자 등 예우 및 지원에 관한 법률」에 따라 의료급여를 받는 사람
	  4. 「입양특례법」에 따라 국내에 입양된 18세 미만의 아동
	  5. 「독립유공자예우에 관한 법률」, 「국가유공자 등 예우 및 지원에 관한 법률」 및 「보훈보상대상자 지원에 관한 법률」의 적용을 받고 있는 사람과 그 가족
	  6. 「무형유산의 보전 및 진흥에 관한 법률」에 따라 지정된 국가무형유산의 보유자(명예보유자를 포함한다)와 그 가족
	  7. 「북한이탈주민의 보호 및 정착지원에 관한 법률」의 적용을 받고 있는 사람과 그 가족
	  8. 「5·18민주화운동 관련자 보상 등에 관한 법률」에 따라 보상금등을 받은 사람과 그 가족
	  9. 「노숙인 등의 복지 및 자립지원에 관한 법률」에 따른 노숙인 등
	  10. 그 밖에 생활유지 능력이 없거나 생활이 어려운 사람
	② 제1항제2호 및 제5호부터 제9호까지의 규정에 따른 수급권자의 인정 기준 등에 관한 사항은 보건복지부장관이 정하는 바에 따른다.
	③ 제1항에 따른 수급권자에 대한 의료급여의 내용과 기준은 대통령령으로 정하는 바에 따라 구분하여 달리 정할 수 있다.
	⊗◎ 「북한이탈주민의 보호 및 정착지원에 관한 법률」상의 북한이탈주민과 그 가족은 의료급여 2종 수급권자에 속한다.(×)

수급권자 구분 [20] [법제론 ⑥⑧⑤]	의료급여 수급권자는 1종 수급권자와 2종 수급권자로 구분 **OIKOS UP** 수급권자의 구분(지원 유형) ① **1종 수급권자** ㉠ 국민기초생활보장제도 수급자 중 18세 미만인 자, 65세 이상인 자, 장애인고용촉진 및 직업재활법에 따른 중증장애인, 질병, 부상 또는 그 후유증으로 치료나 요양이 필요한 사람 중에서 근로능력평가를 통하여 시장·군수·구청장이 근로능력이 없다고 판정한 사람, 임신 중에 있거나 분만 후 6개월 미만의 여자, 병역법에 의한 병역의무를 이행 중인 자, 보장시설에서 급여를 받고 있는 자, 결핵질환, 희귀난치성질환 또는 중증질환을 가진 사람 등 ㉡ 타법 적용자 : 이재민, 의상자 및 의사자의 유족, 입양아동(18세 미만), 국가유공자, 국가무형유산 보유자, 북한이탈주민, 5·18 민주화운동 관련자, 노숙인 ② **2종 수급권자** : 국민기초생활보장대상자 중 1종 수급대상이 아닌 가구, 보건복지부장관이 2종의료급여가 필요하다고 인정하는 자 국민기초생활보장제도 수급자 중 보장시설에서 급여를 받는 자는 2종수급자로 구분된다.(×)
적용배제	수급권자가 다른 법령에 따라 의료급여를 받고 있는 경우에는 이 법에 따른 의료급여를 하지 아니한다.
의료급여 심의위원회 [법제저 ⑧⑨]	• 의료급여사업의 실시에 관한 사항을 심의하기 위하여 **보건복지부, 시·도 및 시·군·구**에 각각 의료급여심의위원회를 둠 → 보건복지부에 두는 **중앙의료급여심의위원회 심의** • 위원장 : **보건복지부차관** • 위원 : 위원장을 포함하여 **15인 이내의 위원**으로 구성
의료급여 내용 [법제론 ⑤⑧⑪]	1. 진찰·검사 2. 약제·치료재료의 지급 3. 처치·수술과 그 밖의 치료 4. 예방·재활 5. 입원 6. 간호 7. 이송과 그 밖의 의료목적의 달성을 위한 조치
의료급여의 변경 [법제론 ⑫]	시장·군수·구청장은 수급권자의 소득, 재산상황, 근로능력 등이 변동되었을 때에는 **직권**으로 또는 수급권자나 그 친족, 그 밖의 관계인의 신청을 받아 의료급여의 내용 등을 **변경할 수 있음**
의료급여 기관 [20] [법제론 ⑦⑧⑬⑭]	1. 「의료법」에 따라 개설된 **의료기관** 2. 「지역보건법」에 따라 설치된 **보건소·보건의료원 및 보건지소** 3. 「농어촌 등 보건의료를 위한 특별조치법」에 따라 설치된 **보건진료소** 4. 「약사법」에 따라 개설등록된 **약국** 및 같은 법 제91조에 따라 설립된 **한국희귀·필수의약품센터** 「약사법」에 따라 개설등록된 약국은 의료급여를 실시하는 의료기관이다.(O)

의료급여 기금의 설치 및 조성 [20]	• 이 법에 따른 **급여비용의 재원**에 충당하기 위하여 **시·도에** 의료급여기금을 설치한다.
	• 기금은 다음 각 호의 재원으로 조성한다.
	  1. 국고보조금
	  2. **지방자치단체의 출연금**
	  3. 제21조에 따라 상환받은 대지급금
	  4. 제23조에 따라 징수한 부당이득금
	  5. 제29조에 따라 징수한 과징금
	  6. 기금의 결산상 잉여금 및 그 밖의 수입금
	
	의료급여기금에는 지방자치단체의 출연금도 포함된다.(O)

소멸시효	의료급여를 받을 권리, 급여비용을 받을 권리 등은 **3년간 행사하지 아니하면 소멸시효가 완성**

07 긴급복지지원제도 [19②]

구 분	핵심 내용
연 혁	• **2005년 제정** : 시행일(2006.3.24 시행)로부터 5년간 효력을 가지는 한시법으로 제정 • **2009년 일부 개정** : "부칙(유효기간) 이 법은 시행일부터 5년간 그 효력을 가진다" 삭제
위기상황 [⑲] [법제론 ⑥⑦⑧⑪]	1. 주소득자(主所得者)가 **사망, 가출, 행방불명, 구금시설에 수용**되는 등의 사유로 **소득을 상실**한 경우 [⑲] 2. 중한 **질병 또는 부상**을 당한 경우 3. 가구구성원으로부터 **방임(放任) 또는 유기(遺棄)**되거나 **학대** 등을 당한 경우 4. **가정폭력**을 당하여 가구구성원과 함께 원만한 가정생활을 하기 곤란하거나 **가구구성원으로부터 성폭력**을 당한 경우 5. **화재 또는 자연재해 등**으로 인하여 거주하는 주택 또는 건물에서 생활하기 곤란하게 된 경우 6. 주소득자 또는 부소득자(副所得者)의 휴업, 폐업 또는 사업장의 화재 등으로 인하여 실질적인 영업이 곤란하게 된 경우 7. 주소득자 또는 부소득자의 실직으로 소득을 상실한 경우 8. **보건복지부령으로 정하는 기준**에 따라 지방자치단체의 조례로 정한 사유가 발생한 경우 9. 그 밖에 보건복지부장관이 정하여 고시하는 사유가 발생한 경우 **OIKOS UP 위기상황의 기준(시행규칙 제1조의2)** 「긴급복지지원법」(이하 "법"이라 한다) 제2조제8호에서 "보건복지부령으로 정하는 기준"이란 다음 각 호의 어느 하나에 해당하는 경우를 말한다. 1. 가구원의 보호, 양육, 간호 등의 사유로 **소득활동이 미미한 경우** 2. 「국민기초생활 보장법」에 따른 급여가 중지된 경우 3. 「국민기초생활 보장법」에 따라 급여를 신청하였으나 **급여의 실시 여부와 내용이 결정되기 전이거나 수급자로 결정되지 아니한 경우** 4. **수도, 가스 등의 공급**이 그 사용료의 체납으로 인하여 **상당한 기간 동안 중단된 경우** 5. **사회보험료, 주택임차료 등이 상당한 기간 동안 체납**된 경우 6. 그 밖에 제1호부터 제5호까지에 준하는 사유가 있는 경우 ⊗⊙ 긴급복지지원제도는 보편주의 원칙에 부합한다.(×)

기본원칙 [19②] [법제론 ⑥⑪⑫]	• 선지원 후처리 원칙 : 위기상황에 처한 사람이나 관계인이 지원요청 또는 신고할 경우 긴급지원담당공무원 등의 현장확인(요청일부터 후 1일 이내)을 통해 긴급지원의 필요성을 포괄적으로 판단해 우선 지원(지원 결정 1일 이내, 지급 1일 내 등 추가 2일 이내로 실시, 총72시간 이내 지원할 수 있도록 노력)하고 나중에 소득, 재산 등을 조사해 지원의 적정성을 심사함 [②] ✗ 긴급복지지원제도는 단기 지원의 원칙, 선심사 후지원의 원칙, 다른 법률 지원 우선의 원칙이 적용된다.(×) • 단기 지원 원칙 : 이 법에 따른 지원은 위기상황에 처한 사람에게 **일시적으로 신속하게 지원**하는 것 기본원칙 [⑲②] | 지 원	원칙	시장·군수·구청장 결정	긴급지원심의위원회
---	---	---	---
생계	3개월		3개월 범위내 연장
시설이용, 연료비	1개월	2개월 범위내 지원연장	3개월 범위내 추가연장
주거지원	1개월	2개월 범위내 지원연장	9개월 범위내 추가연장
의료지원	1회		1회 추가연장
교육지원	1회(분기)		3회(분기) 범위내 추가연장	 ○ 긴급복지지원제도의 생계급여 지원은 최대 6회, 의료급여 지원은 최대 2회, 주거급여는 최대 12회, 복지시설 이용은 최대 6회 지원된다.(○) • 타법률 중복지원 금지의 원칙 : 「재해구호법」, 「국민기초생활 보장법」, 「의료급여법」, 「사회복지사업법」, 「가정폭력방지 및 피해자보호 등에 관한 법률」, 「성폭력방지 및 피해자보호 등에 관한 법률」 등 다른 법률에 따라 이 법에 따른 지원 내용과 동일한 내용의 구호·보호 또는 지원을 받고 있는 경우에는 이 법에 따른 지원을 하지 아니함 [⑲] ✗ 국민기초생활 보장법에 따른 지원을 받고 있는 경우에 긴급복지지원법을 우선 적용한다.(×) • 가구단위 지원의 원칙 : 가구단위로 산정하여 지원하는 것을 원칙으로 함. 다만, 의료·교육지원과 그 밖의 지원 중 해산비, 장제비는 해당 지원이 필요한 가구 구성원 개인에게 지원(개인단위 지원)
외국인 특례 [법제론 ⑧]	국내에 체류하고 있는 외국인 ~긴급지원대상자가 된다.
긴급지원기관 [법제론 ⑪⑫]	• 긴급지원대상자의 거주지를 관할하는 **시장·군수·구청장** • 시장·군수·구청장은 이 법에 따른 긴급지원사업을 수행할 담당공무원(이하 "긴급지원담당공무원")을 지정하여야 한다.
긴급지원 심의위원회	긴급지원연장 결정, 긴급지원의 적정성 심사 등을 심의·의결 위해 시·군·구에 **긴급지원심의위원회**를 둔다.

지원요청·신고
[⑲]
[법제론 ⑧⑫⑳]
	• 긴급지원대상자와 친족, 그 밖의 관계인은 **구술 또는 서면 등**으로 관할 **시장·군수·구청장**에게 ~지원을 요청할 수 있다.
	• **누구든지** 긴급지원대상자를 발견하면 ~신고하여야 한다.
	• 시장·군수·구청장에게 이를 신고하고, 긴급지원대상자가 신속하게 지원을 받을 수 있도록 노력하여야 하는 사람 [⑲]
	  1. 「의료법」에 따른 **의료기관의 종사자** [법제론 ⑳]
	  2. 「유아교육법」, 「초·중등교육법」 및 「고등교육법」에 따른 **교원, 직원, 산학겸임교사, 강사** [⑳]
	  3. 「사회복지사업법」에 따른 **사회복지시설의 종사자** [⑲]. [법제론 ⑳]
	  4. 「국가공무원법」 및 「지방공무원법」에 따른 **공무원** [법제론 ⑳]
	  5. 「장애인활동 지원에 관한 법률」 제20조에 따른 **활동지원기관의 장 및 그 종사자**와 같은 법 제26조에 따른 **활동지원인력**
	  6. 「학원의 설립·운영 및 과외교습에 관한 법률」 제6조에 따른 **학원의 운영자·강사·직원** 및 같은 법 제14조에 따른 **교습소의 교습자·직원**
	  7. 「건강가정기본법」 제35조에 따른 **건강가정지원센터의 장과 그 종사자**
	  8. 「청소년 기본법」 제3조제6호에 따른 **청소년시설** 및 같은 조 제8호에 따른 **청소년단체의 장과 그 종사자**
	  9. 「청소년 보호법」 제35조에 따른 **청소년 보호·재활센터의 장과 그 종사자**
	  10. 「평생교육법」 제2조에 따른 **평생교육기관의 장과 그 종사자**
	  11. 그 밖에 긴급지원대상자를 발견할 수 있는 자로서 보건복지부령으로 정하는 자
	✗⃝ 사회복지사업법에 따른 사회복지시설의 종사자는 긴급지원을 요청할 수 있다.(○)
	
	OIKOS UP 긴급지원대상자의 신고(시행규칙 제2조의2)
	법 제7조제3항제6호에서 "보건복지부령으로 정하는 자"란 다음 각 호의 어느 하나에 해당하는 사람을 말한다.
	  1. 「지방자치법」 제4조의2제4항에 따른 **행정리의 이장** 및 같은 조 제5항에 따른 행정동의 하부조직으로 두는 **통의 통장**
	  2. 「별정우체국법」에 따른 **별정우체국의 직원**
	  3. 동·리의 **새마을지도자 및 부녀회장**

긴급지원의
종류 및 내용
[⑲⑳]
[법제론 ⑥⑧⑭]
	1. 금전 또는 현물 등의 직접지원 [⑲⑳]
	  ㉠ **생계지원** : 식료품비·의복비 등 생계유지에 필요한 비용 또는 현물 지원
	  ㉡ **의료지원** : 각종 검사 및 치료 등 의료서비스 지원
	  ㉢ **주거지원** : 임시거소 제공 또는 이에 해당하는 비용 지원
	  ㉣ **사회복지시설 이용 지원** : 「사회복지사업법」에 따른 사회복지시설 입소(入所) 또는 이용 서비스 제공이나 이에 필요한 비용 지원
	  ㉤ **교육지원** : 초·중·고등학생의 수업료, 입학금, 학교운영지원비 및 학용품비 등 필요한 비용 지원
	  ㉥ **그 밖의 지원** : 연료비나 그 밖에 위기상황의 극복에 필요한 비용 또는 현물 지원
	✏ **암기법**
	교생의 주사~ 교생이 '세상에 어떻게 이럴 수 있나' 너무 괴로워 주사하고 뻗음.
	
	2. 민간기관·단체와의 연계 등의 지원 [⑲⑳]
	  ㉠ **대한적십자사, 사회복지공동모금회** 등의 사회복지기관·단체와의 연계 지원
	  ㉡ **상담·정보제공,** 그 밖의 지원
	✗⃝ 긴급복지지원제도는 현금급여와 민간기관 연계 등의 지원을 제공한다.(○)

08 기초연금제도 [6️⃣7️⃣8️⃣9️⃣1️⃣8️⃣2️⃣1️⃣2️⃣]

구 분	핵심 내용
연 혁	• 2007년 4월 25일 **기초노령연금법** 제정 → 2008년 1월 1일부터 시행 • 기초연금법(2014.5.20.제정, 2014.7.1.시행)
목 적 [㉑]	노인에게 기초연금을 지급하여 안정적인 소득기반을 제공함으로써 **노인의 생활안정을 지원**하고 복지를 증진함을 목적으로 함

지급대상
[법제론
⑬⑮⑯⑱⑲]
	• 65세 이상인 자 + 소득인정액(월 소득평가액+재산의 월 소득환산액)
	• 소득인정액 ≤ 선정기준액 → 65세 이상인 사람 중 기초연금 수급자가 100분의 70 수준
	  ㉠ **직역연금**(공무원·사학·군인·별정우체국 등) 수급권자 및 배우자는 제외
	  ㉡ 선정기준에 부양의무자 유무고려하지 않음
	    ⊗ 국민기초생활보장수급자는 기초연금수급권이 없다.(×)
	    ⊗ 기초연금의 대상 선정기준에는 부양의무자 유무가 포함된다.(×)
	• 소득인정액 : 본인 및 배우자의 소득평가액과 재산의 소득환산액을 합산한 금액
	
	■ 기초연금법과 장애인연금법 비교 ■
	
	[기초연금법: 65세 이상 노인 / 장애인연금법: 18세 이상 중증장애인]
	선정기준액 ↔ 소득인정액, 수급자 70%, 소득하위 70%

기초연금액
산정
[법제론 ⑭]
	• **기초연금액 산정** : 국민연금과 연계하여 기초연금액 산정
	  ㉠ 기초연금의 금액(기초연금액)은 **기준연금액과 국민연금 급여액 등을 고려하여 산정**
	  ㉡ 기준연금액은 **보건복지부장관이** 그 전년도의 기준연금액에 대통령령으로 정하는 바에 따라 **전국소비자물가변동률을 반영하여 매년 고시**
	    ⊗ 국민연금급여와 동시에 받을 수 없다.(×)
	    ⊗ 기초연금액의 산정 시 국민연금급여액을 고려하지 않는다.(×)

기초연금액의 한도 [법제론 ⑭]	기초연금액이 기준연금액을 초과하는 경우 기준연금액을 기초연금액으로 본다.
기초연금액 감액 [법제론 ⑬⑭⑮⑰⑱]	**본인과 그 배우자가 모두 기초연금 수급권자인 경우**에는 각각의 기초연금액에서 기초연금액의 100분의 20에 해당하는 금액을 감액
기초연금 지급신청	기초연금을 지급받으려는 사람(기초연금 수급희망자) 또는 보건복지부령으로 정하는 대리인은 특별자치시장·특별자치도지사·시장·군수·구청장에게 기초연금의 지급을 신청할 수 있음

구분	내용
기초연금 지급의 정지 [법제론 ⑫⑮⑯⑳]	1. 기초연금 수급자가 **금고 이상의 형을 선고받고 교정시설 또는 치료감호시설에 수용**되어 있는 경우 2. 기초연금 수급자가 행방불명되거나 실종되는 등 대통령령으로 정하는 바에 따라 **사망한 것으로 추정**되는 경우 3. 기초연금 수급자의 **국외 체류기간이 60일 이상 지속되는 경우**. 이 경우 국외 체류 60일이 되는 날을 지급 정지의 사유가 발생한 날로 본다. 4. 그 밖에 제1호부터 제3호까지의 경우에 준하는 경우로서 대통령령으로 정하는 경우
기초연금 수급권 상실 [법제론 ⑬⑮⑯⑰⑳]	기초연금 수급권자는 다음 각 호의 어느 하나에 해당하게 된 때에 기초연금 수급권을 상실 1. 사망한 때 2. **국적을 상실하거나 국외로 이주한 때** 3. 제3조에 따른 기초연금 수급권자에 해당하지 아니하게 된 때
소멸시효 [법제론 ⑫⑭⑯]	환수금 환수할 권리와 기초연금 수급권자의 권리는 **5년간** 행사하지 아니하면 시효완성
비용부담 [법제론 ⑨⑩⑪⑬]	• 국가 또는 지방자치단체가 부담(○)　❌ 국민연금기금에서 충당(×) • 국가는 지방자치단체의 노인인구 비율 및 재정 여건 등을 고려하여 기초연금의 지급에 드는 비용 중 **100분의 40 이상 100분의 90 이하의 범위**에서 대통령령으로 정하는 비율에 해당하는 비용을 부담 • 국가가 부담하는 비용을 뺀 비용은 특별시·광역시·특별자치시·도·특별자치도(이하 "시·도"라 한다)와 시·군·구가 상호 분담 　❌ 기초연금의 지급에 드는 비용은 전부 시·도 및 시·군·구가 나누어 부담한다.(×) 　❌ 기여방식 공적연금은 국민연금, 특수직역연금, 기초연금으로 구분하여 운영된다.(×)

09 장애인연금제도 [⑧⑭⑰⑲⑳㉑]

구 분	핵심 내용
연 혁	• 2010년 4월 12일 제정 → 2010년 7월 1일부터 시행
목 적	장애로 인하여 **생활이 어려운 중증장애인**에게 **장애인연금을 지급**함으로써 **중증장애인의 생활 안정 지원과 복지 증진 및 사회통합을 도모**하는 데 이바지함을 목적
정 의	• **중증장애인** : 「장애인복지법」 제32조에 따라 등록한 장애인 중 근로능력이 상실되거나 현저하게 감소되는 등 장애 정도가 중증인 사람으로서 대통령령으로 정하는 사람 • **소득인정액** : **수급권자와 그 배우자**의 소득평가액과 재산의 소득환산액을 합산한 금액
지급대상 [㉑]	• 18세 이상의 중증장애인 + 소득인정액 • 소득인정액 ≤ 선정기준액 → 18세 이상의 중증장애인 중 수급자가 100분의 70 수준 　㉠ **직역연금(공무원·사학·군인·별정우체국 등) 수급자 및 배우자는 제외** 　㉡ **선정기준에 부양의무자 유무고려하지 않음** 　❌ 국민기초생활보장수급자는 장애인연금수급권이 없다.(×) 　❌ 장애인연금은 모든 장애인에게 지급하는 보편주의 제도이다.(×)

장애인연금의 종류	• 장애인연금의 종류 　㉠ 기초급여 : 근로능력의 상실 또는 현저한 감소로 인하여 줄어드는 소득을 보전(補塡)하여 주기 위하여 지급하는 급여 　㉡ 부가급여 : 장애로 인하여 추가로 드는 비용의 전부 또는 일부를 보전하여 주기 위하여 지급하는 급여 • 부가급여는 연령에 따라 부가급여가 차등적으로 지급되지만, 기초급여는 연령에 따라 차등적으로 지급되지 않는다.
기초급여	① **대상자** : 만 18세~만 65세가 되는 전달까지 수급권을 유지하고 있는 자 ② **65세 이상** : 동일한 성격의 급여인 기초연금으로 전환하여 지급하고, 기초급여는 미지급 ③ **부부감액** : 단독가구와 부부(2인)가구의 생활비 차이를 감안, 부부가 모두 기초급여를 받는 경우 각각의 기초급여액에 20% 감액 ④ 연령에 따라 차등적으로 지급되지 않음
부가급여	① **대상자** : 만 18세 이상 장애인연금 수급자 중 국민기초생활보장 수급자와 차상위 계층, 차상위 초과자 ② 부가급여는 장애로 인한 추가지출비용 보전 성격으로 **부부감액과 초과분 감액을 적용안 함** ③ 연령(65세 미만인 사람, 65세 이상인 사람)에 따라 차등적으로 지급
수급자에 대한 사후관리	보건복지부장관은 수급자에 대한 장애인연금 지급의 적정성을 확인하기 위하여 매년 연간조사계획을 수립하고, 전국의 수급자를 대상으로 제9조 제1항 각 호의 사항을 조사하여야 함
소멸시효	수급자의 장애인연금을 받을 권리와 제17조에 따라 장애인연금을 환수할 지방자치단체의 권리는 **5년간** 행사하지 아니하면 시효의 완성으로 소멸

10 근로장려세제(Earned Income Tax Credit, EITC)

1 의의와 목적

(1) 제도의 의의와 목적

① 제도의 의의

㉠ 부양아동이 있는 저소득 근로 가족에게 제공하는 소득 보조금으로 조세 급여의 일종으로, **근로소득 빈곤층(working poor)**이 일할 경우에 정부가 현금을 지급하는 일종의 마이너스 조세제도(세액공제제도, refundable tax credit)이며, 근로연계형 소득지원제도이다.

㉡ 빈곤층에게 노동에 따라 세액공제를 해준다는 것으로, 노동에 참여하는 빈곤층에게만 세액공제를 통해 지원을 해주는 것이다. → 근로능력이 있는 빈곤계층이 자립할 수 있도록 지원

② 목 적

근로동기의 유인(근로의욕 제고), 근로빈곤 계층의 빈곤 감소, 경제적 자립지원, 빈곤함정 탈출, 저소득층의 소득 증대(소득재분배 효과)

　※ 근로빈곤층에게 실질적 혜택을 제공하여 빈곤탈출을 지원한다.(○)
　※ 우리나라 근로장려세제(EITC) : 근로능력이 있는 저소득층의 근로유인을 제고한다.(○)

(2) 제도의 발전과정(미국) [⑫]

① **부의 소득세(Negative Income Tax, NIT, 역소득세)**
  ㉠ **시작** : 1968년부터 1982년에 미국의 4개 지역에서 시범사업으로 실시
  ㉡ **의의** : 조세제도를 활용한 소득보장정책으로 특정가구의 소득이 가구 규모별로 설정된 최저생계비에 미달할 때 그 차액의 일정비율만큼을 조세환급의 형태로 정부가 지급해 주는 소득이전 제도이다.
  ㉢ **비판** : 저소득층 가구의 소득이 증가하면 급여가 감소하여 근로동기를 약화시킨다는 비판을 받아 시범사업으로 끝나게 됨

② **EITC의 도입** : 소득이 일정액 이하인 가구에 대해 근로의 증가에 따라 급여도 증가
  ㉠ **1975년 포드 정부는** 근로활동에 참여하는 빈곤층(working poor)의 소득을 향상시켜 빈곤으로부터 벗어나도록 하며, **복지지출을 감소시키고 근로유인을 제공하기 위해 도입**하였다.
  ㉡ **근로연계복지(Workfare)를 강조**하고 있는 미국의 경우, 근로소득이 있는 사람들만을 대상으로 한다는 점에서 근로의욕을 높일 수 있는 대안프로그램으로 지속적으로 확대되었다.
  ㉢ **미국에서 성공적인 사회복지제도로 평가**받고 있고, 다른 선진국에서도 도입에 적극적인 EITC 제도를 모델로 하였다.
    ※ 우리나라의 근로장려세제는 미국의 EITC 제도를 모델로 하였다.(○)

2 근로소득보전세제(근로장려세제)의 도입과 선정기준 [④⑦⑧⑨⑪⑫⑯⑱⑳]

(1) 근로장려금이란?

소득과 재산이 일정 금액 미만인 **근로자, 종교인 또는 사업자(전문직 제외)가구에 대해** 일하는 만큼 가구원 구성과 총급여액 등(부부합산)에 따라 산정된 근로장려금을 지급하여 근로를 장려하고 소득을 지원하는 일과 연계된 복지제도

※ **자녀장려금** : 자녀양육을 지원하기 위해 총소득(부부합산) 4,000만 원 미만이면서 부양자녀(18세 미만)가 있는 경우 1명당 최대 80만 원을 지급하는 제도

  ※ 우리나라 근로장려세제(EITC) : 사업자는 근로장려금을 받을 수 없다.(×)

(2) 제도도입 및 시행 : 2006년 도입, 2009년 시행

① 우리나라는 2006년 12월 26일 근로장려세제 시행을 규정한 **조세특례제한법이 국회를 통과(2006년 12월 30일 개정)**함에 따라 근로빈곤층(working poor)의 소득보장과 일을 통한 빈곤탈출을 위한 제도가 마련되었다.

② 개정된 법은 2008년 1월부터 시행되었으나, 2008년 근로소득을 기준으로 **2009년 9월부터 근로장려금이 최초 지급(2009년 시행)**되었다.

■ 국민기초생활보장제도와 근로장려세제 비교 ■

구 분	국민기초생활보장제도	근로장려세제(EITC)
도입연도	1999년	2006년
시행연도	2000년	2009년
근거법률	국민기초생활보장법	조세특례제한법
목적	빈민의 최저생활보장	근로빈민의 근로동기 유인 제고
급여종류	현금급여 및 현물급여	조세환급금
급여방식	보충급여 방식	구간별(점증·평탄·점감구간) 차등제
신청방식	신청주의 원칙 + 직권주의 보완	신청주의
선정기준	소득인정액(소득, 재산)과 부양의무자	총소득, 부양자녀, 주택, 재산

(3) **근거법률과 선정기준**

① **근거법률 : 조세특례제한법 제100조의2(근로장려세제)** 저소득자의 근로를 장려하고 소득을 지원하기 위하여 제100조의3부터 제100조의13까지의 규정에 따른 근로장려세제를 적용하여 근로장려금을 결정·환급한다. → **조세환급금**

② **소관부처 : 기획재정부**(조세특례제한법의 소관부처)
   - 고용노동부가 주무부처이다.(×)
   - 근로장려금 신청 접수는 보건복지부에서 담당한다.(×)

③ **신청방식 : 신청주의**(납세지 관할 세무서장에게 신청)
   - 신청방식은 신청주의와 직권주의 혼용(×)

④ **근로장려금 산정(근로장려금 가구유형에 따른 지급가능액)** : 근로장려금은 거주자를 포함한 1세대의 가구원 구성에 따라 정한 부부합산 총급여액 등을 기준으로 연간 최대 165만원에서 330만원까지 지급된다. 우리나라 근로장려세제의 모형은 **점증구간·평탄구간·점감구간**으로 되어 있다. → **구간별 차등제**

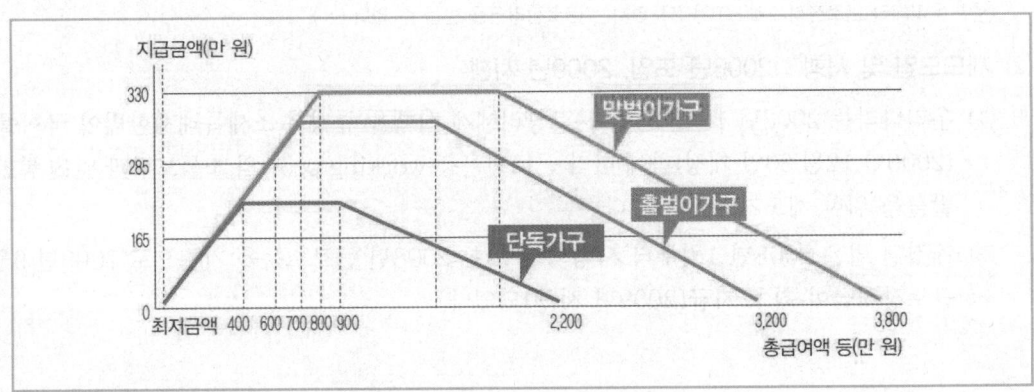

- 우리나라 근로장려세제(EITC) : 근로장려금 모형은 점증구간, 평탄구간, 점감구간으로 되어 있다.(○)

⑤ **신청자격** : 근로소득, 사업소득(전문직 제외) 또는 종교인소득이 있는 가구로서 아래 ㉠~㉣의 요건을 모두 충족하는 경우에 신청할 수 있으며, 가구별로 지급하므로 1가구에서 1명만 신청할 수 있다.

㉠ **가구원 요건** : 2022.12.31일 현재 근로·사업·종교인 소득이 있는 거주자

가구명칭	가구 구분	가구원 구성
단독 가구		**배우자**와 **부양자녀**, 70세 이상 **직계존속**이 없는 가구
홑벌이 가구	배우자의 총급여액 등이 3백만원 미만인 가구	배우자 또는 부양자녀 또는 70세 이상 직계존속이 있는 가구
맞벌이 가구	배우자의 총급여액 등이 3백만원 이상인 가구	신청인과 배우자 각각의 총급여액등이 3백만원 이상인 가구

㉮ 배우자 : 법률상 배우자(사실혼 제외)
㉯ 부양자녀 : 18세 미만(2004.1.2.이후출생)이고 연간소득금액이 100만원 이하, 동일 주소 거주하는 중증장애인(연령제한 없음)이고 연간소득금액이 100만원 이하
㉰ 직계존속 : 70세 이상(1952.12.31.이전출생) 직계존속 각각 연간소득금액 100만원 이하이고 주민등록표상 동거가족으로 생계를 같이 할것

㉡ **소득요건** : 가구원 구성에 따라 연간 부부합산 총소득금액이 기준금액(단독22백만원, 홑벌이32백만원, 맞벌이38백만원) 미만이어야 하며, 총급여액 등에 의하여 장려금 산정
㉮ 총소득금액 : 신청인과 배우자의 다음의 소득을 모두 합한 금액
ⓐ 근로(총급여액) ⓑ 사업소득(사업수입금액×업종별조정률) ⓒ 종교인소득(총수입금액) ⓓ 이자·배당·연금(총수입금액) ⓔ 기타소득(총수입금액−필요경비)
㉯ 총급여액 등(거주자 + 배우자) : 상기 ⓐ, ⓑ, ⓒ만 합한 금액
※ 우리나라 근로장려세제(EITC) : 소득과 재산보유상태 등을 반영하여 지급한다.(O)

㉢ **재산 요건**
㉮ 가구원 모두가 2022.6.1. 현재 소유하고 있는 재산합계액이 2억 4천만원 미만이어야 합니다(부채는 차감하지 않음).
㉯ 주택·토지·건축물(시가표준액), 승용자동차(시가표준액, 영업용제외), 전세금, 금융자산·유가증권, 회원권, 부동산을 취득할 수 있는 권리
※ 근로장려금은 근로소득 외에 재산보유상태 등을 반영하여 지급한다.(O)

㉣ **신청제외자** : 다음 중 어느 하나에 해당하는 경우에는 장려금을 신청할 수 없음
㉮ 2022.12.31. 현재 대한민국 국적을 보유하지 아니한 자(대한민국 국적을 가진 자와 혼인한 자, 대한민국 국적의 부양자녀가 있는 자는 제외)
㉯ 2022년 중 다른 거주자의 부양자녀인 자
㉰ 거주자(배우자 포함)가 전문직 사업을 영위하고 있는 자
㉱ 2022.12.31일 현재 거주자(배우자 포함)가 계속 근무하는 상용근로자로서 월 평균 총급여액 500만원 이상인자(근로장려금만)

공적연금제도의 이해

제4부 **사회보장의 이해**

제9장 회차별 출제빈도, 출제비중 및 출제논점 1, 2, 3순위

10회 2012	11회 2013	12회 2014	13회 2015	14회 2016	15회 2017	16회 2018	17회 2019	18회 2020	19회 2021	20회 2022	21회 2023	22회 2024
2	–	2	2	–	3	1	2	1	1	1	1	(1)

출제 비중	출제 논점		
	1순위 ☺	2순위 ※	3순위 ☆
0**3**	① 국민연금제도 + 특수직역연금제도	① 적립방식 vs 부과방식 ② 확정급여연금 vs 확정기여연금	① 공적 연금의 선택차원

1순위 스마일표시(☺) : 출제 빈출도가 높은 부분으로 무조건 시험에 출제되는 영역
2순위 당구장표시(※) : 나왔다 안 나왔다 하는 영역이지만 출제가능성 높은 영역
3순위 별 표(☆)   : 출제 된 적이 있긴 하지만 다시 출제될 가능성은 다소 떨어지는 영역

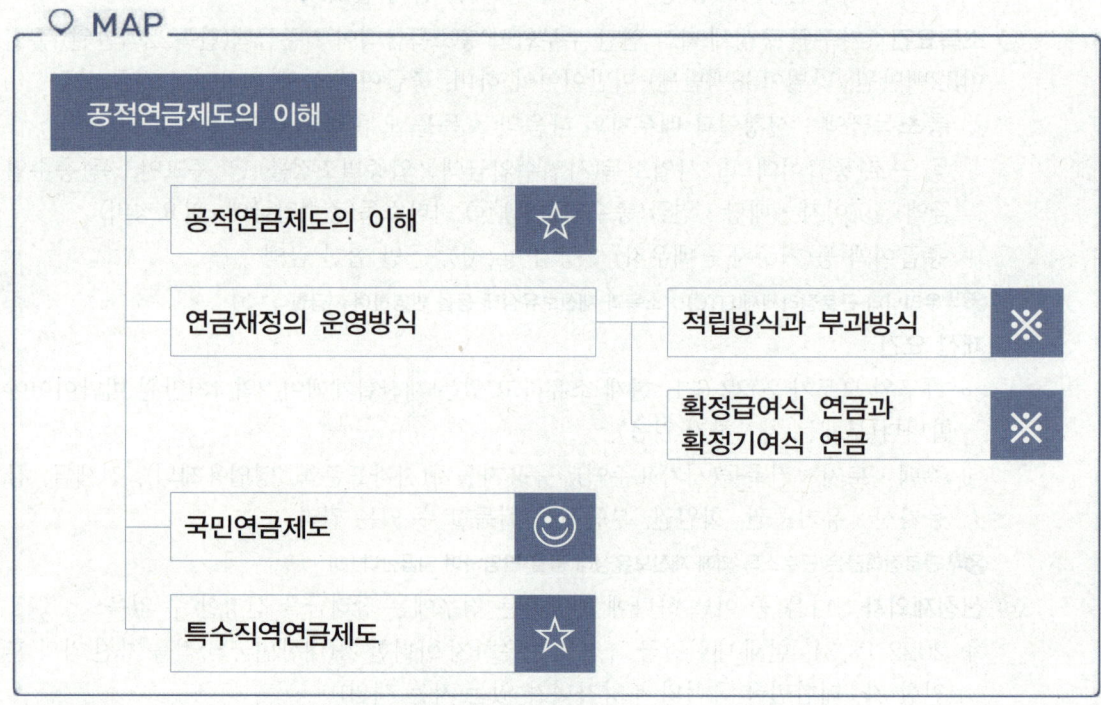

01 공적연금제도의 이해

1 공적 연금제도의 개요

(1) 공적 연금제도의 의의와 필요성
① **의의** : 소득감소 또는 상실을 초래하는 여러 가지 사회적 위험들 중 노령, 장애, 사망으로 발생하는 경제적 비보장에 대응하는 대책이다.
② **필요성**
  ㉠ 근로자들의 근시안적 사고 또는 미래통찰력의 결여 보충
  ㉡ 미래의 불확실한 상황에 대비한 보험
  ㉢ 소득재분배를 통한 사회적 평등실현과 사회통합
  ㉣ 성실한 노동자 보호

(2) 공적 연금제도의 유형
① 사회보험식 공적연금
② 사회부조식 공적연금
③ 사회수당식 공적연금
④ 퇴직준비금제도
⑤ 강제가입식 개인연금제도

2 공적 연금의 체계 유형

(1) 개 요
① **공적연금체계** : 한 가지 이상의 유형의 공적연금제도가 전체의 부분으로서 일정한 원리에 의해 조직화되어 있음을 의미한다.
② **공적연금체계의 유형**
  ㉠ **일원적 공적연금체계 또는 단층체계(single pillar)** : 독일이나 오스트리아 등은 사회보험방식의 소득비례연금만을 실시
  ㉡ 상이한 여러 유형의 공적연금제도를 복수로 실시하는 **다원적 공적연금체계 또는 다층체계(multiple pillar)**
    ㉮ **세계은행(World Bank)의 3층 보장 연금체계**
      ⓐ 1층(1st pillar) : 사회보장
      ⓑ 2층(2nd pillar) : 기업보장
      ⓒ 3층(3rd pillar) : 개인보장
    ㉯ **국제노동기구(ILO)의 4층 보장 연금체계**
      ⓐ 1층 : 최저소득보장(anti-poverty) 성격의 연금
      ⓑ 2층 : 공적연금(정부운용, 강제적용)

ⓒ 3층 : 소득비례연금(민간운용, 강제적용)
ⓓ 4층 : 추가소득비례연금(민간운용, 임의적용)

(2) 우리나라의 공적 연금체계 : 2층 혹은 3층

① **1층** : 2008년부터 도입된 기초노령연금
② **2층** : 전 국민을 포괄하고 있는 국민연금
③ **3층** : 퇴직연금 및 개인연금까지 포함할 경우

02 연금재정의 운영방식

1 사회보장제도의 재정운영방식

(1) **공공부조** : 회계연도를 기준으로 지출액을 추계하여 일반예산에 반영

(2) **사회보험** → 단기보험 : 건강보험, 고용보험 vs 장기보험 : 연금보험, 산재보험

① **건강보험** : 회계연도를 기준으로 가입자나 피부양자의 질병치료에 대한 **단기적 비용을 추계**하여 이를 충당할 수 있는 기여금을 결정함으로써 **수지상등의 원칙**(equivalence principle : 개인이 낸 보험료 총액과 개인이 받는 급여 총액은 같아야 한다는 원칙)에 의해 재정 마련

② **고용보험** : 급여지급이 **단기적이어서** 회계연도별로 예상되는 지출에 맞추어 기여금을 결정함으로써 수지상등의 원칙에 의해 기여금을 결정하면 된다.

③ **연금보험과 산재보험** : 급여가 수급자가 사망할 때까지 소득을 보장해야 하며, 또한 수급자 사망의 경우 그 유족에 대해서도 사망할 때까지 보장해야 하는 장기적 성격 있다.

OIKOS UP 공적 연금의 선택차원 [10][13][17]

구 분		내 용
기여 여부	기여식 연금 (contributory pension)	사용자와 피용자 또는 자영자 등의 기여로부터 재원을 충당
	무기여연금 (non-contributory pension)	급여지출에 필요한 재원을 일반예산에서 충당함으로써 기여를 하지 않음
연금급여액의 소득연계	정액연금	과거 소득에 관계없이 모든 연금수급자에게 동일한 액을 지급하는 연금형태
	소득비례연금	퇴직 전 일정 기간 동안의 평균소득 또는 생애근로기간 동안의 평균소득에 비례하여 연금급여액을 지급하는 연금제도
급여산정방식 [17]	확정급여연금 (defined benefit plan)	급여액은 주로 과거의 소득 및 소득활동 기간의 통상 임금 또는 소득의 일정비율로 급여산정공식에 의해 미리 확정되어 있지만 원칙적으로 기여금은 확정되어 있지 않음
	확정기여연금 (defined contribution plan)	기여금만이 확정되어 있을 뿐 급여액은 확정되어 있지 않음
재정운영방식	적립방식	장래에 지급될 연금을 가입기간 동안 보험료, 누적기금의 이식 등으로 적립하는 방식
	부과방식	현재의 근로세대가 현재 퇴직세대의 연금급여지출에 필요한 재원을 부담하는 방식

2 적립방식과 부과방식 [③⑤⑧⑬⑲]

(1) **적립방식(funding system)**

① **개념** : 장래에 지급될 연금을 가입기간 동안 보험료, 국고출연금, 누적기금의 이식 등으로 적립하는 방식이다.
  ㉠ 가입자들 각자가 보험료를 납부하여 **축적한 적립기금으로 자신들의 노후를 보장**하는 방식이다. → 세대 내 소득재분배 효과가 있다.
  ㉡ 근로기간 중 규칙적으로 저축한 것을 정년 후 되돌려 받는 일종의 **강제저축의 성격**(저축기능을 토대로 운영)이 강하다.

② **적립방식의 두 유형**
  ㉠ **완전적립방식(full funded system)** : 가입자 세대가 가입시점으로부터 보험료로 납부한 금액과 기금에서 발생한 이식수입을 합한 총액을 적립하였다가 그 적립된 금액이 모두 미래에 그 세대가 수급하게 되는 총 연금액을 충당하도록 하는 재정방식
  ㉡ **부분적립방식(partially funded system)** : 제도 도입 초기에는 보험료를 보다 낮은 수준에서 부과·징수하다가 차츰 보험료를 인상해 가는 것으로 그 과정에서 적립기금을 운용하며 그 원리금을 장래의 급여지급 재원의 일부로 활용하는 방식

③ **장점**
  ㉠ 현세대와 미래세대의 공평한 보험료 부담이 가능하여 **세대 간 공평성이 확보**될 수 있다.
  ㉡ 고령화로 인한 젊은 세대의 부담이 상대적으로 덜하여 **인구구조의 변화에는 상대적으로 영향을 덜 받는다.**
  ㉢ **가입자의 저축동기를 강화**시켜줄 수 있으며, 사회보험료를 사회보장성 조세라고 했을 때 이는 조세저항을 줄여주는 기능을 한다.
  ㉣ **막대한 누적된 적립금**(누적기금에 의해 형성된 자본 → 자본축적 효과)으로 재정을 통제하거나 활용할 수 있으며, 이 연기금을 활용하여 주식이나 채권 등에 투자하여 **재정을 확대시킬 수 있다.**
    ⓧ 부과방식은 적립방식에 비해 자본축적 효과가 크다.(×)

④ **단점**
  ㉠ 제도시행 초기에 재정수지에 미치는 인구통계적 변수와 경제적 변수를 정확히 예측하기가 어려워 **적정 보험료율을 산정하기가 어렵다.**
  ㉡ 제도시행 초기에 **과중한 보험료 부담으로 피보험자의 가계에 부담**을 줄 수 있다.
  ㉢ **급격한 경제변화로 인한 인플레이션이 발생할 경우 기금의 실질가치를 크게 손상**시킬 위험이 있다.
  ㉣ 적립방식은 일정 기간 이상의 가입기간을 조건을 충족하여야 하는 만큼 **제도 도입 당시 이미 나이가 든 노령계층은 적용대상에서 제외**된다.
  ㉤ 수지상등의 원칙에 입각하므로 별도의 재분배 기능은 떨어진다.

(2) 부과방식(pay as you go system)

① **개념** : 현재 근로세대의 퇴직 후 연금급여지출에 필요한 재원은 미래의 근로세대가 부담할 것이라는 기대 하에서 **현재의 근로세대가 현재 은퇴세대의 연금급여지출에 필요한 재원을 부담하는 방식**이다.
  - ㉠ **집단적 노인부양의식이 강하며**, 세대 간의 약속으로 이루어지기 때문에 **세대 간의 계약**으로 불리기도 한다.
  - ㉡ 당해 연도의 수입과 지출이 거의 차이가 나지 않기 때문에 일정 정도의 미미한 보유금만 남겨놓고 지불금으로 모두 써 버리므로 **적립금이 거의 남아있지 않는다.**
    → 보험료 수입을 당해 연도 연금지출로 사용하는 방식
  - ㉢ 급여비용 조달을 1년을 수지단위로 하기 때문에 적립방식이 수지상등의 원칙이었다면 부과방식은 **수지균형의 원칙**에 따른다. 즉, **매년도 연금재정의 수입총액과 지출총액이 균형을 유지할 수 있도록 운영하는 방식**이다.

② **장점**
  - ㉠ 적립금을 필요로 하지 않기 때문에 시행 초기 적은 보험료로 제도를 운영할 수 있어, 연금제도 시작 시기부터 당장 노인들이 급여를 받을 수 있다.
  - ㉡ 현재의 생산연령세대가 동일기간의 노령세대의 급여 제공을 위해 보험료를 납부하므로 **세대 간 재분배 기능을 담당**한다. → **세대 간 소득재분배 효과**가 있다.
  - ㉢ 연금의 수입과 지출의 차이가 거의 없어 기금관리 부족으로 인한 위험부담이 없으며, **장기적인 추계가 불필요하다.**

③ **단점**
  - ㉠ 현재의 젊은 세대가 노인세대를 부양하는 것이므로 **노후를 대비한 저축유인이 없다.**
  - ㉡ 고령자가 상대적으로 많아지면 보험 납부자에게 과다한 보험료 인상이 불가피해져서, **세대 간 공평성 문제가 심각해질 수 있다.**
  - ㉢ **사회경제적 환경변화에 따른 보험료 변화의 위험에 취약(인구학적 변화에 취약)**하므로 장기적인 측면에서는 재정운영이 불안정해지고 **정치적으로 위험이 수반**된다.
    - 부과방식은 적립방식에 비해 기금확보가 더 용이하다.(×)

(3) 부과방식과 적립방식의 장·단점 비교
① 부과방식은 적립방식보다 노령계층의 **소득보장을 신속하게 추진(소득보장의 신속한 실현)**
② 부과방식은 적립방식에 비해 **인구 구성의 변동에 더 취약**
③ 부과방식은 적립방식에 비해 **정치적 위험**에 취약 → **부과방식은** 사회경제적 환경변화를 반영하여 정부가 연금의 급여수준 및 보험료율을 변화시켜야 하는 정치적 위험이 큼
④ 적립방식은 부과방식에 비해 **세대 간 위험**에 취약 → **세대 간 위험** : 경기침체, 전쟁, 재난, 금융위기 등과 같은 위험으로, 부과방식은 이들 위험을 세대 간에 분산할 수 있음
⑤ 적립방식은 부과방식에 비해 **기금의 투자 위험**에 취약

3 확정급여식 연금과 확정기여식 연금 [10③⑰]

(1) 확정급여연금(defined benefit plan)

① **개념** : 개인이 부담한 보험료의 크기에 관계없이 사전에 확정된 연금급여를 지급하는 방식으로 공적연금을 운영하고 있는 대부분의 국가들이 채택하고 있다.
  ㉠ 연금액은 **종종 과거의 소득 및 소득활동기간에 의해 결정**된다.
  ㉡ 확정급여식 연금의 재정은 **완전적립방식에서 부과방식까지 다양하게 운용**될 수 있다.
  ㉢ 연금지급에 충당할 수 있는 기금이 부족하면 국가가 기여금을 인상하든 국고지원을 증액하든 부족한 재원을 보충할 책임을 진다.

② **장점**
  ㉠ 퇴직 후 노후기간 동안 안정된 급여를 보장하고, 그로 인해 노후의 경제적 불안정에 대한 불안을 해소시켜준다.
  ㉡ 개인이 예측하거나 통제하기 어려운 **물가상승, 경기침체, 이자율, 기대수명의 연장** 등의 **위험을 사회 전체적으로 분산 대응**하는 장점이 있다.
  ㉢ 기본적으로 근로자에게 유리한 연금계획으로 기금운영 결과에 상관없이 근로자의 퇴직 후 급여 수준이 일정하게 정해져 있으며, 운용 위험에 대한 책임은 전적으로 사용자가 부담한다.
  ㉣ 확정급여형 기업 퇴직연금제도에서는 동일 직장에서 장기근속하고 정년퇴직하는 경우, 더 많은 급여를 보장받을 수 있다.

③ **단점**
  ㉠ 제도를 감독하는 정부의 입장에서 기금의 건전성 및 지급보장에 대한 감독이 상대적으로 어려우며, 회사의 경영사정이 어렵거나 도산했을 경우 연금지급보장책임이 정부의 부담이 될 수도 있다.
  ㉡ 제도 간의 이동성이 용이하지 않다. 즉, 동일직장에서 장기 근속하는 근로자에게는 상당히 유리하며, 중간퇴직 및 이직이 잦은 근로자의 경우에는 상대적으로 불이익을 받을 수 있다.

(2) 확정기여연금(defined contribution plan)

① **개념** : 사용자의 연금기여율만 미리 정해져 있고 급여액은 확정되어 있지 않는 방식이다.
  ㉠ **연금의 급여액은 기본적으로 적립한 기여금과 기여금의 투자수익에 의해서만 결정**되기 때문에 사전에 급여액이 얼마나 될지 알 수가 없다.
  ㉡ 이론적으로 보면 확정기여제 연금 하에서는 사전 적립된 기여금과 이식수입에 의해 연금액이 결정되기 때문에 연금재정의 불균형 현상이 발생할 여지가 없다.

② **장점**
  ㉠ 오늘날 서구 공적연금의 재정위기의 주요 원인인 인구노령화, 기대수명의 연장, 경제성장 저하, 고령근로자의 조기퇴직 대량발생 등 예측하기 어려운 사회경제적 현상들이 발생하더라도 재정위기를 경험하지 않는다.
  ㉡ 정치적 논리에 의해 연금급여 수준이 하향조정되는 것과 같은 이른바 정치적 위험으로부터 보호받을 수 있다.

③ 단점
  ㉠ **투자에 수반되는 위험에 대해서는 개인이 전적으로 책임을 지는 구조**로 되어 있어서 **최종 연금급여 수준이 불안정**할 수도 있다. 즉, 기업의 입장에서는 기여금 부담의 의무만 지면 되고 기금 운영의 최종 책임이 근로자 개개인에게 전가된다.
  ㉡ 근로활동기 때의 개인소득의 일부를 퇴직 이후로 이전하는 것에 지나지 않기 때문에 부익부빈익빈 현상을 초래할 수 있으며 소득 계층 간, 세대 간 사회통합에 기여하지 못한다.

> **주의**
> 우리나라는 2005년 1월 제정된「근로자퇴직급여보장법」이 2005년 12월에 시행되면서 퇴직연금이 도입이 되었다. 이 법에서 퇴직연금의 유형은 확정기여형 퇴직연금, 확정급여형 퇴직연금, 개인퇴직계좌가 있다. 참고로, 근로자퇴직급여보장법에 제2조(정의)에 보면, 7. "퇴직연금제도"란 확정급여형퇴직연금제도, 확정기여형퇴직연금제도 및 개인형퇴직연금제도를 말한다. 8. "확정급여형퇴직연금제도"란 근로자가 받을 급여의 수준이 사전에 결정되어 있는 퇴직연금제도를 말한다. 9. "확정기여형퇴직연금제도"란 급여의 지급을 위하여 사용자가 부담하여야 할 부담금의 수준이 사전에 결정되어 있는 퇴직연금제도를 말한다.라고 규정하고 있다.

03 국민연금제도 [⑦⑮⑯⑰⑳]

구 분		핵심내용
개 요	도입목적	• 노령·장애·사망에 대해 연금급여 제공 → 생활안정·복지증진 기여 • 축적된 기금을 생산적으로 투자함으로써 경제성장과 고용확대
	발달과정	• 1973년 국민복지연금법 시행유보 • 1986년 국민연금법으로 개칭, 1988년 시행 • 1999년 4월 1일 시행된 국민연금법 → 전국민 연금 시행
정 의		① **평균소득월액** : 매년 사업장가입자 및 지역가입자 전원의 기준소득월액을 평균한 금액 ② **기준소득월액** : 연금보험료와 급여산정을 위해 가입자의 소득월액을 기준으로 하여 정한 금액 ③ **연금보험료** : 국민연금사업에 필요한 비용 → **기준소득월액 9%** 　㉠ **사업장가입자** : 부담금(사용자 4.5%) 및 기여금(가입자 4.5%)의 합계액 　㉡ **지역가입자·임의가입자 및 임의계속가입자** : 본인이 내는 금액(9%) **OIKOS UP 소득상한선과 소득하한선** ① 기준소득월액의 소득 하한액과 소득 상한액 　㉠ 1988년 시행 당시 : 하한액 7만원, 상한액 200만원 　㉡ 2023.7~2024.6 : 하한액 37만원, 상한액 590만원 ② **소득하한선** : 소득이 아무리 적어도 최소 납부액을 내야하는 것을 의미 　㉠ 소득하한선이 있는 이유는 소득이 작다고 그 소득에 따라 적은 보험료를 내다보면 추후 연금을 수령하게 될 때 '노후 소득보장'이라는 사회보장제도의 역할을 할 수 없기 때문 　㉡ 일정수준 이하의 저소득계층을 제도의 적용으로부터 제외시키는 기능 　㉢ 소득하한선을 높게 설정하면 일정수준 이하의 저소득계층은 제외되므로 국민연금 가입자 규모가 감소

③ **소득상한선** : 소득이 아무리 많아도 최고 납부액보다 많이 내지 않는 것
  ㉠ 일정수준 이상인 고소득자의 부담을 제한함으로써 급여수준의 상한선을 동시에 통제할 수 있음
  ㉡ 국민연금 가입자들 상호간 연금급여의 편차를 일정수준에서 제한하는 기능
  ㉢ 소득상한선을 낮게 유지한다면 일정수준 이상의 고소득자의 부담은 낮아짐

> **주의**
>
> 소득하한선 아래에 있는 저소득층은 국민연금의 제도가입을 할 수 없게 되고, 이 사람들은 공공부조의 보호영역(국민기초생활보장 수급자)에 들어가게 된다. 다만, 국민기초생활보장수급자 등의 저소득층은 국민연금의 임의가입자로 본인이 가입하고 싶으면 보험료를 부담하고 국민연금에 가입할 수 있다. 부연설명하면, 소득하한선은 저소득계층의 제도 가입으로 인해 발생할 수 있는 보험공동체의 과도한 분배적 부담을 억제하고 보험의 원리에 충실하기 위한 기능을 수행하는 것이다. 즉 과도한 소득재분배의 기능을 억제하는 기능을 하는 것이며, 만약 국민연금에서 소득재분배기능이 과도하게 되면 가입자들은 제도에 대한 신뢰감이 저하될 것이고 가입자들이 가입의 기피나 보험료의 납부저항을 할 수 있다. 참고로 국민연금법의 임의가입대상 중에 국민기초생활보장법에 의하여 생계를 받는 사람(자활보호대상자 포함)이 포함되어 있다.

OIKOS UP — 특수직역연금

- **특수직역연금의 보험료율과 기여금 및 부담금**

구분	보험료	기여금 및 부담금
공무원연금	기준소득월액의 18%	공무원(기여금) 50%, 정부(부담금) 50%
군인연금	기준소득월액의 14%	군인(기여금) 50%, 정부(부담금) 50%
사립학교 교직원연금	기준소득월액의 18%	교직원(개인부담금) 50%, 학교경영자(법인부담금) 30%, 정부(국가부담금) 20%

- **현재 재정적자가 발생 국고지원** : 공무원연금과 군인연금
  → 사립학교교직원연금 2026년 바닥 추정

가입대상	① 국내에 거주하는 국민으로서 **18세 이상 60세 미만**인 자 ② 공무원, 군인 및 사립학교 교직원 등은 제외
가입자	**사업장가입자, 지역가입자, 임의가입자** 및 **임의계속가입자**로 구분 [주의] 사업장가입자 : 1명 이상의 근로자를 사용하는 사업장 ❌ 상시고용 5인 이상 사업장(×)
추가산입 (크레딧) [㉑]	① 군 복무기간에 대한 가입기간 추가 산입 → 6개월 ※ 재원 : 국가가 전부 부담함 ② 출산에 대한 가입기간 추가 산입 → 자녀가 2명 12개월, 3명 이상 1명마다 18개월 더한 개월 수 → 추가산입은 50개월 한도 내에서 인정 ※ 재원 : 국가가 전부 또는 일부 부담함 ③ 실업에 대한 가입기간 추가산입 → 구직급여를 받는 기간을 가입기간으로 산입, 추가산입 기간은 1년을 초과할 수 없음 ※ 재원 : 국가는 연금보험료의 전부 또는 일부를 지원할 수 있음 ※ 군복무크레딧과 출산크레딧은 2007년 시행, 실업크레딧은 2016년 시행됨 ❌ 국민연금의 연금크레딧제도 중 가장 최근에 시행된 것은 실업크레딧이다.(O)

급여종류		노령연금	노령연금(감액노령연금, 소득활동에 따른 노령연금 포함), 조기노령연금, 특례노령연금, 분할노령연금
		장애연금	장애등급(1~4등급)에 따라 지급 (주의) 산재보험의 장해급여 : 14등급
		유족연금	**유족범위 : 배우자 - 자녀 - 부모 - 손자녀 - 조부모** (주의) 산재 유족급여 : 형제자매), **최우선 순위자에게 지급**
		반환일시금	사망일시금 포함
		연금구분	**수급요건**
	노령연금	완전노령연금	가입기간 20년 이상, 60세에 달한 자(65세 이전까지 소득 없을 경우 한함)
		감액노령연금	가입기간 10년 이상 20년 미만인 자로 60세 달한 자(65세 이전까지 소득 없을 경우)
		재직자 노령연금	**가입기간이 10년 이상, 60세 이상 65세 미만인 자로 소득이 있는 업무에 종사하는 경우**(소득 있는 업무 비종사 하게 되면 가입기간에 따라 완전노령이나 감액노령으로 변경하여 지급)
		조기노령연금	**가입기간 10년 이상이며 연령 55세 이상인 자가 소득이 있는 업무에 종사하지 아니하고, 60세 도달 전에 연금수급을 청구한 경우**
		특례노령연금	가입기간 5년 이상 10년 미만(가입기간 5~9년)으로 60세에 달한 자(소득유무 관계없이 지급) ☑ 국민연금 시행초기와 확대과정에서 연령이 많은 사람이 장기간 가입할 수 없으므로 단기간(5년 이상) 가입하여도 60세에 도달하면 노령연금을 받을 수 있도록 도입한 제도
		분할연금	혼인기간 중 가입기간이 5년 이상인 노령연금 수급권자의 이혼한 배우자가 60세 이상
	※ **노령연금 수급개시연령** : 평균수명 연장에 따라 상향조정 → 2013년부터 5년마다 1세씩 연장되어 2033년에는 65세가 됨(2013년 61세, 2018년 62세 … 2033년 65세) → **생존하는 동안 지급** [21]		
국민연금급여	급여지급		연금액은 지급사유에 따라 **기본연금액과 부양가족연금액을 기초**로 산정
	기본 연금액 [16⑨ ⑩⑬⑮]		**기본연금액 = 1.2 (A + B) (1 + 0.05 × n / 12)** ■ A : **소득균등부분**(연금수급 전 3년간의 가입자 전원의 평균소득월액) ■ B : **소득비례부분**(가입자 개인의 가입기간 중 평균소득월액) ■ n : 20년 이상을 초과하는 가입월수(1년 미만의 매 1월은 12분의 1년으로 계산) ① 상수(2.4, 1.8, 1.5, 1.2 등) : **소득대체율 = 지급율** → 2007년까지 기본값 1.8, 2008년 1.5를 시작으로 2009년부터 매년 0.015씩 감소, 2028년 이후부터 1.2로 하향 조정 ② A(소득균등부분) : A에 곱해주는 계수가 커지면 커질수록 소득재분배 효과↑→ **저소득층에게 유리하게 설계**되어 있음 ③ B(소득비례부분) : 적립방식의 '수급상등 법칙'에 의한 것, 보험료 납부의 저항을 줄이기 위함 ④ 연금 슬라이드제(price sliding system) 　㉠ **최초 기본연금액이 물가가 인상될 때 자동적으로 물가상승률만큼 인상되는 물가연동제** 　㉡ 국민연금에서는 매년 전국소비자물가변동률을 반영 → 연금급여의 실질가치를 보장

부양가족
연금액
	① **가족수당 성격의 급여**, 연금급여 지급 시 기본연금액에 추가·지급되는 급여
	② **부양가족연금액 계산 시 대상자** : 배우자, 19세 미만의 자녀, 제52조의2에 따른 장애상태의 자녀, 60세 이상의 부모, 제52조의2에 따른 장애상태인 부모
	
	OIKOS UP 제52조의2에 따른 장애상태
	「국민연금법」 제52조의2(부양가족연금액 및 유족연금 지급 대상의 장애 인정기준) : 제52조, 제73조, 제75조 및 제76조의 장애상태란 다음 각 호의 어느 하나에 해당하는 상태를 말한다.
	  1. 제67조제4항에 따른 장애등급 1급 또는 2급에 해당하는 상태
	  2. 「장애인복지법」 제2조에 따른 장애인 중 장애의 정도가 심한 장애인으로서 대통령령으로 정하는 장애 정도에 해당하는 상태	

미지급 급여 [법제론 ⑰]	① 수급권자가 사망한 경우 그 수급권자에게 지급하여야 할 급여 중 아직 지급되지 아니한 것이 있으면 그 배우자·자녀·부모·손자녀·조부모 또는 형제자매의 청구에 따라 그 미지급 급여를 지급 ② 급여를 받을 순위는 **배우자, 자녀, 부모, 손자녀, 조부모, 형제자매의 순**으로 함 ③ 미지급 급여는 수급권자가 사망한 날부터 **5년 이내에 청구**하여야 함	

분할연금
수급권자
	① **분할연금을 받으려는 자가 모두 갖추어야 할 요건**
	  ㉠ 배우자의 국민연금 가입기간 중의 **혼인기간이 5년 이상**일 것
	  ㉡ **배우자와 이혼**하였을 것
	  ㉢ 배우자였던 사람이 노령연금 수급권자일 것
	  ㉣ 60세가 되었을 것
	② 분할연금은 요건을 모두 갖추게 된 때부터 **5년 이내**(개정 前 : 3년 이내)에 **청구**하여야 한다.
	
	■ 소멸시효 ■	

사회보험법	공공부조법
3년 (분할연금 : 5년, 반환일시금 : 10년)	5년 (의료급여법 : 3년)

↳ **국민연금법** : 연금보험료, 환수금, 그 밖의 이 법에 따른 징수금을 징수하거나 환수할 권리는 **3년간**, 급여(반환일시금은 제외)를 받거나 과오납금을 반환받을 수급권자 또는 가입자 등의 권리는 **5년간**, 반환일시금을 지급받을 권리는 **10년간** 행사하지 아니하면 각각 소멸시효가 완성
↳ **산재보험법** : 보험급여 중 장해급여, 유족급여, 장례비, 진폐보상연금 및 진폐유족연금을 받을 권리는 **5년간** 행사하지 아니하면 시효의 완성으로 소멸

분할연금과 노령연금	• 수급권자에게 2 이상의 분할연금 수급권이 생기면 **2 이상의 분할연금액을 합산**하여 지급 • 분할연금과 노령연금액을 합산하여 지급
관리운영체계	• 국민연금제도의 운영에 대한 **정책결정의 책임을 지고 있는 기관** : 보건복지부 • 국민연금제도를 **직접적으로 운영하는 집행기관** : 국민연금공단

04 특수직역연금제도

1 개 요

① 국민연금 외에 **공무원, 군인, 사립학교교직원** 등 공직자를 대상으로 하는 특수직 연금으로, 공무원연금(1960년), 군인연금(1963년), 사립학교교직원연금(1975년)이 있으며, 대상자와

제9장 **공적연금제도의 이해**   **263**

관리운영 주체가 공무원연금공단, 국방부(군인연금은 별도의 관리공단이 없음, 국방부에서 직접관장), 사립학교교직원연금공단으로 다르다.

② 특수직연금의 급여액은 개인이 낸 보험료와 가입기간에 비례하여 결정되기 때문에 특수직연금에서는 국민연금과는 달리 **소득계층 간의 재분배 효과는 거의 없다.**

2 재정과 국고지원

(1) 재 정

① **특수직역연금의 보험료율은** 모두 2000년부터 보수월액의 17%(기준소득월액의 11%)였으나, 법 개정으로 인상되어 **2012년 보험료율은 모두 기준소득월액의 14%**이었다.
  ㉠ **공무원 연금** : 기준소득월액의 18%
  ㉡ **군인연금** : 기준소득월액의 14%
  ㉢ **사립학교교직원연금** : 기준소득월액의 18%

② **기여금 및 부담금**
  ㉠ **공무원 연금** : 공무원이 기여금으로 매월 기준소득월액의 9%를, 국가 또는 지방자치단체가 부담금으로 기준소득월액의 9%를 납부 → **공무원과 정부가 각각 50%씩 부담**
  ㉡ **군인연금** : 군인이 기여금으로 매월 기준소득월액의 7%를, 국가 또는 지방자치단체가 부담금으로 기준소득월액의 7%를 납부 → **군인과 정부가 각각 50%씩 부담**
  ㉢ **사립학교교직원연금** : 교직원이 기여금(부담금)으로 매월 기준소득월액의 9%(전체보험료의 50%)를, 학교법인(학교경영기관)이 부담금으로 매월 기준소득월액의 3.7%(전체보험료의 30%)를, 국가가 부담금으로 매월 기준소득월액의 5.3%(전체보험료의 20%)를 납부 → **교직원, 학교경영자, 정부가 각각 50%, 30%, 20%를 부담**

(2) 재정적자와 국고지원 [㉮]

① 특수직 연금의 문제는 특수직연금의 재정 적자이다.
  ㉠ **공무원 연금의 경우 2001년 처음으로 적자가 발생된 이후** 세금으로 보전해야 하는 규모가 계속 확대돼왔다.
  ㉡ **군인연금도 1973년에 이미 적자로 돌아섰으며,** 이후 해마다 6,000억 원 규모를 국민들의 세금으로 지원 받고 있다.
  ㉢ **사립학교교직원연금의 경우에는** 아직까지는 재정상태가 양호한 편이지만, 2001년부터 지출증가율이 수입증가율을 상회하고 있기 때문에 다른 연금의 경우처럼 기금의 고갈이 예상되고, 2013년이면 급여가 부담금보다 많아지고 **2026년에는 연금이 완전히 바닥날 것으로 추정**된다.

② 재정 적자 시 국고지원이 가능한 공적 연금제도는 공무원연금, 사립학교교직원연금, 군인연금이며, 이 가운데 현재 재정적자가 발생하여 국고지원이 이루어지고 있는 것은 **공무원연금과 군인연금**이다.

국민건강보장제도의 이해

제4부 **사회보장의 이해**

제10장 회차별 출제빈도, 출제비중 및 출제논점 1, 2, 3순위

10회 2012	11회 2013	12회 2014	13회 2015	14회 2016	15회 2017	16회 2018	17회 2019	18회 2020	19회 2021	20회 2022	21회 2023	22회 2024
1	2	1	1	-	2	2	1	2	1	2	1	(2)

출제 비중	출제 논점		
	1순위 ☺	2순위 ※	3순위 ☆
01 2	① 국민건강보험제도 ② 노인장기요양보험제도	① 진료비 지불방식: 행위별수가제, 포괄수가제	

1순위 스마일표시(☺) : 출제 빈출도가 높은 부분으로 무조건 시험에 출제되는 영역
2순위 당구장표시(※) : 나왔다 안 나왔다 하는 영역이지만 출제가능성 높은 영역
3순위 별 표(☆)   : 출제 된 적이 있긴 하지만 다시 출제될 가능성은 다소 떨어지는 영역

MAP

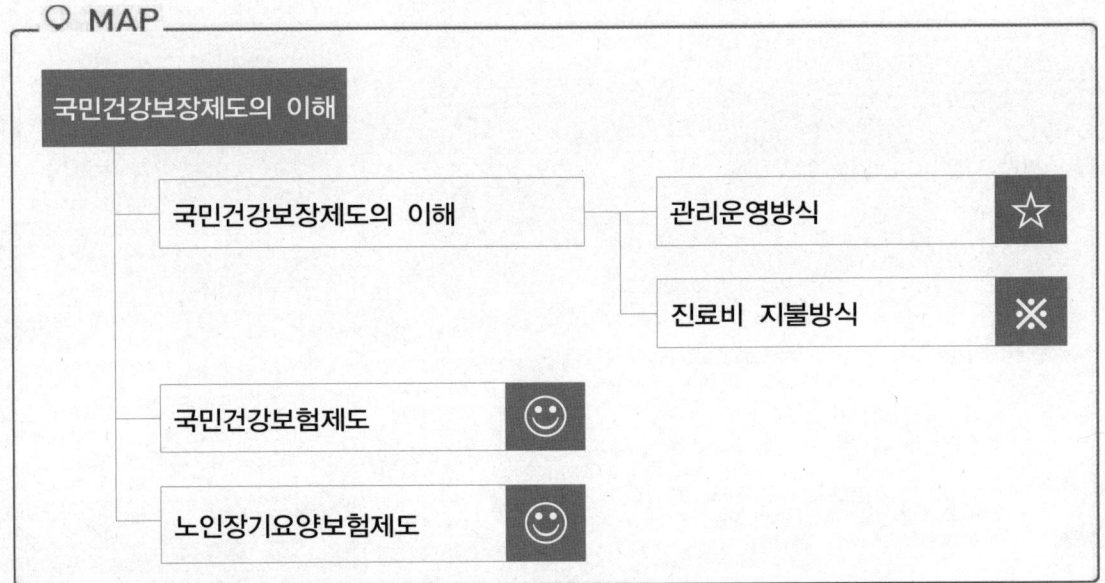

01 국민건강보장제도의 이해

1 국민건강보장제도의 기본 이해

(1) 의 의

① 질병, 부상, 분만, 사망 등으로 인한 **일시에 과다한 의료비 지출에 따른 가계의 경제적 부담을 동질의 위험에 처해 있는 다수의 위험집단을 결합(risk pooling)**하여 어려움을 덜어주기 위해 **국가가 법으로 정하여 실시하는 상부상조제도**이다.

② 본인의 의사에 따라 가입하는 임의보험이 아닌 **법률에 의한 강제가입하는 보험**으로, 강제가입 방식에 따라 **가입한 보험가입자의 소득과 재산에 따라 보험료를 산출**하고 이를 주된 재원으로 하여 보험급여를 제공하는 사회적 의료보장제도이다.

(2) 일반적 특성 [09]

① 민간보험이 아닌 사회보험이다. **국가가 사법이 아닌 공법으로 공적기금운영으로 관리하는 보험제도**이다.

② 본인의 의사에 따라 가입하는 임의보험이 아닌 **법률에 의해 강제가입하는 보험**이다.
   - 국민건강보험제도 – 본인의 의사에 따라 임의가입할 수 있다.(×)

③ 국민연금과 같이 장기보험이 아니라 **회계연도가 1년인 단기보험**에 속한다.

④ **적용범위가 전 국민인 보편적 사회보험**이다.

⑤ 소득수준에 따라 보험료가 차등부과되지만 필요에 따라 보험료가 균등하게 부과되는 **소득재분배 기능이 강한 사회보험**이다.
   - 국민건강보험제도 – 건강보험료는 수직적 소득재분배 기능을 하지 않는다.(×)

⑥ 보험제도가 실질적으로 운영되도록 하기 위하여 **보험가입자에게 법적으로 보험료 납부의무를 부과하므로 보험료 징수가 강제성**을 띤다.

(3) 국민건강보장제도의 유형

① 사회보험방식(Social Health Insurance, SHI)

② 국민건강보험방식(National Health Insurance, NHI)

③ **국민보건서비스 방식(National Health Service, NHS)**
   ㉠ 1946년 영국의 NHS를 원형으로 하는 **보편적 서비스(universal service) 유형**으로, 국가에서 모든 거주자들에게 의료서비스(medical care)를 직접 제공하는 국가들이다.
   ㉡ 정부가 일반 조세로 재원을 마련하여 **모든 국민에게 무상으로 의료서비스를 제공하는 것**으로 일명 조세방식이라고 하며 1946년 베버리지보고서에 의해 제시되었다.

2 국민건강보험의 관리운영방식 : 조합주의와 통합주의 [19]

① 1977년 건강보험을 처음 시작할 때 조합방식을 채택하여 직장조합 145개와 지역조합 227개의 많은 의료보험조합으로 분리되었다가 **1999년 조합방식에서 통합방식으로 전환**되었다.
   - 국민건강보험제도 – 조합방식 의료보험제도가 통합방식으로 전환되어 국민건강보험제도로 변경되었다.(O)

② **조합주의의 주장** : 소규모 동질집단(지역, 직업, 직장별) 내 위험분산 강조
   - ㉠ 각 조합에서 자율적 조직운영을 통해 효율적인 의료서비스를 제공하려 하므로 정부재정에는 부담주지 않음 → 건강보험조합 통합하면 재정적자 등의 문제가 정부의 책임으로 전가
   - ㉡ 소득파악률이 낮은 자영업자와 소득이 노출되어 있는 봉급생활자를 하나로 통합하여 운영하게 되면 봉급생활자들이 손해를 봄
   - ㉢ 소득재분배는 조세정책을 통해 이루어지는 것이지 사회보험으로 이룰 수 있는 것은 아님

③ **통합론자의 주장** : 전국적 차원의 사회연대성 강조
   - ㉠ 관리운영과 재정을 하나로 통합하는 것이 사회보장의 기본 이념인 소득의 재분배와 위험의 분산을 확대
   - ㉡ 많은 수의 조합방식은 관리운영비의 불필요한 지출을 가져옴

④ **건강보험 통합의 효과** : 행정비용절감, 위험분산과 분배적 기능 확대, 지역 간 불평등제거, 재정효율성 증가
   - ㉠ **보험료 부담의 형평성 측면** : 동일소득 동일부담의 원칙에 의하여 소득이 같은 직장가입자에게는 동일한 부과기준이 적용됨으로써 보험료 부담의 불공평은 해소되었다.
   - ㉡ **소득계층 간의 소득재분배 효과** : 소득 또는 재산이 많은 세대는 상대적으로 보험료부담도 높여 부담의 형평성이 가능해져서, 고소득층으로부터 저소득층으로의 수직적 소득재분배 효과가 이루어지게 되었다.
   - ㉢ **관리운영비의 절감 효과** : 행정개편을 통해 관리운영비가 크게 감소되는 효과를 나타내어 1998년에 비해 1999년 사업비 예산이 74억원이 감소되었다.
   - ㉣ **효율적인 업무운영체계 구축 효과** : 자체 전산연계가 가능해짐에 따라 이중 자격자의 발생을 억제함으로써 업무의 효율성을 제고하게 되었다.

3 진료비 지불방식 [②⑧⑨⑩⑪⑫⑳㉑]

(1) **행위별 수가제(fee for service)**

① 진료에 소요된 약제 또는 재료비를 별도로 산정하고 **의료인이 제공한 개별의료행위마다 일정한 값을 정하여 의료비를 지급하는 방식**

② 우리나라는 기본적으로 행위별 수가제 방식을 취하고 있으며, 2002년 1월부터 포괄수가제로 시범사업운영을 거쳐 **2012년 7월1일부터 전국 병·의원에서 제왕절개분만 등 7개 질병군에 대해 포괄수가제가 도입되어 시행**되었다.

③ 장점
  ㉠ 의학기술의 발달과 첨단과학기술을 응용한 **고급의료서비스의 개발에 도움**이 되고 의료서비스의 질을 높일 수 있다.
  ㉡ 의사는 자신이 진료하는 환자에 대하여 **광범위한 재량을 갖는 진료권이 보장**된다.
      ⊗⊙ 행위별수가제에서는 의료진의 진료행위에 대한 자율성이 확보된다.(O)
  ㉢ 환자는 자신이 원하는 서비스를 충분히 받을 수 있어, **환자의 편의성을 증진**시킨다.

④ 단점
  ㉠ **과잉진료에 대한 우려** : 의사 또는 의료기관은 수입을 극대화하기 위하여 과잉투약 또는 불필요한 검사 및 처치로 많은 진료를 유도하게 된다.
  ㉡ **행정비용 많이 소요** : 매년 진료비청구건수가 급증함에 따라 청구 및 심사 등에 들어가는 행정비용이 많이 소요된다.
  ㉢ **의료비용의 인상** : 진료효과를 높이기 위해 새로운 기술 또는 신약을 개발하여 의료서비스 개발에 기여를 하지만 일반적으로 국민 의료비 증가를 유인하게 된다.
  ㉣ **의료서비스 공급형태의 왜곡 발생** : 진료 항목 간 수가수준의 상대적 불균형으로 상대적으로 수익성이 높은 진료 항목이나 비급여 분야에 투자가 집중되므로 의료공급형태와 고가약품선호 등 진료형태 왜곡이 심화될 수 있다.

(2) **포괄수가제(fee for diagnosis related group)**
① **환자특성과 진료특성에 따라 임상적 진료내용과 자원의 소모량이 유사하도록 질병을 분류한 후**(예 백내장 수술, 치질 수술, 맹장염 수술, 제왕절개분만, 자궁 및 자궁부속기 수술 등), 진료받은 진찰, 검사, 주사, 투약 등의 종류나 양에 **관계없이 일정액의 진료비만 결제하는 방식**이다.
  ㉠ 주로 발생빈도가 높은 질병군에 적용하며, 한 가지 치료행위가 기준이 아니고 환자가 어떤 질병치료를 위해 입원했는가에 따라 **DRG라는 질병군별로 미리 책정된 일정액의 진료비를 지불하는 방식**이다.
  ㉡ **DRG(Diagnosis-Related Group)** : 환자 특성 및 진료 특성에 의해 임상적인 진료내용과 자원의 소모량이 유사하도록 분류한 입원환자의 질병분류체계
  ㉢ 의사에게 환자 1인당 혹은 진료일수 1일당 아니면 **질병별로 보수 단가를 설정하여** 보상한다.

② 장점
  ㉠ 합리적이고 효율적인 의료행위를 통한 **의료기관 스스로의 비용감소 노력 활성화가 가능**하다.
  ㉡ **과잉진료 및 의료서비스 남용을 억제**하도록 제도 자체를 유인하므로 적정량의 의료서비스를 실현할 수 있어 **환자의 의료비 부담을 줄인다.**
      ⊗⊙ 포괄수가제를 적용함으로써 환자의 본인부담금이 감소할 수 있다.(O)
  ㉢ 의료공급자 수준에서 경영 효율화를 위한 **의식전환과 실질적인 병원생산성 증가와 전문화 및 입원일수가 단축**될 수 있다.
  ㉣ **비용절감 형태의 신기술의 도입**과 새로운 효율적인 진료방식 도입의 활성이 가능하다.

ⓜ 의료기관의 진료비 청구방법이 매우 간편해지고 진료비 심사에 소요된 **행정비용의 절감이 가능**하다.

③ 단점
　㉠ **신기술이나 진료방식채택이 억제** : 새로운 약의 사용이나 새로운 의과학 기술의 적용에는 적합하지 못하다.
　㉡ **진료의 질적 수준 저하** : 환례당(DRG) 비용을 줄일 의료서비스의 최소화를 추구할 경우 질 저하가 우려된다.
　㉢ **상병명 분류 조작 가능성** : 환자의 상태보다 더 복잡한 진단명을 기록함으로써 의료기관은 중증도가 심한 환자로 청구하여 수입의 확대를 꾀하려 할 것이다.
　㉣ **환자 및 보험자와 마찰** : 입원환자에 대한 입원기간을 단축시킴으로써 환자와의 마찰을 야기할 수 있다.

(3) **총액계약제(global negotiation system)**
　① 연간 건강보험 급여비 총액을 정한 뒤 각 병원에 연간 급여비를 일괄 지급하여 급여비 범위에서 진료를 하도록 하는 것을 의미한다.
　　㉠ 보험을 관리하는 측과 의사대표 간에 미리 진료비의 총액을 정해 놓고 지불한다.
　　㉡ 대부분의 병원이 공공병원(중앙정부 또는 지방정부)이거나 민간병원이라도 거의가 비영리인 유럽의 경우 많이 채택하고 있는 방식이다.
　② 장점
　　㉠ 진료비 총액을 사전에 의료기관에 지불하므로 **부당진료나 과잉진료가 없다.**
　　㉡ 의료인의 자율성을 보장하고 **의료기관 간 빈부격차(이윤격차)를 줄여준다.**
　　㉢ 행위별 수가제처럼 심사평가원이 진료행위 하나하나를 심사할 필요가 없으므로 **진료의 자율성이 제고**되며 각 의료단체의 자율적인 통제력도 형성된다.
　　㉣ 정부의 입장에서는 보험재정에 대한 통제력이 강화되고 청구심사 등 **관리비용이 줄어들 수 있다.**
　　㉤ **행위별 수가제와 비교할 때 의료비 절감효과가 높다.**
　③ 단점
　　㉠ 예산을 분배하는 과정에서 의료단체 내부의 갈등이 예상되며, 원가를 절감하기 위해 과소진료가 이뤄져 **의료의 질 저하가 우려**된다.
　　㉡ 한정된 급여비에 맞추다가 **부실진료는 물론 값이 싼 약품 사용 등 부작용**이 나타날 수 있다.

(4) **인두제(capitation fee)**
　① 의사가 맡고 있는 환자의 수, 자기의 환자가 될 가능성이 있는 일정 지역의 주민 수에 일정금액을 곱하여 이에 상응하는 보수를 지급하는 방식이다. → 주치의제도를 실시하는 국가에서 실시
　② 주민이 의사를 선택하고 등록을 마치면, 등록된 주민이 환자로서 해당 의사의 의료서비스를 받든지 안 받든지 간에 보험자 또는 국가로부터 각 등록된 환자 수에 따라 일정수입을 지급 받는다.

OIKOS UP 상대가치 수가제

국민건강보험은 요양급여비용을 산정하는 데 상대가치 수가제 및 행위별 수가제를 채택하고 있으며, 부분별로 포괄적 수가제를 채택하고 있다(채구묵, 2012).

① 도 입
  ㉠ 과거 의료보험수가가 의료수가(진료과목 및 의료행위 간) 간의 불균형이 심하고 의료보험 원가가 생산원가 수준에 크게 미달되어 있으며, 의료보험 수가의 결정과정이 경직되어 있어 변화하는 의료환경에 적용하기 어려운 구조를 내포하고 있었다.
  ㉡ 의료보장개혁위원회에서 1994년 6월 상대가치 수가제의 도입을 건의하였고, 1996년부터 2000년까지 4차 연도에 걸쳐 단계별 상대가치수가제 도입을 위한 표준의료행위, 상대가치 및 환산지수 등을 개발하였으며, 2001년 이후 상대가치 수가제를 도입·운영하고 있다.

② 내 용
  ㉠ 「국민건강보험법」제21조(계약의 내용 등) 제1항 "법 제45조 제1항에 따른 계약은 공단의 이사장과 제20조 각 호에 따른 사람이 유형별 요양기관을 대표하여 체결하며, 계약의 내용은 요양급여의 각 항목에 대한 상대가치점수의 점수당 단가를 정하는 것으로 한다."
  ㉡ 「국민건강보험법」제21조(계약의 내용 등) 제2항 "제1항에 따른 요양급여 각 항목에 대한 상대가치점수는 요양급여에 드는 시간·노력 등 업무량, 인력·시설·장비 등 자원의 양 및 요양급여의 위험도를 고려하여 산정한 요양급여의 가치를 각 항목 사이에 상대적인 점수로 나타낸 것으로 하며, 보건복지부장관이 심의위원회의 심의·의결을 거쳐 보건복지부령으로 정하는 바에 따라 고시한다."라고 규정하고 있다.

02 국민건강보험제도 [⑩⑪⑫⑬⑮⑯⑱⑲㉑]

구 분	핵심내용
발달 과정	① 1963년 제정된 의료보험법 → **가입방법 : 임의가입 형태** ② 1976년 의료보험 전면개정 : 500인 이상 사업장 근로자를 당연적용대상자 → 1977년부터 시행 ③ **부분통합** : 1997년 **국민의료보험법**이 제정(1998년 시행) ④ **완전통합** : 1999년 **국민건강보험법**이 제정(2000년 통합실시) → 139개의 직장의료보험 조합과 국민의료보험관리공단이 통합되어 '국민건강보험공단'으로 단일화 → **건강보험재정 통합** : 2003년
가입자	① **직장가입자** : 모든 사업장의 근로자 및 사용자와 공무원 및 교직원 ② **지역가입자** : 직장가입자와 그 피부양자를 제외한 가입자
자격의 상실 시기 등 [법제론 ⑧⑬⑰㉒]	① 사망한 날의 **다음 날** ② 국적을 잃은 날의 **다음 날** ③ 국내에 거주하지 아니하게 된 날의 **다음 날** ④ 직장가입자의 피부양자가 **된 날** ⑤ 수급권자가 **된 날** ⑥ 건강보험을 적용받고 있던 사람이 유공자등 의료보호대상자가 되어 **건강보험의 적용배제신청을 한 날**
회계 [⑱]	공단의 회계연도는 **정부의 회계연도**에 따른다.

급여종류 [⑬⑱]	현물 급여	① **요양급여** 　㉠ 진찰·검사, 약제·치료재료의 지급, 처치·수술 및 그 밖의 치료, 예방·재활, 입원, 간호, 이송 　㉡ **요양급여의 지급기간** : 처음에는 6개월로 한정(1963년 제정된 의료보험법 제31조에서 "요양급여의 기간은 6월이내로 한다."라고 규정)했다가, 1995년 210일 이상(1995년 개정·시행)으로, 1996년 240일(65세 이상노인 및 등록장애인은 연중 보험이 가능)로, 1996년 다시 270일로, 1998년 300일 이상(1997년 개정)으로 확대했으며, 2000년에는 기간제한이 없이 연중 계속해서 급여를 받을 수 있도록 하였음 ② **건강검진** : **2년마다 1회 실시**, 비사무직 종사자는 1년에 1회 실시 　↳ 건강검진의 종류 및 대상 　　ⅰ) **일반건강검진** : 직장가입자, 세대주인 지역가입자, 20세 이상인 지역가입자 및 20세 이상인 피부양자 　　ⅱ) **암검진** : 「암관리법」제11조제2항에 따른 암의 종류별 검진주기와 연령 기준 등에 해당하는 사람 　　ⅲ) **영유아건강검진** : 6세 미만의 가입자 및 피부양자
	현금 급여	① **요양비** : 긴급하거나 그 밖의 부득이한 사유로 요양기관과 비슷한 기능을 하는 기관에서 질병·부상·출산 등에 대하여 요양을 받거나 요양기관이 아닌 장소에서 출산한 경우 ② **임신·출산진료비** 　㉠ 임신 및 출산에 관련된 의료비 부담을 경감하여 출산친화적인 환경을 조성하고자 임신·출산 관련 진료비 등의 본인일부부담금 결제에 사용할 수 있는 이용권(국민행복카드)을 제공 → 국민행복카드 : 국가에서 시행하는 다양한 바우처를 하나의 카드로 이용할 수 있는 통합형 바우처 카드 　㉡ 지급금액 : 임신 1회당 일태아 100만원(다태아 140만원) ③ **장애인보조기기** : 장애인복지법에 의하여 등록된 장애인인 가입자 및 피부양자가 장애인보조기기를 구입할 경우 구입금액 일부를 국민건강보험공단에서 보험급여비로 지급하는 제도 ④ **본인부담상한제** 　㉠ 고액 중증질환자의 과다한 의료비 지출로 인한 가계의 경제적 부담을 덜어주기 위하여 환자가 부담한 건강보험 본인 부담금이 개인별 상한액을 초과하는 경우 그 초과금액을 건강보험공단에서 부담하는 제도 　㉡ 「국민건강보험법 시행령」제19조 제2항에 "본인이 부담한 비용(본인부담액)의 연간 총액이 별표 3에 따른 금액을 넘는 경우에는 공단이 그 넘는 금액을 부담한다."라고 규정 ※ **장제비** : 가입자나 피부양자가 사망한 경우 그 장제를 행한 자에게 지급하는 현금급여로, 2007년 장제비는 25만원이었음. 2008년 1월 1일 이후 사망한 사람에게는 장제비를 지급하지 않음 ※ **상병수당(상병급여)** : 질병으로 인해 상실된 근로소득을 보전해주는 현금급여로, 2025년 도입을 목표로 시범사업 시행 중 　⊗ 국민건강보험제도 - 부가급여로 임신·출산 진료비, 장제비, 상병수당을 지급하고 있다.(×)

급여제한	• 고의 또는 중대한 과실~ • 업무 또는 공무로 생긴 질병·부상·재해로 다른 법령에 따른 보험급여나 보상(報償) 또는 보상(補償)을 받게 되는 경우 → 업무상의 재해로 인하여 「국민건강보험법」 이외의 법령에 의한 보상을 받게 된 경우에는 보험급여를 제한한다.(○)
급여정지	① 국외에 여행 중인 경우 삭제 〈2020.4.7.〉 ② 국외에 체류하는 경우(개정 前 : 국외에서 업무에 종사하고 있는 경우) ③ 「병역법」에 따른 현역병(지원에 의하지 아니하고 임용된 하사를 포함한다), 전환복무된 사람 및 군간부후보생 ④ 교도소, 그 밖에 이에 준하는 시설에 수용되어 있는 경우
보험료 [⑬⑮⑱ ⑲㉒]	• **직장가입자의 보수월액보험료** : 직장가입자의 보수, 즉 부담능력에 따라 보험료를 부과하며, 신고한 보수월액으로 보험료를 부과한 후 매년 3월 10일까지 전년도 보수총액을 신고 받아 보험료를 다시 정산 • **직장가입자의 소득월액보험료** : 보수월액에 포함된 보수를 제외한 소득(보수외소득)이 연간 2,000만원을 초과하는 직장가입자에게 보수외소득을 기준으로 소득월액보험료 부과함 (2022.9.1.시행) • 직장가입자의 보험료율은 8% 범위 내에서 **건강보험정책심의위원회 심의·의결 거쳐 결정** • **사업장 근로자의 경우** 근로자와 사용자가 50%씩 부담, **공무원의 경우는** 해당 공무원과 정부가 **50%씩 부담, 사립학교교직원의 경우는** ① 교원, 학교경영자, 정부가 50%, 30%, 20%를 부담, ② 교원을 제외한 교직원, 학교경영자가 50%, 50%를 부담 ☞ 직장가입자의 보험료율은 건강보험정책심의위원회에서 심의·의결한다.(○) ☞ 사립학교교원의 보험료는 가입자 본인, 사용자, 국가가 분담한다.(○) ☞ 국민건강보험제도 : 직장가입자의 보험료는 평균보수월액에 보험료율을 곱하여 얻은 금액이다.(×) ☞ 국민건강보험의 직장가입자 보험료는 노사가 1/2씩 부담하지만 사립학교 교직원은 국가가 20% 부담한다.(×) • 지역가입자의 건강보험료는 가입자의 **소득, 재산(전월세 포함), 자동차 등을** 기준으로 정한 부과요소별 점수를 합산한 보험료 부과점수에 점수당 금액을 곱하여 보험료를 산정한 후, 경감률 등을 적용하여 세대단위로 부과함 • **세대당 보험료 = 보험료 부과점수(부과요소별 합산점수) × 208.4원(2024년 부과점수당 금액)** • 지역가입자의 보험료율과 재산보험료부과점수당 금액은 **건강보험정책심의위원회 심의·의결 거쳐 결정**
관리운영 체계 [⑲㉒]	• 국민건강보험제도의 운영을 관장하고 있는 기관 : 보건복지부 • 국민건강보험제도를 직접적으로 운영하는 집행기관 : 국민건강보험의 보험자인 국민건강보험공단 ☞ 국민건강보험제도 : 국민건강보험의 보험자는 보건복지부이다.(×) • 요양급여비용을 심사하고 요양급여의 적정성을 평가 : 건강보험심사평가원 • **사회보험통합징수** : 2011년 1월부터 국민건강보험공단은 4대 사회보험료 징수업무를 통합하여 수행하고 있음. 즉, 통합 전 3개 사회보험공단(국민건강보험공단, 국민연금공단, 근로복지공단)에서 각각 수행하였던 4대 사회보험(건강보험, 국민연금, 고용보험, 산재보험)의 업무중 유사·중복성이 높은 보험료 징수업무(고지, 수납, 체납)를 국민건강보험공단이 통합하여 운영하는 제도

03 노인장기요양보험제도 [⑦⑨⑪⑮⑯⑱㉑]

구 분	핵심 내용	
발달과정	2007년 4월 2일 국회에서 제정되어 2008년 7월 1일부터 시행	
목 적 [㉑]	고령이나 노인성 질병 등의 사유로 일상생활을 혼자서 수행하기 어려운 노인 등에게 제공하는 신체활동 또는 가사활동 지원 등의 장기요양급여에 관한 사항을 규정하여 노후의 건강증진 및 생활안정을 도모하고 그 가족의 부담을 덜어줌으로써 국민의 삶의 질을 향상하도록 함을 목적~	
정 의 [법제론 ⑦⑪㉑]	노인 등	65세 이상의 노인 또는 65세 미만의 자로서 ~ 노인성 질병을 가진 자 ❌ 65세 이상의 노인은 소득수준과 상관없이 적용대상자이다.(O)
	장기요양 급여	6개월 이상 동안 혼자서 일상생활을 수행하기 어렵다고 인정되는 자에게 신체활동·가사활동의 지원 또는 간병 등의 서비스나 이에 갈음하여 지급하는 현금 등
가입자	• 장기요양보험가입자는「국민건강보험법」제5조 및 제109조에 따른 가입자 ① **직장가입자** : 모든 사업장의 근로자 및 사용자와 공무원 및 교직원 ② **지역가입자** : 직장가입자와 그 피부양자를 제외한 가입자	
급여제공 기본원칙 [⑮, 법제론 ⑧⑫⑯⑱㉑]	① 노인등이 자신의 의사와 능력에 따라 **최대한 자립적으로 일상생활을 수행할 수 있도록 제공** ② 노인 등의 심신상태·생활환경과 노인 등 및 그 가족의 욕구·선택을 **종합적으로 고려 → 적정하게 제공** ③ 장기요양을 받는 **재가급여를 우선적으로 제공** ④ 노인 등의 심신상태나 건강 등이 악화되지 아니하도록 **의료서비스와 연계**하여 이를 제공	
장기요양 기본계획	보건복지부장관은 5년 단위로 장기요양기본계획을 수립·시행	
실태조사 [법제론 ⑯]	보건복지부장관은 장기요양사업의 실태를 파악하기 위하여 **3년마다** 장기요양인정에 관한 사항 등에 관한 조사를 정기적으로 실시하고 그 결과를 공표하여야 한다.	
신청자격 [법제론 ⑪⑰]	① 장기요양보험가입자 또는 그 피부양자 ②「의료급여법」에 따른 수급권자(**의료급여수급권자**) **OIKOS UP 장기요양인정 신청 등에 대한 대리** 법 제22조에 따라 장기요양급여를 받으려는 사람 또는 수급자를 대리하여 장기요양인정 신청 등을 하려는 사람은 다음 각 호의 구분에 따라 대리인임을 증명하는 신분증 및 서류를 제시하거나 제출해야 한다. 1. 본인의 가족이나 친족 또는 이해관계인 : 대리인의 신분증 2. 사회복지전담공무원 : 공무원임을 증명하는 신분증 3. 치매안심센터의 장(장기요양급여를 받으려는 사람 또는 수급자가「치매관리법」제2조제2호에 따른 치매환자인 경우로 한정한다) : 대리인의 신분증 및 치매안심센터의 장임을 증명하는 서류 4. 특별자치시장·특별자치도지사·시장·군수·구청장(자치구의 구청장을 말한다. 이하 같다)이 지정한 자 : 별지 제9호서식의 대리인 지정서	
의사소견서 제출	• 장기요양인정을 신청하는 자는 의사소견서를 공단이 등급판정위원회에 자료제출 전까지 제출 • 거동이 현저하게 불편하거나 도서·벽지 지역에 거주하여 의료기관을 방문하기 어려운 자 등 대통령령으로 정하는 자는 의사소견서를 제출하지 아니할 수 있음	

급여종류 [⑮⑰, 법제론 ⑨⑪⑮]	재가급여	① **방문요양** : 장기요양요원이 수급자의 가정 등을 방문하여 신체활동 및 가사활동 등을 지원하는 장기요양급여 ② **방문목욕** : 장기요양요원이 목욕설비를 갖춘 장비를 이용하여 수급자의 가정 등을 방문하여 목욕을 제공하는 장기요양급여 ③ 방문간호 : 장기요양요원인 간호사 등이 의사, 한의사 또는 치과의사의 지시서("방문간호지시서")에 따라 수급자의 가정 등을 방문하여 간호, 진료의 보조, 요양에 관한 상담 또는 구강위생 등을 제공하는 장기요양급여 ④ **주·야간보호** : 수급자를 하루 중 일정한 시간 동안 장기요양기관에 보호하여 신체활동 지원 및 심신기능의 유지·향상을 위한 교육·훈련 등을 제공하는 장기요양급여 ⑤ **단기보호** : 수급자를 보건복지부령으로 정하는 범위 안에서 일정 기간 동안 장기요양기관에 보호하여 신체활동 지원 및 심신기능의 유지·향상을 위한 교육·훈련 등을 제공하는 장기요양급여 ⑥ **기타재가급여** : 수급자의 일상생활·신체활동 지원 및 **인지기능의 유지·향상**에 필요한 용구를 제공하거나 가정을 방문하여 재활에 관한 지원 등을 제공하는 장기요양급여로서 대통령령으로 정하는 것
	시설급여	장기요양기관이 운영하는 「노인복지법」 제34조에 따른 **노인의료복지시설** 등에 장기간 동안 입소하여 신체활동 지원 및 심신기능의 유지·향상을 위한 교육·훈련 등을 제공하는 장기요양급여
	특별현금 급여	① 가족요양비 : **도서·벽지 등** 장기요양기관이 현저히 부족한 지역으로서 보건복지부장관이 정하여 고시하는 지역에 거주하는 자, **천재지변이나 그 밖에 이와 유사한 사유로** 인하여 장기요양기관이 제공하는 장기요양급여를 이용하기가 어렵다고 보건복지부장관이 인정하는 자, 신체·정신 또는 성격 등 대통령령으로 정하는 사유로 인하여 **가족 등으로부터 장기요양을 받아야 하는 자** ② **특례요양비** : 수급자가 **장기요양기관이 아닌 노인요양시설 등**의 기관 또는 시설에서 재가급여 또는 시설급여에 상당한 장기요양급여를 받은 경우 ③ **요양병원간병비** : **요양병원에 입원한 때** 대통령령으로 정하는 기준에 따라 장기요양에 사용되는 비용의 일부를 요양병원간병비로 지급할 수 있음
장기 요양급여 중복수급 금지 [법제론 ⑱]		① **수급자는 재가급여, 시설급여 및 특별현금급여를 중복하여 받을 수 없다.** 다만, 가족요양비 수급자 중 기타재가급여를 받는 경우에는 그러하지 아니하다. ② 수급자는 동일한 시간에 방문요양, 방문목욕, 방문간호, 주·야간보호 또는 단기보호 급여를 2가지 이상 받을 수 없다. 다만, 방문목욕과 방문간호, 방문요양과 방문간호는 수급자의 원활한 급여 이용을 위하여 부득이한 경우 동일한 시간에도 불구하고 각각의 급여를 받을 수 있다. ⊗⊘ 수급자는 시설급여와 특별현금급여를 중복하여 받을 수 있다.(×)

보험료
[⑱, 법제론
⑦⑨⑱⑳]
		• 건강보험료와 통합하여 징수 → 장기요양보험료와 건강보험료를 구분 고지
		• 장기요양보험료와 건강보험료를 **각각의 독립회계로 관리해야 함**
		  ⊗⊘ 통합 징수한 장기요양보험료와 건강보험료를 각각의 독립회계로 관리하여야 한다.(O)
		  ⊗⊘ 노인장기요양보험기금과 국민건강보험기금은 통합하여 관리한다.(×)
		• 직장 및 지역별 건강보험료액에 일정비율(2024년 12.95%)을 곱하여 결정 → **소득차등하여 보험료 징수**
		• **사업장 근로자의 경우는** 근로자와 사용자 50%씩 부담, **공무원의 경우는** 해당 공무원과 정부 **50%씩 부담, 사립학교교직원의 경우는** ① 교원, 학교경영자, 정부가 50%, 30%, 20%를 부담, ② 교원을 제외한 교직원, 학교경영자가 50%, 50%를 부담

본인일부
부담금
[법제론 ⑨⑱]
	• 장기요양급여(특별현금급여는 제외)를 받는 자는 대통령령으로 정하는 바에 따라 비용의 일부를 본인이 부담함. 이 경우 장기요양급여를 받는 수급자의 장기요양등급, 이용하는 장기요양급여의 종류 및 수준 등에 따라 본인부담의 수준을 달리 정할 수 있음
	   ↳ 동법 시행령(제15조의8) : 재가급여는 해당 장기요양급여비용의 100분의 15, 2. 시설급여는 해당 장기요양급여비용의 100분의 20
	• 「의료급여법」 제3조제1항제1호(「국민기초생활 보장법」에 따른 의료급여 수급자)에 따른 수급자는 본인부담금을 부담하지 아니함
	• 다음 각 호의 장기요양급여에 대한 비용은 수급자 본인이 전부 부담
	  1. 이 법의 규정에 따른 급여의 범위 및 대상에 포함되지 아니하는 장기요양급여
	  2. 수급자가 제17조제1항제2호에 따른 장기요양인정서에 기재된 장기요양급여의 종류 및 내용과 다르게 선택하여 장기요양급여를 받은 경우 그 차액
	  3. 제28조에 따른 장기요양급여의 월 한도액을 초과하는 장기요양급여
	• 다음 각 호의 어느 하나에 해당하는 자에 대해서는 본인일부부담금의 100분의 60의 범위에서 보건복지부장관이 정하는 바에 따라 차등하여 **감경할 수 있음**
	  1. 「의료급여법」 제3조제1항제2호부터 제9호까지의 규정에 따른 수급권자
	  2. 소득·재산 등이 보건복지부장관이 정하여 고시하는 일정 금액 이하인 자. 다만, 도서·벽지·농어촌 등의 지역에 거주하는 자에 대하여 따로 금액을 정할 수 있다.
	  3. 천재지변 등 보건복지부령으로 정하는 사유로 인하여 생계가 곤란한 자
	    ⊗ 재가급여비용은 수급자가 해당 장기요양급여비용의 100분의 20을 부담한다.(×)	

등급 판정기준 [법제론 ⑨]	1등급	장기요양인정 점수가 95점 **이상**인 자
	2등급	장기요양인정 점수가 75점 **이상** 95점 **미만**인 자
	3등급	장기요양인정 점수가 60점 **이상** 75점 **미만**인 자
	4등급	장기요양인정 점수가 51점 **이상** 60점 **미만**인 자
	5등급	장기요양인정 점수가 45점 **이상** 51점 **미만**인 자(**치매환자**)
	인지지원등급	장기요양인정 점수가 45점 **미만**인 자(**치매환자**)

유효기간
[법제론
⑪⑱]
	• 장기요양인정의 유효기간은 최소 1년 이상으로서 대통령령으로 정한다.
	  ↳ 동법 시행령(제8조제1항) : 법 제19조제1항에 따른 **장기요양인정 유효기간은 2년**으로 한다.
	    ⊗ 등급판정에 따른 장기요양인정의 유효기간은 최소 6개월 이상으로서 대통령령으로 정한다.(×)
	• 장기요양인정의 갱신 결과 직전 등급과 같은 등급으로 판정된 경우
	  1. 장기요양 **1등급**의 경우 : **4년**
	  2. 장기요양 **2등급 또는 4등급**의 경우 : **3년**
	  3. 장기요양 **5등급 및 인지지원등급**의 경우 : **2년**	

갱신신청	장기요양인정의 유효기간이 만료된 후 **장기요양급여를 계속하여 받고자 하는 경우** 공단에 장기요양인정의 갱신을 신청	
변경신청 [법제론 ㉒]	장기요양등급, **장기요양급여의 종류 또는 내용을 변경하여 장기요양급여를 받고자 하는 경우** 공단에 변경신청	

장기요양 기관 [⑪]	장기요양 기관	재가급여 또는 시설급여를 제공하는 장기요양기관을 설치·운영하고자 하는 자는~ 소재지를 관할 구역으로 하는 시장·군수·구청장으로부터 지정을 받아야 함 ※ **장기요양기관 지정의 유효기간 : 지정을 받은 날부터 6년** 　　🔴주의 재가장기요양기관 삭제(2018.12.11.개정, 2019.12.12.시행) 　　❌ 비영리법인만이 노인장기요양서비스를 제공(×)
	폐업	폐업하거나 휴업하고자 하는 경우 폐업이나 휴업 예정일 전 30일까지~ 시장·군수·구청장에게 신고하여야 함
	지정의 취소 [법제론 ⑨]	특별자치시장·특별자치도지사·시장·군수·구청장은 장기요양기관이 다음 각 호의 어느 하나에 해당하는 경우 그 지정을 취소하거나 6개월의 범위에서 업무정지를 명할 수 있다. 다만, **제1호, 제2호의2, 제3호의5, 제7호, 또는 제8호에 해당하는 경우에는 지정을 취소하여야 한다.** → 반드시 취소해야 하는 경우 1. **거짓이나 그 밖의 부정한 방법으로 지정을 받은 경우** 　　❌ 거짓이나 그 밖의 부정한 방법으로 지정을 받은 경우, 장기요양기관의 지정을 취소할 수 있다.(×) 2의 2. 제32조의2 각 호의 어느 하나에 해당하게 된 경우 3의 5. 제36조제1항에 따른 폐업 또는 휴업 신고를 하지 아니하고 1년 이상 장기요양급여를 제공하지 아니한 경우 7. 업무정지기간 중에 장기요양급여를 제공한 경우 8. 「부가가치세법」 제8조에 따른 사업자등록 또는 「소득세법」 제168조에 따른 사업자등록이나 고유번호가 말소된 경우
국가부담		국가는 매년 예산의 범위 안에서 해당 연도 장기요양보험료 **예상수입액의 100분의 20에 상당하는 금액**을 공단에 지원한다.
관리 운영체계 [②] [법제론 ⑯⑱㉒]		• 장기요양보험제도의 운영 관장기관 : 보건복지부 • 장기요양보험제도의 자격관리 및 재정에 관한 사업을 직접적으로 관리·운영하는 기관 : 국민건강보험공단 　→ 장기요양보험사업의 보험자 • 장기요양인정 및 장기요양등급 판정 등을 심의 : 국민건강보험공단에 **장기요양등급판정위원회**(위원임기 3년으로 하되, 한 차례만 연임가능, 위원장 1인을 포함하여 15인의 위원, 공단이사장이 위촉)

산업재해보상보험제도의 이해

제4부 **사회보장의 이해**

제11장 회차별 출제빈도, 출제비중 및 출제논점 1, 2, 3순위

10회 2012	11회 2013	12회 2014	13회 2015	14회 2016	15회 2017	16회 2018	17회 2019	18회 2020	19회 2021	20회 2022	21회 2023	22회 2024
1	1	-	1	-	2	1	1	1	-	1	$\frac{1}{2}$	(1)

출제 비중	출제 논점		
	1순위 ☺	2순위 ※	3순위 ☆
01₂	① 산업재해보상보험제도 + 보험료징 수법		

1순위 스마일표시(☺) : 출제 빈출도가 높은 부분으로 무조건 시험에 출제되는 영역
2순위 당구장표시(※) : 나왔다 안 나왔다 하는 영역이지만 출제가능성 높은 영역
3순위 별 표(☆)   : 출제 된 적이 있긴 하지만 다시 출제될 가능성은 다소 떨어지는 영역

MAP

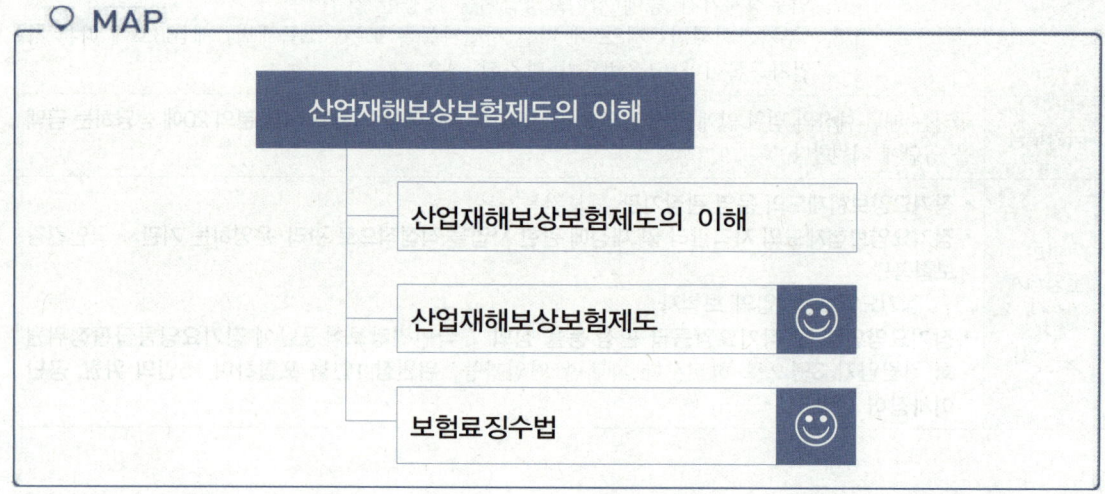

01 산업재해보상보험제도의 이해

1 산재보험의 의의와 목적

(1) 산재보험의 의의
① 산재보험법은 산업화가 진전됨에 따라 근무자의 업무상 부상, 질병, 신체장해 또는 사망으로부터 재해를 입은 근로자와 유족 및 사업주를 보호하기 위해 **1963년에 도입된 우리나라 최초의 4대 사회보험**이다.
② 사업주의 보험가입의사와는 관계없이 강제적으로 보험에 가입시키고 있으며, 다른 사회보험과는 달리 보험료를 전액 사업주에게 부담하도록 하고 있다.

(2) 산재보험제도의 목적
① 산재근로자에 대해 **신속, 공정한 재해보상을 실시**하는 것이다.
② 필요한 보험시설의 설치, 운영과 재해 예방이나 각종 근로복지사업을 추진함으로써 **재해를 입은 근로자나 그 가족의 인간다운 생활을 보호**하는 데 있다.
③ 사업주가 과중한 경제적 부담을 지게 되는 위험을 분산, 경감시켜 **안정된 기업활동을 할 수 있도록 도와주는** 데 그 목적이 있다.

2 산재보험의 특징

① 보험료를 고용주만이 부담한다.
② 노동자가 아니라 **고용주가 보험자**이다(고용주보험).
③ **주된 적용대상이 임금노동자**이다.
④ **수혜자(노동자)와 보험료납부자(고용주)가 다르다**(가입자와 수혜자의 불일치).
⑤ **철저히 수지상등의 원칙**(민간보험의 기본원칙)을 따르고 있다.
⑥ **보험료가 위험발생률, 즉 산재발생률에 비례**한다.
⑦ **무과실 책임주의**를 택하고 있다.

02 산업재해보상보험제도 [③⑥⑨⑩⑪⑬⑤⑥⑰⑱⑳]

구 분		핵심내용
개 요	특 징	• 무과실책임주의 • 보험사업에 소요되는 비용인 보험료는 **사업주가 전액을 부담** • 수혜자(노동자)와 보험료납부자(고용주)가 다름**(가입자와 수혜자의 불일치)** • 산재보험은 노동자가 아니라 고용주가 보험가입자이며(고용주 보험), **피보험자를 별도로 규정하고 있지 않다.** → 수급자인 근로자(피재자)를 피보험자라고 하지 않는 이유는 산재보험에서는 사용자가 재해보상의 책임을 이행한다는 책임보험적 성격에서 비롯된 것
	발달과정	• 1963년 11월 산재보험법이 제정 • 2000년 7월부터 1인 이상 사업으로 적용대상이 확대
정 의	업무상의 재해	업무상의 사유에 따른 근로자의 부상·질병·장해 또는 사망 ⊗ 업무상의 재해란 업무상의 사유에 따른 근로자의 부상·질병·장해 또는 사망을 말한다.(O)
	근로자, 임금, 평균임금, 통상임금	「근로기준법」에 따른 "근로자"·"임금"·"평균임금"·"통상임금"
	유족	사망한 자의 배우자(사실상 혼인 관계에 있는 자 포함)·자녀·부모·손자녀·조부모 또는 형제자매
	치유	부상 또는 질병이 완치되거나 치료의 효과를 더 이상 기대할 수 없고 그 증상이 고정된 상태에 이르게 된 것
	장해	부상 또는 질병이 치유되었으나 정신적 또는 육체적 훼손으로 인하여 노동능력이 상실되거나 감소된 상태
	중증요양상태 (개정 前 : 폐질)	업무상의 부상 또는 질병에 따른 정신적 또는 육체적 훼손으로 노동능력이 상실되거나 감소된 상태로서 그 부상 또는 질병이 치유되지 아니한 상태
	진폐	분진을 흡입하여 폐에 생기는 섬유증식성(纖維增殖性) 변화를 주된 증상으로 하는 질병
가입자		① 당연적용가입자, ② 임의적용가입자, ③ 의제적용가입자 【주의】 **적용범위** : 근로자를 사용하는 **모든** 사업 또는 사업장에 적용
급여보상 요건 [⑬]		① **산재보험 가입 사업의 근로자**이어야 함 ② 재해가 '**업무상 재해**'로 인정 받아야 함 ↳ ㉠ **업무상 사고**, ㉡ **업무상 질병**, ㉢ **출퇴근 재해**
급여종류 [⑬⑤⑳㉒]	현물 / 요양급여	• 진찰 및 검사, 약제 또는 진료재료와 의지(義肢) 그 밖의 보조기의 지급, 처치·수술 및 그 밖의 치료, 재활치료, 입원, 간호 및 간병, 이송, 그 밖에 고용노동부령으로 정하는 사항 • 3일 이내의 요양으로 치유될 수 있으면 요양급여를 지급하지 않음 • 「국민건강보험법」에 따른 요양급여 또는 「의료급여법」에 따른 의료급여 우선 적용

현금급여		간병급여	• 요양급여를 받는 자 중 치유 후 의학적으로 상시 또는 수시로 간병이 필요하여 실제 **간병을 받는 자**에게 지급 • 상시 간병급여와 수시 간병급여
		장해급여	• 부상이나 질병을 치유한 후에도 신체 등에 장해가 있는 경우 지급하는 급여 • 장해정도에 따라 **14등급**으로 나누며, **장해급여는 장애등급에 따라 다름** • 장해급여를 지급하는 방법(2종류) : 장해보상연금과 장해보상일시금
		직업재활급여	• 직업훈련, 직장복귀에 필요한 직장적응훈련, 재활운동 등에 소요되는 비용을 지원하는 급여 • 직업훈련비용 및 직업훈련수당, 직장복귀지원금, 직장적응훈련비 및 재활운동비
		상병보상연금	• 요양급여를 받는 근로자가 요양을 시작한 지 **2년이 지난 날 이후**에도 치유되지 아니한 상태~ 휴업급여대신 지급 → **현금급여** • **도입이유** : 사업주에 대해 고용관계의 부담을 완화시켜 주고, 근로자에게 유리한 보상을 해 주기 위해서
		휴업급여	• 요양으로 취업하지 못한 기간에 대해 지급하는 **현금급여** • 1일당 지급액은 **평균임금의 70%**에 상당하는 금액으로 함 • 다만, 취업하지 못한 기간이 3일 이내이면 지급하지 않음
		유족급여	• 근로자가 업무상의 사유로 사망한 경우 지급 • **배우자 – 자녀 – 부모 – 손자녀 – 조부모 – 형제자매 순** • 유족보상연금이나 유족보상일시금으로 지급
		장례비 (개정 前 : 장의비)	• 근로자가 업무상의 사유로 사망한 경우 장례비용으로 지급하는 급여 • 장례비는 **평균임금의 120일분**에 상당하는 금액의 범위에서 실제 드는 비용

OIKOS UP 국민연금 급여와의 관계

국민연금에서의 장애연금과 유족연금의 수급권자가 **동일한 사유로** 산업재해보상보험법의 장해급여, 유족급여, 진폐보상연금 또는 진폐유족연금을 받을 수 있는 상황에서는 장애연금이나 유족연금은 그 2분의 1에 해당하는 금액을 지급한다.

✏️ 암기법

요~ 간장은 **직상**(직수입한 상품)이어서 먹으면 **휴유장**(후유증)이 있다.

보험료
[⑬⑤]
	① 사업주가 보험료를 모두 부담 → 무과실책임원리를 기초로 근로자 보호
	② 보험료 산정 : 업종별 차등요율체계를 기본 + 부분적으로 개별실적요율 적용
	  ⊙ 업종별 차등요율체계
	    ㉮ 사업주가 경영하는 사업의 보수총액에 **그 사업에 적용되는 산재보험료율**을 곱한 금액
	      → 재해발생의 위험성과 경제활동의 동질성을 기초로 분류
	    ㉯ 여러 개의 업종으로 구분되어 산재보험율이 정해져 있는데, 2024년 보험료율이 제일 낮은 업종은 금융 및 보험업이며, 제일 높은 업종은 석탄광업 및 채석업임
	  ⓒ **개별실적요율** : 산재보험의 보험관계가 성립한 후 3년이 지난 사업의 경우 그 동안 산재보험료에 대한 산재보험급여 금액의 비율을 통해 보험료율을 인상 또는 인하
	    → 산업재해 예방을 위한 사업주의 관심제고 위함

구 분	핵심 내용
관리운영 체계 [16·18·22]	• **사업 관장기관** : 고용노동부 → 보험료율의 결정, 보험급여 기준의 결정, 보험기금의 관리운영 등 주요정책결정담당 • **산재보험 업무를 직접적으로 관장하는 집행기관** : 근로복지공단 ⊗ 근로복지공단은 보험급여를 결정하고 지급한다.(O)

■ 고용보험 및 산업재해보상보험의 보험료징수 등에 관한 법률('보험료징수법') ■

구 분	핵심 내용
개 요	▣ 2003년 12월 31일 제정되어 2005년 1월 1일 시행 ▣ 관장부처 : 고용노동부(고용보험기획과)
보험사업의 수행주체	「고용보험법」및「산업재해보상보험법」에 따른 보험사업에 관하여 이 법에서 정한 사항은 고용노동부장관으로부터 위탁을 받아「산업재해보상보험법」제10조에 따른 근로복지공단("공단")이 수행한다. 다만, 다음 각 호에 해당하는 징수업무는 「국민건강보험법」제13조에 따른 **국민건강보험공단("건강보험공단")**이 고용노동부장관으로부터 위탁을 받아 수행한다. 1. 보험료등의 고지 및 수납 2. 보험료등의 체납관리 ⊗ 고용보험료의 체납관리는 근로복지공단에서 수행한다.(×)
보험료의 부과징수 [18·19]	보험료는 **근로복지공단이 매월 부과**하고, **건강보험공단이 이를 징수** ⊗ 산업재해보상보험제도 : 국민건강보험공단이 보험료를 징수한다.(O) ⊗ 고용보험제도 : 고용보험료는 고용보험위원회에서 부과·징수한다.(×)
보험료의 정산 [15]	① 공단은 제16조의10제1항 또는 제2항에 따라 **사업주가 신고한 근로자의 개인별 보수총액에 보험료율을 곱한 금액을 합산하여 사업주가 실제로 납부하여야 할 보험료를 산정**한다. ② 건강보험공단은 사업주가 이미 납부한 보험료(개산보험료)가 제1항 및 제2항에 따라 산정한 보험료(확정보험료)보다 더 많은 경우에는 그 초과액을 사업주에게 반환하고, 부족한 경우에는 그 부족액을 사업주로부터 징수하여야 한다. ⊗ 확정보험료는 이미 납부한 개산보험료와 정산한다.(O) **OIKOS UP** 개산보험료와 확정보험료 ① 개산보험료 : 사업주가 보험연도마다 그 1년 동안에 사용할 근로자에게 지급할 보수총액의 추정액에 고용보험료율 및 산재보험료율을 곱하여 산정한 금액 ② 확정보험료 : 사업주가 매 보험연도의 말일까지 사용한 근로자에게 지급한 보수총액에 고용보험료율 및 산재보험료율을 곱하여 산정한 금액

MEMO

고용보험제도의 이해

제4부 **사회보장의 이해**

제12장 회차별 출제빈도, 출제비중 및 출제논점 1, 2, 3순위

10회 2012	11회 2013	12회 2014	13회 2015	14회 2016	15회 2017	16회 2018	17회 2019	18회 2020	19회 2021	20회 2022	21회 2023	22회 2024
1	-	1	-	-	1	-	1	1	1	1	$\frac{1}{2}$	(1)

출제 비중	출제 논점		
	1순위 ☺	2순위 ※	3순위 ☆
0~1		① 고용보험제도	

1순위 스마일표시(☺) : 출제 빈출도가 높은 부분으로 무조건 시험에 출제되는 영역
2순위 당구장표시(※) : 나왔다 안 나왔다 하는 영역이지만 출제가능성 높은 영역
3순위 별 표(☆)   : 출제 된 적이 있긴 하지만 다시 출제될 가능성은 다소 떨어지는 영역

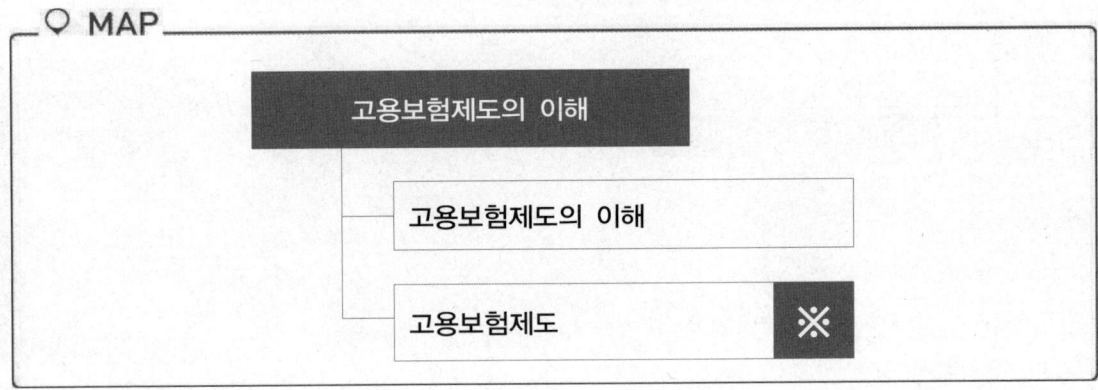

01 고용보험제도의 이해

1 고용보험의 의의

① 실직근로자에게 실업급여를 지급하는 전통적 의미의 실업보험사업 외에 산업구조조정의 촉진 및 실업예방, 고용촉진 등을 위한 고용안정사업, 근로자의 생애직업능력개발을 위한 직업능력개발사업을 상호연계하여 실시하는 **사회보장제도임과 동시에 노동시장정책**이다.

② **실업보험**이 실직자의 생계를 지원하는 **사후적·소극적인 사회보장제도**인 반면, **고용보험**은 실직자에 대한 생계지원은 물론 재취업을 촉진하고 더 나아가 실업의 예방, 노동시장의 구조개편, 직업훈련 등의 강화를 위한 **사전적·적극적 차원의 종합적인 인력정책 수단**이다.

2 고용보험의 일반적인 특성

① **고용보험은 적극적이면서도 동시에 소극적인 노동시장정책을 통합해 실시**하고 있다.

② **고용보험은 단계적인 노동시장적 접근방법**(1단계 올바른 직장선택과 채용을 유도 → 2단계 적극적 노동시장정책을 실시 → 3단계 소극적 노동시장정책 실시)**을 취하고** 있다.

③ **고용보험사업은 상호연계되어 있다.** 고용안정사업을 통해 직업훈련정보를 제공함으로써 직업능력개발을 촉진시키고, 직업능력개발사업을 통해 실직자 전진훈련을 시킴으로써 실직기간을 단축시켜 실업급여를 절약할 수 있다.

④ **우리나라의 고용보험법은 실업보험과 고용보험을 함께 실시**하고 있으며, 이를 통해 직업안정 기능의 체계화와 구조적인 인력수급 불균형 문제에 대응하고 있다.

02 고용보험제도 [②⑥⑦⑫⑮⑱⑲⑳㉑㉒]

구 분		핵심내용
개요	특징	• 적극적이면서도 동시에 소극적인 노동시장정책을 통합해 실시 　㉠ **실업보험** : 사후적·소극적인 사회보장제도 　㉡ **고용보험** : 사전적·적극적 차원의 종합적인 인력정책 수단
	발달 과정	• 1993년 제정 → **고용안정사업, 직업능력개발사업, 실업급여** 3대 사업 • 2001년 개정 → **산전후휴가급여, 육아휴직급여** 근거 규정 • 2005년 개정 → 고용안정사업과 직업능력개발을 **고용안정·직업능력개발사업으로 통합** ※ 1998년 10월 1일 근로자를 1인 이상 고용하는 전 사업장으로 확대
정의	피보험자 [⑲⑳]	• 고용산재보험료징수법에 따라 보험에 가입되거나 가입된 것으로 보는 **근로자, 예술인 또는 노무제공자** 　⊗ 예술인은 고용보험 가입대상이 아니다.(×) • 고용산재보험료징수법에 가입하거나 가입된 것으로 보는 **자영업자** 　⊗ 고용보험제도 - 보험가입자는 사업주와 근로자 모두 포함한다.(○)
	실업	근로의 의사와 능력이 있음에도 불구하고 취업하지 못한 상태에 있는 것 [법제론 ⑰]
	일용근로자	1개월 미만 동안 고용되는 자 [법제론 ⑰]
가입자		① 당연적용가입자, ② 임의적용가입자, ③ 의제적용가입자
적용범위		이 법은 근로자를 사용하는 모든 사업 또는 사업장에 적용 (다만, 산업별 특성 및 규모 등을 고려하여 대통령령으로 정하는 사업에 대해서는 적용하지 아니함)
적용제외 [⑲]		① 다음 각 호의 어느 하나에 해당하는 자에게는 이 법을 적용하지 아니한다. 　1. 65세 이후에 고용되거나 자영업을 개시한 자 삭제 〈2019. 1. 15.〉 　2. 해당 사업에서 소정(所定)근로시간이 대통령령으로 정하는 시간 미만인 근로자 　3. 「국가공무원법」과 「지방공무원법」에 따른 **공무원**, 다만, 대통령령으로 정하는 바에 따라 별정직공무원, 「국가공무원법」 및 「지방공무원법」에 따른 임기제공무원의 경우 본인의사에 따라 고용보험[제4장(실업급여)에 한정]에 가입할 수 있음 　4. 「사립학교교직원 연금법」의 적용을 받는 사람 　5. 그 밖에 대통령령으로 정하는 사람 　⊗ 고용보험의 가입대상은 모든 국민과 국내에 거주하는 외국인이다.(×) ② 65세 이후에 고용(65세 전부터 피보험 자격을 유지하던 사람이 65세 이후에 계속하여 고용된 경우는 제외한다)되거나 자영업을 개시한 사람에게는 제4장(실업급여) 및 제5장(육아휴직 급여 등)을 적용하지 아니한다. 　⊗ 65세 이후에 자영업을 개시한 사람에게도 구직급여를 적용한다.(×)
급여종류	고용안정·직업 능력개발사업 [⑳]	① 고용창출의 지원, ② 고용조정의 지원, ③ 지역고용의 촉진, ④ 고령자 등 고용촉진의 지원, ⑤ 건설근로자 등의 고용안정 지원, ⑥ 고용안정 및 취업촉진, ⑦ 고용촉진시설에 대한 지원, ⑧ **사업주에 대한 직업능력개발훈련의 지원**, ⑨ 피보험자 등에 대한 직업능력개발 지원, ⑩ 직업능력개발훈련시설에 대한 지원, ⑪ 직업능력개발의 촉진, ⑫ 건설근로자 등의 직업능력개발 지원, ⑬ 고용정보의 제공 및 고용지원기반의 구축, ⑭ 지방자치단체 등에 대한 지원 　⊗ 우리나라 고용보험 : 직업능력개발 훈련을 실시하는 사업주를 지원할 수 있다.(○)

실업급여 [⑫]	구직급여 [⑦⑫⑮ ⑱⑲⑳]	• 근로자가 실직하였을 때 실직자와 그 가족의 생계안정을 위해 일정기간 소득상실을 보전해주는 **현금급여** • **실업신고·인정** : 구직급여를 지급받으려는 자는 이직 후 **지체 없이** 직업안정기관에 출석하여 **실업을 신고** • **수급기간** : 대기기간이 끝난 다음날부터 계산하여 **보험가입기간과 연령에 따라 소정급여일수 120~270일(개정 前 : 90~240일)** ↳ **자영업자인 피보험자**로서 폐업한 수급자격자에 대한 소정급여일수(구직급여를 지급받을 수 있는 날)는 **연령과 상관없이 피보험기간(가입기간)**에 따라 120~210일 동안(개정 前 : 90~180일)받을 수 있음 • **대기기간** : 실업의 신고일로부터 계산하기 시작하여 7일간은 대기기간으로 보아 구직급여를 지급하지 아니함 → 본인책임주어 잦은 이직을 억제하기 위함 [⑲] 　☒ 구직급여의 급여일수는 대기기간을 포함하여 산정한다.(×) 　☒ 고용보험 구직급여는 30일 동안의 구직기간에는 지급되지 않는다.(×) • **상병급여** : 수급자격자가 실업신고를 한 후 질병·부상 또는 출산으로 취업이 불가능하여 실업인정을 받지 못한 날에 대해 구직급여에 갈음하여 지급 [⑳] 　☒ 우리나라 고용보험 – 실업 신고를 한 이후에 질병·부상 또는 출산으로 취업이 불가능하여 구직활동을 할 수 없는 경우 상병급여를 지급할 수 있다.(O) • **연장급여** : **훈련연장급여, 개별연장급여, 특별연장급여** → 개별사정이나 경기침체 등 특수한 상황으로 구직급여 기간 내 재취업이 어려운 경우 구직급여를 연장해서 지급 • **실업크레딧** : 고용노동부장관은 「국민연금법」에 따라 구직급여를 받는 기간을 국민연금 가입기간으로 추가 산입하려는 수급자격자에게 국민연금 보험료의 일부를 지원할 수 있다.
	취업촉진 수당	① 조기재취업수당
		② 직업능력개발수당
		③ 광역구직활동비
		④ 이주비
	• **자영업자인 피보험자의 실업급여의 종류** : 제37조[구직급여, 취업촉진수당]에 따르되, 연장급여(훈련연장급여, 개별연장급여, 특별연장급여), 조기재취업 수당 제외 　☒ 자영업자인 피보험자의 실업급여에는 구직급여, 연장급여, 조기재취업수당이 포함된다.(×)	
	✏️ **암기법** 조기 직업능력개발~ 해서 광역시로 이주하자.	
출산전후 휴가급여	출산전후휴가 또는 유산·사산휴가를 받은 경우와 배우자 출산휴가를 받은 경우 출산전후휴가 급여 등을 지급함	

제12장 **고용보험제도의 이해** 287

육아휴직급여 [⑫⑱]	육아휴직 급여	• 만 8세 이하 또는 초등학교 2학년 이하의 자녀 • 육아휴직대상자는 남녀근로자 모두 해당 • 육아휴직 급여는 **육아휴직 시작일을 기준으로 한 월 통상임금의 100분의 80에 해당하는 금액**을 월별 지급액으로 함 ❌ 육아휴직 시작일로부터 3개월까지는 월 통상임금의 100분의 50에 해당하는 금액을 지급한다.(×)
	육아기 근로시간 단축급여	육아휴직을 신청할 수 있는 근로자가 육아휴직 대신 근로시간 단축신청 시 이를 허용해야 함
보험료 [⑫⑳㉒]	이 법에 따른 보험사업에 드는 비용을 충당하기 위하여 징수하는 보험료와 그 밖의 징수금에 대하여는 고용산재보험료징수법으로 정하는 바에 따름 ① **고용안정·직업능력개발사업의 보험료** : 사업주가 전액부담 ❌ 고용보험의 고용안정 및 직업능력개발사업 보험료는 노사가 1/2씩 부담한다.(×) ② **실업급여의 보험료** : 근로자가 50%, 사업주가 50%를 부담	
국고부담 [⑲]	① 국가는 **매년 보험사업에 드는 비용의 일부를 일반회계에서 부담**하여야 함 ② 국가는 **매년 예산의 범위에서 보험사업의 관리·운영에 드는 비용을 부담**할 수 있음 ❌ 고용보험의 재원은 사용자가 단독으로 부담한다.(×)	
관리운영 체계 [㉒]	① **사업 관장기관** : 고용노동부 ② **고용보험업무 진행기관** : 근로복지공단과 고용노동부의 중앙·지방행정기관으로 이원화 ※ 2009년 국민건강보험법 개정(2011.1.1.시행)에 의해 사회보험 징수업무(고지, 수납, 체납)를 건강보험공단에서 일괄해서 맡도록 함에 따라 **보험료 납부·징수업무는 건강보험공단에 위임**됨	

MEMO

3교시 사회복지 정책과 제도

제2영역
사회복지행정론
Social Welfare Administration

교과목 개요

사회복지행정론에서는 사회복지행정의 필요성과 발달에 대한 이해를 기초로 하여, 효과적이고 효율적인 조직 구조와 서비스 관리를 위해 필요한 이론과 지식 및 기술을 습득케 하는 것을 목적으로 한다. 이를 위해 사회복지조직의 환경과 구조 및 조직 문화와 관련된 중요한 이론과 지식들을 습득하고, 사회복지서비스 전달체계의 원칙과 현 실태를 고찰해 본다. 아울러 사회복지조직의 관리운영에 필요한 기획과 의사결정, 인적자원관리, 서비스 질 관리, 재정관리, 정보관리, 홍보 및 마케팅에 관한 이론과 기술을 학습하고 활용해 본다. 또한 프로그램의 설계와 평가방법에 관한 지식과 기법을 습득하여 사회복지현장에서 실제로 응용해 보도록 한다.

교과목 목표

1. 사회복지행정의 특성과 필요성 이해
2. 사회복지행정의 발달과 변화에 대한 이해와 대응능력의 습득
3. 사회복지조직의 이론과 구조 및 전달체계에 대한 이해
4. 사회복지조직 관리에 필요한 기초 지식 및 관리기법의 습득
5. 사회복지프로그램의 기획과 평가방법의 실무능력 함양

출제 경향 분석

이해 틀	목차 (교과목 지침서에 준함)	10회 2012	11회 2013	12회 2014	13회 2015	14회 2016	15회 2017	16회 2018	17회 2019	18회 2020	19회 2021	20회 2022	21회 2023	22회 2024
사회복지 행정의 이해	제1장 사회복지 행정의 개념과 특성	2	2	1	1	2	1	1	1	2	1	1	2	1
	제2장 사회복지 행정의 역사	2	1	2	1	1	3	–	1	3	3	3	3	1
사회복지 행정 이론과 조직이해	제3장 사회복지 행정의 이론적 배경	3	3	2	3	2	3	5	2	3	2(1)	5(4)	5(2)	3
	제4장 사회복지 조직의 구조와 조직화	4	2	2	1	1	1	1	2	1	–	1	1	2
사회복지 조직 관리와 인사관리	제5장 사회복지조직의 기획과 의사결정	2	3	2	2	4	3	3	1	1	1	1	1	2
	제6장 리더십(leadership)	2	1	2	1	1	2	1	2	1	3	2	3	2	3
	제7장 인적자원관리	2	2	1	1	1	3	1	4	4	3	2(1)	3	4
	제8장 재정관리	3	2	1	2	2	1	2	2	2	2	2	1	2
	제9장 서비스 품질관리와 위험관리	–	–	–	–	–	–	1	1	–	(2)	1	(3)	1
	제10장 정보관리시스템	1	1	1	1	–	–	–	–	–	–	–	1	–
	제11장 프로그램개발과 평가	3	6	4	5	2	3	2	4	2	2(1)	1	1	1
	제12장 사회복지 서비스전달체계	2	3	5	4	6	3	2	3	–	4	1	1	3
	제13장 마케팅과 홍보	1	1	1	–	1	1	1	1	1	2	1	3	2
평가와 책임성, 변화	제14장 사회복지 조직의 책임성과 평가	1	2	1	1	1	1	2	1	2	2	2	–	–
	제15장 사회복지 조직의 환경변화	1	1	–	1	–	1	2	1	1	1	–	–	–

※ 표 안에 ( ) 안의 숫자는 단독 출제되지는 않았으나 문제의 지문상에 해당 부분의 내용이 출제된 것을 의미합니다.
※ 제12회 시험부터 영역별 30문제에서 25문제 출제로 변경되었으므로 출제빈도는 12회시험부터 눈여겨보시기 바랍니다.

김진원 OIKOS 사회복지사1급 통합이론서 3교시

제 1 부

사회복지 행정의 이해

제1장 **사회복지행정의 개념과 특성**
제2장 **사회복지행정의 역사**

사회복지행정의 개념과 특성

제1부 **사회복지행정의 이해**

제1장 회차별 출제빈도, 출제비중 및 출제논점 1, 2, 3순위

10회 2012	11회 2013	12회 2014	13회 2015	14회 2016	15회 2017	16회 2018	17회 2019	18회 2020	19회 2021	20회 2022	21회 2023	22회 2024
2	2	1	1	2	1	1	1	2	1	1	2	1

출제 비중	출제 논점		
	1순위 ☺	2순위 ※	3순위 ☆
1~2	① 사회복지조직의 특수성	① 일반행정과 사회복지행정의 비교	① 사회복지행정의 원칙 ② 사회복지행정의 이념(주요 가치)

1순위 스마일표시(☺) : 출제 빈출도가 높은 부분으로 무조건 시험에 출제되는 영역
2순위 당구장표시(※) : 나왔다 안 나왔다 하는 영역이지만 출제가능성 높은 영역
3순위 별 표(☆)   : 출제 된 적이 있긴 하지만 다시 출제될 가능성은 다소 떨어지는 영역

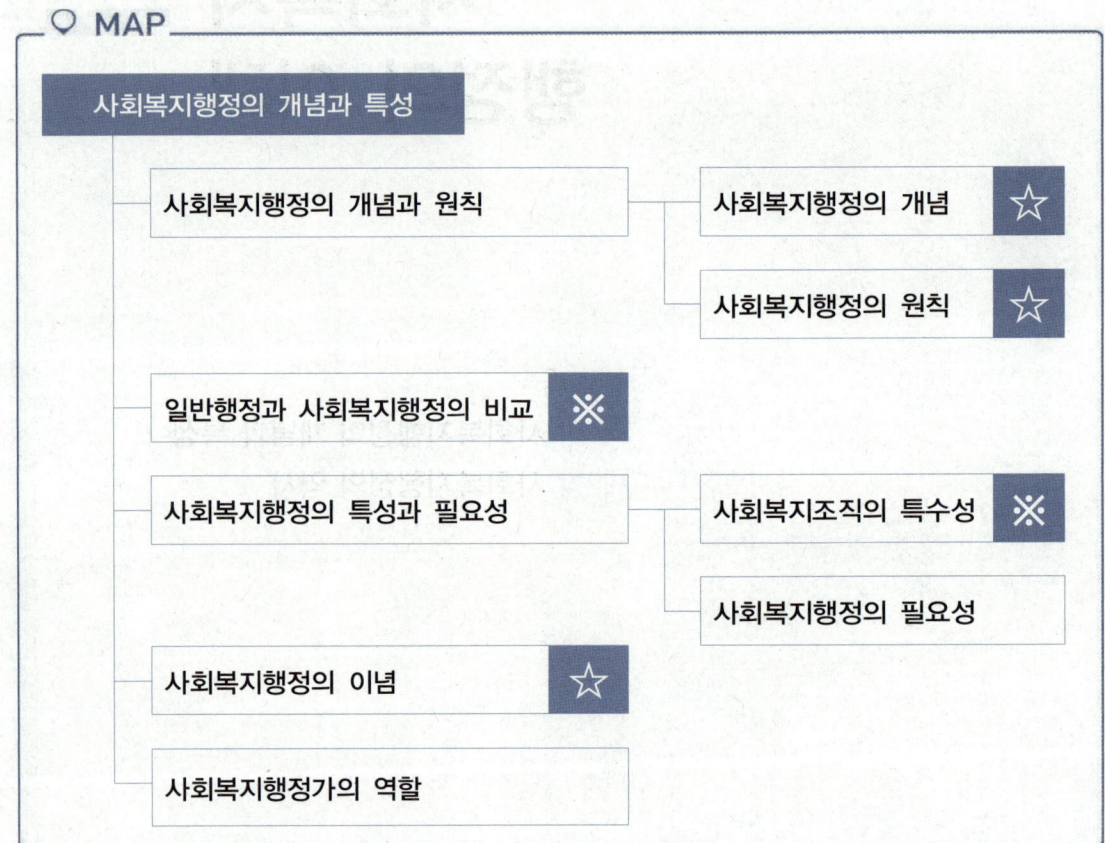

01 사회복지행정의 개념과 원칙

1 사회복지행정의 개념 [⑤⑱]

(1) 기본개념

① **사회복지정책을 사회적 서비스로 전환하는 과정** 사회복지의 이념과 정책목적들(사회복지정책)과 직접적 서비스 실천(사회복지실천)을 매개시키는 역할을 하는 것이다.

  ㉠ 사회사업행정에 국한하여 **사회사업의 지식, 가치, 기술 등을 적용**하여 사회복지기관의 특정한 목적을 달성하기 위해 목표를 설정하고 프로그램을 기획하며 자원을 동원 및 활용, 그리고 평가하는 전반적인 활동을 의미한다.

  ㉡ **조직을 표적체계로 개입하는 실천방법(간접적 실천)**의 하나로, 사회복지행정에서는 조직 혁신과 발전을 위해서 구체적인 사회복지실천방법과 기술이 광범위하게 적용된다.

  > 사회문제 해결을 위한 직접적 원조기술(×), 제1차적 과제는 표출되지 않은 욕구 발견·치료하는 것(×)
  > 인간을 대상으로 하는 직접적인 사회복지실천방법(×)

② 사회복지정책으로 표현된 추상적인 것을 구체적인 유·무형의 서비스로 전환하여 수혜자에게 전달하는 **공·사적 전 과정**을 의미한다.

  ㉠ 민간중심의 기관이나 시설에서 목표를 달성하기 위해 인적·물적 자원을 동원하는 협동적인 노력을 통해 **사회복지서비스를 제공하는 활동**뿐만 아니라, 중앙이나 지방정부의 복지관련 행정 즉 **공공복지행정 전반을 포함**하는 개념이다.

  ㉡ 사회복지행정은 사회복지 조직의 운영 및 기능을 촉진시키고 조직을 통한 사회복지실천활동을 증진시킴으로써 **직접적으로는 사회복지 조직의 변화를 초래**하고, **간접적으로는 클라이언트 체계인 개인, 가족, 소집단 및 지역사회의 성장과 행동에 변화를 초래**한다.

  > 사회복지행정의 개념 - 사회서비스 활동으로 민간조직을 제외한 공공조직이 수행한다.(×)
  > 사회복지행정의 개념 - 사회복지 과업수행을 위해서 인적·물적 자원을 체계적으로 결합운영하는 합리적 행동이다.(O)

③ 사회복지행정은 가치와 지식에 근거한 **휴먼서비스와 연관**이 있다. 사회복지 조직은 본질적으로 휴먼서비스 조직(human service organization)으로 삶의 과정, 사고유형, 행동양식, 가치관 등에서 천차만별한 인간을 변화시키는 조직이기 때문이다.

OIKOS UP 휴먼서비스 조직(김영종, 2001)

① 영국 등에서는 소득보장, 의료, 교육, 주택, 고용 등과 같은 보편적 사회서비스들에 대인적 사회서비스를 덧붙여 사회서비스라고 하고, 미국에서는 휴먼서비스라고 한다.

② 휴먼서비스에 있어 인간은 서비스의 원료(raw material)이자 생산물(product)이다. 단순히 '사람을 위한 서비스'가 아니라 '사람에게 직접적으로 서비스'가 이루어질 때 휴먼서비스라고 볼 수 있다.

③ 휴먼서비스를 실천하는 사회복지행정은 인간들을 다루는 서비스를 운영함에 있어, 그 원료이자 산출물이 되는 인간 존재에 대한 가치와 도덕성을 명확하게 전제하고 있어야 한다.

(2) 협의와 광의의 사회복지행정

① **협의의 사회복지행정**(social work administration, 미시적 접근)
  ㉠ **요보호대상자를 주요 고객으로 하는 사회복지시설의 행정**이라는 입장으로, 일반적으로 시설보호가 주된 내용을 이루고 있다.
  ㉡ 사회사업실천 방법의 하나로 **사회사업행정**(social work administration)이라고 한다.

② **광의의 사회복지행정**(social welfare administration, 거시적 접근)
  ㉠ 공공 및 민간기관의 사회복지행정을 포함해 **사회복지조직의 활동과정**에 기여하는 조직구성원들의 협동적이고 조직적인 노력이다.
  ㉡ **사회정책을 사회복지서비스로 전환시키는 데 필요한 사회복지조직에서의 총체적인 활동**을 의미한다.

(3) 사회복지행정의 개념에 포함되어야 할 요소

① 사회복지행정이 서비스를 제공해야 할 대상으로는 **요보호대상자를 포함하여 전체 국민**이어야 할 것이다.
② 사회복지행정의 주체로는 국가나 지방자치단체 등 **공공기관을 원칙**으로 하되, **민간복지시설이나 기관을 포함**시켜야 한다.
③ 사회복지행정은 일반행정과 구별되는 분야로 프로그램과 서비스의 전달이 매우 중요한 부분을 차지하므로, **사회복지에 대한 정책적인 측면과 함께 기술적인 측면이 고려되어야** 한다.

2 사회복지행정의 원칙 [⑮]

트레커(Trecker, 1971)는 다양하게 제시된 실천 원칙들을 종합하여, 사회복지행정의 목적성을 달성하기 위한 다음의 18가지 원칙을 제시하였다.

원칙	내용
사회복지가치의 원칙	전문적 가치들은 서비스가 개발되고 그것이 필요한 사람들에게 이용할 수 있도록 하는 과정에서 가장 근본이 됨
지역사회와 client (수요자)의 욕구의 원칙	지역사회 및 소속 개인들(서비스 수요자들)의 욕구는 언제나 사회복지기관과 기관에 제공하는 프로그램의 기초(존립근거)가 됨
기관 목적의 원칙	기관의 사회적 목적은 명확하게 설정되고, 제시되고, 이해되며, 실제로 활용되어야 함
문화적 환경(문화적 장)의 원칙	지역사회의 문화는 욕구가 표현되고 서비스가 인정·지지·활용되는 방식에 영향을 미치는 한도 내에서 이해되어야 함
합목적적인(목적의식이 있는) 관계성의 원칙	행정가, 이사회, 직원, 지역사회 주민들 간에는 효과적이고 합목적적인 업무관련성이 확립되어야 함
기관 전체성의 원칙	기관은 전체성의 관점에서 이해되어야 하며, 그것은 상호 연관된 부분들로 이루어진 살아있는 매개체로 봐야 함
전문적 책임성의 원칙	행정가는 전문적 실천의 기준에 근거한 고품질의 전문적 서비스의 제공에 책임을 져야 함
참여의 원칙	역동적인 참여의 지속적인 과정을 통해 이사회, 직원, 지역주민의 적절한 기여가 모색되고 활용되어야 함

커뮤니케이션(소통)의 원칙	인적 자원의 완벽한 기능을 위해서 개방적인 커뮤니케이션의 통로가 필수적임. 즉 열린 소통은 사람들의 기능을 최대로 가능케 하는 중요한 요소
리더십의 원칙	목표달성 및 전문적 서비스의 제공을 위해 행정가는 기관의 리더십에 대한 주된 책임을 다해야 함
기획의 원칙	지속적인 기획의 과정은 가치 있는 서비스의 개발의 근본을 이룸
조직화의 원칙	많은 사람들의 업무는 조직화의 방식에 따라 정돈되어야 하고 책임과 관계가 명확히 규정될 수 있도록 구조화 되어야 함 🎯 조직화의 원칙 - 직무에 대한 조직의 연대책임 강조(×)
위임의 원칙	다른 전문가들에 대한 책임과 권위의 위임은 필수적임
조정의 원칙	개개인의 기여가 기관의 주된 임무에 관련되고 모든 에너지가 수행될 임무에 적절하게 집중될 수 있도록 많은 사람들의 위임업무들은 알맞게 조정되어야 함
자원활용의 원칙	예산, 장비, 인적자원 등은 기관의 사회적 신뢰를 유지하면서 신중하게 형성되고, 보존되고, 활용되어야 함
변화와 혁신의 원칙	지역사회에서나 기관에서나 변화의 과정은 지속적임
평가의 원칙	과정과 프로그램의 지속적인 평가는 기관 목표의 실현에 필수적임
성장의 원칙	행정가는 도전적인 업무배정, 세심한 슈퍼비전, 개인과 집단의 학습을 위한 기회 등을 제공하여 모든 참여자들의 성장과 발전을 지향해야 함

02 일반행정과 사회복지행정의 비교

1 개요

일반행정과 사회복지행정에 대해서는 유사함을 주장하고 입장과 사회복지행정이 휴머니즘의 가치를 바탕으로 한 대인서비스라는 점에서 특이성을 강조하는 입장이 있다.

유사성 강조 입장		특이성 강조 입장	
조직의 성격 목표, 구조, 기술, 대상인구들이 조직에 따라 다르다 해도 모든 조직을 움직이는 행정의 궁극적인 기술과 방법은 일관적이고 유사하다.		• 각 조직들이 추구하는 가치와 목표, 업무활동들은 각기 다르므로 각 조직의 특성은 행정의 본질을 규정하는 데 중요한 개연성을 가질 수밖에 없다. • 사회복지조직이 추구하는 서비스의 가치와 목표가 다른 행정조직들과 다르고, 클라이언트 집단들도 특이하다. • 이들을 대상으로 하는 조직운영방식은 독특하게 나타날 수밖에 없다.	
유사점	• 목표설정, 기획, 기획실행, 평가의 과정을 거친다. • 미래지향적, 창의성을 고려한다. • 효과성, 효율성 추구한다.	차이점	• 사회문제와 관련한 개인을 상대한다. • 전문적인 사회복지 서비스제공을 목적으로 한다. • 조직에 국한되지 않고, 지역기관과 교류한다. • 지역사회의 인지된 문제, 욕구에 대응, 자원을 개발 및 동원을 한다.

2 일반행정과 사회복지행정의 유사점과 차이점 [④⑦⑨⑫㉑]

(1) 유사점
① 행정은 주로 문제의 확인, 문제의 여러 가치 측면을 연구, 해결 가능한 계획을 개발, 계획의 집행과 그 결과 효과성의 평가 등을 포함하는 **문제해결 과정**이다.
② 행정은 **상호작용하는 부분들이 모여서 이루어지는 체계**이다.
③ 행정은 **미래의 바람직한 상태를 구현**하기 위한 것이다.
④ 행정은 지식과 기술의 상투적인 활용이라기보다 **창의적인 활동**이다.
⑤ 행정은 개인과 집단이 보다 더 효과적으로 도와주는 과정이다. 즉 조직 내 개인과 집단의 **목표달성을 위한 조력의 과정**이 필요하다.
⑥ 행정은 문제를 해결하기 위한 **대안선택에 있어 가치판단적 요소**가 작용한다.
⑦ 행정은 모든 부분에서 **공공의 의지(public will)를 실천**하는 것이다.
⑧ 행정은 **관리운영의 객관화와 인적자원의 활용에 적절한 균형**을 유지하는 것이다.
⑨ 행정의 주요한 영역으로는 **의사소통, 직원 간의 상호작용관계, 행정에서의 능동적인 참여** 등이 있다.
⑩ 행정은 개별 직원들의 지위와 인정에 관심을 갖고 조직의 목표, 가치와 방법에 **직원들이 적극적으로 일체감을 가지도록** 하는데 관심을 기울인다.
⑪ 행정은 최적의 효율과 상품 또는 서비스를 창출하기 위해 **프로그램, 서비스 및 직원들을 조직화**하는데 관심을 기울인다.

(2) 차이점
① 사회복지행정은 변화되어야 할 속성을 가지고 있는 클라이언트와 직접 접촉하여 활동하고 있다. 즉 사회복지조직의 **주된 활동대상은 사람**이라는 것이다.
② 사회복지행정은 **지역사회 내 클라이언트의 욕구충족**을 위한 독특한 성격의 서비스를 산출한다.
③ 사회복지행정은 **다양한 외부환경에 영향**을 받으며, 국가의 개발방향과 정책 등에 따라 달라진다.
→ 자원의 외부의존도가 높음
④ 사회복지행정은 **일반행정과 관리에 관한 지식을 초월하는 범위**를 가진다.
⑤ 사회복지조직은 공공의 이익을 위해서 지역사회로부터 물질적·비물질적 후원을 받는다.
⑥ 사회복지조직은 클라이언트에 대한 모든 활동이 **도덕적으로 정당화되어야** 하기 때문에 기술과 활동에 있어서 제한이 많다. → 인간의 가치와 관계성을 기반으로 함
⑦ 사회복지행정가는 사회복지조직의 운영에 있어서 **지역사회에 대한 책임감**을 가지고 있어야 하며 **지역사회와 밀접한 관련을 가져야 한다**.
⑧ 사회복지행정은 **행정가와 관리자를 포함한 모든 구성원들이 행정에 참여**하며 이 과정이 조직의 목표달성에 크게 영향을 미친다. → 일선 직원과 수혜자와의 관계가 조직효과성 좌우
⑨ 사회복지조직에 의해 **수행되는 서비스는 전문사회사업적 성격을 가지고 있다**. 전문사회복지사의 직무수행에 크게 의존한다. → 전문인력인 사회복지사에 대한 의존도가 높음
⑩ **사회복지조직의 크기, 범위, 구조 및 프로그램의 형태는 광범위하고 다양**하다.

03 사회복지행정의 특성과 필요성

1 사회복지조직의 특수성(다른 유형의 공식 조직과 구별되는 특성) [⑥⑨⑩⑪⑬⑭⑯⑰⑱㉑㉒]

(1) 사회복지조직의 원료(raw material)가 인간이라는 것

① 사회복지조직의 원료는 가치중립적이 아니며 문화적 가치를 부여받고 사회적·도덕적 정체성을 지니고 있는 **인간들이라는 것**이다. 🔎 인간을 가치중립적 존재로 가정(×)

② 사회복지조직이 사용하는 서비스 기술은 그 사회의 지배적인 가치에 의해 제약을 받을 뿐만 아니라 도덕적으로 정당화되어야 한다.

③ 가치중립적이지 않고 고유의 가치와 인간성, 도덕성, 정체성을 갖는 인간이기 때문에 그들이 조직의 서비스 산출과정에 참여하고 영향을 미친다.

(2) 사회복지조직의 목표는 불확실하며 애매모호

① 조직의 원료는 생명이 없는 대상물인 기업조직과는 달리 **사회복지조직은 목표와 관련하여 과업환경 및 직원들의 합의를 찾기가 쉽지 않다.**

② 사회복지조직에서는 목표의 정의가 주로 어떤 가치, 규범 및 이념과 관련되어 있으며, 과업환경은 사회복지조직의 클라이언트와 이해관계를 갖고 있는 다양한 사회집단 및 기타 공식조직으로 구성되어 있으며 **이들은 다 나름대로의 특별한 가치체계를 가지고 있어 이들의 기대를 모두 다 수용하려고 하다보니 목표설정이 불확실하고 애매모호하게 되기 쉽다.**

③ 각기 다른 전문적·사회적 배경을 갖고 있는 직원들은 클라이언트에 대해 갖고 있는 가치 및 이념체계가 다 다를 수 있어서 목표설정과 관련하여 직원들 간의 내부적인 합의를 찾기가 쉽지 않다.

(3) 사회복지조직의 기술은 불확실

① 사회복지조직이 조직의 성과를 높이기 위해 직원들에게 무엇을, 언제, 어떻게 할 것인가를 제공해 주는 확실한 기술이 미비한 이유로는,

　㉠ 인간은 아주 복합적인 존재이며 그 속성이 사람마다 다르다. 따라서 사회복지조직의 원료로서 인간은 변동적이고 불안정하다.

　㉡ 인간이 어떻게 기능하고, 인간을 어떻게 변화시켜야 하는가에 대한 지식은 단편적이고 불완전하다.

　㉢ 사회복지조직이 변화시켜야 할 인간의 속성들 가운데 관찰 또는 측정될 수가 없는 것이 많다.

② 결과적으로 사회복지조직은 **명료하지 않고 잘 알 수 없는 요소들로 이루어져 결과를 예측하기 어려운 서비스 기술을 가지고 운영되고 있다.**

(4) 사회복지조직에는 그 효과성을 신뢰성 있고 타당성 있게 측정할 척도가 부족

① 사회복지조직이 효과성 측정에 어려움을 겪는 원인으로 **조직 목표의 다양성과 모호성, 서비스 기술의 불확실성, 그리고 인간 속성의 관찰과 측정의 본질적인 어려움** 등을 들 수 있다.

② 서비스에 대한 책임성의 요구가 증가되면서 효과성 측정이 제대로 이루어지지 못하는 경우 조직의 정통성 문제가 제기된다.
   - 사회복지조직의 특성 : 서비스의 효과성을 객관적으로 입증하기가 용이하다.(×)
   - 사회복지조직의 특성 : 조직성과의 객관적 증명이 쉽지 않다.(○)

(5) **사회복지조직은 클라이언트의 가치에 대해 도덕적 판단**
   ① **사람을 대상으로 일을 한다는 것 자체가 도덕성을 내포**한다. 왜냐하면 사람은 소득, 직업, 재산 문제의 심각성에 따라 다르게 평가되기 때문이다.
   ② 클라이언트의 가치판단이 클라이언트에게는 어떤 의미를 주고 그들의 사고와 행동에 어떠한 영향을 주는지를 심각하게 고려해야 한다.
   - 사회복지조직의 특성 : 다양한 상황에서 윤리적 딜레마와 가치 선택에 직면한다.(○)

(6) **인본주의적 가치지향성**
   사회복지행정은 인간 존재를 직접 다루며 그들의 가치를 구현하기 위한 것으로, **인간존재와 휴머니즘(humanism, 인본주의)의 가치를 지향**한다.

(7) **대립적 가치의 상존성(다면적 가치)**
   ① 휴먼서비스의 실천현장에서는 **대립적이고 갈등적인 가치들이 항상 존재**할 수 있다.
   ② 사회복지행정은 **대립적이고 다원화된 가치들을 조정하거나 관리**할 수 있어야 한다.

(8) **클라이언트 동조**
   ① 사회복지조직의 효과성을 확보하기 위해서 사회복지사의 활동과 서비스와 기술의 사용에 방해받지 않도록 클라이언트는 적절히 통제, 즉 **클라이언트로부터 자발적인 동조(compliance)를 불러일으키게 하는 노력이 조직 차원에서 필요**하다.
   ② 조직 또는 직원과 클라이언트 간의 비대칭적인 힘의 균형이 긍정적으로 클라이언트의 동조를 유발시키도록 작용한다. 반면 클라이언트에 대한 권력남용방지를 위해 **서비스 계약을 체결하는 것이 보편적**이다.

(9) **클라이언트의 반응성과 서비스의 과정상 왜곡**
   → **서비스 이용자와 제공자 간의 공동생산(co-production)**
   ① 클라이언트는 문제를 사정하고, 서비스를 계획하고, 서비스를 받는 전 과정에 깊숙이 개입하여 **서비스의 방향과 내용을 수정**할 수 있다.
   ② 직원과 클라이언트의 관계에서 발생될 수 있는 우발성을 최소화하고 클라이언트의 동조(compliance)와 협력을 최대한 이끌어 내야 한다.
   - 사회복지행정의 특성 – 모든 구성원들이 조직운영 과정에 참여하여 일정 부분 영향을 미친다.(○)

(10) **사회복지조직에서의 핵심적 활동은 직원과 클라이언트의 관계로 구성**
   ① 모든 사회복지조직의 중요한 업무는 클라이언트와 직원 간의 일련의 관계 속에서 이루어진다.

따라서 직원-클라이언트 관계의 성격과 질은 조직이 성공하느냐 실패하느냐를 가늠하는 중요한 요인이 된다. → 유지관리보다 서비스관리가 더 중요

※ 사회복지조직의 특성 : 클라이언트와 사회복지사의 관계에 따라 서비스의 효과성이 좌우된다.(O)

② 직원-클라이언트 관계가 핵심적 활동이기 때문에 사회복지조직에서는 항상 클라이언트와 접촉하는 일선 직원들의 지위와 역할은 대단히 중요하고 많은 재량권을 행사하게 된다.

※ 사회복지조직의 특성 : 일선전문가의 재량을 인정하지 않는다.(X)
※ 사회복지조직의 특성 : 사회복지사의 전문성과 자율성을 인정한다.(O)

⑾ **사회복지조직들은 전문성을 갖고 있는 직원들에 점점 더 크게 의존**

① 사회복지조직들은 **조직에 따라 전문직원의 수가 상당히 다르며** 이 전문직원들이 조직 내에서 차지하고 있는 **역할과 지위도 상당히 차이**가 있다.

② 사회복지조직에서 전문직원들의 수와 지위를 결정해 주는 중요한 요소들은 서비스목표에 대한 조직의 책임감, 클라이언트의 잠재성, 개별성, 다양성 등을 인정해 주는 조직의 태도, 조직의 서비스기술 수준 등이다.

⑿ **사회복지조직은 여성인력이 지배적인 조직**

① 사회복지서비스가 발전되어 관료조직화됨에 따라 여성이 주도적으로 이 일에 참여하게 되어, 거의 **모든 휴먼서비스조직은 여성이, 수적으로 절대적으로 우위**를 차지하고 있다.

② 문제는 감정적이고 보호본능적인 여성의 본성과 경쟁적이고 일관성을 유지하려는 관료조직의 속성이 서로 갈등을 빚게 될 수 있다는 것이다.

⒀ **제도화된 조직으로 다양한 환경적·이념적 요구를 수용해야 함(환경에의 의존성)**

① 사회적으로 낮은 가치를 지닌 사람을 대상으로 사회적 지위가 낮은 여성인력이 중심이 되어 서비스를 제공하는 사회복지조직은 사회로부터 **합법성과 승인의 기반이 취약**하다.

② 따라서 사회복지조직은 **제도화된** 사회적 이념이나 가치에서 숭배되거나 권장되는 것을 수용하는 방향으로 노력하여 합법성과 자신의 가치를 더 높여야 한다.

③ 사회복지조직은 사회·경제적 변화와 같은 외부환경요소들에 매우 의존적이다.

⒁ **이해관계 집단의 구성이 복잡함**

사회복지 조직은 외부의 많은 공사(公私)의 사회복지 조직과 관련을 가지고 활동하고 있고, 외부적인 재정원천에 의존하고 있기 때문에 **이해관계 집단의 구성이 복잡**하다.

⒂ **조직기술은 사회적 이념 또는 실천이념을 반영**

① 사람을 다루는 기법은 원래 완전할 수 없고 지속적으로 발전되는 과정에 있으며 특정한 기법은 **당시의 클라이언트에 대한 이념과 철학을 반영**한다.

② 이러한 기법을 사용한 결과의 효과성에 대한 판단도 실천의 이념과 가치판단에 의해서 이루어지므로, 사회복지조직이 사용하는 기술과 기법도 불완전한 상태에 있다.

⒃ **조직 간 연계성과 개방적 조직체계**

① **다수의 개별 조직들을** 전체 사회의 통일된 목적에 기여하게 만들려면 어떤 방식으로든 이들을

연결해야 할 필요가 있다.
② 효과적이고 생산적인 서비스를 만들어 내기 위해서는 휴먼서비스를 **개방적 특성을 갖춘 조직들의 체계로 간주하고 다룰 수 있는 장치가 필요**하다는 것이다.

> 사회복지행정의 특성 – 조직내부 부서 간의 관료적이고 위계적인 조직관리 기술을 필요로 한다.(×)
> 사회복지행정의 특성 – 조직들 간의 통합과 연계를 중시한다.(O)

2 사회복지행정의 필요성

① 사회복지를 관리, 경영, 혹은 행정으로 해야 할 필요성은 1차적으로, **현대사회의 복잡성과 사회복지적 기능의 전체사회로의 확산에서 비롯**되는 것이다.
  ㉠ 현대사회처럼 복잡한 사회에서는 사회적 목적이 설정되고 그 목표들이 구체화되어, 개인들에게 서비스의 형태로 전달되기까지에는 복잡한 과정이 존재한다.
  ㉡ 이런 과정의 대부분은 조직적 맥락을 통해 수행되기 때문에, 조직에 대한 이해를 필연적이다.
② 다양한 사회복지조직들이 각기 추구하는 활동들은 우리 사회가 세워 놓은 **사회복지의 세분화된 목표들을 실현하기 위한 것**이다.
  ㉠ 목표의 세분화에서 나타날 수 있는 문제는 그렇게 분화된 활동들이 과연 애당초 의도되었던 거시적 사회목적을 정확하게 지향하고 있는가라는 점이다.
  ㉡ 개별화되고 분화된 사회복지 활동들이 전체사회적 목표 추구에 기여할 수 있도록 조정하고 통제하는 데 필요한 것이다.
③ 티트머스(Titmuss)는 **사회정책에 대한 이해 그리고 이를 실천에 옮기는 운반체(machinery) 및 서비스 대상 인구에 대한 이해 등을 포괄적으로 연구하는 사회행정이 절실히 필요**하다는 것을 제시했다.

04 사회복지행정의 이념

사회복지행정 이념이란 **사회복지행정이 추구하는 기본가치 내지 사회복지사가 준수해야 할 행동기준이나 활동규범**을 의미한다.

1 사회복지행정의 이념(주요 가치) [②⑧⑲]

(1) **효율성(efficiency, 능률성)**
  ① **비용 대비 효과**, 즉 **최소의 자원을 투입(input)하여 최대의 효과를 산출(output)**한다는 개념이다.
  ② 자원이 제한된 사회복지서비스 공급에 있어 중요한 가치이며, 기계적 효율성이 아닌 사회적 효율성으로서 이때 효율성은 단기적인 것이 아니라 장기적인 것으로 이해한다.

(2) **효과성(effectiveness)** [⑲]

욕구충족을 위해 제공된 서비스나 프로그램이 적절하고 효과적이었는지, 즉 **목표의 달성 정도를 판단하는 가치**이다.

① 효율성은 제한된 자원을 사용하여 산출의 극대화를 기하는 것을 의미하는 경제학적 개념이지만, 효과성은 산출된 결과가 원래 목적을 어느 정도 충족시켰는가 하는 목표의 성취도를 의미한다.

② 사회복지조직에서 효과성은 단기간에 확인할 수 있는 것이 아니다. 명확한 목표의 설정으로 그 달성 여부를 파악할 수 있어야 한다.

(3) **공평성(equity, 형평성)**

① 형평성의 이념은 사회적·경제적으로 열악한 계층에 보다 많은 양질의 서비스를 제공해야 한다는 데서 출발한다.

② 동일한 욕구를 가진 클라이언트는 동일한 서비스(기회와 내용, 비용 등을 포함)를 받아야 한다는 것이다.

(4) **접근성(accessibility) 또는 편의성(convenience)**

① 클라이언트가 사회적 서비스를 쉽게 이용할 수 있도록 제반 여건을 갖추어야 한다는 것이다.

② 접근편의성을 높이기 위해서는 기관의 위치나 교통수단 등 물리적인 요소뿐 아니라 서비스의 비용, 서비스에 대한 홍보 등의 요소에 대해서도 고려해야 한다.

2 선별주의와 보편주의 관점에서의 사회복지행정의 가치

① **효과성과 효율성의 측면에서 선별주의 방법**이 바람직하고, **서비스의 공평성과 접근편의성 측면에서는 보편주의 운영방법**이 적당하다.

② 보편주의는 효과성과 효율성의 이념에서 보면 문제가 있고, 반면 선별주의는 공평성과 접근편익성의 이념에서 본다면 또한 문제가 있다.

05 사회복지행정가의 역할

1 NASW가 제시한 성공적인 사회복지행정인의 기술과 특성 [20]

① 미래에 대한 현실적인 사고와 계획, 특정한 계획을 실현 가능하게 접근하는 것
② 실천에 있어서 **몇 가지 대안을 고려(대안모색)할 수 있는 능력**
③ 결정에 따른 효과를 예견하고 평가할 수 있는 능력
④ **우선순위의 결정**
⑤ 의사결정 능력
⑥ 여러 가지 역할과 과업을 복합적·동시적으로 할 수 있는 능력
⑦ 개인적인 균형상태의 유지
⑧ **관료체제 및 조직이론을 잘 알고 있을 뿐만 아니라 이것을 복지행정조직의 목표 성취에 활용하는 것**

⑨ 개인과 집단의 능력을 활용하고, 때로는 그들이 한계를 설정함으로써 여러 사람들이 생산적이고 효과적으로 업무수행을 가능케 하는 능력
⑩ **권위와 권한을 구조에 맞게 활용하고 위임**하는 것
⑪ 다른 사람들과 효과적으로 의사소통하는 능력
⑫ 단호하게 행동을 취하는 것

사회복지행정가가 가져야 할 능력 – 배타적 사고(×)

2 사회복지행정가의 역할과 실천하여야 할 관리 지침

① 조직의 구성원을 수용하여야 한다.
② 조직의 구성원들에게 관심과 보호의 감정을 가지고 대한다.
③ 사회복지행정인은 창의성이 있어야 한다.
④ 사회복지행정인은 민주적으로 구성원의 참여를 유도해야 한다.
⑤ 사회복지행정인은 직원과 클라이언트들을 인정해주며 사기진작을 해주어야 한다.
⑥ 사회복지행정인은 기획 하는 능력을 갖추어야 한다.
⑦ 기획에 따른 수단의 조직화가 필요하다.
⑧ 우선 순위를 결정하는 것이 중요하다.
⑨ 사회복지행정인은 책임과 권한을 위임할 수 있어야 한다.
⑩ 의사결정을 할 경우 충분한 의사소통을 통하여 업무를 추진하는 것이 바람직하다.
⑪ 사회복지행정인은 직원들의 행동을 적극적으로 유도하고 능력을 발전시키고 동기부여를 하여야 한다.

MEMO

사회복지행정의 역사

제1부 **사회복지행정의 이해**

제2장 회차별 출제빈도, 출제비중 및 출제논점 1, 2, 3순위

10회 2012	11회 2013	12회 2014	13회 2015	14회 2016	15회 2017	16회 2018	17회 2019	18회 2020	19회 2021	20회 2022	21회 2023	22회 2024
2	1	2	1	1	3	–	1	3	3	3	3	1

출제 비중	출제 논점		
	1순위 ☺	2순위 ※	3순위 ☆
0**2**3	① 우리나라 사회복지행정의 역사	① 미국 사회복지행정의 역사	

1순위 스마일표시(☺) : 출제 빈출도가 높은 부분으로 무조건 시험에 출제되는 영역
2순위 당구장표시(※) : 나왔다 안 나왔다 하는 영역이지만 출제가능성 높은 영역
3순위 별 표(☆) : 출제 된 적이 있긴 하지만 다시 출제될 가능성은 다소 떨어지는 영역

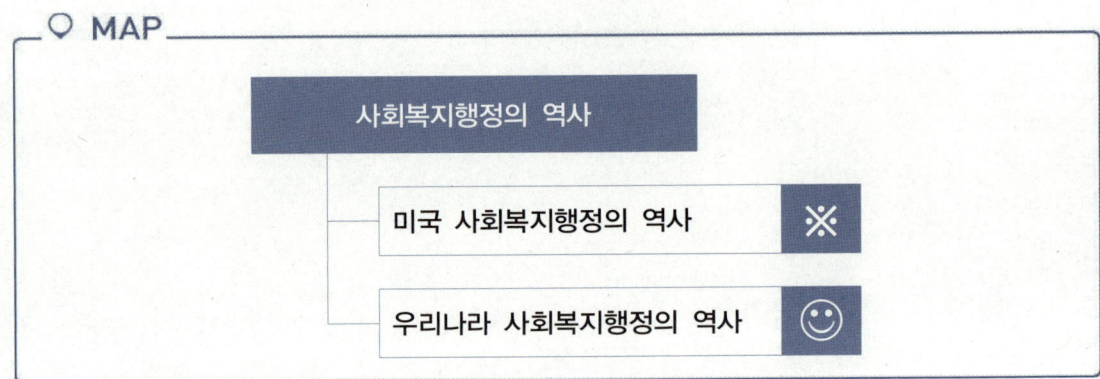

01 미국 사회복지행정의 역사

1 식민지시대 및 독립 후의 구빈행정

① 미국은 영국의 식민지시대에 '빈곤은 개인의 책임'이라는 개인주의적 사상이 일반화되어 있었으며, 영국의 엘리자베스구빈법의 많은 부분이 답습되고 있어 빈곤에 대해 소극적인 입장을 취했고 연방정부나 주정부의 관심은 구빈세의 증대를 방지하는 데 있었다.

② 독립 후에는 **퀸시(quincy)보고서, 예이츠(yates)보고서를 통하여 이 원외구빈의 낭비성이 비판받게 되자** 그 후에는 영국의 노역장과 같은 원내구호 방식이 많이 채택되었다.
  - ⊙ 퀸시보고서(매사추세츠주의회의 자문에 응하기 위한 보고서, 1821)의 주요 내용 : 거택구호는 대단히 비경제적이고 요구호자에게도 해가 됨, 작업장을 수반하는 구빈원이 더욱 경제적임, 빈민들의 취업을 위해서는 농업이 가장 적합함 등
  - ⊙ 예이츠보고서(뉴욕 입법기관의 위촉에 의해 마련된 보고서, 1824)의 주요 내용 : 각 지역에 충분한 규모의 농장을 부설한 하나 이상의 고용의 집을 설치, 요구호자는 거기에서 지역의 비용에 의해서 생계를 유지하고, 농업을 중심으로 한 건전한 노동에 고용되며, 아동은 주의 깊게 교육되어 적절한 연령에 달하게 되면 취업해서 독립시킬 것, 각 고용의 집에는 건강한 결식자와 부랑인을 수용하여 훈련하기 위해 작업장 또는 감화원을 부설할 것 등

③ **19세기 전반 대부분의 주에서는 구빈원을 설치하고 빈민구제의 방법으로 원내구호를 원칙으로 하였는데**, 원내구호의 원칙은 징벌적인 것이었고 노인, 만성 질환자, 신체장애인, 아동과 같이 모든 연령층의 남녀를 혼합 수용하는 형태였다.

2 사회복지행정의 출현(19세기 중반 이후~1920년대)

① 미국의 사회복지행정은 COS(Charity Organization Societies, 자선조직협회)의 설립과 운영에서 찾아볼 수 있다.
  - ⊙ 미국의 COS운동은 그 자체가 조직의 효율성을 지향하였다는 점에서 오늘날의 사회복지행정의 성격을 알 수 있다.
  - ⊙ 1869년 영국에서 탄생한 자선조직협회(COS)가 미국으로 건너가 **1877년 뉴욕 주 버팔로(Buffalo) 시에서 영국 성공회 소속인 거틴(Stephen H. Gurteen)목사에 의해 창설**되어 미국 전역으로 확산되었는데, 1893년경에는 미국 전역에 55개소로 증가하였으며 1904년에는 모두 150개의 지부가 생겨났다.

② 20세기에 들어와서 COS기관을 중심으로 한 사회복지기관의 행정가의 역할이 강화된다. 그 계기가 된 것이 **지역공동모금회(community chest)와 지역사회복지기관협의회(council of social agencies)의 창설**이다.
  - ⊙ 자선조직협회는 지역사회 내 복지서비스를 조직화하고 지역문제 해결을 위한 공동모금 능력을 강화하기 위하여 지역사회복지기관협의회로 발달하게 되었다.

ⓛ 제1차 세계대전을 전후로 사회복지기관이 재정적인 어려움에 부딪히자 사회복지행정가들이 재정문제에 대해서 효과적으로 대처하고자 앞장섰으며 지역사회문제를 공동으로 대처하기 위해 지역사회복지기관협의회가 만들어졌다.

③ **사회사업교과과정에서 최초로 행정이 등장(사회복지사에게 행정을 정규교육하기 시작)** [⑨⑩]
  ㉠ 교육적인 면에서도 **1914년에 사회사업교과과정에 최초로 행정이 등장**하였다.
  ㉡ 1923년에는 미국 사회사업대학협의회의 석사과정 1년생을 위해 채택한 교과과정에 행정이 선택과목으로 포함되기도 하였다.
  ㉢ 1929년 Milford 회의에서 사회복지행정이 개별사회사업, 집단사회사업, 지역사회복지론 등과 함께 기본적인 실천방법으로 인정되었다.

④ **전문적 사회복지사 등장**
  ㉠ 1920년대에 들어와서는 COS기관을 중심으로 한 민간 사회복지기관의 직원이 점차 사회복지전문가의 교육과 경험을 갖춘 인력(사회복지사)으로 충원되기 시작하였다.
  ㉡ 민간 사회복지조직에 있어서 행정기능과 이사회의 기능이 분화, 즉 행정기능은 행정가를 중심으로 기관의 서비스 제공업무와 인사업무를 담당하고 이사회는 재정과 기관의 주요 정책결정을 담당하게 되었다.

③ 사회복지행정의 발전(1930년대~1960년대) : 사회보장법의 성립과 정부의 개입

① **경제대공황기의 사회문제를 해결하기 위해 공공복지정책과 연계되면서 사회복지행정의 토대가 마련되었다.**
  ㉠ 미국의 1929년 대공황은 미국경제를 붕괴시켰으며, 몇몇 도시들에서는 실업률이 40%에 달했고 90%에 달하는 지역도 있었다. 이로 인해 사회문제의 근원이 개인에게 있는지 혹은 사회에 있는지에 대한 논쟁을 어느 정도 일단락 지었는데, **개인문제의 근원을 사회에 두는 것에 대한 수용적 자세가 늘어나게 되었다.**
  ㉡ **공공복지행정의 확대와 공공복지부문에서 사회복지행정가에 대한 수요 증가, 그리고 그에 따른 행정에 대한 교육이 확대**되었다. [⑩]
    ⓧ 1930년대 초 경제 대공황 이후 사회복지행정에 대한 관심이 이전보다 감소(×)

② 대공황으로 인한 다수의 실업자와 경제적 파탄자를 원조하기 위해 연방정부적 차원의 **연방긴급구호청(FERA : Federal Emergency Relief Administration)의 설립(1934년)과 사회보장법(Social Security Act)의 제정(1935년)을 통해 사회복지행정의 실천영역이 생겨나게 되었다.** [⑦⑨]
  ㉠ 연방긴급구호청의 설립을 계기로 각 주 및 지방정부는 공공구제기관을 설치하였는데, 그 기관에서 근무할 다수 직원과 관리자를 필요로 하였다.
  ㉡ **사회보장법을 제정하여 사회보험과 공공부조를 비롯한 다양한 사회복지프로그램이 확대**되었으며, 급격히 창출된 공공 사회복지프로그램들이 사회복지서비스 분야에 엄청난 인력을 요구하게 되었다. → 사회보장법 제정 이후 공공복지행정에 대한 수요가 증가(공공행정 규모의 확대)

③ 1952년 미국사회사업교육협의회(Council on Social Work Education, CSWE)의 대학원 교과과정 규정에 조직과 행정절차에 관한 지식이 학생교육에 포함되어야 한다는 문구가 삽입되었다. → 1950년대 : 사회복지교육협의회(CSWE)에서 사회복지행정을 교과과정으로 인정(○) [⑨]

④ 1950~1960년대는 공동모금 기구(Community Chest)가 전국적으로 확산되고, 서비스 요금 징수 등의 방법을 통해서 서비스 기관들의 수입이 증대하게 됨에 따라, 민간사회서비스 기관의 수가 늘어나고 활동규모도 점점 확대되면서 **사회복지기관 관리자들의 역할과 책임이 강조**되었다.

⑤ 1960년대 초반 사회사업가협회(National Association of Social Workers, NASW)후원으로 **사회복지조직 및 행정에 관한 많은 이론들이 연구**되었고 또한 행정발달에 대한 건의안도 제시되었으며, 사회복지협의회(National Council of Social Welfare, NCSW)는 사회복지행정에 관한 많은 논문들을 발표하였다. [⑦]

⑥ 1961년 미국사회사업교육협의회(CSWE)는 사회사업대학의 교과과정에 사회복지행정을 포함시켰으며, 개별대학들이 사회복지행정 교육을 강화하는 교과과정을 인정하였다. [⑨]

⑦ 사회사업행정에 대한 전문적 관심이 증대되고, 사회사업대학에서의 행정교육이 강조됨에 따라 1963년 사회사업가협회(NASW) 산하에 사회사업행정위원회(Council on Social Work Administration, CSW)가 창설되었다.

⑧ **정체기** [⑩] 빈곤과의 전쟁시기 동안 사회복지행정의 발달이 가속화(×)

　㉠ 1960년대는 사회복지행정 발달과정에 있어 **정체기**라 할 수 있는데, 그 원인은 빈곤투쟁(War on Poverty) 정책 수행에 따른 커다란 사회적 변화요구에 사회복지기관들이 적절히 대처하지 못함으로 인해 국민들의 불신과 사회복지행정의 대안으로 지역사회조직사업이 급격히 발달했기 때문이다.

　㉡ **1960년대 연방정부에 의해 선포된 '빈곤과의 전쟁(War on Poverty)'과 관련**해서 각종 시범프로젝트들이 지원되었으며, 이러한 프로젝트를 효과적으로 관리·실천하기 위해 경제원조국(OEO: Office of Economic Opportunity)과 지역사회행동기관(CAA: Community Action Agency)을 비롯한 수많은 기관들을 설립했다.

　㉢ 이 시기 정부가 지원하는 지역사회정신건강센터(CMHC : Community Mental Health Center)가 시작되었다. [⑦]

4 사회복지행정의 확립과 도전(1970년대~1990년대)

① 1960년대 사회복지행정의 정체가 있었지만, 지역사회조직사업의 발달로 인해 전체적으로는 사회복지행정이 발전하는 토대가 되었으며, 1970년대 들어서서 미국의 사회복지분야는 **행정이론과 실천이론의 발전에 적합한 분위기를 형성**하였다.

② 1960년대 Kennedy와 Johnson 대통령 시절 비약적으로 확대된 정부의 사회복지프로그램들은 1970년대 들어서서 사회보장법과 공공부조 관련 법률들이 개정되어 더욱 복잡하게 세분화

되면서 지속적으로 신장되어 왔으며, 이로 인해 **사회복지행정가에 대한 교육과 훈련의 필요성이 대두**되었다.

③ **1970년대 사회복지행정 발전에 대한 사회적 요청에 부응하기 위해 사회사업대학들은 행정교육을 급속도로 확대**하였으며, 1975년까지 미국 84개 사회사업대학들 중 19개 대학이 사회복지행정이란 과목으로 교육을 실시하였다.

④ 사회복지행정 교육의 확산은 행정실천 방법에 대한 학문적 관심을 증가시켜 CSWE, NASW, NCSW 등에서도 행정실천에 관한 많은 논문들이 급증되어 발전적 토론의 장을 제공하였다. 이러한 상황에서 **1970년대에는 사회복지행정에 관한 전문적 문헌과 잡지가 출간**되었다.

　㉠ 1970년 CSWE는 일종의 자료집인 사회사업행정 『Social Work Administration : A Resource Book』을 출간했는데, 이 책은 사회복지행정에 관한 기존의 이론을 체계화하고 사회복지행정의 독특한 학문적 성격을 나타내는 저술로 평가된다.

　㉡ **1976년에는 최초로 전문학술지인 사회사업행정 『Administration in Social Work』이 출간**되어 지금까지 가장 영향력 있는 학술지로 간주되고 있다. [⑨]

⑤ 연방과 주정부의 사회복지프로그램이 세분화되고 다양화됨에 따라 지역차원에서는 서비스 파편화에 따른 조정의 문제가 심각하여 **1970년대 이후 통합적이고 효율적인 서비스 제공이 가능한 사례관리(case management)가 본격적으로 등장**하였다.

⑥ 1980년대 이후 레이건 행정부에 의해 기존의 사회복지프로그램 확대에서 연방정부의 사회복지 역할 축소로 급격히 방향선회가 되었으며, **프로그램예산의 삭감과 사회복지부문의 민영화(privatization)가 심화**되었다. [⑦⑧⑩⑮]

　㉠ '**작은 정부**'로서 반복지주의 주장과 레이거노믹스 경향으로 중앙정부의 지역사회복지 예산축소, 연방정부 책임하의 지방정부, 민간기업체, 가족중심 등의 사회복지로 이전

　㉡ 감축경영시대에 프로그램 평가, 비용효과분석, 자원동원 등의 분야에 능력과 자격을 갖춘 관리자가 더욱 각광을 받게 되었으며, 민간사회복지기관 관리자에 대한 수요도 팽창

⑦ 1980년대 이후 시작된 사회복지서비스의 **민영화(privatization)와 상업화(commercialization)는 1990년대 더욱 강화되어 전통적으로 비영리민간복지기관과 영리민간복지기관의 구분도 모호**해졌으며 사회복지기관의 관리자는 정부지원, 후원금, 클라이언트가 지불하는 이용료 등 자원획득의 통로를 다변화해야 하는 상황에 직면하게 되었다.

　※ 1990년대 이후 공공기관과 민간기관의 기능이 유사해짐(O)

　㉠ 민영화로 인해 급증하는 **민간기관과 프로그램은 사회복지행정의 전문지식과 기술을 가진 인력을 필요**로 하게 되었다.

　㉡ 안정적인 재원확보가 무엇보다 중요과제로 제기되었으며, **재정관리의 중요성과 마케팅(marketing)을 강조**하였다.

　㉢ 사회복지조직의 관리 및 사회복지행정의 변화양상으로 크게 눈에 띄는 것은 민간사회복지 조직들이 보다 경쟁력이 있는 **대규모 조직과의 합병 내지는 연합을 통해 공동사업과 클라이언트 확보전략을 추진**하였다.

02 우리나라 사회복지행정의 역사

1 사회복지행정 미인식 단계(1950년대 및 이전)

(1) **외원단체[카바(Korea Association of Voluntary Agencies, KAVA)]의 활동** [②⑤⑧⑩⑱㉒]

① **카바(KAVA)의 탄생**: 외국민간원조기관한국연합회(KAVA)가 1952년 3월 부산에서 결성되었다.
② KAVA는 1970년대 초반까지 약 15년 간 활발한 활동을 하였으며, 우리 정부보다 더 많은 재원으로 사회복지서비스를 제공하였기 때문에 '**제2의 보건사회부**'라는 별명도 들었다.
  ㉠ 외국으로부터의 구호물자를 배분하는 것을 중심으로 사회복지행정 활동을 하였다.
  ㉡ 사회복지기관들은 수용·보호에 바탕을 둔 행정관리 기술을 사용하였다.
  ㉢ 구호 활동과 관련된 조직관리 기술을 도입했다.
  ㉣ 서비스 중복, 누락, 서비스 제공자 간의 협력체계 구축에 초점을 두었다.
  ㉤ 대부분의 민간 사회복지시설들은 외원에 거의 전적으로 의지하여 설립·운영되었다.
  - 한국전쟁 이후 1970년대 초까지도 외원이 민간사회복지시설의 주된 재원이었다.(O)
  - 1960년대 사회복지행정주체는 보건사회부와 외원기관이었다.(O)
  - KAVA는 지역사회 조직화나 공동체 형성을 위한 조직관리 기술을 적극적으로 활용하였다.(×)
  - 1960년대 외국원조기관 철수 후 자생적 사회복지단체들이 성장했다.(×)

(2) **사회복지학문의 최초의 도입** [⑥⑩]

① 1947년 9월 최초로 이화여자대학교에 기독교사회사업학과가 설치되었고, 1953년에는 중앙신학교(현, 강남대학교), 1959년에는 서울대학교 사회복지학과를 설립하였다.
② 1961년부터 서울대학교에서 3학년 교과목으로 사회사업행정을 교육하기 시작(사회복지행정이 별도의 교육과정으로 설치)하였다.
③ 1990년대 사회복지학과가 설치된 거의 모든 대학에서 사회복지행정을 필수과목으로 책정하였다.

(3) **대학부설 사회복지관이 출현**

1956년 이화여대에 복지관을 설립하였으며, 사회복지전문인력을 양성하는 **국립중앙사회사업종사자훈련소**가 창설되었다.

2 사회사업 행정의 명목상 인정 단계(1960년대~1970년대)

(1) **사회복지교육 및 관련단체들의 활동** [⑥]

① 1952년에 창립된 한국사회사업연합회가 1961년 한국사회복지사업연합회로 명칭이 바뀌면서 그 기능이 확대되었고, 이는 1970년 한국사회복지협의회로 개칭되었다.

② 대학이 늘어나는 초기인 1965년 한국사회사업교육연합회(現 한국사회복지교육협의회)가 태동하였다.

③ **한국사회복지사협회** : 1967년에는 이를 발전적으로 흡수·병합하여 모든 분야의 전문사회사업가를 총망라한 명실공히 한국 최초의 전문사회사업가 회원조직인 '한국사회사업가협회'가 탄생하게 되었으며, 1977년 사단법인으로 발전하였다.

(2) **1970년 1월 사회복지사업에 대한 기본적인 사항을 규정한 「사회복지사업법」이 제정되어 민간 사회복지행정과 공공의 사회복지행정 발전의 토대가 되었다.** [②⑧⑬㉑]

① 민간 사회복지사업의 주체로 **사회복지법인 제도를 도입**하고 법인이 시설을 설치하게 하여 민간 사회복지사업의 체계를 확립하였다.

② 국가와 지방자치단체가 법인에 대해 보조할 수 있도록 함과 동시에 사회복지법인과 시설에 대해 지도·감독을 할 수 있는 권한을 강화하였다.

3 사회복지 행정의 실질적 중요성 인식 단계(1980년대~1990년대)

(1) **한국에서 사회복지행정의 실천이 본격적으로 전개된 것은 1980년대와 그 후반부터로 각종 사회복지기관이 탄생하고 공공복지행정체계가 마련됨으로써 시작되었다.**

① 1980년대 이후 여러 가지 사회문제가 증가하고 민주화가 진행되면서 사회복지 관련 법률들이 신설되거나 개정되는 등 민간 사회복지 전반에 큰 변화가 나타났으며, 사회복지 관련 기관이 급속도로 증가하였다. → **사회복지조직의 대규모 양적 팽창**

② 1980년대 후반 전문적인 사회복지조직이 나타나기 시작했는데 특히 종합사회복지관을 비롯한 상담 및 치료전문 사회복지기관도 이 시기에 급격히 증가하기 시작했다.

(2) **사회복지사 윤리강령 제정 및 공포**

1982년 1월 15일 한국사회사업가협회(現 한국사회복지사협회)가 사회복지사 윤리강령을 제정하고 1988년 4월 14일 공포하여 사회복지사의 전문직으로서의 기본요소를 갖추고, 사회복지영역에서 전문가의 책임과 역할을 크게 인식하기 시작하였다.

(3) **한국사회복지협의회**

① 1983년 5월 21일 법률 제3656호로 사회복지사업법이 개정(사회복지사 자격의 신설, 사회복지협의회의 법정단체화 등)되면서 법정단체로 규정되어 같은 **사회복지법인이면서도 법적으로 인정**받는 사회복지협의체의 기관으로 자리를 잡았다.

② **광역단체 사회복지협의회**는 그 동안 한국사회복지협의회의 정관에 의거하여 조직되어 활동하다가 1998년 사회복지사업법의 개정으로 **독립법인화** 되었다.

(4) 지역사회복지관의 발전 [22]

① 1983년 개정된 사회복지사업법을 토대로 사회복지관의 설립 및 운영을 지원하는 근거가 마련되었으며, 공식적으로 국가의 지원(국고보조금)을 받게 됨으로 인해 1980년대에는 민간단체에 의한 사회복지관 설립이 증가하였다.

② 1986년「사회복지관 운영·건립 국고보조사업지침」을 수립하였다.

③ 1989년에는「주택건설촉진법」등에 의해 저소득층 영구임대 아파트 건립 시 일정 규모의 사회복지관 건립을 의무화하였다.

　　※ 1980년대 후반부터 지역사회 이용시설 중심의 사회복지기관이 증가했다.(O)

(5) 공공복지행정의 사회복지사 [②④⑤⑥⑧⑩⑫⑬⑭㉑㉒]

① 1980년대 말 국가공무원 임용에서 5급 사회직이 신설되어 사회복지행정에 대한 관심이 고조되었다.

② 1987년 생활보호업무를 효과적으로 수행하기 위하여 '국민복지증진대책'의 일환으로 대도시 빈곤지역 동사무소에 7급 별정직인 사회복지전문요원제도가 시행(사회복지전문요원이 배치)되어 공공복지행정의 체계가 마련되었다. [⑫⑱]

③ 1992년 사회복지사업법 개정을 통해 사회복지전담공무원과 복지사무전담기구(사회복지사무소)를 설치할 수 있는 법적 근거를 마련하였다.

　㉠ 1992년 12월 8일「사회복지사업법」개정을 통해 사회복지전담공무원이라는 명칭으로 이들에 대한 법적인 근거가 마련되었고, 이들은 전국적으로 확대 임용·배치되어 생활보호대상자를 중심으로 한 공공부조업무를 담당하게 되었다.

　　※ 공공 사회복지전달체계 : 사회복지전담공무원 제도 이후 사회복지전문요원 제도가 실시되었다.(X)

　㉡ 1992년「사회복지사업법」에 '복지사무전담기구'에 관한 규정을 신설함으로써 법적 근거를 마련하였다.

　　㉮ 1995년 7월부터 1999년 12월까지 4년 6개월 동안 전국 5개 지역에서 보건복지사무소 시범사업을 실시하였다. [⑱⑲㉒]

　　㉯ 2004년 7월부터 2006년 6월까지 서울 서초구, 강원 춘천시, 충북 옥천군 등 9개 시·군·구 지역에 사회복지사무소 시범사업을 실시하였다. [⑲㉒]

　　㉰ 2006년 6월 시범 사회복지사무소 운영이 종료됨에 따라 그해 7월부터 복지서비스 전달체계가 주민생활지원서비스 제공방식으로 개편(주민생활지원국 설치)되기 시작하였다. [㉒]

　　※ 공공 사회복지전달체계 : 보건복지사무소와 사회복지사무소 시범사업은 동시에 진행되었다.(X)

④ 1992년 사회복지 직렬을 5급까지 설치하여 전문직에 의한 공공복지행정의 기초를 마련하였다.

⑤ 1999년 9월 행정자치부(現 행정안전부)에서 사회복지전문요원의 일반직 전환 및 신규 채용지침을 승인하였으며, 2000년 1월 별정직에서 일반직인 사회복지직렬로 전환하였다.

(6) 사회복지시설 평가제도의 법제화 [②⑨⑪⑫⑬㉑]

1997년 사회복지사업법 개정으로 사회복지시설을 3년에 1회 이상 평가하도록 하여 효율성, 효과성, 책임성 등을 높이는 사회복지행정에 대한 수요가 높아졌다.

(7) 사회복지시설 설치·운영에 대한 허가제를 신고제로 변경 [⑭㉒]

1997년 사회복지사업법 개정으로 신고제로 변경하여 동 시설의 설치·운영을 용이하게 하였다.
- 1990년대 후반에 사회복지시설 설치기준이 허가제에서 신고제로 바뀌었다.(O)

(8) 1997년 3월 27일 사회복지공동모금법 제정 → 1998년 사회복지공동모금회 설립

민간단체가 이웃돕기 성금을 직접 모금·배분 및 관리하도록 함으로써 이웃돕기운동의 자율성을 보장하여 민간참여를 활성화하였다.
- 민간자원동원에 관한 규제 강화(×)

(9) 사회복지행정학회 창립 [④⑧]

1999년 3월 한국사회복지행정학회를 창립하고 정기 학술지 '한국사회복지행정학'을 발간하게 되었다.

4 사회복지행정의 확립(2000년대 이후)

① 2000년 10월에 국민기초생활보장법(1999.9.7. 제정)의 시행은 우리나라 사회복지행정의 역사에 큰 전환점이 되었다.
  ㉠ 대상자들이 수급권자로서 권리성이 강화되고 수급범위가 확대되어 신청자들의 소득과 재산을 정확히 파악하고 자활지원계획과 연계한 적절한 서비스를 제공하기 위해 체계적인 사회복지행정의 발전이 요구되었다.
  ㉡ 2000년 10월에 국민기초생활보장법의 시행으로 지역사회중심의 자활지원사업이 본격적으로 전개되었다.

② 2003년 7월 「사회복지사업법」 개정을 통해 종전에 시·군·구에 설치되어 있던 사회복지위원회를 폐지하는 대신, 각 지역의 실정에 맞는 사회복지서비스를 주도적으로 **지역사회복지계획을 수립하고 수행할 수 있는 지역사회복지협의체 구성·운영하도록** 하였으며, 2005년 8월부터 시·군·구에서 **지역사회복지협의체를 운영**하였다. [②③⑭⑱㉑㉒]
  - 최근 사회복지행정의 환경 변화 : 지역사회보장협의체를 통한 민·관 협력체계 구축(O)
  - 공공 사회복지전달체계 : 지역사회복지협의체가 지역사회보장협의체로 명칭이 변경되었다.(O)

③ 2003년부터 제1회 사회복지사 1급 자격 국가시험을 시행하였다. 국가시험에 관련한 업무를 보건복지부장관은 사회복지법인 한국사회복지사협회에 위탁운영하였으나, 2008년도부터는 산업인력공단으로 시험업무가 이관되었다.

④ 2004년 7월부터 2006년 6월까지 실시된 시범 사회복지사무소 운영이 종료됨에 따라 그해 7월부터 복지서비스 전달체계가 **주민생활지원서비스 제공방식으로 개편**되기 시작하였다. [⑱㉒]

⑤ 2005년부터는 지방재정운용의 자율성을 높이기 위해 **지역분권 재정정책에 의하여 국고보조금이 분권교부세로 전환**되었으며, 사회복지관의 운영은 지방자치단체의 일반재정에 의해 운영되게 하였다. [⑩⑭]
  ㉠ 분권교부세제도는 국고보조사업의 지방이양에 따른 재원이양 방식으로 5년 동안 한시적으로 도입(2009년까지 운영)한 제도로, 운영기간을 다시 5년간, 즉 2014년 12월 31일까지 한시적으로 연장하여 운영되고 2015년 보통교부세로 통합되었다.

ⓛ 2005년 분권교부세 지원과 함께 지방으로 이양한 복지사업 중 지방비 부담이 큰 **정신·장애인·노인양로시설 운영사업이 2015년부터 국고보조사업으로 환원(중앙정부로 환원)**되었다.

⑥ **2007년부터** 장애인활동보조, 노인돌봄종합서비스, 지역사회서비스투자사업을 시작으로 **전자바우처 방식의 사회서비스이용권(바우처) 사업이 본격적으로 도입**되기 시작하였다. [⑭⑮⑳]

⑦ **2009년 1월부터** 사회복지서비스 제공의 효율화와 수요자 중심의 통합적 서비스 제공이라는 목표 하에 사회복지서비스 공공 부문·민간부문의 전달체계 개편과 **사회복지통합관리망 구축**을 위해 '희망복지'전달체계를 시범사업으로 진행하였다.

⑧ **2010년 1월 4일부터** 기존 새올행정시스템(시·군·구 업무지원시스템) 중 복지분야를 분리하여 중앙에 통합구축하는 정보시스템으로서 **사회복지통합관리망 '행복e음'이 개통**되었다. [⑫⑲㉑]
　※ 2010년 1월부터 사회복지통합관리망이 개통운영되고 있다.(O)

⑨ **2012년 4월부터** 시·군·구별로 조직 및 운영시기 등의 차이가 있으나 상반기 준비기간을 거쳐 하반기부터는 **전국 시·군·구에 희망복지지원단이 설치·운영**되었다. [⑬⑱⑳]

⑩ **2013년 2월 18일** 16개 전 부처(현재 17개 부처) 296개 복지사업 정보를 연계하여 개인별·가구별 복지서비스 이력관리, 중복·부적정 수급 방지, 중앙부처 복지사업 정보 제공, 복지사업 업무처리지원 등을 위한 **'사회보장정보시스템'을 완전 개통**하였다.

⑪ **2016년 읍·면·동 복지허브화 사업 실시** [⑲⑳㉒, 지역복지 ⑮⑯⑰⑱]

　㉠ **읍·면·동 복지허브화의 목표**: '읍·면·동 복지허브화' 전략은 맞춤형 통합서비스를 제공하기 위한 **민·관 협력을 기반**으로 하며, **행정서비스 중심의 읍·면·동 기능을 지역복지의 중심기관으로 변화**시켜 국민의 복지 체감도를 제고하고 복지사각지대를 해소하는 것을 목표로 한다.

　㉡ 읍·면·동을 중심으로 찾아가는 방문 상담, 사례 관리, 민관 협력 등 지역 복지 기능을 강화하기 위해 **2016년 2월부터 전국 33개 선도지역을 시작으로 '읍·면·동 복지허브화' 사업**이 실시되었으며, 2018년 12월부터 전국 모든 읍·면·동(3,509개소)에 적용되었다.

　㉢ **2016년 읍면동 주민자치센터를「행정복지센터」로 명칭 변경**: 찾아가는 복지상담과 맞춤형 통합 복지서비스 제공 등을 통해 주민의 복지체감도를 제고하는「**읍·면·동 복지허브화**」추진을 위해 읍면동 사무소(읍·면 사무소, 동 주민센터) 명칭을「**행정복지센터**」로 전환하였다. [⑲, 지역복지 ⑱]
　　※ 한국 지역사회복지 역사: 2018년 주민자치센터를 행정복지센터로 명칭 변경(X)
　　※ 주민센터를 행정복지센터로 개편하는 추세이다.(O)
　　※ 공공 사회복지전달체계: 읍·면·동 복지허브화 사업 이후 읍·면·동사무소가 주민자치센터로 변경되었다.(X)

⑫ **2018년 11월 지역사회통합돌봄 기본계획 발표, 2019년 4월부터 추진** [⑲⑳㉑, 지역복지 ⑳]

　㉠ **지역사회 통합돌봄(커뮤니티케어)이란?**
　　돌봄이 필요한 주민(노인, 장애인, 정신장애인 등)들이 살던 곳(자기 집, 그룹홈 등)에서 개개인의 욕구에 맞는 서비스를 누리고, **지역사회와 함께 어울려 살아갈 수 있도록 주거, 보건의료, 요양, 돌봄, 일상생활의 지원이 통합적으로 확보되는 지역 주도형 정책**
　　　※ 지역사회 통합돌봄 추진에 따라 생활시설 거주자의 퇴소를 금지하고 있다.(X)
　　　※ 최근 사회복지조직의 환경변화: 행정관리능력 향상으로 거주시설 대규모화(X)

ⓒ 추진경과
　㉮ 2018년 11월 지역사회통합돌봄 기본계획을 발표하고 2019년 4월에 16개 지방자치단체를 선정하여 2년간의 선도사업을 추진하고 있다.
　㉯ 이 선도사업을 통하여 지역의 실정에 맞는 다양한 통합돌봄 모형을 개발·검증·보완하고 초고령 사회에 진입하는 2025년부터 전국적으로 통합돌봄을 시행할 계획이다.
ⓒ 통합돌봄 대상
　㉮ 노화·사고·질환·장애 등으로 돌봄이 필요한 상태로 평소 살던 곳에서 지내기를 희망하는 사람
　㉯ 지역사회 통합돌봄은 자산조사 없이 욕구에 기반하여 돌봄이 필요한 자는 누구나 대상이 되는 보편적 제도로 발전시켜 나갈 계획
ⓔ 통합돌봄을 운영하기 위한 핵심요소
　㉮ 통합돌봄 주요 서비스
　　ⓐ **주거** : 케어안심주택, 자립체험주택, 주택개조, 거주시설 전환 등
　　ⓑ **보건의료** : 방문 건강관리, 방문의료, 방문약료, 만성질환 관리 등
　　ⓒ **복지·돌봄** : 재가 장기요양, 재가 돌봄서비스, 스마트 홈 등
　㉯ 공통기반 구축
　　ⓐ **공통기반 구축** : 통합돌봄창구, 총괄 추진단, 민·관 협의체 등
　　ⓑ **지역케어회의** : 다(多)직종 전문가가 대상자를 중심으로 문제해결을 위한 협의구조
　　　　지역사회 통합돌봄 도입으로 전문직종 간 서비스를 연계하여 제공한다.(O)

⑬ **2019년 3월 사회서비스원 최초 설립·운영** [㉒. 지역복지 ⑱⑲]
ⓐ **사회서비스원이란** : 「지방자치단체 출자·출연 기관의 운영에 관한 법률」(약칭 : 지방출자출연법)에 따라 **시·도지사가 설립하는 공익법인**으로 긴급돌봄 제공, 안전점검 및 노무·재무 컨설팅 등 민간기관 지원, 종합재가서비스 제공과 국공립시설 수탁·운영 등을 통해 사회서비스의 공공성을 제고하고, 종사자 처우 개선을 통해 사회서비스 품질향상을 목적으로 설립된 지방자치단체 출연기관이다.
ⓑ 설립연혁 및 현황
　㉮ 보건복지부는 2019년 공모를 통해 2019년 3월부터 사회서비스원 시범사업 지역으로 **서울특별시, 대구광역시, 경기도, 경상남도**를 선정하여 시범사업을 추진하였다.
　㉯ **2020년까지 총 11개 시도에 설립되었으며, 2021년에는 3개 신규 설립 예정**(2019년 서울·대구·경기·경남, 2020년 인천·광주·대전·세종·강원·충남·전남, 2021년 울산, 전북, 제주, 2022년 부산, 충북, 경북)
ⓒ 주요 역할 및 기능
　㉮ 지방자치단체로부터 국공립 시설을 위탁받아 운영하고 서비스 종사자들을 직접 고용
　　ⓐ 새로 설치되는 국공립 시설을 우선 위탁 받으며, 특히 서비스 수요가 많은 신규 국·

공립 어린이집, 공립 요양시설은 필수적으로 운영
- ⓑ 이밖에 위·불법이 발생하거나 평가 결과가 저조한 국공립 시설, 시·군·구청장이 위탁하고자 하는 국·공립 시설 등을 운영
  - 사회서비스 확대로 사회적 일자리가 창출되고 있다.(O)
- ㉯ **지역사회 통합돌봄**(커뮤니티케어) 체계의 하나로 종합재가센터를 설치하여 재가(在家) 서비스를 직접 제공
  - ⓐ 종합재가센터에서는 장기요양, 노인돌봄, 장애인 활동지원 등 각종 지역사회 돌봄서비스를 통합·연계하여 제공
  - ⓑ 이를 통해 이용자는 맞춤형 통합서비스 이용이 가능하게 되고, 서비스 제공인력은 적정 업무량을 확보하고 고정적으로 월급을 받게 됨
- ㉰ 그 밖에 **민간 서비스 제공기관 품질향상**을 위해 회계·노무·법률 등에 대한 상담·자문, 대체인력 파견 및 시설 안전점검 지원과, 지방자치단체의 사회서비스 정책수립을 위한 연구·조사 등도 수행
- ㉱ **사업범위** : 긴급돌봄 제공, 안전점검 및 컨설팅 등 민간제공기관 지원, 종합재가서비스 직접 제공, 국공립시설 수탁·운영 등

김진원 OIKOS 사회복지사1급 통합이론서 3교시

제 2 부

사회복지행정 이론과 조직이해

제3장 사회복지행정의 이론적 배경
제4장 사회복지조직의 구조와 조직화

CHAPTER 03 사회복지행정의 이론적 배경

제2부 **사회복지행정이론과 조직이해**

제3장 회차별 출제빈도, 출제비중 및 출제논점 1, 2, 3순위

10회 2012	11회 2013	12회 2014	13회 2015	14회 2016	15회 2017	16회 2018	17회 2019	18회 2020	19회 2021	20회 2022	21회 2023	22회 2024
3	3	2	3	2	3	5	2	3	2(1)	5(4)	5(2)	3

출제 비중	출제 논점		
	1순위 ☺	2순위 ※	3순위 ☆
2 3 5	① 과학적 관리론, 관료제론 ② 인간관계이론 ③ 정치경제이론, 자원의존이론, 총체적 품질관리	① 폐쇄체계이론 vs 개방체계이론 ② 맥그리거의 X·Y이론 ③ 상황이론, 체제이론, 조직군생태이론, 제도이론	① 행정관리론(공공행정학파) ② 린드스테드의 Z이론 ③ 목표관리, 학습조직이론

1순위 스마일표시(☺) : 출제 빈출도가 높은 부분으로 무조건 시험에 출제되는 영역
2순위 당구장표시(※) : 나왔다 안 나왔다 하는 영역이지만 출제가능성 높은 영역
3순위 별 표(☆)   : 출제 된 적이 있긴 하지만 다시 출제될 가능성은 다소 떨어지는 영역

MAP

- 사회복지행정의 이론적 배경
  - 환경에 대한 관점에 따라 2가지로 구분 : 개방체계와 폐쇄체계 ※
  - 고전이론 ☺
  - 개방체계이론 ☺
  - 조직환경이론 ※
  - 현대조직이론
    - 목표관리(MBO) ※
    - 총체적 품질관리 ☺
    - 학습조직이론 ☆

01 환경에 대한 관점에 따라 2가지로 구분 : 개방체계와 폐쇄체계

1 폐쇄체제(closed systems)

① 환경과 전혀 교류가 없는 체제로, 엄격한 조직의 경계 속에서 내부의 합리적인 의사결정과 관리활동 등이 주된 관심의 대상이 된다.
② 폐쇄체제관적 조직이론은 조직을 진공 속에 존재하는 어떤 실체로 가정하는 이론으로서 **조직과 환경과의 관계는 고려하지 않고 조직 내부만 연구대상으로 삼는 이론**이다.
③ 환경적 요인이 조직의 목적과 구조에 미치는 영향을 등한시하며, **조직의 목적은 상하의 일치성**에 기반을 두고 있다.
　⑩ 고전이론, 인간관계이론

2 개방체제(open systems) [③④⑤⑦⑧⑩]

① 환경과 끊임없는 교류를 하면서 생존을 유지하는 체제를 말하며, 이는 체제를 살아있는 생명체, 즉 유기체로 간주하는 입장이다.
② 조직들 간의 상호의존적 성격을 강조하여 **조직의 외부환경이나 조직들 간의 관계에 보다 많은 관심**을 두며, 한 조직 영역 내에서의 역할들보다는 조직들 간의 관계를 관리하고 네트워킹하는 등의 역할들이 중요하게 다루어지고 있다.
　⑩ 상황이론, 제도이론, 조직환경 관련 이론들(정치경제이론, 인구생태이론 등)

■ 사회복지행정의 이론 분류 ■

모형 분류 (조직이론의 발달순서)		해당 이론	
폐쇄체계이론	고전모형	관료제모형 과학적 관리학파	공공행정학파
	인간관계모형	Mayo의 인간관계이론 McGregor의 XY이론	린드스테드(Lindstedt)의 Z이론
개방체계이론		상황이론(우연성 이론) 구조주의 이론	체제이론 조직환경이론
	조직환경이론	정치경제이론 자원의존이론	제도이론 조직군 생태이론
현대조직이론		목표관리(MBO) 총체적 품질관리(TQM) 참여적 관리(PM)	전략적 관리(SM) 학습조직이론 애드호크러시(Adhocracy) 이론

02 고전이론(classical model)

1 개요

(1) 기본가정
① 조직 구성원들은 주로 **경제적(금전적 보상)으로 동기부여**, 즉 개인들은 그들에게 경제적 유인이 주어질 경우에 조직의 목표를 위해 노력한다는 것이다.
② 개인에게 경제적으로 보상할 수 있다면 **개인의 목표와 조직의 목표가 일치할 수 있다**고 본다.

(2) 내용
① 합리·합법적 모델
  ㉠ **합리적(rational)** : 목적 성취에 최적의 수단이 선택되는 것
  ㉡ **합법적(legal)** : 조직의 구성과 운영이 보편적이면서 객관적 규정에 근거함
② **관료제 이론, 과학적 관리학파, 공공행정학파**로부터 제반 가정을 빌려오고 있는데 그 핵심적 가정은 조직은 합리적 체계이며 기계와 꼭 같이 계획될 수 있다는 것이다. 이 같은 이유로 이 이론은 **기계이론(machine theory)**이라고도 명명되어 왔다.
③ 이 고전이론은 조직의 연구 및 조직의 실제적 기능보다는 **이상적 조직은 어떤 것이어야 한다는 예측에 기초를 두고 만들어진 것**이다.

2 관료제론(bureaucracy theory) [2⑥⑫⑯⑰⑱㉑]

(1) 개요
① 베버(Max Weber, 1864~1920)에 의해 처음으로 체계적으로 연구되고 분석되었으며, 베버는 관료제를 **계층적 조직구조를 갖고 합리적인 지배가 제도화된 조직형태**로 파악하였다. 즉 관료제는 고도로 전문화된 지식을 바탕으로 합법적이고 합리적인 규칙과 최대한의 효율성을 목적으로 한 조직구조의 독특한 체계이다.
② **인간사회의 지배형식(권한)의 구분** : 전통적 지배, 카리스마적 지배, 합리적 지배 [㉑]

지배(권한)유형	내 용	비 고
카리스마적 지배	• 통치자 자신이 가지는 신체적 혹은 정신적·언어적 측면에서 천부적으로 특유한 속성을 가짐으로써, 피지배자들로부터 복종심과 경이로움을 자아내게 하는 권위 예) 고대의 신권정치, 히틀러, 무솔리니 등	이러한 두 가지 형태의 권위는 관료제 형태의 조직에서는 인정할 수 없는 비합리적이고 비합법적인 권위의 형태로 취급
전통적 지배	• 통치자의 신분이 세습되는 제도에서 신분상의 지위와 권위가 가계나 혈통에 따라 고정되어 세습되는 형태 예) 장로제, 전제적 가부장제, 봉건제에서 장로의 권한, 부권, 영주의 권한 등	
합리적 지배	• 조직의 규범적 규칙이 합리적·합법적으로 제정되어서 이렇게 제정된 규칙에 복종하는 것이 정당한 것으로 간주되는 권한 예) 효율적이고 합법적인 지배 형태인 합리적 지배로서 관료제	합리주의에 기초한 근대 국가의 사회목적을 달성하는데 가장 합리적인 인간사회의 지배형식

(2) 관료제의 특성
① **계층제** : 인간의 개성보다 공적인 지위에 기반을 둔 **위계적인 권위구조**(권한과 책임을 집권화한 위계구조로 하위직은 상위직의 감독과 통제를 받음) → **권위에 대한 이해를 증진시킴**
   - ⓧ 관료제 특성 : 조직 내 권위는 수평적으로 구조화된다.(×)
   - ⓧ 과학적 관리론 : 집권화를 통한 위계구조 설정이 조직 성과의 결정적 요인이다.(×)
   - ⓧ 과학적 관리론 : 권위의 위계구조 – 권리와 책임을 수반하는 권위의 위계(×)
   - ⓧ 사회복지조직관리자가 상황이론(contingency theory)을 활용할 경우 : 계층적 승진 제도를 통해서 직원의 성취 욕구를 고려한다.(×)
② **규칙과 규정** : 지위에 따른 권위를 규정(조직의 기능을 제한하는 기능)하는 규칙의 체계(미리 정해진 성문화된 규칙)로, **규칙에 의한 규제는 조직에 가장 중요한 계속성과 안정성을 제공**
③ **분업과 전문화** : 정책과 행정이 분리되고 조직원의 업무가 사전에 결정(고도로 전문화된 업무 분업, 명백하게 선이 그어진 권력과 권한)
④ **사적 감정의 배제** : 비인간적인 인간관계(비정의성 = 몰인정성, impersonality), 즉 합리적인 결정을 위해 상위자는 하위자나 고객과 감정적인 교류를 피해야 하는 것으로 구성원들 간의 인간관계가 없는 상태 → **공식적인 원칙과 절차 중시**
⑤ **경력지향(기술적 자격)** : 실적이나 기술에 기반(실적주의)을 둔 신분보장과 유급직원에 의한 관료의 충원(기술적 지식에 따른 관리 임명), 즉 이상적 관료제는 기술적 자격에 의해 충원이 이루어지는 것
⑥ **연공서열** : 같은 실적주의는 기술적 자격에 의한 충원은 관료를 자의적인 해고로부터 보호하고, **연공서열이나 업적에 따라 승진**시킬 수 있음
⑦ **문서주의** : 책임의 한계를 명확히 하기 위해 모든 직무는 서류에 근거하여 수행되고 또 그 서류는 원본 또는 초안대로 보존되어야 함을 원칙으로 함
⑧ **전문지식** : 모든 전문적 직무활동은 일반적으로 그 직무에 맞는 특별한 전문지식을 필요로 함
⑨ **공사의 분리** : 직무활동을 사생활의 영역으로부터 완전히 분리

(3) 관료제의 순기능과 역기능
① 관료제의 순기능
   ㉠ **정실주의(patronage) 배제** : 정실주의란 사람을 공직에 임용함에 있어 실적 이외의 요인, 즉 정치적 요인뿐만 아니라 혈연, 지연, 학연 등 개인적인 친분, 기타의 온정관계 등을 기준으로 행하는 것을 말함
   ㉡ 계층제의 승진제도는 **인간본성인 상승욕구 충족수단**
   ㉢ 수직적 권한 계층을 통한 **책임 수행 용이**
   ㉣ 갈등의 제도적 조정
   ㉤ 고도의 합리주의와 **실적·능력에 의한 충원제도**
   ㉥ 종신 재직권을 허용함으로써 고용의 안정성 제공

② **관료제의 역기능** [18.21]
- ㉠ **번문욕례*(red tape, 서면주의)** : 불필요한 규제, 까다로운 형식, 해묵은 관행을 의미

  > **번문욕례(red tape)**
  > 예전 관공서에서 공문서를 매는 데 쓰는 붉은 끈(red tape)에서 유래된 말로, 일반적으로 행정사무를 지연시키고 행정비용을 증대시키는 등의 관료제의 병폐를 의미한다.

- ㉡ **의례주의(ritualism, 형식주의)** : 어떤 다른 해결 방법이 보다 적절함에도 불구하고, 공식적 절차가 그 자체로서 강조되는 상황
  - 관료제의 역기능 – 서비스가 최저수준에 머무를 수 있다.(O)
- ㉢ **과잉동조현상(over-conformity)** : 지나친 규정준수
- ㉣ **목표전치현상** : 엄격한 규칙지향성으로 인해 수단으로서의 규칙이 목적이 되어버리는 경우
  - 관료제의 역기능 – 조직 운영규정 자체가 목적으로 인식될 수 있다.(O)
- ㉤ **무사안일주의** : 창의적이고 능동적인 업무수행을 피하고 피동적이고 소극적으로 현상유지하려는 행동 성향
  - 관료제의 역기능 – 조직의 복잡한 규칙을 적용하면서 창조성이 향상된다.(×)
- ㉥ **조직 내 파벌의식 및 할거주의(sectionalism) 현상 초래** : 부서의 종적 관계만 생각하여 다른 부처와의 관계는 배려하지 않는 것
  - 관료제의 역기능 – 부서이기주의가 나타날 수 있다.(O)
- ㉦ 관료의 특권계층화
- ㉧ 변화에 대한 저항과 경직성(비융통성)
  - 관료제의 역기능 – 조직변화가 어렵다.(O)
- ㉨ 전문화로 인한 무능
- ㉩ 지나친 공사분리로 인한 인간의 몰인정성(비정의성, impersonality)과 비인격성 강요
- ㉪ 상부구조의 권력집중으로 인한 비민주성
- ㉫ **크리밍(creaming)현상의 발생** [11.17]
  - ㉮ 실적을 내기 위해 결과가 성공적으로 나타날 가능성이 높은 케이스를 선호하고, 비협조적이거나 어려울 것으로 예상되는 케이스를 배척하고자 하는 것이다.
  - ㉯ 서비스조직들이 접근성 메커니즘을 조정하여, 보다 유순하고, 성공 가능성이 높은 클라이언트를 선발하고, 비협조적이거나 어려울 것으로 예상되는 클라이언트들을 배척하는 경향을 말한다.

OIKOS UP | **엽관주의와 파킨슨의 법칙**

① **엽관주의(spoils system)** : 엽관(獵官)이란 공직을 사냥한다는 뜻으로, 공직을 사사로운 친소나 부패관계 등으로 거래한다는 뜻이다. 즉 정당에 대한 충성도와 기여도에 따라 공직자를 임명하는 인사제도로, 공무원의 임면기준을 정치적 신조나 정당관계에 두고 있다는 것이다.

② **파킨슨의 법칙(Parkinson's Law)** : 공무원의 수는 해야 할 일의 경중, 때로는 일의 유무와 관계없이 상급 공무원으로 출세하기 위하여 부하의 수를 늘릴 필요가 있다는 사실 때문에 일정한 비율로 증가한다는 것이다.

(4) 사회복지행정 조직에서의 관료제 이론

① 관료제는 틀에 박힌 듯한 업무를 수행하는 데 효과적이고 합리적인 모형이지만 사회복지조직에서는 복합적이고 다양한 욕구를 지닌 클라이언트를 대상으로 한 **비일률적인 업무**를 주로 수행하므로 사회복지조직에서는 수정되어야 한다.

② 사회복지조직에서는 **일련의 규칙과 법규보다는 전문직의 규범에 따라 행동한다**. 사회복지조직의 관료제화는 서비스의 합리화·효율성의 증대, 개선된 서비스 기술 등을 가져다주었지만 서비스 대상자들을 소외시키는 결과도 가져왔다. 따라서 둘 사이에 적절한 균형이 중요하다.

3 과학적 관리론(scientific management) [⑮⑯⑰⑱⑲⑳㉑㉒]

(1) 개 요

① **테일러**(F. W. Taylor, 1856~1915)가 창시한 이론으로 테일러리즘(taylorism)으로 부르는데, 미드베일(Midvale) 철강회사의 엔지니어였던 그가 산업현장에서의 자신의 경험을 바탕으로 당시에 새로 대두되고 있던 경영 및 생산의 기술들을 종합하면서 만들었다.

② **최소의 노동과 비용(투입)으로 최대의 생산효과(산출)를 확보할 수 있는 최선의 작업방법을 찾아내기 위한 관리기법**으로, 낭비 및 중복의 제거 등을 통해 **합리성과 효율성을 높이는데 주력**했다.

③ **효율성과 생산성 극대화**를 추구하기 위한 규범적 관리이론(구체적으로 규정된 기준에 비추어 조직의 특성들이 이에 얼마나 부합되는지를 판단하는 것), 비용의 최소화, 낭비요소제거

(2) 과학적 관리방법의 4단계

① **목표설정**
  ㉠ 조직이 달성하고자 하는 목표를 설정하는 것으로, 목표달성에 대한 **권한과 책임은 관리자에게 부여**되어 있다.
  ㉡ **기획과 실행의 분리** : 조직에 있어 기획과 실행의 분리를 전제, 즉 일에 관한 **기획은 관리자의 몫이고 이것의 실행은 노동자(직원)들의 몫이다.** → 관리자와 작업자 간의 책임 구분

② **직무(업무)의 과학적 분석** [㉒]
  ㉠ 전 생산공정을 최소단위로 분해하여 각 요소별 동작의 형태·순서·소요시간 등을 시간연구와 동작연구 등에 의해서 **표준화·전문화·단순화** 한다.
  > 사회복지조직관리자가 상황이론(contingency theory)을 활용할 경우 : 시간과 동작 분석을 활용하여 표준시간과 표준동작을 정한다.(×)

  ㉡ 조직에서 사람들의 **육체적 능력의 중요성을 강조**하였으며, 노동은 집단적인 것이 아니라 개인적인 활동으로 보아 개인들의 과업을 수행하는 데 필요한 **시간 및 동작(time and motion)에 초점을 두었다.** → 개인의 동작에 대한 소요시간 연구(업무시간과 동작의 체계적 분석)
  > 과학적 관리론 : 조직 구성원의 업무를 과학적으로 분석하여 활용한다.(O)

③ **관리의 원칙 수립** : 과학적 직무분석에 기초하여 모든 직무는 **분업의 원칙이 적용**되고 또한 **엄격한 기획과 통제의 관리원칙이 수립되어 시행**된다. 관리자와 직원의 관계는 지시와 지도·감독의 주체와 대상이 된다.

④ **경제적 보상** [⑫]

개별적으로 달성된 직무를 성실히 수행한 사람과 그렇지 못한 사람을 구별하여 임금과 다른 경제적 보상을 달리한다(직무성과에 따른 인센티브 제공).

※ 과학적 관리론 : 경제적 보상을 통해 생산성을 극대화할 수 있다.(O)

(3) 특성

① 작업의 효율은 **노동의 분업**에 의해 얻어질 수 있다.
② **개개인의 동작에 대한 소요시간을 표준화하여 적정한 일의 분업(division of labor)을 확립**한 다음 과업의 성과와 임금을 관련시킨다.
③ **과업을 달성한 정도에 따라 임금이 지불**된다. 즉 과업을 달성한 사람에게 높은 임금을 지불하고 달성하지 못한 자에게는 낮은 임금을 지불한다.
④ **권한과 책임성은 행정관리자에게만** 주어진다.
⑤ **과학적 업무분석과 이윤공유**(생산성 결과가 관리자와 작업자 모두에게 이익)를 중요시한다.
⑥ **객관성의 원칙과 협동의 원칙**에 대한 이해를 증진시켰다. [⑫]
  ㉠ 과학적 관리이론은 조직관리에 있어서의 공평성과 **객관성의 원칙**, 업무수행의 계량화 등에서 높이 평가받는다.
  ㉡ 과학적 직무분석에 기초하여 모든 직무는 분업의 원칙이 적용되고 또한 엄격한 기획과 통제의 관리원칙이 수립되어 시행되지만, **생산성의 최대화를 위해 관리자 측과 노동자 측의 합리적 관점에서 협조할 수 있는 여지가 있음을 천명했다.**

(4) 과학적 관리와 사회복지조직

① **사회복지행정 조직에 적용했을 때의 유용성**
  ㉠ **사회복지조직도 조직목표를 정하고 업무를 체계적으로 분화하며 특정 업무에 가장 적합한 인력을 모집 훈련하여 배치하고 있다는 점에서 과학적인 관리의 원칙과 방법이 적용되고 있다.**
  ㉡ 한정된 재원을 갖고 다양한 사업과 프로그램을 수행해야 하는 사회복지조직은 **비용의 최소화와 낭비요소를 제거하는 노력**이 필요함을 시사한다.

② **사회복지행정 조직에 적용했을 때의 한계**
  ㉠ **조직을 폐쇄체계로 다룬다.** 따라서 사회복지조직이 외부환경으로부터 받는 많은 외적 영향(지역사회 내 조직 및 사람들과의 관계)을 무시한다.
  ㉡ 조직이 외부환경에 의해 변하지 않으며 조직의 목적 또한 명확히 정해져 있다고 간주하는 과학적 관리론은, **목표가 모호하고 불확실한 특성을 지닌 사회복지조직에 들어맞지 않을 수 있다.**

ⓒ 행정관리자에게만 조직의 목표를 설정할 수 있는 책임을 부여함으로 **엘리트주의적인 과학적 관리론은, 조직의 의사결정과정이 전 직원의 참여를 통한 민주적 절차로 이루어지는 사회복지행정과는 맞지 않는다.**
> ⓧ☺ 테일러(F. W. Taylor)가 개발한 과학적 관리론은 관리자에게만 조직의 목표를 설정할 수 있는 책임을 부여하기 때문에 직원의 의사결정참여를 지향하는 사회복지조직에 적용하는 데는 한계가 있을 수 있다.(O)

ⓔ 구성원들은 오로지 금전적인 요인에만 반응한다고 가정함으로써 **인간에 대한 기계적인 견해를 갖게 한다.** → 인간의 정서적 측면과 사회적 관계무시(구성원들의 비인간화)

ⓜ 효율성의 정도보다는 서비스의 질과 효과성이 강조되며 인간을 다루는 데 윤리적인 문제가 도외시될 수 없는 **사회복지조직에서 수행되는 상담, 치료, 재활, 보호 등의 업무 관리에는 적용 가능성 낮다.**

4 행정관리론(Public Administration School, 공공행정학파) [6⑰㉑]

(1) 개념

① 테일러의 과학적 관리론이 작업현장으로부터 과업을 분석하는 '아래로부터'의 연구라면 행정관리론은 **'위로부터' 연구하여 조직의 최적방법을 설계하는 과정을 추구**한다.
  ㉠ **관리자가 수행해야 할 행동규범**
  ㉡ 모든 조직에서 일을 쪼개고 구조화하는 최적의 방법을 먼저 일반화해 놓고, 이에 근거해서 개별조직을 설계해 나가는 것이다.

② 대표적인 학자는 귤릭(L. Gulick), 어윅(L. Urwick), 페이욜(H. Fayol) 등이며, **생산성·효율성보다 행정관리 기능의 향상에 주로 초점을 맞춘 연구를 진행**하였다.

(2) 귤릭(L. Gulick)이 제시한 조직의 행정적 기능 7가지(POSDCoRB)

① **기획(Planning)** [㉔]
  ㉠ 목표를 달성하기 위한 활동을 결정하는 단계이다. 즉 목표의 설정과 목표를 달성하기 위한 과업 및 활동, 과업을 수행하기 위해 사용되는 방법을 결정하는 단계이다.
  ㉡ 사회복지행정의 기본과정에서 맨 처음 수행하는 것으로 조직의 목적과 목표를 설정하고 그것을 달성하기 위한 과업 및 그 수행을 위한 방법을 결정하는 과정이다.

② **조직(Organizing, 조직화)** [⑯㉑]
  ㉠ 조직의 구조를 결정하는 과정으로, 조직구성원들의 역할과 책임이 분명해야 효과적인 조직이 된다.
  ㉡ 작업의 할당이 규정, 조정되는 과정으로 기관의 구조는 정관규정, 혹은 운영지침으로 기술되며 공식적인 조직의 설정을 필요로 한다.

③ **인사(Staffing, 스태핑)** : 직원의 채용과 해고, 직원의 훈련, 우호적인 근무조건의 유지 등이 포함되는 활동이다. [㉔]

④ **지시(Directing)** : 행정책임자의 관리와 감독이 포함된다. 즉 기관의 효과적인 목표달성을 위한 행정책임자의 관리·감독의 과정이다.

⑤ **조정(Coordinating)** [⑥⑦]
  ㉠ **조직활동에서 구성원들을 상호 연관짓는 중요한 기능**으로 사회복지행정가는 부서 간, 직원들 간의 효과적인 의사소통의 망을 만들어 유지하고 조정해야 한다.
  ㉡ 이를 위한 방법으로 위원회의 조직 등이 있는데 위원회에서는 프로그램, 인사, 재정 및 긴급한 문제상황, 임시적인 활동 등을 다루게 된다.
⑥ **보고(Reporting)** : 사회복지행정가가 지역사회, 행정기관, 이사회 등에게 조직에서 일어나는 여러 가지 상황을 알려주는 과정이다. [㉑]
⑦ **재정(Budgeting)** : 조직의 재정행정가는 중·장기적인 재정계획을 수립해야 하며 회계규정에 따라 재정 운영에 대해서 책임을 가져야 한다.

> **OIKOS UP** 버나드(Barnard)의 POSDCoRBE
> ① **버나드(Barnard)**는 귤릭(Gulick)이 제시한 POSDCoRB에 **평가**를 추가하여 조직의 행정과정을 POSDCoRBE로 제시하였다.
> ② **평가(Evaluating)** : 설정된 기관목표에 따른 활동의 전반적인 결과를 사정하는 과정으로, 서비스 효과성 평가와 효율성 평가가 있다.

※ 사회복지행정의 실행 과정 : 과업기획 → 과업 조직화 → 과업 촉진 → 과업 평가 → 환류(O)

03 인간관계이론(human relations theory)

1 인간관계이론 [①②④⑤⑥⑨㉓⑰㉑②]

(1) 개 요
  ① 인간관계론은 인간을 기계시하고 능률향상만을 위주로 한 **테일러의 과학적 관리론의 한계에 대한 비판과 반성으로부터 출발**한 이론이다.
  ② 하버드 경영대학의 **메이요(Elton Mayo)교수**와 화이트헤트, 레스리스버그 등에 의하여 미국 시카고 근교에 있는 Western Electric Company의 호손공장에서 1924년~1932년 사이에 실시된 **호손(Hawthorne) 실험**을 통하여 생산과 관리에서 인간적인 요소와 감정의 중요성, **인간의 사회적·심리적 욕구(집단의 지지, 교우관계, 집단의 승인, 인정, 지위, 자아실현의 욕구 등)와 구성원의 사회적인 상호작용(커뮤니케이션 등의 중요성)**이 중요한 영향을 미친다는 연구결과로부터 출발하였다.
    ※ 과학적 관리론 : 호손(Hawthorne) 공장에서의 실험결과를 적극 반영하였다.(×)
  ③ **조직을 구성하고 있는 '인간'에 주목** : 사람들 간의 관계로 구성된 조직(조직구성원을 사회심리적 욕구에 의해 자발적으로 움직이는 '인간적' 존재로 간주) → **조직구성원의 자율성과 책임성을 강조**

(2) 인간관계이론의 특성

① 근로자의 작업능률과 생산성은 물리적 환경조건에 의해 좌우되는 것이 아니라 **집단 내의 동료 또는 윗사람과의 인간관계에 의해 크게 좌우**된다.
　　※ 인간관계이론 : 생산성은 근로조건과 환경에 의해서만 좌우된다.(×)

② 조직에는 비공식 집단이 별도로 존재하는데 이 **비공식 집단은 개인의 태도와 생산성에 강력한 영향**을 미친다.

③ 근로자는 **개인으로서가 아니라 집단의 일원으로서 행동**하며, 집단 내의 인간관계는 일련의 비합리적, 정서적 요소에 따라 이루어진다.
　　※ 인간관계이론 : 근로자는 집단 구성원이 아닌 개인으로서 행동하고 반응한다.(×)

④ 근로자는 경제적인 욕구나 동기에 입각한 합리적 행동보다도 **비경제적 요인인 사회적, 심리적 욕구나 동기에 입각한 행동을 중시한다는 것**이다.

⑤ **조직의 리더는 하급자들의 직무수행과 직무만족도를 결정하는 중요한 요인**이 된다. 관리자의 파워, 성숙도, 지적 능력 등은 업무자들의 조직에 대한 헌신 정도를 차이나게 한다.

(3) 사회복지행정 조직과 인간관계론

① **사회복지행정 조직에 적용했을 때의 유용성**
　㉠ **능력과 동기와 자율성이 인정되는 방향**으로 사회복지사에 대한 인사관리가 적절히 이루어진다면 조직의 효과성은 극대화될 수 있다.
　㉡ 사회복지사의 활동은 관리자와 슈퍼바이저에 의한 엄격한 통제보다는 **자율성을 인정하고 참여를 권장하는 리더십이 더욱 적합**하다.
　㉢ 인간관계론은 클라이언트의 가치, 독특성, 강점 등을 강조하는 사회복지실천의 가치와 조화롭기 때문에 사회복지실천이 행해지는 조직관리의 원칙으로 수용한다.

② **사회복지행정 조직에 적용했을 때의 한계**
　㉠ 사회심리적 변수 이외의 조직에 중요한 영향을 미치는 환경, 자원의 목적, 조직 크기, 클라이언트 요인들, 임금과 활동조건 등의 변수들을 고려하지 못한다.
　㉡ 업무수행에 영향을 미치는 조직 내의 정치 및 경제적 과정을 무시하는 경향이 있다.
　㉢ 사회복지조직에서 인간관계적 기술을 사용할 때 실천가들이 자신의 활동을 조작하는 결과를 초래할 수도 있다.
　㉣ **조직을 폐쇄적이고 변동하지 않는 실체로 인식**한다. ※ 생태학이론에 영향(×)
　　㉮ 폐쇄체제관에 입각함으로써 조직내부만 분석대상으로 할 뿐 조직과 환경과의 관계는 다루지 않는다.
　　㉯ 조직효과성을 단순히 업무자들에 대한 동기부여나 참여 등과 같은 조직 내부의 사회심리변수들의 함수로만 간주한다.

> **OIKOS UP** 인적자원접근
>
> 메이요 등에 의해 구체화된 인간관계이론은 후에 폴렛(M.Follett) 등에 의해 인적 자원접근으로 발전한다. 초기 인간관계이론들이 관리자의 통제목적에 비중을 두었다면, 후기 인적자원이론들은 조직구성원들의 실질적 의사결정참여에 비중을 주었다.

2 맥그리거(D. McGregor)의 X·Y이론 [①④⑨②]

(1) 개 요
① 인간관계이론은 1960년대 조직인간주의 학자들에 의해 새롭게 조명된다.
  → McGregor XY이론 제시
② 맥그리거는 그의 책 『기업의 인간적 측면』에서 **두 가지의 서로 다른 인간관 모형을 제시**해 인간모형에 따라 조직관리 전략이 달라져야 한다고 주장하였다.
  → 인간의 본성과 행위에 관해 각각 상이한 가정을 바탕으로 X이론과 Y이론을 발전

(2) X이론(인간에 대한 가정이 부정적) : 고전적 관리이론
① **지시와 통제가 행해지는 전통적인 관리이론**으로, 직원은 근본적으로 일을 싫어하고 이기적이며 변화에 저항적이기 때문에 관리자는 엄격한 지시와 통제가 있어야 조직의 효과성을 확보한다.
② **소극적이고 부정적인 인간관**에 바탕을 두고 있다.
  ㉠ **인간은 천성적으로 게으르다.** 즉 사람은 본래 일하는 것을 싫어하며, 가능하면 일을 하지 않으려고 한다.
  ㉡ 이러한 속성 때문에 조직의 목표를 성취하기 위해서 **통제(감독)와 지시, 보상과 처벌은 필수불가결**하다.
  ㉢ 사람은 지시받기를 좋아하고, 야망이 적고 책임지기를 싫어하며 변화에 대해 저항적이다(**안정을 원한다**).
  ㉣ 인간은 **이기적이며 조직 전체의 문제에 대해 무관심**하다.

  ❌⭕ X이론 : 생산성 향상을 위해 조직 구성원에 대한 감독, 보상과 처벌, 지시 등이 필요(O)

(3) Y이론(인간에 대한 가정이 긍정적) : 인간관계론의 관점
① **인간관계론의 관점**을 가지고 있으며, 직원은 일을 자연스러운 활동으로 받아들이고 자신의 책임 하에 스스로 일의 방향을 정하고 창의적으로 활동하며 조직의 목표를 달성하기 때문에 관리자는 그들의 능력과 가능성을 믿고 자율성을 부여하는 민주적 의사결정이 필요하다.
② **적극적이고 긍정적인 인간관**에 바탕을 두고 있다.
  ㉠ **사람은 본래 일하기 좋아하는 존재**이며, 육체적·정신적 노력의 지출은 놀이나 휴식과 같이 자연스러운 것이다.
  ㉡ 오락이나 유식과 마찬가지로 일에 심신을 바치는 것은 인간의 본성이다.
  ㉢ 조직의 목표가 주어지면 스스로 **자기통제와 자기지시**를 할 수 있다.
  ㉣ 대부분의 사람들은 조직의 문제해결에 있어 **비교적 높은 수준의 상상력과 창의력을 발휘**할

능력이 있다.
- ⑩ 목표에 대한 헌신은 보상의 기능을 하며, **자기만족과 자기실현의 욕구가 중요한 보상**이 될 수 있다.
- ⑪ **사람은 책임을 받아들이고 책임성을 가지려고 노력한다.** 책임의 회피, 야심의 결여, 안전제일주의는 인간의 본성이 아니다.
- ⓐ 사람의 지적 가능성은 단지 부분적으로 활용되고 있으므로, **개인이 무한한 잠재력을 발휘하도록 지원**할 필요가 있다.
- ⓞ **조직의 효과와 생산성은 구성원들이 자아실현할 수 있는 조직구조와 과정이 마련될 때 극대화**될 수 있다.
- ⓩ 상벌만이 기업목표 달성의 수단은 아니다. 조건에 따라서 **인간은 스스로 목표를 향해 전력**을 기울이려고 한다.
- ⓧ 새로운 당면문제를 잘 처리하는 능력은 특정인에게만 있는 것이 아니다.

■ 맥그리거의 X·Y이론 ■

구 분	X이론	Y이론
인간 본성에 대한 기본 가정 (인간관)	• 부정적, 소극적 인간관 • 성악설과 관련됨 • 과학적 관리론적 인간관과 유사	• 긍정적, 적극적 인간관 • 성선설과 관련 • 인간관계론적 인간관과 유사
동기부여방식 (관리전략)	① 지시 명령 감독 통제 ② **저차원의 욕구 충족** • 권위주의적 관리	① 조직목표와 개인목표의 조화 ② **고차원의 욕구 충족** • 민주적 관리
매슬로우의 욕구단계이론과의 관계	• 생리적 욕구, 안전에 대한 욕구, 애정에 대한 욕구	• 자기존중의 욕구, 자아실현의 욕구

3 Z이론과 W이론

(1) **린드스테드(Lindstedt)의 Z이론** [⑮] Z이론 - 인간은 통제와 강제의 대상이다. (×)

① 린드스테드(Lindstedt)는 X, Y이론의 결함을 보완하기 위해 Z이론을 전개하였다.
   ㉠ X, Y이론의 중간형의 이론이 없다는 점을 지적하면서 이를 보완하기 위해 비조직형 또는 자유방임형에 맞는 제3의 동기부여 이론으로서 Z이론을 제시하였다.
   ㉡ 조직화가 덜 된 자연발생적 조직에서는 구속감이 적은 느슨한 조직관리가 필요하며, 이들에 대해서는 자유방임형 동기부여 방식인 Z이론이 X이론과 Y이론에 첨가되어야 한다는 것이다.

② 이 이론은 **특수 분야에 종사하는 사람, 예를 들면 과학자나 학자들에 관한 관리이론**으로서 이들은 자유방임적이고 고도로 자율적이며, 관리자는 오로지 구성원의 자유의지에 따라 행동하도록 분위기만 조성할 뿐 인위적인 동기부여는 가능한 억제한다는 것이다.

③ 이 이론은 X이론과 Y이론에 포함시킬 수 없는 인간의 또 다른 측면을 부각시키기 위하여 제기한 이론이다.

> ✏️ **암기법**
> **마징가Z**를 만드는 과학자, 학자들에 관한 관리이론이다.

(2) 이면우의 W이론

① 이 이론은 우리의 문화적 특성을 감안한 한국인에게 특별히 적용될 수 있는 이론이다.
② 이 이론의 요점은 **지도자의 솔선수범적인 노력과 작업집단 구성원들 간의 유대감이 형성되면** 전문지식과 기술보다는 더 창의적이고 더 많은 생산성을 높인다는 것이다.
③ W이론을 발전시키기 위한 경험적 근거를 이면우는 다음과 같이 설명하고 있다.

> "지도자는 직급과 규정에 의한 권위로는 지도자가 될 수 없으며, 구성원들로부터 동정심을 불러일으킬 정도의 투철한 솔선수범 정신이 반복적으로 확인되어야만 지도자로 인정되기 시작한다. …어려운 일일수록 **참여자 전원의 공생공사(共生共死)의 정신**이 확인되어야 비로소 지도자의 기능적인 역할이 생긴다. 이와 같은 모든 전제조건이 만족되고 나서야 신바람이 났다. 신이 나서 한 일은 실패한 적은 없었다."

04 개방체계이론

1 상황이론(contingency theory, 상황적합 이론, 개연성 이론, 우연성 이론) [④⑤⑨②⑭⑲②②]

(1) 개 요

① 상황적합이론에서는 조직화의 최선의 유일한 방법은 없으며 조직화는 상황에 따라서 결정되어야 할 사항으로 본다.
  ㉠ 조직관리에서 "**상황**"을 강조하는 것으로, 조직양식이나 리더십, 의사결정 스타일 등에 있어서 **상황적 요소들이 미치는 영향**을 중요하게 다루었다.
  ㉡ 효과적 조직이 되기 위해서 조직의 구조는 조직의 기술, 환경, 조직의 크기와 같은 상황에 **적합해야 한다**는 것이다.
    ㉮ 효과적인 조직은 다양할 수 있으며, 그 **조직의 특성과 환경과의 적합성이 조직의 성패를 좌우**한다.
      ⊗⊘ 상황이론 : 경직된 규칙과 구조를 가진 조직이 효과적일 경우도 있다.(O)
    ㉯ 조직을 구조화하는 최선의 길은 조직환경에 의거한다는 인식으로, **조직의 업무환경과 기술환경이 조직에 영향**을 준다.
      ⊗⊘ 상황이론 : 어느 경우에나 적용되는 최선의 조직관리 이론은 없다.(O)
② 조직을 개방체제로 이해하며 조직은 환경과의 교호작용(交互作用)을 하면서 유지되는 체제로, 환경과의 교환작용이 유효성을 가지기 위하여 조직은 환경의 특성에 맞추어 조직 구성요소

간 그리고 구성요소와 환경 간에 적절한 의존관계(依存關係)를 맺어야 한다.
→ **직접적 환경요소에 초점**

> 상황이론 : 조직을 폐쇄체계로 보며, 조직 내부의 상황에 초점(×)

③ 고전모형과 인간관계이론에서 제시되는 근본적인 전제를 부정하고, **조직의 상황에 따라 적절한 조직화 방법을 결정하여야 한다고 전제**한다.
  ㉠ 환경으로부터의 요구는 조직 내 구조변화의 형태를 결정한다.
  ㉡ 조직 기술의 속성에 따라 부서의 구조가 결정된다.

(2) 기본 개념

① **상황(context)** : 조직이 처해있는 배경을 말하는 것으로, 연구자들이 연구한 중요한 상황적 요인(상황변인)들은 **환경, 기술, 조직의 크기(규모)**이다.
② **구조(structure)** : 조직 내에서 업무가 조직화되는 활동형태이며 방식을 말하며, 이 구조 또한 매우 광범위한 개념으로 다양한 방식으로 구성되고 조직화되었다. **공식화, 집권화, 조정, 의사전달, 행정집중** 등은 일반적으로 조직구조의 요소로서 언급된다.
③ **적합성(fit)** : 상황적합이론에서 핵심적인 것으로, **상황과 구조 사이의 조화를 의미**한다. 상황적합이론에서는 구조와 상황 간의 적합이 잘된 조직은 적합이 잘못된 조직보다 더 효과적이라고 본다.

■ 상황이론 ■

```
   Context                Structure
   (상황)                  (구조)
              fit
          (적합성)
   ┌─────┐   →    ┌─────┐
   │ 환경 │         │ 집권화│
   │ 기술 │   ←    │ 공식화│
   │ 크기 │         │ 조정 │
   └─────┘         └─────┘
```

(3) 사회복지조직에서의 상황이론의 유용성

① 사회복지조직의 내부적 특성을 잘 설명하고 **상황과 환경의 중요성을 강조한다는** 점에서 그 적용이 유용하다.
② 사회복지행정가가 상황 이론을 활용할 경우 자신이 운영하는 **사회복지조직의 특성과 욕구를 명확히 파악하고 환경적 특성을 잘 이해해야** 한다.

> 사회복지조직관리자가 상황이론(contingency theory)을 활용할 경우 : 사회복지조직을 둘러싸고 있는 사회, 정치, 경제, 문화 변수 등을 고려한다.(O)

2 구조주의 이론(structuralist theory)

(1) 개 요

① 고전이론과 인간관계이론의 총합으로 인간관계이론에 대한 비판으로부터 발생한 것이다.
　㉠ 구조주의 이론은 개인과 조직의 목표가 일치할 수 있다는 가정을 하지 않는다는 점에서 인간관계이론 및 고전이론과 다르다.
　㉡ 구조주의는 **조직에서 갈등은 불가피하다는 것을 강조**한다.
② 이 이론은 이론에 관한 경험적 연구의 결과로서 나타났다는 점에서 규범적(prescriptive)이라기보다는 기술적(descriptive)이다.

(2) 주요 특징

① 고전이론 및 인간관계이론과는 대조적으로 구조주의이론은 **갈등을 역기능적인 것이라기보다는 순기능적인 것**으로 보고 있다.
　㉠ 갈등은 문제를 노출시키고 그에 따라 해결책을 찾게 함으로써 사회적 기능을 달성할 수 있다는 것이다.
　㉡ 갈등을 인위적으로 은폐하려는 것에 반대한다. 갈등의 표출이야말로 이해와 신념의 진정한 차이를 나타나게 해준다.
　㉢ 갈등에의 직면은 권력을 시험하게 하고 조직체계를 현실적 상황에 적응하도록 인도하며 궁극적으로는 조직의 평화를 가져온다는 것이다.
　㉣ **갈등이 감추어진다면** 갈등과 그에 따르는 잠재적 소외로 인해 조직으로부터의 이탈 또는 사고의 증대와 같은 다른 현상들이 나타나고 결국은 **근로자와 조직 모두에게 불리하다는 것**이다.
② **노동조합, 불만처리위원회, 기타 제반 판결절차**는 조직 내의 갈등의 불가피성으로 인해 이를 중재하기 위한 기제(mechanism)로서 발생한 것으로 보고 있다.
③ **조직에 대한 환경의 영향을 강조**하고 있다.
　㉠ 사회의 급변하는 환경적 특성은 조직이 기능하고 살아남기 위해서는 반드시 다루어야 할 부분으로 보고 있다.
　㉡ 사회복지조직에서도 최근 환경에 대한 강조가 점차 중요해지고 있다. 사회복지조직들의 서비스 전달형태에 미치는 환경의 영향은 과소 평가할 수 없다.

3 체제이론(system theory, 체계이론) [3④⑫⑤]

(1) 개 요

① **조직은 각각의 기능을 수행하는 하위체계로 구성된 복합체**이다.
　㉠ 조직체는 개방체계로서 항상 환경 속에서 자체의 생존과 유지에 도움이 되는 상호의존적인 다양한 하위체계들로 구성된다.
　㉡ 조직 내 개체 간의 상호의존성, 조직의 욕구, 그리고 조직환경의 중요성 등을 주요한 내용으로 다루고 있다.

ⓒ 하위체계는 생산 하위체계, 유지 하위체계, 경계 하위체계, 적응 하위체계, 관리 하위체계로 구성되며, 관리 하위체계가 다른 하위체계들을 조정한다.
② 과학적 관리론이 조직을 하나의 기계로 인식하고 인간관계이론은 가족으로서 인식하는 반면 **체계이론에서는 조직을 하나의 유기체로서 인식한다.**

(2) 체제의 종류

① **생산 하위체계(production subsystem)**
  ㉠ 모든 조직은 생산과 관련된 과업을 수행하며, 결과물로서 '생산품'을 생산하기 위해 조직되고 운영된다.
  ㉡ **가정** : 조직의 역할과 과업을 설계하는 데 있어 숙련(전문성)과 합리성의 중요성을 강조한다(고전모형의 가정에 기초).
  ㉢ **사회복지조직에서 생산하위체계의 기능** : 클라이언트에게 서비스를 제공하는 것이다.
    ㉮ 조직 안으로 들어가는 돈과 인력과 같은 투입자원은 서비스로 전환된다.
    ㉯ 조직의 명칭 또는 분류가 생산하위체계가 제공하는 서비스와 관련되어 있다는 사실에 비추어 볼 때 생산하위체계의 중요성을 알 수 있다(예 아동상담센터).
  ㉣ **단점** : 전문화를 추구하는 과정에서 기술을 지나치게 강조하여 기술이 클라이언트의 욕구를 대치하면 수단과 목적이 바뀌는 부정적인 결과를 가져올 수 있다(Neugeboren, 1985).
  ㉤ 전문화는 목적(purpose), 과정(process), 사람(person), 장소(place) 등 4가지 영역에서 조직화 될 수 있다.

② **유지 하위체계(maintenance subsystem)** [⑥]
  ㉠ **기본철학** : 개인의 욕구를 조직의 욕구에 통합하는 데 강조를 두는 인간관계이론에 기초한다.
  ㉡ **주요 목적**
    ㉮ 조직의 현재 상태대로 조직의 계속성을 확보하고 그 주요한 역동성은 **조직을 안정상태로 유지하는 것**(조직의 영속성을 확보하는 것)이다.
    ㉯ **목적을 위해 사용되는 매커니즘** : 업무절차를 공식화하고 표준화, 보상체계의 확립, 새로운 구성원의 사회화, 교육, 직원선발과 훈련 등
  ㉢ **사회복지조직에서 유지하위체계의 기능** : 개개 직원들의 목표를 조직의 목표에 통합되도록 촉진해 주는 것이다.
    ㉮ 직원들의 관심과 능력은 조직의 과업과 일치하지 않을 수 있다. 더욱이 직원들의 조직에 대한 충성심은 조직 밖에서 그들에게 부과되는 요구 때문에 분산되기도 한다.
    ㉯ 이때 유지 하위체계는 절차를 공식화하고 표준화함으로써, 직원을 선발하고 훈련하며 보상하는 제도를 확립함으로써, 개개 직원들의 목표를 조직의 목표에 통합시키는 기능을 수행한다.
  ㉣ **조직의 궁극적인 목표** : 직원들의 욕구충족이 아닌 클라이언트의 욕구충족에 있다. 즉 직원들에 대한 관심은 클라이언트의 욕구충족이라는 궁극적인 목표를 달성하기 위한 수단이다.

③ 경계 하위체계(boundary subsystem) [③]
　㉠ 환경과 환경에 영향을 미치기 위한 장치를 확립할 필요성을 강조한다(구조주의 이론의 가정에 기초).
　㉡ **기본 목적** : 조직의 외부환경에 영향을 미칠 수 있는 기반을 **구축**하고자 한다.
　　㉮ 사회복지조직은 생존하고 발전하기 위해서 부단히 **외부환경에서 일어나는 변화를 알 필요가 있고 반응할 수** 있어야 한다.
　　㉯ 이와 같은 필요성은 오늘날 사회복지 분야가 정치·경제적 환경으로부터 그 압력을 더욱 크게 받고 있음이 발견됨에 따라 특히 중요하게 되었다.
　㉢ **경계하위체계의 두 가지 구성요소**
　　㉮ **생산 지지체계(production-supportive system)** : 서비스 전달에 후원과 지지를 보내기 위해 필요한 활동들에 관심이 있으며, 그 기본적 기능은 **외부의 다른 조직과 교환 관계를 맺는 것**이다.
　　　ⓐ 생산 지지체계의 목적은 이와 같이 동의와 조정 절차를 통해 다른 조직과 관계를 발전시키는 것이다.
　　　ⓑ 생산지지체계가 조직 간 협력과 조정을 용이하게 하기 위해 필요한 지식과 기술을 갖는 것이 중요하다.
　　㉯ **제도적 지지체계(institutional system)** : 제도적 체계의 목적은 **조직이 지역사회의 지지와 정통성을 확보하도록 하는 것**이다.
　　　ⓐ 일반적으로 이와 같은 과업은 지역사회의 대표들로 구성된 **이사회(board of directors)에 의해 수행**된다.
　　　ⓑ 제도적 체계는 조직의 임무와 업적을 **지역사회에 홍보(public relations)**할 필요가 있으며 필요할 경우 지지와 정통성을 확보하기 위해 지역사회의 다양한 조직 및 후원자들(constituencies)에게 영향을 미쳐 환경을 조정한다.

④ **적응 하위체계(adaptive subsystem)**
　㉠ **연구와 계획을 강조**한다는 점에서 합리성과 숙련을 강조하는 고전이론에 기초를 두고 있으며, 환경을 강조한다는 점에서 구조주의 이론에 기초를 두고 있다(고전이론과 구조주의 이론에 기초).
　㉡ **사회복지조직에서 적응하위체계의 기능** : 연구와 계획에 관련되어 있으며 조직의 지적인 부분에 해당한다.
　　㉮ 적응 하위체계는 변화하는 환경의 요구에 반응해서 조직을 변화시킬 필요성을 인식하고 관리층에 적절한 건의를 하며 이를 위한 기본적인 도구가 바로 체계적인 연구와 평가이다.
　　㉯ 새로운 클라이언트의 요구, 새정부의 요구조건, 자금조달 조직의 우선순위에 재빨리 적응할 수 없는 사회복지조직은 시대에 뒤떨어지게 된다.
　　㉰ 연구와 기획의 기능을 담당하여 조직의 업무수행 능력에 대한 평가와 외부환경의 변화에 대한 모니터링을 통하여 조직 변화의 방향을 제시한다.

⑤ 관리 하위체계(managerial subsystem)
  ㉠ 통제를 강조한다는 점에서 고전이론의 특징을 갖고 있으며, 외부환경을 강조한다는 점에서는 구조주의 이론의 특징을 갖고 있고, 타협을 강조한다는 점에서는 인간관계이론의 특징을 갖고 있다.
  ㉡ 관리 하위체계는 다른 4가지 하위체계와 교차하며, 사회복지조직에서 관리하위체계의 목적은 **다른 4가지의 하위체계를 조정하고 통합하기 위한 리더십을 제공하는 것**이다.
  ㉢ 관리하위체계의 기본적인 기능 : 갈등해소, 조정, 외적 조정 등의 방법을 사용한다.
    ㉮ 권한의 활동을 통해 계층 간에 생겨나는 갈등을 해결하는 것
    ㉯ 타협과 심의를 통해 하위체계들을 조정하는 것
    ㉰ 자원을 증진시키고 필요할 경우 조직의 재구조화를 위해 외부환경과 조화하는 것
  ㉣ 각각의 하위체계는 자신의 지위를 높이려고 노력하기 때문에 **사회복지조직의 주요 목적인 클라이언트의 복지로 관심을 환기시키는 것은 관리하위체계의 책임**이다.

(3) 체계이론이 사회복지조직에 시사하는 의미
  ① 조직을 형성하고 있는 다양한 구성체와 단위 간의 상호의존성이다.
  ② 조직은 조직 나름대로의 욕구를 가지고 있다는 점인데, 조직의 욕구를 파악하여 그 욕구를 충족시키는 역할을 하나의 전략으로 활용할 수 있는 여지를 부여한다.
  ③ 조직 환경의 중요성을 강조한다.

05 조직환경이론(structure-contingency theory)

1 정치경제이론(political economy theory) [5⑨⑩⑫⑭⑯⑱㉒]

(1) 개요
권력의 상호작용, 권력 행사자들이 성취하려는 목적 및 생산적 교환체계에 관한 연구로, 조직과 환경 간의 상호작용이 조직 내부 역학관계에 미치는 영향들에 초점을 둔 이론이다.
  ※ 정치경제이론 : 경제적 자원과 권력간 상호작용 강조(O)

(2) 주요 내용
  ① 조직의 생존과 발전(서비스 생산)에 필수불가결한 두 가지 기본적인 자원
    ㉠ **합법성과 권력과 같은 정치적(political) 자원** : 조직에서 합법성은 조직의 설립기반과 모든 활동의 근거가 되는 중요한 요소이며 권력과 같은 정치적 자원으로 인하여 조직의 목표달성을 위한 적절한 권위와 영향력이 행사될 수 있다.
    ㉡ **생산과 서비스에 요구되는 경제적(economic) 자원** : 재원, 물적 자원, 클라이언트, 인력과 같은 생산과 서비스를 위한 경제적 자원이 확보되지 않는다면 조직은 정상적으로 가동될 수 없을 것이다. ※ 생존을 위해서 환경으로부터 합법성을 부여받아야 한다.(O)

② 조직이 서비스 전달체계를 형성하는 데 있어서 **환경의 중요성, 특히 과업환경**(task environment)**의 중요성**을 부각시킨다.
  ㉠ **과업환경** : 조직에 직접적으로 영향을 미치는 환경으로 대개 지역사회 내의 다른 조직과 클라이언트 집단을 포함한다.
  ㉡ 과업환경의 요소들은 조직이 필요로 하는 중요한 정치적·경제적 자원을 통제하고 있고 조직을 통해서 자신들의 목적을 실현시키려 하기 때문에 밀접한 이해관계를 형성하고 있다.
  ㉢ **조직의 관점에서 보면** 조직은 정치경제적으로 환경에 대해서 반드시 필요한 자원을 확보해야 하므로 의존하고 있다고 해석되어, **정치경제이론을 일명 자원의존이론**이라고도 한다.
    ※ 서비스 전달체계에서 업무환경을 강조한다.(O)
③ 조직은 조직이 필요로 하는 자원들을 보유하고 있는 **조직 내부 및 외부에 존재하는 다양한 이익집단들이 그들의 가치관을 조직을 통해서 최대한으로 활용하려고 경쟁하는 장**이다.
    ※ 조직의 내·외부 환경의 역학 관계가 서비스 전달체계에 영향을 미친다.(O)
④ 이해집단의 중요성에 대한 인식을 증진시키고, **외부자원에 의존할 수밖에 없는 사회복지조직의 현실을 생생하게 설명**해 준다. 다만, 조직을 이끄는 가치와 이념을 간과하는 한계성을 드러낸다.

2 자원의존이론(resource dependency theory) [③⑨]

(1) 개 요
  ① **기본적인 전제** : 조직이 과업을 수행하기 위해 필요한 자원을 조직 스스로 내부적으로 마련할 수 없으므로 조직은 결국 환경에 의존적일 수 밖에 없다는 것이다.
    ※ 조직은 내부적으로 자원창출(×)
  ② 조직의 관리자는 조직의 생존과 발전에 결정적인 역할을 하는 **과업환경을 면밀히 분석하여 능동적으로 대처하는 전략을 수립**해야 한다.

(2) 조직의 관리자가 취할 수 있는 효과적인 전략
  ① **완충(buffering)전략**
    ㉠ 조직이 과업환경으로부터 야기되는 혼란에서 조직을 보호하기 위해 조직 내의 구조와 주요 절차를 정비하는 방법
    ㉡ **구체적인 전술** : 분류, 예측, 비축, 평준화
  ② **연계(bridging)전략**
    ㉠ 조직이 필요한 주요 자원을 획득하기 위해 환경의 다른 요소 또는 조직들과 협력 혹은 공조 관계를 형성하고 발전시키는 것
    ㉡ **구체적인 전술** : 협력, 대체자원 개발, 서비스나 프로그램의 다변화 전술 등

(3) 특 징
  ① 조직을 환경과의 관계에서 적극적 참여자로 간주한다.
  ② 조직은 환경에 대해 영향력 행사를 적극적으로 모색한다.

③ 조직이 그 생존의 보장을 위하여 환경에 어떻게 대처하는가를 고려한다.
④ 내부적 권력 구조와 환경적 집단의 요구 모두가 의사결정과정, 즉 구조나 행동노선의 선택 과정에 있어서 중추적 역할을 한다.

3 조직군생태학이론(population ecology theory, natural-selection theory) [④⑨⑩]

(1) 개 요

① 이 이론은 조직을 개방체계로 보아 환경과의 상호작용을 전제로 하고 있지만 **조직과 환경과의 관계에서 조직의 생존을 결정하는 것은 환경이라는 환경결정론적 입장을 취한다. 즉 환경적 요인들이 그에 가장 적합한 조직특성들을 선택한다고 보는 이론**이다.

② **분석의 단위** : 개별조직이 아니라 **전체조직**(a population of organizations, 조직군)
   ※ 개별조직을 분석의 대상(×)
   ㉠ 전체적으로 조직들은 유사한 조직구조와 특성을 일정 기간 동안 유지하고 있지만 결국 어떤 조직은 역동적으로 발전하는 데 비해서 또 다른 조직은 변형되거나 소멸되는 현상을 보이게 마련이다.
   ㉡ 이러한 현상은 조직들 간의 조직군생태학적 역동성과 조직의 생성과 소멸이라는 주기성에 의해 나타나는데 궁극적으로 **변화하는 환경에 적응적인 조직은 살아남고 그렇지 않은 조직은 도태된다는 점을 강조**하고 있다.

(2) 사회복지조직에서의 유용성

① 전통적으로 우리나라 사회복지시설은 생활시설 중심이었으나 정부가 1980년대 이후부터 지역사회를 중심으로 한 재가복지로 정책을 전환시키자 사회복지관과 재가복지봉사센터 등 이용시설이 급격히 양산되었다. 이러한 과정에서 환경에 적응적인 기존의 생활시설은 그 조직의 영역을 이용시설로 변형시키거나 확대하여 성장할 수 있었다.

② 복지환경이 최근과 같이 급변하는 상황에서는 보편적으로 다양한 사회복지서비스를 제공하는 사회복지관이 다른 사회복지조직보다 새롭게 필요성이 인정되는 자활사업, 노인주간보호사업, 사회복귀사업 등에 활발히 참여하며 비교적 환경변화에 적응적인 태도를 보이고 있다는 사실에서도 설명력이 인정된다.

4 제도이론(institutional theory, 신제도이론) [⑨⑫⑬⑭]

(1) 개 요

① 조직에 대한 **환경의 영향력을 강조하는 개방체제적 관점**을 지니고 있으나, 상황이론이나 정치경제이론보다 **거시적인 제도적 환경에 초점**을 맞추고 있다.
   ㉠ 사회현상을 설명하는데 있어서 '**제도**'가 **핵심이라고 생각**하는 주의이다.
   ㉡ 개인의 행태와 제도의 관계를 분석하며 **제도가 어떻게 발생했는가에 대한 것을 연구**한다.

② 다른 이론과의 차이점
  ㉠ 상황이론은 직접적 환경요소에 초점을 두고 있지만, **제도이론은 환경에 초점을 맞추고 있다**는 것이 상황이론과 제도이론의 다른 점이다.
  ㉡ 조직군 생태학 이론이 환경을 막연하게 다루는 데 반해 제도이론은 **조직 그 자체의 규범과 조직을 둘러싼 사회적 가치와 규범의 결집체인 제도적 환경**(institutional environment)이 조직의 특성과 행태를 좌우한다는 점을 강조한다.
  ㉢ **조직의 제도적 외부환경이나 내부구성원들이 채택하고 있는 신념체계** 같은 것들을 사회복지조직의 행태를 설명하는데 치명적으로 중요한 요인으로 간주한다.
    → 사회복지조직과 관련된 법적 규범이나 가치체계를 주요 설명요인으로 다룸

(2) 주요 내용
① **제도적 환경**(사회적 여론, 주요 이해당사자의 시각, 교육과정에서의 인정된 지식, 사회적 지위, 법률과 법원의 판결 등)이 특정조직의 구조나 성격을 결정하는데, 사회복지조직의 주요 제도적 환경으로는 정부의 법과 정책, 전문직, 그리고 여론을 들 수 있다. → 조직구조가 기술이 아니라 '제도적 환경의 규칙'에 의해 결정(제도적 환경이 조직의 구조와 속성에 영향을 줌)
② 특정조직의 제도화된 규칙은 동일한 영역에서 활동하는 조직들의 네트워크나 개별조직들의 성공적인 실천사례에서도 만들어질 수 있다. 유사 조직 간의 동형화(isomorphism) 현상을 모범사례에 대한 모방과 전이 행동으로 설명한다.
③ 조직이 환경에서 요구하거나 스스로 만든 제도화된 규칙을 받아들이고 지키는 이유는 조직의 **생존과 관련**되는데, 보다 구체적으로 이러한 규칙들이 바로 합법성의 원천이고 자원획득을 위한 통로가 되기 때문이다. → 조직의 생존을 위한 적응기제를 주목함
④ **조직에서 이와 같은 제도적 규칙이 받아들여지는 과정과 방법은 세 가지**
  ㉠ 정부나 법률의 규정에 의해서 **강제로 받아들여지는 규칙**이다.
  ㉡ 성공적인 조직의 관행과 절차를 **모방하여 규칙을 정하는 방법**이다.
    예) 우수복지기관의 조직체계와 프로그램을 도입하여 시행하는 경우
  ㉢ **전문직의 규범**으로 자연스럽게 그 절차를 수용하는 것이다.

06 현대조직이론

1 목표관리(Management By Objectives, MBO) [③⑪]

(1) 개 념
① 1950년대 드러커(P. Drucker)에 의해 주창된 MBO는 목적과 목표의 설정에 업무자들을 참여시킴으로써, 단기적 목표를 명확하게 체계적으로 설정하고, 그에 따라 생산활동을 수행(구성원의 참여와 책임부여)하도록 하며, 활동의 결과를 평가·피드백(환류)시키는 관리체계이다.

② MBO에서는 **귀납적 과정으로 목적을 설정**한다. 즉 조직구성원 개인별 목표를 취합한 후 부서의 구성원들은 여기에 어떤 공통된 목적이 형성되어 있는지 그리고 어떤 계획이 개발될 수 있겠는지를 집합적으로 찾아낸다.

(2) **구성요소 : 명확한 목표 설정, 참여, 피드백(환류)**

① **명확한 목표 설정** : 측정 가능하고 수개월에서 1년 정도의 비교적 단기적인 목표(objectives)를 설정한다.

② **참여** : 참여의 과정을 통한 목표의 설정을 강조하며, 참여를 통해 의사결정을 도모하고 직무만족도를 상승시킬 수 있다.

③ **환류** : 활동의 과정과 결과를 평가하고 이를 환류시켜, 집단의 문제해결 능력을 증진시키고 개인의 직무수행 능력을 향상시킨다.

2 총체적 품질관리(Total Quality Management, TQM) [⑧⑩⑬⑭⑮⑯⑱⑲㉑㉒]

(1) **개 요**

① **개념** : 품질을 통한 경쟁우위를 확보하기 위하여 고객만족, 인간성 존중, 사회에의 공헌을 중시하며 **최고경영자와 전 임직원이 끊임없이 혁신에 참여**하여 기업문화의 창달과 지속적인 기술개발을 통해 기업의 경쟁력을 제고함으로써 **장기적인 성장을 추구하는 경영체계**라고 할 수 있다.

㉠ T(Total, 총체적)

㉮ 조직의 최상층부터 하층까지 참여, 즉 품질향상의 노력은 조직 구성원 모두에 의해 공유되어야 한다는 것 → 조직구성원은 지위고하를 막론하고 주인의식을 가짐(전체 조직구성원의 사명감이 투철해야 함)

㉯ 서비스나 제품의 설계·제조·판매·사후관리에 이르기까지 **모든 단계에 걸쳐 품질향상 노력이 총체적으로 이루어진다는 것** → 투입과 산출에 관한 전반적인 과정을 포함

㉡ Q(Quality, 품질)

㉮ **양질의 서비스**, 즉 고객의 요구에 부응하는 것으로 여기에는 재화·서비스의 우수성, 생산성, 능률성, 효율성 등을 포함한다.

㉯ TQM의 목표는 **고객의 기대에 부응하기 위해 서비스나 제품의 품질을 지속적으로 향상시키는 것**이다.

㉢ M(Management, 관리) : 인간중심적인 관리 접근법, 즉 품질향상의 목적을 달성하기 위한 수단을 의미

② **TQM의 철학적 기반**

㉠ **품질은 고객에 의해 정의된다는 것**으로, 진정한 고객만족, 나아가서 고객의 즐거움(customer delight)까지 창출할 수 있다는 것이다. → 품질결정자는 궁극적으로 소비자

㉡ 고객만족을 창출하는 재화와 용역을 생산하는 데 있어서의 과정을 중시하여 **인간 위주의 경영시스템을 지향**하는 것이다.

③ **TQM이 사회복지조직의 관리기법으로 부상한 배경** : 1970년대 1, 2차 유류 파동으로 인한 공공예산의 감축, 모든 서비스는 평가에 의한 예산지원 및 차등지원, 고객위주·이용자 중심·고객만족 경쟁시대, 사회복지 분야에 본격적으로 서비스의 질에 대한 관심과 문제 부각 등
  ⓧ 우리나라에서는 사회복지서비스의 전문직주의 강화로 인해 확산되었다.(×)

(2) **TQM의 특징**
  ① 조직 외부의 인사나 재정지원기관의 요구에 의해 시작되는 것이 아니라, **조직 리더의 강력한 의지로 주도**된다.
  ② 의사결정과정에서 전체 구성원의 참여를 활성화시키기 위한 **권력의 분배가 필수적**이다.
  ③ 조직 생산물의 질은 고객의 욕구나 바람에 기초하여 결정되어야 하는 **고객중심의 관리**이다.
  ④ 소비자의 관점과 의견에 대해 정보를 수집하는 **소비자 설문조사 등에 대해 관심**을 가진다.
  ⑤ 기관활동에 대한 문제점의 발견과 이를 수정하는 연속적 노력인 **지속적 학습과정**이다.
  ⑥ 조직의 철학, 비전, 전략, 유능한 인력, 재원, 보상제도 및 조직구조 등의 핵심적 요소들에 대한 관리를 모두 포함하는 종합적 접근방법인 **총체적 관리과정**이다.

(3) **TQM의 6가지 기본요소(Martin)**
  ① **(서비스의) 질(quality)** : 품질은 조직의 1차적 목적이다.
  ② **고객(customers)** : 고객은 품질이 무엇인가라는 것을 결정하는 사람이다. 즉 클라이언트의 만족이 조직의 최대 가치이다. → **고객만족 중시(고객만족 극대화)**
   ⓧ 품질은 조직구성원 및 장이 결정(×), 최고 관리자를 품질의 최종 결정자로 간주(×)
  ③ **고객만족(customers satisfaction)** : 고객만족은 조직을 좌우, 즉 클라이언트의 만족이 조직의 최대가치이다.
  ④ **변이(variation)** : 조직과정에서 나타나는 변인의 원인 및 내용을 이해해야 하며 이는 감소시켜야 한다. → **가변성을 예방하는 것이 고품질생산의 핵심(일관성 강조)**
  ⑤ **변화(change)** : 조직 내에서 변화는 지속적으로 이루어져야 하고 이것은 팀과 팀워크에 의해 수행되어야 한다.
   → **품질은 투입과 과정에 대한 지속적인 개선을 요구(지속적인 서비스 품질향상을 강조)**
   ⓧ 현상 유지가 조직의 중요한 관점이다.(×)
  ⑥ **최고 관리층의 절대적 관심(top management commitment)** : 조직 내에 품질문화를 조성하고, 직원들을 임파워먼트 하며, 장기전망을 조성하기 위한 최고 관리층의 절대적 관심이 있어야 한다.

(4) **TQM의 7가지 주요 원리(Swiss)**
  ① 서비스의 질은 궁극적으로 고객이 결정한다(고객이 가장 중요한 품질 판정자).
  ② 서비스의 질은 **제공과정보다는 서비스의 계획단계부터 고려**된다.
   → **기획단계부터 서비스 품질을 고려**

③ 서비스의 변이(variation) 가능성을 사전에 방지하는 것이 고품질의 서비스 산출에 중요하다.
④ 고품질의 서비스는 개인 노력보다는 **조직의 다양한 직원의 협력적 활동의 결과**로 나타난다.
　→ **시스템을 강조 : 품질은 업무자 개별이 아닌 팀노력으로부터 도출된다.**
　　🔍 조직구성원들의 집단적 노력을 강조한다.(O)
　　🔍 구성원들과 각 부서는 경쟁체제를 형성한다.(×)
　　🔍 집단의 노력보다는 개인의 노력이 품질향상에 더 기여한다고 본다.(×)
⑤ 투입과 과정에 대한 **지속적인 개선노력**이 질적 우월성을 가져다준다.
　　🔍 지속적인 품질개선을 강조하는 일련의 과정이다.(O)
⑥ 질적 개선은 **직원들의 적극적인 참여**를 통해서 이루어진다.
　→ 직원 임파워먼트(품질개선은 업무자의 강력한 참여 요구)
⑦ **전체조직의 사명감(조직전체의 책임)**이 투철해야 질적 개선은 이루어질 수 있다.
　→ 품질은 관리직을 포함한 전체조직의 헌신을 요구

OIKOS UP 전통적인 미국의 관리 원칙과 TQM 원칙 비교(신복기 외, 2013)

전통적인 관리 원칙	TQM 원칙
• 조직은 경쟁하는 다양한 목적들을 가짐 • 재정에 대한 관심이 조직을 주도 • 품질을 결정하는 것은 조직관리자와 전문가 • 현상유지에 초점 • 변화는 뜻밖의 일이며 관료적 체계에 도전하는 우승자에 의해 수행된다. • 구성원들과 각 부서는 서로 경쟁 • 의사결정은 감각에 기반함 (안 하는 것보다 무언가 하는 것이 낫다) • 구성원의 훈련은 사치스러운 것이며 비용이 든다는 인식 • 조직 내 의사소통은 기본적으로 상의하달식 • 계약자들은 가격에 기초하여 서로 간에 경쟁하도록 장려함	• 질은 조직의 일차적 목적 • 고객만족이 조직을 주도 • 품질의 결정은 고객 • 지속적인 개선이 초점 • 변화는 지속적이며 팀워크에 의해 수행됨 • 조직 구성원들과 부서는 서로 협동 • **의사결정은 자료 분석에 기반함** (어떤 것이 잘못되기보다는 안 하는 것이 낫다) • **구성원의 훈련은 필수적이고 투자라는 인식** • 조직 내 의사소통은 상향, 하향, 그리고 양방향으로 진행 • 질 높은 상품과 서비스를 제공하는 계약자들과 장기적인 관계를 발전시킴

🔍 의사결정은 자료분석에 기반한다.(O)
🔍 통계자료의 활용을 강조한다.(O)
🔍 자료와 사실에 기반한 의사결정을 중시한다.(O)
🔍 의사결정은 전문가의 직관을 기반으로 한다.(×)
🔍 조직구성원에 대한 훈련을 강조한다.(O)

3 학습조직이론(learning organization theory) [3⑧②②]

(1) 개 요
① **사회복지조직과 인력을 임파워시켜** 클라이언트 집단에 효과적인 서비스를 제공하는 방안으로 제시되는 조직이론이다.

㉠ 조직구성원들에게 학습을 용이하게 만들고, 스스로 변환해 가는 조직이다.
㉡ 강점관점에 바탕을 둔 **임파워먼트모델**과 맥락을 같이 한다.
㉢ 조직의 유효성을 높이기 위해 구조적 변화보다는 **인적자원의 변화를 중시**한다.
  ※ 학습조직이론 : 개인 및 조직의 학습공유를 통해 역량강화(O)

② **창시자인 피터 센게(Peter Senge, 1990)의 학습조직에 대한 정의**
㉠ 조직이 진실로 원하는 성과를 달성하도록 지속적으로 역량을 확대시키고, 새롭고 포용력 있는 사고능력을 함양하며, 집중된 열의가 자유롭게 설정되고, 학습방법을 서로 공유하면서 지속적으로 배우는 조직이라고 정의하였다.
㉡ 조직학습 행위의 일상화, 습관화로 인해, 언제라도 새 환경에 적합한 자기 변신을 할 수 있는 조직을 말한다.

(2) 학습조직의 주요 내용

① **학습조직의 도입방안**
㉠ 고객으로부터 지속적으로 학습
㉡ 우수 경쟁사의 업무기술 또는 업무과정을 벤치마킹 하여 학습
㉢ 조직원들 상하지위 간에 서로 학습하는 일이 일상화되어 있는 조직으로 만들어 가는 것

② **학습조직의 실행방안(행동학습)**
㉠ 조직의 중요한 문제에 초점을 두고, 학습자원들을 서로 제공하여, 개발단계 전반에 걸쳐 올바른 질문과 외부인력자원에 지원을 요청한다.
㉡ 모든 조직원은 기존의 선입견을 버리고(사고모형) 열린 생각을 할 수 있기 위해 스스로 노력하며(자아완성) 회사의 시스템에 대한 완벽한 이해를 바탕으로(시스템 사고), 누구나가 동의할 수 있는 비전을 이룩하기 위해(비전 공유) 함께 노력한다(팀학습).
  ⓔ 직원들이 일주일에 2시간 정도 함께 모여 새로운 이론들을 학습시키는 것과 직원들끼리 공부해서 발표하는 방법

(3) 학습조직화 된 조직에서 임파워되는 주요 영역 [20]

① **자기숙련(personal mastery, 개인적 숙련, 개인적 통제감)** : 단순히 지식의 습득과 능력의 신장을 넘어 조직구성원이 진실로 원하는 성과를 창조적으로 획득할 수 있는 능력을 확장시킨다.
  ※ 학습조직 구축요인 : 자기숙련(personal mastery) - 명상 활동(×)

② **사고모형(mental model, 정신적 모델)** : 사고의 틀을 말하는 것으로 사고와 정신이 행동의 방향을 결정하는 데 중요한 역할을 한다는 전제하에, **조직구성원이 상호 간의 대화, 성찰, 질문을 통한 지속적인 학습과정**에서 최선의 해결책을 강구하고 현재의 상황과 미래에 대한 **사고의 틀을 형성**한다.
  ※ 학습조직 구축요인 : 사고모형(mental models) - 계층적 수직구조 이해(×)

③ **공유비전(shared vision, 비전공유)** : 조직구성원 개인의 제각기 다른 목표와 지향점이 생산적인 학습과정을 통해 통합되며, **모든 조직구성원에 의해 공유되는 비전은 다시 조직학습의 목표와 에너지 원천**으로 작용한다.
  ※ 학습조직 구축요인 : 공유비전(shared vision) - 개인적 비전 유지(×)

④ **팀학습(team learning)** : 조직구조화의 원리를 팀 제로 형성하는 학습조직은 조직 안팎의 문제해결을 위해 **팀 구성원들이 자유롭게 의견을 교환**하여 다른 사람의 생각과 아이디어를 교환하고 **학습함으로써 문제해결능력을 신장**시킨다.

> 학습조직 구축요인 : 팀학습(team learning) − 최고관리자의 감독과 통제를 통한 학습(×)

⑤ **체계적 사고(systems thinking, 시스템 사고)** : 조직에 **다양한 요소가 상호관련을 맺고 역동적으로 작용하고 있다는 인식을 바탕**으로 이러한 요소 간의 마찰과 대립도 있을 수 있다는 것을 인정하는 동시에 타협과 협력으로 전체조직의 목표달성에 기여한다고 생각하는 것이다.

> 학습조직 구축요인 : 시스템 사고(systems thinking) − 전체와 부분 간 역동적 관계 이해(○)

7 기타 기법

(1) **참여적 관리(Participative Management, PM)**

① **개념** : 조직 일반구성원들이 주로 자신들에게 직접적으로 영향을 미치는 사안에 관한 의사결정에 있어서 참여하는 과정을 말한다.

② **참여방법**
  ㉠ **리더십 스타일에 의한 참여** : 관리자가 부하들과의 정보공유를 늘이고 이들의 아이디어를 이끌어 내거나 부하들 사이의 상호교류를 이끌어 내는 등의 리더십이다.
  ㉡ **공식적 제도에 의한 참여** : 노동조합과 관리층의 합동회의나 근로자 관리층 위원회의 운영을 통하여 생산성 향상을 위한 제안을 권장·수집·선별함으로써 참여를 허용하는 방법이다.

(2) **전략적 관리(Strategic Management, SM)**

① 조직의 장기적인 성과를 결정하는 일련의 결정과 행동을 말하며, 환경의 탐색, 전략형성, 전략집행, 평가 및 통제를 포함한다. 즉 **전략적 관리는 조직의 강점과 약점에 비추어 환경의 기회와 제약을 감시하고 평가하는 것**을 말한다.

② **주요 특징**
  ㉠ **목표지향적·개혁적 관리** : 현재의 상태에서 그보다 나은 다른 상태로 진전해 가려는 목표지향적·개혁적 관리로서, 개혁의 비전과 목표의 확인·명료화를 중요시 한다.
  ㉡ **장기적 시간관리** : 장기적 시간관을 가진 관리로서, 조직의 변화에는 긴 시간이 걸린다는 전제 하에 계획기간을 설정한다.
  ㉢ **환경분석의 강조** : 조직의 환경에 대한 이해를 강조하며, 현재의 환경 그리고 계획기간 중에 일어날 환경변화를 체계적으로 분석한다.
  ㉣ **조직역량 분석의 강조** : 조직의 전략과 환경, 그리고 조직의 역량을 부합시키려 하기 때문에 환경분석뿐만 아니라 조직의 역량분석이 필수적이다.
  ㉤ **전략개발의 강조** : 미래의 목표성취를 위한 전략의 개발과 선택을 강조한다.
  ㉥ **조직활동 통합의 강조** : 전략추진을 위한 조직활동의 통합을 강조한다. 즉 조직의 주요 구성요소들을 모두 끌어들이고 또 그것들에 영향을 미치기 때문에 포괄성이 높은 관리라고 할 수 있다.

(3) 애드호크러시(Adhocracy) 이론
① 개 념
- ㉠ 유기적·기능적·임시적 조직이라는 뜻을 가지고 있으며, 토플러(Toffler)의 저서인 『미래의 충격(Future Shock)』에서 등장하는 말이다.
- ㉡ 특별위원회형기구(특별임시위원회), 비관료적 고객기구, 변증법적 조직이라고도 한다.
- ㉢ 문제해결을 위해 다양한 전문적 지식이나 기술을 가진 이질적 집단으로 조직된 변화가 심하고 적응력이 강하며 임시적인 체제이다.

② 특 징
- ㉠ 복잡성의 완화(계층제를 대폭 완화시킨 형태의 조직)
- ㉡ 공식성의 저하(조직의 신축성을 기하기 위함)
- ㉢ 비정형적 기술의 활용
- ㉣ 전문적 권위의 중시(문제해결능력이 있는 사람에게 권위가 주어짐)
- ㉤ 조정·통합과 협조(일의 전문화 보다 사람의 전문화가 중시)
- ㉥ 분권성(조직구성원들의 자율성이 보장·강조)
- ㉦ 협동적·개방적 의사소통
- ㉧ 적응성·신축성(환경적 변화에 대해 고도의 민감성)

(4) 벤치마킹(Benchmarking) [20]
① 지속적 개선을 달성하기 위해 조직 내부의 활동과 기능, 관리능력 등을 외부의 조직과 비교·평가하고 판단하는 것으로, **성공적인 조직운영을 위해 최고의 실제 사례를 찾아 그것을 표적으로 자기 조직과 비교하고 그 차이를 극복하기 위해 노력함으로써 부단히 자기 혁신을 추구하는 기법**이다.
  - ※ 벤치마킹(benchmarking) - 특수분야에서 우수한 대상을 찾아 뛰어난 부분 모방(O)
② 이러한 벤치마킹은 그 자체로 따로 하는 것이 아니고 비즈니스 리스트럭처링(BR)을 하거나 비즈니스 프로세스 리엔지니어링(BPR)을 할 때 사용하는 기법에 불과하다.
③ 사회복지기관들도 여타 기관에서 제공하고 있는 동일한 서비스들을 동시 다발적으로 똑같이 제공하는 것을 지양하고 다른 사회복지기관들의 우수한 프로그램들을 창조적 모방을 통해 자신의 기관 특성과 지역사회 실정에 맞는 특화된 전문적 프로그램들을 재창조해야 될 것이다.

(5) 다운사이징(Downsizing, 소형화·감량화)
① 조직의 효율성을 향상시키기 위해 의도적으로 조직 내 인력, 계층, 작업, 부서, 직무 등의 규모를 축소시키는 기법이다.
② **조직규모를 축소하거나 감원을 하는 구조조정**, 즉 해고와 합병 등의 방법을 통한 기구축소 또는 감원을 의미하며 조직을 축소한다는 뜻으로 사용된다.
③ 단기적 전략이 아닌 장기 경영 전략으로서 흑자를 내기 위해 수익성이 없거나 비생산적인 부서나 지점을 축소 내지는 제거, 기구를 단순화하여 관료주의적 경영체제를 지양하고 의사소통을 원활화하여 신속한 의사결정을 도모하는 것이다.

(6) 리스트럭처링(Restructuring, 구조조정) [⑳]
① 기존 사업구조나 조직구조를 보다 효과적으로 그 기능 또는 효율을 높이고자 실시하는 **구조개혁작업**으로, 기업에서의 개혁작업을 '사업구조조정' 또는 '기업구조조정'이라고 하며, 이 같은 사업조정을 추진하는 경영 절차기법을 말한다.
  ⊗⊘ 리스트럭처링(restructuring) – 중복사업을 통합하여 조직 경쟁력 확보(○)
② 리스트럭처링을 사회복지행정에서 활용해 본다면, 환경변화에 따라 경쟁력을 강화하기 위하여 복지기관이나 시설 등에서 장기전망 등을 분석하여 **조직개편이나 비대해진 조직을 간소화하거나 혹은 기존의 프로그램을 통폐합 혹은 축소시켜 나가는 것**이다. 최근 지역사회복지관의 팀제에 의한 관리운영은 일종의 리스트럭처링의 한 예로 볼 수 있을 것이다.

(7) 리엔지니어링(Re-engineering, 업무재구축) [⑳]
① 1990년 마이클 해머가 제창한 **기업 체질 및 구조의 근본적인 변혁을 가리키는 것**으로, 기업경영에서 업무처리 절차(process)를 혁신적으로 재설계하는 개념이다.
② 경영성과의 지표들을 비약적으로 향상시킬 수 있도록 **사업활동을 다시 생각하여 조직구조와 업무방법을 혁신시키는 재설계 방법**이다.
  ⊗⊘ 리엔지니어링(re-engineering) – 업무시간을 간소화시켜 서비스 시간 단축(○)
③ **리스트럭처링과 차이점** : 'BPR(business process reengineering)'이라 불리는 '리엔지니어링(reengineering)'은 이른바 '리스트럭처링'의 하위개념에 속한다.

(8) 아웃소싱(outsourcing) [⑳]
① **내부의 프로젝트나 활동을 외부 제3자에게 위탁하여 처리하는 것**으로, 기업 업무의 일부 프로세스를 경영 효과 및 효율의 극대화를 위한 방안으로 제3자에게 위탁해 처리하는 것을 말한다.
  ⊗⊘ 아웃소싱(outsourcing) – 계약을 통해 외부전문가에게 조직기능 일부 의뢰(○)
② 외부 전산 전문업체가 고객의 정보처리 업무의 일부 또는 전부를 장기간 운영·관리하는 것을 뜻하기도 한다.

(9) 성과관리 [⑳]
① 1970년대 정부실패의 확산으로 대두된 신공공관리론에 기초한 행정개혁의 핵심적 내용 중 하나가 성과의 추구이며, 이런 성과를 체계적으로 관리할 수 있는 툴(Tool)이 필요하게 됨에 따라 BSC(Balanced Score Card, 균형성과표)라는 성과관리기법이 도입되었다.
② **균형성과표(balanced score card)는** Robert Kaplan과 David Norton에 의해 1990년대 초반 개발된 것으로, **재무, 고객, 내부프로세스, 학습과 성장 등 4대 주요 관점을 통한 균형적이고 혁신적인 성과관리 기법**이다.
  ⊗⊘ 균형성과표(balanced score card) – 공정한 직원채용을 위해서 만든 면접평가표(×)
③ 사회복지서비스의 지방화와 관련하여 2005년부터 정부예산의 상당부분이 지방으로 이전되어 지방정부가 휴먼서비스 분야에 대한 예산편성의 재량권을 갖게 되면서 성과주의를 더욱 강조하게 되었다.

사회복지조직의 구조와 조직화

제2부 **사회복지행정이론과 조직이해**

제4장 회차별 출제빈도, 출제비중 및 출제논점 1, 2, 3순위

10회 2012	11회 2013	12회 2014	13회 2015	14회 2016	15회 2017	16회 2018	17회 2019	18회 2020	19회 2021	20회 2022	21회 2023	22회 2024
4	2	2	1	1	1	1	2	1	-	1	1	2

출제 비중	출제 논점		
	1순위 ☺	2순위 ※	3순위 ☆
012	① 집권화 조직 vs 분권화 조직 ② 네트워크(Network)조직 ③ 매트릭스(Matrix)조직(=행렬조직)	① 공식조직 vs 비공식조직 ② 수직조직 vs 수평조직 ③ 조직의 유형 분류	① 과업의 부문화(업무의 세분화) ② 복합적 직무설계(개인적 차원 vs 　조직적 차원) ③ 사회복지조직의 위원회와 이사회

1순위 스마일표시(☺) : 출제 빈출도가 높은 부분으로 무조건 시험에 출제되는 영역
2순위 당구장표시(※) : 나왔다 안 나왔다 하는 영역이지만 출제가능성 높은 영역
3순위 별 표(☆)　　 : 출제 된 적이 있긴 하지만 다시 출제될 가능성은 다소 떨어지는 영역

MAP

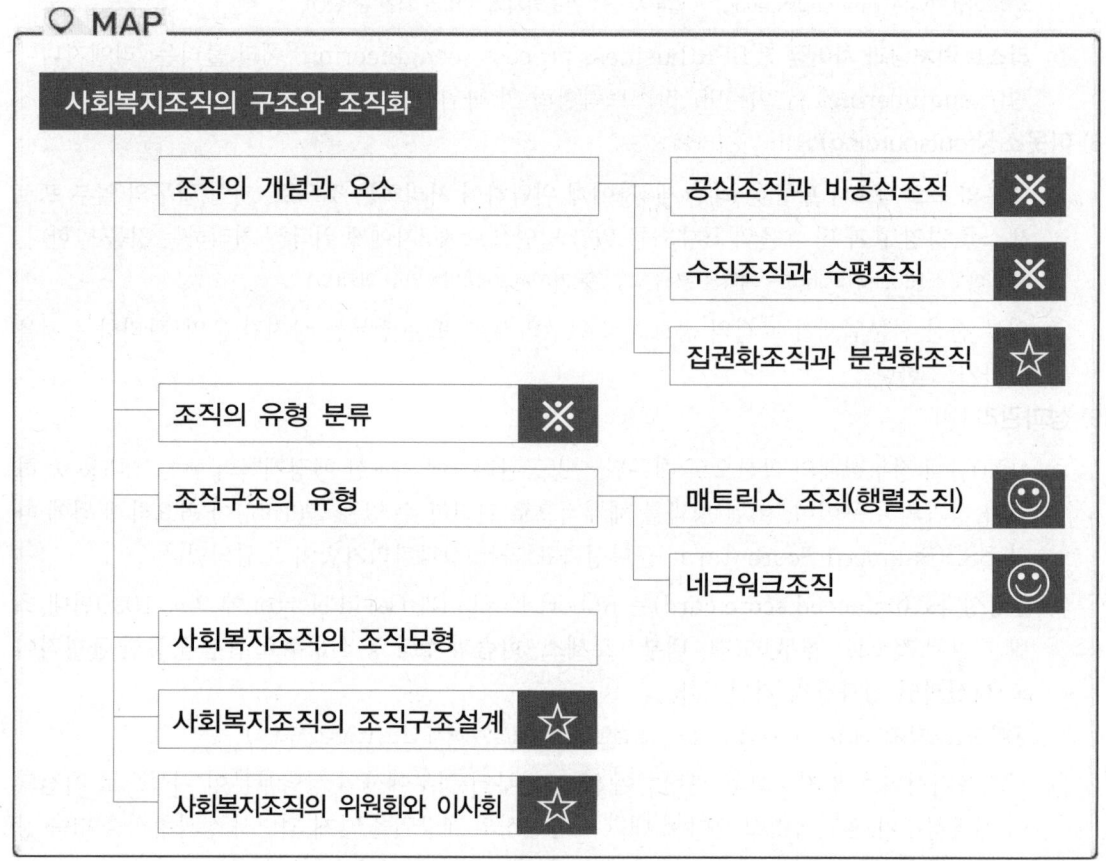

01 조직의 개념과 요소

1 조직(organization)의 개념

① **특정목적을 달성하기 위해 의도적으로 구조화되고 계획된 단위**로, 주어진 목표나 목적을 달성하기 위해 자원과 기술의 사용을 조정하는 사람들의 공식화된 집단이다.

② 조직의 의미 = 조직의 구조(組織, state of being organized) + 조직의 과정(組織化, process of organization)

2 조직 구조의 3가지 내용 [⑫]

① 과업의 표준화(standardization)와 관련된 **공식화(formalization)** → 공식조직 vs 비공식조직
   ㉠ 공식화는 **조직 내 직무와 수행과정을 규칙들로 명문화하는 것**으로, 종사자들이 언제, 무엇을, 어떻게 해야 할지를 알리기 위해 정책, 규제 및 절차, 규정이 명문화된 형태로 존재하는 정도를 말한다.
   ㉡ 공식화는 조직활동의 경제성과 예측성을 높이기 위해 매우 중요하다.

② 조직 내 분화(differentiation)와 관련된 **복잡성(complexity)** → 수직조직 vs 수평조직
   ㉠ 수평적 분화는 동일 위계수준에서의 과업분화를 의미하며, 수직적 분화는 조직 내의 위계구조상의 분화를 의미한다.
   ㉡ 조직은 수평적 분화가 이루어질 때, 분화된 과업들을 조정하고 통제할 필요성으로 인해 수직적 조직구조를 갖게 된다.

③ 의사결정의 공식적 권한(조직 내 권한배분과 위임수준)과 관련된 **집권화(centralization)** → 집권화조직 vs 분권화조직
   ㉠ 행정활동의 통일성을 확보하거나 최고관리층이 일사불란한 결정이나 규칙 적용을 선호할 경우 집권화가 촉진된다.
   ㉡ 조직의 사기를 높이거나 인적자원의 역량을 향상시키고 참여를 선호할 경우 분권화가 강조될 것이다.

3 공식조직과 비공식조직 ← 직무의 표준화 정도(공식성) [③⑦⑨⑭⑰⑱②②]

(1) **공식조직(formal organization)**

① 조직의 정관이나 운영규정에 의하여 임명되고 선출된 이사회, 행정책임자, 직원 및 위원회 등의 배열인 동시에 **기구 도표상의 계획적인 구조(조직의 기구도표에 배열된 지위와 관계)**를 말한다.

② **특 징** : 인위적, 합리적, 조직지향, 능률논리, 전체적 질서, 가시적, 외면적, 외재적, 방대한 규모, 전체적 질서의 대조직 등

③ 장점
   ㉠ 생산성 제고를 위한 높은 수준의 규범 형성
   ㉡ 사사로운 정이나 관계에 이끌려 객관성을 왜곡하는 정실행위가 낮은 수준

ⓒ 공식적 의사소통을 통해 명확성과 효율성을 제고할 수 있다는 점
- ❌ 직무표준화 정도가 지나치게 높으면 구성원의 재량권은 낮아진다.(○)
- ❌ 공식화 수준을 높이면 직무의 사적 영향력이 높아진다.(×)
- ❌ 비공식 조직의 순기능 : 공식 업무의 신뢰성과 일관성을 높인다.(×)

(2) 비공식조직(informal organization)

① 개 요
- ㉠ 공식적인 제도나 법규에 의하여 이루어진 것이 아니라 조직성원들이 일상적인 접촉을 해나가는 과정에서 **자연발생적으로 성원들 간에 이루어지는 인간관계 및 역할관계**이다.
  - ㉮ 조직 내 빈번하게 접촉하는 구성원들 사이에서 자연적으로 발생한 소규모 집단(**공식조직의 자연적 소산**)을 말하며, **계획된 구조 밖에서 존재하는 구조**를 말한다.
  - ㉯ 공식조직을 제도적인 조직이라고 한다면, 비공식조직은 현실상의 조직이라고 한다.
- ㉡ 조직에서 나름의 역할이 있고 필요하지만, 공식조직의 역할을 대신할 수는 없으며, 지나치게 거대해지는 것은 바람직하지 않다.
  - ❌ 공식조직에서 해결되지 않는 문제를 비공식조직을 통해 해결하도록 한다.(×)
  - ❌ 비공식 조직을 통한 의사결정이 공식조직의 의사결정을 대체하도록 허용한다.(×)
- ㉢ **비공식조직의 예** : 독서토론회, 재테크 연구 모임, 외국어 스터디 등 관심분야를 나누거나, 직장인 밴드, 조기축구회 등 취미생활을 함께 즐기도록 하며, 향우회, 동창회 등 친목도모를 위한 모임 등을 갖기도 한다.

② **특 징** : 자연발생적, 비합리적, 개인지향, 능률보다 감정의 논리를 우선 시, 부분적 질서, 비가시적, 내면적, 내재적, 소규모의 집단, 부분적 집단 구성 등

③ 초 점
- ㉠ 수직적이라기보다는 수평적인 면에서의 직업에 대한 관심
- ㉡ 업무 외 활동을 강조하는 사교 오락에 대한 관심
- ㉢ 과거의 직업, 교우, 지연 및 혈연관계 등과 같은 과거의 역사적 배경이나 경험
- ㉣ 개인적 매력(사적 관심이나 연고)

④ 긍정적 측면(비공식조직의 가치)
- ㉠ 의사소통의 채널의 역할을 한다.
- ㉡ 집단의 응집력을 향상시킨다.
- ㉢ 구성원들을 지지하고 인정함으로써 직원의 자기존중감을 향상시킨다.
- ㉣ 공식조직의 결함이나 약점을 보완할 수 있다.
  - ❌ 공식적인 조직구조와 조직과정에 해가 됨(×)
- ㉤ 공식조직에서 일어나는 긴장이나 압박감을 배출하게 해준다.
- ㉥ 가끔 변화의 대행자(change agents)가 되어 변화를 가져오기 위한 계획이나 '프로그램'이 발전되고 토의될 수 있는 상호작용의 테두리에서 기여할 수 있다.

⑤ 부정적 측면(역기능)
　㉠ 거대한 비공식조직은 비합리적 의사결정을 초래할 수 있다.
　㉡ 비공식조직의 비중이 너무 클 경우 조직의 목적이 전치될 수 있다.
　㉢ 파벌을 조성할 경우 공식조직의 분열을 초래할 수 있다.
　㉣ 긴장과 압박감을 조성하여 변화의 방해물이 될 수 있다.
　㉤ **정실주의**(patronage)로 흐를 수 있다.
　　　비공식 조직의 순기능 – 파벌이나 정실인사의 부작용이 나타난다.(×)

■ 공식조직과 비공식조직의 비교 ■

공식조직(formal organization)	비공식조직(informal organization)
조직의 정관이나 운영규정에 의하여 임명되고 선출된 이사회, 행정책임자, 직원 및 위원회 등의 배열인 동시에 **기구 도표상 배열된 계획적인 구조**	조직성원들이 일상적인 접촉을 해나가는 과정에서 **자연발생적으로 성원들 간에 이루어지는 인간관계 및 역할관계**
	조직 내 빈번하게 접촉하는 구성원들 사이에서 자연적으로 발생한 소규모 집단(**공식조직의 자연적 소산**)을 말하며, 가시적이고 일상적이고 **계획된 구조 밖에서 존재하는 구조**
	예) 독서토론회, 재테크 연구 모임, 외국어 스터디 등, 직장인 밴드, 조기축구회 등, 향우회, 동창회 등 친목도모를 위한 모임 등
제도적인 조직	현실상의 조직
계획된 구조	계획된 구조 밖에서 존재하는 구조
〈특징〉 인위적, 합리적, 조직지향, 능률논리, 전체적 질서, 가시적, 외면적, 외재적, 방대한 규모, 전체적 질서의 대조직 등	〈특징〉 자연발생적, 비합리적, 개인지향, 능률보다 감정의 논리를 우선 시, 부분적 질서, 비가시적, 내면적, 내재적, 소규모의 집단, 부분적 집단 구성 등

　주의) **비공식조직**은 조직에서 나름의 역할이 있고 필요하지만, **공식조직의 역할을 대신할 수는 없으며, 지나치게 거대해지는 것은 바람직하지 않다.**

4 수직조직과 수평조직 ← 과업의 분화정도(복잡성)

(1) **수직조직[라인(line) 조직 = 계선조직]** → 조직 내 위계구조상의 분화(계층화 정도, 계층의 수)

　① **개념** : 상하 명령복종 관계를 가진 수직적 계층적 계열을 형성하여 조직의 목표달성에 중심이 되는 구조로 **계선조직**(line)이라고도 한다.
　　㉠ 조직의 목표달성에 직접적으로 기여하고 결정권과 집행권을 가지고, 최고 행정책임자를 정점으로 수직적인 권한의 계열(예) 사원 – 대리 – 과장 – 차장 – 부장 – 상무 – 전무 – 부사장 – 사장 – 회장, 주임 – 계장 – 과장 – 국장 – 시장 – 장관 등)로 이루어져 있다.
　　㉡ 계층제, 명령통일, 통솔범위 등 분업제 원칙에 따라 이루어지고 있고 서비스의 대상과 직접 접촉하고 있다.

ⓒ 수평적 분화인 과업에 대한 분화가 많아지면, 이를 조정하고 통제하기 위한 차원에서 위계구조상의 분화인 수직적 분화가 필요하다. → **조정과 의사소통수준을 고려하여 설계**

② **장점**
  ㉠ 위계적 구조의 권한과 책임이 분명하여 업무수행이 능률적이다.
  ㉡ 단일기관으로 구성되어 결정권과 집행권을 가짐으로써 결정의 신속성을 꾀할 수 있다.
  ㉢ 강력한 통솔력을 행사할 수 있다.
  ㉣ 조직의 안정성을 확보할 수 있다.

③ **단점**
  ㉠ 대규모 복잡한 조직에서는 책임자에게 총괄적인 지휘·감독권이 발생하여 대규모 조직의 경우 책임자에게 업무량이 과중할 수 있다.
  ㉡ 책임자가 주관적·독단적 결정과 조치를 취할 우려가 있다.
  ㉢ 각 부문 간의 효과적인 조정이 곤란하여 조직운영의 비능률성을 초래할 우려가 있다.
    ❌⭕ 수직적 분화가 많아질수록 의사소통의 절차가 복잡해진다.(O)
  ㉣ 특수분야에 전문적인 지식을 활용할 수 없으며 조직이 경직될 우려가 있다.
  ㉤ 유능한 인재를 잃게 되면 조직의 기능이 마비될 가능성이 있다.
  ㉥ 부처 간 효과적인 조정이 곤란하므로 조직이 **융통성보다 경직성**을 띠게 된다.
    → **환경변화에 둔감한 조직으로 변화**

(2) **수평조직[스태프(staff) 조직] → 동일위계수준에서의 과업분화(과업의 세분화, 분업화 정도)**
  ① **의미** : 수직조직이 목표달성을 위하여 원활하게 기능을 수행할 수 있도록(**목표달성에 간접적으로 공헌**) 이를 지원, 조성, 촉진하는 기관으로 **자문, 권고, 협의, 조정, 기획, 연구, 법무, 공보, 조달** 등의 기능을 수행하며, **막료조직·참모조직(staff)**이라고도 한다.
    ㉠ **조직이 상이한 부서나 전문화된 하위 단위로 나누어지는 과정**이며, 통제범위를 고려하여 설계한다. 다만, 권한과 책임을 둘러싸고 각 부서 간 갈등이 야기될 수 있으므로, 조정과 통제가 필요하다.
      ❌⭕ 과업분화가 적을수록 수평적 분화가 더 이루어진다.(×)
    ㉡ 대규모조직의 상층부에 전문적 기술이나 지식을 가지고 조언과 자문을 하고, 수직조직의 장이 정책결정이나 행정집행을 할 때 보다 효과적으로 조직의 목적을 달성할 수 있도록 아이디어를 제공해준다.
  ② **장점**
    ㉠ 책임자(기관장)의 **통솔범위***가 확대된다. → 통제범위가 넓으면 상대적으로 수평적 조직구조

> **통솔범위(span of control)의 원리**
> 한 사람의 상관이 부하직원을 관리하는 데 있어서 지휘의 한계가 있기 때문에 적정 수의 부하나 하부조직을 가져야 한다는 것이다.

    ㉡ 전문지식과 경험을 활용할 수 있다.
    ㉢ 수평적인 업무의 조정과 협조를 가능하게 한다.
    ㉣ 조직의 융통성과 신축성을 부여한다.
    ㉤ 대규모 조직에 더욱 유리하다.
    ㉥ 참여적이고 객관적·합리적인 의사결정을 가능하게 한다.

③ 단점
  ㉠ 조직 내 인사관계가 복잡해진다.
  ㉡ 수평조직 간 권한과 책임한계를 둘러싸고 갈등이 야기될 수 있다.
  ㉢ 수평조직에 소요되는 경비지출이 증가된다.
  ㉣ 행정의 지연이 야기될 수 있다.
  ㉤ 수평조직, 수직조직 간에 책임전가가 야기될 수 있다.
  ㉥ 의사소통의 경로를 혼란에 빠뜨릴 수 있다.
  ㉦ 부서위치나 권한에 따라 더욱 중추적인 역할을 하는 부서로 권력이 이동될 가능성이 높기 때문에 수평조직의 권한이 확대됨에 따라 중앙집권화의 폐단이 나타날 우려가 있다.

(3) **수직조직과 수평조직의 관계**
수직조직과 수평조직은 기능상 엄격히 분리되는 개념이 아니라 상호보완적·의존적 관계를 가지고 있다.

5 집권화 조직과 분권화 조직 ← 권한의 배분 정도(집권화) [⑤⑦⑧⑩⑭⑰㉒]

(1) 조직에서 재량적으로 할 수 있는 의사결정의 공식적 권한의 집중 정도와 관련된다.

(2) **집권화 조직과 분권화 조직**
  ① **집권화 조직**: 중요한 의사결정 권한이 상부에 집중되어 있는 조직으로, 행정권한이 특정 조직의 상위계층, 상급기관, 중앙행정기관에 유보되는 조직이다. → **환경이 단순하고, 조직의 기술이 표준화된 기술일수록 집권화 조직 유리**
  ② **분권화 조직**: 의사결정 권한이 각 계층에 위임되어 있는 조직으로, 행정권한이 하위계층, 하급기관, 지방자치단체 등 보통 지방행정기관에 위임되어 있는 조직을 의미한다.
      ✖◯ 분권화는 책임과 권한을 조직 내에 분산하는 전략이다.(○)
      ✖◯ 집권화 수준을 높이면 의사결정의 권한이 분산된다.(×)
  ③ 완전한 집권이나 분권은 있을 수 없고 양자 간에 적절한 균형이 바람직하다.

(3) **분권화의 장점(집권화의 단점)**
  ① 정보가 과도하게 집중되어서 제대로 처리하지 못할 수 있는 가능성을 줄인다.
  ② 보다 상세한 정보를 기초로 의사결정을 내릴 수 있게 한다.
  ③ 구성원이 기계의 부품이 아니라 조직의 중요한 일원으로서 일하고 있음을 인식하게 하여 동기를 북돋우는 기능을 한다.
  ④ 시키는 일에만 익숙하지 않고 필요한 의사결정을 내릴 수 있는 준비된 관리자를 훈련하고 개발하는 기회를 제공한다.
  ⑤ 새로운 정보에 신속하게 대응하기 용이하다.

(4) **분권화의 단점(집권화의 장점)**
조직에 대한 전반적인 시각에 기초하여 종합적인 관점을 갖고 의사결정을 내리는 것이 필요할 때, 집권화의 구조가 보다 경제적인 상황에서는 분권화된 구조는 약점이 될 수 있다.

02 조직의 유형 분류

1 권력의 형태에 따른 분류 : 에찌오니(Etzioni)의 조직 유형 [16]

(1) 복종관계에 의한 분류로, 복종관계란 상급자가 하급자를 통제하기 위해 사용하는 권력과 이에 대한 하급자의 태도에 의해 이루어지는 관계를 말한다.

(2) 권력의 종류
  ① **강제적 권력** : 신체적 탄압이나 위협에 근거한다.
  ② **보상적 권력** : 금전과 같은 물질적 보상에 근거한다.
  ③ **규범적 권력** : 지위의 상징, 존엄이나 위신의 징표와 같은 상징성에 근거한다.

(3) **복종과 관여의 종류** : 조직 성원은 권력 행사자에 대해 무관심하게 관여할 수도 있고 강하게 반응(관여)할 수도 있다.
  ① **소외적 관여** : 권력 행사자에 대해 강하게 부정하므로 강제적 권력이 필요하다.
  ② **타산적 관여** : 획득한 보상에 따라 권력에 대해 비교적 무관심을 나타낸다.
  ③ **도덕적 관여** : 권력 행사자에 대한 강한 긍정(시인)을 나타내므로 규범적 권력 필요하다.

(4) 권력의 형태와 권력에 대한 관여의 형태에 대한 각각의 3가지 형태를 연관시켜 9가지 조직 형태를 제시하였으며, 9가지 조직의 유형이 모두 가능하지만 다음의 3가지가 가장 효과적인 분류로 실제로도 많이 발견된다.
  ① 강제적 권력과 소외적 관여(유형1)
  ② 보상적 권력과 타산적 관여(유형5)
  ③ 규범적 권력과 도덕적 관여(유형9)

■ 복종관계에 의한 9가지 조직의 유형 ■

관여의 종류 권력의 종류	소외적 관여	타산적 관여	도덕적 관여
강제적 권력	유형1 수용소, 정신병원, 교도소 등	유형2	유형3
보상적 권력	유형4	유형5 산업조직으로서의 기업체	유형6
규범적 권력	유형7	유형8	유형9 종교조직, 정치조직 **사회복지조직**, 학교조직 병원조직 등

2 클라이언트(수혜자) 종류에 따른 분류 : 블라우와 스콧(Blau & Scott)의 조직 유형 [16]

1차적인 클라이언트(수혜자)가 누구인가에 따라 조직을 상호수혜조직, 사업조직, 서비스조직과 공공조직으로 분류하였다.

■ 블라우와 스콧의 조직 유형 ■

구분 조직유형	1차적인 클라이언트 (1차적인 혜택)	조직의 종류
상호수혜조직	조직의 회원	정당, 종교단체, 노동조합 등
사업조직	사업체의 소유자	주식회사, 상업적인 회사, 은행 등
서비스조직	**클라이언트**	**사회복지조직**, 병원
공공조직	일반 대중에게 혜택	행정기관, 군대조직 등

3 업무의 통제성에 따른 분류 : 스미스(Gilbert Smith)의 조직 유형 [③⑥⑯]

(1) 관료조직
① 관료조직은 공식적 규정, 위계적 권위구조, 전문적 분업, 문서에 의한 업무처리, 기술적 자격에 기초한 신분보장 등을 특성으로 하는 합리적 통제체제를 가진다.
② 관료조직은 능률성 추구를 장점으로 하지만 민주성과 전문성에 있어서 취약하고 관료적 이기주의가 폐단으로 나타나는 경우가 많다.

(2) 일선조직
① 공식적 위계제도가 있지만 실제에서는 권한의 분산이 행해지고 있으며 고객과 가까이서 복지서비스를 전달하고 있는 조직이다.
② 조직의 주도권이 일선업무 단위를 이루는 하위부분에 존재하고 각각의 일선업무 단위는 상호 독립된 지위에서 통제와 조정이 쉽지 않다.

(3) 전면적 통제조직
① 클라이언트를 유지 관리하는 과정에서 엄격한 규칙에 의하여 전반적인 통제를 가하는 조직으로, 이 조직은 강제수용과 철저히 계획된 업무, 수용자와 직원 간의 근본적 차이와 문화적 충격의 경험, 개인의 개조, 특수한 문화의 형성을 특징으로 한다.
② 정신병원, 기숙사, 교도소, 양로시설, 구치소, 아동(보호)시설 등이 대표적이다.

(4) 투과성 조직 [③⑥]
① 조직의 외적 사회체계(사회망)가 조직의 내부구조에 영향을 미치는 조직으로 자원봉사조직이 대표적이며, 이 조직은 **조직에의 참여와 활동이 엄격한 규정에 의하지 않고 본인의 자유로운 의사(자발성)** 에 상당부분 맡겨져 왔다.
② 투과성 조직의 특징은 자발적인 조직원, 조직생활과 개인생활의 엄격한 구분, 조직 영역의 모호함, 역할구조의 복잡성, 개인의 주체성 강조, 업무수행의 개별화, 사회와의 문화적 일치 등을 들 수 있다.

■ 스미스의 업무 통제성에 따른 사회복지조직 분류 ■

구 분	특 성
관료제 조직	• 공식적인 조직과 규정 • **계층적인 권위구조** • 명확하고 전문화된 분업 • 문서에 의한 업무처리 • 기술에 의한 신분 보장 • 합리적인 통제조직
일선조직	• **주도권이 일선에 있는 조직** • 각 업무단위는 독립적으로 상호업무를 수행 • 업무단위의 직접적인 통제가 어려움
전면적 통제 조직	• **관리자가 전면적으로 통제를 갖는 조직** • 정신병원, 기숙사, 교도소, **요양시설, 아동보호시설** 등
투과성 조직	• 조직 구성원, 클라이언트의 **자발적인 참여** • 업무와 사적 활동에 분명한 **구분**이 있어 가정과 사생활을 침해하지 않음 • 영역 유지 구조는 매우 약하고, 역할구조는 복잡함 • 조직의 통제가 약하며 조직의 활동이 노출되는 조직 • 개인의 주체성 강조, 업무수행의 개별화 • 자원봉사활동 조직(자원봉사동아리)이 해당된다.

4 클라이언트의 상태와 조직의 기술에 따른 분류 : 하센펠트(Hasenfeld)의 조직 유형 [③⑯]

(1) 클라이언트(수혜자)의 상태 : 정상 기능과 비정상 기능

① **정상 기능(normal functioning)**
  ㉠ 사회적으로 정상적인 기능을 수행한다고 인정되는 개인의 복리를 유지·강화하는 것이 주된 임무인 조직이다.
  ㉡ 정상적인 사회적 기능을 수행하는 사람은 정상 기능을 가진 클라이언트로 분류한다.

② **비정상 기능(malfunctioning)**
  ㉠ 사회적으로 역기능을 한다고 판정된 병적이거나 일탈적인 행위자들을 통제·개선 또는 치료함을 주요 임무로 하는 조직이다.
  ㉡ 비정상적인 기능을 수행하는 사람은 통제해야 할 클라이언트와 문제가 완화되어야 할 클라이언트, 치유되어야 할 클라이언트로 구분한다.

(2) 조직의 기술

조직이 제공하는 서비스의 유형, 즉 변화기술은 조직이 클라이언트에게 제공할 서비스를 결정하고 또한 이러한 서비스가 클라이언트를 어떻게 변화시킬 것인가를 결정한다. 이 분류방식은 절대적인 것은 아니며, 조직에 따라서 2~3가지 유형의 서비스를 동시에 제공하는 경우도 있다.

① **인간유별·배치기술(People-processing technologies)**
클라이언트의 개인적인 속성은 변화시키지 않고, 오히려 다른 사회적 집단으로부터 **바람직한**

반응을 야기하는 **사회적 라벨(label, 명칭)과 공식적인 지위를 부여함**으로써 클라이언트의 변화를 시도하는 것이다.

> 예 정신장애인, 지적장애아동, 암환자 등과 같이 클라이언트를 식별, 분류, 배치하는 기술을 말한다.

② **인간유지기술(People – sustaining technologies)** [③]
클라이언트의 **개인적인 복지와 안녕을 현 상태로 유지(개인의 상태의 악화·약화·퇴보를 예방)하며 위험요소를 완화시키려는 기술**이며, 클라이언트의 개인적인 속성을 직접적으로 바꾸려는 시도는 하지 않는다.

> 예 병약한 노인을 위한 요양보호(중증장애인, 와병노인, 치매노인), 최저생활수준 이하로 떨어지는 것을 막기 위한 소득보장프로그램(빈곤 악화 예방을 위한 생활보호 프로그램) 등이 해당된다.

③ **인간변화기술(People – changing technologies)**
클라이언트의 복지를 증진시키기 위하여 직접적으로 클라이언트의 개인적인 속성에 직접 변화를 주는 데 목적이 있다.

> 예 교육, 의학적 치료, 심리치료 등을 들 수 있다.

■ 하센펠트의 수혜자의 상태와 조직기술에 따른 조직 유형 ■

클라이언트 유형 \ 기술의 유형	인간유별·배치기술	인간유지기술	인간변화기술
정상 기능	유형1 대학교(신입생 선발), 신용카드 회사	유형3 **사회보장청, 휴양시설(여가시설)**	유형5 국공립학교, YMCA
비정상 기능	유형2 소년법원, 진료소, 보호관찰소	유형4 **공공부조 사무소, 요양시설**	유형6 병원, 수용치료센터

(3) **조직유형**

① **유형 1** : 정상 기능을 가진 클라이언트에 대한 인간유별기술 조직
  ㉠ 클라이언트는 정상 기능을 하며 복지조직은 이들의 상태를 일정한 기준에 의해 식별하여 관리하는 조직이다.
  ㉡ 일정기준에 의하여 신입생을 선발하는 대학과 재정능력 및 재산상태에 따라 고객을 선정하는 신용카드 회사가 이 유형에 속한다.

② **유형 2** : 비정상 기능을 가진 클라이언트에 대한 인간유별기술 조직
  ㉠ 비정상적인 클라이언트를 일정한 기준에 의하여 식별하고 그들을 관리하는 조직으로 소년법원과 진료소가 여기에 속한다.
  ㉡ 소년법원과 진료소가 비행청소년의 의식과 행태의 악화 정도나 환자들의 질병상태를 단순히 구분하는 데 그치지 않고 심리사회적 재활이나 사회적응, 물리화학적 치료를 병행하게 되면 이와 같은 조직들은 유형 4에 속할 수도 있다.

③ 유형 3 : 정상 기능을 가진 클라이언트에 대한 인간유지기술 조직
  ㉠ **정상 기능을 가진 클라이언트의 인간다운 생활조건을 유지하기 위하여 활동하는 조직**으로서 국민연금공단이나 건강보험공단 등 사회보장기관이 여기에 속한다.
  ㉡ 사회보장기관이 직업훈련 및 개발, 고용장려활동 등 인간능력을 개발시키는 적극적 역할까지 수행하는 경우 이와 같은 조직은 유형 5에 속한다고 할 수 있다.

④ 유형 4 : 비정상 기능을 가진 클라이언트에 대한 인간유지기술 조직
  ㉠ **비정상적인 클라이언트에 대한 생활조건의 유지를 목적으로 하는 조직**으로 사회경제적으로 소외되어 있는 장애인, 노인, 아동, 실직자 등에 대한 공공부조 제공기관들과 정신질환이나 치매환자 등을 위한 요양시설이 여기에 속한다.
  ㉡ 이러한 기관들도 클라이언트의 상태를 유지하는 것에서 나아가 기술교육이나 인력개발 또는 치료를 통한 재활의 기능까지 담당하게 되면 유형 6에 속한다고 할 수 있다.

⑤ 유형 5 : 정상기능을 가진 클라이언트에 대한 인간변화기술 조직
  ㉠ 정상기능을 가진 클라이언트에 대하여 교육, 훈련 등을 통하여 능력이나 생활조건을 향상시키려는 조직으로서 국·공립학교와 YMCA등 사회교육기관이 여기에 해당된다.
  ㉡ 정부가 설립하고 전액 국고부담으로 운영하고 있는 직업훈련학교, 기능대학 등이 전형적인 조직이라 할 수 있다.

⑥ 유형 6 : 비정상 기능을 가진 클라이언트에 대한 인간변화기술 조직
  ㉠ 비정상적인 클라이언트들의 능력이나 생활조건을 개선하고자 하는 조직이다.
  ㉡ 정부에서 운영하는 공공병원과 산재장애인 등의 치료센터 등이 여기에 속한다. 즉 산재환자 전문병원, 보훈병원, 직업병환자 전문병원 등이 여기에 속한다.

03 조직구조의 유형

1 전통적 조직

(1) **기능적 조직**

생산 일선에서 적용되는 조직구조로, 마치 제품생산 공장에서 부품을 조립하여 완성품을 만드는 것과 같이 각각의 업무단위를 병렬로 나열한 조직구조를 말한다.

(2) **수직 – 수평조직[라인(line)-스태프(staff) 조직]**

(3) **위원회 조직**
  ① 조직 목표의 달성을 위한 특별한 과업이나 문제를 해결하기 위하여 **조직의 일상적인 업무수행기구와는 별도로 구성**한 전문가 또는 업무관계자들의 활동조직이다.

② 장점과 한계점
- ㉠ **장점** : 실질적인 의사결정이나 집행보다는 제안을 평가하고 전문가의 의견을 듣고 집단토의를 마련하는데 효과적이며, 정책수립에 참여를 유도하고 의사소통도 원활히 할 수 있다.
- ㉡ **한계점** : 문제처리에 시간이 걸리고 비용이 많이 들며 이해관계가 걸려 있는 위원들의 독단에 의해 의사결정이 왜곡될 수 있다.

2 사업부제 조직(divisional structure)

(1) 사업부별(제품별, 지역별, 시장별)로 이익 중심점을 설정하여 독립채산제를 실시하고 각 사업부는 모든 과업의 계획과 집행, 성과 분석까지 하나의 개별조직처럼 운영되는 구조이다.

(2) **장점** : 업무 수행에 대한 통제와 평가가 쉽고 동기부여와 관리자의 능력을 개발하는 데 유효하며 최고경영자의 업무량을 경감시켜 준다. 또한 생산과 판매능력을 증대시키고 혁신적인 문제해결을 원하는 조직에 유용하게 적용할 수 있는 조직구조이다.

(3) **단점** : 조정과 통제, 효율성(훈련의 필요성, 일의 중복, 전문화 곤란) 등에 제약이 따른다.

3 동태적 조직

(1) **프로젝트 조직** [⑲⑳]
① **개념** : 특정한 과업에 따라 관련 부서에서 프로젝트 수행을 위해 인력을 파견하고 수평적 접촉을 통해 프로젝트를 해결한 후 원래 자신의 부서로 복귀하는 임시로 편성된 조직이다.
- ㉠ 팀 형식으로 운영하는 조직으로 특정 목표달성을 위한 업무에 전문가들을 배치한다.
- ㉡ 프로젝트 자체가 시간적 유한성을 지니기 때문에 프로젝트 조직도 임시적·잠정적이다.
- ㉢ 혁신적·비일상적인 과제의 해결을 위해 형성되는 동태적 조직으로, 환경의 변화에 대응하기 위해서 만든 조직의 성격이 강하다.
  - 사회복지관 운영에 관한 설명 : 프로젝트 팀 구조를 활용할 수 없다.(×)

② 장점과 한계점
- ㉠ **장점** : 조직 구성이 유지되는 동안 대량의 자원과 재능을 집중할 수 있다.
- ㉡ **한계점** : 임시조직이므로 제안한 정책이 집행되지 않거나 변질 될 가능성이 있다.

(2) **매트릭스(Matrix)조직(= 행렬조직)** [⑤⑥⑩⑰]
① **개념** : 전통적 기능 조직과 프로젝트 조직이 결합된 구조로 프로젝트 조직이 임시조직이 아니라 공식조직으로 전환된 경우가 해당된다.
- ㉠ 계급에 의해 조직이 구성되지 않고 전문성을 기초로 조직되며, 민주적 의사결정에 의해 운영된다.
- ㉡ 구성원은 각자 기능부서에 속하면서 **부서상사에게 보고하고 동시에 프로젝트관리자에게도 보고하는 구조를 형성**(기능부서 상사와 프로젝트 관리자 양쪽에 지휘·관리 받는 구조)

하고 있다.
ⓒ 일부직원을 기존 부서에 속해 있는 상태로 유지하면서 별도의 사업팀 업무도 병행하도록 하는 경우를 말한다.

> 예) A복지관은 새터민 지원사업을 하려고 한다. 사업 초기 1년간은 예산부족으로 기존의 범위 안에서 운영하려고 한다. 그래서 A복지관장은 일부 직원을 기존 부서에 속해 있는 상태를 유지하면서 별도의 새터민사업팀 업무도 병행하도록 하여 이 사업을 운영하고자 한다.

② **장점**
㉠ 조직 구성원의 능력과 재능을 최대한 이용할 수 있고 개별 팀을 프로젝트 간 이동시킬 수 있다. → **구성원의 참여에 의한 동기유발가능**
㉡ 소비자의 특별한 요구나 급속한 **환경변화에 신속히 대처(탄력적임)**할 수 있다.
　　합리성을 강조하기 때문에 조직 유연성을 저하시킬 수 있다.(×)
㉢ 조직을 구조화하는 데 **집권화와 분권화를 동시에 달성**할 수 있다. 즉, 계속되는 업무 세분화와 분권화에 대처해서 분업의 장점을 살리면서도 통합적인 서비스 목적을 유지하기에 적합한 구조로 고려된다.
㉣ 수직적이고 정형화된 구조가 주는 장점인 **안정성**과 수평적 구조의 장점인 **탄력성을 동시에** 갖출 수 있게 한다. 　조직의 안정성에 기여하나 비탄력적임(×)

③ **단점**
㉠ 평가에 필요한 기준과 자료들이 이중적으로 분산되기 때문에 **업무자들에 대한 업무수행평가가 어려우며(성과 측정의 문제 발생), 조직 구성원의 시간배분 문제가 발생**한다.
㉡ 불황기에 긴축을 필요로 하는 시점에서는 활용하기 어렵다.
　→ 매트릭스조직을 유지·운영하기 위해서 행정비용과 커뮤니케이션 비용이 많이 발생
㉢ **프로그램관리자(프로젝트 관리자)의 불만이 고조되는 원인을 제공하거나 역할갈등을 초래하기 쉽다.**
㉣ 개별 업무자들은 수평적, 수직적 기능들의 교차점에 위치해 있어서 자신들의 **업무 역할과 책임 소재에 대한 인식이 혼동**될 수 있다. 즉 한 개인이 이중적인 역할을 갖게 됨으로 인해 **업무자들이 역할 긴장이나 갈등을 경험**할 수 있다.
　→ 행렬조직 안에 근무하는 사람들에게 상당한 스트레스가 발생하기 쉽다.
㉤ 프로그램 구조들 간의 관계가 수평적으로 분화되어 있으면서, 그러한 업무를 조정하기 위한 권한이 명료하게 정의되지 않아 **프로그램들 간 갈등도 유발**될 수 있다.
㉥ 관리자들이 원활한 의사소통을 위한 활동을 하기 위해서 많은 시간을 필요로 한다.

(3) 공동관리 조직
고도의 전문적 업무 수행, 모든 주요 결정에 전 구성원이 참여하는 완전 민주주의 구조적 특성을 가진다. 예) 대학교의 학과조직

(4) 팀(Team) 조직
과거의 전통적 조직체계인 부·과·계 등의 조직을 업무재편을 통해 통합·분할하여 하나의 팀으로

전환함으로써 팀장을 중심으로 업무가 이루어지도록 만들어진 조직
① 팀이란 공동으로 그들 자신이 책임질 수 있는 공동의 목적·업무 수행목표, 그리고 업무추진 방법에 전념키로 한 소수의 상호 보완적인 기술을 지닌 집단이다.
② **효과적인 팀의 특성**(가장 성과가 높은 팀의 7가지 특성)
  ㉠ **목표(goal)** : 높은 실적을 올리는 팀들의 구성원들은 동일한 목표의식을 가진다.
  ㉡ **임파워먼트(empowerment)** : 목표실현이 가능한 팀의 능력에 대한 신뢰를 갖는다.
  ㉢ **인간관계와 의사소통(human relations & communication)** : 의견과 생각, 감정의 소통(감정이 진술), 신뢰·수용·화합의 분위기, 조심스러운 피드백 등
  ㉣ **융통성(flexibility)** : 구성원들은 팀의 발전을 위해 책임과 리더십을 분담한다.
  ㉤ **적정한 생산성(productivity)** : 높은 수준과 높은 질의 실적을 거두겠다는 공약
  ㉥ **인정과 평가(recognition & evaluation)** : 개개인의 실적과 획기적인 팀의 실적을 인정
  ㉦ **사기(morale)** : 구성원들은 팀워크에 대한 열의, 자부심, 낙관적 향상 팀 정신 충만

(5) **네트워크(Network)조직** [⑧⑫⑬]
① **개념** : 외부자원의 효과적 활용을 통해 환경 변화에 보다 신속하고 적절하게 대응할 수 있고 전통적인 계층형 피라미드 조직의 경직성을 극복할 수 있다.
  ㉠ 사회복지조직이 네트워킹하는 궁극적인 이유는 자원의 교환을 통해 서비스 이용자의 다양하고 복잡한 욕구를 해결하는 것이다.
  ㉡ **통합적 사례관리 체계, 즉 경계확장(boundary spanning)** : 사례관리자가 서비스의 수요자 정보입수, 그를 대신해 자원교류협상, 서비스전달책무성 확보, 서비스결과 모니터링·평가를 위해 기관조직이나 시스템의 경계를 넘나들며 일하는 과정
  ㉢ **지역복지 조직 간 네트워크 조직화** : 개별적으로 행동하는 산발된 조직들을 지역사회적 차원에서 묶어 통합하고자 하는 것 [⑬]
    ㉮ 지역복지를 추구하는 과정에서 네트워크적 조직방식은 **지역복지공동체를 지향**하고, 지역복지의 기획과 실행력을 강화하면서도 '**사회자본**'을 증대시키는 효과를 초래한다.
    ㉯ 네트워크상의 참여자들 간의 호혜성과 상호의존성을 증진시키며, **지역사회의 통합적 사회복지 수행체계 구축**에도 유효하다.
② **특징** : 지역사회 차원의 공공기관과 민간기관들 간 협력과 연계에 유리한 조직방식
  ㉠ 자신이 보유한 자원을 핵심사업 창출에 집중하고 그 밖의 모든 부문은 **아웃소싱(outsourcing)**한다.
  ㉡ 기업 간 서로 다른 강점을 결합함으로써 **사업 수행에 요구되는 시너지 효과를 창출**한다.
  ㉢ 성공적 네트워크 구축과 효과의 극대화로서 핵심적인 제휴파트너 선정을 통해 **상호신뢰감**을 형성하게 된다.
  ㉣ 네트워크의 크기(참여하는 조직의 수)가 커지면 네트워크상에서 활용 가능한 자원의 양은 늘어나지만, 밀도(네트워크 내에서 실제로 교환이 일어나는 관계의 수)가 낮아질 확률이 높고 밀도가 낮아지면 응집력이 떨어진다. → 네트워크 크기↑, 밀도↓, 응집력↓

ⓜ 갈등을 잘 해소하는 **건강한 네트워크 구축을 위해**, 협상규칙의 수립, 즉 **협상의 절차, 방식** 등에 관해 협상 전에 미리 규칙을 세워둔다.

ⓑ 네트워크의 성립을 위해서는 이루고자 하는 목적과 관련된 환경에 대한 **공동의 인식과 합의가 필요**하다.

ⓢ **균등도(= 균형도)**는 네트워크 내에서 자원이 얼마나 균등하게 배분되고 교환되는가를 나타낸다. **균등도가 높을수록 네트워크의 안정성과 응집력은 높다.**

ⓞ **응집력이 높은 네트워크는 개인적 유대가 강한 네트워크이다.** 밀도와 응집력이 높은 네트워크 구축을 위해서 개인적 유대를 강화해야 한다.

ⓩ 다른 네트워크 참여자에게 도달하기 위해서 특정 참여자를 거쳐야 할 때, 그 **통로역할을 하는 참여자는 중심성이 높은 참여자이다.**
→ 네트워크 중심에 위치한 참여자는 그 네트워크의 운영과 규제에 권한이 큰 참여자임

ⓒ **도달가능성**은 네트워크에서 다른 참여자에게 얼마나 직접적으로 접근할 수 있는가를 나타내는 것으로, **자원을 교환하기 위해 여러 참여자를 거쳐야 하는 네트워크는 도달가능성이 낮은 네트워크다.**

■ 네트워크의 다양한 구조(이봉주 외, 2012) ■

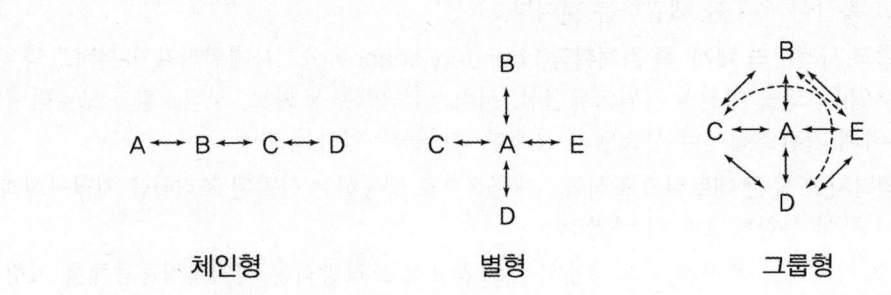

- **체인형 네트워크** : 중심성을 가진 참여자가 없고 도달가능성도 각 참여자가 차지한 위치에 따라 달라진다.
- **별형 네트워크** : A참여자가 중심성을 차지하고 있으며 참여자는 다른 참여자에게 도달하기 위해 항상 A를 통과해야 한다.
- **그룹형 네트워크** : 모든 참여자들 간의 중심성이 같고 모든 참여자가 직접 교환할 수 있어 도달가능성도 높은 경우다. 그룹형의 경우가 네트워크의 밀도가 가장 높은 형이다.

③ **장점** : 네트워크 조직은 역동적이고 움직임이 신속하며, 간접비용을 절감하고, 자본투자를 줄일 수 있으며, 고도의 쇄신성을 띠며, 외부의 신기술을 신속히 채용하며, 채산성 없는 사업을 쉽게 종결할 수 있을 뿐만 아니라, 값싼 해외 노동력은 물론 새로운 기술과 시장의 이점을 살릴 수 있다는 장점을 지닌다.

④ **단점** : 생산 및 품질에 대한 직접적인 통제가 불가능하며, 연구개발을 하지 않기 때문에 스스로 새로운 제품을 창조할 수 없다. 또한 수익이 비교적 불안정하다.

04 사회복지조직의 조직 모형 : 조직의 서비스 성격에 따른 구분

1 생산일선 조직(production line organization)
① 제품생산 공장에서 부품을 조립하여 완성품을 만드는 것과 같이 **각각의 업무단위를 일렬로 병렬로 나열하여 조직하는 것**을 의미한다.
② 사회복지조직에서 생산일선 조직모형은 보기 드물지만 최근 검사도구, 서비스의 표준화 추세나 컴퓨터를 활용한 표준화된 데이터 활용의 증가에 따라 적용될 수 있는 여지는 크다.

2 연계 조직(linkage organization)
① 조직의 1차적 기능이 **중개자의 역할**, 즉 사람과 서비스를 연결지어 주는 활동을 하도록 만들어진 조직을 말한다.
② **구성원의 주된 역할** : 지역사회의 자원에 관한 자료를 수집하고, 타기관의 접수담당 요원과 연결체계를 구축하고, 개인과 서비스가 잘 연계되도록 계약관계를 주선하는 것이 된다.
   예) 입양기관이나 사회복지서비스 안내 및 의뢰기관 등이 해당

3 고객서비스 조직(custom service organization)
① **사회복지조직에서 가장 전형적인 조직**이라 할 수 있다.
② 사회복지조직에서 서비스를 전달하는 조직요원은 고객(소비자) 또는 클라이언트의 특성과 욕구나 문제에 맞추어 개별화된 서비스를 제공하는 것을 1차적 역할로 삼고 있기 때문이다.
③ 이런 활동은 **표준화하기가 어렵다.**

05 사회복지조직의 조직구조설계

조직구조설계란 과업의 부문화, 직무설계, 그리고 부서 간 조정 및 통합의 방식을 고안하는 것을 의미하는데, 이 세 가지 요소를 조직구조의 기본 구성이라고 할 수 있다(배은영 외, 2010).

1 조직화 방법 : 과업의 부문화(departmentation, 업무의 세분화) [④⑨⑮]

(1) **수(數)기준 부문화** [⑨]
① **같은 역할을 하는 사람들을 한 슈퍼바이저 밑에 소속시키는 방법**으로 한 사람 밑에 수가 너무 많으면 둘 이상의 비슷한 단위를 만들 수 있다.
② **단점** : 수기준 부문화는 개인의 능력의 차를 고려하지 못하는 단점이 있기 때문에 다른 부문화 기준과 같이 혼합하여 적용하는 것이 바람직하다.

(2) 시간기준 부문화 [⑨⑯]

① 야간이나 주말에도 서비스를 제공해야 하는 경우의 사회복지조직에서 **업무시간을 2교대 또는 3교대, 격주 토요일 근무 등의 형태로 부문화하는 방법**이다.
② 1주일 내내 또는 매일 24시간 서비스를 제공해야 하는 사회복지 생활시설이나 요양원, 의료 및 보건서비스 조직 등이나 야간 및 주말 시간에도 서비스를 제공해야 하는 사회복지조직에서 유용하게 사용할 수 있는 방법이다.
③ 이 방법을 취할 경우의 단점
  ㉠ 야간이나 주말 근무를 원하면서 전문성이 있는 능력 있는 요원을 채용할 수 없는 경우가 많다.
  ㉡ 야간 및 주말 서비스와 주간 서비스의 질에 있어서 실제적 차이가 없더라도 야간 또는 주말 서비스는 질이 낮다고 인식되기 쉽다.
  ㉢ 교대하는 직원들 간의 업무인계가 제대로 되지 않아 조직의 기능이 단편화될 가능성이 있다는 것이다.

(3) 기능 기준 부문화 [⑨⑮]

① **조직요원의 능력, 선호도, 관심 등에 근거하여 직무상 적성에 맞는 분야에 사람을 배치하는 식으로 부문화하는 방법**이다.
② 영업조직에서 생산, 판매, 경리분야 등에 배치하는 것과 같이 **사회복지조직에서는 모금이나 자원배분, 홍보업무, 프로그램 개발(프로그램 기획), 사례관리, 지역사회조직, 서비스제공 등에 배치**하는 것이 있을 수 있다.
③ **단점**: 업무단위 간의 협조가 부족해질 수 있으며, 조직의 목표보다 자신이 속한 업무단위에만 집중하는 경우가 발생할 수 있는 단점이 있다.

(4) 지리적 영역기준 부문화 [⑨⑯]

① 잠정적 고객(소비자) 또는 **클라이언트의 거주 지역에 따라 업무를 부문화 하는 방법**이다.
② **장점**: 서비스의 효율성을 높이고 고객에 대한 서비스 책임자를 분명히 할 수 있다.
③ **단점**: 장기적으로 보면 지역 간 업무단위 간 업무량의 격차가 생기고, 어렵고 힘든 지역이라는 낙인이 찍힌 지역의 담당자는 소진하거나 사기가 떨어질 수 있으며, 지리적 엄격성으로 인해 인근지역이면서도 다른 업무단위에서 서비스를 제공하거나 같은 지역이라도 부서·부문이 달라 서비스를 받지 못하는 사람이 나오는 등의 비효율적인 문제도 발생할 가능성이 있다.

(5) 서비스기준 부문화 [⑯]

① 사회복지실천방법에 따라 부문화하는 방법으로서 **개별사회사업(casework), 집단사회사업(group work), 지역사회조직사업(community organization) 등에 따라 부문화하는 방법**이다.
② **장점**: 서비스별로 전문화를 촉진할 수 있다.
③ **단점**: 클라이언트의 문제가 복합적이고 동시에 여러 가지 서비스를 제공해야 할 경우 서비스를 통합적으로 할 수 없다는 단점이 있다.

(6) 고객기준 부문화 [①⑨]

① **클라이언트의 종류와 문제에 따라 부문화하는 방법**으로서, 클라이언트를 아동, 장애인, 노인, 부녀자 등으로 나누든가, 아니면 비행문제, 가족문제, 학업문제, 고용문제, 경제적 문제 등으로 나누어 업무를 부문화하는 방법이다.
② **장점** : 업무량을 관리할 수 있을 만큼으로 유지하고, 많은 경우 한 개인의 복합적인 문제도 서로 연관되어 나타나기 때문에 한 사람의 서비스 제공자가 한 클라이언트를 상대할 수 있다.
③ **단점** : 한 클라이언트의 문제가 다양한 경우 한 사람의 서비스 제공자의 제한된 지식과 기술로서는 다룰 수 없는 문제가 있는 경우는 효과적으로 서비스를 제공할 수 없다.

(7) 서비스 접근통로기준 부문화

① 클라이언트가 어떤 서비스에 접근할 수 있는 통로별(유료서비스와 무료서비스 등)로 업무를 부문화하는 것이다.
② 사회복지서비스의 접근통로는 확실하지 못하고 제한되어 있는 것이 일반적이어서 현재로서는 사회복지조직에서 이러한 기준에 의한 업무의 부문화는 별로 효과적이라 할 수 없다.

OIKOS UP 업무 세분화 [④]

① **업무세분화의 개념** : 한 조직 단위 내에서 업무들이 구분되어 있는 정도를 말하는 것으로, 기능적으로 구분되는 업무들과 그에 따른 직위의 수가 많을수록 업무의 세분화는 증가하는 것으로 본다.
② **세분화의 장점** : 조직이 업무를 세분화하게 되면 무엇보다 세분화된 업무단위들에서 업무기술이 단순화되어, 기술 개발이 용이하고 그에 따라 효율성이 증대될 수 있다. 이것은 관리자들로 하여금 관리감독을 용이하게 한다.
   - ㉠ 업무와 기술의 단순화
   - ㉡ 전문기술 개발의 용이
   - ㉢ 효율성의 증대
   - ㉣ 관리와 감독의 용이
③ **세분화의 단점** : 업무의 세분화는 조직이나 프로그램 전체의 목적보다 효율적으로 수행하기 위한 것이었지만, 개별적인 효율성은 극대화되지만, 전체 업무의 효율성을 저하시킨다. 따라서 분화된 업무들이 전체적인 목표에 기여하도록 개별 업무들을 통제하는 것이 필요하다. 이때 업무의 조정에 소요되는 노력과 비용을 무시할 수 없을 만큼 심각할 수 있다.
   - ㉠ 업무자의 매너리즘(mannerism) : 단조로운 역할과 활동들이 계속 반복될 때, 즉 기계적으로 되풀이하다보면 매너리즘에 빠진다.
   - ㉡ 클라이언트의 혼란 : 각각의 단위들이 서로 간에 일관성 없는 기준을 만들어 내고, 그것을 클라이언트에게 요구하는 경우 클라이언트에게 심한 혼란감을 준다.
   - ㉢ 업무의 조정에 비용이 듦 : 업무조정이란 분화된 업무들이 전체적인 목표에 기여하도록 개별업무들을 통제하는 것으로, 업무세분화가 개별적 업무에는 효율성이 극대화되지만 전체 효율성에 기여하지 못하는 결과를 초래할 수 있으므로 업무조정이 필요하다.

2 직무설계 [⑤⑨]

(1) 개 념
구성원들의 직위에 따라 담당해야 하는 직무를 설계하는 것으로, 직원의 직위와 역할, 이에 따른 구체적인 임무와 책임을 정해 놓는 것이다.

① 기존에는 분업에 의한 효율성을 추구하고자 직무의 전문화를 강조하였으나 최근에는 전문화·세분화의 문제점(단조로움, 조정의 어려움)에 대한 인식이 증가하여 이에 대한 처방으로 직무의 전문화보다는 **직무의 포괄성을 강조(복합적 직무설계)** 하고 있다.

② 직무설계는 개인적 차원에서 **직무확충(직무확대와 직무충실, 직무순환)** 과 조직적 차원에서 **팀제의 도입(치료팀), 사례관리, 사례옹호**를 들 수 있다.
   ※ 직무순환과 사례관리는 개별업무차원의 노력보다는 조직단위간 연결을 강조한다.(×)

(2) 직무확충(職務擴充, job enrichment)
조직 내에서 각 구성원이 담당하는 직무에 있어서 인간성을 회복하도록 직무내용의 확충을 도모하는 일이다.

① **직무확대(job enlargement)** [⑨]
   ㉠ 전문화에서 오는 단조로움을 완화하기 위하여 한 개인이 담당하는 직무내용을 몇 가지 다른 내용의 활동으로 구성하는 것(업무의 초점을 확대시키는 것)으로 수평적 확대라고도 한다. → 개별업무자가 담당하는 과업의 종류나 수를 확대하는 방법
   ㉡ 단지 한 직무에서 수행되는 과업의 수를 증가시키는 것으로 매너리즘과 업무로부터의 소외현상, 전체적인 목표로부터의 이탈 등의 문제를 예방하는 데 도움을 준다.

② **직무충실**
   ㉠ 단지 신체적 활동의 내용을 다양화할 뿐만 아니라 더 포괄적으로 여기에 다시 판단적·의사결정적 내용을 곁들인 것으로 수직적 확대라고도 한다.
   ㉡ 조직 구성원에게 더 많은 책임과 더 많은 선택의 자유를 요구하는 것으로 인간이 지닌 문제해결 능력을 활용하여 인간성을 회복하고 참여의 원리를 활용하자는 것이다.

③ **직무순환(job rotation)** [①④⑨⑩]
   ㉠ 조직에서 업무단계를 돌아가면서 맡도록 하는 방법으로 업무의 순환을 돕는 형태의 방법이다. → 주기적으로 다른 업무를 수행하도록 인력을 배치하는 방법
   ㉡ 각종의 직무를 일정 기간에 차례차례 계획적으로 담당하게 하여 여러 가지 직무를 통해서 넓은 시야와 경험을 터득하게 하는 동시에 미지의 분야에 도전함으로써 문제해결 능력을 향상시키려는 의도에서 나온 것이다.

3 부서 간 조정(co-ordination) 및 통합

① 조직의 부서 간, 직무 간, 계층 간에 **분화된 활동을 하나의 전체로서 조화시켜 나가는 것**으로, 조직의 전체목표를 달성하기 위한 협력적 활동의 질을 좌우하므로 조정에 필요한 정보의 흐름을 원활하게 할 수 있는 조직구조설계가 요구된다.

② 세분화로 인한 부정적 영향을 상쇄하기 위한 대안적 접근방법들 [④⑧⑨⑪]
  ㉠ **사례관리(case management)** : 사정, 연결, 옹호 등을 주된 서비스 내용으로 하여 사례관리자의 주된 책임 하에 개별 클라이언트의 복합적인 문제들을 다양하게 분화되어 있는 세분화된 서비스에 연결하고 그 결과를 묶어서 클라이언트의 문제를 해결하고자 하는 통합적인 접근이다.
  ㉡ **사례 옹호(case advocacy)** : 사례관리의 한 부분으로 다루어지기도 하며 혹은 독립적인 분야와 영역으로 인식되기도 하는데, 사례관리보다는 폭이 좁으며 클라이언트를 위한 옹호자적인 입장에서 접근하는 것이다.
  ㉢ **치료팀(treatment team)** : 팀제 접근방식으로 세분화된 다양한 분야들이 모여서 한 클라이언트의 문제를 공동으로 해결해나가기 위한 것이다.
③ 이 같은 조정 및 통합방법들은 세분화로 인한 단점을 줄이는데 기여할 수 있으나, 그에 따른 비용, 시간, 에너지의 문제를 수반한다. 사례관리자나 옹호자를 유지해야 하는 비용이나, 치료팀을 위해 각 업무자들이 할애해야 하는 시간 등과 같은 비용이 많이 든다.

06 사회복지조직의 위원회와 이사회

1 위원회(committee) [②]

(1) 개념과 특징
① **개념** : 조직이 목표달성을 위한 **특별과업이나 문제를 해결하기 위해** 조직의 일상업무를 수행하는 기구와는 **별도로 구성한 전문가 또는 업무관련자들의 활동기구(전문가 중심 조직)**로, 직원들이 효과적이고 효율적인 조직운영에 기여하기 위한 기회를 제공한다.
② **특징** : **낮은 수준의 수직적 분화와 공식화, 합의성, 분권성, 민주성**이라 할 수 있으며, 업무 수행상 책임을 분산시키는 것이 필요할 경우, 조직의 중요한 전략적 의사결정에 광범위한 경험과 배경을 가진 사람들이 필요한 경우, 의사결정 결과에 이해관계가 있는 부서의 대표자를 참가시켜 해당 부서의 요구 사항을 반영시키고자 할 경우, 그리고 어느 한 개인이 조직을 이끌어 나가기 곤란한 경우에 효과적이다.

(2) 종 류
① 정규성 여부(계속적 필요성)에 따라
  ㉠ **상임위원회** : 정규적으로 발생하는 특별업무를 처리하기 위한 위원회로, 인사위원회, 예산위원회, 자문위원회 등이 있다.
  ㉡ **임시위원회** : 비정규적인 특별업무를 처리 하기 위한 위원회로, 운영규정개정위원회, 지역주민반대대책위원회 등이 있다.

② 업무내용에 따라
    ㉠ 자문위원회(Advisory Board)
    ㉡ 조정위원회(Coordinating Committee)

(3) 위원회의 기능
    ① 조정역할
    ② 제안을 평가하고 전문가의 견해 수집
    ③ 의사결정에 참여하는 기회를 넓혀 조직의 관리기능을 증진
    ④ 위원들로 하여금 공동결의를 준수하게 함
    ⑤ 기관장이 일을 진행시키기 전에 필요한 시간적 여유나 정보를 제공

(4) 위원회를 운영하는 데 있어 장점과 단점
    ① 장점
        ㉠ 조직성원 전반에 관계되는 문제에 관한 협조와 관련된 정보를 계속 제공하는 데 효율적이다.
        ㉡ 제안을 평가하고 전문가의 의견을 듣는 방법이 된다.
        ㉢ 관련된 여러 사람의 의견을 들을 수 있다.
        ㉣ 참여적 관리(행정)의 수단이 된다.
        ㉤ 관련된 사람들의 헌신적인 참여를 구축한다.
        ㉥ 행정책임자의 결정을 보조해 준다.
    ② 단점
        ㉠ 비용이 많이 든다.
        ㉡ 문제의 처리 또는 해결에 시간이 걸린다.
        ㉢ 결정이 타협적으로 이루어질 가능성이 있다.
        ㉣ 위원 간의 책임성을 희박하게 한다.
        ㉤ 이해관계가 얽힌 대표의 참여에 의한 위원회는 시야가 좁아진다.

2 이사회(board of directors) [③⑥]

(1) 개념
    ① 조직이 목표를 달성할 수 있도록 **법률적 책임을 지고 있는 조직(법인)의 정책결정기구(의사결정기구)** 이다.
    ② 조직을 이끄는 정책을 공식화하고, 실천가를 고용하고 평가하며, 후원자 및 지역사회지도자와의 연계를 유지하고, 미래에 대한 계획을 수립하는 것 등에 대해 책임을 진다.
    ③ 이사회의 구성원들은 **조직 활동에 대한 재정과 프로그램 모두에 책임**이 있으며, 이사회는 지역사회, 정부와 민간 관련 기관 그리고 기관 서비스의 소비자들에게 재원을 제공할 책임을 가지고 있다.

④ **우리나라 사회복지법인 이사회 규정(사회복지사업법 제18조)** : 대표이사를 포함한 **이사 7명 이상과 감사 2명 이상**을 두어야 하고, 이사회의 구성에 있어서 대통령령으로 정하는 **특별한 관계에 있는 사람이 이사 현원(現員)의 5분의 1을 초과할 수 없도록 규정**하고 있다.

(2) 이사회의 기능
① 조직의 정책결정
② 기관의 일반적인 방향과 통제 유지(정책개발, 조직의 목적 또는 목표설정)
③ 단기적이고 장기적인 계획 지도(프로그램개발)
④ 유능한 행정 참모 고용, 즉 조직의 행정책임자 채용 및 임명(인사)
⑤ 필요한 자원에 대한 접근의 활성화, 즉 예산인준 및 재정원천에의 접근촉진(재원)
⑥ 조직체를 광범위한 지역사회에 소개하기(홍보, 조직과 지역사회간의 중개)
⑦ 조직운영의 점검 및 평가(책임성)
⑧ 지역사회계획에 참여
⑨ 정관의 변경
⑩ 필요한 인적 및 물적 자원의 조달
⑪ 조직의 운영기구 설정

3 위원회와 이사회의 차이점

(1) 행정책임자의 회의 참여
이사회는 조직의 행정책임자가 반드시 참석 하에 회의를 갖지만, **위원회는** 조직의 행정책임자 참석 없이도 회의가 가능하며 책임자보다는 실무담당자가 참여한다.

(2) 직원의 이사 참여
이사회는 조직의 직원이 이사가 되는 경우가 드물지만, **위원회는** 담당하는 직원이 참여한다.

(3) 구성원의 수
이사회의 구성원의 수는 위원회의 구성원 수보다 적은 경우가 많다.

(4) 영향력
이사회는 위원회에 비해 조직의 운영과 서비스 전달에 더 많은 영향력을 미친다.

(5) 정책결정
이사회는 정책을 결정하고 **위원회는** 건의하는 역할을 주로 한다.

(6) 수혜자의 참여
이사회는 수혜자가 참여하는 경우는 드물고, **위원회는** 수혜자가 참여하기도 한다.

김진원 OIKOS 사회복지사1급 통합이론서 3교시

제3부

사회복지 조직관리와 인사관리

제5장 사회복지조직의 기획과 의사결정
제6장 리더십(leadership)
제7장 인적자원관리
제8장 재정관리
제9장 서비스 품질관리와 위험관리
제10장 정보관리시스템
제11장 프로그램 개발과 평가
제12장 사회복지서비스 전달체계
제13장 마케팅과 홍보

사회복지조직의 기획과 의사결정

제3부 **사회복지조직관리와 인사관리**

제5장 회차별 출제빈도, 출제비중 및 출제논점 1, 2, 3순위

10회 2012	11회 2013	12회 2014	13회 2015	14회 2016	15회 2017	16회 2018	17회 2019	18회 2020	19회 2021	20회 2022	21회 2023	22회 2024
2	3	2	3	4	3	3	1	1	1	1	1	2

출제 비중	출제 논점		
	1순위 ☺	2순위 ※	3순위 ☆
124	① 기획의 특성과 필요성 ② 기획의 기법: 간트, PERT, MBO... ③ 의사결정의 기술: 개인적(의사결정 나무분석, 대안선택흐름도표) vs 집단적(델파이, 시넥틱스...)	① 의사결정의 방법: 직관적, 판단적, 문제해결적 ② 의사결정의 유형: 정형적, 비정형적	① 기획의 유형 ② 기획의 과정

1순위 스마일표시(☺): 출제 빈출도가 높은 부분으로 무조건 시험에 출제되는 영역
2순위 당구장표시(※): 나왔다 안 나왔다 하는 영역이지만 출제가능성 높은 영역
3순위 별 표(☆) : 출제 된 적이 있긴 하지만 다시 출제될 가능성은 다소 떨어지는 영역

MAP

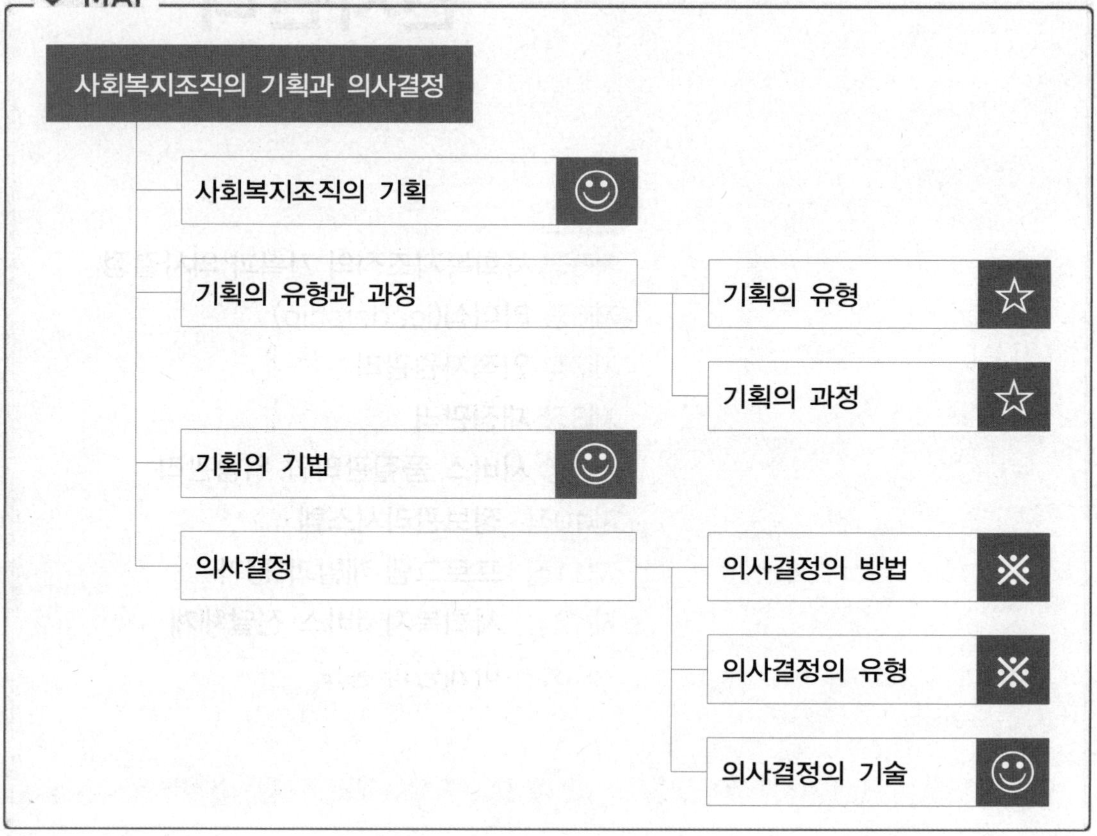

- 사회복지조직의 기획과 의사결정
  - 사회복지조직의 기획 ☺
  - 기획의 유형과 과정
    - 기획의 유형 ☆
    - 기획의 과정 ☆
  - 기획의 기법 ☺
  - 의사결정
    - 의사결정의 방법 ※
    - 의사결정의 유형 ※
    - 의사결정의 기술 ☺

01 사회복지조직의 기획

1 기획(planning)의 개념과 목적

(1) 개념
조직의 목표를 달성하고자 미래에 취할 행동을 위해 결정을 준비하는 체계적인 방법이며 과정이다.
① 사업계획의 과정이며 정책목표와 수단을 발견하기 위한 복합적 활동
② 문제를 해결하고 미래의 사건들에 대한 경로를 통제하려는 의식적인 시도로서, 예견, 체계적 사고, 조사, 가치선호를 통해 대안들을 선택해나가는 의사결정

(2) 사회복지 기획의 목적
사회적인 목표를 달성하기 위해 가능한 최선의 방법을 통해서 자원을 배분하는 것으로, 사회문제를 해결하기 위한 사회복지 서비스의 개발과 개선 그리고 조정 등에 관심을 갖는다.

(3) 유사용어 차이 [⑭]
① **기획(planning)** : 계획을 세워 가는 활동 과정, 계속적인 행동의 **동적이고 포괄적인 개념**
② **계획(plan)** : 구체적인 사업에 대한 연속적인 의사결정으로서 **기획의 결과로 결정된 행동의 정적인 개념(기획에서 도출된 결론)**
③ **프로그램 기획** : 프로그램 계획을 수립하는 것으로 세부적인 개념

2 기획의 특성 [②④⑤③⑭⑯]

① **미래지향성** : 기획은 미래의 개선된 상태를 지향한다는 점에서 미래지향적이다.
② **목표지향성** : 미래의 바람직한 상태를 지향하는 것은 목표를 추구하는 것과 동일한 의미다. 기획은 그 자체가 목적이라기보다 **목표달성을 위한 수단적 과정**이다(목표와 수단의 일치성).
③ **의사결정과정(결정을 내려야 하는 의사결정과 연관)** : 기획은 목표달성을 위한 여러 대안을 탐색하고 적절한 대안을 선택하느냐 과정이다.
④ **지향점** : 기획은 무엇을 할 것인가에 대한 해답이기 때문에 지향점을 가져야 하며, 이러한 지향점은 프로그램의 목표로 구체적으로 표현된다.
⑤ **지속적 과정** : 기획 과정은 일회적인 행동이 아니고 계속적이고 순환적 과정이다.
⑥ **개방성** : 기획이 가지고 있는 개방성은 다양한 아이디어의 창출과 수용에서 유연성을 가져야 한다는 것을 의미한다.
⑦ **합리성** : 기획은 그 목적을 달성하는데 필요한 최적의 수단을 모색하고 주어진 자원을 가장 효율적으로 활용하려고 한다는 점에서 합리성을 추구한다고 하겠다.
⑧ **통제성** : 기획은 목표를 설정하고 성과를 평가함으로써 체제가 의도했던 방향으로 나아가도록 통제하는 과정을 포함한다.

⑨ **인위성** : 기존의 사회상태를 그대로 인정하고 그것이 자연스럽게 운행되도록 방치하는 것이 아니라 의도한 결과가 초래되도록 인위적인 변동을 가하려는 노력이다.
⑩ **변동지향성(동태적 과정)** : 기획은 현재 상태와는 다른 개선된 어떤 상태를 지향한다는 의미에서 변동지향성을 띤다고 하겠다.
⑪ **국민의 동의, 지지 획득 수단** : 미래의 바람직한 목표를 설정하고 그것을 향하여 나아가기 위한 길을 제시함으로써 정부의 활동에 대한 국민의 이해와 동의를 얻는데 필요한 수단이다.
⑫ **정치적 성격** : 사회의 한정된 자원을 배분함으로써 누가 얼마나 혜택을 입었는가를 결정하게 되므로 정치적 성격을 띠며, 목표를 설정하고 대안을 선택하는 과정 자체가 정책결정으로서의 기획의 정치성이 인정된다. → 조직외부의 정치경제적 영향을 고려하기 위해서이다.(○)
⑬ **현장 중심** : 기획은 사회복지사가 현장에서 경험하게 되는 문제나 욕구의 확인이나 삶의 질 향상에 대한 필요성들로부터 출발하는 경우가 많다.

3 기획의 필요성(R. Skidmore & R. York) [②④⑤⑦⑩⑥]

① 사회복지조직의 목표의 모호성(불확실성, uncertainty) 감소
② 문제해결을 위한 합리성(rationality) 증진
③ 효율성(능률성, efficiency) 증진
④ 효과성(effectiveness) 향상
⑤ 책임성(accountability)의 이행을 도움 → 조직의 책임성 확보를 위한 방안으로 중시(○)
⑥ 프로그램 관련자들의 관심과 욕구충족
  ⓧ 프로그램 예산의 점진적 확대(×), 프로그램 논리의 개발(○)
⑦ 클라이언트의 동기부여
⑧ 기관과 구성원의 사기진작(사기앙양)에 기여

4 기획의 기능

(1) 사회복지기관에서의 기획의 기능

① **기관 상징의 기능** : 기획은 기관이 현재 어떤 활동을 하고 있으며 또 미래에는 어떤 활동을 할 것인지를 상징적으로 제시
② **기관 홍보의 기능** : 기관의 미래 활동에 대한 비전을 제시하며, 이를 통해 잠재적 미래 기부자 또는 후원자들에게 기관의 미래목표에 대한 홍보의 기능을 수행

(2) 오스틴과 솔로몬(Austin & Solomon, 2000)이 세분화한 기획활동의 기능

① 기획활동이 [그림]과 같은 세부적 기능을 수행함으로써 궁극적으로는 클라이언트의 욕구변화에 대한 사회복지기관의 적극적 대응이 가능하게 함을 강조하였다.
② 기관 내적으로는 보다 효율적인 기관 활동이 가능하도록 하며 외적으로는 지역사회와의 상호 협력관계를 가능케 함을 강조하였다.

■ 사회복지기관 기획활동의 기능(김형식 외, 2013) ■

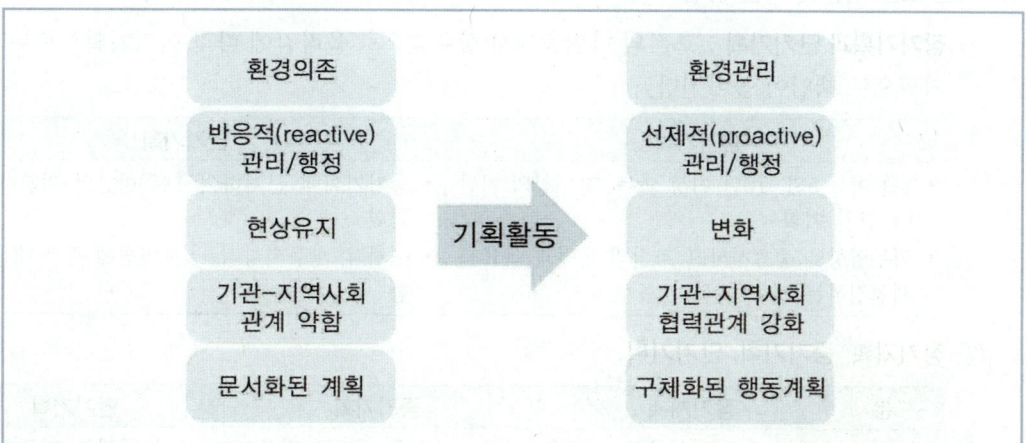

02 기획의 유형과 과정

1 기획의 유형

(1) 조직의 위계수준에 따른 기획의 유형 [⑦⑮]

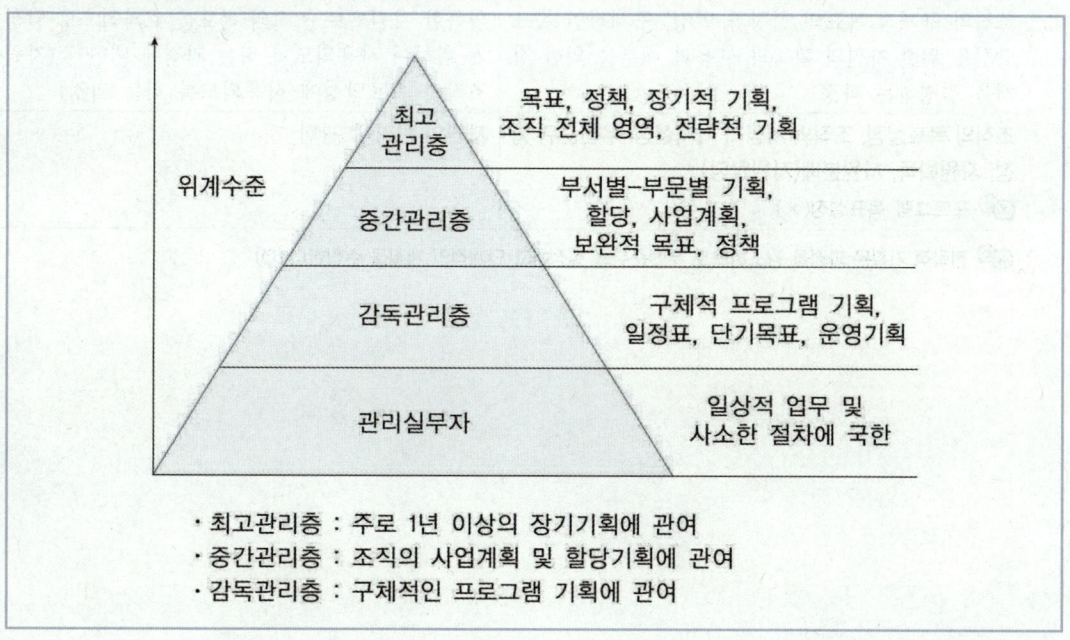

- 최고관리층 : 주로 1년 이상의 장기기획에 관여
- 중간관리층 : 조직의 사업계획 및 할당기획에 관여
- 감독관리층 : 구체적인 프로그램 기획에 관여

(2) 시간 또는 기간에 따른 유형

① **장기기획과 단기기획** : 조직의 하위층에서 상위층으로 올라감에 따라 단기기획으로부터 장기기획으로 책임이 높아진다.

장기기획	단기기획
• 1년 이상 5년, 10년 이상 또는 그 이상의 기간에 걸친 기획 • 외부영향을 중요시하고 조직의 목적과 목표를 재설정하는 것도 포함	• 장기기획에 근거하여 1년 미만의 기간에 걸친 기획 • 구체적, 행동지향적, 실행방법에 관한 내용이 포함

② **장기기획, 중기기획, 단기기획**

구 분	장기계획	중기기획	단기기획
기 간	• 대개 10년 이상의 기간을 두고 기획하는 경우	• 5년 내외의 기간을 정하고 행동방침을 결정함	• 1년 내외를 기준으로 작성하는 계획
이 유	• 주기기획이나 단기기획의 전제 • 국민들의 희망고취에 기여	• 단기기획을 수립하는데 있어서 준거를 제공	• 기획의 경험이 적거나 능력이 부족한 초기에 실시

(3) 대상에 따른 유형 : 전략적 기획과 운영기획 [③⑨⑮⑲]

전략적 기획(strategic planning)	운영기획(operational planning)
조직의 구체적 목표의 설정과 변경, 구체적인 목표 달성을 위한 자원의 획득과 사용과 배분을 위한 정책을 결정하는 과정	획득한 자원으로 조직의 목표를 효과적으로 달성하기 위하여 사용되도록 하는 과정에 대한 것(자원을 조직의 목표달성에 사용되도록 하는 과정)
조직의 목표설정, 조직의 사명과 가치설정, 우선순위 설정, 자원획득, 자원분배(자원할당) ⊗ 프로그램 목표설정(×)	**자원의 관리**에 관한 것
⊗ 전략적 기획은 과정을 강조하므로 우선순위를 설정하고 단계적인 계획을 수립한다.(O)	

OIKOS UP 전략적 기획과정(Strategic Planning Process) [⑨]

① **의의** : 일반적 기획과정과 유사하지만, 전략적 기획의 특성은 경쟁의 활용과 환경감시를 강조하고 있으므로, 조직의 내·외적 분석과 조직 사명·목적의 재설정 측면을 강조하는 특성을 갖고 있다.

② **전략적 기획과정 설명**
  ㉠ 전략적 기획 합의 : 조직 내·외의 이해관계인의 참여와 합의를 통해 전략적 기획을 위한 팀 혹은 위원회를 설치하고, 여기서 기획이 추구하는 가치, 목적, 전체 업무 과정 등이 결정되면 참여자의 이해와 합의가 필요하다.
  ㉡ 조직(기관) 및 환경 분석 : 조직의 내부분석과 외부환경에 대한 분석이 필요, 분석방법으로 스와트(SWOT)기법이 있다.
    ㉮ 스와트(SWOT)기법
      ⓐ SWOT(Strengths - Weaknesses - Opportunities - Threats : 강점-약점-기회-위협) 분석은 조직의 강점과 약점 그리고 현재 환경변화가 주는 기회와 위험요인들을 점검하는 방법이다.

강점요소 (Strengths)	약점요소 (Weaknesses)
기회요소 (Opportunities)	위협요소 (Threats)

      ⓑ 보통 위와 같은 도표를 이용해서 각 셀에 분석 내용을 적어서 간결하고도 체계적으로 현재 조직이 처한 상황을 진단하는 기법이다.
    ㉯ 조직의 내부환경 분석(S/W분석) : 조직구성원들이 조직의 사명과 미래방향에 대해 얼마만큼 인식이 분명한가를 분석하는 것과 다른 하나는 조직 외부 이해관계인의 요구를 조직 구성원이 어느 정도 인식하고 있는가를 분석하는 것이다.
    ㉰ 조직의 외부환경 분석(O/T분석)
    ㉱ SWOT분석에 따른 조직전략 : 내부환경분석(S/W)과 외부환경분석(O/T)을 결합하고 그에 따른 복지조직의 전략을 도출한다.
  ㉢ 쟁점의 구체화 : 조직에 대해 영향을 미칠 수 있는 현안문제(쟁점)를 규명하고 해결할 수 있는 전략을 탐구하는 과정이다.

2 기획의 과정

(1) 학자들의 견해

① **스키드모어(R. Skidmore)** [14][16][20]
   ㉠ 구체적인 목표의 설정, ㉡ 관련정보 수집 및 가용자원 검토(자원 고려, 가용자원검토), ㉢ 목표달성을 위한 대안적 방법 모색(대안모색), ㉣ 대안의 실시조건 및 기대효과 평가(결과예측, 대안 결과예측), ㉤ 최종대안의 선택(계획 결정, 최종대안 선택), ㉥ 구체적 실행계획 수립(구체적 프로그램 수립, 프로그램 실행계획 수립), ㉦ 개방성 유지

■ 스키드모어(R. Skidmore)가 제시한 7단계 기획의 과정(장인협 외, 2000) ■

단계구분	주요 내용
구체적인 목표의 설정	기획의 첫 단계는 구체적 목표의 설정으로 기획의 목표가 명확하고 구체적으로 설정되어야만 주어진 조직의 목표를 수행할 수 있게 된다.
관련정보수집 및 가용자원 검토 (자원 고려)	구체적 목표와 관련된 상황이나 다양한 정보를 수집하고 그 조직이 동원할 수 있는 경제적·사회적·인적 자원 등의 가용자원을 검토해야 한다.
목표달성을 위한 대안적 방법 모색 (대안모색)	구체적 목표가 설정되고 가용자원에 대한 검토가 이루어진 후에 목표달성을 위한 다양한 방법들이 있는가를 고려하여 대안을 검토하는 것이다.
대안의 실시조건 및 기대효과 평가 (각 대안의 결과예측)	목표달성을 위한 각각의 대안들을 택해서 실시할 경우 실시에 관련되는 여러 가지의 조건은 어떠한가와 기대효과는 어느 정도 될 것인가를 검토하고 장점과 단점도 찾아내어 평가한다. 즉 발생 가능한 일을 다각도에서 예측해 본다.
최종대안의 선택 (최선의 계획 결정)	평가한 대안들을 주의 깊게 비교, 검토한 후 적절한 비중으로 점수를 주어 우선순위를 정한 후에 평가점수가 가장 높은 대안을 최종안으로 선택한다.
구체적 실행계획 수립 (구체적 프로그램 수립)	목표달성을 위해 선택된 프로그램을 실시하기 위하여 시간과 활동이 연관된 구체적인 계획을 수립하는데, 이 단계에서는 단계별 행동이 기록된 청사진 만들기에 해당되며 대표적인 프로그램 기획방법으로는 시간활동계획도표(Gantt Chart), 프로그램평가검토기법(PERT), 월별활동계획카드(Shed-U Graph) 등이 있다.
개방성 유지	개방성 혹은 융통성이야말로 전체 기획과정에서 매우 중요하다. 사실 변하지 않았거나 목표를 향한 보다 나은 절차가 개발되지 않았을 경우에는 원래의 계획이 그대로 진행된다. 그러나 구체적인 프로그램이 실제로 수행될 때에는 종종 변화가 생긴다. 유능한 행정가는 그 변화가 보다 나은 발전을 가져오거나 편리한 자원을 수반하는 경우 언제든지 기획을 변경시킬 수 있어야 한다.

② **요크(R. York)** : ㉠ 문제확인, ㉡ 목표 설정, ㉢ 프로그램 설계, ㉣ 평가 → 기획과정은 직선적이 아닌 순환적 관계로, 평가과정은 다시 문제 확인 과정으로 연결되는 순환적 관계라고 하였음

(2) **기획과정 5단계(김영종, 2013)**
① **1단계 : 문제 확인**
  ㉠ 문제 분석과 욕구사정의 과업들을 포함하는 것으로, 프로그램이 의도하고자 하는 사회적 조건들의 변화를 찾아내고, 이를 통해 프로그램 전략들을 도출하는 근거를 마련하기 위한 것이다.
  ㉡ 욕구사정을 통해서 문제들이 인구집단에 퍼져 있는 정도를 측정하고 행위의 표적들을 확인한다.
② **2단계 : 목적 설정**
  ㉠ 목적과 영향목표를 결정하는 것으로, 목적과 영향목표들에 대한 정의에는 우선순위에 대한 결정이 포함된다.
  ㉡ 우선순위를 통해서 프로그램의 의사결정에 지역사회를 비롯한 제반 이해집단 요소들의 가치를 도입하고, 그에 따라 자원 할당을 유도하려는 것이다.
③ **3단계 : 프로그래밍**
  ㉠ 문제 확인을 거쳐서 목적 설정이 이루어지면 그에 따라 구체적인 프로그램 계획들이 이루어지는데, 이 과정을 프로그래밍이라 한다.
  ㉡ 동일한 목적에 대해서도 다양한 프로그램 대안들이 제시될 수 있으므로, 가능한 폭넓은 대안에 대한 고려가 이루어져야 한다.
④ **4단계 : 실행**
  ㉠ 실행은 프로그램 목표들이 확실하게 실현되도록 하는 기능에 기여한다.
  ㉡ 실행과 기획은 얽혀있어서, 기획의 결과가 실행으로 나타나며, 실행은 다시 기획을 위한 근거가 된다.
⑤ **5단계 : 평가**
  ㉠ 평가는 목표들이 얼마나 잘 성취되었는지를 결정하게 하고, 성공과 실패에 대한 이유를 확인시켜 준다.
  ㉡ 평가 결과는 프로그램의 방법이나 목표들을 재규정하는데 사용되고, 추가적인 조사연구를 위한 기반을 찾아준다.

03 기획의 기법

1 간트 차트(Gantt Chart, 시간별 활동계획 도표) [④⑤⑦⑧⑯⑰⑱]

(1) 개요

① 간트 차트(Gantt chart)는 1910년대 헨리 간트(H. Gantt)에 의해 최초로 개발한 프로젝트 일정관리를 위한 바(bar)형태의 도표로서 바차트(bar chart)라고 부르기도 한다.

② 세로 바에는 프로그램의 세부목표와 관련활동 및 프로그램을 기입하고 가로 바에는 월별 또는 일별 시간을 기입하여 사업의 소요시간을 막대로 나타내는 도표이다.

> 간트 도표(Gantt Chart)는 사업별로 진행시간을 파악하여 각각 단계별로 분류한 시간을 단선적 활동으로 나타낸다.(O)

(2) 장점과 단점

① **장점**
   ㉠ 계획과 실제의 작업량을 시간에 따라 표시하여 **계획과 통제기능을 동시에 수행**할 수 있다.
   ㉡ 단순 명료하며, **상대적으로 복잡하지 않은 사업을 계획**할 때 주로 사용된다.
   ㉢ 사업의 시작 또는 완료시까지 여러 **활동들 간의 선후관계를 명확히** 나타낼 수 있다.

② **단점**
   ㉠ 세부적인 활동을 포함하지 않고, 과업이나 활동 간의 연결과정이 표시되지 않기 때문에 프로젝트의 규모가 크고 수행해야 할 과업의 수가 많을 경우 불리하다.
   ㉡ 활동과 활동 사이의 상관관계를 파악하기 힘들다. → 세부목표 간 상호연관성을 알 수 없다.

■ 간트 차트의 예(김영종, 2012) ■

활동	책임자	주(週)									
		1	2	3	4	5	6	7	8	9	10
상담가 모집/인터뷰	인력개발팀장	─	─	─	─						
훈련 프로그램 디자인	인력개발팀장	─	─	─	─						
상담가 선발	기관장/총무과장					─					
상담가 훈련	인력개발팀장					─	─	─	─	─	
클라이언트 모집/인터뷰	사회재활팀장			─	─	─	─				
클라이언트 오리엔테이션 개최	사회재활팀장					─					
클라이언트 사전 선별	사회재활팀장							─	─		
클라이언트 시작	재활치료팀장/상담교사									─	─

2 프로그램 평가검토 기법(PERT : Program Evaluation and Review Technique) [③⑤⑦⑩⑤⑰⑱⑲②]

(1) 개 요

① 1958년에 미해군이 폴라리스(polaris) 핵잠수함 무기 시스템의 구축과 관련하여 개발한 매우 정교한 기획 및 통제기법으로, 프로그램 진행 일정을 관리하는 목적으로 많이 활용된다.

㉠ 계획과 통제를 하는 데 필요한 사전정보들이 갖추어 있지 않은 **일회성으로 끝나거나 최초로 시도되는 프로그램의 경우 종합적 파악이 중요한 프로젝트에 유용한 기법**이다.
> PERT는 최초로 시도되는 프로그램관리에 유용하지 않다.(×)

㉡ **목표달성을 위하여 설정된 주요 세부목표와 프로그램의 상호관계와 시간계획을 연결시켜 도표화한 것이다. → 목표달성의 기한을 정해놓고 진행**
> Gantt Chart - 목표달성 기한을 정해놓고 목표달성을 위해 설정된 주요활동과 시간계획을 연결시켜 도표로 나타낸 것이다.(×)

㉢ 프로젝트의 목표에 따라 이와 관련된 과업과 활동, 세부활동 간의 상호관계를 논리적으로 시간 순서에 따라 도식화한 것이다.

㉣ 명확한 목표를 가진 프로그램을 조직화하고 **진행 시간표를 작성하고 예산을 수립하여 프로그램 진행사항을 추적해나가는 데 매우 유용한 기법**이다.

② PERT에 있어서 가장 기본적인 것은 공정표(PERT chart)로서, **사업의 모든 부분들이 수행되기 위해서 거쳐야 하는 지점과 경로를 네트워크 형식으로 나타내 주는 표이다.**

(2) CPM(critical path method) [③⑩⑪⑤]

① CPM은 DUPONT사에 의하여 개발된 기법으로, **사업수행을 위한 최단시간 또는 최소비용 경로를 추정하는데 활용**된다. → 전체 과업들 간의 최적의 시간경로를 파악

② **임계경로(critical path)** : PERT의 활동 연쇄망 속에서 조사의 시작에서 종료까지 이르는 경로 가운데 **가장 오랜 시간이 걸리는 경로**를 말하는 것으로, **이는 조사활동을 수행하기 위해 최소한 확보해야 할 시간을 의미한다.**
> 프로그램 평가 검토기법(PERT)은 일정한 기간에 추진해야 하는 행사에 필요한 복잡한 과업의 순서가 보이도록 하고 임계통로를 거친다.(O)

(3) 네트워크의 구성요소(PERT chart)

① 주어진 정책을 집행하는 데 있어서 일정 기간 동안 요구되는 일련의 활동을 다이어그램으로 표시한 것

② 단계(events, 그림에서 원으로 표시된 곳)와 활동(activities, 그림에서 화살표로 표시된 곳)으로 구성

㉠ **단계(상위목표)** : 하나의 활동(하위목표)이 시작 또는 완료되는 특정 시점

㉡ **활동** : 사건이 일어나기 위해서 수행되어야 하는 과업으로 시간, 인력 및 자원이 소요

㉢ Te(expectative time) : 기대시간

③ **공정표(RERT chart) 작성절차**
　㉠ 프로젝트에 포함된 개별행사 **목표들**을 확인한다.
　㉡ 프로그램에 필요한 **모든 과업활동**을 확인한다.
　㉢ 과업별 소요시간을 계산하여 추정한다.
　㉣ 과업수행의 원활을 기하기 위해 **활동을 재배열하거나 재조직화**한다.
　㉤ **목표와 활동들 간의 관계를 네트워크**로 나타낸다.

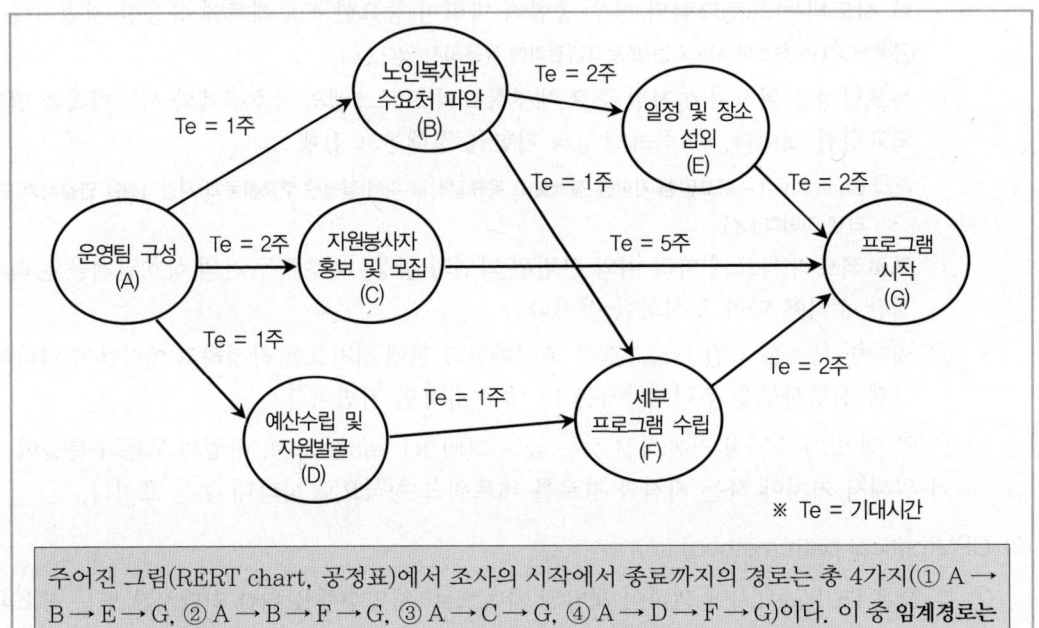

주어진 그림(RERT chart, 공정표)에서 조사의 시작에서 종료까지의 경로는 총 4가지(① A → B → E → G, ② A → B → F → G, ③ A → C → G, ④ A → D → F → G)이다. 이 중 **임계경로는 가장 오랜 시간이 걸리는 A → C → G의 경로로, 총 소요 시간이 7주로 가장 길다.**

(4) **장점**
　① 개별 활동들을 앞당기거나 늦추는 것이 전체 프로젝트에 미칠 영향력을 파악할 수 있게 해 준다.
　② 전체 프로젝트를 완수하는 데 걸리는 시간을 추정할 수 있다.
　③ 프로젝트 완수를 위해 필요한 과업들을 전체 그림을 통해 보여 준다.
　④ 프로그램을 구성하는 활동들 간 상호관계와 연계성을 명확하게 보여준다.
　⑤ 임계경로와 여유시간에 대한 정보를 파악할 수 있다.

(5) **단점**
　① 완성된 그림이 복잡한 경우 이해하기 어렵다.
　② **기획된 활동의 실행과정에서 사건의 발생을 추정할 수 없을 경우에는 PERT를 사용할 수 없다.**

3 **월별 활동계획 카드(Shed-U Graph)** [⑰]
　① 미국의 Remington-Rand라는 회사에서 고안해 낸 것인데 Gantt 도표와 비슷한 성격을 갖고 있다.

② 간트도표와 비슷한 것으로써 **월별활동 계획 카드**를 말한다. **카드의 위쪽에는 월별이 기록되고 월 아래에는 과업을 적은 작은 카드가 꽂혀진다.**
③ 원래 개발된 모양은 $24"\times42"(61\times107cm)$ 크기의 바탕종이에 $3"\times5"(8\times13cm)$ 크기의 카드를 꽂을 수 있는 주머니가 달려 있었다.
④ 이 카드는 업무의 시간에 따라 변경하여 이동하기 쉬운 점이 있지만 Gantt 도표에서와 같이 과업과 완성된 행사들 간의 상관관계를 잘 알 수 없다.
　※ 마일스톤은 월별 활동내용을 파악하는 주된 기법이다.(×)

■ 월별 활동계획 카드의 예 ■

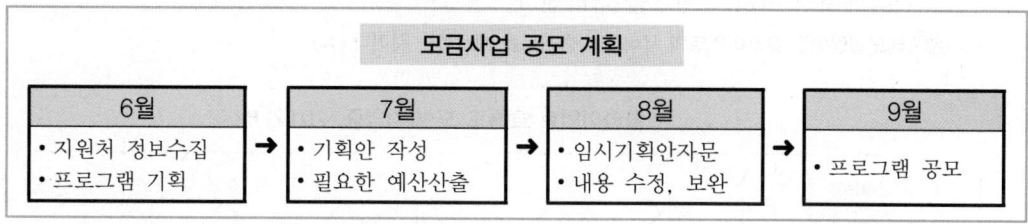

4 방침관리기획(breakthrough planning) [18·19]
① 방침관리기획은 PDCA(Plan-Do-Check-Act) 사이클에 따른 프로그램 기획 기법으로 Hoshin Kanri(方針管理)라는 일본 기업의 기획 방법에 기초한 것이다.
② 이 기법은 한 조직의 문제를 해결(breakthrough)하고, 핵심적인 목표를 달성하기 위해 조직의 자원을 결집시키는 데 초점을 두고 있으며, 공통된 목표 달성을 위해 조직 구성원 전체의 노력을 적절하게 조정하기 위한 기법이다.
③ **PDCA 사이클** : '계획-실행-확인-조정'의 절차를 하나의 프로그램기획 관리 과정
　㉠ **1단계(Plan)** : 계획을 수립, 목표설정, 전략개발, 전술결정
　㉡ **2단계(Do)** : 작업을 실시, 계획수행
　㉢ **3단계(Check)** : 성취도 측정, 즉 기준대로 작업이 행해졌는지 검토한다.
　㉣ **4단계(Action)** : 수정, 개정(계획조정) 등의 조치를 취한다.

■ Plan-Do-Check-Act 사이클 ■

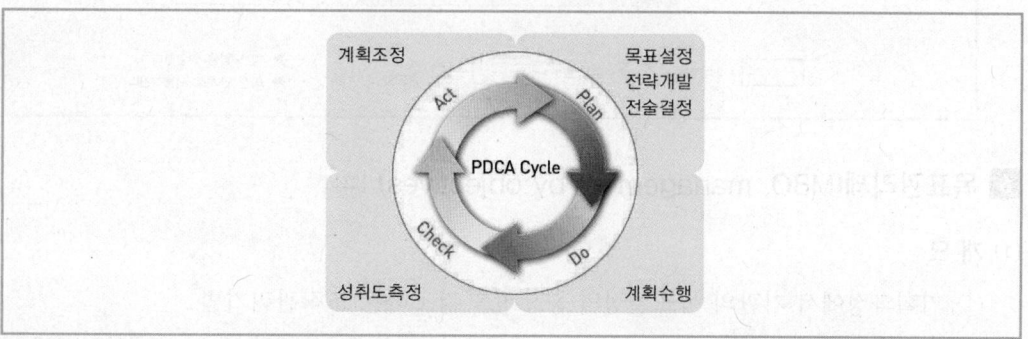

　※ Gantt Chart : 시간별 활동계획의 설계는 확인-조정-계획-실행의 순환적 과정으로 이루어진다.(×)
　※ 방침관리기획(PDCA)은 체계이론을 적용한 모델이다.(×)

5 클라이언트 흐름도(Flow chart, 플로우 차트) : 총괄진행표 [⑰]

① 클라이언트가 기관의 서비스 경로를 거쳐 가는 과정을 나타내는 서비스 공정도로, 클라이언트가 최초로 프로그램 혹은 기관에 접근했을 때부터 서비스 종료 시까지 취할 수 있는 다양한 경로들을 포괄적으로 묘사해 준다.

② 기관의 효과적인 서비스 관리를 위해서도 필요하지만 서비스 관리에 소용되는 경비 산출이나 인력 배치의 시점을 고려하기 위해서도 매우 중요하다.

③ PERT 등이 프로그램 관점의 진행을 나타내는 것이라면, 클라이언트 흐름도는 개별 클라이언트 관점에서의 서비스 진행을 나타낸다.

  ※ 례모델링이란 클라이언트의 서비스 이용경로를 제시하는 것이다.(×)

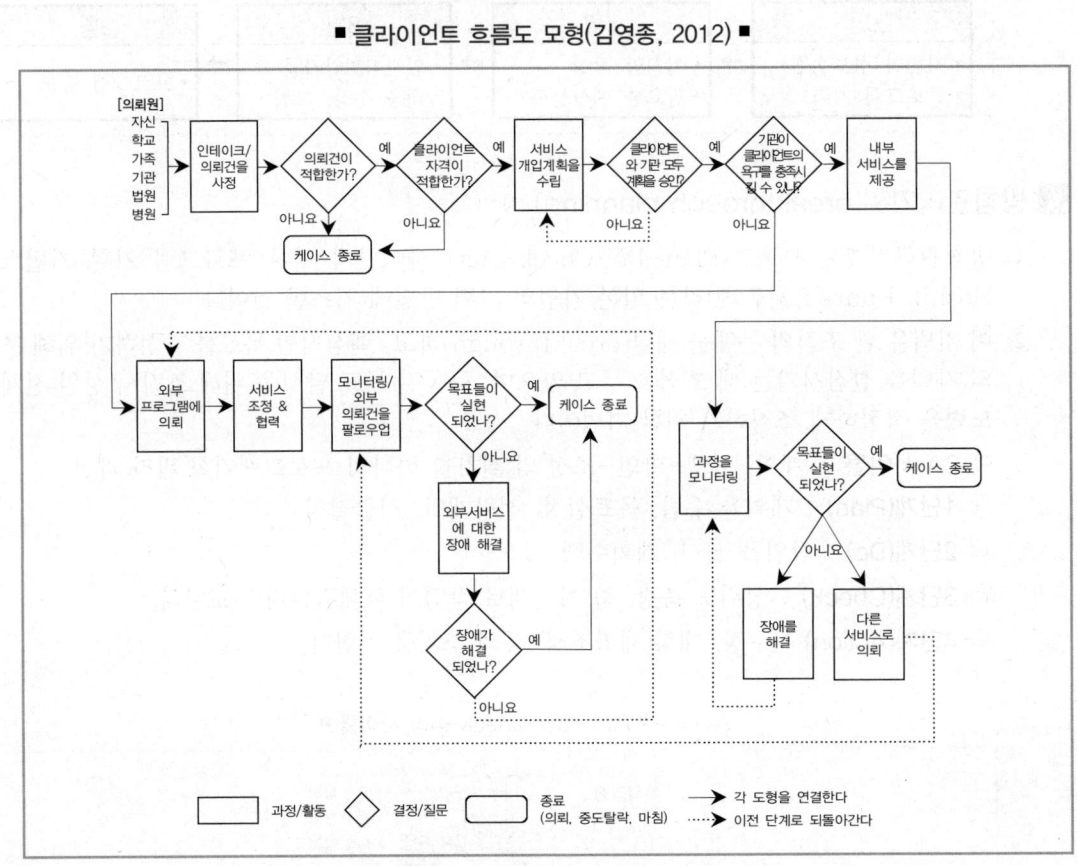

■ 클라이언트 흐름도 모형(김영종, 2012) ■

6 목표관리제(MBO, management by objectives) [⑬]

(1) 개 요

① 기획과정에서 기관의 목표설정의 중요성을 강조하는 조직관리기법

② 초점을 기관의 목표에 두고 그 목표를 달성하기 위한 세부목표를 세우고, 세부목표를 달성하기 위한 구체적인 활동을 기획한다.

(2) 사회복지기관의 MBO 모델(김영종, 2012)

① **사명에 대한 합의** : 사명선언문에는 기관의 존립 이유가 구체화되고 조직의 주요 의도들이 명시되며, 장기적 관점으로 쓰이고 구체적인 종료시점은 제시하지 않는다.

② **귀납적 목적 설정** : 사회복지기관에서 목적 개발은 귀납적이어야 하며, 귀납적 목적 형성에 따르는 장점은 다음과 같다.
  ㉠ 각 업무자의 개별성이 반영되게 하고 기관의 사명에 비추어 자신들의 독특한 기여를 확인할 수 있게 한다.
  ㉡ 의사소통과 기획과정에서 보다 자연스러운 인간적인 시스템이 장려된다.
  ㉢ 목적 형성에의 참여를 통해 동질감을 불러일으킨다.
  ㉣ 실질적인 서비스 전달과정을 잘 이해하지 못하는 행정관리자가 비현실적이고 실천 불가능한 목적들을 양산해내는 것을 막을 수 있게 한다.

③ **목표의 구체화(집단 목표의 설정)** : 목표는 보통 측정가능하고 명료한 용어로 제시되어야 하며, 추후의 결과에 대한 평가 기준으로 삼을 수 있어야 한다.

④ **영향모델(Impact Model, 임팩트모델)과 활동, 자원의 결정**
  ㉠ 목표를 실천하기 위해서는 영향모델(impact model, X라는 활동이 Y라는 목표를 성취하는 데 어떻게 기여하는가?를 묘사하는 것)이 필요한데, 논리모델과 성과측정이 이런 노력에 사용될 수 있는 대표적인 기법이다.
  ㉡ 영향모델에 의해 수행될 활동들이 결정되고 나면 구성원들에게 주요 활동에 대한 역할과 책임을 부여한다.
    ㉮ 각 개인들이 맡게 되는 역할을 명료하게 만들어 주고, 그에 따른 구체적인 책임을 부여하는 것이 필요하다.
    ㉯ 여기에 쓰이는 도구로는 **책임행렬(responsibility matrix) 표**와 같은 것들이 있는데, **주로 목표, 주요 활동, 책임의 종류와 소재 등을 각 구성원별로 구체적으로 명시**하고 있다. [⑰]

⑤ **마일스톤** [⑰]
  ㉠ 활동을 모니터링하기 위한 도구로, 수행될 활동과 그 활동 간의 순서가 규정된다.
    ⓔ 교육훈련과 서비스 제공 활동이 같이 포함되어 있다면, 교육훈련활동은 반드시 서비스제공활동 전에 이루어져야 한다고 정의
  ㉡ 활동들에 대한 시간 순서를 규정하는 것은 관리자에게 어떤 시점에서 어떤 자원들이 필요하고 배치되어야 할 것인가를 미리 점검할 수 있게 한다.
  ㉢ 마일스톤 차트는 프로그램의 진행 상황이나 목표 성취 등을 도표로 알기 쉽게 나타내주는 도구로, 간트차트나 PERT가 대표적이다.

04 의사결정(decision making)

1 개요

(1) 개념
두 개 이상의 행동방안 중에서 한 가지 행동방안을 의식적으로 선택하는 것으로, 행동목적을 달성하기 위해 **최선의 방안을 선택하는 행위(행동)**이다.

(2) 기획과 의사결정의 차이
① 기획은 여러 가지 의사결정으로 연속된 과정이며, 목표달성에 목적을 두고 있고 자원동원, 활동통제, 동기부여 등과 같은 폭넓은 행정적 기술과 과정이 포함된다.
② 의사결정은 기획의 핵심적인 과정으로 문제해결 그 자체에 목적을 두고 있다.

(3) 의사결정을 할 때 고려해야 할 사항
① 목표지향성이다. 정책과 계획의 근본목표를 의식해야 한다.
② 가치판단과 사실판단이다. 행동의 목표에 포함된 가치와 목표수행을 위한 사실 판단을 해야 할 필요성이 있다.
③ 결정의 계층적 구조이다. 수직적인 계층적 서열에 따른 결정을 해야 한다.
④ 대안의 한계성이다. 복잡한 환경의 영향으로 완전한 대안마련보다는 최선, 최적의 대안을 마련하는 것이 필요하다.

2 의사결정의 방법(Carlisle) [⑩⑭⑮]

(1) 직관적 의사결정(intuitive decisions)
합리성보다는 감정(feeling)에 근거하여 결정하는 것으로, 결정은 결정자가 옳다거나 최선의 것이라고 느끼는 것, 또는 육감에 의하여 이루어지는 것

(2) 판단적 의사결정(judgemental decisions, 기계적인 방법)
① 개인이 가지고 있는 지식과 경험에 의하여 결정하는 것으로, 이러한 결정은 일상적이고 정해진 절차의 일을 하는 가운데 얻어진 경험과 지식에 근거하여 결정하는 것인데 대부분의 결정은 이런 방식으로 이루어짐
② 기존에 행정가가 가지고 있는 지식이나 경험에 의존해 상황이 발생했을 때, 거의 기계적으로 결정을 내리는 방법

(3) 문제해결적 의사결정(problem solving decisions)
관련된 사항에 대한 정보수집, 연구, 분석과 같은 합리적이고 과학적인 절차를 밟아 이루어지는 결정으로, 즉각적으로 해결해야 할 사항에 대하여는 적용할 수 없음

3 의사결정의 유형 [14][15]

(1) **정규적(정형적) 의사결정과 비정규적(비정형적) 의사결정**

특별한 절차에 따르는 가의 여부에 따라 정규적 의사결정(programed decision-making)과 비정규적 의사결정(non-programed-making)으로 구분할 수 있으며, 이 2가지는 서로 구분되기보다 연속선상에서 상호 연관되어 있다고 보는 것이 바람직하다.

① **정규적(정형적) 의사결정**
  ㉠ 절차, 규정, 방침에 따라 규칙적인 의사결정 행위
  ㉡ 결정자가 일상적으로 반복되는 업무에 대한 것과 발생한 문제에 대한 대안과 방법이 사전에 미리 정해져 있는 결정을 행하는 것을 의미

② **비정규적(비정형적) 의사결정**
  ㉠ 사전에 결정된 기준없이 이루어지며, 보통 단발적이고 예상하지 못한 상황에 대한 결정
  ㉡ 새로운 사태의 발생을 비롯하여 예측이 어려운 중대한 사건 등에 대처하기 위한 정책대안의 수립과 결정에 관한 것

■ 조직 내 의사결정과정의 유형과 특성(이평원, 2000) ■

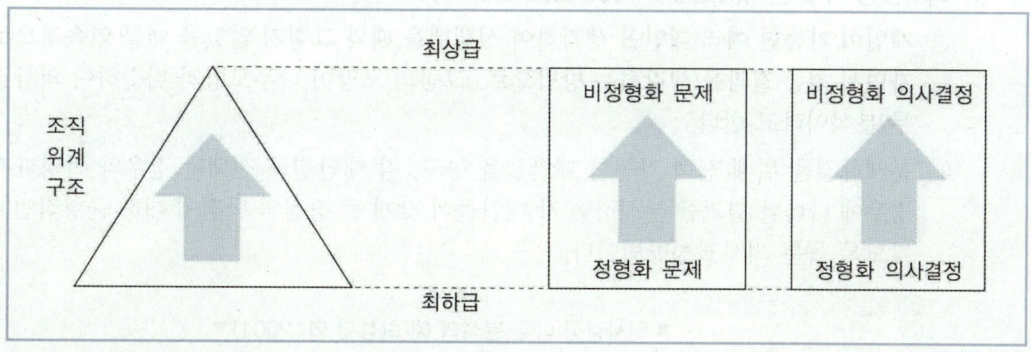

(2) **의사결정 계층에 따른 유형**

① **업무적 의사결정** : 실무자가 내리는 구조적 의사결정으로, 자원분배, 작업과정계획, 물량조절계획, 가격결정, 마케팅전략의 설정, 평균재고량 선정 등 일상적 업무에 해당하는 전형적 문제에 관한 결정이다.

② **관리적 의사결정** : 중간관리층이 주로 담당하는 의사결정으로, 조직설계, 자원조달, 자원개발, 직원의 훈련, 시설투자 등의 문제를 해결하는 결정이다.

③ **전략적 의사결정** : 최고관리층이 담당하며 주로 비구조적 문제를 다루며, 조직의 목표, 성장계획과 전략, 집중할 클라이언트, 환경파악 등 시대의 흐름을 파악하여 조직의 강점을 이용하면서 경쟁조직과의 차별화된 우위선점 등이 해당된다.

(3) **권한 분산에 따른 유형**

① **집권적 의사결정** : 사업의 권한과 책임을 한 사람이 집중적으로 지니는 경영관리에서 이루어지는 의사결정이다.

② **분권적 의사결정** : 일정한 권한과 책임을 여러 사람에게 분산위임하는 경영관리에서 이루어지는 의사결정이다.

(4) 전략적 결정과 전술적 결정
① **전략적 결정** : 목표달성과 조직발전에 관한 문제의 결정
② **전술적 결정** : 일상적 성격을 띤 수단적·기술적 결정

(5) 합 의
조직의 사람들이 모두 동일결론에 이를 때까지 계속하여 말하고 활동하는 것을 의미하며, 소집단에서 의사결정을 하는 데 유용한 기법이다.

4 의사결정의 기술

(1) 개인적 의사결정(individual decision-making)
행정책임자가 수집한 자료와 정보 및 자신의 경험과 판단에 의해 혼자 의사결정을 하는 경우로, 관료제 조직에서 전형적으로 나타나는 결정유형이며 고도의 집권화된 체제에서 흔히 나타난다.

① **의사결정 나무 분석(decision tree analysis)** [⑨]
  ㉠ **개인이 가능한 여러 대안을 생각하여 선택했을 때와 그렇지 않았을 때를 연속적으로 그려가면서 최종 결과를 생각하는 방법**으로, 그림의 모양이 나무모양과 비슷하여 의사결정 나무 분석이라고 한다.
  ㉡ 문제해결을 위해 선택 가능한 대안들을 놓고, 각 대안별로 선택할 경우와 선택하지 않을 경우에 나타날 결과를 분석하여 각 대안들이 갖게 될 장점과 단점에 대해 균형적인 시각을 갖도록 돕는 의사결정방법이다.

■ 의사결정 나무 분석의 예(최성재 외, 2001) ■

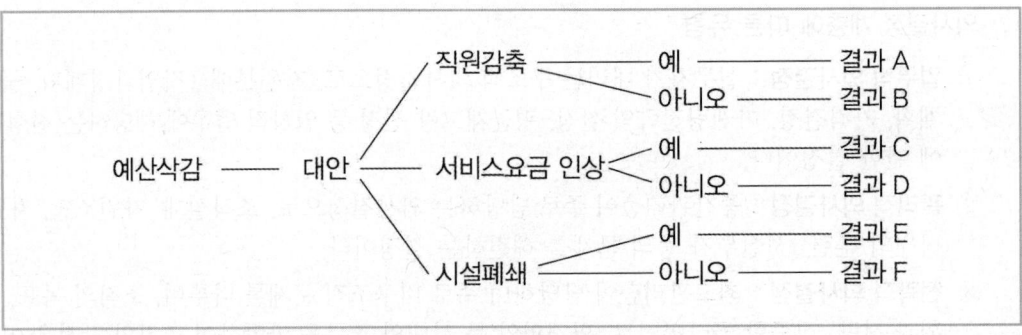

② **대안선택 흐름도표(alternative choice flow chart)** [⑭⑮]
  ㉠ 목표가 분명하고 예상 가능한 사항의 선택에 적용될 수 있는 것이다.
  ㉡ yes와 no로 답할 수 있는 질문을 연속적으로 만들어 예상되는 결과를 결정하도록 하는 도표이다.

■ 대안선택 흐름도표(최성재 외, 2001) ■

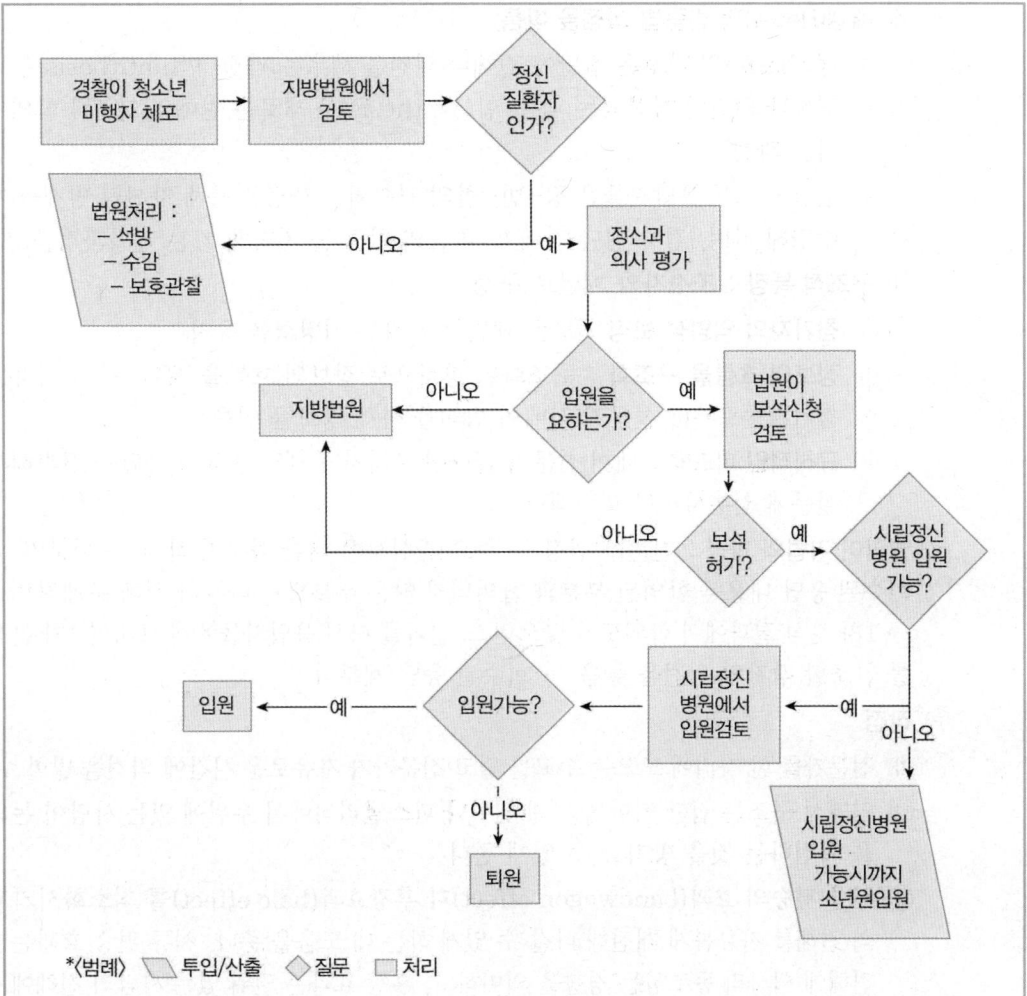

(2) **집단적 의사결정(group decision-making)** : 부하 혹은 전문가들의 의견을 종합하여 행정책임자가 결정을 내리는 경우로, 위원회는 가장 대표적인 집단적 의사결정 체제라 할 수 있다.

① **델파이(Delphi)기법** [①⑦⑧⑭]
  ㉠ 1950년경 미국의 Rand Corporation의 달키(Dalkey)와 동료들에 의해 개발된 기법으로서 **전문가들에게 우편으로 의견이나 정보를 수집하여 분석한 결과를 다시 응답자들에게 보내 의견을 묻는 식으로 만족스러운 결과를 얻을 때까지 계속하는 방법**이다.
  ㉮ **대면적인 회합이 없는 상태(우편조사로)**에서 집단적인 상호작용을 제공하고자 할 때나 반대 견해를 가진 사람들이 직접적인 맞대응하는 것을 피하고자 할 때 유용한 방법이다.
  ㉯ 위원회나 전문가 토론 또는 여타 집단토의에서 나타나는 문제점을 극복하기 위하여 고안된 방식으로, **장기적인 미래예측이 필요한 경우의 의사결정 기법**으로 활용된다.

- ⓒ 델파이 기법의 구조
  - ㉮ 헤겔(Hegel)의 변증법 과정을 따름
    - ⓐ 정(thesis)의 과정은 집단이 견해나 의견을 세우는 과정, 반(antithesis)은 갈등적 견해나 의견이 개진되는 과정, 합(synthesis)은 새로운 견해의 일치나 합의에 도달하는 과정
    - ⓑ 집단의 모든 응답자들은 정-반-합의 연속되는 과정을 통해 자신의 명제를 개진 및 수정해 가며, 점차 집단 전체가 '마음의 합치'를 지향해 가는 진화과정을 거침
  - ㉯ **구조적 특징 : 조정자와 패널로 구성**
    - ⓐ **참가자의 익명성 보장** : 모든 패널 참가자는 익명성을 유지
    - ⓑ **정보의 흐름을 구조화** : 구조화된 방식으로 정보의 흐름을 제어, 즉 조정자는 개별 참가자들로부터 설문지 서베이 방식을 통해 정보를 얻음
    - ⓒ **규칙적인 피드백** : 매회 설문이 끝나면 조정자가 패널 전체의 응답을 정리해서 다음 설문에 첨부시켜서 피드백
- ⓒ **델파이 기법의 과정** : 전문가 선정 → 주요 관심사에 대한 설문지 작성 → 설문지 우송 → 회수된 응답 내용을 합의된 부분과 합의되지 않은 부분으로 나누기 위해 통계적으로 집계 → 1차 분석 결과에서 합의도가 낮으면 그 결과를 다시 응답자들에게 보내어 1차 분석 결과를 참조할 각자의 의견을 물음 → 회수된 응답 재분석
- ⓔ 장점
  - ㉮ 전문가를 한 자리에 모으는 수고를 덜고 **전문가가 자유로운 시간에 의견**을 말할 수 있다.
  - ㉯ 익명성 구조는 집단 역학에 의해 **권위나 퍼스낼리티에서 우위에 있는 사람이 논의 과정을 독점하는 것을 방지**할 수 있게 한다.
  - ㉰ **시류 편승의 효과(bandwagon effect)나 후광효과(halo effect)를 최소화**시키고 자신의 견해를 자유롭게 개진해 나갈 수 있게 하는 데 도움을 준다. 시류 편승 효과는 다수의 견해에 쉽사리 동조하는 경향을 의미하고, 후광 효과는 권위 있는 사람의 견해에 쉽사리 현혹되는 경향을 의미한다.
- ⓜ 한계점
  - ㉮ 반복적인 과정을 거치므로 시간과 비용이 많이 들고, 반복하는 동안 **응답자의 수가 줄어드는 문제**가 있다.
  - ㉯ **수집된 자료의 객관성의 문제**가 있다. 즉 외부적으로는 집단의 자유로운 의견개진을 표방하고 있지만, 실제로는 조정자가 사전에 결정된 목적과 방향으로 의견을 유도해 나가는 데 사용될 수 있다.
  - ㉰ 실제 욕구와 반드시 일치하지 않을 수 있으며, 극단적인 의견은 판단합의를 얻기 위해서 제외되는 경향이 있어 창의적인 의견들이 손상될 수 있음
② **명목집단기법(Nominal Group Technique : NGT = 소집단투표방법)** [6⑦⑭㉒]
- ⓒ 개념 : 미국의 지역사회 행동기관에서 개발된 기법으로, **빠른 시간 안에 다양한 배경을 가진 집단의 이익을 수렴하여 욕구조사와 우선순위를 결정하도록 고안된 욕구조사** 방법이다.

㉮ 의사결정과정이 복잡하고 개개인의 판단을 총합, 즉 다수의 사람이 의사결정에 대한 투입을 해야 할 필요성이 있는 경우에 사업관리를 위한 의사결정과 기획에 있어서 일반적으로 활용되는 의사결정 기법
㉯ 전문가들을 한 장소에 모아놓고, 각자의 의견을 적어내게 한 후 그것을 정리하여 집단이 각각 의견을 검토하는 절차를 합의가 이루어질 때까지 계속하는 방법
㉰ 창조성, 생산성을 극대화하고 문제해결을 위하여 논쟁적인 형태를 최소화(집단적 상호작용의 최소화)하도록 고안된 방법
㉱ 민주적이고 수량적인 집단 의사결정방법(민주적 방식으로 최종 의사결정)으로, 집단의 특정구성원이 집단의 의사결정에 과도한 영향력을 미치는 것을 통제하기 위한 기법

ⓒ 지역에 오래 거주해서 지역에 대해 잘 아는 사람, 지역공무원 등과 같이 직접 거주는 하지 않았더라도 지역사정을 잘 알고 그들을 대변할 수 있는 사람들이 명목집단의 구성원이 된다.
ⓓ 대개 20명 이상이 참여하며 한 테이블당 5~6명씩 몇 개의 테이블에 분산 착석하여 진행된다. 이는 다음과 같은 절차를 밟아 진행된다.
  ㉮ 아이디어는 필담으로 조용히 개진된다.
  ㉯ 구성원끼리 차례대로 사발통문식의 환류를 제공하며 각자의 아이디어를 다듬어지지 않은 문체로 메모지에 적는다.
  ㉰ 각각의 기록된 아이디어에 대하여 토론이 이루어지며 이를 통하여 아이디어의 명료화와 평가가 이루어진다.
  ㉱ 아이디어의 순위를 수학적으로 도출하기 위하여 아이디어의 우선순위에 대한 개별적인 순위부여가 이루어진다.
ⓔ 장점
  ㉮ 참여한 사람 모두의 의사가 고루 반영될 수 있고, 소수 엘리트 집단의 독단에 의한 의사결정 가능성을 최소화 할 수 있다.
  ㉯ 감정이나 분위기상의 왜곡현상을 피할 수 있다.
ⓕ 단점 : 시간이 많이 걸리며, 신속한 의견교환을 허용하지 않으며 흥정이나 타협을 위한 적절한 기법이 아닐 뿐만 아니라 대표기관에 있어서 정책수립에도 적합하지 않다.

③ **브레인스토밍(brainstorming)** [①⑭⑮⑰]
㉠ 오스본(Osborn)이 제시한 이 방법은 어떤 한 가지 주제에 관하여 관계된 사람들이 모여 집단의 효과를 살려 아이디어 연쇄반응을 일으키게 함으로써 자유분방하게 아이디어를 내는 방법으로 원래 광고분야에서 창의적인 아이디어의 촉발을 돕기 위하여 개발된 기법이다.
㉡ 제기된 아이디어에 대한 개선을 담지 않는 한 이에 대한 **비판을 자제하는 방법**으로, 아이디어의 질보다 양이 중요하며 능동적 참여가 중요하다.
㉢ 이 방법에서 가장 중요한 점은 의사교환을 자유롭게 한다는 것인데, 다소 주제와 무관한

의견조차도 새로운 아이디어로 연결될 수 있다는 점을 감안하기 때문에 제약 없이 의견을 제시할 수 있다. 다만, 자유로운 토론 방식으로 제시된 의견들을 잘 취합해야 하고, 특정한 몇몇 사람들에게 발언권이 편중되지 않도록 유의해야 한다.

④ **스토리 보딩(story boarding)**
벽판(wall board)에 문제의 완전한 그림, 곧 이야기를 제시하고 문제점에 초점을 맞춘 다음 서로 브레인스토밍을 하도록 한다.

⑤ **시넥틱스(synectics)** [⑮]
㉠ 고든(Gordon)이 제시하여 고든 테크닉이라고 불리기도 한다.
㉡ 집단토의를 하지만 지도자 혼자서만 주제를 알고 그 집단에는 문제를 제시하지 않으며 장시간 자유롭게 토론하도록 함으로써 문제해결에 접근한다.

⑥ **변증법적 토의** [⑭]
㉠ 헤겔의 변증법적 사고방식에 기초한 기법으로 반대가 있어야 새로운 개선이 있다는 진리를 이용한 것으로, 사안에 따라서 구성원들을 둘로 나누어 찬반을 토론케 하면 각 대안에 대하여 장단점이 드러나는데 이런 내용을 모두 이해한 다음 의견을 개진하면서 토의하는 방법이다.
㉡ 이 기법은 반대할 사람들을 미리 공개적으로 나눠 놓기 때문에 정보를 많이 검토할 수 있으며 찬성자의 눈치를 보지 않고 안심하고 반대·비판할 수 있다는 장점이 있다.

MEMO

CHAPTER 06 리더십(leadership)

제3부 **사회복지조직관리와 인사관리**

제6장 회차별 출제빈도, 출제비중 및 출제논점 1, 2, 3순위

10회 2012	11회 2013	12회 2014	13회 2015	14회 2016	15회 2017	16회 2018	17회 2019	18회 2020	19회 2021	20회 2022	21회 2023	22회 2024
2	1	2	1	1	1	2	1	3	2	3	2	3

출제비중	출제 논점		
	1순위 ☺	2순위 ※	3순위 ☆
1 2 3	① 상황이론: 허쉬&블랜차드, 피들러 ② 거래적 리더십 vs 변혁적 리더십 ③ 칼리슬의 리더십유형: 지시적, 참여적, 자율적	① 행동이론: 아, 오, 미, 관 ② 경쟁적 가치 리더십 모델 ③ 조직문화	① 특성이론(자질이론) ② 리더십의 수준 ③ 카츠(Katz) 이론: 전문, 인간관계, 개념적

1순위 스마일표시(☺) : 출제 빈출도가 높은 부분으로 무조건 시험에 출제되는 영역
2순위 당구장표시(※) : 나왔다 안 나왔다 하는 영역이지만 출제가능성 높은 영역
3순위 별 표(☆)   : 출제 된 적이 있긴 하지만 다시 출제될 가능성은 다소 떨어지는 영역

MAP

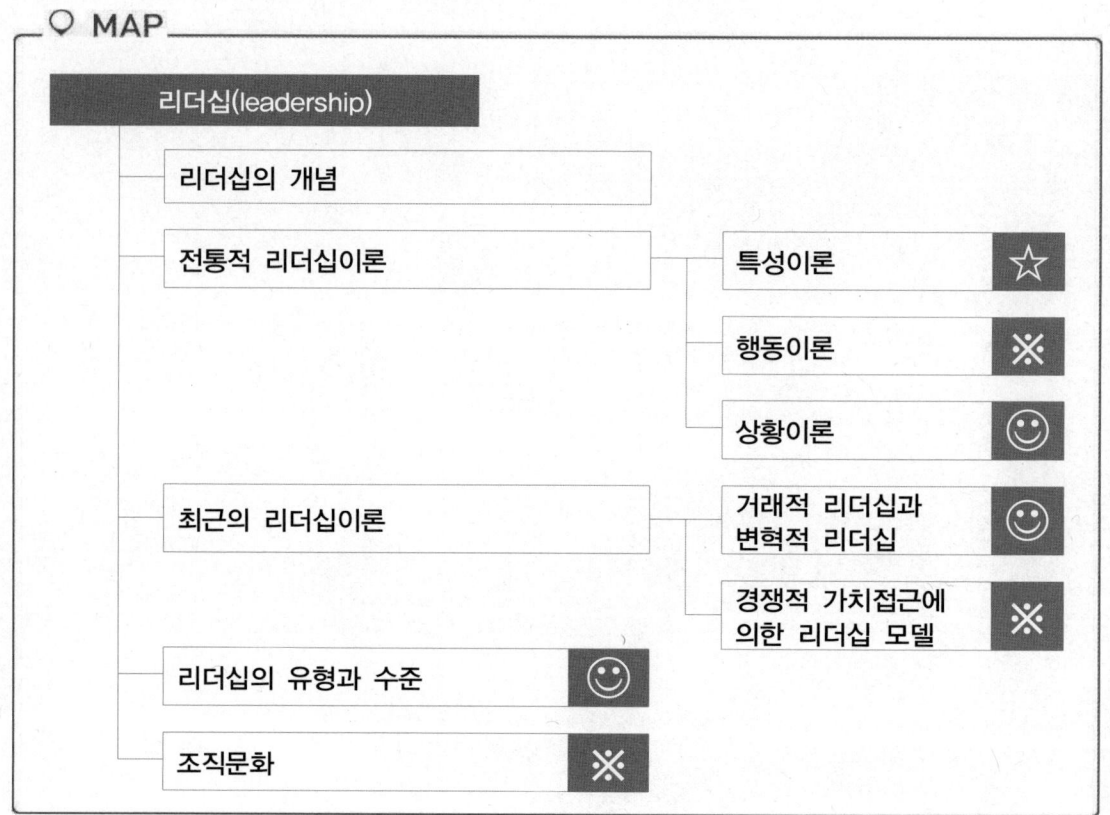

01 리더십의 개념

1 리더십의 정의

(1) 정의
조직의 목표달성을 위하여 집단 구성원의 참여를 촉진하기 위해 영향력을 행사하는 능력으로서 집단과정이 초점이 되며 지시하거나 지도하고 구성원들의 복종을 유도하는 사회적 기술이며 능력이다.

(2) 학자별 리더십의 정의
① **스토그딜(Stogdill, 1974)** : 목표설정과 목표 달성을 지향하도록 집단 과정의 초점, 퍼스낼리티와 그 효과, 복종을 유도하는 기술, 영향력 행사, 활동 또는 행동, 설득의 형태, 권력 관계, 목표 달성의 수단, 상호 작용 효과, 분화된 역할, 조직구조의 주도와 유지

② **허쉬와 블랜차드(Hersey & Blanchard, 1982)** : 어떤 주어진 상황에서 개개인이나 집단의 활동이 목표 달성을 위한 노력이 되도록 영향을 미치는 과정

③ **스키드모어(Skidmore, 1983)** : 능력으로서 다른 사람들이 리더가 취한 길을 따르도록 다른 사람과의 관계에 영향을 주는 기술이나 능력이다. 리더십은 바람직한 변화를 가져오거나 다른 사람의 행동을 일으키는 능력을 포함

2 시대별 리더십 연구와 리더십의 특성

(1) 시대별 리더십 연구
① **초기 리더십 연구** : 리더의 중심적 역할을 강조하였으며, 조직의 리더가 구성원 또는 추종자(follower)에게 미치는 일방적인 영향력이 리더십의 중심개념이었다.

② **후기 리더십 연구** : 리더의 일방적인 영향력뿐만 아니라 추종자가 리더에게 미치는 영향력을 새롭게 강조하여 상호 교환적인 리더십을 강조한다.

(2) 리더십의 특성
① 리더십은 사람에게 영향력을 주기 위한 활동
② 리더십의 가장 중요한 요인은 영향력
③ 리더십의 목표는 목적달성
④ 리더십은 의도적인 것이며, 우발적 행위가 아닌 특정한 목적의 달성을 위해 한 개인이 시도하는 노력

02 전통적 리더십이론

■ 전통적인 리더십 이론 ■

구 분	특성이론 (특성론적 접근)	행동이론 (행태론적 접근)	상황이론 (상황론적 접근)
연구시기	1940~1950년대	1950~1960년대	1960~1970년대
연구논리	리더와 범인(凡人)을 구분 짓는 자질의 적출	가장 효과적인 리더행태유형의 탐색	리더행태와 상황의 관계를 밝힘으로써 특정상황에 있어서 가장 효과적인 리더행동유형의 발견
주요 내용	신체적 특성, 학력, 경력 등에서 성공적 리더의 특성을 찾을 수 있으며, 특정한 특성을 갖추면 성공적 리더가 된다고 봄	리더의 행동에 관심을 두고 행동유형에 따라 성공적인 리더와 그렇지 않은 리더가 구분된다고 봄	성공적인 리더의 행동이나 특성은 상황에 따라 다름을 강조함
주요이론	• 통일적 자질론 • 성좌적 자질론	• 아이오와(Iowa) 연구 • 오하이오주립대 연구 • 미시간주립대 연구 • 관리격자모형	• 리더십 대체물 이론 • 피들러의 상황적합이론 • 권력-영향력 접근법 • 하우스의 경로-목표이론 • 허시와 블랜차드의 상황이론

⊗⊗ 관리격자이론은 조직원의 특성과 같은 상황적 요소를 고려하고 있다.(×)
⊗⊗ 블레이크와 머튼(R. Blake & J. Mouton)의 관리격자 모형은 자질이론 중 하나이다.(×)

1 특성이론(Trait Theories, 자질이론) : 리더의 성격적 특성과 우수한 자질 중시 [⑤⑦⑩⑫]

(1) 1940~1950년대 초기의 리더십 연구들은 리더의 특성에 초점을 두었다.

(2) 주요 내용 "리더십은 타고나야 한다!"

① 리더의 용모와 같은 신체적 특성과 판단력, 언어능력, 지능, 성격, 학력과 경력 등의 사회적인 배경 등과 같은 **리더의 특성에 초점을 둔 이론(리더의 성격적 특성을 강조하는 입장)**이다.

② **리더는 어떠한 자질이 있어야 하는가**, 즉 성공적인 리더와 비성공적인 리더를 구분짓는 중요한 특성이 존재한다는 기본 가정을 가지고 있다.

③ 특성이론의 대표적인 학자인 스토그딜(Stodgill, 1974)은 성공적 리더의 특성을 6가지 범주로 구분하여 제시하였다.

특 성	내 용	특 성	내 용
육체적 특성	활동성, 정력, 연령, 무게, 키, 외모	성격(인격)	상응, 공격성·자기주장, 지배성, 정서의 안정·통제력, 독창성·비동조성, 독립성·창조성, 자신감
사회적 배경	교육 정도, 사회적 지위, 기동성	과업 관련 특성	성취욕구, 책임욕구, 과업지향, 안전욕구
지 능	지능, 지식 학습, 판단력	사회적 특성	관리능력, 사회성·대인관계기술, 권력욕구

(3) **한계점**

① 특성이 모든 효과적인 리더에게 있다는 보편성의 결여, 즉 특성이 항상 존재하지는 않는다는 것이다.
② 추종자나 하위자들의 욕구를 무시하고 있다.
③ 여러 가지 특성들의 상대적 중요성을 밝히는 데 실패한 점이다.
④ 상황적 요소를 무시, 즉 개인적 자질과 특성에만 지나치게 초점을 두고 있어 개인이 리더십 상황에서 실제로 어떻게 행동하는지를 설명하지 못하고 있다.
⑤ 하위자의 행동에 영향을 미치기 위하여 보여 줄 행동 유형을 알려주지 못하고 있다는 점이다.

2 행동이론(Behavioral Theory, 행태이론) : 리더의 행동을 중시 [35①②]

(1) 1950~1960년대 주장된 이론으로 1950년대 행동과학자들은 특성이론에 대한 불만으로 실제적인 리더의 행동에 관심을 두기 시작하였다.

(2) **주요 내용** "바람직한 리더십 행동은 훈련을 통해서 개발된다!"

① 성공적인 리더와 그렇지 않은 리더의 차이점은 **리더십의 행동유형에 따라 구별**된다는 관점이다.
② **행동이론의 탄생배경** : 특성이론의 한계에서 비롯됨
   ❌ 특성이론의 비판적 대안으로 행동이론이 등장하였다.(O)
③ **비판** : 리더십 행태유형과 리더십 효과성 간에 일관된 상관성을 확인하는 데 실패하였으며 리더십 효과성에 영향 미치는 상황변수를 고려하지 못했다는 한계를 인식하게 되어 그 이후 상황이론이 탄생하였다.

(3) **대표적인 이론** : 아이오와 연구, 오하이오연구, 미시간연구, 관리격자모형 등 [③⑤]

① **아이오와(Iowa) 연구**
   ㉠ 아이오와 대학 연구는 행동주의적 접근을 처음 시도한 연구로서, 아이오아 대학에서 레윈 등(Lewin at al., 1939)이 3가지의 리더십 유형을 구분하고 각각의 유형이 추종자에게 미치는 영향을 규명하고자 하였다.

ⓒ 3가지 유형은 구성원에 대해 지시행위가 중심인 **독재유형**(autocratic, 지시적), 구성원 참여를 촉진하는 행위가 중심인 **민주유형**(democratic, 참여적), 지시나 촉진행위 모두 사용하지 않은 **자유방임 유형**(laissez-faire, 위임적)이 있다.

② **오하이오(Ohio) 연구** : 배려적 및 구조주도적 리더십 [⑤]
  ㉠ 오하이오 주립대학교 연구는 '리더 행동 기술 질문지(LBDQ)'를 개발하여 리더의 행동을 **구조주도**(initiating structure)**행동과 배려**(consideration)**행동의 두 가지 차원에서 5가지 리더십 유형을 설명**하였다.
    ㉮ **구조주도행동** : 리더가 조직목표 달성을 위해 조직원들에게 업무를 할당·의사소통방식 확립·업무성과 평가 등의 행동을 하는 것으로서 선도적인 행위
    ㉯ **배려행동** : 관계지향적, 인간중심적으로 부하에 대한 관심과 상호 존경, 신뢰, 지원 등 구성원 복지를 위한 부분에 관심을 나타내는 행동유형을 의미
  ㉡ 이 두 가지 행동을 조합하여 리더십 행동 유형을 다음과 같이 분류하였다.

■ 리더십 행동 유형 ■

배려행동	낮은 구조주도행동 높은 배려행동	높은 구조주도행동 높은 배려행동
높음 ↑ ↓ 낮음	낮은 구조주도행동 낮은 배려행동	높은 구조주도행동 낮은 배려행동
	낮음 ← 구조주도행동 → 높음	

  ㉢ 분류한 리더십 행동유형을 연구한 결과, **구조주도행동과 배려행동에서 높은 리더가** 구조주도 행동이나 배려행동 중 어느 한 쪽이 낮거나 또는 둘 다 낮은 리더보다 **조직원들의 만족과 업무성과를 높일 수 있는 이상적인 리더십으로 규정**되었다.

③ **미시간(Michigan) 연구** : 구성원 중심(직원중심) 및 직무중심(과업중심)적 리더십 [⑤⑭]
  ㉠ 오하이오 연구와 비슷한 시기에 미시간대학교 사회조사연구소에서 리더의 행동 유형에 따라 업무성과와 만족도가 높아지는가에 대하여 연구하였다.
  ㉡ 연구결과 리더의 행동으로서 **직무 중심적 리더십**(job-centered leadership style)**과 구성원 중심적 리더십**(employee-centered leadership style) **유형**을 찾아냈다.
    ㉮ **직무중심적 리더십(직무지향적 리더십)** : 합법적이고 강제적인 권력을 활용하여 업무계획표에 따라 감독 및 업무성과를 평가하는데 초점을 둔다.
    ㉯ **구성원중심적 리더십(관계지향적 리더십)** : 인간지향적인 행동으로서 책임위임과 구성원들의 복지·욕구·승진·개인적 성장에 관심을 두는 유형이다.
  ㉢ **구성원 중심적 리더십의 경우에 업무성과나 구성원의 만족이 높게 나타났으며**, 직무 중심적 리더십 경우에는 구성원의 만족과 업무성과도 낮게 나타났다.

④ 블레이크와 머튼(R. P. Blake & J. S. Mouton)의 관리격자모형 [⑤⑥⑦⑩⑪⑭⑰⑱⑲㉒㉑]
  ㉠ 관리격자(Managerial Grid, 바둑판 모양)를 활용하여 '사람에 대한 관심(인간에 대한 관심)'과 '생산에 대한 관심'의 두 가지 요인(차원)을 토대로 리더십이론을 전개하였다.
    ㉮ **사람(인간)에 대한 관심** : 리더십의 주요 초점이 리더와 조직원 사이 또는 조직원 상호 간의 질적 관계를 향상시키는 것에 맞춰진 것
    ㉯ **생산에 대한 관심** : 리더의 초점이 목표달성을 위한 지시적인 행위에 집중되는 것

    > 🖊 **암기법**
    > 머튼~!! **버튼!!**(동그란 바둑알), 바둑은 곧 인(인간)생(생산)에 비유~!!

  ㉡ 사람에 대한 관심과 생산에 대한 관심도 각기 정도에 따라 9단계로 나누었기 때문에 리더십 유형은 총 81종류가 되는데, 그 중에서도 **기본적인 5개의 리더십 유형으로 무기력형(무관심형), 컨트리클럽형(호인형), 과업형, 중도형, 팀형(단합형)을 제시하였다.**
    ㉮ (1.1형)은 리더십이 인간과 생산 모두에 대하여 낮은 관심을 보이고 있는 **무관심형(무기력형) 리더십**
    ㉯ (1.9)는 생산에 대해 낮은 관심과 인간에 대한 높은 관심을 보이는 **호인형(컨트리클럽형) 리더십**
      > 예 A사회복지관의 관장은 직원 개인의 문제와 상황에 관심을 갖고 적극적으로 지원한다. 관장은 조직 내 인간관계도 중요하게 여겨서 공식·비공식적 방식으로 직원들의 공동체 의식을 키우기 위해 노력한다. 사회복지관 사업관리는 서비스제공 팀장에게 일임하고 있으며, 자신은 화기애애한 조직 분위기를 조성하는 역할에 전념한다.
    ㉰ (9.1)은 생산에 높은 관심과 인간에 대한 낮은 관심을 나타내는 생산성 중심의 **과업형 리더십**
    ㉱ (5.5)는 인간과 생산에 대하여 보통 수준의 관심을 보이는 **중도형 리더십**
    ㉲ (9.9)는 생산과 인간에 대한 관심을 보이는 **팀지향적 리더십**

  ㉢ 연구결과 **팀형 리더 유형이 가장 높은 생산성을 보인다[가장 높은 성과를 올릴 수 있는 최적의 리더십은 (9.9)의 팀지향적 리더십이다]**는 결론을 얻었는데, 이 유형의 리더는 '생산'과 '인간'에 대한 관심이 모두 높은 유형으로서 '조직목표의 달성을 위해 조직과 구성원들의 상호 의존성과 공동체 의식을 강조함으로써 구성원들 간 신뢰와 존경의 관계가 형성되고, 조직목표 달성을 위해 헌신하도록 유도'하는 유형이다.
    > ❌ 블레이크와 머튼의 관리격자 모형에서 가장 바람직한 행동유형은 극단에 치우치지 않은 중도형이다.(×)

■ 관리격자이론 ■

인간에 대한 관심								
높음 (1.9) 호인형								(9.9) 팀형
↑								
				(5.5) 중도형				
↓								
낮음 (1.1) 무관심형								(9.1) 과업형
	낮음			← 생산에 대한 관심 →				높음

3 상황론적 접근법(Situational Theory, 상황이론) : 리더가 처한 상황을 중시 [⑦⑩⑪⑫⑯㉑]

(1) 행동이론 역시 조직의 특정한 상황에 부합하는 이상적인 리더십 규정에 한계를 보여, 1960년대 말부터 1970년대에 이르면서 리더십 연구자들은 새로운 접근방법을 개발하기 시작하였는데 이것이 바로 복합적인 상황이론이다.

(2) 주요 내용 "업무의 환경특성에 따라서 필요한 리더십이 달라진다!"

① 리더십 효과가 어느 상황에서나 일률적으로 적용되는 것이 아니라, **특정한 상황**(리더의 권한, 리더가 수행하는 과제의 성격, 부하의 능력과 동기, 외부 환경의 속성 등)**에 따라서 리더십의 효과성은 다르게 나타나며 성공적 리더십도 조직이나 집단의 상황에 따라 상이할 수 있음을** 전제로 한다.

　　※ 상황이론은 과업환경에 따라 적합하게 대응하는 리더십이 효과적이라고 가정한다.(O)

② 비 판

　㉠ 상황변수들이 복잡하고 측정이 어렵다.
　㉡ 하위자의 특성에는 별로 관심을 두지 않았다.
　㉢ 리더나 부하직원의 기술적 능력이나 변화엔 관심을 두지 않았다.
　㉣ 상황요소와 리더유형의 상관관계를 명확히 규명하지 못하였다.
　㉤ 이 연구에 사용한 리더유형을 분류하는 측정도구도 불명확하였다.

(3) **대표적인 연구** : 상황적합이론, 권력영향력 이론, 경로-목표 이론, 리더십 대체물 이론, 허시와 블랜차드의 상황이론 등

① **피들러의 상황적합이론(Contingency Theory)** [②⑰]
  ㉠ 피들러(F. E. Fiedler)에 따르면, 높은 직무성과를 성취하는데 있어서 **리더십의 유효성은 리더와 집단 간의 상호작용과 상황의 호의성에 따라 결정된다는 것이다.**
    ㉮ **상황의 호의성(favorableness of the situation)**이란 그 상황이 리더로 하여금 자기 집단에 대하여 그의 영향력을 행사할 수 있게 하는 정도를 의미한다.
    ㉯ 피들러(F. E. Fiedler)에 의해 개발된 상황적합이론은 **상황적 요소(세 가지 상황적 요소)와 리더 유형(두 가지의 리더 유형)의 상관성**에 초점을 두었다.
  ㉡ 세 가지 상황적 요소
    ㉮ **리더와 부하의 관계** : 리더가 조직원(부하)들로부터 받는 존경과 신뢰의 정도를 의미
    ㉯ **과업구조(task structure)** : 과업을 할당·평가방식 체계 정도
    ㉰ **직위권력(Position Power)** : 조직원을 평가(상벌)와 인사문제에 리더가 영향을 미치는 정도를 의미
  ㉢ **리더 유형** : 조직원(부하)과의 관계에 중심을 두는 **관계지향(인간중심)적 리더**와 업무성과 측면에 역점을 두는 **과업지향적 리더**로 구분하여 각 상황에 맞는 리더 유형을 찾으려 했다.
  ㉣ 연구결과
    ㉮ 세 가지 상황적 조건이 모두 강하면 리더에게 유리한 상황이고, 모두 약하면 불리한 상황으로서 이러한 경우에는 **리더가 과업중심적 행동**을 해야 효과적이라는 것이다.
    ㉯ 세 요소들이 한 두 개는 좋지만 나머지 한 개는 나쁘다면 리더에게는 중간 정도의 상황으로서 **인간중심의 행동**을 해야 효과적이라고 말한다.

② **권력-영향력 접근법** : 리더가 보유한 권력의 크기와 유형, 권력이 행사되는 방법을 중심으로 리더십의 효과성을 설명

③ **하우스의 경로-목표이론(Path-Goal Theory)** [⑦]
  ㉠ 하우스(R. J. House, 1971)가 연구한 이론으로 **경로의 명확화, 욕구충족, 목표달성을 주요 변수**로 하고 있으며, 상황에 따라 효과적인 리더십 패턴이 달라진다는 전제를 가지고 있다.
    ㉮ 오하이오 연구와 동기부여의 기대이론(the expectancy theory of motivation)을 결합하여 제시한 이론이다.
    ㉯ 경로-목표이론은 두 가지 상황적 요인과 네 가지 리더십 유형으로 설명할 수 있다.

■ 경로-목표 이론에 의한 리더십 유형(Szilagyi & Wallace, 1963) ■

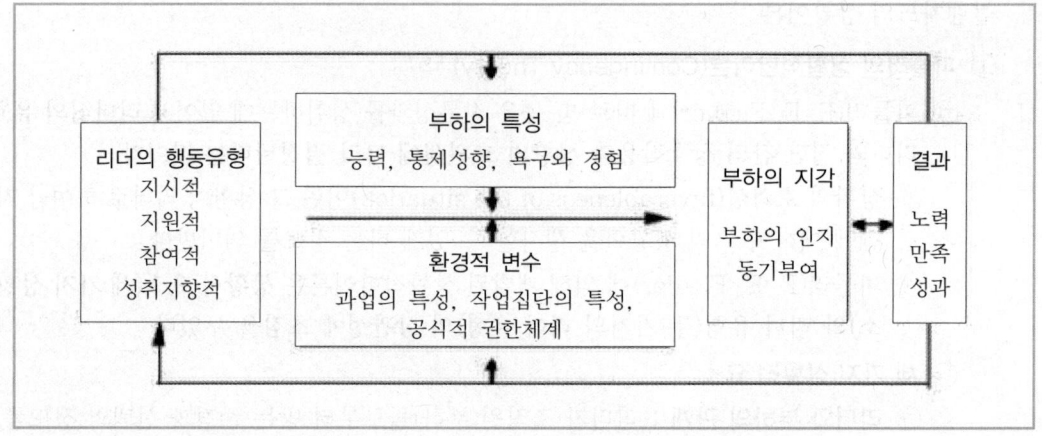

ⓛ **두 가지 상황적 요인** : 조직원(부하, 추종자)의 특성과 업무환경의 특성
  ㉮ **조직원의 특성** : 조직원의 욕구(성취, 자율의 욕구), 능력(업무에 대한 지식, 기술, 경험) 등
  ㉯ **업무환경의 특성** : 과업의 구조화(단순 또는 복잡한 정도), 작업 집단의 특성, 조직의 공식화(책임소재, 표준, 절차) 등을 의미
ⓒ **네 가지 리더십 유형** : 지시적(수단적), 지원적, 참여적, 성취지향적 리더십
  ㉮ **지시적(수단적) 리더십(directive or instrumental leadership)** : 업무가 구조화되어 있지 않아 업무절차나 방법이 공식화되지 않는 경우(없는 경우)나 또는 조직원들의 경험·지식이 부족한 상황에서 효과적이다.
  ㉯ **지원적 리더십(supportive leadership)** : 업무가 구조화되어 있으나 업무 스트레스가 심할 때, 또는 업무 난이도가 높아 자신감을 갖지 못하는 상황에서 보다 효과적이다.
  ㉰ **참여적 리더십(participative leadership)** : 업무가 구조화되어 있으며 조직원들의 업무성취 및 자율성 욕구가 강한 상황에서 유리하다.
  ㉱ **성취지향적 리더십(achievement leadership)** : 업무가 구조화되어 있지 않지만, 업무결정 과정에 조직원을 참여시켜 역할과 목표성취가 가능한 상황에서 효과적이다.
ⓔ **연구결과**
  ㉮ **조직원으로 하여금 조직목표를 달성할 수 있는 행동경로를 명확히 밝혀주고, 그에 따른 보상도 더 쉽게 더 많이 받게 될 것이라고 믿게끔 해주어야 조직원들이 동기부여**가 되어 조직의 목표 달성에 효과가 있다는 것이다.
  ㉯ 훌륭한 리더십이란 하급자들의 성격이나 능력, 그리고 그 집단의 과업과 분위기에 잘 맞을 때 비로소 성립되는 것이지 당초부터 **유일무이한 좋은 리더십이 존재하는 것은 아니**라고 말해주고 있다.

④ **허시와 블랜차드(Hersey & Blanchard)의 상황이론** [⑤⑧⑨⑪⑭⑰②]
  ㉠ 이 이론은 하급자가 없으면 리더도 존재하지 않는다는 가정을 기반으로 한다. 즉 리더십은 **하급자의 존재 여부에 따라 의미를 가질 수 있을 만큼 리더십에서 하급자의 존재 그리고 그들의 상황에 적합한 관리적 행동은 중요한 것임을 강조**하고 있다.
  ㉡ 리더십 차원에서 **인간중심과 과업중심으로 나누고 상황변수를 고려한 리더십 모형**이라는 점에서 보면 이 연구도 다른 것과 유사하지만, 다음과 같은 특징이 있다.
    ㉮ 리더십 유형이 단 한 가지 상황요인, 즉 **하급자(follower)의 성숙도 수준**(하급자들의 성숙도 수준은 그들이 어느 정도의 자질과 책임의식, 자신감 등을 가지고 있느냐의 문제) **에 의해서 결정된다는 것**이다.
    ㉯ 리더십의 두 차원(과업행위와 관계행위)이 연속선상에 있지 않고 과업차원과 관계차원은 별개의 것으로 **상호영향을 주지 않고 두 요소가 동시에 공존할 수 있다는 점**이다.
  ㉢ 하급자의 성숙도는 리더십 유형을 결정하는 유일한 독립변수이기 때문에 **리더는 하급자의 태도나 행동을 보고 그 성숙도를 감지하여 적절한 리더십을 선택하여 발휘**하면 된다.
    ※ 허시와 블랜차드(P. Hersey & K. H. Blanchard)의 상황적 리더십 모형에서는 구성원의 성숙도를 중요하게 고려한다.(O)
  ㉣ **리더 행동 유형** : 부하직원의 상황에 주목하여 부하의 능력과 의지에 따라 네 가지 차원의 성숙도 상황을 제시하고 각각에 맞는 리더십을 주장하고 있다.
    ㉮ S1형 : 부하가 어떤 직무를 수행할 의지와 능력 모두 결여된 경우(M1)
      ⇒ **지시형(指示型) 리더. 즉 모든 것을 지시하고 점검해 주는 지시형 리더십이 효과적이다.** 리더가 부하들의 역할을 규정하고 지시하며 업무수행 활동을 철저히 감독한다. 수단-목표이론에서의 지시적 행동에 해당한다.
    ㉯ S2형 : 부하가 직무를 수행할 능력은 없지만 의지는 있는 경우(M2)
      ⇒ **설득형(說得型) 리더(= 제시형 리더). 즉 아이디어를 제시해주고 방향을 제시해 주는 제시형 리더십이 효과적이다.** 리더가 거의 모든 의사결정을 하나 내려진 결정에 대해 설명을 하고 이에 대해 부하들이 명확한 이해를 할 수 있는 기회를 제공한다. 지시적 행동과 지원적 행동 모두를 제공한다.
    ㉰ S3형 : 부하가 리더가 원하는 행동을 할 능력은 있으나 의지가 없는 경우(M3)
      ⇒ **참여형(參與型) 리더. 참여를 유도해서 부하가 책임감을 느끼게 하고 이를 통해 의지를 성장시킬 수 있게 하는 참여형 리더십이 효과적이다.** 리더와 부하 모두가 의사결정과정에 참여한다. 이때 리더는 조성·권장·촉진의 역할을 하며 의사결정과정에서 부하들과 활발한 의견교환을 한다.
    ㉱ S4형 : 부하들이 능력과 의지 모두를 갖춘 경우(M4)
      ⇒ **위임형(委任型) 리더. 일을 위임하면서 함께 일해 나가는 위임형 리더십이 효과적이다.** 리더는 지시도 지원도 거의 하지 않으며 의사결정 및 집행책임을 부하들에게 위임한다.

■ 허시와 블랜차드 이론의 요약 ■

상 황			효과적인 리더유형
부하(하급자)의 성숙도	정의		
	능력	의지	
낮음	×	×	지시형
중간	×	○	설득형
	○	×	참여형
높음	○	○	위임형

⑤ **리더십대체물이론(leadership substitutes approach)**
  ㉠ 케르(Kerr, 1977)는 리더십 연구에서 **리더십 행동을 대체하는 대체물로서의 상황변수를 확인하는 작업을 최초로 시도**하였다.
  ㉡ 리더십의 영향력을 약화시키는 상황적 측면을 2개의 변수로 대별하고 있는데 **대체물(substitutes)과 장애물(neutralizers)**이 그것이다.
    ㉮ **대체물** : 리더의 행동을 불필요하게 만드는 상황변수
    ㉯ **장애물** : 리더의 행동의 유효한 기능을 방해하고 약화시키는 상황변수

03 최근의 리더십 이론

1 거래적(Transactional) 리더십과 변혁적(Transformational, 변환적) 리더십 [③⑩⑰⑱㉑]

(1) 개 요
  ① 번즈(J. M. Burns, 1978)가 그의 저서『리더십(leadership)』에서 처음 소개한 것으로, 거래적-변환적 또는 거래적-변혁적 이론으로 부르기도 한다.
  ② 리더가 조직의 안정에 초점을 두는지 혹은 변화지향적인지에 따라 리더십 스타일을 구분하고 있는 점이 특징으로, 이 둘은 서로 대치되는 개념이 아니라 양립할 수 있다.
    ㉠ 거래적 리더십은 번즈(J. M. Burns)가 제시한 안정지향의 리더십이다.
    ㉡ 변혁적 리더십은 1980년대 이후 가장 많이 연구되고 있는 리더십 이론이며 **배스(B. M. Bass)** 등에 의해 연구되었다.

(2) **거래적 리더십(Transactional leadership)**
  ① **전통적인 리더십 이론이 전제하는 안정지향형의 리더십**으로 업무할당, 결과평가, 통제 등 일상적인 리더의 행동을 강조하며, 인간은 보상과 징계로 업무동기를 부여할 수 있다고 가정한다.
    ㉠ 구성원은 이기적(타산적)이고 개인적 관심에 주의를 기울이기 때문에 **리더는 조직원의 보수나 지위를 보상하는 것과 같은 거래를 통해 조직원의 동기 수준도 높이는** 리더십 유형으로, 리더는 조직원의 역할과 임무를 명확히 제시한다.

- ⓒ **리더와 추종자 간에 사회적, 개인적 가치의 교환관계가 발생**한다고 보았으며, 조직원들의 복종(compliance)을 강조하면서 이에 대한 보상을 강조한다.
  - ⓧ 거래적 리더십은 교환관계를 기반으로 하여 조직성과를 높이고자 한다.(O)
  - ⓧ 변혁적 리더십 - 성과에 대한 금전적인 보상이 구성원의 높은 헌신을 가능하게 한다.(×)
  - ⓧ 변혁적 리더십 - 조직목표 중 개인의 사적이익을 가장 우선시 한다.(×)
  - ⓧ 변혁적 리더십 - 구성원들에 대한 상벌체계를 강조한다.(×)

② 거래적 리더십의 과정
  - ㉠ 부하들이 원하는 보상을 얻기 위해 무엇을 해야 하는지 인식하고 부하들의 역할을 명확히 한다.
  - ㉡ 부하의 욕구를 인식하여 부하들이 노력을 기울일 때 그러한 욕구가 어떻게 충족될 것인지를 명확히 인식시켜 준다.

(3) **변혁적 리더십**(Transformational leadership, 변형적/변환적 리더십) [㉠㉡㉢㉣㉤㉥㉦]
  ① 조직의 노선과 문화를 변동시키려고 노력하는 변화추구적이고 개혁적인 리더십으로, 리더십은 지도자와 추종자가 협력하는 과정에서 형성된다고 본다.
  ② 거래적 리더십의 개인적 관심보다는 좀 더 고차원인 도덕적인 가치와 이상에 호소하여 조직원의 의식을 변화시키는 리더십 유형을 말한다.
  ③ 변환적 리더십의 중심개념은 '변화'라고 볼 수 있고, 리더는 조직원에 대해서는 **권한부여(empowerment)**를 하고 업무에 자신감을 갖도록 동기부여를 하면서, 업무결과에 대한 욕구를 자극하여 **조직원 스스로의 노력을 통한 목표달성을 지향**한다.
  - ㉠ 환경 변화에 민감하게 대처하여 새로운 비전, 조직문화, 규범을 창출하고, 그것이 새로운 현실이 되도록 추종자들의 지지와 신뢰를 확보하는 리더 활동을 강조한다.
  - ㉡ 관행을 거부하고 스스로 위험을 감수하면서 도전하는 등 조직의 변화를 주도하는 카리스마 있는 리더 활동을 강조한다.
  ④ **리더의 개혁적·변화지향적인 모습과 비전 제시는 조직구성원에게 높은 수준의 동기를 부여**한다.
  - ㉠ 사람들이 자신에게 영감을 주는 지도자를 따르며, 비전과 열정이 있는 사람이 훌륭한 과업을 달성할 수 있다는 가정에 기초한다.
  - ㉡ 비전은 미래에 대한 시각으로, 잠재적 추종자들을 흥분시키고 변화하게 한다.
    - ⓧ 변혁적 리더십 - 새로운 비전제시 및 지적 자극, 조직 문화 창출을 지향한다.(O)
    - ⓧ 변혁적 리더십 - 구성원들 스스로 혁신할 수 있도록 비전을 제시해주는 것을 강조한다.(O)
  ⑤ **변혁적 리더십의 요소** : 카리스마(뛰어난 리더의 개인 능력이 추종자에게 영향을 줌), 영감, 자극, 개인적 배려

■ 거래적 리더십과 변혁적 리더십의 비교 ■

구 성	거래적 리더십	변혁적 리더십
목 적	현상 유지	변화
활 동	규정 또는 규칙에 의거	규정 또는 규칙의 변화
주요 내용	전통적인 리더십이론이 전제하는 **안정지향형의 리더십**	조직의 노선과 문화를 변동시키려고 노력하는 **변화추구적이고 개혁적인 리더십**
	리더는 조직원의 **보수나 지위를 보상하는 것과 같은 거래를 통해** 조직원의 동기 수준도 높이는 리더십 유형	거래적 리더십의 개인적 관심보다는 좀 더 고차원인 **도덕적인 가치와 이상에 호소하여** 조직원의 의식을 변화시키는 리더십 유형
	리더와 추종자 간에 사회적, 개인적 가치의 교환관계가 발생한다고 보았으며, **조직원들의 복종(compliance)을 강조**하면서 이에 대한 보상을 강조	**권한부여(empowerment)를 하고** 업무에 자신감을 갖도록 **동기부여**를 하면서, 업무결과에 대한 욕구를 자극하여 **조직원 스스로의 노력을 통한 목표달성을 지향**

2 경쟁적 가치(competing values)접근에 의한 리더십 모델 [②⑪⑭⑯⑰㉑]

(1) 개 요

① 특성이론, 행동이론 및 상황이론들은 과업중심과 관계중심의 두 가지 형태로 구분하여 리더의 역할을 규정하고 있으나, **통합적 관점에서 리더십을 연구한 것이 퀸**(R. E. Quinn, 1988)이다.
   ❌ 퀸(R. Quinn)의 경쟁가치 리더십 모형은 행동이론의 대표적 모형이다.(×)

② 리더십의 초점을 **외부지향적-내부지향적으로 구분(가로축)**하며, **통제위주-유연성 위주로 구분(세로축)**한 또 하나의 축이 있다.
   ㉠ **가로축(선)은 관리자 시각을 기준으로 내부(조직) ↔ 외부(환경)의 양극단으로 나뉜다.** 이것은 리더의 관심이 조직 내부 과정과 외부 환경에 어느 정도로 치중되는지를 통해 파악된다.
   ㉡ **세로축(선)은 집권화의 정도를 기준으로 유연(분권) ↔ 통제(집권)의 양극단으로 표시한다.** 이것은 조직의 리더가 의사결정 과정에서 조직 구성원들을 어느 정도로 포함시키는지를 통해 파악된다.
   ❌ 퀸의 경쟁가치 리더십 모형에서는 조직환경의 변화에 따라 리더십이 달라져서는 안 된다는 것을 강조한다.(×)

③ 네 가지 영역은 파슨즈의 AGIL모델에 기반한 네 가지 기능을 의미하며 이와 관련되어 다음의 리더십 유형이 필요하다.
   ㉠ A(Adaptation) : 환경적응 – 비전제시가
   ㉡ G(Goal attainment) : 목표달성 – 목표달성가
   ㉢ I(Integration) : 통합 – 동기부여가
   ㉣ L(Latent pattern maintenance) : 형태유지 – 분석가

(2) 네 가지 영역의 리더십 역할 [⑰]

① **외부 지향-유연성에 근거한 경계 잇기(boundary-spanning) 기술** : 리더는 외부지향적이고 개방적이며 조직활동의 유연성을 추구하는 리더십을 발휘할 것이고, 혁신자나 중재자 역할을 하는 **비전 제시가(vision setter)**가 될 것이다.

② **내부 지향-유연성에 근거한 인간 관계(human relations) 기술** : 리더는 내부지향적으로 인간관계향상에 초점을 두어 유연한(비 집권적) 리더십을 보이며, 조언 역할이나 집단 촉진역할 같은 조직 통합을 위한 **동기부여가(motivator)**가 될 것이다.

③ **외부 지향-통제에 근거한 지시(directing, 지휘) 기술** : 리더는 외부지향적이고 개방적이지만 조직의 목표달성을 위해 공식적인 리더십을 행사할 것이며, 리더는 생산자, 지휘자 역할을 하는 **목표달성가(task master)**가 될 것이다.

④ **내부 지향-통제에 근거한 조정(coordninating) 기술** : 리더는 내부지향적이나 통제주의에 의한 리더십을 발휘할 것이고, 모니터나 조정자 역할과 같은 조직 형태 유지를 위한 **분석가(analyzer)** 역할을 하게 된다.

■ 경쟁적 가치모델의 리더십 유형 ■

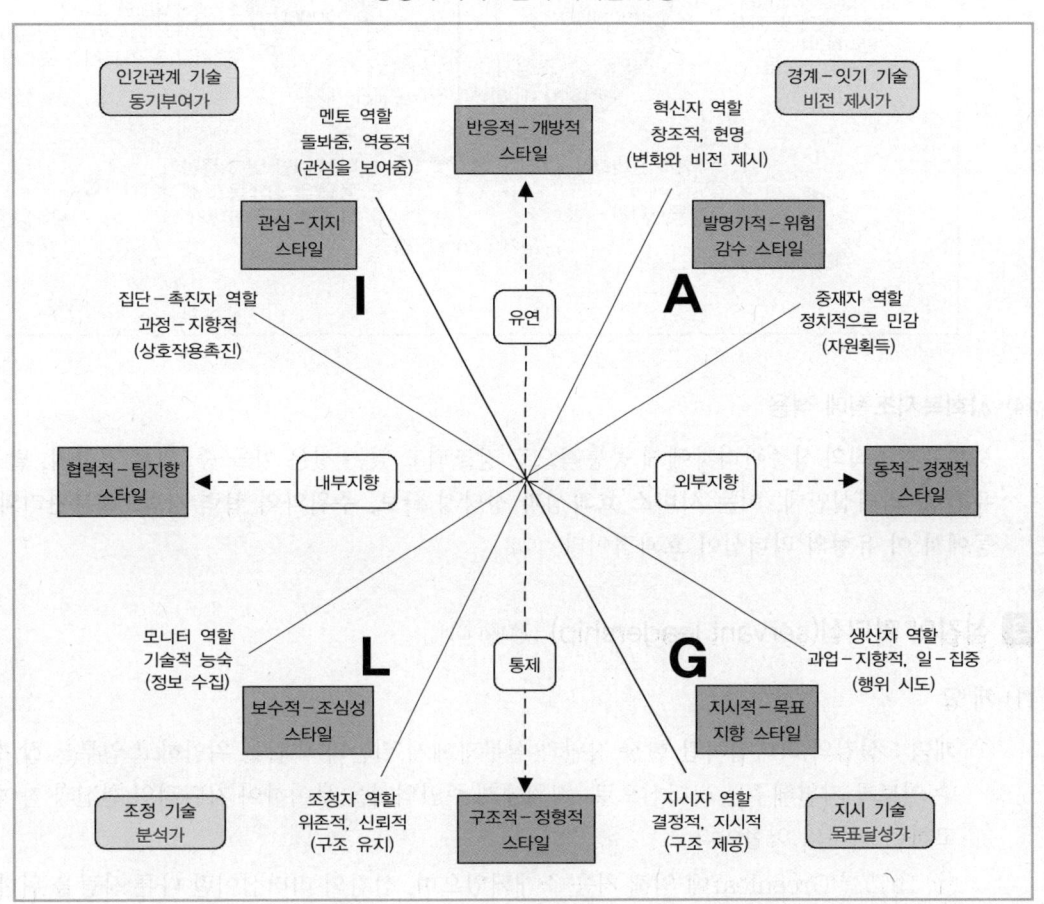

(3) 하나의 리더십 유형의 선택은 종종 다른 유형의 리더십 수행을 경쟁적인 위치에 놓이게 한다.

> 예 리더가 발명가적-위험감수 스타일을 취하게 되면, 보수적-조심성 스타일과는 갈등적 경쟁 상태에 놓이게 된다. 또 지시적 목표지향 스타일을 취하게 되면 관심지지 스타일과 갈등적 관계에 놓이게 된다.

■ 퀸(R. Quinn)이 제시한 관리자의 역할 및 핵심역량(황성철 외, 2014 : 237) [⑯] ■

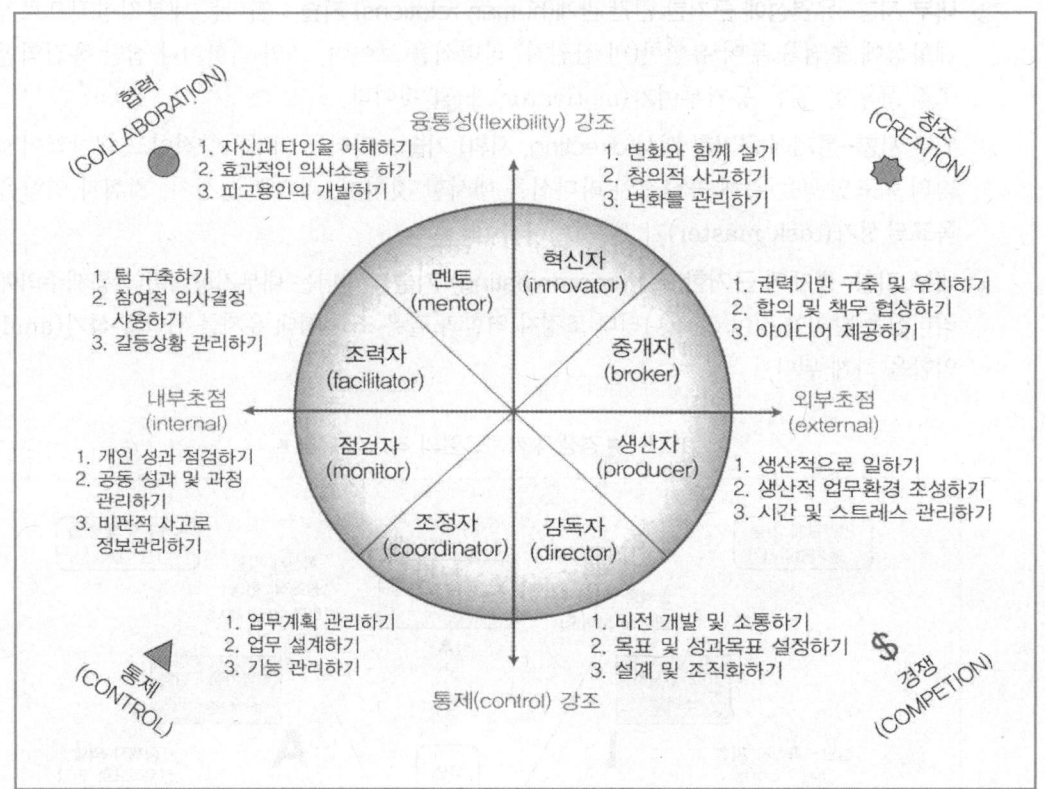

(4) 사회복지조직에 적용

사회복지조직의 상층관리자에게 공통적으로 강조되고 있는 것은 이들 중 '**외부 지향적, 탈집중-유연성**' 리더십인데, 이는 서비스 효과성과 정당성 확보, 주위와의 협력 강화, 내부관리와 혁신 등에서 이 유형의 리더십이 효과적이다. [②]

3 섬김의 리더십(servant leadership) [⑱⑳㉑㉒]

(1) 개 요

① **개념 : 섬김의 리더십이란** 현장 직원과 실무자에게 권한과 책임을 위임하고 업무를 잘 수행할 수 있도록 지원해주는 리더십으로, 직원에게 주인의식을 부여하여 자발적인 헌신과 참여를 제고하는 리더의 역할이다.

㉠ 1977년 Greenleaf에 의해 처음 소개되었으며, 섬김의 리더십이란 **다른 사람을 위한 봉사**

에 초점을 두고 직원, 고객 및 커뮤니티를 우선으로 여기며 그들의 욕구를 만족시키기 위해 헌신하는 개념으로 정의하였다.

※ 변혁적 리더십 – 구성원들에게 봉사하는 것을 핵심적 가치로 한다.(×)

ⓒ 이전의 리더십은 전체적이고 수직적인데 비해, 섬김의 리더십은 **부하들의 성장을 도우며 팀워크(teamwork)와 공동체를 형성하는 리더십**이다.

② **특징** : 인간 존중, 정의, 정직성, 공동체적 윤리성 강조, **청지기(stewardship) 책무 활동**, 구성원 성장에 대한 헌신, 공동체 의식 구축하기, 권한위임을 통해 리더십 공유 등

(2) 섬김의 리더십의 주요 내용

구분	핵심 내용
자원인식	• 조직구성원 : 조직의 목적을 달성하는데 가장 주요한 자원이라고 생각 • 리더 역할 : 조직구성원들의 성장을 도와주고 능력을 육성시키는 것으로 봄
조직의 생산성	• 구성원들의 자발적 행동의 정도를 평가 • 과제보다 인간관계를 중시
조직구성원에 대한 믿음과 임파워먼트	• 조직구성원들의 판단을 존중하고 권한을 위임 • 조직구성원들의 능력을 믿음
커뮤니케이션 방법	• 목표수립 과정에서 조직구성원들과의 커뮤니케이션을 활성화시킴 • 모든 정보를 공유, 어려움을 경청하는 쌍방향적 커뮤니케이션

※ 섬김의 리더십(servant leadership)은 힘과 권력에 의한 조직지배를 지양한다.(O)

04 리더십의 유형과 수준

1 리더십의 유형

(1) **칼리슬(Carlisle)의 리더십 유형** : 권위의 소재에 따른 리더십 유형

① **지시적(directive) 리더십 또는 전제적(autocratic) 리더십**

ⓐ 개념

㉮ 말 그대로 **상급자가 하급자에게 지시하는 형식**으로 의사결정이 이루어지는 방식으로 명령과 복종을 강조하고 조직원들을 보상과 처벌로 통제한다.

㉯ 지도자는 의사결정에 있어서 조직원들의 의사와는 무관하게 결정하는 **독선적인 의사결정**을 내리며, **조직체 성원들을 보상-처벌(reward-punishment)의 연속선상에서 통제하고 관리**한다.

ⓑ 장점

㉮ 정책의 해석과 집행에 일관성이 있다.

㉯ 신속한 결정이 가능하여 **위기 시에 기여**한다. → 조절과 결정이 신속히 이루어짐

㉰ 명령과 복종을 강조하므로 통제와 조정이 쉽다.

ⓒ **단점** : 조직원의 사기저하와 경직성이 있다.

② 참여적(participative) 리더십 또는 민주적(democratic)인 리더십 [②③⑦⑩⑪⑮⑯⑲㉑]
  ㉠ 개념
    ㉮ 참여적 리더십은 **조직구성원들을 의사결정 과정에 참여시킴**으로써 일에 대한 적극적인 동기를 부여할 수 있게 한다.
      ⓐ 동기부여 수준이 높은 업무자로 구성된 조직에서 효과적이다.
      ⓑ 사회복지의 가치와 부합한다.
    ㉯ 참여적 리더십이 **상급 관리자의 권한과 책임을 포기하는 것은 아니다.**
  ㉡ 장점
    ㉮ 개인 업무자들(부하직원들)은 **동기와 사명감이 증진** → 구성원들의 **조직에 대한 헌신성**이 높아지고 동기강화에 좋다.
      ⊗ 참여적 리더십 - 조직의 목표에 대한 구성원의 참여동기가 증대될 수 있다.(O)
    ㉯ **의사소통의 경로가 개방**(리더-직원들 간의 양방향 의사소통 가능)됨으로써 **새로운 정보의 교환이 활발**하게 이루어진다.
    ㉰ **조직의 목표를 스스로 내재화**하는 경향이 생겨서 업무수행능력도 높아지게 된다.
    ㉱ **집단(직원들)의 지식과 기술을 활용**하는 데 유리하다. 즉, 참여적 리더십은 기술수준이 높고, 동기부여된 직원들이 있을 때 효과적이다.
    ㉲ 조직원들이 **다양한 업무를 수행할 수 있을 때** 적용이 유리하다.
  ㉢ 단점
    ㉮ 참여에 시간이 걸리고, 긴급한 결정을 할 경우에는 어렵다.
    ㉯ 의사결정에 많은 시간과 비용이 부과된다.
      ⊗ 참여적 리더십 - 의사결정의 시간과 에너지가 절약될 수 있다.(×)
    ㉰ 책임이 확산(분산)되어 책임성 소재가 모호해질 수 있으며, 조직이 무기력해짐으로 인해 활동성이 떨어질 수 있다.
③ 자율적 리더십, 위임적 리더십 또는 방임적(laissez-faire) 리더십
  ㉠ 개념
    ㉮ 위임적 리더십은 **하급자 중심으로 의사결정이 이루어지며 상급자가 권한과 책임을 전적으로 하급자에게 위임**하는 것이다. → 하급자들이 의사결정을 적극적으로 주도
    ㉯ 부하직원들은 **스스로 프로그램의 목표를 세우고 그에 따르는 계획을 수립**하게 된다.
      → 전문가 조직에 적합
  ㉡ **장점** : 직원들은 조직의 규칙이나 정책을 위반하지 않는 범위 내에서 자유재량을 행사할 수 있다.
  ㉢ 단점
    ㉮ 프로그램이나 서비스 수행의 책임소재가 불분명해질 우려가 있다.
    ㉯ 의사결정에 소요되는 시간과 경비가 늘어나는 문제, 내부적 갈등이 생겨도 해결할 수 없는 경우도 발생된다.
    ㉰ 리더의 무관심으로 혼란을 야기시킬 수도 있다.

㉔ 일의 처리에 대한 정보제공이 부족하고 내부 갈등에 개입이 어려워 혼란을 야기할 수 있다.

(2) 탄넨바움(Tannenbaum)과 슈미트(Schmidt)의 리더십 유형 : 연속적 현상으로서의 리더십 유형

① 탄넨바움과 슈미트(R. Tannenbaum & W. Schmidt, 1958)는 **연속선상의 리더십을 제시**하였다. 즉 리더십 유형이 분절된(서로 무관하게 끊어져 있는) 것이 아니라, **지시적인 유형에서부터 위임적 유형까지의 연결된 연속선상에 위치하는 것으로** 보았다.

② 의사결정과정에서 **조직원(부하)의 참여가 낮은 수준에서 높은 수준으로 변화됨에 따라 리더 유형도 지시적, 참여적, 위임적 유형으로 연결되어 변화한다는 것**이다. 이들에 의하면 보스 중심의 리더십과 부하 중심의 리더십 사이에는 다양한 형태의 역할과 관계가 있다.

■ 리더십 유형의 연속현상 ■

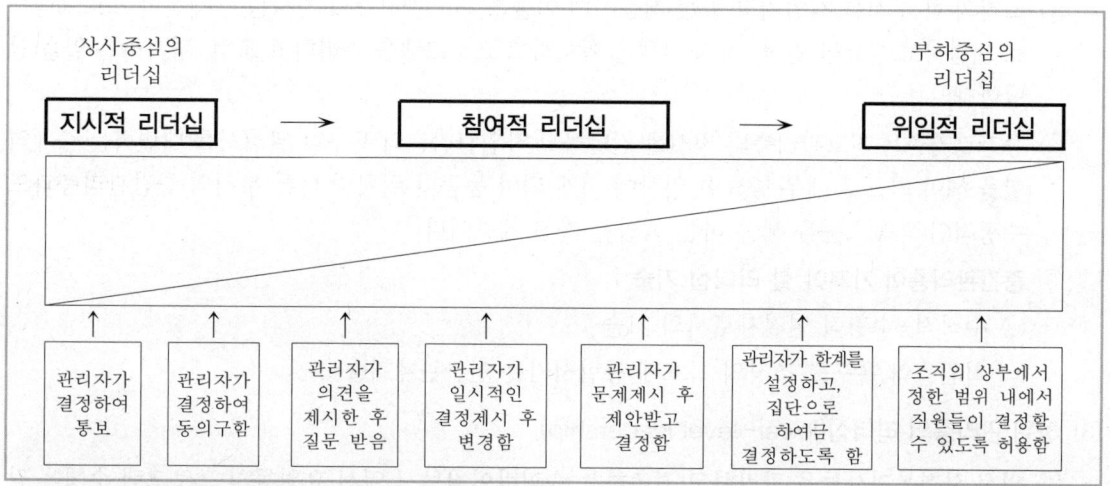

| OIKOS UP | 지도자의 능력과 태도(Koontz & O'Donnel, 1976) [9] |

권한을 건전하게 위임하는 데 필요한 지도자의 태도와 능력의 특성
① **수용하는 태도** : 다른 사람의 아이디어가 발휘되도록 기회를 주려는 것
② **맡겨 버리려는 자세** : 결정권을 하급자에게 주는 것
③ **타인의 실수를 허용하려는 태도** : 단점을 반복해서 이야기하거나 옆에 붙어서 감독하는 것을 피하는 것
④ **하급자를 신임하려는 태도** : 하급자와 그의 능력을 신뢰하는 것
⑤ **폭넓게 통제하려는 태도** : 하급자를 판단하는 데 기본적 목표와 원칙을 사용하는 것

2 리더십의 수준 [4]

(1) 최고 관리층의 리더십(upper-level leadership)

① **조직의 운영에 대한 책임을 지고 있는 계층**으로 사회정책을 사회복지행정으로 전환하고 필요한 재정을 획득하며 정치적 지지를 얻어내는 책임을 지고 있는 계층이다.

② 조직 내부운영을 지시하고 조정하며 조직 외부 환경과의 관계를 정립하여야 한다. 즉 조직 외부의 다양한 이익집단과 지역사회와 상호연관을 가져야 하며 조직 내·외부 환경의 변화에도 적절히 적응하여 조직을 이끌어나가야 한다.

③ **최고관리층이 가져야 할 리더십 기술**
  ㉠ 조직의 기본적인 임무를 설정
  ㉡ 외부의 집단과 교섭하고 중재하고 조직의 정체성을 확립
  ㉢ 임무를 수행하기 위한 서비스 기술을 선정
  ㉣ 내부구조를 발전시키고 유지
  ㉤ 변화를 주도하고 수행

(2) **중간 관리층의 리더십(middle-level leadership)**
  ① **조직의 한 부서를 책임지고 있는 계층**이며 이들은 최고관리층의 지시를 구체적인 프로그램으로 전환하고 필요한 인적, 물적 자원을 확보하고 프로그램을 관리하고 조정, 평가하는 일을 담당한다.
  ② 중간관리층은 최고관리층의 지시를 전달하고 하위관리층의 욕구나 관심사를 대변하는 중개역할을 해야 하므로 매우 중요한 입장에 서게 되며 동등한 위치의 다른 부서의 중간관리층과도 수평적인 의사소통을 해야 하는 책임을 가진 계층이다.
  ③ **중간관리층이 가져야 할 리더십 기술**
    ㉠ 수직적-수평적 연결자로서의 기술
    ㉡ 직원들의 욕구를 조직의 목표에 통합시키는 인간관계기술

(3) **하위 관리층의 리더십(lower-level leadership)**
  ① **일선 사회복지사들을 관리하고 접촉하는 슈퍼바이저**로서 일선 요원들의 프로그램 수행을 감독하고 업무를 위임하거나 분담하고 일선 요원들에게 충고와 지침을 제공하고 부족한 지식과 기술을 지적해주며 개인적인 성과를 평가한다.
  ② 단위 감독자, 팀 리더의 역할을 수행하는 슈퍼바이저들은 일선 요원들과 일상적으로 긴밀한 관계를 맺고 있는 특징을 가지고 있으며 직접적인 서비스 분야의 전문적인 기술을 가지고 있어야 하며 중간관리층과 일선요원 간의 원활한 의사소통을 위한 연결쇠로서 역할을 수행한다.
  ③ **하위관리층이 가져야 할 리더십 기술**
    ㉠ 전문적 기술이 있어야 한다. 슈퍼바이저가 직원과 자원을 효율적으로 사용하도록 도움을 주는 것으로 이런 요원들의 업무를 조직화하고 조정하는데 도움을 준다.
    ㉡ 공평성에 관심이 있어야 한다. 승진과 보상을 위해 윗사람에게 아첨하고 비판을 하지 않음으로써 윗사람을 위협하지 않는 등의 공평을 가져오려는 슈퍼바이저의 책임은 일선 요원들의 동기부여 및 조직의 일체감을 발전시키는데 필요하다.

3 카츠(Katz)의 이론 : 사회복지행정·관리자의 기술(skill) [⑧]

(1) 카츠는 행정·관리자가 가져야 할 기술에는 전문기술, 인간관계기술, 그리고 개념적 기술(의사소통기술)이 있음을 제시하였다.

(2) 행정·관리자의 수준에 따라 이들 각 기술을 사용하는 정도에 차이가 있음을 나타내고 있다.
① **전문기술** : 사회복지의 전문적 방법, 과정, 절차, 기법 등을 적절히 이해하면서 전문적 기술과 분석적 능력을 가지고 있을 뿐만 아니라 전문적 훈련을 위한 도구와 기법을 적절히 활용하는 것을 말한다.
② **인간관계기술** : 목표를 위해 조직 내에서 협동적인 노력이 이루어지면서 효과적으로 업무하게 하는 것을 말한다.
③ **개념적 기술(의사소통기술, 의사결정기술)** : 조직 내외의 여러 정보를 종합, 체계화하여 조직의 방침을 설정하고, 문제를 분석하며, 조직구조를 형성하거나 의사결정을 하는 등 전체적인 관점에서 종합적으로 판단하고 처리하는 기술을 말한다.
→ 관리자의 승진에 따라 상대적으로 중요도가 커지는 리더십 기술

■ 각기 다른 수준에서 요구되는 행정·관리자의 기술(R. L. Katz, 1955) ■

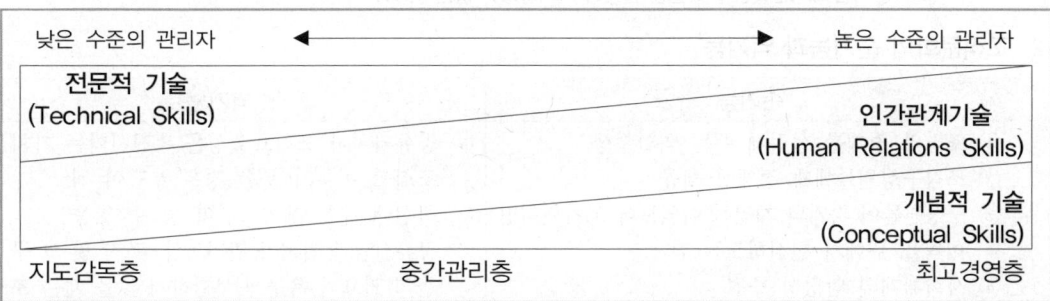

05 조직문화(organizational culture)

1 개요 [④⑨⑫]

(1) **정 의**
조직구성원들이 집단적으로 공유하는 조직행동의 기본 전제로서 여기에는 조직의 가치와 신념, 규범, 관습 및 행동양식이 모두 포함되며, 보다 단순하게 조직문화는 **조직에 대해서 구성원이 공유하는 이해체계 혹은 의미체계**라 할 수 있다. → **조직의 정체성을 결정하는 일련의 가치와 신념**

(2) **조직문화이론** [⑬]
① 조직구성원의 내적 통합과 변화된 환경에 대한 외적 적응의 관계를 주로 다룬다.
② **조직구성원의 소속감 및 정체감 형성에 영향을 미치는 요인을 설명**한다.
③ 새로운 기술도입에 따른 조직의 유연성 정도를 설명한다.
④ 최근에는 이직의 원인을 설명해주는 이론으로도 활용된다.

2 조직문화의 중요성 및 기능 [18]

(1) 조직문화를 연구하는 일반적인 목적

조직문화의 순기능적 가치를 활용하기 위해서이며 다음과 같은 도움을 얻을 수 있다(이학종, 1984).

① 조직문화는 조직구성원들에게 조직의 기본가치와 전통을 인식시켜 줌으로써 그들에게 **조직체와의 동일성(identification)**을 고취할 수 있다.

② 조직문화는 조직구성원으로 하여금 자기 자신과 소속 집단 또는 조직체와의 관계를 잘 이해하게 함으로써 집단이나 조직에 대한 자신의 몰입(commitment)이 이루어질 수 있도록 **구성원과 조직 간의 조화(調和)관계를** 조성해 줄 수 있다.

③ 조직문화는 조직구성원으로 하여금 표준행동에 대한 이해를 증진시키고 그들의 가치판단의 메커니즘으로 작용함으로써 **성과지향적 의사결정과 행동을** 조장시킬 수 있다.

　㉠ **조직의 핵심가치를 공유하는 조직 구성원이 많을수록 조직성과가 향상**된다.

　㉡ **조직문화가 조직의 전략과 일치할수록 조직성과를 향상**시킨다.

　㉢ **환경적응적 조직문화는** 조직 외부 이해당사자들의 기대실현을 적절한 수준으로 고려하여 **조직성과를 향상**시킨다.

　　▸ 경직된 조직문화는 불확실한 환경에 대처하도록 돕는다.(×)

(2) 조직문화의 순기능과 역기능

순기능	역기능
① 조직의 경계를 설정해 주는 역할수행 ② 조직구성원들에게 정체성 제공 ③ 구성원들이 자기의 개인적 이익보다 고차원적인 이익을 위해서 헌신하도록 함 ④ 사회체계의 안정성 증진 ⑤ 구성원들의 태도와 행동을 지도하고 조정하며 의미형성 및 통제 메커니즘으로서의 기능발휘 ⑥ 공유된 이해를 갖게 해서 의사소통을 원활히 하고 불확실성 속에서도 실행을 보다 원활히 함 ⑦ 문화의 코드를 통해 조직의 공식화를 견고하게 구성하도록 만듦	① 공유가치가 조직효율성을 촉진시키는 가치들과 조화를 이루지 못할 경우 부담이 됨 ② 혁신에 대한 제약조건이 될 수 있음 ③ 공유신념과 가치가 관리전략, 조직 및 그 구성원들의 필요와 욕구에 부합하지 않을 때는 조직문화에 의한 의사결정은 오히려 비능률적인 결과를 초래할 수 있음

▸ 사회복지조직의 조직문화 : 사회복지서비스 제공자의 상황인식에 중요한 역할을 한다.(○)

▸ 사회복지조직의 조직문화 : 조직구성원의 행태와 인식 그리고 태도를 통해서 조직효과성과 연결하는 역할을 한다.(○)

3 조직문화의 구성과 강도

(1) 조직문화의 구성 세 가지 수준(Schein)

① **가장 심층부의 잠재수준인 기본적인 믿음과 전제** : 조직구성원들이 당연한 것으로 간주하는 기본적인 전제

② **인식수준인 가치와 규범** : 조직의 가치는 조직구성원들에게 무엇이 중요한가를 규정하고, 규범

은 구성원들에게 기대되는 행동양식을 규정한다. 이러한 가치와 규범에 근거하여 조직에서는 겉으로 드러나는 인공물을 가질 수 있다.
③ **가시적 수준인 표면에 드러나는 인공물 등** : 문화의 표현물이라고 하는 물리적인 것들, 말하는 방식, 행동하는 방식, 이해하고 의사소통하는 방식 등이 바로 가치와 규범에 근거하여 조직에서 드러나는 인공물이다.

(2) 조직문화의 강도를 만드는 요인들
① **조직의 믿음과 가치들이 더 깊게 공유될 때 조직문화의 강도는 더 강해진다.** [⑳]
② 조직의 믿음과 가치들이 더 넓게 공유될 때 조직문화의 강도는 더 강해진다.
③ 조직의 믿음과 가치가 분명하게 위계되었을 때 조직문화의 강도는 더 강해진다.
④ 조직문화와 같이하는 리더십이 강할 때 조직문화의 강도는 더 강해진다.
⑤ 조직구성원이 오랫동안 조직에서 헌신할 때 조직문화의 강도는 더 강해진다.
⑥ 마지막으로 조직의 규모가 조직문화의 강도에 영향을 미칠 수 있다는 견해가 있으나, 이에 관한 실증적 논의가 더 필요하다.

(3) 조직문화의 형성과 확대
① **조직문화의 형성** [④]
  ㉠ 조직 내에서 자연적으로 생길 수 있다.
  ㉡ **조직의 설립자 또는 최고경영자의 경영이념과 철학이 중요한 요소이다.**
    ㉮ 설립자나 최고경영자의 경영이념과 철학이 조직이 지향하는 가치관의 형성에 직접적인 영향을 미친다.
    ㉯ 이러한 가치관이 조직의 역사 속에서 구성원들에게 보다 폭넓고 깊게 확산되고 내재화되어 조직문화가 형성된다.
② **조직문화의 유지와 전파**
  ㉠ 조직문화에 적합한 사람의 선발, 오리엔테이션, 훈련 및 교육을 통한 사회화, 그리고 조직 최고경영자들의 발언과 행동, 조직 내에서의 의식 및 행사 등을 통한 내재화를 통해 유지·전파된다고 본다.
  ㉡ 일반적으로 조직은 조직문화에 대해 사회화시키는 과정에서 다양한 조직문화 의사소통방식을 활용한다.
  ㉢ 문화의 의사소통과정에서 특히 최고경영자의 언행은 조직이 추구하는 가치와 규범을 인식시키는데, 이는 조직이 지향하는 합당한 행위규범의 기준들을 인식하게 하는 데 매우 중요한 영향을 미친다.
③ **조직문화의 변화가 용이한 상황** [⑨⑳]
  ㉠ 조직이 극단적인 위험에 처해 있을 때
  ㉡ 조직 리더십이 기존과는 다른 대안 가치체계를 갖는 새로운 리더로 변화될 때
  ㉢ 조직이 수명주기상 형성기에 있을 때
  ㉣ 조직의 규모가 상대적으로 작을 때
  ㉤ 조직의 기존 문화가 그렇게 강하게 존재하지 않을 때

인적자원관리

제3부 **사회복지조직관리와 인사관리**

제7장 회차별 출제빈도, 출제비중 및 출제논점 1, 2, 3순위

10회 2012	11회 2013	12회 2014	13회 2015	14회 2016	15회 2017	16회 2018	17회 2019	18회 2020	19회 2021	20회 2022	21회 2023	22회 2024
2	3	1	1	1	3	1	4	4	3	2(1)	3	4

출제 비중	출제 논점		
	1순위 ☺	2순위 ※	3순위 ☆
12.4	① 동기부여 이론: 허쯔버그, 매슬로우 알더퍼, 아담스, 맥클리랜드, 맥그리거, 목표설정이론 ② 슈퍼비전(supervision)	① 인적자원관리 과정: 모집(직무분석, 직무기술서, 직무명세서) ② 직무만족과 소진	① 직원개발의 방법: 역할연기, OJT ② 업무환경 질 개선 운동 ③ 갈등관리

1순위 스마일표시(☺) : 출제 빈출도가 높은 부분으로 무조건 시험에 출제되는 영역
2순위 당구장표시(※) : 나왔다 안 나왔다 하는 영역이지만 출제가능성 높은 영역
3순위 별 표(☆)   : 출제 된 적이 있긴 하지만 다시 출제될 가능성은 다소 떨어지는 영역

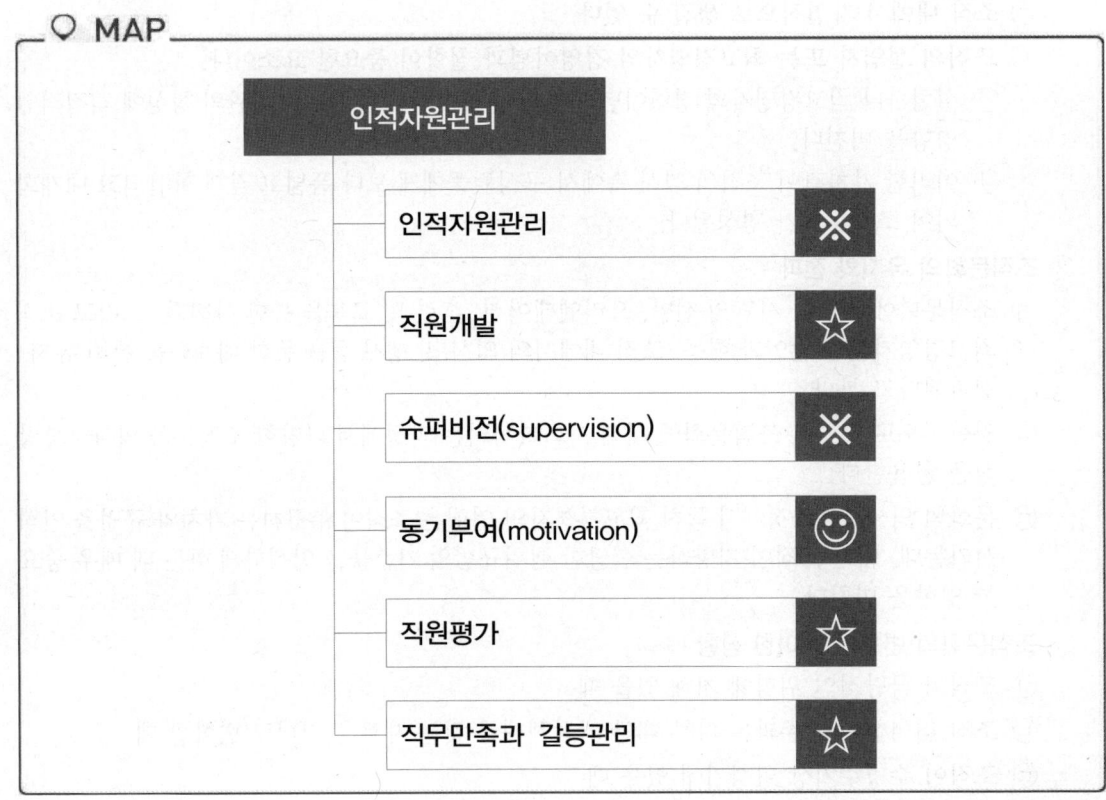

01 인적자원관리

1 인적자원관리의 의의와 기능

(1) **인적자원관리(Human Resource Management)의 의의** [②②]

① **기관의 운영 목적을 달성하기 위하여 인적자원을 최대로 활용하기 위한 관리 활동**으로, 조직구성원을 단순한 노동력(man power)이 아닌, 조직의 생존과 발전에 핵심적인 역할을 하는 **인적자원(human resources)으로 인식하는 것이 바람직**하다.

② 조직구성원의 능력과 성향이 조직성과에 주는 영향이 크기 때문에 인적자원관리가 중요하며, 환경 적응을 위하여 전문적 직무의 협력, 통합, 융합수준을 향상시킨다.

③ 조직구성원의 혁신적 사고와 행동이 조직의 경쟁력이라고 전제하며, 인적자원 확보와 조직구성원에 대한 훈련, 교육, 보상관리 등을 의미한다.

(2) **인적자원관리의 주된 기능** : 조달, 배치할당, 개발, 제재규약, 통제 및 적응 등

기 능		내 용
채 용	조 달	모집, 충원, 선발
	배치할당	직무분류와 할당, 임금 지불, 승진, 이직, 해고
개 발		훈련, 사정, 코치, 사기와 동기부여
제재규약		작업환경에 대한 근로자들과의 규율 및 협상, 고충처리 및 절차 호소
통제 및 적응		인사관리제도의 설계, 제작진 및 관리자와의 관계 조정, 정보유지 및 예산체계 관리

2 인적자원관리의 주요 내용와 핵심요소

(1) **주요 내용**

페코라와 오스틴(Pecora & Austin)은 일반사회복지조직에 있어서의 인사관리가 어떤 구성요소를 지녀야 하는가를 **사회복지조직의 특성을 감안하여 7가지로 제시**

① 직원모집, 심사 및 채용
② 업무과업의 분석과 설계 및 할당
③ 과업평가의 설계와 실행
④ 직원 오리엔테이션, 훈련과 개발
⑤ 과업성과를 유지, 제고하게 하며 직원을 발전하게 하기 위한 지도감독
⑥ 직원성과에 문제가 있을 때의 처리활동
⑦ 직원에 대한 보상과 이직관리에 관한 내용 등

(2) 핵심요소 [⑤⑬㉑]

사회복지조직에서 공통적으로 논의할 수 있는 핵심적인 인사관리의 구성요소로는 **업무분석 및 업무성과에 대한 평가(성과관리), 직원개발(개발관리) 및 보상(보상관리)** 등을 꼽을 수 있다.

3 인적자원관리 과정 [⑯⑲㉑]

| 충원 → 모집·선발 → 임용 → 오리엔테이션 → 승진 → 평가 → 해임 |

  ⊗ 인적자원관리의 영역 – 재무(×)

(1) 충원

능력 있고, 직원이나 클라이언트들과 원만한 인간관계를 이루어 나갈 수 있는 사람을 채용하는 것으로, 단기·중기·장기 직원 충원계획을 수립하여서 수행해야 한다. [⑩]

(2) 모집(recruitment) [⑩⑤⑯⑳]

① 모집은 능력 있는 후보자들이 조직에 지원하도록 유도하는 활동으로, 자격 있는 지원자들을 공석 중의 직위에 유치하는 과정을 말한다.
② 모집을 위해서는 해당직무에 대한 직무분석이 이루어져야 하며, 직무분석이 이루어진 후 직무기술서와 직무명세서를 작성한다.
  ⊗ 직무분석 이전에 직무명세서와 직무기술서를 작성(×)
  ⊗ 직무분석은 직무명세 이후 가능하다.(×)
  ㉠ **직무분석(job analysis)** [⑥⑰⑳]
   ㉮ 기관의 모든 직무를 대상으로 각각의 직무를 수행하는데 따른 책임과 업무내용을 수집·분석하여 종합적으로 분류한 것이다.
   ㉯ 어떤 지위에서 어떠한 일을 하는가를 분석하여 업무에 따른 의무와 자격을 명확히 하여 지원자가 그 업무에 적합한지를 판단하는 기준으로 쓰인다. 직무분석은 직무기술서를 작성하기 위한 기초자료로 활용된다.
  ㉡ **직무기술서(job description)** [⑥⑩⑮⑲㉑]
   ㉮ 특정한 직무 및 직위에 부가된 임무와 책임을 구체적으로 기술한 것이다(직무자체에 관한 기술).
   ㉯ 직무기술서는 전체 기관구성원의 직무상의 책임을 조직화한다. 인력의 모집, 선발, 배치의 과정과 더불어 직무평가 및 인사고과 과정 역시 이 직무기술서를 기초로 수행된다.
  ㉢ **직무명세서(job specification)** [②⑤⑳㉑]
   특정 직무를 적절히 수행하는데 요구되는 최소한의 자격요건을 기술한 것이다(직무수행자의 요건과 관련된 사항).
    ㉰ 사회복지사를 모집하는 경우 1급 사회복지사 자격증 소유자 및 정신보건시설의 근무경력이 1년 이상인 자 등으로 명시한다.
    ⊗ 직무명세는 특정 직무수행을 위해 필요한 지식과 기능, 능력 등을 작성하는 것이다.(O)

■ 직무기술서와 직무명세서 ■

직무기술서(job description)	직무명세서(job specification)
특정직무·직위에 부가된 임무와 책임을 구체적으로 기술한 것(**직무자체에 관한 기술서**)	특정 직무를 수행하는데 요구되는 최소한의 자격요건을 규정하고 있는 것(**직무수행자의 요건과 관련된 사항**)
• **직무명칭**(소속부서, 직무번호, 직속상관, 작성자, 작성일자 등) • **직무개요**(직무내용 요약, 직무의 목적과 직무에서 기대되는 결과를 간략히 나타낸 것) • **장비**(직무에 필요한 도구, 장비, 정보 등) • **직무환경**(직무의 직접적인 환경적 특성) • **작업활동**(직무의 임무 및 책임, 행동 등과 직무에 요구되는 사회적 측면) • **직무수행 방법과 절차**	• 사회복지사, 운전면허 등 관련 자격증 • **교육수준 및 경력** • 판단력과 주도력 • 육체적 노력 및 육체적 기술(육체적 숙련) • 의사소통기술 • 책임 • 정서적 특징 • 필요한 능력과 그 수준 • 감각기능의 사용도와 필요도 등

※ 직무기술서에 포함되어야 할 내용 – 급여 수준(×)

(3) 선발(Selection) [④⑩]

① 조직문화에 기초하여 선발되어야 하며 전문성과 원만한 인간관계, 클라이언트 및 직원들을 보호할 수 있는 능력이 고려된 사람을 선발해야 한다.
② 선발기법으로 시험이 있으며 필기시험, 실기시험, 면접시험이 있다.

(4) 임 용

조직의 직원이 어떤 직위를 담당하게 되는 것과 관련된 일체의 인사행위를 가리키는 것으로, 특정 직위의 임무를 수행할 필요인력을 선발, 사용하는 활동을 말한다.

(5) 오리엔테이션(신입직원훈련)

기관과 그 서비스 및 지역사회를 새로운 직원에게 소개하는 과정이다.

(6) 승 진

승진이 이루어진 경우 개인의 계급 또는 직급이 높아지고, 직무에 대한 책임도와 곤란도가 높아지게 된다.

(7) 평 가

직무수행 평가를 통하여 직원 스스로 업무수행능력을 파악하게 하고 업적에 따라 임금인상을 결정하고, 교육훈련의 필요성을 발견하며, 업무관계에 대한 문제점이나 개선방향에 대한 것들을 제공한다.

(8) 해 임

직원을 강제로 퇴직시키는 중징계의 하나로, 개인과 기관 모두를 위해서 되도록 짧은 시간에 공정하게 이루어져야 한다.

02 직원개발(staff development, 직원능력개발)

1 직원개발과 역량강화

(1) **직원개발의 의의**

직원들의 소양과 능력을 개발하고 직무수행에 필요한 지식과 기술을 향상시키며 가치관과 태도를 바람직한 방향으로 변화시키기 위한 교육 및 훈련활동

(2) **직원개발의 종류**

① **신규채용자훈련(오리엔테이션, 적응훈련 또는 기초훈련이라고도 함)** : 신규채용자가 어떠한 직책을 담당하기 전에 소속할 조직의 목적과 자기의 역할을 이해시키고 담당할 직무의 내용을 정확히 알도록 하려는데 목적이 있으며, 조직의 목적, 위치의 설명과 직무의 내용, 절차 및 수행방법, 보수, 연금, 근무시간 등 근무조건에 관한 이해가 그 내용이 된다.

② **감독자 훈련** : 감독자란 부하직원을 최 일선에서 직접 감독하는 사람(슈퍼바이저)을 말하고, 감독자 훈련이란 감독자 또는 앞으로 감독자가 될 사람의 직무수행능력을 향상시키기 위해 행하는 훈련을 말한다.

③ **관리자 훈련** : 최고관리층이나 중간관리층에 속한 관리자 혹은 관리직에 승진할 사람에게 주로 의사결정능력, 문제해결능력, 종합적인 판단능력과 관리능력을 갖추도록 하는 훈련을 말한다.

④ **재직자보수 훈련(일반직원훈련)** : 재직자에게 새로운 지식이나 기술의 내용을 습득시키기 위하여 주기적 또는 수시로 실시하는 훈련을 의미한다.

⑤ **멘토링** : 상위 단계의 업무에 대해서 경험이 많지 않은 구성원들에게 경험을 공유시키면서 역량개발을 유도하는 방법이다.

⑥ **경력(career) 개발** : 구성원들의 경력에 대한 욕구, 가치지향, 강점과 제한점 등에 대한 파악과 함께 경력의 목표형성과 행동계획 수립을 위해 지원하는 것, 유용한 정보와 관련된 업무경험 등을 제공하는 것을 의미한다.

(3) **직원개발의 방법** [③⑦⑨⑬⑫]

① **강의** [⑫]
  ㉠ 일정한 장소에 직원들을 모아 놓고 사회복지에 관한 전문적 지식과 기술 및 태도를 전달하는 방법으로 강의가 끝난 후에는 질문 및 토론할 시간을 허락해 주는 것이 바람직하다.
  ㉡ **장점** : 짧은 시간에 많은 사람을 대상으로 교육내용을 체계적으로 전달할 수 있으며 경비를 절약할 수 있다.
  ㉢ **단점** : 강사가 유능하지 못하거나 직원들이 무성의할 때 소기의 효과를 거둘 수 없다.
  ※ 강의 : 직원들에게 사회복지시설 평가제도에 대한 이해를 높여서 기관평가에 좋은 결과를 얻도록 하기 위하여 사용(O)

② **계속교육(continuing education)** [⑱]
  ㉠ 학교교육이 끝난 직원들을 대상으로 **전문성 유지 및 향상을 위해 계속적으로 필요에 맞게 교육하는 것**을 의미하며, **사회복지사에게 직무연수 방식으로 제공**된다.
  ㉡ 계속교육은 **지역사회의 필요 및 직원들의 욕구에 따라 융통성 있게 실시할 수 있다는 장점**이 있으나, 장기적인 철저한 계획과 교육기관 및 복지조직의 긴밀한 협조가 요구된다.

③ **토의** : 한 주제에 대하여 소수의 사람들이 주제발표를 한 다음 여러 사람이 찬반논쟁을 벌이는 방식으로, 토의방법은 근소한 차이에 따라 자유토의, 포럼(forum), 패널(panel) 및 심포지엄(symposium) 등으로 나눌 수 있다.

④ **역할연기(role playing)** [⑦⑨]
  ㉠ 명칭 그대로 어떤 사례를 여러 직원들 앞에서 2인 또는 그 이상의 직원들이 실제로 연기한 후 여러 직원들이 평가, 토론하여 사회자가 결론적인 설명을 하는 방법이다.
  ㉡ **장점 : 인간관계훈련에 효과적인 프로그램**이며 좋은 경험을 몸소 얻을 수 있다.
  ㉢ **단점** : 연기에 소질이 없는 사람은 직접 역할연기를 하기 힘들며, 사전준비가 많이 요구된다.

⑤ **패널토론(panel)** : 토의법의 하나로서 사회자의 사회 아래 정해진 테마에 대하여 지식·경험이 풍부한 수명의 전문가가 토의를 하고 연수자는 그 토의를 듣는 학습방식이다.

⑥ **사례발표(case presentations)** : 통상 직원들 간에 돌아가면서 하는데, 이는 직원들의 이해와 능력의 개선을 돕는 것 외에 사례를 계획하고 개입기법을 배우는 데 도움을 준다.

⑦ **OJT(On the Job Training, 현장실무교육, 직무를 통한 연수)** [③⑤⑨]
  ㉠ 직장훈련, 현장훈련, 직무상 훈련 등 **근무 현장 내에서 이루어지는 훈련으로, 직무설계수행에서 선임자가 피훈련자에게 업무수행의 지식, 기술을 학습하게 하는 방법**이다.
  ㉡ 실제 직무를 수행하면서 선임자로부터 대면지도, 개별지도, 훈련 지도를 통하여 직무수행 능력을 개발하는 것이다.
    ㉮ 직장상사나 선배가 부하(후배)에 대하여 행하는 지도육성 활동이다.
      ☞ 직무를 통한 연수(OJT) - 일반적으로 조직의 상사나 선배를 통해 이루어진다.(O)
    ㉯ 업무를 통해 이루어지며 업무에 필요한 지식·기능·태도를 대상으로 이루어지는 지도육성 활동이다.
      ☞ 직무를 통한 연수(OJT) - 일상적인 업무를 통해 이루어지는 경우가 많다.(O)

⑧ **off-JT(Off the Job Training, 직무와 분리된 연수)** [⑲]
  ㉠ **직무명령에 의해 일정 기간 일상근무를 벗어나 행하는 연수로, 직장 내 및 직장 외 전문가를 초빙하여 직무현장이 아닌 교실에서 강의식으로 교육하는 방법**이다.
    ㉮ **직장 외 교육**이라고도 한다.
      ☞ 직무를 통한 연수(OJT) - 조직 외부의 전문교육 기관에서 제공된다.(×)
    ㉯ 직장 내의 집합연수(例 외부연수 등의 보고회, 상호학습회, 강사를 초빙한 연수회 등)와 직장 외 연수(例 전문기관 등이 실시하는 테마별, 과제별 연수회 파견, 다른 직장과의 교류, 교환연수, 견학 등)에 파견하는 방식이 있다.
  ㉡ OJT와는 달리 실습이 없고, 시간적으로 융통성이 없으며, 일처리의 원리와 일반 지식을 교육하는 데 적합하다.

⑨ **SDS(Self Development System, 자기계발 원조제도)** [⑲]
  ㉠ 개별 직원의 직무 내외에 자주적인 자기계발활동을 직장으로서 인지하고, ⓐ 경제적 지원, ⓑ 시간적 지원(직무면제, 조정, 특별 휴가제공 등), ⓒ 시설이나 장비의 제공 및 대여 등을 하는 방법이다.
    > 예) 직장 내 SDS 예로는 개인의 연구활동 장려와 기반조성, 자주적 학습회 시설이나 설비 대여, 복지관계 도서, 자료, 비디오 대여 등이 있으며, 직장 외 SDS의 예로는 외부연수 참가 비용조성과 직무면제, 공적 자격 취득 통신교육 등 수강 장려와 그 비용 조성, 직능별 단체 등 대회, 학회, 연구회 등 참가 조성 등이 있다.
  ㉡ 개별 직원들의 자기계발은 다양하므로 직장에서 자기계발에 대하여 어떤 형태나 범위 내에서 지원할 것인가, 일정한 기준이나 우선 순위에 관한 규칙을 분명히 결정할 필요가 있다.
    > ⊗ 직무를 통한 연수(OJT) - 직원이 지출한 자기개발 비용을 조직에서 지원한다.(×)

⑩ **순환보직(rotation, 직무순환)**
  ㉠ 일정한 시일의 간격을 두고 여러 다른 직위나 직급에 전보 또는 순환보직시키면서 업무단계를 돌아가면서 맡도록 하는 방법이다.
  ㉡ 장점 : 여러 가지 보직을 담당하는 과정에서 시야와 경험을 넓히고 관리능력을 향상시킨다.
  ㉢ 단점 : 전보가 빈번히 이루어지는 경우 업무 수행의 전문성과 능률성을 저하시키고 행정의 일관성을 해칠 우려가 있다.

⑪ **집단행동** : 대표적인 집단행동 중 하나라 감수성 훈련이며, 이 같은 훈련은 보통 집단적으로 격리된 장소에서 1일 또는 2일의 합숙훈련을 하면서 이루어지며 성인의 태도와 행동의 변화를 기하는 데 가장 효과적인 방법이다.

⑫ **신디케이트(Syndicate, 분임토의)** : 10명 내외의 소집단으로 나누고 각 집단별로 동일한 문제를 토의하여 해결방안을 작성하고, 다시 전체가 모인 자리에서 각 집단별로 문제해결 방안을 발표하고 토론하여 하나의 합리적인 문제해결 방안을 모색하는 방법이다.

2 업무환경 질 개선[QWL(Quality of Working Life) 운동] [⑧]

① QWL은 "근로생활의 질" 혹은 "직장생활의 보람"으로 표현될 수 있는데 이는 직무만족의 수준 향상과 근로환경의 민주화를 통한 근로생활에 있어서 "인간성 회복운동"이라고 할 수 있다. 이는 인간다운 노동생활을 뜻하는 용어로서 노동생활의 질, 노동의 인간화라고도 해석하고 있다.

② 서구의 기업에서는 ㉠ 타임 레코더의 폐지 등 직장에서의 관리·감독의 완화 ㉡ 일의 다양화 ㉢ 일의 고도화 ㉣ 소집단 팀제에 의한 자기관리 도입 ㉤ 플렉스 타임의 채용 등으로 직장환경 개선에 나서고 있다.

③ **플렉스타임(Flextime)** : 플렉서블 타임(Flexible Time, 근무시간연동제)을 말하며, 이는 출퇴근 시간을 정하지 않고 자율적으로 일하는 노동시간 관리제도다. 즉 필요에 따라 요일이나 시간대별로 일자리 만들기와 일자리 나누기(직무공유, job sharing)를 할 수 있다.

■ QWL운동의 4가지 활동과 관리방법들(김영종, 2013) ■

활동	관리방법
참여적 자기 관리	소집단팀제에 의한 자기관리, 자기-관리 업무집단, 관리·감독의 완화
업무의 재구조화	업무의 재구성, 직무확충, 직무순환, 직무공유, 업무시간의 유연성, 플렉스타임 (유연근무제)
혁신적 보상체계	유연급여, 이익공유,
업무장소의 개선	물리적 업무조건들의 개선, 집기나 사무용품의 개선 등
직원 및 가족지원	직원(근로자고충)지원프로그램(EAP, Employee Assistance Program)

03 슈퍼비전(supervision) [②③④⑤⑧⑨⑩⑪⑫⑬㉑]

1 슈퍼비전의 개념과 기능

(1) 슈퍼비전의 개념

① 사회복지조직에서 **직원이 서비스를 효과적·효율적으로 전달하기 위하여 지식과 기술을 잘 사용할 수 있도록 도와주는 활동**을 말한다.
　㉠ 슈퍼비전의 궁극적 목적은 클라이언트에 대해 효과적이고 질 높은 서비스를 제공함으로써 기관의 책임성을 높이는데 있다.
　㉡ **사회복지사의 관리 및 통제의 수단으로도 활용**되며, 긍정적 슈퍼비전은 사회복지사의 소진 예방에 도움을 준다.
　㉢ **슈퍼비전의 질은 슈퍼바이저의 역량에 좌우**된다.
　㉣ **슈퍼비전은 슈퍼바이저(supervisor)와 슈퍼바이지(supervisee) 간 상호작용과 의사소통이 핵심**이다.

② 슈퍼바이저가 갖추어야 할 핵심자질 [⑫]
　㉠ **풍부한 지식, 실천기술과 경험, 개방적 접근의 용이성** : 다양한 문제 상황과 의문에 처하게 된 슈퍼바이지(사회복지사)들이 쉽게 자신에게 접근해 올 수 있게 한다.
　㉡ **진지한 자세** : 자신의 슈퍼비전 활동에 대해 깊은 관심과 진지한 자세를 가진다.
　㉢ **솔직성** : 인간적 한계를 솔직하게 드러내는 슈퍼바이저가 보다 진솔하게 느껴지고, 이로 인해 슈퍼비전도 쉽게 받아들이는 자세로 바뀐다.
　㉣ **긍정적 보상** : 칭찬과 인정을 아끼지 않는다. 이는 업무자들로 하여금 동기유발과 전문성 개발을 위한 노력에 도움을 준다.

(2) 슈퍼비전의 기능

① **교육기능**
　㉠ 교육적 슈퍼비전의 핵심은 **워커의 지식과 기술의 향상**에 있다.

ⓒ 슈퍼바이저는 기관의 기본가치, 임무 및 목적에 대한 교육과 함께 다양한 서비스 실천이론 및 모델에 대한 교육을 통해 워커의 문제해결과 실천기술 향상을 도모한다.

② **행정기능**
㉠ 관리자로서의 슈퍼바이저의 역할은 **기관의 규정과 절차에 맞는 서비스를 제공하는 것에 초점**을 둔다.
ⓒ 기관 관리자들과 일선 워커의 의사소통을 촉진하는 역할과 함께 전반적인 기관활동에 대한 조정과 통제의 임무를 수행한다.

③ **지지적 기능**
㉠ 지지적 기능은 **워커의 개별적 욕구에 관심**을 갖는다.
　예) 워커에게 스트레스를 유발하는 상황을 제거하고 이에 대처하는 것에 슈퍼바이저가 관심을 갖는다.
ⓒ 이를 통해 **워커의 동기와 사기를 진작**시키며 불만족과 좌절을 해결함으로써 업무만족을 높이는 것에 초점을 둔다.
ⓒ 이와 같은 슈퍼바이저의 지지기능은 다수의 경험적 연구에서 워커의 직무만족에 가장 큰 영향력을 갖는 것으로 분석되었다.

■ 슈퍼비전의 기능과 슈퍼바이저의 역할 ■

2 슈퍼바이저의 역할(A. Kadushin)

(1) 행정적 상급자의 역할

하급자가 기관의 정책이나 과정, 규정 등에 잘 따르고 있는지 감독하는 역할로서 조직의 통제와 책임성을 유지하는 과정인 행정적 기능이 강조된다.

(2) 교육자로서의 역할

직접 서비스 사회복지사의 전문적 지식과 기술을 증진시키는 임무를 하며, 이 역할은 경험 있는 사람이 경험이 없는 사람에게 사회복지서비스 실천의 기술을 전수하는 전통적인 교육 기능을 강조하는 것이다.

(3) 상담자로서의 역할

클라이언트 문제 등 감정적으로 고갈된 상태의 업무담당자에게 사회적인 지지를 제공하며, 이 역할은 표현적이고 지지적인 리더십의 기능을 강조하는 것이다.

■ 슈퍼비전 기능, 역할, 유형 ■

구 분	행정적 슈퍼비전	교육적 슈퍼비전	지지적 슈퍼비전
의의 (기능)	사회복지사에게 지시, 지도, 행정적 업무를 돕는 역할	사회복지사에게 전문적 지식과 기술 등을 증진시키는 역할	사회복지사에게 스스로 업무할 수 있도록 용기를 주고 지지해주는 역할
내 용	• 직원의 채용과 선발(심사) • 사회복지사의 임명과 배치 • 업무계획, 업무지시 • 업무위임 • 업무(직무수행)에 대한 모니터링 • 업무의 협조 • 의사소통 촉진 • 행정적 수장 • 변화매개자	• 교수 • 학습의 촉진 • 훈련 • 경험과 지식의 공유 • 정보제공 • 명확화 • 안내 • 문제해결법 원조 • 전문적 성장 제고 • 조언·제안·문제해결 원조	• 스트레스 유발상황 방지 • 사회복지사의 스트레스 해소 • 사회복지사와의 신뢰 형성 • 관점의 공유 • 결정에 대한 책임 공유 • 성공을 위한 기회 제공 • 동료를 통한지지 제공 • 업무관련 긴장의 완화
역 할	행정적 상급자의 역할	교육자로서의 역할	상담자로서의 역할

3 슈퍼비전의 모델

(1) 개인교사모델

슈퍼바이저와 사회복지사가 1 : 1의 관계를 통해 슈퍼비전이 진행

(2) 케이스 상담

사회복지사와 컨설턴트의 1 : 1 관계 또는 일대 다수의 관계를 통해 사회복지사에게 할당된 사례에 대한 슈퍼비전을 실행

(3) 집단 슈퍼비전

개인교사 모델을 확대시킨 형태로써 한 명의 슈퍼바이저와 다수의 사회복지사로 구성되어 진행

(4) 동료 슈퍼비전 ⊗ 슈퍼바이지(supervisee) 간 동료 슈퍼비전은 인정되지 않는다.(×)

지정된 슈퍼바이저가 없이 동료 사회복지사들이 동등한 자격으로 서로에게 슈퍼바이저의 역할을 수행

(5) 직렬 슈퍼비전
동료 슈퍼비전과 비슷한 형태로 두 명의 사회복지사로 구성되어 서로에게 슈퍼바이저 역할을 수행

(6) 팀 슈퍼비전
가능한 다양한 구성원들로 팀을 형성하여 의사일정(agenda)이 구성원들에 의해 사전에 제한되고 구성원들의 상호작용을 통해 한 사례에 대한 결론을 도출

04 동기부여(motivation) [③④⑨⑩⑮⑯⑰⑱]

1 동기부여의 의의

① **조직 구성원들로 하여금 목표 달성을 위한 활동을 열심히 하도록 유도하는 것**을 말하는데, 동기(motivation)는 원래 '움직인다(to move)'라는 라틴어 'movere'에서 유래한 것으로, 심리학에서 인간행동을 예측하는 이론을 위해 개발된 용어로 경영학에서도 전략적으로 널리 사용되고 있다.

② 동기부여는 **욕구충족과 밀접하게 관련**되어 있다.

2 동기부여 이론 : 내용이론(욕구이론)과 과정이론으로 분류 [④]

■ 동기부여이론 : 내용이론과 과정이론 ■

구 분	특 징	관련이론	예
내용 이론	• 동기화된 행동을 유발 또는 촉진시키는 여러 가지 요인에 관심 • **어떤 욕구(what)를 충족시키면 동기가 유발될 것인가**에 관심	① 과학적 관리론과 인간관계론 ② 매슬로우의 욕구 단계설 ③ 알더퍼의 ERG이론 ④ 허쯔버그의 2요인 이론 ⑤ 맥그리거의 XY이론 ⑥ 아지리스의 성숙·미성숙이론 ⑦ 리커트의 관리체제론 등	금전, 지위 또는 성취에 대한 개인의 욕구를 충족시킴으로써 동기를 유발시킴
과정 이론	• 행동을 유발하는 요인뿐만 아니라 행동의 과정, 방향 또는 선택에 관심 • **특정한 욕구를 어떻게(how) 충족시킬 것인가**에 역점	① 아담스의 공평성 이론 ② 목표설정이론 ③ 브룸의 기대이론 ④ 포터와 롤러의 성과(업적) 　-만족이론 ⑤ 아킨슨의 기대이론	노동투입, 성과요구치 및 보상에 대한 개인의 의지를 명료화함으로써 동기를 유발시킴

> **OIKOS UP 동기부여이론 분류**
>
> ① 욕구중심이론 : 사람들은 충족시켜야 할 욕구를 가지고 있으며, 욕구충족의 결핍이 행동을 동기화한다는 이론으로, **매슬로우의 욕구 단계설, 알더퍼의 ERG이론, 맥클리랜드의 성취욕구이론, 맥그리거의 XY이론** 등이 있다.
> ② 인지중심이론 : 종업원들이 자신과 자신을 둘러싼 환경을 적극적으로 인지하고 판단하는 존재로 가정하고 개인의 인지적 판단의 결과가 동기부여에 영향을 미친다고 보는 관점으로, **형평성이론, 목표설정이론, 목표관리(MBO), 기대이론** 등이 있다.
> ③ 직무중심이론 : 직무가 종업원들에게 주는 의미와 직무가 어떻게 설계되는지가 동기부여에 영향을 준다는 이론으로, **허쯔버그의 2요인 이론, 직무특성이론** 등이 있다.

(1) 내용이론(욕구이론)

조직 내에서 인간의 행동을 작동시키는 내적 요인을 설명하고자 하는 이론으로서, 인간의 욕구와 이루고자 하는 목표 및 유인(incentive) 등에 대한 이해를 제공한다.

① **매슬로우(Maslow)의 욕구계층이론** [④⑨⑮⑰㉑]

　㉠ 개요

　　㉮ 인간의 욕구는 그 중요성과 강도에 따라 위계적으로 배열되어 있어 일반적으로 **위계서열이 낮은 욕구일수록 강도와 우선순위가 높다.**

　　㉯ 보편적으로 하위단계 욕구가 어느 정도 충족된 후 상위단계의 욕구를 충족시키기 위한 노력을 경주하지만, **위계구조가 절대적인 것이 아니므로 단계적 배열에 예외가 있을 수 있다.**

　　㉰ 개인에 따라 차이가 있고 특정 시기에 강하게 나타나는 욕구가 있긴 하지만 **모든 욕구가 동시에 존재한다.**

　　㉱ 다섯 가지 욕구는 동시에 일어날 수 없으나, 한 번에 2가지 이상의 욕구가 발생한다고 전제한다.

　㉡ 욕구단계

　　㉮ **1단계-생리적 욕구** : 가장 기본적인 욕구(배고픔, 갈증, 수면, 배설, 성욕 등)

　　㉯ **2단계-안전의 욕구** : 육체적 위험으로부터의 보호, 경제적 안정, 자기보전의 욕구(연금, 의료, 신분보장 등)

　　㉰ **3단계-사회적 욕구** : 사람들과의 유대관계와 소속감의 욕구(사교, 스포츠 시설, 직장야유회 등)

　　㉱ **4단계-인정(존중)의 욕구** : 자신 및 타인에 대한 존중의 욕구, 지위에 대한 욕구(직장에서의 성취감 승진 등)

　　㉲ **5단계-자아실현의 욕구** : 자기계발, 창의력 및 자기표현력의 극대화

■ 매슬로우의 인간욕구단계 ■

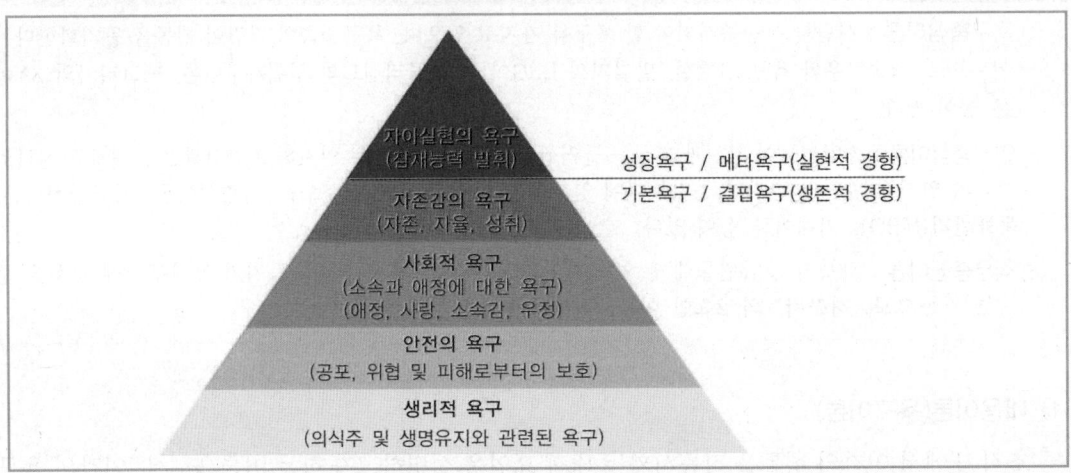

② **허쯔버그(F. Herzberg)의 욕구충족 2요인 이론** : 동기-위생이론 [③④⑨⑩⑮⑰⑳㉒]
  ㉠ 피츠버그와 그 근교에 있는 200명의 회계사와 기술자를 대상으로 조직에서 일하는 사람들이 현실적으로 무엇을 구하려고 행동하고 있는가를 연구·조사하여 직무만족에 관한 2요인 이론(two factor theory)을 주장하였는데 동기부여-위생이론이라 부르기도 한다.
    ㉮ 만족의 반대는 불만족이 아니고, **만족과 불만족은 서로 독립된 개념**이다. 즉 만족을 유발하는 요인과 불만족을 유발하는 요인은 다르다.
    ㉯ 동기부여를 위해서는 위생요인을 충족시키기보다 동기요인을 충족시킬 필요가 있다고 보았다.
  ㉡ **동기요인(motivators) = 동기부여요소 → 적극적 동기**
    ㉮ 동기요인의 내용을 획득함으로써 사람들은 **업무에 대한 만족감**을 얻는다는 것이다.
    ㉯ **매슬로우의 고차원적 욕구와 유사**하다.
      예 성취감, 인정, 업무의 즐거움(일 자체), 승진, 훈장, 성장 가능성, 능력과 지식성장, 책임감 등
      ❌ 허즈버그(F. Herzberg)의 동기-위생요인 이론은 불만 초래 요인을 동기요인으로 규정한다.(×)
  ㉢ **위생요인(hygiene factor) → 소극적 동기**
    ㉮ 위생요인이 결핍되면 업무에 불만족감을 갖지만, 이들 요인이 좋은 경우라 하더라도 그것은 다만 불만을 갖지 않게 하는 조건일 뿐 만족을 위한 조건이 되지는 않는다.
    ㉯ 그것은 마치 위생을 깨끗이 하는 것이 질병예방을 위한 조건은 되지만, 질병을 치료하지는 못하는 것과 같다.
    ㉰ 질병예방을 위한 위생개념에서 나온 것이며, **불만요인 개념과 동의어**이다.
    ㉱ **매슬로우의 저차원적 욕구와 비슷한 형태**를 띠고 있다.
      예 슈퍼비전(감독), 상사와의 관계, 동료와의 관계, 부하직원과의 관계, 안정성(안전), 지위, 휴가비, 주차공간, 음악, 에어컨, 적절한 봉급(금전), 작업조건, 근무여건(근무환경) 등
      ⭕ 허즈버그(F. Herzberg)의 동기위생이론 적용 : 사회복지행정가 A는 직원의 불만족 요인을 낮추기 위하여 급여를 높이고, 업무환경 개선을 위한 사무실 리모델링을 진행하여 조직의 성과를 높이고자 하였다.(O)

■ 허쯔버그의 인간욕구체계 ■

직무에 만족을 느끼는 사람은 직무내용과 밀접한 관계가 있는 반면에 직무에 불만족을 느끼는 사람은 직무환경과 관련되어 있는 사실을 알게 되었다. 그는 전자와 관련하여 직무만족을 유발시켜 준다는 의미에서 동기요인이라고 명명하고, 후자와 관련하여 직무불만족을 예방해준다는 의미에서 위생요인이라 명명하였다. 또한 동기요인은 동기부여가 직무자체로부터 나오기 때문에 내재적 요인이라고도 부르고, 위생요인은 동기부여하기 위한 시도가 직무자체의 밖으로부터 나오기 때문에 외재적 요인이라고도 부른다.

구 분	위생요인	동기요인
별 칭	불만요인	만족요인
개 념	**직무환경과 관련**된 욕구군	**직무 그 자체와 관련**된 욕구군
특 징	충족되지 않으면 불만을 초래하지만 충족된다고 해서 만족을 주진 않음	충족되면 만족을 초래하지만 충족되지 않는다고 해서 불만을 주진 않음
	• 동기유발을 위한 필요조건	• 동기유발을 위한 충분조건
예	• 조직의 정책 및 관리방침(경영) • 기술적 감독 • 대인관계(인간관계), 감독자 • 급여(salary, 봉급) • 근무여건 등	• 직무에 대한 성취감(달성감) • 성취에 대한 인정(인정감) • 직무(업무) 자체 • 증대되는 책임감 • 능력과 지식의 신장(발전과 성장 가능성)
비 고	매슬로우의 저차원적 욕구와 관련	매슬로우의 고차원적 욕구와 관련

■ 허쯔버그의 동기-위생이론 ■

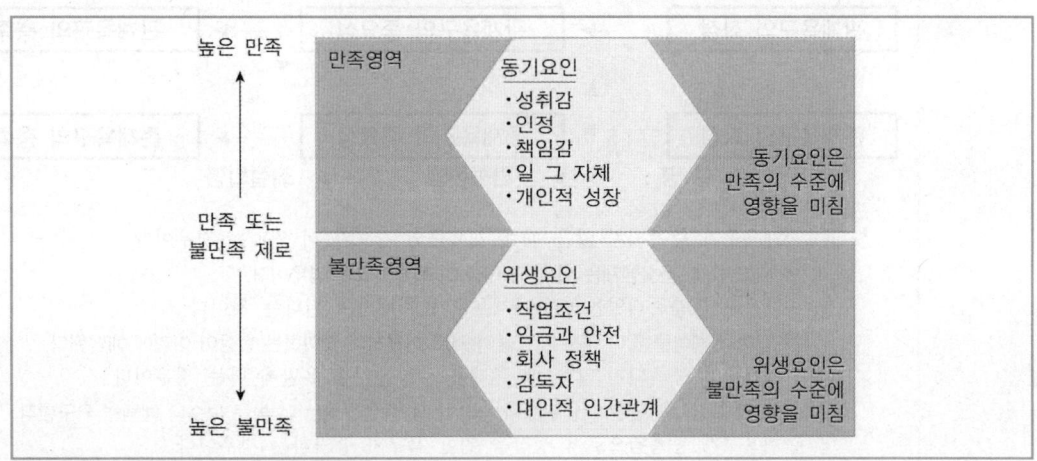

③ 알더퍼(C. P. Alderfer)의 ERG이론 [④⑨⑤⑰⑳]

㉠ 매슬로우와 허쯔버그의 이론의 범위를 확대하고 매슬로우의 5단계가 현실적인 조직 생활에는 적용하기가 매우 모호하다는 점을 비판하면서 **존재욕구, 관계욕구, 성장욕구 등 3가지 욕구의 범주를 제시**했다.

㉮ E(Existence, 존재 욕구) : 매슬로우의 생리적 욕구나 안전욕구의 일부와 같이 인간이 자신의 존재를 확보하는 데 필요한 욕구이다.

㉯ R(Relatedness, 관계 욕구) : 개인이 주변 사람들과 의미 있는 인간관계를 형성하고 싶

은 욕구를 말하며, 매슬로우의 안전에 대한 욕구, 사회적 욕구, 존경에 대한 욕구의 일부 등이 여기에 속한다.
   - ㉰ G(Growth, 성장 욕구) : 매슬로우의 존경에 대한 욕구와 자아실현의 욕구를 뜻하는 것으로, 개인의 잠재적 개발과 관련된 욕구이다.
 - ㉡ 존재욕구, 관계욕구, 성장욕구는 동시에 추구될 수 있으며, 욕구가 저순위 욕구에서 고순위 욕구 순으로 나타나는 것이 아니라 어느 시점에서나 저순위 욕구나 고순위 욕구가 나타날 수 있다고 한다.
   - 예 관계욕구가 존재욕구보다 먼저 나타날 수도 있고, 성장욕구만 나타날 수 있다는 것이다.
 - ㉢ 고순위 욕구가 좌절될 경우 저순위 욕구가 중요해진다는 **좌절 퇴행접근을 주장**하며, 이 3가지 욕구는 욕구좌절·욕구강도·욕구충족의 원리와 결합한다는 것
   - 알더퍼(C. Alderfer)의 ERG이론은 고순위 욕구가 충족되지 못하면 저순위 욕구를 더욱 원하게 된다는 좌절퇴행(frustration regression) 개념을 제시한다.(O)
 - ㉣ **ERG의 작동원리**

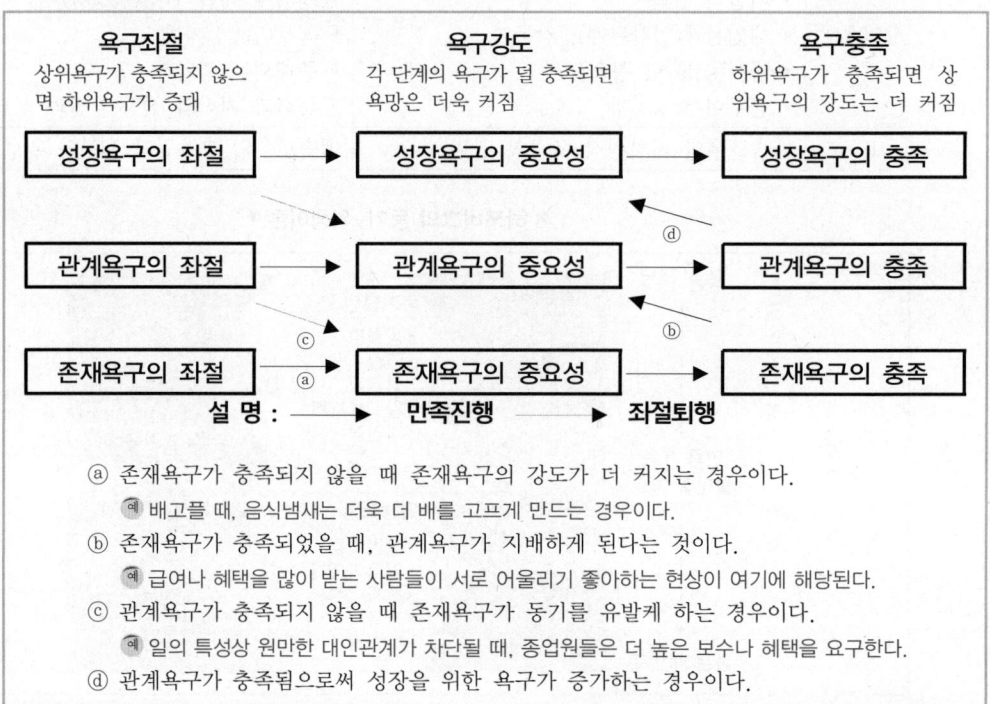

 - ㉤ **비판점** : 욕구중심이론이 갖는 한계를 벗어날 수는 없으며 매슬로우의 욕구단계이론의 범주를 5단계에서 3단계로 축소시키는 데에만 중점을 기울였다는 비판도 있다.
   - 매슬로우(A. Maslow)의 욕구단계 이론은 욕구가 존재, 관계, 성장욕구의 세 단계로 구성된다고 주장한다.(×)
④ **맥클리랜드(D. C. McClelland, 맥클랜드)의 성취동기(Achievement motive) 이론** [⑨⑯⑰⑳]
 - ㉠ 맥클리랜드에 의해 주장된 이론으로 그는 동기를 부여시키는 욕구를 권력욕구, 친화(친교)욕구, 성취(달성)욕구의 3가지 형태로 파악하였다.
   - ㉮ **성취욕구(달성욕구)(need for Achievement : n-Ach)** : 어려운 일을 달성하려는 욕구,

장애를 극복하여 높은 목표를 이루려는 욕구, 다른 사람들과 경쟁하여 이기고 싶은 욕구, 자신의 능력을 최대한 발휘하여 자신의 가치를 높이려는 욕구 등이다.
- ㉯ **권력욕구(need for power : n-Pow) : 구성원들에게 통제력을 행사하거나 행동에 영향을 미치려는 욕구**, 다른 구성원에 대한 책임을 지거나 그들 위에서 권위로 군림하려는 욕구이다. 맥클리랜드는 높은 권력욕구를 가지고 있는 사람들은 영향력과 통제를 행하는 데 관심을 가지고 있다는 것을 발견하였다.
- ㉰ **친교욕구(친화욕구)(need for Affiliation : n-Aff) : 귀속욕구**라고도 하며 **다른 사람과 친근하고 밀접한 관계를 맺으려는 욕구**이다. 친교욕구가 강한 사람은 유쾌한 사회적 관계 유지에 관심을 가지고, 친밀감과 이해감을 공감하며, 어려운 처지에 있는 다른 사람을 위로하고 도와주며 친근한 상호작용을 즐긴다.

ⓒ 성취동기의 원리
- ㉮ 성취욕구가 큰 사람들은 자기 스스로 성과목표를 정하기를 좋아한다.
- ㉯ 성취욕구가 큰 사람들은 아주 쉽거나 어려운 목표는 피하며, 난이도와 위험이 중간적인 목표로서 노력하면 달성할 수 있겠다고 생각하는 것을 선호한다.
- ㉰ 성취욕구가 큰 사람들은 업무수행에 관한 즉각적이고 효율적인 피드백을 선호한다.
- ㉱ 성취욕구가 큰 사람들은 문제해결에 대한 책임을 지기를 좋아한다.

ⓒ 사회복지조직에서 보면 **성취욕구를 가진 조직원은** 도전적인 문제해결과업을 분담시키고, **친교욕구를 가진 조직원에게는** 새롭고 만족할 만한 우정을 형성할 수 있는 기회를 갖게 하며, **권력욕구를 가진 조직원에게는** 통제할 수 있는 지위와 권위를 보장해 주는 것이다.

> 예 자원봉사자관리에 적용할 경우 자원봉사자의 욕구 유형에 따라 배정할 업무가 다를 것이다. 가령 친교욕구가 강한 자원봉사자에게는 말벗되기 등 대면서비스를 담당하도록 배정하고, 권력욕구가 강한 자원봉사자에게는 팀장 등 관리 업무를 맡기고, 성취욕구가 강한 자원봉사자에게는 후원자 개발 등 다소 어려운 업무를 배정한다.

⑤ 맥그리거(D. M. McGregor)의 X·Y 이론(인간관에 따른 관리전략) [⑩⑯⑳]

맥그리거는 Maslow의 욕구계층이론을 기반으로 하여 인간이 가지고 있는 두 가지 상반된 태도에 관하여 X이론과 Y이론으로 모델화하였다.

■ X·Y이론 비교 ■

구 분		X이론(전통적 인간관) 성악설, 과학적 관리론의 인간관	Y이론(현대적 인간관) 성선설, 인간관계론적 인간관
인간관		• 본래 태만하고 가능한 한 일을 회피함 • 야망이 없고 책임지기를 싫어함 • 이기적이며 창의력이 부족함 • 변화에 저항함 • 생리적, 안전적 수준에서 동기 부여됨 • 인간은 통제와 강제의 대상임	• 일을 놀이와 같이 자연스럽게 생각함 • 목표 달성을 위해 자기 통제가 가능함 • 수동적인 성향을 지닌 것이 아님 • 변화에 저항적으로만 반응하지는 않음 • 친화, 자존, 자기실현 수준에서 동기부여 • 자율성, 창조성을 지님
동기 부여 방식		① **저차원(생리적)의 욕구충족** ② 지시·명령·감독·통제 ③ 권위주의적 관리	① **고차원의 욕구 충족** ② 조직 목표와 개인 목표의 조화 ③ 민주적 관리

(2) 과정이론

① 아담스(J. Adams)의 형평성/공평성 이론(equity theory, 공정성 이론) [⑨⑩⑰⑱㉑]
  ㉠ 조직원이 받는 **보상(산출)과 자신이 기울인 노력(투입) 사이에 차이가 있는 것을 인지**하면, 이를 줄이려는 동기가 생긴다는 이론이다. 이때 **차이를 많이 느낄수록 동기가 더 강해진다**는 이론이다.
    ㉮ 조직원은 다른 사람의 투입 대비 산출 비율과 자신의 투입 대비 산출을 비교하여 크거나 작다면 불공평함을 느껴 그 차이를 줄이는 방향으로 동기가 부여된다는 것이다.
    ㉯ 공평성 이론은 **개인의 투입·산출에 대해 형평에 맞게 보상하는 동기부여를 강조**한다.
  ㉡ 공평성이 보장되는 시스템을 조직이 구축하는 것이 조직구성원들이 긍정적인 방향으로 동기화하는 토대로 기능할 수 있다는 것이다. 즉 **조직이 공평성을 실천함으로써 구성원을 동기부여** 할 수 있다.
  ㉢ 주요 개념
    ㉮ **투입** : 보상을 기대하고 조직에 투여한 능력, 기술, 교육, 경험, 사회적 지위 등
    ㉯ **산출** : 투입에 대한 결과로서 개인이 받은 수익이나 비용(보수, 승진, 직무만족, 학습기회)
    ㉰ **준거인물** : 자신의 산출/투입 비율을 비교하는 대상 인물
    ㉱ **비교결과로서의 형평성과 비형평성**
  ㉣ **형평성 추구 행동의 방법** : 자신의 투입(노력과 같은 투자)·산출(더 많은 급여 요구) 및 준거인물의 조정(동종업체의 유사직급과 비교), 조직의 이동(이직) 등
    예) A는 자신보다 승진이 빠른 입사 동기인 사회복지사 B와의 비교로, 보충해야 할 업무역량을 분석하였다. A는 B가 가진 프로그램 기획력과 사례관리 역량의 필요성을 알게 되었고, 직무 향상과 승진을 위해 대학원 진학을 결정하였다.

■ 공평성 유지 위한 동기부여 방법 ■

불공정성의 형태	공정성을 유지하기 위한 동기 부여 방법
① 본인의 산출/투입 < 타인의 산출/투입	본인의 산출을 높이려고 노동조합을 통해 금전적인 보상을 높이려 하거나 내재적 보상을 높이려는 시도를 행하게 됨
② 본인의 산출/투입 > 타인의 산출/투입	본인의 투입을 줄이려고 직무수행노력을 감소시키려 할 것임

- 맥클리랜드(D. McClelland)의 성취동기이론은 조직 공정성을 성취동기 고취를 위한 핵심요소로 간주한다. (×)
- 맥그리거(D. McGregor)의 X·Y이론은 조직에 대한 기대와 현실 간 차이가 동기수준을 결정한다는 점을 강조한다. (×)

② 목표설정이론(Goal setting theory) [⑯]
  ㉠ 목표설정이론은 인지에 초점을 둔 이론으로, **인지중심이론에 해당**한다.
  ㉡ 동기를 향상시키기 위해 목표를 조절하는데 초점을 둔다. 즉, **동기 형성을 위한 목표설정이 필요**하다고 본다.
  ㉢ 직무수행을 위한 과정에서 **목표의 구체성, 목표의 도전성, 피드백이 제공되는 경우 동기부여**되며 성과에 영향을 준다는 이론이다.

- ㉮ **목표의 구체성** : 추상적인 목표보다 구체적인 목표가 높은 성과를 이끌어낸다.
  - ⓐ 구체적인 목표가 다른 조건이 동일할 때 막연한 목표를 부여받거나 설정한 사람보다 보다 더 나은 성과를 창출한다.
  - ⓑ "최선을 다합시다"는 좋은 목표가 아니며, "150%의 목표를 달성합시다"처럼 구체적인 수치를 정해주는 것이 동기를 효과적으로 부여할 수 있는 좋은 목표이다.
- ㉯ **목표의 도전성(적절한 목표의 난이도)** : 목표의 수용도가 동일하다면 목표가 어렵고 도전적일수록 성과가 높다.
  - ⓐ 어려운 목표는 주의가 분산되는 것을 줄이고 과업에 집중하게 한다.
  - ⓑ 어려운 목표가 주어지면 목표 달성을 위해 의욕이 커진다(질적인 측면).
  - ⓒ 목표가 어려울수록 목표 성취를 위해 더 많은 시간을 투입하게 된다(양적인 측면).
  - ⓓ 어려운 목표는 더욱 효과적으로 과업이나 직무 수행에 필요한 전략모색 노력을 하게 한다.
- ㉰ **피드백** : 피드백은 핵심적인 요인으로, 특히 스스로 부여하는 자기피드백은 성공과 실패에 대한 자기점검을 가능하게 한다.
  - ⓐ 피드백을 통해 지금까지 해 온 과정에 문제가 없었는지, 앞으로 어떻게 해야 하는지를 알게 되고 그에 따른 학습과 행동 수정이 가능하다.
  - ⓑ 직접 자신의 진척상황을 점검할 수 있는 자기발생적 피드백 방식이 외부적으로 제공되는 규범적 피드백보다 훨씬 강력한 동기부여 효과를 제공한다.
- ㉱ 목표설정이론과 목표관리(MBO)는 근본철학이 비슷하지만, 차이점은 목표설정이론은 관리자가 목표의 설정에 주된 역할을 하지만, 목표관리는 목표의 설정에 종업원들의 참여를 강조하여 몰입과 책임감을 높이는 것을 강조한다는 점이다.

③ **브룸(V. H. Vroom)의 기대이론(VIE이론)**
- ㉠ 인간이 행동하는 방향과 강도는 그 행동이 일정한 성과로 이어진다는 '기대(E)'의 강도와 실제로 이어진 '결과(I, 수단)'에 대해 느끼는 '매력(V)'에 달려 있다.
- ㉡ **주요 개념**
  - ㉮ **가치(V : Valence, 유인성, 매력)** : 개인이나 행위 등이 갖는 끌어당기는 힘을 말한다.
    - ⓐ 직무결과에 대해 개인이 부여하는 가치로, 보상이 매력적이라 생각할수록 높은 유의성(유인성)이 된다.
    - ⓑ 경제적 유인, 승진, 성취감, 신분조장에 대해 개인이 부여하는 가치라 할 수 있다.
  - ㉯ **수단(I : Instrumentality, 수단성) : 어떤 행동이 제 결과(예 승진)를 초래할 수 있는가에 관한 신념의 강도를 의미한다.**
    - ⓐ 어떤 행동의 결과보상이 주어질 것이라고 믿는 정도를 의미하는 것으로, 그러한 성과로 인해 보상을 받을 확률이 높다고 믿으면 높은 수단성이 된다.
    - ⓑ 성과상여금 등 인센티브가 수단성에 속한다.
  - ㉰ **기대(E : Expectancy, 기대감)** : 행위자에 의하여 인지된 노력수준과 행동의 직접적 결과(달성)와의 관계를 의미한다.
    - ⓐ 특정행위 또는 노력이 특정한 성과를 가져오리라는 가능성 또는 주관적 확률과 관련

된 믿음이다.
ⓑ 어떤 노력을 하게 되면 그것이 높은 성과를 낳을 수 있다고 믿으면 높은 기대치이다.
ⓒ 기대이론은 기본적으로 **위 세 가지 요인의 곱의 관계를 기반**으로 한 결합에 의해서 동기의 강도가 형성될 수 있다고 본다.
㉮ 동기의 강도(M, motivation) = f(V,I,E) = **가치(V) × 수단(I) × 기대(E)**
㉯ 조직 내에서 어떤 행위 또는 일을 수행할 것인가의 여부를 결정(M)하는 것은 그 일이 가져다 줄 가치(V)와 그 일을 함으로써 기대하는 가치가 달성될 가능성(I), 그리고 자신의 일처리 능력에 대한 평가(E)가 복합적으로 작용한다.

05 직원평가

1 직원평가

(1) **개념** [⑳]
① **직무수행(job performance) 정도를 평가하는 것**으로, **직무능력평가와 직무만족도 평가를 포함**한다.
  ㉠ **직무능력평가(job performance appraisal)** : 조직·프로그램의 목적 성취에 대한 **기여도**를 평가하는 것
    ※ 직무평가에서는 조직목표 달성에 대한 구성원의 기여도를 고려한다.(O)
  ㉡ **직무만족도평가(job satisfaction appraisal)** : 업무자들이 일과 업무환경에 대해 지니고 있는 태도나 인지상태를 파악하는 것
② 직무만족도 평가는 직무능력평가가 어려운 경우 간접적인 자료로 활용할 수 있다는 점에서 의미가 있다.

(2) **직무수행평가 순서** [㉒]
① 직무수행 기준 확립
② 직무수행 기대치를 직원에게 전달
③ 평가도구를 사용하여 직원의 실제 직무수행을 측정
④ 실제 직무수행을 직무수행 평가기준과 비교
⑤ 직원과 평가결과 회의 진행

2 직무능력평가도구의 유형

(1) **방법을 기준으로 한 평정의 유형**
① **도표식 평정척도법(도표평정식, graphic rating scale)** [⑱]
  ㉠ 도표로 된 평정표를 사용하는 방법으로, 평정자는 피평정자를 평정요소별로 관찰하여 해

당되는 등급에 표시하는 방법이다.
ⓒ 주로 세로축에서는 바람직한 평정요소(⑩ 지식, 판단력, 지도력, 주도력 등)를 나열하고 다른 한쪽인 가로축에는 이들 요소와 관련된 직무수행의 등급을 나타내는 4점 척도 혹은 5점 척도를 배치한다.
ⓒ **장점** : 개인별 점수를 비교할 수 있어 편리하며, 작성이 간단하고 평정이 용이하다.
ⓔ **단점**
  ㉮ 직무차이가 있는 경우 비교가 곤란하며, 평정요소에 대한 등급 간 비교기준이 모호하다.
  ㉯ 한 요소가 매우 우수하거나 매우 불만족 할 경우에는 다른 평가요소에도 영향을 끼치는 **연쇄효과**(halo effect)가 나타난다.
  ㉰ 평정자가 모든 피평정자를 평균수준으로 평가하여 척도상의 중심점에 집중하는 경향인 **중심화 경향**(central tendency)이 나타나기 쉽다.
  ㉱ 평정자가 자기와 가까운 사람에게 관대한 평점을 주게 되는 **관대화오류**(leniency error)가 발생한다. → 관대화 오류는 **강제배분법이나 서열법을 통해 예방이 가능**하다.
  ⊗ 도표평정식평가(graphic rating scale)는 관대화오류(leniency error)가 발생되지 않는다.(×)

■ 도표식 평가 척도의 사례 ■

평가 요인	직무 수행 수준				
	매우 불만족(1)	불만족(2)	만족(3)	우수(4)	매우 우수(5)
출근 상황					
업무의 질					
업무의 양					
대인 관계					
업무 지식					

② **강제배분법**(forced distribution)
  ㉠ 많은 사람들을 평가할 때 등급별 비율을 정하여 상대평가를 하도록 하는 것으로, 각 평정등급에 분포될 피평정자의 비율을 사전에 인위적으로 정하고 피평정자 성적에 가까운 것을 골라 강제로 배분하는 방법이다.
    ⑩ 등급의 수가 5개로 되어 있으며, 최상(10%), 상(20%), 중(40%), 하(20%), 최하(10%)로 배분
  ㉡ 근무 성적을 평정한 결과 피평정자들의 **성적분포가 과도히 집중(중심화 경향)되거나 관대화되는 것(관대화 경향)을 막기 위하여** 성적 분포의 비율을 미리 정해 놓는 평정 방법이다.
  ㉢ 조직원 수가 많으면 적용에 무리가 없지만, 적은 경우에는 강제배분 때문에 탁월하지 않은 사람이 탁월하다고 평가를 받고, 탁월한 사람이라도 하위등급으로 평가될 위험성이 있다.

③ **서열법(개조서열식, alteration ranking)** : 서열법은 피평정 자간의 근무 성적을 서로 비교해서 서열을 정하는 방법이다. ⑩ 1위 김○○, 2위 박○○, 3위 최○○○…

④ 사실기록법
  ㉠ **산출기록법** : 달성한 작업량을 평가의 대상으로 하는 방법으로, 계량적으로 측정할 수 없는 작업의 질 등은 평가할 수 없다.
  ㉡ **주기적 검사법** : 평정기간 중 일정 시간을 한정하여 작업량을 조사하고 그것으로 전 기간의 성적을 추정하여 평정한다.
  ㉢ **근태기록법** : 직원의 지각 빈도수, 결근 일수 등의 기록을 근무성적 평정의 주요 요소로 하여 평정하는 방법이다.
  ㉣ **가감점수법** : 피평정자의 직무 사항에 나타난 긍정적인 요소와 부정적인 요소를 점수로 환산하여 가점 또는 감점을 주는 방법이다. 고도로 표준화된 단순 업무의 평정에 적합하다.

⑤ **목표관리제 평정법** [20]
  ㉠ **목표관리(MBO : Management by objectives)** 란 조직 계층의 상·하급자 간에 협의를 통해서 부서 및 개인의 목표를 명확히 설정하고 평가자와 수행자가 목표 달성에 관하여 의견교환을 통해서 평가하여 다음 목표 설정에 환류하고, 그 결과를 보상 체제에 반영하여 관리하는 제도이다.
  ㉡ 평가방법상으로 상사와 부하직원이 함께 참여하는 것으로서 객관적인 평가가 가능하다는 평가를 받고 있다.
    ※ 목표관리법(MBO)으로 직원을 평가할 수 있다.(O)

⑥ **체크리스트(check list) 평정법** : 체크리스트 평정법은 직원을 평가하는데 적절하다고 판단되는 표준 행동 목록을 미리 작성해 두고, 이 목록에 단순히 가부를 표시하게 하는 방법을 통하여 직원을 평가하는 방법이다.

⑦ **강제선택법(forced choice method)** : 2개 또는 4~5개의 항목으로 구성된 각 기술 항목의 조 가운데서 피평정자의 특성에 가까운 것을 강제적으로 골라 표시하도록 하는 방법이다.

⑧ **중요 사건 기록법(critical incident method)** : 피평정자의 근무 실적에 큰 영향을 주는 중요 사건들을 평정자로 하여금 기술하게 하거나 또는 중요 사건들에 대한 설명 도구를 미리 만들어 평정자로 하여금 해당되는 사건에 표시하게 하는 평정 방법이다.

⑨ **행동계류평정식(BARS : behaviorally anchored rating scales, 행태 기준 평정척도법)** [4]
  ㉠ BARS는 업무자의 행동에 귀착점을 두고 점수를 매기는 도구를 말하는 것으로, 도표식 평정척도법이 갖는 평정 요소 및 등급의 모호성과 해석상의 주관적 판단개입, 그리고 중요 사건 평정법이 갖는 상호 비교의 곤란성의 보완하기 이하여 두 방법의 장점을 통합시킨 것이다.
  ㉡ 델파이 기법을 사용하여 등급을 부과한다. 즉 중요사건을 전문가를 이용한 델파이(delphi) 기법을 통해 그 사건과 관련된 행동의 효과성에 대해 평가한다.
  ㉢ 타당성이 높은 기법이지만 도구개발에 시간과 노력이 많이 드는 단점이 있다.

■ 행동계류평정식 예시(김영종, 2013) ■

[업적-'클라이언트 문제의 확인과 사정' 차원] 이 차원은 클라이언트 문제를 확인하고 사정하는 업무자의 능력에 관한 것입니다. "업무자는 정보를 수집하고, 현안 문제가 무엇인지를 우선 가려낼 수 있습니까? 이러한 문제들이 어떻게 클라이언트의 기능수행을 방해하는지를 볼 수 있습니까?"	
⑦( )	자료수집과 클라이언트 핵심 문제의 확인에 최상의 능력을 가진다. 문제들이 클라이언트 기능수행을 어떻게 방해하는지 노련하게 볼 수 있다.
⑥( )	자료수집과 클라이언트 핵심 문제의 확인에 탁월한 능력을 가진다. 문제들이 클라이언트 기능수행을 어떻게 방해하는지 기술적으로 볼 수 있다.
⑤( )	자료수집과 클라이언트 핵심 문제의 확인에 앞선 능력을 가진다. 문제들이 클라이언트 기능수행을 어떻게 방해하는지 준비된 자세로 볼 수 있다.
④( )	이 사람은 자료를 수집하고 클라이언트의 중요한 문제를 확인해낼 수 있는 능력을 가진다. 문제들이 클라이언트 기능수행을 어떻게 방해하는지를 볼 수 있다.
③( )	자료수집과 클라이언트 핵심문제의 확인에 약간의 능력을 가진다. 문제들이 클라이언트 기능수행을 어떻게 방해하는지 일정 정도 볼 수 있다.
②( )	자료수집과 클라이언트 핵심 문제의 확인에 능력이 부족하다. 문제들이 클라이언트 기능수행을 어떻게 방해하는지 조는 데 어려움이 있다.
①( )	자료수집과 클라이언트 핵심 문제의 확인이 불가능하다. 문제들이 클라이언트 기능수행을 어떻게 방해하는지 볼 수 없다.

⑩ **행태관찰 척도법(BOS : behavioral observation scales)** : BARS의 단점인 바람직한 행동과 바람직하지 않은 행동과의 상호 배타성을 극복하고자 개발된 것이다. BOS도 BARS와 마찬가지로 행태에 관한 구체적인 사건, 사례를 기준으로 평정한다.

(2) 평정자를 기준으로 한 평정의 유형 [⑱]

① **자기평정법(self-rating)** : 피평정자가 자신의 근무 성적을 스스로 평가하는 방법이다.
② **동료평정법(peer-rating)** : 집단 내에서 동등한 위치에 있는 평정자들이 서로를 평정하는 일종의 집단평정 방법이다.
③ **감독자평정법** : 피평정자의 상관이 감독자가 평정하는 방법이다. 일반적으로 감독자평정법을 많이 쓰고 있다.
④ **부하평정법** : 부하들이 상관을 평정하는 방법이다.
⑤ **집단평정법** : 피평정자의 직무 수행과 관련된 여러 분야의 사람들이 평정하는 방법이다. 이는 복수평정법 또는 다면평정법(다면평가제)이라고도 부른다.

06 직무만족과 갈등관리

1 직무만족과 소진

(1) **직무만족** [⑳]
  ① **개념** : 직무 수행과정에서 경험하거나 직무 수행결과로 얻게 되는 성취감 등의 욕구만족 함수를 말한다.
    ㉠ **내적 만족** : 직무의 난이도, 도전감, 중요성, 다양성, 책임 등 직무 그 자체의 내재적 가치가 주는 만족감
    ㉡ **외적 만족** : 보상, 작업환경, 승진 등 직무수행의 결과에 따라 직무 외적으로 부여된 외재적 가치가 만족감
  ② **직무만족의 결정요인(직무만족에 영향을 주는 요인)**
    ㉠ **긴스버그(Ginsberg)** : 경제적 보상, 명예, 특별한 활동과 특별한 목표 달성에서 얻는 기쁨의 본질적 만족, 사회적·환경적인 만족 등
    ㉡ **브룸(Vroom)** : 슈퍼비전, 작업집단, 직무내용, 임금, 승진의 기회, 작업시간 등

(2) **소진(burn-out)** [①⑦⑪⑰⑱⑳]
  ① **개념** : 인간관계와 관련된 직무스트레스가 많은 직종의 종사자들에게서 나타나는 부정적 현상으로, 전에는 헌신적이었던 전문직업인이 직업에서 경험하는 스트레스와 고통들에 대한 반응으로 **직무에서부터 멀어져 목적의식이나 관심을 점차적으로 상실하는 과정**이다.
    ㉠ 과도한 스트레스에 노출되어 신체적, 정신적 기력이 고갈되어 직무수행 능력이 떨어지고 **단순 업무에만 치중하게 되는 현상**이다.
    ㉡ 어느 순간 나타나는 **극적 현상이 아니라 점진적인 과정**으로, 직무 스트레스를 받으면 긴장, 피로, 짜증의 단계에 이르게 되고, 결국은 정서적 거리, 위축, 경직, 냉조주의의 방어적 대처를 띠게 된다.
      ※ 직무소진 – 감정이입이 업무의 주요 기술인 직무현장에서 발생하는 현상이다.(O)
  ② **소진의 단계** : **열성 → 침체 → 좌절 → 무관심** [⑰]
    ㉠ **열성 단계** : 사회복지사가 자신의 일에 대해 희망, 열정, 때로는 비현실적인 기대를 가지고 많은 시간과 정력을 투자하는 단계
    ㉡ **침체 단계** : 근무는 하지만 업무가 다른 모든 것을 대체할 만큼 흥미 있게 느껴지지 않는 단계
    ㉢ **좌절 단계** : 자신의 직무수행능력과 일의 가치에 의문을 갖게 되고 업무환경 내 여러 제한점을 자신이 하는 일에 대한 위협으로 보게 되며 노력에 비해 성과가 적다고 불평하는 단계
    ㉣ **무관심 단계** : 자신을 좌절로부터 방어하기 위해 냉담해지는 단계
  ③ **휴먼서비스 인력의 소진(burnout) 현상을 최소화하기 위한 조직 차원의 대응** [⑪]
    ㉠ 업무생활의 질을 높이는 운동(QWL)을 도입한다.
    ㉡ 직원참여와 자기계발 기회를 확대하는 직무환경을 조정한다.

ⓒ 슈퍼바이저의 감정적, 정서적 측면의 지지역할을 강화시킨다.
ⓓ 조직의 사명이나 대의에 직원들이 공감하는 문화를 개발한다.

2 갈등관리 [⑰]

(1) 개념과 원인
① **개념** : 최소자원이나 작업활동을 배분하게 될 때 목표, 가치, 인지 등의 차이로 인해서 개인·집단 및 조직의 심리, 행동 또는 그 양면에 나타나는 대립적 작용
② **갈등의 원인**
㉠ **사회적 갈등의 원인(Moore, 1986)** : 관계상의 문제(감정, 인식, 고정관념, 의사소통, 반복적인 부정적 행동), 가치상의 갈등, 정보의 불일치, 구조적 문제, 이해상의 갈등 등
㉡ **목표의 비양립성, 제한된 자원경쟁, 상호의존성**
㉮ **목표의 비양립성** : 활동방향 및 과업달성 평가기준이 서로 불일치함을 뜻하는 것으로, 조직 내 종사자 간 서로 다른 목적이나 목표를 지닐 때 갈등이 일어날 가능성이 높음
㉯ **제한된 자원경쟁** : 각 조직 내 종사자 간 희소자원(돈과 같은 물질적인 것과 지위, 명성, 권력 등과 같은 비물질적인 것을 모두 내포)을 소유하려는 데서 갈등이 발생함
㉰ **상호의존성** : 둘 이상의 직원에게 각각의 과업을 수행하는 과정에 있어서 자원, 정보, 상응 및 기타 협동적인 분위기를 위해 서로 의존하는 정도로, 상호의존성이 높으면 갈등 발생 기회도 높아짐

(2) 갈등의 기능 [⑰]
갈등은 부정적인 면만 있는 것이 아니라 긍정적인 기능이 있으므로 잘 관리되어야 한다.

■ 갈등의 순기능과 역기능(천정웅, 2015) ■

순기능	역기능
① 개인·조직의 문제점에 대해 관심을 갖는 계기가 되어 변화를 초래하게 함	① 갈등해결에 노력하는 동안 성과나 목표달성에 매진할 수 없어 개인·조직에 부정적 결과를 초래
② 합리적으로 해결되면 쇄신·변동·발전과 재통합의 계기가 됨	② 조직의 안정성·조화성·통일성을 깨뜨림
③ 개인·조직의 창의성, 진취성, 적응성, 융통성을 향상시킴(가치 창조를 촉진)	③ 개인·조직의 창의성·진취성을 질식시킴
④ 침체된 조직이 생동하는 계기가 됨	④ 조직 내 작은 문제에만 집착하여, 환경을 무시할 수 있음
⑤ 구성원들의 다양한 심리적 요구를 충족시키는 계기가 됨	⑤ 직원이 타 직원을 목표지향적인 행동을 방해하는 적으로 여김
⑥ 조직 내 갈등을 관리하고 방지할 수 있는 방법을 학습할 수 있는 기회를 제공	⑥ 의사소통 감소
⑦ 부서 간 견제와 균형의 역할을 함	⑦ 직원 간 서로에 대한 적대시

(3) 갈등관리 전략(천정웅, 2015)
　① 갈등예방 방법
　　㉠ 권한 규정을 명확히 하고 업무를 확실하게 구분하여 갈등의 발생소지를 줄임
　　㉡ 회의나 회식 등 공식·비공식 모임을 자주하여 서로 생각이 다른 사람들과 대화를 통해 갈등 예방
　　㉢ 미래의 일을 사전에 계획을 세워 추진
　　㉣ 업무가 비슷하여 소규모 집단 간 갈등이 자주 발생할 경우 그 집단들을 통합하고 한 명의 상사가 여러 집단을 동시에 관리하거나 순환보직을 통해 상대방의 입장을 이해할 수 있게 함
　② 갈등해소방법
　　㉠ 목표성취를 위한 수단을 찾아낼 때, 서로 다른 목표들을 동시에 충족할 수 있는 수단을 찾는다.
　　㉡ 갈등이 매우 심한 경우 어느 한 쪽을 다른 곳으로 인사조치한다.
　　㉢ 상위의 더 큰 목표를 강조하며, 내부의 갈등을 잠재운다.
　　㉣ 당사자 간 혹은 조직의 대표 간 협상을 통해 합의점을 이끌어 낸다.
　　㉤ 제3자가 중재자의 역할을 하여 갈등을 합리적으로 조정한다.
　　㉥ 상관(감독자)이 직권에 의해 논의 중단 등을 명한다.
　　㉦ 근본적인 갈등해소방법은 아니지만 회피방법을 사용해 단기간에 갈등을 완화시킨다.
　　㉧ 시간과 비용이 많이 들지만 교육훈련을 통해 사람의 태도를 바꾸어 갈등을 해소한다.

MEMO

CHAPTER 08 재정관리

제3부 **사회복지조직관리와 인사관리**

제8장 회차별 출제빈도, 출제비중 및 출제논점 1, 2, 3순위

10회 2012	11회 2013	12회 2014	13회 2015	14회 2016	15회 2017	16회 2018	17회 2019	18회 2020	19회 2021	20회 2022	21회 2023	22회 2024
3	2	1	2	2	1	2	2	2	2	2	1	2

출제 비중	출제 논점		
	1순위 ☺	2순위 ※	3순위 ☆
1~2	① 예산수립의 모형: 품목별 예산, 성과주의예산, 계획예산, 영기준예산 ② 사회복지법인 및 사회복지시설 재무·회계 규칙	① 결산과 회계감사	① 예산수립의 원칙 ② 예산집행과정상 예산통제의 원칙

1순위 스마일표시(☺) : 출제 빈출도가 높은 부분으로 무조건 시험에 출제되는 영역
2순위 당구장표시(※) : 나왔다 안 나왔다 하는 영역이지만 출제가능성 높은 영역
3순위 별 표(☆) : 출제 된 적이 있긴 하지만 다시 출제될 가능성은 다소 떨어지는 영역

MAP

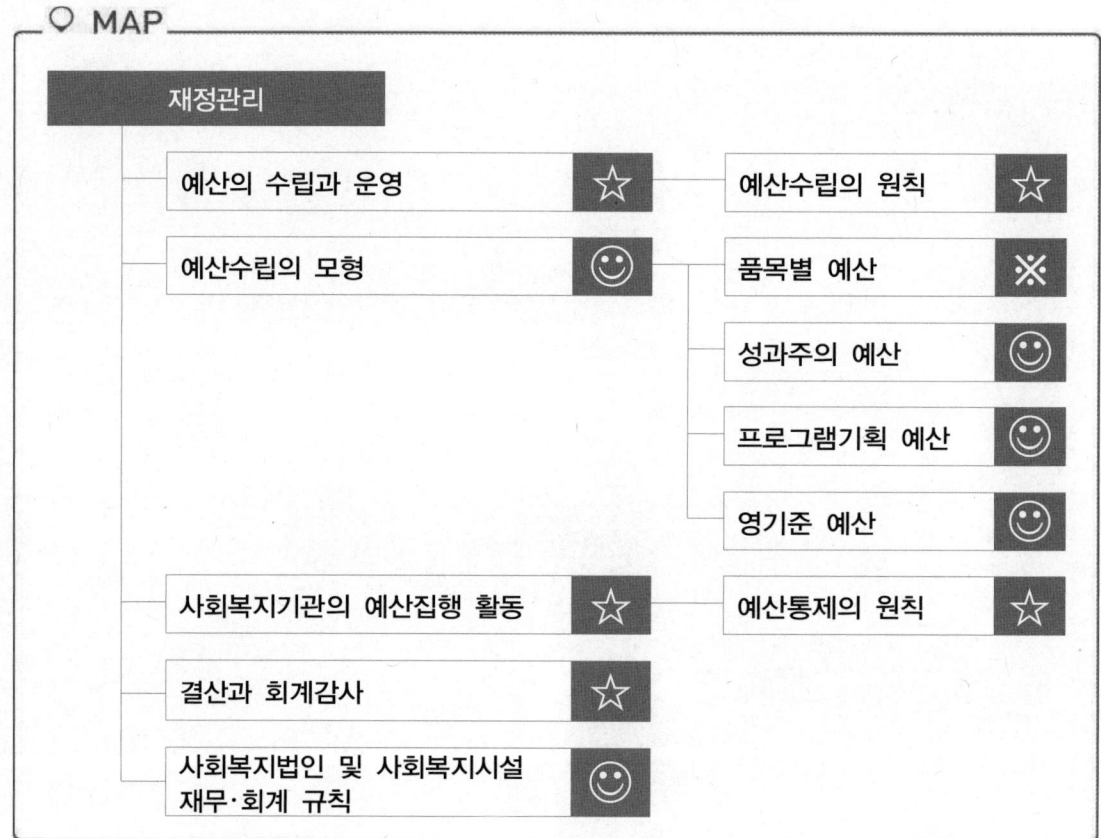

01 예산의 수립과 운영

1 예산(budget)의 개념

① 조직의 장래 일정 기간 동안의 계획된 세입과 세출의 예정적인 계산(자금조달 계획)으로 세입과 세출이 이루어진 후에 하는 결산과 구별된다.
② 사회복지예산이 운영되는 기간은 **1회계연도**, 즉 정부의 회계연도와 동일한 1년(1.1~12.31)을 말한다.

2 예산관리의 3가지 목적 [⑩]

① **예산관리의 통제** : 수입(투입)과 지출(전환) 간의 관계를 주로 다루며, "**기관과 프로그램의 재정상태는 어떠한가?**"라는 질문에 대한 답을 제시하기 위한 것이다.
② **예산관리의 관리** : 프로그램 수입(투입)과 프로그램 산출 간의 관계를 주로 다루며, "**기관과 프로그램의 생산성은 어떠한가?**"라는 질문에 대한 답을 제시하기 위한 것이다.
③ **예산관리의 기획** : 수입(투입)과 프로그램 결과 간의 관계를 주로 다루며, "**기관과 프로그램은 얼마나 효과적인가?**"라는 질문에 대한 답을 제시하기 위한 것이다.

3 예산수립의 성격

① **정치적 과정** : 예산은 자원배분이 초점이 되는데 이러한 자원배분에 대한 의사결정은 정치적으로 이루어진다.
② **사업기획 과정** : 목표설정, 대안개발 및 기대효과 분석, 효과성 평가기준 설정 등의 사업기획 절차와 병행·통합되므로 사업기획 과정이다.
③ **사업관리 과정** : 조직의 관리자가 조직 각 단위의 활동과 그 책임자 및 시행일정 등을 검토하는 사업관리 과정이다.
④ **회계 절차** : 예산서는 회계 담당자가 자금의 내적 및 외적 흐름을 통제하고 재정활동을 승인하는 근거가 된다.
⑤ **인간적인 과정** : 클라이언트와 예산을 집행하는 조직성원, 지역사회인들과 접촉하여 대화하는 기회를 가질 필요가 있기 때문에 인간적인 과정이다.
⑥ **미래를 변화시키는 과정** : 장래활동에 대한 재정계획이므로 미래의 목표를 새로 설정할 수 있고 미래를 변화시키는 과정이다.

4 예산수립의 원칙 [⑰]

① **공개의 원칙**
　㉠ 예산을 기금출연자, 후원자, 관련단체, 지역사회 및 직원에게 공개함으로써 시설 운영의 투명성과 공정성을 확보할 수 있다.
　㉡ 공공기관의 경우 재정에 관한 민주주의가 확립되면서 예산을 지역주민 등에게 공개하고 있다.

② **회계연도 독립의 원칙**
　㉠ 당해 연도의 경비는 당해 연도 세입으로 하고 세출은 다음 연도에 사용할 수 없다는 것이다.
　㉡ 재정활동의 시간적 구분으로서 세입·세출의 상황을 명확히 하고 재정을 적절하게 통제하기 위해 설정한 일정기간을 회계연도라 하며, 일반적으로 1년(1월 1일~12월 31일)이 한 단위이다.

③ **건전재정 운영의 원칙** : 수지균형의 원칙이라고도 하는 이 원칙은 적자재정을 인정하지 않는 것으로, 건전재정 운영을 위해서는 수지균형을 조화 있게 해야 한다는 원칙이다.

④ **예산의 목적 외 사용금지의 원칙** : 사회복지조직에서 세출예산은 정한 목적 외에 예산을 사용할 수 없고 장·관·항 상호 간 전용할 수 없다는 원칙이다.

⑤ **총액주의 원칙** : 1회계연도의 모든 수입을 세입으로 하고 모든 지출을 세출로 하며 세입과 세출은 모두 예산에 계상한다는 총계주의 원칙을 사회복지조직에서 채택하여 지켜야 한다는 원칙이다.

⑥ **예산사전 의결의 원칙** : 예산은 예정적인 계획이므로 회계연도가 개시되기 전에 사회복지법인 이사회의 의결을 거쳐야 한다는 원칙이다.

⑦ **예산한계성의 원칙**
　㉠ 예산은 연도 간, 항목 간 각기 명백한 한계가 있어야 한다는 원칙이다.
　㉡ 이 원칙은 예산의 목적 외 사용금지, 예산항목 간 상호전용의 금지, 예산의 초과지출 및 예산 이외 지출의 금지, 회계연도 경과의 금지 등을 포함하고 있다.

⑧ **사전 절차 이행의 원칙** : 예산은 법령 및 지방자치단체의 조례와 밀접한 관련을 갖고 있기 때문에 예산과 관련된 법령과 조례가 제정된 후 예산을 의결하여야 한다는 원칙이다.

02 예산수립의 모형(예산체계의 모형, 예산형식)

1 품목별 예산(Line-Item Budget, LIB, 항목별 예산) [②⑤⑥⑦⑧⑨⑬⑲㉑]

(1) 개요

① 20세기 초 미국 행정공무원을 대상으로 사용되고 미국의 공동모금기구(United Way of America)에서도 사용된 방법이다.

② 가장 오래되고 전통적이고 일반화된 예산체계로, 다른 예산모형과 결합하여 **사회복지조직에서 가장 많이 사용되고 있는 형식**으로서 **지출항목별 회계와 전년도에 기초하여 작성**한다.

　㉠ 다가오는 해의 계획된 총비용을 파악하기 위해 기관의 모든 수입과 지출을 단순하게 목록화한 것으로, 가장 기본적이며 널리 사용된다.

　㉡ **전년도의 예산을 근거로 일정한 금액만큼 증가시킨, 즉 액수의 점진적인 증가(incremental)에 기초를 둔 이른바 점증주의적 예산방식**을 취하고 있다.

　㉢ 사회복지조직에서 전적으로 이용하는 데는 문제가 있으므로 회계의 편의와 예산의 통제를 위해서 다른 예산체계와 결합하여 도입하는 것이 바람직하다.

③ **예산의 통제기능을 충족시키기 위해** 구입하고자 하는 물품(서비스)별로 편성하는 예산(**투입중심예산**)이다. 따라서 봉급·수당·일급(일당) 등은 '급료' 항목으로, 의약품·식품·음료·사무용품은 '소모품' 항목으로 정리한다.

　㉠ 어떠한 자금도 명시된 품목 이외에는 지출할 수 없으며, 공무원의 재량권 남용을 억제할 수 있다는 점 등으로서 행정부의 재정통제라는 근대예산제도의 원칙에 충실한 예산이다.

　㉡ 산출이 아닌 투입에 치중하므로 정부사업의 전모를 파악하기 어렵고, 행정부나 입법부의 정책형성에 의미있는 정책자료를 제공하지 못한다.

■ 항목별 예산의 예 ■

지출항목	전년도 예산	금년도 예산
급여	95,000	120,000
임대료	6,000	7,000
소모품비	7,530	8,500
장비비	2,450	4,500
우편 및 소포비	…	…
인쇄 출판비	…	…
출장비	…	…
회의비	…	…
잡비	…	…
총지출	…	…

(2) 특징
① 전년도 예산이 주요근거가 된다.
② 구입품목별로 편성한다.
③ 통제적 기능이 강하다.
④ 회계자에게 유리한 예산이다.

(3) 장점
① 집행내용을 명확히 보여주어 지출근거가 명확하므로 **예산 통제에 효과적**이다.
② 예산 항목별로 지출이 정리되므로 **회계작업이 용이**하며, **회계책임을 명백히** 할 수 있다.
③ 전체 예상 지출항목들을 수직으로 나열하여 **작성이 용이하고 간편하며 단순**하다.
④ **예산의 남용을 방지**할 수 있으며, **급여와 재화 및 서비스 구매에 효과적**이다.

(4) 단점
① 전년도 예산을 근거로 하여 일정한 양만큼 증가시켜 나가는 것으로 점증주의적 특성을 가지고 있기에 **예산의 증감을 신축성(탄력성) 있게 할 수 없다**.
② 예산증대의 근거가 프로그램의 특성과 평가에서 나오지 못하고, 전반적인 인상률을 적용하는 것이 되어 **예산 증감의 기준에 타당성이 희박하고 효율성을 무시**한다.
③ 프로그램 목표나 내용, 결과 등과의 연결성이 없기(조직활동·프로그램 내용을 알기 어렵기) 때문에 **프로그램의 사회적 책임성이라는 요구를 충족시키기 어렵다**.
④ 투입중심적인 것이어서 **결과나 목표달성에 대한 고려가 부족**한 것이 문제이다.
⑤ 부서별 업무추진 시 중복되는 활동이 있어 효율성 문제가 있다.
   - 품목별 예산 – 정책 및 사업의 우선순위를 소홀히 할 수 있다.(O)

2 성과주의 예산(Performance Budget, PB) [③⑤⑥⑦⑧⑨⑭⑮⑲㉑]

(1) 개요
① 1912년 미국행정부의 한 위원회에서 처음으로 도입하여 행정부의 각 부에서 이용하게 되었다.
② 품목별 예산의 약점인 활동을 표시하기 위해서 개발되었다. 즉 **개별 예산과 지출 항목들을 조직활동과 연결시킴**으로 산출에 관심을 두는 것이 특징이다.
   ㉠ 조직의 활동을 기능별 또는 프로그램별로 나눈 다음, 이를 세부 프로그램으로 나누고, 세부 프로그램은 단위원가와 업무량을 계산하여 서로 곱한 뒤 필요한 예산을 측정하는 방식을 말한다.
   ㉡ 구입하는 물품이나 용역보다 수행하는 업무와 그 업무의 성과에 대한 평가를 근거로 예산을 편성하는 데에 중점을 두기 때문에 **관리지향의 예산양식** 혹은 **목표지향의 예산양식**이라고도 불린다. → 목표수행에 중점을 두는 관리지향 예산제도
      - 성과주의 예산(Performance Budgeting)은 업무에 중점을 두는 관리지향의 예산제도이다.(O)

ⓒ 성과평가결과가 좋은 사업에 예산배분의 우선권을 주어 편성하면 예산의 효율성을 높일 수 있다는 생각에 근거한다.
③ 프로그램의 목표를 분명히 하고 실행 단위에서의 비용을 계산하는 과정을 통하여 서비스의 효율성을 기하는 데 크게 기여할 수 있을 것이므로 사회복지조직에 도입하는 것이 바람직하다.
④ **우리나라는 1990년대 후반부터 성과주의 예산제도를 도입하고 있다.** 즉 우리나라 국가예산의 편성은 관·항·목을 구분하는 품목별예산방식을 기초로 하고 있으나 조직별·성질별·기능별로도 편성(예산회계법 제20조)한다.

(2) 특 징

① [**단위원가 × 업무량 = 예산(액)**]으로 계산한다.
② **효율성을 중시**한다.
③ **관리기능이 강하다.**
④ **관리자에게 유리한 예산**이다.
⑤ **장기적 계획**을 고려하지 않는다.
⑥ **수행하는 업무에 중점**을 두며, **기관의 사업과 목표를 이해하는 데 도움**을 준다.

(3) 성과주의예산에 관한 인식(김중규, 1999)

① **입법부 입장** : 예산을 심의할 때 각 '기능별·활동별 및 사업계획별'로 세출예산을 일괄수권, 즉 예산항목이 넓어진 일괄세출승인을 하게 되므로 지출대상, 또는 집행방법의 명세에 관한 중앙통제권을 상당 정도 포기하는 것으로, 집행부에 대한 입법부의 고도의 신뢰를 기초로 한다.
② **집행부 입장** : 그 구체적 방법에 있어 행정부의 자유재량에 일임한 결과가 되어 사업계획의 수행과 능률 향상에 대한 행정부 장의 관리책임을 확대하여 예산집행에 있어 신축성을 부여해 준다.
③ **일반국민 입장** : 사업의 성격, 목적, 규모 등을 이해하기 용이하게 되고 예산이 국민으로부터 친숙한 것이 되며 국민이 재정상태에 대해 쉽게 이해하고 비판할 수 있게 된다.

(4) 장점

① **프로그램별(사업별) 통제가 가능**하다.
② **프로그램의 효율성**을 기할 수 있다.
③ **단위비용을 계산하여 자금배분의 합리화가 가능한 동시에 조직의 활동을 쉽게 파악**할 수 있다.
  ✗ 예산 배정에 있어서 직관적 성격이 강하다.(×)
④ 활동의 성과파악이 가능하여, **실적의 평가를 용이**하게 한다.
⑤ 익년 회계수립에 유용한 자료를 제공한다.
⑥ 재정제공자에게도 유리한 정보를 제공할 수 있다.
⑦ **예산집행에 있어서 신축성을 부여**한다.
  ✗ 품목별 예산 – 신축성 있게 예산을 집행할 수 있다.(×)

(5) 단점
① 비용효과성(= 효율성)에 치중하여 **프로그램의 효과성에 대해 소홀함**(효과성이 무시)
② **비용산출의 단위설정과 단위비용을 책정하는 데 어려움**(프로그램 단위와 비용결정문제)

■ ○○시 B복지관 성과주의 예산의 예 ■   (단위 : 원)

팀	사업명	세 입	세 출
기 획	■ 지역사회자원개발 및 관리 일반후원 : 26,864×60명×12회=19,342,000 결연후원 : 14,800×80명×12회=14,208,000	33,550,000	3,063,000
상담지도	■ 청소년 집단상담 참가비 : 50,000/명×7명=350,000	350,000	200,000
	■ 열린전화 상담원교육참가비 : 30,000×30명=900,000	900,000	3,320,000
	■ 심리치료 이용료 : 8,000/명×11월×80%=7,040,000	7,040,000	1,400,000
	■ 심리진단 5,000원/명×25명/월×11월=1,375,000	1,375,000	800,000
총계		43,215,000	8,783,000

3 프로그램기획 예산(Planning-Programming-Budgeting System, PPBS*, 계획예산)
[⑤⑥⑧⑨㉒⑲㉑]

(1) 개 요
① 장기적인 계획수립(planning)과 단기적인 예산편성을 프로그램 계획(programming)을 통하여 유기적으로 결합시킴으로써 자원배분에 관한 의사결정을 합리적으로 하기 위한 의도에서 만들어졌다.

> **PPBS**
> Planning은 장기기획을 의미하고, Programming은 단기계획을 의미하며, 예산을 의미하는 Budgeting은 장기계획하에 조정된 단기계획에 따라 예산을 조정한다는 의미이다.

㉠ 먼저 목표를 설정(Planning, 목표개발에서 시작)하고, 정해진 목표를 달성할 수 있도록 실시계획(Programming)을 입안한 후, 짜여 진 실시계획들에게 자금을 체계적으로 배정(Budgeting)하는 예산제도
㉡ 성과주의 예산이 비용을 산출물에 결부한다면 프로그램 기획 예산은 프로그램 목표, 즉 '프로그램 중심'이다.

② 프로그램기획 예산의 3대 요소
㉠ 사업의 목표가 명확히 제시되어야 한다.
㉡ 목표가 설정되면 이를 달성하기 위해 능률적이며 체계적으로 각종 대안을 검토할 수 있어야 한다.

© 현재 내리는 결정에 대한 미래의 비용이 포함되어야 한다.
　　　※ 기획예산제도(Planning Programming Budgeting System)는 미래의 비용을 고려하지 않는다.(×)
　③ 종전 예산제도와 다른 특성
　　㉠ 계획은 중·장기 계획이 필요하다는 점
　　㉡ 실시계획의 구체적인 기술을 표시해야 한다는 점
　　㉢ 비용-효과분석과 비용-편익분석 같은 수량적 분석기법이 필요하다는 점

(2) 특 징
　① **장기적 계획과 단기적 예산편성**을 구체적인 프로그램 실행계획을 통해 **유기적으로 연결**시킨다.
　② **장기적 계획을 전제**로 한다.
　③ **목표를 분명히 하고 달성을 강조**한다.
　④ **계획기능이 강하다.**
　⑤ **계획자에게 유리한 예산**이다.

(3) 장점
　① 목표와 프로그램을 명확히 알 수 있고 **자금분배를 합리적**으로 할 수 있다.
　② **프로그램의 효과성**을 높일 수 있다. 즉, 지출과 조직의 장기적 목표를 연동시켜 목표를 합리적으로 달성하는데 유용하다. → 개별예산과 지출을 사업의 목표(성과)에 연결
　③ 실현성 있는 장기계획이 작성되어 **장기적 사업계획의 신뢰성이 확보**된다.
　④ **의사결정절차를 일원화시킬 수 있어 결정이 용이하다(합리적인 의사결정이다).**
　⑤ 최적의 대안을 검토하는 과정에서 부서 간 의견교환을 통해 상호 입장이나 문제점을 이해하게 되는 이른바 **조직의 통합운용이 가능**하다.
　⑥ 비용-편익분석에 따라 합리적으로 자원이 배분되므로 재원배분의 최적화를 이룰 수 있어 **중복 낭비되는 자원을 절약**할 수 있다.

(4) 단점
　① 장기적인 계획에 의해 프로그램 목표와 재정 계획이 뒷받침되어야 한다.
　② **권력과 의사결정이 중앙집권화되는 경향**이 있다. 예산수립이 전체 조직의 비전에 의해 좌우지 될 가능성이 높으며, 이는 **집권화를 야기하는 원인**이 되기도 한다.
　③ **조직의 품목과 예산이 직접 연결되지 않아 환산작업에 어려움**이 있다.
　④ 목표설정과정이 용이하지 않고 **결과에만 치중하여 상대적으로 과정을 무시**한다.
　⑤ 사회변동에 대해 탄력적으로 대응이 쉽지 않다.
　⑥ 평가를 위한 기준들의 계량화(수치화)가 어렵다.

■ 농어촌 주민의 보건복지 향상을 위한 계획예산 ■

연도별 세부목표 \ 목표	농어촌 주민의 보건복지 향상 (전체예산 3조)		
농어촌 사회안정망 확충 (2023)	기초생활보장 및 자활지원 (5,000억 원)	치매노인 그룹홈 설치 (3,000억 원)	국민연금 확충 (2,000억 원)
농어촌 보건복지 공급기반 개선 (2024)	공공의료 기관의 확대 (4,000억 원)	응급의료시설의 확충 (3,000억 원)	5대암 조기검진 (2,000억원) / 건강보험 개선 (1,000억 원)
주민의 복지참여 (2025)	가사간병 인력의 확대배치 (3,000억원)	농어촌 재가복지센터 확충 (4,000억 원)	농어촌 지역보건복지 네트워크 구축 (3,000억 원)

4 영기준 예산(Zero-Based Budget, ZBB) [①②④⑤⑥⑨⑩⑫⑪]

(1) 개요

① 1969년 미국의 텍사스 인스트루먼트(Texas Instrument)회사의 파이어르(P. Pyhrr)에 의해 개발되었으며, 1973년 주정부예산 편성에 적용하였다.

② 매년마다 모든 프로그램을 새로 시작(영, Zero상태)한다는 전제하에 서로를 비교하여 우선순위에 따라 예산을 배분하는 제도이다.

  ㉠ 예산의 감축 기능에 적합한 **감축관리 중심의 예산제도**이다.
  　※ 예산절감 위한 것이다.(×), 예산을 축소 위한 것이다.(×), 예산을 확충 위한 것이다.(×)

  ㉡ **전년도 예산과는 무관**하게 영(0)의 상태에서 기존의 프로그램이나 신규 프로그램 정당화를 역설하고 프로그램의 우선순위에 따라 예산을 편성하는 형식으로서 **일몰법(sunset law)과 관계가 깊다.**
  　※ 영기준 예산(Zero Based Budgeting)은 전년도 예산을 고려하지 않는다.(○)

  ㉢ **현재의 프로그램의 효과성과 효율성, 시급성에 따라 예산의 증감을 결정**하므로 점증주의적 특성을 갖지 않는다(점증주의의 단점을 보완).
  　※ 영기준 예산(Zero Based Budgeting)은 예산의 효율성을 중요시 한다.(○)

③ 프로그램의 효과성과 효율성을 증진하고 **프로그램의 쇄신에 기여**할 수 있으므로 다른 예산체계에 통합시켜 도입할 수 있을 것이다.

(2) 특징

① **매년 프로그램 목표와 수행능력을 새로 고려한다.**
② 목표달성을 위한 **다양한 프로그램을 고려**한다.
③ 사업의 비교평가에 기초하여 **우선순위를 정하여 프로그램을 선택**한다.
④ **의사결정기능**이 강하다.
⑤ **소비자에게 유리한 예산**이다.

(3) 장점

① **예산절약**(활동마다 영개념에서 파악하므로 예산절감이 가능)에 기여하는 점이 있지만, 예산절약이 궁극적인 목표는 아니다.
② 재정자원의 합리적인 배분이 가능하며, 재정운영과 **예산배정에 탄력적인 특성**을 갖는다.
③ **프로그램의 효과성, 효율성**을 높일 수 있다.

(4) 단점

① 관리자(의사결정 단위)가 의사소통, 의사결정, 프로그램 평가에 대한 전문성과 객관성이 있어야 한다.
② 합리성만을 강조하므로 정치적 및 심리적인 요인을 무시하는 경향이 있다.
③ **장기적인 프로그램의 예산계획으로는 부적절**하다.
④ 시간과 노력이 과도하게 사용될 수 있고, **우선순위를 결정하는 어려움** 등이 있다.
   ✗◎ 프로그램의 예산결정단위별로 우선순위를 결정하기 어렵다.(○)

OIKOS UP 일몰법(sunset law, 日沒法)

① 미국에서 영기준예산이나 감축관리를 개발한 동기에서처럼 1970년대 중반 자원난 시대에 자원의 절약과 효율적 이용을 위하여 고안(1976년 콜로라도주에서 처음 실시)된 제도이다.
② 정부의 사업 또는 조직이 미리 정한 기간이 지나면, 입법기관이 별도의 조치를 취하지 않는 한, 자동적으로 폐지되도록 규정한 법을 말한다.
   ㉠ 행정활동을 일정한 기간 후 평가하여 일몰(sunset)에 이르렀다고 판단하면 활동을 중지하고, 다시 일출(sunrise)시킬 필요가 있다고 판단되는 행정활동은 다시 법률로써 강제하려는 것이다.
   ㉡ 기존 사업과 지출을 재검토하여 불필요한 사업을 폐지하고, 강력한 저항력을 지닌 행정조직들을 효과적으로 폐지하는 데 주목적이 있다.

■ 예산체계 유형의 비교 ■

특 성	항목별 예산	성과주의예산	프로그램기획예산	영기준예산
발달연대	1920~1930	1950년대	1960년대 (54년 개발)	1970년대 (69년 개발)
기본방향	**통제** (회계실무자)	**관리** (관리자에 유리)	**기획** (계획자에 유리)	**의사결정** (소비자에 유리)
기획책임	대체로 결여	기관에 산발적으로 분산	중앙에 집중	분권화
결정권의 소재	**분권화**	**분권화**	집권화	**분권화**
예산기관 역할	회계 적합성	효율성	효과성(정책방향)	정책우선순위
정책결정 흐름	상향적 (위로통제)	상향적 (위로통제)	하향적 (정책결정 상부에서 이루어져 하향적)	상향적 방식 (분권적으로 하부단위에서)

03 사회복지기관의 예산집행 활동

1 재정원천과 재정확보전략 [19]

(1) 재정원천 및 수입추정 방법

① **정부 측 재정원천** : 정부보조금(일률적 보조금), 그랜트(선택적 보조금), 정부의 위탁(계약), 정부로부터 받는 서비스 비용
  - 사회복지조직의 재원 – 국가와 지방자치단체의 보조금은 포함되지 않는다.(×)

② **민간 측 재정원천** : 기부금, 결연 후원금, 특별행사(만찬, 공연 등), 유증(유산, 기탁), 개인 및 타 조직으로부터 받는 회비, 동료회원 조직으로부터의 기부, 지역 공동모금의 배분, 서비스 요금(유료서비스 요금, 서비스 이용료), 자체 수익사업(건물임대, 이자증식, 특별사업 등)
  - 사회복지조직의 재원 – 서비스 이용료로 재정을 충당할 수 없다.(×)
  - 사회복지조직의 재원 – 사회복지법인 등 비영리법인의 전입금은 공적 재원이다.(×)

(2) 재원확보전략

대부분 사회복지조직은 재원의 주요 3가지 유형(정부보조금, 기부금, 서비스 이용료) 모두로부터 재원을 확보하고 있어 이에 적합한 전략을 모색하게 된다.
  - 사회복지조직의 재원 – 별도의 재원 확보를 위한 모금 전략은 불필요하다.(×)

① **정부보조금**
  ㉠ 이용료나 기타 다른 재원과 비교하여 대부분 공공기금이나 계약은 사업내용의 제한점을 갖거나 강제적인 보고를 요구함으로써 많은 양의 관리업무를 부과하거나 재량권을 제한하는 등 상당한 외적 통제가 주어진다.
  ㉡ 공공기금의 **지속적이고 안정적인 특징** 때문에 많은 사회복지조직들은 특별한 관리실천방식을 제도화함으로써 적응할 수 있고 예측가능한 관계를 만든다.

② **서비스 이용료**
  ㉠ 클라이언트가 지불하는 서비스 이용료는 사회복지조직이 그 업무를 관리하는 시간, 구조, 내용, 스텝자원의 할당 등을 직접적으로 관리하는 것을 가능하게 해준다.
  ㉡ 클라이언트의 특성이나 공급에 대한 통제의 부족 등으로 **유동적이고 불확실한 재원**이다.

③ **기부금(후원금)**
  ㉠ 정부보조금은 사회복지조직의 고유활동을 제한하고, 이용료를 통한 재원확보는 경쟁이 치열해짐에 따라 지나치게 영리적인 행태라는 비난을 받기 쉽기 때문에 대부분 사회복지조직들은 자발적인 기부자 확보를 통한 재원확보를 위해 노력한다.
  ㉡ 클라이언트가 지불하는 서비스 이용료와 마찬가지로 대부분 **기부금은 사회복지조직에게 유동적인 재원**이다.
  - 사회복지조직의 재원 – 후원금은 증가하거나 감소하는 유동적인 재원이다.(○)

2 수입사무와 지출사무

(1) 수입사무
청구사무(기관이 채권자로서 청구권을 행사할 경우에는 품의서 및 수입결의서를 작성하여 청구행위), 수납사무(수입금을 현금으로 영수하는 사무)

(2) 지출사무
지출결정사무(지출결의서를 작성하여 지출을 결정), 지출사무(지출결정행위가 끝나고 하는 지불행위)

3 예산집행

(1) 가변비용, 반가변비용, 고정비용
① **가변비용** : 생산량에 정비례해서 움직이는 비용(예 물품구입비, 전기세 등)
② **반가변비용** : 생산량 증가에 대해 단계적인 증가를 보이는 비용(예 인건비 등)
③ **고정비용** : 생산량의 증가와는 관계없이 일정하게 드는 비용(예 임대료 등)

(2) 직접비용과 간접비용
① **직접비용** : 프로그램 운영에 직접적으로 투입되는 비용(예 프로그램 홍보비, 직접서비스비용 등)
② **간접비용** : 프로그램 활동에서 단지 부분적이거나 간접적으로 나타나는 비용
　예 일반행정비, 일반목적의 회의비 등

(3) 기술비용과 임의비용
① **기술비용** : 한 단위에게 부과해야 할 비용을 합당하게 결정할 수 있는 비용
　예 부식비, 물품비 등과 같이 쓰이는 만큼 비례해서 변화하는 가변비용
② **임의비용** : 어떤 활동에 대해 특정부서나 단위들에게 비용할당을 위한 합리적 근거를 갖지 못할 경우, 행정관리자의 재량권으로 각 부서나 단위들에게 비용을 할당하는 것
　예 건물유지비 관련하여 개별조직단위나 프로그램들에게 얼마만큼 부담할 것인지 결정

(4) 행정비용(행정에 소요되는 비용)
사회복지조직들의 행정의 투명성과 명확성 확보를 위해서는 기존에 임의비용으로 처리되던 행정비용을 점진적으로 기술비용으로 바꾸어 나가려는 노력이 필요하다. [⑧]

4 예산집행과정상 예산통제의 원칙 [⑩⑬⑫②]

(1) 개별화의 원칙
개별기관 그 자체의 제약조건, 요구사항 및 기대사항에 맞게 고안되어야 한다는 것이다.

(2) 강제의 원칙

재정통제 체계는 강제성을 띠는 어떤 명시적 규정이 있어야 한다는 것으로, 강제성이 없는 규칙은 효과성이 없다.

(3) 예외의 원칙

규칙에는 반드시 예외상황을 고려하여야 하고 예외적 상황에 적용되는 다른 규칙도 명시되어야 한다.

(4) 보고의 원칙

재정관련 행위를 공식적으로 감시하고 통제하기 위해 재정활동에 대한 보고의 규정을 두어야 한다.

(5) 개정의 원칙

규칙은 일정 기간 동안만 적용할 수 있도록 제한되어 있거나 적용할 때 부작용이 나타날 경우를 대비하여 일정한 기간이 지난 후에는 규칙을 새로 개정할 수 있어야 한다.

(6) 효율성의 원칙

비용과 활동의 최적화가 아니라, 비용과 노력을 최소화하는 정도에서 이루어져야 한다는 것이다.

(7) 의미의 원칙

규칙, 기준, 의사소통 및 계약 등은 관계되는 모든 사람들이 잘 이해할 수 있도록 전달되어야 하므로, 규칙은 명확하게 써져야 하고 통계자료도 쉽게 얻을 수 있어야 하며 절차의 분류와 해석을 위한 것도 명확히 씌어져야 한다.

(8) 환류의 원칙

재정통제 체계에 관한 규칙, 기준, 의사소통, 계약 등을 적용할 때 발생할 수 있는 여러 가지의 부작용 및 장단점 등을 관련자들로부터 들어 개정과 개선의 기초가 되어야 한다.

(9) 생산성의 원칙

재정통제는 서비스가 효과적이고 효율적으로 전달되도록 하기 위한 수단이므로 서비스 전달이라는 생산성에 장애와 갈등이 발생하지 않도록 유의하여야 한다.

※ 예산 통제의 원칙 : 접근성의 원칙(×)

※ 예산집행의 통제 기제에 관한 설명 : 강제성을 갖는 규정은 두지 않는다.(×)

04 결산과 회계감사

1 결산(closing) [⑩]

① **개념**: 일정 기간(회계기간 또는 사업연도)이 경과한 시점의 재정상태와 경영상태를 파악하고, 일정한 기간 동안의 경영성과를 파악하고, 재무상태의 변동을 밝히기 위해 장부마감을 하고 결산서를 작성하는 절차를 말한다.
  ㉠ 결산은 예산집행의 경제성, 효율성, 효과성과 같은 평가내용까지 포함한다.
  ㉡ 결산은 회계연도 기간 동안의 재정보고서를 작성하기 위한 과정이다.
② 결산의 절차와 제출서류(사회복지법인 재무·회계규칙 제19조)
③ 결산보고서에 첨부하여야 할 서류(사회복지법인 재무·회계규칙 제20조)

2 회계관리와 회계감사

(1) 회계관리

① **회계(accounting)의 의미**: 금전 거래 등 어떤 조직체의 재정적 활동과 수지에 관한 사실 확인과 그 결과를 해석하는 여러 가지 사건들의 관점에서 본 기록과 분류 및 요약의 기술이며, 재정적 거래를 분류, 기록, 요약하고, 그 결과를 해석하고 표준화한 기술적 방법을 의미한다.
② **회계 장부의 두 가지 방법** [⑩]
  ㉠ **현금주의 회계**: 단지 현금이 들어오거나 혹은 나갈 때에만 거래가 기록되는 방식으로, 현금이 들어왔을 때 수익으로 인식하고 현금이 지출되었을 때 비용으로 인식하는 방법이다.
  ㉡ **발생주의 회계**: 수입이 획득되거나(비록 현금이 아직 들어오지 않더라도), 비용이 발생할 때(비록 현금이 지급되지는 않더라도)에 거래가 모두 기록된다. 즉, 수익과 비용을 현금 수입과 지출에 관계없이 발생한 시점을 기준으로 처리하는 방식이다.
③ **목적에 따른 분류** [⑩]
  ㉠ **재무회계**: 내부 및 외부 정보 이용자의 경제적 의사결정에 유용하도록 일정 기간 동안의 수입과 지출사항을 측정하여 보고하는 것
  ㉡ **관리회계**: 행정책임자가 행정적 의사결정을 하는 데 필요하도록 재정관계 자료를 정리하는 것
④ **주요 회계활동**: 기록업무, 정리업무, 재정보고서 작성 및 발행

(2) 회계감사(Audit) [②④⑩⑪]

① **의미**: 독립된 제3자인 공인회계사가 조직의 수입·지출의 결과에 관한 사실을 확인하고 검증하며 이를 보고하기 위하여 장부 및 기타 기록을 체계적으로 검사하는 것으로, 감사를 통하여 기관의 재정상태와 경영실적을 판정하고 당해 기관의 이해관계자에게 이를 제공한다.

② 목적에 따른 종류
  ㉠ 규정준수 회계감사(compliance audit, 규정순응감사) = 재정감사(financial audit)
    ㉮ 기관의 재정운영이 적절한 절차에 따라 시행되며, 재정이나 다른 보고서들이 적절하게 구비되었는지, 조직에 적용된 각종 규칙과 규제들은 잘 준수하고 있는지를 확인하는 과정을 말한다.
    ㉯ 주로 품목별 예산형식에서 각 항목별로 지출이 바른가를 요구하는 방식으로 사용하며, 목표달성여부나 효율성문제를 다루기 어렵다. → **전형적인 품목예산 방식과 잘 맞음**
  ㉡ 운영 회계감사 [⑩]
    ㉮ 예산과 관련하여 바람직한 프로그램 운영의 산출 여부, 조기목표를 달성하는 데 있어서 효과성과 능률성 등의 문제에 관심을 갖는 감사를 말한다.
    ㉯ 조직목표달성을 위해 **규정준수회계감사의 약점을 보완하는 감사**이다.

③ 주체에 따른 종류
  ㉠ **내부감사** : 조직의 최고행정책임자와 같은 조직 내부의 관리자가 감사한다.
  ㉡ **외부감사** : 정부의 감독관이나 공인회계사가 감사한다.

④ 대상조직에 따른 종류
  ㉠ 정부기관에 대한 감사
  ㉡ 법인에 대한 감사
  ㉢ 사회복지조직에 대한 감사

05 사회복지법인 및 사회복지시설 재무·회계 규칙(2022. 12. 28. 일부개정, 2023. 1. 1. 시행)

- 사회복지조직에 있어 예산의 원칙은 예산의 편성과 집행 및 결산에 있어 개별 사회복지법인 및 시설이 자의적으로 운영하지 않도록 「사회복지법인 및 사회복지시설 재무·회계 규칙」에 의하여 전국적인 통일성과 행정의 표준화를 기하고 있다.
- 관장부처 : 보건복지부(사회서비스자원과)

제1장 총 칙

제1조	목적	이 규칙은 「사회복지사업법」 제23조제4항, 제34조제4항, 제45조제2항 및 제51조제2항에 따라 **사회복지법인 및 사회복지시설의 재무 · 회계, 후원금관리 및 회계감사에 관한 사항을 규정하여 재무 · 회계, 후원금관리 및 회계감사의 명확성 · 공정성 · 투명성을 기함**으로써 사회복지법인 및 사회복지시설의 합리적인 운영에 기여함을 목적으로 한다.
제2조	재무·회계 운영의 기본원칙	사회복지법인(이하 "법인") 및 사회복지시설(법인이 설치·운영하는 사회복지시설을 포함하며, 이하 "시설")의 재무·회계는 그 설립목적에 따라 건전하게 운영되어야 한다.

제2조의2	다른 법령과의 관계	법인 및 시설의 재무 및 회계 처리에 관하여 다른 법령에 특별한 규정이 있는 경우를 제외하고는 이 규칙이 정하는 바에 따른다.
제3조	회계연도 [⑤⑨⑰⑫]	법인 및 시설의 회계연도는 **정부의 회계연도**에 의한다. 다만, 「영유아보육법」 제2조에 따른 어린이집의 회계연도는 매년 3월 1일에 시작하여 다음 연도 2월 말일에 종료한다. ☑ 정부의 회계연도는 1년(1.1~12.31)을 말한다.
제6조	회계의 구분 [⑨②]	① 이 규칙에서의 회계는 법인의 업무전반에 관한 회계("**법인회계**"), 시설의 운영에 관한 회계("**시설회계**") 및 법인이 수행하는 수익사업에 관한 회계("**수익사업회계**")로 구분한다. ✗ 시설운영 사회복지법인인 경우, 시설회계와 법인회계는 통합하여 관리한다.(×) ② 법인의 회계는 **법인회계, 해당 법인이 설치·운영하는 시설의 시설회계 및 수익사업회계로 구분**하여야 하며, 시설의 회계는 해당 시설의 시설회계로 한다.
제6조의2	정보통신매체에 의한 재무·회계 처리 [⑤]	① 법인 및 시설의 재무·회계는 컴퓨터 회계프로그램으로 처리할 수 있다. ② 보건복지부장관은 법인 및 시설의 재무·회계업무의 효율성 및 투명성을 높이기 위하여 「사회복지사업법」 제6조의2 제2항에 따른 정보시스템으로서 법인 및 시설의 재무회계를 처리하기 위한 정보시스템을 구축·운영할 수 있다. ③ 보건복지부장관, 시·도지사, 시장(「제주특별자치도 설치 및 국제자유도시 조성을 위한 특별법」 제11조제2항에 따른 행정시장을 포함한다. 이하 같다)·군수·구청장(자치구의 구청장을 말한다. 이하 같다)은 법인 또는 시설에 대하여 제2항에 따른 시스템을 사용할 것을 권장할 수 있다. ④ 「사회복지사업법」 제42조에 따른 보조금을 받는 법인 및 시설과 보조금을 받지 아니하는 시설로서 「노인복지법」 제31조에 따른 노인복지시설 중 「노인장기요양보험법」 제31조에 따라 장기요양기관으로 지정받은 시설(이하 "노인장기요양기관"이라 한다)은 제1항에 따른 컴퓨터 회계프로그램 중 보건복지부장관이 검증한 표준연계모듈이 적용된 정보시스템 또는 제2항에 따른 정보시스템을 사용하여 재무·회계를 처리하여야 한다. 다만, 보건복지부장관이 정하는 법인 및 시설은 그러하지 아니하다. ⑤ 제1항에 따른 컴퓨터 회계프로그램 또는 제2항에 따른 시스템에 의하여 **전자장부를 사용하는 경우에는 제24조에 따른 회계장부를 둔 것으로 본다.**

제2장 예산과 결산

제1절 예산		
제7조	세입·세출의 정의	1회계연도의 모든 수입을 세입으로 하고, 모든 지출을 세출로 한다.
제8조	예산총계주의원칙 [④⑰]	세입과 세출은 모두 예산에 계상하여야 한다.
제9조	예산편성 지침	① 법인의 대표이사는 제2조의 취지에 따라 매 회계연도 개시 1월전까지 그 법인과 해당 법인이 설치·운영하는 시설의 예산편성 지침을 정하여야 한다. ② 법인 또는 시설의 소재지를 관할하는 시장·군수·구청장은 특히 필요하다고 인정되는 사항에 관하여는 예산편성지침을 정하여 매 회계연도 개시 2월전까지 법인 및 시설에 통보할 수 있다.

제10조	예산의 편성 및 결정절차 [⑤⑨㉒]	① 법인의 대표이사 및 시설의 장은 **예산을 편성하여** 각각 **법인 이사회의 의결** 및 「사회복지사업법」 제36조에 따른 **운영위원회 또는** 「영유아보육법」 제25조에 따른 **어린이집운영위원회**("시설운영위원회")**에의 보고를 거쳐 확정**한다. 다만, 법인이 설치·운영하는 시설인 경우에는 **시설운영위원회에 보고한 후 법인 이사회의 의결을 거쳐 확정**한다. [㉒] ② 법인의 대표이사 및 시설의 장은 제1항에 따라 확정한 예산을 매 회계연도 개시 **5일전까지 관할 시장·군수·구청장에게 제출**하여야 한다. ④ 시장·군수·구청장은 제2항에 따라 예산을 제출받은 때에는 20일 이내에 법인과 시설의 회계별 세입·세출명세서를 시(「제주특별자치도 설치 및 국제자유도시 조성을 위한 특별법」 제10조제2항에 따른 행정시를 포함한다. 이하 같다)·군·구(자치구를 말한다. 이하 같다)의 게시판과 인터넷 홈페이지에 **20일 이상 공고**하고, 법인의 대표이사 및 시설의 장으로 하여금 해당 법인 및 시설의 게시판과 인터넷 홈페이지에 20일 이상 공고하도록 하여야 한다.
제11조	예산에 첨부하여야 할 서류 [⑥㉓]	① **예산에는 다음 각 호의 서류가 첨부되어야 한다.** 다만, 단식부기로 회계를 처리하는 경우에는 제1호·제2호·제5호 및 제6호의 서류만을 첨부할 수 있고, 국가·지방자치단체·법인 외의 자가 설치·운영하는 시설로서 거주자 정원 또는 일일평균 이용자가 20명 이하인 시설(이하 "소규모 시설"이라 한다)은 제2호, 제5호(노인장기요양기관의 경우만 해당한다) 및 제6호의 서류만을 첨부할 수 있으며, 「영유아보육법」 제2조에 따른 어린이집은 보건복지부장관이 정하는 바에 따른다. 1. 예산총칙 2. 세입·세출명세서 3. 추정재무상태표 4. 추정수지계산서 5. 임직원 보수일람표 6. 예산을 의결한 이사회 회의록 또는 예산을 보고받은 시설운영위원회 회의록 사본 ⊗⊘ 사회복지관에서 예산서류를 제출할 때 첨부하는 서류 : 사업수입 명세서(×)
제12조	준예산 [⑯⑰]	**회계연도 개시 전까지 법인 및 시설의 예산이 성립되지 아니한 때에는** 법인의 대표이사 및 시설의 장은 시장·군수·구청장에게 그 사유를 보고하고 **예산이 성립될 때까지 다음의 경비를 전년도 예산에 준하여 집행할 수 있다.** 1. 임·직원의 보수 2. 법인 및 시설운영에 직접 사용되는 필수적인 경비 3. 법령상 지급의무가 있는 경비
제13조	추가경정 예산	① 법인의 대표이사 및 시설의 장은 예산성립 후에 생긴 사유로 인하여 **이미 성립된 예산에 변경을 가할 필요가 있을 때에는** 제10조 및 제11조의 규정에 의한 절차에 준하여 **추가경정예산을 편성·확정할 수 있다.** 이 경우 노인장기요양기관의 장은 「노인장기요양보험법」 제38조제4항에 따라 장기요양급여비용 중 그 일부를 보건복지부장관이 정하여 고시하는 비율에 따라 인건비로 편성하여야 한다. ② 법인의 대표이사 및 시설의 장은 **추가경정예산이 확정된 날로부터 7일이내에 이를 시장·군수·구청장에게 제출**하여야 한다.
제14조	예비비	법인의 대표이사 및 시설의 장은 예측할 수 없는 예산외의 지출 또는 예산의 초과지출에 충당하기 위하여 예비비를 세출예산에 계상할 수 있다.
제15조	예산의 목적 외 사용금지	법인회계 및 시설회계의 예산은 **세출예산이 정한 목적 외에 이를 사용하지 못한다.**

제16조	예산의 전용 [⑨]	① 법인의 대표이사 및 시설의 장은 관·항·목 간의 예산을 전용할 수 있다. 다만, **법인 및 시설(소규모 시설은 제외한다)의 관간 전용 또는 동일 관내의 항간 전용을 하려면 이사회의 의결 또는 시설운영위원회에의 보고**를 거쳐야 하되, 법인이 설치·운영하는 시설인 경우에는 시설운영위원회에 보고한 후 법인 이사회의 의결을 거쳐야 한다. ② 제1항에도 불구하고 예산총칙에서 전용을 제한하고 있거나 이사회 및 시설 예산심의 과정에서 삭감한 관·항·목으로는 전용하여서는 아니 되며, 노인장기요양기관의 장은 예산을 전용하는 때에는 「노인장기요양보험법」 제38조제4항에 따라 장기요양급여비용 중 그 일부를 보건복지부장관이 정하여 고시하는 비율에 따라 인건비로 편성하여야 한다. ③ 법인의 대표이사 및 시설의 장은 제1항에 따라 **관·항 간 예산을 전용한 경우에는 관할 시장·군수·구청장에게 제19조 및 제20조에 따른 결산보고서를 제출할 때에 과목 전용조서를 첨부**하여야 한다.
	제2절 결산	
제19조	결산서의 작성 제출 [④⑩]	① 법인의 대표이사 및 시설의 장은 **법인회계와 시설회계의 세입·세출 결산보고서를 작성**하여 각각 **이사회의 의결 및 시설운영위원회에의 보고를 거친 후** 다음연도 3월 31일까지(「영유아보육법」 제2조에 따른 어린이집의 경우에는 5월 31일까지를 말한다) **시장·군수·구청장에게 제출**(「사회복지사업법」 제6조의2제2항에 따른 정보시스템을 활용한 제출을 포함한다)하여야 한다. 다만, 법인이 설치·운영하는 시설인 경우에는 시설운영위원회에 보고한 후 법인 이사회의 의결을 거쳐 제출하여야 한다. ② 시장·군수·구청장은 제1항에 따라 결산보고서를 제출받은 때에는 20일 이내에 법인 및 시설의 세입·세출결산서를 시·군·구의 게시판과 인터넷 홈페이지에 20일 이상 공고하고, 법인의 대표이사 및 시설의 장으로 하여금 해당 법인 및 시설의 게시판과 인터넷 홈페이지에 20일 이상 공고하도록 하여야 한다.
제20조	결산보고서에 첨부해야 할 서류 [⑱]	① **결산보고서에는 다음 각 호의 서류가 첨부되어야 한다.** 다만, 단식부기로 회계를 처리하는 경우에는 제1호부터 제3호까지 및 제14호부터 제23호까지의 서류만을 첨부할 수 있고, 소규모 시설의 경우에는 제1호 및 제17호의 서류(노인장기요양기관의 경우에는 제1호부터 제3호까지 및 제16호부터 제21호까지의 서류)만을 첨부할 수 있으며, 「영유아보육법」 제2조에 따른 어린이집은 보건복지부장관이 정하는 바에 따른다. 1. 세입·세출결산서 2. **과목 전용조서** 3. 예비비 사용조서 4. 재무상태표 5. 수지계산서 6. 현금 및 예금명세서 7. 유가증권명세서 8. 미수금명세서 9. 재고자산명세서 10. 그 밖의 유동자산명세서(제6호부터 제9호까지의 유동자산 외의 유동자산을 말한다) 11. 고정자산(토지·건물·차량운반구·비품·전화가입권)명세서 12. 부채명세서(차입금·미지급금을 포함한다) 13. 각종 충당금 명세서 14. 기본재산수입명세서(법인만 해당한다) 15. **사업수입명세서** 16. 정부보조금명세서

		17. 후원금수입 및 사용결과보고서(전산파일을 포함한다) 18. 후원금 전용계좌의 입출금내역 19. **인건비명세서** 20. **사업비명세서** 21. 그 밖의 비용명세서(인건비 및 사업비를 제외한 비용을 말한다) 22. 감사보고서 23. 법인세 신고서(수익사업이 있는 경우만 해당한다) ※ 사회복지관의 결산보고서에 첨부해야 하는 서류 : 세입·세출명세서(×)

제3장 회 계

제1절 총칙		
제23조	회계의 방법 [④]	**회계는 단식부기에 의한다.** 다만, 법인회계와 수익사업회계에 있어서 복식부기의 필요가 있는 경우에는 복식부기에 의한다.
제24조	장부의 종류 [③]	① 법인 및 시설에는 다음의 회계장부를 둔다. 1. **현금출납부** 2. **총계정원장** 3. 삭제(개정 前 : 총계정원장 보조부) 4. **재산대장** 5. **비품관리대장**
제2절 수입		
제25조	수입금의 수납	① 모든 수입금의 수납은 이를 금융기관에 취급시키는 경우를 제외하고는 수입원이 아니면 수납하지 못한다. ② **수입원이 수납한 수입금은 그 다음날까지 금융기관에 예입**하여야 한다. ③ 제1항 및 제2항의 규정에 의한 수입금에 대한 금융기관의 거래통장은 제6조의 규정에 의한 회계별로 구분될 수 있도록 보관·관리하여야 한다.
제3절 지출		
제28조	지출의 원칙	① 지출은 제21조의 규정에 의한 지출사무를 관리하는 자 및 그 위임을 받아 지출명령이 있는 것에 한하여 지출원이 행한다. ② 제1항의 **지출명령은 예산의 범위 안에서 하여야 한다.**
제29조	지출의 방법	① **지출은** 상용의 경비 또는 소액의 경비지출을 제외하고는 예금통장에 의하거나 「전자문서 및 전자거래 기본법」 제2조 제5호에 따른 전자거래로 행하여야 한다. 다만, 시설에 지원되는 국가 또는 지방자치단체의 보조금 지출은 보조금 결제 전용카드나 전용계좌를 이용하여야 한다. 〈2015.12.24.개정〉 ② 제1항에도 불구하고 **지출원은 상용의 경비 또는 소액의 경비를 지출할 수 있으며, 이를 위하여 100만원 이하의 현금을 보관**할 수 있다. ③ 제1항 및 제2항에 따른 **상용의 경비 또는 소액의 경비지출의 범위는 시·도지사**가 정할 수 있다.

제4장 물품

제39조	물품의 관리의무 [④]	물품관리자 및 물품출납원은 선량한 관리자의 주의로써 사무에 종사하여야 한다.
제40조	물품의 관리	① 물품관리자는 물품을 출납하게 하고자 할 때에는 물품출납원에게 출납하여야 할 물품의 분류를 명백히 하여 그 출납을 명령하여야 한다. ② 물품출납원은 제1항의 규정에 의한 명령이 없이는 물품을 출납할 수 없다.

제4장의2 후원금의 관리

제41조 의2	후원금의 범위 등	① 법인의 대표이사와 시설의 장은 「사회복지사업법」 제45조에 따른 후원금의 수입·지출 내용과 관리에 명확성이 확보되도록 하여야 한다. 시설거주자가 받은 개인결연후원금을 당해인이 정신질환 기타 이에 준하는 사유로 관리능력이 없어 시설의 장이 이를 관리하게 되는 경우에도 또한 같다.
제41조 의7	후원금의 용도 외 사용금지 [④⑨]	① 법인의 대표이사와 시설의 장은 후원금을 <u>후원자가 지정한 사용용도 외의 용도로 사용하지 못한다</u>. ② 보건복지부장관은 후원자가 사용용도를 지정하지 아니한 후원금에 대하여 그 사용기준을 정할 수 있다. ③ 후원금의 수입 및 지출은 제10조의 규정에 의한 예산의 편성 및 확정절차에 따라 세입·세출예산에 편성하여 사용하여야 한다.

제5장 감사

| 제42조 | 감사 [②] | ① 법인의 감사는 당해 법인과 시설에 대하여 매년 1회 이상 감사를 실시하여야 한다. [②]
② 법인의 대표이사는 시설의 장과 수입원 및 지출원이 사망하거나 경질된 때에는 그 관장에 속하는 수입, 지출, 재산, 물품 및 현금등의 관리상황을 감사로 하여금 감사하게 하여야 한다.
③ 제2항에 따른 감사를 실시할 때에는 전임자가 참관해야 하며, 전임자가 참관할 수 없으면 관계 직원 중에서 전임자의 전임자나 법인의 대표이사가 지정한 사람이 참관해야 한다.
④ 감사는 제1항 내지 제3항의 규정에 의하여 감사를 한 때는 감사보고서를 작성하여 당해 법인의 이사회에 보고하여야 하며, **재산상황 또는 업무집행에 관하여 부정 또는 불비한 점이 발견된 때에는 시장·군수·구청장에게 보고**하여야 한다.
⑤ 제4항의 감사보고서에는 감사가 서명 또는 날인하여야 한다. |

CHAPTER 09 서비스 품질관리와 위험관리

제3부 **사회복지조직관리와 인사관리**

제9장 회차별 출제빈도, 출제비중 및 출제논점 1, 2, 3순위

10회 2012	11회 2013	12회 2014	13회 2015	14회 2016	15회 2017	16회 2018	17회 2019	18회 2020	19회 2021	20회 2022	21회 2023	22회 2024
–	–	–	–	–	–	1	1	–	(2)	1	(3)	1

출제 비중	출제 논점		
	1순위 ☺	2순위 ※	3순위 ☆
0~1		① 위험관리	① 서비스 질의 구성요소(구성차원)

1순위 스마일표시(☺) : 출제 빈출도가 높은 부분으로 무조건 시험에 출제되는 영역
2순위 당구장표시(※) : 나왔다 안 나왔다 하는 영역이지만 출제가능성 높은 영역
3순위 별 표(☆) : 출제 된 적이 있긴 하지만 다시 출제될 가능성은 다소 떨어지는 영역

MAP

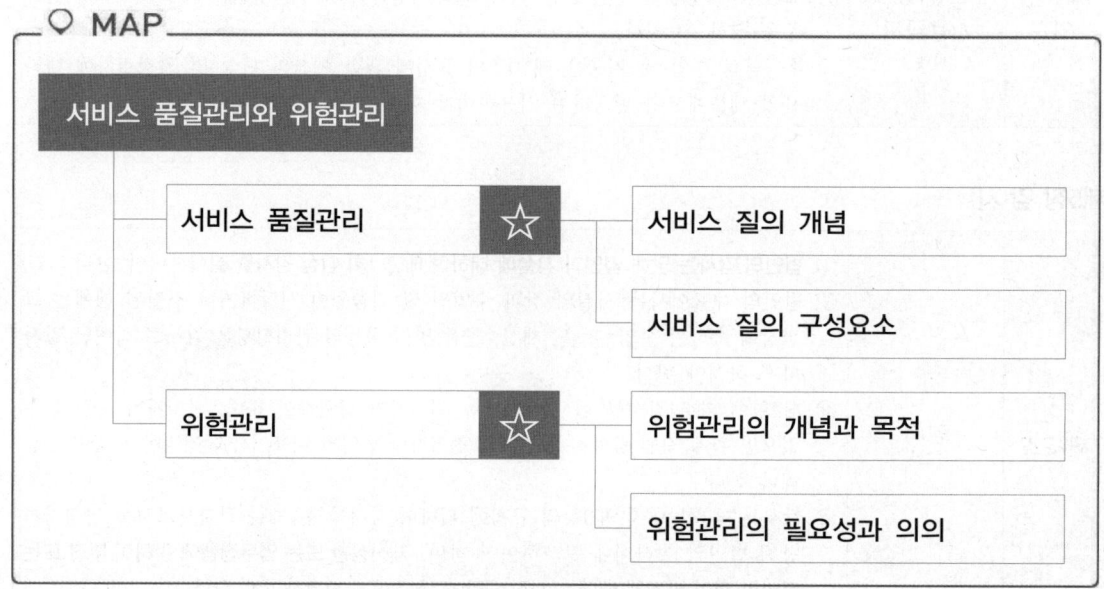

01 서비스 품질관리

1 서비스 질의 개념과 관점 [⑲]

(1) 개념

① 서비스의 질이란 특정한 조직에 의해 제공되는 서비스에 대한 당위적이고 규범적인 기대수준과 서비스 이용자의 질에 대한 인지수준의 차이로 정의된다.
  ㉠ 지역사회복지관에서 서비스 질이란 "이용자 만족을 추구하기 위해 기관에서 제공하는 사회복지서비스의 전체적인 우수성"이라고 볼 수 있다.
  ㉡ 사회복지서비스의 질은 단순한 서비스나 제품을 의미하는 것이 아니라 클라이언트의 욕구에 부응하여 만족시켜 줄 수 있는 질적인 성격을 의미하는 것이다.
    ※ 서비스 질은 사회복지평가의 기준이 될 수 없다.(×)

② 서비스의 질이란 고객의 요구와 기대에 부응하는 것이며, 서비스 품질관리는 조직의 서비스가 고객의 요구를 만족시키는 정도이다.

(2) 서비스 질에 대한 관점

서비스의 질을 파악하는데 여러 관점을 고려해야 하지만, 오늘날 **다음 2가지 관점을 기준으로 한 질적 평가가 중요시**되고 있다.

① **이용자의 관점에서 서비스의 질 평가**
  ㉠ 고객 개개인의 욕구를 잘 충족시켜 주는 서비스가 가장 좋은 서비스로 인정된다.
  ㉡ 이런 관점에서의 질은 매우 주관적이며, 고객 개인이 사용하기가 가장 적합한 것이었던가에 초점을 둔다.

② **서비스 과정의 관점을 기준으로 한 평가**
  ㉠ 공급자에게 초점을 맞추어 주로 기술적인 면과 제공방법 면에서 중점을 둔다.
  ㉡ 이런 관점은 서비스의 제공과정에 필요한 요구사항을 얼마만큼 잘 충족시켰는가를 기준으로 서비스의 질을 평가한다.
    ※ 사회복지기관의 서비스 질에 관한 설명 : 서비스 이용자와 제공자 관점에서 질적 평가가 중요시 되고 있다.(○)

2 서비스 질의 구성요소(구성차원) [17 19 20 21 22]

패러슈라만 등(A. Parasuraman, V. A. Zeithaml & L. L. Berry)이 주장한 서비스 질 측정도구인 서브퀄(SERVQUAL) 구성차원은 **유형성, 신뢰성, 응답성(즉응성), 확신성, 공감성**이다.

■ PZB(1985, 1988)의 서비스 품질 구성차원 ■

차원(Dimension)			정의(Definition)	세부요소
PZB(1988)	PZB(1985)			
유형성 (Tangibility)	유형성 (Tangibility)		서비스 평가를 위한 외적인 단서로 시설, 장비 및 외모 등을 말함	물리적 시설, 장비, 종업원의 외모(서비스 제공자 용모), 서비스 제공에 사용되는 도구, 서비스의 물리적 표현
	실천 전략		작업공간을 깨끗하고, 질서정연하게 만들고, 전문가답게 옷을 입고, 기관 내부를 멋있게 배치하며, 위생적이어야 한다.	
신뢰성 (Reliability)	신뢰성 (Reliability)		약속한 것을 신뢰감 있고 정확하게 제공할 수 있는 능력	정확한 청구, 올바른 기록의 유지, 약속시간 엄수
	실천 전략		고객의 욕구를 정확히 알아내야 하고, 자신이 실행할 수 있는 것만을 약속하며, 약속된 대로 제품과 서비스가 실행될 것이라는 확신을 할 수 있게 해야 한다.	
대응성 (Responsiveness, 응답성, 즉응성)	응답성(즉응성) (Responsiveness)		고객의 요청에 즉시 서비스를 제공할 준비자세	서비스의 적시성, 빠른 응답, 신속한 서비스의 제공
	실천 전략		긍정적이고 자신감 있는 태도를 보여야 하고 고객의 요청에 즉시 대응해서 이들을 만족시킬 준비를 해야 한다.	
확신성 (Assurance)	능력 (Competence)	직원의 지식수준과 정중함, 신뢰와 확신을 심어줄 수 있는 능력	서비스 수행에 요구되는 기술과 지식 보유	서비스 제공자나 지원자의 지식과 기술, 조직의 연구능력
	예절 (Courtesy)		고객 접촉 종업원의 친절, 배려, 공손함	고객의 재산과 시간에 대한 배려, 담당 종업원의 정중한 태도
	신용도 (Credibility)		서비스 제공자의 진실성, 정직성	회사명이나 회사의 평판, 종업원의 정직성
	안전성 (Security)		위험, 의심으로부터의 자유	육체적 안전, 금전적 안전, 비밀의 보장
	실천 전략		한 번에 한 고객만을 상대할 수 있는 시간적 여유를 가져야 하며, 긍정적 의사소통 기법을 사용하고, 제품과 서비스를 정확히 설명함으로써 서비스를 자신있게 제공할 수 있어야 한다.	
공감성 (Empathy)	의사소통 (Communication)	고객에게 제공되는 관심도 및 공감성을 말함	고객에게 귀 기울이고, 이해할 수 있는 쉬운 설명	서비스 자체의 설명, 서비스 비용의 설명, 서비스와 비용 관계에 대한 설명, 고객들의 문제를 해결할 수 있다는 확신의 제공
	접근성 (Access)		접근가능성과 쉬운 접촉	전화접근 가능성, 대기시간, 편리한 영업시간, 편리한 입지
	고객의 이해 (Understanding)		고객과 그들의 욕구를 알고자 하는 노력	고객의 특정 욕구를 이해, 개별적인 관심의 정도, 우량고객의 인정
	실천 전략		고객의 의사를 진지하게 경청해야 하고 고객의 입장에 서서 그들의 욕구를 정확히 반영한 서비스를 제공하기 위해 열심히 노력해야 한다.	

- 서브퀄(SERVQUAL)에는 신뢰성과 확신성이 포함된다.(O)
- SERVQUAL 구성차원 : 유형성 – 시설, 장비 및 서비스 제공자 용모 등의 적합성(O)
- SERVQUAL 구성차원 : 대응성 – 저렴한 비용으로 서비스를 제공할 수 있는 능력(×)

02 위험관리 [17·19·21]

1 위험관리의 개념과 목적

(1) 위험관리의 개념

① 위험을 확인(발견), 분석, 평가하여 최적의 위험 처리 방도를 선택하는 것으로, 손실이 발생했을 경우 사고를 처리하는 대책이며 이것을 효과적이고 효율적으로 강구해서 사업의 지속과 안정적 발전을 확보해 나가는 경영상의 기법이다.

② 위험관리의 2가지 측면
  ㉠ 서비스의 관리 측면 : 고객과 이용자에 대한 안전 확보가 서비스 질의 향상으로 연결된다.
  ㉡ 조직관리 측면 : 직원의 노동상의 안전대책이나 자연재해 등에 대한 사고대책이다.

※ 위험관리(Risk Management)는 이용자에 대한 서비스 관리 측면과 조직관리 측면을 모두 포함한다.(○)

(2) 위험관리의 목적

① 사고가 발생하지 않도록 하는 것으로 예방대책
② 사고가 발생했을 시의 확실한 대처로서 사고대책

2 위험관리의 필요성과 의의

(1) 위험관리의 필요성

① 서비스 제공자의 책임의식 증대
② 이용자 측의 권리의식 희박
③ 이용자권리옹호를 위한 운영적 정화 위원회의 설치
④ 소송의 증대가 예측되기 때문

(2) 위험관리의 의의

① **생명을 지키는 것** : 위험의 피해자, 피사고자인 이용자, 가족을 포함한 제3자, 그리고 직원의 생명을 지키고 안전을 확보하는 것
② **서비스의 질을 향상시키는 것** : 사고예방 대책을 하는 것과 사고발생 시 대응책을 강구해 두는 것은 그 자체가 직원 교육과 의식 향상에 연결되어 전체적으로 서비스의 질을 향상하는 것으로 연결됨
③ **신뢰를 쌓는 것** : 이용자, 가족과의 신뢰관계, 사업자와 직원간의 신뢰관계 등 서비스를 행함에 있어서 어떤 상황에서도 신뢰가 결정적인 수단이 되기 때문임
④ **복지권의 보장** : 소비자 보호를 넘어선 이용자의 권리 옹호를 위한 모든 대책까지 포함

⑤ **이용자의 선택과 결정의 중시** : 이용자나 보호자가 서비스를 선택하는데 있어서 위험관리가 중요한 기준이 되기 때문에, 서비스 제공자들은 위험관리를 통해 서비스 질 향상과 안전한 시설 환경을 제공함으로써 이용자의 확보와 재정 수입뿐만 아니라 지속적인 경영을 꾀하고자 노력해야 함

⑥ **전문성의 확보와 전문가의 윤리적 기준의 실행을 위해 필요** : 위험관리를 통해 사회복지사와 클라이언트 간의 신뢰관계가 구축되고, 서비스 제공과정에서 클라이언트의 비밀보장과 프라이버시의 존중은 전문적 책임성을 증대시켜 주어 사회복지직의 전문성을 확보할 수 있음

⑦ **이용자 만족의 추구** : 위험관리는 이용자의 안전을 최대의 목적으로 하고, 그 다음에 서비스질의 향상과 이용자만족의 향상을 지향하는 활동임

⑧ **조직(기관)을 유지하고 발전시켜 나가는 것** : 위험관리가 실시되지 않으면, 직원은 안정된 서비스의 기반을 확보할 수 없고 그것은 사회복지조직의 경제적 손실 및 서비스 질의 저하를 불러오는 악순환을 초래함

MEMO

정보관리시스템

제3부 **사회복지조직관리와 인사관리**

제10장 회차별 출제빈도, 출제비중 및 출제논점 1, 2, 3순위

10회 2012	11회 2013	12회 2014	13회 2015	14회 2016	15회 2017	16회 2018	17회 2019	18회 2020	19회 2021	20회 2022	21회 2023	22회 2024
1	1	1	1	1	–	–	–	–	–	–	1	–

출제 비중	출제 논점		
	1순위 ☺	2순위 ※	3순위 ☆
0~1	① 정보관리체계의 유형 (정보기술의 발달과정)	① 정보관리시스템의 의의와 필요성 (논의배경)	① 사회복지기관 정보체계설계 위한 정보유형

1순위 스마일표시(☺) : 출제 빈출도가 높은 부분으로 무조건 시험에 출제되는 영역
2순위 당구장표시(※) : 나왔다 안 나왔다 하는 영역이지만 출제가능성 높은 영역
3순위 별 표(☆) : 출제 된 적이 있긴 하지만 다시 출제될 가능성은 다소 떨어지는 영역

MAP

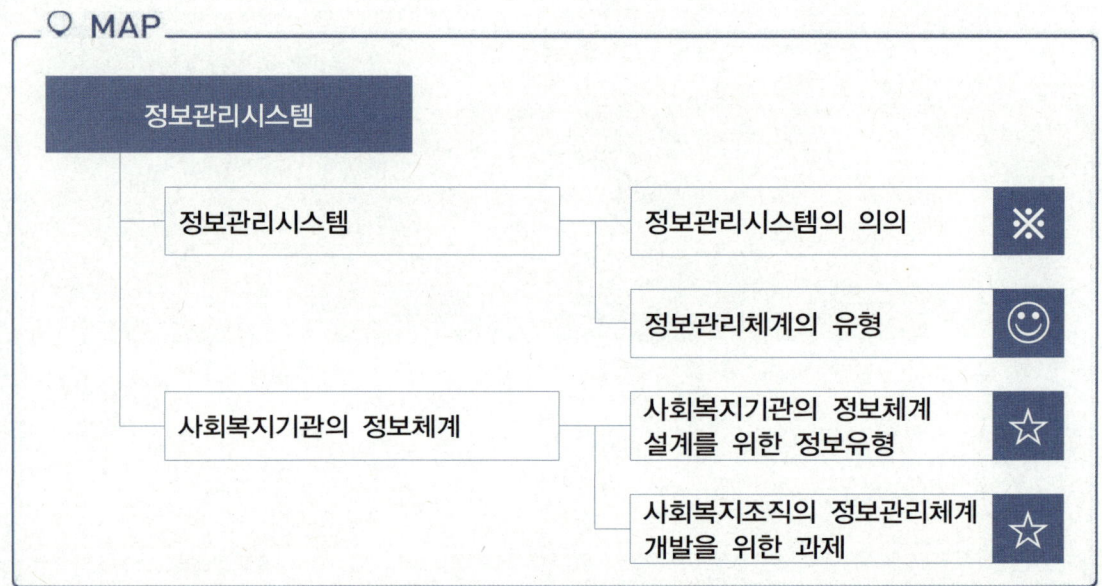

01 정보관리시스템(Management Information System, MIS)의 개요

1 정보관리시스템의 의의 [②⑦⑭]

(1) 의 미

조직과 관련된 기본적인 정보를 처리하기 위해 컴퓨터를 응용하는 것으로, 현실적으로 어떻게 활동을 측정하며, 보고서의 양식을 어떻게 할 것이며, 기준을 어떻게 잡고 어떤 관리 행위를 취해야 할 것인가 하는 구체적인 것들을 공식적으로 전산화한 시스템이다.
① 사회복지전문가가 복잡한 의사결정을 쉽게 할 수 있도록 지원
② 저장된 수천 개의 사례를 기반으로 한 이론의 발전
③ 서비스이용자의 실적을 월별, 분기별, 사업현황별로 정기적 점검이 가능
④ 필요한 정보를 통합·제공하여 업무 향상

(2) 전산화를 통해 업무의 효율성을 기할 수 있지만 반드시 전산화를 해야 정보관리가 되는 것은 아니다.
   ✗ 정보관리를 위해서 전산화가 필수조건이다.(×)

2 사회복지기관에서 정보관리시스템이 논의된 중요한 배경(황성철 외, 2006) [⑧⑬]

① 사회복지조직의 책임성과 효과성 검증 차원
② 직원의 업무수행의 보조수단 등의 필요성
③ 직원들의 업무성과에 대한 피드백
④ 사회복지서비스의 확대와 접근 가능성
⑤ 정보의 중요성 증대(정보형평성의 문제)
⑥ 정보의 체계적 관리

3 정보관리체계의 유형(정보기술의 발달과정)(황성철 외, 2006) [⑫]

(1) 자료처리응용(data processing applications)단계

① 자료처리(data processing)업무는 정보의 수집, 저장, 검색, 조정, 이송, 자료출력을 포함한다.
② 자동자료처리응용 프로그램은 비서업무와 직원들의 일상 업무를 처리하는 데 소요되는 시간과 비용을 감소시키기 위해 고안된 것이다.
③ 비교적 단순·반복적인 업무에서 발생되는 자료의 양이 증가함에 따라 기계적인 자료처리 필요성이 높아진 것이다.

(2) 정보관리체계·관리정보체계 단계

① 정보관리시스템(MIS : Management Information System)은 정보제공과 보고에 초점을 두고 있다.
② 정보관리체계는 기초적인 조직정보를 처리하는 공식적이고 전산화된 응용 프로그램으로, 많은 독립된 자료처리과정을 통합시키고, 단계별로 조직에게 도움을 주며, 보고의 형식으로 정보를 만들어 낸다.

(3) 지식기반시스템

클라이언트와 임상실천가의 상호작용을 증진할 수 있는 복잡성을 다루고 있으며, 전문가시스템(expert system), 사례기반추론(case-based reasoning), 자연음성처리(natural language processing)가 있다.

① **전문가시스템(expert system)** : 사용자가 제공한 사실을 기초로 컴퓨터 안에 저장된 지식을 응용하여 사례에 관한 의사결정을 하는 것이다. 전문가시스템의 한계는 전문가들 사이에서도 동일한 사안에 대해 서로 다른 견해를 가질 수 있어 의사결정이 모호해질 수 있다는 것이다.
② **사례기반추론(case-based reasoning)** : 수천 개의 클라이언트 사례(인구통계, 서비스, 성과)를 조사하여 저장하고, 이들 저장된 사례자료로부터 지식을 얻어내는 것이다. 따라서 상황·유형별 다양한 정보의 축적이 필요하다.
③ **자연음성처리(NLP, Natural Language Processing)** : 언어를 텍스트로 전환하는 것으로 사람의 언어를 이해하고 말을 하는 전환음성기나 외국어 번역 텍스트기를 말한다.

(4) 의사결정지원 시스템(DSS, Decision Support System)

① 효과성과 의사결정의 특성을 탐구하는 것에 초점을 두고 있으며, 전문가가 복잡한 의사결정을 보다 쉽게 할 수 있도록 지원하기 위해 고안된 것이다.
② 사용자가 자료를 검색하고, 관리하고, 의사결정에 관한 정보를 얻는 데 도움을 준다.

(5) 업무수행지원 시스템(PSS, Performance Support System)

① 현장에서의 업무수행능력을 향상시키기 위해 개발된 통합정보제공 시스템으로, 1990년대의 데이터 관리기술은 정보기술의 발달에 힘입어 특정한 업무의 성과를 향상시키는 데 초점을 둔 업무수행지원체계의 개발을 가능하게 하였다.
② 직접 서비스를 제공하는 사회복지사의 업무성과를 높이는 것에 초점을 두고 있으며, 의사결정에 초점을 두고 있지는 않다.

■ 정보관리체계유형과 기능(황성철 외, 2014) ■

정보관리체계 유형	목적	기능	사례
전산자료처리시스템 (DP, Data Processing)	효율	- 업무처리과정, 기록보관, 업무보고 - 사무적 업무처리의 능률향상에 역점	월급명세서
관리정보시스템 (MIS, Management Information System)	보고	- 구조화된 의사결정을 위한 정보 제공 - 구직의 하부 시스템의 상호 연결로 조직의 산출 최적화 - 의사결정에 필요한 정보제공으로 상승작용 효과 기대 - 일상적이고 구조화된 의사결정의 효율화	클라이언트 정보체계
지식기반시스템 (KBS, Knowledge-Based system)	의사결정지원	- 클라이언트와 직접 서비스 제공자의 상호작용을 지원하기 위한 복잡성을 다루고 있음 - KBS의 유형에는 전문가 시스템, 사례기반 추론시스템, 자연음성처리시스템이 있음	Expert counseling system
의사결정지원시스템 (DSS, Decision Support System)	효과	- 의사결정과 프로그램 집행 지원 - 의사결정의 효과성과 조직의 효과에 초점 - 모델링 기법 이용 의사결정자 지원 - 관리능률을 향상시키는 데 초점	GAIN
업무수행지원시스템 (PSS, Performance Support System)	성과	- 업무완성에 필요한 정보통합, 제공으로 업무능률 향상 - 서비스 제공자의 성과에 초점을 둠 - 업무수행에 필요한 정보의 확인 및 지원	CASP

02 사회복지기관의 정보체계

1 사회복지기관의 정보체계 설계를 위한 정보유형 [5]

사회복지기관이 정보관리체계를 구축하고 필요한 정보를 효과적으로 활용할 수 있도록 구체적 정보의 내용을 확인하고 이를 투입, 전환, 산출할 수 있어야 한다. 사회복지기관의 조직관리와 프로그램 수행에 필요한 정보의 내용을 분류하고 구체적 자료의 예시를 제시하면 다음과 같다.

① **지역사회 정보** : **인구통계학적 정보**, 사회적·경제적 특성에 관한 자료, 서비스를 받고 있는 대상자의 신원확인, 실질적인 서비스와 재원의 목록 등
② **클라이언트 정보** : 클라이언트의 현존문제, **개인력**, 서비스 수혜유형, 서비스 기간, 사회 경제적·가족적 특성, **고용상태**, 만족도 측정과 서비스 성과 등
③ **서비스 정보** : 기관의 서비스 단위, **클라이언트 수**, 일정한 기간 내에 서비스를 제공받은 클라이언트 수와 서비스가 종결된 클라이언트 수, 서비스와 관련된 활동 등에 관한 설명 등

④ **직원 정보** : 사업(프로그램)수행에 참여한 시간, 도움을 준 클라이언트 수, 프로그램 담당기간, 서비스 제공의 양, **서비스의 차별성**, 직원의 임면에 관한 사항, 직원의 전직과 보직변경 등
⑤ **자원할당 정보** : 전체비용, 특수한 유형의 서비스 비용, 예산 및 결산보고서를 위해 필요한 자료 등

2 Schoech에 의해 개발된 7단계 정보체계의 설계과정

① **현재상황에 대한 사정** : 현재상황에 대한 정확한 사정 및 정보체계개발을 위해 별도위원회를 구성하고, 모든 직원들의 참여와 헌신을 유도할 필요가 있다.
② **기존 정보체계에 대한 분석** : 정보체계를 설계할 때에는 어떤 정보가 수집되어야 할 것인가를 결정하기 위해서는, 업무의 흐름도, 프로그램의 목적, 직원과 외부의 이해관계자의 정보욕구에 대한 이해와 분석이 필요하며, 이를 바탕으로 정보체계개발을 위해 관련된 모든 영역의 정보를 수집해야 한다.
③ **세부설계**
  ㉠ 설계자는 조직 내에서 어떤 부서의 어떤 직무단위가 필요한 정보를 가장 쉽게 기록할 수 있는지를 판단해야 하며, 누구에게 정보를 보고해야 하는지, 누가 보고된 정보를 분석할 책임이 있는지를 결정해야 한다.
  ㉡ 어떤 정보가 전산화되어야 하는지, 어떤 것은 지속적으로 수작업으로 관리해야 하는지를 결정하는 것도 이루어져야 한다.
④ **정보관리체계검증과 준비** : 새로운 정보체계가 승인을 받은 후에는 직원훈련비용뿐만 아니라 소프트웨어나 하드웨어의 구입비용이 산정되며, 특히 정보체계에 대한 교육훈련은 정보체계 발달의 성공을 좌우하는 요소가 될 수 있다.
⑤ **전환** : 새로 개발된 정보체계가 정말 필요한 정보를 제공한다는 것을 테스트 기간 동안 확신하고 경험한 후에, 기존의 정보체계사용은 더 이상 허용되지 않는다.
⑥ **평가** : 정보체계개발의 성공과 실패에 대한 평가는 관리자 차원, 정보화추진위원회 차원, 단위 부서 차원, 직원 개인 차원, 서비스 대상자 차원에서 시도될 수 있을 것이다.
⑦ **운영, 유지, 수정** : 새로이 개발된 정보체계가 의도했던 바와 같이 운영되기 위해서는 적정한 관리유지와 발생할 수 있는 보완요소에 대한 준비가 되어야 한다.

3 사회복지조직의 정보관리체계 개발을 위한 과제

① 정보체계의 도입과 활용의 모든 단계에 직원들이 참여하는 정보체계에 관한 계획을 마련해 놓아야 한다. 즉 직원참여는 시스템화 과정에 대한 관심과 노력을 조장하게 되고, 그 활용을 적극적으로 유도하게 된다.

② 정보체계의 도입과 활용에 제기되는 이슈들 [②④⑦⑧⑭㉑]
  ㉠ 정보접근성의 형평문제(예 빈곤하거나 약자인 경우도 정보테크놀로지의 이점을 만끽할 수 있는가?)
  ㉡ 공동선의 문제(예 컴퓨터는 클라이언트를 위해 혹은 사회복지사를 위해 도입되고 있는가?)
  ㉢ 개별화된 보호의 문제(클라이언트 정보의 비밀보장을 위한 실천가의 책임)
      예 기록양과 시스템의 양식이 오히려 사회복지사가 관심을 두어야 할 일을 통제하는 것은 아닌가?
      ⊗예 대규모 개인정보 유출 위험 감소(×)
  ㉣ 편협한 전문가주의의 불필요한 도입
      예 컴퓨터 기록양식은 클라이언트가 사례기록을 읽고 이해하는 것을 더 어렵게 하는 것은 아닌가?
  ㉤ 1차적이고 자연적인 원조집단과 전문가 관료제 간의 균형문제
      예 컴퓨터가 관료제의 역할, 권력 및 책임을 확대시키는가 아니면 지역사회와 클라이언트의 권력을 강화시키는가?
  ㉥ 인간문제의 사회적 측면과의 문제
      예 테크놀로지로 조정된 클라이언트의 사정은 이해하기 힘든 클라이언트 문제의 사회적 측면을 하나의 사실이나 사물로서만 취급되는 결과를 가져오는 것은 아닌가?

프로그램 개발과 평가

제3부 **사회복지조직관리와 인사관리**

제11장 회차별 출제빈도, 출제비중 및 출제논점 1, 2, 3순위

10회 2012	11회 2013	12회 2014	13회 2015	14회 2016	15회 2017	16회 2018	17회 2019	18회 2020	19회 2021	20회 2022	21회 2023	22회 2024
3	6	4	5	2	3	2	4	2	2(1)	1	1	1

출제 비중	출제 논점		
	1순위 ☺	2순위 ※	3순위 ☆
12.5	① 프로그램 평가의 기준과 평가요소 ② 논리모델(Logic Model, 로직모델)	① 프로그램 대상자 선정과정 ② 브래드 쇼(Bradshow)가 제시한 욕구	① 욕구의 유형에 따른 프로그램 ② 목표를 규정하는 기준, 목표의 평가기준

1순위 스마일표시(☺) : 출제 빈출도가 높은 부분으로 무조건 시험에 출제되는 영역
2순위 당구장표시(※) : 나왔다 안 나왔다 하는 영역이지만 출제가능성 높은 영역
3순위 별 표(☆) : 출제 된 적이 있긴 하지만 다시 출제될 가능성은 다소 떨어지는 영역

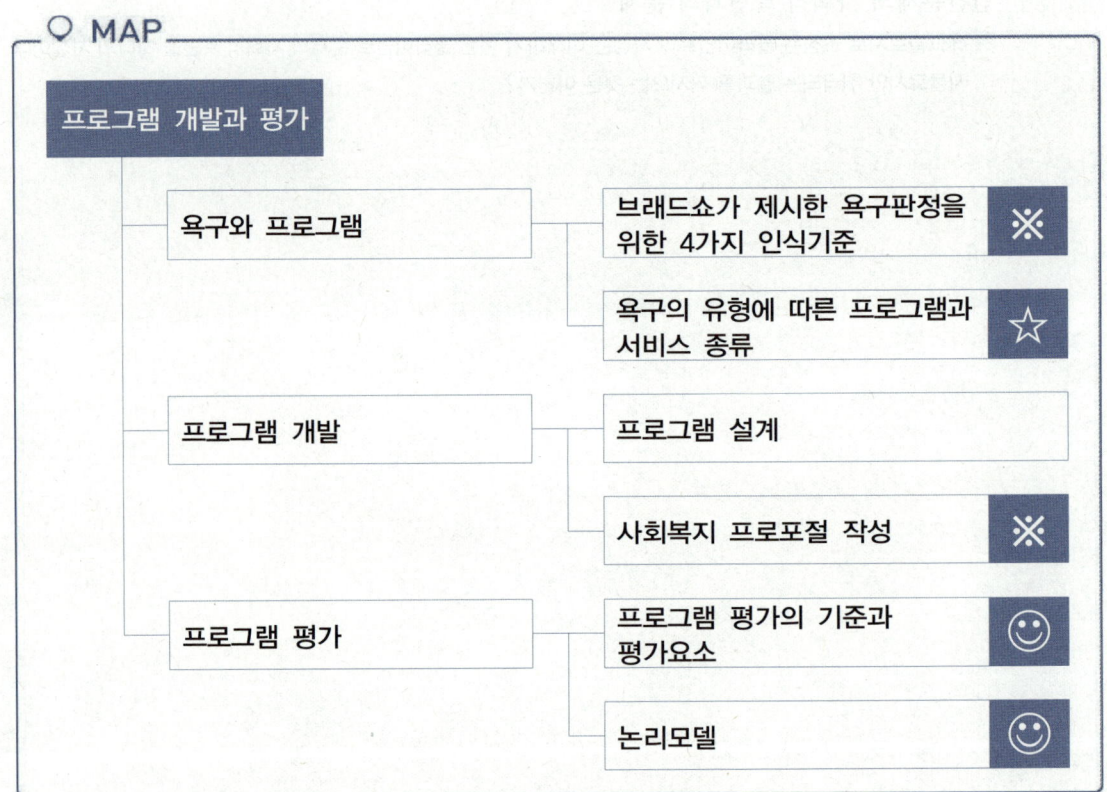

01 욕구와 프로그램

1 욕구의 분류(Classification of Need) : Maslow의 인간 욕구 피라미드(need pyramid)

매슬로우는 인간의 욕구를 크게 결핍욕구(deficiency needs)와 성장욕구(growth needs)로 나누고, 이를 다시 5개 범주로 나누어 계층화하였다. 인간의 욕구를 초기에는 5단계, 후기에는 8단계로 분류하였다.

■ 매슬로우의 욕구 유형과 내용 ■

욕구 유형		욕구 내용
성장욕구	초월 욕구	• 타인의 자아실현과 잠재력 발견을 원조
	자아실현욕구	• 가장 상위 차원의 욕구로서 4가지 욕구가 충족된 후 일어남 • 잠재력 실현, 자아개발, 창조적·자발적 행위
	심미적 욕구	• 균형, 질서, 아름다움
	인식적 욕구 (지적 욕구)	• 지식, 이해, 탐험의 욕구
결핍욕구	존중의 욕구 (자존감의 욕구)	• 자신에 대한 긍정적 평가나 인정받으려는 욕구 • 성취, 유능, 자신감, 존중, 사회적 인정, 직무수행에 따른 적절한 보상
	소속 및 사랑의 욕구 (소속감의 욕구, 사회적 욕구)	• 인간관계에서 충족되는 욕구 • 소속, 교제, 수용, 우정, 사랑하기, 사랑받기, 상사관계, 동료관계, 사람들과 시간을 함께 보내는 것
	안전의 욕구	• 물리적, 심리적 위협으로부터 벗어나려는 욕구 • 주택, 의복, 궁핍으로부터 보호, 기초생활보장, 연금, 의료보험, 안정적 고용보장, 경력보장, 고충처리, 산업안전시설
	생리적 욕구	• 생존하기 위해 충족되어야 할 생물학적 욕구 • 음식과 물, 배고픔, 배설, 갈증, 맑은 공기(산소), 신체적 안락, 휴식과 수면, 운동, 급여, 작업환경, 적으로부터의 보호

2 브래드 쇼(Bradshow)가 제시한 욕구판정을 위한 4가지 인식기준 [①⑤⑦⑩⑬]

(1) 규범적 욕구(normative need) : 인식의 기준은 규범

① 인식의 기준인 규범은 **전문가들에 의해 정해지는 경우**가 많다.

전문가들은 그들의 경험과 지식으로 어떤 수준이 충족되어야 한다는 **전문적 기준(규범)**을 설정하고 그 기준과 현실을 비교하여 욕구를 결정하는 것이다.

> 예 영양학자들이 연구와 조사를 통해서 밝혀진 건강한 어린이의 영향기준에 미달하는 아동에게 건강욕구가 있는 것으로 판단하거나, 정부가 정한 빈곤선과 최저임금도 일종의 규범 또는 기준으로 그 이하의 조건에서 생활하는 사람은 소득 욕구가 있다고 간주한다.

② 장점
  ㉠ 현재의 상태를 규범적 상태로 끌어올리기 위해서 필요한 서비스가 제시될 수 있다.
  ㉡ 욕구의 수준이 파악되면 프로그램으로서의 **목표설정과 계량화에 용이하고 목표 달성의 정도를 측정**하는 데에도 장점이 있다.

③ 단점
- ㉠ 전문가 의견에 의존하는 경향으로 인해 이에 근거한 서비스 개발을 할 경우 **엘리트 위주의 서비스**가 되어 표적집단이 사용할 수 없는 프로그램이 될 수도 있다.
- ㉡ 욕구의 정도가 **전문가에 따라 달리 규정**될 수 있으며 지식, 기술, 가치관, 시간변화에 따라 변할 수 있는 탄력성을 지니지 못하는 단점이 있다.

(2) **인지적 욕구**(felt need or perceived need, 느낀 욕구, 감촉적 욕구, 체감적 욕구) : 인식기준은 체감

① 그룹의 성원들의 느낌이 욕구파악의 기준이 되는 것으로, 대개 사람의 '**원함(want)**'이 무엇인지를 파악하는 것이다.
- ㉠ 욕구를 갖는 잠재적 클라이언트들이 그 무엇이 결핍되었거나 과다한 것을 욕구로 생각하고 욕구충족이 필요하다고 느끼는 욕구를 말한다.
- ㉡ 표적집단이 어떤 욕구 상태에 있는지, 또는 어떤 서비스를 원하는지 직접 물어보거나(주로 면접, 전화, 우편조사 등의 **사회조사**를 통해서, **지역사회서베이를 통해서**), **지역사회 공개 토론회**를 통해 체감적 욕구에 관한 자료를 얻을 수도 있다.

② 단점
- ㉠ 현재나 가까운 장래의 여건과 상황에 따라서 욕구의 정도도 **개인의 인식에 의해 수시로 변할 수 있다**는 문제점을 가지고 있다.
- ㉡ **응답자별로 인지욕구의 수준이 천차만별**하여 적절한 기준을 정하기 어렵기 때문에 객관적인 욕구측정이 되지 못한다.
- ㉢ **일반적으로 예상보다 크게 나타나는 경우가 많기** 때문에 인지적 욕구를 순수한 욕구로 그대로 추정하는 오류를 범할 수 있다.

(3) **표현적 욕구**(expressed need, 표출적 욕구, 요구된 욕구) : 인식기준은 표적집단의 표현 또는 행위

① **체감적 욕구가 행동으로 전환된 것**을 의미한다.
   체감적 욕구는 그룹의 성원들이 내부적으로 느끼고 있는 정도에 의해 파악되는 데 반해 표현적 욕구는 **그룹의 성원들의 의사가 실제 외부로 나타난 행위에 의해 파악**된다.
    어떤 서비스의 신청자 수, 대기자 명단(waiting list), 러브호텔 설립 반대, 환경파괴적 공장 설립 반대 등 주민들의 집단행동을 통해서 욕구를 파악할 수도 있다.

② **장점** : 욕구의 정도가 비교적 정확하게 잡히기 때문에 수요에 따른 서비스 공급규모를 적절히 조절할 수 있다.

③ 단점
- ㉠ 현재 이용 가능한 서비스의 이용에 의존하기 때문에 **현상을 유지하는 해결책**을 갖게 된다.
- ㉡ 서비스의 내용을 전혀 알고 있지 못하는 클라이언트 집단은 배제될 가능성이 많다.

(4) **비교적 욕구**(comparative need; 상대적 욕구, relative need) : 인식기준은 비교

① 전문가나 사회가 욕구를 규정하며, 욕구를 갖는 **당사자와 유사한 사람을 비교하거나 타 지역과 비교하여 정해지는 욕구**를 말한다.

㉠ 한 지역에 존재하는 서비스의 수준과 유사한 지역에 존재하는 서비스 수준 간의 차이를 측정한다.
㉡ 집단 간 상대적 수준의 차이를 고려한다.
② **장점** : 집단 간 비교 또는 지역 간 비교를 통해서 욕구의 수준을 정할 수 있다.
③ **단점**
㉠ 비교집단은 단순히 비교를 위한 것인지 실제로 동일한 수준의 욕구가 있는 집단인지에 관해서는 정확하지 않을 수 있어, 비교집단의 선정과 대표성 문제가 제기된다.
㉡ 현실적으로 모집단의 평균을 얻기가 곤란한 경우가 많으며, 기존의 이용 가능한 정보를 이용하기 쉬운데 이 경우 이용 정보에 따라 다른 결과를 얻게 될 가능성이 많다.

(5) 위의 욕구들이 중첩될수록 프로그램화의 필요성은 증가한다.

3 욕구의 유형에 따른 프로그램과 서비스 종류 [⑤]

아래의 표는 Maslow의 욕구 유형에 따라 노인문제의 해결과 노인이 갖는 욕구의 충족을 위한 전형적 사회복지 프로그램과 서비스는 어떠한 것이 있는지를 잘 보여주고 특정 사회복지기관이 현시점에서 제공하고 있는 프로그램과 향후 필요한 프로그램과 서비스는 무엇인지를 자세히 보여준다.

■ 욕구의 유형에 따른 프로그램과 서비스 종류 ■

욕구유형	전형적 프로그램/서비스	A복지회관의 프로그램/서비스	향후 필요한 프로그램/서비스
생리적 욕구	• 식사배달서비스 • 가사서비스 • 가정간호서비스 • 의료서비스 • 이동목욕서비스 • 주거환경개선서비스	• 식사배달서비스 • 가사간병서비스 • 이동목욕서비스	• 가정간호서비스 • 주택개량서비스 • 병원의뢰서비스
안전 욕구	• 노인의집 프로그램 • **집단노인거주프로그램** • 안부전화점검서비스 • **노인학대예방서비스**	• 노인그룹홈 • 경로당순회지원서비스	• 재가노인안부전화서비스 • 노인학대예방프로그램
사회적 욕구	• **노인여가선용 프로그램** • 노인학교운영 프로그램 • 가정봉사원 정서서비스	• 노인대학운영 • 가정봉사원파견사업	• 노인건강교실 프로그램 • 노인노래교실 프로그램
자기존중 욕구	• **심리사회상담서비스** • 정신건강 프로그램 • 취업알선 프로그램	• 노인문제상담서비스 • 노인건강강좌프로그램	• 노년기적응 프로그램 • 노인취업프로그램 • 노인자립작업장운영
자아실현 욕구	• 서예, 미술 등 교육프로그램 • 노인자원봉사활동	• 노인취미교실운영	• 은빛자원봉사단 조직

02 프로그램 개발(예술적 요소 필요)

1 프로그램 설계

(1) 프로그램 설계의 개념

사회복지 프로그램 설계(design)는 **프로그램을 만들기 위한 계획을 수립하는 과정**으로 어떤 프로그램을 얼마의 재원을 가지고 누구를 위해 제공할 것인지 등의 개략적인 프로그램의 방향은 모두 프로그램 설계에 반영된다.

(2) 프로그램 기획 세부단계 및 과업(이봉주 외, 2010)

준비단계	→	계획단계	→	실행단계	→	평가단계
• 예비조사 • **문제확인** • 욕구측정 • 대상자 확인 • 관련 연구 분석		• **목표 설정** • 대상자 선정 • **개입전략 수립** • 프로그램 설계 • 예산수립 • 평가계획수립		• 프로그램 실행		• 과정/형성평가 실시 • 결과/총괄평가 실시 • 보고서 작성

2 사회복지 프로포절 작성

(1) 사회문제의 분석

① **사회문제분석의 필요성** : 프로그램에 대한 기획은 사회문제의 분석(social problem analysis)으로부터 시작한다.

② **사회문제의 규모 추정** : 사회문제가 얼마나 심각한지에 관해서는 시간이나 연도에 따라 달라질 수 있기 때문에 **기간**(a period of time)의 설정이 있어야 하며, **발생**(incidence)과 **확산**(prevalence)이라는 두 가지 개념으로 그 규모와 정보를 파악한다.

  ㉠ **발생(incidence)** : 일정 기간 동안 새로운 상황이 발생했거나 문제가 발생한 건수
  ㉡ **확산(prevalence)** : **사회문제의 발생과 퍼져 있는 정도** → 간접적으로 문제나 욕구의 정도를 추정하는 데 사용되며 그에 따른 인력과 시설의 필요한 정도를 추산하는 데 근거통계로 사용

(2) 프로그램 대상자 선정과정 [②⑥⑰]

① **일반집단(general population)** : 일반집단은 해당 문제를 가질 수 있다고 판단되는 **가장 포괄적인 대상인구집단**이다.

② **위험집단(at-risk population, 위기집단)** : 위험집단은 일반집단 중 이 문제에 특히 노출 위험이 있는 집단이다.

③ **표적집단(target population)** : 표적 집단은 수행하려고 하는 **프로그램이 직접 구체적으로 대상으로 하는 인구 집단**이다.

④ **클라이언트 집단(client population)** : 클라이언트 집단은 해당 프로그램이 실시될 때 **실제 그 프로그램을 이용할 수 있는 프로그램 소비자들**이다.
  ㉠ **실현 가능성** : 가장 일반적으로 고려될 사항은 프로그램의 수용능력이다.
  ㉡ **윤리성** : 프로그램에 참여할 자격이 있는 사람이 서비스를 받는 것을 원치 않을 수도 있음을 고려해야 한다.
  ㉢ **클라이언트의 능력** : 프로그램을 통한 효과를 얻기 위해서는 클라이언트가 어떤 능력을 보이거나 자원을 가져야 한다.

■ 대상집단 표집깔때기(Population Funnel) ■

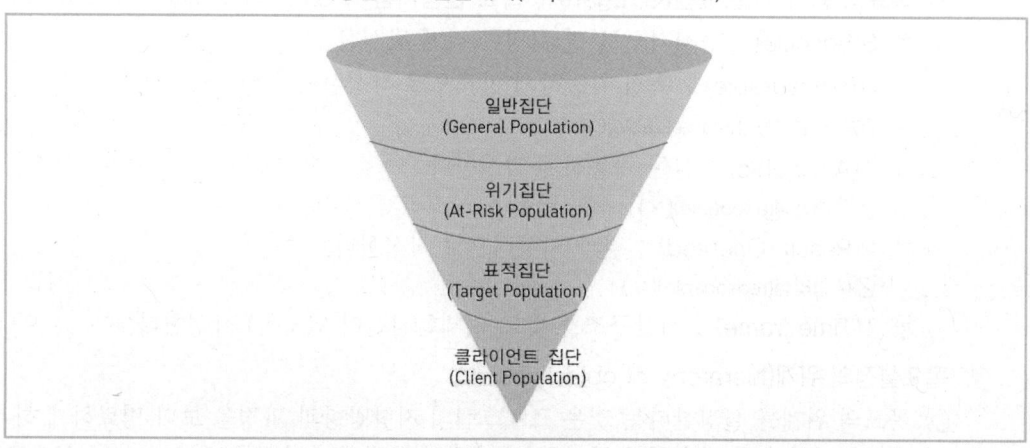

■ 표적집단 사전계산법에 의한 결과의 예 ■

대상구분	대상인구	인원수(%)
일반집단	○○시 거주 65세 이상 노인 전체	32,015명
위기집단	일반집단 중 저소득 노인 인구	1,649명
표적집단	위험집단 중 시설입소대상 노인	494명
클라이언트집단	표적집단 중 시설 미입소 노인	123명

(3) **목표 설정**
  ① **목적과 목표**
    ㉠ **목적(goal)** : 기관의 설립 이념과 목적으로부터 논리적으로 유추되며 **프로그램의 궁극적 지향점을 제시해 준다는 측면에서 측정의 대상이 되지는 않는다.**
    ㉡ **목표(Objectives, 세부목표)** : 목표란 목적을 성취하기 위해 취해야만 하는 행동을 위한 진술들을 의미한다.
  ② **목표를 규정하는 기준** [⑫]
    ㉠ 랩과 포어트너(Rapp & Poertner, 1992)가 제시한 8가지 기준
      ㉮ 클라이언트-결과 지향적이어야 한다.
      ㉯ 명확하게(분명하게) 설정되어야 한다.
      ㉰ 긍정적이어야 한다.

㉔ 현실적(실현 가능성이)이어야 한다.
㉕ 단일 기준을 설정해야 한다. 즉 각각의 목표들은 적절한 수행을 규정하는 퍼센티지, 수, 또는 비율 등을 가지고 있어야 한다는 것을 의미한다.
㉖ 측정이 가능해야 한다. 모든 목표는 직접적으로 측정할 수 있고 관찰할 수 있어야 한다는 것을 의미하는 것으로, 이것은 목표의 불확실성을 제거해 주는 역할을 한다.
㉗ 시간 변수(시간의 제한)를 갖는다.
㉘ 목적과 연관되어 있어야 한다. 목표는 프로그램의 목적을 구체적인 혜택에 관한 진술로 세분화 또는 분화한다는 것을 의미한다.
ⓒ **목표의 평가 기준[에간(G. Egan)의 목표 선정지침]** : SMART Objectives [③⑦⑪. 실천론 ⑬]
㉮ S(Specific) : 구체적으로 명료(명확)하게 작성한다.
㉯ M(Measurable) : 측정 가능하게 양적으로 작성한다.
　ⓧ 조절가능성(manageable)(×)
㉰ A(Attainable) : 실현 가능하게 작성한다.
　ⓧ 적합성(adequate)(×)
㉱ R(Result-Oriented) : 결과 지향적으로 작성한다.
　ⓧ 합리성(reasonable)(×)
㉲ T(Time frame) : 시간구조를 갖도록(제한시간이 있도록) 작성한다.

③ **목표설정의 위계(hierarchy of objectives)** [⑤]
㉠ 목표의 위계를 설정한다는 것은 프로그램의 지향방향과 과정을 보다 명료하게 하기 위한 방법으로서 추상적인 최종 목적을 몇 단계의 구체적인 하위목표(objectives)로 구분하는 것이다.
㉡ 목표의 위계화는 추상적인 최종목표를 개념적으로 분화해서 보다 구체적이고 경험적인 하위목표들로 설정해나가게 된다.

④ **하위목표들의 종류** : 하위목표는 1차 하위목표(first-order objectives), 영향목표(impact objectives), 성취목표(achievement objectives), 활동목표(activity objectives), 이용자목표(consumer objectives)이다.
㉠ **하위목표(objective) 혹은 1차 하위목표(first-order objective)**
㉮ 추상적인 최종목표를 개념화하고 조작적으로 표현할 수 있는 기초가 되는 하위목표이다.
㉯ 하위목표는 최종목표를 조작적으로 정의할 수 있는 기초가 될 뿐 아니라 이를 달성할 수 있는 구체적 실천전략의 방향을 제시하는 수단의 역할을 한다.
㉡ **영향목표(impactive objectives)**
㉮ 1차 하위목표를 구체화하는 목표들 가운데에는 가장 높은 수준의 하위목표 가운데 하나이다.
㉯ **영향목표의 목적**은 최종목표와 1차 하위목표가 제시하고 있는 문제의 지표는 그대로 유지한 채 이 지표를 어떻게 바람직한 상태로 변화시킬 수 있는 영향력을 모색할 수 있을지를 구체적으로 제시하는 것이다. 영향목표는 **프로그램 대상 집단을 최종적으로 어떤 상태로 변화시키겠다는 형태로 표현**된다.

예) 2020년 12월 31일까지 OO시의 노숙인 수를 50% 줄이기 위한 것, OO복지관 서비스 구역에서 청소년 비행률을 2020년 6월 30일까지 전국 평균 수준으로 줄이는 것, OO장애인 종합복지관의 대기자 수를 2020년 2월 28일까지 30% 줄이는 것 등

ⓒ 성과목표(achievement objectives, 성취목표) [⑤⑪⑱]

㉮ 영향목표가 최종목표나 1차 하위목표가 담고 있는 문제를 중심으로 대략적으로 제시하고 있는 반면, 성취목표는 **프로그램의 표적집단을 대상으로 구체적으로 무엇을 얼마만큼 변화시켜 어떠한 상태에 도달하게 만들지를 제시하는 목표**이다.

㉯ 프로그램이 관심을 가지고 있는 문제와 관련된 서비스 대상자가 프로그램을 통해 **어떤 정도의 변화에 도달할 것인가를 표현하는 목표**이다.

예) 클라이언트의 자아 존중감 향상, 지역사회 공동체 정신의 함양, 다문화가정 여성의 가족관계 회복될 것이다, 2020년 12월 31일까지 서울 시내 노숙인 200명을 취업시킨다.

※ 성과목표 - 자아존중감을 10 % 이상 향상한다.(O)

ⓔ 활동목표(activity objectives) [⑤⑱]

㉮ 영향목표나 성과목표가 주로 산출(output)을 중심으로 설정되는 목표라면 활동목표는 **프로그램의 투입(input)에 주목하는 목표이다. 영향목표나 성취목표를 달성하기 위해서 얼마만큼의 인적·물적 자원이 사용되어야 하는지를 구체적으로 제시하는 목표**이다.

㉯ 활동목표의 구성에는 어느 정도의 기간 동안, 어떠한 종류의 서비스나 프로그램이 어느 정도 제공될 것인지가 구체적으로 제시된다.

예) 프로그램 당해 연도에 500건의 인터뷰 수행, 15건의 지역사회 모임 개최, 2020년에 노숙인들에게 2,000시간의 심리상담을 제공하는 것, 40명의 비행우려청소년들에게 4회의 집단캠프를 실시하는 것, 기관의 직접서비스 인력 20명에게 도합 200시간의 특별직무교육을 실시하는 것 등

ⓜ 이용자목표(consumer objectives, 소비자목표)

㉮ 얼마나 많은 서비스 대상자들이 프로그램에서 제공되는 서비스를 이용할 것인가를 결정하는 목표이다. 이는 목표를 프로그램의 달성 정도나 프로그램의 투입량 같은 프로그램 공급자 중심으로 보는 것이 아니라 해당 프로그램의 현재적 혹은 잠재적 이용대상자인 소비자의 입장에서 목표를 설정하는 것이다.

㉯ 프로그램을 얼마나 많은 서비스 대상자에게 실제로 노출시킬 수 있을지를 목표로 하는 것이다.

예) 2020년에 200명이 취업훈련 서비스를 제공받는 것, A시의 실업자 중 20%가 취업 훈련을 제공 받는 것 등

■ 목표체계도를 구성하는 다양한 하위목표들의 역할(김학주, 2008) ■

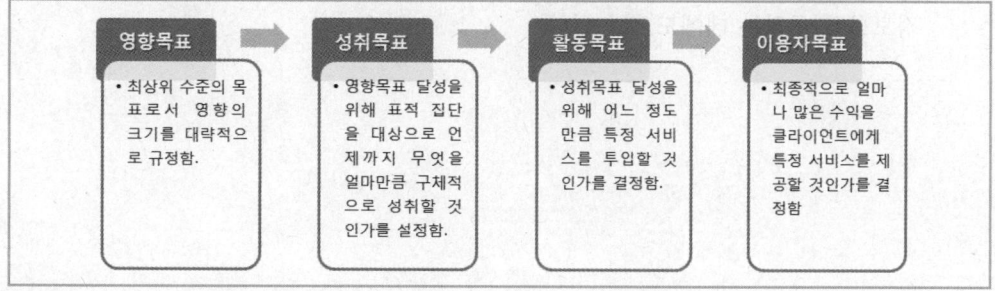

03 프로그램 평가(과학적 요소 필요)

1 프로그램 평가의 목적과 평가기준 및 요소

(1) 프로그램 평가의 목적 [②]

① **프로그램 과정상 환류적 목적** : 프로그램 성공 여부에 대해 평가를 실시하고 평가결과를 환류(feedback)시킴으로써 프로그램의 유지, 축소, 확대, 혹은 중단 여부에 대해 합리적 판단(의사결정)을 할 수 있도록 돕는다.

② **기관운영 책임성 이행과 예산지원에 대한 정당성 확보** : 기관예산을 포함한 물적 자원과 인적 자원의 사용에 있어 효율성과 효과성을 평가하여, 기관운영 책임성 이행과 예산 지원에 대한 정당성을 확보한다.

> ⓧ⓪ 사회복지 프로그램 평가의 목적과 그 설명 : 책임성 이행 – 재무·회계적, 전문적 책임 이행(○)

③ **이론 형성 목적** : 프로그램 실시 이전에 표적 집단의 표적행동을 관찰하고, 프로그램을 실시한 집단의 표적행동에 어떠한 영향을 미쳤는지를 논리적으로 평가함으로써 실험변수와 결과변수 간의 인과관계를 검증하여 이론을 형성할 수 있다.

④ **프로그램 개선 목적** : 형성평가의 경우, 프로그램 진행과정을 개선할 목적으로 프로그램을 평가한다.

⑤ **설계적인 목적으로 프로그램 평가** : 새로운 프로그램을 개발하거나, 현재 시행 중인 프로그램을 설계를 명백히 하거나, 새로운 프로그램의 개발과 시행에 소요되는 경비를 산출하거나, 기관의 목적을 검토하기 위하여 프로그램을 평가한다.

⑥ **합리적인 자원배분을 목적** : 프로그램의 평가결과에 따라 자원을 할당함으로써 자원배분이 합리적으로 이루어질 수 있으며, 이러한 평가를 통해 지역사회나 정부로부터 지원 혹은 지지를 획득할 수 있는 정보를 제공해 준다.

⑦ **서비스 전달 체계 개선목적** : 서비스가 전달되는 과정을 평가하여 본래 의도한 목적과는 다른 방향으로 진행될 경우 이를 시정하여 프로그램 진행과정에서 서비스 전달이 원활하게 이루어지도록 한다.

⑧ **프로그램 기획 및 개발에 필요한 지식이나 정보를 획득할 목적** : 평가에 사용되는 방법들은 기관의 개인활동과 계획한 성과 간의 관계에 대한 지식을 개발하고, 프로그램을 개발하는 데 필요한 정보를 획득하는 데에도 활용된다.

(2) 평가기준 및 평가요소(김학주, 2008) [②③④⑭⑮⑯⑰㉑]

기 준	정 의	평가요소의 예
노력성 (effort) [⑪⑫⑮⑯⑰⑳㉑]	프로그램 활동의 양 (프로그램을 위해 동원된 자원정도)	**프로그램의 투입요소와 이의 전환과정** • 단위활동 수(프로그램 담당자의 제반활동) • 이용자 수(서비스를 받은 클라이언트 수) • 전문지식과 기술의 소유와 활용 정도(전문인력 수) • 프로그램 예산 및 자원(목표달성을 위해 투입된 시간 및 자원의 양) • 프로그램 기간 및 하위 활동들의 단위기간 • 프로그램 활동에 대한 전문인력 투입시간 등
효과성 (effectiveness) [⑪⑫⑭⑮⑯⑰㉑]	프로그램 목표의 달성도	**목표달성과 프로그램 노력과의 인과관계(서비스의 목표달성 정도)** • 이용자의 인지적·감정적 변화 • 이용자의 행동상의 변화(프로그램 참여자의 행동변화) • 이용자의 사회적 변화 등 • 클라이언트의 문제해결능력 향상도
효율성 (efficiency) [⑪⑫⑭⑮⑯⑰⑲]	산출대비 비용 정도	**서비스 단위 산출당 소요비용** • 프로그램 노력(노력의 평가요소들)에 대한 비용 • 프로그램 결과(효과성의 평가요소들)에 대한 비용 등
서비스의 질 (quality) [⑫⑭⑯]	프로그램(제공자)의 전문성	**서비스의 우월성과 관련된 전반적인 판단** • 서비스 인력의 전문자격 소유 여부(서비스 인력의 자격증 보유)와 정도 • 프로그램에서 활용하고 있는 전문지식과 기술의 정도 등
과정 (process) [⑤⑰]	프로그램 결과의 경로	**프로그램 운영상의 매개체(노력이 산출로 옮겨지는 중간과정 또는 절차를 평가하는 기준을 말함)** • 프로그램이 특정 결과를 가져오게 된 이유를 설명하는 것과 관련이 있으며, 이러한 정보는 프로그램의 변화 방향이나 다른 환경에서도 반복하여 시행할 수 있는지를 판단하는데 쓰임 • 과정기준의 평가는 프로그램의 속성, 서비스 인구, 환경조건, 효과의 본질 등 몇 가지 차원에서 이루어질 수 있음 • 세부목표(수단적 목표)들의 달성 정도와 연계성 • 세부목표와 프로그램 결과 사이의 영향 정도의 차이 등 ※⑳ 과정 : 절차나 규정준수 여부 등으로 측정됨(○)
영향 (impact) [④⑭⑮⑯⑰]	사회문제 해결이나 이용자 변화에 미친 영향	**프로그램 노력과 사회적 지표변화 간의 관계(프로그램이 해당 지역사회의 사회문제해결에 어떤 영향을 주었는지에 관심을 두는 것)** • 위기집단과 표적집단 내에서의 변화 정도 • 사회지표상의 변화에 대한 실증적 기대 정도 등
형평성 (equity) [⑭]	프로그램 배분의 공평성	**프로그램의 접근성** • 대상집단에게 동일한 접근기회가 주어지는 지 여부와 그 정도 • 프로그램 활동이 지역 내에 균등하게 배분되는 정도(사회집단 간 얼마나 공평하게 배분되었는가를 의미) 등

2 논리모델(Logic Model, 로직모델)을 이용한 프로그램 평가 [⑧⑨⑩⑪⑬⑭⑮⑯⑰⑲]

(1) 논리모델의 개념

① 프로그램이 어떻게 작동할 것인지에 대한 기대와 예측을 도표로 나타내는 것이다.
② **체계이론의 개념을 적용**하여 **투입 – 과정 – 산출 – 성과 간의 관계를 논리적으로 설명**하는 도식을 활용하여 프로그램의 성과를 체계적으로 평가하는 모형이다.

> 논리모델은 투입 – 활동 – 산출 – 성과로 도식화하는 방법이다.(○)

OIKOS UP 사회복지평가의 조직이론적 접근(황성철 외, 2006) [⑨]

① **목표달성모델**
  ㉠ 전통적이고도 일반적인 효과성 분석방법으로, 모든 조직은 특정의 목표를 달성하기 위해 만들어진 합리적인 도구라는 명제를 전제한다.
  ㉡ 조직체는 달성하고자 하는 목표를 분명하게 세울 수 있고, 조직체가 산출하는 것을 정확하게 예측할 수 있으며, 주어진 목표를 성취하기 위해 공식적 구조를 통해 인적·물적 자원을 조작할 수 있다는 것이다.

② **체계모델**
  ㉠ 목표나 산출 그 자체보다는 목표달성을 위해 필요로 하는 수단과 과정에 초점을 두고 있으며, 프로그램 혹은 조직 효과성 평가는 주요 기능 간의 상호독립성을 강조하고 있다.
  ㉡ 조직평가의 경우 모든 조직을 상호연관적인 하위체계들로 이루어진 사회적 체계로 보며, 각 조직은 외부환경으로부터 투입요소를 받아들여 조직 내의 전환과정을 거쳐 환경으로 산출을 내보내는 과정을 지속함으로써 조직의 생존과 성장이 보장된다고 전제한다.
  ㉢ 목표체계(결과)에 지나치게 비중을 두는 것이 사회복지기관과 같은 서비스 조직에는 부적절할 수 있다는 비판, 목표설정이 다소 애매하여 객관적 분석이나 평가가 어렵다는 이유로 사회복지평가에서는 체계모델이 더 잘 적용된다.

(2) 논리모델의 구성요소

■ 논리모형의 도식 ■

Input(투입)	Activities(활동)	Outputs(산출)	Outcomes(성과)
프로그램에 투입된 자원	목표달성을 위한 일	프로그램 활동의 적절성 산물	프로그램 활동과정과 종료 후의 참여자 혜택
예 • 직원과 근무시간 • 자원봉사자와 봉사시간 • 외부강사 • 재원(예산) • 시설 • 장비와 비품 • 서비스에 소요된 비용	예 • 식사 및 쉼터 제공 • 직업훈련 • 아동교육 • 상담서비스 • 멘토링 활용 • 제빵기술교육 • 자원봉사자 모집	예 • 교육참여 인원수 • 상담서비스 횟수 • 교육 자료 배포 수 • 서비스 제공시간 • 서비스 이용자 수 • 서비스 참여횟수 (참여율) • 서비스 제공자와 이용자 간 접촉건수 • 이용자가 서비스를 활용한 총시간	예 • 새로운 지식 습득 • 직업 및 의사소통 기능 향상 • 태도와 가치변화 • 행동상의 변화 • 생활여건변화 및 지위변화 • 참여자의 재취업 • 참여자의 기술습득 • 참여자의 생활만족도

■ 논리모델의 틀(이봉주, 2010) ■

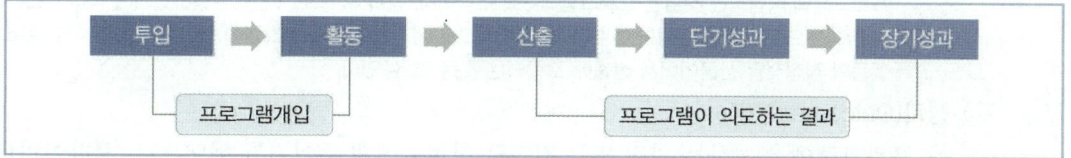

■ 성과와 영향 구분 ■

성과	태도, 지식, 기술 등 프로그램 종료 후 구체적으로 나타난 참여자의 내적인 변화
영향	프로그램에 참여한 개별 클라이언트의 변화에 초점을 두는 것이 아니라, 프로그램이 해당 지역사회의 사회문제해결에 어떤 영향을 주었는지에 관심

① **프로그램의 개입** : 프로그램의 개입은 프로그램을 수행하기 위해 필요하다고 생각되는 자원들을 기술하고 그러한 자원들을 이용하여 어떤 활동들을 해나갈 것인가를 제시한다.
   ㉠ **투입(input)**
      ㉮ **프로그램에 투입되는 자원을 표시한다. 즉 프로그램이 목표달성을 위해 사용하는 자원**을 말한다. 프로그램 활동을 지원하기 위해서 투입이 필요하다.
      ㉯ 투입은 프로그램을 위하여 사용될 수 있는 다양한 차원의 자원을 나타낸다.
         프로그램이 필요로 하는 자원은 크게 인적 자원, 재정적 자원, 조직적 자원, 그리고 지역사회 자원으로 나누어 볼 수 있다.
         예) 직원, 자원봉사자, 자금, 시설과 장비, 강사 등을 말한다.
   ㉡ **활동(Activities)**
      활동은 위의 자원들을 가지고 프로그램이 하는 일들을 통칭한다. 즉 프로그램의 근본적 목적 달성을 위해서 투입요소와 같이 이루어지는 일이다.
      ㉮ 이러한 프로그램 활동은 프로그램 수행에서 목적을 달성하기 위해 의도적으로 행해지는 과정, 도구, 행사, 기술, 행위 등을 나타낸다.
      ㉯ 이러한 개입을 통해 의도하는 프로그램 변화나 결과를 이루고자 하는 것이다.
         예) 무주택가정에 쉼터를 제공하는 일, 아동학대예방을 위해 대중교육을 하는 일, 저소득가정의 아동에게 멘토(mentor)를 붙여 주는 일 등을 말한다.

② **프로그램이 의도한 결과** : 프로그램을 통하여 어떤 변화가 생길 것인가를 보여준다. 이러한 의도하는 결과는 산출과 단기성과, 그리고 장기성과를 포함한다.
   ㉠ **산출(Output)**
      ㉮ **프로그램 활동의 결과로 나타나는 것으로 프로그램 활동의 직접적인 생산물**이다.
      ㉯ 산출은 보통 프로그램의 수행실적으로 나타나는데, 교육시행 횟수, 식사배달의 횟수, 배포된 홍보지의 숫자, 참석한 클라이언트의 인원수 등이 산출물로 표시된다. 우리가 사회복지기관의 평가에서 흔히 이용하는 연 인원, 실 인원, 프로그램 수 등의 지표는 모두 산출을 나타내는 방법이다.

㉹ 방과 후 프로그램을 시행한다고 하자. 1주에 3회, 월, 수, 금요일에 시행하는 프로그램이면 일주일 동안에 프로그램의 직접적인 산출은 프로그램의 3회 수행이다. 방과 후 프로그램을 수행하였기에 직접적으로 잡히는 성과는 프로그램을 수행한 횟수이다. 그런 식으로 생각해보면, 프로그램에 참여한 아동의 수도 프로그램 활동의 직접적인 산물이어서 산출에 포함되는 것을 알 수 있다.

ⓛ **성과(Outcomes)** [⑭]

㉮ 프로그램에 참여하는 과정 또는 결과로 참여자에게 주어지는 혜택으로, **클라이언트의 지식, 태도, 기술, 가치, 행동, 상황조건, 지위 등의 변화와 관련된 것**이다.

㉹ 가족화합의 필요성 인식, 읽기·학습기술의 향상, 갈등상황에 대한 효과적 대응, 직장구함, 가계소득의 향상 등

㉯ **단기성과와 장기성과**

ⓐ **단기성과** : 프로그램 참여자의 지식, 기술, 인식 등의 구체적인 변화이다. 산출과 성과를 구분하는 방법은 산출은 서비스의 제공에 초점을 두는 반면 성과는 프로그램 참여자의 구체적인 변화에 초점을 둔다.

㉹ 금연교육 프로그램의 궁극적인 목적은 담배를 끊는 것에 있지만 그러한 목적을 위하여 금연교육 프로그램을 통하여 프로그램 참여자가 흡연의 유해성을 인식하도록 한다면 이때 흡연의 유해성에 대한 인식을 높이는 것은 단기성과이다.

ⓑ **장기성과** : 장기성과는 프로그램이 궁극적으로 의도하는 목표의 달성 정도를 표시한다. 장기성과에서는 보통 프로그램 참여자의 궁극적인 상태의 변화, 즉 삶의 질의 향상 정도를 이야기한다.

㉹ 앞의 방과 후 프로그램의 예에서 단기적 성과로 아동의 심리정서기능 향상을 설정하였다면 장기적 성과로는 학업성취도의 향상으로 설정할 수 있다.

사회복지서비스 전달체계

제3부 **사회복지조직관리와 인사관리**

제12장 회차별 출제빈도, 출제비중 및 출제논점 1, 2, 3순위

10회 2012	11회 2013	12회 2014	13회 2015	14회 2016	15회 2017	16회 2018	17회 2019	18회 2020	19회 2021	20회 2022	21회 2023	22회 2024
2	3	5	4	6	3	2	3	–	4	1	1	3

출제 비중	출제 논점		
	1순위 ☺	2순위 ※	3순위 ☆
0 3 6	① 사회복지 서비스 전달체계 구축의 주요 원칙 ② 사회복지서비스 전달체계의 실제	① 전달체계의 통합 방법들	① 사회복지서비스 전달체계의 분류

1순위 스마일표시(☺) : 출제 빈출도가 높은 부분으로 무조건 시험에 출제되는 영역
2순위 당구장표시(※) : 나왔다 안 나왔다 하는 영역이지만 출제가능성 높은 영역
3순위 별 표(☆)   : 출제 된 적이 있긴 하지만 다시 출제될 가능성은 다소 떨어지는 영역

MAP

01 개요

1 사회복지서비스 전달체계의 개념

사회복지의 조직적 환경인 사회복지기관 및 시설과 중앙에서 지방 일선에 이르는 **모든 공적 사적 복지기관과 이들 기관의 서비스 전달망**을 말한다.

2 사회복지서비스 전달체계의 분류 [⑮⑳]

(1) **구조 기능적 차원 : 행정체계와 집행체계**

① **행정체계** : 서비스 전달을 기획, 지시, 지원, 관리, 감독하는 업무를 주로 한다.
  ㉠ **공공 사회복지서비스 전달체계** : 보건복지부 → 특별시·광역시·도 → 시·군·구까지의 체계
  ㉡ **민간 사회복지서비스 전달체계** : 사회복지관의 경우 관장, 자문위원회, 기획관리부 등은 행정체계에 해당

② **집행체계** : 전달자와 클라이언트가 상호관계를 이루면서 **서비스를 직접적으로 전달하는 체계**로, 최일선에서 구체적인 서비스를 제공하는 업무를 주로 한다.
  ㉠ **공공 사회복지서비스 전달체계** : 읍·면·동과 기초법 대상자 간의 체계
  ㉡ **민간 사회복지서비스 전달체계** : 사회복지관의 경우 일선부서 이하(각 부서에 상담담당, 사후관리담당, 직업알선 담당 등)는 집행체계에 해당

  구조·기능 차원에서 행정체계와 집행체계로 구분할 수 있다.(O)

(2) **운영주체적 차원 : 공공 전달체계와 사적(민간) 전달체계**

① **공공 전달체계** : 정부(중앙 및 지방)나 공공기관이 직접 관리·운영하는 것
② **사적 전달체계** : 민간(또는 민간단체)이 직접 관리·운영하는 것

  운영주체에 따라서 공공체계와 민간체계로 구분할 수 있다.(O)

02 사회복지 서비스 전달체계 구축의 주요 원칙

1 국내·외 학자들의 사회복지서비스 전달체계의 원칙

Gate(1980)	Gilbert & Specht(1986)	서상목·최일섭·김상균(1988)		
포괄성 접근용이성 계속성 비단편성 (통합성) 책임성	통합성 계획성 접근용이성 책임성	행정적 측면	기능분담의 체계성 전문성에 따른 업무분담 책임성 **접근용이성**	**통합조정** **지역사회참여** 조사 및 연구
		서비스 제공의 측면	**평등성** 재활 및 자활 목표 **적절성**	포괄성 **지속성** 가족중심
성규탁(1992)	최성재 등(1995)	박경일(1997)		
접근가능성 지속성 **적합성** 포괄성 통합성 공평성 적절성 조사연구	전문성 적절성 포괄성 지속성 통합성 평등성 책임성 접근용이성	조직 구조적 측면	권리성 전문성 통합성 접근용이성	기능부담의 체계성 지역사회 참여 문화적 특수성
		관리 운영적 측면	평등성 포괄성 책임성 재활 및 자활 목표	계획성 적절성 지속성 가족중심의 서비스 제공

2 사회복지 서비스 전달체계 구축의 주요 원칙 [④⑤⑥⑦⑩⑫⑬⑭⑮⑰⑲⑳]

주요원칙	주요 내용
전문성	• 사회복지서비스는 전문적인 서비스이므로 **전문가가 담당**하여야 함 • 프로그램 평가요소 중 **서비스의 질**과 관련 됨 ⓧⓞ 전문성 : 충분한 사회복지전문가의 확보가 필요하다.(O) ⓧⓞ 최소 비용으로 최대 효과를 얻음으로써 전문성을 높일 수 있다.(×)
적절성 = 충분성	• 그 양과 질과 제공하는 기간이 클라이언트나 소비자의 욕구충족(또는 문제해결)과 서비스의 목표(자활 및 재활) 달성에 **충분해야 함**
적합성	• 서비스는 **개개 클라이언트의 욕구에 맞도록 제공**되어야 함 예 미혼모를 위한 서비스 → 산전보호에서부터 산후진료, 학교교육, 취업, 입양 등 미혼모가 적합한 서비스를 받도록 해야 함

포괄성	• 복지수혜대상자의 욕구에 부응하는 **다양한 서비스의 제공이 필요**하다는 것 • 사람들의 욕구는 다양할 뿐만 아니라 한 가지 문제는 다른 여러 가지 문제와도 연관되어 있는 것이 일반적이기 때문에 **다양한 욕구 또는 다양한 문제를 동시에 또는 순서적으로 해결하기 위해서는 다양한 서비스가 필요** 　📌 포괄성을 달성하기 위한 방법으로 **일반화 접근방법(generalistic approach ; 한 사람의 전문가가 여러 문제를 다루는 것), 전문화 접근방법(specialistic approach ; 각각 다른 전문가가 한 사람의 각각의 문제를 다루는 것), 집단 접근방법(team approach ; 여러 전문가들이 한 팀이 되어 문제를 해결하는 것), 사례관리방법(case management ; 한 전문가가 책임을 지고 계속적으로 필요한 서비스와 전문가를 찾아 연결시켜 주고 적절한 서비스를 받을 수 있도록 하는 방법)** 　❌ 포괄성 : 클라이언트의 다양한 욕구 중 한 가지 욕구를 해결하기 위하여 전문가 집단이 개입하는 방식이다.(×)
지속성 = 연속성	• 한 개인의 문제나 욕구를 해결하는 과정에서 필요한 서비스의 종류와 질이 달라져야 하는 경우가 많은데, 이때 한 개인이 필요로 하는 다른 종류의 서비스와 질적으로 다른 서비스를 **조직 또는 지역사회 내에서 연속적이고 지속적으로 받을 수 있어야 함**
통합성 = 비파편성 = 비단편성	• 클라이언트의 문제는 많은 경우 복합적이고 상호 연관되어 있기 때문에 이런 **문제해결을 위한 서비스들도 서로 연관시켜 통합적으로 제공**해야 함 • 서비스가 통합적으로 제공되기 위해서는 **한 행정책임자 아래 서비스들이 제공되고 서비스 제공 장소(조직)들이 지리적으로 서로 가깝고 서비스 프로그램 간 또는 서비스 조직 간에 상호 유기적인 연계와 협조체제**가 갖추어져 있어야 함 　**단편성** : 하나의 전달체계에서 제공되는 사회복지급여가 저마다 문제해결을 하는 과정에 도움이 되지만, 전체적으로 볼 때 상호연결이 부족하여 문제해결을 달성하는데 어려움이 있는 경우를 말함 　⭕ 통합성 : 서비스의 중복과 누락을 방지하고 다양한 서비스를 통합적으로 제공해야 한다.(O) 　⭕ 서비스 제공기관을 의도적으로 중복해서 만드는 것이 전달체계를 개선해 줄 수도 있다.(O)
평등성	• 모든 복지수혜대상자가 **성별·연령·지역·종교·지위 및 소득에 관계없이** 사회복지서비스를 받을 수 있어야 한다는 원칙
책임성	• 서비스 제공자로서의 책임을 말하는 것으로서 **사회에 대한 책임, 복지대상자에 대한 책임 및 전문가에 대한 책임**을 의미 • 전달체계에 주어지는 사회적 위임과 기대들을 전달체계가 적절히 소화하는지의 여부 • **책임성의 문제는 서비스의 효과성이나 효율성과 밀접한 관련**을 갖고 있음 • 이용자 불만을 표시할 수 있는 장치가 없다면 책임성이 결여된 것임 　⭕ 이용자의 요구나 불만을 파악함으로써 책임성을 높일 수 있다.(O)
접근용이성 = 접근성	• 사회복지 서비스는 그것을 필요로 하는 사람들이면 누구나 쉽게 받을 수 있어야 하기 때문에 **클라이언트(소비자)가 접근하기에 용이하여야 함** • **서비스 접근의 장애요인** : 서비스에 대한 정보의 결여나 부족, 지리적 장애(원거리 또는 교통의 불편 등), 심리적 장애(자신의 문제 노출에 대한 두려움, 수치감 등), 선정절차상의 장애(클라이언트로 선정되는 데 있어서의 자산조사의 엄격한 적용, 시간이 많이 걸림), 자원부족(금품이나 상담자의 부족 등), 서비스 이용비용 등 　⭕ 접근성 : 서비스 이용자에게 공간, 시간, 정보, 재정 등의 제약이 없는 서비스 제공을 의미한다.(O) 　⭕ 전달체계의 접근성을 높이기 위해서는 서비스 이용의 장애요인을 줄여야 한다.(O)

03 사회복지기관의 이상적 기능과 사회복지서비스 전달체계의 원칙

1 사회복지기관의 이상적 기능(Perlman, 1975)

이상적 기능	주요 내용
투입(초입) 기능 (entry functions)	이용 가능한 서비스가 어떤 것인가를 잠재적 클라이언트(지역주민들)에게 홍보하고 교육하며, 전문직 서비스를 필요로 하는 대상자에게 그 소재를 알려주는 것
책임 기능 (accountability functions)	클라이언트의 문제를 사정하고 이용 가능한 자원을 찾아내며 클라이언트가 이를 활용할 수 있도록 도와주고, 필요하다면 클라이언트를 타 기관에 위탁하고 그 기관이 필요한 서비스를 제공할 수 있도록 보장해주며, 위탁에 문제가 발생했을 시에 클라이언트의 권리 보장을 위해 대변자의 역할을 하는 것
서비스제공 기능 (provision of services)	사회복지사와 사회복지기관에 의해 주어지는 특정한 형태의 도움
계획 및 통제 기능 (planning and control functions)	클라이언트의 욕구가 어느 정도 수준에 도달했으며 이를 충족시켜 줄 수 있는 공동체의 능력은 어느 정도인지를 평가하는 것이다. 펄만이 주장한 내용은 전달체계로서 사회복지기관이 마땅히 가져야 되는 기능적 측면으로, 전달체계의 수립과 실천에 응용할 수 있는 이상적 기준이 될 수 있음

2 사회복지서비스 전달체계의 원칙 : 행정적 측면과 서비스 제공측면

서상목 등(1988 : 23-32)은 효과적인 사회복지전달체계 구축에 있어 고려해야 할 기본원칙을 행정적 측면과 서비스 제공의 측면으로 구분하여 설명하고 있다.

원칙		주요 내용
행정적 측면		복지대상자들에게 적절한 서비스를 제공하기 위해 **모든 사회복지기관들이 수행하고 있는 다양한 기능들의 효과성과 효율성을 극대화시키는데 필요한 원칙들**을 포함
	기능분담의 체계성	상부-중간-하부로 연결되는 기능상의 분담이 체계성과 일관성을 유지
	전문성에 따른 업무분담	전문성의 수준에 따른 업무분담과 전문가와 비전문가의 업무분담이 요구
	책임성	사회에 대한 책임, 복지대상자에 대한 책임 및 전문가에 대한 책임을 말하며 책임성의 문제는 서비스의 효과성과 밀접한 관련을 갖고 있음
	접근용이성	서비스 제공자의 측면에서는 잠재적 복지대상자를 발견해 낼 수 있어야 하고, 복지대상자의 측면에서는 지리적·심리적 측면을 고려하여 이용이 용이하도록 하여야 함
	통합조정	업무 수행 시 관계기관 및 관계자들 간에의 조정이 원활하게 이루어질 수 있도록 해야 함
	지역사회 참여	지역사회의 자원동원, 활용 및 전체의 복지의식증대에 기여해야 함
	조사 및 연구	서비스의 효과성과 효율성을 평가하거나 프로그램의 개발 등을 위한 조사 및 연구기능을 수행해야 함

서비스 제공의 측면	일정시점에서 정해진 가용자원, 즉 **현존의 서비스와 대상자의 욕구를 연결시킴에 있어서 서비스의 효과성과 효율성을 제공시키기 위한 원칙들로, 하부전달체계에서 지켜야 할 원칙들이 포함**	
	평등성	성, 연령, 종교 등에 관계없이 필요한 서비스를 받을 수 있어야 함
	재활 및 자활목적	대상자의 자활 또는 사회복귀를 위한 서비스가 제공되어야 함
	적절성	충분한 서비스의 양과 질을 제공받을 수 있어야 함
	포괄성	복지대상자의 욕구에 부응하기 위한 다양한 서비스의 제공이 필요
	지속성	자활 및 재활의 목표가 성취될 때까지 지속적으로 서비스를 받아야 함
	가족 중심	서비스 제공의 기본단위는 가정 또는 가족이 고려되어야 함

🖉 암기법

서(서비스제공 측면)**재**(재활 및 자활 목표)에서 **평**(평등성)**가**(가족중심) **지**(지속성)**적**(적절성)**포**(포괄성)를 작성하였다.

04 서비스 통합성 증진을 위한 전달체계의 개선전략

1 전달체계의 통합

(1) 원 인

일반적으로 서비스 전달체계가 처하는 다양한 문제들 중 가장 두드러지게 나타나는 것이 **서비스의 비연속성과 파편성의 문제**이며, 이에 대한 해결책으로 제안되는 것이 '**서비스 통합**'(service integration)의 개념이다.

① **서비스의 비연속성** : 서비스의 관계망 속에서 일어나는 흐름을 막는 장애물이나 한정된 자원으로 클라이언트의 욕구를 충족시키는 과정에서 생겨나는 갭에 관심을 가지는 것이다.

② **서비스의 파편성** : 서비스의 중복과 조정, 위치, 전문화와 같은 조직적 특성과 관계에 관심을 가지는 것이다.

(2) 서비스 통합의 구체적인 방법 2가지 유형

① **완전 통합(integration)의 방법** : 각각의 조직들에 의해 제공되던 서비스들을 통합하기 위해 이들 조직을 묶어서 완전히 새로운 단일 서비스 조직 구조를 만들어 내는 것이다.

② **단순 조정(coordination)의 방법** : 각 조직이 자신들의 인적·물적 자원 및 구조 등은 계속해서 독립적으로 유지하면서, 서로 간의 관계를 보다 밀접하게 개선하고자 하는 것이다.

(3) 서비스의 통합을 말할 때는 완전 통합의 방법보다는 단순조정의 방법을 의미하며, 획일적인 구조의 적용은 다양성과 창의성이 강조되는 휴먼서비스들의 발전에 오히려 역효과를 초래할 수 있다.

2 전달체계의 통합 방법들(김영종, 2001) [②③⑧⑨⑩⑭⑰]

(1) 종합서비스센터

하나의 서비스 분야를 두고서 그와 관련된 복수의 서비스들을 모두 한 곳에 모아 제공될 수 있게 하는 것이다. → One Stop Service

> 예 한 지역사회의 장애인 이용서비스들을 종합적으로 제공하는 장애인종합복지관이나 지역사회관련 제반 욕구들에 대한 서비스를 모아놓은 지역종합사회복지관 등

(2) 단일화된 인테이크(intake) = 인테이크 창구의 단일화 [⑨⑪]

① 클라이언트의 다양한 욕구를 종합적으로 평가하여 적절한 서비스 계획을 개발하도록 **전달체계 내의 조직들이 인테이크를 전담하는 공동 창구를 개발하는 방법**이다.

② 전달체계 내의 모든 서비스 실천 기관들은 이러한 공동 인테이크 창구를 통해 클라이언트를 공급받는다.

③ 비록 부분적이기는 하지만 이것 역시 조직들 간에 일정한 정도의 구조적인 통합을 요구하므로, **종합서비스센터 다음으로 집중화의 강도가 높은 서비스 통합 전략**이다.

(3) 종합적인 정보와 의뢰 시스템(I&R : Information & Referral System)

① 조직들 간의 구조적인 통합을 시도하지는 않으며, 조직들은 각자의 독립성을 유지한 상태에서 **단지 클라이언트의 교환이나 서비스들 간의 연결을 목적으로 정보와 의뢰 시스템을 강화하는 방법**이다.

② 이것은 **단순조정의 방법**에 속하는 것이면서도 비교적 강력한 통합의 효과를 갖는 것이다.

(4) 사례관리(case management)

① 조직들 간에는 느슨한 네트워크를 구성하면서도 개별 사례들을 중심으로 서비스들 간의 조정 효과를 나타낼 수 있는 **단순 조정의 한 방법**이다.

② 이것은 조직들 간의 구조적 연계를 시도하는 것이 아니라, 사례관리자가 중심이 되어 개별조직들에 분산되어 있는 서비스들을 클라이언트의 욕구에 맞추어 연결하고 관리해 주는 것이다.

③ 조직들 간의 구조적인 통합이나 조정이 현실적으로 어렵다는 점을 감안한다면, 전달체계의 통합이나 조정을 위해 현실적으로 가장 유력한 대안이 될 수 있다.

(5) 트래킹(tracking, 클라이언트의 행적)

서로 다른 각각의 기관과 프로그램에서 다루었던 클라이언트에 대한 정보를 서로 공유할 수 있게 하는 시스템으로, **클라이언트가 받은 서비스의 경로와 행적을 추적(경로파악)해서 정보를 알 수 있다.** → 클라이언트의 서비스 이력정보 공유

OIKOS UP 활용(utilization)과 아웃리치(outreach)

① **활용(utilization)** [⑬⑰②]
  ㉠ 단순히 서비스를 이용한 사람들의 수를 헤아리는 것이 아니라, 표적 인구가 적절히 서비스에 접근해서 서비스를 받는지를 말한다.
    ㉮ 서비스의 저활용 : 표적인구 중에도 서비스를 받지 못하는 사람 발생시, 즉 정당한 욕구를 가진 표적인구가 서비스 접근에 어려움을 겪을 때 나타남
    ㉯ 서비스의 과활용 : 비(非)표적 인구가 서비스에 접근하여 나타나는 문제로 사회적 자원의 낭비 유발함
  ㉡ 접근성을 개선하여 서비스 활용을 증대시키는 전략 : 아웃리치, 홍보, 정보 및 의뢰, 클라이언트와의 신뢰구축, 서비스 조직의 개선 등

② **아웃리치(outreach)** [②③⑦⑧]
  ㉠ 출장서비스 또는 대외추적이라고도 하며, 서비스이용자들이 스스로 찾아오도록 기다리는 것이 아니라 기관이나 담당자들이 적극적으로 클라이언트를 찾아나서는 시도를 말한다.
  ㉡ 전달체계의 통합방법에 해당되지 않는다. → 접근성 높이기 위한 방법(O)

05 사회복지서비스 전달체계의 실제

1 사회보험, 공공부조, 사회서비스

(1) 사회보험과 공공부조

사회보험은 국가의 책임으로 시행하고, 공공부조와 사회서비스는 국가와 지방자치단체의 책임으로 시행하는 것을 원칙으로 한다(「사회보장기본법」 제25조 제5항).

① **사회보험** : 보건복지부와 고용노동부 산하에 공공조직인 공단(국민건강보험공단, 국민연금공단, 근로복지공단, 지방노동청)을 통해서 급여와 서비스 제공

② **공공부조** : 보건복지부 직할의 지방 사무소가 없어, **행정안전부 소속의 지방조직(시·도, 시·군·구)을 통해 급여와 서비스 전달**(보건복지부 → 시·도 → 시·군·구 → 읍·면·동 수혜자로 연결)

  ※ 한국의 사회복지 행정체계 – 지방자치단체의 사회복지 행정체계는 일반 행정체계에 포함되어 있다.(O)

(2) 사회서비스

중앙의 정부조직이 시·도, 시·군·구를 통하나 실제 서비스 전달을 주로 민간의 사회복지관련 조직이 맡고 있어 공공과 민간조직 전달체계가 혼재

  ※ 한국의 사회복지 행정체계 – 공공 행정체계와 민간 행정체계로 구성된다.(O)

2 사회보장정보시스템(행복e음) [20]

(1) 개념
① 「사회보장기본법」 제37조에 의해 보장기관이 수급자 선정 및 복지 급여를 관리하기 위해 필요한 정보를 통합·연계하여 처리·기록 및 관리하는 시스템
② 각 부처에서 **분산·운영되고 있는 복지사업 정보, 지원 대상자의 자격 및 이력정보를 개인별· 가구별로 통합 관리**하여 복지업무 처리를 지원하기 위한 정보시스템

> 사회보장정보시스템(범정부) – 대상자의 소득, 재산, 인적자료, 수급이력정보 등을 연계하여 정확한 사회복지대상자 선정 및 효율적 복지업무 처리 지원(O)

■ 사회보장정보시스템 기능 ■

(2) 추진경과
① 2010년 1월부터 사회복지통합관리망(행복e음) 구축·운영
② 2011년 12월 사회보장정보시스템 구축 근거 마련을 위한 「사회보장기본법」 개정
③ **2013년 2월 18일** 16개 전 부처(현재 17개 부처) 296개 복지사업 정보를 연계하여 개인별·가구별 복지서비스 이력관리, 중복·부적정 수급 방지, 중앙부처 복지사업 정보 제공, 복지사업 업무처리지원 등을 위한 '사회보장정보시스템'을 완전 개통

(3) 기대효과
① **수요자 중심의 서비스 제공** : 자자체 및 각 부처 담당자는 각종 복지사업 정보를 활용해 국민들에게 **범정부 복지 사업의 상담·안내서비스를 제공**, 부처별로 관리 중인 복지사업 정보를 수요자 중심으로 연계하여 필요한 **서비스를 맞춤형으로 안내**

② **각 부처 행정의 효율성 향상** : 각종 사업의 신청·조사·결정·지급 및 사후 관리에 이르는 절차를 정보시스템으로 처리하고 각 부처는 대상자 선정에 필요한 공적 자료를 공동 활용하여 선정의 정확성·효율성 향상

③ **국가 복지 재정 효율화** : 복지대상자가 유사·중복 서비스를 받고 있는지 여부, 자격 변동에 따른 대상 자격 유지 여부 등을 약 400여종 공적 자료를 토대로 주기적으로 확인하여 복지서비스가 필요한 대상을 보다 정확히 선정·관리

3 희망복지지원단 [⑬⑯]

(1) **개념 및 목표**
① **개념** : 복합적 욕구를 가진 대상자에게 통합사례관리를 제공하고, 지역 내 자원 및 방문형 서비스 사업 등을 총괄·관리함으로써 지역단위 통합서비스 제공의 중추적 역할을 수행하는 전담조직
② **목표** : 민관협력을 통한 지역단위 통합적 서비스제공 체계를 구축·운영함으로써 맞춤형 서비스 제공 및 지역주민의 복지체감도 향상

(2) **설치·운영**
지역별 통합사례관리체계를 강화하기 위해 2012년 4월부터 시·군·구에 설치·운영

(3) **기능**
① 복합적 욕구를 가진 대상자에 대한 통합사례관리를 통해 공공과 민간의 급여, 서비스, 자원 등을 맞춤형으로 연계·제공하는 통합서비스 제공체계로 **민·관협력을 통한 맞춤형 사례관리를 지향**한다.
② 통합사례관리, 지역 공공·민간자원 관리, 긴급복지, 지역보호체계 운영, 개별 사례관리 사업 및 방문형 서비스사업 연계·협력체계 구축, 읍·면·동 주민센터의 복지업무 지도감독 등 **지역단위 맞춤형 서비스 제공체계의 컨트롤 타워 기능을 수행**한다.
③ 통합사례관리를 통해 차상위 계층의 빈곤전락을 예방하고, 자활대상자 등에 대한 **탈빈곤 지원**에 초점을 둔다.

(4) **기대효과**
① **One-Stop 서비스 실현** : 현재 읍면동에서 상담·신청 수행 중인 복지서비스에 대한 내실화 및 단계적 서비스 확대 추진(장애인·노인·아동 등 대상별 복지서비스 종합 안내)
② **찾아가는 서비스 활성화** : 노인·장애인 등 이동 제약 계층에 대한 방문상담·신청 등 취약가구에 대한 관리 체계화
③ **통합서비스 제공** : 복합욕구를 갖고 있는 저소득 가구에 대한 복지·보건·고용·교육·주거 등 맞춤서비스 제공
④ **주민주도의 지역 내 문제해결** : 공공과 민간 복지 간 연계협력 활성화를 통해 복잡·다양해지는 국민의 복지욕구에 탄력적으로 대응

(5) **세부사업내용**

통합사례관리사업, 자원관리, 지역보호체계 운영, 읍·면·동 복지사업 지원·관리

(6) **업무수행체계**

① 복합적인 욕구를 가진 사례관리대상자 의뢰 (주민센터 → 희망복지지원단)
② (희망복지지원단) 심층욕구조사, 통합사례회의 실시 및 종합서비스제공계획 수립, 모니터링, 읍·면·동 주민센터와 방문형 서비스 체계화 등을 통한 사후관리지원체계 연계 협력
③ (민관협력) 지역사회보장협의체를 중심으로 공공 및 민간 협력 강화를 통한 지역단위 통합서비스 제공체계 구축
④ (시스템) **사회보장정보시스템(행복e음)**, 복지자원관리시스템을 통한 대상자 통합관리

■ 희망복지지원단 업무 수행체계도 ■

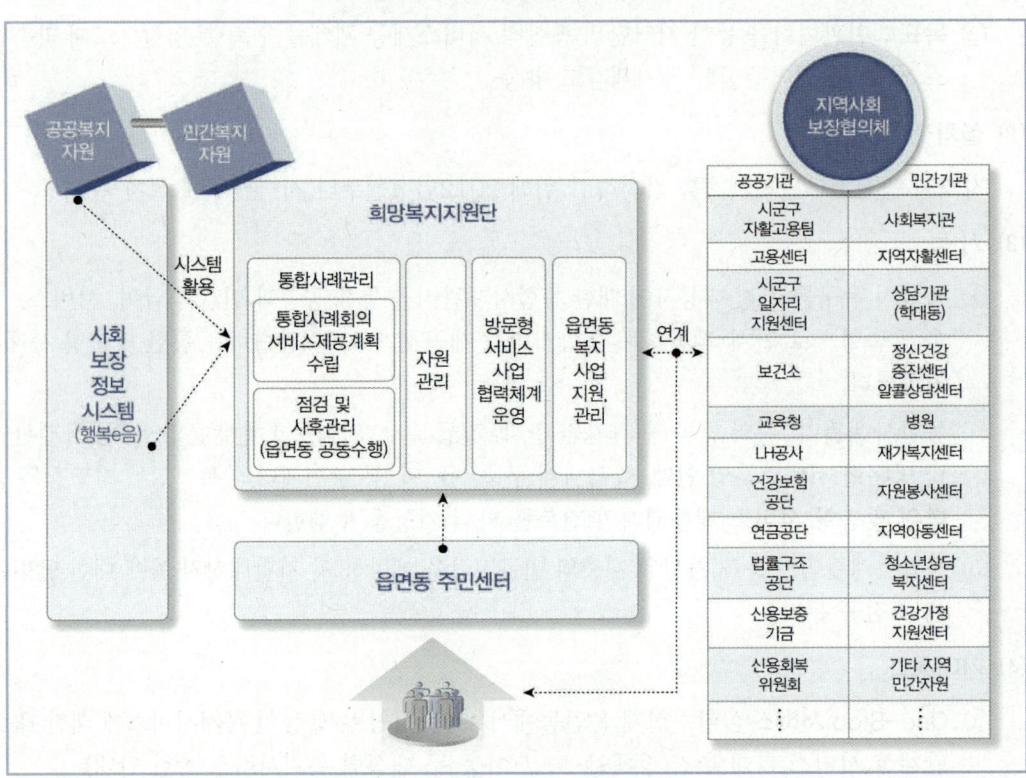

MEMO

마케팅과 홍보

제3부 **사회복지조직관리와 인사관리**

제13장 회차별 출제빈도, 출제비중 및 출제논점 1, 2, 3순위

10회 2012	11회 2013	12회 2014	13회 2015	14회 2016	15회 2017	16회 2018	17회 2019	18회 2020	19회 2021	20회 2022	21회 2023	22회 2024
1	1	1	–	1	1	1	1	1	2	1	3	2

출제 비중	출제 논점		
	1순위 ☺	2순위 ※	3순위 ☆
0**1**3	① 사회복지조직의 홍보(마케팅 기법)	① 마케팅 믹스(marketing mix) ② 시장세분화(segmentation)	① 사회복지마케팅 특성 ② SWOT

1순위 스마일표시(☺) : 출제 빈출도가 높은 부분으로 무조건 시험에 출제되는 영역
2순위 당구장표시(※) : 나왔다 안 나왔다 하는 영역이지만 출제가능성 높은 영역
3순위 별 표(☆)   : 출제 된 적이 있긴 하지만 다시 출제될 가능성은 다소 떨어지는 영역

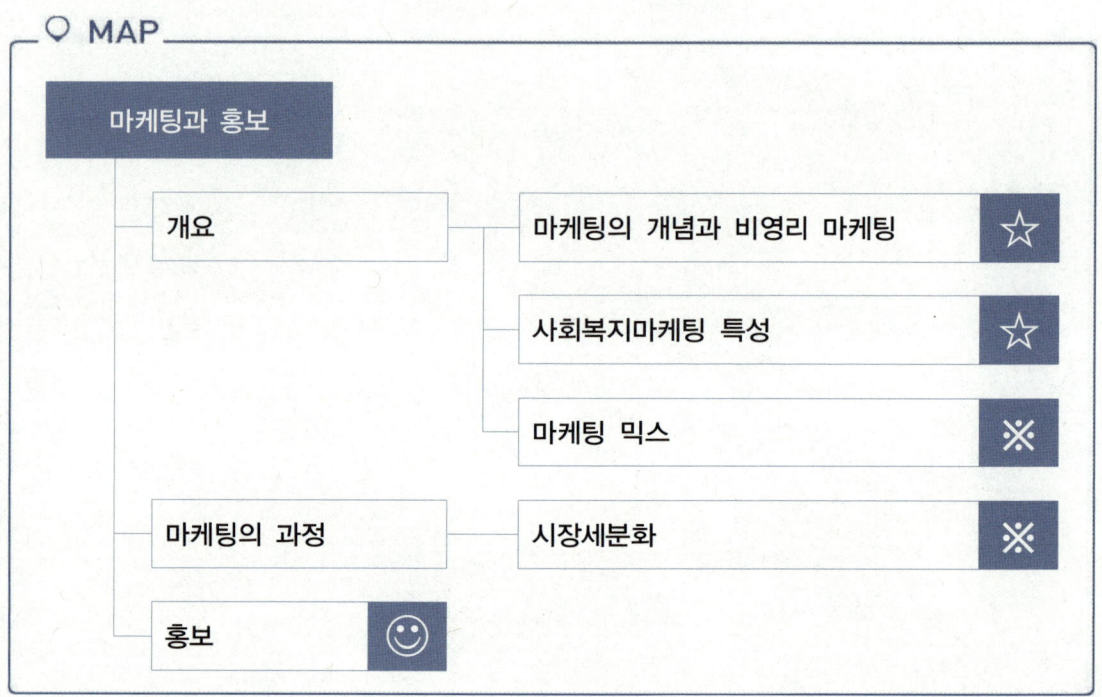

01 개 요

1 마케팅(marketing)의 개념과 비영리 마케팅

(1) 마케팅의 개념

시장에서 가치를 창출하고, 기본적 욕구와 수요를 충족시킬 목적으로 이루어지는 교환이 성취되고, 관계가 이루어질 수 있도록 **시장을 관리하는 것**을 의미하는 것으로, 소비에게 상품과 서비스를 제공하면서 **구입하도록 격려하는 활동**으로 규정할 수 있다.

(2) 마케팅 개념의 확장 : 비영리 마케팅 [19회]

① **비영리조직 마케팅** : 영리를 극대화 하기 위한 목적이 아니라 사회복지조직을 포함한 비영리조직이 조직의 목적을 달성하기 위해 클라이언트 관리, 서비스의 개발·전달, 비용, 홍보, 자금 확보 등에 있어 **영리조직의 마케팅 기법을 도입**하여 다변화하는 사회적 환경에 부응하여 **경쟁력을 확보하는 활동**이다. 비영리조직 마케팅 : 비영리조직 간의 경쟁에 대한 대응은 필요없다.(×)

② **비영리 마케팅의 특성**
  ㉠ 이윤 추구보다 **조직목표를 얼마나 효율적이고 효과적으로 달성하느냐**에 주안점을 둔다.
     비영리조직 마케팅 : 영리추구의 목적으로만 마케팅을 추진한다.(×)
  ㉡ 비영리조직의 마케팅에서 조직이 얻는 이익은 사회의 이익이 되는 경우가 일반적이다.
  ㉢ 비영리조직의 마케팅에서 교환되는 것은 **비물질적인 것이 대부분**이다.
     비영리조직 마케팅 : 사회복지조직이 제공하는 비물질적인 서비스는 마케팅 대상이 아니다.(×)
  ㉣ 제공하는 서비스는 다른 서비스(에 은행서비스, 통신서비스 등)에 비해 명확하지 못하거나 그 효과를 단기간에 잘 인식하기 어렵다.
  ㉤ 제공되는 서비스는 인간의 태도나 행동의 변화와 관련된 것으로, 이는 영리 마케팅에서 소비자의 태도 또는 행동을 변화시키는 것보다 더 어렵다.

■ 영리기업 마케팅과 비영리조직 마케팅 비교(이봉주 외, 2012) ■

기 준	영리기업 마케팅	비영리조직 마케팅
목적	표적 시장이나 사회에 이익을 부여하면서 동시에 주목적인 이윤창출	이윤추구보다 표적 시장과 사회이익을 위해 봉사
목표	일반적으로 재정적인 것으로 투자에 대한 이익, 판매, 보고의 형태로 진술	상당히 복합적이고 재정적인 이슈를 넘어서 다양함
노력의 초점	표적 시장이 원하는 필요와 욕구를 충족시키기 위해 노력	표적 시장의 태도와 행동을 변화시키기 위해 노력
마케팅 대상	아이디어를 수단으로 제품과 서비스를 마케팅	사회적 이슈나 이념, 서비스를 마케팅
관심사	대체로 상품과 서비스에 관심	상품과 서비스 외에 사람, 장소, 조직에 대해서도 관심
교환	일반적으로 화폐의 형태로 이루어짐	무형(지지, 노력, 만족, 참여 등)의 형태로 이루어질 수 있음

비영리조직 마케팅 : 비영리조직의 재정자립은 마케팅의 목표가 될 수 없다.(×)
비영리조직 마케팅 : 공익사업과 수익사업의 적절한 운영을 위하여 필요하다.(○)

2 사회복지마케팅 특성(황성철 외, 2006) [⑤⑩⑯㉑]

(1) 서비스의 무형성(intangibility)

① 사회복지조직의 서비스는 무형성으로 인해 이용해 보기 전에는 제공자의 주장을 확인할 수 없다.

② 비유 형성으로 영리부문의 상품처럼 진열하거나 재고정리를 하기 어렵고, 홍보나 특허를 내기도 힘들다.

(2) 서비스의 다양성(heterogeneity)과 복잡성(complexity)

① 이용자의 개별적 욕구를 중시하기 때문에 다양한 서비스가 제공되어야 하고, 서비스와 관련된 이해집단이 다양하여 욕구충족과정이 매우 복잡하다.

② 대량생산이 불가능하고, 단위비용이 영리부문 상품의 단위비용보다 훨씬 높다.

(3) 서비스의 생산과 소비의 동시 발생

① 영리부분에서 상품이 생산되고 난 후 고객에 의한 소비가 발생되지만, 사회복지조직에서는 생산과 소비가 분리되지 않는 경우가 많다.

② 생산자와 소비자가 서비스 생산과정에서 동시에 참여하며, 그로 인해 상품교환과정뿐만 아니라 생산자와 소비자의 상호작용을 강조한다.

(4) 서비스의 소멸성(perishability)

① 영리부문의 상품처럼 저장할 수 없고, 서비스가 일단 시작되면 참여하지 않은 사람들은 그 서비스를 잃어버린 것이다.

② 유사한 서비스라 할지라도 정확하게 똑같은 것이 아니며, 서비스가 다시 제공되기까지 일정 기간 기다려야 한다.

3 마케팅 믹스(marketing mix) [⑥⑭⑯⑰⑲]

(1) 개념

① 기업이 표적 시장에서 원하는 반응을 얻을 수 있도록 하기 위해서 혼합하여 통제 가능한 **전술적인 마케팅 도구의 집합**을 뜻한다.

② 일반적으로 4가지 요소(4P : Product, Price, Promotion, Place)를 제안하는데, 파인(Fine)은 비영리 기관에서는 3P, 즉 마케팅을 하는 주체인 **생산자(Producer)**, 마케팅을 통해 호소를 해야 하는 대상자인 **구매자(Purchaser)**, 과학적인 탐구과정인 **조사(Probing)**를 포함시켜 7P 모델을 제시하고 있다.

(2) 마케팅 전략의 4P [⑥⑭⑯⑰⑲㉑]

① **상품(Product, 제품)전략**
㉠ 어떤 상품을 제공할 것인가?

ⓒ 구매자의 욕구를 충족시키기 위한 산출물을 의미하며, 제품을 개발할 때에는 구매자가 사려는 것이 무엇인지를 파악하는 것이 중요하다.
　　ⓒ 비영리조직의 상품은 **프로그램과 서비스**라고 할 수 있는데 이 상품의 성격은 그 기관의 사명과 목적에 따라 달라진다.

② 가격(Price)전략
　　㉠ 가격을 어떻게 결정할 것인가?
　　ⓒ 가격은 **구매자가 그 상품을 얻기 위해 기꺼이 지불하고자 하는 대가**를 의미한다.
　　ⓒ 사회복지기관에서 가격(서비스나 프로그램에 대한 가격)을 결정할 때는 반드시 **이용자의 지불능력**이 고려되어야 한다.

③ 유통(Place, 입지, 장소)전략
　　㉠ 얼마나 쉽게 클라이언트가 조직을 찾을 수 있는가?
　　ⓒ 마케팅 상품이 구매자들이 구입하기 가장 적합한 때와 장소에 그곳에 있도록 하는 것을 의미한다.
　　ⓒ 사회복지기관에서 장소는 **서비스에 대한 접근용이성**을 의미하며, 이때 공간적 접근성뿐만 아니라 심리적 접근성도 방해받지 않도록 제공되어야 한다.

④ 판매촉진(Promotion, 촉진, 판촉)
　　㉠ 서비스의 유용성을 어떻게 전달할 것인가?
　　ⓒ 고객 마음 속의 관심, 궁극적으로 구매할 의도를 자극하기 위해 활용되는 모든 판매촉진기술로서 **그 제품의 유익함을 전달하는 과정**이다.
　　ⓒ 대중매체가 많이 사용되지만, 광고, 대변, 로비활동, 교육 프로그램 등 사람들과의 직접적 대면방법도 사용된다.

❌ 성과(Performance)(×), 문제(problem)(×), 기획(plan)(×), 사람(person)(×), 과정(process)(×)

02 마케팅의 과정

1 개요

① 마케팅 전략수립의 과정에서 핵심적인 내용은 **고객, 기관, 경쟁자와 고객세분화, 표적시장 선택 및 포지셔닝**이다.
② 마케팅 과정 : 기관환경 분석 → 마케팅 조사 → 마케팅의 목표설정(프로그램 목표설정) → 시장 분석 → 마케팅 도구설정 → 마케팅 실행 → 마케팅 평가

2 마케팅 과정 [2]

(1) 기관환경 분석(시장기회 분석)

마케팅의 출발점은 기관 및 기관이 속한 환경에 대한 분석으로 시작되며, 기관의 존재 유무, 기관 프로그램, 기관지원, 기관지원의 당위성, 지원자에 대한 혜택과 같은 사항들에 대한 분석이 필요하다.

① **SWOT 분석** : 조직의 강점(Strength), 약점(Weakness), 기회(Opportunity), 위협(Threat)을 뜻하는 SWOT의 분석을 통해 체계적으로 분석 가능하다. [⑥⑦]
  ㉠ **SO(강점·기회) 전략** : 환경의 기회를 활용하기 위해 조직의 강점들을 사용하는 전략
  ㉡ **ST(강점·위협) 전략** : 환경의 위협을 피하기 위해 조직의 강점을 사용하는 전략
  ㉢ **WO(약점·기회) 전략** : 조직의 약점을 극복하여 환경의 기회를 활용하는 전략
  ㉣ **WT(약점·위협) 전략** : 환경의 위협을 피하고 조직의 약점을 최소화하는 전략

② 환경분석은 주로 '우리가 일하고 있는 상황은 무엇인가'에 중점을 주고 있기에, 외부환경인 기회와 위협요소를 파악한다. 기관의 마케팅상의 내부능력인 강점과 약점을 확인하고, 외부환경인 기회적 요인과 위협적 요인을 규명한다.

③ SWOT를 이용하여 후원자 개발을 위한 마케팅계획 분석방법 예시는 다음과 같다.

■ SWOT를 이용한 마케팅 계획 분석(우종모 외, 2006) ■

구 분	조직의 강점(S): 구성원들의 업무의욕이 높음	조직의 약점(W): 신규조직이라 재정이 빈약함
조직의 기회(O): 사회문제가 증가함 (결식아동의 증가, 노인문제 증가 등)	SO(강점·기회)전략 사회문제를 해결할 우월한 프로그램 개발	WO(약점·기회)전략 사회문제를 해결할 모금 및 후원자 확보활동 강화
조직의 위협(T): 경제난으로 재정 지원 감소 예상	ST(강점·위협)전략 조직을 유지하기 위한 수익성 있는 프로그램 개발	WT(약점·위협)전략 조직목표에 합당한 프로그램만 존치시켜 최저예산 유지

(2) 마케팅 조사(시장조사, 시장욕구분석)

기관이 관심을 갖는 문제에 대해 지역사회가 가지고 있는 인식과 태도를 분석하는 것으로, 사회복지시설에서 시장조사는 잠재적 후원자와 그들이 원하는 바를 찾아내는 작업이라고 할 수 있다.

(3) 마케팅의 목표설정

마케팅의 목표를 설정하기에 앞서 기관의 목적을 살펴보아야 하며, 목표는 구체적이고 양적으로 측정 가능하고 달성 가능한 목표를 제시하는 것이 필요하다.

(4) 시장 분석 : 시장세분화, 표적시장 선정, 시장 포지셔닝의 세 단계로 구성 [③⑨⑮]
  ① **시장세분화(segmentation)** : 전체시장을 일정한 기준에 의해 동질적인 세분시장으로 구분하는 과정이다(황성철 외, 2006).

㉠ 대량 마케팅(Mass marketing)
  ㉮ 제품시장 내 고객들을 구분하지 않고 전체소비자들에 대해 하나의 마케팅 프로그램을 제공(**비차별적 마케팅**)하는 방법이다.
    예) 럭키치약, 농심라면, 기아자동차의 승합차 봉고의 경우 등
  ㉯ 제품시장에서 성공적으로 받아들여질 수만 있다면 대량생산을 통한 원가절감을 통해 이익을 창출할 수 있다.
  ㉰ 그러나 고객의 욕구가 다양화되고 기업 간 경쟁이 치열한 상황에서 하나의 제품과 마케팅 프로그램만으로는 고객을 만족시키기 어렵고, 이 방법은 제품수명주기상의 도입기에 제한적으로 사용할 수 있는 접근방법이다.

㉡ 세분화 마케팅(Segment marketing) = 표적 시장 마케팅(target marketing)
고객들의 욕구가 다양해짐에 따라 전체시장을 몇 개의 시장부문으로 세분화하고 그 중 조직의 자원과 능력을 고려해 목표시장을 선정하여 마케팅 프로그램을 진행하는 **차별적 마케팅**이다.
    예) 화장품회사가 소비자의 연령에 따라 고등학생, 20대 초반, 20대 후반, 30대 등으로 제품을 세분화하는 방법이다.

㉢ 틈새 마케팅(Niche marketing) = 부분시장 집중적 마케팅
  ㉮ 세분시장을 더욱 세분화한 보다 적은 규모의 소비자집단을 의미한다.
    예) 유아식을 다시 연령대에 따라 초유성분의 제품, 3개월 미만, 그리고 3~6개월에 맞는 제품으로 구분 하는 것 등
  ㉯ 틈새시장은 세분시장에 비해 규모는 작지만 경쟁자가 많지 않으며 독특한 고객욕구를 만족시켜 줌에 따라 소비자가 기꺼이 고가의 제품을 구매하는 경우가 많다.
  ㉰ 전문화의 유리한 점과 운영상의 경제성을 실현하고자 하는 마케팅 전략으로, 시장규모가 작은 기업들에게 제한된 자원을 집중하여 비교우위를 확보할 수 있는 기회를 제공해 준다.

㉣ 미시적 마케팅(Micro marketing) = 원투원마케팅
  ㉮ 개별적 고객수준에서 각 고객의 욕구에 맞춰 제품과 마케팅 프로그램을 개발하여 제공하는 방법으로, **세분화하는 정도가 가장 높다**.
  ㉯ 최근 컴퓨터 기술의 발전으로 대량의 고객 정보에 대한 분석과 처리가 가능해짐에 따라 개별적 고객에 맞는(양방향성 맞춤 생산판매) 마케팅 프로그램을 개발·적용하여 '양방향성 맞춤 생산판매'를 위주로 구매 유도 효과를 극대화시키고 있다.

② **표적시장선정(targeting)** : 시장세분화 작업을 통해 시장은 동질적인 범주를 파악하여 기관이 공략 가능하다고 선택한 시장이 표적시장(target marketing)이다.

③ **시장포지셔닝(positioning)** : 세분화되고 표적이 된 각각의 집단을 명확하게 지배하는 것, 즉 표적시장의 고객들에게 자사제품이 경쟁제품들에 비해 어떤 차별성을 갖고 있고 고객의 욕구를 제대로 만족시켜 주고 있음을 확신시켜 주는 전략이다.

(5) 마케팅 도구설정
인터넷 모금, 자동응답시스템(ARS)모금, 언론과 이벤트를 통해 일반 시민들의 관심과 참여를 유발시키는 캠페인 모금, 이벤트 모금, 정기 후원회원 개발 방법, 직접 우편 등 다양한 방법이 있다.
  ※ 사회복지서비스 마케팅 과정 : 고객 및 시장 조사 – STP 전략 설계 – 마케팅 믹스 – 고객관계관리(CRM)(O)

(6) 마케팅 실행

전략적인 마케팅 목표를 달성하기 위해 마케팅 기획을 활동으로 옮기는 과정으로 성공적인 마케팅 실행은 기업의 활동 프로그램, 조직구조, 의사결정 및 보상시스템, 인적자원 및 기업문화를 기업의 전략을 지원하는 종합적인 프로그램으로 어느 정도 잘 규합하느냐에 좌우된다.

(7) 마케팅 평가

기부행위의 발생에 대한 종합적인 평가와 함께 새로운 기관 외부환경에 대한 분석으로 연계되는 과정이다.

03 홍보(Public Relations, PR)

1 개 요

(1) 개 념
기관이나 단체가 조직 그 자체·제품·서비스·활동 등에 대해 이해관계자들로부터 호의 및 신뢰감, 인지도 등을 얻기 위한 일체의 커뮤니케이션 활동, 그리고 조직의 이념이나 상황을 사회에 제대로 알려 조직과 사회가 원활한 관계를 형성하고 공생하도록 도모하는 일체의 활동으로 정의한다.

(2) 사회복지기관의 홍보전략
비영리 기관인 사회복지기관은 무엇보다도 휴먼서비스를 제공하는 기관이다. 후원자, 자원봉사자, 언론, 여론 지도층, 프로그램 참가자, 지역주민 등의 다양한 대중들을 상대로 어떠한 이미지를 구축하느냐가 기관의 존재에 중요한 영향을 미친다.

2 사회복지조직의 홍보(마케팅 기법) [③④⑤⑫⑮⑱⑳㉒]

(1) DM(Direct Marketing, 다이렉트 마케팅) [⑤⑱⑳]
① 후원을 요청하는 **편지(우편)를 잠재적 후원자들에게 발송**함으로써 후원자를 개발하는 방식으로 가장 전통적인 마케팅 방법 중 하나이다.
② 우편에 의해 클라이언트나 서비스 이용자, 기부자나 잠재적 후원자 등에게 사회복지 기관의 현재 운영상황이나 프로그램 이용실적, 프로그램이나 서비스에 대한 이용정보 등을 제공하는 방법이다.

> 다이렉트 마케팅은 방송이나 잡지 등 대중매체를 활용하는 방식이다.(×)

(2) 인터넷마케팅(Internet Marketing)
이메일이나 홈페이지, 배너 광고 등을 통해 고객에게 정보를 전달하여 모금이나 서비스 이용을 유도하려는 기법이다.

(3) **공익연계 마케팅(Cause-Related Marketing, CRM, 기업연계 마케팅, 명분연계 마케팅)** [⑤⑯②, 지역복지 ①②]
   ① 미국의 아메리칸익스프레스카드(American Express Card)에서 처음 사용한 방법인데, 이 회사에서는 카드 속에 그려진 자유의 여신상을 활용하여 판촉을 하기 위해 자유의 여신상 복원 사업을 펼치는 시민단체와 연계하여 개인이 사용한 카드금액의 일정비율 금액을 시민단체에 기부하는 방식으로 이루어졌다.
   ② 상호 이익을 위해서 기업이나 브랜드를 사회적 명분이나 이슈에 전략적으로 연계시키는 마케팅 도구. 즉, 공익적 이슈를 기업의 마케팅 활동과 연계시키는 것이므로 마케팅적 측면이 강하다.
   > 예 사회복지기관이 위치한 지역사회에서 기업이 직영하는 대형할인매장(L마트, H플러스 등)이나 전자대리점 등과 연계하여 지역주민들이 구매한 영수증을 모아서 구매금액의 일정비율을 사회복지기관에 기부금으로 돌려주는 방법

(4) **고객관계관리마케팅(CRM : Customer Relationship Management Marketing)** [②②]
   개별 고객특성에 맞춘 서비스를 지속적으로 제공하는 방식으로, 신규후원자의 개발이나 기존 후원자의 관리, 잠재적 후원자의 개발을 위해 그들의 욕구를 파악하여 그에 맞는 서비스를 지속적으로 제공함으로써 기금확보효과를 극대화하는 기법이다.
   > 예 가족봉사 프로그램 제공, 대학동아리나 직장동호회의 봉사나 모금 프로그램 개발 등 수요자 욕구에 부응하는 지속 가능한 기부 또는 봉사 프로그램 개발이 성공의 관건
   > 예 A초등학교의 학부모들이 사회복지사에게 본인들의 자녀와 연령대가 비슷한 아이들을 돕고 싶다고 이야기하였다. 이에 사회복지사들은 월 1회 아동문화체험 프로그램을 기획하여 이들을 후원자로 참여할 수 있도록 요청하였다.

(5) **사회마케팅** [⑤②②]
   정부나 지방자치단체, 시민과 지역사회를 위하여 대중의 행동변화를 통해 공익을 실현하기 위한 기법으로, 대중의 각성과 참여를 촉구하여 사회문제를 해결하는 것이 목적이다.
   > 예 치매예방, 금연운동, 생태보호운동, 국제적 기아퇴치, 아동학대 방지 운동 캠페인 등

(6) **데이터베이스마케팅(Database Marketing)** [②]
   기관을 찾는 이용자의 개별정보, 즉 명단과 주소, 프로그램 이용 횟수와 시기 등의 각종 정보를 수집, 분석하여 복지기관의 기부나 봉사활동, 프로그램 참여 등에 활용하는 것이다.

(7) **이벤트**
   후원의 특정동기를 부여하기 위하여 특정기간과 장소에서 사전계획 하에 특별한 활동을 벌이는 커뮤니케이션 과정이며, 기관이 대규모 이벤트를 열어 잠재적 후원자를 개발하고 마케팅 성과를 올리는 것이다.

(8) **ARS 모금(Audio Response System, 자동응답시스템)**
   최근 가장 활성화되고 있는 모금 방법으로, 모금 방송 시청자들이 이 시스템을 통하여 **전화를 걸면 통화당 일정 금액의 후원금이 자동으로 전화요금에 부과되어 전화요금과 함께 기부금을 제공하도록 하는 방식**이다.

김진원 OIKOS 사회복지사1급 통합이론서 3교시

제4부

평가와 책임성, 변화

제14장 사회복지조직의 책임성과 평가
제15장 사회복지조직의 환경변화

CHAPTER 14 사회복지조직의 책임성과 평가

제4부 **평가와 책임성, 변화**

제14장 회차별 출제빈도, 출제비중 및 출제논점 1, 2, 3순위

10회 2012	11회 2013	12회 2014	13회 2015	14회 2016	15회 2017	16회 2018	17회 2019	18회 2020	19회 2021	20회 2022	21회 2023	22회 2024
1	1	1	1	1	1	2	1	2	2	2	–	–

출제 비중	출제 논점		
	1순위 ☺	2순위 ※	3순위 ☆
01₂	① 사회복지기관 평가	① 평가의 유형	① 사회복지행정 책임성의 기준

1순위 스마일표시(☺): 출제 빈출도가 높은 부분으로 무조건 시험에 출제되는 영역
2순위 당구장표시(※): 나왔다 안 나왔다 하는 영역이지만 출제가능성 높은 영역
3순위 별 표(☆)   : 출제 된 적이 있긴 하지만 다시 출제될 가능성은 다소 떨어지는 영역

MAP

- 사회복지조직의 책임성과 평가
  - 사회복지조직의 책임성
    - 책임성의 의미
    - 사회복지행정 책임성의 기준 ☆
    - 사회복지조직의 책임성에 영향을 미치는 요인 ☆
  - 사회복지기관 평가
    - 목적 및 기대효과 ☆
    - 사회복지기관의 평가원칙
    - 평가의 유형 ※
    - 사회복지시설의 평가 ☺

01 사회복지조직의 책임성 [②④⑧⑩⑪⑫⑲⑳]

1 책임성의 의미

① 사회복지조직은 클라이언트와 지역사회에 대한 책임성을 가져야 하며, 책임성을 확보하기 위해서 클라이언트와 기관 혹은 사회복지사와의 관계같이 **조직내부에서의 책임성과 함께 조직과 외부 지역사회와의 관계에서 정당성을 획득해야 한다.**

② **사회복지조직에서의 책임성** : 사회복지조직이 국가나 사회로부터 사회복지서비스 전달에 대해 **위임받은 바를 충실하게 수행했는지를 판단할 수 있는 하나의 원칙**이다.

㉠ 사회복지전달체계는 사회복지의 책임성을 이행할 수 있도록 구축되어야 한다.
㉡ 업무수행 결과에 대한 책임뿐만 아니라 업무과정에 대한 정당성을 의미한다.
㉢ 사회복지조직은 **효과성뿐만 아니라 효율성도 중요시**하여야 하며 **권한의 원칙이나 영향력 등의 정당성**까지도 고려해야 한다.
  - 효율성에 관한 설명 – 사회복지조직의 책임성 평가 방식이다.(O)
  - 책임성 이행측면에서 효율성을 배제하고 효과성을 극대화해야 한다.(×)
㉣ 클라이언트 집단의 욕구를 충족시키고 당면한 사회문제를 해결하고 있다는 증거를 보여줘야 한다.
㉤ 정부 및 재정자원제공자, 사회복지조직, 사회복지전문직, 클라이언트 등에게 책임성을 입증해야 한다.

2 사회복지행정 책임성의 기준(김병석, 2000) [⑩]

(1) 명문화된 기준

① 명문화된 법규에 충실했느냐의 여부를 행정업무에 대한 책임의 추궁기준으로 삼는 것이다.
② 사회복지조직에서 명령적·규범적 법규로부터 강제되는 법적 의무감으로 책임을 부과하는 것은 한계가 있으며, 윤리적·도덕적 의무를 보완할 수 있는 법률적 책임이 강조되어야 한다.

(2) 사회복지행정 이념의 전제

① 사회복지행정 이념은 사회의 가치지향과 국가 및 시대의 요구에 따라 그 중요성이 다양하게 전개되고 있다.
② 사회복지행정 이념은 책임성의 법적·윤리적 기본전제가 되는 동시에 결과에 대한 평가기준이 된다.

(3) 공익을 기준으로 고려

① 공익이란 포괄성, 상대성을 본질로 하고 있으며 그 의미 및 내용 또한 다양하게 논의되고 있다.
② 공익은 규범적 기준으로서의 사회복지행정 책임의 중요한 추구 기준이다.

(4) 고객의 요구 반영
① 사회복지행정은 클라이언트에 대한 접근성과 대응성이 요구된다.
② 클라이언트의 요구를 잘 반영하기 위해 욕구를 정확히 파악하는데 역점을 두어야 한다.

3 사회복지조직의 책임성에 영향을 미치는 요인 [④⑧]

(1) 내부적 요인
① 사회복지조직에서는 매우 다양한 서비스가 제공되는데, 서비스의 다양성은 다양한 기술의 사용으로 인해 기술이 복잡하게 되어 수행성과와 책임추궁을 어렵게 만든다.
② 사회복지조직의 불확실성을 극복하기 위해 사회복지조직 내부적인 대책으로 프로그램의 기획 및 의사결정과정이 강조된다.
③ 사회복지기관들이 철저한 개입전략을 수립하여 사회적으로 인정받는 목표를 달성함으로써 정부나 지역사회로부터 정당성의 확보와 함께 더 많은 지원을 받을 수 있다.

(2) 외부적 요인
① 공급주체의 다원화로 기존 사회복지기관의 비효과적인 형태(예 비민주적 운영사례, 후원금 관리의 투명성 의혹, 모금에 대한 행정비 과잉지출 등이 지적 등)를 문제삼는 세력이 등장하고 사회복지공급기관의 책임성에 대한 논란이 제기된다.
  ※ 최근 사회복지조직의 환경변화 – 사회복지 공급주체의 다양화(O)
② 민영화 경영으로 인한 사회복지조직의 민간 위탁 운영 비중 증대로 인해, 위탁받은 법인들이 지역주민들의 욕구를 반영하고 참여를 유도하려는 노력보다 정부 결정에 더 많은 영향을 받아 사업형태가 타율적이고 정부 의존적인 경우가 많다.
③ 사회복지시설 평가제 도입으로 인해 책임성을 입증하도록 제도화되었으며, 이로 인해 가시적이고 측정가능한 목표를 강조하는 추세를 보이고 있다.

4 책임성 확보방안

① **재량권과 통제의 균형** : 외부의 책임성 요구를 이행하기 위한 통제와 전문적 서비스 전달에 필요한 재량권 간 균형을 유지하려는 노력이 사회복지행정가들에게 요구된다.
② **개방(행정정보 공개)과 주민참여** : 사회복지조직을 공개하고 조직의 개방성을 높여야 하며, 사회복지정책 수립과정과 프로그램 설계과정에 주민들의 적극적인 참여를 유도해야 한다.
  ※ 책임성을 확보하기 위한 노력 – 개인정보 보호를 위해 사회복지조직 후원금 사용 정보의 미공개(×)
  ※ 책임성을 확보하기 위한 노력 – 사회복지예산 수립을 위한 주민참여제도 시행(O)
③ **행정통제** : 행정책임을 확보하기 위해 사전적 또는 사후적 제어기제로서 행정조직의 하부구조나 참여자들이 조직의 목표와 규범으로부터 이탈되지 않도록 제재와 보상을 하는 모든 활동을 말한다.

④ **외부통제와 내부통제의 균형** : 외부통제(사회복지행정과 관련된 외부의 전문가나 기관에 의한 통제)와 내부통제(내부 조직구성원에 의한 통제)가 모두 필요하고 상호균등하게 이루어져야 민주적 통제가 가능하고 영향집단의 참여가 활성화 될 수 있다.

⑤ **전문적·체계적인 평가제도 확립** : 사회복지조직의 평가를 위해서 객관적·체계적인 평가척도가 개발되어야 하고, 전문가에 의해 평가가 이루어져야 한다.

OIKOS UP 매몰 비용(sunk cost) [⑬]

① **매몰 비용(sunk cost)** : 이미 지출되었기 때문에 회수가 불가능한 비용
② 사회복지조직이 혁신과 변화를 시도할 때 저항력으로 작용한다. 즉 매몰 비용이 크면 클수록, 변화에 대한 저항도 그만큼 더 커지게 된다.
③ 조직과 직원들이 기존 업무 분야에 대해 투자했던 시간과 노력, 헌신을 회수받지 못하는 문제이다.

02 사회복지기관 평가 [⑧⑨⑬⑭⑯⑱]

1 목적 및 기대효과

(1) **목 적**

① 사회복지기관 조직 전체의 질적 향상을 통해 수혜자들에게 양질의 사회복지서비스를 제공하기 위한 요건을 제공하기 위한 것이다.
② 평가를 통하여 시설운영의 효율성을 향상시키며 또한 사회복지시설 서비스의 수준을 향상시키는 데 가장 큰 목적이 있다.
   사회복지시설평가 – 평가의 목적은 시설운영의 효율화 등을 위한 것이다.(O)

(2) **기대효과** [⑨] 사회복지시설의 서열화 유도(×)

① 사회복지기관 전체의 질적 수준을 객관적 기준에 의해 전문적으로 평가
② 적정 서비스 수준에 대한 기준개발과 적용으로 서비스의 양질 유지 관리
③ 문제점과 부족한 점의 발견 및 해결방안모색으로 종사자에게 자발적 변화 동기부여
④ 평가결과에 따라 제3자에게 합리적 답변 가능 및 기관의 재량권 확보
⑤ 평가를 통한 실천현황 파악을 통해 추가적 자원지원 등 각종 근거 산출 가능
⑥ 수혜자의 권리나 인권 등의 보장 및 양질의 서비스 제공 가능
⑦ 사회복지기관의 책임성 강화 및 투명성 제고

2 사회복지기관의 평가 원칙(한국보건사회연구원, 2001)

(1) **서비스의 질 향상의 원칙**

시설 개선 및 서비스 질 제고를 유도하는 수단으로 작용해야 한다.

(2) **평가절차의 투명성 원칙**

평가기준은 평가지표 개발의 의도하는 바를 모든 사람이 이해하고 수행할 수 있도록 상세히 구성하고, 평가기준과 평가과정을 사전에 공개하여 평가지표에 대한 이해를 명료하게 인식시켜야 한다.

(3) **평가 참여의 원칙**

평가대상 시설이 평가과정에 참여하는 참여자로 평가과정 속에서 평가대상 시설이 스스로 시설의 문제점을 객관적으로 인식하고 개선노력을 기울일 수 있도록 해야 한다.

(4) **기본선 확보의 원칙**

최고의 시설을 선정하는 것이 아니라, 사회복지시설이 전체적으로 기본적인 수준 이상을 견지할 수 있도록 유도하는 것을 기본 목표로 한다.

(5) **이용자 중심의 원칙**

기존의 서비스 제공자 중심의 시설에서 이용자(거주자) 중심의 서비스 제공이 이루어질 수 있도록 이용자(거주자) 만족도와 서비스 질을 고려해야 한다.

(6) **지역사회관계의 원칙**

사회복지시설이 지역사회와의 원활한 상호관계를 유도하는 방향으로 이루어지도록 하여 지역사회 내에서 융화될 수 있도록 해야 한다.

3 평가의 유형 [17·19·21]

(1) **형성평가(과정평가)와 총괄평가(성과평가)**

구 분	주요 내용
형성평가 (formative evaluation) = 과정평가	• 프로그램을 형성하는데 초점을 맞춘 평가 • 프로그램의 개발이나 시행 중인 프로그램을 개선(계속되는 프로그램을 수정-보완)하기 위해 프로그램 운영 도중에 이루어지는 평가 • 프로그램의 성패를 가르는 것과 관련이 없고, 대신에 **프로그램 개혁과 수행 및 완성에 도움이 되는 정보**를 얻는 데에 초점
총괄평가 (summative evaluation) = 성과평가	• 프로그램이 종료된 이후 행해지는 평가 • 프로그램의 궁극적인 성공 여부를 가려 프로그램을 시작할 것인지, 지속할 것인지, 종결할 것인지와 그 프로그램을 다른 대안적 사항들보다 우선적으로 선택할 것인지를 결정하는 것과 연관 • **효과성 평가와 효율성 평가**

형성평가는 과정을 파악하는 동태적 분석으로 프로그램 진행 중에 실시할 수 있다.(O)

(2) 효과성 평가와 효율성 평가

구 분	주요 내용	
효과성 평가 (Effectiveness Evaluation)	• **프로그램 목표의 달성 정도를 평가**하는 조사 → 프로그램이 본래 의도한 목표를 어느 정도 달성했는지, 달성했다면 과연 그것이 프로그램 때문이었는지 등을 분석 • **산출평가**(outputs evaluation)와 **성과평가**(outcomes evaluation)	
	산출평가	주로 프로그램 실시결과의 양적인 면에 대한 평가
	성과평가	질적인 면까지 고려한 평가
효율성 평가 (Efficiency Evaluation)	• **투입한 자원과 산출된 결과의 비율을 측정**하며, **최소한의 비용으로 최대한의 효과를 거둘 수 있도록 하는지를 평가**하는 조사 • **비용효과분석**(cost-effectiveness)과 **비용편익분석**(cost-benefit)	
	비용효과 분석	㉮ 프로그램에 드는 비용과 효과만 고려하고, 프로그램 결과의 금전적 가치는 고려하지 않는다. ㉯ 사회복지분야에서는 비용-편익분석보다 비용-효과분석을 선호하는 경향이 있다.
	비용편익 분석 [⑭⑲]	㉮ 프로그램의 비용과 결과를 금전적 가치로 환산하는 것으로, 서비스로 인해 나타나는 효과(성과)를 화폐가치로 환산해서 편익으로 두고 이를 비용으로 나눈 값이다. ㉯ **한 프로그램의 비용 대 편익 비율을 다른 프로그램과 비교할 필요가 없으며, 단일 프로그램에서 프로그램 결과의 화폐가치와 비용을 비교**하면 된다.

- 효율성에 관한 설명 – 자금이나 시간의 투입과 서비스 제공 실적의 비율을 파악한다.(O)
- 효율성에 관한 설명 – 비용 절감은 서비스 이용자의 욕구 충족을 위한 목표와 관련성이 없다.(×)
- 효과성 평가를 위하여 비용편익분석을 실시한다.(×)

OIKOS UP 기준 행동(criterion behavior) [⑪⑰]

① **기준 행동(criterion behavior)** : 단지 규정에 의거된 정보만을 산출하는 것에 집착하게 되어 나타나는 행동
  ㉠ 사회복지서비스 평가로 인해 발생 가능한 부정적 현상으로, 양적 평가지표가 많을 때 증가되기 쉽다.
  ㉡ 기준 행동이 나타나면, 서비스의 본질보다는 자료의 생성에 필요한 행동을 중시하게 되므로, 표준화된 도구에 의해 모니터링되기 어려운 실질적으로 중요한 서비스 행동들은 억제된다.
② 사회복지사와 클라이언트 간의 내밀한 인간적 상호작용에 의해 서비스의 본질이 결정되는 휴먼서비스에서는 이를 평가하는 것이 쉽지 않아 평가 측정에서 누락되기 쉬운데, 이런 핵심요소가 배제된 측정은 실질적인 서비스 효과성과 무관할 수 있다. → 평가지표 충족에만 관심이 집중되어 서비스 효과성이 낮아질 수 있다.

4 사회복지시설 평가

(1) 사회복지시설 평가제도의 도입과 시행 [⑯⑱⑲]

① **도입** : 1997년 「사회복지사업법」 개정으로 도입
  - 사회복지시설평가 – 평가의 근거는 1997년 개정된 사회복지사업법이다.(O)
  - 우리나라의 사회복지시설 평가는 사회복지사업법에 근거하여 실시한다.(O)

② **시행** : 최초의 사회복지시설평가는 **1999년 장애인복지관과 정신요양시설**을 대상으로 실시
  - 사회복지시설평가 – 이용자의 권리에 관한 지표의 경우 거주시설(생활시설)에 한해서 적용하여 평가한다.(×)

(2) 법적 근거 및 관련 규정

① 「사회복지사업법」 제43조의2(시설의 평가) [⑲]

> ① 보건복지부장관과 시·도지사는 보건복지부령으로 정하는 바에 따라 시설을 **정기적으로 평가**하고, 그 **결과를 공표**하거나 **시설의 감독·지원 등에 반영**할 수 있으며 **시설 거주자를 다른 시설로 보내는 등의 조치**를 할 수 있다.
> ② 보건복지부장관이나 시·도지사는 제1항의 평가 결과에 따라 시설 거주자를 다른 시설로 보내는 경우에는 제38조제3항의 조치를 하여야 한다.

❌ 우리나라의 사회복지시설 평가제도 – 평가 결과를 시설 지원에 반영(O)

② 「사회복지사업법 시행규칙」 제27조의2(시설의 평가) [⑲]

> ① 보건복지부장관 및 시·도지사는 법 제43조의2에 따라 **3년마다** 시설에 대한 평가를 실시하여야 한다.
> ② 제1항에 따른 **시설의 평가기준은 법 제43조제1항에 따른 서비스 최저기준**을 고려하여 **보건복지부장관이 정한다**.
> ③ 보건복지부장관과 시·도지사는 제1항에 따른 **평가의 결과를 해당 기관의 홈페이지 등에 게시**하여야 한다.
> ④ 제1항의 규정에 의한 평가의 방법 기타 평가에 관하여 필요한 사항은 보건복지부장관이 정한다.

❌ 우리나라의 사회복지시설 평가제도 – 평가 결과의 비공개원칙(×)

③ 「사회복지사업법 시행규칙」 제27조(시설의 서비스 최저기준) [⑬⑳]

> 「사회복지사업법」 시행규칙 제27조 제1항(시설의 서비스 최저기준) 법 제43조 제1항에 따른 서비스 최저기준에는 다음 각 호의 사항이 포함되어야 한다.
> 1. 시설 이용자의 인권   2. 시설의 환경   3. 시설의 운영
> 4. 시설의 안전관리   5. 시설의 인력관리   6. 지역사회 연계
> 7. 서비스의 과정 및 결과   8. 그 밖에 서비스 최저기준 유지에 필요한 사항

❌ 서비스의 최저기준에 포함 – 시설의 마케팅 역량(×), 시설의 규모(×)

(3) 사회복지시설 평가제도의 한계점 [⑱]

① **개별 사회복지시설의 고유성을 반영하지 못한 것**이 가장 큰 문제점이다. 사회복지시설의 설립연도, 규모, 위치, 재정도, 설립목적 등 태생적으로 결정되는 기관의 고유특성이 평가체계에 반영되지 못한다면 공정한 평가가 이루어지기 힘들다.

❌ 사회복지시설평가 – 개별 사회복지시설의 고유성이 반영되지 못하는 점은 평가의 한계점으로 여겨진다.(O)

② **평가의 객관성과 신뢰성이 떨어지는 문제점**이다. 평가제도에 대한 이해부족과 불충분한 사전교육으로 평가지표를 자의적으로 해석하는 등의 문제가 발생하기도 한다.

③ **평가 이후 시설운영에 대한 지원방안 등 사후관리지원체계가 미비**하다.

MEMO

사회복지조직의 환경변화

제4부 **평가와 책임성, 변화**

제15장 회차별 출제빈도, 출제비중 및 출제논점 1, 2, 3순위

10회 2012	11회 2013	12회 2014	13회 2015	14회 2016	15회 2017	16회 2018	17회 2019	18회 2020	19회 2021	20회 2022	21회 2023	22회 2024
1	1	-	1	-	1	2	1	1	1	-	-	-

출제 비중	출제 논점		
	1순위 ☺	2순위 ※	3순위 ☆
01₂	① 사회복지조직의 환경: 일반환경 vs 과업환경		① 사회복지조직의 종속관계 극복 대응 전략

1순위 스마일표시(☺) : 출제 빈출도가 높은 부분으로 무조건 시험에 출제되는 영역
2순위 당구장표시(※) : 나왔다 안 나왔다 하는 영역이지만 출제가능성 높은 영역
3순위 별 표(☆) : 출제 된 적이 있긴 하지만 다시 출제될 가능성은 다소 떨어지는 영역

MAP

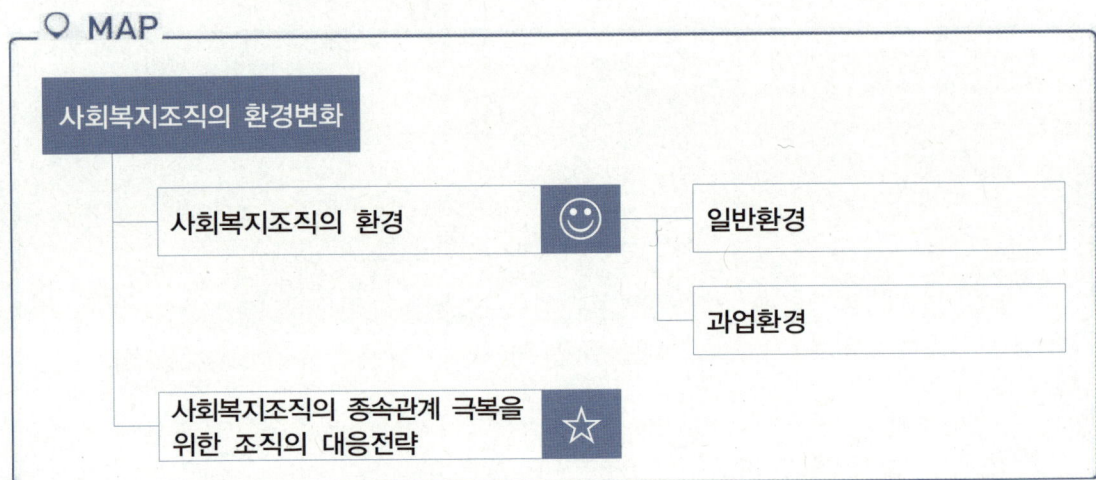

01 사회복지조직의 환경 [②④⑤⑥⑦⑩⑮⑯⑰⑲]

1 일반환경(general environment)

(1) 의미

① 한 사회의 인구사회학적 변동, 정치적·법적 조건, 문화적 조건, 경제적 조건, 테크놀로지의 수준 등과 같은 거시적 사회환경의 존재를 의미하는 것이다.

② 한 조직이 직접적으로 인식하는 환경은 대부분 업무환경 요소들과의 관련에서 비롯되는데, **일반환경은 바로 이러한 업무환경 요소들에 영향을 미침으로써 사회복지조직에 대해 비록 간접적이지만 막대한 중요성을 갖고 있다.**

(2) 일반환경의 조건들

① **경제적 조건** : 국가(중앙정부, 지방정부)나 지역사회의 경제 상태를 의미하며 이것은 복지조직의 자원공급량이나 서비스 수요량에 영향을 미친다.
   - 사회복지조직의 환경 – 경제적 상황은 서비스 수요에 영향을 미친다.(O)

② **사회인구학적 조건** : 연령, 성별 분포, 가족구성 형태, 인종, 거주지역분포, 사회적 계급 등을 말하는 것으로, 지역사회의 인구특성에 따라 다양한 문제와 욕구의 차이 등이 나타나며 이로 인해 사회복지조직의 서비스가 달라지게 된다.
   - 사회복지조직의 환경 – 사회인구적 특성은 사회문제와 밀접한 관계가 있다.(O)

③ **문화적 조건** : 그 사회의 전반적인 가치를 의미하며, 사회복지조직은 지역사회의 우세한 문화 및 가치제도에 특히 민감하다.

④ **정치적·법적 조건** : 정부의 정책관심의 소재에 따라 복지조직의 환경이 달라진다는 점에서 정부의 정책기조를 의미한다고 할 수 있으며, 수많은 법적 규제는 사회복지조직이 클라이언트에게 서비스하는 데 있어서 준수해야 할 많은 조건들을 규정하고 통제한다.
   - 사회복지조직의 환경 – 법적 규제가 많을수록 서비스에 대한 클라이언트의 접근이 제한된다.(O)

⑤ **기술적 조건** : 사회의 기술적 진보나 변화가 사회복지조직의 서비스 기술에 미치는 영향을 말한다.
   - 사회복지조직의 환경 – 과학기술의 발전은 사회복지기관의 서비스에도 영향을 미친다.(O)

2 과업환경(task environment, 업무환경, 작업환경)

(1) 의미

조직이 자원과 서비스를 교환하고 조직과 특별한 상호작용의 형태를 취하는 집단들을 의미하며, 자금제공기관, 의뢰해오는 기관, 보조적 서비스 제공기관 등을 포함한다.

(2) 과업환경의 요소들

① **재정자원의 제공자**

이는 복지조직에 재정(기금)을 제공하는 국가(중앙 및 지방 정부), 기업체, 공동모금, 개인 후원, 유료 클라이언트를 말한다. 이 같은 재원자원 제공자는 조직에 가장 큰 영향을 미치는 요소라고 볼 수 있다.

> 예) 지역사회복지관의 재정 자원 제공자는 중앙 및 지방정부, 후원자, 유료이용자, 법인 등이다.

② **합법성과 권위의 제공자**

㉠ 조직이나 집단이 소유하고 있는 권위의 일부를 다른 조직에 이양하거나 그 조직의 위신이나 지위를 보고 사회적 지지를 해주는 자를 말하며, 여기에는 정부, 전문직 협회, 의회, 운영법인, 시민단체 등을 들 수 있다.

㉡ 복지조직의 합법성과 권위는 법률(사회보장관련법)에 의해 부여되고 있으며, 정당성이나 사회적 승인은 그 지역사회나 클라이언트집단, 전문가 집단에 의해서 인정된다.

㉢ 합법성과 권위를 제공하는 자의 중요한 기능 중의 하나는 조직을 감독하고 평가하는 것이다.

③ **클라이언트의 제공자**

클라이언트를 복지조직에 의뢰하는 개인, 조직, 집단뿐만 아니라 복지조직으로부터 직접 서비스를 받고자 하는 개인과 가족을 말한다.

> 예) 학교, 경찰, 청소년단체, 교회, 사회복지관 등이 있다.

④ **보충적 서비스 제공자**

㉠ 조직이 성공적으로 서비스를 제공하는 데 필요한 활동을 해주는 기타 사회복지조직이 해당되며, 복지조직은 자체능력의 한계가 있기 때문에 전문기관인 다른 단체에 보충적인 서비스를 의뢰해야 한다.

㉡ 사회복지조직은 보충적 서비스 제공자와 공식적·비공식적으로 협력관계를 유지해야만 한다.

⑤ **조직이 산출한 것을 소비·인수하는 자**

사회복지조직이 만들어 낸 서비스를 받아들이고 소비·이용하는 자라 할 수 있으며, 가장 중요한 소비자는 클라이언트 등을 자체 목적을 위해 활용할 수 있는 다른 조직들이며 그것이 불가능한 조직이라면 자체 존재를 정당화시킬 수 없다.

> 예) 여기에는 클라이언트 자신, 가족, 지역사회, 국가 등이 포함된다.

⑥ **경쟁하는 조직들** : 지역사회의 자원과 클라이언트 확보를 위해 복지조직과 경쟁하는 다른 조직을 말하며, 지역공동모금 후원회 같은 경우이다.

> 사회복지조직의 환경 – 다른 기관과의 경쟁은 고려하지 않는다.(×)

■ 사회복지조직의 환경 ■

구 분		핵 심 내 용
일반 환경		한 사회의 인구사회학적 변동, 정치적·법적 조건, 문화적 조건, 경제적 조건, 테크놀로지의 수준 등과 같은 거시적 사회환경의 존재를 의미하는 것

구 분		핵 심 내 용
일반 환경	① 경제적 조건	국가(중앙정부, 지방정부)나 지역사회의 경제 상태를 의미하며 이것은 복지조직의 자원공급량이나 서비스 수요량에 영향을 미침
	② 사회인구학적 조건	연령, 성별분포, 인구구조, 가족구조, 거주지역, 사회계층, 소득수준, 소득구조 등을 말하는 것으로, 지역사회의 인구특성에 따라 다양한 문제와 욕구의 차이 등이 나타나며 이로 인해 사회복지조직의 서비스가 달라지게 됨
	③ 문화적 조건	그 사회의 전반적인 가치를 의미하며, 사회복지 조직은 지역사회의 우세한 문화 및 가치제도에 특히 민감함 예 노동윤리가 강조되는 문화에서는 워크페어(workfare)가 강조되고 복지수혜자에게 낙인이 주어질 가능성이 큼
	④ 정치적 조건	정부의 정책관심의 소재에 따라 복지조직의 환경이 달라진다는 점에서 정부의 정책기조를 의미. 즉 지배정당이 가진 정치이념이나 정강정책 등도 사회복지조직의 자원동원이나 활동범위를 결정
	⑤ 법적 조건	법률은 사회복지조직의 활동범위와 활동방식을 규정하게 됨. 중앙정부와 지방자치단체가 정하는 법률명령, 조례와 규칙들은 사회복지정책의 경계를 확정하기도 하고 제공할 구체적인 서비스 영역과 서비스 전달방법을 규제함
	⑥ 기술적 조건	사회의 기술적 진보나 변화가 사회복지조직의 서비스 기술에 미치는 영향을 말함
과업 환경 = 업무환경		조직이 자원과 서비스를 교환하고 조직과 특별한 상호작용의 형태를 취하는 집단들을 의미하며, 자금제공기관, 의뢰해오는 기관, 보조적 서비스 제공기관 등을 포함
	① 재정자원의 제공자	재정을 제공하는 국가(중앙 및 지방 정부), 기업체, 공동모금, 개인후원, 유료 클라이언트
	② 합법성과 권위의 제공자	정부, 전문직 협회, 의회, 운영법인, 시민단체 등
	③ 클라이언트의 제공자	학교, 경찰, 청소년단체, 교회, 사회복지관 등
	④ 보충적 서비스 제공자	지역사회 내 외의 전문복지기관
	⑤ 조직이 산출한 것을 소비·인수하는 자	클라이언트 자신, 가족, 지역사회, 국가 등이 포함
	⑥ 경쟁하는 조직들	지역공동모금 후원회 같은 경우

02 하센필드(Y. Hasenfeld)가 주장한 사회복지조직의 종속관계 극복을 위한 대응전략 [3][6][18]

1 권위주의 전략
① 조직이 정확한 행동을 하도록 권력을 사용하고 이들 행동을 권장하거나 보상하지 않으며, 여러 조직들 가운데 명령을 내릴 수 있을 정도의 세력을 가지고 있는 전략이다.
② 여러 가지 복지 프로그램을 위해서 자금과 권위를 관장하는 정부기관들은 지방자치단체와의 관계에서 이 전략을 자주 사용한다.
③ **장점** : 조직의 자율성에 영향을 미치지 않고도 외부조직이 교환조건에 응하도록 할 수 있으므로 매우 효과적인 전략이다.
④ **단점** : 우세한 위치의 소수 조직에만 한정되고 명령 순응 여부를 감시하기 위해 비용이 많이 들고 비록 명령에 대한 순응이 이루어지더라도 형식적인 것으로 그치고 마는 문제가 있다.

2 경쟁적 전략
① 다른 조직들과 경쟁하여 세력을 증가시켜 서비스 질과 절차, 행정절차 등을 매력적으로 만드는 것이다.
② 이 전략은 조직이 필요로 하는 자원이 외부환경에 분산되어 있고 세력균형을 이룰 수 있을 만큼 충분한 내적 자원이 있을 때 가능하다.
③ **장점** : 클라이언트의 선택을 넓혀주고 질 높은 서비스를 받게 할 수 있다.
④ **단점** : 성공률이 높은 클라이언트만 받아들이고 사회계층이 낮은 클라이언트를 거부하게 되는 문제(creaming)를 발생시킬 수 있으며, 경쟁으로 인해 서비스의 중복과 낭비를 조장할 수도 있다.

3 협동적 전략
① 과업환경 내의 다른 조직에게 필요한 서비스를 제공하여 해당 조직이 서비스를 획득하는 데 불안감을 해소시키게 하는 것이다.
② **협동적 전략의 3가지 형태**
　㉠ **계약** : 두 조직 사이에 서비스의 교환을 위한 협상된 공식·비공식적 합의를 말하며, 정부조직은 자금을 제공할 수 있고 민간복지조직은 서비스를 제공할 수 있는 경우에 많이 이루어진다. 이는 조직의 선택범위를 좁히고 자율성을 침해하고 조직의 목적과 맞지 않는 서비스를 제공하게 할 우려가 있다. 또한 서비스 효과성 평가를 어렵게 하고 부적절한 계약으로 서비스가 부실해 지는 문제가 생길 수 있다.
　㉡ **연합** : 복지자원의 혜택과 복지서비스 제공에 있어서 비슷한 입장에 있는 여러 복지기관들이 공동이익을 위해 상호제휴하는 전략으로, 여러 조직들이 합동으로 사업을 하기 위해 자원을 합하는 것이다. 책임수행에 대한 비용증가와 회원조직들 간의 불화, 이익에 대한 의견 불일치 등의 문제가 발생할 수 있다.

ⓒ **흡수** : 과업환경 내 주요 구성조직들의 대표자들을 조직의 지도층이나 정책수립 기구에 흡수하여 조직의 안정성을 높이고 생존위협을 피하는 것으로, 외부환경의 주요 대표자들(관련 공무원, 시도의원 등)을 조직 속에 편입시킴으로써 합법성과 지지를 얻어내는 것이다.
　　　예 의사결정이나 프로그램평가, 운영위원회 등에 클라이언트 대표나 지역주민 대표 등을 참가시키는 것

4 방해 전략

① 경쟁적 위치에 있는 복지조직의 활동을 방해하거나 세력을 약화시키는 전략으로, 의도적으로 목표조직의 자원생산 능력을 위협하는 행동을 하는 것이며 상대조직의 양보를 얻어내 권력관계와 종속관계를 바꾸려는 것이다.
② 권력을 잃은 사람이나 빈민, 어려운 이웃들을 대신하여 사회복지조직으로부터 양보를 얻어내는 데 효과적일 수 있지만 장기적으로는 일시적으로 얻은 이득을 상쇄해 버릴 수도 있다.
　※ 하센필드(Y. Hasenfeld)가 주장하는 조직환경 대응전략 – 전문화 전략(×)

3교시
사회복지 정책과 제도

제3영역
사회복지법제론
Social Welfare and Law

교과목 개요

사회복지법제론의 학습은 궁극적으로 사회복지 실천 현장에서 사회복지법과 관련법을 적용하는 능력을 배양하는데 있다. 이를 위해서 사회복지법과 그 체계를 이해하고, 사회복지법의 출현배경과 과정, 그리고 실정법으로서 사회복지법과 관련법을 해석하고 적용하는 능력이 함양되어야 한다. 더 나아가 사회복지법과 관련법의 판례를 학습하고 그 법리를 이해하는데 학습목표를 둔다.

교과목 목표

1. 사회복지 실천 현장에서 사회복지법의 적용에 대한 역량 학습
2. 현행 사회복지법제와 체계에 대한 이해
3. 현행 실정법으로서 사회복지법과 관련법의 이해와 적용능력 배양
4. 현행 실정법으로서 사회복지법과 관련법의 판례와 법리 이해

출제 경향 분석

이해 틀	목차 (교과목 지침서에 준함)	10회 2012	11회 2013	12회 2014	13회 2015	14회 2016	15회 2017	16회 2018	17회 2019	18회 2020	19회 2021	20회 2022	21회 2023	22회 2024
총론	제1장 사회복지법의 개념과 체계	3	3	1	3	2	2	2	1	1	3	1	1	1
	제2장 사회복지법의 역사적 형성과 특징	–	–	1	–	1	–	–	–	–	–	–	–	–
	제3장 사회복지의 권리성	–	–	–	1	1	–	–	1(1)	1	–	1	1	1
	제4장 사회복지의 법률관계	1	2	1	1	–	–	–	–	–	1	–	–	–
	제5장 사회복지 주체에 대한 법적 검토	–	–	–	–	–	–	–	–	–	–	–	–	–
	제6장 사회복지사 등의 법적 지위와 권한	1	1	–	–	–	–	1	–	–	–	–	–	–
	제7장 우리나라 사회복지 입법 변천사	1	–	1	1	1	1	1	1	1	1	1	2	1
	제8장 국제법과 사회복지	1	–	1	–	–	–	–	–	–	–	–	–	–
각론	제9장 사회보장기본법	2	1	1	1	3	4	4	3	2	2	3	3	3
	└ 사회보장급여의 이용·제공 및 수급권자 발굴에 관한 법률	–	–	–	–	–	–	–	1	2	1	3	4	2
	제10장 사회복지사업법	4	4	4	4	4	3	4	3	3	3	2	1	4
	제11장 공공부조법	4	5	5	5	4	3	3	3	4	3	4	4	4
	국민기초생활보장법	2	2	2	2	1	1	1	1	2	2	1	3	2
	의료급여법	1	1	1	2	1	1	1	–	–	–	1	–	1
	긴급복지지원법	–	1	1	–	1	–	–	1	1	–	1	–	–
	기초연금법	1	1	1	1	1	1	1	1	1	1	1	1	–
	장애인연금법	–	–	–	–	–	–	–	–	–	–	–	–	1
	제12장 사회보험법	5	5	7	6	5	3	5	5	4	4	5	3	5
	국민연금법	1	1	2	1	1	1	1	1	–	1	1	–	1
	국민건강보험법	1	1	1	2	1	–	1	1	1	1	1	1	1
	고용보험법	1	1	1	1	1	1	1	1	1	1	1	1	2
	산업재해보상보험법	1	1	2	1	1	–	1	1	1	1	1	1	–
	노인장기요양보험법	1	1	1	1	1	1	1	1	1	–	1	1	1
	제13장 사회복지서비스법	7	7	4	5	4	3	5	6	7	5	5	5	4
	아동복지법	1	1	1	1	1	–	1	1	1	(2)	1	2	1
	노인복지법	1	1	1	1	1	1	1	–	1	1(2)	1	–	1
	장애인복지법	1	1	1	1	1	1	1	1	1	(1)	–	–	–
	한부모가족지원법	1	1	–	–	1	1	–	1	–	(2)	1	1	1
	영유아보육법	1	–	–	1	–	–	–	–	–	–	–	–	–
	정신건강증진 및 정신질환자 복지서비스 지원에 관한 법률	1	1	–	–	–	–	–	–	–	–	–	1	–
	사회복지공동모금회법	–	1	–	–	–	–	–	1	1	1	1	–	1
	입양특례법	–	–	–	–	–	–	–	–	–	–	–	–	–
	장애인·노인·임산부 등의 편의증진에 관한 법률	–	–	–	–	–	–	–	–	–	–	–	–	–
	농어촌주민의 보건복지 증진을 위한 특별법	–	–	–	–	–	–	–	–	–	–	–	–	–
	식품등 기부 활성화에 관한 법률	–	–	–	–	–	–	–	–	–	–	–	–	–
	다문화 가족지원법	1	1	–	–	1	1	–	1	–	(1)	–	–	–
	가정폭력 및 피해자보호 등에 관한 법률	–	–	1	1	–	–	1	1	1	1	–	–	–
	성매매방지 및 피해자 보호 등에 관한 법률	–	–	–	–	–	1	–	–	–	–	–	–	–
	성폭력방지 및 피해자 보호 등에 관한 법률	–	–	–	–	–	–	1	1	1	1	–	–	–
	건강가정기본법	–	–	–	–	–	–	–	–	–	–	–	1	–
	제14장 사회복지 관련법	1	1	–	–	1	–	1	–	–	1	–	–	–
	자원봉사활동 기본법	–	1	–	–	1	–	1	–	–	1	–	–	–
	장애인고용촉진 및 직업재활법	1	–	–	–	–	–	–	–	–	–	–	–	–
	제15장 판례	–	–	–	–	1	–	1	–	1	–	–	–	–

※ 표 안에 ( ) 안의 숫자는 단독 출제되지는 않았으나 문제의 지문상에 해당 부분의 내용이 출제된 것을 의미합니다.
※ 제12회 시험부터 영역별 30문제에서 25문제 출제로 변경되었으므로 출제빈도는 12회시험부터 눈여겨보시기 바랍니다.

김진원 OIKOS 사회복지사1급 통합이론서 3교시

제1부
총론

제1장 사회복지법의 개념과 체계
제2장 사회복지법의 역사적 형성과 특징
제3장 사회복지의 권리성
제4장 사회복지의 법률관계
제5장 사회복지 주체에 대한 법적 검토
제6장 사회복지사 등의 법적 지위와 권한
제7장 우리나라 사회복지 입법 변천사
제8장 국제법과 사회복지

사회복지법의 개념과 체계

제1부 **총론**

제1장 회차별 출제빈도, 출제비중 및 출제논점 1, 2, 3순위

10회 2012	11회 2013	12회 2014	13회 2015	14회 2016	15회 2017	16회 2018	17회 2019	18회 2020	19회 2021	20회 2022	21회 2023	22회 2024
3	3	1	3	2	2	2	1	1	3	1	1	1

출제 비중	출제 논점		
	1순위 ☺	2순위 ※	3순위 ☆
1**2**3	① 법원: 성문법(헌법, 법률, 법규명령, 자치법규, 행정명령, 국제법) ＋ 불문법(관습법, 판례법, 조리법)	① 자치법규(조례와 규칙)	① 법의 효력: 상 → 특 → 신 ② 사회복지법의 개념: 형식적 vs 실질적

1순위 스마일표시(☺) : 출제 빈출도가 높은 부분으로 무조건 시험에 출제되는 영역
2순위 당구장표시(※) : 나왔다 안 나왔다 하는 영역이지만 출제가능성 높은 영역
3순위 별 표(☆) : 출제 된 적이 있긴 하지만 다시 출제될 가능성은 다소 떨어지는 영역

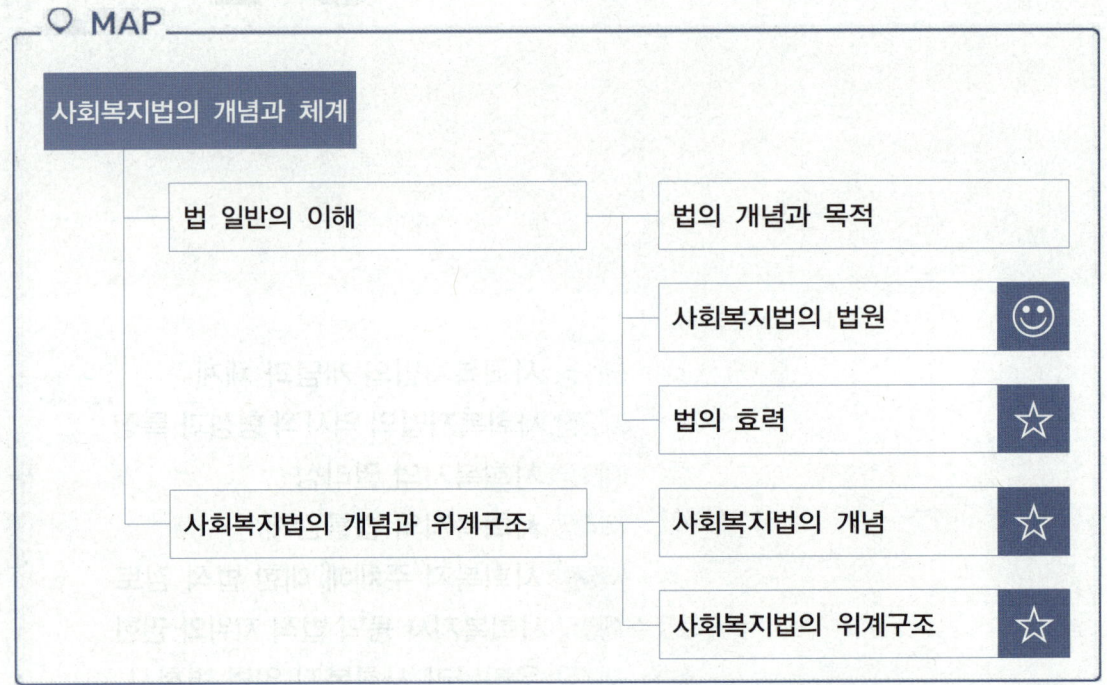

01 법 일반의 이해

1 법의 개념과 목적

(1) 법(法)의 개념

① **정의** : 사회가 유지되기 위해서 사회의 구성원들의 행동을 규율할 수 있는 **일련의 행위준칙**으로, 구성원에 대해 **물리적 강제력**을 가진 **정의를 이념**으로 한 사회규범

② **법의 복합적 성격**

　㉠ **사회질서 유지를 위한 사회규범(社會規範)**
　　㉮ 관습규범, 도덕규범, 종교규범 등과 같이 법규범이 등장하기 이전에 사회질서를 유지하던 사회규범을 제1차적 규범이라고 한다.
　　㉯ 마땅히 해야 할, 또는 해서는 안 될 당위규범(當爲規範)으로서 법규범을 제2차적 규범이라고 한다.

　㉡ **행위의 기준을 정하는 행위규범(行爲規範)** : 사람들이 해야 할 일을 명령하건, 해서는 안 될 행위를 금지하는 규범으로 행위의 기준을 정하는 당위의 법칙이다.

　㉢ **강제력을 가진 강제규범(强制規範)**
　　㉮ 강제가 있다는 점에서 법은 도덕, 종교, 관습 등과 같은 다른 사회규범과 구별된다.
　　㉯ 법 외의 사회규범을 위반한 경우에 그 위반자는 비난을 받을 뿐이지만, 법을 위반한 자는 강제적 제재를 받는다.

　㉣ **법적 효과를 선언하는 재판규범(裁判規範)** : 일정한 행위에 대해 법적 효과(형벌, 배상, 책임 등)를 선언하는 강제규범이며 사회의 조직적 강제에 의해 법의 실효성이 보장되고 있다.

　㉤ **조직에 권한을 부여하는 조직규범(組織規範)** : 헌법, 국회법, 법원조직법, 정부조직법 등과 같이 법규범의 제정, 적용, 집행을 담당하는 조직과 이 조직을 구성하는 기관(국회, 법원, 행정관청)에 일정한 권한을 부여하는 규범이다.

　㉥ **문화가치에 대한 사회의 합의의 산물인 문화규범(文化規範)**
　　㉮ 인간이 현실에서 살면서 보다 나은 가치를 향하여 노력하는 가운데서 생성되는 업적 내지 산물이 문화이다.
　　㉯ 법이 정의라는 가치를 향하여 노력하여야 한다는 점에서 법은 정의라는 법이념을 향한 하나의 문화 개념으로서 '문화규범'이다.

> **OIKOS UP** '법'을 표현하는 다양한 형태의 유사용어
>
> ① **법률(法律)** : '법'과 동일한 뜻으로 사용되며, 구체적이고 가시적인 개념으로 현실세계에서 사회통제의 기능을 갖춘 것
> ② **법전(法典)** : 헌법, 법률, 명령, 규칙과 같은 실정법을 체계적으로 편별한 조직적 성문 법규집
> ③ **법규(法規)** : 넓게는 법규범 일반의 준말이고, 좁게는 성문의 법령
> ④ **법령(法令)** : 법률과 명령을 함께 부르는 말인데, 넓은 의미로는 법률이나 법 전체

(2) 법의 목적(이념)

① 정의 또는 사회정의의 실현
  ㉠ 사회정의 실현의 도구가 되며, 정의는 법을 특징짓는 결정적 기준인 동시에 인간사회에 있어 최고 가치 중의 하나이다.
  ㉡ **사회정의(social justice)** : 모든 사람에게 기본권이 보장된 상태, 사람들이 응당 자신이 받아야 할 대가를 받은 상태, 사회 내에 불평등이 존재하지 않는 평등한 상태 등으로 다양하게 정의

② **합목적성(合目的性)** [⑦]
  ㉠ 국가가 추구하는 가치에 합치되어야 한다는 것, 즉 국가의 목적에 맞추어 방향을 결정하는 원리라는 뜻이다.
  ㉡ **사회의 가치관에 따라 달라지는 상대적인 개념**으로, 국가와 사회가 처해 있는 상황 속에서 법이 요구하는 가치관에 따라 법의 목적을 현실화하는 데 있다.
    ㉮ 사회주의적 세계관에 따르면 법의 목적은 사회적 불평등의 제거에 있다고 하며 배분적 정의의 실현을 내건다.
    ㉯ 개인주의적 세계관에 있어서는 국가로부터 개인의 자유를 보장하는 것이 법의 목적이며, 개인의 가치의 절대성을 강조하고 권력분립론을 주장하게 된다.
  ㉢ 사회복지법의 법률관계는 사회보장의 원리에 근거를 두고 있는 합목적성의 고려가 강하게 작용하고 있다.
    ㉮ 사회보장제도 중 **공공부조, 사회복지서비스에 의하여 지급되는 급여는 국가의 합목적성**에 의한 것
    ㉯ 사회보험은 인과적 관계에 의해서 지급(사회보험제도에 있어서 조합은 위험공동체로서 사인 간의 상부상조를 위하여 발달)

③ **법적 안정성(法的 安定性)**
  ㉠ 법에 따라 안심하고 생활할 수 있는 상태, 즉 **법에 의해 보호되는 사회생활의 질서와 안정**을 말하며, **법의 안정성이 보장되면 사회질서의 안정도 보장**되는 것이 원칙이다.
  ㉡ 법적 안정성을 위해 요구되는 사항
    ㉮ 사람들이 법의 존재 여부와 그 내용을 명확하게 이해할 수 있어야 한다.
    ㉯ 법은 조령모개(朝令暮改) 식으로 너무 자주, 쉽게 변경되어서는 안 된다.
    ㉰ 법은 실효성, 즉 실제로 실행 가능한 것이어야 하며 너무 높은 이상만 추구하여서는 안 된다.
    ㉱ 법은 선량한 시민들의 법의식(민중의 의식)에 합치되는 것이어야 한다.
  ㉢ 소멸시효, 취득시효, 민법상의 점유의 보호 등도 법적 안정성을 위한 것이며, 법률불소급의 원칙이나 일사부재리의 원칙 등은 법적 안정성의 요청에 의한 것이라 할 수 있다.
    ㉮ **소멸시효** : 권리자가 권리를 행사할 수 있음에도 불구하고, 권리를 행사하지 않는 사실상태가 일정기간 계속된 경우에 그 권리의 소멸을 인정하는 제도를 말한다(민법 제162~184조).
    ㉯ **취득시효** : 일정한 기간 동안 어떤 사실상의 점유상태가 계속된 경우, 권리취득의 효과를 부여하는 것을 말한다(민법 제245~248조).

㉰ **점유의 보호** : 점유자가 점유를 방해당하거나 방해될 염려가 있을 때, 방해자에게 방해의 제거를 요구할 수 있도록 하여 점유를 보호하는 것을 말한다(민법 제192조).

2 사회복지법의 법원(法源, 법의 존재형식)

(1) 사회복지법 법원으로서의 성문법 [④⑤⑥⑧⑪⑲㉑]

① **개 요**
  ㉠ **성문법(成文法, written law)** : 문서의 형식을 갖추고 문장으로 표현되어 편, 장, 절, 조문 등의 일정한 형식과 절차에 따라서 권한 있는 기관이 제정·공포한 법으로, **제정법(制定法) 혹은 실정법**이라고도 한다.
  ㉡ 대다수의 국가들이 원칙적으로 성문법을 법원으로 하는 성문법주의 국가이며, 예외적으로 불문법을 병용하고 있다.
  ㉢ 장점
    ㉮ 문서의 형식으로 표현되어 제정되는 것이므로 법의 존재와 의미 및 내용이 명백하다는 것이다.
    ㉯ 법이념을 구체화할 수 있다.
    ㉰ 국민들에게 예측 가능성과 법 생활의 안정성을 도모할 수 있다.
  ㉣ 단점
    ㉮ 문장으로 표현된 법의 내용을 일반 국민이 정확히 알기 어렵다.
    ㉯ 법의 내용이 형식적이고 경직되어 사회정의 변천에 적절히 대응할 수 없다.
  ㉤ **성문법원의 효력** : 상위법이 하위법에 우선(**상위법 우선의 원칙**). 성문법원의 단계적 효력은 헌법 → 법률(조약) → 명령(시행령, 시행규칙) → 자치법규(조례, 규칙) → 행정규칙(훈령, 예규, 지침, 고시, 기준 등) 순

② **헌 법** [⑪⑮⑲]
  ㉠ 국가의 기본조직, 통치작용, 국민의 기본권을 정한, 즉 국가와 국민 간의 권리와 의무에 관한 **최고 기본법(근본법)**으로, **모든 법의 상위법**이다.
  ㉡ 상위법은 하위법에 우선하므로, 하위의 법체계인 법률, 명령, 규칙 등은 **최상위 법인 헌법에 위배되어서는 안 된다. 즉 모든 법의 내용은 헌법의 범위 내에서 구성된다.**
  ㉢ 헌법 전문에 '**국민생활의 균등한 향상을 기하고**'라는 규정, 제10조 인간의 존엄성 보장과 행복추구권, 제11조 평등권, 그리고 제31조에서 제36조에 이르는 생존권적 기본권(복지권, 사회권) 규정은 사회복지의 범위와 내용을 규정한 최상위의 규범으로 인정되고 있다.
    ※ 헌법 전문에는 사회복지와 관련된 내용이 없다.(×)
    ※ 헌법은 법률에 의해 구체화되기 이전에는 사회복지법의 법원(法源)이 될 수 없다.(×)

③ **법률** [⑭⑲㉒]
  ㉠ 법규범의 위계에서 **헌법 다음가는 법원**으로 헌법상 **입법권을 가진 국회에서 제정**(헌법 제40조 입법권은 국회에 속한다)하거나 **행정부에서 제출**(헌법 제52조 국회의원과 정부는 법률안을 제출할 수 있다)하여 **국회의 의결을 거쳐** 대통령이 공포한 법을 말한다.
    ※ 법률안 제출은 국회의원만이 할 수 있다.(×)

ⓛ 법률은 상위법인 헌법에 위반해서 제정될 수 없고, 하위법인 명령, 규칙에 대해서는 상위의 지위를 가짐으로서 명령과 규칙을 지배한다.
ⓒ 법률 차원의 규범 중에서 **중심적이고 지도적인 규범을 갖는 것이 '기본법'**이다. 사회복지법 체계에서는 '사회보장기본법'이 헌법 다음으로 중요한 위치를 차지하고 있는 법률이다.
ⓔ 사회복지의 구체적 서비스와 내용을 규정하고 있는 법률로는 사회복지의 기본법인 사회보장기본법, 사회보험법, 공공부조법, 사회서비스법(사회복지서비스법, 사회복지관련법) 등이 있다.

■「대한민국 헌법」상 법률의 제정에 관한 조문 정리■

제40조	입법권은 국회에 속한다. [⑭]
제42조	국회의원의 임기는 4년으로 한다.
제51조	국회에 제출된 법률안 기타의 의안은 회기 중에 의결되지 못한 이유로 폐기되지 아니한다. 다만, 국회의원의 임기가 만료된 때에는 그러하지 아니하다.
제52조	국회의원과 정부는 법률안을 제출할 수 있다. [⑭⑱]
제53조	① 국회에서 의결된 법률안은 정부에 이송되어 15일 이내에 대통령이 공포한다. [⑭⑯] ② 법률안에 이의가 있을 때에는 **대통령은** 제1항의 기간 내에 이의서를 붙여 국회로 환부하고, **그 재의를 요구할 수 있다.** 국회의 폐회 중에도 또한 같다. [⑯] ③ **대통령은 법률안의 일부에 대하여 또는 법률안을 수정하여 재의를 요구할 수 없다.** [⑭⑯] ④ 재의의 요구가 있을 때에는 국회는 재의에 붙이고, 재적의원과반수의 출석과 출석의원 3분의 2 이상의 찬성으로 전과 같은 의결을 하면 그 법률안은 법률로서 확정된다. ⑤ 대통령이 제1항의 기간 내에 공포나 재의의 요구를 하지 아니한 때에도 그 법률안은 법률로서 확정된다. [⑯] ⑥ 대통령은 제4항과 제5항의 규정에 의하여 확정된 법률을 지체 없이 공포하여야 한다. 제5항에 의하여 법률이 확정된 후 또는 제4항에 의한 확정법률이 정부에 이송된 후 5일 이내에 대통령이 공포하지 아니할 때에는 국회의장이 이를 공포한다. ⑦ **법률은 특별한 규정이 없는 한 공포한 날로부터 20일을 경과함으로써 효력을 발생한다.** [⑭⑯⑱] ✗ 법률은 특별한 규정이 없는 한 공포한 날로부터 90일을 경과함으로써 효력을 발생한다.(×)
제89조	**다음 사항은 국무회의의 심의를 거쳐야 한다.** 1. 국정의 기본계획과 정부의 일반정책 2. 선전·강화 기타 중요한 대외정책 3. **헌법개정안·국민투표안·조약안·법률안 및 대통령령안** 　✗ 법률안은 국무회의의 심의를 거쳐야 한다.(O) 4. 예산안·결산·국유재산처분의 기본계획·국가의 부담이 될 계약 기타 재정에 관한 중요사항 5. 대통령의 긴급명령·긴급재정경제처분 및 명령 또는 계엄과 그 해제 6. 군사에 관한 중요사항 7. 국회의 임시회 집회의 요구 8. 영전수여 9. 사면·감형과 복권 10. 행정각부간의 권한의 획정 11. 정부안의 권한의 위임 또는 배정에 관한 기본계획 12. 국정처리상황의 평가·분석 13. 행정각부의 중요한 정책의 수립과 조정

	14. 정당해산의 제소
	15. 정부에 제출 또는 회부된 정부의 정책에 관계되는 청원의 심사
	16. 검찰총장·합동참모의장·각군참모총장·국립대학교총장·대사 기타 법률이 정한 공무원과 국영기업체관리자의 임명
	17. 기타 대통령·국무총리 또는 국무위원이 제출한 사항

④ **명령과 규칙**

㉠ **법규명령(시행령과 시행규칙)** [⑤⑯⑲㉒]

㉮ 명령과 규칙은 **국회의 의결을 거치지 아니하고 권한 있는 행정관청에 의해 제정된 법규**로서 자치법규에 속하지 않는 성문법규를 말하는 것으로, 기본법에 규정이 있어야만 가능하다.

ⓐ **시행령** : 대통령의 명령을 의미하는 것으로 대통령령(大統領令)을 말한다.

ⓑ **시행규칙** : 총리령 또는 각 부령(部令)으로서 보통 총리나 장관의 명령(장관령)을 의미한다.(예 보건복지부령).

❌ 명령에는 시행령과 시행규칙이 있다.(O)
❌ 시행령은 국무총리나 행정각부의 장이 발(發)하는 명령이다.(×)
❌ 우리나라 사회복지법의 법원 : 명령은 행정기관이 제정한 법규로 국회의 의결을 거쳐야 한다.(×)

㉯ 추상적이고 보편적인 법률규정들이 현실에 적용되기 위해서는 구체적 세부규정들이 필요하기 때문에, 법률이 실효성을 갖기 위해서는 법률의 하위규범인 시행령과 시행규칙이 제정되어야 한다.

■ 「대한민국 헌법」상 법규명령에 관한 조문 정리 ■

제75조	대통령은 법률에서 구체적으로 범위를 정하여 위임받은 사항과 법률을 집행하기 위하여 필요한 사항에 관하여 **대통령령을 발할 수 있다.** [⑩]
제76조 [⑤]	① 대통령은 내우·외환·천재·지변 또는 중대한 재정·경제상의 위기에 있어서 국가의 안전보장 또는 공공의 안녕질서를 유지하기 위하여 긴급한 조치가 필요하고 국회의 집회를 기다릴 여유가 없을 때에 한하여 최소한으로 필요한 재정·경제상의 처분을 하거나 이에 관하여 법률의 효력을 가지는 명령을 발할 수 있다. ② 대통령은 국가의 안위에 관계되는 중대한 교전상태에 있어서 국가를 보위하기 위하여 긴급한 조치가 필요하고 국회의 집회가 불가능한 때에 한하여 법률의 효력을 가지는 명령을 발할 수 있다. ❌ 대통령의 긴급명령은 법원이 될 수 없다.(×)
제95조	**국무총리 또는 행정각부의 장은** 소관사무에 관하여 법률이나 대통령령의 **위임 또는 직권으로 총리령 또는 부령을 발할 수 있다.** [⑯⑱] ❌ 국무총리는 소관사무에 관하여 법률의 위임 또는 직권으로 부령을 발할 수 있다.(×)

㉡ **행정규칙(행정명령)** [⑤⑧⑪]

㉮ 법규범이 아니고 행정기관의 고유권한으로서 **일반국민의 권리·의무와 직접 관계가 없는 비법규사항을 규정하는 것으로 행정조직의 내부에서만 효력**을 가질 뿐 대외적 구속력을 가지지 아니하는 규칙을 말한다.

⑭ 행정규칙은 그 형식에 따라 **훈령, 예규, 통첩, 지침, 고시, 기준 등과 같은 명칭**으로 사용되며, 단지 행정부 내부에서 법에 따른 행정적 집행을 위해 필요한 사항들을 정리한 자신들의 방침이다.
㉰ **사회복지분야는** 그 범위가 광범위하여 입법기술상 법률에서 그 세부사항까지 모두 망라하여 상세하게 규정할 수 없는 사항들이 많고, 실제로 사회복지현장에서 대부분의 구체적인 사회복지사업들이 이 행정규칙에 의해 운영되고 있으므로 **법규설이 타당하다고 할 수 있다**(예 과거 사회복지관 설치 운영규정 등).

> [5회 시험] 내규, 지침, 고시 등은 법규범이다.(×) [8회 시험] 훈령, 예규, 지침, 고시, 기준 등은 법규범에 포함되지 않는다.(×)로 출제. ∴ 원칙은 법규범이 아니지만, 상황에 따라 답 선택
> [11회 시험] 사회복지행정기관의 내부 문서 정리를 위한 지침은 법규명령에 해당한다.(×)

⑤ **자치법규(조례와 규칙)** [③④⑦⑨⑩⑪⑫⑬⑭⑮⑯⑲㉑㉒]
  ㉠ 지방자치단체인 광역자치단체(특별시, 광역시, 도)와 기초자치단체(시, 군, 구)가 법률의 범위 안에서 제정하는 자치에 관한 규범으로, 조례와 규칙이 있다.
    ㉮ **조례(條例)** : 지방자치단체가 **법령의 범위 내**에서 그 사무에 관하여 **지방의회의 의결을 거쳐** 제정하는 법규를 말한다. → **지방의회에서 제정하는 자치법규**
      ⓐ **법령의 범위 내의 2가지 의미**
        - 법령에 의해 구체적으로 위임된 사항을 조례로 정하는 경우
        - 법령에 규정이 없다 하더라도 '법령에 위반되지 않는 범위 내에서' 조례를 제정하는 경우 → 조례를 제정할 수 있는 법령상의 근거가 별도로 존재하지 않는다 하더라도 법령을 위반하는 것이 아니라면 조례를 제정할 수 있음
      ⓑ **주민의 권리 제한 또는 의무 부과에 관한 사항이나 벌칙을 정할 때에는 법률의 위임이 있어야 한다**(지방자치법 제22조).
        - 지방자치단체는 법률의 위임 없이 주민의 권리를 제한하거나 의무를 부과해야 하는 사항이나 벌칙 등을 정하는 조례를 제정할 수 없다.
        - 지역의 질서를 바로 잡기 위하여 조례위반행위에 대한 벌칙으로서 과태료 등의 행정벌을 부과하는 수단에만 적용하도록 했다.
        > 지방자치단체는 법령의 범위와 무관하게 조례를 제정할 수 있다.(×)
        > 우리나라 사회복지법의 법원 : 지방자치단체의 조례는 성문법원이다.(○)
    ㉯ **규칙** : **지방자치단체장이 법령 또는 조례의 위임된 범위 안에서** 그 권한에 속하는 사무에 관하여 제정한 명령을 말한다.
  ㉡ **자치법규**는 **대외적 구속력**(국민에 대한 구속력을 말하는 것) 있는 **법규범**이며, **지방자치단체의 해당지역 내에서만 효력을 발생**한다.
    > 사회복지조례는 국가에 대해서 법적 구속력을 가진다.(×)
  ㉢ 자치법규 중에서 **조례는 규칙의 상위에, 규칙은 조례의 하위에 있다.**

■ 「대한민국 헌법」상 지방자치에 관한 조문 정리 ■

제117조 [⑰⑲]	① **지방자치단체는 주민의 복리에 관한 사무를 처리하고 재산을 관리하며, 법령의 범위안에서 자치에 관한 규정을 제정할 수 있다.** [⑰] ② 지방자치단체의 종류는 법률로 정한다.
제118조	① 지방자치단체에 의회를 둔다. ② 지방의회의 조직·권한·의원선거와 지방자치단체의 장의 선임방법 기타 지방자치단체의 조직과 운영에 관한 사항은 법률로 정한다.

■ 「지방자치법」상 조례와 규칙에 관한 조문 정리 ■

제12조	사무처리의 기본원칙	① 지방자치단체는 그 사무를 처리할 때 주민의 편의와 복리증진을 위하여 노력하여야 한다. ② 지방자치단체는 조직과 운영을 합리적으로 하고 그 규모를 적정하게 유지하여야 한다. ③ 지방자치단체는 법령을 위반하여 사무를 처리할 수 없으며, 시·군 및 자치구는 해당 구역을 관할하는 시·도의 조례를 위반하여 사무를 처리할 수 없다.

제13조
[㉑]
	지방자치단체의
	사무 범위
		① 지방자치단체는 관할 구역의 자치사무와 법령에 따라 지방자치단체에 속하는 사무를 처리한다.
		② 제1항에 따른 지방자치단체의 사무를 예시하면 다음 각 호와 같다. 다만, 법률에 이와 다른 규정이 있으면 그러하지 아니하다.
		  1. 지방자치단체의 구역, 조직, 행정관리 등
		  2. **주민의 복지증진**
		    가. 주민복지에 관한 사업
		    나. **사회복지시설의 설치·운영 및 관리** [㉑]
		    다. 생활이 어려운 사람의 보호 및 지원
		    라. 노인·아동·장애인·청소년 및 여성의 보호와 복지증진
		    마. 공공보건의료기관의 설립·운영
		    바. 감염병과 그 밖의 질병의 예방과 방역
		    사. 묘지·화장장(火葬場) 및 봉안당의 운영·관리
		    아. 공중접객업소의 위생을 개선하기 위한 지도
		    자. 청소, 생활폐기물의 수거 및 처리
		    차. 지방공기업의 설치 및 운영
		  3. 농림·수산·상공업 등 산업 진흥
		  4. 지역개발과 자연환경보전 및 생활환경시설의 설치·관리
		  5. 교육·체육·문화·예술의 진흥
		  6. 지역민방위 및 지방소방
		  7. 국제교류 및 협력

제19조 [⑩⑪⑬㉑]	조례의 제정과 개정·폐지 청구	① **주민은 지방자치단체의 조례를 제정하거나 개정하거나 폐지할 것을 청구할 수 있다.** ② 조례의 제정·개정 또는 폐지 청구의 청구권자·청구대상·청구요건 및 절차 등에 관한 사항은 따로 법률로 정한다.

제28조 [⑩⑭㉑]	조례	① 지방자치단체는 법령의 범위 안에서 그 사무에 관하여 조례를 제정할 수 있다. 다만, 주민의 권리 제한 또는 의무 부과에 관한 사항이나 벌칙을 정할 때에는 법률의 위임이 있어야 한다. ② 법령에서 조례로 정하도록 위임한 사항은 그 법령의 하위 법령에서 그 위임의 내용과 범위를 제한하거나 직접 규정할 수 없다.
제29조 [⑭⑲㉑]	규칙	지방자치단체의 장은 법령이나 조례가 위임한 범위에서 그 권한에 속하는 사무에 관하여 규칙을 제정할 수 있다.
제30조 [⑭⑲㉑]	조례와 규칙의 입법한계	시·군 및 자치구의 조례나 규칙은 시·도의 조례나 규칙을 위반하여서는 아니 된다.
제31조	지방자치단체를 신설하거나 격을 변경할 때의 조례·규칙의 시행	지방자치단체를 나누거나 합하여 새로운 지방자치단체가 설치되거나 지방자치단체의 격이 변경되면 그 지방자치단체의 장은 필요한 사항에 관하여 새로운 조례나 규칙이 제정·시행될 때까지 종래 그 지역에 시행되던 조례나 규칙을 계속 시행할 수 있다.
제32조	조례와 규칙의 제정 절차 등 [⑲]	① 조례안이 지방의회에서 의결되면 의장은 의결된 날부터 5일 이내에 그 지방자치단체의 장에게 이를 이송하여야 한다. [⑲] ② 지방자치단체의 장은 제1항의 조례안을 이송받으면 20일 이내에 공포하여야 한다. ③ 지방자치단체의 장은 이송받은 조례안에 대하여 이의가 있으면 제2항의 기간에 이유를 붙여 지방의회로 환부(還付)하고, 재의(再議)를 요구할 수 있다. 이 경우 지방자치단체의 장은 조례안의 일부에 대하여 또는 조례안을 수정하여 재의를 요구할 수 없다. ④ 지방의회는 제3항에 따라 재의 요구를 받으면 조례안을 재의에 부치고 재적의원 과반수의 출석과 출석의원 3분의 2 이상의 찬성으로 전(前)과 같은 의결을 하면 그 조례안은 조례로서 확정된다. ⑤ 지방자치단체의 장이 제2항의 기간에 공포하지 아니하거나 재의 요구를 하지 아니하더라도 그 조례안은 조례로서 확정된다. ⑥ 지방자치단체의 장은 제4항 또는 제5항에 따라 확정된 조례를 지체 없이 공포하여야 한다. 이 경우 제5항에 따라 조례가 확정된 후 또는 제4항에 따라 확정된 조례가 지방자치단체의 장에게 이송된 후 5일 이내에 지방자치단체의 장이 공포하지 아니하면 지방의회의 의장이 공포한다. ⑦ 제2항 및 제6항 전단에 따라 지방자치단체의 장이 조례를 공포하였을 때에는 즉시 해당 지방의회의 의장에게 통지하여야 하며, 제6항 후단에 따라 지방의회의 의장이 조례를 공포하였을 때에는 그 사실을 즉시 해당 지방자치단체의 장에게 통지하여야 한다. ⑧ 조례와 규칙은 특별한 규정이 없으면 공포한 날부터 20일이 지나면 효력을 발생한다.
제33조	조례와 규칙의 공포 방법 등	① 조례와 규칙의 공포는 해당 지방자치단체의 공보에 게재하는 방법으로 한다. 다만, 제32조제6항 후단에 따라 지방의회의 의장이 조례를 공포하는 경우에는 공보나 일간신문에 게재하거나 게시판에 게시한다. ② 제1항에 따른 공포는 종이로 발행되는 공보(이하 이 조에서 "종이공보"라 한다) 또는 전자적인 형태로 발행되는 공보(이하 이 조에서 "전자공보"라 한다)로 운영한다.

제33조	조례와 규칙의 공포 방법 등	③ 공보의 내용 해석 및 적용 시기 등에 대하여 종이공보와 전자공보는 동일한 효력을 가진다. ④ 조례와 규칙의 공포에 관하여 그 밖에 필요한 사항은 대통령령으로 정한다.
제34조	조례위반에 대한 과태료	① 지방자치단체는 조례를 위반한 행위에 대하여 조례로써 1천만원 이하의 과태료를 정할 수 있다. ② 제1항에 따른 과태료는 해당 지방자치단체의 장이나 그 관할 구역 안의 지방자치단체의 장이 부과·징수한다.
제35조	보고	조례나 규칙을 제정하거나 개정하거나 폐지할 경우 조례는 지방의회에서 이송된 날부터 5일 이내에, 규칙은 공포예정 15일 전에 시·도지사는 행정안전부장관에게, 시장·군수 및 자치구의 구청장은 시·도지사에게 그 전문(全文)을 첨부하여 각각 보고하여야 하며, 보고를 받은 행정안전부장관은 그 내용을 관계 중앙행정기관의 장에게 통보하여야 한다.
제120조 [⑬]	지방의회의 의결에 대한 재의요구와 제소	① 지방자치단체의 장은 지방의회의 의결이 월권이거나 법령에 위반되거나 공익을 현저히 해친다고 인정되면 그 의결사항을 이송받은 날부터 20일 이내에 이유를 붙여 재의를 요구할 수 있다. ② 제1항의 요구에 대하여 재의한 결과 재적의원 과반수의 출석과 출석의원 3분의 2 이상의 찬성으로 전과 같은 의결을 하면 그 의결사항은 확정된다. ③ 지방자치단체의 장은 제2항에 따라 재의결된 사항이 법령에 위반된다고 인정되면 대법원에 소(訴)를 제기할 수 있다. 이 경우에는 제192조제4항을 준용한다. ⊗ 위법한 사회복지조례에 대해서는 취소소송으로 다툴 수 있는 것이 원칙이다.(×)

⑥ **국제법(국제조약과 국제법규)** [④⑬⑳㉒]

　㉠ 국제법에는 국제조약과 국제법규가 있다. 헌법 제6조 제1항에 "헌법에 의해 체결·공포된 **조약과 일반적으로 승인된 국제법규는 국내법과 같은 효력**을 가진다."라고 규정하고 있다.

　㉡ **국제조약** : 조약, 협정, 협약, 약정, 의정서, 헌장 등 그 명칭이 어떠하더라도 국제법상의 주체인 국가와 국가 간, 국가와 국제기관 사이에 법적효력이 있는 문서에 의한 합의를 말한다.

　　㉮ '헌법에 의하여 체결한 공포된 조약'이라 함은 대통령이 합법적인 절차를 준수하여 체결 비준한 조약을 의미한다.

　　㉯ 국제 평화주의에 입각한 국제법 존중의 원칙을 밝히고 있는 것으로 국제조약의 내용이 사회복지와 관련이 있는 것이면 마땅히 사회복지법의 법원이 된다.

　　⊗ 헌법에 의하여 체결·공포된 사회복지 관련 조약은 사회복지법의 법원(法源)에 포함되지 않는다.(×)

　㉢ **국제법규** [⑳㉒]

　　㉮ 우리나라가 당사국이 아닌 조약으로서 국제사회에서 일반적으로 규범성이 승인된 것(예 국제연합헌장)과 국제관습법을 말한다.

　　㉯ 일반적으로 승인된 국제법규란 세계의 대다수의 국가가 국제사회의 일반적·보편적 규범으로 승인하고 있다는 것으로, 각종 불문법적 관습법과 선언 등을 포함한다.

　　⊗ 우리나라 사회복지법의 법원 : 일반적으로 승인된 국제법규는 사회복지법의 법원에 포함되지 않는다.(×)

> **OIKOS UP** 국제법(국제조약과 국제법규)과 국내법의 우열문제(윤찬영, 1998)
>
> ① 국제법과 국내법의 관계에 대한 2가지 입장
>   ㉠ **별개의 법체계로 보는 이원론 입장** : 국제법은 국제관계에만 효력을 갖는 것이고 국내법은 국내에서만 효력을 가지므로, 국제법과 국내법이 서로 저촉되거나 영향을 미치지는 않는다.
>   ㉡ **동일한 법체계에 속한다는 일원론 입장** : 국제법과 국내법이 동일한 법체계에 포함되기 때문에 상호 저촉되는 경우 발생할 수 있다.
>   ㉮ **국제법 우위론** : 국내법을 국제법에 의해 위임된 부분법의 질서로 보며, 양자가 충돌할 때에는 국제법이 국내법을 깨뜨리는 것으로 해석
>   ㉯ **국내법 우위론** : 국제법이 한 나라에서 인정된 것은 헌법이 국제법을 승인해주었기 때문이므로, 국제법은 헌법의 하위규범이라는 것
> ② 우리나라의 경우 : 국제법의 국내법상 효력 우열
>   ㉠ **국제조약** : 조약의 경우 헌법 제6조 제1항의 조문에서 "헌법에 의해 체결공포된 조약"이라고 하여 <u>국내법인 헌법의 우위를 분명히 하고 있다.</u>
>   ㉡ **국제법규** : 국제법규의 경우에는 "일반적으로 승인된 국제법규는 국내법과 동일한 효력"이라고 하여, 이때 국내법이 헌법을 포함한 국내법과 동일한 효력이어서 국제법규와 헌법이 충돌이 생기게 되는 문제가 발생된다. → <u>국제법규의 경우 국내법우위론이나 국제법우위론으로 해석될 여지가 있음</u>
>   ㉮ 일반적으로 승인된 국제법규는 그 내용에 따라서는 국내법상 헌법에 해당되는 것도 있고, 헌법보다 하위규범에 속하지만 법률보다 상위규범인 것도 있고, 때에 따라서는 법률이나 명령, 규칙 수준의 것들도 있을 수 있다.
>   ㉯ 따라서 국제법규는 국내에 적용할 때에는 <u>그것이 국내법상 어떤 지위를 갖는가 하는 점을 판단해야 한다.</u> 이를 판단하는 것은 사법부가 재판의 전제가 되었을 경우 사례에 따라 판단할 수밖에 없다.
>   ㉰ 권영성의 헌법학에서는 법률과 일반적으로 승인된 국제법규가 상충 시에 형식적 효력이 같다고 보면서 "신법이 우선하고, 특별법이 우선한다."고 되어 있다.

(2) 사회복지법 법원으로서의 불문법 [⑥⑬⑮]

① 개요

㉠ **불문법**(不文法, unwritten law) : 성문법 이외의 법으로, 문서의 형식으로 표현되지 않은 법이다. 입법기관에 의해 일정한 절차에 따라 문서로 제정, 공포되지 아니하므로 **불문법 또는 비제정법**(非制定法)이라고 한다.

㉮ 불문법에는 자연법, 관습법, 판례법, 조리법 등이 있는데, 인간생활 전 부문을 규율하는 규범을 성문법화 할 수 없기 때문에 불문법이 필요하다.

㉯ **불문법의 기능** : 성문법에 대한 보완 기능
  ⓐ 성문법이 미비한 경우
  ⓑ 성문법이 확정을 짓지 않은 경우
  ⓒ 자유재량으로 제정한 성문법에 의해 발생 가능한 국민의 권익침해를 방지하기 위해

㉡ **불문법의 인정** : 우리나라는 관습법과 조리법을 법원으로 인정하고 있으므로, 사회복지수급권과 관련된 민사분쟁 시에 성문법 규정이 없으면 관습법이 법원이 된다.

㉮ 상법 제1조에 "상사에 관하여 본법에 규정이 없으면 **상관습법에 의거**하고 상관습법이 없으면 **민법의 규정에 의한다.**"고 규정되어 있다.

㉯ 민법 제1조에는 "민사에 관하여 법률에 규정이 없으면 **관습법에 의하고**, 관습법이 없으면 **조리에 의한다**."라고 규정하고 있다.

② **자연법**

인간의 본성에 바탕을 두고 시대와 장소에 관계없이 영구불변의 효력을 가지는 것으로 생각되는 보편적인 법률을 말한다.

> 예) 타인을 해치면서까지 자신의 이익을 추구해서는 안 된다. 사람을 죽이지 말라. 어려움에 처한 사람을 도와줘야 한다는 것 등

③ **관습법** [⑤②]

㉠ **장기간에 걸쳐 사회적 관행으로 준수**되어 온 사회생활의 규범이 불문의 형태로서 **국가에 의하여 승인, 강행**되는 불문법을 말한다.

㉮ 영·미 불문법주의 국가에서는 법원의 주종을 이루고 있고, 성문법주의 국가에서도 제정법이 정비됨에 따라 관습법의 역할이 줄어들고 있지만 법원이 되고 있다.

㉯ 사회복지법에서도 관습법이 사회복지법을 보충할 경우 마땅히 사회복지법의 법원으로 인정해야 한다.

㉡ 우리나라 대법원은 관습법을 인정하고 있다. "관습법은 장기간 계속되는 관행이 대다수의 사람들에게 일반적으로 시인이 될 정도에 이르는 것으로, 어느 약정에 의하여 성립되는 것이 아니다."(대법원 판결 79. 다. 173)

> ⊗⊙ 우리나라 사회복지법의 법원 : 관습법은 사회복지법의 법원이 될 수 없다.(×)

④ **판례법**

㉠ 판례법은 **법원이 내리는 판결을 법으로 보는 것**으로, 한 법률문제에 동일한 취지의 판결이 반복됨으로 인해 문제해결방향이 확정되는 것으로 그 판결이 법적 규범이 되는 것이다.

㉡ 판례법주의를 채택하고 있는 영·미에 있어서는 상급 법원의 재판은 동종의 사건에 관하여 하급 법원을 구속하므로 상급 법원의 판례는 동종사건에 있어 재판기준이다.

㉮ **상급심판례** : 하급법원은 상급법원의 판례를 따르는 것으로, 우리나라의 경우 법원조직법 제8조(상급심재판의 기속력) 상급법원의 재판에 있어서의 판단은 당해 사건에 관하여 하급심을 기속한다는 규정에 의해 하급법원은 상급법원의 판례에 따르게 되어 있다.

㉯ **선판례** : 동종의 사건에서 재판의 선례를 따르는 것으로, 재판의 선례가 누적으로 일관되어 법원이 그 뒤의 재판을 법원으로 인정한다.

주의

우리나라는 판례의 법원성을 부정하고 있다. 판례를 법원으로 인정할 것이냐에 대해서는 견해가 대립되고 있다. 판례법 국가인 영국과 미국 등 영미법계 국가에서는 상급법원의 판결이 그 이후 유사한 사건에 대해 선례가 되어 법원을 구속하게 되는 〈선례구속의 원칙〉이 인정되기 때문에 판례는 주요한 법원이 된다. 그러나 유럽대륙국가와 그 대륙법을 계수한 일본과 우리나라의 경우에는 〈선례구속의 원칙〉이 인정되지 않기 때문에 일반적으로 판례의 법원성이 부인되고 있다. 우리나라 법원조직법 제8조에서 "상급법원의 재판에 있어서의 판단은 당해 사건에 관하여 하급심을 기속한다."라고 규정되어 있는데, 그 의미는 상급법원이 내린 법령에 대한 판단이 하급심을 구속하는 것은 오직 해당 사건에 한한다는 뜻이므로 우리나라에서 판례의 법원성이 부정되는 것이라고 말할 수 있다.

⑤ 조리법
  ㉠ 조리란 당연히 그러해야 할 것이라고 인정되는 법해석의 기본으로, **건전한 상식으로 판단할 수 있는 사물, 자연의 본성에 적합한 원리(이치, 도리)**를 말한다.
  ㉡ 조리법은 법의 이념인 정의, 형평, 신의성실, 사회상규, 사회통념 등의 의미를 가지고, 사회생활의 타당성을 지탱해 주는 법원리를 함축하고 있기 때문에, **성문법, 관습법, 판례법 등이 존재하지 않을 때 최종적으로 적용된다(보충적 법원)**.
  ㉢ 우리 민법은 "민사에 관하여 법률에 규정이 없으면 관습법에 의하고, 관습법이 없으면 조리에 의한다."고 규정하여 조리의 법원성을 인정하고 있다.

3 법의 효력

(1) 상위법과 하위법의 관계 : 상위법 우선의 원칙 [⑥]
① 국가의 법질서는 헌법을 최고 법규로 하여 그 가치질서에 의해 지배되는 통일체를 형성하는 것이며, 그러한 통일체 내에서 상위규범은 하위규범의 효력의 근거가 되는 동시에 해석의 기준이 되는 것이다.
② 법은 수직적 체계를 이루고 있다. 헌법을 최고의 규범으로 하여 그 하위규범인 법률 → 명령(시행령) → 규칙(시행규칙) → 자치법규(조례 → 규칙)의 순서로 단계별 효력순위가 정해져 있는 것으로 해석하는 것이다.

(2) 일반법(보통법)과 특별법의 관계 : '특별법은 일반법에 우선' 특별법 우선의 원칙 [⑤⑬]
① 일반법과 특별법
  ㉠ **일반법(General Law, 보통법)** : 법의 효력 범위가 국가 전체, 전 국민과 같이 전반에 규율되는 법으로, 민법, 형법, 형사소송법, 사회보장기본법 등은 보통법에 속한다.
  ㉡ **특별법(Special Law)** : 법의 효력범위가 특별한 사람, 장소, 사물 등에 한하여 규율되는 법으로, 상법, 군법, 공무원법, 소년법, 아동복지법, 노인복지법, 조례, 규칙 등은 특별법에 속한다.
② **일반법과 특별법의 구별** : 일반법과 특별법의 구별은 절대적인 것이 아니고 상대적이며, 비교 대상에 따라 일반법이 특별법으로, 특별법이 일반법으로 될 수 있다.
③ **적용 예** : 헌법 → 영유아보육법 → 아동복지법 → 사회복지사업법 → 사회보장기본법 → 민법

(3) 신법과 구법의 관계 : 신법 우선의 원칙
① 신법은 새로 제정된 법을 말하고, 구법은 신법에 의해 폐지되는 법을 말하는 것으로, **신법은 구법을 폐지하고 적용되는 것**이다.
  ㉠ **명시적 폐지** : 신법 제정 당시 그 부칙에 명시규정으로 구법의 일부 또는 전부를 폐지한다고 규정한 때에는 구법은 당연히 폐지된다.
  ㉡ **묵시적 폐지** : 동일한 사항에 관해 신법과 구법이 모순·저촉될 경우에는 그 저촉되는 한도에서 구법은 묵시적으로 당연히 폐지된 것으로 본다.
  ㉢ **법률불소급의 원칙** : 새로 제정된 법률은 그 제정 이전에 발생한 사실에 소급하여 적용되지 않고, 그 효력이 생긴 때부터 그 이후에 발생한 사실에 관하여서만 적용된다는 원칙이다.

② 신법의 시행시기와 구법의 종료시기에서는 상호불일치가 존재할 수 있다. 이러한 불일치를 해결하기 위해 신법에 경과규정 또는 부칙(법령에 본칙에 부수하는 시행일, 경과규정, 관계법령의 개폐 등에 관한 내용을 규정한 부분)을 둔다.

> 구법인 특별법과 신법인 일반법 간에 충돌이 있는 경우에는 구법인 특별법이 우선 적용된다.(O)

(4) 강행법(강행규정)과 임의법(임의규정) [⑩]

① 법률 또는 법조문의 적용이 '**강제적이냐, 임의적이냐**'에 따라 강행법과 임의법으로 구별된다.

② 사회복지급여규정에 있어서 수급자의 권리성을 인정한다는 면에서 보면 강행규정적 성격을 지니고 있지만, 만약 해석상 수급권의 반사적 이익을 인정한다면 사회복지급여규정의 임의성을 인정하게 되는 것이다.

(5) 한시법과 경과법(경과규정)

① **한시법(限時法)** : 원래 법제정 시에 미리 그 시행기간, 즉 일반적 유효기간을 예정하여 그 기간이 경과하면 당연히 효력이 상실되는 것으로 정하고 있는 법규를 말한다.

② **경과법 또는 경과규정** : 구법 시행 시에 발생한 사항으로서 신법 시행 이후에도 계속 진행되고 있는 경우에는 구법과 신법 중 어느 법을 적용할 것인가가 문제가 되는 데, 이를 해결하기 위해 규정한 것으로 법령을 개폐할 때 보통 부칙에서 이에 관한 명목규정을 두고 있다.

(6) 속인주의와 속지주의

① **속인주의** : 사람을 표준으로 하여 일정한 국가의 국적을 가진 사람은 그가 타국에 있든 자국에 있든 그의 국적에 속하는 자국의 법을 적용하는 주의이다.

② **속지주의** : 영토를 표준으로 해서 법의 효력범위를 정하려는 것으로서, 일정 국가의 영역 내에 있는 한 사람은 국적의 유무를 불문하고 모두 그 나라의 법을 적용하는 것을 원칙으로 하는 주의이다.

③ 현재 우리나라를 포함하여 각국들은 **속지주의를 원칙**으로 하면서 예외적으로 속인주의를 인정하고 있다.

02 사회복지법의 개념과 위계구조

1 사회복지법의 개념

(1) 형식적 의미의 개념 [⑩⑮]

법의 존재 형식을 갖춘, 즉 **사회복지법전이라고 하는 외적 형식**을 갖춘, 제반 법규를 사회복지법으로 개념규정하는 방법이다.

> 예) 독일은 난립하는 사회법규를 통일된 사회법전 속에 통합·재구성, 일본의 [복지8법] 등
>
> 우리나라의 경우 단일 사회복지법전은 존재하지 않고 여러 개별 법률로 구성되어 있다. (O)
>
> 사회복지법은 단일 법전 형식이 아니라 개별법 체계로 구성되어 있다. (O)

(2) 실질적 의미의 개념

법의 명칭이나 존재 형식에 관계없이 법규의 실질적 내용·목적·기능 등에 따라 그 법규에 내재하는 공통된 통일적인 법원리나 기본 이념으로 사회복지법의 개념을 파악하는 것이다.

2 사회복지법의 위계구조

(1) 국내법적 성격의 사회복지법

사회복지법은 실정법에 속하며, 제정법(성문법)에 속한다. 그리고 국내법의 공법, 사법, 사회법의 분류에서 노동법, 경제법과 함께 사회법에 속한다.

① **공법(公法)** : 개인과 국가 또는 개인과 공공기관 간의 공적인 법률관계에 관한 법으로, 공법을 지배하는 가치 또는 원리는 공공복리이다.

② **사법(私法)** : 개인과 개인 또는 개인과 국가 또는 공공기관과의 관계라도 사적인 법률관계에 관한 법으로, 사법을 지배하는 권리는 소유권 절대의 원칙, 계약 자유의 원칙, 과실 책임의 원칙을 내용으로 하는 사적 자치의 원리이다.

③ **사회법** : 인간이 실질적 평등이나 사회적 조화를 달성하기 위한 법으로, **법영역상 공법과 사법이 혼합**되어 있어서 공법과 사법의 어느 하나에 배타적으로 속하지 않는 '제3의 법 영역'을 사회법이라고 한다. [11⑮] 사회복지법에는 공법과 사법의 요소들이 공존하고 있다.(O)

　㉠ **광의의 사회법** : 규범화된 국가사회정책과 관련성을 가진 모든 법규를 총체적으로 지칭하는 것으로 노동법, 경제법, 사회복지법 또는 사회보장법을 포함

　㉡ **협의의 사회법** : 사회복지법 내지 사회보장법만을 의미

■ 공법과 사법의 구별 ■

구분 학설	공 법	사 법
이익설 (목적설)	사회공동의 이익 보호를 목적으로 하는 법 예 헌법, 행정법, 형법, 형소법 등	개인의 이익 보호를 목적으로 하는 법 예 민법, 상법 등
	법은 공익과 사익 어느 한 편만을 보호하는 것이 아니라 대부분 공익과 사익을 모두 보호하고 있으며, 공익과 사익 그 자체도 명확하게 구분하기 어렵다.	
주체설	국가 또는 공공단체가 법률단체의 주체가 되어 국가 또는 공공단체 상호 간의 관계를 규율하는 경우의 법	사인(私人)이 법률관계의 주체로서 사인 상호 간의 관계를 규율하는 경우의 법
	보건복지부나 국민연금공단과 같은 국가 또는 공공단체가 사인과 대등한 자격으로 매매·도급·임대차 등의 계약을 체결한 경우, 일반적으로 사법의 적용을 받지만, 주체설에 따르면 국가 또는 공공단체이므로 법률관계가 공법에 속해야 하는 모순이 발생한다.	
법률관계설	권력복종의 관계, 즉 법률상 종적인 불평등관계를 규율하는 법	대등의 관계, 즉 횡적인 평등관계를 규율하는 법
	사회보장협약과 같은 국가 간 사회복지조약은 상호주의에 입각해 국가 간의 대등한 관계를 규율하므로 사법으로 보아야 하고, 행정안전부와 지방자치단체 간에 이루어지는 국민기초생활보장법률관계는 위계적 지위에서 발생하는 불평등 관계이므로 공법으로 보아야 한다.	

(2) 국제법적 성격의 사회복지법

국제법도 그 내용이 사회복지에 관한 내용이라면 국내의 실정 사회복지법과 함께 사회복지법의 체계를 일부 이루고 있다고 할 수 있다.

> 예 사회보장협약, ILO와 같은 국제기가의 국제적 권고, 국제선언, 그리고 1964년 제정된 유럽사회보장법전의 내용 등은 국제적인 성격을 갖는다.

(3) 사회법적 성격의 사회복지법

① 인간이 실질적 평등이나 사회적 조화를 달성하기 위한 법으로, 법영역상 공법과 사법이 혼합되어 있어서 공법과 사법의 어느 하나에 배타적으로 속하지 않는 '제3의 법 영역'을 사회법이라고 한다.

② 사회복지법은 생존권 보장을 이념으로 하는 사회법이다.

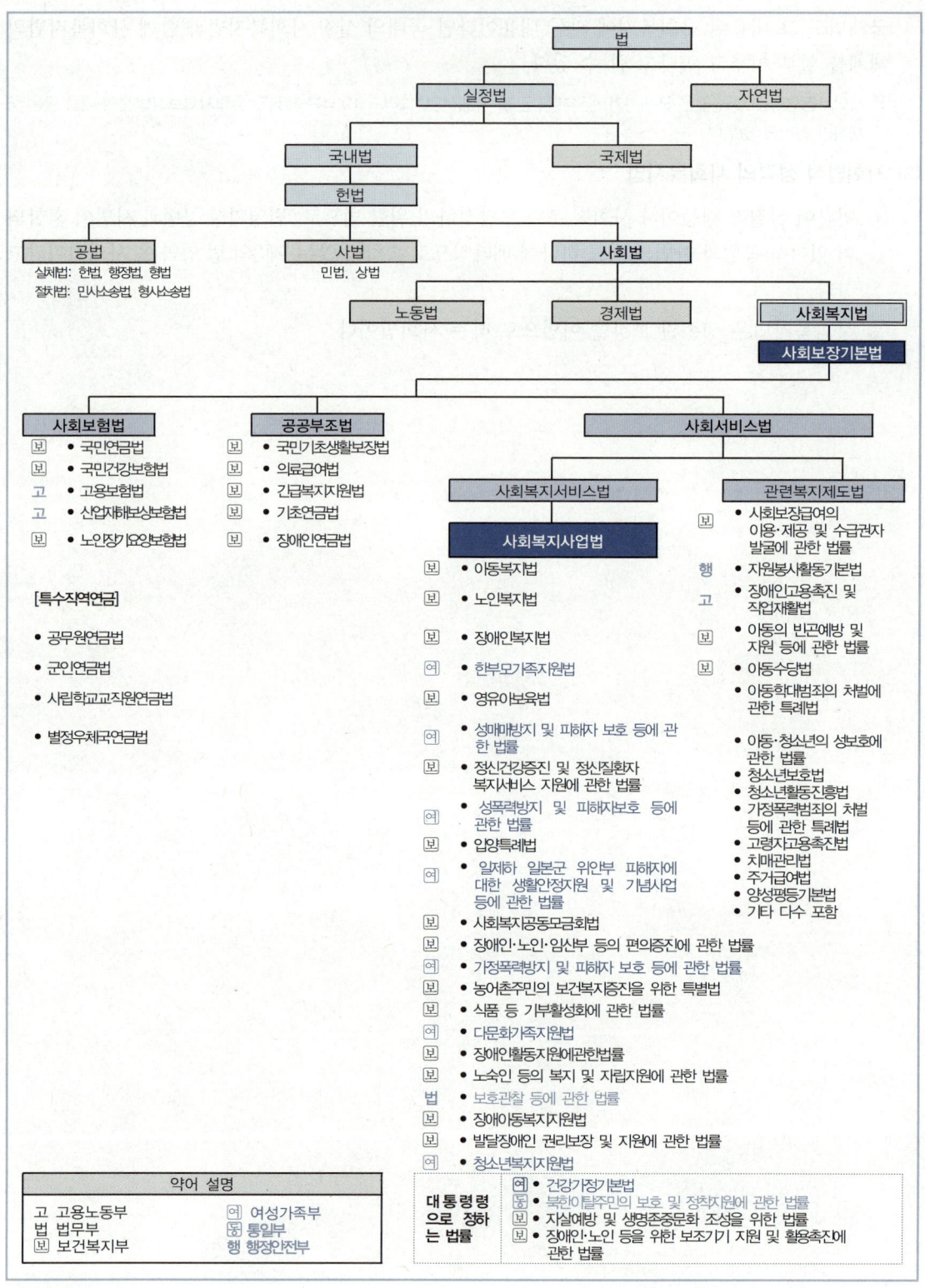
■ 법의 일반적 체계와 사회복지법의 위계구조 ■

MEMO

사회복지법의 역사적 형성과 특징

제1부 **총 론**

제2장 회차별 출제빈도, 출제비중 및 출제논점 1, 2, 3순위

10회 2012	11회 2013	12회 2014	13회 2015	14회 2016	15회 2017	16회 2018	17회 2019	18회 2020	19회 2021	20회 2022	21회 2023	22회 2024
-	-	-	(1)	-	(1)	-	-	-	-	-	-	-

출제 비중	출제 논점		
	1순위 ☺	2순위 ※	3순위 ☆
0~(1)			① 시민법과 사회법의 주요 원리

1순위 스마일표시(☺) : 출제 빈출도가 높은 부분으로 무조건 시험에 출제되는 영역
2순위 당구장표시(※) : 나왔다 안 나왔다 하는 영역이지만 출제가능성 높은 영역
3순위 별 표(☆) : 출제 된 적이 있긴 하지만 다시 출제될 가능성은 다소 떨어지는 영역

MAP

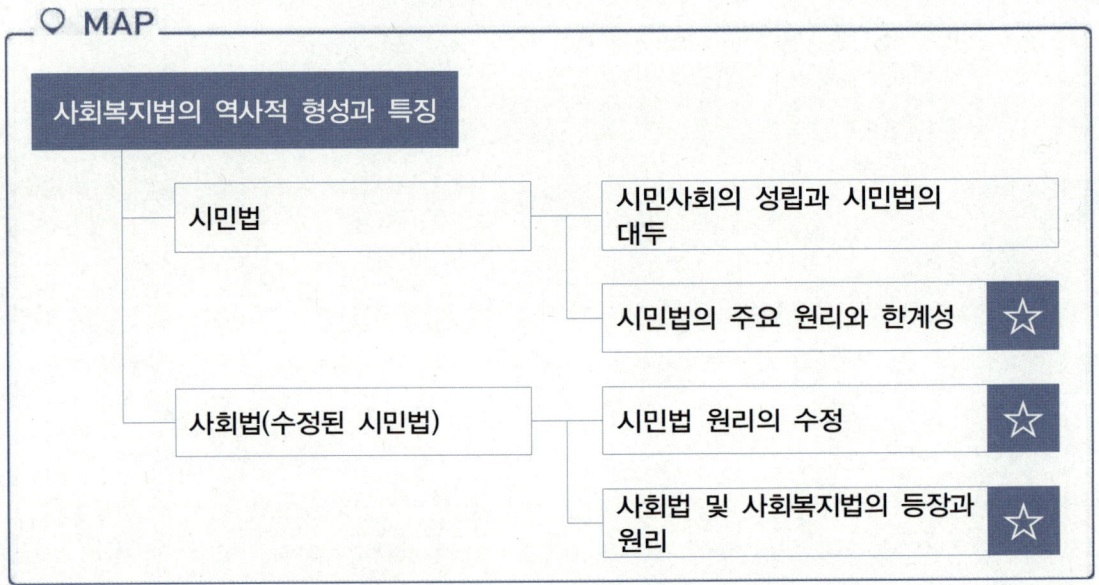

01 시민법

1 시민사회의 성립과 시민법의 대두 [⑬] ⊗ 시민법은 사회복지법의 한계를 극복하기 위하여 출현(×)

(1) 개 요
① 중세 봉건사회의 타파로 18세기 말부터 19세기 초기경에 성립된 **근대 사회의 정치질서(기반)는 시민이 중심이 되는 시민국가체계**였고, **경제질서는 자본주의 경제체제(완전한 자유경쟁)**였으며, 시민사회의 원활한 유지와 발전을 위한 **규범체계는 시민법체계**였다.
② **시민사회란** 봉건사회의 구질서를 무너뜨리고 자본주의 사회를 확립한 시민계급(신흥부르주아계급)이 혁명(부르주아혁명)을 통해 건설한 새로운 시대의 역사적 산물이었다.
③ 시민사회는 기본적으로 **보편적인 상품교환사회**이며, **상품교환 과정에서 나타나는 시민 개개인의 권리와 의무를 보장하는 법체계**가 곧 시민법인 것이다.

(2) 시민법 체계의 법이념
① 시민법 체계의 전개와 발전을 지도한 법이념은 **자유권**이었으므로 자본주의 경제체제와 근대 시민사회의 법질서는 자유권 이념체계의 틀 안에서 유지되고 발전되었다.
② 시민법 체계는 **사적 이익의 추구를 최대한도로 허용하고 이를 권리로서 보장**하여 시민사회의 질서를 유지하고 발전시키고자 함을 목적으로 한다.

2 시민법의 주요 원리와 한계성

(1) 계약 자유의 원칙(= 사적 자치의 원칙, 법률행위 자유의 원칙)
① 법적으로 평등한 시민들 간에 자유로운 의사표시에 의한 구체적 합의에 의해 법적인 권리·의무 관계가 형성된다는 원칙에 따르는 것이다.
② 자유로운 계약에 따른 합의된 내용을 이행하지 않았을 때, 그것은 곧 불법행위가 되며 계약의 일방은 상대방에게 손해배상을 청구할 수 있게 되는 것이다.
③ 한계성
  ㉠ 계약 자유의 원칙에 기초하여 등가교환적 가치에 기반을 두고 노동력과 임금의 교환관계가 성립되어 왔는데, 자본주의가 독점자본주의 단계로 이행하면서 사회적 불평등 현상이 보편화되자 시민법의 허구성이 드러났다.
  ㉡ 계약의 자유가 내재적으로 갖고 있는 남용의 가능성이 현실화됨으로써 계약의 자유에 의한 인간의 불평등을 초래하는 부정적인 기능도 하게 되어 계약 자유의 원칙은 수정이 불가피하게 되었다.

(2) 사유재산 또는 소유권 절대불가침의 원칙(= 소유권 절대의 원칙, 사유재산 존중의 원칙)

① 계약자유의 원칙을 기초로 하는 원칙이다. 불가침이란 상호존중 또는 상호승인의 과정을 통해 가능한 것인데, 계약관계가 이루어지지 않고서는 존재할 수 없는 원칙이다.

② 각 개인의 사유재산권에 대한 절대적 지배를 인정하여 소유권의 행사 및 처분을 소유자 개인의 절대적 자유에 맡기고 국가와 다른 개인은 이에 간섭하거나 제한을 가할 수 없었다.

③ 한계성
  ㉠ 자본의 자기증식 법칙에 의해 가진 자와 가지지 못한 자의 구별이 확연해지고 소유권 승인에 대해 어떠한 이익도 가지지 못하는 계급이 형성되면서 상호성에 의한 계약은 정당성을 상실하게 되었다.
  ㉡ 이 원칙은 가진 자의 자유(소유권)만을 보장하는 결과를 가져왔고, 부의 불평등은 더욱 심화되었다. 결국 절대적 자유권으로서의 소유권에 대한 비판이 제기된 것이다.
  ㉢ 불평등 계약이 발생함으로써 노동자의 빈곤과 실업 등의 사회문제가 발생하였고, 이 원칙은 더 이상 시민사회의 지주원칙으로 존재하기 어렵게 된 것이다.

(3) 과실에 대한 자기책임의 원칙(= 과실책임의 원칙)

① 개인은 자신의 행위로 인해 타인에게 끼친 손해에 대해 그 행위가 위법할 뿐만 아니라 동시에 고의(故意) 또는 과실(過失)에 기초한 경우에 책임을 지고, 그렇지 않은 행위에 대해서는 책임을 지지 않는다는 원칙이다.

② 한계성
  ㉠ 이 원칙은 유산자를 위한 원칙일 뿐이다. 산업재해의 경우, 가해자(자본가)의 명백한 과실이 인정될 수 없다면 피해자(노동자)는 자신이 입은 손해(재해)에 대해 자신의 과실(자신의 잘못)을 인정해야 한다는 논리가 이면에 자리잡고 있기 때문이다.
  ㉡ 빈민은 빈곤을 자신의 과실로 받아들여야 하고, 그로 인한 생사의 결정도 빈민 개인에게 책임이 있기 때문이다.

02 사회법(수정된 시민법)

1 시민법 원리의 수정(시민법에서 사회법으로의 전환)

(1) **시민법 3대 원칙의 결함과 폐해**
① 소유권 절대의 원칙은 유산자가 다수의 무산자를 지배하는 무기로 이용되어 무산대중에게 한낱 장식물에 지나지 않았다.
② 계약 자유의 원칙은 경제적 강자가 경제적 약자에 대해 일방적으로 계약을 강제하는 수단이 되었다.
③ 과실책임의 원칙은 경제적 강자가 경제적 약자에 대한 손해배상 책임을 면제받는 방패로 사용되었다.

(2) **시민법의 수정과 변화(수정된 시민법적 권리)** [④]
① 공공의 복리, 사회질서의 유지, 신의성실 등의 법리를 통해 계약 자유를 제한하는 적극적 역할을 수행하게 되었다.
② 소유권 절대의 원칙도 공공복리나 권리남용 금지 등의 법리를 통해 제한하게 되었다.
③ 과실에 대한 자기책임의 원칙도 고의 또는 과실이 없어도 책임져야 하는 무과실 손해배상책임 제도로 전환되었다.
④ 우리나라 헌법에서도 **경제민주화(헌법 제119조)**, 모든 국민의 인간다운 생활을 할 권리(헌법 제34조), 공공복리에 의한 재산권의 유보(헌법 제23조 제2항), 자유권 유보의 근거로서 공공복리(헌법 제37조 제2항) 등을 규정하고 있다.

2 사회법 및 사회복지법의 등장과 원리 [④]

(1) **계약의 공정성(공정한 계약)**
① 시민법상 계약자유의 원칙은 자본과 노동의 불평등을 심화시키고 불평등을 초래했으며, 상대적으로 열세에 있는 노동자와 자본가와 어느 정도 대등하게 계약을 맺기 위해서는 새로운 법영역이 필요했다.
② 그 결과 **계약자유의 원칙을 수정**하고 계약의 공정성을 기하기 위해 사회법으로서의 노동법이 등장하게 된 것이다. 즉 계약 자유의 원칙의 수정은 우선 노동법을 탄생시켰고 더 나아가 사회보험법까지 탄생시킨 것으로 볼 수 있다.
③ 사회보장법은 사회보험법이 국가와 개인 사이에 강제계약을 통해 이루어지기 때문에, 계약 자유의 원칙을 수정했다고 볼 수 있다.

(2) 소유권의 사회성(공익성)

① **시민법의 소유권 절대의 원칙에 대한 수정**으로, 소유권의 행사는 절대적 자유가 아니라, 사회적·국가적 견지에서 필요한 제한과 구속을 받아야 한다는 것이다.
② 근대 시민사회 초기에는 소유권 절대의 원리에 대한 제한이 매우 예외적이고 소극적인 것이었으나, **현대사회에 있어서는** 소유권의 제한이 보편적이고 일반적인 것으로 인식되었고, **공공복지를 위해 제한하는 것이 당연시**되었다.
③ 우리나라 현행 헌법도 제23조 제1항에서 재산권의 한계를 법률에 위임하고 있으며, 같은 조 제2항에서는 재산권의 행사는 공공복리에 적합하도록 하여야 한다는 의무규정을 두고 있다.

(3) 무과실책임(= 집합적 책임) [⑮] ⊗🅟 사회복지법은 사회법으로서 과실책임의 원칙에 기초하고 있다.(×)

① 자본주의의 구조적 모순의 심화와 그에 따른 사회문제의 대두·심화로 사용자(자본가)의 과실책임주의에서 **집합적 책임주의로의 전환**이 이루어졌다.
  ㉠ 시민법 하에서는 과실책임의 원칙에 따라 산업재해를 피해자(노동자)가 자신의 과실로 인정하였으나, 산업재해보상보험법이 등장하면서 사용자가 산업재해에 대해 공동부담하게 되었다.
  ㉡ 과거에는 빈곤이 개인의 책임이었으나, 사회법 하에서 빈곤은 사회의 책임으로 인정되었다.
② 집합적 책임의 원칙은 욕구상황을 발생시키는 사회문제는 유산자이든 무산자이든 특정 개체에게 과실책임을 물을 수 없다는, 즉 **공동체의 책임**이라는 원리로 승인해야 한다는 것을 강조한 것이다.
③ 재해, 질병, 빈곤 등의 본질적인 원인이 개인의 결함에 있는 것이 아니라 사회구조 자체에 있다는 것을 인식하고, 사회가 공동으로 책임질 수 있는 제도를 마련해야 한다는 것을 뜻한다.

■ 시민법과 사회법의 비교(황인옥 외, 2008) ■

구 분	시민법(근대법) : 자본주의적 법체계(법질서)	사회법(현대법) : 수정자본주의적 법질서
사회성격	상업자본주의 이후의 산업자본주의	독점자본주의-국가독점자본주의
국가의 역할	국가는 시민사회의 질서유지자로 권리의 다툼이나 질서문란에 대해 사회적 대응, 경제생활에 대해서는 개입, 간섭, 통제, 조정을 하지 않았다.	경제발전을 위해 사전적 개입, 통제, 조정을 하게 됨(시장기구에 대해 통제, 조정, 공공사업을 통한 경기회복 주도)
권 리	자유권	사회권(생활권, 복지권)
법이념	자유(소극적), 평등(정치적, 법 앞에서의 평등)	자유(적극적), 평등(경제적)
인간관	평등한 추상적 인간	불평등한 현실적 인간
법원칙 (원리)	① 계약 자유의 원칙 ② 소유권 절대의 원칙 ③ 과실책임의 원칙	① **계약의 공정성** : 특정 계약행위의 금지 ② **소유의 사회성** : 소유권 행사의 제한 ③ **집합적 책임** : 무과실책임의 인정
법영역	민법, 상법	사회복지법(사회보장법), 노동법, 경제법

MEMO

사회복지의 권리성

제1부 **총 론**

제3장 회차별 출제빈도, 출제비중 및 출제논점 1, 2, 3순위

10회 2012	11회 2013	12회 2014	13회 2015	14회 2016	15회 2017	16회 2018	17회 2019	18회 2020	19회 2021	20회 2022	21회 2023	22회 2024
–	–	–	1	1	–	–	1(1)	1	–	1	1	1

출제 비중	출제 논점		
	1순위 ☺	2순위 ※	3순위 ☆
0**1**1(1)	① 인간다운 생활을 할 권리 (제34조 구조)	① 사회적 기본권 (사회권, 생존권적 기본권)	① 인권, 시민권, 기본권

1순위 스마일표시(☺) : 출제 빈출도가 높은 부분으로 무조건 시험에 출제되는 영역
2순위 당구장표시(※) : 나왔다 안 나왔다 하는 영역이지만 출제가능성 높은 영역
3순위 별 표(☆)   : 출제 된 적이 있긴 하지만 다시 출제될 가능성은 다소 떨어지는 영역

MAP

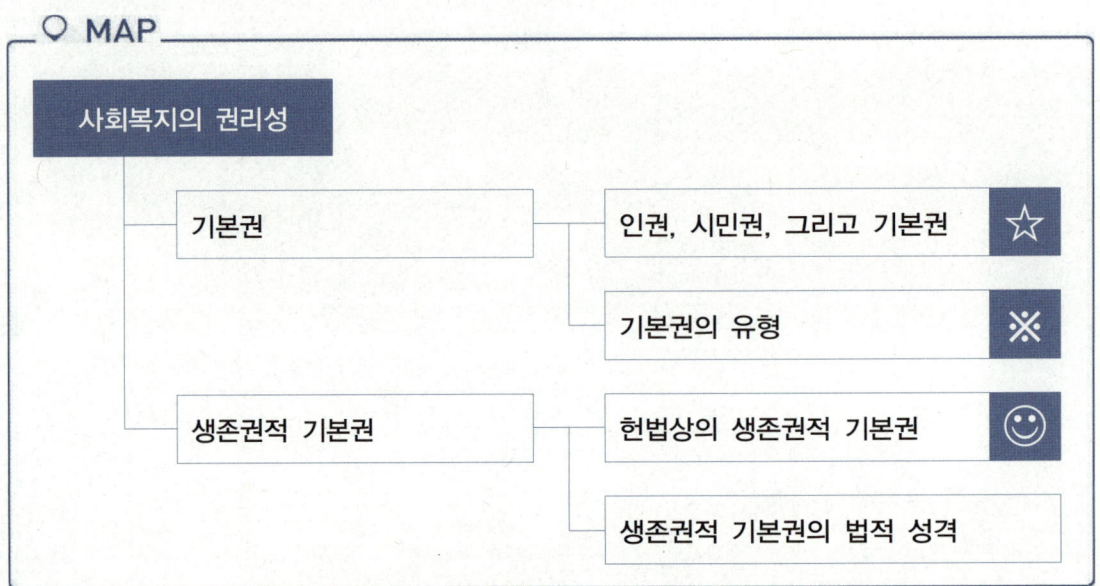

01 기본권(基本權)

1 인권, 시민권, 그리고 기본권 [⑦]

(1) **인권 또는 인간의 권리(human right)**
① 인간이기 때문에 당연히 갖는 권리로 인간이 타고난 천성에 내재되어 있는 것으로, 이것 없이는 인간으로 살아갈 수 없는 권리를 말한다.
  ㉠ 인간이 태어날 때부터 자연적으로 가지는 **천부의 권리(天賦人權)로서 자연권(自然權, natural rights)** 이라고도 한다.
  ㉡ 법적 권리뿐 아니라 **법이전의 자연권과 도덕적 권리를 포함**한다.
② 인권의 개념은 계몽주의적 자연법론과 천부인권론 등에 사상적 기초를 두고 18세기에 와서 형성되었고, Virginia 권리장전과 프랑스 인권선언에서 최초로 헌법적 문서로 제도화되었다.
③ **인권과 기본권의 차이점** : 인권과 기본권은 동일한 개념이 아니다.
  ㉠ **인권**은 인권사상을 바탕으로 하여 인간이 인간이기 때문에 당연히 누리는(소유하는) 인간의 생래적·천부적 권리(자연권)를 의미하지만, **기본권**은 헌법이 보장하는 국민의 기본적 권리를 의미하기 때문이다.
  ㉡ **인권**은 자연법상의 권리인데, **기본권**은 실정법상 권리라는 사실만으로도 구분된다.
  ㉢ **기본권 중에는 미래적인 인권 뿐만 아니라 국법에 비로소 형성되고 구체화된 기본권(국가 내적인 기본권)이 있으므로 인권과 기본권은 반드시 일치하지 않는다(인권⊋기본권).**

(2) **시민권(citizenship)**
① 근대국가의 형성과 더불어 인권은 시민사회의 구성원이 공유해야 할 권리로 인식되었고, 이로 인해 시민권의 개념이 등장하게 되었다. **시민권은 인권을 바탕으로 역사적이고 거시적 맥락에서 형성되어 온 개념**이다.
② 마샬(T. H. Marshall)은 시민권이 18세기 공민권(자유권), 19세기 정치권(참정권), 20세기 사회권(복지권)으로 구성되어 있다고 지적하였다.
  ㉠ **공민권(civil right, 자유권)** : 신체의 자유, 언론의 자유, 신앙의 자유, 사유재산권(사유재산보장), 계약의 자유, 국가의 간섭으로부터의 자유, 법 앞에 만인의 평등, 남녀고용평등권 등과 같이 자유와 평등을 보장받을 수 있는 권리로, 모든 인간이 태어나면서 보장받을 수 있는 권리이며 경제영역의 시민권이다.
  ㉡ **정치권(political right, 참정권)** : 투표권과 공직에 참여할 수 있는 권리와 같은 참정권, 민주주의적 시민권을 의미한다. 수평적인 평등권을 의미하며, 정치영역의 시민권이다.
  ㉢ **사회권(social right, 복지권)** : 공민권과 정치권을 토대로 생성되었으며, 사회의 지배적인 기준에 합당한 시민생활을 누릴 수 있는 권리로서 국가로부터 복지서비스를 받을 권리를 말한다.

③ **시민권과 기본권의 차이점** : 시민권은 주로 영·미권에서 논의되는 권리의 개념이다. 그런가 하면 헌법상 기본권의 개념은 독일법계를 중심으로 하는 대륙법계에서 정립된 개념이다. 주로 추상적이고 총괄적인 개념과 논의가 다루어지는 것이 시민권이며 실정 헌법상의 개념을 주로 다루고 있는 것이 기본권이다.

(3) 기본권

① 헌법에 의해 보장되는 권리로서 "자연권 사상에 바탕을 둔 천부인권론에 기초해 헌법에서 보장하고 있는 일련의 자유와 권리에 관한 규범적 이해의 체계"라고 정의할 수 있다.

② **기본권과 인권 및 시민권의 차이점**
  ㉠ 기본권은 인권과 시민권의 개념이 실정 헌법상으로 표현되었기 때문에 가장 좁은 개념이다. 결국 인권이 가장 넓은 개념이며, 그 다음 시민권, 그리고 기본권의 순이다 (인권＞시민권＞기본권).
  ㉡ 인권은 기본권이나 시민권을 가진 자에게 한정되지 않는다.

2 기본권의 유형

(1) **포괄적 기본권** [22]

① 인간으로서의 존엄과 가치, ② 행복추구권, ③ 평등권

> **OIKOS UP** 인간으로서의 존엄과 가치, 행복추구권, 평등권 헌법 조항들 [22]
>
> (1) 인간으로서의 존엄과 가치, 행복추구권(헌법 제10조)
>   모든 국민은 인간으로서의 존엄과 가치를 가지며, 행복을 추구할 권리를 가진다. 국가는 개인이 가지는 불가침의 기본적 인권을 확인하고 이를 보장할 의무를 진다.
> (2) 평등권(헌법 제11조)
>   ① 모든 국민은 법 앞에 평등하다. 누구든지 성별·종교 또는 사회적 신분에 의하여 정치적·경제적·사회적·문화적 생활의 모든 영역에 있어서 차별을 받지 아니한다.
>   ② 사회적 특수계급의 제도는 인정되지 아니하며, 어떠한 형태로도 이를 창설할 수 없다.
>   ③ 훈장등의 영전은 이를 받은 자에게만 효력이 있고, 어떠한 특권도 이에 따르지 아니한다.

(2) **자유권적 기본권**

① **신체의 자유권(인신의 자유권)** : 생명권, 신체를 훼손당하지 아니할 권리, 신체의 자유

② **사회·경제적 자유권** : 거주·이전의 자유, 직업선택의 자유, 주거의 자유, 사생활의 비밀과 자유, 통신의 자유, 재산권의 보장, 소비자의 권리

③ **정신적 자유** : 양심의 자유, 종교의 자유, 언론·출판·집회·결과의 자유, 학문의 자유, 예술의 자유

(3) **정치적 기본권**

① 정치적 자유   ② 참정권 : 선거권, 공무담임권, 국민표결권

(4) 청구권적 기본권(권리보장적 기본권)
　① 청원권　　　　　　　　② 재판청구권
　③ 국가배상청구권　　　　④ 국가보상청구권(손실보상청구권, 형사보상청구권)
　⑤ 범죄피해자구조청구권

(5) 사회적 기본권(사회권, 생존권적 기본권) [⑤⑮⑰]
　① 인간다운 생활권(생존권)　② 근로의 권리
　③ 노동3권(근로3권)　　　　④ 교육을 받을 권리
　⑤ 환경권　　　　　　　　　⑥ 쾌적한 거주생활권
　⑦ 건강권　　　　　　　　　⑧ 혼인·가족·모성보호에 관한 권리

■ 우리나라 헌법상 기본권의 체계 ■

분류			기본권의 내용
목적	인간의 존엄과 가치		헌법 제10조 제1문 전단「모든 국민은 인간으로서의 존엄과 가치를 가지며…」
포괄적 기본권	행복추구권		헌법 제10조 제1문 후단「모든 국민은 … 행복을 추구할 권리를 가진다」[㉒]
	평등권		헌법 제11조 평등 및 평등권
개별적 기본권	자유권적 기본권	인신에 대한 자유권	① 생명권, ② 신체의 자유(§ 12)
		사생활에 관한 자유권	① 거주이전의 자유(§ 14) ② 거주의 자유(§ 16) ③ 사생활의 비밀과 자유(§ 17) ④ 통신의 자유(§ 18)
		정신적 활동에 관한 자유	① 양심의 자유(§ 19) ② 종교의 자유(§ 20) ③ 표현의 자유(언론·출판·집회·결사)(§ 21) ④ 학문과 예술의 자유(§ 22)
		경제적 생활에 관한 자유	① 직업선택의 자유(§ 15) ② 재산권보장(§ 23)
	생존권적 기본권 (사회권적 기본권)		① 인간다운 생활을 할 권리(§ 34)　② 교육을 받을 권리(§ 31) ③ 노동의 권리(§ 32)　　　　　　　④ 근로3권(§ 33) ⑤ 환경권(§ 35) ⑥ 혼인·가족제도 및 보건의 권리(§ 36)
	청구권적 기본권 (기본권 보장을 위한 기본권)		① 청원권(§ 26)　　　　　　　　　② 재판을 받을 권리(§ 27) ③ 형사보상청구권(§ 28)　　　　　④ 국가배상청구권(§ 29) ⑤ 범죄피해자구조청구권(§ 30)　　⑥ 손실보상청구권(§ 23③)
	참정권		선거권(§ 24), 공무담임권(§ 25), 국민투표권(§ 72, § 130②)

OIKOS UP 사회적 기본권(생존권) 관련 헌법 조항들 [15 17 20]

(1) **교육을 받을 권리(헌법 제31조)**
① 모든 국민은 능력에 따라 균등하게 교육을 받을 권리를 가진다. [15 17]
② 모든 국민은 그 보호하는 자녀에게 적어도 초등교육과 법률이 정하는 교육을 받게 할 의무를 진다.
③ 의무교육은 무상으로 한다.
④ 교육의 자주성·전문성·정치적 중립성 및 대학의 자율성은 법률이 정하는 바에 의하여 보장된다.
⑤ 국가는 평생교육을 진흥하여야 한다. [20]
⑥ 학교교육 및 평생교육을 포함한 교육제도와 그 운영, 교육재정 및 교원의 지위에 관한 기본적인 사항은 법률로 정한다.

(2) **근로의 권리(헌법 제32~33조)**
[제32조]
① 모든 국민은 근로의 권리를 가진다. 국가는 사회적·경제적 방법으로 근로자의 고용의 증진과 적정임금의 보장에 노력하여야 하며, 법률이 정하는 바에 의하여 최저임금제를 시행하여야 한다. [17 20]
② 모든 국민은 근로의 의무를 진다. 국가는 근로의 의무의 내용과 조건을 민주주의원칙에 따라 법률로 정한다.
③ 근로조건의 기준은 인간의 존엄성을 보장하도록 법률로 정한다.
④ 여자의 근로는 특별한 보호를 받으며, 고용·임금 및 근로조건에 있어서 부당한 차별을 받지 아니한다. [15]
⑤ 연소자의 근로는 특별한 보호를 받는다.
⑥ 국가유공자·상이군경 및 전몰군경의 유가족은 법률이 정하는 바에 의하여 우선적으로 근로의 기회를 부여받는다.

[제33조]
① 근로자는 근로조건의 향상을 위하여 자주적인 단결권·단체교섭권 및 단체행동권을 가진다.
② 공무원인 근로자는 법률이 정하는 자에 한하여 단결권·단체교섭권 및 단체행동권을 가진다. [20]

> ✗ 국가는 모든 공무원인 근로자의 단결권·단체교섭권 및 단체행동권을 보장하여야 한다. (×)

③ 법률이 정하는 주요방위산업체에 종사하는 근로자의 단체행동권은 법률이 정하는 바에 의하여 이를 제한하거나 인정하지 아니할 수 있다.

(3) **인간다운 생활을 할 권리(헌법 제34조)**
① 모든 국민은 인간다운 생활을 할 권리를 가진다. [17]
② 국가는 사회보장·사회복지의 증진에 노력할 의무를 진다.
③ 국가는 여자의 복지와 권익의 향상을 위하여 노력하여야 한다. [20]
④ 국가는 노인과 청소년의 복지향상을 위한 정책을 실시할 의무를 진다.
⑤ 신체장애자 및 질병·노령 기타의 사유로 생활능력이 없는 국민은 법률이 정하는 바에 의하여 국가의 보호를 받는다.
⑥ 국가는 재해를 예방하고 그 위험으로부터 국민을 보호하기 위하여 노력하여야 한다.

(4) **환경권(헌법 제35조)**
① 모든 국민은 건강하고 쾌적한 환경에서 생활할 권리를 가지며, 국가와 국민은 환경보전을 위하여 노력하여야 한다. [17]
② 환경권의 내용과 행사에 관하여는 **법률로** 정한다. [15]
③ 국가는 주택개발정책 등을 통하여 모든 국민이 쾌적한 주거생활을 할 수 있도록 노력하여야 한다.

(5) **혼인·보건에 관한 권리(헌법 제36조)**
① 혼인과 가족생활은 개인의 존엄과 양성의 평등을 기초로 성립되고 유지되어야 하며, 국가는 이를 보장한다.
② 국가는 모성의 보호를 위하여 노력하여야 한다. [20]
③ 모든 국민은 보건에 관하여 국가의 보호를 받는다.

02 생존권적 기본권

1 헌법상의 생존권적 기본권

(1) 생존권의 의의
① 생존권은 헌법상의 권리로 **국민이 자신의 최저생활을 유지하기 위해 필요한 조건을 국가로 하여금 확보해 주도록 요구할 수 있는 권리**를 말한다.
② 생존권이 보장되기 위해서는 **의·식·주의 생활조건은 물론이고, 심리적, 사회적 욕구도 기본적인 것은 반드시 충족될 수 있어야 한다.**
③ 세계 최초로 생존권적 기본권이 법률상 헌법에 규정된 것은 **1919년 독일의 바이마르헌법**에서이다.

(2) 생존권(사회권)의 내용과 구조
① **헌법은 전문에서는** 모든 영역에 있어서 각인의 기회균등과 국민생활의 균등한 향상을 기할 것을 선언하고, 제10조에서는 모든 기본권 보장의 이념적 전제와 목적으로서 인간의 존엄성 존중과 행복추구권을 규정하여 생존권 보장의 기본방향을 제시하고 있다.
② **사회적 기본권(생존권적 기본권, 생활권)**은 생활에 필요한 제반 조건을 국가권력이 적극적으로 관여하여 확보하여 줄 것을 요청하는 권리로서, **헌법이 보장하는 기본권이고 이는 인간의 존엄 및 행복추구권과 평등권(제11조 제1항)을 근본규범으로 하고 있다.**
③ **사회적 기본권(생존권)의 내용**
  ⊙ 제34조 제1항에서는 주된 기본권으로서의 생존권의 원칙을 밝힘과 동시에 인간다운 생활을 할 권리를 선언하고 있다.
  ⓒ 동조 제2항은 국가의 사회보장과 사회복지의 증진의무를 규정하였다.
  ⓒ 이에 근거하여 동조 제3~6항은 여자, 노인, 청소년, 장애인, 생활무능력자에 대한 국민의 보호의무를 규정하여 적극적인 국가의 책임을 규정하고 있다.
  ⓔ 제119조 제2항에서는 국가가 생존권 보장하기 위하여 경제에 관한 규제와 조정을 할 수 있다고 규정하고 있다.
④ **사회적 기본권(생존권)의 구조**
  ⊙ **이념적 사회권** : 사회적 기본권의 이념 내지 목적에 해당하는 제34조 제1항의 인간다운 생활권(생존권)으로, 일련의 사회적 기본권(생존권)들 중 핵심이다.
  ⓒ **수단적 사회권** : 헌법은 교육을 받을 권리(제31조), 근로의 권리(제32조), 근로3권(제33조), 사회보장수급권(제34조 제2항~제6항), 환경권(제35조), 보건권(제36조 제3항) 등 사회적 기본권의 이념과 목적을 구체적으로 실현하기 위한 개별적 사회권들이다.

(3) 인간다운 생활을 할 권리 [③④⑥⑧⑨⑪⑭⑮⑰⑱㉑]

① **인간다운 생활권(= 생존권)** : 인간의 존엄성에 상응하는 건강하고 문화적인 생활을 영위할 권리를 말한다.
② 헌법 제34조 제1항은 인간다운 생활권을 보장하고 있고, 인간다운 생활을 보장하기 위한 수단적 사회권들을 동조 제2항 이하 제36조에 걸쳐 규정하고 있다.

■ 「대한민국 헌법」 제34조 구조 ■

목 적	① 모든 국민은 **인간다운 생활을 할 권리**를 가진다.
수 단	② 국가는 **사회보장·사회복지의 증진**에 노력할 의무를 진다. ③ 국가는 **여자**의 복지와 권익의 향상을 위하여 노력하여야 한다. ④ 국가는 **노인과 청소년**의 복지향상을 위한 정책을 실시할 의무를 진다. ⑤ **신체장애자** 및 질병·**노령** 기타의 사유로 **생활능력이 없는** 국민은 법률이 정하는 바에 의하여 국가의 보호를 받는다. → **공공부조에 관한 내용** ⑥ 국가는 **재해**를 예방하고 그 위험으로부터 국민을 보호하기 위하여 노력하여야 한다.

※ 헌법에는 사회보장과 사회복지라는 용어가 사용되고 있다.(○)

2 생존권적(사회권적) 기본권의 법적 성격

(1) 프로그램 규정설(= 입법방침규정설)

① 생존권은 **구체적·현실적 권리가 아니라 국가의 사회정책적 목표 내지 정치적 강령을 선언한 것에 불과**하므로, 국가가 그 권리의 실현에 필요한 입법 또는 시설을 하지 아니하는 한 그에 관한 헌법규정만으로는 국가에 대해 그 의무이행을 재판상 청구할 수 없으며, 그에 관한 입법의 태만을 헌법위반이라 하여 **사법적 구제를 구할 수 없다**고 한다.
② 모든 국민의 인간다운 생활을 위한 국가보호에 관한 헌법규정은 구체적이고 현실적인 권리를 부여한 규정이 아니라, **입법에 의해서만 효력을 발생하는 강령규정으로, 입법자에게 입법의 방침을 지시하는 규정**이라는 것이다.
③ 현실적으로 직접 적용되지 않고, 집행법률에 의한 현실화를 요하는 법규범으로서, 입법부에 대해 입법방침(program)을 규정하는 것이라는 주장이다. 즉 **헌법상의 생존권은 입법권만 구속하고, 행정권과 사법권을 구속하지 않는다**고 본다.
④ **복지권은 일종의 반사적 이익 또는 반사적 수익권으로 국가의 행정적, 재정적 능력에 의존**하며, 결국 복지사업은 **국가의 재정적 실현 가능성과 행정적 실현 가능성의 범주 내에서만 실현되는 권리**이다.

> **OIKOS UP** 반사적 이익과 반사적 수익권
>
> ① **반사적 이익**(조원탁 외, 2006)
>
> 법률상의 권리는 아니고 법규를 실현하는 결과로 각 사람들이 반사적 효과로서 저절로 받게 되는 이익을 말한다.
> - ㉠ 법규가 권리를 부여하였기 때문에 받는 이익이 아니라, 법규가 사회 일반을 대상으로 정한 규정의 반사적 효과로서 받는 간접적 이익이다.
> - ㉡ 법규시행의 결과 그 반사로서 일정한 이익을 누릴 뿐, 개인은 그것을 권리로서 적극적으로 청구할 수 없다.
>   - 예) 산림법을 제정·시행함으로써 산림자원이 증식되고 산림의 공익기능이 증진되었기 때문에 부근의 주민이 청정한 공기와 깨끗한 물을 반사적으로 얻을 수 있는 이익을 반사적 이익(효과)이라 한다.
>
> ② **반사적 수익권**(조추용 외, 2007)
> - ㉠ 사회복지법상 사회복지서비스 수급권을 인정하고 있다 할지라도 그 이익을 향유할 수 있는 상황이 존재할 때에만 법적 권리로서 인정받을 수 있다는 것을 의미한다.
> - ㉡ 여기에서 이익을 향유하기 위한 상황이란 특정 사회복지서비스를 생산하고 급여하기 위한 예산의 확보와 예산의 뒷받침을 받아 행정행위가 전개되는 조건을 의미한다.

(2) 법적 권리설

① 추상적 권리설

- ㉠ 추상적 권리설에 따르면, 생존권은 비록 추상적 일지라도 법적 권리이며, 또 국가의 의무이행이 사법적 방법에 의하여 강제될 수 없을지라도 사회적 기본권보장의 국가적 의무는 **헌법에 의거한 법적 의무라고 보는 것이다.**
- ㉡ **구체적인 입법이 없는 경우에 헌법상의 규정을 근거로 소(訴)에 의해 구체적 권리를 주장할 수 없으므로** 헌법상의 복지권은 직접 구체적인 권리를 보장하고 있지는 않지만, 구체적 권리를 보장하고 있지 않다고 해서 복지권이 법적 권리가 아니라는 것은 아니며, 국민은 국가에 대해 입법과 기타의 조치를 요구할 추상적 권리를 가진다.
- ㉢ 추상적 권리설은 구체적인 입법이 없는 한 생존권을 현실적인 권리로서 재판상 청구할 수 없다는 점에서 프로그램 규정설과 일치하고 있으므로 양자는 별다른 차이가 없다.

② 구체적 권리설

- ㉠ 생존권(사회권)에 관한 헌법규정은 그것을 구체화하는 입법이 존재하지 아니하는 경우에도 직접 효력을 가지는 규정이고 구체적 권리로서의 생존권을 보장하는 것이라고 한다.
- ㉡ **국가가 생존권의 실현을 위한 조치를 취하지 않으면 이는 현실적·구체적 권리의 침해가 되어 부작위확인소송이나 작위의무소송(의무이행소송)을 제기할 수 있는 사법적 구제의 대상이 된다.**
- ㉢ 사회복지에 관한 입법이 없거나, 있더라도 그 내용이 불충분할 경우에는 법률의 제정이나 개정을 요구할 수 있는 것이다.

(3) 우리나라의 다수설 : 추상적 권리설

① 생존권의 법적 성격에 관한 우리나라의 다수설은 추상적 권리설이다. 생존권은 권리로 규정하기 때문에 법적 권리로서의 성격을 가지지만 이 권리는 입법을 통해 구체화되어야만 현실적 요구가 가능한 구체적 권리가 된다는 것이다.

② **심창섭 씨 부부의 위헌소송관련 판례 예**
  ㉠ 보건복지부장관이 고시한 생활보호사업지침상의 '94년 생계보호기준'이 헌법상의 행복추구권과 인간다운 생활을 할 권리를 침해하는 것인지의 여부
  ㉡ '1994년 생계보호기준 위헌확인 헌법소원심판'에 대해 헌법재판소 전원재판부의 전원일치 판결결과이다.
  ㉢ 헌법재판소는 **헌법상의 행복추구권과 인간다운 생활을 할 권리는 구체적인 법적 권리로서 행사될 수 없으며, 프로그램규정적인 권리로서 또는 추상적 권리로서 인정된다고** 판시하고 있다.
  ㉣ 생계보호의 수준이 최저생계비에 미치지 못하더라도 그 사실만으로 곧 그것이 헌법에 위반된다거나 청구인의 행복추구권이나 인간다운 생활을 할 권리를 침해한 것이라고 볼 수 없다는 내용이다.

■ 생존권(복지권)의 성격(김기원, 2009) ■

구 분	구체성	적극성	권리의 강도	법적 권리
프로그램 규정적 권리	매우 약함	매우 미약	매우 미약	아님
추상적 권리	약함	미약	미약	법적 권리
구체적 권리	매우 강함	매우 강함	매우 강함	법적 권리

MEMO

사회복지의 법률관계

제1부 **총론**

제4장 회차별 출제빈도, 출제비중 및 출제논점 1, 2, 3순위

10회 2012	11회 2013	12회 2014	13회 2015	14회 2016	15회 2017	16회 2018	17회 2019	18회 2020	19회 2021	20회 2022	21회 2023	22회 2024
1	2	1	1	–	–	–	–	–	1	–	–	–

출제 비중	출제 논점		
	1순위 ☺	2순위 ※	3순위 ☆
0~1	① 사회복지법상의 권리구제 절차		① 사회복지수급권 규범적 구조: 실, 수, 절

1순위 스마일표시(☺) : 출제 빈출도가 높은 부분으로 무조건 시험에 출제되는 영역
2순위 당구장표시(※) : 나왔다 안 나왔다 하는 영역이지만 출제가능성 높은 영역
3순위 별 표(☆)   : 출제 된 적이 있긴 하지만 다시 출제될 가능성은 다소 떨어지는 영역

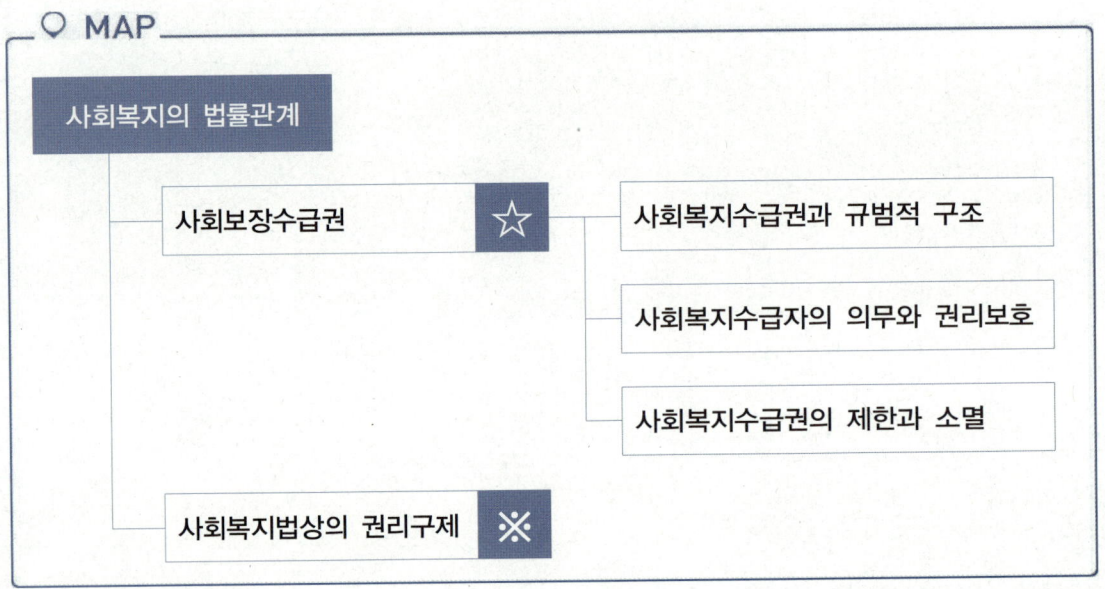

01 사회보장수급권

1 사회복지수급권과 규범적 구조

(1) 사회복지수급권

① **사회복지법의 법률관계**
  ㉠ 사회복지법상의 당사자가 가지는 권리와 의무의 관계를 말한다.
  ㉡ 사회복지법을 통해 개인은 **국가에 대해 급여 및 서비스를 청구할 수 있는 법적 권리**를 갖게 되고, 국가는 이에 상응하는 의무를 지게 된다.
  ㉢ 사회복지법의 실행과정에서 구현하려는 권리의 핵심은 각 사회복지법상의 대상자가 향유하는 **사회복지급여수급권**이다.

② **사회복지수급권의 개념**
  ㉠ 사회복지수급권(사회복지급여수급권)이란 **헌법상 보장된 생존권을 실현하기 위하여 개별 사회복지법에 근거하여 갖는 구체적 권리로서 사회복지법상 사회복지서비스를 받을 권리**를 말한다.
  ㉡ **사회복지서비스를 받을 권리란**, 금전적·비금전적 방법에 의하여 최저한도의 생활보장, 자립을 목적으로 하는 생활보호, 재활, 생활안정과 복지의 증진을 목적으로 하는 **사회복지서비스에 대한 급여청구권**을 말한다.

(2) 사회복지수급권의 규범적 구조

■ 사회복지급여수급권의 규범적 구조 ■

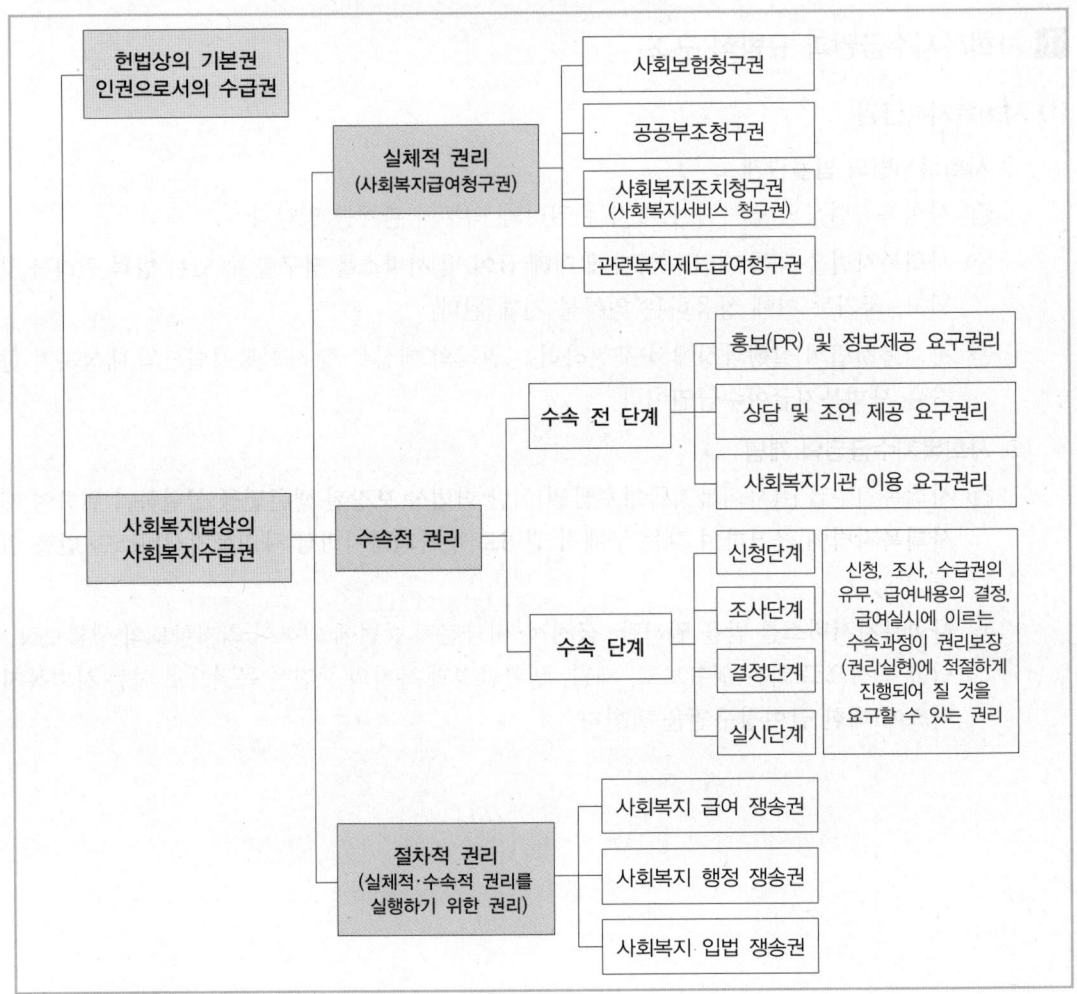

① **실체적 권리** [④]
  ㉠ 헌법상의 주 생존권적 기본권의 핵심이 되는 사회보장수급권 및 인간다운 생활을 할 권리(협의의 생존권적 기본권, 복지권)를 구체적으로 실현하기 위해 구체적 사회복지법이 제정되었을 때, 이 **사회복지법에 의해 사회복지급여를 실제로 받을 수 있으며 청구할 수 있는 구체적 권리를 사회복지급여청구권**이라고 하고 이는 실체법상의 권리, 즉 실체적 권리이다.
  ㉡ 이 권리에 포함되는 내용은 **수급요건(자격), 수급권자, 급여수준, 수급기준, 급여의 종류, 재정조달, 전달체계, 수급권의 보호와 제한** 등이다.
  ㉢ **사회복지급여청구권은 4가지 청구권으로 구성**
    ㉮ 각종 보험 법률에 따른 연금이나 요양급여, 실업급여, 휴업급여 등을 청구할 수 있는 **사회보험청구권**

            ㈏ 공공부조법률에 따른 생계급여나 의료급여 등을 청구할 수 있는 **공공부조청구권**
            ㈐ **사회서비스청구권**
                ⓐ 사회복지서비스법에 의거하여 사회복지서비스를 청구할 수 있는 **사회복지서비스청구권(사회복지조치청구권)**
                ⓑ 관련복지제도에 의한 급여를 청구할 수 있는 **관련복지제도급여청구권**
    ② **수속적 권리**
        ㉠ **수급권이 결정되기 이전에 발생하는 권리로, 사회복지급여를 받기 위해 급여청구권의 실현을 위한 일련의 수속과정이 본래의 수급권 보장의 목적에 알맞게 진행되어야 할 것을 요구하는 권리**를 말한다.
        ㉡ 수속적 권리로는 **급여정보권, 상담권, 적법진행보장권**이 있다. 복지급여수속을 받기 전에는 국가로부터 관련된 정보를 제공받을 권리, 필요한 상담을 받을 권리 등이 있으며, 복지급여를 신청하고 심사하고 결정하는 과정에서 적법하고 적절한 진행을 보장받을 권리를 말한다.
    ③ **절차적 권리** [⑥]
        ㉠ **수급권이 결정된 이후에 발생하는 권리**로서, 실체적 권리와 수속적 권리를 구체적으로 실행하기 위한 권리이다. 즉 복지권의 실체적 권리를 보장하고 실현하기 위해 필요한 의무를 이행하고 강제를 구체적으로 실현하는 절차와 관계되는 권리이다.
        ㉡ 절차적 권리에 속하는 수급권의 내용
            ㈎ **사회복지급여쟁송권** : 실체적 권리인 사회복지급여청구권이 위법 또는 부당한 행정기관의 조치에 의해 침해되었을 때 이의 구제를 신청하는 권리를 의미한다.
            ㈏ **사회복지행정참여권** : 사회복지행정과정에 사회복지대상자나 국민이 참여할 권리를 말한다.
            ㈐ **사회복지입법청구권** : 생존권 보장을 위한 사회복지급부를 제공하는 구체적인 법률이 제정되지 않았거나, 또는 제정되었더라도 그 법률이 생존권 실현에 불충분한 경우에 사회복지 입법을 추진하거나 그 개정을 청구할 수 있는 권리를 말한다.

2 사회복지수급자의 의무와 권리보호 [③④⑤]

(1) **사회복지수급자의 의무**
    ① **신고의 의무** : 수급권자는 사용자나 관리 운영 주체에 수급권의 기초가 되는 사항, 즉 성별, 주소, 혼인관계, 일정액 이상의 소득관계, 취업관계, 건강상태 등을 성실하게 신고하여야 할 의무를 말한다.
    ② **질문 등에 응할 의무** : 수급권자는 관리 운영 주체의 요구가 있으면 사회복지급여 지급에 관련된 문서나 물건 등의 제공 또는 관계인의 질문에 답변할 의무가 있다.
    ③ **협조의 의무** : 수급권자는 관리 운영 주체가 사회복지법규에 의해 특별한 지시(예 진단, 검사, 요양행위를 받을 의무나 직업재교육을 위한 조치에 따를 의무 등)를 하면 이에 따를 의무를 말한다.

(2) 사회복지수급자의 권리보호

① **수급권의 처분·담보제공·압류·상계의 금지**
  ㉠ 민법상의 채권은 법률행위에 의해 양도할 수 있으나 공법상의 권리는 법률행위에 의해 양도할 수 없음이 원칙이다. 즉 공법상의 권리·의무는 **일신전속성(一身專屬性)**에 기인하기 때문에 양도를 금지하고 있다.
  ㉡ 사회복지급여수급권도 공법상의 권리로 보기 때문에 양도·담보제공·압류 및 상계를 금지하고 있다. 이를 금지하는 근본적인 이유는 수급권자의 개인적·사회적 보호를 통해 인간다운 생활을 보장하는 데 그 목적이 있다.

② **조세 기타 공과금의 감면 및 부과금지** : 사회복지급여를 통해 최소한의 삶을 영위하게 하는 데 목적이 있으므로, 각종 사회복지급여에 대해 각국의 사회복지 입법례에서는 거의 공통적으로 조세나 기타 공과금을 금지하고 있다.

③ **불이익변경금지의 원칙** : 국민기초생활보장법 제34조(급여변경의 금지)에서 "수급자에 대한 급여는 정당한 사유 없이 이를 불리하게 변경할 수 없다."고 하여 불이익변경의 금지를 규정하고 있다.

> **OIKOS UP** 압류, 상계, 일신전속성
> ① **압류(押留)** : 집행기관이 특정의 재산·권리에 대해 개인의 처분을 금지하는 행위이다.
> ② **상계(相計)** : 당사자가 서로 같은 종류의 채권·채무를 지니는 경우 어느 일방의 의사표시에 의해 같은 액만큼의 채무를 소멸시키는 방법이다.
> ③ **일신전속성** : 권리의 향유, 행사가 권리자의 일신에 전속하여 권리자와 분리할 수 없는 성질을 말한다. 따라서 양도, 상속이 허용되지 않는 성질을 가지고 있다. 예 인격권, 가족권, 부양청구권, 친권 등

3 사회복지수급권의 제한과 소멸 [⑨]

(1) 사회복지수급권의 제한

① **사회복지급여 제한의 일반원칙**
  ㉠ **병급(倂給, 이중급여 또는 중복급여)의 조정**(= 과잉급여의 제한 및 금지 원칙)
   수급권자가 다른 급여를 받게 되는 때에는 급여를 지급하지 않거나 지급이 정지되는 것을 말하는 것으로, 수급권자가 동일급여 수급사유에 대해 중복수급을 하거나 민법 또는 타법과의 연관에서 이중으로 보상 또는 배상함으로써 사회적 형평의 원칙에서 위배되는 것을 방지하기 위한 것이다.
   예 국민연금법 제56조(중복급여의 조정) 제1항 "수급권자에게 이 법에 따른 2 이상의 급여 수급권이 생기면 수급권자의 선택에 따라 그 중 하나만 지급하고 다른 급여의 지급은 정지된다."라고 규정하고 있다.

ⓒ **사회복지급여의 남용금지**(= 수급권의 남용금지원칙)
사회복지급여수급권자는 사회복지수급조건에 따른 의무를 성실하게 이행함은 물론, 사회복지수급 사유 및 조건을 인위적으로 직·간접으로 발생케 하거나, 연기시키는 행위 그리고 급여의 지급을 부당하게 장기화시키는 경우에는 수급권의 남용에 해당하므로 수급권을 제한·금지하는 것이 마땅하다.

> 예 국민연금법 제82조(급여의 제한) 제2항 "가입자 또는 가입자였던 자가 고의나 중대한 과실로 요양 지시에 따르지 아니하거나 정당한 사유 없이 요양 지시에 따르지 아니하여 다음 각 호의 어느 하나에 해당하게 되면 대통령령으로 정하는 바에 따라 이를 원인으로 하는 급여의 전부 또는 일부를 지급하지 아니할 수 있다."

ⓒ **사회복지급여수급권의 악용금지**(= 수급권의 악용제한원칙)
사회복지법은 인간의 과실에 대해 일정 수준까지는 관용을 보이지만, 고의 또는 악의 있는 행위를 통한 사고 발생이나 사회복지급여 수급조건 발생은 엄격하게 급여제한을 한다.

> 예 국민연금법 제82조(급여의 제한) 제1항 "가입자 또는 가입자였던 자가 고의로 질병·부상 또는 그 원인이 되는 사고를 일으켜 그로 인하여 장애를 입은 경우에는 그 장애를 지급 사유로 하는 장애연금을 지급하지 아니할 수 있다."

② **사회복지급여 수급권 제한의 구체적 사유**
㉠ 고의행위에 의한 수급권의 제한
  ㉮ **목적 있는 자해행위** : 이 행위는 고의행위일 뿐만 아니라 그 고의행위를 통해 사회복지급여에 지급을 받고자 하는 목적이 있는 것을 말한다.
  ㉯ **고의의 범죄행위** : 사회복지급여 지급 사유가 수급자의 고의적인 범죄행위에 의하여 발생한 경우 수급권의 발생을 배제한다.
  ㉰ **고의행위** : 사회복지급여를 지급받기 위한 목적에서 사회복지급여 지급 사유를 고의로 발생시킨 행위이다.
㉡ **과실(過失)있는 행위**(과실행위)
  ㉮ 과실행위란 법상의 주의의무에 위반하여 범죄를 저지르는 행위를 말하는데, 일반적으로 과실행위를 사회복지급여수급권 발생의 제한사유로 정한 경우는 거의 없다.
  ㉯ 단지 **중과실의 경우에 수급권의 발생을 배제시키는 경우가 많다**. 중대한 과실이란 보통 일반적으로 지켜야 할 주의의무를 현저하게 결한 경우, 즉 주의의무를 위반한 정도가 아주 심한 경우를 말한다.
㉢ **부정급여자에 대한 급여제한** : 사기 또는 기타의 부정한 행위에 의해 사회복지급여를 받았거나 받고자 할 때에는 그 벌칙으로 일정 기간 동안(일본의 건강보험은 6개월 이내) 당해 사회복지급여를 전부 또는 일부를 제한한다.
㉣ **사회복지급여의 병급금지(이중지급 제한) 또는 조정** : 사회복지급여수급권자가 동일한 급여 수급사유로 중복하여 급여를 지급받거나, 다른 복지관련법이나 민법 등에 의해 이중으로 보상 또는 배상을 받음으로써 사회적 형평의 원칙에 위배되는 경우 급여의 지급을 제한하거나 조정하고 있다.

⑩ **구상권의 발생** : 제3자의 행위로 인해 사회복지급여수급권이 발생하여 급여를 지급하게 된 경우 수급자(피해자)의 제3자에 대한 손해배상청구권을 급여지급기관이 수급자를 대위하여 행사하도록 규정함으로써 제3자(가해자)에 대해 구상권을 가지도록 하고 있다.

(2) 사회복지수급권의 소멸

① **사망** : 사회복지수급권은 일신전속적인 권리이므로 수급자의 사망으로 권리가 소멸한다. 수급자가 실종선고(부재자의 생사불명의 상태가 일정기간 계속된 경우 사망으로 의제하는 제도, 민법 제27조~제29조)를 받은 경우도 마찬가지이다.

② **수급권의 포기**
  ㉠ 사회복지수급권은 공법상의 권리로서 처분이나 양도가 금지되어 있으므로 포기가 가능한지에 대한 의문이 있을 수 있다. 개인적 공권은 사회 전체의 이익을 위해 필요한 것이기 때문에 포기하는 것은 이런 목적을 훼손하므로 포기할 수 없다는 견해가 있을 수 있다. 그러나 국가의 사회복지급여나 서비스를 받겠다는 동기가 결여된 사람에게 이런 이익처분을 강제할 수는 없으므로 포기할 수 있다고 본다.
  ㉡ **사회보장기본법 제14조**(사회보장수급권의 포기)에서 "사회보장수급권은 정당한 권한이 있는 기관에 서면으로 통지하여 **포기할 수 있다**(제1항), 사회보장수급권의 **포기는 취소할 수 있다**(제2항), 제1항에도 불구하고 사회보장수급권을 포기하는 것이 **타인에게 피해를 주거나 사회보장에 관한 관계 법령에 위반되는 경우에는 사회보장수급권을 포기할 수 없다**(제3항)."고 하여 포기와 포기의 취소를 인정하고 있다.

③ **소멸시효** [⑫]
  ㉠ 사회복지수급권을 수급권자가 일정한 기간 동안 행사하지 아니하면 시효에 의하여 그 권리가 소멸한다.
    ㉮ **사회복지법**에서는 수급권에 대한 통일된 시효규정은 없으며, 개별 사회복지법에서 각각 규정하고 있다.
    ㉯ 사회복지법에서 시효에 관한 규정을 두고 있지 않는 경우에는 민법 규정(제162조)에 의해 시효가 소멸한다.
  ㉡ **사회보험법상의 소멸시효**
    ㉮ **국민건강보험법**의 보험료·연체금을 징수할 권리, 보험료·연체금으로 과오납부한 금액을 환급받을 권리, 보험급여를 받을 권리, 보험급여 비용을 받을 권리에 대한 소멸시효는 **3년**(제91조 제1항)
    ㉯ **국민연금법**에서 연금보험료, 환수금, 그 밖의 이 법에 따른 징수금을 징수하거나 환수할 권리는 **3년**간, 급여(제77조제1항제1호에 따른 반환일시금은 제외한다)를 받거나 과오납금을 반환받을 수급권자 또는 가입자 등의 권리는 **5년**간, 제77조제1항제1호에 따른 반환일시금을 지급받을 권리는 **10년**간 행사하지 아니하면 각각 소멸시효가 완성된다(제115조 제1항).

㉰ **산업재해보상보험법상**의 보험급여를 받을 권리, 산재보험 의료기관의 권리, 약국의 권리, 보험가입자의 권리, 국민건강보험공단 등의 권리에 대한 시효는 **3년**, 다만, 제1호의 보험급여 중 장해급여, 유족급여, 장례비, 진폐보상연금 및 진폐유족연금을 받을 권리는 **5년**간 행사하지 아니하면 시효의 완성으로 소멸한다(제112조 제1항).

㉱ **고용보험법상**의 지원금·실업급여·육아휴직 급여 또는 출산전후휴가 급여 등을 지급받거나 그 반환을 받을 권리에 대한 시효는 **3년**(제107조 제1항)

㉲ **공무원연금법상** 시효는 단기급여는 1년, 장기급여는 5년(제81조 제1항), **사립학교교직원연금법상**의 시효는 단기급여는 1년, 장기급여는 5년(제54조 제1항), **군인연금법**에서는 장기급여 5년, 단기급여는 1년(군인연금법 제8조)으로 각각 규정

ⓒ 공공부조법상의 소멸시효

국가에 대한 권리로서 그전의 급부를 목적으로 하는 것은 시효에 관하여 다른 법률에 규정이 없으면 5년간 행사하지 아니할 때에는 시효로 인해 소멸한다(국가재정법 제96조).

※ 기초연금법 제23조(시효) 제19조에 따른 환수금을 환수할 권리와 기초연금 수급권자의 권리는 5년간 행사하지 아니하면 시효의 완성으로 소멸한다.

■ 소멸시효 ■

사회보험법	공공부조법
3년	5년
(분할연금 : 5년, 반환일시금 : 10년)	(의료급여법 : 3년)

↳ **국민연금법** : 연금보험료, 환수금, 그 밖의 이 법에 따른 징수금을 징수하거나 환수할 권리는 **3년**간, 급여(반환일시금은 제외)를 받거나 과오납금을 반환받을 수급권자 또는 가입자 등의 권리는 **5년**간, 반환일시금을 지급받을 권리는 **10년**간 행사하지 아니하면 각각 소멸시효가 완성
↳ **산재보험법** : 보험급여 중 장해급여, 유족급여, 장례비, 진폐보상연금 및 진폐유족연금을 받을 권리는 **5년**간 행사하지 아니하면 시효의 완성으로 소멸

OIKOS UP 청문(hearing, 聽聞) [⑪]

① 행정청이 어떠한 처분을 하기 전에 당사자등의 의견을 직접 듣고 증거를 조사하는 절차
② 행정기관이 규칙제정이나 행정처분 또는 재결(裁決) 등을 행하는데 그 필요성·타당성을 판단하기 위하여 상대방·이해관계인·증인·감정인 등의 변명이나 의견 등을 청취하고 증거를 제출하게 함으로써 사실을 조사하는 절차이다.
  ※ 허가 취소, 위탁 취소, 자격 취소, 사업 폐지, 시설 폐쇄명령을 하고자 하는 경우
  ⊗ 아동복지법령상 아동복지시설의 개선을 명하려면 청문을 하여야 한다.(×)

02 사회복지법상의 권리구제

1 권리구제의 의의

사회복지법상의 권리구제란 사회복지관련법상의 사회복지급여수급권자가 그 수급자격이나 수급사유, 급여의 종류 및 내용 등과 관련한 행정기관의 처분 등에 대해 이의가 있거나 불복하는 경우, 사회복지관련법상에 규정되어 있는 각종 심사위원회나 혹은 법원에 그 처분의 변경 및 시정을 청구할 수 있는 제반 절차적 제도를 의미한다.

■ 권리침해의 구제방법(김진원, 2010) ■

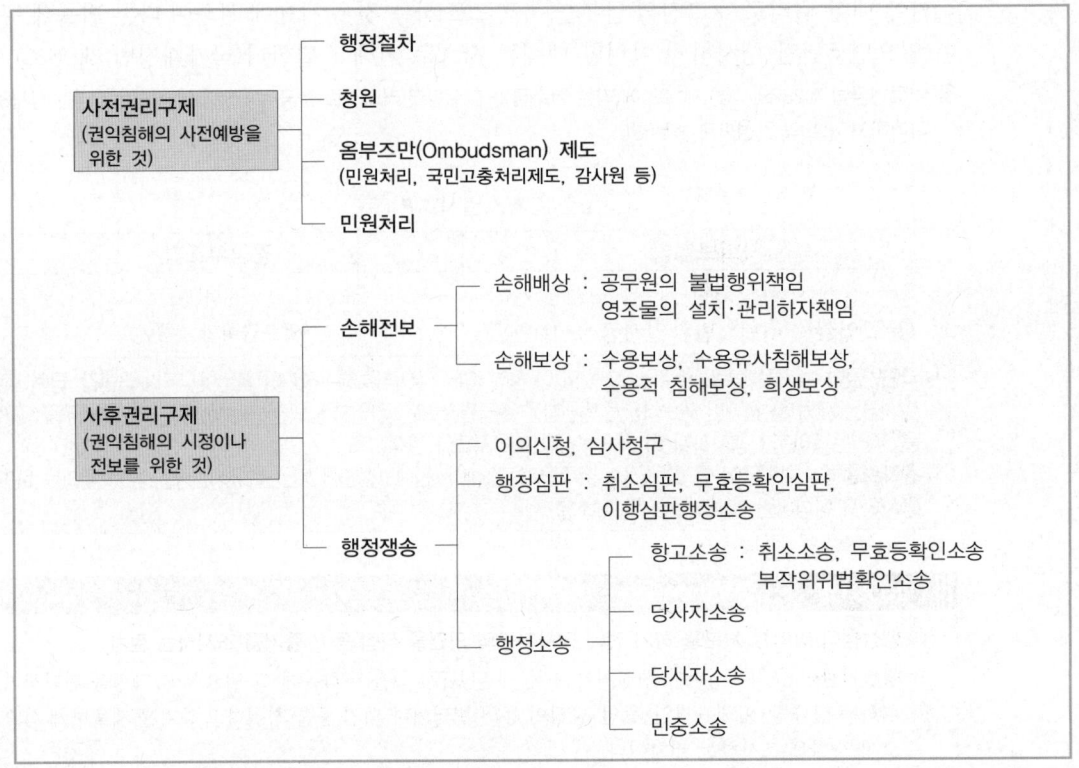

2 사회복지법상의 권리구제

(1) **전심절차** : 최초 심사청구는 이의신청의 성격이며, 재심사청구는 행정심판의 성격을 가짐

① 이의신청과 심사청구
  ㉠ 주로 그 처분을 한 행정기관에 신청하여 그 처분의 시정을 요구하는 것이다.
  ㉡ **행정부처가 이의신청과 재심사청구를 두는 이유** [⑧]
    ㉮ 국민의 권리구제를 통한 생존권 보장을 위함이다.

㉯ 사법절차보다 간편한 절차로 문제를 해결할 수 있다.
㉰ 행정부처가 스스로를 통제하는 효과를 꾀할 수 있다.
㉱ 행정부의 전문적 지식을 활용함으로써 사법비용 부담을 감소시킨다.

② 행정심판
  ㉠ 행정청의 위법 또는 부당한 처분, 그 밖에 공권력의 행사·불행사 등으로 인하여 권익을 침해당한 자의 청구에 의해 「직근(直近)상급행정청」이나 「제3기관(행정위원회 등)」이 재결청(그 처분청의 직근상급기관)이 되어 당해 처분을 재심사하는 절차를 행정심판이라 한다.
  ㉡ 개별적인 단행법에서 일반법인 행정심판법에 대한 특례규정을 두는 경우가 많으며, 그 명칭도 이의신청, 심사청구, 심판청구, 소청, 행정심판 등으로 일정한 기준이 없이 사용하고 있다.
  ㉢ **행정심판의 권리 구제적 기능**
    ㉮ **사법 기능 보완을 통한 국민의 권리를 보장** : 행정심판의 경우에는 행정청의 위법 또는 부당한 처분 그 밖에 공권력의 행사 및 불행사 등으로 인한 국민의 권리 또는 이익의 침해를 구제
    ㉯ **행정의 적정한 운영** : 행정운영의 적정성 확보, 행정의 적법성 및 타당성에 대한 자율적 자기통제/감독)
    ㉰ **행정능률의 보장** : 사법절차보다 간편한 절차로 문제 해결
    ㉱ **소송경제의 확보** : 사법비용 부담 감소
    ㉲ **행정청의 전문지식을 활용**
③ 사회복지법상 전심절차로서 권리구제의 유형에는 이의신청과 심사청구 또는 두 번의 이의신청, 심사청구와 재심사청구 등의 형태로 되어 있다.

> **주 의**
> 사회복지사업법의 적용을 받는 법률들 중에 권리구제절차에 있어 자기완결적 형태를 구비하고 있는 법률도 있지만, 부분적 비미상태에 있거나 전적으로 입법불비의 상태인 경우도 있다. 사회복지법률의 적용대상자는 국가 또는 지방자치단체에 의한 보호의 필요성이 큰 사회적 약자인 경우가 대부분이고, 생존을 위한 국가 또는 지방자치단체의 직·간접적 의존성이 매우 크기 때문에 특별한 배려 필요하다. 따라서, 법적 쟁송 이외의 이의신청 등의 권리구제 절차가 마련되어야 하는 것은 권리보장의 실효성을 확보하기 위해 중요하다. 그럼에도 불구하고, 사회서비스 법령 상당부분이 권리구제조항을 두고 있지 않다. 사회복지사업법의 적용을 받는 법률 중 공공부조법을 제외한 사회서비스법들 중에서는 그나마 권리구제절차가 완결적인 입법형태를 구축하고 있는 것이 「노인복지법」과 「장애인복지법」이다.

(2) **법적 쟁송**
① 사법기관인 법원에서 2번에 걸친 심사청구 등의 전심절차에 불복한 각종 복지급여 관련처분이나 조치를 해결하려는 것을 말한다.

② 법적 쟁송의 유형
  ㉠ 행정소송
    ㉮ 행정소송은 사회복지관련법상 규정되어 있는 각종 심사·재심사청구에서 결정된 내용에 대해 이의가 있을 경우에 제기할 수 있다.
    ㉯ 행정소송법에서는 원칙적으로 전심절차인 행정심판을 거치지 않고 바로 행정소송을 제기할 수 있도록 하고 있다.
  ㉡ **민사소송** : 손해배상청구소송인데 사회복지관련법상의 민사소송은 피보험자의 사회복지급여의 발생원인이 본인이 아닌 제3자에 의해 발생한 경우에 보험자는 즉시 피보험자의 생활안전과 복지를 위하여 사회복지급여를 제공하고 피보험자를 대신하여 불법적으로 급여를 발생시킨 제3자에게 손해배상청구를 제기하는 것을 말한다.
  ㉢ **헌법소원** : 국민의 헌법상의 권리가 국가권력에 의해 침해된 경우 최종적으로 헌법재판소에 제소하여 구제를 청구하는 제도로서, 국민의 기본권을 보호하기 위한 최후의 보루라고 할 수 있다.

3 사회복지법상의 권리구제 절차 [③⑤⑦⑨⑩⑫⑬⑲]

(1) 사회보장기본법 [⑦⑪⑫⑬]

위법 또는 부당한 처분을 받거나 필요한 처분을 받지 못함으로써 **권리 또는 이익을 침해받은 국민**은 「**행정심판법**」에 따른 행정심판을 청구하거나 「**행정소송법**」에 따른 행정소송을 제기하여 그 처분의 취소 또는 변경 등을 청구할 수 있다(제39조).

> 사회보장기본법은 행정소송을 제기하기 위해서는 행정심판을 먼저 거쳐야 한다는 행정심판전치주의를 규정하고 있다.(×)

OIKOS UP 　사회보장급여의 이용·제공 및 수급권자 발굴에 관한 법률 [⑳]

① **전심절차** : 이의신청
② **절차기관과 기간**(동법 제17조)
  ㉠ 이 법에 따른 처분에 이의가 있는 수급권자 등은 그 처분을 받은 날로부터 90일 이내에 처분을 결정한 보장기관의 장에게 이의신청을 할 수 있다. 다만, 정당한 사유로 인하여 그 기간 내에 이의신청을 할 수 없음을 증명한 때에는 그 사유가 소멸한 때부터 60일 이내에 이의신청을 할 수 있다.
    > 이의신청은 그 처분을 받은 날로부터 90일 이내에 처분을 결정한 보장기관의 장에게 할 수 있다.(O)
  ㉡ 보장기관의 장은 이의신청을 받은 날부터 10일 이내에 그 이의신청에 대하여 결정하고 그 결과를 신청인에게 지체 없이 통지하여야 한다. 다만, 부득이한 사유로 정하여진 기간 이내에 결정할 수 없을 때에는 그 기간의 만료일 다음 날부터 기산하여 10일 이내의 범위에서 연장할 수 있으며, 연장 사유를 신청인에게 통지하여야 한다.

■ 사회복지법(공공부조법과 사회보험법)상 권리구제 절차 ■

사회복지법상의 권리구제		공공부조법		사회보험법				
		기초연금법	국민기초생활보장법	국민연금법	산재보험법	고용보험법	노인장기요양보험법	국민건강보험법
전심절차 → 이의신청		이의신청 (시장군수구청장)	이의신청 (시도지사)	국민연금공단 국민건강보험공단	심사청구 근로복지공단	심사청구 고용보험심사관	국민건강보험공단	이의신청 국민건강보험공단 건강보험심사평가원
법적 쟁송 → 행정심판			이의신청 (보건복지부장관)	국민연금 재심사위원회	재심사청구 산재보험 재심사위원회	고용보험 심사위원회	장기요양 재심사위원회	심판청구 건강보험 분쟁조정위원회
행정소송 민사소송 헌법소원		90일 이내 서면으로	90일 이내 서면 또는 구두로	90일 이내, 문서로				

(2) 국민기초생활보장법 [③⑤⑨⑩⑪⑬]

① **전심절차** : 2회의 이의신청

② **절차기관**

㉠ **시·도지사에 대한 이의신청**(동법 제38조) : 수급자나 급여 또는 급여 변경을 신청한 사람은 **시장·군수·구청장**(교육급여인 경우에는 시·도교육감)**의 처분에 대하여 이의가 있는 경우**에는 그 결정의 통지를 받은 날부터 **90일 이내**에 해당 보장기관을 거쳐 **시·도지사**(특별자치시장·특별자치도지사 및 시·도교육감의 처분에 이의가 있는 경우에는 해당 특별자치시장·특별자치도지사 및 시·도교육감)**에게 서면 또는 구두로 이의를 신청**할 수 있다.

㉡ **시·도지사의 처분 등**(동법 제39조) : 시·도지사가 시장·군수·구청장으로부터 이의신청서를 받았을 때(특별자치시장·특별자치도지사 및 시·도교육감의 경우에는 직접 이의신청을 받았을 때)에는 **30일 이내**에 필요한 심사를 하고 이의신청을 각하 또는 기각하거나 해당 처분을 변경 또는 취소하거나 그 밖에 필요한 급여를 명하여야 한다.

㉢ **보건복지부장관 등에 대한 이의신청**(동법 제40조) : 제39조에 따른 처분(**시·도지사의 처분**) 등에 대하여 이의가 있는 사람은 그 처분 등의 통지를 받은 날부터 **90일 이내**에 시·도지사를 거쳐 **보건복지부장관**(주거급여 또는 교육급여인 경우에는 소관 중앙행정기관의 장을 말하며, 보건복지부장관에게 한 이의신청은 소관 중앙행정기관의 장에게 한 것으로 본다)**에게 서면 또는 구두로 이의를 신청**할 수 있다.

(3) 기초연금법 [③⑨⑫⑲]

① **전심절차** : 이의신청

　※ 기초연금법에 명시되어 있는 권리구제절차는 이의신청과 재심사청구이다.(×)

② **절차기관과 기간**(제22조)

㉠ **이의신청** : 이 법에 따른 처분에 이의가 있는 사람은 **특별자치시장·특별자치도지사·시장·군수·구청장에게 이의신청**을 할 수 있다.

㉡ **기간** : 이의신청은 그 처분이 있음을 안 날부터 **90일 이내에 서면**으로 하여야 한다. 다만, 정당한 사유로 인하여 그 기간 이내에 이의신청을 할 수 없었음을 증명한 때에는 그 사유가 소멸한 때부터 60일 이내에 이의신청을 할 수 있다.

(4) 긴급복지지원법 [⑪]

① **전심절차** : 이의신청

❌⭕ 긴급복지지원법상 긴급복지 지원비용 반환명령에 이의가 있는 사람은 이의신청을 할 수 있다.(O)

② **절차기관과 기간**(제16조)

㉠ **이의신청** : 제8조제3항에 따른 결정이나 제15조제1항 또는 제2항에 따른 **반환명령에 이의가 있는 사람**은 그 처분을 고지받은 날부터 **30일 이내**에 해당 시장·군수·구청장을 거쳐 **특별시장·광역시장·도지사·특별자치도지사(이하 "시·도지사"라 한다)에게 서면으로 이의신청**할 수 있다. 이 경우 시장·군수·구청장은 이의신청을 받은 날부터 10일 이내에 의견서와 관련 서류를 첨부하여 시·도지사에게 송부하여야 한다.

㉡ 시·도지사는 제1항에 따른 송부를 받은 날부터 15일 이내에 이를 검토하고 처분이 위법·부당하다고 인정되는 때는 시정, 그 밖에 필요한 조치를 하여야 한다.

(5) 국민연금법 [③⑤⑩⑫⑬⑲]

① **전심절차** : 심사청구와 재심사청구

❌⭕ 국민연금법에 따르면 심사청구와 재심사청구의 순으로 진행된다.(O)

② **절차기관과 기간**

㉠ **심사청구**(동법 제108조, 제109조)

㉮ 가입자의 자격, 기준소득월액, 연금보험료, 그 밖의 이 법에 따른 징수금과 급여에 관한 공단 또는 건강보험공단의 처분에 이의가 있는 자는 그 처분을 한 **공단(국민연금공단) 또는 건강보험공단에 심사청구**를 할 수 있다.

㉯ 심사청구는 그 처분이 있음을 안 날부터 **90일 이내에 문서**(「전자정부법」제2조 제7호에 따른 전자문서를 포함한다)로 하여야 하며, **처분이 있은 날부터 180일을 경과하면 이를 제기하지 못한다**. 다만, 정당한 사유로 그 기간에 심사청구를 할 수 없었음을 증명하면 그 기간이 지난 후에도 심사 청구를 할 수 있다.

㉰ **심사청구 사항의 심사는 국민연금공단에 국민연금심사위원회와 건강보험공단에 징수심사위원회**에서 한다.

㉡ **재심사청구**(동법 제110조~제112조)

㉮ 심사청구에 대한 결정에 불복하는 자는 그 결정통지를 받은 날부터 **90일 이내**에 **국민연금재심사위원회에 재심사를 청구**할 수 있다.

㉯ 재심사청구 사항의 심사는 **보건복지부에 국민연금재심사위원회에서 담당**한다.

㉰ 재심사위원회는 위원장 1명을 포함한 20명 이내의 위원으로 구성한다. 이 경우 공무원이 아닌 위원이 전체 위원의 과반수가 되도록 하여야 한다.

㉱ 재심사청구 사항에 대한 **재심사위원회의 재심사는**「행정소송법」제18조를 적용할 때 「행정심판법」에 따른 **행정심판으로 본다.**

(6) 고용보험법 [⑲]

① **전심절차** : 심사청구와 재심사청구

> 고용보험법에 명시되어 있는 권리구제절차는 이의신청이다.(×)

② **절차기관과 기간**

㉠ **심사청구**(동법 제87조, 제90조, 제91조)

㉮ 피보험자격의 취득·상실에 대한 확인, 실업급여 및 육아휴직 급여와 출산전후휴가 급여 등에 관한 처분에 이의가 있는 자는 **고용보험심사관에게** 심사를 청구할 수 있다.

↳ 제87조제1항에 따른 심사를 청구하는 경우 제17조에 따른 피보험자격의 취득·상실 확인에 대한 심사의 청구는 「산업재해보상보험법」 제10조에 따른 **근로복지공단**(이하 "근로복지공단"이라 한다)을, 제4장에 따른 실업급여 및 제5장에 따른 육아휴직 급여와 출산전후휴가 급여등에 관한 처분에 대한 심사의 청구는 직업안정기관의 장을 거쳐 **심사관**에게 하여야 한다.

㉯ 심사를 행하게 하기 위하여 고용노동부에 고용보험심사관(이하 "심사관"이라 한다)을 둔다. 고용보험심사관("심사관")은 **고용노동부 소속 공무원** 중에서 임명한다.

㉰ **심사의 청구는** 같은 항의 확인 또는 처분이 있음을 안 날부터 **90일 이내**에, **재심사의 청구는** 심사청구에 대한 결정이 있음을 안 날부터 **90일 이내**에 각각 제기하여야 한다.

㉱ 심사의 청구는 대통령령으로 정하는 바에 따라 **문서**로 하여야 한다.

㉡ **재심사청구**(동법 제87조, 제99조)

㉮ 그 결정에 이의가 있는 자는 **고용보험심사위원회에** 재심사를 청구할 수 있다.

㉯ 재심사를 하게 하기 위하여 **고용노동부에 고용보험심사위원회**를 둔다.

㉰ 재심사의 청구에 대한 재결은 「행정소송법」 제18조를 적용할 경우 행정심판에 대한 재결로 본다.

(7) 산업재해보상보험법 [⑤]

① **전심절차** : 심사청구와 재심사청구

② **절차기관과 기간**

㉠ **심사청구**(동법 제103조, 제104조)

㉮ **심사 청구는** 그 보험급여 결정 등을 한 공단의 소속 기관을 거쳐 **공단(근로복지공단)에 제기**하여야 한다.

㉯ 심사 청구는 보험급여 결정 등이 있음을 안 날부터 **90일 이내**에 하여야 한다.

㉰ 심사 청구는 **문서("심사 청구서")**로 하여야 한다.

㉱ **심사 청구를 심의하기 위하여 공단에** 관계 전문가 등으로 구성되는 **산업재해보상보험심사위원회**를 둔다.

㉡ **재심사청구**(동법 제106조, 제107조)

㉮ 심사 청구에 대한 결정에 불복하는 자는 **산업재해보상보험재심사위원회에** 재심사 청구를 할 수 있다.

㉯ 재심사 청구는 심사 청구에 대한 결정이 있음을 안 날부터 **90일 이내**에 제기하여야 한다.

㉰ 재심사 청구를 심리·재결하기 위하여 **고용노동부에 산업재해보상보험재심사위원회**를 둔다.
㉱ 제106조에 따른 재심사 청구에 대한 재결은 「행정소송법」 제18조를 적용할 때 행정심판에 대한 재결로 본다.

(8) 노인장기요양보험 [⑨⑬]
① **전심절차** : 심사청구와 재심사청구
② **절차기관과 기간**
㉠ **심사청구**(동법 제55조)
㉮ 장기요양인정·장기요양등급·장기요양급여·부당이득·장기요양급여비용 또는 장기요양보험료 등에 **이의가 있는 자는 공단(국민건강보험공단)에 심사청구**를 할 수 있다.
㉯ 심사청구는 그 처분이 있음을 안 날부터 **90일 이내에 문서**(「전자정부법」 제2조 제7호에 따른 전자문서를 포함한다)로 하여야 하며, 처분이 있은 날부터 180일을 경과하면 이를 제기하지 못한다. 다만, 정당한 사유로 그 기간에 심사청구를 할 수 없었음을 증명하면 그 기간이 지난 후에도 심사청구를 할 수 있다.
㉰ 심사청구 사항을 심사하기 위하여 공단에 **장기요양심사위원회**를 둔다.
㉡ **재심사청구**(동법 제56조)
㉮ 심사청구에 대한 결정에 불복하는 사람은 그 결정통지를 받은 날부터 **90일 이내에 장기요양재심사위원회에 재심사청구**를 할 수 있다.
㉯ 재심사위원회는 **보건복지부장관 소속**으로 두고, 위원장 1인을 포함한 20인 이내의 위원으로 구성한다.
㉰ 제56조에 따른 재심사청구 사항에 대한 재심사위원회의 재심사를 거친 경우에는 「행정심판법」에 따른 행정심판을 청구할 수 없다.

(9) 국민건강보험법 [③⑤⑩⑫⑬⑲]
① **전심절차** : 이의신청과 심판청구
　　❌ 국민건강보험법에 명시되어 있는 권리구제절차는 심사청구이다.(×)
② **절차기관과 기간**
㉠ **이의신청**(동법 제87조)
㉮ 가입자 및 피부양자의 자격·보험료 등·보험급여 및 보험급여비용에 관한 **공단의 처분에 이의가 있는 자는 공단(국민건강보험공단)에 이의신청**을 할 수 있다.
㉯ 요양급여비용 및 요양급여의 적정성에 대한 평가 등에 관한 **심사평가원의 처분에 이의가 있는 공단·요양기관 기타의 자는 심사평가원에 이의신청**을 할 수 있다.
㉰ 법 제87조제1항 및 제2항에 따른 이의신청을 효율적으로 처리하기 위하여 공단 및 심사평가원에 각각 **이의신청위원회**를 설치한다.
㉱ 이의신청은 처분이 있음을 안 날부터 **90일 이내에 문서**(전자문서를 포함)로 이를 하여야 하며 **처분이 있은 날부터 180일을 경과하면 이를 제기하지 못한다**. 다만, 정당한 사유로 그 기간에 이의신청을 할 수 없었음을 소명한 경우에는 그러하지 아니하다.

ⓒ **심판청구**(동법 제88조)
㉮ 이의신청에 대한 결정에 불복이 있는 자는 **건강보험분쟁조정위원회에 심판청구**를 할 수 있다.
㉯ 심판청구를 심리·의결하기 위하여 **보건복지부에 건강보험분쟁조정위원회**를 둔다.

⑽ **노인복지법** [③⑦⑪]
① **전심절차** : 이의신청과 행정심판
② **절차기관과 기간**(제50조)
㉠ 이의신청
㉮ <u>노인 또는 그 부양의무자는</u> 이 법에 따른 복지조치에 대하여 이의가 있을 때에는 **해당 복지실시기관에 이의를 신청**할 수 있다.
㉯ 이의신청은 해당 복지조치가 있음을 안 날부터 **90일 이내에 문서**로 하여야 한다.
㉡ 행정심판
㉮ 이의신청을 받은 복지실시기관은 그 신청을 받은 날부터 30일 이내에 이를 심사·결정하여 청구인에게 통보하여야 한다.
㉯ 심사·결정에 이의가 있는 자는 그 통보를 받은 날부터 **90일 이내에 행정심판**을 제기할 수 있다.

⑾ **장애인복지법** [⑦⑨⑩]
① **전심절차** : 이의신청과 행정심판
② **절차기관과 기간**(제84조)
㉠ 이의신청
㉮ <u>장애인이나 법정대리인등은</u> 이 법에 따른 복지조치에 이의가 있으면 **해당 장애인복지실시기관에 이의신청**을 할 수 있다.
㉯ 이의신청은 복지조치가 있음을 안 날부터 **90일 이내에 문서**로 하여야 한다.
㉡ 행정심판
㉮ 장애인복지실시기관은 제1항에 따른 이의신청을 받은 때에는 30일 이내에 심사·결정하여 신청인에게 통보하여야 한다.
㉯ 심사·결정에 이의가 있는 자는 **「행정심판법」에 따라 행정심판을 제기**할 수 있다.

⑿ **한부모가족지원법** [⑨⑪⑲]
① **전심절차** : 심사청구
※ 한부모가족지원법에 따르면 이의신청과 심판청구의 순으로 진행된다.(×)
② **심사청구절차와 기간**(제28조)
㉠ <u>지원대상자 또는 그 친족이나 그 밖의 이해관계인은</u> 이 법에 따른 복지 급여 등에 대하여 이의가 있으면 그 결정을 통지받은 날부터 **90일 이내에 서면으로 해당 복지실시기관에 심사를 청구**할 수 있다.
㉡ 복지실시기관은 심사 청구를 받으면 30일 이내에 이를 심사·결정하여 청구인에게 통보하여야 한다.

OIKOS UP 사회복지법상의 권리구제절차(전심절차) 비교

① 공공부조법

구 분	시·도지사에 대한 이의신청	보건복지부장관 등에 대한 이의신청
국민기초 생활보장법	• 시장·군수·구청장(교육급여인 경우에는 시·도교육감)의 처분에 대하여 이의가 있는 경우 • 결정의 통지를 받은 날부터 **90일 이내** • 시·도지사(해당 특별자치시장·특별자치도지사 및 시·도교육감)에게 **서면 또는 구두**로 이의를 신청	• 시·도지사의 처분 등에 대하여 이의 처분 등의 통지를 받은 날부터 **90일 이내** • 보건복지부장관에게(주거급여 또는 교육급여인 경우에는 소관 중앙행정기관의 장, 보건복지부장관에게 한 이의신청은 소관 중앙행정기관의 장에게 한 것) **서면 또는 구두**로 이의를 신청

구 분	이의신청
기초 연금법	• 이 법에 따른 처분에 이의가 있는 사람은 특별자치시장·특별자치도지사·시장·군수·구청장에게 이의신청을 할 수 있다. • 이의신청은 그 처분이 있음을 안 날부터 **90일 이내**에 **서면**으로 하여야 한다.
긴급복지 지원법	• 제8조제3항에 따른 결정이나 제15조제1항 또는 제2항에 따른 반환명령에 이의가 있는 사람은 그 처분을 고지받은 날부터 **30일 이내**에 해당 시장·군수·구청장을 거쳐 특별시장·광역시장·도지사·특별자치도지사(이하 "**시·도지사**"라 한다)에게 **서면**으로 이의신청할 수 있다. 이 경우 시장·군수·구청장은 이의신청을 받은 날부터 10일 이내에 의견서와 관련 서류를 첨부하여 시·도지사에게 송부하여야 한다. • 시·도지사는 제1항에 따른 송부를 받은 날부터 15일 이내에 이를 검토하고 처분이 위법·부당하다고 인정되는 때는 시정, 그 밖에 필요한 조치를 하여야 한다.

② 사회보험법

㉠ 심사청구 → 재심사청구 : 국민연금법, 산재보험법, 고용보험법, 노인장기요양보험법

구 분	심사청구	재심사청구
국민 연금법	• 공단(국민연금공단) 또는 건강보험공단의 처분에 이의가 있는 자 **국민연금공단** 또는 **건강보험공단**에 심사청구 • 심사청구 사항을 심사하기 위하여 **공단에 국민연금심사위원회를 두고, 건강보험공단에 징수심사위원회를 둠** • 처분을 안 날부터 **90일 이내**에 문서로~ 처분이 있은 날부터 180일을 경과하면 이를 제기하지 못함	• 심사청구에 대한 결정에 불복하는 자 • 90일 이내에 **국민연금재심사위원회**에 재심사를 청구 → • **보건복지부**에 **국민연금재심사위원회**
산재 보험법	• 심사 청구는 **근로복지공단에 제기**~ • 심사 청구를 심의하기 위하여 **공단에 산업재해보상보험심사위원회**를 둠 • 보험급여 결정 등이 있음을 안 날부터 **90일 이내에 문서로**~	• 심사 청구에 대한 결정에 불복하는 자는 **산업재해보상보험재심사위원회**에 재심사 청구 • 심사 청구에 대한 결정이 있음을 안 날부터 90일 이내 • **고용노동부**에 **산업재해보상보험재심사위원회**

구분		
고용 보험법	• 심사관에게 심사를 청구 • 처분이 있음을 안 날부터 90일 이내에 문서로 • 심사를 행하게 하기 위하여 고용보험심사관(고용노동부 소속 공무원)을 둠	• **고용보험심사위원회**에 재심사를 청구 • 90일 이내에 각각 제기 • 고용노동부에 고용보험심사위원회
노인장기 요양 보험법	• 국민건강보험공단에~ • 심사청구 사항을 심사하기 위하여 **공단에 장기요양심사위원회**를 둠 • 처분이 있은 날부터 90일 이내에 문서로~처분이 있은 날부터 180일을 경과하면 이를 제기하지 못함	• 장기요양재심사위원회에 재심사 청구 • 장기요양재심사위원회는 보건복지부장관 소속 • 결정처분을 받은 날부터 90일 이내

ⓒ 이의신청 → 심판청구 : 국민건강보험법

구 분	이의신청	심판청구
국민건강 보험법	• 가입자 및 피부양자 자격, 보험료등, 보험급여, 보험급여비용은 국민건강보험공단에~ • 요양급여비용 및 요양급여의 적정성 평가 등은 건강보험심사평가원에~ • 90일 이내에 문서(전자문서 포함)로~처분이 있은 날부터 180일을 지나면 제기하지 못함	• 이의신청에 대한 결정에 불복하는 자는 건강보험분쟁조정위원회에 **심판청구**★ • 심판청구를 심리·의결하기 위하여 보건복지부에 건강보험분쟁조정위원회 • 90일 이내에 문서(전자문서 포함)로~

③ 사회복지서비스법

구 분	이의신청	행정심판
노인 복지법	• **노인 또는 그 부양의무자는** 이 법에 의한 복지조치에 대하여 이의가 있을 때에는 **해당 복지실시기관에 이의를 신청**~ • 90일 이내에 문서로~	• 심사·결정에 이의가 있는 자는 그 통보를 받은 날부터 **90일 이내에 행정심판을** 제기~
장애인 복지법	• 장애인, 장애인의 법정대리인 또는 대통령령으로 정하는 보호자는 이 법에 따른 복지조치에 이의가 있으면 **해당 장애인복지실시기관에 이의신청**~ • 90일 이내에 문서로~	• 심사·결정에 이의가 있는 자는 「행정심판법」에 따라 **행정심판을** 제기

구 분	심사청구
한부모가족 지원법	• 지원대상자 또는 그 친족이나 그 밖의 이해관계인은 이 법에 따른 복지 급여 등에 대하여 이의가 있으면 그 결정을 통지받은 날부터 **90일 이내에 서면으로 해당 복지실시기관에 심사를 청구**할 수 있다. • 복지실시기관은 제1항의 심사 청구를 받으면 30일 이내에 이를 심사·결정하여 청구인에게 통보하여야 한다.

사회복지 주체에 대한 법적 검토

제1부 **총론**

제5장 회차별 출제빈도, 출제비중 및 출제논점 1, 2, 3순위

10회 2012	11회 2013	12회 2014	13회 2015	14회 2016	15회 2017	16회 2018	17회 2019	18회 2020	19회 2021	20회 2022	21회 2023	22회 2024
–	–	–	–	–	–	–	–	–	–	–	–	–

출제 비중	출제 논점		
	1순위 ☺	2순위 ※	3순위 ☆
0			① 공적사회복지주체 vs 사적(민간)사회복지주체

1순위 스마일표시(☺) : 출제 빈출도가 높은 부분으로 무조건 시험에 출제되는 영역
2순위 당구장표시(※) : 나왔다 안 나왔다 하는 영역이지만 출제가능성 높은 영역
3순위 별 표(☆) : 출제 된 적이 있긴 하지만 다시 출제될 가능성은 다소 떨어지는 영역

MAP

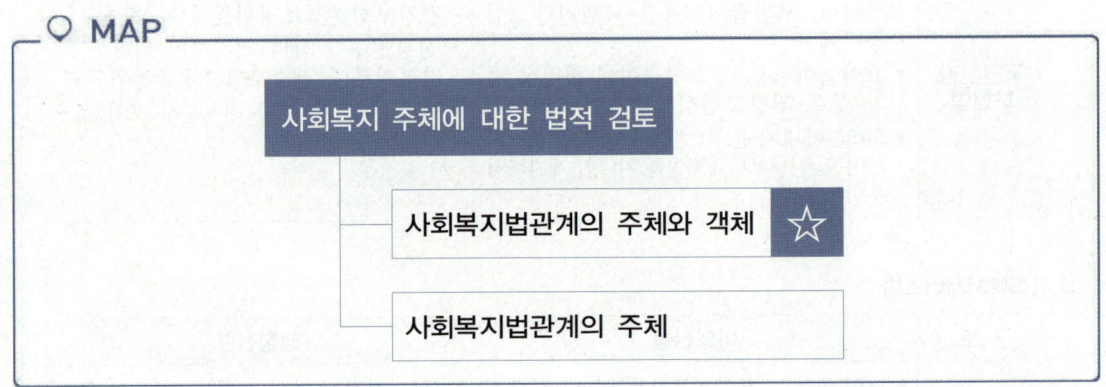

01 사회복지법관계의 주체와 객체

1 사회복지법관계의 주체

(1) 개요

① 사회복지의 행사권을 행사하고, 그의 법적 효과가 궁극적으로 귀속되는 당사자를 사회복지행정의 주체·사회복지행정권의 주체 또는 사회복지법의 주체라고 한다.

② 사회복지행정권의 주체는 국가·지방자치단체 또는 공공단체가 대표적이긴 하나, 사인도 사회복지행정권을 부여받으면 사회복지행정의 주체가 될 수 있다.

③ 사회복지법은 개인의 실질적 평등과 사회적 조화로 복지를 실현하기 위한 사회법이기 때문에 공법관계와 사법관계가 어우러져 규정되어 있으면서도 사회정의의 공공성이 높기 때문에, 사회복지의 주체가 단일하지 않고 국가·지방자치단체·공공기관·법인·종교단체·민간단체·개인 등 다원적 구조로 다양하게 구성되어 있다.

(2) 사회복지의 주체 : 공적 사회복지주체와 사적(민간) 사회복지주체로 구분 [④]

① **공적 사회복지주체** : 국가, 지방자치단체, 공공조합(공법상의 사단법인), 영조물법인, 공재단(공법상의 재단), 특수공법인, 공무수탁인이 있다.

② **사적(민간) 사회복지주체** : 사회복지법인, 비영리법인(비영리사단법인, 비영리재단법인), 종교단체, 민간단체 및 개인(자원봉사자)이 있다.

2 사회복지법관계의 객체

① 사회복지행정의 객체라 함은 사회복지행정의 주체에 의한 공권력 행사의 상대방을 말하는데, 자연인과 사법인(私法人)이 객체가 되나 때로는 공법인(公法人)이 객체가 되는 수도 있다.

② 사회복지수급권에 대한 객체는 자연인인 수급권자나 수급자가 됨이 보통이나, 법인이나 민간단체가 될 수 있다.

3 주체와 객체의 관계

사회복지행정주체와 사회복지행정객체의 관계는 보통 전자가 우월한 지위에 있지만 항상 명령하고 후자가 복종하는 관계만 있는 것이 아니고, 오히려 상호 간의 권리와 의무를 나누어 가지며 협력관계에 있기도 하고, 사법(私法)관계의 당사자가 되는 경우에는 국가와 사인 간의 대등한 지위가 되는 경우(국고)도 있다.

02 사회복지법관계의 주체

1 공적 사회복지주체

(1) 개요

① 사회복지의 공적인 법률관계는 국가 및 지방자치단체 또는 공공단체가 법률관계의 주체가 되어 사회복지서비스 대상자와의 사이에서 갖게 되는 권리와 의무의 관계이다.
　㉠ 사회복지를 제공, 운영, 소유하고 있는 주체가 중앙정부나 지방정부인 경우가 대부분이며, 사회복지의 재원도 정부가 담당하고 있다.
　㉡ **실정법상 사회복지의 책임** : 사회보험은 국가, 공공부조와 사회복지서비스는 국가 및 지방자치단체가 책임이 있다.
② 사회보장의 주체를 공공부조법에서는 국민기초생활보장법에서는 '보장기관'이라 표현하고 있으며, 사회복지서비스법에서는 '보호기관' 또는 '실시기관' 등으로 표현하고 있다.

(2) 국가

① 국가의 행정권한은 대통령을 정점으로 하는 국가행정조직을 통해 행사되며, 국가를 위해 실질적으로 행정사무를 담당하고 수행하는 기관을 행정기관이라 한다.
　㉠ 행정주체(국가)는 자기의 이름으로 행정권을 행사하고 그 법적 효과가 자기에게 귀속되는 데 대하여, 행정기관(보건복지부)은 행정주체를 위해 일정한 권한을 행사하고 그 법적 효과는 기관이 아닌 행정주체에 귀속하는 차이가 있다.
　㉡ 행정기관인 보건복지부장관이 사회복지행정의 의사와 결정을 외부에 표시하여 그 법적 효과가 발생하면 그 효과는 보건복지부장관에게 귀속되는 것이 아니라 행정주체인 국가로 귀속된다.
② **행정기관의 분류** : 행정청(관청), 보조기관, 보좌기관, 자문기관, 의결기관, 집행기관
　㉠ **행정청(관청)** : 행정에 관한 국가의 의사를 결정·표시·집행하는 권한을 가진 행정기관으로, 보건복지부, 행정안전부, 고용노동부와 같이 그 권한이 전국에 미치는 중앙관청과 광역자치단체기관 등과 같이 특정지역에 미치는 지방관청이 있다.
　㉡ **보조기관** : 행정관청에 예속하여 자기의 의사를 결정하고 선고하는 권리나 능력은 없고, 관청의 의사결정에 대해 준비하고 또는 이미 결정된 의사를 실현함에 그치는 차관, 차장, 실장, 국장, 부장, 과장을 말한다.
　㉢ **보좌기관** : 보조기관 중 기획·연구·조사 등의 참모적 기능을 담당하는 차관보, 담당관을 말한다.
　㉣ **의결기관(의사기관)** : 행정청이 의사결정을 하기 위한 전제조건으로서의 합의제기관으로, 공법상 공법인인 국가나 지방자치단체의 의결기관은 국회와 지방의회이다.
　㉤ **자문기관** : 행정청의 자문에 응하거나 또는 스스로 행정청의 권한행사에 의견을 제시하거나 조사연구·심의·연락조정 등을 아울러 겸하는 경우도 있다.
　　예) 사회보장위원회, 국민연금심의위원회 등

ⓑ **집행기관** : 의결기관 또는 의사기관에 대해 그 의결 또는 의사결정을 집행하는 기관이나 행정기관 그리고 채권자의 신청에 의해 강제집행을 실시할 직무를 가진 국가기관으로, 행정기관과 지방자치단체를 의미하며 사회복지의 주된 집행기관은 보건복지부이다.

(3) 지방자치단체

① 지방자치행정의 주체로서, 주민의 복기에 관한 사무를 처리하고 재산을 관리하며, 법령의 범위 안에서 자치에 관한 규정(조례·규칙)을 제정할 수 있다(헌법 제117조).
  ㉠ 지방자치단체는 자치행정의 주체로서 국가로부터 행정권의 일부를 부여받은 공공단체이며 공법인(公法人)이다.
  ㉡ 지방자치단체는 다시 상급지방자치단체(특별시, 광역시, 도)와 하급지방자치단체(시, 군, 자치구)로 나뉜다.
  ㉢ 지방자치단체는 국민기초생활보장제도와 같은 공공부조나 사회복지서비스를 직접 국민들의 삶의 현장에 집행하는 데 중요한 역할을 하며, 오늘날 그 역할이 점차 증가하고 있다.

② **지방자치단체가 서비스의 주체가 되는 경우** [6]
  ㉠ 장점
    ㉮ 지방자치단체의 자율성을 높일 뿐만 아니라 책임성과 업무이행 능력도 향상시킬 수 있다.
    ㉯ 지방자치단체의 자율성을 강화하게 되면 지역특성이나 지역주민의 의견을 반영하여 서비스 내용과 수준을 조정할 수 있다.
    ㉰ 지역주민이 그 지역 지방자치단체의 의사결정에 참여하는 것이 중앙정부의 의사결정에 참여하는 것보다 용이하다. 자치단체의 의사결정권자들은 재정적 결정사항에 관해서 중앙정부의 요구보다는 지역주민의 의사를 우선적으로 고려할 가능성이 높다.
    ㉱ 지방자치단체 간의 경쟁으로 서비스의 질이 개선될 수 있다.
  ㉡ 단점
    ㉮ 지방자치단체유형 간에 존재하는 재정적 격차 및 지방재정의 국가에의 의존성이 지역의 복지수준을 후퇴시킬 수 있다.
    ㉯ 지방정부 간의 서비스의 차이로 서비스의 불평등이 심화될 수 있다.
    ㉰ 재정력이 부족한 지방자치단체는 지역주민의 복지수요가 높은데 비해 지방자치단체의 재정능력이 부족하기 때문에 국가의 국고보조에 의존할 수밖에 없다.
    ㉱ 재정력이 불건전한 지방자치단체는 지역주민의 복지에 대한 수요가 크기 때문에 상대적으로 지방자치단체의 지출에서 복지지출이 차지하는 비중이 높아 만성적인 재정부족에 시달리게 되는 어려움을 겪게 된다.

(4) 기타 공적 사회복지주체

① **공공조합(공법상의 사단법인)**
  일정한 자격을 가진 사람(조합원)에 의해 구성된 공법상의 사단법인으로, 지방자치단체와 같이 일반적인 공공사무를 처리함을 목적으로 하는 것이 아니라 한정된 특수한 사업을 수행할 목적으로 한다.
  예 과거 의료보험법상 국민건강보험공단(직장국민건강보험공단, 지역국민건강보험공단)

② **영조물법인(營造物法人)**

영조물이 독립된 법인격을 취득한 공공단체로, 영조물이란 국가 및 공공단체 또는 그로부터 특허를 받은 자가 특정한 공공목적을 위하여 계속적으로 봉사하도록 정해진 인적·물적 시설을 말한다.

> 예) 국공립학교, 국립병원, 도서관, 박물관, 고아원, 양로원, 복지관, 학교, 우편, 전신, 전화, 철도와 같은 영조물이 있고 행정주체의 사용에만 제공되는 교도소 및 소년원 등

③ **공재단(공법상의 재단)**

재단설립자에 의해 출연된 재산(기금, 물건 등)을 관리하기 위해 설립된 공공단체이다.

> 예) 한국학술진흥재단, 한국정신문화연구원, 사회복지분야에서 한국노동연구원, 한국보건사회연구원 등

④ **무자산 특수공법인**

㉠ 국가가 공익을 목적으로 특별법을 제정하여 비영리로 운영되는 법인으로, 재산을 전제로 하여 설립되는 공재단과는 달리 '무자산'으로 설립되는 것이 특징이다.

㉡ 설립 이후 운영과정에서 해당 법의 목적에 따라 기금을 조성하거나 자산을 취득·운영하는 것이 일반적이다.

> 예) 국민건강보험공단, 국민연금관리공단, 근로복지공단, 한국산업인력공단 등

⑤ **공무수탁사인(公務受託私人)**

사인(私人)이라 함은 자연인은 물론이고 사법인 내지는 법인격이 없는 단체를 말하는 것으로 사회복지법관계에 있어 복지행정주체의 상대방인 행정객체로서의 지위를 가지지만, 때로는 사회복지분야에서 사인이 국가적 공권을 부여받아 행정주체로서의 지위를 가지는 경우가 있다.

> 예) 사인 또는 사업인이 그의 직원으로부터 국민연금보험료, 사립학교교직원연금보험료, 국민건강보험보험료, 고용보험 보험료를 원천징수하는 경우

2 사적(민간) 사회복지주체

(1) 법인(法人)

① **의의** : 자연인 이외로서 법률상의 권리·의무의 주체가 되는 것으로, 일정한 목적 하에 결합된 사람의 집단 또는 재산의 집합체에 대해 법인격, 즉 법률상 권리·의무의 주체로서 권리능력, 행위능력, 불법행위능력(책임능력)이 있는 지위가 부여된 것을 말한다.

② **법인은 권리·의무의 주체 특성**

㉠ 법인은 권리·의무의 주체이지만 스스로 행동할 수 없기 때문에 대표이사와 같은 기관을 두도록 하여 그 기관의 행위를 곧 법인의 행위로 간주하는 방식을 취하고 있다.

㉡ 법인은 구성원의 가입·탈퇴가 있더라도 그에 영향을 받지 않고 그 동일성이 유지되며, 법인의 재산은 구성원의 재산과는 달리 독립된 법인 자체의 재산이 된다.

③ 법인의 종류

■ 법인의 유형 ■

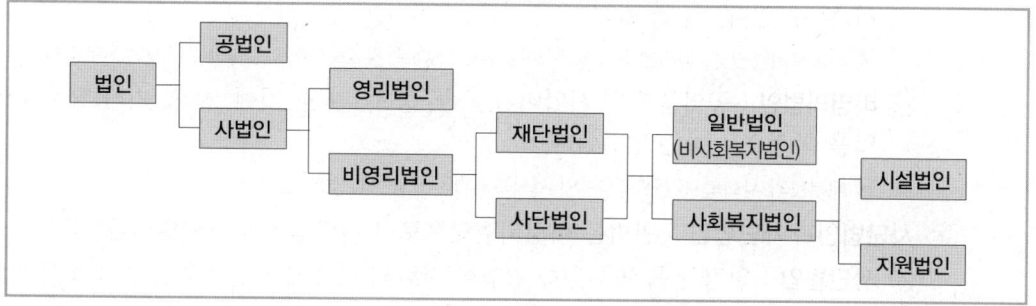

㉠ 내국법인과 외국법인
  ㉮ 대한민국 법에 준거하여 설립된 법인이 내국법인이고, 외국법에 준거하여 설립된 법이 외국법인이다.
  ㉯ 우리나라의 사회복지사업법에 규정하고 있는 사회복지법인이나 민법에서 규정하고 있는 비영리법인이나 공익법인은 내국법인에 대해서만 규정하고 있다.

㉡ 공법인과 사법인
  ㉮ 공법인(公法人)
    ⓐ 특정한 공공목적을 위해 특별한 법적 근거에 따라 설립된 법인으로, 목적이 법률로 정해져 있고 그 필요한 한도에서 행정권이 부여되고, 여러 특혜가 인정되며, 또한 국가의 특별한 지도감독을 받고 있다.
    ⓑ 광의로는 국가와 공공단체를 모두 포함하고, 협의로는 공공단체와 같은 의미로 사용되며, 최협의로는 지방자치단체를 제외한 공공단체를 의미한다.
    예 사회복지분야에서는 국민연금관리공단, 국민건강보험공단, 근로복지공단, 한국장애인고용촉진공단 등이 공법인이다.
  ㉯ 사법인(私法人)
    ⓐ 사법에 의해 설립되고 규율되는 법인으로, 민법상의 비영리사단법인과 비영리재단법인, 그리고 상법상의 영리법인이 대표적이다. 그 내부의 법률관계에 따라 국가 또는 지방자치단체의 강제적 권력작용이 가해지지 않는 법인을 말한다.
    ⓑ 사법인은 내부조직의 차이에 따라서 사단법인과 재단법인으로 나누어지고, 그 목적에 따라 비영리법인과 영리법인으로 나누어진다.
    예 한국사회복지사협회, 한국복지재단 등과 같은 사회복지사업법상 사회복지법인은 사법인이다.

㉢ 영리법인과 비영리법인 : 사법인 중에서 상법에 의해 규율된 법인은 영리법인이고, 민법에 의해 규율된 법인은 비영리법인이며, 비영리법인은 사단법인과 재단법인으로 구분된다.

㉮ **영리법인** : 상사회사설립의 조건에 좇아 사원의 경제적 이익을 도모함을 궁극적 목적으로 하여 설립된 법인으로서 사단법인만이 영리법인이 될 수 있고, 재단법인은 영리법인이 될 수 없다.
  - 예) 사회복지법인 중 영리를 목적으로 하는 법인의 예로 유료노인복지시설과 유료노인전문병원이 있다.

㉯ **비영리법인** : 공익을 위한 사업이나 학술, 종교, 자선, 기예, 사교, 기타 영리가 아닌 사업을 목적으로 하는 법인이다.
  - 예) 대부분의 사회복지기관과 시설인 사회복지법인 또는 학교법인 등

㉰ **사단법인과 재단법인** : 민법은 비영리법인으로서 사단법인과 재단법인을 인정
  - ㉮ **사단법인** : 일정한 목적을 위해 결합한 사람의 단체에 법인격을 부여한 것으로 단체의 의사에 의해 자율적으로 활동한다.
    - 예) 한국사회복지사협회, 전국재해구호협회, 한국변호사회, 의사회 등
  - ㉯ **재단법인** : 일정한 목적에 바쳐진 재산이라는 실체에 법인격을 부여한 것으로서 설립자의 의사에 의하여 타율적으로 운영되는 영리법인이 될 수 없다.
    - 예) 한국복지재단, 삼성복지재단, 홀트아동복지회, 사립학교, 사회복지법인 등

(2) **사회복지법인**
  ① **정의** : 사회복지사업을 할 목적으로 설립된 법인을 말한다.
  ② 사회복지법인의 설립허가, 정관, 임원, 재산, 설립허가 최소, 합병 등은 **사회복지사업법 제2장(사회복지법인)에 규정**되어 있다.

MEMO

사회복지사 등의 법적 지위와 권한

제1부 **총 론**

제6장 회차별 출제빈도, 출제비중 및 출제논점 1, 2, 3순위

10회 2012	11회 2013	12회 2014	13회 2015	14회 2016	15회 2017	16회 2018	17회 2019	18회 2020	19회 2021	20회 2022	21회 2023	22회 2024
1	1	–	–	–	1	–	–	–	–	–	–	–

출제 비중	출제 논점		
	1순위 ☺	2순위 ※	3순위 ☆
0~1	① 사회복지사 채용: 민간 vs 공공	① 사회복지사의 등급·자격 및 결격사유	① 사회복지사의 법적 지위: 민간 vs 공공

1순위 스마일표시(☺) : 출제 빈출도가 높은 부분으로 무조건 시험에 출제되는 영역
2순위 당구장표시(※) : 나왔다 안 나왔다 하는 영역이지만 출제가능성 높은 영역
3순위 별 표(☆)   : 출제 된 적이 있긴 하지만 다시 출제될 가능성은 다소 떨어지는 영역

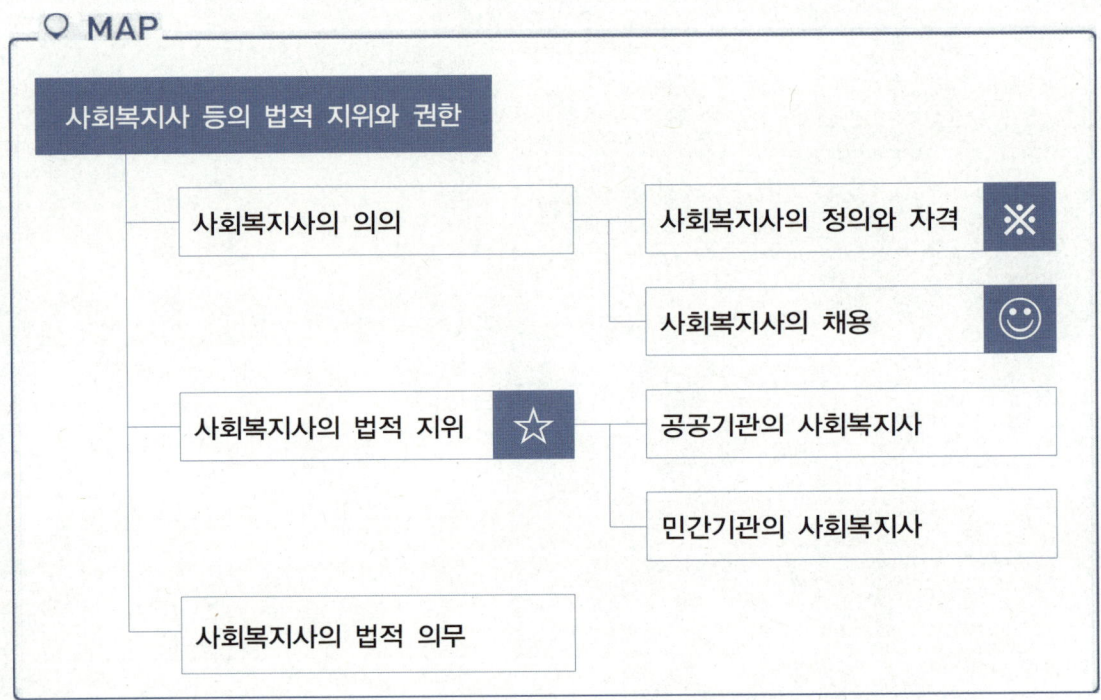

01 사회복지사의 의의

1 사회복지사의 정의와 자격

(1) 사회복지사의 정의

① 사회복지사란 사회복지에 관한 전문지식과 기술을 가진 자로, 사회복지사업법에 의거하여 보건복지부장관으로부터 자격증을 교부받은 자를 말한다.

② 사회복지사는 문제나 욕구를 가진 개인이나 집단을 대상으로 그들의 문제를 해결하거나 욕구를 충족시키기 위하여 구체적인 실천계획을 체계적으로 수립·집행·평가·환류하고, 개별적·집단적 상담 등을 통하여 정신적·육체적·경제적 원조를 제공한다.

■ 사회복지사제도의 변천과정 ■

연 도	내 용
1970년	사회복지사업종사자 자격제도 신설
1983년	사회복지사로 명칭 변경, 1·2·3급 구분
1997년	사회복지사 1급 국가시험제도 도입
2003년	제1회 사회복지사 1급 국가고시 시행
2007년	사회복지사의 보수교육을 위한 근거규정 마련 → 2009년 실시
2019년 1월 1일	1·2급으로 구분

(2) 사회복지사의 등급·자격 및 결격사유 [㉠㉩]

① **사회복지사의 등급·자격**(사회복지사업법 제11조)

  ㉠ 보건복지부장관은 사회복지에 관한 전문지식과 기술을 가진 사람에게 사회복지사 자격증을 발급할 수 있다.

  ㉡ **사회복지사의 등급은 1급·2급**으로 하고 등급별 자격기준 및 자격증의 발급절차 등은 대통령령으로 정한다.

  ㉢ 사회복지사 1급 자격증을 받으려는 사람은 국가시험에 합격하여야 한다.

② **사회복지사의 결격사유**(사회복지사업법 제11조의2)

  ㉠ 피성년후견인

  ㉡ 금고 이상의 형을 선고받고 그 집행이 끝나지 아니하였거나 그 집행을 받지 아니하기로 확정되지 아니한 사람

  ㉢ 법원의 판결에 따라 자격이 상실되거나 정지된 사람

  ㉣ 마약·대마 또는 향정신성의약품의 중독자

  > 「파산자로서 복권되지 아니한 자」는 개정(2007. 12. 14)하여 결격사유에서 제외함으로써 파산자의 사회복귀를 지원하였다.

  ㉤ 「정신건강증진 및 정신질환자 복지서비스 지원에 관한 법률」 제3조 제1호에 따른 정신질환자. 다만, 전문의가 사회복지사로서 적합하다고 인정하는 사람은 그러하지 아니하다.

> **OIKOS UP** 피성년후견인, 피한정후견인, 금고 이상의 형벌
>
> ① **피성년후견인(금치산자)** : 질병, 장애, 노령, 그 밖의 사유로 인한 정신적 제약으로 사무를 처리할 능력이 지속적으로 결여된 사람에 대하여 본인, 배우자, 4촌 이내의 친족, 미성년후견인, 미성년후견감독인, 한정후견인, 한정후견감독인, 특정후견인, 특정후견감독인, 검사 또는 지방자치단체의 장의 청구에 의하여 가정법원으로부터 성년후견개시의 심판을 받은 자를 말한다. 가정법원은 이때 본인의 의사를 고려하여 심판하여야 한다(제9조). 피성년후견인의 법률행위는 취소할 수 있다.
> ② **피한정후견인(한정치산자)** : 심병, 장애, 노령, 그 밖의 사유로 인한 정신적 제약으로 사무를 처리할 능력이 부족하여 본인, 배우자, 4촌 이내의 친족, 미성년후견인, 미성년후견감독인, 성년후견인, 성년후견감독인, 특정후견인, 특정후견감독인, 검사 또는 지방자치단체의 장의 청구에 의하여 가정법원으로부터 한정후견개시의 심판을 받은 자를 말한다(제12조). 가정법원은 이때 본인의 의사를 고려하여 심판하여야 한다(제12조 제2항). 피한정후견인은 한정후견인의 동의를 받은 행위의 범위 안에서 법률행위를 할 수 있으나, 그 행위의 범위는 청구권자의 청구에 의하여 변경될 수 있으며, 한정후견인의 동의 없이 한 법률행위는 취소할 수 있다.
> ③ **금고 이상의 형벌** : 수형자에게 정역, 즉 강제노역을 과하지 않고 수형자를 형무소에 구금하는 금고, 수형자를 형무소 내에 구치하여 정역에 복무하게 하는 징역, 사형을 의미한다.

③ 사회복지전담공무원은 **사회복지사의 자격을 가진 자로 규정**(사회보장급여의 이용·제공 및 수급권자 발굴에 관한 법률 제43조)하고 있기 때문에, **사회복지사의 자격내용은 민간 복지 분야의 사회복지사나 공공분야의 사회복지사(즉 사회복지전담공무원)에게 모두 해당하는 내용**이다.

2 사회복지사의 채용

(1) 민간복지 분야의 사회복지사 채용 [④⑥⑦⑩⑮]

① 의무채용

㉠ 사회복지사업법 개정 이전의 구법에서는 사회복지시설 종사자 총수의 1/3 이상을 사회복지사로 채용하도록 하는 의무규정을 두었으나, 제3차 개정에서는 **직무내용에 따라 사회복지사를 채용하도록 규정**하고 있다.

㉡ 사회복지법인 또는 사회복지시설을 설치·운영하는 자는 해당 법인 또는 시설에서 다음에 해당하는 종사하는 자를 사회복지사로 채용하여야 있다(사회복지사업 제13조 제1항과 시행령 제6조).

㉮ 사회복지프로그램의 개발 및 운영업무

㉯ 시설거주자의 생활지도업무

㉰ 사회복지를 필요로 하는 사람에 대한 상담업무

㉢ 이 규정에 위반한 자는 300만원 이하의 벌금에 처한다(사회복지사업법 제55조).

② **의무채용 예외** : 의무채용에 대해 "대통령령이 정하는 사회복지시설"은 예외를 두고 있다(사회복지사업 제13조 제1항과 시행령 제6조).
- ㉠ 「노인복지법」에 따른 **노인여가복지시설(노인복지관은 제외**한다)
- ㉡ 「장애인복지법」에 따른 장애인 지역사회재활시설 중 **수화통역센터**, 점자도서관, 점자도서 및 녹음서 출판시설
  - ⓘ 주의 「장애인복지법 시행규칙」에서는 수화통역센터가 아니라 한국수어 통역센터라고 되어 있음
- ㉢ 「영유아보육법」에 따른 어린이집
- ㉣ 「성매매방지 및 피해자보호 등에 관한 법률」 제9조에 따른 성매매피해자 등을 위한 지원시설 및 같은 법 제17조에 따른 성매매피해상담소
- ㉤ 「정신건강증진 및 정신질환자 복지서비스 지원에 관한 법률」 제3조 제6호 및 제7호에 따른 정신요양시설 및 정신재활시설
- ㉥ 「성폭력방지 및 피해자보호 등에 관한 법률」에 따른 성폭력피해상담소

(2) 공공복지 분야의 사회복지사 채용 [③⑦⑧]

① **사회복지전담공무원의 임용근거 법률** : 사회보장급여의 이용·제공 및 수급권자 발굴에 관한 법률(제43조)

> **사회보장급여의 이용·제공 및 수급권자 발굴에 관한 법률 제43조(사회복지전담공무원)**
> ① 사회복지사업에 관한 업무를 담당하게 하기 위하여 **시·도, 시·군·구, 읍·면·동 또는 사회보장사무 전담기구**에 사회복지전담공무원을 둘 수 있다.
> ② 사회복지전담공무원은 「사회복지사업법」 제11조에 따른 사회복지사의 자격을 가진 사람으로 하며, 그 임용 등에 필요한 사항은 대통령령으로 정한다.
> ③ 사회복지전담공무원은 사회보장급여에 관한 업무 중 취약계층에 대한 상담과 지도, 생활실태의 조사 등 보건복지부령으로 정하는 사회복지에 관한 전문적 업무를 담당한다.
> ④ **국가는 사회복지전담공무원의 보수 등에 드는 비용의 전부 또는 일부를 보조할 수 있다.** [⑪]
> ⑤ 시·도지사 및 시장·군수·구청장은 「지방공무원 교육훈련법」 제3조에 따라 사회복지전담공무원의 교육훈련에 필요한 시책을 수립·시행하여야 한다.

② 사회복지전담공무원의 임용 등에 관하여는 「**지방공무원 임용령**」에서 **정하는 바에 따른다**. 다만, 사회복지전담공무원 중 별정직 공무원의 임용 등에 관하여는 **해당 지방자치단체의 조례**로 정하는 바에 따른다(동법 시행령 제23조).

02 사회복지사의 법적 지위

1 공공기관의 사회복지사(사회복지전담공무원)

(1) **사회복지전담공무원의 법적 지위**
① 사회복지전담공무원에 대한 법적 신분에 대해 현행법에서 별도로 직접 규정한 내용은 없다.
　㉠ 국가공무원법 및 지방공무원법의 공무원 구분에 따르면, 공무원은 경력직 공무원과 특수경력직 공무원으로 나누는데, 사회복지전담공무원은 **경력직 공무원**에 속한다.
　㉡ 경력직 공무원이란 실적과 자격에 의해 임용되고 그 신분이 보장되어, 평생토록 공무원으로 근무할 수 있음이 예정되는 공무원을 말한다.
② 국가는 사회복지전담공무원의 보수 등에 드는 비용의 전부 또는 일부를 보조할 수 있다. [⑪]

(2) **사회복지전담공무원의 법적 권한**
① **신분상의 권리(신분보장과 관련되는 권리)** : 신분보장에 관한 권리의 개별적 내용으로서 공무원의 신분보장에 영향을 주는 처분에 대해 공무원에게 인정되는 권리를 들 수 있다.
　㉠ **공무원의 신분변동에 관한 처분은 법으로 정한 사유에 의해서만 가능**하다.
　㉡ **처분 시에는 그 사유를 기재한 처분 사유 설명서를 교부**하여야 한다.
　㉢ **소청(所請)을 제기할 수 있는 권리**로, 소청이란 국가 또는 지방자치단체의 위법한 명령이나 처분에 의하여 불이익을 입은 자가 소청심사위원회에 심사를 청구하는 것이다.
　㉣ **소송제기권(訴訟提起權)**으로, 공무원의 신분에 관한 위법한 처분이 행해지는 때에는 행정소송을 제기할 수 있는 권리를 갖게 된다.
② 직무집행과 관련되는 권리
　㉠ **직무수행권** : 공무원으로서의 신분을 가지고 직무 수행을 하는 경우에는 그 직무의 공익적 성격으로 인해 자신의 직무를 집행할 정당한 권리를 갖게 된다.
　㉡ **직위보유권** : 자신에게 적합한 일정한 직위를 부여받을 권리와 자기에게 부여된 직위가 법이 정한 일정한 이유와 절차에 의하지 아니하고는 박탈당하지 않을 권리이다.
③ 재산상의 권리
　㉠ **보수청구권** : 자신의 직무수행의 대가로 국가를 상대로 보수를 청구할 권리를 갖는다.
　㉡ **연금청구권** : 재직기간 동안 기여금을 납부하고, 기여에 상응하여 연금청구권을 갖는다.
　㉢ **실비를 변상을 받을 권리** : 직무수행에 소요되는 실비를 변상 받을 권리가 있다.
④ **사생활의 비밀과 자유의 권리** : 상명하복의 관료제조직 내에서 근무를 하지만, 사생활의 내용을 침해받지 아니하고 자신이 원하는 대로 자유로운 활동과 생활을 영위할 권리를 갖는다.
⑤ **교육을 받을 권리**
　㉠ 사회복지전담공무원은 전문가로서의 자질을 향상시키기 위하여 필요한 지도와 훈련을 받을 권리가 있다.

ⓒ 이 권리는 구체적 권리라기보다는 프로그램규정적 권리로서 보건복지부의 예산이 허락하는 범위 내에서 누릴 수 있는 권리이다.

> 전담공무원은 보건복지부장관이 명한 보수교육을 정기적으로 받아야 한다.(×)

(3) 사회복지전담공무원의 법적 권한의 한계 [⑥⑧]

① 사회복지전담공무원의 법적 권한은 국가안전보장, 질서유지 또는 공공복리를 위하여 필요한 경우에 한하여 법률로써 제한할 수 있으며, 제한하는 경우에도 자유와 권리의 본질적인 내용은 침해할 수 없다.

② 사회복지전담공무원은 헌법상 보장된 근로3권(단결권, 단체교섭권, 단체행동권) 또는 근로기본권을 제한을 받는다.

  ⊙ 국가공무원법 제66조(집단 행위의 금지) 제1항 "공무원은 노동운동 기타 공무 이외의 일을 위한 집단적 행위를 하여서는 아니 된다. 다만, 사실상 노무에 종사하는 공무원은 예외로 한다."는 규정이 근로3권 제한 근거규정이다.

  ⓒ 「공무원의 노동조합설립 및 운영 등에 관한 법률」에 의거하여 근로 3권 행사에 제한을 받는다.

③ 사회복지전담공무원의 지원자격이 사회복지사자격증 소지자에 한정되므로, **사회복지사로서의 결격사유(사회복지사업법 제11조의2)가 발생할 경우 사회복지전담공무원은 그 자격을 상실하게 된다.**

2 민간기관의 사회복지사

(1) 민간기관에 종사하는 사회복지사의 법적 지위

① **근로자로서의 사회복지사** : 민간기관에 종사하는 사회복지사는 사회복지관련 민간사업장에서 임금을 목적으로 근로를 제공하는 근로자이다.

② **전문가로서의 사회복지사** : 민간사회복지기관에 종사하는 사회복지사는 사회복지에 관한 전문지식과 기술을 갖추고, 보건복지부장관으로부터 자격증을 교부받은 자를 말한다.

(2) 민간사회복지기관 사회복지사의 법적 권한

① **신분상의 권리(신분보장과 관련되는 권리)**

  ⊙ 자신의 의사에 반하여 신분조치를 받지 않을 권리

  ⓒ 면직예고를 받을 권리

  ⓒ 직권면직, 직권휴직, 징계처분 등 본인의 의사에 반하여 불리한 처분을 받은 경우에는 이의 신청을 하고 심사결과를 통보받을 권리

② **직무집행과 관련되는 권리** : 사회복지사는 자신에게 적합한 일정한 직무와 책임(직위)을 부여받을 권리를 가지며, 부여된 직무를 수행할 권리를 가진다.

③ **재산상의 권리**

  ⊙ 보수청구권

ⓒ 연금청구권
　　　ⓒ 실비를 변상을 받을 권리
　④ **근로3권** : 헌법 제33조는 근로자는 근로의 향상을 위하여 자주적인 단결권·단체교섭권 및 단체행동권을 갖는다고 규정하고 있다.
　　　㉠ **단결권** : 근로조건의 유지, 개선을 목적으로 사용자와 대등한 교섭력을 가지기 위해 단체를 결정하고 이에 가입할 권리이다.
　　　㉡ **단체교섭권** : 근로자가 근로조건의 향상을 위해 일시적 또는 계속적 단체를 통해 사용자 또는 사용자 단체와 자주적으로 교섭할 수 있는 권리를 말한다.
　　　㉢ **단체행동권** : 근로자가 근로조건의 유지·개선을 위해서 사용자에 대항하여 업무의 정상적인 운영을 저해하는 집단적 쟁의행위를 할 수 있는 권리를 말한다.
　⑤ **사생활의 비밀과 자유의 권리**
　⑥ **교육에 대한 권리** [⑦⑧⑩]
　　　㉠ <u>보건복지부장관은</u> 사회복지사의 자질 향상을 위하여 필요하다고 인정하면 사회복지사에게 교육을 받도록 명할 수 있다. 다만, **사회복지법인 또는 사회복지시설에 종사하는 사회복지사는 정기적으로 <u>인권에 관한 내용이 포함된 보수교육(補修教育)을 받아야 한다</u>**(사회복지사업법 제13조 제2항). 이 규정을 위반한 자는 300만원 이하의 **과태료**를 부과한다.
　　　㉡ 사회복지법인 또는 사회복지시설을 운영하는 자는 그 법인 또는 시설에 종사하는 사회복지사에 대하여 이와 같은 **정기적인 보수교육을 이유로 불이익한 처분을 하여서는 아니 된다**(사회복지사업법 제13조 제3항). 이 규정을 위반한 자는 300만원 이하의 **과태료**를 부과한다.
　　　㉢ 사회복지법인 또는 사회복지시설에 종사하는 사회복지사는 **연간 8시간 이상**의 보수교육을 받아야 하며, **보수교육을 면제대상**은 다음과 같다(사회복지사업법 시행규칙 제5조 제3항).
　　　　㉮ 군복무, 질병, 해외체류, 휴직 등 부득이한 사유로 해당 연도에 6개월 이상 사회복지법인 또는 사회복지시설에 종사하지 아니한 자
　　　　㉯ 사회복지사업법 제2조제1호 각 목의 법률에 따른 보수교육을 받은 자
　　　　㉰ 「고등교육법」 제2조에 따른 학교에서 사회복지학 또는 사회사업학을 전공하고 있는 사람
　　　　㉱ 그 밖에 불가피한 사유로 보수교육을 받기가 곤란하다고 보건복지부장관이 인정하는 자
　　　㉣ **보수교육에는 사회복지윤리 및 인권보호, 사회복지정책 및 사회복지실천기술 등이 포함**되어야 한다.

(3) **민간사회복지기관의 사회복지사 법적 권한의 한계**
　① 사회복지사의 법적 권한은 국가안전보장, 질서유지 또는 공공복리를 위하여 필요한 경우에 한하여 법률로써 제한할 수 있으며, 제한하는 경우에도 자유와 권리의 본질적인 내용은 침해할 수 없다.
　② 기관에 종사하는 사회복지사에게 **사회복지사로서의 결격사유(사회복지사업법 제11조의2)가 발생할 경우 사회복지사로서의 법적 권한은 상실하게 된다.**

03 사회복지사의 법적 의무(책임)

1 사회복지사업법상 사회복지사의 의무

① 복지업무에 종사하는 사람은 그 업무를 수행할 때에 사회복지를 필요로 하는 사람을 위하여 인권을 존중하고 차별 없이 최대로 봉사하여야 한다.[**사회복지사업법 제5조(인권존중 및 최대 봉사의 원칙)**]
② 사회복지사업 또는 사회복지업무에 종사하였거나 종사하고 있는 자는 그 업무수행의 과정에서 알게 된 다른 사람의 비밀을 누설하여서는 아니 된다.[**사회복지사업법 제47조(비밀누설의 금지)**]

2 사회복지전담공무원의 의무

(1) 일반적 의무

① **선서의무** : 취임할 때에 소속기관장 앞에서 대통령령이나 규칙이 정하는 바에 따라 선서를 하여야 한다.
② **성실의무** : 자신의 전인격과 양심을 바쳐서 성실히 직무를 수행하여야 한다.
③ **품위유지의무** : 직무의 내외를 불문하고 그 품위를 손상하는 행위를 해서는 안 된다.
④ **청렴의무** : 직무와 관련하여 사례, 증여 또는 향응을 수수할 수 없으며, 직무상의 관계여하를 불문하고 그 소속상관에게 증여하거나 소속공무원으로부터 증여를 받아서는 안 된다.

(2) 직무상 의무

① **법령준수의무** : 직무집행에 있어 법령을 준수한다.
② **복종의무** : 직무를 수행함에 있어서 소속상관의 직무상의 명령에 복종하여야 한다.
③ **친절공정의무** : 국민 전체에 대한 봉사자로서 친절하고 공정하게 집무하여야 한다.
④ **직무에의 전념을 보장하기 위한 의무들** : 직장이탈금지의무, 영리업무 및 겸직금지의무, 정치운동의 금지의무, 집단행위의 금지의무, 비밀엄수의무, 전문성개발의무

3 민간사회복지기관의 사회복지사 의무

① 민간사회복지사의 의무도 사회복지전담공무원의 의무와 유사하나 일부 차이가 있다.
  ㉠ 민간사회복지기관의 사회복지사도 성실의무, 품위유지의무, 청렴의무와 같은 일반적 의무가 있으며, 사회복지공무원과 같이 선서의무도 있으나 그 내용은 차이가 있다.
  ㉡ 직무상 의무로 법령준수의무, 복종의무, 친절공정의무, 직장이탈금지의무, 정치금지의무, 비밀엄수의무가 있으나 **근로3권이 보장되므로 집단행위금지의무는 없다.**
② 민간사회복지기관에 종사하는 사회복지사의 책임은 2001년 12월 15일 3차 개정된 사회복지사윤리강령에 나타나 있다.

우리나라 사회복지 입법 변천사

제1부 총론

제7장 회차별 출제빈도, 출제비중 및 출제논점 1, 2, 3순위

10회 2012	11회 2013	12회 2014	13회 2015	14회 2016	15회 2017	16회 2018	17회 2019	18회 2020	19회 2021	20회 2022	21회 2023	22회 2024
1	–	1	1	1	1	1	1	1	1	1	2	1

출제 비중	출제 논점		
	1순위 ☺	2순위 ※	3순위 ☆
1	① 우리나라 사회복지입법의 전개과정		① 우리나라 사회복지법 입법 과정상의 특징

1순위 스마일표시(☺) : 출제 빈출도가 높은 부분으로 무조건 시험에 출제되는 영역
2순위 당구장표시(※) : 나왔다 안 나왔다 하는 영역이지만 출제가능성 높은 영역
3순위 별 표(☆)   : 출제 된 적이 있긴 하지만 다시 출제될 가능성은 다소 떨어지는 영역

MAP

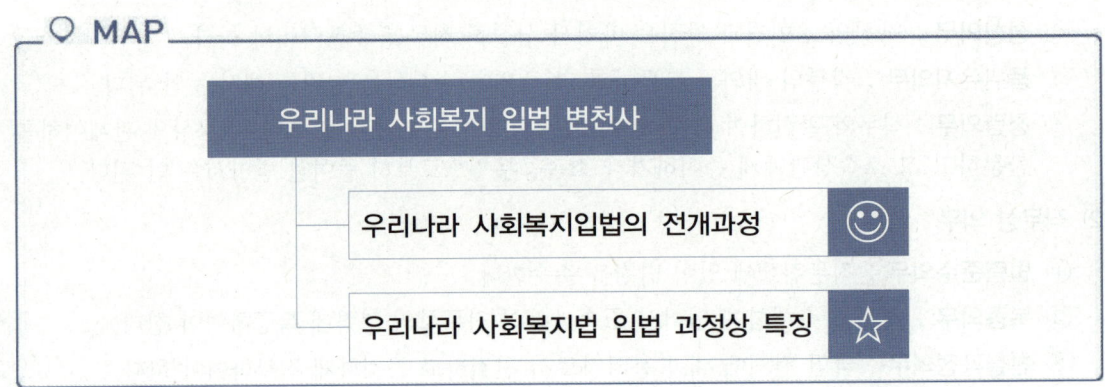

01 우리나라 사회복지입법의 전개과정

1 정부수립 이전의 사회복지
① **일제강점기** : 조선구호령(1944년 3월)
② **미군정시대** : 후생국보3호의 C항 → 조선구호령과 유사 ⊗ 조선구호령 미군정기 실시(×)

OIKOS UP 오가통제도(五家統制度)(최일섭 외, 2001) [③]

① 조선시대 정부에 의해 어느 정도 강제성을 지닌 인보제도로, 국가가 인보(隣保)·구빈(救貧)과 함께 지역통제의 목적으로 실시한 제도이다.
  ㉠ 각 하급 지방 행정구획을 일정 수의 호수(戶數) 또는 지역을 표준으로 다수의 지구로 세분하여 그 구역 내에 거주하는 모든 성원이 인보상조와 연대책임의 관념으로 자기 지역 내의 치안을 유지하고 복리를 증진하고 교화를 향상하여 지방행정의 운영을 돕게 하는 지방자치제도였다.
  ㉡ 인보복지의 성격을 갖고 있었으나 지역의 질서유지, 범죄자 색출, 세금징수, 주민의 동태파악, 부역의 동원 등 오늘날의 반·통 조직과 유사한 점이 많아 지방행정이 편의를 도모하는 데 공헌하였다.
② 이 제도는 가구원의 수, 재력의 빈부에 관계없이 반드시 인접해 있는 다섯 가구로 일통을 편성함(다섯 집을 1통으로 묶음)을 원칙으로 하고 남는 가구가 있을 때에는 적당히 인접한 통에 첨부시켰다.
  ㉠ 오가 중 지위나 연령이 높은 사람 1인을 뽑아 통수로 하여 통내의 사무를 관장케 했으며, 통은 리에, 리는 면에 속하였다.
  ㉡ 통원(조합원)은 인보공제의 의무로서 농사일을 돕고, 출입자를 살피고, 병자를 돕는 일 외에 혼상, 환난, 권선징악 등 선량한 시민이 되도록 서로 돕는 의무를 가졌다.
  ㉢ 통내에 불효, 형제 간의 불화, 주인에 대한 배반, 살인, 질서의 문란, 도적, 부도덕 등이 발생했을 때에는 이를 이·면에 신고하여 처벌받게 하고, 통내에 수상한 자가 들어왔을 때에도 이를 즉시 고발하게 되어 있었다.

2 정부수립 이후의 사회복지

구분	제정·개정된 사회복지법률
제헌헌법	★ 제헌헌법(1948)에서 생존권을 헌법에 명문으로 규정
1960년대	★ **공무원연금법(60.1.1)** : 사회보험관련법 중 첫 번째(사회보험법 효시) [정책론⑩] **공적연금 제정 순서** : 공무원연금법(1960) → 군인연금법(1963) → 사립학교교원연금법(1973) → 국민연금법(1986) ✏️ 암기법 **공군사**관학교는 **국민**을 위해 있다. ★ **생활보호법(61.12.30. 시행 : 62.1.1)** • 이 법의 제정에 의해 1944년 제정된 조선구호령이 폐기 • **한계점** : 조선구호령 구호원칙 사실상 답습 수급자격을 인구학적 요건을 중심으로 범주화 ★ 아동복리법(61.12.30) → 1981년 아동복지법 ★ 재해구호법(62.3.30) [⑩] ★ 제3공화국 헌법에서 '인간다운 생활을 할 권리' 신설 당시 군사정부는 1962년에 제5차 헌법으로 개정하였으며, 생존권 규정인 인간다운 생활을 할 권리 보장 조항을 헌법에 포함시킴으로써 제헌헌법보다 적극적이고 보편적으로 생존권 조항을 명시함 → 향후 사회복지입법 토대 마련

★ 군인연금법(63.1.28., 공무원연금법에서 분리)
★ 산업재해보상보험법(63.11.5) [⑲, 정책론 ⑩⑭]

• **5대 사회보험법 제정 순서** : 산업재해보상보험법(1963년 11월, 1964년 시행) → 의료보험법(1963년 12월, 1977년 시행) → 국민연금법(1986년, 1988년 시행) → 고용보험법(1993년, 1995년 시행) → 노인장기요양보험법(2007년, 2008년 시행) [⑯]

📝 암기법
<u>오대산</u>의 <u>연고</u>는 <u>노인</u>에게 효과가 좋다.

• **사회보험법 전 국민 및 전 사업장(1인 이상) 확대 시기 빠른 순서** : 국민건강보험법(1989년) → 고용보험법(1998년) → 국민연금법(1999년) → 산업재해보상보험법(2000년)

📝 암기법
친구가 결혼이 <u>일의(건강보험)</u>고 <u>연상</u>과 했다.(친구가 결혼을 일찍했는데 자신보다 나이가 많은 연상과 했다)

★ 사회보장에 관한 법률(63.11.5) → 95년 사회보장기본법 제정
★ 의료보험법(63.12.16., 가입임의성 인정하여 사회보험 의의상실)

• **개정(강제적용)의료보험법(76.12.22. 시행 : 77.1.1)** : 1976년 12월 전면 개정되어 공무원·교직원·군인을 제외한 500인 이상 사업장 근로자에게 강제적용 → 1977년 시행

• **건강보험 연혁** : 1963년 12월 의료보험법 제정(임의규정) → <u>1976년 의료보험법 개정(강행규정)</u> : 500인 이상의 사업장 강제가입 의무화 → 1977년 7월 시행 → <u>1989년</u> 도시지역 의료보험을 실시하여 <u>전국민 의료보험</u>을 달성 → 1997년 국민의료보험법 개정(부분 통합 : 공무원·사립학교 교직원 의료보험업무를 통합하여 국민의료보험관리공단에서 수행) → <u>1999년 국민건강보험법(완전통합</u> : 행정통합), 2000년 7월 시행되었으므로 통합실시는 <u>2000년</u> → 2003년 재정통합(직장·지역보험의 재정통합)

1970년대

★ 사회복지사업법(70.1.1) : 사회복지사업종사자 자격, 사회복지법인에 대한 법적 근거 마련 [⑬⑯⑲, 실천론 ⑭]
★ 국민복지연금법(73.12.24., 10여 년 동안 시행보류) [㉑]
사립학교교원연금법(73.12.20) → 2000년 사립학교교직원연금법
★ 의료보호법(77.12.31) → 2001년 의료급여법

📝 암기법
똥구멍이 찢어지게 가난한 친구가 <u>치질</u>걸려 치료~

1980년대

★ 아동복지법(81.4.13. 61년 아동복리법의 전면개정) [⑲㉒]
★ 심신장애자복지법(81.6.5) → 1989년 장애인복지법 [⑲㉒]

• 1981년 유엔이 '세계장애인의 해' 선포하자, 심신장애자복지법 1981년 제정
• 1988년 서울 장애인올림픽 개최를 계기로 사회적 관심이 높아져 1989년 장애인복지법으로 전면적 개정

★ 노인복지법(81.6.5) [⑬⑲㉑㉒]
★ 사회복지사업법(일부 개정)(83.5.21) : ① 사회복지사자격제도 도입, 사회복지사 자격 1~3급으로 구분, ② 사회복지관 설립·운영 근거 마련, ③ 사회복지협의회 법인이면서 법정단체 인정
★ 국민연금법(86.12.31. 시행 : 1988.1.1., 1973년 국민복지연금법 전면개정) [⑲㉑]
★ 최저임금법(1986 제정·시행) → 최저임금제도 1988시행 [정책론 ⑭]

	★ 모자복지법(1989) → 2007년 한부모가족지원법 → 2008년 다문화가족지원법

> ✏️ 암기법
>
> 시장 한 구석에서 **팔구(89)**사는 **모자**가정 엄마가 아이들 걱정에 **한**(한부모가족지원법)**퀴**(2007)에 **다**(다문화가족지원법)**팔**(2008)아 버렸다.

장애인고용촉진 등에 관한 법률(90) → **2000년 장애인고용촉진 및 직업재활법**
★ 장애인복지법(89.12.20. 81년 심신장애자복지법 전부개정) [⑯⑲]

1990년대

★ 영유아보육법(91.1.14) [⑮⑳]

> ✏️ 암기법
>
> 여성들이 **일(1)**하도록 **구(9)**제 해주었다. **구(9)일(1)**

★ 사회복지사업법 전부개정(92.12.8) : ① 사회복지전담공무원과 ② 복지사무전담기구 설치 규정마련
★ 고용보험법(93.12.27. 시행 : 95.7.1) [⑲⑳]
★ 사회보장기본법(95.12.30) [⑳]
★ 정신보건법(95.12.30) → 정신건강증진 및 정신질환자 복지서비스 지원에 관한 법률(2016.5.29. 전부개정, 2017.5.30. 시행)
여성발전기본법(95.12.30) → 양성평등기본법(2014.5.28. 전부개정, 2015.7. 1. 시행)

> ✏️ 암기법
>
> **정신(정신보건법)** 바짝 차리고 사회복지 제대로 하기 위해 **사회보장기본법**을 제정! 특별히 **여성(여성발전기본법)**에게 잘하는 복지!

사회복지공동모금법(97.3.27) → 1999년 사회복지공동모금회법 [⑲]
청소년보호법(97.3.7)
장애인·노인·임산부 등의 편의증진에 관한 법률(97.4.10)

> ✏️ 암기법
>
> 1997년 IMF 당시 경제적으로 어렵고 사회가 혼란할 때 **장애인·노인·임산부**와 **청소년보호**하기 위해 기금을 모으려고 **사회복지공동모금법**을 제정하였다.

★ 사회복지사업법 전부개정(97.8.22) : ① 허가제를 신고제로 변경, ② 1급 사회복지사 국가시험, ③ 사회복지시설 3년마다 1회 이상 평가
국민연금법 개정(전국민 연금 시행)(98.12.31. 시행 : 99.4.1)
★ 국민건강보험법(99.2.8. 시행 : 2000.7.1) [⑲⑳㉑, 정책론 ⑩]
★ 국민기초생활보장법(99.9.7. 시행 : 2000.10.1 → 생활보호법 폐지) [⑬⑲, 정책론 ⑩]

2000년대

★ 의료급여법(2001.5.24. 77년 제정된 의료보호법의 전부개정)
★ 사회복지사업법 일부 개정(2003.7.30) : ① 지역사회복지협의체 도입, ② 지역사회복지계획의 수립·시행 규정 등 → 제1기 시·군·구 지역사회복지계획수립 2005년(1기 : 07~10, 2기 : 11~14, 3기 : 15~18, 4기 : 19~22, 5기 : 23~26)
청소년복지지원법(2003.12.30)
★ 건강가정기본법(2004.2.9)

> ✏️ 암기법
>
> **1004(천사)**같은 가정 만들자는 취지에서 제정한 건강가정기본법! 그런데 1004년은 있을 수 없으니까 2004년!

	국민기초생활보장법 개정(2004.3.5., 최저생계비 계측조사주기 5년 → 3년) 저출산·고령사회기본법(2005.5.18) ★ 자원봉사활동기본법(2005.8.4) ★ 긴급복지지원법(2005.12.23) : 2010년 12월 22일까지 한시적 시행(한시법) 　→ 2009년 5월 28일 개정으로 한시법이라는 규정이 삭제 [⑤] 📝 **암기법** **2005**년 뭐가 그리 **긴급**했을까? **저출산고령사회** 때문이다. 긴급하니까 **자원봉사자** 많이 필요해졌다. ★ 식품기부활성화에 관한 법률(2006.3.24) 조세특례제한법 개정(2006.12.30., **근로장려세제 EITC제도 도입**) ★ 사회적 기업 육성법(2007.1.3.제정, 2007.7.1.시행) [지역복지 ⑬] 장애인차별금지 및 권리구제 등에 관한 법률(2007.4.10) ★ 기초노령연금법(2007.4.25.제정, 2008.1.1.시행) → 기초연금법(2014.5.20.제정) ★ 노인장기요양보험법(2007.4.27제정. 2008.7.1.시행) [⑬⑤⑯] ★ 한부모가족지원법(2007.10.17) [②] ★ 다문화가족지원법(2008.3.21) [⑤②] ★ 아동·청소년의 성보호에 관한 법률(2009.6.9. 전부개정) : 법제명을 「청소년의 성보호에 관한 법률」에서 「아동·청소년의 성보호에 관한 법률」로 개정
2010년대	★ 장애인연금법(2010.4.12) [⑤] 성폭력방지 및 피해자보호 등에 관한 법률(2010.4.15) ★ 사회복지사 등의 처우 및 지위 향상을 위한 법률(2011.3.30) : 이 법의 제정을 기념하기 위해 3월 30일 사회복지사의 날 장애인활동지원에 관한 법률(2011.1.4.) 노숙인 등의 복지 및 자립지원에 관한 법률(2011.6.7) 장애아동복지지원법(2011.8.4.) 📝 **암기법** **장애인활동지원**하고 **노숙인**과 **장애아동** 지원해서 이들이 스스로 두 발로 반드시 **11**자로 설 수 있도록 자립할 수 있도록 하자! ★ 협동조합 기본법(2012.1.26.제정, 2012.12.1. 시행) [지역복지 ⑬] 아동학대범죄의 처벌 등에 관한 특례법(2014.1. 제정, 2014.9. 시행) ★ 기초연금법(2014.5.20. 제정, 2014.7.1. 시행) [㉑] 발달장애인 권리보장 및 지원에 관한 법률(2014.5.20. 제정, 2015.11.21. 시행) → 2014년 5월 20일 사회복지사업법 개정(2015.11.21. 시행) 복지입법 추가(복지26법) 학교 밖 청소년 지원에 관한 법률(2014.5.28.제정, 2015.5.29.시행) 사회보장급여의 이용·제공 및 수급권자 발굴에 관한 법률(2014.12.30.제정, 2015.7.1.시행) ★ 아동수당법(2018.3.27. 제정, 2018.9.1. 시행)

02 우리나라 사회복지법 입법 과정상의 특징 [⑤⑨]

① 정치적 동기와 밀접한 관련이 있다는 것(정치적 의도와 목적이 많이 개입)이다.
  ㉠ 체제의 정통성이 취약한 경우, 사회복지 입법화가 크게 촉진되었다.
  ㉡ 제3·4·5·6공화국의 대통령 선거 전후 시점을 중심으로 사회복지의 근간이 되는 법들이 입법화되었다.

② 한국의 사회복지입법 역사에서 명분은 있으나 실질적 내용(법적 실효성)이 약한 사회복지법이 지속적으로 제정되어 왔다.
  ㉠ 이로 인해 형식적 체계는 갖추었으나 내용면에서 강행규정보다는 **임의규정(임의조항) 많고 "예산의 범위 내에서"라는 단서조항이 존재**하여 실질적 효과를 가져 오는 데 한계를 가져오고 있다.
  ㉡ 임의규정이 많아 국가나 지방자치단체 등의 사회복지 주체에게 재량권이 많이 주어졌다.
  ㉢ **경제변수에 심하게 종속**되어 왔음을 볼 수 있다.

③ **사회복지법의 적용대상**은 일부 계층을 위한 **선별주의 접근에서 점차 전국민을 대상으로 하는 보편주의 접근으로 확대**되었다.
  예 건강보험이나 연금보험의 경우 적용대상이 직장인과 공무원에서 농어촌 주민으로, 마지막에는 도시자영자에게 확대

④ 사회복지법의 형성과정에서 관련 **시민이나 단체의 적극적 활동이 1990년대부터 점진적으로 활성화**되는 한편, 소위 법적 쟁송과 같은 사법적 권리구제활동이 두드러진다.
  ㉠ 한국의 시민운동이 1990년대를 기점으로 활성화되었다는 사실과 연관되어 사회복지 부문에서도 시민운동과 연대하여 또는 시민운동의 한 영역으로 사회복지운동이 활성화되고 있다는 증거를 제시한다.
  ㉡ 국민연금법, 의료보험법, 생활보호법 및 노인복지법 등의 법적 규정을 둘러싼 사법적 쟁송은 그것 자체로도 의미있는 일이지만, 또 다른 측면으로 사회복지권 혹은 사회복지에 관한 국민들의 의식을 고양시키는 학습효과를 가져오는 것으로 이해한다.

⑤ 확산이론이라 불리는 것처럼 사회복지입법사는 **초기에는 일본의 법적 행정적 유산과 광복 후에는 미국 등의 학문적 이론적 아이디어가 한국에 유입**되었다.
  ㉠ 1960년대 초반에 행정관료의 위로부터 투입된 사회복지입법이 주류를 차지하고 있지만 1980년대 후반부터는 국가주도의 기능에서부터 사회적 기능이 한층 강화된 사회복지입법사를 발견할 수 있다.
  ㉡ 1960년대 이래 약 30~40년간 경제사회적 발전에 힘입어 사회가 다양화해지고 다원사회로 변모해 감에 따른 결과로, 엘리트주의적 정책결정론에서 점진적으로 다원주의적 정책결정론으로 사회복지정책의 결정과정이 달라지고 있다는 사실을 반증한다.

⑥ 사회복지법의 제정에 있어 조사나 공청회를 거치는 등 치밀한 준비를 하여 제정해야 하지만, 공약의 실천이나 대의명분만을 내세워 제정하거나 **외국법을 모방하여 제정하는 경우가 많아 제도 간의 상호연계성과 통합성이 없는 입법**이 되는 경우가 있었다.

⑦ **사회통제적 성격의 입법에서 사회통합적 성격의 입법으로 변화**하고 있다.

국제법과 사회복지

제1부 **총론**

제8장 회차별 출제빈도, 출제비중 및 출제논점 1, 2, 3순위

10회 2012	11회 2013	12회 2014	13회 2015	14회 2016	15회 2017	16회 2018	17회 2019	18회 2020	19회 2021	20회 2022	21회 2023	22회 2024
1	–	1	–	–	–	–	–	–	–	–	–	–

출제 비중	출제 논점		
	1순위 ☺	2순위 ※	3순위 ☆
0~1	① 사회보장 최저기준에 관한 조약 (102호 조약)	① 아동의 권리에 관한 협약 (아동권리협약)	① 국제인권규약(A, B) ② 우리나라와 외국과의 사회보장협정

1순위 스마일표시(☺) : 출제 빈출도가 높은 부분으로 무조건 시험에 출제되는 영역
2순위 당구장표시(※) : 나왔다 안 나왔다 하는 영역이지만 출제가능성 높은 영역
3순위 별 표(☆)　　 : 출제 된 적이 있긴 하지만 다시 출제될 가능성은 다소 떨어지는 영역

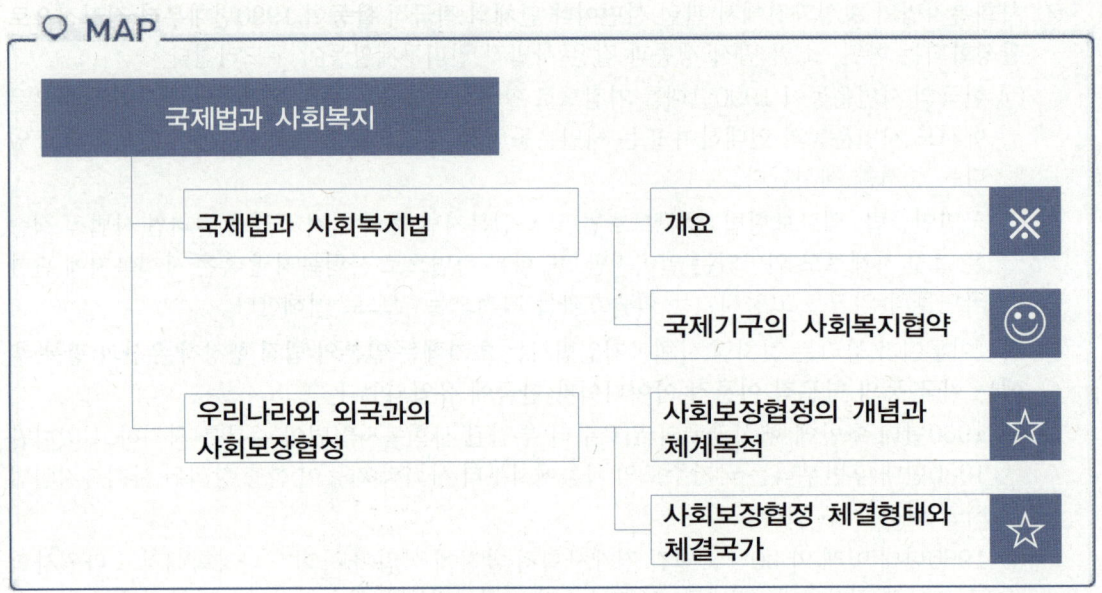

01 국제법과 사회복지법

1 개요

(1) **국제법(國際法)에 대한 이해**
  ① **국제법의 개념** : 국제사회의 법으로 원칙적으로 국가 간의 합의에 의해 성립하고 국가 간의 관계를 규율하는 법률로서, 나라와 나라 사이의 권리의무 관계를 규율하는 법이다.
    ㉠ 국제법의 주체는 원칙적으로 국가이지만, 국제기구도 조약체결의 기능을 가진다.
    ㉡ 국제법의 법원(法源)은 국가 간의 합의라고 할 수 있으며, 국가 간의 명시적인 합의가 조약이고 묵시적인 합의가 국제관습법이다.
    ㉢ 협약, 협정, 규약, 헌장, 규정, 제정서 등의 여러 명칭으로 불린다.
  ② **대한민국 헌법 제6조 제1항**에서는 "헌법에 의하여 체결·공포된 조약과 일반적으로 승인된 국제법규는 국내법과 같은 효력을 가진다."라고 규정하고 있으며, 제2항에서는 "외국인은 국제법과 조약이 정하는 바에 의하여 그 지위가 보장된다."고 규정하고 있다.
    ㉠ **헌법에 의하여 체결한 공포된 조약**
      ㉮ 국제평화주의에 입각한 국제법 존중의 원칙을 밝힌 것으로, 대통령이 합법적인 절차를 준수하여 체결, 비준한 조약을 의미한다.
      ㉯ 이에 따라 체결·공포된 조약은 대한민국의 국내법으로서 동일한 법적 효력이 발생한다.
    ㉡ **일반적으로 승인된 국제법규**
      ㉮ 세계의 대다수 국가가 국제사회의 일반적·보편적 규범으로 승인하고 있는 것으로, 국제관습법규와 우리나라가 체결당사국이 아닌 조약이라도 국제사회에서 일반적으로 규범성이 인정된 것(예 제네바협정)도 포함된다고 본다.
      ㉯ 일반적으로 승인된 국제관습법에는 포로의 살해금지, 인도적인 처우에 관한 전시국제법상의 기본원칙, 외국의 국내문제불간섭의 원칙 민족자결의 원칙 등이 있다.
      ㉰ 1948년의 세계인권선언 등은 그 자체가 법적 구속력을 가진 것이 아니기 때문에 이에 포함시키지 않으며, 우리나라 헌법재판소도 국제연합의 세계인권선언이나 국제인권규약 A, B 등은 선언적 의미를 가지고 있을 뿐 법적 구속력을 가진 것이 아니라고 판결한 바가 있다.
    ㉢ **외국인의 법적 지위(상호주의)** : 개별국가들 간에 사회복지에 관한 협약이 비준된 경우에는 **국가 간 상호주의에 입각해 자국민에 준하는 사회복지 혜택을 상대국 국민에게도 부여**하고 있다.

(2) **사회복지법의 국제화 원인**
  ① 인간다운 생활보장의 보편화
  ② 근로자의 국제적 이동

③ 노동자 대표의 국제기구 참여활동
④ 국제적 사회복지기준의 설정

2 국제기구의 사회복지협약

(1) 국제인권규약(A, B) [⑦]

① **개요** : 1948년 12월 10일 선포한 세계인권선언을 실현하기 위해, 1966년 12월 16일 제21차 국제연합총회(UN)에서 채택한 조약으로, **도의적 구속력은 지녔으나 법적 구속력이 없었던 세계인권선언과는 달리 체약국의 입법실시를 의무화하는 구속력이 있다.**

　㉠ A규약과 B규약으로 구분되어 있는데 모두 제1조에 민족자결권과 자연의 부(富) 및 자원에 대한 영구적 권리에 관하여 규정하고 있음이 특징이다.

　㉡ **A규약은 생존권적 기본권을 대상으로 규정**되어 1976년 1월에, **B규약은 자유권적 기본권**을 전제로 규정되어 1976년 3월에 발효되었다.

　㉢ **우리나라는 1990년 4월에 A·B규약의 체약국이 되었으나,** 상소권의 보장 및 결사의 자유에 대한 사항에 대해서는 가입을 유보하고 있다.

> **OIKOS UP　세계인권선언**
>
> ① 1948년 「세계인권선언」(Universal Declaration of Human Right)은 1948년 12월 제3차 국제연합총회에서 채택되었다.
> 　㉠ 보편적으로 사회보장을 받을 권리를 선언하였고, 보충급여로서의 사회보장방법을 제시하였다.
> 　㉡ 자신 및 그 가족의 건강과 안녕을 유지함에 충분한 생활수준을 보유할 권리를 가지며, 생활의 곤궁을 받을 때에 생활보장을 받을 권리를 가지며, 모성과 유약은 특별한 보호와 원조를 받을 권리가 있다고 천명하였다.
> ② 실정법으로 법적 구속력을 가지는 것이 아니며, 모든 국가와 국민이 달성해야 할 공통의 기준을 선언한 것에 불과하다.

② **국제인권 A규약** : 경제적, 사회적 및 문화적 권리에 관한 규약

　㉠ A규약은 1966년 12월 16일 유엔총회에서 채택하고 1976년 1월 3일 발표되었다.

　　㉮ 세계의 143개국이 체결하였으며, **우리나라도 1990년 7월 10일부터 이 규약을 적용해 오고 있다.**

　　㉯ 이 규약은 법적 실효성을 가지고 있다.

　㉡ **생존권적 기본권을 대상으로 노동기본권(근로의 권리와 안전하고 건강한 노동환경)·사회보장권·생활수준(신체적 정신건강, 건강권)의 향상·교육권** 등을 각 체약국이 그들의 입법 조치로써 실현하여 달성할 것과, 이의 실시상황을 UN에 보고할 것을 의무화하였다.

　㉢ **사회복지와 관련된 주요 내용**

　　㉮ 모든 사람은 **자결권**(The Right of Self-Determination)을 가진다(제1조).

- ④ 이 규약에서 선언된 권리들이 어떠한 종류의 차별도 없이 행사되도록 보장할 것을 약속한다(제2조).
- ④ 이 규약의 당사국은 이 규약에 규정된 모든 경제적, 사회적 및 문화적 권리를 향유함에 있어서 남녀에게 동등한 권리를 확보할 것을 약속한다(제3조).
- ④ 근로의 권리를 인정하며, 이를 보호하기 위한 적절한 조치를 취한다(제6조).
- ④ 모든 사람이 사회보험을 포함한 사회보장에 대한 권리를 가지는 것을 인정한다(제9조).
- ④ 사회의 자연적이고 기초적인 단위인 가정에 대해, 특히 가정의 성립을 위해 그리고 가정이 부양 어린이의 양육과 교육에 책임을 맡고 있는 동안에는 가능한 한 광범위한 보호와 지원이 부여된다(제10조).
- ④ 모든 사람이 식량, 의복 및 주택을 포함하여 자기자신과 가정을 위한 적당한 생활수준을 누릴 권리와 생활조건을 지속적으로 개선할 권리를 가지는 것을 인정한다(제11조).
- ④ 모든 사람이 도달 가능한 최고 수준의 신체적·정신적 건강을 향유할 권리를 가지는 것을 인정한다(제12조).
- ④ 모든 사람이 교육에 대한 권리를 가지는 것을 인정한다(제13조).

③ **국제인권 B규약** : 시민적 및 정치적 권리에 관한 규약
- ㉠ B규약은 1966년 12월 16일 유엔총회에서 채택되어 1976년 3월 23일 발표되었다.
  - ㉮ 전 세계의 147개국이 체결하였으며, 우리나라는 1990년 7월 10일부터 이 규약을 적용해 오고 있다.
  - ㉯ 이 규약은 법적 실효성을 가지고 있다.
- ㉡ **자유권적 기본권의 존재를 전제**로 하여, 체약국이 이를 존중할 것을 의무화하였으며, 이것의 실시 확보를 위하여 인권심사위원회와 그리고 필요에 따라 특별조정위원회를 설치할 것과 선택의정서 참가국에 대해 개인이 인권심사위원회에 직접 청원할 수 있는 길을 열어놓았다.
- ㉢ **사회복지와 관련된 주요 내용**
  - ㉮ 모든 사람은 **자결권**(The Right of Self-Determination)을 가진다(제1조).
  - ㉯ 이 규약에서 규정된 모든 시민적 및 정치적 권리를 향유함에 있어서 남녀에게 동등한 권리를 확보할 것을 약속한다(제3조).
  - ㉰ 모든 인간은 고유한 생명을 가진다. 어느 누구도 자의적으로 자신의 생명을 박탈당하지 아니한다(제6조).
  - ㉱ 모든 사람은 신체의 자유와 안전에 대한 권리를 가진다(제9조).
  - ㉲ 자유를 박탈당한 모든 사람(예 교도소 재소자, 미성년 범죄자)은 인도적으로 또한 인간의 고유한 존엄성을 존중하여 취급된다(제10조).
  - ㉳ 가정은 사회의 자연적이며 기초적인 단위이고, 사회와 국가의 보호를 받을 권리를 가진다(제23조).
  - ㉴ 모든 사람은 법 앞에 평등하고 어떠한 차별도 없이 법의 평등한 보호를 받을 권리를 가진다(제26조).

(2) 아동의 권리에 관한 협약(아동권리협약) [③]

① **개요** : 1989년 11월 20일 유엔에서 채택되어 1990년 9월 2일부터 발효된 국제적인 인권조약으로서, 우리나라는 1991년 12월 20일부터 이 협약을 적용하기 시작하였다.
  ㉠ 우리나라는 <u>1990년 9월 25일에 서명</u>하였고, 협약의 내용 중에서 국내 관련법들과 상치하는 세 조항[부모와의 면접교섭권 보장(제9조 제3항), 입양에 있어서 관계당국의 허가 규정(제21조 제1호), 아동재판에 관한 상소권 보장(제40조 제2항 제2호-5)]에 대해서 유보를 조건으로 1991년 11월 20일 비준서를 기탁했다.
  ㉡ 우리나라는 1991년 12월 20일 UN 아동권리에 관한 국제협약 당사국이 되었다.

② **구성** : 전문, 제3부, 총 54개 조문으로 구성
  ㉠ **전문** : 인간의 기본 인권에 따라 아동도 특별한 보호와 원조를 받을 권리를 가진다고 선언
  ㉡ **제1부**(제1조~제42조) : 아동의 권리와 국가의 아동보호 의무를 규정
  ㉢ **제2부**(제42조~제45조) : 협약의 이행 조치로서 국가보고제도와 아동권리위원회에 관하여 규정
  ㉣ **제3부**(제46조~제54조) : 서명, 가입, 비준서, 기탁, 개정 절차, 유보 등에 관하여 규정

③ **특징** : 18세 미만의 모든 아동에게 평등하게 적용되며 아동을 단순한 보호대상이 아니라 존엄성과 권리를 지닌 주체로 보고 이들의 생존, 발달, 보호에 관한 기본 권리를 명시하여 아동의 최선의 이익을 지향하면서도 부모의 지도를 존중한다는 점이다.

④ **주요 내용**
  ㉠ **생존의 권리** : 안전한 주거지에서 살아갈 권리, 충분한 영양을 섭취하고 기본적인 보건서비스와 기본적인 삶을 누리는 데 필요한 권리
  ㉡ **보호의 권리** : 모든 형태의 방임·처벌·폭력·고문·징집·부당한 형사처벌·과도한 노동·약물과 성폭력 등 유해한 것으로부터 보호받을 권리
  ㉢ **발달의 권리** : 교육을 받을 권리, 여가를 즐길 권리, 문화생활과 정보를 얻을 권리, 생각과 양심·종교의 자유를 누릴 권리 등 잠재능력을 최대한 발휘시키는 데 필요한 권리
  ㉣ **참여의 권리** : 자신의 의견표현과 삶에 관한 문제에 발언권을 가지며, 단체가입과 평화적 집회에 참여할 수 있는 자유를 주어 국가와 지역사회활동에 참여할 수 있는 권리

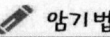
참존 화장품으로 발보호~

⑤ **주요 원칙**
  ㉠ 차별금지의 원칙
  ㉡ 아동이익 최우선의 원칙
  ㉢ 아동의 의견존중의 원칙
  ㉣ 생존과 발달의 원칙

⑥ 가입국 의무사항
  ㉠ 협약가입국은 이 협약에서 인정된 권리를 실현하기 위해 최대한의 **입법·사법·행정적 조치를 취하도록 의무화**하고 있다.
  ㉡ 가입국 정부는 **가입 뒤 2년 안에, 그 뒤 5년마다 어린이의 인권상황에 대한 국가보고서를 제출**해야 한다.

(3) 국제노동기구(ILO) 협약
  ① 국제노동기구
    ㉠ 우리나라는 1991년 12월 9일 152번째 회원국이 되었고, 1996년에는 비상임이사국이 되었다.
    ㉡ 이 기구는 정부 대표, 노동자 대표, 사용자 대표 등 3자 합의에 의해 운영되고 있으며, 따라서 **노동기구이지만 완전히 노동자만 대변하는 국제기구가 아니다.**
    ㉢ 1994년까지 175개의 조약과 권고가 제정되었으며, 이 중 **사회보장과 관련된 조약과 권고는 15개**이다.
    ㉣ 우리나라가 비준한 ILO협약은 24개뿐이며, ILO의 사회보장의 최저기준에 관한 제102호 협약, 모성보호에 관한 제103호 협약, 상선의 최저기준에 관한 제147호 협약 등은 비준을 하지 않았지만 비준 여부와 상관없이 국제적 기준의 법규가 되어 국제법규로서 사회복지법의 법원이 되고 있다.
  ② ILO의 사회보장 관련조약(Convention) 및 권고(Recommendation)
    ㉠ 1952년 사회보장의 최저기준에 관한 조약 이후 사회보장과 관련된 조약 및 권고는 15개가 제정되었다.
      ㉮ 조약은 102호 조약을 비롯하여 일반기준이 3개, 출산보호에 관한 조약 등 분야별 조약이 5개 등 총 8개가 제정되었다.
      ㉯ 권고는 일반조약에 관한 권고 1개 등 총 7개가 제정되었다.
    ㉡ 102호 조약 이후 각 분야별로 제정된 조약은 102호 조약의 사회보장관련 국제기준을 상향시키는 내용이며, 권고는 분야별 조약의 기준을 다시 상향조정한 것이다.
    ㉢ 조약은 비준 시 강제성을 가지지만, 권고는 비준 시 강제성이 없고 기준 설정의 성격을 가지고 있다. 즉, ILO조약은 회원국이 동 조약을 비준할 경우 국제조약과 동일한 효력을 가지는 구속력을 가진다. 따라서 조약내용과 국내법이 상치될 경우 국내법을 고쳐야 한다. 반면 ILO권고는 강제성이 없다.
  ③ **사회보장 최저기준에 관한 조약(102호 조약)** [④⑤⑩]
    ㉠ 1952년에 채택되었으며, 이전의 조약과는 달리 **사회보험을 유일한 보호방식으로 고집하지 않았으며, 공공부조 등 다양한 접근방식을 인정**하고 있다.
    ㉡ **의의** : 적용범위 및 급여의 종류와 수준, 사회보장의 비용부담, 기여자와 수급자의 권리보호 그리고 행정관리문제 등에 대해 회원국이 준수해야 할 최저기준(Minimum Standards)을 제정하고 있다는 점이다.

ⓒ 1952년 국제노동기구 총회에서 채택되었고, 2002년까지 40개국이 비준하였다. **아시아권 국가로는 일본만이 1976년 본 조약을 비준하였고 한국은 아직 비준하지 않고 있다**.

ⓔ **이 조약에서 천명하고 있는 세 가지 원칙** [⑤] ⓧ 전달체계의 안정성(×)
  ㉮ **대상의 보편주의 원칙** : 사회보장이 사회보험을 중심으로 시작되었을 때에는 노동보험이라 불릴 정도로 노동계급이 주된 대상이었지만, 전국민으로 사회보장의 대상을 확대해야 한다는 보편주의 원칙을 천명하였다.
  ㉯ **비용부담의 공평성의 원칙**
    ⓐ 사회보장의 비용부담은 공동부담 원칙을 채택하여 기여금 또는 조세로 충당하되 재산수준이 낮은 자에게 과중한 부담을 주지 말도록 하였으며 피보험자의 경제적 상태를 고려하여 결정하도록 하였다.
    ⓑ 피용자들의 재정부담은 급여에 필요한 전체 재원이 50%를 넘지 않도록 해야 하며 재원은 급여에만 충당하고 관리운영비 등에 충당하면 안 된다는 원칙이다.
  ㉰ **급여수준의 적절성의 원칙** : 급여수준은 각 개인의 생활수준에 상응해야 하며, 최저수준까지는 누구에게나 동액급여를 제공하고, 최저생활이 보장되도록 해야 한다는 원칙이다.

ⓜ **이 조약에서 제시한 국가가 보장해야 할 9가지 사회적 위험들** [④]
  ㉮ 의료-의료보호
  ㉯ **질병-질병(상병)급여**
  ㉰ 실업-실업급여
  ㉱ 노령-노령급여
  ㉲ 산업재해-산재급여(업무상 재해급여, 고용재해급여)
  ㉳ **자녀양육-가족급여(가족수당)**
  ㉴ 직업능력의 상실-폐질급여(장애급여)
  ㉵ 임신과 분만-출산(모성)급여
  ㉶ 가장의 사망-유족급여

■ 사회보장기본법과 사회보장의 최저기준에 관한 조약의 사회적 위험 비교 ■

	사망	실업	빈곤	질병	장애	양육	노령	출산	×
사회보장기본법	○	○	○	○	○	○	○	○	×
102호 조약	○	○	×	○ + 의료	○	○	○	○	산업재해

ⓑ **국제노동기구 사회보장기준과 한국 사회보장수준**
  ㉮ 국제노동기구의 사회보장기준을 중심으로 한국의 사회보장 프로그램의 현황을 파악해보면, **국제노동기구가 설정한 국제기준에 미달하는 제도는 상병급여가 대표적**이다.
  ㉯ 연금과 산업재해보상보험의 적용은 기준에 적합하나 급여수준이 국제노동기구의 기준에 미달하고 있다.

02 우리나라와 외국과의 사회보장협정

1 사회보장협정의 개념과 체결목적

(1) 사회보장협정의 개념 [③]

① 사회보장협정이란 **사회보장에 관해 상호주의에 입각하여 정부가 주로 입법부의 동의 없이 단독으로 외국정부와 맺는 약정 또는 정부 간의 협정**을 말한다.
  ㉠ 근로자의 국제적 이동이 날로 증가추세에 있고 국가마다 외국에 체류 중인 자국민의 사회보장을 확보하기 위해 **상호주의 원칙**에 의한 사회보장협정이 증가하고 있다.
  ㉡ 보통 양국 간 협정을 맺게 되나 유럽연합규정과 같이 다자 간 협정을 맺는 경우도 있다.
② 사회보장협정은 사회보장에 관한 국가 간의 실질적 의미를 갖는 조약으로, 체결당사국 간에 상대방의 국민이 자국에 체류하는 동안 자국의 사회보장 혜택을 자국의 국민에 준하여 상대방 국민에게 제공하는 국가 간의 상호협약이다.

(2) 사회보장협정 체결목적

① **이중가입의 배제(이중부담 면제)** : 단기간 동안 협정상대국에서 근로하거나 자영업을 하는 사람들이 양국 중 한 국가의 사회보장제도에만 가입하도록 함으로써 이들의 재정적 부담을 덜어주기 위한 것이다. [⑥]
  ✗⭕ 이중보험료 부담문제를 해결하고 연금 혜택의 기회를 확대하고자 한다.(○)
② **가입기간의 합산** : 연금혜택을 받을 수 있는 기회를 확대하기 위한 것으로, 협정상대국으로 이민 가거나 장기체류하여 연금가입기간이 양국으로 분리되어 연금을 받지 못하는 사람들이 **양국 가입기간을 합산하여 연금을 받을 수 있도록 하는 것**이다. [⑥]
  ✗⭕ 협정을 체결한 국가 중에는 연금가입기간을 합산할 수 있다.(○)
③ **동등 대우** : 국가에 따라 적용범위에 있어서 다소 차이는 있으나 일반적으로 협정상대국 국민에 대해서는 연금수급권 취득, 급여지급 등 법령 적용에 있어 자국민과 동등한 대우를 해 주도록 하는 것이다.
④ **급여송금의 보장** : 협정 당사국 간에는 연금급여를 해외로 자유롭게 송금할 수 있도록 하기 위한 것이다.

2 사회보장협정 체결형태와 체결국가

(1) 사회보장협정 체결형태

① **가입기간합산협정(totalization agreement)**
  ㉠ 캐나다, 미국, 독일, 헝가리, 프랑스 등과 체결
  ㉡ 이중가입배제와 가입기간합산규정을 모두 포함한다.

ⓒ 우리나라와 가입기간합산협정이 체결된 국가에서 근로나 자영활동을 하는 우리 국민은 양국에서의 이중가입 배제 및 가입기간 합산, 자국인과의 동등 대우, 연금급여의 해외송금 보장 등의 혜택을 누릴 수 있다.

② **보험료면제협정**(contributions only agreement)
- ㉠ 영국, 중국, 네덜란드, 일본, 이탈리아, 우즈베키스탄, 몽골 등과 체결
- ㉡ 이중가입배제만 규정하고 있어, 그 나라에서의 가입기간이 있더라도 국민연금 가입기간과의 합산혜택은 받을 수 없다.

③ **반환일시금**
- ㉠ 협정상대국(캐나다, 미국, 독일, 헝가리, 프랑스)의 국민에 대한 급여지급은 우리 국민과 동등한 대우를 하고 있으므로 연금급여는 물론 반환일시금도 동등하게 지급된다.
- ㉡ 협정상대국 이외의 제3국인에 대해서는 동등대우가 인정되지 아니하고, 해당 외국인의 본국법이 한국인에게 반환일시금에 상응하는 급여를 지급하도록 규정하고 있는 지의 여부에 따라 상호주의 원칙을 적용하여 지급하게 된다.

(2) 우리나라와 사회보장협정을 체결한 국가 [⑥⑫]

① 우리나라는 현재 이란을 포함한 12개 국가와 사회보장협정을 체결한 상태이고, 프랑스, 벨기에, 필리핀, 호주는 협약을 체결하였으나 미발효 중이며, 덴마크 등과 교섭이 이루어지고 있다.

② 사회보장협정의 적용을 받는 법령은 협정당사국의 사회보장법령체계에 따라 다소 차이가 있다(김기원, 2009).
- ㉠ **우리나라는 일반적으로 국민연금법만을 대상**으로 하고 있으나, 미국과는 산재보험법, 독일과는 고용보험법이 포함되어 있다.
- ㉡ 산재보험 및 고용보험 등 다른 사회보험제도는 대부분 '보험료면제'(이중적용 방지) 규정에만 적용되고, 급여(가입기간 합산) 규정에는 적용되지 않는다.
- ㉢ 협정당사국의 국민이 자기 국가나 상대국의 연금제도에 가입하여 한 국가의 가입기간(연금보험료납부기간)만으로 그 국가의 법령에서 정한 급여 수급요건을 충족하면 해당 국가로부터 독립적으로 연금 등 급여혜택을 받게 된다.

MEMO

김진원 OIKOS 사회복지사1급 통합이론서 3교시

제2부

각론

제 9장 사회보장기본법
제10장 사회복지사업법
제11장 공공부조법
제12장 사회보험법
제13장 사회복지서비스법
제14장 사회복지 관련법
제15장 판례

CHAPTER 09 사회보장기본법

제2부 **각 론**

제9장 회차별 출제빈도, 출제비중 및 출제논점 1, 2, 3순위

10회 2012	11회 2013	12회 2014	13회 2015	14회 2016	15회 2017	16회 2018	17회 2019	18회 2020	19회 2021	20회 2022	21회 2023	22회 2024
2	1	1	1	3	4	4	3	2	2	3	3	3
↳ 사회보장급여법			–	–	–	–	1	2	1	2	4	2

목 차	출제 비중	출제 논점		
		1순위 ☺	2순위 ※	3순위 ☆
사회보장기본법	13₄	① 3번 이상 출제되었던 조문	① 2번 출제되었던 조문	① 1번 출제되었던 조문
사회보장급여법	12₄	① 3번 이상 출제되었던 조문	① 2번 출제되었던 조문	① 1번 출제되었던 조문

1순위 스마일표시(☺) : 출제 빈출도가 높은 부분으로 무조건 시험에 출제되는 영역
2순위 당구장표시(※) : 나왔다 안 나왔다 하는 영역이지만 출제가능성 높은 영역
3순위 별 표(☆)   : 출제 된 적이 있긴 하지만 다시 출제될 가능성은 다소 떨어지는 영역

MAP

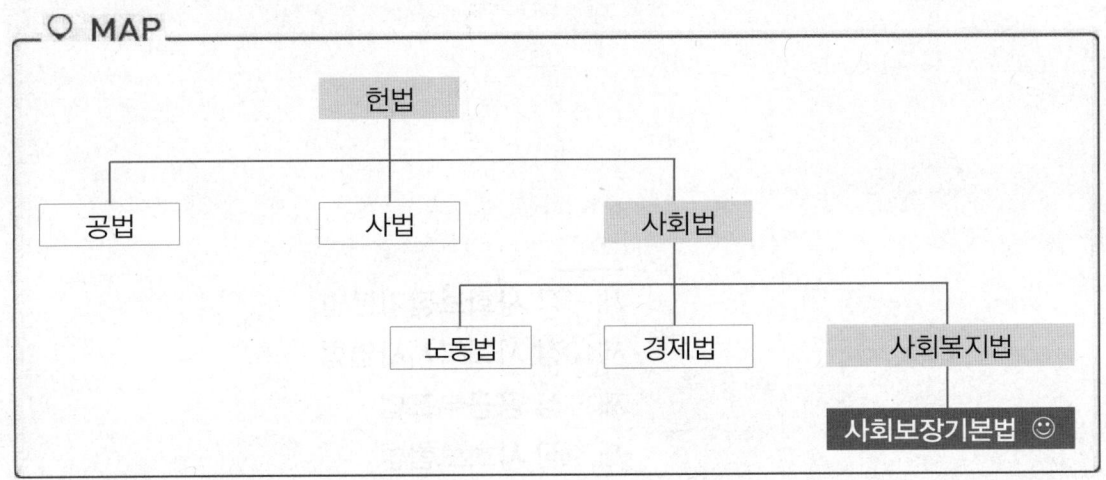

01 개요

1 의의

① 사회복지법의 기본법으로 1963년 「사회보장에 관한 법률」을 제정한바 있으나 기본법으로서 기능을 하지 못하였기 때문에, 1995년 「사회보장기본법」이 제정되었다.
② 「사회보장기본법」은 헌법 제34조 사회보험, 공공부조, 사회서비스(제3조)에 대한 법률을 총체적으로 지휘하는 **헌법의 하위규범이자 법률의 상위규범**으로서의 의의를 갖는다. 즉, 사회보장제도에 관한 기본사항을 규정하기 위한 법률임과 동시에 사회보장(사회복지)에 관한 다른 개별적 법들의 제·개정의 범위와 방향을 정해 준다고 할 것이다.
③ 사회보장기본법은 법의 성격상 **일반법에 해당**하는 반면 개별적인 사회복지법은 특별법에 해당하므로, 법의 적용 시 다른 개별적인 사회보장 관련 법률들이 사회보장기본법에 우선 적용된다.

2 사회보장기본법의 주요 연혁

1963.11.	「사회보장에 관한 법률」 국가재건최고회의 통과
1994.10.	사회보장기본법안 국회 제출
1995.12.	**「사회보장기본법」 제정**(법률 제5134호)
1996. 7.	사회보장기본법 시행령 제정(대통령령 제15118호)
2012.1.26	「사회보장기본법」 전부 개정(법률 제11238호) → 2013.1.27. 시행

02 법률 내용분석(2021. 6. 8. 일부 개정, 2021. 12. 9. 시행)

제1장 총 칙

제1조	목적 [⑨]	이 법은 사회보장에 관한 국민의 권리와 국가 및 지방자치단체의 책임을 정하고 **사회보장정책의 수립·추진과 관련 제도에 관한 기본적인 사항을 규정**함으로써 국민의 복지증진에 이바지하는 것을 목적으로 한다.
제2조	기본 이념	사회보장은 **모든 국민이 다양한 사회적 위험으로부터 벗어나 행복하고 인간다운 생활을 향유할 수 있도록 자립을 지원**하며, **사회참여·자아실현에 필요한 제도와 여건을 조성하여 사회통합과 행복한 복지사회를 실현**하는 것을 기본 이념으로 한다.
제3조	정의 [③⑭⑯⑲] [정책론 ⑫⑳]	이 법에서 사용하는 용어의 뜻은 다음과 같다. 1. **"사회보장"** 이란 출산, 양육, 실업, 노령, 장애, 질병, 빈곤 및 사망 등의 사회적 위험으로부터 모든 국민을 보호하고 국민 삶의 질을 향상시키는 데 필요한 소득·서비스를 보장하는 **사회보험, 공공부조, 사회서비스**를 말한다. 📝 **암기법** **사**실 **뺀**(빈)**질**한 **장양**이 **노출**하는 것도 사회적 위험이다.

제9장 **사회보장기본법** 615

		2. "**사회보험**"이란 국민에게 발생하는 **사회적 위험을 보험의 방식으로 대처**함으로써 국민의 건강과 소득을 보장하는 제도를 말한다. [⑲] 3. "**공공부조**"(公共扶助)란 국가와 지방자치단체의 책임 하에 **생활 유지 능력이 없거나 생활이 어려운 국민의 최저생활을 보장**하고 자립을 지원하는 제도를 말한다. [⑲] 4. "**사회서비스**"란 국가·지방자치단체 및 민간부문의 도움이 필요한 모든 국민에게 **복지, 보건의료, 교육, 고용, 주거, 문화, 환경** 등의 분야에서 인간다운 생활을 보장하고 **상담, 재활, 돌봄, 정보의 제공, 관련 시설의 이용, 역량 개발, 사회참여 지원** 등을 통하여 국민의 삶의 질이 향상되도록 지원하는 제도를 말한다. [정책론 ㉒] ※ 사회보장기본법상 사회서비스 : 주체는 민간부문을 제외한 국가와 지방자치단체이다.(×) 5. "**평생사회안전망**"이란 생애주기에 걸쳐 **보편적으로 충족되어야 하는 기본욕구**와 특정한 사회위험에 의하여 발생하는 **특수욕구를 동시에 고려**하여 소득·서비스를 보장하는 맞춤형 사회보장제도를 말한다. [⑭⑲] ※ 사회보장기본법에 근거한 사회보장제도 : 최저임금제(×) 6. "**사회보장 행정데이터**"란 국가, 지방자치단체, 공공기관 및 법인이 법령에 따라 생성 또는 취득하여 관리하고 있는 자료 또는 정보로서 사회보장 정책 수행에 필요한 자료 또는 정보를 말한다. **OIKOS UP** 개정 전 조항[2012.1.26. 개정(2013.1.27. 시행) 前] 이 법에서 사용하는 용어의 뜻은 다음과 같다. 1. "**사회보장**"이란 질병, 장애, 노령, 실업, 사망 등의 사회적 위험으로부터 모든 국민을 보호하고 빈곤을 해소하며 국민 생활의 질을 향상시키기 위하여 제공되는 **사회보험, 공공부조, 사회복지서비스 및 관련복지제도**를 말한다. 2. "**사회보험**"이란 국민에게 발생하는 사회적 위험을 보험의 방식으로 대처함으로써 국민의 건강과 소득을 보장하는 제도를 말한다. 3. "**공공부조**(公共扶助)"란 국가와 지방자치단체의 책임 하에 생활 유지 능력이 없거나 생활이 어려운 국민의 최저생활을 보장하고 자립을 지원하는 제도를 말한다. 4. "**사회복지서비스**"란 국가·지방자치단체 및 민간부문의 도움이 필요한 모든 국민에게 상담, 재활, 직업의 소개 및 지도, 사회복지시설의 이용 등을 제공하여 정상적인 사회생활이 가능하도록 지원하는 제도를 말한다. 5. "**관련복지제도**"란 보건, 주거, 교육, 고용 등의 분야에서 인간다운 생활이 보장될 수 있도록 지원하는 각종 복지제도를 말한다.
제4조	다른 법률 과의 관계 [⑭⑯㉒]	사회보장에 관한 다른 법률을 제정하거나 개정하는 경우에는 **이 법에 부합되도록** 하여야 한다. **OIKOS UP** 법적 성격 ① 헌법과 개별 사회복지법 간에 중개자로서의 역할(중간법적 성격) ② 헌법의 범위 내에서 개별적 사회복지법의 제정에 입법지침을 제공
제5조	국가와 지방자치단 체의 책임 [⑨⑭⑰⑳]	① 국가와 지방자치단체는 **모든 국민의 인간다운 생활을 유지·증진**하는 **책임**을 가진다. ② 국가와 지방자치단체는 **사회보장에 관한 책임과 역할을 합리적으로 분담**하여야 한다. ③ 국가와 지방자치단체는 국가 발전수준에 부응하고 사회환경의 변화에 선제적으로 대응하며 지속 가능한 사회보장제도를 확립하고 **매년 이에 필요한 재원을 조달**하여야 한다. ④ 국가는 사회보장제도의 안정적인 운영을 위하여 **중장기 사회보장 재정추계를 격년으로** 실시하고 이를 공표하여야 한다. [⑭⑳] ※ 매년 실시(×)

제6조	국가 등과 가정 [⑨⑭⑯②]	① 국가와 지방자치단체는 가정이 건전하게 유지되고 그 기능이 향상되도록 노력하여야 한다. ② 국가와 지방자치단체는 사회보장제도를 시행할 때에 가정과 지역공동체의 자발적인 복지활동을 촉진하여야 한다.
제7조	국민의 책임 [⑨⑯⑰]	① 모든 국민은 **자신의 능력을 최대한 발휘하여 자립·자활(自活)할 수 있도록 노력**하여야 한다. ② 모든 국민은 **경제적·사회적·문화적·정신적·신체적으로 보호가 필요하다고 인정되는** 사람에게 **지속적인 관심**을 가지고 이들이 보다 나은 삶을 누릴 수 있는 사회환경 조성에 서로 협력하고 노력하여야 한다. ③ 모든 국민은 관계 법령에서 정하는 바에 따라 사회보장급여에 필요한 비용의 부담, 정보의 제공 등 **국가의 사회보장정책에 협력**하여야 한다.
제8조	외국인에 대한 적용 [⑨⑭⑯⑰]	**국내**에 거주하는 외국인에게 사회보장제도를 적용할 때에는 **상호주의의 원칙**에 따르되, 관계 법령에서 정하는 바에 따른다.

제2장 사회보장에 관한 국민의 권리

제9조	사회보장을 받을 권리 [③⑩⑮⑰⑱⑲]	모든 국민은 사회보장 관계 법령에서 정하는 바에 따라 사회보장급여를 받을 권리(이하 "사회보장수급권"이라 한다)를 가진다. **▌OIKOS UP 사회보장수급권** ① **사회보장수급권** : 사회보장서비스를 받거나 급여를 청구할 수 있는 권리 ② **수급권자** : 사회보장의 대상자 중 구체적으로 사회보장수급권이 부여되는 사람
제10조	사회보장 급여의 수준 [⑦⑫⑭⑮⑰②]	① 국가와 지방자치단체는 **모든 국민이 건강하고 문화적인 생활을 유지**할 수 있도록 사회보장급여의 수준 향상을 위하여 노력하여야 한다. ② 국가는 관계 법령에서 정하는 바에 따라 **최저보장수준과 최저임금을 매년 공표**하여야 한다. 　🚫 지방자치단체는 최저보장수준과 최저임금을 매년 공표하여야 한다.(×) ③ 국가와 지방자치단체는 제2항에 따른 **최저보장수준과 최저임금 등을 고려하여 사회보장급여의 수준을 결정**하여야 한다. **▌OIKOS UP 급여 수준** ① 제1항은 급여수준을 최저생활수준을 보장하는 데 그치는 것이 아니라 국민이 건강한 생활과 문화적 생활을 누릴 수 있도록 사회보장 수준을 향상시키도록 노력해야 한다는 것이다. ② 제2항과 관련된 법률이 국민기초생활보장법이며, 이 법에 의하면 보건복지부장관 또는 소관 중앙행정기관의 장은 **매년 8월 1일까지** 제20조 제2항에 따른 중앙생활보장위원회의 심의·의결을 거쳐 **다음 연도의 급여의 종류별 수급자 선정기준 및 최저보장수준을 공표**하여야 한다(국민기초생활보장법 제6조).
제11조	사회보장 급여의 신청 [⑥⑫⑭②]	① 사회보장급여를 받으려는 사람은 관계 법령에서 정하는 바에 따라 **국가나 지방자치단체에 신청**하여야 한다. 다만, 관계 법령에서 따로 정하는 경우에는 **국가나 지방자치단체가 신청을 대신할 수 있다.** ② **사회보장급여를 신청하는 사람이 다른 기관에 신청한 경우에는 그 기관은 지체 없이 이를 정당한 권한이 있는 기관에 이송하여야 한다.** 이 경우 정당한 권한이 있는 기관에 이송된 날을 사회보장급여의 신청일로 본다.

		OIKOS UP 　급여의 신청 ① **신청주의의 원칙** : 수급권자가 반드시 법에 따르는 신청을 해야 급여를 받을 수 있는 신청주의에 입각하여 사회보장급여를 제공하고 있다. ② **직권주의의 보완** : 급여신청에 대해 구체적으로 잘 알지 못하거나 신청할 수 없는 경우도 있을 수 있기 때문에 국민기초생활보장법에서는 수급자 외에 그 친족·기타 관계인이 관할 시장·군수·구청장에게 수급권자의 급여를 신청할 수 있게 하고(국민기초생활보장법 제21조 제1항), 사회복지전담공무원이 급여를 필요로 하는 자가 누락되지 아니하도록 하기 위하여 관할지역 내에 거주하는 수급권자에 대한 급여를 직권으로 신청할 수 있다(동법 제21조 제2항)고 하여 신청주의를 보완하고 있다.
제12조	사회보장 수급권의 보호 [③⑥⑦⑩ ⑬⑭⑮⑰⑲㉑]	사회보장수급권은 관계 법령에서 정하는 바에 따라 **다른 사람에게 양도하거나 담보로 제공할 수 없으며, 이를 압류할 수 없다.** **OIKOS UP** 　수급권의 보호 ① 수급권에 대한 일신전속권적 보호를 하고 있다. ② 수급권자가 자신의 수급권을 타인에게 사적으로 양도하거나 담보한 경우에도 법적 효과가 없으므로 상대방인 타인은 그에 대한 권리를 주장할 수 없으며, 수급권자의 채권자는 자신의 채권이행방법으로 수급권자의 수급권을 압류할 수 없다. ③ 국민연금의 유족연금은 일신전속적 특징이 적용되지 않는 예외적인 사례이다.
제13조	사회보장수급권의 제한 등 [③⑥⑩⑯ ⑰㉒]	① 사회보장수급권은 **제한되거나 정지될 수 없다. 다만, 관계 법령에서 따로 정하고 있는 경우**에는 그러하지 아니하다. ② 제1항 단서에 따라 사회보장수급권이 제한되거나 정지되는 경우에는 제한 또는 정지하는 **목적에 필요한 최소한의 범위**에 그쳐야 한다.
제14조	사회보장수급권의 포기 [③⑦⑩⑫⑬⑭ ⑯⑰⑲㉑㉒]	① 사회보장수급권은 정당한 권한이 있는 기관에 서면으로 **통지하여 포기**할 수 있다. ② 사회보장수급권의 **포기는 취소할 수 있다.** ③ 제1항에도 불구하고 사회보장수급권을 포기하는 것이 **다른 사람에게 피해를 주거나 사회보장에 관한 관계 법령에 위반되는 경우에는 사회보장수급권을 포기할 수 없다.**
제15조	불법행위에 대한 구상 [⑥⑦㉒]	제3자의 불법행위로 피해를 입은 국민이 그로 인하여 사회보장수급권을 가지게 된 경우 사회보장제도를 운영하는 자는 그 불법행위의 책임이 있는 자에 대하여 관계 법령에서 정하는 바에 따라 **구상권(求償權)을 행사**할 수 있다. [㉒] **OIKOS UP** 　불법행위에 대한 구상권 ① **구상권(求償權)** : 타인(채무)을 위하여 변제(辨濟)를 한 사람이 그 타인에 대해 가지는 재산상의 반환을 청구할 수 있는 권리(반환청구권)를 의미한다. ② 타인의 불법행위로 인해 사회보장수급권자가 된 경우 사회보장제도를 운영하는 자는 이에 소요된 사회보장급여비용 및 관련비용을 가해자인 불법행위자에게 변제를 청구할 수 있는 권리를 말한다.

제3장 사회보장 기본계획과 사회보장위원회

제16조	사회보장 기본계획의 수립 [⑮⑱㉒]	① **보건복지부장관**은 관계 중앙행정기관의 장과 협의하여 사회보장 증진을 위하여 **사회보장에 관한 기본계획**(이하 "기본계획"이라 한다)을 **5년마다 수립**하여야 한다. ② 기본계획에는 다음 각 호의 사항이 포함되어야 한다. 　1. 국내외 사회보장환경의 변화와 전망 　2. 사회보장의 기본목표 및 중장기 추진방향 　3. 주요 추진과제 및 추진방법 　4. 필요한 재원의 규모와 조달방안 　5. **사회보장 관련 기금 운용방안** [㉒] 　6. 사회보장 전달체계 　7. 그 밖에 사회보장정책의 추진에 필요한 사항 ③ 기본계획은 제20조에 따른 **사회보장위원회와 국무회의의 심의를 거쳐 확정**한다. 기본계획 중 대통령령으로 정하는 중요한 사항을 변경하려는 경우에도 같다.
제17조	다른 계획과의 관계 [⑭]	기본계획은 **다른 법령에 따라 수립되는 사회보장에 관한 계획에 우선**하며 그 계획의 기본이 된다.
제18조	연도별 시행계획의 수립·시행 등	① 보건복지부장관 및 관계 중앙행정기관의 장은 기본계획에 따라 사회보장과 관련된 소관 주요 시책의 시행계획(이하 "시행계획"이라 한다)을 매년 수립·시행하여야 한다. ② 관계 중앙행정기관의 장은 제1항에 따라 수립한 소관 시행계획 및 전년도의 시행계획에 따른 추진실적을 대통령령으로 정하는 바에 따라 매년 보건복지부장관에게 제출하여야 한다. ③ 보건복지부장관은 제2항에 따라 받은 관계 중앙행정기관 및 보건복지부 소관의 추진실적을 종합하여 성과를 평가하고, 그 결과를 제20조에 따른 사회보장위원회에 보고하여야 한다. ④ 보건복지부장관은 제3항에 따른 평가를 효율적으로 하기 위하여 이에 필요한 조사·분석 등을 전문기관에 의뢰할 수 있다. ⑤ 시행계획의 수립·시행 및 추진실적의 평가 등에 필요한 사항은 대통령령으로 정한다.
제19조	사회보장에 관한 지역계획의 수립·시행 등	① 특별시장·광역시장·특별자치시장·도지사 또는 특별자치도지사·시장(「제주특별자치도 설치 및 국제자유도시 조성을 위한 특별법」 제11조 제1항에 따른 행정시장을 포함한다)·군수·구청장(자치구의 구청장을 말한다. 이하 같다)은 관계 법령으로 정하는 바에 따라 사회보장에 관한 지역계획(이하 "지역계획"이라 한다)을 수립·시행하여야 한다. ② 지역계획은 기본계획과 연계되어야 한다. ③ 지역계획의 수립·시행 및 추진실적의 평가 등에 필요한 사항은 대통령령으로 정한다.
제20조	사회보장 위원회 [⑧⑯⑰㉑]	① 사회보장에 관한 주요 시책을 **심의·조정**하기 위하여 **국무총리 소속**으로 **사회보장위원회**(이하 "위원회"라 한다)를 둔다. ※ 대통령소속(×) ② 위원회는 다음 각 호의 사항을 **심의·조정**한다. [⑰] 　1. 사회보장 증진을 위한 기본계획 　2. 사회보장 관련 주요 계획 　3. **사회보장제도의 평가 및 개선** [⑰] 　4. 사회보장제도의 신설 또는 변경에 따른 우선순위 　5. 둘 이상의 중앙행정기관이 관련된 주요 사회보장정책

제20조	사회보장
	위원회
	[⑧⑯⑰㉑]
		6. 사회보장급여 및 비용 부담
		7. 국가와 지방자치단체의 역할 및 비용 분담
		8. 사회보장의 재정추계 및 재원조달 방안
		9. 사회보장 전달체계 운영 및 개선
		10. 제32조 제1항에 따른 사회보장통계
		11. **사회보장정보의 보호 및 관리** [⑰]
		12. 제26조제4항에 따른 조정
		13. 그 밖에 위원장이 심의에 부치는 사항
		③ 위원장은 다음 각 호의 사항을 관계 중앙행정기관의 장과 지방자치단체의 장에게 통지하여야 한다.
		  1. 제16조 제3항에 따라 확정된 기본계획
		  2. 제2항의 사항에 관하여 심의·조정한 결과
		④ 관계 중앙행정기관의 장과 지방자치단체의 장은 위원회의 심의·조정 사항을 반영하여 사회보장제도를 운영 또는 개선하여야 한다.

제21조	위원회의
	구성 등
	[⑯⑱㉑㉒]
		① 위원회는 위원장 1명, 부위원장 3명과 행정안전부장관, 고용노동부장관, 여성가족부장관, 국토교통부장관을 포함한 30명 이내의 위원으로 구성한다.
		② **위원장은 국무총리**가 되고 **부위원장은 기획재정부장관, 교육부장관 및 보건복지부장관**이 된다.
		  ⊗℗ 사회보장위원회의 위원장은 보건복지부장관이 된다.(×)
		③ 위원회의 위원은 다음 각 호의 어느 하나에 해당하는 사람으로 한다.
		  1. 대통령령으로 정하는 관계 중앙행정기관의 장
		  2. 다음 각 목의 사람 중에서 대통령이 위촉하는 사람
		    가. 근로자를 대표하는 사람
		    나. 사용자를 대표하는 사람
		    다. 사회보장에 관한 학식과 경험이 풍부한 사람
		    라. 변호사 자격이 있는 사람
		④ **위원의 임기는 2년으로 한다**. 다만, 공무원인 위원의 임기는 그 재임 기간으로 하고, 제3항 제2호 각 목의 위원이 기관·단체의 대표자 자격으로 위촉된 경우에는 그 임기는 대표의 지위를 유지하는 기간으로 한다.
		⑤ **보궐위원의 임기는 전임자 임기의 남은 기간으로 한다.**
		⑥ **위원회를 효율적으로 운영하고 위원회의 심의·조정 사항을 전문적으로 검토하기 위하여 위원회에 실무위원회를 두며, 실무위원회에 분야별 전문위원회를 둘 수 있다.**
		⑦ 실무위원회에서 의결한 사항은 위원장에게 보고하고 위원회의 심의를 거쳐야 한다. 다만, 대통령령으로 정하는 경미한 사항에 대하여는 실무위원회의 의결로써 위원회의 의결을 갈음할 수 있다.
		⑧ 위원회의 사무를 효율적으로 처리하기 위하여 보건복지부에 사무국을 둔다.
		⑨ 이 법에서 규정한 사항 외에 위원회, 실무위원회, 분야별 전문위원회, 사무국의 구성·조직 및 운영 등에 필요한 사항은 대통령령으로 정한다.

제4장 사회보장정책의 기본방향 ⊗ 사례관리 시스템의 구축(×)

제22조	평생사회 안전망의 구축·운영 [⑳]	① 국가와 지방자치단체는 **모든 국민이 생애 동안 삶의 질을 유지·증진할 수 있도록 평생사회안전망을 구축**하여야 한다. [⑳] ② 국가와 지방자치단체는 평생사회안전망을 구축·운영함에 있어 사회적 취약계층을 위한 공공부조를 마련하여 최저생활을 보장하여야 한다.
제23조	사회서비스 보장	① 국가와 지방자치단체는 **모든 국민의 인간다운 생활과 자립, 사회참여, 자아실현** 등을 지원하여 삶의 질이 향상될 수 있도록 **사회서비스에 관한 시책을 마련**하여야 한다. ② 국가와 지방자치단체는 **사회서비스 보장과 제24조에 따른 소득보장이 효과적이고 균형적으로 연계**되도록 하여야 한다.
제24조	소득 보장 [⑯]	① 국가와 지방자치단체는 **다양한 사회적 위험 하에서도 모든 국민들이 인간다운 생활을 할 수 있도록 소득을 보장하는 제도를 마련**하여야 한다. ② 국가와 지방자치단체는 **공공부문과 민간부문의 소득보장제도가 효과적으로 연계**되도록 하여야 한다.

제5장 사회보장제도의 운영

제25조	운영원칙 [④⑪⑬⑮ ⑳㉑㉒] [정책론 ⑭]	① 국가와 지방자치단체가 사회보장제도를 운영할 때에는 **이 제도를 필요로 하는 모든 국민에게 적용**하여야 한다. ② 국가와 지방자치단체는 사회보장제도의 **급여 수준과 비용 부담** 등에서 **형평성을 유지**하여야 한다. ③ 국가와 지방자치단체는 사회보장제도의 정책 결정 및 시행 과정에 공익의 대표자 및 이해관계인 등을 참여시켜 이를 **민주적으로 결정**하고 **시행**하여야 한다. ④ 국가와 지방자치단체가 사회보장제도를 운영할 때에는 국민의 다양한 복지 욕구를 **효율적으로 충족시키기 위하여 연계성과 전문성을 높여야** 한다. ⑤ 사회보험은 **국가의 책임**으로 시행하고, 공공부조와 사회서비스는 **국가와 지방자치단체의 책임**으로 시행하는 것을 원칙으로 한다. 다만, 국가와 지방자치단체의 재정 형편 등을 고려하여 이를 협의·조정할 수 있다. **▌OIKOS UP 사회보장제도의 운영원칙** ① 필요에 따른 **보편성**의 원칙(제1항) ② 비용부담 **형평성**의 원칙(제2항) ③ **민주성**의 원칙(제3항) ④ **효율성**의 원칙(제4항) ⑤ **연계성**의 원칙(제4항) ⑥ **전문성**의 원칙(제4항) ⊗ 독립성의 원칙(×), 통합성의 원칙(×) ✎ 암기법 사형이 말하기를 불쌍해서 **연민**이 들정도의 사람을 보면 **전보**로 빨리 알리는 것이 **효율**적 이라고 했다.
제26조	협의 및 조정 [⑯⑱㉒]	① 국가와 지방자치단체는 사회보장제도를 신설하거나 변경할 경우 **기존 제도와의 관계, 사회보장 전달체계에 미치는 영향, 재원의 규모·조달방안을 포함한 재정에 미치는 영향 및 지역별 특성** 등을 사전에 충분히 검토하고 상호협력하여 **사회보장급여가 중복 또는 누락되지 아니하도록** 하여야 한다. ② **중앙행정기관의 장과 지방자치단체의 장은** 사회보장제도를 신설하거나 변경할 경우 신설 또는 변경의 타당성, 기존 제도와의 관계, 사회보장 전달체계에 미치는 영향, 지역복지 활성화에 미치는 영향 및 운영방안 등에 대하여 대통령령으로 정하는 바에 따라 **보건복지부장관과 협의**하여야 한다.

제26조	협의 및 조정
	[⑯⑱㉒]
		❌ 지방자치단체의 장은 국무조정실장과 협의하여야 한다.(×)
		❌ 지방자치단체의 장은 사회보장제도를 신설할 경우 보건복지부장관과 합의하여야 한다.(×)
		③ 중앙행정기관의 장과 지방자치단체의 장은 제2항에 따른 업무를 효율적으로 수행하기 위하여 필요하다고 인정하는 경우에는 관련 **자료의 수집·조사 및 분석에 관한 업무**를 다음 각 호의 기관 또는 단체에 위탁할 수 있다.
		  1. 「정부출연연구기관 등의 설립·운영 및 육성에 관한 법률」에 따라 설립된 정부출연연구기관
		  2. 「사회보장급여의 이용·제공 및 수급권자 발굴에 관한 법률」 제29조에 따른 **한국사회보장정보원**
		  3. 그 밖에 대통령령으로 정하는 전문기관 또는 단체
		④ 중앙행정기관의 장과 지방자치단체의 장은 제2항에 따른 협의가 이루어지지 아니할 경우 위원회에 조정을 신청할 수 있으며, 위원회는 대통령령으로 정하는 바에 따라 이를 조정한다.
		⑤ 보건복지부장관은 사회보장급여 관련 업무에 공통적으로 적용되는 기준을 마련할 수 있다.

제27조	민간의 참여	① 국가와 지방자치단체는 사회보장에 대한 민간부문의 참여를 유도할 수 있도록 정책을 개발·시행하고 그 여건을 조성하여야 한다.
		② 국가와 지방자치단체는 사회보장에 대한 **민간부문의 참여를 유도**하기 위하여 다음 각 호의 사업이 포함된 시책을 수립·시행할 수 있다.
		  1. 자원봉사, 기부 등 나눔의 활성화를 위한 각종 지원 사업
		  2. 사회보장정책의 시행에 있어 민간 부문과의 상호협력체계 구축을 위한 지원 사업
		  3. 그 밖에 사회보장에 관련된 민간의 참여를 유도하는 데에 필요한 사업
		③ 국가와 지방자치단체는 개인·법인 또는 단체가 사회보장에 참여하는 데에 드는 경비의 전부 또는 일부를 지원하거나 그 업무를 수행하기 위하여 필요한 지원을 할 수 있다.

제28조	비용의 부담 [⑬⑱⑳㉒, 정책론 ⑰]	① 사회보장 비용의 부담은 각각의 사회보장제도의 목적에 따라 **국가, 지방자치단체 및 민간부문 간에 합리적으로 조정**되어야 한다. ② **사회보험에 드는 비용은 사용자, 피용자(被傭者) 및 자영업자가 부담하는 것을 원칙**으로 하되, 관계 법령에서 정하는 바에 따라 **국가가 그 비용의 일부를 부담할 수 있다.** ③ 공공부조 및 관계 법령에서 정하는 일정 소득 수준 이하의 국민에 대한 사회서비스에 드는 비용의 전부 또는 일부는 국가와 지방자치단체가 부담한다. ④ 부담 능력이 있는 국민에 대한 사회서비스에 드는 비용은 그 수익자가 부담함을 원칙으로 하되, 관계 법령에서 정하는 바에 따라 **국가와 지방자치단체가 그 비용의 일부를 부담**할 수 있다. **┃┃ OIKOS UP　비용부담** ① 사회보장비용은 국가, 사용자 및 피용자 등의 3자 부담이 세계 각국의 사회보장법에서 발견되지만, 각 사회보장제도의 내용과 각국의 사정에 따라 부담주체와 비율 등이 상이하다. ② 사회보험에 소요되는 비용은 사용자, 피용자 및 자영자가 부담하는 것을 원칙으로 하되, 국가의 부담은 의무가 아닌 임의규정으로 되어 있다.

제29조	사회보장 전달체계 [⑧]	① 국가와 지방자치단체는 **모든 국민이 쉽게 이용**할 수 있고 사회보장급여가 적시에 제공되도록 **지역적·기능적으로 균형잡힌 사회보장 전달체계를 구축**하여야 한다. ② 국가와 지방자치단체는 **사회보장 전달체계의 효율적 운영**에 필요한 조직, 인력, 예산 등을 갖추어야 한다. ③ 국가와 지방자치단체는 **공공부문과 민간부문의 사회보장 전달체계가 효율적으로 연계**되도록 노력하여야 한다.

제30조	사회보장
	급여의 관리
	[⑰]
		① 국가와 지방자치단체는 국민의 사회보장수급권의 보장 및 재정의 효율적 운용을 위하여 다음 각 호에 관한 **사회보장급여의 관리체계를 구축·운영**하여야 한다.
		  1. 사회보장수급권자 권리구제
		  2. 사회보장급여의 사각지대 발굴
		  3. 사회보장급여의 부정·오류 관리
		  4. 사회보장급여의 과오지급액의 환수 등 관리
		② 보건복지부장관은 사회서비스의 품질기준 마련, 평가 및 개선 등의 업무를 수행하기 위하여 필요한 전담기구를 설치할 수 있다.
		③ 제2항의 전담기구 설치·운영 등에 필요한 사항은 대통령령으로 정한다.

제31조	전문인력의 양성 등 [⑧]	국가와 지방자치단체는 사회보장제도의 발전을 위하여 **전문인력의 양성, 학술 조사 및 연구, 국제 교류의 증진 등에 노력**하여야 한다.
제32조	사회보장 통계 [②]	① 국가와 지방자치단체는 **효과적인 사회보장정책의 수립·시행을 위하여 사회보장에 관한 통계**(이하 "사회보장통계"라 한다)를 **작성·관리**하여야 한다. ② 관계 중앙행정기관의 장과 지방자치단체의 장은 소관 사회보장통계를 대통령령으로 정하는 바에 따라 보건복지부장관에게 제출하여야 한다. [②] ⊗🔍 통계청장은 제출된 사회보장통계를 종합하여 사회보장위원회에 제출하여야 한다.(×) ③ 보건복지부장관은 제2항에 따라 제출된 사회보장통계를 종합하여 위원회에 제출하여야 한다. ④ 사회보장통계의 작성·관리에 필요한 사항은 대통령령으로 정한다.
제33조	정보의 공개	국가와 지방자치단체는 **사회보장제도에 관하여 국민이 필요한 정보를 관계 법령에서 정하는 바에 따라 공개하고, 이를 홍보**하여야 한다.
제34조	사회보장에 관한 설명 [③]	국가와 지방자치단체는 **사회보장 관계 법령에서 규정한 권리나 의무를 해당 국민에게 설명**하도록 노력하여야 한다.
제35조	사회보장에 관한 상담 [③②]	국가와 지방자치단체는 사회보장 관계 법령에서 정하는 바에 따라 **사회보장에 관한 상담에 응하여야** 한다.
제36조	사회보장에 관한 통지 [③]	국가와 지방자치단체는 사회보장 관계 법령에서 정하는 바에 따라 **사회보장에 관한 사항을 해당 국민에게 알려야** 한다.

제6장 사회보장정보의 관리

제37조	사회보장정보시스템의 구축·운영 등 [⑰]	① 국가와 지방자치단체는 국민편익의 증진과 사회보장업무의 효율성 향상을 위하여 **사회보장업무를 전자적으로 관리하도록 노력**하여야 한다. ② 국가는 관계 중앙행정기관과 지방자치단체에서 시행하는 사회보장수급권자 선정 및 급여 관리 등에 관한 정보를 통합·연계하여 처리·기록 및 관리하는 시스템(이하 "사회보장정보시스템"이라 한다)을 구축·운영할 수 있다. ③ **보건복지부장관은 사회보장정보시스템의 구축·운영을 총괄한다.** [⑰] ④ 보건복지부장관은 사회보장정보시스템 구축·운영의 전 과정에서 개인정보 보호를 위하여 필요한 시책을 마련하여야 한다. ⑤ 보건복지부장관은 관계 중앙행정기관, 지방자치단체 및 관련 기관·단체에 사회보장정보시스템의 운영에 필요한 정보의 제공을 요청하고 제공받은 목적의 범위에서 보유·이용할 수 있다. 이 경우 자료의 제공을 요청받은 자는 정당한 사유가 없으면 이에 따라야 한다. ⑥ 관계 중앙행정기관 및 지방자치단체의 장은 제2항의 사회보장정보와 관련하여 사회보장정보시스템의 활용이 필요한 경우 사전에 보건복지부장관과 협의하여야 한다. 이 경우 보건복지부장관은 관련 업무에 필요한 범위에서 정보를 제공할 수 있고 정보를 제공받은 관계 중앙행정기관 및 지방자치단체의 장은 제공받은 목적의 범위에서 보유·이용할 수 있다. ⑦ 보건복지부장관은 사회보장정보시스템의 운영·지원을 위하여 전담기구를 설치할 수 있다.
제38조	개인정보 등의 보호	① 사회보장 업무에 종사하거나 종사하였던 자는 사회보장업무 수행과 관련하여 알게 된 개인·법인 또는 단체의 정보를 관계 법령에서 정하는 바에 따라 보호하여야 한다. ② 국가와 지방자치단체, 공공기관, 법인·단체, 개인이 조사하거나 제공받은 개인·법인 또는 단체의 정보는 이 법과 관련 법률에 근거하지 아니하고 보유, 이용, 제공되어서는 아니 된다.

제7장 보 칙

제39조	권리구제 [⑪⑫⑬]	위법 또는 부당한 처분을 받거나 필요한 처분을 받지 못함으로써 권리 또는 이익을 침해받은 국민은 「행정심판법」에 따른 행정심판을 청구하거나 「행정소송법」에 따른 행정소송을 제기하여 그 처분의 취소 또는 변경 등을 청구할 수 있다.

제42조	사회보장
	행정데이터
	의 제공
	요청
		① 위원회는 사회보장 정책의 심의·조정 및 연구를 위하여 관계 기관의 장에게 사회보장 행정데이터가 모집단의 대표성을 확보할 수 있는 범위에서 다음 각 호에 해당하는 사회보장 행정데이터의 제공을 요청할 수 있다. 이 경우 사회보장 행정데이터의 제공을 요청받은 관계 기관의 장은 특별한 사유가 없으면 이에 따라야 한다.
		1. 사회보험, 공공부조 및 사회서비스에 관한 다음 각 목의 자료 또는 정보
		   가. 국민연금·건강보험·고용보험·산업재해보상보험 등 사회보험에 관한 자료 또는 정보
		   나. 국민기초생활보장·기초연금 등 공공부조에 관한 자료 또는 정보
		   다. 아이돌봄서비스·장애인활동지원서비스 등 사회서비스에 관한 자료 또는 정보
		2. 「고용정책 기본법」 제15조제1항에 따른 고용·직업에 관한 정보
		3. 「국세기본법」 제81조의13 및 「지방세기본법」 제86조에 따른 과세정보로서 다음 각 목의 정보
		   가. 「소득세법」 제4조제1항에 따른 소득 및 같은 법 제127조에 따른 원천징수
		   나. 「조세특례제한법」 제100조의2에 따른 근로장려금 및 같은 법 제100조의27에 따른 자녀장려금의 결정·환급 내역
		   다. 「지방세법」에 따른 재산세
		4. 「주민등록법」 제30조제1항에 따른 주민등록전산정보자료
		5. 그 밖에 위원회의 업무 수행을 위하여 필요하다고 대통령령으로 정하는 자료 또는 정보
		② 제1항에 따라 요청할 수 있는 사회보장 행정데이터의 구체적인 내용 및 모집단의 대표성을 확보할 수 있는 범위 등에 관한 사항은 대통령령으로 정한다.

제43조	사회보장 행정데이터 분석센터	① 보건복지부장관은 제42조에 따라 제공받은 사회보장 행정데이터의 원활한 분석, 활용 등을 위하여 사회보장 행정데이터 분석센터를 설치·운영할 수 있다. ② 사회보장 행정데이터 분석센터의 설치·운영 등에 필요한 사항은 보건복지부령으로 정한다.

03 사회보장급여의 이용·제공 및 수급권자 발굴에 관한 법률 [17 18 19 20 21 22]

1 개요

① **약칭** : 사회보장급여법
② 2014년 12월 30일 제정되어 2015년 7월 1일 시행 [19]
③ **관장부처** : 보건복지부(급여기준과)

2 법률 내용분석(2024.1.23.일부개정, 2024.7.24.시행.)

제1장 총칙

제1조	목적 [지역복지 ⑨]	이 법은 「사회보장기본법」에 따른 **사회보장급여의 이용 및 제공에 관한 기준과 절차 등 기본적 사항을 규정**하고 지원을 받지 못하는 지원대상자를 발굴하여 지원함으로써 사회보장급여를 필요로 하는 사람의 인간다운 생활을 할 권리를 최대한 보장하고, 사회보장급여가 공정하고 효과적으로 제공되도록 하며, **사회보장제도가 지역사회에서 통합적으로 시행될 수 있도록 그 기반을 구축**하는 것을 목적으로 한다.
제2조	정의 [17 19 21 22]	이 법에서 사용하는 용어의 뜻은 다음과 같다. 1. "**사회보장급여**"란 제5호의 보장기관이「사회보장기본법」제3조 제1호에 따라 제공하는 **현금, 현물, 서비스 및 그 이용권**을 말한다. 2. "**수급권자**"란「사회보장기본법」제9조에 따른 사회보장급여를 제공받을 권리를 가진 사람을 말한다. [21] 3. "**수급자**"란 사회보장급여를 받고 있는 사람을 말한다. [19] 4. "**지원대상자**"란 사회보장급여를 필요로 하는 사람을 말한다. [17 22] 5. "**보장기관**"이란 관계 법령 등에 따라 **사회보장급여를 제공하는 국가기관과 지방자치단체**를 말한다. [17]
제3조	다른 법률과의 관계	사회보장급여의 이용 및 제공에 필요한 기준, 방법, 절차와 지원대상자의 발굴 및 지원 등에 관하여는 **다른 법률에 특별한 규정이 있는 경우를 제외하고는 이 법에 따른다.**
제4조	기본원칙 [20 22]	① 사회보장급여가 필요한 사람은 **누구든지 자신의 의사에 따라 사회보장급여를 신청**할 수 있으며, 보장기관은 이에 필요한 안내와 상담 등의 지원을 충분히 제공하여야 한다. ② 보장기관은 지원이 필요한 **국민이 급여대상에서 누락되지 아니하도록 지원대상자를 적극 발굴**하여 이들이 필요로 하는 사회보장급여를 적절하게 제공받을 수 있도록 노력하여야 한다. ③ 보장기관은 국민의 다양한 복지욕구를 충족시키고 **생애주기별 필요에 맞는 사회보장급여가 공정·투명·적정하게 제공**될 수 있도록 노력하여야 한다. ④ 보장기관은 사회보장급여와「사회복지사업법」제2조 제3호 및 제4호의 사회복지법인, 사회복지시설 등 **사회보장 관련 민간 법인·단체·시설이 제공하는 복지혜택 또는 서비스를 효과적으로 연계**하여 제공할 수 있도록 노력하여야 한다. ⑤ 보장기관은 **국민이 사회보장급여를 편리하게 이용할 수 있도록 사회보장 정책 및 관련 제도를 수립·시행**하기 위하여 노력하여야 한다. ⑥ 보장기관은 **지역의 사회보장 수준이 균등하게 실현**될 수 있도록 노력하여야 한다. [20 22]

제2장 사회보장급여

제5조	사회보장급여의 신청 [㉑㉒]	① **지원대상자와 그 친족**, 「**민법**」에 따른 후견인, 「**청소년 기본법**」에 따른 **청소년상담사·청소년지도사**, 지원대상자를 사실상 보호하고 있는 자(관련 기관 및 단체의 장을 포함) 등(이하 "사회보장급여 신청권자")은 지원대상자의 주소지 관할 보장기관에 사회보장급여를 신청할 수 있다. 다만, 지원대상자의 주소지와 실제 거주지가 다른 경우에는 실제 거주지 관할 보장기관에도 신청할 수 있고, 중앙행정기관의 장이 지원대상자의 이용 편의, 사회보장급여의 제공 유형 등을 고려하여 필요하다고 결정한 사회보장급여의 경우에는 **지원대상자의 주소지 관할이 아닌 보장기관에도 신청할 수 있다.** [㉒] ※ 「청소년 기본법」에 따른 청소년상담사는 지원대상자의 사회보장급여를 신청할 수 있다.(○) ② **보장기관의 업무담당자는** 지원대상자가 누락되지 아니하도록 하기 위하여 관할 지역에 거주하는 지원대상자에 대한 **사회보장급여의 제공을 직권으로 신청할 수 있다.** 이 경우 지원대상자의 **동의를 받아야 하며,** 동의를 받은 경우에는 지원대상자가 신청한 것으로 본다. [㉒]
제7조	수급자격의 조사 [⑳]	① 보장기관의 장은 제5조에 따른 사회보장급여의 신청을 받으면 **지원대상자와 그 부양의무자**(배우자와 1촌의 직계혈족 및 그 배우자를 말한다. 이하 같다)에 대하여 사회보장급여의 **수급자격 확인을 위하여 다음 각 호의 어느 하나에 해당하는 자료 또는 정보를 제공받아 조사하고 처리**(「개인정보 보호법」 제2조제2호의 처리를 말한다. 이하 같다)할 수 있다. 다만, 부양의무자에 대한 조사가 필요하지 아니하거나 그 밖에 대통령령으로 정하는 사유에 해당하는 경우는 제외한다. 1. **인적사항 및 가족관계 확인에 관한 사항** 2. **소득·재산·근로능력 및 취업상태에 관한 사항** 3. **사회보장급여 수급이력에 관한 사항** 4. 그 밖에 수급권자를 선정하기 위하여 보장기관의 장이 필요하다고 인정하는 사항 ② 보장기관의 장은 제1항 각 호의 사항을 확인하기 위하여 필요한 자료의 확보가 곤란한 경우 신청인 또는 지원대상자와 그 부양의무자에게 필요한 자료의 제출을 요구할 수 있다.
제9조의2	위기가구의 발굴 [㉒]	① **보장기관의 장은** 누락된 지원대상자가 적절한 사회보장급여를 제공받을 수 있도록 지원이 필요한 다음 각 호의 가구(이하 이 조에서 **"위기가구"** 라 한다)**를 발굴하기 위하여 노력하여야 한다.** 1. 제11조제1항 각 호에 해당하는 관계 기관·법인·단체·시설의 장에게 공유받은 정보와 제12조제1항 각 호의 자료 또는 정보의 처리 결과 보장기관의 장이 위기상황에 처하여 있다고 판단한 사람의 가구 2. 자살자가 발생한 가구 또는 자살시도자가 발생한 가구로서 대통령령으로 정하는 기준에 해당하는 가구 ② 보장기관의 장은 제1항에 따라 발굴한 위기가구의 구성원이 필요로 하는 적절한 사회보장급여를 제공받을 수 있도록 지원하여야 한다.
제10조	자료 또는 정보의 제공과 홍보 [㉒]	보장기관의 장은 지원대상자를 발굴하기 위하여 다음 각 호의 사항에 대한 **자료 또는 정보의 제공과 홍보에 노력하여야 한다.** 1. 사회보장급여의 내용 및 제공규모 [㉒] 2. 수급자가 되기 위한 요건과 절차 3. 그 밖에 사회보장급여 수급을 위하여 필요한 정보

제12조	자료 또는 정보의 처리 등 [②]	① 보건복지부장관은 보장기관이 제10조에 따른 업무를 효율적으로 수행할 수 있도록 지원하기 위하여 「사회보장기본법」 제37조에 따른 사회보장정보시스템(이하 "사회보장정보시스템"이라 한다)을 통하여 다음 각 호의 자료 또는 정보를 처리할 수 있다. 1. 「전기사업법」 제14조에 따른 단전(전류제한을 포함한다), 「수도법」 제39조에 따른 단수, 「도시가스사업법」 제19조에 따른 단가스 가구정보(가구정보는 주민등록전산정보·가족관계등록전산정보를 포함한다. 이하 같다) 2. 「초·중등교육법」 제25조에 따른 학교생활기록 정보 중 담당교원이 위기상황에 처하여 있다고 판단한 학생의 가구정보 3. **「국민건강보험법」 제69조에 따른 보험료를 3개월 이상 체납한 사람의 가구정보** ✗ 국민건강보험공단 이사장은 보험료를 7개월 이상 체납한 사람의 가구정보를 사회보장정보시스템을 통하여 처리할 수 있다.(×) 4. 「국민기초생활 보장법」 또는 「긴급복지지원법」에 따른 신청 또는 지원 중 탈락가구의 가구정보 5. 「사회복지사업법」 제35조에 따른 시설의 장이 입소 탈락자나 퇴소자 중 위기상황에 처하여 있다고 판단한 사람의 가구정보 6. 「신용정보의 이용 및 보호에 관한 법률」 제25조제2항제1호에 따른 종합신용정보집중기관과 같은 항 제2호에 따른 개별신용정보집중기관이 보유하고 있는 개인신용정보 중 보건복지부장관이 위기상황에 처하여 있다고 판단한 사람의 대통령령으로 정하는 기준에 해당하는 연체정보(대출금·신용카드대금·통신요금 등을 말한다) 및 해당 연체정보와 관련된 채무액으로서 금융위원회 위원장과 협의하여 정하는 개인신용정보 7. 「공공주택 특별법」 제4조제1항에 따른 공공주택사업자가 보유하고 있는 정보로서 같은 법 제49조에 따른 임대료를 3개월 이상 체납한 임차인의 가구정보 8. 「공동주택관리법」 제2조제1항제10호에 따른 관리주체가 보유하고 있는 정보로서 같은 법 제23조제1항에 따른 관리비를 3개월 이상 체납한 입주자의 가구정보 9. 「집합건물의 소유 및 관리에 관한 법률」 제26조의5에 따라 시·도지사 또는 시장·군수·구청장이 보고 또는 제출받은 자료로서 같은 법 제25조제1항제2호에 따른 관리단의 사무 집행을 위한 비용과 분담금을 3개월 이상 체납한 구분소유자 또는 점유자의 가구정보 10. 「국민연금법」 제46조제1항제1호에 따라 국민연금공단에서 실시하는 자금의 대여사업을 이용하는 자의 가구정보 11. 기간통신사업자가 보유한 이용자의 정보로서 「전기통신사업법」 제4조제6항에 따른 전자정보시스템을 통하여 제공할 수 있는 정보 중 보건복지부장관이 위기상황에 처하여 있다고 판단한 이용자의 이동전화번호 정보 12. 그 밖에 지원대상자의 발굴을 위하여 필요한 정보로서 대통령령으로 정하는 정보
제12조의2	발굴조사의 실시 및 실태점검 [⑳㉑㉒]	① 보장기관의 장은 **지원대상자에 대한 발굴조사를 분기마다 정기적으로 실시하여야 한다.** 다만, 「긴급복지지원법」 제7조의2에 따라 발굴조사를 실시한 경우에는 그러하지 아니하다. [⑳㉒] ✗ 보장기관의 장은 「긴급복지지원법」 제7조의2에 따른 발굴조사를 실시한 경우를 제외하고 지원대상자에 대한 발굴조사를 1년마다 정기적으로 실시하여야 한다.(×) ② 보건복지부장관은 지원대상자 발굴체계의 운영 실태를 매년 정기적으로 점검하고 개선방안을 마련하여야 한다.

| 제13조 | 지원대상자 발견 시 신고의무 [20] | ① 누구든지 출산, 양육, 실업, 노령, 장애, 질병, 빈곤 및 사망 등의 사회적 위험으로 인하여 사회보장급여를 필요로 하는 지원대상자를 발견하였을 때에는 보장기관에 알려야 한다. [20]
② 다음 각 호의 어느 하나에 해당하는 사람은 그 직무상 제1항과 같은 사회적 위험으로 인하여 사망 또는 중대한 정신적·신체적 장애를 입을 위기에 처한 지원대상자를 발견한 경우 지체 없이 보장기관에 알리고, 지원대상자가 신속하게 지원을 받을 수 있도록 노력하여야 한다.
  1. 「사회복지사업법」에 따른 **사회복지시설의 장과 그 종사자**
  2. 「장애인활동 지원에 관한 법률」에 따른 활동지원기관의 장 및 그 종사자와 활동지원인력
  3. 「의료법」의 의료인과 의료기관의 장
  4. 「의료기사 등에 관한 법률」의 의료기사
  5. 「응급의료에 관한 법률」의 응급구조사
  6. 「소방기본법」에 따른 구조대 및 구급대의 대원
  7. 「국가공무원법」에 따른 **경찰공무원**
  8. 「지방공무원법」에 따른 **자치경찰공무원**
  9. 「정신건강증진 및 정신질환자 복지서비스 지원에 관한 법률」에 따른 정신건강복지센터의 장과 그 종사자
  10. 「영유아보육법」에 따른 어린이집의 원장 등 보육교직원
  11. 「유아교육법」에 따른 교직원 및 강사 등
  12. 「초·중등교육법」에 따른 교직원, 전문상담교사 등 및 산학겸임교사 등
  13. 「학원의 설립·운영 및 과외교습에 관한 법률」에 따른 학원의 운영자·강사·직원 및 교습소의 교습자·직원
  14. 「성폭력방지 및 피해자보호 등에 관한 법률」에 따른 성폭력피해상담소의 장과 그 종사자 및 성폭력피해자보호시설의 장과 그 종사자
  15. 「성매매방지 및 피해자보호 등에 관한 법률」에 따른 지원시설의 장과 그 종사자 및 성매매피해상담소의 장과 그 종사자
  16. 「가정폭력방지 및 피해자보호 등에 관한 법률」에 따른 가정폭력 관련 상담소의 장과 그 종사자 및 가정폭력피해자 보호시설의 장과 그 종사자
  17. 「건강가정기본법」에 따른 건강가정지원센터의 장과 그 종사자
  18. 「노인장기요양보험법」에 따른 장기요양기관의 장과 그 종사자
  19. 「지역보건법」에 따른 보건소의 방문간호 업무 종사자
  20. 「다문화가족지원법」에 따른 다문화가족지원센터의 장과 그 종사자
  21. 「지방자치법」에 따른 행정리의 이장 및 행정동의 하부조직으로 두는 통의 통장
  22. 「공동주택관리법」에 따른 관리주체
  23. 「자살예방 및 생명존중문화 조성을 위한 법률」 제13조에 따른 자살예방센터의 장과 그 종사자
  24. 「전기사업법」, 「수도법」 및 「도시가스사업법」에 따른 검침 및 안전점검 관련 업무 종사자
  25. 「국민연금법」 제24조에 따른 국민연금공단, 「국민건강보험법」 제13조에 따른 국민건강보험공단 및 「산업재해보상보험법」 제10조에 따른 근로복지공단에서 보험료의 납부·징수나 연금·보험급여의 지급 등과 관련한 민원 또는 상담 업무에 종사하는 자
  26. 「우편법」에 따라 우편업무를 집행하는 우편집배원 |

제17조	이의신청 [20]	① 이 법에 따른 처분에 이의가 있는 수급권자 등은 **그 처분을 받은 날로부터 90일 이내에 처분을 결정한 보장기관의 장에게 이의신청을 할 수 있다.** 다만, 정당한 사유로 인하여 그 기간 내에 이의신청을 할 수 없음을 증명한 때에는 그 사유가 소멸한 때부터 **60일 이내에 이의신청을 할 수 있다.** [20] ② 보장기관의 장은 이의신청을 받은 날부터 10일 이내에 그 이의신청에 대하여 결정하고 그 **결과를 신청인에게 지체 없이 통지**하여야 한다. 다만, 부득이한 사유로 정하여진 기간 이내에 결정할 수 없을 때에는 그 기간의 만료일 다음 날부터 기산하여 10일 이내의 범위에서 연장할 수 있으며, 연장 사유를 신청인에게 통지하여야 한다.
제19조 의2	사회보장급여 부정수급 실태조사 [21]	보건복지부장관은 속임수 등의 부정한 방법으로 사회보장급여를 받거나 타인으로 하여금 사회보장급여를 받게 한 경우에 대하여 보장기관이 효과적인 대책을 세울 수 있도록 그 발생 현황, 피해사례 등에 관한 **실태조사를 3년마다 실시하고, 그 결과를 공개**하여야 한다.

제3장 사회보장정보

제23조	사회보장정보 의 처리 등	① **보건복지부장관은** 보장기관이 수급권자의 선정 및 급여관리 등에 관한 업무를 효율적으로 수행할 수 있도록 「**사회보장기본법**」 제37조 제2항 및 제3항에 따른 사회보장정보 **시스템을 통하여** 다음 각 호에 해당하는 자료 또는 정보("사회보장정보")를 처리할 수 있다. 1. 근거 법령, 보장대상 및 내용, 예산 등 **사회보장급여 현황에 관한 자료 또는 정보** 2. 제5조부터 제22조까지에 따른 상담, 신청, 조사 및 자격의 변동관리에 필요한 **인적 사항·소득·재산 등에 관한 자료 또는 정보** 3. 사회보장급여 **수급이력에 관한 자료 또는 정보** 4. 제51조에 따라 보건복지부장관이 위임·위탁받은 **업무를 수행하는 데 필요한 자료 또는 정보** 5. 사회보장정보와 관련된 법령 등에 따른 상담, 신청(제25조 제3항에 따른 신청을 포함한다), 조사, 결정, 제공, 환수 등의 **업무처리내역에 관한 자료 또는 정보** 6. 사회보장 관련 민간 법인·단체·시설의 사회보장급여 제공 현황 및 보조금 수급이력에 관한 자료 또는 정보 7. 그 밖에 사회보장급여의 제공·관리 및 사회보장정보시스템 구축·운영에 필요한 정보로서 대통령령으로 정하는 자료 또는 정보 ② 보건복지부장관은 사회보장정보를 처리하기 위하여 관계 중앙행정기관, 지방자치단체, 관계 기관·법인·단체·시설의 장에게 필요한 자료 또는 정보를 요청할 수 있다. 이 경우 관계 중앙행정기관의 장 등은 정당한 사유가 없으면 그 요청에 따라야 한다.
제24조 의2	사회서비스정 보시스템의 구축·운영 등 [20]	① 보건복지부장관은 보장기관이 다음 각 호의 법인·단체·시설·기관(이하 "사회서비스 제공기관"이라 한다)의 업무를 전자화하고 업무 수행에 필요한 정보를 통합·연계하여 처리·기록 및 관리하는 정보시스템(이하 "사회서비스정보시스템"이라 한다)을 구축·운영할 수 있다. 1. 「사회복지사업법」 제2조제3호 및 제4호에 따른 사회복지법인 및 사회복지시설 2. 「사회서비스 이용 및 이용권 관리에 관한 법률」 제2조제4호에 따른 사회서비스 제공자 3. 그 밖에 「사회보장기본법」 제3조제4호에 따른 사회서비스를 제공하는 기관으로서 대통령령으로 정하는 기관

제24조
의2
	사회서비스정
	보시스템의
	구축 · 운영 등
	[⑳]
		② **사회서비스 제공기관의 운영자, 종사자 및 그 밖에 보건복지부령으로 정하는 자는** 다음 각 호의 업무를 수행하기 위하여 **사회서비스정보시스템을 이용할 수 있다.** [⑳]
		  1. 제11조·제12조, 제12조의2 및 제13조에 따른 위기가구의 발굴 지원
		  2. 제14조에 따른 민관협력 및 제15조에 따른 지원계획의 실행에 필요한 업무
		  3. 제16조에 따라 보장기관이 의뢰한 사회보장급여의 이용 및 제공에 관한 업무
		  4. 제42조의2에 따른 통합사례관리의 수행에 관한 업무
		  5. 제42조의2에 따른 통합사례관리 및 「아동복지법」 제37조에 따른 통합서비스, 「지역보건법」 제11조제5호에 따른 지역보건의료서비스 등 보건복지부령으로 정하는 사례관리 사업 사이의 연계 및 협업에 관한 업무
		  6. 「사회복지사업법」 제6조의2에 따른 사회복지법인 및 사회복지시설의 종사자, 거주자 및 이용자에 관한 자료 등 운영에 필요한 정보의 처리·기록·관리 업무
		  7. 「사회서비스 이용 및 이용권 관리에 관한 법률」 제28조에 따른 사회서비스전자이용권의 관리에 관한 업무
		  8. 그 밖에 사회서비스 제공기관의 사회보장급여 제공, 종사자 및 이용자 등의 관리, 사회서비스 제공기관의 운영 등 대통령령으로 정하는 업무

제29조	한국사회보장
	정보원
	[⑱㉒]
		① **사회보장정보시스템의 운영·지원을 위하여 한국사회보장정보원을 설립한다.**
		② **한국사회보장정보원은 법인으로 한다.** [⑱]
		③ 한국사회보장정보원은 **다음 각 호의 업무**를 수행한다.
		  1. 사회보장정보시스템의 구축 및 유지·기능개선·관리·교육·상담 등 운영에 관한 사항
		  2. 제12조제1항에 따른 자료 또는 정보의 처리 및 사회보장정보의 처리
		  3. 사회보장급여의 수급과 관련된 법령 등에 따른 신청, 접수, 조사, 결정, 환수 등 업무의 전자적 처리지원
		  4. 「사회서비스 이용 및 이용권 관리에 관한 법률」 등 관계 법령 등에 따른 사회서비스이용권의 이용·지급 및 정산 등에 필요한 정보시스템의 운영, 사회서비스이용권을 통하여 사회서비스를 제공하는 사업의 관리에 관한 사항
		  5. 사회보장 관련 민간 법인·단체·시설에 대한 전자화 지원
		  6. 사회보장제도의 운영에 필요한 정책정보 및 통계정보의 생산·분석, 제공과 사회보장정책 지원을 위한 조사·연구
		  7. 제25조에 따른 대국민 포털의 운영에 관한 사항
		  8. 그 밖에 이 법 또는 다른 법령에 따라 보건복지부장관, 국가 또는 지방자치단체로부터 위탁받은 업무
		④ **정부는 사회보장급여의 이용 및 제공이 원활히 이루어질 수 있도록 한국사회보장정보원의 설립·운영에 필요한 비용을 출연하거나 지원할 수 있다.** [⑱㉒]
		  ✗ 한국사회보장정보원의 운영에 필요한 비용은 정부가 지원할 수 없으며 정보이용자가 지불하는 부담금으로 충당한다.(×)
		⑤ 한국사회보장정보원에 관하여 이 법에서 규정한 사항 외에는 「**민법**」 중 재단법인에 관한 **규정을 준용**한다. [⑱]
		⑥ 한국사회보장정보원의 설립 및 운영 등에 필요한 사항은 대통령령으로 정한다.
		⑦ 한국사회보장정보원의 임직원은 「형법」 제129조부터 제132조까지의 규정을 적용할 때에는 공무원으로 본다.
		⑧ 한국사회보장정보원의 임직원이나 임직원으로 재직하였던 사람은 **그 직무상 알게 된 비밀을 누설하거나 다른 용도로 사용하여서는 아니 된다.** [⑱]

제4장 사회보장에 관한 지역계획 및 운영체계 등

제1절 지역사회보장에 관한 계획		

		① 특별시장·광역시장·특별자치시장·도지사·특별자치도지사(이하 "시·도지사"라 한다) 및 시장·군수·구청장은 지역사회보장에 관한 계획(이하 "지역사회보장계획"이라 한다)을 4년마다 수립하고, 매년 지역사회보장계획에 따라 연차별 시행계획을 수립하여야 한다. 이 경우 「사회보장기본법」 제16조에 따른 사회보장에 관한 기본계획과 연계되도록 하여야 한다.
		    ※ 지역사회보장계획 : 3년마다 수립하고, 매년 연차별 시행계획을 수립하여야 한다.(×)
		    ※ 지역사회보장계획 : 사회보장에 관한 기본계획과 연계되도록 하여야 한다.(○)
		② 시장·군수·구청장은 해당 시·군·구의 지역사회보장계획(연차별 시행계획을 포함)을 지역주민 등 이해관계인의 의견을 들은 후 수립하고, 제41조에 따른 지역사회보장협의체의 심의와 해당 시·군·구 의회의 보고를 거쳐 시·도지사에게 제출하여야 한다.
		    ※ 지역사회보장계획 : 시·군·구 지역사회보장계획은 사회보장위원회의 심의를 거쳐야 한다.(×)
		③ 시·도지사(특별자치시장은 제외)는 제2항에 따라 제출받은 시·군·구의 지역사회보장계획을 지원하는 내용 등을 포함한 "시·도" 지역사회보장계획을 수립하여야 한다.
		④ 특별자치시장은 지역주민 등 이해관계인의 의견을 들어 지역사회보장계획을 수립하여야 한다.
		⑤ 시·도지사는 제3항 및 제4항에 따른 지역사회보장계획을 제40조에 따른 시·도사회보장위원회의 심의와 해당 시·도 의회의 보고를 거쳐 보건복지부장관에게 제출하여야 한다. 이 경우 보건복지부장관은 제출된 계획을 사회보장위원회에 보고하여야 한다.

제35조	지역사회 보장에 관한 계획의 수립 [지역복지] ⑭⑮⑯⑲㉑㉒	**OIKOS UP 지역사회보장계획의 수립 절차 및 제출시기(시행령 제20조)** ① 법 제35조제1항에 따라 특별시장·광역시장·특별자치시장·도지사·특별자치도지사(이하 "시·도지사"라 한다) 및 시장(「제주특별자치도 설치 및 국제자유도시 조성을 위한 특별법」 제11조제1항에 따른 행정시장을 포함한다. 이하 같다)·군수·구청장(자치구의 구청장을 말한다. 이하 같다)은 법 제35조제7항에 따른 지역사회보장조사의 결과와 해당 지역에 필요한 사업 내용을 종합적으로 고려하여 시·도 및 시(「제주특별자치도 설치 및 국제자유도시 조성을 위한 특별법」 제10조제2항에 따른 행정시를 포함한다. 이하 같다)·군·구(자치구를 말한다. 이하 같다)의 지역사회보장계획을 수립하여야 한다. ② 특별자치시장 및 시장·군수·구청장은 지역사회보장계획안의 주요 내용을 20일 이상 공고하여 지역주민 등 이해관계인의 의견을 들은 후 특별자치시 및 시·군·구의 지역사회보장계획을 수립하여야 한다. ③ 시장·군수·구청장은 법 제41조 제1항에 따른 지역사회보장협의체의 심의와 해당 시·군·구 의회에 대한 보고를 거쳐 확정된 시·군·구 지역사회보장계획을 시행연도의 전년도 9월 30일까지, 그 연차별 시행계획을 시행연도의 전년도 11월 30일까지 각각 시·도지사에게 제출하여야 한다. ④ 시·도지사는 법 제40조 제1항에 따른 시·도사회보장위원회의 심의와 해당 시·도 의회에 대한 보고를 거쳐 확정된 시·도 지역사회보장계획을 시행연도의 전년도 11월 30일까지, 그 연차별 시행계획을 시행연도의 1월 31일까지 각각 보건복지부장관에게 제출하여야 한다.
		⑥ 시·도지사 또는 시장·군수·구청장은 지역사회보장계획을 수립할 때 필요하다고 인정하는 경우에는 사회보장 관련 기관·법인·단체·시설에 자료 또는 정보의 제공과 협력을 요청할 수 있다. ⑦ 보장기관의 장은 지역사회보장계획의 수립 및 지원 등을 위하여 지역 내 사회보장 관련 실태와 지역주민의 사회보장에 관한 인식 등에 관하여 필요한 조사("지역사회보장조사")를 실시할 수 있으며, 시·도지사 및 시장·군수·구청장은 지역사회보장계획 수립 시 지역사회보장조사 결과를 반영할 수 있다.

| 제35조 | 지역사회 보장에 관한 계획의 수립 [지역복지] ⑭⑮⑯⑲㉑㉒ | **OIKOS UP** 지역사회보장조사의 시기·방법 등(시행령 제21조)
① 법 제35조 제7항에 따른 지역사회보장조사("지역사회보장조사")는 **4년마다 실시**한다. 다만, 필요한 경우에는 수시로 실시할 수 있다.
② 지역사회보장조사의 내용에는 다음 각 호의 사항 전부나 일부가 포함되어야 한다.
  1. 성별, 연령, 가족사항 등 지역주민 또는 가구의 일반 특성에 관한 사항
  2. 소득, 재산, 취업 등 지역주민 또는 가구의 경제활동 및 상태에 관한 사항
  3. 주거, 교육, 건강, 돌봄 등 지역주민 또는 가구의 생활여건 및 사회보장급여 수급실태에 관한 사항
  4. 사회보장급여의 이용 및 제공에 관한 지역주민의 인식과 욕구에 관한 사항
  5. 아동, 여성, 노인, 장애인 등 사회보장급여가 필요한 사람의 사회보장급여 이용 경험, 인지도 및 만족도에 관한 사항
  6. 그 밖에 보건복지부장관이 지역주민의 사회보장 증진을 위하여 필요하다고 인정하는 사항
③ 지역사회보장조사는 표본조사의 방법으로 실시하되, 통계자료조사, 문헌조사 등의 방법을 병행하여 실시할 수 있다.
④ 보장기관의 장은 지역사회보장조사를 사회보장에 관한 전문성과 인력 및 장비를 갖춘 기관·법인·단체·시설에 의뢰할 수 있다.

⑧ **보건복지부장관 또는 시·도지사는** 지역사회보장계획의 내용이 대통령령으로 정하는 사유에 해당하는 경우에는 **시·도지사 또는 시장·군수·구청장에게 그 조정을 권고할 수 있다.** 이 경우 보건복지부장관은 관계 중앙행정기관의 장의 의견을 들을 수 있다.

OIKOS UP 지역사회보장계획의 조정 권고(시행령 제22조)
법 제35조제8항 전단에서 "대통령령으로 정하는 사유에 해당하는 경우"란 다음 각 호의 경우를 말한다.
  1. 법 제35조제1항 전단에 따른 지역사회보장계획(이하 "지역사회보장계획"이라 한다)의 내용이 법령을 위반할 우려가 있는 경우
  2. 지역사회보장계획의 내용이 「사회보장기본법」 제16조 제3항에 따라 확정된 사회보장에 관한 기본계획 또는 국가 또는 시·도의 사회보장시책에 부합되지 아니하는 경우
  3. 지역사회보장계획의 내용이 지방자치단체의 행정구역과 주민생활권역 간의 차이를 반영하지 아니하는 경우
  4. 지역사회보장계획의 내용이 둘 이상의 지방자치단체에 걸쳐 있는데도 해당 지방자치단체 간 협의를 거치지 아니한 경우
  5. 지방자치단체 간 지역사회보장계획의 내용에 현저한 불균형이 있는 경우
  6. 그 밖에 지역사회보장계획의 조정을 위하여 필요하다고 보건복지부장관이 인정하는 경우

⑨ 지역사회보장계획의 수립 및 지역사회보장조사의 시기·방법 등에 필요한 사항은 대통령령으로 정한다. [㉒] |

제36조	지역사회보장
	계획의 내용
	[⑨⑬㉒,
	지역복지
	⑭⑮⑱⑳]
		① 제35조 제2항에 따른 **시·군·구 지역사회보장계획**은 다음 각 호의 사항을 포함하여야 한다.
		  1. 지역사회보장 수요의 측정, 목표 및 추진전략
		  2. 지역사회보장의 **목표를 점검할 수 있는 지표**(지역사회보장지표)의 설정 및 목표
		  3. 지역사회보장의 **분야별 추진전략, 중점 추진사업 및 연계협력 방안**
		  4. 지역사회보장 **전달체계의 조직과 운영**
		  5. 사회보장급여의 사각지대 발굴 및 지원 방안
		  6. 지역사회보장에 **필요한 재원의 규모와 조달 방안**
		  7. 지역사회보장에 관련한 통계 수집 및 관리 방안
		  8. 지역 내 부정수급 발생 현황 및 방지대책
		  9. 그 밖에 대통령령으로 정하는 사항
		② **시·도 지역사회보장계획**은 다음 각 호의 사항을 포함하여야 한다.
		  1. 시·군·구의 사회보장이 균형적이고 효과적으로 추진될 수 있도록 지원하기 위한 **목표 및 전략**
		  2. 지역사회보장**지표의 설정 및 목표**
		  3. 시·군·구에서 **사회보장급여가 효과적으로 이용 및 제공될 수 있는 기반 구축 방안**
		  4. 시·군·구 사회보장급여 담당 인력의 양성 및 전문성 제고 방안
		  5. 지역사회보장에 관한 통계자료의 수집 및 관리 방안
		  6. 시·군·구의 **부정수급 방지대책을 지원하기 위한 방안**
		  7. 그 밖에 지역사회보장 추진에 필요한 사항
		③ 제35조제4항에 따른 **특별자치시 지역사회보장계획은 다음 각 호의 사항**을 포함하여야 한다.
		  1. 제1항 각 호의 사항
		  2. 사회보장급여가 효과적으로 이용 및 제공될 수 있는 기반 구축 방안
		  3. 사회보장급여 담당 인력의 양성 및 전문성 제고 방안 []
		  4. 그 밖에 지역사회보장 추진에 필요한 사항

제37조	지역사회보장 계획의 시행	① 시·도지사 또는 시장·군수·구청장은 **지역사회보장계획을 시행**하여야 한다. ② 시·도지사 또는 시장·군수·구청장은 지역사회보장계획을 시행할 때 필요하다고 인정하는 경우에는 사회보장 관련 민간 법인·단체·시설에 인력, 기술, 재정 등의 지원을 할 수 있다.
제38조	지역사회보장 계획의 변경 [지역복지 ⑲]	**시·도지사 또는 시장·군수·구청장은** 사회보장의 환경 변화, 「사회보장기본법」 제16조에 따른 사회보장에 관한 기본계획의 변경 등이 있는 경우에는 **지역사회보장계획을 변경할 수 있으며**, 그 변경 절차는 제35조를 준용한다. ❌ 지역사회보장계획 : 시·군·구 지역사회보장계획은 변경할 수 없다.(×)
제39조	지역사회 보장계획 시행결과의 평가 [지역복지 ⑲]	① 보건복지부장관은 **시·도 지역사회보장계획의 시행결과**를, 시·도지사는 **시·군·구 지역사회보장계획의 시행결과**를 각각 보건복지부령으로 정하는 바에 따라 **평가할 수 있다.** ② **시·도지사는 제1항에 따른 평가를 시행한 경우 그 결과를 보건복지부장관에게 제출**하여야 한다. 보건복지부장관은 이를 종합·검토하여 사회보장위원회에 보고하여야 한다. ③ 보건복지부장관 또는 시·도지사는 필요한 경우 제1항에 따른 평가결과를 제47조에 따른 지원에 반영할 수 있다.

	제2절 지역사회보장 운영체계	① 시·도지사는 **시·도의 사회보장 증진을 위하여 시·도사회보장위원회를 둔다.**
		② 시·도사회보장위원회는 다음 각 호의 업무를 심의·자문한다.
		  1. 시·도의 지역사회보장계획 수립·시행 및 평가에 관한 사항
		  2. 시·도의 지역사회보장조사 및 지역사회보장지표에 관한 사항
		  3. 시·도의 사회보장급여 제공에 관한 사항
		  4. 시·도의 사회보장 추진과 관련한 중요 사항
		  5. 제41조제7항에 따른 읍·면·동 단위 지역사회보장협의체의 구성 및 운영에 관한 사항(특별자치시에 한정한다)
		  6. 사회보장과 관련된 서비스를 제공하는 관계 기관·법인·단체·시설과의 연계·협력 강화에 관한 사항(특별자치시에 한정한다)
		  7. 그 밖에 위원장이 필요하다고 인정되는 사항
		③ **시·도사회보장위원회는 다음 각 호의 사람 중 시·도지사가 임명 또는 위촉한 사람으로 구성한다.**
		  1. 사회보장에 관한 전문적 지식이나 경험을 가진 사람
		  2. 사회보장 관련 기관 및 단체의 대표자
		  3. 사회보장을 필요로 하는 사람의 이익 등을 대표하는 사람
		  4. 제41조 제3항에 따른 지역사회보장협의체의 대표자
		  5. 「비영리민간단체지원법」 제2조의 비영리민간단체에서 추천한 사람
		  6. 「사회복지공동모금회법」 제14조에 따른 사회복지공동모금회에서 추천한 사람
		  7. 제41조제7항에 따른 읍·면·동 단위 지역사회보장협의체의 위원장(특별자치시에 한정하며, 공동위원장이 있는 경우에는 민간위원 중에서 선출된 공동위원장을 말한다)
		  8. 사회보장에 관한 업무를 담당하는 공무원
		④ **다음 각 호의 어느 하나에 해당하는 사람은 시·도사회보장위원회의 위원이 될 수 없다.**
		  1. 미성년자
		  2. 피성년후견인, 피한정후견인
		  3. **파산선고를 받고 복권되지 아니한 사람**
		  4. 법원의 판결에 따라 자격이 상실되거나 정지된 사람
		  5. 금고 이상의 실형을 선고받고 그 집행이 끝나거나(집행이 끝난 것으로 보는 경우를 포함한다) 집행이 면제된 날부터 3년이 지나지 아니한 사람
		  6. 금고 이상의 형의 집행유예를 선고받고 그 유예기간 중에 있는 사람
		  7. 제5호 및 제6호에도 불구하고 「사회복지사업법」 제2조 제1호의 사회복지사업(이하 "사회복지사업"이라 한다) 또는 그 직무와 관련하여 「아동복지법」 제71조, 「보조금 관리에 관한 법률」 제40조부터 제42조까지 또는 「형법」 제28장·제40장(제360조는 제외한다)의 죄를 범하거나 이 법을 위반하여 다음 각 목의 어느 하나에 해당하는 사람
		    가. 100만원 이상의 벌금형을 선고받고 그 형이 확정된 후 5년이 지나지 아니한 사람
		    나. 금고 이상의 형의 집행유예를 선고받고 그 유예기간이 끝난 날부터 7년이 지나지 아니한 사람
		    다. 금고 이상의 실형을 선고받고 그 집행이 끝나거나(집행이 끝난 것으로 보는 경우를 포함한다) 집행이 면제된 날부터 7년이 지나지 아니한 사람

제40조	시·도사회보장위원회 [⑥⑦]	

제40조	시·도사회 보장위원회 [⑥⑦]	8. 제5호부터 제7호까지에도 불구하고 「성폭력범죄의 처벌 등에 관한 특례법」 제2조의 성폭력범죄 또는 「아동·청소년의 성보호에 관한 법률」 제2조제2호의 아동·청소년대상 성범죄를 저지른 사람으로서 형 또는 치료감호를 선고받고 확정된 후 그 형 또는 치료감호의 전부 또는 일부의 집행이 끝나거나(집행이 끝난 것으로 보는 경우를 포함한다) 집행이 면제되거나 집행의 유예기간이 끝난 날부터 10년이 지나지 아니한 사람 ⑤ 보장기관의 장은 시·도사회보장위원회의 효율적 운영을 위하여 필요한 운영비 등 경비를 지원할 수 있다. ⑥ 시·도사회보장위원회의 조직·운영에 필요한 사항은 보건복지부령으로 정하는 바에 따라 해당 시·도의 조례로 정한다. **OIKOS UP** 시·도사회보장위원회의 구성 및 운영(시행규칙 제4조) ① 법 제40조 제1항에 따른 시·도사회보장위원회는 위원장 1명을 포함한 15명 이상 40명 이하의 위원으로 구성한다. ② 시·도사회보장위원회의 위원장은 위원 중에서 호선하며, 위원장이 부득이한 사유로 직무를 수행할 수 없을 때에는 위원장이 지명하는 사람이 그 직무를 대행한다. ③ 시·도사회보장위원회의 위원의 임기는 2년으로 하되, 위원장은 한 차례만 연임할 수 있다. 다만, 공무원인 위원의 임기는 그 재직기간으로 한다. ④ 시·도사회보장위원회의 위원장은 재적위원 3분의 1 이상이 요구하거나 위원장이 필요하다고 인정하는 경우에 회의를 소집할 수 있다. ⑤ 시·도사회보장위원회의 위원장은 회의를 소집하려면 회의의 일시·장소 및 심의 안건을 위원에게 회의 개최 5일 전까지 서면으로 알려야 한다. 다만, 긴급히 개최하여야 하는 경우와 그 밖의 부득이한 사정이 있는 경우에는 그러하지 아니하다. ⑥ 시·도사회보장위원회의 회의는 재적위원 과반수의 출석으로 개의(開議)하고 출석위원 과반수의 찬성으로 의결한다.
제41조	지역사회보장 협의체 [⑥⑧㉑, 지역복지 ⑭⑲⑳]	① **시장·군수·구청장은** 지역의 사회보장을 증진하고, 사회보장과 관련된 서비스를 제공하는 관계 기관·법인·단체·시설과 연계·협력을 강화하기 위하여 해당 **시·군·구에 지역사회보장협의체를** 둔다. ② **지역사회보장협의체는** 다음 각 호의 업무를 **심의·자문**한다. 1. 시·군·구의 지역사회보장계획 수립·시행 및 평가에 관한 사항 2. 시·군·구의 지역사회보장조사 및 지역사회보장지표에 관한 사항 3. 시·군·구의 사회보장급여 제공에 관한 사항 4. 시·군·구의 사회보장 추진에 관한 사항 5. 읍·면·동 단위 지역사회보장협의체의 구성 및 운영에 관한 사항 6. 그 밖에 위원장이 필요하다고 인정하는 사항 ⊗ 지역사회보장협의체 : 관할 지역의 사회복지사업에 관한 중요사항을 심의·건의한다.(×) ③ **지역사회보장협의체의 위원은** 다음 각 호의 사람 중 **시장·군수·구청장이 임명 또는 위촉**한다. 다만, 제40조 제4항에 해당되는 사람은 위원이 될 수 없다. 1. 사회보장에 관한 학식과 경험이 풍부한 사람 2. 지역의 사회보장 활동을 수행하거나 서비스를 제공하는 기관·법인·단체·시설의 대표자

| 제41조 | 지역사회보장 협의체 [⑥⑧, 지역복지 ⑭⑲] | 3. 「비영리민간단체지원법」 제2조의 비영리민간단체에서 추천한 사람
4. 제7항에 따른 읍·면·동 단위 지역사회보장협의체의 위원장(공동위원장이 있는 경우에는 민간위원 중에서 선출된 공동위원장을 말한다)
5. 사회보장에 관한 업무를 담당하는 공무원

OIKOS UP 지역사회보장협의체의 구성 및 운영(시행규칙 제5조)
① 법 제41조 제1항에 따른 지역사회보장협의체는 위원장을 포함한 10명 이상 40명 이하의 위원으로 구성한다.
② 지역사회보장협의체의 위원장은 위원 중에서 호선(互選)하되, 공무원인 위원과 위촉 위원 각 1명을 공동위원장으로 선출할 수 있다.
③ 지역사회보장협의체의 위원의 임기는 2년으로 하되, 위원장은 한 차례만 연임할 수 있다. 다만, 공무원인 위원의 임기는 그 재직기간으로 한다.
　　지역사회보장협의체 : 10명 이상 25명 이하의 위원으로 구성하고, 임기는 2년이다.(×)
④ 지역사회보장협의체의 회의는 재적위원 3분의 1 이상이 요구하거나 위원장이 필요하다고 인정하는 경우에 소집할 수 있다.
⑤ 지역사회보장협의체의 위원장은 회의를 소집하려면 회의의 일시·장소 및 심의 안건을 위원에게 회의 개최 5일 전까지 서면으로 알려야 한다. 다만, 긴급히 개최하여야 하는 경우와 그 밖의 부득이한 사정이 있는 경우에는 그러하지 아니하다.
⑥ 지역사회보장협의체의 회의는 재적위원 과반수의 출석으로 개의하고 출석위원 과반수의 찬성으로 의결한다.

④ 지역사회보장협의체의 업무를 효율적으로 수행하기 위하여 지역사회보장협의체에 **실무협의체**를 둔다.

OIKOS UP 지역사회보장협의체에 두는 실무협의체의 구성 및 운영(시행규칙 제6조)
① 법 제41조 제4항에 따른 실무협의체는 위원장 1명을 포함한 10명 이상 40명 이하의 위원으로 구성한다.
② 실무협의체의 위원장은 위원 중에서 호선하고, 위원은 사회보장에 관한 실무지식과 경험이 풍부한 사람 중에서 다음 각 호의 어느 하나에 해당하는 사람을 지역사회보장협의체의 위원장이 성별을 고려하여 임명하거나 위촉한다. 이 경우 지역사회보장협의체의 위원장이 공동위원장인 경우에는 공동으로 임명하거나 위촉한다.
　1. 지역의 사회보장 활동을 수행하거나 서비스를 제공하는 기관·법인·단체·시설 또는 공익단체의 실무자
　2. 사회보장에 관한 업무를 담당하는 공무원
　3. 「비영리민간단체 지원법」 제2조에 따른 비영리민간단체에서 추천한 사람
　4. 그 밖에 학계 등 사회보장 관련 분야 종사자
③ 실무협의체의 위원의 임기는 2년으로 하되, 위원장은 한 차례만 연임할 수 있다. 다만, 공무원인 위원의 임기는 그 재직기간으로 한다.

⑤ 보장기관의 장은 지역사회보장협의체의 효율적 운영을 위하여 필요한 인력 및 운영비 등 재정을 지원할 수 있다.
⑥ 제1항부터 제5항까지에 규정된 사항 외에 지역사회보장협의체 및 실무협의체의 조직·운영에 필요한 사항은 보건복지부령으로 정하는 바에 따라 해당 시·군·구의 조례(「제주특별자치도 설치 및 국제자유도시 조성을 위한 특별법」 제10조제2항에 따른 행정시의 경우에는 특별자치도의 조례를 말한다. 이하 같다)로 정한다. |

| 제41조 | 지역사회보장
협의체
[⑥⑧,
지역복지 ⑭⑲] | ⑦ 특별자치시장 및 시장·군수·구청장은 읍·면·동 단위로 읍·면·동의 사회보장 관련 업무의 원활한 수행을 위하여 해당 **읍·면·동에 읍·면·동 단위 지역사회보장협의체**를 둔다.
⑧ 제7항에 따른 읍·면·동 단위 지역사회보장협의체의 조직·운영에 필요한 사항은 보건복지부령으로 정하는 바에 따라 해당 특별자치시 및 시·군·구의 조례로 정한다.

OIKOS UP 읍·면·동 단위 지역사회보장협의체의 구성 및 운영(시행규칙 제7조)
① 법 제41조제7항에 따른 읍·면·동 단위 지역사회보장협의체(이하 "읍·면·동 단위 지역사회보장협의체"라 한다)는 다음 각 호의 업무를 지원한다.
  1. 관할 지역의 저소득 주민·아동·노인·장애인·한부모가족·다문화가족 등 사회보장사업에 의한 도움을 필요로 하는 사람 발굴 업무
  2. 사회보장 자원 발굴 및 연계 업무
  3. 지역사회보호체계 구축 및 운영 업무
  4. 그 밖에 관할 지역 주민의 사회보장 증진을 위하여 필요한 업무
② 읍·면·동 단위 지역사회보장협의체는 **읍장·면장·동장과** 다음 각 호의 어느 하나에 해당하는 사람 중에서 **읍장·면장·동장의 추천을 받아 특별자치시장 및 시장·군수·구청장이 위촉하는 사람**으로 성별을 고려하여 구성한다.
  1. 지역의 사회보장 활동을 수행하거나 서비스를 제공하는 기관·법인·단체·시설 또는 공익단체의 실무자
  2. 사회보장 자원 발굴 및 연계 업무
  3. 지역사회보호체계 구축 및 운영 업무
  4. 그 밖에 관할 지역 주민의 사회보장 증진을 위하여 필요한 업무
② 읍·면·동 단위 지역사회보장협의체는 **읍장·면장·동장과** 다음 각 호의 어느 하나에 해당하는 사람 중에서 **읍장·면장·동장의 추천을 받아 특별자치시장 및 시장·군수·구청장이 위촉하는** 사람으로 성별을 고려하여 구성한다.
  1. 지역의 사회보장 활동을 수행하거나 서비스를 제공하는 기관·법인·단체·시설 또는 공익단체의 실무자
  2. 사회보장에 관한 업무를 담당하는 공무원
  3. 「비영리민간단체 지원법」 제2조에 따른 비영리민간단체에서 추천한 사람
  4. 삭제
  5. 「지방자치법」 제4조의2 제4항에 따른 행정리의 이장 및 같은 조 제5항에 따른 행정동의 하부조직으로 두는 통의 통장
  6. 주민자치위원, 자원봉사단체 구성원
  7. 그 밖에 관할 지역의 사회보장 증진에 열의가 있는 사람
③ 읍·면·동 단위 지역사회보장협의체 위원은 **읍·면·동별로 각 10명 이상**으로 한다.
④ 읍·면·동 단위 지역사회보장협의체의 위원장은 위원 중에서 호선하되, **읍장·면장·동장과 민간위원 중에서 각 1명을 공동위원장으로 선출**할 수 있다.
⑤ 읍·면·동 단위 지역사회보장협의체의 위원의 **임기는 2년으로 하며 연임**할 수 있다. 다만, 공무원인 위원의 임기는 그 재직기간으로 한다.
⑥ 읍·면·동 단위 지역사회보장협의체의 회의에 관하여는 제5조 제4항부터 제6항까지의 규정을 준용한다. |

제42조	사회보장사무 전담기구	① 특별자치시장 및 시장·군수·구청장은 사회보장에 관한 업무를 효율적으로 수행하기 위하여 관련 조직, 인력, 관계 기관 간 협력체계 등을 마련하여야 하며, 필요한 경우에는 **사회보장에 관한 사무를 전담하는 기구**("사회보장사무 전담기구")를 별도로 설치할 수 있다. ② 사회보장사무 전담기구는 사회보장정보시스템을 활용하여 수급권자에게 필요한 정보를 종합 안내하고, 사회보장급여에 대한 신청 등이 편리하게 이루어질 수 있도록 운영되어야 한다. ③ 사회보장사무 전담기구의 사무 범위, 조직 및 운영 등에 필요한 사항은 해당 특별자치시 및 시·군·구의 조례로 정한다.
제42조의2	통합사례관리 [⑰]	① 보건복지부장관, 시·도지사 및 시장·군수·구청장은 지원대상자의 사회보장 수준을 높이기 위하여 지원대상자의 다양하고 복합적인 특성에 따른 상담과 지도, 사회보장에 대한 욕구조사, 서비스 제공 계획의 수립을 실시하고, 그 계획에 따라 지원대상자에게 보건·복지·고용·교육 등에 대한 사회보장급여 및 민간 법인·단체·시설 등이 제공하는 서비스를 종합적으로 연계·제공하는 통합사례관리를 실시할 수 있다. ② 제1항에 따른 **통합사례관리를 실시하기 위하여 필요한 경우에는 특별자치시 및 시·군·구에 통합사례관리사를 둘 수 있다.** [⑰] ③ 보건복지부장관은 통합사례관리 사업의 전문적인 지원을 위하여 해당 업무를 공공 또는 민간 기관·단체 등에 위탁하여 실시할 수 있다. ④ 제2항에 따른 통합사례관리사의 자격·업무 등 운영에 필요한 사항과 제3항에 따른 통합사례관리 사업의 지원업무 위탁에 필요한 사항은 보건복지부령으로 정한다.
제43조	사회복지전담 공무원 [⑤⑱]	① **사회복지사업에 관한 업무를 담당하게 하기 위하여 시·도, 시·군·구, 읍·면·동 또는 사회보장사무 전담기구에 사회복지전담공무원을 둘 수 있다.** [⑱] ⊗ 시·군·구, 읍·면·동에 사회복지전담공무원을 둘 수 있고 시·도에는 둘 수 없다.(×) ② 사회복지전담공무원은 「사회복지사업법」 제11조에 따른 **사회복지사의 자격을 가진 사람**으로 하며, 그 임용 등에 필요한 사항은 대통령령으로 정한다. [⑱] ③ 사회복지전담공무원은 사회보장급여에 관한 업무 중 **취약계층에 대한 상담과 지도, 생활실태의 조사 등** 보건복지부령으로 정하는 사회복지에 관한 전문적 업무를 담당한다. ④ 국가는 사회복지전담공무원의 보수 등에 드는 **비용의 전부 또는 일부를 보조할 수 있다.** ⑤ **시·도지사 및 시장·군수·구청장은** 「지방공무원 교육훈련법」 제3조에 따라 **사회복지전담공무원의 교육훈련에 필요한 시책을 수립·시행하여야 한다.** [⑱]
제3절 지역사회보장 지원 및 균형발전		
제45조	지역사회보장의 균형발전	중앙행정기관의 장 및 시·도지사는 시·도 및 시·군·구 간 사회보장 수준의 차이를 최소화하기 위하여 예산 배분, 사회보장급여의 제공 기관 등의 배치 등에 필요한 조치를 하여야 한다.
제46조	지역사회보장 균형발전지원 센터 [지역복지 ⑲]	① **보건복지부장관은** 시·도 및 시·군·구의 사회보장 추진 현황 분석, **지역사회보장계획의 평가**, 지역 간 사회보장의 균형발전 지원 등의 업무를 효과적으로 수행하기 위하여 **지역사회보장균형발전지원센터를 설치·운영 할 수 있다.** ⊗ 지역사회보장계획 : 지역사회보장계획의 평가, 지원 등을 위한 지역사회보장지원센터를 설치·운영할 수 있다.(×) ② 보건복지부장관은 지역사회보장균형발전지원센터의 운영을 관련 전문기관에 위탁할 수 있다.

사회복지사업법

제2부 **각 론**

제10장 회차별 출제빈도, 출제비중 및 출제논점 1, 2, 3순위

10회 2012	11회 2013	12회 2014	13회 2015	14회 2016	15회 2017	16회 2018	17회 2019	18회 2020	19회 2021	20회 2022	21회 2023	22회 2024
4	4	4	4	4	3	4	3	3	3	2	1	4

목 차	출제 비중	출제 논점		
		1순위 ☺	2순위 ※	3순위 ☆
사회복지사업법	13.4	① 3번 이상 출제되었던 조문	① 2번 출제되었던 조문	① 1번 출제되었던 조문

1순위 스마일표시(☺) : 출제 빈출도가 높은 부분으로 무조건 시험에 출제되는 영역
2순위 당구장표시(※) : 나왔다 안 나왔다 하는 영역이지만 출제가능성 높은 영역
3순위 별 표(☆)   : 출제 된 적이 있긴 하지만 다시 출제될 가능성은 다소 떨어지는 영역

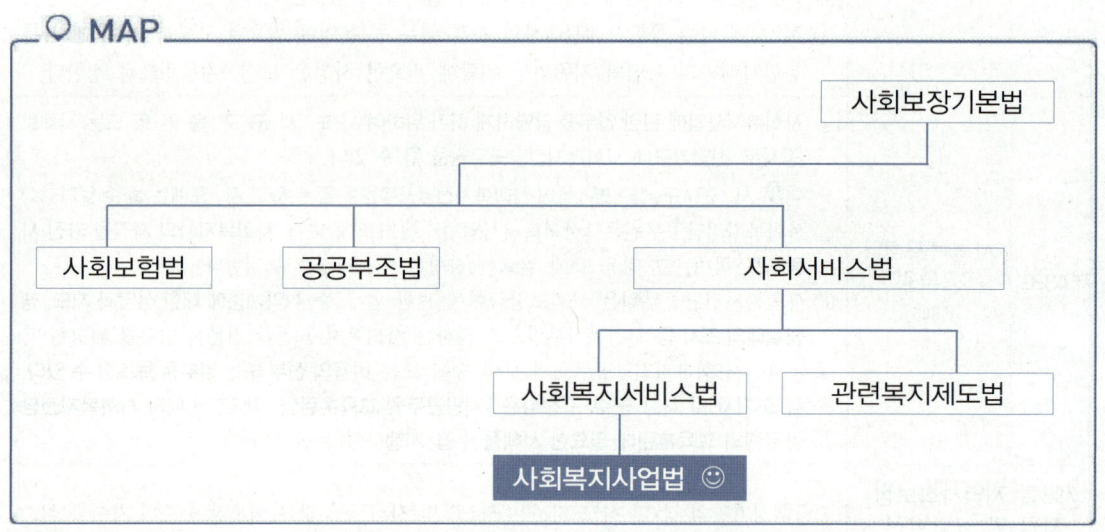

01 개요

1 의 의

① 1970년 1월 1일 제정된 「사회복지사업법」은 **사회복지서비스법을 통합·조정하는 기본법**으로 각종 사회복지서비스법의 제정방향과 근거를 제시한 기본법으로 기능하고 있다.
② 사회복지사업의 조직과 운영에 관한 기본법적 성격을 갖는 동시에 일반법적인 특성을 갖는다.

2 사회복지사업법의 발전 과정

연 도	개정 주요 내용
1970	• 사회복지사업법 제정 → 사회복지사업종사자 제도 • 사회복지법인 제도 도입
1983	• 사회복지사 자격 제도, 자격 1·2·3급으로 구분 • 사회복지관 설립운영 근거규정 마련 • 사회복지협의회 법정 단체화 조항 신설
1992 전부개정	• 사회복지전담공무원제도 신설 • 시·군·구에 복지사무전담기구(사회복지사무소) 설치 근거
1997 전부개정	• 사회복지시설의 설치·운영에 대한 허가제를 신고제로 변경(개인도 시설 설치 가능) • 사회복지시설에 대한 평가제도 도입(3년마다 1회 이상) • 사회복지사 1급 국가시험제도 도입(사회복지사 자격증 변경)
2000	• 매년 9월 7일을 사회복지의 날, 1주간을 사회복지주간 제정 • 사회복지시설의 화재보험 가입의무조항 신설
2003	• 시·군·구에 지역사회복지협의체 설치 규정(2005년 설치 운영) • 지역사회복지계획 4년마다 의무적으로 수립
2007	• 사회복지사의 결격사유 규정 중 파산자를 삭제하고 마약중독자를 추가 • 사회복지사의 보수교육을 위한 근거규정 마련 • 사회복지시설 종사자에 대한 처우개선을 지역복지계획사항으로 추가
2011	• 사회복지법인의 설치·운영 등에 관한 보건복지부장관의 사무를 시·도지사에게 이양 • 농어촌 지역 등의 지역특성과 시설분포 등 고려하여 사회복지시설 통합설치 근거 마련
2012	• 인권보호 강화 : 법의 목적, 기본 이념, 국가와 지방자치단체의 책임, 복지업무 수행 원칙, 사회복지사업 종사자 지도·훈련 및 사회복지사에 대한 교육 등에 있어서 인권보호에 관한 사항을 명시 • 사회복지법인 임원의 자격 요건 강화 : **법인의 이사 정수를 최소 5명에서 7명으로 증원, 법인 이사 정수의 3분의 1 이상을 사회복지위원회 및 지역사회복지협의체에서 추천**한 사람 중에서 선임, 감사 중 1명은 법률 또는 회계에 관한 지식이 있는 사람 중 선임 • 중대한 성폭력 범죄를 저지른 사람은 임원, 시설의 장 및 종사자가 될 수 없도록 함 • 사회복지시설 서비스 품질 향상 강화 : **보건복지부장관은 사회복지시설 서비스 최저기준을 마련**하고, 시설운영자는 최저기준 이상으로 서비스 수준을 유지하도록 하며, 보건복지부장관과 시·도지사는 시설을 정기적으로 평가하고, 그 결과를 공표할 수 있게 함
2013	• 여러 가지 사고에 대한 시설 운영자의 손해배상책임을 강화 : 시설 운영자가 의무적으로 가입하여야 하는 보험에 현행 화재로 인한 손해배상책임 외에 **안전사고로 인한 보호대상자에 대한 손해배상책임을 추가함**

02 법률 내용분석(2024.1.2. 일부 개정, 2025.1.3. 시행)

제1장 총 칙

제1조	목적 [⑨]	이 법은 **사회복지사업에 관한 기본적 사항을 규정**하여 사회복지를 필요로 하는 사람에 대하여 인간의 존엄성과 인간다운 생활을 할 권리를 보장하고 사회복지의 전문성을 높이며, 사회복지사업의 공정·투명·적정을 도모하고, 지역사회복지의 체계를 구축함으로써 사회복지의 증진에 이바지함을 목적으로 한다.
제1조의2	기본 이념 [⑫⑰⑲⑳]	① 사회복지를 필요로 하는 사람은 **누구든지 자신의 의사에 따라 서비스를 신청하고 제공**받을 수 있다. [⑳] ② 사회복지법인 및 사회복지시설은 공공성을 가지며 **사회복지사업을 시행하는 데 있어서 공공성을 확보**하여야 한다. ③ 사회복지사업을 시행하는 데 있어서 사회복지를 제공하는 자는 **사회복지를 필요로 하는 사람의 인권을 보장**하여야 한다. ④ 사회복지서비스를 제공하는 자는 필요한 정보를 제공하는 등 **사회복지서비스를 이용하는 사람의 선택권을 보장**하여야 한다. [⑰⑲]
제2조	정의 [④⑬⑱⑲㉒]	이 법에서 사용하는 용어의 뜻은 다음과 같다. 1. **"사회복지사업" 이란** 다음 **각 목의 법률**(사회복지사업법의 적용을 받는 법률, 사회복지사업법상 사회복지사업 관련 법률)에 따른 보호·선도(善導) 또는 복지에 관한 사업과 사회복지상담, 직업지원, 무료 숙박, 지역사회복지, 의료복지, 재가복지(在家福祉), 사회복지관 운영, 정신질환자 및 한센병력자의 사회복귀에 관한 사업 등 각종 복지사업과 이와 관련된 자원봉사활동 및 복지시설의 운영 또는 지원을 목적으로 하는 사업을 말한다. ⊗ 처벌(×), 사회보험법(×) 가. 「국민기초생활보장법」 나. 「아동복지법」 다. 「노인복지법」 라. 「장애인복지법」 마. 「한부모가족지원법」 바. 「영유아보육법」 사. 「성매매방지 및 피해자보호 등에 관한 법률」 아. 「정신건강증진 및 정신질환자 복지서비스 지원에 관한 법률」 자. 「성폭력방지 및 피해자보호 등에 관한 법률」 차. 「입양특례법」 **OIKOS UP 차목 변경(2023.7.18., 타법개정, 2025.7.19.시행예정)** ① 제2조제1호차목을 다음과 같이 한다. 　차. 「국내입양에 관한 특별법」 및 「국제입양에 관한 법률」 ② 참고로 본 개정사항은 2025.7.19.시행 예정이므로 2025년 23회 시험에는 적용되지 않는다. 카. 「일제하 일본군위안부 피해자에 대한 보호·지원 및 기념사업 등에 관한 법률」

		타. 「사회복지공동모금회법」 파. 「장애인·노인·임산부 등의 편의증진 보장에 관한 법률」 하. 「가정폭력방지 및 피해자보호 등에 관한 법률」 거. 「농어촌주민의 보건복지증진을 위한 특별법」 너. **「식품등 기부 활성화에 관한 법률」** 더. 「의료급여법」 러. **「기초연금법」** 머. 「긴급복지지원법」 버. 「다문화 가족지원법」 서. 「장애인연금법」 어. 「장애인활동 지원에 관한 법률」 저. 「노숙인 등의 복지 및 자립지원에 관한 법률」 처. 「보호관찰 등에 관한 법률」 커. 「장애아동 복지지원법」 터. 「발달장애인 권리보장 및 지원에 관한 법률」 퍼. **「청소년복지 지원법」** 허. 그 밖에 대통령령으로 정하는 법률 **OIKOS UP** 사회복지사업 관련 법률(동법 시행령 제1조의2) 「사회복지사업법」(이하 "법"이라 한다) 제2조제1호허목에서 "대통령령으로 정하는 법률"이란 다음 각 호의 법률을 말한다. 1. 「건강가정기본법」 2. 「북한이탈주민의 보호 및 정착지원에 관한 법률」 3. 「자살예방 및 생명존중문화 조성을 위한 법률」 4. 「장애인·노인 등을 위한 보조기기 지원 및 활용촉진에 관한 법률」 2. **"지역사회복지"**란 주민의 복지증진과 삶의 질 향상을 위하여 지역사회 차원에서 전개하는 사회복지를 말한다. 3. **"사회복지법인"이란** 사회복지사업을 할 목적으로 설립된 법인을 말한다. 4. **"사회복지시설"이란** 사회복지사업을 할 목적으로 설치된 시설을 말한다. 5. **"사회복지관"이란** 지역사회를 기반으로 일정한 시설과 전문인력을 갖추고 지역주민의 참여와 협력을 통하여 지역사회의 복지문제를 예방하고 해결하기 위하여 종합적인 복지서비스를 제공하는 시설을 말한다. 6. **"사회복지서비스"**란 국가·지방자치단체 및 민간부문의 도움을 필요로 하는 모든 국민에게 상담, 재활, 직업 소개 및 지도, 사회복지시설의 이용 등을 제공하여 정상적인 사회생활이 가능하도록 제도적으로 지원하는 것을 말한다. [19] ㊽ 「사회보장기본법」상 사회서비스는 사회복지서비스의 범위에 포함되는 개념이다.(×) 7. **"보건의료서비스"**란 국민의 건강을 보호·증진하기 위하여 보건의료인이 하는 모든 활동을 말한다.
제3조	다른 법률과의 관계 [4]	① 사회복지사업의 내용 및 절차 등에 관하여 제2조 제1호 각 목의 법률에 특별한 규정이 있는 경우를 제외하고는 이 법에서 정하는 바에 따른다. ② 제2조 제1호 각 목의 법률을 개정하는 경우에는 이 법에 부합하도록 하여야 한다.

제3조	다른
	법률과의
	관계
	[④]
		OIKOS UP 사회복지사업법의 위상
		① 사회복지사업법은 **사회복지사업에 관한 일반법**으로서 역할을 한다.
		사회복지사업과 관련하여 다른 특정 법률에 규정이 있는 경우에는 이들 특정 법률은 특별법으로서 일반법인 사회복지사업법에 앞서 우선 적용된다.
		   예 사회복지사업법과 노인복지법 간에 충돌이 있는 경우 노인복지법의 규정들은 사회복지사업법에 우선하여 적용된다.
		② 다른 사회복지사업 관련 특정 법률을 개정하는 경우에는 사회복지사업법에 부합하도록 하여야 한다.
		   ㉠ 사회복지사업법은 법률 개정시에 다른 사회복지 관련법의 모법의 역할을 한다.
		   ㉡ 만일 특정의 사회복지사업 관련 법에 특별한 규정이 없는 경우 사회복지사업의 규정에 따르면 된다.

제4조	복지와 인권증진의 책임 [⑫, 정책론 ⑰]	① 국가와 지방자치단체는 사회복지서비스를 증진하고, 서비스를 이용하는 사람에 대하여 **인권침해를 예방하고 차별을 금지하며 인권을 옹호할 책임**을 진다. ② 국가와 지방자치단체는 사회복지서비스와 보건의료서비스를 함께 필요로 하는 사람에게 이들 서비스가 연계되어 제공되도록 노력하여야 한다. ③ 국가와 지방자치단체, 그 밖에 사회복지사업을 하는 자는 사회복지를 필요로 하는 사람에 대하여 그 사업과 관련한 상담, 작업치료(作業治療), 직업훈련 등을 실시하고 필요한 경우에는 주민의 복지 욕구를 조사할 수 있다. ④ 국가와 지방자치단체는 도움을 필요로 하는 국민이 본인의 선호와 필요에 따라 적절한 사회복지서비스를 제공받을 수 있도록 사회복지서비스 수요자 등을 고려하여 사회복지시설이 균형 있게 설치되도록 노력하여야 한다. ⑤ 국가와 지방자치단체는 민간부문의 사회복지 증진활동이 활성화되고 국가 및 지방자치단체의 사회복지사업과 민간부문의 사회복지 증진활동이 원활하게 연계될 수 있도록 노력하여야 한다.[정책론 ⑰] ⑥ 국가와 지방자치단체는 사회복지를 필요로 하는 사람의 **인권이 충분히 존중되는 방식으로 사회복지서비스를 제공**하고 **사회복지와 관련된 인권교육을 강화**하여야 한다.[정책론 ⑰] ⑦ 국가와 지방자치단체는 사회복지서비스를 이용하는 사람이 **긴급한 인권침해 상황에 놓인 경우 신속히 대응**할 체계를 갖추어야 한다. ⑧ 국가와 지방자치단체는 **시설 거주자의 희망을 반영**하여 지역사회보호체계에서 서비스가 제공될 수 있도록 노력하여야 한다. ⑨ 국가와 지방자치단체는 사회복지서비스를 필요로 하는 사람들에게 **사회복지서비스의 실시에 대한 정보를 제공**하여야 한다. ⑩ 국가와 지방자치단체는 사회복지서비스를 제공하는 자로부터 **위법 또는 부당한 처분을 받아 권리나 이익을 침해당한 사람을 위하여 간이하고 신속한 구제조치를 마련**하여야 한다.
제5조	인권존중 및 최대 봉사의 원칙	① 이 법에 따라 복지업무에 종사하는 사람은 그 업무를 수행할 때에 사회복지를 필요로 하는 사람을 위하여 **인권을 존중하고 차별 없이 최대로 봉사**하여야 한다. ② 국가와 지방자치단체는 복지업무에 종사하는 사람이 그 업무를 수행할 때에 **사회복지를 필요로 하는 사람의 인권을 침해하는 행위를 한 경우에는 제2조 제1호 각 목의 법률이 정하는 바에 따라 처분하고 그 사실을 공표하는 등의 조치**를 하여야 한다.

제5조의2	사회복지 서비스 제공의 원칙 [⑰⑲㉑㉒]	① 사회복지서비스를 필요로 하는 사람(이하 "보호대상자"라 한다)에 대한 **사회복지서비스 제공**(이하 "서비스 제공")은 **현물(現物)로 제공**하는 것을 원칙으로 한다. [⑰⑲㉑㉒] ② 시장(「제주특별자치도 설치 및 국제자유도시 조성을 위한 특별법」 제11조제2항에 따른 행정시장을 포함한다. 이하 같다)·군수·구청장(자치구의 구청장을 말한다. 이하 같다)은 국가 또는 지방자치단체 외의 자로 하여금 제1항의 서비스 제공을 실시하게 하는 경우에는 보호대상자에게 **사회복지서비스 이용권**(이하 "이용권")을 지급하여 국가 또는 지방자치단체 외의 자로부터 그 이용권으로 서비스 제공을 받게 할 수 있다. [㉑] ③ 국가와 지방자치단체는 **사회복지서비스의 품질향상과 원활한 제공을 위하여 필요한 시책을 마련**하여야 한다. [㉑] ④ 국가와 지방자치단체는 사회복지서비스의 품질을 관리하기 위하여 사회복지서비스를 제공하는 기관·법인·**시설·단체의 서비스 환경**, 서비스 제공 인력의 전문성 등을 평가할 수 있다. [㉑] ⑤ 보건복지부장관은 제4항에 따른 평가를 위하여 **평가기관을 설치·운영하거나**, 평가의 전부 또는 일부를 **관계 기관 또는 단체에 위탁**할 수 있다. [㉑] ⑥ 보건복지부장관은 제5항에 따라 평가를 위탁한 기관 또는 단체에 대하여 그 운영에 필요한 비용을 지원할 수 있다.
제6조	시설 설치의 방해 금지 [⑰⑳]	① 누구든지 정당한 이유 없이 사회복지시설의 설치를 방해하여서는 아니 된다. [⑳] **OIKOS UP 지역주민의 시설설치방해금지** ① 이를 위반하면 1년 이하의 징역 또는 1천만원 이하의 벌금에 처한다(제54조 제1호). ② 이 규정은 특정 사회복지시설의 설치를 반대하는 현상으로 님비(NIMBY)현상을 공식적으로 금지하는 규정이 될 수 있다. ② 시장·군수·구청장은 정당한 이유 없이 사회복지시설의 설치를 지연시키거나 제한하는 조치를 하여서는 아니 된다. [⑰]
제6조의2	사회복지 업무의 전자화 [⑭]	① **보건복지부장관**은 사회복지법인 및 사회복지시설의 종사자, 거주자 및 이용자에 관한 자료 등 운영에 필요한 정보의 효율적 처리와 기록·관리 업무의 전자화를 위하여 **정보시스템을 구축·운영할 수 있다**. ② 보건복지부장관은 제1항에 따른 정보시스템을 구축·운영하는 데 필요한 자료를 수집·관리·보유할 수 있으며 관련 기관 및 단체에 필요한 자료의 제공을 요청할 수 있다. 이 경우 요청을 받은 기관 및 단체는 정당한 사유가 없으면 그 요청에 따라야 한다. ③ **지방자치단체의 장**은 사회복지사업을 수행할 때 관할 복지행정시스템과 제1항에 따른 **정보시스템을 전자적으로 연계하여 활용**하여야 한다. ④ **사회복지법인의 대표이사와 사회복지시설의 장**은 국가와 지방자치단체가 실시하는 **사회복지업무의 전자화 시책에 협력**하여야 한다. ⑤ 보건복지부장관은 제1항에 따른 정보시스템을 효율적으로 운영하기 위하여 「사회보장기본법」 제37조제7항에 따른 전담기구에 그 운영에 관한 업무를 위탁할 수 있다.
제6조의3	정보시스템 운영 전담기구 설립 [⑭] 삭제(2017.10.24)	

제7조	사회복지위원회 [⑥⑦⑮] 삭제(2017.10.24)
제7조의2	지역사회복지협의체 [⑥⑧⑮] 삭제(2017.10.24)
제8조	복지위원 [⑧②⑮] 삭제(2017.10.24)
제9조	사회복지 자원봉사 활동의 지원·육성 [②]	① 국가와 지방자치단체는 사회복지 자원봉사활동을 지원·육성하기 위하여 다음 각 호의 사항을 실시하여야 한다. 1. **자원봉사활동의 홍보 및 교육** [②] 2. 자원봉사활동 프로그램의 개발·보급 3. 자원봉사활동 중의 재해에 대비한 시책의 개발 4. 그 밖에 자원봉사활동의 지원에 필요한 사항 ② 국가와 지방자치단체는 제1항 각 호의 사항을 효율적으로 수행하기 위하여 사회복지법인이나 그 밖의 비영리법인·단체에 이를 위탁할 수 있다.
제10조	지도·훈련	① 보건복지부장관은 이 법이나 그 밖의 사회복지 관련 법률의 시행에 관한 사무에 종사하는 공무원과 사회복지사업에 종사하는 사람의 자질 향상을 위하여 인권교육 등 필요한 지도와 훈련을 할 수 있다. ② 제1항의 훈련에 필요한 사항은 보건복지부령으로 정한다.
제11조	사회복지사 자격증의 발급 등 [⑤②②]	① <u>보건복지부장관</u>은 사회복지에 관한 전문지식과 기술을 가진 사람에게 **사회복지사 자격증을 발급할 수 있다.** 다만, 자격증 발급 신청일 기준으로 제11조의2에 따른 결격사유에 해당하는 사람에게 자격증을 발급해서는 아니 된다. [②] ② 제1항에 따른 **사회복지사의 등급**은 **1급·2급**으로 하되, 정신건강·의료·학교 영역에 대해서는 영역별로 정신건강사회복지사·의료사회복지사·학교사회복지사의 자격을 부여할 수 있다. [②] ③ **사회복지사 1급 자격은 국가시험에 합격한 사람에게 부여**하고, 정신건강사회복지사·의료사회복지사·학교사회복지사의 자격은 1급 사회복지사의 자격이 있는 사람 중에서 보건복지부령으로 정하는 수련기관에서 수련을 받은 사람에게 부여한다. **OIKOS UP 영역별 사회복지사 수련기관 및 수련과정** 법 제11조제3항에서 "보건복지부령으로 정하는 수련기관"이란 다음 각 호의 구분에 따른 기관으로서 보건복지부장관이 지정하는 기관을 말한다. 1. 의료사회복지사 : 의료사회복지 업무를 수행하는 담당 부서를 갖추고, 5년 이상의 의료사회복지사 실무경험이 있는 사람 1명 이상이 수련지도자로 상시 근무하는 「의료법」 제3조제2항제3호에 따른 병원급 의료기관(같은 호 마목에 따른 정신병원은 제외한다) 2. 학교사회복지사 : 학교사회복지 업무를 수행하는 담당 부서를 갖추고, 5년 이상의 학교사회복지사 실무경험이 있는 사람 1명 이상이 수련지도자로 상시 근무하는 「초·중등교육법」 제2조에 따른 학교 ④ 제2항에 따른 사회복지사의 등급별·영역별 자격기준 및 자격증의 발급절차 등은 대통령령으로 정한다. ⑤ 보건복지부장관은 제4항에 따른 사회복지사 자격증을 발급받거나 재발급받으려는 사람에게 보건복지부령으로 정하는 바에 따라 수수료를 내게 할 수 있다.

		⑥ 제1항에 따라 사회복지사 자격증을 발급받은 사람은 다른 사람에게 그 **자격증을 빌려주어서는 아니 되고, 누구든지 그 자격증을 빌려서는 아니 된다.** [⑳㉒] ⑦ 누구든지 제6항에 따라 금지된 행위를 알선하여서는 아니 된다.
제11조 의2	사회복지사의 결격사유 [⑧⑰]	다음 각 호의 어느 하나에 해당하는 사람은 사회복지사가 될 수 없다. 1. 피성년후견인 2. 금고 이상의 형을 선고받고 그 집행이 끝나지 아니하였거나 그 집행을 받지 아니하기로 확정되지 아니한 사람 3. **법원의 판결에 따라 자격이 상실되거나 정지된 사람** [⑰] 4. 마약·대마 또는 향정신성의약품의 중독자 5. 「정신건강증진 및 정신질환자 복지서비스 지원에 관한 법률」 제3조제1호에 따른 정신질환자. 다만, 전문의가 사회복지사로서 적합하다고 인정하는 사람은 그러하지 아니하다. ■ **OIKOS UP**　　사회복지사 결격사유 ① 사회복지사 자격을 얻는 데 제한이 되는 결격사유에 관한 법률을 개정하여(2007.12.14), 결격사유가운데 **파산자를 제외함으로써 파산자의 사회복귀를 지원**하였고, **마약·대마 또는 향정신성의약품의 중독자를 추가**하여 이들이 사회복지사가 되는 것을 제한하였다. ② 2017년 개정으로 의사·한의사·간호사 등 의료인이나 화장품 제조·판매업자의 경우처럼 사회복지사 결격 사유에 정신질환으로 인하여 독립적으로 일상생활을 할 수 없는 「정신질환자」를 추가했다. 단, 전문의가 사회복지사 활동을 할 수 있다고 인정하는 경우에는 결격사유에 해당하지 않는다.
제11조 의3	사회복지사 의 자격취소 등 [⑰⑲⑳㉑]	① **보건복지부장관**은 사회복지사가 다음 각 호의 어느 하나에 해당하는 경우 그 자격을 취소하거나 **1년의 범위에서 정지**시킬 수 있다. [⑲] 다만, **제1호부터 제3호까지에 해당하면 그 자격을 취소하여야 한다.** [⑳㉑] 1. **거짓이나 그 밖의 부정한 방법으로 자격을 취득한 경우** [⑳㉑] 2. 제11조의2 각 호의 어느 하나에 해당하게 된 경우 [⑰] 3. 자격증을 대여·양도 또는 위조·변조한 경우 4. 사회복지사의 업무수행 중 그 자격과 관련하여 고의나 중대한 과실로 다른 사람에게 손해를 입힌 경우 5. 자격정지 처분을 3회 이상 받았거나, 정지 기간 종료 후 3년 이내에 다시 자격정지 처분에 해당하는 행위를 한 경우 6. 자격정지 처분 기간에 자격증을 사용하여 자격 관련 업무를 수행한 경우 ❌ 사회복지사 자격은 1년을 초과하여 정지시킬 수 있다.(×) ❌ 보건복지부장관은 사회복지사가 거짓으로 자격을 취득한 경우 그 자격을 취소하여야 한다.(○) ② 보건복지부장관은 제1항제4호에 해당하여 사회복지사의 자격을 취소하거나 정지시키려는 경우에는 제46조에 따른 한국사회복지사협회의 장 등 관계 전문가의 의견을 들을 수 있다. ③ 제1항에 따라 **자격이 취소된 사람은 취소된 날부터 15일 내에 자격증을 보건복지부장관에게 반납**하여야 한다. ④ 보건복지부장관은 제1항에 따라 자격이 취소된 사람에게는 그 취소된 날부터 2년 이내에 자격증을 재교부하지 못한다.

제11조의4	유사명칭의 사용금지	이 법에 따른 사회복지사가 아니면 사회복지사 또는 이와 유사한 명칭을 사용하지 못한다.
제12조	국가시험	① 제11조 제3항에 따른 **국가시험은** 보건복지부장관이 시행하되, 시험의 관리는 대통령령으로 정하는 바에 따라 시험관리능력이 있다고 인정되는 관계 전문기관에 위탁할 수 있다. ② 보건복지부장관은 제1항에 따라 국가시험의 관리를 위탁하였을 때에는 그에 드는 비용을 예산의 범위에서 보조할 수 있다. ③ 제1항에 따라 시험의 관리를 위탁받은 기관은 보건복지부장관의 승인을 받아 정한 금액을 응시수수료로 받을 수 있다. ④ 시험 과목, 응시자격 등 시험의 실시에 필요한 사항은 대통령령으로 정한다.

제13조	사회복지사의 채용 및 교육 등
	[⑤⑪⑭⑮㉑]
		① 사회복지법인 및 사회복지시설을 설치·운영하는 자는 대통령령으로 정하는 바에 따라 **사회복지사를 그 종사자로 채용**하고, 보고방법·보고주기 등 보건복지부령으로 정하는 바에 따라 **시·도지사 또는 시장·군수·구청장에게 사회복지사의 임면에 관한 사항을 보고하여야 한다.** 다만, 대통령령으로 정하는 사회복지시설은 그러하지 아니하다.
		
		OIKOS UP 사회복지사의 채용(시행령 제6조)
		① [의무채용] 법 제13조 제1항 본문에 따라 사회복지법인 또는 사회복지시설을 설치·운영하는 자는 해당 법인 또는 시설에서 다음 각 호에 해당하는 업무에 종사하는 자를 사회복지사로 채용하여야 한다. 다만, 법 제2조 제1호 각 목의 법률에서 따로 정하고 있는 경우에는 그에 의한다.
		  1. 사회복지프로그램의 개발 및 운영업무
		  2. 시설거주자의 생활지도업무
		  3. 사회복지를 필요로 하는 사람에 대한 상담업무
		  ※ 이 규정을 위반한 자는 300만원 이하의 벌금에 처한다(동법 제55조).
		  ※ 1997년 사회복지사업법 개정 이전에는 사회복지시설종사자 총수의 1/3 이상을 사회복지사로 채용하도록 하는 의무규정을 두었으나, 1997년 개정법부터 위와 같이 직무내용에 따라 사회복지사를 채용하도록 규정하고 있다.
		② [의무채용 예외] 법 제13조 제1항 단서에서 "대통령령으로 정하는 사회복지시설"이란 다음 각 호의 시설을 말한다.
		  1. 「노인복지법」에 따른 노인여가복지시설(노인복지관은 제외한다)
		  2. 「장애인복지법」에 따른 장애인 지역사회재활시설 중 수화통역센터, 점자도서관, 점자도서 및 녹음서 출판시설
		  3. 「영유아보육법」에 따른 어린이집
		  4. 「성매매방지 및 피해자보호 등에 관한 법률」 제9조에 따른 성매매피해자 등을 위한 지원시설 및 같은 법 제17조에 따른 성매매피해상담소
		  5. 「정신건강증진 및 정신질환자 복지서비스 지원에 관한 법률」 제3조제6호 및 제7호에 따른 정신요양시설 및 정신재활시설
		  6. 「성폭력방지 및 피해자보호 등에 관한 법률」에 따른 성폭력피해상담소
		
		② 보건복지부장관은 사회복지사의 자질 향상을 위하여 필요하다고 인정하면 사회복지사에게 교육을 받도록 명할 수 있다. 다만, 사회복지법인 또는 사회복지시설에 종사하는 사회복지사는 정기적으로 인권에 관한 내용이 포함된 보수교육(補修敎育)을 받아야 한다. [㉑]

		OIKOS UP 사회복지사 보수교육 등(시행규칙 제5조) ① 보건복지부장관은 사회복지사에 대하여 교육을 명하려면 미리 교육 목적·내용·시간 등을 알려야 한다. ② 사회복지법인 또는 사회복지시설에 종사하는 사회복지사는 **연간 8시간 이상**의 보수교육을 받아야 한다. ③ 사회복지법인 또는 사회복지시설을 운영하는 자는 그 법인 또는 시설에 종사하는 **사회복지사에 대하여 제2항 단서에 따른 교육을 이유로 불리한 처분을 하여서는 아니 된다.** → 위반 시 300만원 이하의 과태료를 부과 [⑪] ④ 보건복지부장관은 제2항에 따른 교육을 **보건복지부령으로 정하는 기관 또는 단체에 위탁할 수 있다.** ⑤ 제2항에 따른 교육의 기간·방법 및 내용과 제4항에 따른 위탁 등에 관하여 필요한 사항은 보건복지부령으로 정한다.
제14조	사회복지 전담공무원 [⑤⑭] 삭제(2017.10.24)	
제15조	복지사무 전담기구의 설치 삭제(2017.10.24)	
제15조의2	사회복지의 날 [⑦⑯⑰⑲]	① 국가는 국민의 사회복지에 대한 이해를 증진하고 사회복지사업 종사자의 활동을 장려하기 위하여 **매년 9월 7일을 사회복지의 날**로 하고, 사회복지의 날부터 1주간을 사회복지주간으로 한다. ② 국가와 지방자치단체는 사회복지의 날의 취지에 적합한 행사 등 사업을 하도록 노력하여야 한다.

제1장의 2 (지역사회복지계획의 수립·시행) 삭제 〈2014.12.30.〉

※ 「사회보장급여의 이용·제공 및 수급권자 발굴에 관한 법률」 제정(2014.12.30.)으로 제15조의3 지역사회복지계획의 수립, 제15조의4 지역복지계획의 내용, 제15조의5 지역복지계획의 시행, 제15조의6 지역복지계획 시행결과의 평가 조항 삭제

제2장 사회복지법인

제16조	법인의
	설립허가
	[④⑤⑥⑦⑫
	⑬⑯⑰⑱⑲⑳]
		① 사회복지법인(이하 이 장에서 "법인"이라 한다)을 설립하려는 자는 대통령령으로 정하는 바에 따라 시·도지사의 허가를 받아야 한다.
		    ⊗ 법인 설립 허가자는 보건복지부장관이다.(×)
		② 제1항에 따라 허가를 받은 자는 법인의 주된 사무소의 소재지에서 설립등기를 하여야 한다.
		
		OIKOS UP 사회복지법인의 의의
		① 사회복지법인 : 사회복지사업을 수행할 것을 목적으로 설립된 법인(동법 제3조 제3호)
		② 사회복지사업법은 법인에 관한 일반법인 민법에 대해서는 특별법이 되고, 공익법인의 설립·운영에 관한 법률에 대해서도 특별법의 지위에 있으므로 사회복지법인에 대해 이 법에 규정이 없으면 공익법인의 설립·운영에 관한 법률이 2차적으로 적용되고 그래도 적용할 조항이 없는 경우에는 민법이 적용된다(동법 제32조).
		③ 법인설립에 허가주의와 인가주의가 있는데 사회복지법인설립에는 「허가주의」 채택
		  ㉠ 허가주의 : 법인설립에 관하여 행정관청의 자유재량이 허용되는 경우로서, 허가권자의 허가거부에 대한 구제소송을 인정하지 않는 자유재량 행위에 속하는 행정처분이며 사립학교 법인의 설립이나 장학재단의 설립 등이 이에 속한다.
		  ㉡ 인가주의 : 법률에서 정하고 있는 요건을 갖추면 인가권자도 반드시 인가처분해야 하며, 만약 인가처분을 거절하면 이에 대한 구제소송이 가능하다는 점에서 허가주의와 다르다.

제17조	정관
	[④⑦⑨
	⑩⑬⑮㉒]
		① 법인의 정관에는 다음 각 호의 사항이 포함되어야 한다.
		  1. 목적
		  2. 명칭
		  3. 주된 사무소의 소재지
		  4. 사업의 종류
		  5. 자산 및 회계에 관한 사항
		  6. 임원의 임면(任免) 등에 관한 사항
		  7. 회의에 관한 사항
		  8. 수익(收益)을 목적으로 하는 사업이 있는 경우 그에 관한 사항
		  9. 정관의 변경에 관한 사항
		  10. 존립시기와 해산 사유를 정한 경우에는 그 시기와 사유 및 남은 재산의 처리방법
		  11. 공고 및 공고방법에 관한 사항
		② 법인이 정관을 변경하려는 경우에는 시·도지사의 인가를 받아야 한다. 다만, 보건복지부령으로 정하는 경미한 사항의 경우에는 그러하지 아니하다.

제18조	임원 [③④⑤⑦⑧⑪ ⑫⑬⑭⑯⑰㉑]	① 법인은 대표이사를 포함한 이사 7명 이상과 감사 2명 이상을 두어야 한다. ② 법인은 제1항에 따른 이사 정수의 3분의 1(소수점 이하는 버린다) 이상을 다음 각 호의 어느 하나에 해당하는 기관이 제7조 제2항 각 호(제2호, 제3호 및 제5호를 제외한다)의 어느 하나에 해당하는 사람 중 3배수로 추천한 사람 중에서 선임

하여야 한다.
1. 「사회보장급여의 이용·제공 및 수급권자 발굴에 관한 법률」 제40조제1항에 따른 **시·도사회보장위원회**
2. 「사회보장급여의 이용·제공 및 수급권자 발굴에 관한 법률」 제41조제1항에 따른 **지역사회보장협의체**

③ 이사회의 구성에 있어서 대통령령으로 정하는 **특별한 관계에 있는 사람**이 **이사 현원(現員)의 5분의 1을 초과**할 수 없다.

> **OIKOS UP** 특별한 관계에 있는 자의 범위(시행령 제9조 제1항)
>
> 법 제18조 제3항에서 "대통령령으로 정하는 특별한 관계에 있는 사람"이란 다음 각 호의 사람을 말한다.
> 1. 출연자
> 2. 출연자 또는 이사와의 관계가 다음 각 목의 어느 하나에 해당하는 사람
>   가. 6촌 이내의 혈족
>   나. 4촌 이내의 인척
>   다. 배우자(사실상 혼인관계에 있는 사람을 포함한다)
>   라. 친생자(親生子)로서 다른 사람에게 친양자(親養子)로 입양된 사람 및 그 배우자와 직계비속
> 3. 출연자 또는 이사의 사용인 그 밖에 고용관계에 있는 자(출연자 또는 이사가 출자에 의하여 사실상 지배하고 있는 법인의 사용인 그 밖에 고용관계에 있는 자를 포함한다)
> 4. 출연자 또는 이사의 금전 그 밖의 재산에 의하여 생계를 유지하는 자 및 그와 생계를 함께 하는 자
> 5. 출연자 또는 이사가 재산을 출연한 다른 법인의 이사

④ 이사의 임기는 **3년**으로 하고 감사의 임기는 **2년**으로 하며, **각각 연임**할 수 있다.
⑤ 외국인인 이사는 이사 현원의 **2분의 1 미만**이어야 한다.
⑥ 법인은 임원을 임면하는 경우에는 보건복지부령으로 정하는 바에 따라 지체 없이 **시·도지사에게 보고**하여야 한다. [②]
⑦ 감사는 이사와 제3항에 따른 특별한 관계에 있는 사람이 아니어야 하며, 감사 중 1명은 법률 또는 회계에 관한 지식이 있는 사람 중에서 선임하여야 한다. 다만, 대통령령으로 정하는 일정 규모 이상의 법인은 시·도지사의 추천을 받아 「주식회사 등의 외부감사에 관한 법률」 제2조제7호에 따른 감사인에 속한 사람을 감사로 선임하여야 한다.
⑧ 제2항 각 호의 기관은 제2항에 따라 이사를 추천하기 위하여 매년 다음 각 호의 어느 하나에 해당하는 사람으로 이사 후보군을 구성하여 공고하여야 한다. 다만, 사회복지법인의 대표자, 사회복지사업을 하는 비영리법인 또는 단체의 대표자, 「사회보장급여의 이용·제공 및 수급권자 발굴에 관한 법률」 제41조에 따른 지역사회보장협의체의 대표자는 제외한다.
1. 사회복지 또는 보건의료에 관한 학식과 경험이 풍부한 사람
2. 사회복지를 필요로 하는 사람의 이익 등을 대표하는 사람
3. 「비영리민간단체 지원법」 제2조에 따른 비영리민간단체에서 추천한 사람
4. 「사회복지공동모금회법」 제14조에 따른 사회복지공동모금지회에서 추천한 사람

제18조의2	임원선임 관련 금품 등 수수금지	누구든지 임원의 선임과 관련하여 금품, 향응 또는 그 밖의 재산상 이익을 주고받거나 주고받을 것을 약속하여서는 아니 된다.
제19조	임원의 결격사유 [⑭⑳]	① 다음 각 호의 어느 하나에 해당하는 사람은 임원이 될 수 없다. 1. 미성년자 1의2. 피성년후견인 또는 피한정후견인 1의3. **파산선고를 받고 복권되지 아니한 사람** [⑳] 　　⊗ㅇ 파산선고를 받고 복권되지 아니한 사람은 임원이 될 수 없다.(O) 1의4. 법원의 판결에 따라 자격이 상실되거나 정지된 사람 1의5. 금고 이상의 실형을 선고받고 그 집행이 끝나거나(집행이 끝난 것으로 보는 경우를 포함한다) 집행이 면제된 날부터 3년이 지나지 아니한 사람 1의6. 금고 이상의 형의 집행유예를 선고받고 그 유예기간 중에 있는 사람 1의7. 제1호의5 및 제1호의6에도 불구하고 사회복지사업 또는 그 직무와 관련하여 「아동복지법」 제71조, 「보조금 관리에 관한 법률」 제40조부터 제42조까지, 「지방재정법」 제97조, 「영유아보육법」 제54조제2항제1호, 「장애아동 복지지원법」 제39조제1항제1호 또는 「형법」 제28장·제40장(제360조는 제외한다)의 죄를 범하거나 이 법을 위반하여 다음 각 목의 어느 하나에 해당하는 사람 　가. 100만원 이상의 벌금형을 선고받고 그 형이 확정된 후 5년이 지나지 아니한 사람 　나. 형의 집행유예를 선고받고 그 형이 확정된 후 7년이 지나지 아니한 사람 　다. 징역형을 선고받고 그 집행이 끝나거나(집행이 끝난 것으로 보는 경우를 포함한다) 집행이 면제된 날부터 7년이 지나지 아니한 사람 1의8. 제1호의5부터 제1호의7까지의 규정에도 불구하고 「성폭력범죄의 처벌 등에 관한 특례법」 제2조의 성폭력범죄(「성폭력범죄의 처벌 등에 관한 특례법」 제2조제1항제1호는 제외한다) 또는 「아동·청소년의 성보호에 관한 법률」 제2조제2호의 아동·청소년대상 성범죄를 저지른 사람으로서 형 또는 치료감호를 선고받고 확정된 후 그 형 또는 치료감호의 전부 또는 일부의 집행이 끝나거나(집행이 끝난 것으로 보는 경우를 포함한다) 집행이 유예·면제된 날부터 10년이 지나지 아니한 사람 1의9. 제1호의5부터 제1호의8까지의 규정에도 불구하고 「아동복지법」 제3조제7호의2에 따른 아동학대관련범죄를 저지른 사람으로서 다음 각 목의 어느 하나에 해당하는 사람 　가. 금고 이상의 실형을 선고받고 그 집행이 끝나거나(집행이 끝난 것으로 보는 경우를 포함한다) 집행이 면제된 날부터 10년이 지나지 아니한 사람 　나. 금고 이상의 형의 집행유예를 선고받고 그 집행유예가 확정된 날부터 10년이 지나지 아니한 사람 　다. 벌금형을 선고받고 그 형이 확정된 날부터 5년이 지나지 아니한 사람 2. 제22조에 따른 해임명령에 따라 해임된 날부터 5년이 지나지 아니한 사람 2의2. 제26조에 따라 설립허가가 취소된 사회복지법인의 임원이었던 사람(그 허가의 취소사유 발생에 관하여 직접적인 또는 이에 상응하는 책임이 있는 자로서 대통령령으로 정하는 사람으로 한정한다)으로서 그 설립허가가 취소된 날부터 5년이 지나지 아니한 사람 2의3. 제40조에 따라 시설의 장에서 해임된 사람으로서 해임된 날부터 5년이 지나지 아니한 사람 2의4. 제40조에 따라 폐쇄명령을 받고 3년이 지나지 아니한 사람

		3. 사회복지분야의 6급 이상 공무원으로 재직하다 퇴직한 지 3년이 경과하지 아니한 사람 중에서 퇴직 전 5년 동안 소속하였던 기초자치단체가 관할하는 법인의 임원이 되고자 하는 사람 ② 임원이 제1항 각 호의 어느 하나에 해당하게 되었을 때에는 그 자격을 상실한다.
제20조	임원의 보충 [⑩⑯②]	이사 또는 감사 중에 결원이 생겼을 때에는 **2개월 이내에 보충**하여야 한다. ❌ 감사 중에 결원이 생겼을 때 3개월 이내에 보충하여야 한다.(×)
제21조	임원의 겸직 금지 [⑤⑧⑨⑩⑬ ⑭⑯⑰⑱⑳]	① **이사**는 법인이 설치한 **사회복지시설의 장을 제외한 그 시설의 직원**을 겸할 수 없다. ② **감사**는 법인의 이사, 법인이 설치한 **사회복지시설의 장 또는 그 직원**을 겸할 수 없다. **OIKOS UP 이사와 감사 비교** | 구 분 | 이 사 | 감 사 | |---|---|---| | 시설장 겸직 | ○ | × | | 직원 겸직 | × | × | | 임 기 | 3년 | 2년 | ❌ 법인이 설치한 사회복지시설의 장과 직원은 그 법인의 이사를 겸할 수 없다.(×)
제22조	임원의 해임명령 [⑰]	① **시·도지사는** 임원이 다음 각 호의 어느 하나에 해당할 때에는 **법인에 그 임원의 해임을 명할 수 있다.** 1. 시·도지사의 명령을 정당한 이유 없이 이행하지 아니하였을 때 2. 회계부정이나 인권침해 등 현저한 불법행위 또는 그 밖의 부당행위 등이 발견되었을 때 3. 법인의 업무에 관하여 시·도지사에게 보고할 사항에 대하여 고의로 보고를 지연하거나 거짓으로 보고를 하였을 때 4. 제18조 제2항·제3항 또는 제7항을 위반하여 선임된 사람 5. 제21조를 위반한 사람 6. 제22조의2에 따른 직무집행 정지명령을 이행하지 아니한 사람 7. 그 밖에 이 법 또는 이 법에 따른 명령을 위반하였을 때 ② 제1항에 따른 **해임명령은 시·도지사가 해당 법인에게 그 사유를 들어 시정을 요구한 날부터 15일이 경과하여도 이에 응하지 아니한 경우에 한한다.** 다만, 시정을 요구하여도 시정할 수 없는 것이 명백하거나 회계부정, 횡령, 뇌물수수 등 비리의 정도가 중대한 경우에는 시정요구 없이 임원의 해임을 명할 수 있으며, 그 세부적 기준은 대통령령으로 정한다. ③ 제1항에 따라 해임명령을 받은 법인은 2개월 이내에 임원의 해임에 관한 사항을 의결하기 위한 이사회를 소집하여야 한다.
제22조 의2	임원의 직무집행 정지	① 시·도지사는 제22조에 따른 해임명령을 하기 위하여 같은 조 제1항 각 호의 사실 여부에 대한 **조사나 감사가 진행 중인 경우 및 해임명령 기간 중인 경우에는 해당 임원의 직무집행을 정지**시킬 수 있다. 다만, 제22조제1항제4호에 해당하여 해임명령을 받은 경우에는 해당임원의 직무집행을 정지시켜야 한다. ② 시·도지사는 제1항에 따른 임원의 직무집행 정지사유가 소멸되면 즉시 직무집행 정지명령을 해제하여야 한다.
제22조 의3	임시이사의 선임 [⑯]	① 법인이 다음 각 호의 어느 하나에 해당하여 법인의 정상적인 운영이 어렵다고 판단되는 경우 시·도지사는 지체 없이 이해관계인의 청구 또는 직권으로 임시이사를 선임하여야 한다. 1. 제20조에 따른 기간 내에 결원된 이사를 보충하지 아니하거나 보충할 수 없는 것이 명백한 경우

제22조의3	임시이사의 선임 [⑯]	2. 제22조제3항에 따른 기간 내에 임원의 해임에 관한 사항을 의결하기 위한 이사회를 소집하지 아니하거나 소집할 수 없는 것이 명백한 경우 ② 임시이사는 제1항에 따른 사유가 해소될 때까지 재임한다. ③ **시·도지사는 임시이사가 선임되었음에도 불구하고 해당 법인이 정당한 사유 없이 이사회 소집을 기피할 경우 이사회 소집을 권고할 수 있다.** ④ 제1항에 따른 임시이사의 선임 등에 필요한 사항은 보건복지부령으로 정한다. ⑤ 제1항제2호에 따라 임시이사를 선임하는 경우 제22조의2제1항 단서에 따라 직무집행이 정지된 이사는 자신의 해임명령 이행을 위한 이사회와 관련해서는 이사로 보지 않으며, 이 경우 해당 임시이사가 직무집행이 정지된 이사의 지위를 대신한다.

제23조	재산 등 [④⑧⑬⑭⑯⑳]	① **법인은 사회복지사업의 운영에 필요한 재산을 소유하여야 한다.**
		② 법인의 재산은 보건복지부령으로 정하는 바에 따라 **기본재산과 보통재산**으로 구분하며, 기본재산은 그 목록과 가액(價額)을 정관에 적어야 한다.
		③ **법인은 기본재산에 관하여 다음 각 호의 어느 하나에 해당하는 경우에는 시·도지사의 허가를 받아야 한다.** 다만, 보건복지부령으로 정하는 사항에 대하여는 그러하지 아니하다.
		  1. 매도·증여·교환·임대·담보제공 또는 용도변경을 하려는 경우
		  2. 보건복지부령으로 정하는 금액 이상을 1년 이상 장기차입(長期借入)하려는 경우
		④ 제1항에 따른 재산과 그 회계에 관하여 필요한 사항은 보건복지부령으로 정한다.

제24조	재산 취득 보고 [⑨]	법인이 매수·기부채납(寄附採納), 후원 등의 방법으로 재산을 취득하였을 때에는 지체 없이 이를 법인의 재산으로 편입조치하여야 한다. 이 경우 법인은 그 취득 사유, 취득재산의 종류·수량 및 가액을 매년 시·도지사에게 보고하여야 한다.

제25조	회의록의 작성 및 공개 등 [⑳]	① **이사회는 다음 각 호의 사항을 기재한 회의록을 작성하여야 한다.** 다만, 이사회 개최 당일에 회의록 작성이 어려운 사정이 있는 경우에는 안건별로 심의·의결 결과를 기록한 회의조서를 작성한 후 회의록을 작성할 수 있다. [⑳]
		  1. 개의, 회의 중지 및 산회 일시
		  2. **안건**
		  3. 의사
		  4. 출석한 임원의 성명
		  5. **표결수**
		  6. 그 밖에 대표이사가 작성할 필요가 있다고 인정하는 사항
		    ⊗⑳ 이사회는 안건, 표결수 등을 기재한 회의록을 작성하여야 한다.(O)
		② 회의록 및 회의조서에는 출석임원 전원이 날인하되 그 회의록 또는 회의조서가 2매 이상인 경우에는 간인(間印)하여야 한다.
		③ 제1항 단서에 따라 회의조서를 작성한 경우에는 조속한 시일 내에 회의록을 작성하여야 한다.
		④ 법인은 회의록을 공개하여야 한다. 다만, 대통령령으로 정하는 사항에 대하여는 이사회의 의결로 공개하지 아니할 수 있다.
		⑤ 회의록의 공개에 관한 기간·절차, 그 밖에 필요한 사항은 대통령령으로 정한다.

제26조	설립허가 취소 등 [③④⑨⑳㉒]	① **시·도지사는** 법인이 다음 각 호의 어느 하나에 해당할 때에는 기간을 정하여 **시정명령을 하거나 설립허가를 취소할 수 있다.** 다만, 제1호 또는 제7호에 해당할 때에는 설립허가를 취소하여야 한다.
		  1. 거짓이나 그 밖의 부정한 방법으로 설립허가를 받았을 때
		  2. 설립허가 조건을 위반하였을 때
		  3. 목적 달성이 불가능하게 되었을 때

		4. 목적사업 외의 사업을 하였을 때 [㉒]
5. 정당한 사유 없이 설립허가를 받은 날부터 6개월 이내에 목적사업을 시작하지 아니하거나 1년 이상 사업실적이 없을 때
6. 법인이 운영하는 시설에서 반복적 또는 집단적 성폭력범죄 및 학대관련범죄가 발생한 때
6의2. 법인이 운영하는 시설에서 중대하고 반복적인 회계부정이나 불법행위가 발생한 때 〈신설 2023.8.16., 시행 2024.2.17.〉
7. 법인 설립 후 기본재산을 출연하지 아니한 때
⊗ 사회복지법인이 설립 후 기본재산을 출연하지 아니한 때 시·도지사는 시정명령을 내릴 수 있다.(×)
8. 제18조 제1항의 임원정수를 위반한 때
9. 제18조 제2항을 위반하여 이사를 선임한 때
10. 제22조에 따른 임원의 해임명령을 이행하지 아니한 때
11. 그 밖에 이 법 또는 이 법에 따른 명령이나 정관을 위반하였을 때
② 법인이 제1항 각 호(제1호 및 제7호는 제외한다)의 어느 하나에 해당하여 설립허가를 취소하는 경우는 다른 방법으로 감독 목적을 달성할 수 없거나 시정을 명한 후 6개월 이내에 법인이 이를 이행하지 아니한 경우로 한정한다.
제27조	남은 재산의 처리 [⑤⑩⑱⑳]	① 해산한 법인의 남은 재산은 정관으로 정하는 바에 따라 **국가 또는 지방자치단체에 귀속**된다.
⊗ 해산한 법인의 남은 재산은 설립자에 귀속된다.(×)
② 제1항에 따라 국가 또는 지방자치단체에 귀속된 재산은 사회복지사업에 사용하거나 유사한 목적을 가진 법인에 무상으로 대여하거나 무상으로 사용·수익하게 할 수 있다. 다만, 해산한 법인의 이사 본인 및 그와 대통령령으로 정하는 특별한 관계에 있는 사람이 이사로 있는 법인에 대하여는 그러하지 아니하다.
제28조	수익사업 [⑤⑦⑬⑰]	① 법인은 **목적사업의 경비에 충당**하기 위하여 필요할 때에는 **법인의 설립 목적 수행에 지장이 없는 범위에서 수익사업을 할 수 있다**.
② 법인은 제1항에 따른 수익사업에서 생긴 수익을 법인 또는 법인이 설치한 사회복지시설의 운영 외의 목적에 사용할 수 없다. [⑰]
③ 제1항에 따른 수익사업에 관한 회계는 법인의 다른 회계와 구분하여 회계처리하여야 한다.
제30조	합병 [⑤⑨⑱]	① 법인은 **시·도지사의 허가**를 받아 이 법에 따른 다른 법인과 합병할 수 있다. 다만, **주된 사무소가 서로 다른 시·도에 소재한 법인 간의 합병의 경우에는 보건복지부장관의 허가**를 받아야 한다.
⊗ 주된 사무소가 서로 다른 시·도에 소재한 법인이 합병할 경우 시·도지사에게 신고하여야 한다.(×)
② 제1항에 따라 법인이 합병하는 경우 합병 후 존속하는 법인이나 합병으로 설립된 법인은 합병으로 소멸된 법인의 지위를 승계한다.
제31조	동일명칭 사용 금지 [⑥⑬]	이 법에 따른 사회복지법인이 아닌 자는 사회복지법인이라는 명칭을 사용하지 못한다.
제32조	다른 법률의 준용 [③]	법인에 관하여 이 법에서 규정한 사항을 제외하고는 「민법」과 「공익법인의 설립·운영에 관한 법률」을 준용한다.
OIKOS UP 법 적용의 우선순위
① 헌법 → ② 개별 특정 사회복지법 → ③ 사회복지사업법 → ④ 공익법인의 설립·운영에 관한 법률 → ⑤ 민법

| 제33조 | 사회복지협의회 [②] | ① 사회복지에 관한 다음 각 호의 업무를 수행하기 위하여 **전국 단위의 한국사회복지협의회**(이하 "중앙협의회"라 한다), **시·도 단위의 시·도 사회복지협의회**(이하 "시·도협의회"라 한다) 및 **시·군·구 단위의 시·군·구 사회복지협의회**(이하 "시·군·구협의회"라 한다)를 **둔다**. 〈개정 2024.1.2., 시행 2025.1.3.〉
1. 사회복지에 관한 조사·연구 및 정책 건의 [②]
　❌ 사회복지에 관한 조사·연구 및 정책 건의를 위하여 한국사회복지사협회를 둔다.(×)
2. 사회복지 관련 기관·단체 간의 연계·협력·조정
3. 사회복지 소외계층 발굴 및 민간사회복지자원과의 연계·협력
4. **대통령령으로 정하는** 사회복지사업의 조성 등

OIKOS UP　한국사회복지협의회 등의 업무 및 임원

1. 한국사회복지협의회 등의 업무(시행령 제12조)
"대통령령으로 정하는 사회복지사업"이란 다음 각 호의 사업 및 업무를 말한다.
　1. 사회복지에 관한 교육훈련
　2. 사회복지에 관한 자료수집 및 간행물 발간
　3. 사회복지에 관한 계몽 및 홍보
　4. 자원봉사활동의 진흥
　5. 사회복지사업에 관한 기부문화의 조성
　6. 사회복지사업에 종사하는 사람의 교육훈련과 복지증진
　7. 사회복지에 관한 학술 도입과 국제사회복지단체와의 교류
　8. 보건복지부장관이 위탁하는 사회복지에 관한 업무[법 제33조 제1항에 따른 중앙협의회(이하 "중앙협의회"라 한다)만 해당한다]
　9. 시·도지사 및 중앙협의회가 위탁하는 사회복지에 관한 업무[법 제33조 제1항에 따른 시·도협의회(이하 "시·도협의회"라 한다)만 해당한다]
　10. 시·도지사, 시장·군수·구청장, 중앙협의회 및 시·도협의회가 위탁하는 사회복지에 관한 업무[법 제33조 제1항에 따른 시·군·구협의회(이하 "시·군·구협의회"라 한다)만 해당한다.
　11. 그 밖에 중앙협의회, 시·도협의회, 시·군·구협의회의 목적 달성에 필요하여 각각의 정관에서 정하는 사항
2. 임원(시행령 제14조)
① 중앙협의회, 시·도협의회 및 시·군·구협의회(이하 "각 협의회"라 한다)는 임원으로 대표이사 1인을 포함한 15인 이상 30인 이하(시·군·구협의회의 경우에는 10인 이상 30인 이하)의 이사와 감사 2인을 둔다.
② 이사와 감사의 임기는 3년으로 하되, 각각 연임할 수 있다.
③ 임원의 선출방법과 그 자격요건에 관하여 필요한 사항은 정관으로 정한다.

② 중앙협의회, 시·도협의회 및 시·군·구협의회는 이 법에 따른 사회복지법인으로 하되, 제23조제1항은 적용하지 아니한다. |

제2장의 2 사회복지서비스의 실시 삭제(2017.10.24.)

제33조의2	사회복지서비스의 신청 [⑩⑪⑫⑬⑮]
제33조의3	복지 요구의 조사 [⑪⑮] 삭제(2017.10.24)
제33조의4	서비스 제공의 결정 [⑮] 삭제(2017.10.24)
제33조의5	보호대상자별 서비스 제공 계획의 수립 등 [⑩] 삭제(2017.10.24)
제33조의6	서비스 제공의 실시 [⑪] 삭제(2017.10.24)
제33조의7	서비스 제공의 방법 [⑧⑩⑪⑮] 삭제(2017.10.24)
제33조의8	정보의 파기 [⑮] 삭제(2017.10.24)

제 3 장 사회복지시설

| 제34조 | 사회복지 시설의 설치 [⑩⑫⑯⑰ ⑳㉑㉒, 지역복지 ⑫, 정책론 ⑰] | ① 국가나 지방자치단체는 사회복지시설(이하 "시설"이라 한다)을 설치·운영할 수 있다. [㉒]
② 국가 또는 지방자치단체 외의 자가 시설을 설치·운영하려는 경우에는 보건복지부령으로 정하는 바에 따라 **시장·군수·구청장에게 신고하여야 한다.** 다만, 다음 각 호의 어느 하나에 해당하는 자는 시설의 설치·운영 신고를 할 수 없다.
  1. 제40조에 따라 **폐쇄명령을 받고 3년이 지나지 아니한 자**
  2. 제7조 제3항 각 호에 해당하는 개인 또는 그 개인이 임원인 법인
  ⊗ 지방자치단체가 시설을 설치·운영하려는 경우에는 보건복지부에 신고하여야 한다.(×)
③ 시장·군수·구청장은 제2항에 따른 신고를 받은 경우 그 내용을 검토하여 이 법에 적합하면 신고를 수리하여야 한다.
④ 시설을 설치·운영하는 자는 보건복지부령으로 정하는 재무·회계에 관한 기준에 따라 시설을 투명하게 운영하여야 한다.
⑤ 제1항에 따라 **국가나 지방자치단체가 설치한 시설은 필요한 경우 사회복지법인이나 비영리법인에 위탁하여 운영하게 할 수 있다.**
⑥ 제4항에 따른 위탁운영의 기준·기간 및 방법 등에 관하여 필요한 사항은 보건복지부령으로 정한다.

OIKOS UP   **시설의 위탁(시행규칙 제21조의2)** [지역복지 ⑫]
① 국가나 지방자치단체는 법 제34조 제4항에 따라 시설을 위탁하여 운영하고자 하는 때에는 다음 각 호의 내용이 포함된 계약을 체결하여야 한다.
  1. 수탁자의 성명 및 주소
  2. 위탁계약기간
  3. 위탁대상시설 및 업무내용
  4. 수탁자의 의무 및 준수 사항
  5. 시설의 안전관리에 관한 사항
  5의2. 시설종사자의 고용승계에 관한 사항
  6. 계약의 해지에 관한 사항
  7. 기타 시설의 운영에 필요하다고 인정되는 사항
② 제1항 제2호의 규정에 의한 위탁계약기간은 **5년으로**(개정 전 : 5년 이내로) 한다. 다만, 위탁자가 필요하다고 인정하는 때에는 제21조 제2항에 따른 선정위원회의 심의를 거쳐 그 계약기간을 갱신할 수 있다. |
| 제34조 의2 | 시설의 통합 설치·운영 등에 관한 특례 [㉑] | ① 이 법 또는 제2조 제1호 각 목의 법률에 따른 시설을 설치·운영하려는 경우에는 지역 특성과 시설분포의 실태를 고려하여 **이 법 또는 제2조 제1호 각 목의 법률에 따른 시설을 통합하여 하나의 시설로 설치·운영하거나 하나의 시설에서 둘 이상의 사회복지사업을 통합하여 수행할 수 있다.** 이 경우 국가 또는 지방자치단체 외의 자는 통합하여 설치·운영하려는 각각의 시설이나 사회복지사업에 관하여 해당 관계 법령에 따라 신고하거나 허가 등을 받아야 한다. [㉑]
② 제1항에 따라 둘 이상의 시설을 통합하여 하나의 시설로 설치·운영하거나 하나의 시설에서 둘 이상의 사회복지사업을 통합하여 수행하는 경우 해당 시설에서 공동으로 이용하거나 배치할 수 있는 시설 및 인력 기준 등은 보건복지부령으로 정한다. |

제34조의3	보험가입 의무 [⑦⑩⑯⑰ ⑳㉑㉒]	① 시설의 운영자는 다음 각 호의 손해배상책임을 이행하기 위하여 손해보험회사의 책임보험에 가입하거나 「사회복지사 등의 처우 및 지위 향상을 위한 법률」 제4조에 따른 한국사회복지공제회의 책임공제에 가입하여야 한다. [⑰㉑] 　1. 화재로 인한 손해배상책임 　2. 화재 외의 안전사고로 인하여 생명·신체에 피해를 입은 보호대상자에 대한 손해배상책임 　※ 사회복지시설은 손해배상책임의 면책사업자이다.(×) ② 국가나 지방자치단체는 예산의 범위에서 제1항에 따른 책임보험 또는 책임공제의 가입에 드는 비용의 전부 또는 일부를 보조할 수 있다. [⑳㉒] 　※ 지방자치단체는 시설의 책임보험 가입에 드는 비용의 전부를 보조하여야 한다.(×) 　※ 지방자치단체는 시설의 책임보험 가입에 드는 비용의 전부를 보조할 수 없다.(×) ③ 제1항에 따라 책임보험이나 책임공제에 가입하여야 할 시설의 범위는 대통령령으로 정한다.
제34조의4	시설의 안전점검 등 [⑩⑯⑰⑳]	① 시설의 장은 시설에 대하여 정기 및 수시 안전점검을 실시하여야 한다. 　※ 사회복지법인의 대표는 시설에 대하여 정기 및 수시 안전점검을 실시하여야 한다.(×) ② 시설의 장은 제1항에 따라 정기 또는 수시 안전점검을 한 후 그 결과를 시장·군수·구청장에게 제출하여야 한다. [⑰] ③ 시장·군수·구청장은 제2항에 따른 결과를 받은 후 필요한 경우에는 시설의 운영자에게 시설의 보완 또는 개수(改修)·보수를 요구할 수 있으며, 이 경우 시설의 운영자는 요구에 따라야 한다. ④ 국가나 지방자치단체는 예산의 범위에서 제1항부터 제3항까지의 규정에 따른 안전점검, 시설의 보완 및 개수·보수에 드는 비용의 전부 또는 일부를 보조할 수 있다. ⑤ 제1항부터 제4항까지의 규정에 따른 정기 또는 수시 안전점검을 받아야 하는 시설의 범위, 안전점검 시기, 안전점검기관 및 그 절차는 대통령령으로 정한다.
제34조의5	사회복지관의 설치 등 [⑭⑰㉒]	① 제34조 제1항과 제2항에 따른 시설 중 사회복지관은 지역복지증진을 위하여 다음 각 호의 사업을 실시할 수 있다. 〈개정 2021. 12. 21.〉 [⑰] 　1. 지역사회의 특성과 지역주민의 복지욕구를 고려한 서비스 제공 사업 　2. 국가·지방자치단체 및 민간 부문의 사회복지서비스를 연계·제공하는 사례관리 사업 　3. 지역사회 복지공동체 활성화를 위한 복지자원 관리, 주민교육 및 조직화 사업 　4. 그 밖에 복지증진을 위한 사업으로서 지역사회에서 요청하는 사업 ② 사회복지관은 모든 지역주민을 대상으로 사회복지서비스를 실시하되, 다음 각 호의 지역주민에게 우선 제공하여야 한다. 　※ 사회복지관의 후원자(×) 　1. 「국민기초생활 보장법」에 따른 수급자 및 차상위계층 　2. 장애인, 노인, 한부모가족 및 다문화 가족 　3. 직업 및 취업 알선이 필요한 사람 　4. 보호와 교육이 필요한 유아·아동 및 청소년 　5. 그 밖에 사회복지관의 사회복지서비스를 우선 제공할 필요가 있다고 인정되는 사람 ③ 그 밖에 사회복지관의 설치·운영·사업·인력기준 등에 필요한 사항은 보건복지부령으로 정한다.

제35조	시설의 장
	[⑤⑫⑯⑰㉑]
		① 시설의 장은 상근(常勤)하여야 한다.
		② 다음 각 호의 어느 하나에 해당하는 사람은 시설의 장이 될 수 없다.
		  1. 제19조제1항제1호, 제1호의2부터 제1호의9까지 및 제2호의2부터 제2호의4까지의 어느 하나에 해당하는 사람
		  2. **제22조에 따른 해임명령에 따라 해임된 날부터 5년이 지나지 아니한 사람**
		  3. 사회복지분야의 6급 이상 공무원으로 재직하다 퇴직한 지 3년이 경과하지 아니한 사람 중에서 퇴직 전 5년 동안 소속하였던 기초자치단체가 관할하는 시설의 장이 되고자 하는 사람
		③ 시설의 장이 제2항 각 호의 어느 하나에 해당하게 되었을 때에는 **그 자격을 상실**한다.
		〈신설 2021.12.21.〉

제35조
의2
	종사자
	[⑳]
		① 사회복지법인과 사회복지시설을 설치·운영하는 자는 시설에 근무할 종사자를 채용할 수 있다. [⑳]
		② 다음 각 호의 어느 하나에 해당하는 사람은 사회복지법인 또는 사회복지시설의 종사자가 될 수 없다.
		  1. 제19조제1항제1호의7부터 제1호의9까지의 어느 하나에 해당하는 사람
		  2. 제1호에도 불구하고 종사자로 재직하는 동안 시설이용자를 대상으로 「성폭력범죄의 처벌 등에 관한 특례법」 제2조에 따른 성폭력범죄 및 「아동·청소년의 성보호에 관한 법률」 제2조제2호에 따른 아동·청소년대상 성범죄를 저질러 금고 이상의 형 또는 치료감호를 선고받고 그 형이 확정된 사람
		③ 종사자가 제2항 각 호의 어느 하나에 해당하게 되었을 때에는 **그 자격을 상실**한다.
		〈신설 2021.12.21.〉

제36조	운영위원회
	[⑧⑪⑬⑱
	⑳㉑㉒,
	지역복지 ⑲]
		① **시설의 장은 시설의 운영에 관한 다음 각 호의 사항을 심의하기 위하여 시설에 운영위원회를 두어야 한다.** 다만, 보건복지부령으로 정하는 경우에는 복수의 시설에 공동으로 운영위원회를 둘 수 있다.
		  1. 시설운영계획의 수립·평가에 관한 사항
		  2. 사회복지 프로그램의 개발·평가에 관한 사항
		  3. 시설 종사자의 근무환경 개선에 관한 사항 [㉒]
		  4. 시설 거주자의 생활환경 개선 및 고충 처리 등에 관한 사항
		  5. 시설 종사자와 거주자의 인권보호 및 권익증진에 관한 사항
		  6. 시설과 지역사회의 협력에 관한 사항
		  7. 그 밖에 시설의 장이 운영위원회의 회의에 부치는 사항
		    ✗ 운영위원회는 시설운영에 관하여 의결권을 갖는다.(×)
		    ✗ 시설의 장은 시설의 운영에 관한 사항을 의결하기 위하여 시설에 운영위원회를 두어야 한다.(×)
		② **운영위원회의 위원은 다음 각 호의 어느 하나에 해당하는 사람 중에서 관할 시장·군수·구청장이 임명하거나 위촉한다.**
		  1. 시설의 장
		  2. 시설 거주자 대표
		  3. 시설 거주자의 보호자 대표
		  4. 시설 종사자의 대표
		  5. 해당 시·군·구 소속의 사회복지업무를 담당하는 공무원
		  6. 후원자 대표 또는 지역주민

제36조	운영위원회
	[⑧⑪⑬⑱
	⑳㉑㉒,
	지역복지 ⑲]
		7. 공익단체에서 추천한 사람
		8. 그 밖에 시설의 운영 또는 사회복지에 관하여 전문적인 지식과 경험이 풍부한 사람
		③ 시설의 장은 다음 각 호의 사항을 제1항에 따른 운영위원회에 보고하여야 한다.
		  1. 시설의 회계 및 예산·결산에 관한 사항
		  2. 후원금 조성 및 집행에 관한 사항
		  3. 그 밖에 시설운영과 관련된 사건·사고에 관한 사항
		④ 그 밖에 **운영위원회의 조직 및 운영에 관한 사항은 보건복지부령으로 정한다.**
		OIKOS UP 운영위원회의 설치 및 운영 등(시행규칙 제24조)
		① 법 제36조 제1항에 따른 운영위원회의 위원은 위원장을 포함하여 5명 이상 15명 이하의 위원으로 구성한다. 다만, 법 제36조 제2항 각 호 중 같은 호에 해당하는 위원이 2명을 초과하여서는 아니 된다.
		② 운영위원회의 위원장은 위원 중에서 호선한다.
		③ 위원의 임기는 3년으로 하되, 보궐된 임원의 임기는 전임자 임기의 남은 기간으로 한다.

제37조	시설의 서류 비치	시설의 장은 후원금품대장 등 보건복지부령으로 정하는 서류를 시설에 갖추어 두어야 한다.

제38조	시설의
	휴지·재개·
	폐지 신고 등
		① 제34조 제2항에 따른 신고를 한 자는 지체 없이 시설의 운영을 시작하여야 한다.
		② **시설의 운영자는 그 운영을 일정 기간 중단하거나 다시 시작하거나 시설을 폐지하려는 경우에는 보건복지부령으로 정하는 바에 따라 시장·군수·구청장에게 신고하여야 한다.**
		③ 시장·군수·구청장은 제2항에 따라 시설 운영이 중단되거나 시설이 폐지되는 경우에는 보건복지부령으로 정하는 바에 따라 시설 거주자의 권익을 보호하기 위하여 다음 각 호의 조치를 하여야 한다.
		  1. 시설 거주자가 자립을 원하는 경우 자립을 할 수 있도록 지원하고 그 이행을 확인하는 조치
		  2. 시설 거주자가 다른 시설을 선택할 수 있도록 하고 그 이행을 확인하는 조치
		  3. 시설 거주자가 이용료·사용료 등의 비용을 부담하는 경우 납부한 비용 중 사용하지 아니한 금액을 반환하게 하고 그 이행을 확인하는 조치
		  4. 보조금·후원금 등의 사용 실태 확인과 이를 재원으로 조성한 재산 중 남은 재산의 회수조치
		  5. 그 밖에 시설 거주자의 권익 보호를 위하여 필요하다고 인정되는 조치
		④ 시설 운영자가 제2항에 따라 시설운영을 재개하려고 할 때에는 보건복지부령으로 정하는 바에 따라 시설 거주자의 권익을 보호하기 위하여 다음 각 호의 조치를 하여야 한다. 이 경우 시장·군수·구청장은 그 조치 내용을 확인하고 제2항에 따른 신고를 수리하여야 한다.
		  1. 운영 중단 사유의 해소
		  2. 향후 안정적 운영계획의 수립
		  3. 그 밖에 시설 거주자의 권익 보호를 위하여 보건복지부장관이 필요하다고 인정하는 조치
		⑤ 제1항과 제2항에 따른 시설 운영의 개시·중단·재개 및 시설 폐지의 신고 등에 관하여 필요한 사항은 보건복지부령으로 정한다.

제40조	시설의 개선, 사업의 정지, 시설의 폐쇄 등 [②]	① 보건복지부장관, 시·도지사 또는 시장·군수·구청장은 시설이 다음 각 호의 어느 하나에 해당할 때에는 **그 시설의 개선, 사업의 정지, 시설의 장의 교체를 명하거나 시설의 폐쇄를 명할 수 있다.** 　1. 시설이 설치기준에 미달하게 되었을 때 　2. 사회복지법인 또는 비영리법인이 설치·운영하는 시설의 경우 그 사회복지법인 또는 비영리법인의 설립허가가 취소되었을 때 　3. 설치 목적이 달성되었거나 그 밖의 사유로 계속하여 운영될 필요가 없다고 인정할 때 　4. **회계부정이나 불법행위 또는 그 밖의 부당행위 등이 발견되었을 때** [②] 　　❌ 회계부정이 발견되었을 때 보건복지부장관은 시설의 폐쇄를 명할 수 있다.(O) 　5. 제34조 제2항에 따른 신고를 하지 아니하고 시설을 설치·운영하였을 때 　6. 제36조 제1항에 따른 운영위원회를 설치하지 아니하거나 운영하지 아니하였을 때 　7. 정당한 이유 없이 제51조 제1항에 따른 보고 또는 자료 제출을 하지 아니하거나 거짓으로 하였을 때 　8. 정당한 이유 없이 제51조 제1항에 따른 검사·질문을 거부·방해하거나 기피하였을 때 　9. 시설에서 다음 각 목의 성폭력범죄 또는 학대관련범죄가 발생한 때 　　가. 「성폭력범죄의 처벌 등에 관한 특례법」 제2조제1항제3호부터 제5호까지의 성폭력범죄 　　나. 「아동·청소년의 성보호에 관한 법률」 제2조제3호의 아동·청소년대상 성폭력범죄 　　다. 「아동복지법」 제3조제7호의2의 아동학대관련범죄 　　라. 「노인복지법」 제1조의2제5호의 노인학대관련범죄 　　마. 「장애인복지법」 제2조제4항의 장애인학대관련범죄 　　바. 그 밖에 대통령령으로 정하는 성폭력범죄 또는 학대관련범죄 　10. 1년 이상 시설이 휴지상태에 있어 시장·군수·구청장이 재개를 권고하였음에도 불구하고 재개하지 아니한 때 ② 제1항에 따른 사업의 정지 및 시설의 폐쇄 명령을 받은 경우에는 제38조 제3항을 준용한다. ③ 제1항에 따른 행정처분의 세부적인 기준은 그 위반행위의 유형과 위반 정도 등을 고려하여 보건복지부령으로 정한다.
제41조	시설 수용인원의 제한 [⑬]	**각 시설의 수용인원은 300명을 초과할 수 없다.** 다만, 대통령령으로 정하는 경우에는 그러하지 아니하다. **∥ OIKOS UP 수용인원 300명 초과시설(시행령 제19조)** 법 제41조 단서에 따라 수용인원 300명을 초과할 수 있는 사회복지시설은 다음 각 호의 어느 하나에 해당하는 시설로 한다. 1. 「노인복지법」 제32조에 따른 노인주거복지시설 중 양로시설과 노인복지주택 2. 「노인복지법」 제34조에 따른 노인의료복지시설 중 노인요양시설 3. 보건복지부장관이 사회복지시설의 종류, 지역별 사회복지시설의 수, 지역별·종류별 사회복지서비스 수요 및 사회복지사업 관련 종사자의 수 등을 고려하여 정하여 고시하는 기준에 적합하다고 시장·군수·구청장이 인정하는 사회복지시설

제 3 장의 2 재가복지

제41조의2	재가복지 서비스	① 국가나 지방자치단체는 보호대상자가 다음 각 호의 어느 하나에 해당하는 재가복지서비스를 제공받도록 할 수 있다. 　1. **가정봉사서비스** : 가사 및 개인활동을 지원하거나 정서활동을 지원하는 서비스 　2. **주간·단기 보호서비스** : 주간·단기 보호시설에서 급식 및 치료 등 일상생활의 편의를 낮 동안 또는 단기간 동안 제공하거나 가족에 대한 교육 및 상담을 지원하는 서비스 ② 시장·군수·구청장은 제33조의5에 따른 보호대상자별 서비스 제공 계획에 따라 보호대상자에게 **사회복지서비스를 제공하는 경우 시설 입소에 우선하여 제1항 각 호의 재가복지 서비스를 제공하도록 하여야 한다.**

제 4 장 보 칙

제42조	보조금 등	① 국가나 지방자치단체는 사회복지사업을 하는 자 중 대통령령으로 정하는 자에게 운영비 등 필요한 비용의 전부 또는 일부를 보조할 수 있다. ② 제1항에 따른 보조금은 그 목적 외의 용도에 사용할 수 없다. ③ 국가나 지방자치단체는 제1항에 따라 보조금을 받은 자가 다음 각 호의 어느 하나에 해당할 때에는 이미 지급한 보조금의 전부 또는 일부의 반환을 명할 수 있다. 다만, 제1호 및 제2호의 경우에는 반환을 명하여야 한다. 　1. 거짓이나 그 밖의 부정한 방법으로 보조금을 받았을 때 　2. 사업 목적 외의 용도에 보조금을 사용하였을 때 　3. 이 법 또는 이 법에 따른 명령을 위반하였을 때 ④ 제1항에 따른 보조금과 관련하여 이 법에서 규정한 사항 외에는 「보조금 관리에 관한 법률」 및 「지방재정법」을 따른다.
제42조의2	국유·공유 재산의 우선매각	국가나 지방자치단체는 사회복지사업과 관련한 시설을 설치하거나 사업을 육성하기 위하여 필요하다고 인정하면 「국유재산법」과 「공유재산 및 물품 관리법」에도 불구하고 사회복지법인 또는 사회복지시설에 국유·공유 재산을 우선매각하거나 임대할 수 있다.
제43조	시설의 서비스 최저기준 [19⑳] [행정론 ⑬, 정책론 ⑰]	① **보건복지부장관은 시설에서 제공하는 서비스의 최저기준을 마련하여야 한다.** 　※ 보건복지부장관은 시설에서 제공하는 서비스의 적정기준을 마련하여야 한다.(×) ② 시설 운영자는 제1항의 서비스 최저기준 이상으로 서비스 수준을 유지하여야 한다. ③ 제1항의 서비스 기준 대상시설과 서비스 내용 등에 관하여 필요한 사항은 보건복지부령으로 정한다. **OIKOS UP　시설의 서비스 최저기준(시행규칙 제27조)** ① 법 제43조 제1항에 따른 서비스 최저기준에는 다음 각 호의 사항이 포함되어야 한다. 　1. 시설 이용자의 인권　2. 시설의 환경 　3. 시설의 운영　　　　　4. 시설의 안전관리 　5. 시설의 인력관리　　　6. 지역사회 연계 　7. 서비스의 과정 및 결과 8. 그 밖에 서비스 최저기준 유지에 필요한 사항 ② 제1항에 따른 서비스 최저기준 대상시설의 범위는 다음 각 호와 같다. 다만, 시설의 규모, 제공하는 서비스의 특성, 이용자 수 등을 고려하여 보건복지부장관이 정하는 시설은 제외한다. [⑳] 　1. 법 제2조제1호 각 목의 법률에 따른 사회복지시설 　2. 사회복지관

제43조의2	시설의 평가	① 보건복지부장관과 시·도지사는 보건복지부령으로 정하는 바에 따라 **시설을 정기적으로 평가**하고, 그 결과를 공표하거나 시설의 감독·지원 등에 반영할 수 있으며 시설 거주자를 다른 시설로 보내는 등의 조치를 할 수 있다. ② 보건복지부장관이나 시·도지사는 제1항의 평가 결과에 따라 시설 거주자를 다른 시설로 보내는 경우에는 제38조 제3항의 조치를 하여야 한다. **OIKOS UP 시설의 평가(시행규칙 제27조의2)** ① 보건복지부장관 및 시·도지사는 법 제43조의2에 따라 **3년마다** 시설에 대한 평가를 실시하여야 한다. 〈개정 2014.12.24. : "3년마다 1회 이상"을 "3년마다"로 개정〉 ② 제1항에 따른 시설의 평가기준은 법 제43조 제1항에 따른 서비스 최저기준을 고려하여 보건복지부장관이 정한다. ③ 보건복지부장관과 시·도지사는 제1항에 따른 평가의 결과를 해당 기관의 홈페이지 등에 게시하여야 한다. ④ 제1항의 규정에 의한 평가의 방법 기타 평가에 관하여 필요한 사항은 보건복지부장관이 정한다.
제45조	후원금의 관리	① 사회복지법인의 대표이사와 시설의 장은 아무런 대가 없이 무상으로 받은 금품이나 그 밖의 자산(이하 "후원금"이라 한다)의 수입·지출 내용을 공개하여야 하며 그 관리에 명확성이 확보되도록 하여야 한다. ② 후원금에 관한 영수증 발급, 수입 및 사용결과 보고, 그 밖에 후원금 관리 및 공개 절차 등 구체적인 사항은 보건복지부령으로 정한다.
제46조	한국사회복지사협회 [⑪⑭]	① 사회복지사는 **사회복지에 관한 전문지식과 기술을 개발·보급**하고, **사회복지사의 자질 향상을 위한 교육훈련을 실시**하며, 사회복지사의 복지증진을 도모하기 위하여 **한국사회복지사협회**(이하 "협회"라 한다)를 설립한다. ② 제1항에 따른 협회는 법인으로 하되, 협회의 조직과 운영 등에 필요한 사항은 대통령령으로 정한다. ③ 협회에 관하여 이 법에서 규정한 사항을 제외하고는 「민법」 중 사단법인에 관한 규정을 준용한다.
제47조	비밀누설의 금지	사회복지사업 또는 사회복지업무에 종사하였거나 종사하고 있는 사람은 **그 업무 수행 과정에서 알게 된 다른 사람의 비밀을 누설하여서는 아니 된다.**
제48조	압류 금지	이 법 및 제2조 제1호 각 목의 법률에 따라 지급된 금품과 이를 받을 권리는 압류하지 못한다.
제49조	청문	**보건복지부장관, 시·도지사 또는 시장·군수·구청장은** 다음 각 호의 어느 하나에 해당하는 처분을 하려면 **청문을 실시하여야 한다.** 1. 제11조의3에 따른 **사회복지사의 자격취소** 2. 제26조에 따른 **설립허가 취소** 3. 제40조에 따른 **시설의 폐쇄**
제50조	포상	정부는 사회복지사업에 관하여 공로가 현저하거나 모범이 되는 자에게 포상(褒賞)을 할 수 있다.

제51조	지도·감독 등	① 보건복지부장관, 시·도지사 또는 시장·군수·구청장은 사회복지사업을 운영하는 자의 소관 업무에 관하여 지도·감독을 하며, 필요한 경우 그 업무에 관하여 보고 또는 관계 서류의 제출을 명하거나, 소속 공무원으로 하여금 사회복지법인의 사무소 또는 시설에 출입하여 검사 또는 질문을 하게 할 수 있다. ② 시·도지사 또는 시장·군수·구청장은 사회복지법인과 사회복지시설에 대하여 지방의회의 추천을 받아 「공인회계사법」 제7조에 따라 등록한 공인회계사 또는 「주식회사 등의 외부감사에 관한 법률」 제2조제7호에 따른 감사인을 선임하여 회계감사를 실시할 수 있다. 이 경우 공인회계사 또는 감사인의 추천, 회계감사의 대상 및 그 밖에 필요한 사항은 보건복지부령으로 정하는 기준에 따라 지방자치단체의 조례로 정한다. ③ 사회복지법인의 주된 사무소의 소재지와 시설의 소재지가 같은 시·도 또는 시·군·구에 있지 아니한 경우 그 시설의 업무에 관하여는 시설 소재지의 시·도지사 또는 시장·군수·구청장이 지도·감독·회계감사 등을 한다. 이 경우 지도·감독·회계감사 등을 위하여 필요할 때에는 사회복지법인의 업무에 대하여 사회복지법인의 주된 사무소 소재지의 시·도지사 또는 시장·군수·구청장에게 협조를 요청할 수 있다. ④ 제3항에 따른 지도·감독·회계감사 등에 관하여 따로 지방자치단체 간에 협약을 체결한 경우에는 제2항에도 불구하고 협약에서 정한 시·도지사 또는 시장·군수·구청장이 지도·감독·회계감사 등의 업무를 수행한다. ⑤ 제1항 및 제2항에 따라 검사·질문 또는 회계감사를 하는 관계 공무원 등은 그 권한을 표시하는 증표를 지니고 이를 관계인에게 보여주어야 한다. ⑥ 보건복지부장관, 시·도지사 또는 시장·군수·구청장은 지도·감독·회계감사를 실시한 후 제26조 및 제40조에 따른 행정처분 등을 한 경우에는 처분 대상인 법인 또는 시설의 명칭, 처분사유, 처분내용 등 처분과 관련된 정보를 대통령령으로 정하는 바에 따라 공표할 수 있다. ⑦ 지도·감독 기관은 사회복지 사업을 운영하는 자의 소관 업무에 대한 지도·감독에 있어 필요한 경우 촉탁할 수 있으며 촉탁받은 자의 업무범위와 권한은 대통령령으로 정한다.
제52조	권한의 위임 또는 위탁	① 이 법에 따른 보건복지부장관 또는 시·도지사의 권한은 대통령령으로 정하는 바에 따라 그 일부를 시·도지사 또는 시장·군수·구청장에게 위임할 수 있다. ② 보건복지부장관은 이 법에 따른 업무의 일부를 대통령령으로 정하는 바에 따라 제6조의2제5항에 따른 전담기구, 사회복지 관련 기관 또는 단체에 위탁할 수 있다.

제 5 장 벌 칙

제53조	벌칙	다음 각 호의 어느 하나에 해당하는 자는 **5년 이하의 징역 또는 5천만원 이하의 벌금**에 처한다. 1. 제23조 제3항을 위반한 자 2. 제42조 제2항을 위반한 자
제54조	벌칙 [②]	다음 각 호의 어느 하나에 해당하는 자는 **1년 이하의 징역 또는 1천만원 이하의 벌금**에 처한다. 1. 제6조 제1항을 위반한 자 1의2. **제11조제6항을 위반하여 사회복지사 자격증을 다른 사람에게 빌려주거나 빌린 사람** 　⊗ 사회복지사 자격증을 다른 사람에게 빌려주거나 빌린 사람은 10년 이하의 징역 또는 1억원 이하의 벌금에 처한다.(×) 1의3. 제11조제7항을 위반하여 사회복지사 자격증을 빌려주거나 빌리는 것을 알선한 사람 1의4. 제18조의2를 위반하여 금품, 향응 또는 재산상의 이익을 주고받거나 주고받을 것을 약속한 사람 2. 제28조 제2항을 위반한 자 3. 제34조 제2항에 따른 신고를 하지 아니하고 시설을 설치·운영한 자 4. 정당한 이유 없이 제38조 제3항(제40조 제2항에서 준용하는 경우를 포함한다)에 따른 시설 거주자 권익 보호조치를 기피하거나 거부한 자 5. 정당한 이유 없이 제40조 제1항에 따른 명령을 이행하지 아니한 자 6. 제47조를 위반한 자 7. 정당한 이유 없이 제51조 제1항에 따른 보고를 하지 아니하거나 거짓으로 보고한 자, 자료를 제출하지 아니하거나 거짓 자료를 제출한 자, 검사·질문을 거부·방해 또는 기피한 자
제55조	벌칙	제13조를 위반한 자는 **300만원 이하의 벌금**에 처한다.
제58조	과태료	① 다음 각 호의 어느 하나에 해당하는 자에게는 500만원 이하의 과태료를 부과한다. 1. 제35조의3제1항을 위반하여 채용한 자 2. 제35조의3제2항을 위반하여 근로조건을 변경·적용한 자 ② 제13조제2항 단서 및 제3항, 제11조의4, 제18조제6항, 제24조, 제31조, 제34조의3, 제34조의4, 제37조, 제38조제1항·제2항 또는 제45조를 위반한 자에게는 300만원 이하의 과태료를 부과한다. ③ 삭제 〈2017.10.24.〉 ④ 제1항 또는 제2항에 따른 과태료는 대통령령으로 정하는 바에 따라 보건복지부장관, 시·도지사 또는 시장·군수·구청장이 부과·징수한다.

■ 주요 법정기념일과 근거법률 및 지정이유 ■

기념일	지정 일자		근거법률 및 지정이유
사회복지사의 날	3월	30일	• 2011년 3월 30일 제정된 『사회복지사 등의 처우 및 지위 향상을 위한 법률』을 기념 ✏️ **암기법** 33을 업어놓고 0을 가운데 ○○☼○○ 세상의 빛!
편의증진의 날		10일	• 장애인·노인·임산부 등의 편의증진 보장에 관한 법률(제6조의2) • 「장애인·노인·임산부 등의 편의증진 보장에 관한 법률」이 제정된 이 제정된 1997년 **4월 10일**로 정한 것임 ✏️ **암기법** 편의시설 잘되어 있어서 건너기가 아따~ 쉽(10) 네(4)!
장애인의 날 [⑦⑫⑯⑲]	4월	20일	• 장애인복지법(제14조) • 장애인의 날부터 1주간을 **장애인 주간** ✏️ **암기법** 사(4)고로 크게 이식(20)수술을 받게 되어 장애를 입게 됨!
새마을의 날		22일	• 새마을운동조직 육성법(제8조의2) ✏️ **암기법** 새벽 네(4)시 종을 땡땡 땡땡 **2번씩 2번(22)**쳤다! 새벽 종이 울렸네~ 새아침이 밝았네~ 🎵
어린이날 [⑯]		5일	• 아동복지법(제6조) • 5월 1일부터 5월 7일까지를 **어린이 주간**
어버이날 [⑦⑲]		8일	• 노인복지법(제6조)
한부모가족의 날 [㉒]		10일	• 한부모가족지원법(제5조의4) ✏️ **암기법** 가정의 달 5월에 애경사에 축하 및 위로 오는데 배우자와 동반하지 못하고.. 즉, 딱 보니 1명만 있고(1) 1명은 없음(0)!
입양의 날 [⑦]	5월	11일	• 입양특례법(제5조) • 입양의 날부터 1주일을 **입양주간** • 한(1) 가정이 한(1) 아이를 입양해 새로운 가정(1+1)으로 거듭난다.
가정의 날		15일	• 건강가정기본법(제12조) • **매년 5월 가정의 달** ✏️ **암기법** 가정의 평화를 위해 중립(5월의 중간 5월15일)을 지키는 날!
가정위탁의 날		22일	• 근거법령 없음(소장간담회에서 결정) • 두(2)가정(친가정과 위탁가정)이 두(2)아이(내아이와 위탁아이)를 행복한 가정에서 잘 키우자!

노인학대 예방의 날	6월	15일	• 노인복지법(제6조) 📝 **암기법** 육(6)십오(15)세 이상된 분들 학대하지마!
여성주간	7월	1~7일	• 여성발전기본법(제14조) • 매년 7월 1일부터 7월 7일까지을 여성주간(女性週間)
사회복지의 날 [⑥⑦⑫⑯⑰⑲]	9월	7일	• 사회복지사업법(제15조의2) • 사회복지의 날부터 1주간을 **사회복지주간** 📝 **암기법** 세상을 구(9)출(7)하는 날!
치매극복의 날		21일	• 치매관리법(제5조) 📝 **암기법** 미국의 911테러를 921테러라고 하면 치매걸린 것!
노인의 날 [⑥⑦⑫⑭⑯⑲]	10월	2일	• 노인복지법(제6조) • 매년 10월 **경로의 달**, 세계 노인의 날 10월 1일 📝 **암기법** 10월 1일은 국군의 날! 노인들이 국군에게 밀려서 그 다음 날인 10월 2일이 노인의 날이 되었다!
정신건강의 날		10일	• 정신건강증진 및 정신질환자 복지서비스 지원에 관한 법률 법(제14조) • 정신건강의 날이 포함된 주(週)를 정신건강주간 • 세계정신건강의 날 10월 10일 📝 **암기법** 10(10월) × 10(10일) = 100! 100세까지 정신건강~!!
아동학대 예방의 날 [⑫⑲]	11월	19일	• 아동복지법(제23조) • 아동학대예방의 날부터 1주일을 **아동학대예방주간** 📝 **암기법** 식구(19, 십구)들이 맴매(회초리로 짝짝 때리는 것 연상, 11)하지 말라는 날!
자원봉사자의 날	12월	5일	• 자원봉사활동기본법(제13조) • 자원봉사자의 날부터 1주간을 **자원봉사주간** 📝 **암기법** 열십이(12)들이 오(5)세요! 일리(12) 오(5)세요!

제10장 **사회복지사업법**

공공부조법

제2부 **각 론**

제11장 회차별 출제빈도, 출제비중 및 출제논점 1, 2, 3순위

공공부조법	10회 2012	11회 2013	12회 2014	13회 2015	14회 2016	15회 2017	16회 2018	17회 2019	18회 2020	19회 2021	20회 2022	21회 2023	22회 2024
국민기초생활보장법	2	2	2	2	1	1	1	1	2	2	1	3	2
의료급여법	1	1	1	2	1	1	1	–	–	–	1	–	1
긴급복지지원법	–	1	1	–	1	–	–	1	1	–	1	–	–
기초연금법	1	1	1	1	1	1	1	1	1	1	1	1	1
장애인연금법	–	–	–	–	–	–	–	–	–	–	–	–	–

목 차	출제 비중	출제 논점		
		1순위 ☺	2순위 ※	3순위 ☆
제11장 공공부조법	3 4 5			
국민기초생활보장법	1 2 3	① 3번 이상 출제되었던 조문	① 2번 출제되었던 조문	① 1번 출제되었던 조문
의료급여법	0 1 2	① 2번 이상 출제되었던 조문	① 1번 출제되었던 조문	
긴급복지지원법	0~1	① 2번 이상 출제되었던 조문	① 1번 출제되었던 조문	
기초연금법	1	① 2번 이상 출제되었던 조문	① 1번 출제되었던 조문	
장애인연금법	0			

1순위 스마일표시(☺) : 출제 빈출도가 높은 부분으로 무조건 시험에 출제되는 영역
2순위 당구장표시(※) : 나왔다 안 나왔다 하는 영역이지만 출제가능성 높은 영역
3순위 별 표(☆) : 출제 된 적이 있긴 하지만 다시 출제될 가능성은 다소 떨어지는 영역

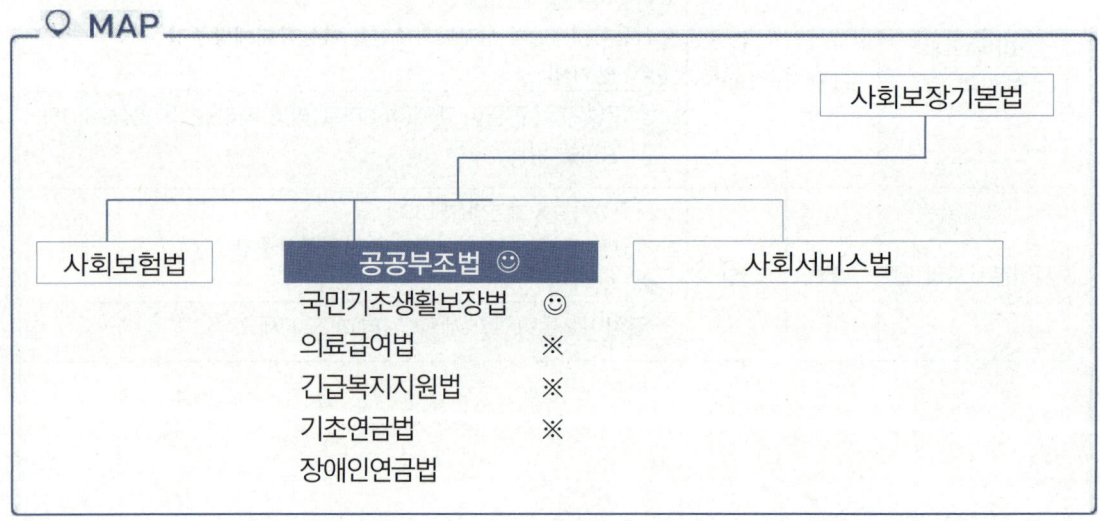

01 국민기초생활보장법 [③④⑤⑥⑦⑧⑨⑩⑪⑫⑬⑭⑮⑯⑰⑱⑲⑳㉑㉒]

1 개요

(1) **약칭** : 기초생활보장법

(2) **관장부처** : 보건복지부(기초생활보장과)

(3) **의의와 기본원칙**

① 의의
  ㉠ 헌법에 보장된 인간다운 생활을 할 권리, 생존권, 사회권, 복지권 내지 사회보장수급권 보장을 규정한 법으로 **공공부조수급권을 구체적으로 보장**하기 위한 법률이다.
  ㉡ 국가와 지방자치단체가 생활이 어려운 자에게 필요한 급여를 행하여 이들의 **최저생활을 보장하고 자활을 조성해야 할 책임이 있음을 명시**하고 있다는 점에서 의의가 있다.

② 급여의 기본원칙
  ㉠ **최저생활보장의 원칙** : 생활이 어려운 자에게 생계·의료·주거·교육·자활 등 필요한 급여를 행하여 이들의 최저생활을 보장
  ㉡ **보충급여의 원칙** : 생계급여 수급자에 대한 최저보장수준은 생계급여액과 수급자 가구의 소득 인정액을 합한 수준이 생계급여 선정기준 이상이 되도록 지원
  ㉢ **자립지원의 원칙** : 근로능력이 있는 생계급여 수급자가 근로활동에 종사하지 않는 경우에는 자활사업에 참여할 것을 조건으로 생계급여를 지급
    ㉮ 근로능력이 있는 생계급여 수급자가 조건부과 유예사유에 해당되지 않는 경우에는 수급자 가구별로 자활지원계획을 수립하고 자활사업에 참여하도록 조건부과
    ㉯ **조건불이행자에게는 수급자 본인의 생계급여 일부 또는 전부를 지급하지 아니함**
  ㉣ **개별성의 원칙**
    ㉮ 급여수준을 정함에 있어서 수급자의 개별적 특수 상황을 최대한 반영
    ㉯ 이를 위해 수급자 및 부양의무자의 소득·재산, 수급자의 근로능력·취업상태·자활욕구 등 자활지원계획수립에 필요한 사항, 기타 수급자의 건강상태·가구특성 등 생활실태에 관한 사항 등을 조사
  ㉤ **타급여 우선의 원칙** : 급여신청자가 다른 법령에 따라 보장을 받을 수 있는 경우에는 기초생활보장급여에 우선하여 다른 법령에 따른 보장이 먼저 행해져야 함
  ㉥ **보편성의 원칙** : 국민기초생활 보장법에 규정된 요건을 충족시키는 국민에 대하여는 성별·직업·연령·교육수준·소득원 기타의 이유로 수급권을 박탈하지 아니함

(4) 법의 발전과정

① **조선구호령** : 일제는 1944년 3월 1일 조선총독 명의로 전문 6장 제31조로 된 「조선구호령」을 공포하여 실시하였다.

② **생활보호법**
  ㉠ 1961년 12월 30일 법률 제913호로 제정되었으나 재정 사정이 여의치 못하여 전면적인 실시가 되지 못하고, 그 중 **생계보호만이 부분적으로 실시**되었다.
  ㉡ **1977년에는 의료보호법의 제정**으로 생활보호대상자에 대한 **의료보호가 행하여지기 시작**하였다.
  ㉢ 1982년 12월 31일 생활보호법을 전면 개정하여 보호대상자 범위를 일부 확대하여 영세민을 법정 보호대상 범위에 포함시켰고, 친족부양우선주의를 명백히 하였으며, **보호의 종류에는 자활보호와 교육보호를 추가**하였다.

③ **국민기초생활보장법** : 1999년 9월 7일 법률 제6024호로 국민기초생활보장법이 제정되어 2000년 10월 1일부터 시행에 들어갔으며, 생활보호법은 폐지되었다.
  → 주거급여 추가, 긴급구호제도(긴급급여) 도입 [정책론 ②③]
  ㉠ 범주적 공공부조 제도(categorical public assistance)가 아닌 일반적 공공부조 제도(general public assistance)로 전환하였다.
    ㉮ 기존의 「생활보호법」은 65세 이상의 노쇠자, 18세 미만의 아동, 임산부, 질병-사고-장애로 인한 근로무능력자 등과 같은 인구통계학적 특정 범주 내의 사람들만 수급권자로 한정함으로써, 선별된 사람들만 예외적으로 국가의 보호를 받을 수 있는 **범주적 공공부조로 사회안전망의 기능을 하는 데 한계**가 있었다.
    ㉮ 「국민기초생활보장법」에서는 수급권자를 생활이 어려운 빈곤자로 단순화시킴으로써 '빈곤'이란 상태에 처한 모든 국민들이 기초생활을 보장받을 수 있는 **'일반적 공공부조'로 전환**됨에 따라 빈곤계층을 위한 보편적인 사회안전망의 기능을 수행할 수 있게 되었다.
  ㉡ **'기초생활보장권'**은 가부장적인 국가에 의한 시여(dole)나 증여(gift)에 의한 보호가 아닌, **복지국가가 국민들의 기본권을 구체적으로 구현시키기 위한 법적 권리(legal right)로서 응당 받아야 할 권리(entitlement)**인 것이다.

④ **2014년 12월 30일 국민기초생활보장법 개정(2015.7.1. 시행)** : 맞춤형 급여 체계
  ㉠ **수급자 선정 및 급여지급 기준**은 중앙생활보장위원회의 심의·의결을 거쳐 확정된 **기준중위소득에 따름**
  ㉡ **급여종류별로 수급자 선정기준이 다층화** 되어 기존 제도(**통합급여 체계**)의 All or Nothing 문제를 해결하고 수급자의 소득이 기준 중위소득의 50%까지 상승되어도 수급권을 유지할 수 있도록 제도를 운영함
  ㉢ **부양의무자 기준을 대폭 완화**하여 부양의무자 제도로 인한 사각지대에 놓였던 수급권자를 대폭 제도권 내로 진입하게 하고 급여를 현실화하여 보장성을 강화함

2 법률 내용분석(2023.8.16. 일부 개정, 2023.11.17. 시행)

제1장 총칙

제1조	목적 [⑧⑫]	이 법은 생활이 어려운 사람에게 필요한 급여를 실시하여 이들의 **최저생활을 보장**하고 **자활을 돕는 것을 목적**으로 한다.
제2조	정의 [③④⑦ ⑩⑪⑰⑱⑳] [정책론 ④⑧⑳]	이 법에서 사용하는 용어의 뜻은 다음과 같다. 1. "수급권자"란 이 법에 따른 **급여를 받을 수 있는 자격을 가진 사람**을 말한다. [⑱, 정책론 ⑳] 2. "수급자"란 이 법에 따른 **급여를 받는 사람**을 말한다. [⑰] 3. "수급품"이란 이 법에 따라 수급자에게 지급하거나 대여하는 금전 또는 물품을 말한다. 4. "보장기관"이란 이 법에 따른 **급여를 실시하는 국가 또는 지방자치단체**를 말한다. [④⑬⑳, 정책론 ⑳] 5. "부양의무자"란 제5조에 따른 수급권자를 부양할 책임이 있는 사람으로서 **수급권자의 1촌의 직계혈족 및 그 배우자**를 말한다. 다만, **사망한 1촌의 직계혈족의 배우자는 제외**한다. → 1촌의 직계혈족이란 부모자식 간(아버지, 어머니, 딸, 아들, 결혼한 아들, 결혼한 딸), 배우자(며느리, 사위) [③⑩⑬] 6. "최저보장수준"이란 국민의 소득·지출 수준과 수급권자의 가구 유형 등 생활실태, 물가상승률 등을 고려하여 제6조에 따라 급여의 종류별로 공표하는 금액이나 보장수준을 말한다. 7. "최저생계비"란 **국민이 건강하고 문화적인 생활을 유지하기 위하여 필요한 최소한의 비용**으로서 제20조의2 제4항에 따라 보건복지부장관이 계측하는 금액을 말한다. [⑱, 정책론 ⑤] ⊗ 최저생계비란 국민이 쾌적한 문화생활을 유지하기 위하여 필요한 적정선의 비용을 말한다.(×) 8. "개별가구"란 이 법에 따른 급여를 받거나 이 법에 따른 **자격요건에 부합하는지에 관한 조사를 받는 기본단위로서 수급자 또는 수급권자로 구성된 가구**를 말한다. 9. "소득 인정액"이란 보장기관이 급여의 결정 및 실시 등에 사용하기 위하여 산출한 **개별가구의 소득평가액과 재산의 소득환산액을 합산한 금액**을 말한다. [④⑱] 10. "차상위계층"이란 수급권자(제14조의2에 따라 수급권자로 보는 사람은 제외한다)에 해당하지 아니하는 계층으로서 **소득 인정액이 대통령령으로 정하는 기준 이하인 계층**을 말한다. → 개정 前 : 소득 인정액이 최저생계비의 100분의 120 이하인 사람 → 개정 後 : 소득 인정액이 기준중위소득의 100분의 50 이하인 사람(2015.4. 20.개정, 차상위계층의 범위 확대) [④⑦] 11. "기준 중위소득"이란 보건복지부장관이 급여의 기준 등에 활용하기 위하여 제20조 제2항에 따른 **중앙생활보장위원회의 심의·의결을 거쳐 고시하는 국민 가구소득의 중위값**을 말한다. [⑱] → 중위소득 : 전국의 모든 가구를 소득별로 순위를 매겼을 때, 한 가운데 위치하는 가구의 소득을 말함

제3조	급여의 기본원칙 [④⑤⑩⑬㉑]	① 이 법에 따른 급여는 수급자가 자신의 생활의 유지·향상을 위하여 그의 **소득, 재산, 근로능력 등을 활용**하여 최대한 노력하는 것을 전제로 이를 **보충·발전시키는** 것을 **기본원칙**으로 한다. ② **부양의무자의 부양과 다른 법령에 따른 보호**는 이 법에 따른 급여에 **우선하여 행하여지는 것**으로 한다. 다만, 다른 법령에 따른 보호의 수준이 이 법에서 정하는 수준에 이르지 아니하는 경우에는 나머지 부분에 관하여 이 법에 따른 급여를 받을 권리를 잃지 아니한다. ▶ **OIKOS UP 보충성의 원리** ① 소득·재산·근로능력 등 활용의 원칙 ② 사적 부양의 원칙 ③ 타급여 우선의 원칙
제4조	급여의 기준 등 [③④⑦⑩⑬⑰]	① 이 법에 따른 급여는 건강하고 **문화적인 최저생활**을 유지할 수 있는 것이어야 한다. [⑰] → **최저생활보장의 원칙** ② 이 법에 따른 **급여의 기준**은 **수급자의 연령, 가구 규모, 거주지역, 그 밖의 생활여건 등을 고려**하여 급여의 종류별로 **보건복지부장관이 정하거나 급여를 지급하는 중앙행정기관의 장**("소관 중앙행정기관의 장")이 보건복지부장관과 협의하여 정한다. → **구체성·개별성의 원칙** ③ 보장기관은 이 법에 따른 급여를 **개별가구 단위로 실시**하되, 「장애인복지법」 제32조에 따라 등록한 장애인 중 장애의 정도가 심한 장애인으로서 보건복지부장관이 정하는 사람에 대한 급여 등 특히 필요하다고 인정하는 경우에는 **개인 단위로 실시**할 수 있다. → **개별가구단위의 원칙** ④ 지방자치단체인 보장기관은 해당 지방자치단체의 조례로 정하는 바에 따라 이 법에 따른 **급여의 범위 및 수준을 초과하여 급여를 실시할 수 있다**. 이 경우 해당 보장기관은 보건복지부장관 및 소관 중앙행정기관의 장에게 알려야 한다.
제5조의2	외국인에 대한 특례 [⑤⑩⑯⑲]	국내에 체류하고 있는 외국인 중 **대한민국 국민과 혼인**하여 본인 또는 배우자가 임신 중이거나 **대한민국 국적의 미성년 자녀를 양육**하고 있거나 **배우자의 대한민국 국적인 직계존속(直系尊屬)**과 **생계나 주거를 같이하고 있는 사람**으로서 **대통령령**으로 정하는 사람이 이 법에 따른 급여를 받을 수 있는 자격을 가진 경우에는 **수급권자가 된다**. ❌ 배우자의 대한민국 국적인 직계비속(×)
제6조	최저보장 수준의 결정 등	① 보건복지부장관 또는 소관 중앙행정기관의 장은 급여의 종류별 수급자 선정기준 및 최저보장수준을 결정하여야 한다. ② 보건복지부장관 또는 소관 중앙행정기관의 장은 **매년 8월 1일까지** 제20조 제2항에 따른 **중앙생활보장위원회의 심의·의결을 거쳐** 다음 연도의 **급여의 종류별 수급자 선정기준 및 최저보장수준을 공표**하여야 한다. ▶ **OIKOS UP 〈제6조 개정 전〉 최저생계비의 결정 [③④⑥⑦⑨]** ① **보건복지부장관**은 국민의 소득·지출 수준과 수급자의 가구 유형 등 생활실태, 물가상승률 등을 고려하여 **최저생계비를 결정**하여야 한다. ② 보건복지부장관은 매년 **9월 1일까지** 제20조 제2항에 따른 중앙생활보장위원회의 심의·의결을 거쳐 다음 연도의 최저생계비를 공표하여야 한다. [⑦] ③ 보건복지부장관은 최저생계비를 결정하기 위하여 필요한 **계측조사를 3년마다** 하며, 이에 필요한 사항은 보건복지부령으로 정한다. [③⑧]

6조의2	기준 중위소득의 산정 [⑭⑯]	① 기준 중위소득은 「통계법」 제27조에 따라 통계청이 공표하는 통계자료의 가구 **경상소득**(근로소득, 사업소득, 재산소득, 이전소득을 합산한 소득을 말한다)의 중간값에 최근 가구소득 **평균 증가율**, 가구규모에 따른 소득수준의 차이 등을 반영하여 **가구규모별로 산정**한다. ② 그 밖에 가구규모별 소득수준 반영 방법 등 기준 중위소득의 산정에 필요한 사항은 제20조 제2항에 따른 **중앙생활보장위원회에서 정한다**. **OIKOS UP 기준 중위소득** ① 맞춤형급여 도입 이전의 '최저생계비'에 해당하는 개념으로 보건복지부장관이 급여의 기준 등에 활용하기 위하여 중앙생활보장위원회의 심의·의결을 거쳐 고시하는 국민가구소득의 중위 값을 말함 ■ 2024년도 기준 중위소득 ■ (단위 : 원) | 가구규모 구분	1인 가구	2인 가구	3인 가구	4인 가구
---	---	---	---	---
기준 중위소득	2,228,445	3,682,609	4,714,657	5,729,913	 ② 기준 중위소득은 급여종류별 선정기준과 생계급여 지급액을 정하는 기준이고, 부양의무자의 부양능력을 판단하는 기준이 됨 ③ 수급자 선정 및 급여 기준으로 최저생계비 기준을 활용하지 않더라도 기준 중위소득이 수급자의 최저생활을 보장하는지 여부를 확인하기 위하여 최저생계비를 3년마다 계측

제6조의3	소득인정액의 산정 [⑮]	① 제2조 제9호에 따른 **개별가구의 소득평가액**은 개별가구의 실제소득에도 불구하고 보장기관이 급여의 결정 및 실시 등에 사용하기 위하여 산출한 금액으로 다음 각 호의 소득을 합한 개별가구의 실제소득에서 장애·질병·양육 등 가구 특성에 따른 지출요인, 근로를 유인하기 위한 요인, 그 밖에 추가적인 지출요인에 해당하는 금액을 감하여 산정한다.
		  1. 근로소득
		  2. 사업소득
		  3. 재산소득
		  4. 이전소득
		② 제2조 제9호에 따른 **재산의 소득환산액**은 개별가구의 재산가액에서 기본재산액(기초생활의 유지에 필요하다고 보건복지부장관이 정하여 고시하는 재산액을 말한다) 및 부채를 공제한 금액에 소득환산율을 곱하여 산정한다. 이 경우 **소득으로 환산하는 재산의 범위**는 다음 각 호와 같다.
		  1. **일반재산**(금융재산 및 자동차를 제외한 재산을 말한다)
		  2. **금융재산**
		  3. **자동차**
		③ 실제소득, 소득평가액 및 재산의 소득환산액의 산정을 위한 구체적인 범위·기준 등은 대통령령으로 정한다.

OIKOS UP 소득의 범위(시행령 제5조) [⑮]

① "실제소득"이란 다음 각 호의 소득을 합산한 금액을 말한다.
  1. 근로소득 : 근로의 제공으로 얻는 소득. 다만, 「소득세법」에 따라 비과세되는 근로소득은 제외하되, 다음 각 목의 급여는 근로소득에 포함한다.
     가. 「소득세법」에 따라 비과세되는 급여
     나. 「소득세법 시행령」에 따라 비과세되는 급여
  2. 사업소득
     가. 농업소득 : 경종업(耕種業), 과수·원예업, 양잠업, 종묘업, 특수작물생산업, 가축사육업, 종축업(種畜業) 또는 부화업과 이에 부수하는 업무에서 얻는 소득
     나. 임업소득 : 영림업, 임산물생산업 또는 야생조수사육업과 이에 부수하는 업무에서 얻는 소득
     다. 어업소득 : 어업과 이에 부수하는 업무에서 얻는 소득
     라. 기타사업소득 : 도매업, 소매업, 제조업, 그 밖의 사업에서 얻는 소득
  3. 재산소득
     가. 임대소득 : 부동산, 동산, 권리 또는 그 밖의 재산의 대여로 발생하는 소득
     나. 이자소득 : 예금·주식·채권의 이자와 배당 또는 할인에 의하여 발생하는 소득 중 보건복지부장관이 정하는 금액 이상의 소득
     다. 연금소득 : 「소득세법」 제20조의3 제1항 제2호 및 제3호에 따라 발생하는 연금 또는 소득과 「보험업법」 제4조 제1항 제1호 나목의 연금보험에 의하여 발생하는 소득
  4. 이전소득 [차상위계층에 속하는 사람(차상위자)에 대해서는 생활여건 등을 고려하여 보건복지부장관이 정하여 고시하는 바에 따라 다음 각 목의 이전소득의 범위를 달리할 수 있다]
     가. 친족 또는 후원자 등으로부터 정기적으로 받는 금품 중 보건복지부장관이 정하는 금액 이상의 금품
     나. 제5조의6 제1항 제4호 다목에 따라 보건복지부장관이 정하는 금액
     다. 「국민연금법」, 「기초연금법」, 「공무원연금법」, 「군인연금법」, 「별정우체국법」, 「사립학교교직원 연금법」, 「고용보험법」, 「산업재해보상보험법」, 「국민연금과 직역연금의 연계에 관한 법률」, 「보훈보상대상자 지원에 관한 법률」, 「독립유공자예우에 관한 법률」, 「국가유공자 등 예우 및 지원에 관한 법률」, 「고엽제후유의증 등 환자지원 및 단체설립에 관한 법률」, 「자동차손해배상 보장법」, 「참전유공자 예우 및 단체설립에 관한 법률」 등에 따라 정기적으로 지급되는 각종 수당·연금·급여 또는 그 밖의 금품
② 제1항에도 불구하고 다음 각 호의 금품은 소득으로 보지 아니한다.
  1. 퇴직금, 현상금, 보상금, 「조세특례제한법」 제100조의2에 따른 근로장려금 및 같은 법 제100조의27에 따른 자녀장려금 등 정기적으로 지급되는 것으로 볼 수 없는 금품
  2. 보육·교육 또는 그 밖에 이와 유사한 성질의 서비스 이용을 전제로 받는 보육료, 학자금, 그 밖에 이와 유사한 금품
  3. 법 제43조 제5항에 따라 지방자치단체가 지급하는 금품으로서 보건복지부장관이 정하는 금품

OIKOS UP 재산의 범위(시행령 제5조의3)

법 제6조의3 제2항 후단에 따른 소득으로 환산하는 재산의 범위는 다음 각 호의 재산으로 한다.

1. 일반재산
   가. 「지방세법」제104조 제1호부터 제3호까지의 규정에 따른 **토지, 건축물 및 주택**. 다만, 종중재산·마을공동재산, 그 밖에 이에 준하는 공동의 목적으로 사용하는 재산은 제외한다.
   나. 「지방세법」제104조 제4호 및 제5호에 따른 **항공기 및 선박**
   다. 주택·상가 등에 대한 **임차보증금**(전세금을 포함한다)
   라. 100만원 이상의 가축, 종묘(種苗) 등 **동산**(장애인 재활보조기구 등 보건복지부장관이 정하는 동산은 제외한다) 및 「지방세법」제6조 제11호에 따른 **입목**
   마. 「지방세법」제6조 제13호에 따른 **어업권**
   바. 「지방세법」제6조 제14호부터 제18호까지의 규정에 따른 **회원권**
   사. 「소득세법」제89조 제2항에 따른 **조합원입주권**
   아. 건물이 완성되는 때에 그 건물과 이에 부수되는 토지를 취득할 수 있는 권리(사목에 따른 조합원입주권은 제외한다)

2. 금융재산
   가. 현금 및 「금융실명거래 및 비밀보장에 관한 법률」제2조 제2호에 따른 **금융자산**
   나. 「보험업법」제2조 제1호에 따른 **보험상품**

3. 「지방세법」제124조에 따른 **자동차**. 다만, 장애인 사용 자동차 등 보건복지부장관이 정하여 고시하는 자동차는 제외한다.

제2장 급여의 종류와 방법

| 제7조 | 급여의 종류
[④⑤⑥②③①]
[정책론 ⑧] | ① 이 법에 따른 **급여의 종류**는 다음 각 호와 같다.
　1. 생계급여　　2. 주거급여　　3. 의료급여
　4. 교육급여　　5. 해산급여(解産給與)　　6. 장제급여(葬祭給與)
　7. 자활급여

✏️ **암기법**
교생의 주장은 급여수준 낮추면 학생들이 **자해**~

② 수급권자에 대한 급여는 수급자의 필요에 따라 제1항 제1호부터 제7호까지의 **급여의 전부 또는 일부를 실시**하는 것으로 한다.
③ **차상위계층에 속하는 사람에 대한 급여**는 보장기관이 차상위자의 가구별 생활여건을 고려하여 예산의 범위에서 제1항 제2호부터 제4호까지, 제6호 및 제7호에 따른 **급여의 전부 또는 일부**를 실시할 수 있다. 이 경우 차상위자에 대한 급여의 기준 및 절차 등에 관하여 필요한 사항은 대통령령으로 정한다. [㉑]
④ 제1항 제3호의 의료급여는 따로 법률에서 정하는 바에 따른다.〈삭제〉 |

제8조	생계급여의 내용 등 [②] [정책론 ⑩⑫]	① 생계급여는 수급자에게 **의복, 음식물 및 연료비와 그 밖에 일상생활에 기본적으로 필요한 금품을 지급**하여 그 **생계를 유지**하게 하는 것으로 한다. 　※ 생계급여는 수급자에게 주거 안정에 필요한 임차료, 수선유지비, 그 밖의 수급품을 지급하는 것으로 한다.(×) ② 생계급여 수급권자는 **부양의무자가 없거나, 부양의무자가 있어도 부양능력이 없거나 부양을 받을 수 없는 사람**으로서 그 소득 인정액이 제20조 제2항에 따른 중앙생활보장위원회의 심의·의결을 거쳐 결정하는 금액("**생계급여 선정기준**") 이하인 사람으로 한다. 이 경우 **생계급여 선정기준은 기준 중위소득의 100분의 30 이상**으로 한다. 　↳ 2024년 생계·의료급여 선정기준 및 최저보장수준 (보건복지부고시, 2023.8.16.,제정, 2024.1.1.시행) : 생계급여의 급여 선정기준선은 기준 중위소득의 32% ③ **생계급여 최저보장수준**은 생계급여와 소득 인정액을 포함하여 **생계급여 선정기준 이상**이 되도록 하여야 한다. ④ 제2항 및 제3항에도 불구하고 제10조 제1항 단서에 따라 제32조에 따른 보장시설에 위탁하여 생계급여를 실시하는 경우에는 보건복지부장관이 정하는 고시에 따라 그 선정기준 등을 달리 정할 수 있다. **OIKOS UP　　수급자 선정기준 = 부양의무자 + 소득 인정액** ① **부양의무자 기준이 적용되는 수급자 종류** 　㉠ 부양의무자 제도 적용 : 의료급여 수급자 　㉡ 부양의무자 제도 미적용 : 생계급여 수급자, 교육급여 수급자, 주거급여 수급자 ② **소득 인정액** = 소득평가액 (실제소득 - 가구특성별 지출비용 - 근로소득공제) + 재산의 소득환산액 [(일반·금융재산의 종류별가액 - 기본재산액 - 부채 + 자동차 재산가액) × 재산의 종류별 소득환산율] **OIKOS UP　　급여종류별 수급자 선정기준 및 생계급여액** ① **2024년도 급여종류별 수급자 선정기준(4인 가구 기준)** 　㉠ 생계급여수급자 : 기준중위소득 32%(1,833,572원) 　㉡ 의료급여수급자 : 기준중위소득 40%(2,291,965원) 　㉢ 주거급여수급자 : 기준중위소득 48%(2,750,358원) 　㉣ 교육급여수급자 : 기준중위소득 50%(2,864,957원) ② **생계급여액 = 생계급여 최저보장수준(대상자 선정기준) - 소득인정액** ■ 2024년도 생계급여 최저보장수준 및 선정기준 ■ (단위 : 원) | 가구규모 구분	1인 가구	2인 가구	3인 가구	4인 가구
기준 중위소득(A)	2,228,445	3,682,609	4,714,657	5,729,913
생계급여 선정 및 급여기준 (A의 32%)	713,102	1,178,435	1,508,690	1,833,572	

제8조
의2
	부양능력 등
	[⑪⑳]
		① 부양의무자가 다음 각 호의 어느 하나에 해당하는 경우에는 제8조 제2항, 제12조 제3항, 제12조의3 제2항에 따른 부양능력이 없는 것으로 본다.
		  1. 기준 중위소득 수준을 고려하여 대통령령으로 정하는 소득·재산 기준 미만인 경우
		  2. 직계존속 또는 「장애인연금법」 제2조 제1호의 중증장애인인 직계비속을 자신의 주거에서 부양하는 경우로서 보건복지부장관이 정하여 고시하는 경우
		  3. 그 밖에 질병, 교육, 가구 특성 등으로 부양능력이 없다고 보건복지부장관이 정하는 경우
		② 부양의무자가 다음 각 호의 어느 하나에 해당하는 경우에는 제8조 제2항, 제12조 제3항, 제12조의3 제2항에 따른 부양을 받을 수 없는 것으로 본다.
		  1. 부양의무자가 「병역법」에 따라 징집되거나 소집된 경우
		  2. 부양의무자가 「해외이주법」 제2조의 해외이주자에 해당하는 경우
		  3. 부양의무자가 「형의 집행 및 수용자의 처우에 관한 법률」 및 「치료감호법」 등에 따른 교도소, 구치소, 치료감호시설 등에 수용 중인 경우
		  4. 부양의무자에 대하여 실종선고 절차가 진행 중인 경우
		  5. 부양의무자가 제32조의 보장시설에서 급여를 받고 있는 경우
		  6. 부양의무자의 가출 또는 행방불명으로 경찰서 등 행정관청에 신고된 후 1개월이 지났거나 가출 또는 행방불명 사실을 특별자치시장·특별자치도지사·시장·군수·구청장(자치구의 구청장을 말한다. "시장·군수·구청장")이 확인한 경우
		  7. 부양의무자가 부양을 기피하거나 거부하는 경우
		  8. 그 밖에 부양을 받을 수 없는 것으로 보건복지부장관이 정하는 경우

제9조	생계급여의
	방법
	[⑤⑦⑨⑩⑫⑳]
	[정책론 ⑥]
		① 생계급여는 금전을 지급하는 것으로 한다. 다만, 금전으로 지급할 수 없거나 금전으로 지급하는 것이 적당하지 아니하다고 인정하는 경우에는 물품을 지급할 수 있다. [⑳] → 현금급여의 원칙
		  ⓧ 생계급여는 물품으로는 지급할 수 없다.(×)
		② 제1항의 수급품은 대통령령으로 정하는 바에 따라 매월 정기적으로 지급하여야 한다. 다만, 특별한 사정이 있는 경우에는 그 지급방법을 다르게 정하여 지급할 수 있다. → 정기급여의 원칙(매월 20일 정기지급) [⑳]
		③ 제1항의 수급품은 수급자에게 직접 지급한다. 다만, 제10조 제1항 단서에 따라 제32조에 따른 보장시설이나 타인의 가정에 위탁하여 생계급여를 실시하는 경우에는 그 위탁받은 사람에게 이를 지급할 수 있다. 이 경우 보장기관은 보건복지부장관이 정하는 바에 따라 정기적으로 수급자의 수급 여부를 확인하여야 한다.
		  → 직접급여의 원칙
		④ 생계급여는 보건복지부장관이 정하는 바에 따라 수급자의 소득 인정액 등을 고려하여 차등지급할 수 있다. → 차등급여의 원칙 [정책론 ④]
		⑤ 보장기관은 대통령령으로 정하는 바에 따라 근로능력이 있는 수급자에게 자활에 필요한 사업에 참가할 것을 조건으로 하여 생계급여를 실시할 수 있다. 이 경우 보장기관은 제28조에 따른 자활지원계획을 고려하여 조건을 제시하여야 한다. [정책론 ⑥] → 시행령 제8조(조건부수급자) : 법 제9조 제5항에 따라 자활에 필요한 사업(자활사업)에 참가할 것을 조건으로 부과하여 생계급여를 지급받는 사람(조건부수급자)은 제7조에 따른 근로능력이 있는 수급자로 한다.

제10조	생계급여를 실시할 장소 [⑤⑬]	① 생계급여는 수급자의 **주거에서 실시**한다. 다만, 수급자가 주거가 없거나 주거가 있어도 그곳에서는 급여의 목적을 달성할 수 없는 경우 또는 수급자가 희망하는 경우에는 수급자를 제32조에 따른 **보장시설이나 타인의 가정에 위탁하여 급여를 실시할 수 있다.** → 주거급여의 원칙 ② 제1항에 따라 수급자에 대한 생계급여를 타인의 가정에 위탁하여 실시하는 경우에는 거실의 임차료와 그 밖에 거실의 유지에 필요한 비용은 수급품에 가산하여 지급한다. 이 경우 제7조 제1항 제2호의 주거급여가 실시된 것으로 본다.
제11조	주거급여 [⑯㉑㉒] [정책론 ⑥]	① **주거급여**는 수급자에게 **주거 안정에 필요한 임차료, 수선유지비, 그 밖의 수급품을 지급**하는 것으로 한다. [㉑㉒] ② 주거급여에 관하여 필요한 사항은 **따로 법률에서 정한다.** **OIKOS UP 주거급여법** (1) **관장부처 : 국토교통부**(주거복지기획과) (2) **제5조(수급권자의 범위)** ① 수급권자는 소득인정액이 「국민기초생활 보장법」 제20조제2항에 따른 중앙생활보장위원회의 심의·의결을 거쳐 결정하는 금액("주거급여 선정기준") 이하인 사람으로 한다. 이 경우 **주거급여 선정기준은 기준 중위소득의 100분의 43 이상**으로 한다. ↳ 2024년 주거급여 선정기준 및 최저보장수준(국토교통부고시, 2023.8.17..제정, 2024.1.1.시행) : 주거급여의 급여 선정기준선은 기준 중위소득의 **48%** ② 삭제 〈2018.1.16.〉 → ∴ **부양의무자 미적용**
제12조	교육급여 [⑨⑰㉒] [정책론 ⑳]	① **교육급여**는 수급자에게 **입학금, 수업료, 학용품비, 그 밖의 수급품을 지급**하는 것으로 하되, 학교의 종류·범위 등에 관하여 필요한 사항은 대통령령으로 정한다. → 교육급여는 초등학교·공민학교, 중학교·고등공민학교, 고등학교·고등기술학교, 특수학교, 각종학교로서 앞에 열거한 학교와 유사한 학교, 「평생교육법」 제31조에 따른 학교형태의 평생교육시설에 입학하거나 재학하는 사람에게 지급 ② **교육급여는 교육부장관의 소관**으로 한다. [⑰㉒] ③ 교육급여 수급권자는 **부양의무자가 없거나, 부양의무자가 있어도 부양능력이 없거나 부양을 받을 수 없는 사람**으로서 그 소득 인정액이 제20조 제2항에 따른 중앙생활보장위원회의 심의·의결을 거쳐 결정하는 금액(이하 "교육급여 선정기준"이라 한다) 이하인 사람으로 한다. 이 경우 **교육급여 선정기준은 기준 중위소득의 100분의 50 이상**으로 한다. ④ 교육급여의 신청 및 지급 등에 대하여는 「초·중등교육법」 제60조의4부터 제60조의9까지 및 제62조 제3항에 따른 교육비 지원절차를 준용한다.
제12조의2	교육급여의 적용특례	교육급여 수급권자를 선정하는 경우에는 제12조 제1항의 교육급여와 「초·중등교육법」 제60조의4에 따른 교육비 지원과의 연계·통합을 위하여 제3조 제2항 및 **제12조 제3항에도 불구하고 소득 인정액이 교육급여 선정기준 이하인 사람을 수급권자로 본다.** → **부양의무자 미적용**

제12조 의3	의료급여 [정책론 ⑳]	① 의료급여는 수급자에게 건강한 생활을 유지하는 데 필요한 각종 검사 및 치료 등을 지급하는 것으로 한다. ② 의료급여 수급권자는 부양의무자가 없거나, 부양의무자가 있어도 부양능력이 없거나 부양을 받을 수 없는 사람으로서 그 소득 인정액이 제20조 제2항에 따른 중앙생활보장위원회의 심의·의결을 거쳐 결정하는 금액(이하 이 항에서 "의료급여 선정기준"이라 한다) 이하인 사람으로 한다. 이 경우 의료급여 선정기준은 기준 중위소득의 100분의 40 이상으로 한다. ③ 의료급여에 필요한 사항은 따로 법률에서 정한다.

제13조	해산급여
	[⑧]
		① 해산급여는 제7조 제1항 제1호부터 제3호까지(생계·주거·의료)의 급여 중 하나 이상의 급여를 받는 수급자에게 다음 각 호의 급여를 실시하는 것으로 한다.
		  1. 조산(助産)
		  2. 분만 전과 분만 후에 필요한 조치와 보호
		② 해산급여는 보건복지부령으로 정하는 바에 따라 보장기관이 지정하는 의료기관에 위탁하여 실시할 수 있다.
		③ 해산급여에 필요한 수급품은 보건복지부령으로 정하는 바에 따라 수급자나 그 세대주 또는 세대주에 준하는 사람에게 지급한다. 다만, 제2항에 따라 그 급여를 의료기관에 위탁하는 경우에는 수급품을 그 의료기관에 지급할 수 있다.

제14조	장제급여 [㉒]	① 장제급여는 제7조 제1항 제1호부터 제3호까지(생계·주거·의료)의 급여 중 하나 이상의 급여를 받는 수급자가 사망한 경우 사체의 검안(檢案)·운반·화장 또는 매장, 그 밖의 장제조치를 하는 것으로 한다. ⊗ 장제급여는 자활급여를 받는 수급자가 사망한 경우 장제조치를 하는 것으로 한다.(×) ② 장제급여는 보건복지부령으로 정하는 바에 따라 실제로 장제를 실시하는 사람에게 장제에 필요한 비용을 지급하는 것으로 한다. 다만, 그 비용을 지급할 수 없거나 비용을 지급하는 것이 적당하지 아니하다고 인정하는 경우에는 물품을 지급할 수 있다.
제14조 의2	급여의 특례	제8조(생계급여), 제11조(주거급여), 제12조(교육급여), 제12조의3(의료급여), 제13조(해산급여), 제14조(장제급여) 및 제15조(자활급여)에 따른 수급권자에 해당하지 아니하여도 생활이 어려운 사람으로서 일정 기간 동안 이 법에서 정하는 급여의 전부 또는 일부가 필요하다고 보건복지부장관 또는 소관 중앙행정기관의 장이 정하는 사람은 수급권자로 본다.

제15조	자활급여
	[⑧②]
	[정책론 ⑲]
		① 자활급여는 수급자의 자활을 돕기 위하여 다음 각 호의 급여를 실시하는 것으로 한다.
		  1. 자활에 필요한 금품의 지급 또는 대여
		  2. 자활에 필요한 근로능력의 향상 및 기능 습득의 지원
		  3. 취업알선 등 정보의 제공
		  4. 자활을 위한 근로기회의 제공
		  5. 자활에 필요한 시설 및 장비의 대여
		  6. 창업교육, 기능훈련 및 기술·경영 지도 등 창업지원
		  7. 자활에 필요한 자산형성 지원
		  8. 그 밖에 대통령으로 정하는 자활을 위한 각종 지원
		⊗ 자활급여는 근로능력이 있는 국민기초생활보장 수급자의 자활을 위한 각종 지원을 제공하는 급여이다.(O)
		② 제1항의 자활급여는 관련 공공기관·비영리법인·시설과 그 밖에 대통령령으로 정하는 기관에 위탁하여 실시할 수 있다. 이 경우 그에 드는 비용은 보장기관이 부담한다.
		⊗ 자활급여는 관련 비영리법인에 위탁하여 실시할 수 있다.(O)

제2장의2 자활 지원

제15조의2	한국자활복지개발원 (개정 前 : 중앙자활센터) [③]	① 수급자 및 차상위자의 자활촉진에 필요한 사업을 수행하기 위하여 한국자활복지개발원(이하 "자활복지개발원"이라 한다)을 설립한다. ② 자활복지개발원은 법인으로 한다. ③ 자활복지개발원은 그 주된 사무소의 소재지에서 설립등기를 함으로써 성립한다. ④ 보건복지부장관은 자활복지개발원을 지도·감독하며 자활복지개발원에 대하여 업무·회계 및 재산에 관하여 필요한 사항을 보고하게 하거나 소속 공무원에게 자활복지개발원에 출입하여 장부, 서류, 그 밖의 물건을 검사하게 할 수 있다. ⑤ 제1항에서 제4항까지에서 규정한 사항 외에 자활복지개발원의 정관, 이사회, 회계, 그 밖에 자활복지개발원의 설립·운영에 필요한 사항은 대통령령으로 정한다.

제15조의3	자활복지개발원의 업무	① 자활복지개발원은 다음 각 호의 사업을 수행한다.
		  1. 자활 지원을 위한 사업(이하 "자활지원사업"이라 한다)의 개발 및 평가
		  2. 자활 지원을 위한 조사·연구 및 홍보
		  3. 제15조의10에 따른 광역자활센터, 제16조에 따른 지역자활센터 및 제18조에 따른 자활기업의 기술·경영 지도 및 평가
		  4. 자활 관련 기관 간의 협력체계 구축·운영
		  5. 자활 관련 기관 간의 정보네트워크 구축·운영
		  6. 취업·창업을 위한 자활촉진 프로그램 개발 및 지원
		  7. 제18조의2제2항 및 제3항에 따른 고용지원서비스의 연계 및 사회복지서비스의 지원 대상자 관리
		  8. 수급자 및 차상위자의 자활촉진을 위한 교육·훈련, 제15조의10에 따른 광역자활센터 등 자활 관련 기관의 종사자 및 참여자에 대한 교육·훈련 및 지원
		  9. 국가 또는 지방자치단체로부터 위탁받은 자활 관련 사업
		  10. 그 밖에 자활촉진에 필요한 사업으로서 보건복지부장관이 정하는 사업
		② 제1항제5호 및 제7호에 따라 구축·운영되는 정보시스템은 「사회복지사업법」 제6조의2제1항에 따른 정보시스템 및 「사회보장기본법」 제37조제2항에 따른 사회보장정보시스템과 연계할 수 있다.
		③ 자활복지개발원장은 제1항제8호에 따른 교육·훈련을 위하여 자활복지개발원에 한국자활연수원을 둔다.

제15조의4	임원	① 자활복지개발원에 원장 1명을 포함한 11명 이내의 이사와 감사 1명을 두며, 원장을 제외한 이사와 감사는 비상임으로 한다.
		② 원장과 감사는 정관으로 정하는 바에 따라 구성된 임원추천위원회가 복수로 추천한 사람 중에서 보건복지부장관이 임명한다.
		③ 원장의 임기는 3년으로 하되, 1년을 단위로 연임할 수 있다.
		④ 이사는 다음 각 호의 어느 하나에 해당하는 사람 중에서 보건복지부장관이 임명하되, 제1호 및 제2호의 경우에는 임원추천위원회의 추천을 받아 임명한다.
		  1. 자활지원사업·사회복지 분야에 학식과 경험이 풍부한 사람
		  2. 정보통신·교육훈련·경영·경제·금융 분야 중 어느 하나 이상의 분야에 학식과 경험이 풍부한 사람
		  3. 보건복지부의 자활지원사업을 담당하는 공무원 또는 지방자치단체의 공무원
		⑤ 원장 및 제4항제3호의 이사를 제외한 임원의 임기는 2년으로 하되, 1년을 단위로 연임할 수 있다.
		⑥ 그 밖에 임원의 자격, 선임, 직무에 관하여 필요한 사항은 정관으로 정한다.

제15조 의10	광역자활 센터 [⑭]	① 보장기관은 수급자 및 차상위자의 자활촉진에 필요한 다음 각 호의 사업을 수행하게 하기 위하여 **사회복지법인, 사회적 협동조합 등 비영리법인과 단체를 법인 등의 신청**을 받아 특별시·광역시·특별자치시·도·특별자치도(시·도) 단위의 광역자활센터로 지정할 수 있다. 이 경우 보장기관은 법인 등의 지역사회복지사업 및 자활지원사업의 수행 능력·경험 등을 고려하여야 한다. 　1. 시·도 단위의 자활기업 창업지원 　2. 시·도 단위의 수급자 및 차상위자에 대한 취업·창업 지원 및 알선 　3. 제16조에 따른 지역자활센터 종사자 및 참여자에 대한 교육훈련 및 지원 　4. 지역특화형 자활프로그램 개발·보급 및 사업개발 지원 　5. 제16조에 따른 지역자활센터 및 제18조에 따른 자활기업에 대한 기술·경영 지도 　6. 그 밖에 자활촉진에 필요한 사업으로서 보건복지부장관이 정하는 사업 ② 보장기관은 광역자활센터의 설치 및 운영에 필요한 경비의 전부 또는 일부를 보조할 수 있다. ③ 보장기관은 광역자활센터에 대하여 정기적으로 사업실적 및 운영실태를 평가하고 수급자의 자활촉진을 달성하지 못하는 광역자활센터에 대하여는 그 지정을 취소할 수 있다. ④ 제1항부터 제3항까지에서 규정한 사항 외에 광역자활센터의 신청·지정 및 취소 절차와 평가, 그 밖에 운영 등에 필요한 사항은 보건복지부령으로 정한다.
제16조	지역자활 센터 등 [③⑤⑱㉒] [정책론 ⑲]	① 보장기관은 수급자 및 차상위자의 **자활 촉진에 필요한 다음 각 호의 사업을 수행하게 하기 위하여 사회복지법인, 사회적 협동조합 등 비영리법인과 단체(이하 이 조에서 "법인 등"이라 한다)를 법인 등의 신청**을 받아 **지역자활센터로 지정할 수 있다.** 이 경우 보장기관은 법인 등의 지역사회복지사업 및 자활지원사업 수행능력·경험 등을 고려하여야 한다. 　1. **자활의욕 고취를 위한 교육** [정책론 ⑲] 　2. **자활을 위한 정보제공, 상담, 직업교육 및 취업알선** 　3. **생업을 위한 자금융자 알선** 　4. **자영창업 지원 및 기술·경영 지도** 　5. 제18조에 따른 자활기업의 설립·운영 지원 　6. **그 밖에 자활을 위한 각종 사업** 　　🅧⭕ 보장기관은 수급자 및 차상위자의 자활 촉진에 필요한 사업을 수행하게 하기 위하여 법인등의 신청을 받아 지역자활센터를 지정할 수 있다.(O) 　　🅧⭕ 국민기초생활 보장법상 지역자활센터의 사업 : 자활을 위한 사업자금 융자(×) ② 보장기관은 제1항에 따라 지정을 받은 **지역자활센터에 대하여 다음 각 호의 지원**을 할 수 있다. 　1. 지역자활센터의 설립·운영 비용 또는 제1항 각 호의 사업수행 비용의 전부 또는 일부 　2. 국유·공유 재산의 무상임대 　3. 보장기관이 실시하는 사업의 우선 위탁 　　🅧⭕ 보장기관은 지역자활센터에 국유·공유 재산의 무상임대 지원을 할 수 있다.(O) ③ 보장기관은 **지역자활센터에 대하여 정기적으로 사업실적 및 운영실태를 평가**하고 수급자의 자활촉진을 달성하지 못하는 지역자활센터에 대하여는 그 지정을 취소할 수 있다. ④ **지역자활센터는 수급자 및 차상위자에 대한 효과적인 자활 지원과 지역자활센터의 발전을 공동으로 도모하기 위하여 지역자활센터협회를 설립할 수 있다.** ⑤ 제1항부터 제3항까지에서 규정한 사항 외에 지역자활센터의 신청·지정 및 취소 절차와 평가, 그 밖에 운영 등에 필요한 사항은 보건복지부령으로 정한다.

제17조	자활기관 협의체 [정책론 ⑲]	① 시장·군수·구청장은 자활지원사업의 효율적인 추진을 위하여 제16조에 따른 **지역자활센터**, 「직업안정법」 제2조의2 제1호의 **직업안정기관**, 「사회복지사업법」 제2조 제4호의 **사회복지시설의 장** 등과 상시적인 협의체계("자활기관협의체")를 **구축**하여야 한다. ② 자활기관협의체의 구성 및 운영 등에 필요한 사항은 보건복지부령으로 정한다. [정책론 ⑲]
제18조	자활기업 [③⑰⑱] [정책론 ⑲]	① 수급자 및 차상위자는 **상호 협력하여 자활기업을 설립·운영**할 수 있다. [⑰⑱] 　❌ 수급자 및 소득인정액이 기준 중위소득의 100분의 70 이상인 자는 상호 협력하여 자활기업을 설립·운영할 수 있다.(×) ② 제1항에 따른 자활기업을 설립·운영하려는 자는 다음 각 호의 요건을 모두 갖추어 보장기관의 인정을 받아야 한다. 　1. 조합 또는 「부가가치세법」상의 사업자의 형태를 갖출 것 [정책론 ⑲] 　2. 설립 및 운영 주체는 수급자 또는 차상위자를 2인 이상 포함하여 구성할 것. 다만, 설립 당시에는 수급자 또는 차상위자였으나, 설립 이후 수급자 또는 차상위자를 면하게 된 사람이 계속하여 그 구성원으로 있는 경우에는 수급자 또는 차상위자로 산정(算定)한다. 　3. 그 밖에 운영기준에 관하여 보건복지부장관이 정하는 사항을 갖출 것 ③ 보장기관은 자활기업에게 직접 또는 자활복지개발원, 제15조의10에 따른 광역자활센터 및 제16조에 따른 **지역자활센터**를 통하여 다음 각 호의 지원을 할 수 있다. 　1. **자활을 위한 사업자금 융자** 　2. 국유지·공유지 우선 임대 　3. **국가나 지방자치단체가 실시하는 사업의 우선 위탁** 　4. 삭제 〈2021. 7. 27.〉 　5. 자활기업 운영에 필요한 경영·세무 등의 교육 및 컨설팅 지원 　6. 그 밖에 수급자의 자활촉진을 위한 각종 사업 ④ 그 밖에 자활기업의 설립·운영, 인정 및 지원에 필요한 사항은 보건복지부령으로 정한다.
제18조의2	공공기관의 우선구매	① 「중소기업제품 구매촉진 및 판로지원에 관한 법률」 제2조제2호에 따른 공공기관의 장(이하 "공공기관의 장"이라 한다)은 자활기업이 직접 생산하는 물품, 제공하는 용역 및 수행하는 공사(이하 "자활기업생산품"이라 한다)의 우선구매를 촉진하여야 한다. ② 공공기관의 장은 소속 기관 등에 대한 평가를 시행하는 경우에는 자활기업생산품의 구매실적을 포함하여야 한다.
제18조의6	고용촉진	① 보장기관은 **수급자 및 차상위자의 고용을 촉진하기 위하여** 상시근로자의 일정비율 이상을 수급자 및 차상위자로 채용하는 기업에 대하여는 대통령령으로 정하는 바에 따라 제18조 제3항 각 호에 해당하는 지원을 할 수 있다. → 법 제18조의2에 따라 지원을 받을 수 있는 기업은 **상시근로자의 100분의 20 이상을 수급자로 채용하는 기업**(시행령 제26조 제1항) ② 시장·군수·구청장은 수급자 및 차상위자에게 가구별 특성을 감안하여 관련 기관의 고용지원서비스를 연계할 수 있다. ③ 시장·군수·구청장은 수급자 및 차상위자의 취업활동으로 인하여 지원이 필요하게 된 해당 가구의 아동·노인 등에게 사회복지서비스를 지원할 수 있다.

제18조 의7	자활기금의 적립 [⑱]	① 보장기관은 이 법에 따른 **자활지원사업의 원활한 추진을 위하여 자활기금을 적립**한다. ❌🔍 보장기관은 자활지원사업의 원활한 추진을 위하여 자활기금을 적립한다.(O) ② 보장기관은 자활지원사업의 효율적 추진을 위하여 필요하다고 인정하는 경우에는 **자활기금의 관리·운영을 자활복지개발원 또는 자활지원사업을 수행하는 비영리법인에 위탁**할 수 있다. 이 경우 그에 드는 비용은 보장기관이 부담한다.
제18조 의8	자산형성 지원 [⑯⑱] [정책론 ⑲]	① 보장기관은 **수급자 및 차상위자가 자활에 필요한 자산을 형성할 수 있도록 재정적인 지원**을 할 수 있다. ② 보장기관은 수급자 및 차상위자가 자활에 필요한 자산을 형성하는 데 필요한 교육을 실시할 수 있다. ③ **제1항에 따른 지원으로 형성된 자산은 대통령령으로 정하는 바에 따라 수급자의 재산의 소득환산액 산정 시 이를 포함하지 아니한다.** [정책론 ⑲] ❌🔍 자산형성지원으로 형성된 자산은 수급자의 소득환산액 산정 시 이를 포함한다.(×) ④ 보장기관은 제1항 및 제2항에 따른 자산형성지원과 그 교육에 관한 업무의 전부 또는 일부를 자활복지개발원 등의 법인 또는 단체 등에 위탁할 수 있다. ⑤ 제1항에 따른 자산형성지원의 대상과 기준 및 제2항에 따른 교육의 내용은 대통령령으로 정하고, 자산형성지원의 신청, 방법 및 지원금의 반환절차 등에 필요한 사항은 보건복지부령으로 정한다.
제18조 의8	자산형성 지원	① 보장기관은 **수급자 및 차상위자가 자활에 필요한 자산을 형성할 수 있도록 재정적인 지원**을 할 수 있다. 다만, 「청년기본법」 제3조제1호의 청년으로서 대통령령으로 정하는 소득·재산 기준을 충족하는 사람은 다른 규정에도 불구하고 이 법에 따른 자산형성지원의 대상으로 본다. ② 보장기관은 제1항의 자산형성지원 대상자가 자활에 필요한 자산을 형성하는 데 필요한 교육을 실시할 수 있다.
제18조 의9	자활의 교육 등	① **보건복지부장관**, 특별시장·광역시장·특별자치시장·도지사·특별자치도지사("시·도지사"), 시장·군수·구청장은 수급자 및 차상위자의 자활촉진을 위하여 교육을 실시할 수 있다. ② 보건복지부장관은 제1항에 따른 교육의 전부 또는 일부를 법인·단체 등에 위탁할 수 있다.

제3장 보장기관

제19조	보장기관 [⑳㉑]	① 이 법에 따른 급여는 수급권자 또는 수급자의 거주지를 관할하는 시·도지사와 시장·군수·구청장[교육급여인 경우에는 특별시·광역시·특별자치시·도·특별자치도의 교육감(시·도교육감)]이 실시한다. 다만, 주거가 일정하지 아니한 경우에는 수급권자 또는 수급자가 실제 거주하는 지역을 관할하는 시장·군수·구청장이 실시한다. [⑳㉑] ② 제1항에도 불구하고 보건복지부장관, 소관 중앙행정기관의 장과 시·도지사는 수급자를 각각 국가나 해당 지방자치단체가 경영하는 보장시설에 입소하게 하거나 다른 보장시설에 위탁하여 급여를 실시할 수 있다. ③ 수급권자나 수급자가 거주지를 변경하는 경우의 처리방법과 보장기관 간의 협조, 그 밖에 업무처리에 필요한 사항은 보건복지부령으로 정한다. ④ 보장기관은 수급권자·수급자·차상위계층에 대한 조사와 수급자 결정 및 급여의 실시 등 이 법에 따른 보장업무를 수행하게 하기 위하여 「사회복지사업법」 제14조에 따른 **사회복지 전담공무원(사회복지 전담공무원)을 배치하여야 한다.** 이 경우 제15조에 따른 자활급여 업무를 수행하는 사회복지 전담공무원은 따로 배치하여야 한다. [㉑]

제20조	생활보장
	위원회
	[③⑤⑥㉑]
		① 이 법에 따른 **생활보장사업의 기획·조사·실시 등에 관한 사항을 심의·의결하기 위하여 보건복지부와 시·도 및 시·군·구(자치구)에 각각 생활보장위원회를 둔다.** 다만, 시·도 및 시·군·구에 두는 생활보장위원회는 그 기능을 담당하기에 적합한 다른 위원회가 있고 그 위원회의 위원이 제4항에 규정된 자격을 갖춘 경우에는 시·도 또는 시·군·구의 조례로 정하는 바에 따라 그 위원회가 생활보장위원회의 기능을 대신할 수 있다. [㉑]
		② 보건복지부에 두는 생활보장위원회(이하 "중앙생활보장위원회"라 한다)는 다음 각 호의 사항을 **심의·의결한다.** ⊗ 심의·자문(×)
		  1. 제20조의2 제3항에 따른 기초생활보장 종합계획의 수립
		  2. 소득 인정액 산정방식과 기준 중위소득의 결정
		  3. 급여의 종류별 수급자 선정기준과 최저보장수준의 결정
		  4. 제20조의2 제2항 및 제4항에 따른 급여기준의 적정성 등 평가 및 실태조사에 관한 사항
		  5. 급여의 종류별 누락·중복, 차상위계층의 지원사업 등에 대한 조정
		  6. 제18조의3에 따른 자활기금의 적립·관리 및 사용에 관한 지침의 수립
		  7. 그 밖에 위원장이 회의에 부치는 사항
		③ 중앙생활보장위원회는 위원장을 포함하여 **16명 이내의 위원으로 구성**하고 위원은 보건복지부장관이 다음 각 호의 어느 하나에 해당하는 사람 중에서 **위촉·지명하며 위원장은 보건복지부장관**으로 한다.
		  1. 공공부조 또는 사회복지와 관련된 학문을 전공한 전문가로서 대학의 조교수 이상인 사람 또는 연구기관의 연구원으로 재직 중인 사람 5명 이내
		  2. 공익을 대표하는 사람 5명 이내
		  3. 관계 행정기관 소속 3급 이상 공무원 또는 고위공무원단에 속하는 일반직공무원 5명 이내
		④ 제1항에 따른 시·도 및 시·군·구 생활보장위원회의 위원은 시·도지사 또는 시장·군수·구청장이 다음 각 호의 어느 하나에 해당하는 사람 중에서 위촉·지명하며 **위원장은 해당 시·도지사 또는 시장·군수·구청장**으로 한다. 다만, 제1항 단서에 따라 다른 위원회가 생활보장위원회의 기능을 대신하는 경우 위원장은 조례로 정한다.
		  1. 사회보장에 관한 학식과 경험이 있는 사람
		  2. 공익을 대표하는 사람
		  3. 관계 행정기관 소속 공무원

제20조 의2	기초생활 보장 계획의 수립 및 평가 [16②]	① **소관 중앙행정기관의 장**은 수급자의 최저생활을 보장하기 위하여 **3년마다** 소관별로 **기초생활보장 기본계획**을 수립하여 보건복지부장관에게 **제출**하여야 한다. [16②] ② 보건복지부장관 및 소관 중앙행정기관의 장은 제4항에 따른 실태조사 결과를 고려하여 급여기준의 적정성 등에 대한 평가를 실시할 수 있으며, 이와 관련하여 전문적인 조사·연구 등을 「공공기관의 운영에 관한 법률」에 따른 공공기관 또는 민간 법인·단체 등에 위탁할 수 있다. ③ 보건복지부장관은 제1항에 따른 **기초생활보장 기본계획** 및 제2항에 따른 **평가결과**를 종합하여 기초생활보장 종합계획을 수립하여 중앙생활보장위원회의 심의를 받아야 한다. ④ **보건복지부장관**은 수급권자, 수급자 및 차상위계층 등의 규모·생활실태 파악, **최저생계비 계측 등**을 위하여 **3년마다 실태조사를 실시·공표**하여야 한다. ⑤ 보건복지부장관 및 소관 중앙행정기관의 장은 관계 행정기관, 지방자치단체, 「공공기관의 운영에 관한 법률」에 따른 공공기관 등에 대하여 평가에 관한 의견 또는 자료의 제출을 요구할 수 있다. 이 경우 관계 행정기관 등은 특별한 사유가 없으면 이에 따라야 한다.

제4장 급여의 실시

제21조	급여의 신청 [⑬] [정책론 ⑳]	① 제5조에 규정된 수급권자와 그 친족, 그 밖의 관계인은 **관할 특별자치도지사·시장·군수·구청장**에게 수급권자에 대한 급여를 신청할 수 있다. **차상위자가 급여를 신청하려는 경우에도 같으며**, 이 경우 신청방법과 절차 및 조사 등에 관하여는 제2항부터 제5항까지, 제22조, 제23조 및 제23조의2를 준용한다.
		② 사회복지 전담공무원은 이 법에 따른 급여를 필요로 하는 사람이 누락되지 아니하도록 하기 위하여 관할지역에 거주하는 수급권자에 대한 **급여를 직권으로 신청할 수 있다**. 이 경우 수급권자의 동의를 구하여야 하며 수급권자의 동의는 수급권자의 신청으로 볼 수 있다.[정책론 ⑳]
		③ 제1항에 따라 급여신청을 할 때나 제2항에 따라 **사회복지 전담공무원이 급여신청을 하는 것에 수급권자가 동의하였을 때**에는 수급권자와 부양의무자는 다음 각 호의 자료 또는 정보의 제공에 대하여 동의한다는 서면을 제출하여야 한다.
		  1. 「금융실명거래 및 비밀보장에 관한 법률」 제2조 제2호 및 제3호에 따른 금융자산 및 금융거래의 내용에 대한 자료 또는 정보 중 예금의 평균잔액과 그 밖에 대통령령으로 정하는 자료 또는 정보(이하 "금융정보"라 한다)
		  2. 「신용정보의 이용 및 보호에 관한 법률」 제2조 제1호에 따른 신용정보 중 채무액과 그 밖에 대통령령으로 정하는 자료 또는 정보(이하 "신용정보"라 한다)
		  3. 「보험업법」 제4조 제1항 각 호에 따른 보험에 가입하여 낸 보험료와 그 밖에 대통령령으로 정하는 자료 또는 정보(이하 "보험정보"라 한다)
		④ 제1항에 따라 **수급권자 등이 급여를 신청할 경우 사회복지 전담공무원은** 신청한 사람이 급여에 관한 정보의 부족 등으로 불리한 입장에 놓이지 아니하도록 수급권자의 선정기준, 급여의 내용 및 신청방법 등을 알기 쉽게 설명하여야 한다.
		⑤ 시장·군수·구청장은 신청자에게 급여 신청의 철회나 포기를 유도하는 행위를 하여서는 아니 된다.
		⑥ 제1항 및 제2항에 따른 급여의 신청 방법 및 절차 등에 관하여 필요한 사항은 보건복지부령으로 정한다.
		⑦ 제3항에 따른 동의의 방법·절차 등에 관하여 필요한 사항은 대통령령으로 정한다.

제22조	신청에 의한 조사	① 시장·군수·구청장은 제21조에 따른 **급여신청이 있는 경우에는 사회복지 전담공무원으로 하여금** 급여의 결정 및 실시 등에 필요한 **다음 각 호의 사항을 조사하게 하거나 수급권자에게 보장기관이 지정하는 의료기관에서 검진**을 받게 할 수 있다. 　1. 부양의무자의 유무 및 부양능력 등 부양의무자와 관련된 사항 　2. 수급권자 및 부양의무자의 소득·재산에 관한 사항 　3. 수급권자의 근로능력, 취업상태, 자활욕구 등 제28조에 따른 자활지원계획 수립에 필요한 사항 　4. 그 밖에 수급권자의 건강상태, 가구 특성 등 생활실태에 관한 사항 ② 시장·군수·구청장은 제1항에 따라 신청한 수급권자 또는 그 부양의무자의 소득, 재산 및 건강상태 등을 확인하기 위하여 필요한 자료를 확보하기 곤란한 경우 보건복지부령으로 정하는 바에 따라 수급권자 또는 부양의무자에게 필요한 자료의 제출을 요구할 수 있다. ③ 시장·군수·구청장은 급여의 결정 또는 실시 등을 위하여 필요한 경우에는 제1항 각 호의 조사를 관계 기관에 위촉하거나 수급권자 또는 그 부양의무자의 고용주, 그 밖의 관계인에게 이에 관한 자료의 제출을 요청할 수 있다. ⑤ 제1항에 따라 조사를 하는 사회복지 전담공무원은 그 권한을 표시하는 증표 및 조사기간, 조사범위, 조사담당자, 관계 법령 등 보건복지부령으로 정하는 사항이 기재된 서류를 지니고 이를 관계인에게 보여주어야 한다. ⑧ 보장기관은 수급권자 또는 부양의무자가 제1항 및 제2항에 따른 조사 또는 자료제출 요구를 2회 이상 거부·방해 또는 기피하거나 검진 지시에 따르지 아니하면 급여신청을 각하(却下)할 수 있다. 이 경우 제29조 제2항을 준용한다.
제23조	확인조사	① **시장·군수·구청장은 수급자 및 수급자에 대한 급여의 적정성을 확인하기 위하여** 매년 연간조사계획을 수립하고 관할구역의 수급자를 대상으로 제22조 제1항 각 호의 사항을 매년 1회 이상 정기적으로 조사하여야 하며, 특히 필요하다고 인정하는 경우에는 보장기관이 지정하는 의료기관에서 검진을 받게 할 수 있다. 다만, 보건복지부장관이 정하는 사항은 분기마다 조사하여야 한다. ② 수급자의 자료제출, 조사의 위촉, 관련 전산망의 이용, 그 밖에 확인조사를 위하여 필요한 사항에 관하여는 제22조제2항부터 제7항까지의 규정을 준용한다. ③ 보장기관은 수급자 또는 부양의무자가 제1항에 따른 조사나 제2항에 따라 준용되는 제22조제2항에 따른 **자료제출 요구를 2회 이상 거부·방해 또는 기피하거나 검진 지시에 따르지 아니하면 수급자에 대한 급여 결정을 취소하거나 급여를 정지 또는 중지**할 수 있다. 이 경우 제29조제2항을 준용한다.
제23조의2	금융정보등의 제공 [⑲]	① 보건복지부장관은 「금융실명거래 및 비밀보장에 관한 법률」 제4조제1항과 「신용정보의 이용 및 보호에 관한 법률」 제32조제1항에도 불구하고 수급권자와 그 부양의무자가 제21조제3항에 따라 제출한 동의 서면을 전자적 형태로 바꾼 문서에 의하여 금융기관등(「금융실명거래 및 비밀보장에 관한 법률」 제2조제1호에 따른 금융회사등, 「신용정보의 이용 및 보호에 관한 법률」 제25조에 따른 신용정보집중기관을 말한다. 이하 같다)의 장에게 금융정보·신용정보 또는 보험정보(이하 "금융정보등"이라 한다)의 제공을 요청할 수 있다. ② 보건복지부장관은 제23조에 따른 확인조사를 위하여 필요하다고 인정하는 경우 「금융실명거래 및 비밀보장에 관한 법률」 제4조제1항과 「신용정보의 이용 및 보호에 관한 법률」 제32조제1항에도 불구하고 대통령령으로 정하는

		기준에 따라 인적사항을 적은 문서 또는 정보통신망으로 금융기관등의 장에게 수급자와 부양의무자의 금융정보등을 제공하도록 요청할 수 있다. ③ 제1항 및 제2항에 따라 금융정보등의 제공을 요청받은 금융기관등의 장은 「금융실명거래 및 비밀보장에 관한 법률」 제4조와 「신용정보의 이용 및 보호에 관한 법률」 제32조에도 불구하고 명의인의 금융정보등을 제공하여야 한다. ⑥ 제1항부터 제3항까지의 규정에 따른 업무에 종사하고 있거나 종사하였던 사람은 업무를 수행하면서 취득한 금융정보등을 이 법에서 정한 목적 외의 다른 용도로 사용하거나 다른 사람 또는 기관에 제공하거나 누설하여서는 아니 된다. [⑲]
제24조	차상위 계층에 대한 조사 [⑪]	① **시장·군수·구청장**은 급여의 종류별 수급자 선정기준의 변경 등에 의하여 수급권자의 범위가 변동함에 따라 다음 연도에 이 법에 따른 급여가 필요할 것으로 예측되는 수급권자의 규모를 조사하기 위하여 보건복지부령으로 정하는 바에 따라 차상위계층에 대하여 조사할 수 있다. ② 시장·군수·구청장은 제1항에 따른 조사를 하려는 경우 조사대상자의 동의를 받아야 한다. 이 경우 조사대상자의 동의는 다음 연도의 급여신청으로 본다. ③ 조사대상자의 자료제출, 조사의 위촉, 관련 전산망의 이용, 그 밖에 차상위계층에 대한 조사를 위하여 필요한 사항에 관하여는 제22조 제2항부터 제7항까지의 규정을 준용한다.

제26조	급여의
	결정 등
		① **시장·군수·구청장**은 제22조에 따라 조사를 하였을 때에는 지체 없이 **급여 실시 여부와 급여의 내용을 결정**하여야 한다.
		③ 시장·군수·구청장은 제1항 및 제2항에 따라 급여 실시 여부와 급여 내용을 결정하였을 때에는 그 결정의 요지(급여의 산출 근거를 포함한다), 급여의 종류·방법 및 급여의 개시 시기 등을 서면으로 수급권자 또는 신청인에게 통지하여야 한다.
		④ **신청인에 대한 제3항의 통지는** 제21조에 따른 **급여의 신청일부터 30일(개정 전 : 14일) 이내**에 하여야 한다. 다만, 다음 각 호의 어느 하나에 해당하는 경우에는 신청일부터 60일(개정 전 : 30일) 이내에 통지할 수 있다. 이 경우 통지서에 그 사유를 구체적으로 밝혀야 한다.
		  1. 부양의무자의 소득·재산 등의 조사에 시일이 걸리는 특별한 사유가 있는 경우
		  2. 수급권자 또는 부양의무자가 제22조 제1항 및 제2항에 따른 조사나 자료제출 요구를 거부·방해 또는 기피하는 경우

제27조	급여의 실시 등	① 제26조 제1항에 따라 **급여 실시 및 급여 내용이 결정된 수급자에 대한 급여는 제21조에 따른 급여의 신청일부터 시작한다**. 다만, 제6조에 따라 보건복지부장관 또는 소관중앙행정기관의 장이 매년 결정·공표하는 급여의 종류별 수급자 선정기준의 변경으로 인하여 매년 1월에 새로 수급자로 결정되는 사람에 대한 급여는 해당 연도의 1월 1일을 그 급여개시일로 한다. ② **시장·군수·구청장**은 제26조 제1항에 따른 급여 실시 여부의 결정을 하기 전이라도 수급권자에게 급여를 실시하여야 할 긴급한 필요가 있다고 인정할 때에는 제7조 제1항 각 호에 규정된 급여의 일부를 실시할 수 있다. → <u>긴급급여</u>(긴급구호제도 1999.9.7. 신설)

제27조의2	급여의 지급방법 등	① 보장기관이 **급여를 금전으로 지급할 때에는** 수급자의 신청에 따라 수급자 명의의 **지정된 계좌**(이하 "**급여수급계좌**"라 한다)로 **입금하여야 한다.** ② 급여수급계좌의 해당 금융기관은 이 법에 따른 급여와 제4조제4항에 따라 지방자치단체가 실시하는 급여만이 급여수급계좌에 입금되도록 관리하여야 한다.
제28조	자활지원 계획의 수립	① **시장·군수·구청장**은 수급자의 자활을 체계적으로 지원하기 위하여 보건복지부장관이 정하는 바에 따라 제22조, 제23조, 제23조의2 및 제24조에 따른 조사 결과를 고려하여 **수급자 가구별로 자활지원계획을 수립**하고 그에 따라 이 법에 따른 **급여를 실시하여야 한다.** ② 보장기관은 수급자의 자활을 위하여 필요한 경우에는 「사회복지사업법」 등 다른 법률에 따라 보장기관이 제공할 수 있는 급여가 있거나 민간기관 등이 후원을 제공하는 경우 제1항의 자활지원계획에 따라 급여를 지급하거나 후원을 연계할 수 있다. ③ 시장·군수·구청장은 수급자의 자활여건 변화와 급여 실시 결과를 정기적으로 평가하고 필요한 경우 자활지원계획을 변경할 수 있다.
제29조	급여의 변경 [⑬]	① **보장기관은 수급자의 소득·재산·근로능력 등이 변동된 경우에는 직권으로** 또는 수급자나 그 친족, 그 밖의 관계인의 신청에 의하여 그에 대한 **급여의 종류·방법 등을 변경할 수 있다.** ② 제1항에 따른 급여의 변경은 산출 근거 등 이유를 구체적으로 밝혀 서면으로 수급자에게 통지하여야 한다.
제30조	급여의 중지 등	① 보장기관은 수급자가 다음 각 호의 어느 하나에 해당하는 경우에는 급여의 전부 또는 일부를 중지하여야 한다. 　1. 수급자에 대한 급여의 전부 또는 일부가 필요 없게 된 경우 　2. 수급자가 급여의 전부 또는 일부를 거부한 경우 ② 근로능력이 있는 수급자가 제9조제5항의 조건을 이행하지 아니하는 경우 조건을 이행할 때까지 제7조제2항에도 불구하고 근로능력이 있는 수급자 본인의 생계급여의 전부 또는 일부를 지급하지 아니할 수 있다. ③ 제1항 및 제2항에 따른 급여의 중지 등에 관하여는 제29조제2항을 준용한다.
제31조	청문 [⑬]	보장기관은 제16조 제3항에 따라 **지역자활센터의 지정을 취소**하려는 경우와 **제23조 제3항에 따라 급여의 결정을 취소**하려는 경우에는 **청문을 하여야 한다.** ↳ **제23조 제3항** : 보장기관은 수급자 또는 부양의무자가 제1항에 따른 조사나 제2항에 따라 준용되는 제22조 제2항에 따른 **자료제출 요구를 2회 이상 거부·방해 또는 기피하거나 검진 지시에 따르지 아니하면** 수급자에 대한 급여 결정을 취소하거나 급여를 정지 또는 중지할 수 있다.

제5장 보장시설

제32조	보장시설 [⑳]	이 법에서 "보장시설"이란 제7조에 규정된 급여를 실시하는 「사회복지사업법」에 따른 사회복지시설로서 다음 각 호의 시설 중 보건복지부령으로 정하는 시설을 말한다. 1. 「장애인복지법」 제58조 제1항 제1호의 장애인 거주시설 2. 「노인복지법」 제32조 제1항의 노인주거복지시설 및 같은 법 제34조 제1항의 노인의료복지시설 3. 「아동복지법」 제52조 제1항 및 제2항에 따른 아동복지시설 및 통합 시설 4. 「정신건강증진 및 정신질환자 복지서비스 지원에 관한 법률」 제22조에 따른 정신요양시설 및 같은 법 제26조에 따른 정신재활시설 5. 「노숙인 등의 복지 및 자립지원에 관한 법률」 제16조 제1항 제3호 및 제4호의 노숙인재활시설 및 노숙인요양시설 6. 「가정폭력방지 및 피해자보호 등에 관한 법률」 제7조에 따른 가정폭력피해자 보호시설 7. 「성매매방지 및 피해자보호 등에 관한 법률」 제9조 제1항에 따른 성매매피해자등을 위한 지원시설 8. 「성폭력방지 및 피해자보호 등에 관한 법률」 제12조에 따른 성폭력피해자 보호시설 9. 「한부모가족지원법」 제19조 제1항의 한부모가족복지시설 10. 「사회복지사업법」 제2조 제4호의 사회복지시설 중 결핵 및 한센병요양시설 11. 그 밖에 보건복지부령으로 정하는 시설
제33조	보장시설의 장의 의무 [③]	① 보장시설의 장은 보장기관으로부터 수급자에 대한 급여를 위탁받은 경우에는 정당한 사유 없이 이를 거부하여서는 아니 된다. ② 보장시설의 장은 위탁받은 수급자에게 보건복지부장관 및 소관 중앙행정기관의 장이 정하는 최저기준 이상의 급여를 실시하여야 한다. ③ 보장시설의 장은 위탁받은 수급자에게 급여를 실시할 때 성별·신앙 또는 사회적 신분 등을 이유로 차별대우를 하여서는 아니 된다. ④ 보장시설의 장은 위탁받은 수급자에게 급여를 실시할 때 수급자의 자유로운 생활을 보장하여야 한다. ⑤ 보장시설의 장은 위탁받은 수급자에게 종교상의 행위를 강제하여서는 아니 된다.

제6장 수급자의 권리와 의무

제34조	급여 변경의 금지 [⑧⑰]	수급자에 대한 급여는 정당한 사유 없이 수급자에게 불리하게 변경할 수 없다.
제35조	압류금지 [⑧]	① 수급자에게 지급된 수급품과 이를 받을 권리는 압류할 수 없다. ② 제27조의2 제1항에 따라 지정된 급여수급계좌의 예금에 관한 채권은 압류할 수 없다.
제36조	양도금지 [⑧]	수급자는 급여를 받을 권리를 타인에게 양도할 수 없다.
제37조	신고의 의무 [⑦⑧]	수급자는 거주지역, 세대의 구성 또는 임대차 계약내용이 변동되거나 제22조 제1항 각 호의 사항이 현저하게 변동되었을 때에는 지체 없이 관할 보장기관에 신고하여야 한다.

제7장 이의신청 : 시·도지사에 대한 이의신청 → 보건복지부장관 등에 대한 이의신청

제8장 보장비용

제42조	보장비용	이 법에서 "보장비용"이란 다음 각 호의 비용을 말한다. 1. 이 법에 따른 보장업무에 드는 인건비와 사무비 2. 제20조에 따른 생활보장위원회의 운영에 드는 비용 3. 제8조, 제11조, 제12조, 제12조의3, 제13조, 제14조, 제15조, 제15조의2, 제15조의3 및 제16조부터 제18조까지의 규정에 따른 급여 실시 비용 4. 그 밖에 이 법에 따른 보장업무에 드는 비용
제43조	보장비용의 부담구분 [⑬]	① 보장비용의 부담은 다음 각 호의 구분에 따른다. 1. 국가 또는 시·도가 직접 수행하는 보장업무에 드는 비용은 국가 또는 해당 시·도가 부담한다. 2. 제19조 제2항에 따른 급여의 실시 비용은 국가 또는 해당 시·도가 부담한다. 3. 시·군·구가 수행하는 보장업무에 드는 비용 중 제42조 제1호(이 법에 따른 보장업무에 드는 인건비와 사무비) 및 제2호(제20조에 따른 생활보장위원회의 운영에 드는 비용)의 비용은 해당 시·군·구가 부담한다. 4. 시·군·구가 수행하는 보장업무에 드는 비용 중 제42조 제3호 및 제4호의 비용("시·군·구 보장비용")은 시·군·구의 재정여건, 사회보장비 지출 등을 고려하여 국가, 시·도 및 시·군·구가 다음 각 목에 따라 차등하여 분담한다. 　가. 국가는 시·군·구 보장비용의 총액 중 100분의 40 이상 100분의 90 이하를 부담한다. 　나. **시·도는 시·군·구 보장비용의 총액에서 가목의 국가부담분을 뺀 금액 중 100분의 30 이상 100분의 70 이하를 부담**하고, 시·군·구는 시·군·구 보장비용의 총액 중에서 국가와 시·도가 부담하는 금액을 뺀 금액을 부담한다. 다만, 특별자치시·특별자치도는 시·군·구 보장비용의 총액 중에서 국가가 부담하는 금액을 뺀 금액을 부담한다. ⑤ 지방자치단체의 조례에 따라 이 법에 따른 **급여 범위 및 수준을 초과하여 급여를 실시하는 경우 그 초과 보장비용은 해당 지방자치단체가 부담**한다.

제46조	비용의 징수 [⑤]	① 수급자에게 부양능력을 가진 부양의무자가 있음이 확인된 경우에는 보장비용을 지급한 보장기관은 제20조에 따른 **생활보장위원회의 심의·의결을 거쳐** 그 비용의 전부 또는 일부를 그 부양의무자로부터 부양의무의 범위에서 징수할 수 있다. → 국민기초생활보장법에서는 <u>구상권을 행사</u>할 수 있다. ② 속임수나 그 밖의 부정한 방법으로 급여를 받거나 타인으로 하여금 급여를 받게 한 경우에는 보장비용을 지급한 보장기관은 그 비용의 전부 또는 일부를 그 급여를 받은 사람 또는 급여를 받게 한 자("**부정수급자**")로부터 징수할 수 있다. ③ 제1항 또는 제2항에 따라 **징수할 금액은 각각 부양의무자 또는 부정수급자에게 통지하여 징수**하고, 부양의무자 또는 부정수급자가 이에 응하지 아니하는 경우 국세 또는 지방세 체납처분의 예에 따라 징수한다.

제9장 벌칙

제48조	벌칙 [⑲]	① 제23조의2제6항을 위반하여 금융정보등을 사용·제공 또는 누설한 자는 **5년 이하의 징역 또는 5천만원 이하의 벌금**에 처한다. [⑲] ② 제22조제6항(제23조제2항에서 준용하는 경우를 포함한다)을 위반하여 정보 또는 자료를 사용하거나 제공한 자는 **3년 이하의 징역 또는 3천만원 이하의 벌금**에 처한다.
제49조	벌칙 [⑲]	다음 각 호의 어느 하나에 해당하는 자는 **1년 이하의 징역, 1천만원 이하의 벌금, 구류 또는 과료**에 처한다. 1. 거짓이나 그 밖의 부정한 방법으로 급여를 받거나 다른 사람으로 하여금 급여를 받게 한 자 [⑲] 2. 제27조의3제3항을 위반하여 지급받은 급여를 목적 외의 용도로 사용한 자 [⑲]
제49조의2	벌칙 [⑲]	제15조의8을 위반하여 직무상 알게 된 비밀을 누설하거나 다른 용도로 사용한 자는 **1년 이하의 징역 또는 1천만원 이하의 벌금**에 처한다. [⑲]
제50조	벌칙 [⑲]	제33조제1항 또는 제5항을 위반하여 수급자의 급여 위탁을 정당한 사유 없이 거부한 자나 종교상의 행위를 강제한 자는 **300만원 이하의 벌금, 구류 또는 과료**에 처한다.

02 의료급여법 [③④⑤⑥⑦⑧⑨⑩⑪⑫⑬⑭⑮⑯⑳㉒]

1 개요

(1) 의의와 연혁

① **의 의**
  ㉠ 의료급여제도(medicaid)는 소득이 없거나 일정한 소득이 있어도 생계유지가 곤란한 저소득층을 대상으로 **국가재정으로 의료혜택을 제공함**으로써 국민보건 향상과 사회복지 증진에 기여하는 의료부조 제도로서 **공공부조 제도의 일환으로** 실시된다.
  ㉡ 국민기초생활보장법은 빈곤한 국민의 소득과 자활에 대한 지원에 초점을 맞추었고, **의료급여법은 국민 건강을 보장하는 것으로 이 둘은 공공부조 제도의 양대 축**이다.

② **연 혁**
  ㉠ **1977년 12월 31일 의료보호법 제정(법률 제3076호)** : 1961년 생활보호법의 제정으로 의료보호제도가 실시되었으며, 1977년 의료보호법이 제정되면서 생활보호법에서 분리
  ㉡ **2001년 5월 24일 의료급여법 제정(2001년 10월 1일 시행)** : 근거 법률인 국민기초생활보장법에서 '의료보호'를 '의료급여'로 변경함에 따라 법제명을 의료급여법으로 변경

(2) 관장부처 : 보건복지부(기초의료보장과)

2 법률 내용분석(2023.12.26. 타법개정, 2024.12.27. 시행)

제1조	목적 [⑧]	이 법은 생활이 어려운 사람에게 의료급여를 함으로써 **국민보건의 향상과 사회복지의 증진에 이바지함을 목적**으로 한다.
제2조	정의 [정책론 ⑳]	이 법에서 사용하는 용어의 뜻은 다음과 같다. 1. "**수급권자**"란 이 법에 따라 의료급여를 받을 수 있는 자격을 가진 사람을 말한다. 2. "**의료급여기관**"이란 수급권자에 대한 진료·조제 또는 투약 등을 담당하는 의료기관 및 약국 등을 말한다. 3. "**부양의무자**"란 수급권자를 부양할 책임이 있는 사람으로서 수급권자의 1촌 직계혈족 및 그 배우자를 말한다.[정책론 ⑳]
제3조	수급권자 [③④⑥⑦ ⑨⑩⑬⑮] [정책론 ⑳]	① 이 법에 따른 수급권자는 다음 각 호와 같다. 1. 「**국민기초생활 보장법**」에 따른 의료급여 수급자 2. 「**재해구호법**」에 따른 이재민으로서 보건복지부장관이 의료급여가 필요하다고 인정한 사람 3. 「**의사상자 등 예우 및 지원에 관한 법률**」에 따라 의료급여를 받는 사람 4. 「**입양특례법**」에 따라 국내에 입양된 18세 미만의 아동 5. 「**독립유공자예우에 관한 법률**」, 「**국가유공자 등 예우 및 지원에 관한 법률**」 및 「**보훈보상대상자 지원에 관한 법률**」의 적용을 받고 있는 사람과 그 가족으로서 국가보훈부장관이 의료급여가 필요하다고 추천한 사람 중에서 보건복

지부장관이 의료급여가 필요하다고 인정한 사람
6. 「무형유산의 보전 및 진흥에 관한 법률」에 따라 지정된 국가무형유산의 보유자(명예보유자를 포함한다)와 그 가족으로서 국가유산청장이 의료급여가 필요하다고 추천한 사람 중에서 보건복지부장관이 의료급여가 필요하다고 인정한 사람
7. 「북한이탈주민의 보호 및 정착지원에 관한 법률」의 적용을 받고 있는 사람과 그 가족으로서 보건복지부장관이 의료급여가 필요하다고 인정한 사람
8. 「5·18민주화운동 관련자 보상 등에 관한 법률」 제8조에 따라 보상금등을 받은 사람과 그 가족으로서 보건복지부장관이 의료급여가 필요하다고 인정한 사람
9. 「노숙인 등의 복지 및 자립지원에 관한 법률」에 따른 노숙인 등으로서 보건복지부장관이 의료급여가 필요하다고 인정한 사람
10. 그 밖에 생활유지 능력이 없거나 생활이 어려운 사람으로서 대통령령으로 정하는 사람

② 제1항 제2호 및 제5호부터 제9호까지의 규정에 따른 수급권자의 인정 기준 등에 관한 사항은 보건복지부장관이 정하는 바에 따른다.

③ 제1항에 따른 **수급권자에 대한 의료급여의 내용과 기준은 대통령령으로 정하는 바에 따라 구분하여 달리 정할 수 있다.** [⑩]

OIKOS UP 수급권자의 구분(지원 유형) [⑪⑤]

의료급여 수급권자는 법 제3조 제3항에 따라 1종수급권자와 2종수급권자로 구분

(1) **1종 수급권자**
① 국민기초생활보장수급자 중 다음 어느 하나에 해당하는 자
㉠ 다음 각 항목의 어느 하나에 해당하는 자 또는 근로능력이 없거나 근로가 곤란하다고 인정하여 보건복지부장관이 정하는 자만으로 구성된 세대의 구성원
ⓐ 18세 미만인 자
ⓑ 65세 이상인 자
ⓒ 「장애인고용촉진 및 직업재활법」 제2조 제2호에 해당하는 중증장애인
ⓓ 「국민기초생활 보장법 시행령」 제7조 제1항 제2호(질병, 부상 또는 그 후유증으로 치료나 요양이 필요한 사람 중에서 근로능력평가를 통하여 시장·군수·구청장이 근로능력이 없다고 판정한 사람)에 해당하는 자
ⓔ 임신 중에 있거나 분만 후 6개월 미만의 여자
ⓕ 「병역법」에 의한 병역의무를 이행중인 자
㉡ 「국민기초생활 보장법」 제32조의 규정에 의한 보장시설에서 급여를 받고 있는 자
㉢ 보건복지부장관이 정하여 고시하는 희귀난치성질환 또는 중증질환을 가진 사람
② 타법 적용자 : 이재민, 의상자 및 의사자의 유족, 입양아동(18세 미만), 국가유공자, 국가무형유산 보유자, 북한이탈주민, 5·18 민주화운동 관련자, 노숙인
③ 일정한 거소가 없는 사람으로서 경찰관서에서 무연고자로 확인된 사람(행려환자)

(2) **2종 수급권자**
① 국민기초생활보장대상자 중 1종 수급대상이 아닌 가구
② 보건복지부장관이 2종의료급여가 필요하다고 인정하는 자

제3조의2	난민에 대한 특례	「난민법」에 따른 난민인정자로서 「국민기초생활 보장법」 제12조의3 제2항에 따른 의료급여 수급권자의 범위에 해당하는 사람은 수급권자로 본다.
제4조	적용배제 [⑪⑬]	① 수급권자가 업무 또는 공무로 생긴 질병·부상·재해로 다른 법령에 따른 급여나 보상(報償) 또는 보상(補償)을 받게 되는 경우에는 이 법에 따른 의료급여를 하지 아니한다. ② 수급권자가 다른 법령에 따라 국가나 지방자치단체 등으로부터 의료급여에 상당하는 급여 또는 비용을 받게 되는 경우에는 그 한도에서 이 법에 따른 의료급여를 하지 아니한다.
제5조	보장기관 [⑬]	① 이 법에 따른 의료급여에 관한 업무는 수급권자의 거주지를 관할하는 특별시장·광역시장·도지사와 시장·군수·구청장이 한다. ② 제1항에도 불구하고 주거가 일정하지 아니한 수급권자에 대한 의료급여 업무는 그가 실제 거주하는 지역을 관할하는 시장·군수·구청장이 한다.
제5조의2	사례관리 [⑪]	① 보건복지부장관, 특별시장·광역시장·도지사 및 시장·군수·구청장은 **수급권자의 건강관리 능력 향상 및 합리적 의료이용 유도 등을 위하여 사례관리를 실시할 수 있다.** ② 제1항에 따른 사례관리를 실시하기 위하여 **시·도 및 시·군·구에 의료급여 관리사를** 둔다.
제6조	의료급여 심의위원회 [⑧⑨㉒]	① 이 법에 따른 **의료급여사업의 실시에 관한 사항을 심의하기 위하여** 보건복지부, 시·도 및 시·군·구에 각각 의료급여심의위원회를 둔다. 다만, 시·도 및 시·군·구에 두는 의료급여심의위원회의 경우에는 그 기능을 담당하기에 적합한 다른 위원회가 있고 그 위원회의 위원이 제4항에 규정된 자격을 갖춘 경우 시·도 또는 시·군·구의 조례로 각각 정하는 바에 따라 그 위원회로 하여금 의료급여심의위원회의 기능을 수행하게 할 수 있다. ② **보건복지부에 두는 의료급여심의위원회(이하 "중앙의료급여심의위원회")는** 다음 각 호의 사항을 심의한다. 　1. 의료급여사업의 기본방향 및 대책 수립에 관한 사항 　2. **의료급여의 기준 및 수가에 관한 사항** 　3. 그 밖에 보건복지부장관 또는 위원장이 부의하는 사항 　　✕⃝ 보건복지부에 두는 의료급여심의위원회는 의료급여의 수가에 관한 사항을 심의한다.(O) ③ **중앙의료급여심의위원회는 위원장을 포함하여 15인 이내의 위원으로 구성하고** 위원은 보건복지부장관이 **다음 각 호의 어느 하나에 해당하는 사람 중에서** 위촉·지명하며 **위원장은 보건복지부차관**으로 한다. 　1. 공익을 대표하는 사람(의료보장에 관한 전문가로서 대학의 조교수 이상인 사람 또는 연구기관의 연구원으로 재직 중인 사람) 　2. 의약계를 대표하는 사람 및 사회복지계를 대표하는 사람 　3. 관계 행정기관 소속의 3급 이상 공무원 ④ 제1항에 따른 시·도 및 시·군·구 의료급여심의위원회의 위원은 특별시장·광역시장·도지사 또는 시장·군수·구청장이 다음 각 호의 어느 하나에 해당하는 사람 중에서 위촉·지명하며 위원장은 해당 특별시장·광역시장·도지사 또는 시장·군수·구청장으로 한다. 다만, 제1항 단서에 따라 **다른 위원회가 의료급여심의위원회의 기능을 대신하는 경우 위원장은 조례로 정한다.** [⑨]

		1. 의료보장에 관한 학식과 경험이 있는 사람 2. 공익을 대표하는 사람 3. 관계 행정기관 소속의 공무원 ⑤ 제1항에 따른 의료급여심의위원회는 심의와 관련하여 필요한 경우 제5조에 따른 보장기관에 대하여 그 소속 공무원의 출석이나 자료의 제출을 요청할 수 있다. 이 경우 해당 보장기관은 정당한 사유가 없는 한 이에 응하여야 한다. ⑥ 보건복지부와 시·도 및 시·군·구에 두는 의료급여심의위원회의 기능과 각 의료급여심의위원회의 구성·운영 등에 관하여 필요한 사항은 대통령령으로 정한다.
제7조	의료급여의 내용 등 [⑤⑧⑪⑳]	① 이 법에 따른 **수급권자의 질병·부상·출산 등에 대한 의료급여의 내용**은 다음 각 호와 같다. 1. 진찰·검사 2. 약제(藥劑)·치료재료의 지급 3. 처치·수술과 그 밖의 치료 4. 예방·재활 5. 입원 6. 간호 7. 이송과 그 밖의 의료목적 달성을 위한 조치 ⊗ 의료급여법상 의료급여의 내용 : 화장 또는 매장 등 장제 조치(×) ② 제1항에 따른 의료급여의 방법·절차·범위·한도 등 의료급여의 기준에 관하여는 보건복지부령으로 정하고, **의료수가기준과 그 계산방법 등에 관하여는 보건복지부장관이 정한다.**
제8조	의료급여증 [⑧②]	① **시장·군수·구청장은 수급권자가 신청하는 경우 의료급여증을 발급하여야 한다.** 다만, 부득이한 사유가 있는 경우에는 의료급여증을 갈음하여 의료급여증명서를 발급하거나 보건복지부령으로 정하는 바에 따라 의료급여증을 발급하지 아니할 수 있다. 〈개정 2023. 3. 28., 시행 2023. 9. 29.〉 ⊗ 시·도지사는 의료급여증을 발급하여야 한다.(×) ② 수급권자가 의료급여를 받을 때에는 제1항의 의료급여증 또는 의료급여증명서를 제9조 제1항에 따른 의료급여기관("의료급여기관")에 제출하여야 한다. 다만, 천재지변이나 그 밖의 부득이한 사유가 있으면 그러하지 아니하다. ⦿ 주의 의료급여증의 유효기간은 매년 1월 1일부터 12월 31일까지로 한다."는 조항이 2013.6.12. 개정으로 삭제되어 변경 ③ 수급권자는 제2항 본문에도 불구하고 주민등록증(모바일 주민등록증을 포함한다), 운전면허증, 여권, 그 밖에 본인 여부를 확인할 수 있는 보건복지부령으로 정하는 신분증명서("신분증명서")로 의료급여기관이 그 자격을 확인할 수 있으면 의료급여증 또는 의료급여증명서를 제출하지 아니할 수 있다.
제9조	의료급여 기관 [⑦⑧③⑭] [정책론 ⑳]	① **의료급여는 다음 각 호의 의료급여기관에서 실시**한다. 이 경우 보건복지부장관은 공익상 또는 국가시책상 의료급여기관으로 적합하지 아니하다고 인정할 때에는 대통령령으로 정하는 바에 따라 의료급여기관에서 제외할 수 있다. 1. 「의료법」에 따라 개설된 **의료기관** 2. 「지역보건법」에 따라 설치된 **보건소·보건의료원 및 보건지소** 3. 「농어촌 등 보건의료를 위한 특별조치법」에 따라 설치된 **보건진료소** 4. 「약사법」에 따라 개설 등록된 **약국** 및 같은 법 제91조에 따라 설립된 한국희귀·필수의약품센터

제9조	의료급여 기관 [⑦⑧⑬⑭] [정책론 ⑳]	② 의료급여기관은 다음 각 호와 같이 구분하되, 의료급여기관별 진료범위는 보건복지부령으로 정한다. 　1. 제1차 의료급여기관 : 「의료법」 제33조 제3항에 따라 개설신고를 한 의료기관, 제1항 제2호부터 제4호까지의 규정에 따른 의료급여기관 　2. 제2차 의료급여기관 : 「의료법」 제33조제4항 전단에 따라 개설허가를 받은 의료기관 　3. 제3차 의료급여기관 : 제2차 의료급여기관 중에서 보건복지부장관이 지정하는 의료기관 **OIKOS UP**　의료급여기관과 급여 절차(3단계) 의료급여기관은 의료법 및 약사법 등에서 정하는 의료기관 및 약국 등을 말하며, 1차(의원급), 2차(병원, 종합병원급), 3차기관(상급종합병원급)으로 구분한다. 의원 보건기관 (보건소, 보건지소, 보건진료소) 보건의료원 ─의뢰(의료급여 의뢰서)→ 병원 종합병원 ─의뢰(의료급여 의뢰서)→ 상급종합병원 ←회송(의료급여 회송서)── ←회송(의료급여 회송서)── 1차　　　　2차　　　　3차
제10조	급여비용의 부담 [⑨⑩]	급여비용은 대통령령으로 정하는 바에 따라 <u>그 전부 또는 일부를</u> 제25조에 따른 의료급여기금에서 부담하되, 의료급여기금에서 일부를 부담하는 경우 그 나머지 비용은 본인이 부담한다.
제11조	급여비용의 청구와 지급	① 의료급여기관은 제10조에 따라 <u>의료급여기금에서 부담하는 급여비용의 지급을 시장·군수·구청장에게 청구</u>할 수 있다. 이 경우 제2항에 따른 심사청구는 시장·군수·구청장에 대한 급여비용의 청구로 본다. ② 제1항에 따라 <u>급여비용을 청구하려는 의료급여기관은 급여비용심사기관에 급여비용의 심사청구</u>를 하여야 하며, 심사청구를 받은 급여비용심사기관은 이를 심사한 후 지체 없이 그 내용을 시장·군수·구청장 및 의료급여기관에 알려야 한다.
제11조의2	서류보존 [⑫⑯]	① 의료급여기관은 의료급여가 끝난 날부터 <u>5년간</u> 보건복지부령으로 정하는 바에 따라 제11조에 따른 급여비용의 청구에 관한 서류를 보존하여야 한다. ② 제1항에도 불구하고 <u>약국 등 보건복지부령으로 정하는 의료급여기관은 처방전을 급여비용을 청구한 날부터 3년간 보존</u>하여야 한다.
제11조의4	의료급여 기관의 비용 청구에 관한 금지행위 [⑫⑬]	의료급여기관은 <u>의료급여를 하기 전</u>에 수급권자에게 본인부담금을 청구하거나 수급권자가 이 법에 따라 부담하여야 하는 비용과 비급여비용 외에 입원보증금 등 다른 명목의 <u>비용을 청구하여서는 아니 된다</u>.
제12조	요양비 [⑩]	① 시장·군수·구청장은 수급권자가 보건복지부령으로 정하는 긴급하거나 그 밖의 부득이한 사유로 의료급여기관과 같은 기능을 수행하는 기관으로서 보건복지부령으로 정하는 기관(제28조 제1항에 따라 업무정지기간 중인 의료급여기관을 포함한다)에서 질병·부상·출산 등에 대하여 의료급여를 받거나 <u>의료급여기관이 아닌 장소에서 출산을 하였을 때</u>에는 그 의료급여에 상당하는 금액을 보건복지부령으로 정하는 바에 따라 <u>수급권자에게 요양비로 지급</u>한다.

		② 제1항에 따라 의료급여를 실시한 기관은 보건복지부장관이 정하는 요양비명세서 또는 요양의 명세를 적은 영수증을 요양을 받은 사람에게 내주어야 하며, 요양을 받은 사람은 이를 시장·군수·구청장에게 제출하여야 한다.
제13조	장애인 및 임산부에 대한 특례 [⑩⑫]	① 시장·군수·구청장은 「장애인복지법」에 따라 등록한 **장애인인 수급권자에게** 「장애인·노인 등을 위한 보조기기 지원 및 활용촉진에 관한 법률」 제3조제2호에 따른 **보조기기에 대하여 급여를 실시할** 수 있다. ② 시장·군수·구청장은 임신한 수급권자가 임신기간 중 의료급여기관에서 받는 진료에 드는 비용(출산비용을 포함)에 대하여 추가급여를 실시할 수 있다.
제14조	건강검진 [⑨]	① 시장·군수·구청장은 이 법에 따른 수급권자에 대하여 질병의 조기발견과 그에 따른 의료급여를 하기 위하여 건강검진을 할 수 있다.
제15조	의료급여의 제한 [⑨]	① **시장·군수·구청장은** 수급권자가 다음 각 호의 어느 하나에 해당하면 이 법에 따른 **의료급여를 하지 아니한다**. 다만, 보건복지부장관이 의료급여를 할 필요가 있다고 인정하는 경우에는 그러하지 아니하다. 1. 수급권자가 **자신의 고의 또는 중대한 과실로 인한 범죄행위에 그 원인이 있**거나 고의로 사고를 일으켜 의료급여가 필요하게 된 경우 2. 수급권자가 정당한 이유 없이 이 법의 규정이나 의료급여기관의 진료에 관한 지시에 따르지 아니한 경우
제16조	의료급여의 변경 [⑫]	① **시장·군수·구청장은** 수급권자의 소득, 재산상황, 근로능력 등이 변동되었을 때에는 **직권으로** 또는 수급권자나 그 친족, 그 밖의 관계인의 신청을 받아 **의료급여의 내용 등을 변경**할 수 있다. ② 시장·군수·구청장은 제1항에 따라 의료급여의 내용 등을 변경하였을 때에는 서면으로 그 이유를 밝혀 수급권자에게 알려야 한다.
제17조	의료급여의 중지 등 [⑫㉒]	① **시장·군수·구청장은 수급권자가 다음 각 호의 어느 하나에 해당하면 의료급여를 중지하여야 한다.** 1. **수급권자에 대한 의료급여가 필요 없게 된 경우** 2. **수급권자가 의료급여를 거부한 경우** ⚠ 수급권자가 의료급여를 거부한 경우 시·도지사는 의료급여를 중지해야 한다.(×) ② 시장·군수·구청장은 수급권자가 의료급여를 거부한 경우에는 수급권자가 속한 가구원 전부에 대하여 의료급여를 중지하여야 한다. ③ 시장·군수·구청장은 제1항에 따라 의료급여를 중지하였을 때에는 서면으로 그 이유를 밝혀 수급권자에게 알려야 한다.
제18조	수급권의 보호	① 의료급여를 받을 권리는 양도하거나 압류할 수 없다. [⑥] ② 제12조의2제1항에 따라 요양비등수급계좌에 입금된 요양비등은 압류할 수 없다.
제19조	구상권	① 시장·군수·구청장은 제3자의 행위로 인하여 수급권자에게 의료급여를 한 경우에는 그 급여비용의 범위에서 제3자에게 손해배상을 청구할 권리를 얻는다. ② 제1항에 따라 의료급여를 받은 사람이 제3자로부터 이미 손해배상을 받은 경우에는 시장·군수·구청장은 그 배상액의 한도에서 의료급여를 하지 아니한다.
제20조	급여비용의 대지급	① 제10조에 따라 급여비용의 일부를 의료급여기금에서 부담하는 경우 그 나머지 급여비용(보건복지부장관이 정한 금액으로 한정한다)은 수급권자 또는 그 부양의무자의 신청을 받아 제25조에 따른 의료급여기금에서 대지급(代支給)할 수 있다. ② 제1항에 따른 대지급금의 신청 및 지급방법 등에 필요한 사항은 보건복지부령으로 정한다.

제21조	대지급금의 상환 [②]	① 제20조에 따라 대지급금을 받은 사람(그 부양의무자를 포함한다. 이하 "상환의무자"라 한다)은 보건복지부령으로 정하는 바에 따라 대지급금을 그 거주지를 관할하는 시장·군수·구청장에게 상환하여야 한다. 이 경우 대지급금의 상환은 무이자로 한다. ② 상환의무자가 그 거주지를 다른 특별자치시·특별자치도·시·군·구로 이전하였을 때에는 대지급금을 새 거주지를 관할하는 시장·군수·구청장에게 상환하여야 한다. ③ 제1항 및 제2항에 따라 **대지급금을 상환받은 시장·군수·구청장은 이를 제25조에 따른 의료급여기금에 납입하여야 한다.** [②] ❌ 시·도지사는 상환받은 대지급금을 의료급여기금에 납입하여야 한다.(×)

제25조	의료급여 기금의 설치 및 조성 [②] [정책론 ⑳]	① 이 법에 따른 **급여비용의 재원에 충당하기 위하여 시·도에 의료급여기금을 설치**한다.
		❌ 급여비용의 재원을 충당하기 위하여 보건복지부에 의료급여기금을 설치한다.(×)
		② 기금은 다음 각 호의 재원으로 조성한다.
		  1. 국고보조금
		  2. **지방자치단체의 출연금**
		  3. 제21조에 따라 상환받은 대지급금
		  4. 제23조에 따라 징수한 부당이득금
		  5. 제29조에 따라 징수한 과징금
		  6. 기금의 결산상 잉여금 및 그 밖의 수입금
		⭕ 의료급여기금에는 지방자치단체의 출연금도 포함된다.(O)
		③ 국가와 지방자치단체는 기금운영에 필요한 충분한 예산을 확보하여야 한다.

제30조	이의신청 등	① 수급권자의 자격, 의료급여 및 급여비용에 대한 시장·군수·구청장의 처분에 이의가 있는 자는 **시장·군수·구청장에게 이의신청**을 할 수 있다. ② 급여비용의 심사·조정, 의료급여의 적정성 평가 및 급여 대상 여부의 확인에 관한 급여비용심사기관의 처분에 이의가 있는 제5조에 따른 보장기관, 의료급여기관 또는 수급권자는 **급여비용심사기관에 이의신청**을 할 수 있다. ③ 제1항 및 제2항에 따른 이의신청은 처분이 있음을 안 날부터 **90일 이내에 문서(전자문서 포함)로** 하여야 하며, 처분이 있은 날부터 180일이 지나면 제기하지 못한다. ④ 제3항 본문에도 불구하고 의료급여기관이 제11조의3에 따른 급여비용심사기관의 확인에 대하여 이의신청을 하려면 같은 조 제2항에 따라 통보받은 날부터 30일 이내에 하여야 한다.
제30조의2	심판청구	① 제30조 제2항에 따른 급여비용심사기관의 이의신청에 대한 결정에 불복이 있는 자는 「국민건강보험법」 제89조에 따른 **건강보험분쟁조정위원회에 심판청구**를 할 수 있다. ② 제1항에 따라 심판청구를 하려는 자는 대통령령으로 정하는 심판청구서를 제30조 제2항에 따른 처분을 행한 급여비용심사기관에 제출하거나 제1항에 따른 **건강보험분쟁조정위원회에 제출**하여야 한다.

제31조	소멸시효	① 다음 각 호의 권리는 <u>3년간</u> 행사하지 아니하면 소멸시효가 완성된다.
		  1. 의료급여를 받을 권리
		  2. 급여비용을 받을 권리
		  3. 대지급금을 상환받을 권리

03 긴급복지지원법 [6⑦⑧⑪⑫⑭⑰⑱⑳]

1 개요

(1) 의의와 연혁

① **의 의**

위기상황에 처한 자를 조기에 찾을 수 있는 체계를 갖추고 이들에게 필요한 지원을 신속하게 실시하며 기존의 공공부조 제도나 사회복지서비스와 연계되도록 하려는 것이다.

② **연 혁**

㉠ 2005년 12월 23일(법률 제7739호) 제정 : 이 법은 시행일(2006년 3월 24일 시행)로부터 5년간 그 효력을 가지는 한시법으로 제정되었다.

㉡ 2009년 5월 28일 일부 개정 : "부칙(유효기간) 이 법은 시행일부터 5년간 그 효력을 가진다."는 조항을 삭제하였다.

(2) 긴급지원의 기본원칙

① **선지원 후처리 원칙** : 위기상황에 처한 사람이나 관계인이 지원요청 또는 신고할 경우 긴급지원담당공무원 등의 현장확인(요청일부터 후 1일 이내)을 통해 긴급지원의 필요성을 포괄적으로 판단해 우선 지원(지원 결정 1일 이내, 지급 1일 이내 등 추가 2일 이내로 실시, 총72시간 이내 지원할 수 있도록 노력)하고 나중에 소득, 재산 등을 조사해 지원의 적정성을 심사함

② **단기 지원 원칙** : 위기상황에 처한 사람에게 일시적으로 신속하게 지원

㉠ 생계지원은 3개월, 주거·시설이용·연료비 지원의 경우 1개월, 의료·교육지원의 경우 1회

㉡ 시·군·구청장이 긴급지원대상자의 위기상황이 계속된다고 판단하는 경우 주거·시설이용·연료비 지원은 1개월씩 두 번의 범위에서 연장 가능

※ ㉠, ㉡의 지원에도 불구하고 위기상황이 계속되는 경우에는 시·군·구청장은 긴급지원심의위원회의 심의를 거쳐 생계·시설이용·연료비 지원은 3개월 범위내, 주거지원은 9개월 범위내, 교육지원은 3회 범위내, 의료지원은 1회 추가연장 가능

③ **타 법률 중복지원 금지의 원칙**

㉠ 「재해구호법」·「국민기초생활 보장법」·「의료급여법」·「사회복지사업법」·「가정폭력 방지 및 피해자보호 등에 관한 법률」·「성폭력방지 및 피해자보호 등에 관한 법률」·「사회복지공동모금회법」·「청소년복지 지원법」3)등 다른 법률에 의하여 긴급지원과 동일한 내용의 구호·보호나 지원을 받고 있는 경우에는 긴급지원 제외

㉡ 지원요청 또는 신고를 받은 때 시·군·구청장이 가구특성, 생활실태 등을 고려하여, 긴급복지보다는 국민기초생활보장, 의료급여, 시설보호 등 다른 법률에 의한 지원의 대상이 되는 것이 적합하다고 판단되는 경우에는 해당 지원에 적극적으로 연계하도록 함

㉢ 다른 법률에 의한 지원이 결정되기 전까지 긴급지원대상자의 위기상황을 고려하여 긴급지원 가능

④ **가구단위 지원의 원칙**: 가구단위로 산정하여 지원하는 것을 원칙으로 함
  ㉠ 가정폭력·성폭력 또는 학대 등으로 인하여 위기상황에 처한 자에 대하여는 폭력 또는 학대를 당한 자 및 그와 함께 보호를 받아야 하는 자를 하나의 가구로 봄
  ㉡ 다만, 의료·교육지원과 그 밖의 지원 중 해산비, 장제비는 해당 지원이 필요한 가구 구성원 개인에게 지원(개인단위 지원)

(3) **관장부처**: 보건복지부(기초생활보장과)

2 법률 내용분석(2023.6.13. 일부 개정, 2023.12.14. 시행)

제1조	목적	이 법은 생계곤란 등의 **위기상황**에 처하여 도움이 필요한 사람을 신속하게 **지원**함으로써 이들이 위기상황에서 벗어나 건강하고 인간다운 생활을 하게 함을 목적으로 한다.
제2조	정의 [⑥⑦⑧⑪⑫] [정책론 ⑲]	이 법에서 "**위기상황**"이란 본인 또는 본인과 생계 및 주거를 같이 하고 있는 가구구성원이 다음 각 호의 어느 하나에 해당하는 사유로 인하여 생계유지 등이 어렵게 된 것을 말한다. 1. **주소득자(主所得者)**가 사망, 가출, 행방불명, 구금시설에 수용되는 등의 사유로 소득을 상실한 경우 [㉑, 정책론 ⑲] 2. 중한 **질병** 또는 **부상**을 당한 경우 [㉑] 3. 가구구성원으로부터 **방임(放任)** 또는 **유기(遺棄)**되거나 **학대** 등을 당한 경우 [㉑] 4. **가정폭력**을 당하여 가구구성원과 함께 원만한 가정생활을 하기 곤란하거나 **가구구성원으로부터 성폭력**을 당한 경우 [㉑] 5. **화재** 또는 **자연재해** 등으로 인하여 거주하는 주택 또는 건물에서 생활하기 곤란하게 된 경우 6. **주소득자 또는 부소득자(副所得者)의 휴업, 폐업 또는 사업장의 화재** 등으로 인하여 실질적인 영업이 곤란하게 된 경우 7. **주소득자 또는 부소득자의 실직으로 소득을 상실한 경우** 8. **보건복지부령으로 정하는 기준**에 따라 지방자치단체의 조례로 정한 사유가 발생한 경우 9. 그 밖에 보건복지부장관이 정하여 고시하는 사유가 발생한 경우 **∥OIKOS UP** 보건복지부령으로 정하는 기준(시행규칙 제1조의2) 「긴급복지지원법」(이하 "법"이라 한다) 제2조 제8호에서 "보건복지부령으로 정하는 기준"이란 다음 각 호의 어느 하나에 해당하는 경우를 말한다. 1. 가구원의 보호, 양육, 간호 등의 사유로 소득활동이 미미한 경우 2. 「국민기초생활 보장법」에 따른 급여가 중지된 경우 3. 「국민기초생활 보장법」에 따라 급여를 신청하였으나 급여의 실시 여부와 내용이 결정되기 전이거나 수급자로 결정되지 아니한 경우 4. 수도, 가스 등의 공급이 그 사용료의 체납으로 인하여 상당한 기간 동안 중단된 경우 5. 사회보험료, 주택임차료 등이 상당한 기간 동안 체납된 경우 6. 그 밖에 제1호부터 제5호까지에 준하는 사유가 있는 경우
제3조	기본원칙 [⑥⑪⑫⑱] [정책론 ⑲]	① 이 법에 따른 지원은 위기상황에 처한 사람에게 **일시적으로 신속하게 지원**하는 것을 **기본원칙**으로 한다. → **단기 지원 원칙** [⑪⑱, 정책론 ⑲] ② 「재해구호법」, 「국민기초생활 보장법」, 「의료급여법」, 「사회복지사업법」, 「가정

		폭력방지 및 피해자보호 등에 관한 법률」,「성폭력방지 및 피해자보호 등에 관한 법률」 등 **다른 법률에 따라 이 법에 따른 지원 내용과 동일한 내용의 구호·보호 또는 지원을 받고 있는 경우에는 이 법에 따른 지원을 하지 아니한다.** → 타 법률 지원 우선의 원칙 [⑪, 정책론 ⑲]
제5조	긴급지원 대상자	이 법에 따른 지원대상자는 위기상황에 처한 사람으로서 이 법에 따른 지원이 긴급하게 필요한 사람("긴급지원대상자")으로 한다.
제5조 의2	외국인에 대한 특례 [⑧⑱]	국내에 체류하고 있는 외국인 중 대통령령으로 정하는 사람이 제5조에 해당하는 경우에는 긴급지원대상자가 된다. → **국내체류 외국인에게도 지원(○)** ❌ 국내에 체류하는 모든 외국인은 긴급지원대상자가 될 수 없다.(×)
제6조	긴급지원 기관 [⑪⑫⑱]	① 이 법에 따른 **지원은 긴급지원대상자의 거주지를 관할하는 시장·군수·구청장이** 한다. 다만, 긴급지원대상자의 거주지가 분명하지 아니한 경우에는 제7조에 따른 지원요청 또는 신고를 받은 시장·군수·구청장이 한다. [⑪⑱] ❌ 주거지가 불분명한 자도 긴급지원대상자가 될 수 있다.(○) ② 제1항 단서에도 불구하고 거주지가 분명하지 아니한 사람에게 제7조에 따른 지원요청 또는 신고가 특정지역에 집중되는 경우에는 보건복지부령으로 정하는 바에 따라 긴급지원기관을 달리 정할 수 있다. ③ **시장·군수·구청장은** 이 법에 따른 **긴급지원사업을 수행할 담당공무원**(이하 "긴급지원담당공무원"이라 한다)**을 지정하여야 한다.** [⑫]
제7조	지원요청 및 신고 [⑧⑳] [정책론 ⑲]	① **긴급지원대상자와 친족, 그 밖의 관계인은 구술 또는 서면 등으로 관할 시장·군수·구청장에게 이 법에 따른 지원을 요청할 수 있다.** ② **누구든지 긴급지원대상자를 발견한 경우에는 관할 시장·군수·구청장에게 신고하여야 한다.** [⑱] ③ 다음 각 호의 어느 하나에 해당하는 사람은 진료·상담 등 직무수행 과정에서 긴급지원대상자가 있음을 알게 된 경우에는 관할 **시장·군수·구청장에게 이를 신고하고, 긴급지원대상자가 신속하게 지원을 받을 수 있도록 노력하여야 한다.** [⑳] 　1. 「의료법」에 따른 **의료기관의 종사자** [⑳] 　2. 「유아교육법」, 「초·중등교육법」 및 「고등교육법」에 따른 **교원, 직원, 산학겸임교사, 강사** [⑳] 　3. 「사회복지사업법」에 따른 **사회복지시설의 종사자** [정책론 ⑲], [⑳] 　4. 「국가공무원법」 및 「지방공무원법」에 따른 **공무원** [⑳] 　5. 「장애인활동 지원에 관한 법률」 제20조에 따른 활동지원기관의 장 및 그 종사자와 같은 법 제26조에 따른 **활동지원인력** 　6. 「학원의 설립·운영 및 과외교습에 관한 법률」 제6조에 따른 **학원의 운영자·강사·직원** 및 같은 법 제14조에 따른 **교습소의 교습자·직원** 　7. 「건강가정기본법」 제35조에 따른 **건강가정지원센터의 장과 그 종사자** 　8. 「청소년 기본법」 제3조제6호에 따른 **청소년시설** 및 같은 조 제8호에 따른 **청소년단체의 장과 그 종사자** 　9. 「청소년 보호법」 제35조에 따른 **청소년 보호·재활센터의 장과 그 종사자** 　10. 「평생교육법」 제2조에 따른 **평생교육기관의 장과 그 종사자** 　11. 그 밖에 긴급지원대상자를 발견할 수 있는 자로서 보건복지부령으로 정하는 자 ④ **시장·군수·구청장이 지정한 법인·단체·시설·기관 등은** 긴급지원대상자의 요청에 따라 제1항에 따른 지원요청을 지원할 수 있다. 〈신설 2021.7.27.〉

제7조	지원요청 및 신고 [⑧⑫⑳] [정책론 ⑲]	**OIKOS UP 긴급지원대상자의 신고(시행규칙 제2조의2)** 법 제7조 제3항 제6호에서 "보건복지부령으로 정하는 자"란 다음 각 호의 어느 하나에 해당하는 사람을 말한다. 1. 「지방자치법」 제4조의2 제4항에 따른 행정리의 이장 및 같은 조 제5항에 따른 행정동의 하부조직으로 두는 통의 통장 2. 「별정우체국법」에 따른 별정우체국의 직원 3. 동·리의 새마을지도자 및 부녀회장 4. 국가 및 지방자치단체의 보건·복지 분야나 민원 관련 업무에 종사하는 공무원 외의 직원
제7조의2	위기상황의 발굴 [⑱]	① **국가 및 지방자치단체는 위기상황에 처한 사람에 대한 발굴조사를 연 1회 이상 정기적으로 실시**하여야 한다. [⑱] ② 국가 및 지방자치단체는 제1항에 따른 정기 발굴조사 또는 수시 발굴조사를 위하여 필요한 경우 관계 기관·법인·단체 등의 장에게 자료의 제출, 위기상황에 처한 사람의 거주지 등 현장조사 시 소속 직원의 동행 등 협조를 요청할 수 있다. 이 경우 관계 기관·법인·단체 등의 장은 정당한 사유가 없으면 이에 따라야 한다. ③ 국가 및 지방자치단체는 위기상황에 처한 사람에 대한 발굴체계의 운영 실태를 정기적으로 점검하고 개선방안을 수립하여야 한다.
제8조	현장 확인 및 지원	① 시장·군수·구청장은 제7조에 따른 지원요청 또는 신고를 받거나 위기상황에 처한 사람을 찾아낸 경우에는 **지체 없이 긴급지원담당공무원으로 하여금 긴급지원대상자의 거주지 등을 방문하여 위기상황을 확인**하여야 한다. ② 시장·군수·구청장은 위기상황을 확인하기 위하여 필요한 경우에는 관할 경찰관서, 소방관서 등 관계 행정기관의 장에게 협조를 요청할 수 있다. 이 경우 관계 행정기관의 장은 정당한 사유가 없으면 그 요청에 따라야 한다. ③ 시장·군수·구청장은 제1항에 따른 현장 확인 결과 **위기상황의 발생이 확인된 사람에 대하여는 지체 없이** 제9조에 따른 **지원의 종류 및 내용을 결정하여 지원을 하여야 한다.** 이 경우 긴급지원대상자에게 신속히 지원할 필요가 있다고 판단되는 경우 긴급지원담당공무원으로 하여금 우선 필요한 지원을 하도록 할 수 있다.
제9조	긴급지원의 종류 및 내용 [⑥⑧⑭⑰] [정책론 ⑲]	① 이 법에 따른 지원의 종류 및 내용은 다음과 같다. 　1. **금전 또는 현물(現物) 등의 직접지원** [⑰] 　　가. **생계지원**: 식료품비·의복비 등 생계유지에 필요한 비용 또는 현물 지원 　　나. **의료지원**: 각종 검사 및 치료 등 의료서비스 지원 　　다. **주거지원**: 임시거소(臨時居所) 제공 또는 이에 해당하는 비용 지원 　　라. **사회복지시설 이용 지원**: 「사회복지사업법」에 따른 사회복지시설 입소(入所) 또는 이용 서비스 제공이나 이에 필요한 비용 지원 　　마. **교육지원**: 초·중·고등학생의 수업료, 입학금, 학교운영지원비 및 학용품비 등 필요한 비용 지원 　　바. **그 밖의 지원**: 연료비나 그 밖에 위기상황의 극복에 필요한 비용 또는 현물 지원 　2. **민간기관·단체와의 연계 등의 지원** 　　가. 「대한적십자사 조직법」에 따른 **대한적십자사**, 「사회복지공동모금회법」에 따른 **사회복지공동모금회** 등의 사회복지기관·단체와의 연계 지원 　　나. **상담·정보제공, 그 밖의 지원**

		✏️ **암기법** **교생의 주사**~ 너무 괴로워 주사하고 뻗음 ② 제1항의 구체적인 지원기준·방법 및 절차 등에 관하여 필요한 사항은 대통령령으로 정한다. 이 경우 제1항 제1호 가목(생계지원) 및 다목(주거지원)의 지원은 「국민기초생활 보장법」 제2조 제11호에 따른 기준 중위소득의 100분의 40을 각각 한도로 한다.
제9조 의2	긴급지원 수급계좌	① 시장·군수·구청장은 긴급지원대상자의 신청이 있는 경우에는 긴급지원대상자에게 지급하는 금전("긴급지원금")을 긴급지원대상자 명의의 지정된 계좌("긴급지원수급계좌")로 입금하여야 한다. ② 긴급지원수급계좌가 개설된 금융기관은 긴급지원금만이 긴급지원수급계좌에 입금되도록 하고, 이를 관리하여야 한다.
제10조	긴급지원의 기간 등 [⑥⑪]	① 제9조 제1항 제1호 가목(생계지원)에 따른 긴급지원은 3개월간, 같은 호 다목(주거지원)·라목(사회복지시설 이용 지원) 및 바목(그 밖의 지원)에 따른 긴급지원은 1개월간의 생계유지 등에 필요한 지원으로 한다. 다만, 같은 호 다목·라목 및 바목에 따른 긴급지원은 시장·군수·구청장이 긴급지원대상자의 위기상황이 계속된다고 판단하는 경우에는 1개월씩 두 번의 범위에서 기간을 연장할 수 있다. 〈개정 2023. 6. 13., 시행 2023. 12. 14.〉 ❌ 긴급 생계지원은 1개월간의 생계유지 등에 필요한 지원을 원칙으로 한다.(×) ② 제9조 제1항 제1호 나목(의료지원)에 따른 지원은 위기상황의 원인이 되는 질병 또는 부상을 검사·치료하기 위한 범위에서 한 번 실시하며, 같은 호 마목(교육지원)에 따른 지원도 한 번 실시한다. ③ 시장·군수·구청장은 제1항 및 제2항에 따른 지원에도 불구하고 위기상황이 계속되는 경우에는 제12조에 따른 긴급지원심의위원회의 심의를 거쳐 지원을 연장할 수 있다. 이 경우 제9조 제1항 제1호 가목(생계지원)·라목(사회복지시설이용) 및 바목(그 밖의 지원)에 따른 지원은 제1항에 따른 지원기간을 합하여 총 6개월을 초과하여서는 아니 되고, 같은 호 다목(주거지원)에 따른 지원은 제1항에 따른 지원기간을 합하여 총 12개월을 초과하여서는 아니 되며, 같은 호 나목(의료지원)에 따른 지원은 제2항에 따른 지원횟수를 합하여 총 두 번, 같은 호 마목(교육지원)에 따른 지원은 제2항에 따른 지원횟수를 합하여 총 네번을 초과하여서는 아니 된다.
제11조	담당기구 설치 등[⑫]	① 보건복지부장관은 위기상황에 처한 사람에게 상담·정보제공 및 관련 기관·단체 등과의 연계서비스를 제공하기 위하여 담당기구를 설치·운영할 수 있다. ③ 시장·군수·구청장은 긴급지원사업을 원활하게 수행하기 위하여 「사회복지사업법」 제7조의2에 따른 지역사회복지협의체를 통하여 사회복지·보건의료 관련 기관·단체 간의 연계·협력을 강화하여야 한다.

제12조	긴급지원
	심의위원회
		① 다음 각 호의 사항을 심의·의결하기 위하여 시·군·구에 긴급지원심의위원회를 둔다.
		  1. 제10조 제3항에 따른 긴급지원연장 결정
		  2. 제14조 제1항에 따른 긴급지원의 적정성 심사
		  3. 제15조 제1항에 따른 긴급지원의 중단 또는 지원비용의 환수 결정
		  4. 그 밖에 긴급지원심의위원회의 위원장이 회의에 부치는 사항
		② 긴급지원심의위원회는 위원장 1명을 포함한 15명 이내의 위원으로 구성한다.

제12조	긴급지원 심의위원회	③ **위원장은 시장·군수·구청장**이 되고, **위원**은 다음 각 호의 어느 하나에 해당하는 사람 중에서 **시장·군수·구청장이 임명하거나 위촉**한다. 1. 사회보장에 관한 학식과 경험이 있는 사람 2. 「비영리민간단체 지원법」 제2조에 따른 비영리민간단체에서 추천한 사람 3. 해당 시·군·구 또는 관계 행정기관 소속의 공무원 4. 해당 시·군·구 지방의회가 추천하는 사람
제13조	사후조사	① 시장·군수·구청장은 제8조 제3항에 따라 지원을 받았거나 받고 있는 긴급지원대상자에 대하여 소득 또는 재산 등 대통령령으로 정하는 기준에 따라 긴급지원이 적정한지를 조사하여야 한다. ② 시장·군수·구청장은 제1항에 따른 조사를 위하여 금융·국세·지방세·건강보험·국민연금 및 고용보험 등 관련 전산망을 이용하려는 경우에는 해당 법률에서 정하는 바에 따라 관계 기관의 장에게 협조를 요청할 수 있다. 이 경우 관계 기관의 장은 정당한 사유가 없으면 그 요청에 따라야 한다.
제14조	긴급지원의 적정성 심사	① 제12조에 따른 **긴급지원심의위원회**는 제13조 제1항에 따라 **시장·군수·구청장**이 한 사후조사 결과를 참고하여 긴급지원의 적정성을 **심사**한다. ② 긴급지원심의위원회는 긴급지원대상자가 「국민기초생활 보장법」 또는 「의료급여법」에 따른 수급권자로 결정된 경우에는 제1항에 따른 심사를 하지 아니할 수 있다. ③ 시장·군수·구청장은 제1항에 따른 **심사결과 긴급지원대상자에 대한 지원이 적정하지 아니한 것으로 결정된 경우에도** 긴급지원담당공무원의 고의 또는 중대한 과실이 없으면 이를 이유로 **긴급지원담당공무원에 대하여 불리한 처분이나 대우를 하여서는 아니 된다**.
제15조	지원중단 또는 비용환수	① 시장·군수·구청장은 제14조 제1항에 따른 심사결과 **거짓이나 그 밖의 부정한 방법으로 제8조 제3항에 따른 지원을 받은 것으로 결정된 사람**에게는 긴급지원심의위원회의 결정에 따라 지체 없이 지원을 중단하고 지원한 비용의 전부 또는 일부를 반환하게 하여야 한다. ② 시장·군수·구청장은 제14조 제1항에 따른 심사결과 **긴급지원이 적정하지 아니한 것으로 결정된 사람**에게는 지원을 중단하고 지원한 비용의 전부 또는 일부를 반환하게 할 수 있다. ③ 시장·군수·구청장은 제9조 제2항에 따른 **지원기준을 초과하여 지원받은 사람**에게는 그 초과 지원 상당분을 반환하게 할 수 있다. ④ 시장·군수·구청장은 제1항 또는 제2항에 따른 반환명령에 따르지 아니하는 사람에게는 지방세 체납처분의 예에 따라 징수한다.
제17조	예산분담 [⑫]	국가 및 지방자치단체는 긴급지원 업무를 수행하기 위하여 필요한 비용을 분담하여야 한다.

04 기초연금법 [⑥⑨⑩⑪⑫⑬⑭⑮⑯⑰⑱⑲㉑㉒]

1 개 요

(1) 의의와 연혁

① **의의** [정책론 ⑥⑧⑨⑱]

㉠ 기존의 경로연금의 수급대상이 국민기초생활보장수급자에 한정된 것을 보완하기 위해 새롭게 도입된 제도이다.

㉡ 연금이라는 용어를 사용하지만 국민연금과 같이 보험료를 납부하는 것이 아니라 **기여 여부와 관계없이** 노인의 생활안정을 위해 국가에서 제공하는 기초연금의 성격인 **무기여 연금**이다.
   - 무기여방식의 노후 소득보장제도이다.(O)

㉢ 선진국과 같이 소득이나 자산조사가 없는 것이 아니기 때문에 순수한 의미의 기초연금이라 보기는 어렵지만 **현재 노인의 70%에게 혜택을 주는 광범위한 제도**라 할 수 있다.
   - 국민기초생활보장수급자는 기초연금수급권이 없다.(×)
   - 65세 이상 모든 고령자에게 제공하는 사회수당이다.(×)

② **연 혁**

㉠ **기초노령연금법(2007.4.25. 제정)**

㉮ **2007년 4월 25일 제정** : 2008년 1월 1일부터 시행되었으며, 이 법의 시행으로 과거 국민기초생활보장법상의 경로연금은 폐지되었다.

㉯ **2007년 7월 27일 일부 개정** : 기초노령연금 외에 다른 법률에 따른 연금을 병급하지 아니하도록 한 규정을 삭제하여 기초노령연금과 다른 연금을 동시에 수령할 수 있도록 하였다.
   - 국민연금급여와 동시에 받을 수 없다.(×)

㉡ **기초연금법(2014.5.20. 제정, 2014.7.1. 시행)**

(2) 관장부처 : 보건복지부(기초연금과)

2 법률 내용분석(2021.6.8. 일부 개정, 2022.1.1. 시행)

제1조	목적 [⑥]	이 법은 **노인에게 기초연금을 지급**하여 안정적인 소득기반을 제공함으로써 노인의 생활 안정을 지원하고 복지를 증진함을 목적으로 한다.
제2조	정의 [⑬⑰]	1. "기초연금 수급권(受給權)"이란 이 법에 따른 기초연금을 받을 권리를 말한다. 2. "기초연금 수급권자"란 기초연금 수급권을 가진 사람을 말한다. 3. "기초연금 수급자"란 이 법에 따라 기초연금을 지급받고 있는 사람을 말한다. 4. "**소득 인정액**"이란 **본인 및 배우자의 소득평가액과 재산의 소득환산액을 합산한 금액**을 말한다.
제3조	기초연금 수급권자의 범위 등 [⑬⑮⑯⑱⑲]	① 기초연금은 **65세 이상인 사람으로서 소득 인정액**이 보건복지부장관이 정하여 고시하는 금액("**선정기준액**") 이하인 사람에게 지급한다. [⑲] ② 보건복지부장관은 선정기준액을 정하는 경우 **65세 이상인 사람 중 기초연금 수급자가 100분의 70 수준**이 되도록 한다. [⑲] ③ 제1항에도 불구하고 다음 각 호의 어느 하나에 해당하는 연금의 수급권자와 그 배우자나 다음 각 호의 어느 하나에 해당하는 연금을 받은 사람 중 대통령령으로 정하는 **사람과 그 배우자에게는 기초연금을 지급하지 아니한다.** 1. 「**공무원연금법**」 제28조, 「**공무원 재해보상법**」 제8조 또는 「**사립학교교직원 연금법**」 제42조 제1항에 따른 퇴직연금, 퇴직연금일시금, 퇴직연금공제일시금, 장해연금, 비공무상 장해연금, 비직무상 장해연금, 장해일시금, 비공무상 장해일시금, 비직무상 장해일시금, 퇴직유족연금, 장해유족연금, 순직유족연금, 직무상유족연금, 위험직무순직유족연금, 퇴직유족연금일시금 또는 퇴직유족일시금[퇴직유족일시금의 경우에는 「공무원 재해보상법」 제20조제1항에 따라 순직유족연금의 수급권자가 순직유족연금을 갈음하여 선택한 경우(「사립학교교직원 연금법」제42조제1항에 따른 직무상유족연금의 수급권자가 직무상유족연금을 갈음하여 선택한 경우를 포함한다) 및 같은 법 제20조제2항에 따라 위험직무순직유족연금의 수급권자가 위험직무순직유족연금을 갈음하여 선택한 경우로 한정한다] 2. 「**군인연금법**」 제7조에 따른 퇴역연금, 퇴역연금일시금, 퇴역연금공제일시금, 퇴역유족연금, 퇴역유족연금일시금 또는 「군인 재해보상법」 제7조에 따른 상이연금, 상이유족연금, 순직유족연금, 순직유족연금일시금 3. 「**별정우체국법**」 제24조 제2항에 따른 퇴직연금, 퇴직연금일시금, 퇴직연금공제일시금, 유족연금 또는 유족연금일시금 4. 「**국민연금과 직역연금의 연계에 관한 법률**」 제10조 또는 제13조에 따른 연계퇴직연금 또는 연계퇴직유족연금 중 같은 법 제2조 제1항 제7호에 따른 직역재직기간이 10년 이상인 경우의 연계퇴직연금 또는 연계퇴직유족연금 **OIKOS UP 기초연금 대상자** ① **수급대상** : 만 65세 이상 전체 노인 인구 중 소득하위 70% → 만 65세 이상인 자로 소득 인정액(월 소득평가액+재산의 월 소득환산액)이 선정기준액 이하인 자 → 대상자는 자산과 소득을 모두 고려하여 선정 ② **수급자 선정기준** : 소득 인정액이 선정기준액 이하 　→ 소득 인정액 ≤ 선정기준액 ⊗ 직역연금(공무원·사학·군인·별정우체국 등) 수급권자 및 배우자는 제외 ⊗ 선정기준에 부양의무자 유무 미적용

제4조	국가와 지방자치단체의 책무	① 국가와 지방자치단체는 기초연금이 제1조의 목적에 따라 노인의 생활안정을 지원하고 복지를 증진하는 데 필요한 수준이 되도록 최대한 노력하여야 한다. ② 국가와 지방자치단체는 제1항에 따라 필요한 비용을 부담할 수 있도록 재원(財源)을 조성하여야 한다. 이 경우 「국민연금법」 제101조 제1항에 따라 설치된 **국민연금기금은 기초연금 지급을 위한 재원으로 사용할 수 없다.** ③ 국가와 지방자치단체는 기초연금의 지급에 따라 계층 간 소득역전 현상이 발생하지 아니하고 근로의욕 및 저축유인이 저하되지 아니하도록 최대한 노력하여야 한다.
제5조	기초연금액의 산정 [⑭]	① 기초연금 수급권자에 대한 **기초연금의 금액**("**기초연금액**")은 제2항 또는 제5조의2제1항에 따른 **기준연금액과 국민연금 급여액 등을 고려**하여 산정한다. ② **기준연금액은 보건복지부장관이** 그 전년도의 기준연금액에 대통령령으로 정하는 바에 따라 **전국소비자물가변동률**(「통계법」 제3조에 따라 통계청장이 매년 고시하는 전국소비자물가변동률을 말한다.)을 반영하여 매년 **고시한다.** 이 경우 그 고시한 기준연금액의 적용기간은 해당 조정연도 1월부터 12월까지로 한다. ③ 제2항 전단에도 불구하고 2021년의 기준연금액은 30만원으로 한다. **OIKOS UP** 기준연금액 기초연금액 산정의 기준이 되는 금액. 즉 **기초연금 수급권자에게 지급되는 최대 금액**으로 기준연금액에서 국민연금 A급여액 등을 반영(차감)하여 기초연금액을 산정
제7조	기초연금액의 한도 [⑭]	제5조 제4항부터 제6항까지의 규정에 따라 산정한 **기초연금액이 기준연금액을 초과하는 경우 기준연금액을 기초연금액으로 본다.**
제8조	기초연금액의 감액 [⑬⑭⑮⑰⑱㉒]	본인과 그 배우자가 모두 기초연금 수급권자인 경우에는 각각의 기초연금액에서 **기초연금액의 100분의 20에 해당하는 금액**을 감액한다.
제9조	기초연금액의 적정성 평가 등 [⑭]	① 보건복지부장관은 제5조 제2항에도 불구하고 5년마다 기초연금 수급권자의 생활 수준, 「국민연금법」 제51조 제1항 제1호에 따른 금액의 변동률, 전국소비자물가변동률 등을 종합적으로 고려하여 기초연금액의 적정성을 평가하고 그 결과를 반영하여 기준연금액을 조정하여야 한다. ② 제1항에 따른 적정성 평가를 할 때에는 노인 빈곤에 대한 실태 조사와 기초연금의 장기적인 재정 소요에 대한 전망을 함께 실시하여야 한다. ③ 보건복지부장관은 제1항에 따라 조정한 기준연금액을 고시하여야 한다. 이 경우 그 고시는 제5조 제2항 전단에 따른 고시로 본다. ④ 제1항에 따른 기준연금액 조정, 제2항에 따른 재정 소요 전망과 노인 빈곤에 대한 실태 조사의 세부 절차 및 제3항에 따른 기준연금액의 고시 등에 관하여 필요한 사항은 대통령령으로 정한다.
제10조	기초연금 지급의 신청 [⑮]	① 기초연금을 **지급받으려는 사람**("**기초연금 수급희망자**") 또는 보건복지부령으로 정하는 대리인은 특별자치시장·특별자치도지사·**시장·군수·구청장에게 기초연금의 지급을 신청**할 수 있다. ② 기초연금 수급희망자와 그 배우자는 제1항에 따른 신청을 할 때 다음 각 호의 자료 또는 정보를 보건복지부장관 및 특별자치시장·특별자치도지사·시장·군수·구청장(업무를 위탁받은 자를 포함)에게 제공하는 것에 대하여 동의한다는 서면을 제출하여야 한다. ③ 특별자치시장·특별자치도지사·시장·군수·구청장이 **지정한 법인·단체·시설·기관** 등은 기초연금 수급희망자의 요청에 따라 제1항에 따른 **기초연금 지급 신청을 지원할 수 있다.** 〈신설 2021.6.8.〉

제13조	기초연금 지급의 결정 등	① 특별자치시장·특별자치도지사·시장·군수·구청장은 제11조에 따른 **조사를 한 후 기초연금 수급권의 발생·변경·상실 등을 결정**한다.
제14조	기초연금의 지급 및 지급 시기 [⑪⑰]	① 특별자치시장·특별자치도지사·시장·군수·구청장은 제13조 제1항에 따라 기초연금 수급권자로 결정한 사람에 대하여 **기초연금의 지급을 신청한 날이 속하는 달부터 제17조에 따라 기초연금 수급권을 상실한 날이 속하는 달까지 매월 정기적으로 기초연금을 지급**한다. ② 제16조 제1항에 따라 **기초연금의 지급이 정지된 기간에는 기초연금을 지급하지 아니**한다.
제16조	기초연금 지급의 정지 [⑫⑮⑯㉑㉒]	① 특별자치시장·특별자치도지사·시장·군수·구청장은 기초연금 수급자가 다음 각 호의 어느 하나의 경우에 해당하면 그 사유가 발생한 날이 속하는 달의 다음 달부터 그 사유가 소멸한 날이 속하는 달까지는 **기초연금의 지급을 정지**한다. 　1. 기초연금 수급자가 금고 이상의 형을 선고받고 교정시설 또는 치료감호시설에 수용되어 있는 경우 　2. <u>기초연금 수급자가 행방불명되거나 실종되는 등 대통령령으로 정하는 바에 따라 사망한 것으로 추정되는 경우</u> 　　❌ 기초연금 수급자가 대통령령으로 정하는 바에 따라 사망한 것으로 추정되는 경우 수급권을 상실한다.(×) 　3. **기초연금 수급자의 국외 체류기간이 60일 이상 지속되는 경우**. 이 경우 국외 체류 60일이 되는 날을 지급 정지의 사유가 발생한 날로 본다. 　4. 그 밖에 제1호부터 제3호까지의 경우에 준하는 경우로서 대통령령으로 정하는 경우 ② 제1항에 따른 지급 정지의 절차 등에 관하여 필요한 사항은 보건복지부령으로 정한다.
제17조	기초연금 수급권의 상실 [⑬⑮⑯⑰㉑]	기초연금 수급권자는 다음 각 호의 어느 하나에 해당하게 된 때에 **기초연금 수급권을 상실**한다. 　1. **사망한 때** 　2. <u>국적을 상실하거나 국외로 이주한 때</u> 　3. 제3조에 따른 기초연금 수급권자에 해당하지 아니하게 된 때 　　❌ 기초연금의 지급정지 사유 : 기초연금 수급권자가 국적을 상실한 때(×)
제21조	기초연금 수급권의 보호 [⑯⑰]	① 기초연금 수급권은 양도하거나 담보로 제공할 수 없으며, 압류 대상으로 할 수 없다. ② 기초연금으로 지급받은 금품은 압류할 수 없다.
제23조	시효 [⑫⑭⑯㉒]	제19조에 따른 환수금을 환수할 권리와 기초연금 수급권자의 권리는 **5년간 행사하지 아니하면 시효의 완성으로 소멸**한다.
제25조	비용의 분담 [⑨⑩⑪⑬]	① **국가는** 지방자치단체의 노인인구 비율 및 재정 여건 등을 고려하여 **기초연금의 지급에 드는 비용 중 100분의 40 이상 100분의 90 이하의 범위에서** 대통령령으로 정하는 비율에 해당하는 **비용을 부담**한다. ② 제1항에 따라 **국가가 부담하는 비용을 뺀 비용은 특별시·광역시·특별자치시·도·특별자치도**(이하 "시·도"라 한다)와 시·군·구(자치구)가 상호 분담한다. 이 경우, 그 부담비율은 노인인구 비율 및 재정여건 등을 고려하여 보건복지부장관과 협의하여 시·도의 조례 및 시·군·구의 조례로 정한다. 　❌ 기초연금의 지급에 드는 비용은 전부 시·도 및 시·군·구가 나누어 부담한다.(×) 　❌ 국가 또는 지방자치단체가 부담(○) → 국민연금기금에서 충당(×)

05 장애인연금법

1 개 요

(1) 의의와 연혁
① **의의** : 18세 이상의 중증장애인으로서 소득 인정액이 일정 수준 이하인 자에게 매월 일정액의 **무기여 연금**을 지급하여 중증장애인에 대한 사회보장 사각지대를 해소하고 사회통합을 강화하기 위함이다.
② **연혁** : 2010년 4월 12일 제정되어 2010년 7월 1일부터 시행

(2) 관장부처 : 보건복지부(장애인자립기반과)

2 법률 내용분석(2021.6.8. 일부 개정, 2022.1.1. 시행)

제1조	목적	이 법은 장애로 인하여 생활이 어려운 중증장애인에게 장애인연금을 지급함으로써 중증장애인의 생활 안정 지원과 복지 증진 및 사회통합을 도모하는 데 이바지함을 목적으로 한다.
제2조	정의	이 법에서 사용하는 용어의 뜻은 다음과 같다. 1. "중증장애인"이란 「장애인복지법」 제32조에 따라 등록한 장애인 중 근로능력이 상실되거나 현저하게 감소되는 등 장애 정도가 중증인 사람으로서 대통령령으로 정하는 사람을 말한다. 2. "수급권"이란 이 법에 따라 장애인연금을 받을 수 있는 자격을 말한다. 3. "수급권자"란 수급권을 가진 사람을 말한다. 4. "수급자"란 이 법에 따라 장애인연금을 받는 사람을 말한다. 5. "소득 인정액"이란 수급권자와 그 배우자의 소득평가액과 재산의 소득환산액을 합산한 금액을 말한다.
제4조	수급권자의 범위 등	① 수급권자는 18세 이상의 중증장애인으로서 소득 인정액이 그 중증장애인의 소득·재산·생활수준과 물가상승률 등을 고려하여 보건복지부장관이 정하여 고시하는 금액(선정기준액) 이하인 사람으로 한다. ② 보건복지부장관은 선정기준액을 정하는 경우에 18세 이상의 중증장애인 중 수급자가 100분의 70 수준이 되도록 한다. ③ 제1항에도 불구하고 다음 각 호의 어느 하나에 해당하는 연금을 받을 자격이 있는 사람과 그 배우자나 다음 각 호의 어느 하나에 해당하는 연금을 받은 사람 중 대통령령으로 정하는 사람과 그 배우자에게는 장애인연금을 지급하지 아니한다. 1. 「공무원연금법」 및 「사립학교직원 연금법」에 따른 ~(생략). 2. 「군인연금법」에 따른 ~(생략). 3. 「별정우체국법」에 따른 ~(생략). 4. 「국민연금과 직역연금의 연계에 관한 법률」에 따른 ~(생략). ④ 선정기준액의 기준, 고시 시기 및 적용기간 등은 대통령령으로 정한다.

제5조	장애인연금의 종류 및 내용	이 법에 따른 장애인연금의 종류 및 내용은 다음 각 호와 같다. 1. **기초급여** : 근로능력의 상실 또는 현저한 감소로 인하여 줄어드는 소득을 보전(補塡)하여 주기 위하여 지급하는 급여 2. **부가급여** : 장애로 인하여 추가로 드는 비용의 전부 또는 일부를 보전하여 주기 위하여 지급하는 급여 ● **주의** 부가급여는 연령에 따라 부가급여가 차등적으로 지급되지만, 기초급여는 연령에 따라 차등적으로 지급되지 않는다.
제6조	기초급여액	① 기초급여의 금액("기초급여액")은 보건복지부장관이 그 전년도 기초급여액에 대통령령으로 정하는 바에 따라 **전국소비자물가변동률**(「통계법」 제3조에 따라 통계청장이 매년 고시하는 전국소비자물가변동률을 말한다)을 반영하여 **매년 고시**한다. 다만, 2018년부터 2021년까지의 기초급여액은 다음 각 호의 구분에 따른다. 1. 2018년의 기초급여액 : 25만원 2. 「국민기초생활 보장법」 제7조제1항제1호에 따른 생계급여 수급자 및 같은 항 제3호에 따른 의료급여 수급자에 대한 2019년의 기초급여액: 30만원 3. 「국민기초생활 보장법」 제7조제1항제1호부터 제4호까지에 따른 생계급여 수급자, 주거급여 수급자, 의료급여 수급자 및 교육급여 수급자와 같은 법 제2조제10호에 따른 차상위계층에 대한 2020년의 기초급여액: 30만원 4. 2021년의 기초급여액: 30만원 **OIKOS UP** 기초급여(만18~64세) ① **대상자** : 만 18세~만 65세가 되는 전달까지 수급권을 유지하고 있는 자 ② **65세 이상** : 동일한 성격의 급여인 기초연금으로 전환하여 지급하고, 기초급여는 미지급 ③ **부부감액** : 단독가구와 부부(2인)가구의 생활비 차이를 감안, 부부가 모두 기초급여를 받는 경우 각각의 기초급여액에 20%를 감액 ④ 연령에 따라 차등적으로 지급되지 않음
제7조	부가급여액	부가급여액은 **월정액**으로 하며, **수급권자와 그 배우자의 소득 수준 및 장애로 인한 추가 비용 등을 고려**하여 대통령령으로 정한다. **OIKOS UP** 기초급여(만18~64세) ① **대상자** : 만 18세 이상 장애인연금 수급자 중 국민기초생활보장 수급자와 차상위 계층, 차상위 초과자 ② 부가급여는 장애로 인한 추가지출비용 보전 성격으로 부부감액과 초과분 감액을 적용안 함 ③ 연령에 따라 차등적으로 지급
제8조	장애인 연금의 신청	① 장애인연금을 지급받으려는 사람("수급희망자"라 한다)은 특별자치시장·특별자치도지사·**시장·군수·구청장**에게 장애인연금의 지급을 신청할 수 있다. ② 특별자치시·특별자치도·**시·군·구 소속 공무원**은 이 법에 따른 장애인연금을 필요로 하는 사람이 누락되지 아니하도록 하기 위하여 관할 지역에 거주하는 수급희망자 또는 수급권자에 대한 **장애인연금의 지급을 신청할 수 있다.** 이 경우 **그 수급희망자 또는 수급권자의 동의를 받아야 하며,** 그 동의는 수급희망자 또는 수급권자의 신청으로 본다.

제10조	장애인연금 지급의 결정 등	① 특별자치시장·특별자치도지사·**시장·군수·구청장은** 제9조에 따라 조사를 하였을 때에는 지체 없이 **장애인연금 지급의 여부와 내용을 결정**하여야 한다. ② 특별자치시장·특별자치도지사·시장·군수·구청장은 제1항에 따라 장애인연금 지급의 여부와 내용을 결정하였을 때에는 그 결정의 요지, 장애인연금의 종류 및 지급 개시시기 등을 서면으로 해당 수급희망자 또는 수급권자에게 통지하여야 한다. ③ 수급희망자 또는 수급권자에 대한 제2항의 통지는 제8조에 따른 장애인연금 지급의 신청일부터 30일 이내에 하여야 한다.
제11조	수급자에 대한 사후관리	① 보건복지부장관은 **수급자에 대한 장애인연금 지급의 적정성을 확인하기 위하여 매년 연간조사계획을 수립하고, 전국의 수급자를 대상으로 제9조 제1항 각 호의 사항을 조사하여야 한다.**

제15조	수급권의
	소멸과
	지급정지
		① 수급권자가 다음 각 호의 어느 하나에 해당하게 되면 그 **수급권은 소멸**한다. 다만, 제3호의 경우 소득·재산 상태 등의 변동수준, 수급기간 등을 고려하여 보건복지부장관이 정하는 기준에 해당하는 경우에는 그러하지 아니하다.
		  1. 사망한 경우
		  2. 국적을 상실하거나 외국으로 이주하기 위하여 출국하는 경우
		  3. 제4조에 따른 수급권자의 범위에 해당하지 아니하게 된 경우
		  4. 장애 정도의 변경 등으로 중증장애인에 해당하지 아니하게 된 경우
		② 특별자치시장·특별자치도지사·시장·군수·구청장은 수급자가 다음 각 호의 어느 하나에 해당하게 되면 **장애인연금의 지급을 정지**한다.
		  1. 수급자가 금고 이상의 실형을 선고받고 「형의 집행 및 수용자의 처우에 관한 법률」 또는 「치료감호법」에 따른 교정시설 또는 치료감호시설에 수용 중인 경우
		  2. 수급자가 행방불명 또는 실종 등의 사유로 사망한 것으로 추정되는 경우
		  3. 수급자의 국외 체류기간이 60일 이상 지속되는 경우. 이 경우 국외 체류 60일이 되는 날을 지급 정지의 사유가 발생한 날로 본다.

제20조	시효	수급자의 장애인연금을 받을 권리와 제17조에 따라 장애인연금을 환수할 지방자치단체의 권리는 5년간 **행사하지 아니하면 시효의 완성으로 소멸**된다.
제21조	비용의 부담	장애인연금은 지방자치단체의 재정 여건 등을 고려하여 대통령령으로 정하는 바에 따라 **국가, 특별시·광역시·도 또는 특별자치시·특별자치도·시·군·구가 부담한다.**

CHAPTER 12 사회보험법

제2부 **각 론**

제12장 회차별 출제빈도, 출제비중 및 출제논점 1, 2, 3순위

사회보험법	10회 2012	11회 2013	12회 2014	13회 2015	14회 2016	15회 2017	16회 2018	17회 2019	18회 2020	19회 2021	20회 2022	21회 2023	22회 2024
국민연금법	1	1	2	1	1	1	1	1	–	1	1	–	1
국민건강보험법	1	1	1	2	1	–	1	1	1	1	1	–	1
고용보험법	1	1	1	1	1	–	1	1	1	1	1	1	2
산업재해보상보험법	1	1	2	1	1	1	1	1	1	1	1	1	–
노인장기요양보험법	1	1	1	1	1	1	1	1	1	–	1	1	1

목 차	출제 비중	출제 논점		
		1순위 ☺	2순위 ※	3순위 ☆
제12장 사회보험법	3**5**7			
국민연금법	0**1**2	① 3번 이상 출제되었던 조문	① 2번 출제되었던 조문	① 1번 출제되었던 조문
국민건강보험법	0**1**2	① 3번 이상 출제되었던 조문	① 2번 출제되었던 조문	① 1번 출제되었던 조문
고용보험법	0**1**2	① 3번 이상 출제되었던 조문	① 2번 출제되었던 조문	① 1번 출제되었던 조문
산업재해보상보험법	0**1**2	① 3번 이상 출제되었던 조문	① 2번 출제되었던 조문	① 1번 출제되었던 조문
노인장기요양보험법	0~**1**	① 3번 이상 출제되었던 조문	① 2번 출제되었던 조문	① 1번 출제되었던 조문

1순위 스마일표시(☺) : 출제 빈출도가 높은 부분으로 무조건 시험에 출제되는 영역
2순위 당구장표시(※) : 나왔다 안 나왔다 하는 영역이지만 출제가능성 높은 영역
3순위 별 표(☆) : 출제 된 적이 있긴 하지만 다시 출제될 가능성은 다소 떨어지는 영역

♀ MAP

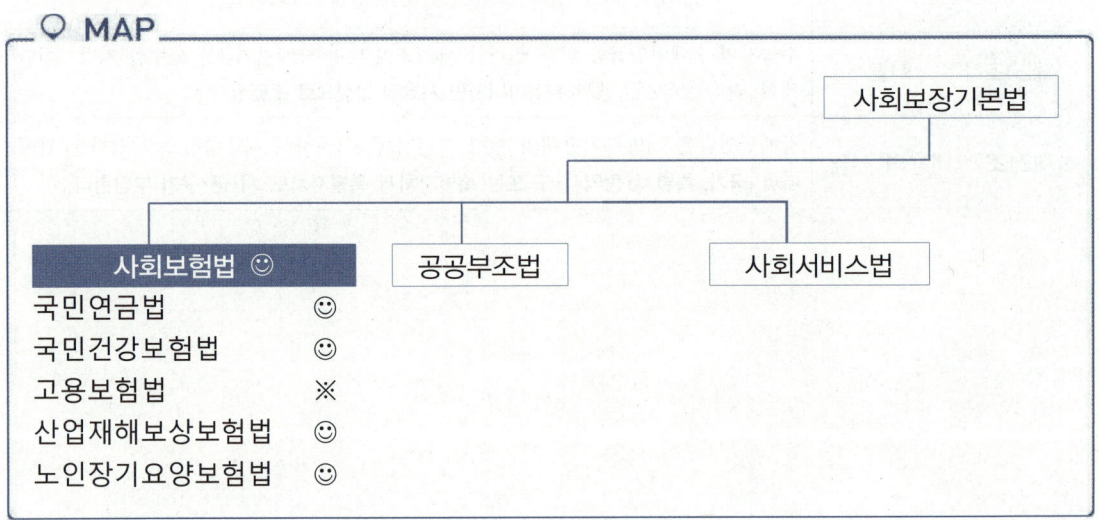

01 국민연금법 [③④⑤⑥⑦⑨⑩⑪⑫⑬⑭⑮⑯⑰⑲⑳㉑]

1 도입배경과 발달과정

(1) 국민연금제도 도입의 두 가지 목적

① 국민의 노령, 장애, 사망 등에 대하여 **연금급여를 제공**함으로써 국민의 생활안정과 복지증진에 기여

② **축적된 기금을 생산적으로 투자**함으로써 경제성장과 고용확대에 이바지하는 것

(2) 발달과정

① **국민연금법 제정(1986년)**: 1973년 12월 24일 제정된 국민복지연금법이 여러 가지 사정으로 시행이 유보되어 오다가 1986년 12월 31일 전면 개정되어 명칭을 국민연금법으로 개칭하고, 1988년 1월 1일부터 본격 시행되었다.

② **국민연금법 개정(전국민 연금 시행)**: 1999년 4월 1일 시행(1998.12.31. 개정)된 국민연금법에서 도시지역 전 주민에게 확대 적용되어, **전국민 연금시대가 개막되는 기틀이 마련**되었다.

(3) 관장부처: 보건복지부(국민연금정책과)

2 법률 내용분석(2021.12.21. 일부 개정, 2022.6.22. 시행)

제1장 총 칙

제1조	목적	이 법은 국민의 **노령, 장애 또는 사망**에 대하여 **연금급여를 실시**함으로써 국민의 생활 안정과 복지 증진에 이바지하는 것을 목적으로 한다.
제2조	관장 [⑫]	이 법에 따른 국민연금사업은 **보건복지부장관이 맡아 주관**한다. ❌ 국민연금사업은 기획재정부장관이 맡아 주관한다. (×)

제3조	정의
	[⑫⑰㉑]
		① 이 법에서 사용하는 용어의 뜻은 다음과 같다.
		  1. "**근로자**"란 직업의 종류가 무엇이든 사업장에서 노무를 제공하고 그 대가로 임금을 받아 생활하는 자(법인의 이사와 그 밖의 임원을 포함한다)를 말한다. 다만, 대통령령으로 정하는 자는 제외한다.
		  2. "**사용자(使用者)**"란 해당 근로자가 소속되어 있는 사업장의 사업주를 말한다. [⑫]
		  3. "**소득**"이란 일정한 기간 근로를 제공하여 얻은 수입에서 대통령령으로 정하는 비과세소득을 제외한 금액 또는 사업 및 자산을 운영하여 얻은 수입에서 필요경비를 제외한 금액을 말한다. 이 경우 국민연금가입자(이하 "가입자"라 한다)의 종류에 따른 소득 범위는 대통령령으로 정한다.
		  4. "**평균소득월액**"이란 매년 사업장가입자 및 지역가입자 전원(全員)의 기준소득월액을 평균한 금액을 말하며, 그 산정방법은 대통령령으로 정한다. [⑫]
		  5. "**기준소득월액**"이란 연금보험료와 급여를 산정하기 위하여 가입자의 소득월액을 기준으로 하여 대통령령으로 정하는 금액을 말하며, 그 결정방법 및 적용기간 등에 관하여는 대통령령으로 정한다. [⑫]
		  6. "**사업장가입자**"란 사업장에 고용된 근로자 및 사용자로서 제8조에 따라

국민연금에 가입된 자를 말한다.
7. "**지역가입자**"란 사업장가입자가 아닌 자로서 제9조에 따라 국민연금에 가입된 자를 말한다.
8. "**임의가입자**"란 사업장가입자 및 지역가입자 외의 자로서 제10조에 따라 국민연금에 가입된 자를 말한다.
9. "**임의계속가입자**"란 국민연금 가입자 또는 가입자였던 자가 제13조 제1항에 따라 가입자로 된 자를 말한다.
10. "**연금보험료**"란 **국민연금사업에 필요한 비용**으로서 사업장가입자의 경우에는 부담금 및 기여금의 합계액을, 지역가입자·임의가입자 및 임의계속가입자의 경우에는 본인이 내는 금액을 말한다.

OIKOS UP ▶ 연금보험료

(1) **가입자의 기준소득월액에 일정비율의 보험료율을 곱하여 결정**
  ① 과거보험료 기준으로 표준소득월액의 등급제를 사용했으나 2007년 7월 23일 국민연금법 개정으로, 2008년 1월부터 가입자의 소득월액을 기준으로 산정된 기준소득월액을 사용
  ② 소득 상한제(Ceiling) : 기준소득월액에 하한액과 상한액 있음 [정책론 ⑮]
    ㉠ 기준소득월액의 소득 하한액과 소득 상한액
      ⓐ 1988년 시행 당시 : 하한액 7만원, 상한액 200만원
      ⓑ 2023.7 ~ 2024.6 : 하한액 37만원, 상한액 590만원
    ㉡ 소득 하한선
      ⓐ 소득이 아무리 적어도 최소 납부액을 내야하는 것을 의미
      ⓑ 일정수준 이하 저소득계층을 제도의 적용으로부터 제외시킴
      ⓒ 소득하한선을 높게 설정할 경우 국민연금 가입자 규모감소
    ㉢ 소득상한선
      ⓐ 그 이상의 소득에 대해서는 더 이상 보험료가 부과되지 않는 소득의 경계선을 의미
      ⓑ 국민연금 가입자들 상호 간 연금급여 편차를 일정수준에서 제한함
      ⓒ 소득상한선을 낮게 유지할 경우 고소득계층의 부담은 그만큼 감소
(2) **기준소득월액 9%**
  ① 사업장가입자 : 부담금(사용자 4.5%) + 기여금(가입자 4.5%)의 합계액
  ② 지역가입자·임의가입자 및 임의계속가입자 : 본인이 내는 금액(9%)

11. "**부담금**"이란 사업장가입자의 사용자가 부담하는 금액을 말한다. [⑬]
12. "**기여금**"이란 사업장가입자가 부담하는 금액을 말한다. [⑫]
13. "**사업장**"이란 근로자를 사용하는 사업소 및 사무소를 말한다. [⑫]
14. "**수급권**"이란 이 법에 따른 급여를 받을 권리를 말한다. [⑳]
15. "**수급권자**"란 수급권을 가진 자를 말한다. [⑳]
16. "**수급자**"란 이 법에 따른 급여를 받고 있는 자를 말한다.
② 이 법을 적용할 때 배우자, 남편 또는 아내에는 사실상의 혼인관계에 있는 자를 포함한다. [⑰㉒]
  ⓧ「국민연금법」을 적용할 때 배우자에는 사실상의 혼인관계에 있는 자는 포함되지 않는다.(×)
③ 수급권을 취득할 당시 가입자 또는 가입자였던 자의 태아가 출생하면 그 자녀는 가입자 또는 가입자였던 자에 의하여 생계를 유지하고 있던 자녀로 본다. [⑰]

제4조	국민연금 재정 계산 및 장기재정 균형 유지	① 이 법에 따른 급여 수준과 연금보험료는 **국민연금 재정이 장기적으로 균형을 유지할 수 있도록 조정(調整)**되어야 한다. ② 보건복지부장관은 대통령령으로 정하는 바에 따라 **5년마다 국민연금 재정 수지를 계산**하고, 국민연금의 재정 전망과 연금보험료의 조정 및 국민연금기금의 운용 계획 등이 포함된 국민연금 운영 전반에 관한 계획을 수립하여 **국무회의의 심의를 거쳐 대통령의 승인**을 받아야 하며, 승인받은 계획을 국회에 제출하고 대통령령으로 정하는 바에 따라 공시하여야 한다.
제5조	국민연금 심의위원회	① 국민연금사업에 관한 다음 사항을 심의하기 위하여 **보건복지부**에 국민연금심의위원회를 둔다. 　1. 국민연금제도 및 재정 계산에 관한 사항 　2. 급여에 관한 사항 　3. 연금보험료에 관한 사항 　4. 국민연금기금에 관한 사항 　5. 그 밖에 국민연금제도의 운영과 관련하여 보건복지부장관이 회의에 부치는 사항 ② **국민연금심의위원회는 위원장·부위원장 및 위원으로 구성**하되, **위원장은 보건복지부 차관**이 되고, 부위원장은 공익을 대표하는 위원 중에서 호선(互選)하며, 위원은 다음 구분에 따라 **보건복지부장관이 지명하거나 위촉**한다.

OIKOS UP 국민연금 사업장가입자 및 지역가입자의 보험료율 변화과정

국민연금의 보험료율은 2013년 현재 사업장가입자, 지역가입자, 임의가입자, 임의계속가입자 모두 기준소득월액 9%이다. 국민연금 보험률이 가입종별에 관계없이 9%로 동일하게 된 것은 2005년 7월 이후이다(채구묵, 2012).

(단위 : %)

구 분		1988~1992	1993~1997	1998~1999.3	1999.4~				
사업장 가입자	계	3	6	9	9				
	근로자	1.5	3	4.5	4.5				
	사용자	1.5	3	4.5	4.5				
지역 가입자	농어촌지역	95.7~00.6	00.7~01.6	01.7~02.6	02.7~03.6	03.7~04.6	04.7~05.6	2005.7~	
		3	4	5	6	7	8	9	
	도시지역	95.7~00.6	00.7~01.6	01.7~02.6	02.7~03.6	03.7~04.6	04.7~05.6	2005.7~	
		3	4	5	6	7	8	9	

제2장 국민연금가입자

제6조	가입대상 [⑤②]	**국내에 거주하는 국민으로서 18세 이상 60세 미만인 자**는 국민연금 가입 대상이 된다. 다만, 「공무원연금법」, 「군인연금법」, 「사립학교교직원 연금법」 및 「별정우체국법」을 적용받는 공무원, 군인, 교원 및 별정우체국 직원, 그 밖에 대통령령으로 정하는 자는 **제외**한다. 🔍 국내에 거주하는 국민으로서 18세 이상 65세 미만인 자는 국민연금 가입 대상이 된다.(×)

제7조	가입자의 종류 [⑥③⑰]	가입자는 **사업장가입자, 지역가입자, 임의가입자 및 임의계속가입자로 구분**한다. [⑰]
제8조	사업장 가입자 [⑤]	① 사업의 종류, 근로자의 수 등을 고려하여 대통령령으로 정하는 사업장("당연적용사업장")의 **18세 이상 60세 미만인 근로자와 사용자**는 당연히 사업장가입자가 된다. **OIKOS UP** 　당연적용사업장(시행령 제19조) 　① 법 제8조 제1항에 따른 당연적용사업장은 다음 각 호의 어느 하나에 해당하는 사업장으로 한다. 　　1. 1명 이상의 근로자를 사용하는 사업장 　　　⊗ 상시고용 5인 이상 사업장(×) 　　2. 주한 외국 기관으로서 1명 이상의 대한민국 국민인 근로자를 사용하는 사업장 　② 사업장 상호 간에 본점과 지점·대리점·출장소 등의 관계에 있고 그 사업 경영이 일체로 되어 있는 경우에는 이를 하나의 사업장으로 보아 제1항을 적용한다. ② 제1항 및 제6조에도 불구하고 **국민연금에 가입된 사업장에 종사하는 18세 미만 근로자는 사업장가입자가 되는 것**으로 본다. 다만, 본인이 원하지 아니하면 사업장가입자가 되지 아니할 수 있다.
제9조	지역가입자 [⑤⑭]	제8조에 따른 **사업장가입자가 아닌 자로서 18세 이상 60세 미만인 자**는 당연히 지역가입자가 된다. 다만, 다음 각 호의 어느 하나에 해당하는 자는 제외한다. 1. 다음 각 목의 어느 하나에 해당하는 자의 **배우자로서 별도의 소득이 없는 자** 　가. 제6조 단서에 따라 국민연금 가입 대상에서 제외되는 자 　나. 사업장가입자, 지역가입자 및 임의계속가입자 　다. ~~별정우체국 직원~~ 삭제 〈2016.5.29.〉 　라. 노령연금 수급권자 및 퇴직연금등수급권자 2. 퇴직연금등수급권자. 다만, 퇴직연금등수급권자가 「국민연금과 직역연금의 연계에 관한 법률」 제8조에 따라 연계 신청을 한 경우에는 그러하지 아니하다. 3. **18세 이상 27세 미만인 자**로서 학생이거나 군 복무 등의 이유로 소득이 없는 자(연금보험료를 납부한 사실이 있는 자는 제외) 4. 「국민기초생활 보장법」 제7조 제1항 제1호에 따른 생계급여 수급자 또는 같은 항 제3호에 따른 의료급여 수급자 5. 1년 이상 행방불명된 자. 이 경우 행방불명된 자에 대한 인정 기준 및 방법은 대통령령으로 정한다.
제10조	임의가입자	① **다음 각 호의 어느 하나에 해당하는 자 외의 자로서 18세 이상 60세 미만인 자**는 보건복지부령으로 정하는 바에 따라 국민연금공단에 가입을 신청하면 임의가입자가 될 수 있다. 　1. 사업장가입자 　2. 지역가입자 ② 임의가입자는 보건복지부령으로 정하는 바에 따라 국민연금공단에 신청하여 탈퇴할 수 있다.
제11조	가입자 자격의 취득 시기	① 사업장가입자는 다음 각 호의 어느 하나에 해당하게 **된 날**에 그 **자격을 취득**한다. 　1. 제8조제1항 본문에 따른 사업장에 고용된 때 또는 그 사업장의 사용자가 된 때 　2. 당연적용사업장으로 된 때 ② **지역가입자는 다음 각 호의 어느 하나에 해당하게 된 날에 그 자격을 취득**한다. 제3호 또는 제4호의 경우 소득이 있게 된 때를 알 수 없는 경우에는 제21조제2항에 따른 신고를 한 날에 그 자격을 취득한다.

제11조	가입자 자격의 취득 시기	1. 사업장가입자의 자격을 상실한 때 2. 제6조 단서에 따른 국민연금 가입 대상 제외자에 해당하지 아니하게 된 때 3. 제9조제1호에 따른 배우자가 별도의 소득이 있게 된 때 4. 18세 이상 27세 미만인 자가 소득이 있게 된 때 ③ 임의가입자는 가입 신청이 수리된 날에 자격을 취득한다.

제12조	가입자
	자격의 상실
	시기
	[⑰]
		① **사업장가입자는 다음 각 호의 어느 하나에 해당하게 된 날의 다음 날에 자격을 상실**한다. 다만, 제5호의 경우에는 그에 해당하게 된 날에 자격을 상실한다.
		  1. 사망한 때
		  2. 국적을 상실하거나 국외로 이주한 때
		  3. 사용관계가 끝난 때
		  4. 60세가 된 때
		  5. 제6조 단서에 따른 국민연금 가입 대상 제외자에 해당하게 된 때
		② **지역가입자는 다음 각 호의 어느 하나에 해당하게 된 날의 다음 날에 자격을 상실**한다. 다만, 제3호와 제4호의 경우에는 그에 해당하게 된 날에 그 자격을 상실한다. [⑰]
		  1. 사망한 때
		  2. 국적을 상실하거나 국외로 이주한 때
		  3. 제6조 단서에 따른 국민연금 가입 대상 제외자에 해당하게 된 때
		  4. **사업장가입자의 자격을 취득한 때** [⑰]
		  5. 제9조제1호에 따른 배우자로서 별도의 소득이 없게 된 때
		  6. 60세가 된 때
		③ 임의가입자는 다음 각 호의 어느 하나에 해당하게 된 날의 다음 날에 자격을 상실한다. 다만, 제6호와 제7호의 경우에는 그에 해당하게 된 날에 그 자격을 상실한다.
		  1. 사망한 때
		  2. 국적을 상실하거나 국외로 이주한 때
		  3. 제10조제2항에 따른 탈퇴 신청이 수리된 때
		  4. 60세가 된 때
		  5. 대통령령으로 정하는 기간 이상 계속하여 연금보험료를 체납한 때
		  6. 사업장가입자 또는 지역가입자의 자격을 취득한 때
		  7. 제6조 단서에 따른 국민연금 가입 대상 제외자에 해당하게 된 때

제13조	임의계속
	가입자
	[⑥]
		① 다음 각 호의 어느 하나에 해당하는 자는 제6조 본문에도 불구하고 **65세가 될 때까지 보건복지부령으로 정하는 바에 따라 국민연금공단에 가입을 신청하면 임의계속가입자가 될 수 있다.** 이 경우 가입 신청이 수리된 날에 그 자격을 취득한다.
		  1. 국민연금 가입자 또는 가입자였던 자로서 60세가 된 자. 다만, 다음 각 목의 어느 하나에 해당하는 자는 제외한다.
		    가. 연금보험료를 납부한 사실이 없는 자
		    나. 노령연금 수급권자로서 급여를 지급받고 있는 자
		    다. 제77조 제1항 제1호에 해당하는 사유로 반환일시금을 지급받은 자
		  2. 전체 국민연금 가입기간의 5분의 3 이상을 대통령령으로 정하는 직종의 근로자로 국민연금에 가입하거나 가입하였던 사람(이하 "특수직종근로자"라 한다)으로서 다음 각 목의 어느 하나에 해당하는 사람 중 노령연금 급여를 지급받지 않는 사람
		    가. 제61조 제1항에 따라 노령연금 수급권을 취득한 사람
		    나. 법률 제3902호 국민복지연금법개정법률 부칙 제5조에 따라 특례노령연금 수급권을 취득한 사람
		② 임의계속가입자는 보건복지부령으로 정하는 바에 따라 국민연금공단에 신청하면 탈퇴할 수 있다.

제17조	국민연금
	가입기간의
	계산
	[정책론 ⑰]
		① 국민연금 가입기간("가입기간")은 월 단위로 계산하되, 가입자의 자격을 취득한 날이 속하는 달의 다음 달부터 자격을 상실한 날의 전날이 속하는 달까지로 한다. 다만, 다음 각 호의 어느 하나에 해당하는 경우 자격을 취득한 날이 속하는 달은 가입기간에 산입하되, 가입자가 그 자격을 상실한 날의 전날이 속하는 달에 자격을 다시 취득하면 다시 취득한 달을 중복하여 가입기간에 산입하지 아니한다.
		  1. 가입자가 자격을 취득한 날이 그 속하는 달의 초일인 경우(자격 취득일이 속하는 달에 다시 그 자격을 상실하는 경우는 제외한다)
		  2. 임의계속가입자의 자격을 취득한 경우
		  3. 가입자가 희망하는 경우
		② 가입기간을 계산할 때 연금보험료를 내지 아니한 기간은 가입기간에 산입하지 아니한다. 다만, **사용자가 근로자의 임금에서 기여금을 공제하고 연금보험료를 내지 아니한 경우에는 그 내지 아니한 기간의 2분의 1에 해당하는 기간을 근로자의 가입기간으로 산입한다. 이 경우 1개월 미만의 기간은 1개월로 한다.** [정책론 ⑰]

제18조	군 복무
	기간에 대한
	가입기간
	추가 산입
	[정책론 ⑰]
		① 다음 각 호의 어느 하나에 해당하는 자가 노령연금 수급권을 취득한 때(이 조에 따라 가입기간이 추가 산입되면 노령연금 수급권을 취득할 수 있는 경우를 포함한다)에는 **6개월을 가입기간에 추가로 산입**한다. 다만, 「병역법」에 따른 **병역의무를 수행한 기간이 6개월 미만인 경우**에는 그러하지 아니한다.
		  1. 「병역법」 제5조 제1항 제1호에 따른 **현역병**
		  2. 「병역법」 제2조 제1항 제7호에 따른 **전환복무를 한 사람**
		  3. 「병역법」 제2조 제1항 제8호에 따른 **상근예비역**
		  4. 「병역법」 제2조 제1항 제10호에 따른 **사회복무요원**
		② 제1항에도 불구하고 「병역법」에 따른 병역의무를 수행한 기간의 전부 또는 일부가 다음 각 호의 어느 하나에 해당하는 기간에 산입된 경우에는 제1항을 적용하지 아니한다.
		  1. 「공무원연금법」, 「사립학교교직원 연금법」 또는 「별정우체국법」에 따른 재직기간
		  2. 「군인연금법」에 따른 복무기간
		③ 제1항에 따라 가입기간을 추가로 산입하는데 필요한 재원은 **국가가 전부를 부담**한다.
		
		OIKOS UP 크레딧(Credit) 제도 → 가입기간 추가 산입 [정책론 ⑧]
		① **군 복무기간에 대한 가입기간 추가 산입** : 군복무의 사회적 중요성 인식 및 개인의 기회비용을 보상할 수 있도록 하였다.
		② **출산에 대한 가입기간 추가 산입** : 고령화 사회에 대비한 출산 장려를 위하여 국가가 일부 또는 전부를 지원하도록 하였다.
		③ **실업에 대한 가입기간 추가 산입** : 실업기간에 대하여 구직급여 수급자가 희망하는 경우, 보험료의 일부를 지원하고 그 기간을 가입기간으로 추가로 인정해 주는 제도이다.

제19조	출산에 대한
	가입기간
	추가 산입
	[정책론 ⑯⑰]
		① 2 이상의 자녀가 있는 가입자 또는 가입자였던 자가 노령연금수급권을 취득한 때(이 조에 따라 가입기간이 추가 산입되면 노령연금수급권을 취득할 수 있는 경우를 포함한다)에는 다음 각 호에 따른 기간을 가입기간에 추가로 산입한다. 다만, 추가로 산입하는 기간은 **50개월을 초과할 수 없으며**, 자녀 수의 인정방법 등에 관하여 필요한 사항은 대통령령으로 정한다.
		  1. **자녀가 2명인 경우** : **12개월**
		  2. **자녀가 3명 이상인 경우** : 둘째 자녀에 대하여 인정되는 12개월에 **2자녀를 초과하는 자녀 1명마다 18개월을 더한 개월 수**

조항	제목	내용
제19조	출산에 대한 가입기간 추가 산입 [정책론 ⑯⑰]	② 제1항에 따른 추가 가입기간은 부모가 모두 가입자 또는 가입자였던 자인 경우에는 부와 모의 합의에 따라 2명 중 1명의 가입기간에만 산입하되, 합의하지 아니한 경우에는 균등 배분하여 각각의 가입기간에 산입한다. 이 경우 합의의 절차 등에 관하여 필요한 사항은 보건복지부령으로 정한다. ③ 제1항에 따라 가입기간을 추가로 산입하는데 필요한 재원은 **국가가 전부 또는 일부를 부담**한다.

제19조의2	실업에 대한 가입기간 추가 산입 [정책론 ⑯⑰⑳]	① 다음 각 호의 요건을 모두 갖춘 사람이 「고용보험법」 제37조 제1항에 따른 **구직급여를 받는 경우로서 구직급여를 받는 기간을 가입기간으로 산입하기 위하여 국민연금공단에 신청하는 때에는 그 기간을 가입기간에 추가로 산입**한다. 다만, 추가로 산입하는 기간은 1년을 초과할 수 없다.
		  1. 18세 이상 60세 미만인 사람 중 가입자 또는 가입자였을 것
		  2. 대통령령으로 정하는 재산 또는 소득이 보건복지부장관이 정하여 고시하는 기준 이하일 것
		② 제1항에 따라 산입되는 가입기간에 대하여는 「고용보험법」 제45조에 따른 구직급여의 산정 기초가 되는 임금일액을 월액으로 환산한 금액의 절반에 해당하는 소득(이하 이 조에서 "인정소득"이라 한다)으로 가입한 것으로 본다. 다만, 인정소득의 상한선 및 하한선은 보건복지부장관이 정하여 고시하는 금액으로 한다.
		③ 가입자 또는 가입자였던 사람은 제1항에 따라 구직급여를 받는 기간을 가입기간으로 추가 산입하려는 경우 인정소득을 기준으로 연금보험료를 납부하여야 한다. 이 경우 **국가가 연금보험료의 전부 또는 일부를 일반회계**, 제101조에 따른 **국민연금기금 및 「고용보험법」 제78조에 따른 고용보험기금에서 지원할 수 있다**.

제20조	가입기간의 합산 [⑬㉒]	① 가입자의 자격을 상실한 후 다시 그 자격을 취득한 자에 대하여는 전후(前後)의 가입기간을 합산한다. ② **가입자의 가입 종류가 변동되면** 그 가입자의 가입기간은 **각 종류별 가입기간을 합산한 기간으로 한다**.

제3장 국민연금공단

조항	제목	내용
제24조	국민연금 공단의 설립 [정책론 ⑬]	보건복지부장관의 위탁을 받아 제1조의 목적을 달성하기 위한 사업을 효율적으로 수행하기 위하여 **국민연금공단을 설립**한다. ※ 민간에 위탁·운영하는 것이 일반적이다. (×) **OIKOS UP 관리운영체계** ① 국민연금제도의 운영에 대한 정책결정의 책임을 지고 있는 **기관** : 보건복지부 ② 국민연금제도를 직접적으로 운영하는 집행기관 : 국민연금공단

제25조	공단의 업무	공단은 다음의 업무를 한다. 1. 가입자에 대한 기록의 관리 및 유지 2. 연금보험료의 부과 3. 급여의 결정 및 지급 4. 가입자, 가입자였던 자, 수급권자 및 수급자를 위한 자금의 대여와 복지시설의 설치·운영 등 복지사업 5. 가입자 및 가입자였던 자에 대한 기금증식을 위한 자금 대여사업 6. 제6조의 가입 대상(이하 "가입대상"이라 한다)과 수급권자 등을 위한 노후준비서비스 사업 7. 국민연금제도·재정계산·기금운용에 관한 조사연구 8. 국민연금기금 운용 전문인력 양성 9. 국민연금에 관한 국제협력 10. 그 밖에 이 법 또는 다른 법령에 따라 위탁받은 사항 11. 그 밖에 국민연금사업에 관하여 보건복지부장관이 위탁하는 사항
제26조	법인격 [⑧]	공단은 **법인**으로 한다.
제46조	복지사업과 대여사업 등 [⑩]	① 공단은 가입자, 가입자였던 자 및 수급권자의 복지를 증진하기 위하여 대통령령으로 정하는 바에 따라 다음 각 호의 복지사업을 할 수 있다. 　1. 자금의 대여 　2. 「노인복지법」에 따른 노인복지시설의 설치·공급·임대와 운영 　3. 제2호에 따른 노인복지시설의 부대시설로서 「체육시설의 설치·이용에 관한 법률」에 따른 체육시설의 설치 및 운영 　4. 그 밖에 대통령령으로 정하는 복지사업 ② 제1항제2호 및 제3호에 따른 복지사업을 실시하기 위하여 국민연금기금으로부터 보건복지부령으로 정하는 법인에 출자할 수 있다. ③ 공단은 대통령령으로 정하는 바에 따라 가입자와 가입자였던 자에 대하여 국민연금기금의 증식을 위한 대여사업을 할 수 있다.

제4장 급여 [정책론 ⑦]

제1절 통칙		
제49조	급여의 종류 [④⑫⑯⑲⑳]	이 법에 따른 급여의 종류는 다음과 같다. 1. **노령연금** : 노령연금(감액노령연금, 소득활동에 따른 노령연금 포함), 조기노령연금, 특례노령연금, 분할노령연금 2. **장애연금** : 장애등급(1~4등급)에 따라 지급 　(산재보험 장해급여 : 14등급) 3. **유족연금** : 유족범위 : 배우자-자녀-부모-손자녀-조부모 　(산재보험 유족급여 : 배우자-자녀-부모-손자녀-조부모-형제자매) 4. **반환일시금** : 사망일시금 포함 ※ 국민연금법상 급여의 종류 – 장애인연금(×)
제50조	급여 지급 [⑬]	① 급여는 받을 권리가 있는 자(수급권자)의 청구에 따라 공단이 지급한다. ② **연금액은 지급사유에 따라 기본연금액과 부양가족연금액을 기초로 산정한다.**

제52조	부양가족 연금액	① 부양가족연금액은 수급권자(유족연금의 경우에는 사망한 가입자 또는 가입자였던 자를 말한다)를 기준으로 하는 다음 각 호의 자로서 수급권자에 의하여 생계를 유지하고 있는 자에 대하여 해당 호에 규정된 각각의 금액으로 한다. 이 경우 생계유지에 관한 대상자별 인정기준은 대통령령으로 정한다. 1. **배우자** : 연 15만원 2. **19세 미만이거나 제52조의2에 따른 장애상태 자녀**(배우자가 혼인 전에 얻은 자녀를 포함한다. 이하 이 조에서 같다) : 연 10만원 3. **60세 이상이거나 제52조의2에 따른 장애상태 부모**(부 또는 모의 배우자, 배우자의 부모를 포함한다. 이하 이 조에서 같다) : 연 10만원 ② 제1항에 따른 부양가족연금액을 수급권자에게 적용하는 경우에는 제51조제2항과 제3항을 준용한다. ③ 제1항 각 호의 자가 다음 각 호의 어느 하나에 해당하면 제1항에 따른 부양가족연금액 계산에서 제외한다. 1. 연금 수급권자(「국민연금과 직역연금의 연계에 관한 법률」에 따른 연계급여 수급권자를 포함한다) 2. 퇴직연금등수급권자 3. 「공무원연금법」, 「공무원 재해보상법」, 「사립학교교직원 연금법」, 「별정우체국법」 또는 「군인연금법」에 따른 퇴직유족연금, 장해유족연금, 순직유족연금, 직무상유족연금, 위험직무순직유족연금 또는 유족연금 수급권자 ④ 제1항 각 호의 자는 부양가족연금액을 계산할 때 2명 이상의 연금 수급권자의 부양가족연금 계산 대상이 될 수 없다. ⑤ 제1항 각 호에 해당하는 자가 다음 각 호의 어느 하나에 해당하게 되면 부양가족연금액의 계산에서 제외한다. 1. 사망한 때 2. 수급권자에 의한 생계유지의 상태가 끝난 때 3. 배우자가 이혼한 때 4. 자녀가 다른 사람의 양자가 되거나 파양(罷養)된 때 5. 자녀가 19세가 된 때. 다만, 제52조의2에 따른 장애상태에 있는 자녀는 제외한다. 6. 제52조의2에 따른 장애상태에 있던 자녀 또는 부모가 그 장애상태에 해당하지 아니하게 된 때 7. 배우자가 혼인 전에 얻은 자녀와의 관계가 이혼으로 인하여 종료된 때 8. 재혼한 부 또는 모의 배우자와 수급자의 관계가 부모와 그 배우자의 이혼으로 인하여 종료된 경우
제52조의2	부양가족연금액 및 유족연금 지급 대상의 장애 인정기준	제52조, 제73조, 제75조 및 제76조의 장애상태란 다음 각 호의 어느 하나에 해당하는 상태를 말한다. 1. 제67조제4항에 따른 장애등급 1급 또는 2급에 해당하는 상태 2. 「장애인복지법」 제2조에 따른 장애인 중 장애의 정도가 심한 장애인으로서 대통령령으로 정하는 장애 정도에 해당하는 상태 [본조신설 2023. 6. 13., 시행 2023. 9. 14.]

≪국민연금급여 산정방법≫ [정책론 ①⑥⑨⑩⑮]

1. 기본연금액의 산정방법

기본연금액 = 1.2 (A + B) (1 + 0.05 × n / 12)

- A : 소득균등부분(연금수급 전 3년간의 가입자 전원의 평균소득월액)
- B : 소득비례부분(가입자 개인의 가입기간 중 기준소득월액의 평균액)
- n : 20년 초과가입월수(1년 미만의 매 1월은 12분의 1년으로 계산)

① 상수(2.4, 1.8, 1.5, 1.2 등)
  ㉠ 2007년 국민연금법이 개정되면서 소득대체율(= 지급율)을 60%에서 40%로 낮추기 위해 2007년까지 기본값 1.8, <u>2008~2027년까지는 2008년 1.5를 시작으로 2009년부터 매년 0.015씩 감소하여 2028년 이후부터 1.2로 하향조정(소득대체율을 2008년 50%를 시작으로 2009년부터 매년 0.5%씩 하향조정하여 2028년부터 40% 적용)</u>하였다.
  ㉡ **국민연금의 소득대체율은** 은퇴 후 수입이 은퇴 전 소득의 몇 %인지를 보여주는 수치로 소득대체율에 따라서 연금지급액이 결정되기 때문에 **지급율**이라고 한다.

구 분	1988~1998년	1999~2007년	2008~2027년	2028년 이후
상 수	2.4	1.8	1.5(매년 0.015씩 감소)	1.2
소득대체율	70%	60%	50%(매년 0.5%p씩 감소)	40%
가입월수	P1	P2	P3 … P22	P23

② A(소득균등부분) : A에 곱해주는 계수가 커지면 커질수록 소득재분배효과↑
  ㉠ 연금 수급 전 3년 동안의 전체 가입자 **평균소득월액의 평균액**으로, 연금수급 3년 전년도의 평균소득월액을 연금수급 3년 전년도와 대비한 연금 수급전년도 전국소비자물가변동률에 의하여 환산한 금액을 말한다.
  ㉡ 가입자의 소득이나 보험료 납부와는 관계없이 모든 연금 수급자에게 동일하게 적용되어 연금급여의 격차를 줄이는 역할을 한다.
  ㉢ 국민연금의 소득재분배 기능을 담당하여, A에 곱해주는 계수가 커지면 커질수록 소득재분배효과는 커진다.

③ B(소득비례부분) : 적립방식의 '수급상등의 법칙'에 의한 것으로 보험료 납부의 저항을 줄이기 위한 목적
  ㉠ 가입자 본인의 가입기간 중 표준소득월액의 평균치로서 소득비례부분을 의미하며, 보험료를 많이 낸 사람이 나중에 급여도 많이 받아갈 수 있는 원리이다.
  ㉡ 이것은 적립방식의 '수급상등의 법칙'에 의한 것으로 보험료 납부의 저항을 줄이기 위한 목적이다.
  ㉢ B에 곱해주는 계수가 작아지면 소득비례적인 성격이 약화된다.

④ 연금 슬라이드제(price sliding system) [정책론 ⑬]
  ㉠ **최초의 기본연금액이 물가가 인상될 때 자동적으로 물가상승률만큼 인상**되는 물가연동제를 말하며, 이는 연금급여의 실질가치를 보장하고자 하는 것이다.
    ※ 국민연금은 급여수준의 실질적 가치를 유지하고자 한다.(○)
  ㉡ **국민연금에서는 매년 전국소비자물가변동률을 반영**하고 있다.

2. 부양가족연금액 [③, 정책론 ⑦]

① **가족수당 성격의 급여**, 연금급여 지급 시 기본연금액에 추가·지급되는 급여

② **부양가족연금액 계산 시 대상자:** 배우자, 19세미만의 자녀, 제52조의2에 따른 장애상태에 있는 자녀, 60세 이상의 부모, 제52조의2에 따른 장애상태에 있는 부모

> 연금액 = 기본연금액 × 연금종별 지급율 및 제한율 + 부양가족연금액
>
> 기본연금액 = [2.4(A+0.75B)×P1/P+1.8(A+B)×P2/P+1.5(A+B)×P3/P+1.485(A+B)×P4/P+
>   1988-1998년   1999-2007년   2008년   2009년
> +1.2(A+B)×P23/P+X(A+A)×C/P+X(A+1/2A)×6/P] ×(1+0.05n/12)
>   2028년 이후   출산크레딧   군복무크레딧

- A = 연금수급 전 3년간의 평균소득월액의 평균액
- B = 가입자 개인의 가입기간 중 기준소득월액의 평균액
- P = 가입자의 전체 가입월수(노령연금액 산정 시에만 출산 및 군복무 크레딧을 포함한 전체 가입월수)
- n = 20년 초과월수(노령연금액 산정 시에만 출산 및 군복무 크레딧을 포함한 전체 가입월수)
- X : 1.5 ~ 1.2까지의 비례상수 중 노령연금 수급권 취득시점의 상수
- C : 추가가입기간 12, 30, 48, 50 (균분하는 경우에는 6, 15, 24, 25)
  (출산 및 군복무크레딧으로 인한 연금액 및 증가되는 가입기간은 노령연금액 산정 시에만 적용됨)

제55조	미지급 급여 [⑰]	① 수급권자가 사망한 경우 그 수급권자에게 지급하여야 할 급여 중 아직 지급되지 아니한 것이 있으면 그 배우자·자녀·부모·손자녀·조부모 또는 형제자매의 청구에 따라 그 미지급 급여를 지급한다. 다만, 가출·실종 등 대통령령으로 정하는 경우에 해당하는 사람에게는 지급하지 아니하며, 형제자매의 경우에는 대통령령으로 정하는 바에 따라 수급권자의 사망 당시(「민법」 제27조제1항에 따른 실종선고를 받은 경우에는 실종기간의 개시 당시를, 같은 조 제2항에 따른 실종선고를 받은 경우에는 사망의 원인이 된 위난 발생 당시를 말한다) 수급권자에 의하여 생계를 유지하고 있던 사람에게만 지급한다. ② 제1항에 따른 **급여를 받을 순위는 배우자, 자녀, 부모, 손자녀, 조부모, 형제자매의 순**으로 한다. 이 경우 순위가 같은 사람이 2명 이상이면 똑같이 나누어 지급하되, 지급 방법은 대통령령으로 정한다. 　🔍 수급권자가 사망한 경우 그 수급권자에게 미지급 급여가 있으면 그 급여를 받을 순위는 자녀, 배우자, 부모의 순으로 한다.(×) ③ 제1항에 따른 미지급 급여는 수급권자가 사망한 날부터 **5년 이내**에 **청구**하여야 한다. **OIKOS UP** 　미지급 급여가 발생하는 유형 ① 급여지급을 청구하였으나 급여가 지급되기 전에 사망한 경우 ② 연금을 청구하여 급여를 수령하던 중 해당월분 급여가 지급(매월 25일)되기 전에 사망한 경우 ③ 급여 수급권이 발생했으나 이를 청구하지 않은 상태에서 사망한 경우
제56조	중복급여의 조정	수급권자에게 이 법에 따른 2 이상의 급여 수급권이 생기면 수급권자의 선택에 따라 그 중 하나만 지급하고 다른 급여의 지급은 정지된다.

제2절 노령연금		① 가입기간이 10년 이상인 가입자 또는 가입자였던 자에 대하여는 60세(특수직종근로자는 55세)가 된 때부터 그가 생존하는 동안 노령연금을 지급한다. ② 가입기간이 10년 이상인 가입자 또는 가입자였던 자로서 55세 이상인 자가 대통령령으로 정하는 소득이 있는 업무에 종사하지 아니하는 경우 본인이 희망하면 제1항에도 불구하고 60세가 되기 전이라도 본인이 청구한 때부터 그가 생존하는 동안 일정한 금액의 연금("조기노령연금")을 받을 수 있다.
제61조	노령연금 수급권자 [⑦]	**OIKOS UP 노령연금의 구분** | 연금구분		수급요건
노령연금		• 2011.12.31. 개정(2012.1.1. 시행)에 감액노령연금과 재직자노령연금이 노령연금에 통합되어 규정 • 가입기간이 10년 이상인 자가 60세(광원, 선원 등 55세)가 된 때
	완전 노령연금	가입기간 20년 이상, 60세에 달한 자(65세 이전까지는 소득이 없을 경우에 한함)
	감액 노령연금	가입기간 10년 이상 20년 미만인 자로 60세에 달한 자(65세 이전까지는 소득이 없을 경우)
	재직자 노령연금	가입기간이 10년 이상, 60세 이상 65세 미만인 자로 소득이 있는 업무에 종사하는 경우(소득 있는 업무 비종사 하게 되면 가입기간에 따라 완전노령이나 감액노령으로 변경하여 지급)
조기노령연금		가입기간 10년 이상이며 연령 55세 이상인 자가 소득이 있는 업무에 종사하지 아니하고, 60세 도달 전에 연금수급을 청구한 경우(65세 이전에 소득 있는 업무 종사 시 소득활동 종사기간 동안 지급정지)
특례노령연금		가입기간 5년 이상 10년 미만(가입기간 5~9년)으로 60세에 달한 자(소득유무에 관계없이 지급) ☑ 국민연금 시행초기와 확대과정에서 연령이 많은 사람이 장기간 가입할 수 없으므로 단기간(5년 이상) 가입하여도 60세에 도달하면 노령연금을 받을 수 있도록 도입한 제도 ☑ 1999년 4월 1일 도시지역 주민에 대한 특례인정을 끝으로 현재는 특례노령연금을 받는 사람은 있어도 가입대상은 없음
분할연금		혼인기간 중 가입기간이 5년 이상인 노령연금 수급권자의 이혼한 배우자가 60세 이상이 되었을 때 | ※ 노령연금의 수급개시연령 : 평균수명 연장에 따라 상향조정 → 2013년부터 5년마다 1세씩 연장되어2033년에는 65세가 됨(2013년 61세, 2018년 62세 ⋯ 2033년 65세) → 생존하는 동안 지급
제64조	분할연금 수급권자 등 [⑦⑪]	① 혼인 기간(배우자의 가입기간 중의 혼인 기간으로서 별거, 가출 등의 사유로 인하여 실질적인 혼인관계가 존재하지 아니하였던 기간을 제외한 기간을 말한다. 이하 같다)이 5년 이상인 자가 다음 각 호의 요건을 모두 갖추면 그때부터 그가 생존하는 동안 배우자였던 자의 노령연금을 분할한 일정한 금액의 연금("분할연금")을 받을 수 있다. 1. 배우자와 이혼하였을 것 2. 배우자였던 사람이 노령연금 수급권자일 것 3. 60세가 되었을 것 ② 제1항에 따른 분할연금액은 배우자였던 자의 노령연금액(부양가족연금액은 제외한다) 중 혼인 기간에 해당하는 연금액을 균등하게 나눈 금액으로 한다. ③ 제1항에 따른 분할연금은 제1항 각 호의 요건을 모두 갖추게 된 때부터 5년 이내(개정 전 : 3년 이내)에 청구하여야 한다.

제65조	분할연금과 노령연금의 관계 등 [7]	① 제64조 제1항에 따른 분할연금 수급권은 그 수급권을 취득한 후에 배우자였던 자에게 생긴 사유로 노령연금 수급권이 소멸·정지되어도 영향을 받지 아니한다. ② **수급권자에게 2 이상의 분할연금 수급권이 생기면 제56조에도 불구하고 2 이상의 분할연금액을 합산하여 지급한다.** 다만, 2 이상의 분할연금 수급권과 다른 급여(노령연금을 제외)의 수급권이 생기면 그 2 이상의 분할연금 수급권을 하나의 분할연금 수급권으로 보고 본인의 선택에 따라 분할연금과 다른 급여 중 하나만 지급하고 선택하지 아니한 분할연금 또는 다른 급여의 지급은 정지된다. ③ 분할연금 수급권자는 제72조 제1항에 따른 유족연금을 지급할 때 노령연금 수급권자로 보지 아니한다. ④ **분할연금 수급권자에게 노령연금 수급권이 발생한 경우에는 제56조에도 불구하고 분할연금액과 노령연금액을 합산하여 지급한다.**
제3절 장애연금		

제67조	장애연금의 수급권자	① 가입자 또는 가입자였던 자가 질병이나 부상으로 신체상 또는 정신상의 장애가 있고 다음 각 호의 요건을 모두 충족하는 경우에는 장애 정도를 결정하는 기준이 되는 날(이하 "장애결정 기준일"이라 한다)부터 그 장애가 계속되는 기간 동안 **장애 정도에 따라 장애연금을 지급**한다.
		1. 해당 질병 또는 부상의 초진일 당시 연령이 18세(다만, 18세 전에 가입한 경우에는 가입자가 된 날을 말한다) 이상이고 노령연금의 지급 연령 미만일 것
		2. 다음 각 목의 어느 하나에 해당할 것
		  가. 해당 질병 또는 부상의 초진일 당시 연금보험료를 낸 기간이 가입대상기간의 3분의 1 이상일 것
		  나. 해당 질병 또는 부상의 초진일 5년 전부터 초진일까지의 기간 중 연금보험료를 낸 기간이 3년 이상일 것. 다만, 가입대상기간 중 체납기간이 3년 이상인 경우는 제외한다.
		  다. 해당 질병 또는 부상의 초진일 당시 가입기간이 10년 이상일 것
		④ 장애 정도에 관한 장애등급은 1급, 2급, 3급 및 4급으로 구분하되, 등급 구분의 기준과 장애 정도의 심사에 관한 사항은 대통령령으로 정한다.

제68조	장애연금액 [7]	① **장애연금액은 장애 등급에 따라 다음 각 호의 금액으로 한다.** 1. 장애등급 1급에 해당하는 자에 대하여는 기본연금액에 부양가족연금액을 더한 금액 2. 장애등급 2급에 해당하는 자에 대하여는 기본연금액의 1천분의 800에 해당하는 금액에 부양가족연금액을 더한 금액 3. 장애등급 3급에 해당하는 자에 대하여는 기본연금액의 1천분의 600에 해당하는 금액에 부양가족연금액을 더한 금액 ② 장애등급 4급에 해당하는 자에 대하여는 기본연금액의 1천분의 2천250에 해당하는 금액을 일시보상금으로 지급한다.
제4절 유족연금		
제72조	유족연금의 수급권자 [9⑮]	① 다음 각 호의 어느 하나에 해당하는 자가 **사망하면 그 유족에게 유족연금을 지급**한다. 1. **노령연금 수급권자** 2. **가입기간이 10년 이상인 가입자 또는 가입자였던 자** 3. **연금보험료를 낸 기간이 가입대상기간의 3분의 1 이상인 가입자 또는 가입자였던 자** 4. **사망일 5년 전부터 사망일까지의 기간 중 연금보험료를 낸 기간이 3년 이상인 가입자 또는 가입자였던 자.** 다만, 가입대상기간 중 체납기간이 3년 이상인 사람은 제외한다. 5. **장애등급이 2급 이상인 장애연금 수급권자** ② 제1항에도 불구하고 같은 항 제3호 또는 제4호에 해당하는 사람이 다음 각 호의 기간 중 사망하는 경우에는 유족연금을 지급하지 아니한다. 1. 제6조 단서에 따라 가입 대상에서 제외되는 기간 2. 국외이주·국적상실 기간

제73조	유족의 범위 등 [⑦⑨⑰]	① 유족연금을 지급받을 수 있는 유족은 제72조제1항 각 호의 사람이 사망할 당시(「민법」 제27조제1항에 따른 실종선고를 받은 경우에는 실종기간의 개시 당시를, 같은 조 제2항에 따른 실종선고를 받은 경우에는 사망의 원인이 된 위난 발생 당시를 말한다) 그에 의하여 생계를 유지하고 있던 다음 각 호의 자로 한다. 이 경우 가입자 또는 가입자였던 자에 의하여 생계를 유지하고 있던 자에 관한 인정 기준은 대통령령으로 정한다. 〈개정 2023. 8. 16., 시행 2023. 11. 17.〉 1. **배우자** 2. **자녀**. 다만, 25세 미만이거나 제52조의2에 따른 장애상태에 있는 사람만 해당한다. 3. **부모**(배우자의 부모를 포함한다. 이하 이 절에서 같다). 다만, 60세 이상이거나 제52조의2에 따른 장애상태에 있는 사람만 해당한다. 4. **손자녀**. 다만, 19세 미만이거나 제52조의2에 따른 장애상태에 있는 사람만 해당한다. 5. **조부모**(배우자의 조부모를 포함한다. 이하 이 절에서 같다). 다만, 60세 이상이거나 제52조의2에 따른 장애상태에 있는 사람만 해당한다. ② 유족연금은 제1항 각 호의 순위에 따라 **최우선 순위자에게만 지급**한다. 다만, 제1항제1호에 따른 유족의 수급권이 제75조제1항제1호 및 제2호에 따라 소멸되거나 제76조제1항 및 제2항에 따라 정지되면 제1항제2호에 따른 유족에게 지급한다. ③ 제2항의 경우 **같은 순위의 유족이 2명 이상이면 그 유족연금액을 똑같이 나누어 지급**하되, 지급 방법은 대통령령으로 정한다.
제74조	유족연금액 [⑨]	유족연금액은 **가입기간에 따라** 다음 각 호의 금액에 부양가족연금액을 더한 금액으로 한다. 다만, 노령연금 수급권자가 사망한 경우의 유족연금액은 사망한 자가 지급받던 노령연금액을 초과할 수 없다. 1. 가입기간이 10년 미만이면 기본연금액의 1천분의 400에 해당하는 금액 2. 가입기간이 10년 이상 20년 미만이면 기본연금액의 1천분의 500에 해당하는 금액 3. 가입기간이 20년 이상이면 기본연금액의 1천분의 600에 해당하는 금액
제75조	유족연금 수급권의 소멸 [⑨⑮]	① 유족연금 수급권자가 다음 각 호의 어느 하나에 해당하게 되면 그 수급권은 소멸한다. 1. 수급권자가 사망한 때 2. 배우자인 수급권자가 재혼한 때 3. 자녀나 손자녀인 수급권자가 파양된 때 4. 제52조의2에 따른 장애상태에 해당하지 아니한 자녀인 수급권자가 25세가 된 때 또는 제52조의2에 따른 장애상태에 해당하지 아니한 손자녀인 수급권자가 19세가 된 때 5. 장애로 수급권을 취득한 자가 장애등급 2급 이상에 해당하지 아니하게 된 때 **삭제** 〈2017.10.24.〉 ② 부모, 손자녀 또는 조부모인 유족의 유족연금 수급권은 가입자 또는 가입자였던 사람이 사망할 당시에 그 가입자 또는 가입자였던 사람의 태아가 출생하여 수급권을 갖게 되면 소멸한다.
제76조	유족연금의 지급 정지	① 유족연금의 수급권자인 배우자에 대하여는 수급권이 발생한 때부터 3년 동안 유족연금을 지급한 후 55세가 될 때까지 지급을 정지한다. 다만, 그 수급권자가 다음 각 호의 어느 하나에 해당하면 지급을 정지하지 아니한다. 1. 제52조의2에 따른 장애상태인 경우 2. 가입자 또는 가입자였던 자의 25세 미만인 자녀 또는 제52조의2에 따른 장애상태인 자녀의 생계를 유지한 경우 3. 대통령령으로 정하는 소득이 있는 업무에 종사하지 아니하는 경우

제76조	유족연금의 지급 정지	② 유족연금의 수급권자인 배우자의 소재를 1년 이상 알 수 없는 때에는 유족인 자녀의 신청에 의하여 그 소재 불명(不明)의 기간동안 그에게 지급하여야 할 유족연금은 지급을 정지한다. ③ 배우자 외의 자에 대한 유족연금의 수급권자가 2명 이상인 경우 그 수급권자 중에서 1년 이상 소재를 알 수 없는 자가 있으면 다른 수급권자의 신청에 따라 그 소재 불명의 기간에 해당하는 그에 대한 유족연금의 지급을 정지한다. ⑤ 자녀나 손자녀인 수급권자가 다른 사람에게 입양된 때에는 그에 해당하게 된 때부터 유족연금의 지급을 정지한다. ⑦ 장애로 수급권을 취득한 자가 제52조의2에 따른 장애상태에 해당하지 아니하게 된 때에는 그에 해당하게 된 때부터 유족연금의 지급을 정지한다.
제5절 반환일시금 등		
제77조	반환일시금	① 가입자 또는 가입자였던 자가 다음 각 호의 어느 하나에 해당하게 되면 본인이나 그 유족의 청구에 의하여 반환일시금을 지급받을 수 있다. 　1. **가입기간이 10년 미만인 자가 60세가 된 때** 　2. **가입자 또는 가입자였던 자가 사망한 때.** 다만, 제72조에 따라 유족연금이 지급되는 경우에는 그러하지 아니하다. 　3. **국적을 상실하거나 국외로 이주한 때** ② 제1항에 따른 반환일시금의 액수는 가입자 또는 가입자였던 자가 납부한 연금보험료(사업장가입자 또는 사업장가입자였던 자의 경우에는 사용자의 부담금을 포함한다)에 대통령령으로 정하는 이자를 더한 금액으로 한다. **OIKOS UP　반환일시금** 국민연금에서 지급하는 세 가지 연금(노령, 장애, 유족) 중 어느 하나도 받지 못하면서 가입자 자격을 상실하거나 다시 가입할 가능성이 희박한 경우에 가입자나 유족의 청구에 의해 지급한다. 즉, 연금을 받지 못하거나 더 이상 가입할 수 없는 경우 청산적 성격으로 지급하는 연금급여 중의 하나이다.
제80조	사망일시금	① 다음 각 호의 어느 하나에 해당하는 사람이 사망한 때에 제73조에 따른 유족이 없으면 **그 배우자·자녀·부모·손자녀·조부모·형제자매 또는 4촌 이내 방계혈족(傍系血族)에게** 사망일시금을 지급한다. 　1. 가입자 또는 가입자였던 사람 　2. 노령연금 수급권자 　3. 장애등급이 3급 이상인 장애연금 수급권자 **OIKOS UP　사망일시금** 가입자 또는 가입자였던 자가 사망하였으나 유족연금이나 반환일시금의 수급요건을 충족하는 유족이 없을 경우 지급하는 제도이다. 즉, 유족연금 및 반환일시금을 받지 못할 경우 장제비적 성격으로 지급하는 급여이다.
제6절 급여 제한 등		
제82조	급여의 제한 [⑨]	① 가입자 또는 가입자였던 자가 **고의로 질병·부상 또는 그 원인이 되는 사고를** 일으켜 그로 인하여 장애를 입은 경우에는 그 장애를 지급 사유로 하는 장애연금을 지급하지 아니할 수 있다. ② 가입자 또는 가입자였던 자가 **고의나 중대한 과실로 요양 지시에 따르지 아니하거나 정당한 사유 없이 요양 지시에 따르지 아니하여** 다음 각 호의 어느 하나에 해당하게 되면 대통령령으로 정하는 바에 따라 이를 원인으로 하는 급여의 전부 또는 일부를 지급하지 아니할 수 있다. 　1. 장애를 입거나 사망한 경우 　2. 장애나 사망의 원인이 되는 사고를 일으킨 경우 　3. 장애를 악화시키거나 회복을 방해한 경우

제5장 비용 부담 및 연금보험료의 징수 등

제87조	국고 부담	국가는 매년 공단 및 건강보험공단이 국민연금사업을 관리·운영하는 데에 필요한 비용의 **전부 또는 일부**를 부담한다.
제88조	연금 보험료의 부과·징수 등	① 보건복지부장관은 국민연금사업 중 연금보험료의 징수에 관하여 이 법에서 정하는 사항을 **건강보험공단에 위탁**한다. ② **공단(국민연금공단)**은 국민연금사업에 드는 비용에 충당하기 위하여 가입자와 사용자에게 가입기간 동안 **매월 연금보험료를 부과**하고, **건강보험공단이 이를 징수**한다. **▌OIKOS UP 통합징수** 2011년 1월부터 개별사회보험공단(건강보험공단, 국민연금공단, 근로복지공단)에서 처리하던 4대 보험료 고지, 수납, 체납업무를 국민건강보험공단에서 한꺼번에 처리하고 있음

제6장 국민연금기금

제101조	기금의 설치 및 조성	① 보건복지부장관은 국민연금사업에 필요한 재원을 원활하게 확보하고, 이 법에 따른 급여에 충당하기 위한 책임준비금으로서 **국민연금기금**(이하 이 장에서 "기금"이라 한다)을 설치한다. ② 기금은 다음 각 호의 **재원으로 조성**한다. 1. 연금보험료 2. 기금 운용 수익금 3. 적립금 4. 공단의 수입지출 결산상의 잉여금
제102조	기금의 관리 및 운용 [⑩]	① 기금은 보건복지부장관이 관리·운용한다. ② 보건복지부장관은 국민연금 재정의 장기적인 안정을 유지하기 위하여 그 수익을 최대로 증대시킬 수 있도록 제103조에 따른 국민연금기금운용위원회에서 의결한 바에 따라 다음의 방법으로 기금을 관리·운용하되, 가입자, 가입자였던 자 및 수급권자의 복지증진을 위한 사업에 대한 투자는 국민연금 재정의 안정을 해치지 아니하는 범위에서 하여야 한다. 다만, 제2호의 경우에는 기획재정부장관과 협의하여 국채를 매입한다. 1. 대통령령으로 정하는 **금융기관에 대한 예입 또는 신탁** 2. **공공사업을 위한 공공부문에 대한 투자** 3. 「자본시장과 금융투자업에 관한 법률」 제4조에 따른 **증권의 매매 및 대여** 4. 「자본시장과 금융투자업에 관한 법률」 제5조 제1항 각 호에 따른 지수 중 **금융투자상품지수에 관한 파생상품시장에서의 거래** 5. 제46조에 따른 **복지사업 및 대여사업** 6. 기금의 본래 사업 목적을 수행하기 위한 재산의 취득 및 처분 7. 그 밖에 기금의 증식을 위하여 대통령령으로 정하는 사업

제103조	국민연금 기금운용 위원회	① 기금의 운용에 관한 다음 각 호의 사항을 심의·의결하기 위하여 **보건복지부**에 **국민연금기금운용위원회**(이하 "운용위원회"라 한다)를 둔다. 　1. 기금운용지침에 관한 사항 　2. 기금을 관리기금에 위탁할 경우 예탁 이자율의 협의에 관한 사항 　3. 기금 운용 계획에 관한 사항 　4. 제107조 제3항에 따른 기금의 운용 내용과 사용 내용에 관한 사항 　5. 그 밖에 기금의 운용에 관하여 중요한 사항으로서 운용위원회 위원장이 회의에 부치는 사항 ② **운용위원회는 위원장인 보건복지부장관**, 당연직 위원인 기획재정부차관·농림축산식품부차관·산업통상자원부차관·고용노동부차관과 공단 이사장 및 위원장이 위촉하는 다음 각 호의 위원으로 구성한다. ③ **위원의 임기는 2년**으로 하고, 1차만 연임할 수 있다. 다만, 위원장과 당연직 위원의 임기는 그 재임 기간으로 한다.
제113조	연금의 중복급여의 조정 [⑱]	장애연금 또는 유족연금의 수급권자가 이 법에 따른 장애연금 또는 유족연금의 지급 사유와 같은 사유로 다음 각 호의 어느 하나에 해당하는 급여를 받을 수 있는 경우에는 **제68조에 따른 장애연금액이나 제74조에 따른 유족연금액은 그 2분의 1에 해당하는 금액을 지급**한다. 　1. 「근로기준법」 제80조에 따른 장해보상, 같은 법 제82조에 따른 유족보상 또는 같은 법 제84조에 따른 일시보상 　2. 「산업재해보상보험법」 제57조에 따른 장해급여, 같은 법 제62조에 따른 유족급여, 같은 법 제91조의3에 따른 진폐보상연금 또는 같은 법 제91조의4에 따른 진폐유족연금 　3. 「선원법」 제97조에 따른 장해보상, 같은 법 제98조에 따른 일시보상 또는 같은 법 제99조에 따른 유족보상 　4. 「어선원 및 어선 재해보상보험법」 제25조에 따른 장해급여, 같은 법 제26조에 따른 일시보상급여 또는 같은 법 제27조에 따른 유족급여

02 국민건강보험법

1 개 요

(1) 발달과정

① 1963년 제정된 **의료보험법**은 적용대상을 근로기준법에 의한 **근로자와 그 부양가족으로 제한**하였고 가입방법도 **임의가입** 형태를 취하고 있었다.

② 1976년 12월 의료보험 전면 개정에 의해 **1977년 7월 1일부터 500인 이상 사업장 근로자를 당연적용대상자**로 하여 의료보험이 실시되었다.

③ **1977년 12월 공무원 및 사립학교교직원 의료보험법**이 제정되어 1979년 1월부터 공무원 및 사립학교교직원 의료보험이 실시되었다.

④ **1988년 1월부터 농어촌의료보험**이 실시되었으며, **1989년 7월부터 도시지역 자영업자에게도 지역의료보험**이 실시되었다. → **전국민의료보험 시대**

⑤ 1999년 1월 국민건강보험법이 제정되어 동법이 2000년 7월 시행되면서 <u>139개의 직장의료보험조합과 국민의료보험관리공단이 통합되어 '국민건강보험공단'으로 단일화</u>되었다.
　→ 완전통합(행정통합)
⑥ 건강보험재정은 3년 후인 2003년 7월 통합되었다. → 재정통합

(2) 관장부처 : 보건복지부(보험정책과)

2 법률 내용분석(2024.1.23. 일부개정, 2024.7.3. 시행)

제1장 총칙

제1조	목적	이 법은 **국민의 질병·부상에 대한 예방·진단·치료·재활과 출산·사망 및 건강증진에 대하여 보험급여를 실시**함으로써 국민보건 향상과 사회보장 증진에 이바지함을 목적으로 한다.
제2조	관장	이 법에 따른 건강보험사업은 **보건복지부장관이 맡아 주관**한다.
제3조	정의	이 법에서 사용하는 용어의 뜻은 다음과 같다. 1. "**근로자**"란 직업의 종류와 관계없이 근로의 대가로 보수를 받아 생활하는 사람(법인의 이사와 그 밖의 임원을 포함한다)으로서 공무원 및 교직원을 제외한 사람을 말한다. 2. "**사용자**"란 다음 각 목의 어느 하나에 해당하는 자를 말한다. 　가. 근로자가 소속되어 있는 사업장의 사업주 　나. 공무원이 소속되어 있는 기관의 장으로서 대통령령으로 정하는 사람 　다. 교직원이 소속되어 있는 사립학교를 설립·운영하는 자 3. "**사업장**"이란 사업소나 사무소를 말한다. 4. "**공무원**"이란 국가나 지방자치단체에서 상시 공무에 종사하는 사람을 말한다. 5. "**교직원**"이란 사립학교나 사립학교의 경영기관에서 근무하는 교원과 직원을 말한다.
제3조의2	국민건강보험종합계획의 수립 등 [16②]	① **보건복지부장관**은 이 법에 따른 건강보험의 건전한 운영을 위하여 제4조에 따른 **건강보험정책심의위원회의 심의**를 거쳐 **5년마다 국민건강보험종합계획을 수립**하여야 한다. ② 종합계획에는 다음 각 호의 사항이 포함되어야 한다. [16] 　1. 건강보험정책의 기본목표 및 추진방향 　2. 건강보험 보장성 강화의 추진계획 및 추진방법 　3. 건강보험의 중장기 재정 전망 및 운영 　4. **보험료 부과체계에 관한 사항** 　5. **요양급여비용에 관한 사항** 　6. 건강증진 사업에 관한 사항 　7. **취약계층 지원에 관한 사항** 　8. 건강보험에 관한 통계 및 정보의 관리에 관한 사항 　9. 그 밖에 건강보험의 개선을 위하여 필요한 사항으로 대통령령으로 정하는 사항 ③ 보건복지부장관은 종합계획에 따라 매년 연도별 시행계획을 건강보험정책심의위원회의 심의를 거쳐 수립·시행하여야 한다. ④ **보건복지부장관은 매년 시행계획에 따른 추진실적을 평가하여야 한다.** 　※ 보건복지부장관은 국민건강보험종합계획에 따라 연도별 시행계획에 따른 추진실적을 매년 평가하여야 한다.(O)

제4조	건강보험
	정책심의
	위원회
	[⑧㉒]
	[정책론 ⑱]
		① 건강보험정책에 관한 다음 각 호의 사항을 <u>심의·의결</u>하기 위하여 <u>보건복지부장관 소속</u>으로 건강보험정책심의위원회(이하 "심의위원회"라 한다)를 둔다.
		  1. 제3조의2 제1항 및 제3항에 따른 종합계획 및 시행계획에 관한 사항(의결은 제외한다)
		  2. 제41조 제2항에 따른 **요양급여의 기준**
		  3. 제45조 제3항 및 제46조에 따른 **요양급여비용에 관한 사항**
		  4. 제73조 제1항에 따른 **직장가입자의 보험료율**
		  5. 제73조 제3항에 따른 **지역가입자의 보험료율과 재산보험료부과점수당 금액**
		  5의2. 보험료 부과 관련 제도 개선에 관한 다음 각 목의 사항(의결은 제외한다)
		    가. 건강보험 가입자(이하 "가입자"라 한다)의 소득 파악 실태에 관한 조사 및 연구에 관한 사항
		    나. 가입자의 소득 파악 및 소득에 대한 보험료 부과 강화를 위한 개선 방안에 관한 사항
		    다. 그 밖에 보험료 부과와 관련된 제도 개선 사항으로서 심의위원회 위원장이 회의에 부치는 사항
		  6. 그 밖에 건강보험에 관한 주요 사항으로서 대통령령으로 정하는 사항
		  ❌ 건강보험정책에 관한 사항을 심의·의결하기 위하여 보건복지부장관 소속으로 건강보험정책심의위원회를 둔다.(O)
		② 심의위원회는 위원장 1명과 부위원장 1명을 포함하여 25명의 위원으로 구성한다.
		③ 심의위원회의 위원장은 보건복지부차관이 되고, 부위원장은 제4항 제4호의 위원 중에서 위원장이 지명하는 사람이 된다.
		④ 심의위원회의 위원은 다음 각 호에 해당하는 사람을 보건복지부장관이 임명 또는 위촉한다.

제2장 가입자

제5조	적용 대상
	등
	[⑬⑭]
	[정책론 ⑬]
		① <u>국내에 거주하는 국민</u>은 이 법에 따른 건강보험(이하 "건강보험"이라 한다)의 <u>가입자 또는 피부양자가 된다</u>. 다만, 다음 각 호의 어느 하나에 해당하는 사람은 **제외**한다.
		  ❌ 국내·외에 거주하는 모든 국민(×)
		  ❌ 「의료급여법」에 따라 의료급여를 받는 사람은 건강보험의 가입자가 될 수 없다.(O)
		  1. **「의료급여법」**에 따라 **의료급여를 받는 사람**(이하 "수급권자"라 한다)
		  2. 「독립유공자예우에 관한 법률」 및 「국가유공자 등 예우 및 지원에 관한 법률」에 따라 의료보호를 받는 사람(이하 "유공자등 의료보호대상자"라 한다). 다만, 다음 각 목의 어느 하나에 해당하는 사람은 가입자 또는 피부양자가 된다.
		    가. 유공자 등 의료보호대상자 중 건강보험의 적용을 보험자에게 신청한 사람
		    나. 건강보험을 적용받고 있던 사람이 유공자 등 의료보호대상자로 되었으나 건강보험의 적용배제신청을 보험자에게 하지 아니한 사람
		② 제1항의 피부양자는 다음 각 호의 어느 하나에 해당하는 사람 중 직장가입자에게 주로 생계를 의존하는 사람으로서 소득 및 재산이 보건복지부령으로 정하는 기준 이하에 해당하는 사람을 말한다.
		  ❌ 피부양자는 소득수준과 무관하게 직장가입자에 의해 생계를 유지하는 자(×)
		  1. 직장가입자의 **배우자**
		  2. 직장가입자의 **직계존속**(배우자의 직계존속을 포함)
		  3. 직장가입자의 **직계비속**(배우자의 직계비속을 포함)과 그 배우자
		  4. 직장가입자의 **형제·자매**

제6조	가입자의 종류 [③②]	① 가입자는 **직장가입자와 지역가입자로 구분**한다. ② **모든 사업장의 근로자 및 사용자와 공무원 및 교직원은 직장가입자**가 된다. 　다만, 다음 각 호의 어느 하나에 해당하는 사람은 제외한다. 　1. 고용 기간이 1개월 미만인 일용근로자 　2. 「병역법」에 따른 현역병(지원에 의하지 아니하고 임용된 하사를 포함한다), 전환복무된 사람 및 군간부후보생 　3. 선거에 당선되어 취임하는 공무원으로서 매월 보수 또는 보수에 준하는 급료를 받지 아니하는 사람 　4. 그 밖에 사업장의 특성, 고용 형태 및 사업의 종류 등을 고려하여 대통령령으로 정하는 사업장의 근로자 및 사용자와 공무원 및 교직원 ③ **지역가입자는 직장가입자와 그 피부양자를 제외한 가입자**를 말한다. 　❌ 건강보험 지역가입자는 직장가입자와 그 피부양자를 제외한 가입자를 말한다.(O)
제8조	자격의 취득 시기 등	① 가입자는 국내에 거주하게 된 날에 직장가입자 또는 지역가입자의 자격을 얻는다. 다만, 다음 각 호의 어느 하나에 해당하는 사람은 그 해당되는 날에 각각 자격을 얻는다. 　1. 수급권자이었던 사람은 그 대상자에서 제외된 날 　2. 직장가입자의 피부양자이었던 사람은 그 자격을 잃은 날 　3. 유공자 등 의료보호대상자이었던 사람은 그 대상자에서 제외된 날 　4. 제5조 제1항 제2호 가목에 따라 보험자에게 건강보험의 적용을 신청한 유공자 등 의료보호대상자는 그 신청한 날 ② 제1항에 따라 자격을 얻은 경우 그 직장가입자의 사용자 및 지역가입자의 세대주는 그 명세를 보건복지부령으로 정하는 바에 따라 자격을 취득한 날부터 14일 이내에 보험자에게 신고하여야 한다.
제10조	자격의 상실 시기 등 [⑧⑬⑰②]	① 가입자는 다음 각 호의 어느 하나에 해당하게 된 날에 그 자격을 잃는다. 　1. **사망한 날의 다음 날** 　　❌ 사망한 날(×) 　2. **국적을 잃은 날의 다음 날** 　　❌ 국적을 잃은 날(×) 　3. **국내에 거주하지 아니하게 된 날의 다음 날** 　　❌ 국내에 거주하지 않게 된 날(×) 　　❌ 건강보험 가입자는 국내에 거주하지 아니하게 된 날에 그 자격을 잃는다.(×) 　4. **직장가입자의 피부양자가 된 날** 　　❌ 직장가입자의 피부양자가 된 다음 날(×) 　5. **수급권자가 된 날** 　　❌ 의료급여법에 따른 의료급여수급자가 된 다음 날(×) 　6. 건강보험을 적용받고 있던 사람이 유공자등 의료보호대상자가 되어 **건강보험의 적용배제신청을 한 날** ② 제1항에 따라 자격을 얻은 경우 그 직장가입자의 사용자 및 지역가입자의 세대주는 그 명세를 보건복지부령으로 정하는 바에 따라 자격을 취득한 날부터 14일 이내에 보험자에게 신고하여야 한다.

제3장 국민건강보험공단

제13조	보험자 [③] [정책론 ③]	건강보험의 보험자는 **국민건강보험공단**으로 한다. **OIKOS UP** 관리운영체계 ① 국민건강보험제도의 운영을 관장하고 있는 기관 : 보건복지부 ② 국민건강보험제도를 직접적으로 운영하는 집행기관 : 국민건강보험의 보험자인 국민건강보험공단
제14조	업무 등 [⑩⑲⑳]	① 공단은 다음 각 호의 업무를 관장한다. 　요양급여의 적정성 평가(×), 요양급여비용의 심사(×) 　1. **가입자 및 피부양자의 자격 관리** 　2. **보험료와 그 밖에 이 법에 따른 징수금의 부과·징수** 　3. 보험급여의 관리 　4. 가입자 및 피부양자의 질병의 조기발견·예방 및 건강관리를 위하여 요양급여 실시 현황과 건강검진 결과 등을 활용하여 실시하는 예방사업으로서 대통령령으로 정하는 사업 　5. **보험급여 비용의 지급** 　6. **자산의 관리·운영 및 증식사업** 　7. 의료시설의 운영 　8. **건강보험에 관한 교육훈련 및 홍보** 　9. 건강보험에 관한 조사연구 및 국제협력 　10. 이 법에서 공단의 업무로 정하고 있는 사항 　11. 「국민연금법」, 「고용보험 및 산업재해보상보험의 보험료징수 등에 관한 법률」, 「임금채권보장법」 및 「석면피해구제법」(이하 "징수위탁근거법"이라 한다)에 따라 위탁받은 업무 　12. 그 밖에 이 법 또는 다른 법령에 따라 위탁받은 업무 　13. 그 밖에 건강보험과 관련하여 보건복지부장관이 필요하다고 인정한 업무
제15조	법인격 등	① 공단은 **법인**으로 한다. ② 공단은 주된 사무소의 소재지에서 설립등기를 함으로써 성립한다.
제35조	회계	① **공단의 회계연도는 정부의 회계연도에 따른다.** ② 공단은 직장가입자와 지역가입자의 재정을 통합하여 운영한다.
제36조	예산	공단은 회계연도마다 예산안을 편성하여 이사회의 의결을 거친 후 보건복지부장관의 승인을 받아야 한다. 예산을 변경할 때에도 또한 같다.

제4장 보험급여

제41조	요양급여 [④⑱]	① 가입자와 피부양자의 질병, 부상, 출산 등에 대하여 다음 각 호의 요양급여를 실시한다. 　국민건강보험법상 요양급여 : 요양병원간병비(×) 　1. **진찰·검사**　　　　　　　　　5. **입원** 　2. **약제(藥劑)·치료재료의 지급**　6. **간호** 　3. **처치·수술 및 그 밖의 치료**　7. **이송(移送)** 　4. **예방·재활** ② 제1항에 따른 요양급여(이하 "요양급여"라 한다)의 범위(이하 "요양급여대상"이라 한다)는 다음 각 호와 같다. 　1. 제1항 각 호의 요양급여(제1항제2호의 약제는 제외한다) : 제4항에 따라 보건복지부장관이 비급여대상으로 정한 것을 제외한 일체의 것

조	제목	내용
		2. 제1항제2호의 약제 : 제41조의3에 따라 요양급여대상으로 보건복지부장관이 결정하여 고시한 것
OIKOS UP 요양급여의 지급기간
처음에는 6개월로 한정했다가, 1994년 210일, 1996년 240일, 1996년 다시 270일로, 1998년 300일로 확대했으며, <u>2000년에는 기간제한이 없이 연중 계속해서 급여를 받을 수 있도록 하였다.</u>
제42조	요양기관 [⑫]	① 요양급여(간호와 이송은 제외한다)는 다음 각 호의 요양기관에서 실시한다. 이 경우 보건복지부장관은 공익이나 국가정책에 비추어 요양기관으로 적합하지 아니한 대통령령으로 정하는 의료기관 등은 요양기관에서 제외할 수 있다.
1. 「의료법」에 따라 개설된 **의료기관**
2. 「약사법」에 따라 등록된 **약국**
3. 「약사법」 제91조에 따라 설립된 **한국희귀·필수의약품센터**
4. 「지역보건법」에 따른 **보건소·보건의료원 및 보건지소**
5. 「농어촌 등 보건의료를 위한 특별조치법」에 따라 설치된 **보건진료소**
요양기관 : 사회복지사업법에 따른 사회복지시설에 수용된 사람의 진료를 주된 목적으로 개설된 의료기관(×)
OIKOS UP 요양기관에서 제외되는 의료기관 등(시행령 제18조)
법 제42조제1항 각 호 외의 부분 후단에서 "대통령령으로 정하는 의료기관 등"이란 다음 각 호의 의료기관 또는 약국을 말한다.
1. 「의료법」 제35조에 따라 개설된 부속 의료기관
2. **「사회복지사업법」 제34조에 따른 사회복지시설에 수용된 사람의 진료를 주된 목적으로 개설된 의료기관**
3. 제19조제1항에 따른 본인일부부담금을 받지 아니하거나 경감하여 받는 등의 방법으로 가입자나 피부양자를 유인(誘引)하는 행위 또는 이와 관련하여 과잉 진료행위를 하거나 부당하게 많은 진료비를 요구하는 행위를 하여 다음 각 목의 어느 하나에 해당하는 업무정지 처분 등을 받은 의료기관
가. 법 제98조에 따른 업무정지 또는 법 제99조에 따른 과징금 처분을 5년 동안 2회 이상 받은 의료기관
나. 「의료법」 제66조에 따른 면허자격정지 처분을 5년 동안 2회 이상 받은 의료인이 개설·운영하는 의료기관
4. 법 제98조에 따른 업무정지 처분 절차가 진행 중이거나 업무정지 처분을 받은 요양기관의 개설자가 개설한 의료기관 또는 약국
제44조	비용의 일부부담 [④]	① 요양급여를 받는 자는 대통령령으로 정하는 바에 따라 **비용의 일부(이하 "본인일부부담금"이라 한다)를 본인이 부담**한다. 이 경우 선별급여에 대해서는 다른 요양급여에 비하여 본인일부부담금을 상향 조정할 수 있다.
OIKOS UP 본인부담금
① 도덕적 해이의 방지와 건강보험재정의 안정화를 기하기 위해 도입된 제도
② 진료비용은 그 부담주체에 따라 보험급여부분과 비급여부분으로 나누어지며, 보험급여부분은 보험자부담부분과 본인부담부분으로 나누어진다.
③ 의료서비스 이용자가 실제부담하는 총비용 = 비급여부분에 대한 비용 + 급여부분 중 본인부담부분

제44조	비용의 일부부담 [4]	② 제1항에 따라 **본인이 연간 부담하는 본인일부부담금의 총액이 대통령령으로 정하는 금액**("**본인부담상한액**")을 초과한 경우에는 공단이 그 초과 금액을 부담하여야 한다. 이 경우 공단은 당사자에게 그 초과 금액을 통보하고, 이를 지급하여야 한다. ③ 제2항에 따른 본인부담상한액은 가입자의 소득수준 등에 따라 정한다. **▌OIKOS UP 본인부담상한제** ① 과도한 의료비로 인한 가계 부담을 덜어 드리기 위하여 환자가 부담한 연간(1.1~12.31) 건강보험 본인일부부담금 총액이 개인별 상한액을 초과하는 경우 그 초과 금액을 건강보험공단에서 부담하는 제도 ② 고액 중증질환자의 과다한 진료비 지출로 인한 가계의 경제적 부담을 덜어주기 위해 2004년 7월 1일부터 시행되었다.
제49조	요양비	① 공단은 가입자나 피부양자가 보건복지부령으로 정하는 **긴급하거나 그 밖의 부득이한 사유로 요양기관과 비슷한 기능을 하는 기관**으로서 보건복지부령으로 정하는 기관(제98조 제1항에 따라 업무정지기간 중인 요양기관을 포함한다. 이하 "준요양기관"이라 한다)에서 질병·부상·출산 등에 대하여 요양을 받거나 요양기관이 아닌 장소에서 출산한 경우에는 그 요양급여에 상당하는 금액을 보건복지부령으로 정하는 바에 따라 가입자나 피부양자에게 **요양비로 지급**한다. ② 준요양기관은 보건복지부장관이 정하는 요양비 명세서나 요양 명세를 적은 영수증을 요양을 받은 사람에게 내주어야 하며, 요양을 받은 사람은 그 명세서나 영수증을 공단에 제출하여야 한다.
제50조	부가급여	공단은 이 법에서 정한 요양급여 외에 대통령령으로 정하는 바에 따라 **임신·출산 진료비**, **장제비**, **상병수당**, 그 밖의 급여를 **실시할 수 있다**. **▌OIKOS UP 임신·출산진료비(시행령 제23조)** ① 임산부와 영유아의 의료비 부담을 경감하여 출산친화적인 환경을 조성하고자 임신·출산 관련 진료비 등(급여·비급여)의 본인부담금 결제에 사용할 수 있는 이용권(국민행복카드)을 제공하는 제도 　↳ 국민행복카드 : 국가에서 시행하는 다양한 바우처를 하나의 카드로 이용할 수 있는 통합형 바우처 카드 ② 이용권으로 결제할 수 있는 금액의 상한은 다음 각 호의 구분에 따른다. 다만, 보건복지부장관이 필요하다고 인정하여 고시하는 경우에는 다음 각 호의 상한을 초과하여 결제할 수 있다. 　1. 하나의 태아를 임신·출산한 경우 : 100만원 　2. 둘 이상의 태아를 임신·출산한 경우 : 140만원 **▌OIKOS UP 장제비** 가입자나 피부양자가 사망한 경우 그 장제를 행한 자에게 지급하는 현금급여로, 2007년 장제비는 25만원이었다. 2008년 1월 1일 이후 사망한 사람에게는 장제비를 지급하지 않는다.

		OIKOS UP　상병수당 ① 근로자가 업무 외 질병·부상으로 인하여 경제활동이 불가한 경우, 치료에 집중할 수 있도록 소득을 보장하는 제도 ② 2025년 도입을 목표로 시범사업 시행 중 　㉠ 1단계 : 2022.7월 ~ 약 3년간 시행, 6개 시·군·구에 3개 모형 적용 　㉡ 1단계 : 2023.7월 ~ 약 2년간 시행, 4개 시·군·구에 2개 모형 적용 ③ 제도의 기능 　㉠ 아픈 근로자에 대한 소득 안정망 강화 : 질병·부상으로 인한 가계 소득 불안정을 완화하여 '질병 → 빈곤 → 건강악화'로 이어지는 악순환 차단, 빈곤을 사전에 예방 　㉡ 질병의 조기 발견·치료 통해 건강권 확대 : 아플 때 소득상실 걱정 없이 적시에 치료 받을 수 있도록 지원하여 질병의 중증화·만성화 방지 및 추가 의료비용 감소 가능 　㉢ 건강 문제로 인한 노동생산성 손실 방지 : 아픈 근로자의 무리한 출근으로 인한 생산성 저하를 방지하고 질병 악화로 인한 조기 퇴직사례를 줄여 기업의 비용 절감 유도 　㉣ 지역사회 감염병 확산 차단 : 감염병 유행 시기 유증상자의 무리한 출근은 사업장 내 감염 확산 야기 → 증상 발견 시 휴식할 수 있는 제도적 환경 정착 필요
제51조	장애인에 대한 특례	공단은 「장애인복지법」에 따라 등록한 장애인인 가입자 및 피부양자에게는 「장애인·노인 등을 위한 보조기기 지원 및 활용촉진에 관한 법률」 제3조제2호에 따른 **보조기기**(이하 이 조에서 "보조기기"라 한다)**에 대하여 보험급여**를 할 수 있다. **OIKOS UP　장애인 보조기기** 장애인복지법에 의하여 등록된 장애인인 가입자 및 피부양자가 장애인보조기기를 구입할 경우 구입금액 일부를 국민건강보험공단에서 보험급여비로 지급하는 제도
제52조	건강검진	① 공단은 가입자와 피부양자에 대하여 **질병의 조기 발견과 그에 따른 요양급여를 하기 위하여 건강검진**을 실시한다. ② 제1항에 따른 **건강검진의 종류 및 대상**은 다음 각 호와 같다. 　1. **일반건강검진** : 직장가입자, 세대주인 지역가입자, 20세 이상인 지역가입자 및 20세 이상인 피부양자 　2. **암검진** : 「암관리법」 제11조제2항에 따른 암의 종류별 검진주기와 연령 기준 등에 해당하는 사람 　3. **영유아건강검진** : 6세 미만의 가입자 및 피부양자 **OIKOS UP　건강검진** 건강검진은 건강보험가입자들의 건강을 유지·증진하고, 경제적 손실을 최소화하며 장기적으로 보험급여비의 지출을 줄이고자 1980년에 시작되었다.

■ 보험급여 형태와 지급대상 ■

보험급여는 가입자 및 피부양자의 질병과 부상에 대한 예방, 진단, 치료, 재활, 출산, 사망 및 건강증진에 대하여 법령이 정하는 바에 따라 현물 또는 현금의 형태로 제공하는 서비스를 말하며, 현물급여와 현금급여로 구분된다.

급여형태	급여종류	수급권자
현물급여	요양급여	가입자 및 피부양자
	건강검진	가입자 및 피부양자
현금급여 [정책론 ⑬]	요양비	가입자 및 피부양자
	임신·출산진료비	임신·출산 진료비 수급권자 - 임신·출산(유산·사산 포함)이 확인된 건강보험 가입자 또는 피부양자 - 2세 미만인 가입자 또는 피부양자의 법정대리인(출산한 가입자 또는 피부양자가 사망한 경우에 한정)
	장애인보조기기	가입자 및 피부양자 중 장애인복지법에 의해 등록한 장애인
	본인부담상한제	가입자 및 피부양자

제53조	급여의 제한 [③⑤⑦⑨]	공단은 보험급여를 받을 수 있는 사람이 다음 각 호의 어느 하나에 해당하면 보험급여를 하지 아니한다. 1. **고의 또는 중대한 과실**로 인한 범죄행위에 그 원인이 있거나 고의로 사고를 일으킨 경우 2. **고의 또는 중대한 과실**로 공단이나 요양기관의 요양에 관한 지시에 따르지 아니한 경우 3. **고의 또는 중대한 과실**로 제55조에 따른 문서와 그 밖의 물건의 제출을 거부하거나 질문 또는 진단을 기피한 경우 4. 업무 또는 공무로 생긴 질병·부상·재해로 **다른 법령에 따른 보험급여나 보상(報償) 또는 보상(補償)을 받게 되는 경우** → 업무상의 재해로 인하여「국민건강보험법」이외의 법령에 의한 보상을 받게 된 경우에는 보험급여를 제한한다.(○)
제54조	급여의 정지 [⑨]	보험급여를 받을 수 있는 사람이 다음 각 호의 어느 하나에 해당하면 그 기간에는 보험급여를 하지 아니한다. 다만, 제3호 및 제4호의 경우에는 제60조에 따른 요양급여를 실시한다. 1. 국외에 여행 중인 경우 삭제〈2020.4.7.〉 2. 국외에 체류하는 경우(개정 前 : 국외에서 업무에 종사하고 있는 경우) 3. 제6조 제2항 제2호에 해당하게 된 경우 → 「병역법」에 따른 현역병(지원에 의하지 아니하고 임용된 하사를 포함한다), 전환복무된 사람 및 군간부후보생 4. 교도소, 그 밖에 이에 준하는 시설에 수용되어 있는 경우
제58조	구상권	① 공단은 제3자의 행위로 보험급여사유가 생겨 가입자 또는 피부양자에게 보험급여를 한 경우에는 그 급여에 들어간 비용 한도에서 그 제3자에게 손해배상을 청구할 권리를 얻는다. ② 제1항에 따라 보험급여를 받은 사람이 제3자로부터 이미 손해배상을 받은 경우에는 공단은 그 배상액 한도에서 보험급여를 하지 아니한다.

제5장 건강보험심사평가원

제62조	설립	<u>요양급여비용을 심사하고 요양급여의 적정성을 평가</u>하기 위하여 **건강보험심사평가원**을 설립한다.
제63조	업무 등 [⑩⑲㉑]	① 심사평가원은 다음 각 호의 업무를 관장한다. 　1. **요양급여비용의 심사** [⑲] 　2. **요양급여의 적정성 평가** [⑩] 　3. 심사기준 및 평가기준의 개발 　4. 제1호부터 제3호까지의 규정에 따른 업무와 관련된 조사연구 및 국제협력 　5. 다른 법률에 따라 지급되는 급여비용의 심사 또는 의료의 적정성 평가에 관하여 위탁받은 업무 　6. 그 밖에 이 법 또는 다른 법령에 따라 위탁받은 업무 　7. 건강보험과 관련하여 보건복지부장관이 필요하다고 인정한 업무 　8. 그 밖에 보험급여 비용의 심사와 보험급여의 적정성 평가와 관련하여 대통령령으로 정하는 업무
제64조	법인격 등	① 심사평가원은 법인으로 한다. ② 심사평가원은 주된 사무소의 소재지에서 설립등기를 함으로써 성립한다.

제6장 보험료

제69조	보험료 [③⑥]	① 공단은 건강보험사업에 드는 비용에 충당하기 위하여 제77조에 따른 **보험료의 납부의무자로부터 보험료**를 징수한다. ② 제1항에 따른 **보험료는 가입자의 자격을 취득한 날이 속하는 달의 다음 달부터 가입자의 자격을 잃은 날의 전날이 속하는 달까지 징수**한다. 다만, 가입자의 자격을 매월 1일에 취득한 경우 또는 제5조제1항제2호가목에 따른 건강보험 적용 신청으로 가입자의 자격을 취득하는 경우에는 그 달부터 징수한다. ③ 제1항 및 제2항에 따라 **보험료를 징수할 때 가입자의 자격이 변동된 경우에는 변동된 날이 속하는 달의 보험료는 변동되기 전의 자격을 기준으로 징수**한다. 다만, 가입자의 자격이 매월 1일에 변동된 경우에는 변동된 자격을 기준으로 징수한다. ④ **직장가입자의 월별 보험료액**은 다음 각 호에 따라 산정한 금액으로 한다. 　1. **보수월액보험료** : 제70조에 따라 산정한 보수월액에 제73조 제1항 또는 제2항에 따른 보험료율을 곱하여 얻은 금액 　2. **보수 외 소득월액보험료** : 제71조제1항에 따라 산정한 보수 외 소득월액에 제73조제1항 또는 제2항에 따른 보험료율을 곱하여 얻은 금액 ⑤ <u>**지역가입자의 월별 보험료액**</u>은 다음 각 호의 구분에 따라 산정한 금액을 합산한 금액으로 한다. 이 경우 보험료액은 세대 단위로 산정한다. 　1. **소득** : 제71조제2항에 따라 산정한 지역가입자의 소득월액에 제73조제3항에 따른 보험료율을 곱하여 얻은 금액 　2. **재산** : 제72조에 따라 산정한 재산보험료부과점수에 제73조제3항에 따른 재산보험료부과점수당 금액을 곱하여 얻은 금액
제75조	보험료의 경감 등 [정책론 ⑤]	① 다음 각 호의 어느 하나에 해당하는 가입자 중 보건복지부령으로 정하는 가입자에 대하여는 그 가입자 또는 그 가입자가 속한 세대의 보험료의 일부를 경감할 수 있다. 　1. 섬·벽지·농어촌 등 대통령령으로 정하는 지역에 거주하는 사람 　2. 65세 이상인 사람 　3. 「장애인복지법」에 따라 등록한 장애인 　4. 「국가유공자 등 예우 및 지원에 관한 법률」 제4조 제1항 제4호, 제6호, 제12

		호, 제15호 및 제17호에 따른 국가유공자 5. 휴직자 6. 그 밖에 생활이 어렵거나 천재지변 등의 사유로 보험료를 경감할 필요가 있다고 보건복지부장관이 정하여 고시하는 사람
제76조	보험료의 부담 [정책론 ㉒]	① **직장가입자의 보수월액보험료는** 직장가입자와 다음 각 호의 구분에 따른 자가 **각각 보험료액의 100분의 50씩 부담**한다. 다만, 직장가입자가 교직원으로서 사립학교에 근무하는 **교원이면** 보험료액은 그 **직장가입자가 100분의 50**을, 제3조 제2호 다목(사립학교 설립·운영하는 자)에 해당하는 **사용자가 100분의 30을, 국가가 100분의 20을 각각 부담**한다. 　1. 직장가입자가 근로자인 경우에는 제3조 제2호 가목에 해당하는 사업주 　2. 직장가입자가 공무원인 경우에는 그 공무원이 소속되어 있는 국가 또는 지방자치단체 　3. 직장가입자가 교직원(사립학교에 근무하는 교원은 제외한다)인 경우에는 제3조 제2호 다목에 해당하는 사용자 　※ 국민건강보험의 직장가입자 보험료는 노사가 1/2씩 부담하지만 사립학교 교직원은 국가가 20% 부담한다.(×) **OIKOS UP**　교직원(「사립학교교직원연금법」 제2조 제1호) "교직원"이란 「사립학교법」 제54조에 따라 그 임명에 관한 사항이 관할청에 보고된 교원과, 「사립학교법」 제70조의2에 따라 임명된 사무직원을 말한다. 다만, 임시로 임명된 사람, 조건부로 임명된 사람 및 보수를 받지 아니하는 사람은 제외한다. ② **직장가입자의 보수 외 소득월액보험료는** 직장가입자가 부담한다. ③ **지역가입자의 보험료는** 그 가입자가 속한 세대의 지역가입자 전원이 연대하여 부담한다.

03 고용보험법 [⑤⑨⑩⑪⑫⑬⑭⑯⑰⑱⑲㉑㉒]

1 개 요

(1) 발달과정

① 고용보험법은 **1993년 12월 27일 제정**되어, **1995년 7월 1일부터 시행**되었다.
　㉠ 1993년 12월 27일 제정 → **고용안정사업, 직업능력개발사업, 실업급여 3대 사업**
　㉡ 2001년 8월 14일 개정 → **산전후휴가급여, 육아휴직급여 근거 규정**
　㉢ 2005년 12월 7일 개정 → 고용안정사업과 직업능력개발을 **고용안정·직업능력개발사업**으로 통합(2006년 1월 1일부터 실시)

② 1998년 10월 1일부터 상시 근로자 4인 이하인 농업, 어업, 임업, 수렵업 등 일부 업종을 제외하고 **근로자를 1인 이상 고용하는 전 사업장으로 확대**했으며, 2002년 12월 30일 농업, 어업, 임업, 수렵업 중 상시 4인 이하의 근로자를 고용하는 법인까지 적용범위를 확대했다.

(2) 관장부처 : 고용노동부(고용보험기획과 등)

2 법률 내용분석(2023.8.8. 타법개정, 2024.5.17. 시행)

제1조	목적	이 법은 **고용보험의 시행을 통하여 실업의 예방, 고용의 촉진 및 근로자 등의 직업능력의 개발과 향상**을 꾀하고, **국가의 직업지도와 직업소개 기능을 강화**하며, **근로자 등이 실업한 경우에 생활에 필요한 급여를 실시**하여 **근로자 등의 생활안정과 구직 활동을 촉진**함으로써 경제·사회 발전에 이바지하는 것을 목적으로 한다.
제2조	정의 [⑰⑳㉒]	**피보험자** [정책론 ⑲⑳]	• 「고용보험 및 산업재해보상보험의 보험료징수 등에 관한 법률」에 따라 보험에 가입되거나 가입된 것으로 보는 **근로자, 예술인 또는 노무제공자** • 고용산재보험료징수법에 따라 고용보험에 가입하거나 가입된 것으로 보는 **자영업자**
		이직(離職)	피보험자와 사업주 사이의 고용관계가 끝나게 되는 것을 말한다.
		실업 [⑰⑳]	근로의 의사와 능력이 있음에도 불구하고 취업하지 못한 상태에 있는 것을 말한다. ❌ "실업"이란 근로의 의사와 능력이 없어 취업하지 못한 상태에 있는 것을 말한다.(×)
		실업의 인정 [㉒]	직업안정기관의 장이 제43조에 따른 수급자격자가 실업한 상태에서 적극적으로 직업을 구하기 위하여 노력하고 있다고 인정하는 것 ❌ "실업의 인정"이란 근로의 의사와 능력이 있음에도 불구하고 취업하지 못한 상태에 있는 것을 말한다.(×)
		보수	「소득세법」 제20조에 따른 근로소득에서 대통령령으로 정하는 금품을 뺀 금액을 말한다.
		일용근로자 [⑰⑳㉒]	**1개월 미만 동안 고용되는 자**를 말한다. ❌ "일용근로자"란 6개월 미만 동안 고용되는 사람을 말한다.(×)
제3조	보험의 관장	고용보험은 **고용노동부장관이 관장**한다. **‖ OIKOS UP 관리운영체계** ① **사업 관장기관** : 고용노동부 ② **고용보험 업무를 진행하는 기관** : 근로복지공단과 고용노동부의 중앙·지방행정기관으로 이원화 ③ 2009년 국민건강보험법 개정(2011년 1월 1일 시행)에 의해 사회보험 징수업무 (고지, 수납, 체납)를 건강보험공단에서 일괄해서 맡도록 함에 따라 보험료 납부·징수업무는 건강보험공단에 위임됨		
제4조	고용보험 사업 [④⑤⑧⑱]	① 보험은 제1조의 목적을 이루기 위하여 **고용보험사업**(이하 "보험사업"이라 한다)으로 **고용안정·직업능력개발 사업, 실업급여, 육아휴직 급여 및 출산전후휴가 급여 등**을 실시한다. ❌ 고용보험사업으로 고용안정·직업능력개발 사업, 실업급여, 육아휴직 급여 및 출산전후휴가급여 등을 실시한다.(O) ② 보험사업의 보험연도는 정부의 회계연도에 따른다.		
제5조	국고의 부담 [⑱㉒] [정책론 ⑲]	① **국가는 매년 보험사업에 드는 비용의 일부를 일반회계에서 부담**하여야 한다. [⑱㉒] ❌ 국가는 매년 보험사업에 드는 비용의 20%를 특별회계에서 부담하여야 한다.(×) ❌ 지방자치단체는 매년 보험사업에 드는 비용의 일부를 일반회계에서 부담하여야 한다.(×) ② 국가는 매년 예산의 범위에서 보험사업의 관리·운영에 드는 비용을 부담할 수 있다.		

제6조	보험료 [정책론 ⑳]	① 이 법에 따른 **보험사업에 드는 비용을 충당하기 위하여 징수하는 보험료**와 그 밖의 징수금에 대하여는 고용산재보험료징수법으로 정하는 바에 따른다. ② 고용산재보험료징수법 제13조제1항제1호에 따라 **징수된 고용안정·직업능력개발 사업의 보험료 및 실업급여의 보험료는 각각 그 사업에 드는 비용에 충당**한다. 다만, **실업급여의 보험료는** 제55조의2제1항에 따른 **국민연금 보험료의 지원**, 제70조제1항에 따른 **육아휴직 급여의 지급**, 제73조의2제1항에 따른 **육아기 근로시간 단축급여의 지급**, 제75조·제76조의2에 따른 **출산전후휴가 급여 등** 및 제77조의4·제77조의9에 따른 **출산전후급여등의 지급**에 드는 **비용에 충당할 수 있다**. ③ 제2항에도 불구하고 자영업자인 피보험자로부터 고용산재보험료징수법 제49조의2에 따라 징수된 **고용안정·직업능력개발 사업의 보험료 및 실업급여의 보험료는 각각 자영업자인 피보험자를 위한 그 사업에 드는 비용에 충당**한다. 다만, 실업급여의 보험료는 자영업자인 피보험자를 위한 제55조의2제1항에 따른 국민연금 보험료의 지원에 드는 비용에 충당할 수 있다. **OIKOS UP 보험료** ① **고용안정·직업능력개발사업의 보험료** : 사업주가 전액부담 ② **실업급여의 보험료** : 근로자가 50%, 사업주가 50%를 부담
제7조	고용보험 위원회 [정책론 ⑲]	① 이 법 및 **고용산재보험료징수법**(보험에 관한 사항만 해당)의 시행에 관한 주요 사항을 심의하기 위하여 고용노동부에 고용보험위원회를 둔다. ② 위원회는 다음 각 호의 사항을 심의한다. 1. 보험제도 및 보험사업의 개선에 관한 사항 2. 고용산재보험료징수법에 따른 보험료율의 결정에 관한 사항 3. 제11조의2에 따른 보험사업의 평가에 관한 사항 4. 제81조에 따른 기금운용 계획의 수립 및 기금의 운용 결과에 관한 사항 5. 그 밖에 위원장이 보험제도 및 보험사업과 관련하여 위원회의 심의가 필요하다고 인정하는 사항 ⓧ 고용보험료는 고용보험위원회에서 부과·징수한다.(×) ③ 위원회는 위원장 1명을 포함한 20명 이내의 위원으로 구성한다. ④ 위원회의 위원장은 고용노동부차관이 되고, 위원은 다음 각 호의 사람 중에서 각각 같은 수(數)로 고용노동부장관이 임명하거나 위촉하는 사람이 된다. 1. 근로자를 대표하는 사람 2. 사용자를 대표하는 사람 3. 공익을 대표하는 사람 4. 정부를 대표하는 사람 ⑤ 위원회는 심의 사항을 사전에 검토·조정하기 위하여 위원회에 전문위원회를 둘 수 있다.
제8조	적용 범위 [정책론 ⑲]	① 이 법은 근로자를 사용하는 **모든 사업 또는 사업장에 적용**한다. 다만, 산업별 특성 및 규모 등을 고려하여 **대통령령으로 정하는 사업**에 대하여는 적용하지 아니한다.

OIKOS UP 제8조 단서에서 대통령령으로 정하는 사업 [정책론⑲]

법 제8조 단서에서 "대통령령으로 정하는 사업"이란 다음 각 호의 어느 하나에 해당하는 사업을 말한다.
1. 농업・임업 및 어업 중 법인이 아닌 자가 상시 4명 이하의 근로자를 사용하는 사업 [정책론 ⑲]
2. 다음 각 목의 어느 하나에 해당하는 공사. 다만, 법 제15조제2항 각 호에 해당하는 자가 시공하는 공사는 제외한다.
   가. 「고용보험 및 산업재해보상보험의 보험료징수 등에 관한 법률 시행령」 제2조제1항제2호에 따른 총공사금액(이하 이 조에서 "총공사금액"이라 한다)이 2천만원 미만인 공사
   나. 연면적이 100제곱미터 이하인 건축물의 건축 또는 연면적이 200제곱미터 이하인 건축물의 대수선에 관한 공사
3. 가구 내 고용활동 및 달리 분류되지 아니한 자가소비 생산활동

※ 농업・임업 및 어업 중 법인이 아닌 자가 상시 4명의 근로자를 사용하는 사업에 대하여 고용보험법은 적용된다.(×)

OIKOS UP 자영업자에 대한 특례 [정책론 ⑮]

「고용보험 및 산업재해보상보험의 보험료징수 등에 관한 법률」 제49조의2(자영업자에 대한 특례)
① 근로자를 사용하지 아니하거나 50명 미만의 근로자를 사용하는 사업주로서 대통령령으로 정하는 요건을 갖춘 자영업자("자영업자")는 공단의 승인을 받아 자기를 이 법에 따른 근로자로 보아 고용보험에 가입할 수 있다.
② 제1항에 따라 보험에 가입한 자영업자가 50명 이상의 근로자를 사용하게 된 경우에도 본인이 피보험자격을 유지하려는 경우에는 계속하여 보험에 가입된 것으로 본다.

② 이 법은 제77조의2제1항에 따른 예술인 또는 제77조의6제1항에 따른 노무제공자의 노무를 제공받는 사업에 적용하되, 제1장, 제2장, 제4장, 제5장의2, 제5장의3, 제6장, 제8장 또는 제9장의 예술인 또는 노무제공자에 관한 규정을 각각 적용한다.

제10조 | **적용 제외** [⑰] [정책론 ⑱⑲㉑]

① 다음 각 호의 어느 하나에 해당하는 자에게는 이 법을 적용하지 아니한다.
1. ~~65세 이후에 고용되거나 자영업을 개시한 자~~ 삭제 〈2019. 1. 15.〉
2. 해당 사업에서 소정(所定)근로시간이 대통령령으로 정하는 시간 미만인 근로자
3. 「국가공무원법」과 「지방공무원법」에 따른 공무원. 다만, 대통령령으로 정하는 바에 따라 별정직공무원, 「국가공무원법」 제26조의5 및 「지방공무원법」 제25조의5에 따른 임기제공무원의 경우는 본인의 의사에 따라 고용보험(제4장에 한정한다)에 가입할 수 있다.
4. 「사립학교교직원 연금법」의 적용을 받는 자
5. 그 밖에 대통령령으로 정하는 자

② **65세 이후에 고용**(65세 전부터 피보험 자격을 유지하던 사람이 65세 이후에 계속하여 고용된 경우는 제외한다)**되거나 자영업을 개시한 사람에게는 제4장(실업급여) 및 제5장(육아휴직 급여 등)을 적용하지 아니한다.** [⑰]

조항	제목	내용
10조의2	외국인 근로자·예술인·노무제공자에 대한 적용	① 「외국인근로자의 고용 등에 관한 법률」의 적용을 받는 외국인근로자에게는 이 법을 적용한다. 다만, 제4장 및 제5장은 고용노동부령으로 정하는 바에 따른 신청이 있는 경우에만 적용한다. ② 제1항에 해당하는 외국인근로자를 제외한 외국인이 근로계약, 제77조의2제1항의 문화예술용역 관련 계약 또는 제77조의6제1항의 노무제공계약을 체결한 경우에는 「출입국관리법」 제10조에 따른 체류자격의 활동범위 및 체류기간 등을 고려하여 대통령령으로 정하는 바에 따라 이 법의 전부 또는 일부를 적용한다.
제11조의2	보험사업의 평가 [18]	① 고용노동부장관은 **보험사업에 대하여 상시적이고 체계적인 평가**를 하여야 한다. [18] 　※ 고용노동부장관은 보험사업에 대하여 3년마다 평가를 하여야 한다.(×) ② 고용노동부장관은 제1항에 따른 평가의 전문성을 확보하기 위하여 대통령령으로 정하는 기관에 제1항에 따른 평가를 의뢰할 수 있다. ③ 고용노동부장관은 제1항 및 제2항에 따른 평가 결과를 반영하여 보험사업을 조정하거나 제81조에 따른 기금운용 계획을 수립하여야 한다. **OIKOS UP 보험사업 평가기관(시행령 제6조의2)** ① 법 제11조의2제2항에서 "대통령령으로 정하는 기관"이란 다음 각 호의 기관 중에서 고용노동부장관이 지정하는 기관(이하 이 조에서 "평가기관"이라 한다)을 말한다. 　1. 「정부출연연구기관 등의 설립·운영 및 육성에 관한 법률」에 따른 정부출연연구기관 　2. 「공공기관의 운영에 관한 법률」 제4조부터 제6조까지의 규정에 따라 지정·고시된 공공기관 　3. 「고등교육법」 제2조제1호부터 제6호까지의 규정에 해당하는 학교(부설 연구기관을 포함한다) 　4. 민간연구기관 ② 고용노동부장관은 평가기관에 대하여 예산의 범위에서 업무 수행에 필요한 비용을 지원할 수 있다.
제13조	피보험자격의 취득일 [18]	① 근로자인 피보험자는 이 법이 적용되는 사업에 <u>고용된 날</u>에 피보험자격을 취득한다. 다만, 다음 각 호의 경우에는 각각 그 해당되는 날에 피보험자격을 취득한 것으로 본다. 　1. 제10조 및 제10조의2에 따른 적용 제외 근로자였던 자가 이 법의 적용을 받게 된 경우에는 그 적용을 받게 된 날 　2. 고용산재보험료징수법 제7조에 따른 보험관계 성립일 전에 고용된 근로자의 경우에는 그 보험관계가 성립한 날 　※ 피보험자는 이 법이 적용되는 사업에 고용된 날의 다음 달부터 피보험자격을 취득한다.(×) ② 자영업자인 피보험자는 고용산재보험료징수법 제49조의2제1항 및 같은 조 제12항에서 준용하는 같은 법 제7조제3호에 따라 보험관계가 성립한 날에 피보험자격을 취득한다.

제3장	고용안정· 직업능력 개발 사업 [정책론 ⑳]	① 고용창출의 지원(제20조) ② 고용조정의 지원(제21조) ③ 지역고용의 촉진(제22조) ④ 고령자 등 고용촉진의 지원(제23조) ⑤ 건설근로자 등의 고용안정 지원(제24조) ⑥ 고용안정 및 취업 촉진(제25조) ⑦ 고용촉진시설에 대한 지원(제26조) ⑧ **사업주에 대한 직업능력개발훈련의 지원(제27조)** **제1항** 고용노동부장관은 피보험자등의 직업능력을 개발·향상시키기 위하여 대통령령으로 정하는 **직업능력개발 훈련을 실시하는 사업주에게 대통령령으로** 정하는 바에 따라 그 훈련에 필요한 비용을 지원할 수 있다. 우리나라 고용보험 : 직업능력개발 훈련을 실시하는 사업주를 지원할 수 있다.(O) ⑨ 피보험자 등에 대한 직업능력개발 지원(제29조) ⑩ 직업능력개발 훈련시설에 대한 지원(제30조) ⑪ 직업능력개발의 촉진(제31조) ⑫ 건설근로자 등의 직업능력개발 지원(제32조) ⑬ 고용정보의 제공 및 고용지원기반의 구축(제33조) ⑭ 지방자치단체 등에 대한 지원(제34조)
제4장 실업급여 **제1절 통칙**		① 실업급여는 **구직급여와 취업촉진 수당으로 구분**한다. ② **취업촉진 수당의 종류**는 다음 각 호와 같다.[⑪]
제37조	실업급여의 종류 [⑪⑬⑰㉒]	1. **조기(早期)재취업 수당** 2. **직업능력개발 수당** 3. **광역 구직활동비** 4. **이주비** ✏️ 암기법 조기 직업능력개발~ 해서 광역시로 이주하자.
제37조 의2	실업급여 수급계좌	① 직업안정기관의 장은 제43조에 따른 수급자격자의 신청이 있는 경우에는 **실업급여를 수급자격자 명의의 지정된 계좌(실업급여수급계좌)로 입금**하여야 한다. ② 실업급여수급계좌의 해당 금융기관은 이 법에 따른 실업급여만이 실업급여수급계좌에 입금되도록 관리하여야 한다.
제38조	수급권의 보호 [㉒]	① 실업급여를 받을 권리는 양도 또는 압류하거나 담보로 제공할 수 없다. ② 제37조의2제1항에 따라 지정된 실업급여수급계좌의 예금 중 대통령령으로 정하는 액수 이하의 금액에 관한 채권은 압류할 수 없다.
제38조 의2	공과금의 면제 [⑱]	**실업급여로서 지급된 금품에 대하여는 국가나 지방자치단체의 공과금(「국세기본법」 제2조제8호 또는 「지방세기본법」 제2조제1항제26호에 따른 공과금을 말한다)을 부과하지 아니한다.** 실업급여로서 지급된 금품에 대하여 국가는 「국세기본법」에 따른 모든 공과금을 부과하여야 한다.(×)

제40조	제2절 구직급여	① 구직급여는 이직한 근로자인 피보험자가 다음 각 호의 요건을 모두 갖춘 경우에 지급한다. 다만, 제5호와 제6호는 최종 이직 당시 일용근로자였던 자만 해당한다. 1. 제2항에 따른 기준기간(이하 "기준기간"이라 한다) 동안의 피보험 단위기간(제41조에 따른 피보험 단위기간을 말한다. 이하 같다)이 통산(通算)하여 **180일 이상**일 것 2. 근로의 의사와 능력이 있음에도 불구하고 취업(영리를 목적으로 사업을 영위하는 경우를 포함한다. 이하 이 장 및 제5장에서 같다)하지 못한 상태에 있을 것 3. 이직사유가 제58조에 따른 수급자격의 제한 사유에 해당하지 아니할 것 └ 중대한 귀책사유(歸責事由)로 해고된 피보험자, 자기 사정으로 이직한 피보험자 경우는 제외한다는 것 4. 재취업을 위한 노력을 적극적으로 할 것 5. 다음 각 목의 어느 하나에 해당할 것 　가. 제43조에 따른 수급자격 인정신청일이 속한 달의 직전 달 초일부터 수급자격 인정신청일까지의 근로일 수의 합이 같은 기간 동안의 총 일수의 3분의 1 미만일 것 　나. 건설일용근로자(일용근로자로서 이직 당시에 「통계법」제22조제1항에 따라 통계청장이 고시하는 한국표준산업분류의 대분류상 건설업에 종사한 사람을 말한다. 이하 같다)로서 수급자격 인정신청일 이전 14일간 연속하여 근로내역이 없을 것 6. 최종 이직 당시의 기준기간 동안의 피보험 단위기간 중 다른 사업에서 제58조에 따른 수급자격의 제한 사유에 해당하는 사유로 이직한 사실이 있는 경우에는 그 피보험 단위기간 중 90일 이상을 일용근로자로 근로하였을 것 ② 기준기간은 이직일 이전 **18개월**로 하되, 근로자인 피보험자가 다음 각 호의 어느 하나에 해당하는 경우에는 다음 각 호의 구분에 따른 기간을 기준기간으로 한다. 1. 이직일 이전 18개월 동안에 질병·부상, 그 밖에 대통령령으로 정하는 사유로 계속하여 30일 이상 보수의 지급을 받을 수 없었던 경우: 18개월에 그 사유로 보수를 지급 받을 수 없었던 일수를 가산한 기간(3년을 초과할 때에는 3년으로 한다) 2. 다음 각 목의 요건에 모두 해당하는 경우: 이직일 이전 24개월 　가. 이직 당시 1주 소정근로시간이 15시간 미만이고, 1주 소정근로일수가 2일 이하인 근로자로 근로하였을 것 　나. 이직일 이전 24개월 동안의 피보험 단위기간 중 90일 이상을 가목의 요건에 해당하는 근로자로 근로하였을 것 ❌ 구직급여의 수급 요건으로서 기준기간은 피보험자의 이직일 이전 36개월로 한다.(×) **OIKOS UP 구직급여** 실업급여 중 가장 기본적이고 중요한 급여로 피보험자가 실업 시 재취업활동기간 중 생활안정을 도모하기 위하여 지급되는 급여이다.
	구직급여의 수급 요건 [10 16 19] [정책론 21]	
제41조	피보험 단위기간	① 근로자의 **피보험 단위기간은 피보험기간 중 보수 지급의 기초가 된 날을 합하여 계산**한다. 다만, **자영업자인 피보험자의 피보험 단위기간은 제50조 제3항 단서 및 제4항에 따른 피보험기간**으로 한다. ② 제1항에 따라 피보험 단위기간을 계산할 때에는 최후로 피보험자격을 취득한 날 이전에 구직급여를 받은 사실이 있는 경우에는 그 구직급여와 관련된 피보험자격 상실일 이전의 피보험 단위기간은 넣지 아니한다.

제42조	실업의 신고 [⑩⑰⑲]	① **구직급여를 지급받으려는 사람은** 이직 후 지체 없이 직업안정기관에 출석하여 실업을 **신고하여야 한다.** 다만, 「재난 및 안전관리 기본법」 제3조제1호의 재난으로 출석하기 어려운 경우 등 고용노동부령으로 정하는 사유가 있는 경우에는 「고용정책기본법」 제15조의2에 따른 고용정보시스템을 통하여 신고할 수 있다. [⑲] ② 제1항에 따른 실업의 신고에는 구직 신청과 제43조에 따른 수급자격의 인정신청을 포함하여야 한다. ③ 제1항에 따라 구직급여를 지급받기 위하여 실업을 신고하려는 사람은 이직하기 전 사업의 사업주에게 피보험 단위기간, 이직 전 1일 소정근로시간 등을 확인할 수 있는 자료(이하 "이직확인서"라 한다)의 발급을 요청할 수 있다. 이 경우 요청을 받은 사업주는 고용노동부령으로 정하는 바에 따라 이직확인서를 발급하여 주어야 한다.
제45조	급여의 기초가 되는 임금일액	① 구직급여의 산정 기초가 되는 임금일액[이하 "기초일액(基礎日額)"이라 한다]은 제43조제1항에 따른 수급자격의 인정과 관련된 마지막 이직 당시 「근로기준법」 제2조제1항제6호에 따라 산정된 평균임금으로 한다. 다만, 마지막 이직일 이전 3개월 이내에 피보험자격을 취득한 사실이 2회 이상인 경우에는 마지막 이직일 이전 3개월간(일용근로자의 경우에는 마지막 이직일 이전 4개월 중 최종 1개월을 제외한 기간)에 그 근로자에게 지급된 임금 총액을 그 산정의 기준이 되는 3개월의 총 일수로 나눈 금액을 기초일액으로 한다. ② 제1항에 따라 산정된 금액이 「근로기준법」에 따른 그 근로자의 통상임금보다 적을 경우에는 그 통상임금액을 기초일액으로 한다. 다만, 마지막 사업에서 이직 당시 일용근로자였던 자의 경우에는 그러하지 아니하다. ③ 제1항과 제2항에 따라 기초일액을 산정하는 것이 곤란한 경우와 보험료를 고용산재보험료징수법 제3조에 따른 기준보수(이하 "기준보수"라 한다)를 기준으로 낸 경우에는 기준보수를 기초일액으로 한다. 다만, 보험료를 기준보수로 낸 경우에도 제1항과 제2항에 따라 산정한 기초일액이 기준보수보다 많은 경우에는 그러하지 아니하다. ④ 제1항부터 제3항까지의 규정에도 불구하고 이들 규정에 따라 산정된 기초일액이 그 수급자격자의 이직 전 1일 소정근로시간에 이직일 당시 적용되던 「최저임금법」에 따른 시간 단위에 해당하는 최저임금액을 곱한 금액(이하 "최저기초일액"이라 한다)보다 낮은 경우에는 최저기초일액을 기초일액으로 한다. 이 경우 이직 전 1일 소정근로시간은 고용노동부령으로 정하는 방법에 따라 산정한다. ⑤ 제1항부터 제3항까지의 규정에도 불구하고 이들 규정에 따라 산정된 기초일액이 보험의 취지 및 일반 근로자의 임금 수준 등을 고려하여 대통령령으로 정하는 금액을 초과하는 경우에는 대통령령으로 정하는 금액을 기초일액으로 한다.

제46조	구직급여 일액	① 구직급여일액은 다음 각 호의 구분에 따른 금액으로 한다.
		  1. 제45조제1항부터 제3항까지 및 제5항의 경우에는 그 수급자격자의 기초일액에 **100분의 60을 곱한 금액**
		  2. 제45조제4항의 경우에는 그 수급자격자의 기초일액에 **100분의 80을 곱한 금액**(이하 "최저구직급여일액"이라 한다)
		② 제1항제1호에 따라 산정된 구직급여일액이 최저구직급여일액보다 낮은 경우에는 최저구직급여일액을 그 수급자격자의 구직급여일액으로 한다.

제49조	대기기간 [⑲] [정책론 ⑲]	① 제44조에도 불구하고 제42조에 따른 **실업의 신고일부터 계산하기 시작하여 7일 간은 대기기간으로 보아 구직급여를 지급하지 아니한다.** 다만, 최종 이직 당시 건설일용근로자였던 사람에 대해서는 제42조에 따른 실업의 신고일부터 계산하여 구직급여를 지급한다. → 대기기간은 본인책임주어 잦은 이직을 억제 위함임 ⊗⊚ 실업 신고일부터 계산하기 시작하여 14일간의 대기기간 중에는 구직급여를 지급하지 않는다.(×) ② 제1항 본문에도 불구하고 제43조제1항 및 제43조의2제1항에 따라 수급자격의 인정신청을 한 경우로서 가장 나중에 상실한 피보험자격과 관련된 이직사유가 제43조의2제2항 단서에 해당하는 경우에는 제42조에 따른 실업의 신고일부터 계산하기 시작하여 4주의 범위에서 대통령령으로 정하는 기간을 대기기간으로 보아 구직급여를 지급하지 아니한다.
제50조	소정급여 일수 및 피보험기간 [⑫⑮]	① 하나의 수급자격에 따라 **구직급여를 지급받을 수 있는 날**(이하 "소정급여일수"라 한다)은 대기기간이 끝난 다음날부터 계산하기 시작하여 피보험기간과 연령에 따라 별표 1에서 정한 일수가 되는 날까지로 한다. → 소정급여일수 : 하나의 수급자격에 대하여 구직급여를 지급받을 수 있는 일수로, 수급자격자의 피보험기간과 이직 당시 연령에 따라 최소 120일에서 최대 270일 ② 수급자격자가 소정급여일수 내에 제48조제2항에 따른 임신·출산·육아, 그 밖에 대통령령으로 정하는 사유로 수급기간을 연장한 경우에는 그 기간만큼 구직급여를 유예하여 지급한다. ③ **피보험기간은 그 수급자격과 관련된 이직 당시의 적용 사업에서 고용된 기간**(제10조 및 제10조의2에 따른 적용 제외 근로자로 고용된 기간은 제외한다. 이하 이 조에서 같다)으로 한다. 다만, **자영업자인 피보험자의 경우에는 그 수급자격과 관련된 폐업 당시의 적용 사업에의 보험가입기간 중에서 실제로 납부한 고용보험료에 해당하는 기간으로 한다.** **OIKOS UP** 소정급여일수 ① 구직급여를 지급받을 수 있는 날(소정급여일수)는 120~270일 사이(2019.8.27.개정, 2019.10.1.시행, 개정 전 : 90~240일)이며, 피보험기간(가입기간)과 연령(이직일 현재 연령)에 따라 다르다. 	구 분		피보험기간				
---	---	---	---	---	---	---
		1년 미만	1년 이상 3년 미만	3년 이상 5년 미만	5년 이상 10년 미만	10년 이상
이직일 현재 연령	50세 미만	**120일**	150일	180일	210일	240일
	50세 이상	120일	180일	210일	240일	**270일** | ⊗⊚ 구직급여의 소정급여일수는 보험가입기간과 연령에 따라 120~270일까지이다.(O) ② 자영업자인 피보험자로서 폐업한 수급자격자에 대한 소정급여일수는 연령과 상관없이 피보험기간(가입기간)에 따라 120~210일(2019.8.27.개정, 2019.10.1.시행, 개정 전 : 90~180일) 동안 받을 수 있다. | 구 분	피보험기간			
---	---	---	---	---
	1년 이상 3년 미만	3년 이상 5년 미만	5년 이상 10년 미만	10년 이상
소정급여일수	120일	150일	180일	210일	 ⊗⊚ 자영업자는 구직급여를 90~240일까지 받을 수 있다.(×)

제51조	훈련 연장급여 [⑫]	직업안정기관의 장은 제1항에 따라 직업능력개발 훈련 등을 받도록 지시한 경우에는 **수급자격자가 그 직업능력개발 훈련 등을 받는 기간 중 실업의 인정을 받은 날에 대하여는 소정급여일수를 초과하여 구직급여를 연장하여 지급할 수 있다.** 이 경우 연장하여 지급하는 구직급여("**훈련연장급여**")의 지급 기간은 대통령령으로 정하는 기간을 한도로 한다.
제52조	개별 연장급여 [⑫]	직업안정기관의 장은 **취업이 특히 곤란하고 생활이 어려운 수급자격자로서 대통령령으로 정하는 자에게는** 그가 실업의 인정을 받은 날에 대하여 소정급여일수를 초과하여 구직급여를 연장하여 지급할 수 있다. 이 경우 연장하여 지급하는 구직급여("**개별연장급여**")는 60일의 범위에서 대통령령으로 정하는 기간 동안 지급한다.
제53조	특별 연장급여 [⑫]	고용노동부장관은 **실업의 급증 등 대통령령으로 정하는 사유가 발생한 경우에는 60일의 범위에서 수급자격자가 실업의 인정을 받은 날에 대하여 소정급여일수를 초과하여 구직급여를 연장하여 지급할 수 있다.** 이 경우 연장하여 지급하는 구직급여("**특별연장급여**")를 지급하려면 기간을 정하여 실시하여야 한다.

제58조	이직 사유에
	따른
	수급자격의
	제한
	[⑩㉑]
		제40조에도 불구하고 **피보험자가 다음 각 호의 어느 하나에 해당한다고 직업안정기관의 장이 인정하는 경우에는 수급자격이 없는 것으로 본다.**
		1. **중대한 귀책사유(歸責事由)로 해고된 피보험자**로서 다음 각 목의 어느 하나에 해당하는 경우
		   가. 「형법」 또는 직무와 관련된 법률을 위반하여 금고 이상의 형을 선고받은 경우 [㉑]
		   나. 사업에 막대한 지장을 초래하거나 재산상 손해를 끼친 경우로서 고용노동부령으로 정하는 기준에 해당하는 경우 [㉑]
		   다. 정당한 사유 없이 근로계약 또는 취업규칙 등을 위반하여 장기간 무단 결근한 경우 [㉑]
		2. **자기 사정으로 이직한 피보험자**로서 다음 각 목의 어느 하나에 해당하는 경우
		   가. **전직 또는 자영업을 하기 위하여 이직한 경우**
		   나. 제1호의 중대한 귀책사유가 있는 자가 해고되지 아니하고 사업주의 권고로 이직한 경우
		   다. 그 밖에 **고용노동부령**으로 정하는 정당한 사유에 해당하지 아니하는 사유로 이직한 경우
		
		OIKOS UP 이직 사유에 따른 수급자격의 제한 기준(시행규칙 제101조)
		① 법 제58조제1호나목에서 "고용노동부령으로 정하는 기준에 해당하는 경우"란 **별표 1의2**를 말한다.
		
		[별표 1의2] 사업에 막대한 지장을 초래하거나 재산상 손해를 끼친 경우
		1. 납품업체로부터 금품이나 향응을 받고 불량품을 납품받아 생산에 차질을 가져온 경우
		2. 사업의 기밀이나 그 밖의 정보를 경쟁관계에 있는 다른 사업자 등에게 제공한 경우 [㉑]
		3. 거짓 사실을 날조·유포하거나 불법 집단행동을 주도하여 사업에 막대한 지장을 초래하거나 재산상 손해를 끼친 경우
		4. 직책을 이용하여 공금을 착복·장기유용·횡령하거나 배임한 경우
		5. 제품이나 원료 등을 절취하거나 불법 반출한 경우
		6. 인사·경리·회계담당 직원이 근로자의 근무상황 실적을 조작하거나 거짓 서류 등을 작성하여 사업에 막대한 지장을 초래하거나 재산상 손해를 끼친 경우
		7. 사업장의 기물을 고의로 파손하여 사업에 막대한 지장을 초래하거나 재산상 손해를 끼친 경우
		8. 영업용 차량을 사업주의 위임이나 동의 없이 다른 사람에게 대리운전하게 하여 교통사고를 일으킨 경우

제62조	반환명령 등 [⑩]	① 직업안정기관의 장은 거짓이나 그 밖의 부정한 방법으로 구직급여를 지급받은 자에게 고용노동부령으로 정하는 바에 따라 지급받은 구직급여의 전부 또는 일부의 반환을 명할 수 있다. ② 직업안정기관의 장은 제1항에 따라 반환을 명하는 경우에 고용노동부령으로 정하는 바에 따라 거짓이나 그 밖의 부정한 방법으로 지급받은 구직급여액의 2배 이하의 금액을 추가로 징수할 수 있다. 다만, 사업주(사업주의 대리인·사용인, 그 밖에 사업주를 위하여 행위하는 자를 포함한다. 이하 이 조 및 제116조제1항에서 같다)와 공모(거짓이나 그 밖의 부정한 방법에 사업주의 거짓된 신고·보고 또는 증명 등 사업주의 귀책사유가 포함되어 있는 경우를 말한다. 이하 같다)하여 거짓이나 그 밖의 부정한 방법으로 구직급여를 지급받은 경우에는 지급받은 구직급여액의 5배 이하의 금액을 추가로 징수할 수 있다. ③ 거짓이나 그 밖의 부정한 방법으로 구직급여를 지급받은 사람이 사업주와 공모한 경우에는 그 사업주도 그 구직급여를 지급받은 사람과 연대(連帶)하여 제1항 및 제2항에 따른 책임을 진다. ④ 직업안정기관의 장은 구직급여의 수급자격이 있는 사람 또는 수급자격이 있었던 사람에게 잘못 지급된 구직급여가 있으면 그 지급금의 반환을 명할 수 있다.
제63조	질병 등의 특례 [정책론 ⑳]	수급자격자가 제42조에 따라 실업의 신고를 한 이후에 질병·부상 또는 출산으로 취업이 불가능하여 실업의 인정을 받지 못한 날에 대하여는 제44조제1항에도 불구하고 그 수급자격자의 청구에 의하여 제46조의 구직급여일액에 해당하는 금액("**상병급여**")을 구직급여를 갈음하여 지급할 수 있다. ■ OIKOS UP 상병급여 수급자격자가 수급기간 중 질병·부상 또는 출산으로 7일 이상 취업이 불가능한 경우에는 구직급여에 갈음하여 상병급여를 지급한다.
제3절 취업촉진 수당		
제64조	조기재취업 수당	조기재취업 수당은 **수급자격자**(「외국인근로자의 고용 등에 관한 법률」 제2조에 따른 외국인 근로자는 제외한다)**가 안정된 직업에 재취직하거나 스스로 영리를 목적으로 하는 사업을 영위하는 경우**로서 대통령령으로 정하는 기준에 해당하면 지급한다.
제65조	직업능력 개발 수당	직업능력개발 수당은 수급자격자가 직업안정기관의 장이 지시한 직업능력개발 훈련 등을 받는 경우에 그 **직업능력개발 훈련 등을 받는 기간에 대하여 지급**한다.
제66조	광역 구직활동비	광역 구직활동비는 수급자격자가 **직업안정기관의 소개에 따라 광범위한 지역에 걸쳐 구직 활동을 하는 경우**로서 대통령령으로 정하는 기준에 따라 직업안정기관의 장이 필요하다고 인정하면 지급할 수 있다.
제67조	이주비 [⑲]	이주비는 수급자격자가 취업하거나 직업안정기관의 장이 지시한 **직업능력개발 훈련 등을 받기 위하여 그 주거를 이전하는 경우**로서 대통령령으로 정하는 기준에 따라 직업안정기관의 장이 필요하다고 인정하면 지급할 수 있다.
제4절 자영업자인 피보험자에 대한 실업급여 적용의 특례		
제69조 의2	자영업자인 피보험자의 실업급여의 종류 [⑫⑮]	자영업자인 피보험자의 실업급여의 종류는 ① 제37조[구직급여(연장급여, 상병급여)와 취업촉진수당(조기재취업 수당, 직업능력개발 수당, 광역구직활동비, 이주비)]에 따른다. ② 다만, **연장급여(훈련연장급여, 개별연장급여, 특별연장급여)와 조기재취업 수당은 제외**한다.

제12장 **사회보험법** 749

제69조의3	구직급여의 수급 요건 [⑮]	구직급여는 폐업한 자영업자인 피보험자가 다음 각 호의 요건을 모두 갖춘 경우에 지급한다. 1. 폐업일 이전 24개월간 제41조 제1항 단서에 따라 자영업자인 피보험자로서 갖춘 피보험 단위기간이 통산(通算)하여 1년 이상일 것 2. 근로의 의사와 능력이 있음에도 불구하고 취업을 하지 못한 상태에 있을 것 3. 폐업사유가 제69조의7에 따른 수급자격의 제한 사유에 해당하지 아니할 것 4. **재취업을 위한 노력을 적극적으로 할 것**
제69조의5	구직급여 일액	자영업자인 피보험자로서 폐업한 수급자격자에 대한 구직급여일액은 그 수급자격자의 기초일액에 100분의 60을 곱한 금액으로 한다.
제69조의6	소정급여 일수 [⑮]	자영업자인 피보험자로서 폐업한 수급자격자에 대한 소정급여일수는 제49조에 따른 **대기기간이 끝난 다음 날부터 계산하기 시작하여 피보험기간에 따라 별표 2에서 정한 일수 가 되는 날까지**로 한다. → 소정급여일수 : 자영업자인 피보험자로서 폐업한 수급자격자에 대한 소정급여일수는 연령과 상관없이 피보험기간(가입기간)에 따라 120~210일(개정 前 : 90~180일) 동안 받을 수 있음
제69조의7	폐업사유에 따른 수급자격의 제한	제69조의3에도 불구하고 **폐업한 자영업자인 피보험자가 다음 각 호의 어느 하나에 해당 한다고 직업안정기관의 장이 인정하는 경우에는 수급자격이 없는 것**으로 본다. 1. 법령을 위반하여 허가 취소를 받거나 영업 정지를 받음에 따라 폐업한 경우 2. 방화(放火) 등 피보험자 본인의 중대한 귀책사유로서 고용노동부령으로 정하는 사유로 폐업한 경우 3. 매출액 등이 급격하게 감소하는 등 고용노동부령으로 정하는 사유가 아닌 경우로서 전직 또는 자영업을 다시 하기 위하여 폐업한 경우 4. 그 밖에 고용노동부령으로 정하는 정당한 사유에 해당하지 아니하는 사유로 폐업한 경우
제69조의8	자영업자인 피보험자에 대한 실업 급여의 지급 제한 [⑮]	고용노동부장관은 **보험료를 체납한 사람에게는** 고용노동부령으로 정하는 바에 따라 이 장에 따른 **실업급여를 지급하지 아니할 수 있다.**
제5장 제1절 육아휴직 급여 및 육아기 근로시간 단축 급여		
제70조	육아휴직 급여 [⑭]	① **고용노동부장관은** 「남녀고용평등과 일·가정 양립 지원에 관한 법률」 제19조에 따른 **육아휴직을 30일**(「근로기준법」 제74조에 따른 출산전후휴가기간과 중복되는 기간은 제외한다) **이상 부여받은 피보험자 중 육아휴직을 시작한 날 이전에 제41조에 따른 피보험 단위기간이 합산하여 180일 이상인 피보험자에게 육아휴직 급여를 지급한다.** 1. 삭제 〈2019.8.27.〉 2. 삭제 〈2019.8.27.〉 ② 제1항에 따른 **육아휴직 급여를 지급받으려는 사람은 육아휴직을 시작한 날 이후 1개월부터 육아휴직이 끝난 날 이후 12개월 이내에 신청**하여야 한다. 다만, 해당 기간에 대통령령으로 정하는 사유로 육아휴직 급여를 신청할 수 없었던 사람은 그 사유가 끝난 후 30일 이내에 신청하여야 한다.

제70조	육아휴직 급여 [⑭]	**OIKOS UP 육아휴직급여** ① 근로자가 만 8세 이하 또는 초등학교 2학년 이하의 자녀를 양육하기 위하여 신청, 사용하는 휴직을 말한다. → **육아휴직대상자는 남녀근로자 모두 해당** ② 육아휴직기간은 1년 이내로 한다. → 산전후휴가일과는 별도 　㉠ 자녀 1명당 1년 사용가능하므로 자녀가 2명이면 각각 1년씩 2년 사용 가능 　㉡ 근로자의 권리이므로 부모가 모두 근로자이면 한 자녀에 대하여 아빠도 1년, 엄마도 1년 사용가능 　㉢ 부부가 동시에 같은 자녀에 대해 육아휴직 사용 가능 ③ 동법 시행령 제95조 제1항 : 법 제70조제1항에 따른 육아휴직 급여는 육아휴직 시작일을 기준으로 한 월 통상임금의 100분의 80에 해당하는 금액을 월별 지급액으로 한다. 다만, 해당 금액이 150만원을 넘는 경우에는 150만원으로 하고, 해당 금액이 70만원보다 적은 경우에는 70만원으로 한다. 　❌ 육아휴직 시작일로부터 3개월까지는 월 통상임금의 100분의 50에 해당하는 금액을 지급한다.(×)
제72조	취업의 신고 등 [⑭] 삭제〈2019.1.15.〉	
제73조	육아휴직 급여의 지급 제한 등 [⑭]	① 피보험자가 육아휴직 기간 중에 그 사업에서 이직한 경우에는 그 이직하였을 때부터 육아휴직 급여를 지급하지 아니한다. ② 피보험자가 육아휴직 기간 중에 제70조제3항에 따른 **취업을 한 경우에는 그 취업한 기간**에 대해서는 육아휴직 급여를 지급하지 아니한다. ③ 피보험자가 사업주로부터 육아휴직을 이유로 금품을 지급받은 경우 대통령령으로 정하는 바에 따라 급여를 감액하여 지급할 수 있다. ④ **거짓이나 그 밖의 부정한 방법으로 육아휴직 급여를 받았거나 받으려 한 사람에게는 그 급여를 받은 날 또는 받으려 한 날부터의 육아휴직 급여를 지급하지 아니한다.** 다만, 그 급여와 관련된 육아휴직 이후에 새로 육아휴직 급여 요건을 갖춘 경우 그 새로운 요건에 따른 육아휴직 급여는 그러하지 아니하다. ⑤ 제4항 본문에도 불구하고 제70조제3항을 위반하여 육아휴직 기간 중 취업한 사실을 기재하지 아니하거나 거짓으로 기재하여 육아휴직 급여를 받았거나 받으려 한 사람에 대해서는 위반횟수 등을 고려하여 고용노동부령으로 정하는 바에 따라 지급이 제한되는 육아휴직 급여의 범위를 달리 정할 수 있다.
제73조의2	육아기 근로시간 단축 급여	① 고용노동부장관은 「남녀고용평등과 일·가정 양립 지원에 관한 법률」 제19조의2에 따른 육아기 근로시간 단축(이하 "육아기 근로시간 단축"이라 한다)을 30일(「근로기준법」 제74조에 따른 출산전후휴가기간과 중복되는 기간은 제외한다) 이상 실시한 피보험자 중 육아기 근로시간 단축을 시작한 날 이전에 제41조에 따른 피보험 단위기간이 합산하여 180일 이상인 피보험자에게 육아기 근로시간 단축 급여를 지급한다. ② 제1항에 따른 육아기 근로시간 단축 급여를 지급받으려는 사람은 육아기 근로시간 단축을 시작한 날 이후 1개월부터 끝난 날 이후 12개월 이내에 신청하여야 한다. 다만, 해당 기간에 대통령령으로 정하는 사유로 육아기 근로시간 단축 급여를 신청할 수 없었던 사람은 그 사유가 끝난 후 30일 이내에 신청하여야 한다. ③ 제1항에 따른 육아기 근로시간 단축 급여액은 대통령령으로 정한다.

		OIKOS UP 육아기 근로시간 단축 ① 육아휴직을 신청할 수 있는 근로자는 육아휴직을 대신해서 육아기 근로시간의 단축을 신청할 수 있는 것을 말한다. ② 근로자는 육아기 근로시간 단축을 신청하는 경우에 1년(육아휴직 미사용기간을 가산하는경우 최대2년까지 사용)이내의 기간으로 이를 사용할 수 있다. ③ 사업주가 해당 근로자에게 육아기 근로시간 단축을 허용하는 경우 단축 후 근로시간은 주당 15시간 이상이어야 하고 35시간을 넘어서는 안 된다. ※ 자녀 1명당 육아휴직과 육아기 근로시간 단축을 합산하여 최대 2년까지 사용할 수 있다.
제74조	준용 [⑭]	① **육아휴직 급여에 관하여는 제62조를 준용**한다. 이 경우 "구직급여"는 "육아휴직 급여"로 본다. ※ 직업안정기관의 장은 거짓으로 육아휴직급여를 지급받은 자에게 지급받은 전체 육아휴직 급여의 전부 또는 일부의 반환을 명할 수 있다.(O) ② 육아기 근로시간 단축 급여에 관하여는 제62조, 제71조 및 제73조를 준용한다. 이 경우 제62조 중 "구직급여"는 "육아기 근로시간 단축 급여"로 보고, 제71조 및 제73조 중 "육아휴직"은 "육아기 근로시간 단축"으로 본다.
제75조	제5장 제2절 출산전후휴가 급여 등 출산전후휴가 급여 등	고용노동부장관은 「남녀고용평등과 일·가정 양립 지원에 관한 법률」 제18조에 따라 피보험자가 「근로기준법」 제74조에 따른 **출산전후휴가 또는 유산·사산휴가를 받은 경우**와 「남녀고용평등과 일·가정 양립 지원에 관한 법률」 제18조의2에 따른 배우자 출산휴가를 받은 경우로서 **다음 각 호의 요건을 모두 갖춘 경우에 출산전후휴가 급여 등**(이하 "출산전후휴가 급여 등"이라 한다)을 지급한다. 1. 휴가가 끝난 날 이전에 제41조에 따른 피보험 단위기간이 통산하여 180일 이상일 것 2. 휴가를 시작한 날[출산전후휴가 또는 유산·사산휴가를 받은 피보험자가 속한 사업장이 우선지원 대상기업이 아닌 경우에는 휴가 시작 후 60일(한 번에 둘 이상의 자녀를 임신한 경우에는 75일)이 지난 날로 본다] 이후 1개월부터 휴가가 끝난 날 이후 12개월 이내에 신청할 것. 다만, 그 기간에 대통령령으로 정하는 사유로 출산전후휴가 급여등을 신청할 수 없었던 자는 그 사유가 끝난 후 30일 이내에 신청하여야 한다. **OIKOS UP** 출산전후(유산·사산)휴가급여 ① 출산전후휴가는 임신/출산 등으로 인하여 소모된 체력을 회복시키기 위하여 부여하는 제도로, 출산한 여성근로자의 근로의무를 면제하고 임금상실 없이 휴식을 보장받도록 하는 제도이다. ② **출산전후휴가기간** : 임신중의 여성에 대하여는 출산 전과 출산 후를 통하여 90일(한 번에 둘 이상 자녀를 임신한 경우 120일)의 출산전후휴가를 주되, 휴가 기간의 배정은 출산후에 45일(한 번에 둘 이상 자녀를 임신한 경우 60일) 이상이 확보되도록 부여하여야 한다(근로기준법 제74조).
	제6장 고용보험기금	① 고용노동부장관은 보험사업에 필요한 재원에 충당하기 위하여 고용보험기금을 설치한다.

제78조	기금의 설치 및 조성	② 기금은 보험료와 이 법에 따른 징수금·적립금·기금운용 수익금과 그 밖의 수입으로 조성한다.

제79조	기금의 관리·운용 [22]	① **기금은 고용노동부장관이 관리·운용**한다. [22]
		② 기금의 관리·운용에 관한 세부 사항은 「국가재정법」의 규정에 따른다.
		③ **고용노동부장관은 다음 각 호의 방법에 따라 기금을 관리·운용**한다.
		  1. 금융기관에의 예탁
		  2. 재정자금에의 예탁
		  3. 국가·지방자치단체 또는 금융기관에서 직접 발행하거나 채무이행을 보증하는 유가증권의 매입
		  4. 보험사업의 수행 또는 기금 증식을 위한 부동산의 취득 및 처분
		  5. 그 밖에 대통령령으로 정하는 기금 증식 방법

제80조	기금의 용도 [9]	① 기금은 다음 각 호의 용도에 사용하여야 한다.
		  1. 고용안정·직업능력개발 사업에 필요한 경비
		  2. 실업급여의 지급
		  2의2. 제55조의2에 따른 국민연금 보험료의 지원
		  3. 육아휴직 급여 및 출산전후휴가 급여 등의 지급
		  4. 보험료의 반환
		  5. 일시 차입금의 상환금과 이자
		  6. 이 법과 고용산재보험료징수법에 따른 업무를 대행하거나 위탁받은 자에 대한 출연금
		  7. 그 밖에 이 법의 시행을 위하여 필요한 경비로서 대통령령으로 정하는 경비와 제1호 및 제2호에 따른 **사업의 수행에 딸린 경비**
		② 제1항제6호에 따라 기금으로부터 「국민건강보험법」 제13조에 따른 국민건강보험공단에 출연하는 금액은 징수업무(고지·수납·체납 업무를 말한다)가 차지하는 비율 등을 기준으로 산정한다.

04 산업재해보상보험법 [④⑤⑥⑧⑨⑩⑪⑫⑬⑭⑮⑯⑰⑱⑲⑳㉑]

1 개요

(1) 약칭 및 관장부처
① **약칭** : 산재보험법
② **관장부처** : 고용노동부(산재보상정책과)

(2) 도입배경과 발달과정
① **도입배경**
  ㉠ 근로자 보호의 제도화를 위해 1953년 근로기준법이 제정·시행되었는데(1953년 5월 10일 제정, 1953년 8월 10일 시행), **업무상 재해에 대해 사용자의 개별책임주의를** 규정하였다.
    ㉮ 산재보상이 사용자 개인의 재산에 의존했기 때문에 실제 보상이 이루어지는 데 많은 어려움이 있었다.
    ㉯ 사용자의 개별책임주의에 기반을 둔 재해보상은 개인 사용자의 약한 재정에 의존해야 했으며, 강제력이 약했고, 강력한 행정력이 뒷받침되지 못해 실효성이 미미하였다.
  ㉡ **근로기준법에 기반을 둔 개별책임주의의 한계를 보완하기 위해 1963년 11월 5일 산재보험법이 제정**되었다.

② **발달과정**
  ㉠ **1963년 11월 5일 산재보험법이 제정**된, 그 다음 해인 **1964년 7월 1일부터 상시 500인 이상 근로자를 사용하는 광업 및 제조업에만 당연적용**되었다.
  ㉡ **1970년 산재보험법 개정에 의해 장해급여와 유족급여 등에 연금방식을 도입함으로써** 산재로 인한 장기적 소득 손실에 대해 보장이 이루어졌다.
  ㉢ **2000년 7월 1일부터 1인 이상 사업으로 적용대상이 확대되어 거의 모든 사업에 산재보험이 적용**되었다.
  ㉣ 고용보험과 산재보상보험의 보험료를 통합징수하기 위해 「고용보험 및 산업재해보상보험의 보험료징수 등에 관한 법률」(약칭 : 보험료징수법)이 **2005년 1월 1일부터 실시됨에 따라 고용보험과 산재보험의 보험료가 통합징수**되게 되었다.

2 법률 내용분석(2023.8.8. 일부개정, 2024.2.9. 시행)

제1장 총칙

제1조	목적	이 법은 산업재해보상보험 사업을 시행하여 **근로자의 업무상의 재해를 신속하고 공정하게 보상**하며, 재해근로자의 재활 및 사회 복귀를 촉진하기 위하여 이에 필요한 보험시설을 설치·운영하고, 재해 예방과 그 밖에 근로자의 복지 증진을 위한 사업을 시행하여 근로자 보호에 이바지하는 것을 목적으로 한다.	
제2조	보험의 관장과 보험연도	① 이 법에 따른 **산업재해보상보험 사업은 고용노동부장관**이 관장한다. ② 이 법에 따른 보험사업의 보험연도는 **정부의 회계연도**에 따른다.	
제4조	보험료 [정책론 ⑬]	이 법에 따른 보험사업에 드는 비용에 충당하기 위하여 징수하는 보험료나 그 밖의 징수금에 관하여는 「**고용보험 및 산업재해보상보험의 보험료징수 등에 관한 법률**」("보험료징수법")에서 정하는 바에 따른다. **OIKOS UP 보험료** ① **사업주가 보험료를 모두 부담** → 무과실책임원리를 기초로 근로자 보호 ② **보험료 산정** : 업종별 차등요율체계를 기본 + 부분적으로 개별실적요율 적용	
제5조	정의 [⑩⑭⑮]	업무상의 재해 [⑩⑮⑳, 정책론 ⑱]	업무상의 사유에 따른 근로자의 부상·질병·장해 또는 사망
		근로자, 임금, 평균임금, 통상임금 [⑮]	각각 「근로기준법」에 따른 "근로자"·"임금"·"평균임금"·"통상임금"을 말한다.
		유족 [⑮]	사망한 자의 배우자(사실상 혼인 관계에 있는 자를 포함)·자녀·부모·손자녀·조부모 또는 형제자매
		치유 [⑮]	부상 또는 질병이 완치되거나 치료의 효과를 더 이상 기대할 수 없고 그 증상이 고정된 상태에 이르게 된 것
		장해 [⑭]	부상 또는 질병이 치유되었으나 정신적 또는 육체적 훼손으로 인하여 노동능력이 상실되거나 감소된 상태
		중증요양상태 (개정 前 : 폐질) [⑭]	업무상의 부상 또는 질병에 따른 정신적 또는 육체적 훼손으로 노동능력이 상실되거나 감소된 상태로서 그 부상 또는 질병이 치유되지 아니한 상태
		진폐 [⑮]	분진을 흡입하여 폐에 생기는 섬유증식성(纖維增殖性) 변화를 주된 증상으로 하는 질병
		출퇴근 [⑳]	취업과 관련하여 주거와 취업장소 사이의 이동 또는 한 취업장소에서 다른 취업장소로의 이동
제6조	적용 범위 [⑥⑩] [정책론 ㉑]	이 법은 **근로자를 사용하는 모든 사업 또는 사업장에 적용**한다. 다만, 위험률·규모 및 장소 등을 고려하여 대통령령으로 정하는 사업에 대하여는 이 법을 적용하지 아니한다. ⊗ 상시근로자 수가 5인 미만인 모든 사업장은 당연가입대상이다.(×)	
제7조	보험 관계의 성립·소멸	이 법에 따른 보험 관계의 성립과 소멸에 대하여는 **보험료징수법**으로 정하는 바에 따른다.	

OIKOS UP 업종별 차등요율체계 vs 개별실적요율 [정책론 ⑮]

① **업종별 차등요율체계**
  ㉠ 재해발생의 위험성과 경제활동의 동질성 등을 기초로 분류한 사업 종류별로 구분하여 고용노동부장관이 정하여 고시한다.
  ㉡ 여러 개의 업종으로 구분되어 산재보험율이 정해져 있는데, 2024년 보험료율이 제일 낮은 업종은 금융 및 보험업이며, 제일 높은 업종은 석탄광업 및 채석업이다.

② **개별실적요율**
  ㉠ 산업 또는 업종 내에서 개별 고용주의 과거 재해발생 정도에 의해 보험료율이 조정되는 방식으로, 같은 산업 또는 업종에 속하더라도 과거의 재해발생이 적은 사업장은 보험료율이 낮아지고 재해발생이 많은 사업장은 보험료율이 높아지도록 하는 방식이다.
  ㉡ 보통 과거 3년간 재해발생 정도나 지급받은 보험급여 정도를 기준으로 고용주의 보험료율을 인상하거나 인하해 준다.

제2장 근로복지공단

제10조	근로복지공단의 설립 [⑪⑯]	고용노동부장관의 위탁을 받아 제1조의 목적을 달성하기 위한 사업을 효율적으로 수행하기 위하여 <u>근로복지공단을 설립</u>한다. **OIKOS UP 관리운영체계** ① **사업 관장기관** : 고용노동부 → 보험료율의 결정, 보험급여 기준의 결정, 보험기금의 관리운영 등 주요정책결정담당 ② **산재보험 업무를 직접적으로 관장하는 집행기관** : 근로복지공단 [⑪⑯]
제11조	공단의 사업 [⑫⑯]	1. 보험가입자와 수급권자에 관한 기록의 관리·유지 2. 보험료징수법에 따른 보험료와 그 밖의 징수금의 징수 3. **보험급여의 결정과 지급** 4. 보험급여 결정 등에 관한 심사 청구의 심리·결정 5. 산업재해보상보험 시설의 설치·운영 5의2. **업무상 재해를 입은 근로자 등의 진료·요양 및 재활** 5의3. 재활보조기구의 연구개발·검정 및 보급 5의4. 보험급여 결정 및 지급을 위한 업무상 질병 관련 연구 5의5. 근로자 등의 건강을 유지·증진하기 위하여 필요한 건강진단 등 예방 사업 6. 근로자의 복지 증진을 위한 사업 7. 그 밖에 정부로부터 위탁받은 사업 8. 제5호·제5호의2부터 제5호의5까지·제6호 및 제7호에 따른 사업에 딸린 사업
제12조	법인격 [⑳]	공단은 **법인**으로 한다.

제3장 보험급여

제36조	보험급여의 종류와 산정 기준 등 [④⑤⑧⑬⑰⑳] [정책론 ⑬⑳]	① 보험급여의 종류는 다음 각 호와 같다. 다만, 진폐에 따른 보험급여의 종류는 제1호의 요양급여, 제4호의 간병급여, 제7호의 장례비, 제8호의 직업재활급여, 제91조의3에 따른 진폐보상연금 및 제91조의4에 따른 진폐유족연금으로 하고, 제91조의12에 따른 **건강손상자녀에 대한 보험급여의 종류는** 제1호의 **요양급여**, 제3호의 **장해급여**, 제4호의 **간병급여**, 제7호의 **장례비**, 제8호의 **직업재활급여**로 한다. 1. 요양급여 2. 휴업급여 3. 장해급여 4. 간병급여 5. 유족급여 6. 상병(傷病)보상연금 7. 장례비 8. 직업재활급여 ✎ **암기법** 요~ 간장은 직수입한 상품이어서 먹으면 휴유장(후유증)이 있다. **OIKOS UP 국민연금 급여와의 관계** 국민연금에서의 장애연금과 유족연금의 수급권자가 **동일한 사유로** 산업재해보상보험법의 장해급여, 유족급여, 진폐보상연금 또는 진폐유족연금을 받을 수 있는 상황에서는 장애연금이나 유족연금은 그 2분의 1에 해당하는 금액을 지급한다. **OIKOS UP 건강손상자녀(2022.1.11., 일부개정, 2023.1.12. 시행)** ① 여성 근로자가 임신 중에 업무상 이유로 유산 및 유산증후가 발생한 경우 근로자에 대한 업무상 재해로 인정하는 반면, 근로자가 업무 중 유해요인에 접촉하여 선천성 질병을 가진 자녀를 출산한 경우에는 업무상 재해가 인정되는지 여부에 대한 논의가 있었음. ② 이와 관련하여 최근 대법원이 임신한 여성 근로자에게 그 업무에 기인하여 발생한 태아의 건강손상에 대하여도 업무상 재해를 인정함에 따라, 임신한 근로자의 업무상 이유로 건강이 손상된 자녀와 관련한 업무상 재해 인정기준 및 지급되는 보험급여에 관한 사항 등을 새롭게 규정할 필요성이 제기됨. ③ 이에 임신 중인 근로자가 업무수행 과정에서 업무상 사고, 출퇴근 재해 또는 유해인자의 취급·노출로 인하여 출산한 자녀가 부상, 질병 또는 장해가 발생하거나 사망한 경우에 대한 특례 규정을 신설하고, 그 자녀를 근로자로 보아 각종 보험급여를 지급함으로써 산업재해 피해로부터 보호하려는 것임. ④ 업무상 재해가 인정되는 건강손상자녀를 '근로자'로 보아 보험급여 청구권을 인정하고, 요양급여, 장해급여, 간병급여, 장례비 및 직업재활급여를 지급하도록 함(제36조제1항, 제91조의12 신설).
제37조	업무상의 재해의 인정 기준 [⑩⑪⑫⑮⑱⑲] [정책론 ⑬⑮⑰⑱]	① 근로자가 다음 각 호의 어느 하나에 해당하는 사유로 부상·질병 또는 장해가 발생하거나 사망하면 업무상의 재해로 본다. 다만, 업무와 재해 사이에 상당인과관계(相當因果關係)가 없는 경우에는 그러하지 아니하다. 1. 업무상 사고 가. 근로자가 근로계약에 따른 업무나 그에 따르는 행위를 하던 중 발생한 사고 [⑲]

나. **사업주가 제공한** 시설물 등을 이용하던 중 그 시설물 등의 **결함이나 관리소홀로 발생한 사고** [⑲]
다. 사업주가 제공한 교통수단이나 그에 준하는 교통수단을 이용하는 등 사업주의 지배관리하에서 출퇴근 중 발생한 사고 **삭제** 〈2017.10.24.〉
라. 사업주가 주관하거나 사업주의 지시에 따라 참여한 행사나 행사준비 중에 발생한 사고 [⑲]
마. 휴게시간 중 사업주의 지배관리하에 있다고 볼 수 있는 행위로 발생한 사고 [⑲]
바. 그 밖에 업무와 관련하여 발생한 사고

✖ 업무상 사고 : 출장기간 중 발생한 모든 사고(×)

> **OIKOS UP** 업무수행 중의 사고(시행령 제27조)
>
> ① 근로자가 다음 각 호의 어느 하나에 해당하는 행위를 하던 중에 발생한 사고는 법 제37조제1항제1호가목에 따른 업무상 사고로 본다.
>   1. 근로계약에 따른 업무수행 행위
>   2. 업무수행 과정에서 하는 용변 등 생리적 필요 행위
>   3. 업무를 준비하거나 마무리하는 행위, 그 밖에 업무에 따르는 필요적 부수 행위
>   4. 천재지변·화재 등 사업장 내에 발생한 돌발적인 사고에 따른 긴급피난·구조행위 등 사회통념상 예견되는 행위
> ② 근로자가 사업주의 지시를 받아 사업장 밖에서 업무를 수행하던 중에 발생한 사고는 법 제37조제1항제1호가목에 따른 업무상 사고로 본다. 다만, 사업주의 구체적인 지시를 위반한 행위, 근로자의 사적(私的) 행위 또는 정상적인 출장 경로를 벗어났을 때 발생한 사고는 업무상 사고로 보지 않는다.
> ③ 업무의 성질상 업무수행 장소가 정해져 있지 않은 근로자가 최초로 업무수행 장소에 도착하여 업무를 시작한 때부터 최후로 업무를 완수한 후 퇴근하기 전까지 업무와 관련하여 발생한 사고는 법 제37조제1항제1호가목에 따른 업무상 사고로 본다.

2. **업무상 질병**
   가. **업무수행 과정**에서 물리적 인자(因子), 화학물질, 분진, 병원체, 신체에 부담을 주는 업무 등 근로자의 건강에 장해를 일으킬 수 있는 요인을 취급하거나 그에 노출되어 발생한 질병
   나. **업무상 부상이 원인**이 되어 발생한 질병다
   다. 「근로기준법」 제76조의2에 따른 **직장 내 괴롭힘, 고객의 폭언 등으로 인한 업무상 정신적 스트레스가 원인이 되어 발생한 질병**
   라. 그 밖에 업무와 관련하여 발생한 질병

   ✖ 직장 내 괴롭힘, 고객의 폭언 등으로 인한 업무상 정신적 스트레스가 원인이 되어 발생한 질병은 업무상 재해로 인정되지 않는다.(×)

3. **출퇴근 재해**
   가. 사업주가 제공한 교통수단이나 그에 준하는 교통수단을 이용하는 등 사업주의 지배관리하에서 출퇴근하는 중 발생한 사고

└ **동법 시행령 35조(출퇴근 중의 사고)** 근로자가 출퇴근하던 중에 발생한 사고가 다음 각 호의 요건에 모두 해당하면 법 제37조제1항제3호가목에 따른 출퇴근 재해로 본다.
  1. 사업주가 출퇴근용으로 제공한 교통수단이나 사업주가 제공한 것으로 볼 수 있는 교통수단을 이용하던 중에 사고가 발생하였을 것
  2. 출퇴근용으로 이용한 교통수단의 관리 또는 이용권이 근로자측의 전속적 권한에 속하지 아니하였을 것

　나. 그 밖에 **통상적인 경로와 방법으로 출퇴근하는 중 발생한 사고**

　　🚫 업무상 사고 : 비통상적인 경로와 방법으로 출퇴근하는 중 발생한 사고(×)

② 근로자의 고의·자해행위나 범죄행위 또는 그것이 원인이 되어 발생한 부상·질병·장해 또는 사망은 **업무상의 재해로 보지 아니한다.** 다만, 그 부상·질병·장해 또는 사망이 정상적인 인식능력 등이 뚜렷하게 낮아진 상태에서 한 행위로 발생한 경우로서 대통령령으로 정하는 사유가 있으면 업무상의 재해로 본다.

③ 제1항 제3호 나목의 사고 중에서 **출퇴근 경로 일탈 또는 중단이 있는 경우**에는 해당 일탈 또는 중단 중의 사고 및 그 후의 이동 중의 사고에 대하여는 **출퇴근 재해로 보지 아니한다.** 다만, 일탈 또는 중단이 일상생활에 필요한 행위로서 대통령령으로 정하는 사유가 있는 경우에는 출퇴근 재해로 본다.

OIKOS UP　출퇴근 재해(2017.10.24., 일부개정, 2018.1.1. 시행)

① 2017년 개정 전에는 출퇴근 중 발생한 사고의 업무상 재해 인정과 관련하여 사업주가 제공한 교통수단이나 그에 준하는 교통수단을 이용하는 등 사업주의 지배관리 하에서 발생한 사고만을 업무상 재해로 인정하고 있었다.

② 공무원·교사·군인 등의 경우 통상적인 경로와 방법으로 출퇴근 중 발생한 사고를 업무상 재해로 인정받아 「공무원연금법」에 따른 급여지급 대상으로 보호받고 있어 형평성의 문제가 제기됨에 따라, 일반 근로자도 통상적인 경로와 방법으로 출퇴근 하던 중 발생한 사고에 대하여 업무상 재해로 인정함으로써 근로자의 복지를 증진하기 위해 2017년 개정으로 "사업주가 제공한 교통수단이나 그에 준하는 교통수단을 이용하는 등 사업주의 지배관리하에서 출퇴근 중 발생한 사고"라는 조문을 삭제하였다.

③ 출퇴근의 정의 신설(제5조 제8호 신설)하고, 산업재해의 한 종류로 출퇴근재해 신설(제37조 제1항 제3호 신설)하였으며, 출퇴근 중 경로 일탈이 있는 경우 출퇴근재해 적용을 하지 않도록 하고, 예외적으로 경로 일탈이 일상생활에 필요한 이유로 발생한 경우 출퇴근재해를 적용하도록 하였다(제37조 제3항 신설).

제38조 | **업무상질병판정위원회** [정책론 ⑱]

① 제37조제1항제2호에 따른 **업무상 질병의 인정 여부를 심의하기 위하여 공단 소속 기관에 업무상질병판정위원회**(이하 "판정위원회"라 한다)를 둔다.

② 판정위원회의 심의에서 제외되는 질병과 판정위원회의 심의 절차는 고용노동부령으로 정한다.

③ 판정위원회의 구성과 운영에 필요한 사항은 고용노동부령으로 정한다.

　🔍 업무상 질병의 인정 여부를 심의하기 위하여 근로복지공단 소속 기관에 업무상질병판정위원회를 둔다.(O)

조	제목	내용

제40조	요양급여 [⑨①②]	① 요양급여는 **근로자가 업무상의 사유로 부상을 당하거나 질병에 걸린 경우에 그 근로자에게 지급**한다. [⑳]
		② 제1항에 따른 요양급여는 제43조 제1항에 따른 산재보험 의료기관에서 요양을 하게 한다. 다만, 부득이한 경우에는 요양을 갈음하여 요양비를 지급할 수 있다.
		③ 제1항의 경우에 **부상 또는 질병이 3일 이내의 요양으로 치유될 수 있으면** 요양급여를 지급하지 아니한다.
		④ 제1항의 요양급여의 범위는 다음 각 호와 같다.
		  1. 진찰 및 검사
		  2. 약제 또는 진료재료와 의지(義肢) 그 밖의 보조기의 지급
		  3. 처치, 수술, 그 밖의 치료
		  4. 재활치료
		  5. 입원
		  6. <u>간호 및 간병</u>
		  7. 이송
		  8. 그 밖에 고용노동부령으로 정하는 사항

제42조	건강보험의 우선 적용 [⑨]	제41조 제1항에 따라 **요양급여의 신청을 한 사람은 공단이 이 법에 따른 요양급여에 관한 결정을 하기 전에는** 「국민건강보험법」 제41조에 따른 요양급여 또는 「의료급여법」 제7조에 따른 의료급여("건강보험 요양급여 등")를 받을 수 있다.

제43조	산재보험 의료기관의 지정 및 지정취소 등 [⑨]	① 업무상의 재해를 입은 근로자의 요양을 담당할 의료기관("산재보험 의료기관")은 다음 각 호와 같다.
		  1. 제11조 제2항에 따라 공단에 두는 **의료기관**
		  2. 「의료법」 제3조의4에 따른 **상급종합병원**
		  3. 「의료법」 제3조에 따른 **의료기관과** 「지역보건법」 제7조에 따른 **보건소**(「지역보건법」 제8조에 따른 **보건의료원을 포함**한다. 이하 같다)로서 고용노동부령으로 정하는 인력·시설 등의 기준에 해당하는 **의료기관 또는 보건소 중 공단이 지정한 의료기관 또는 보건소**

제52조	휴업급여 [⑫]	휴업급여는 업무상 사유로 부상을 당하거나 질병에 걸린 근로자에게 요양으로 취업하지 못한 기간에 대하여 지급하되, **1일당 지급액은 평균임금의 100분의 70에 상당하는 금액으로 한다.** 다만, 취업하지 못한 기간이 3일 이내이면 지급하지 아니한다.
제53조	부분휴업급여	① 요양 또는 재요양을 받고 있는 근로자가 그 요양기간 중 일정기간 또는 단시간 취업을 하는 경우에는 그 취업한 날에 해당하는 그 근로자의 평균임금에서 그 취업한 날에 대한 임금을 뺀 금액의 100분의 80에 상당하는 금액을 지급할 수 있다. 다만, 제54조 제2항 및 제56조제2항에 따라 최저임금액을 1일당 휴업급여 지급액으로 하는 경우에는 최저임금액(별표 1 제2호에 따라 감액하는 경우에는 그 감액한 금액)에서 취업한 날에 대한 임금을 뺀 금액을 지급할 수 있다. ② 제1항에 따른 부분휴업급여의 지급 요건 및 지급 절차는 대통령령으로 정한다.
제57조	장해급여 [⑩] [정책론 ⑮㉑]	① 장해급여는 **근로자가 업무상의 사유로 부상을 당하거나 질병에 걸려 치유된 후 신체 등에 장해가 있는 경우에 그 근로자에게 지급**한다. ② 장해급여는 장해등급에 따라 별표 2에 따른 장해보상연금 또는 장해보상일시금으로 하되, 그 장해등급의 기준은 대통령령으로 정한다.

제57조	장해급여
	[⑩]
	[정책론 ⑮㉑]
		③ 제2항에 따른 **장해보상연금 또는 장해보상일시금은 수급권자의 선택에 따라 지급**한다.
		④ **장해보상연금은 수급권자가 신청하면 그 연금의 최초 1년분 또는 2년분의 2분의 1에 상당하는 금액을 미리 지급**할 수 있다. 이 경우 미리 지급하는 금액에 대하여는 100분의 5의 비율 범위에서 대통령령으로 정하는 바에 따라 이자를 공제할 수 있다.
		
		▎OIKOS UP 장해급여
		① 근로자가 업무상의 사유로 부상을 당하거나 질병에 걸려 치유되었으나 신체에 정신적 또는 육체적 장해가 남아 장해급여 지급대상에 해당될 경우 장해등급에 해당되는 지급일수에 평균임금을 곱하여 지급된다.
		② 장해정도에 따라 14등급으로 나누어지며, 장해급여는 장애등급에 따라 다르다.
		③ 장해급여를 지급하는 방법(2종류) : 장해보상연금과 장해보상일시금
		  ㉠ 장해등급 1~3급은 의무적으로 장해보상연금이 지급되며, 1년~4년 분의 $\frac{1}{2}$에 해당하는 금액을 선급으로 지급받을 수 있다.
		  ㉡ 장해등급 4~7급은 장해보상연금과 장해보상일시금 중 선택이 가능하며, 연금으로 선택할 시 그 연금의 2년 분의 $\frac{1}{2}$에 해당하는 금액을 선급 받을 수 있다.
		  ㉢ 장해등급 8~14급은 장해보상일시금으로만 지급된다.
		④ 장해보상연금은 수급권자가 신청하면 그 연금을 미리 지급할 수 있는 선급제도를 인정하고 있다(제57조 제4항).
		⑤ 장해보상연금의 경우 연금을 지급받은 기간이 충분히 못하면 이를 일시금으로 보상해 주는 제도를 가지고 있다.

제61조	간병급여
	[⑪]
		① 간병급여는 제40조에 따른 **요양급여를 받은 사람 중 치유 후 의학적으로 상시 또는 수시로 간병이 필요하여 실제로 간병을 받는 사람에게 지급**한다.
		
		▎OIKOS UP 간병급여
		① 간병급여는 치료가 끝난 후에도 간병인이 필요하여 간병이 실제 행하여지면 그 장해 및 간병필요성 정도에 따라 간병비용을 지급하는 제도이다.
		  ㉠ 요양급여 비용에 간병비가 포함되어 있어서 요양급여를 받는 피재근로자에게는 큰 문제가 없었으나, 요양 이후에 장애가 남아 지속적인 간병이 필요한 근로자는 간병비를 받지 못해 문제가 있었다. 이런 문제를 해결하기 위해 간병급여를 요양급여에서 독립해 별도로 받게 했다.
		  ㉡ 간병급여는 1999년 12월 31일 산재보험법 개정에 의해 2000년 7월 1일부터 지급되었다.
		② 간병급여는 상시 간병급여와 수시 간병급여가 있다.
		  ㉠ 상시 간병급여 : 장해등급 1급에 해당하는 장해가 남아 일상생활에 필요한 동작을 하기 위하여 항상 다른 사람의 간병이 필요한 사람에게 지급하는 급여이다.
		  ㉡ 수시 간병급여 : 장해등급 1급 또는 2급에 해당하는 장해가 남아 일상생활에 필요한 동작을 하기 위해 수시로 다른 사람의 간병이 필요한 사람에게 지급하는 급여이다.

제62조	유족급여 [⑨㉑]	① 유족급여는 근로자가 업무상의 사유로 사망한 경우에 유족에게 지급한다.
		② 유족급여는 별표 3에 따른 유족보상연금이나 유족보상일시금으로 하되, 유족보상일시금은 근로자가 사망할 당시 제63조제1항에 따른 유족보상연금을 받을 수 있는 자격이 있는 사람이 없는 경우에 지급한다.
		
		OIKOS UP 유족보상연금 청구에 관한 대표자 선임 등(시행령 제60조) [㉑]
		① 유족보상연금 수급권자가 2명 이상 있을 때에는 그 중 1명을 유족보상연금의 청구와 수령에 관한 대표자로 선임할 수 있다. [⑳]
		② 제1항에 따라 대표자를 선임하거나 그 선임된 대표자를 해임한 경우에는 지체 없이 그 선임 또는 해임을 증명할 수 있는 서류를 첨부하여 공단에 신고하여야 한다.
		
		OIKOS UP 유족급여
		① 근로자가 업무상의 사유로 사망한 경우 그 당시 부양하고 있던 유족에게 지급하는 급여이다.
		② 유족보상연금이나 유족보상일시금으로 지급한다.
		   ㉠ 연금지급원칙(수급권자의 선택에 의해 50%일시금 지급 가능)
		   ㉡ 유족 중 유족보상연금 수급권자가 없는 경우, 유족급여를 연금의 형태로 지급하기 곤란한 경우 (근로자가 사망당시 유족보상연금 수급권자가 외국에 거주하는 자일 경우 또는 내국인 수급권자가 국외로 이주하는 경우)에 일시금으로 지급

제63조	유족보상연금 수급자격자의 범위 [㉑, 정책론 ③]	① 유족보상연금을 받을 수 있는 자격이 있는 사람(이하 "유족보상연금 수급자격자"라 한다)은 근로자가 사망할 당시 그 근로자와 생계를 같이 하고 있던 유족(그 근로자가 사망할 당시 대한민국 국민이 아닌 사람으로서 외국에서 거주하고 있던 유족은 제외한다) 중 배우자와 다음 각 호의 어느 하나에 해당하는 사람으로 한다.
		  1. 부모 또는 조부모로서 각각 60세 이상인 사람
		  2. 자녀로서 25세 미만인 사람
		  2의2. 손자녀로서 25세 미만인 사람
		  3. 형제자매로서 19세 미만이거나 60세 이상인 사람
		  4. 제1호부터 제3호까지의 규정 중 어느 하나에 해당하지 아니하는 자녀·부모·손자녀·조부모 또는 형제자매로서 「장애인복지법」 제2조에 따른 장애인 중 고용노동부령으로 정한 장애 정도에 해당하는 사람
		
		OIKOS UP 생계를 같이 하는 유족의 범위(시행령 제61조) [㉑]
		법 제63조제1항 각 호 외의 부분 전단에서 "근로자와 생계를 같이 하고 있던 유족"이란 근로자가 사망할 당시에 다음 각 호의 어느 하나에 해당하는 사람을 말한다.
		1. 근로자와 「주민등록법」에 따른 주민등록표상의 세대를 같이 하고 동거하던 유족으로서 근로자의 소득으로 생계의 전부 또는 상당 부분을 유지하고 있던 사람 [⑳]
		2. 근로자의 소득으로 생계의 전부 또는 상당 부분을 유지하고 있던 유족으로서 학업·취업·요양, 그 밖에 주거상의 형편 등으로 주민등록을 달리하였거나 동거하지 않았던 사람 [⑳]
		3. 제1호 및 제2호에 따른 유족 외의 유족으로서 근로자가 정기적으로 지급하는 금품이나 경제적 지원으로 생계의 전부 또는 대부분을 유지하고 있던 사람
		
		② 제1항을 적용할 때 근로자가 사망할 당시 태아(胎兒)였던 자녀가 출생한 경우에는 출생한 때부터 장래에 향하여 근로자가 사망할 당시 그 근로자와 생계를 같이 하고 있던 유족으로 본다.
		③ 유족보상연금 수급자격자 중 유족보상연금을 받을 권리의 순위는 배우자·자녀·부모·손자녀·조부모 및 형제자매의 순서로 한다.

제64조	유족보상연금 수급자격자의 자격 상실과 지급 정지 등 [⑫]	① 유족보상연금 수급자격자인 유족이 다음 각 호의 어느 하나에 해당하면 그 자격을 잃는다. 1. 사망한 경우 2. 재혼한 때(사망한 근로자의 배우자만 해당하며, 재혼에는 사실상 혼인 관계에 있는 경우를 포함한다) 3. 사망한 근로자와의 친족 관계가 끝난 경우 4. 자녀가 25세가 된 때 4의2. 손자녀가 25세가 된 때 4의3. 형제자매가 19세가 된 때 5. 제63조 제1항 제4호에 따른 장애인이었던 사람으로서 그 장애 상태가 해소된 경우 6. 근로자가 사망할 당시 대한민국 국민이었던 유족보상연금 수급자격자가 국적을 상실하고 외국에서 거주하고 있거나 외국에서 거주하기 위하여 출국하는 경우 7. 대한민국 국민이 아닌 유족보상연금 수급자격자가 외국에서 거주하기 위하여 출국하는 경우
제65조	수급권자인 유족의 순위	① 제57조 제5항·제62조 제2항(유족보상일시금에 한한다) 및 제4항에 따른 유족 간의 수급권의 순위는 다음 각 호의 순서로 하되, 각 호의 사람 사이에서는 각각 그 적힌 순서에 따른다. 이 경우 같은 순위의 수급권자가 2명 이상이면 그 유족에게 똑같이 나누어 지급한다. 1. 근로자가 사망할 당시 그 근로자와 생계를 같이 하고 있던 배우자·자녀·부모·손자녀 및 조부모 2. 근로자가 사망할 당시 그 근로자와 생계를 같이 하고 있지 아니하던 배우자·자녀·부모·손자녀 및 조부모 또는 근로자가 사망할 당시 근로자와 생계를 같이 하고 있던 형제자매 3. 형제자매 ② 제1항의 경우 부모는 양부모(養父母)를 선순위로, 실부모(實父母)를 후순위로 하고, 조부모는 양부모의 부모를 선순위로, 실부모의 부모를 후순위로, 부모의 양부모를 선순위로, 부모의 실부모를 후순위로 한다. ③ 수급권자인 유족이 사망한 경우 그 보험급여는 같은 순위자가 있으면 같은 순위자에게, 같은 순위자가 없으면 다음 순위자에게 지급한다.
제66조	상병보상연금	① 요양급여를 받는 근로자가 요양을 시작한 지 2년이 지난 날 이후에 다음 각 호의 요건 모두에 해당하는 상태가 계속되면 휴업급여 대신 상병보상연금을 그 근로자에게 지급한다. 1. 그 부상이나 질병이 치유되지 아니한 상태일 것 2. 그 부상이나 질병에 따른 폐질(廢疾)의 정도가 대통령령으로 정하는 폐질등급 기준에 해당할 것 3. 요양으로 인하여 취업하지 못하였을 것 **OIKOS UP 상병보상연금** ① 상병보상연금제도를 도입한 이유는 사업주에 대해 고용관계의 부담을 완화시켜주고, 근로자에게 유리한 보상을 해 주기 위해서이다. ② 상병보상연금은 근로기준법의 일시보상과 같은 것으로, 피해근로자에 대한 사용주의 고용관계 부담을 완화해 준다.
제71조	장례비 (개정 前 : 장의비)	① 장례비는 근로자가 업무상의 사유로 사망한 경우에 지급하되, 평균임금의 120일분에 상당하는 금액을 그 장례를 지낸 유족에게 지급한다. **OIKOS UP 장례비(개정 前 : 장의비)** 근로자가 업무상 사유로 사망한 경우 장례 실행자에게 그 장례에 소요되는 비용을 지급하는 제도로, 장례비는 최고금액과 최저금액이 있다.

제72조	직업재활급여	① 직업재활급여의 종류는 다음 각 호와 같다. 　1. 장해급여 또는 진폐보상연금을 받은 사람이나 장해급여를 받을 것이 명백한 사람으로서 대통령령으로 정하는 사람(이하 "장해급여자"라 한다) 중 **취업을 위하여 직업훈련이 필요한 사람**("훈련대상자")에 대하여 실시하는 직업훈련에 드는 비용 및 직업훈련수당 　2. 업무상의 재해가 발생할 당시의 사업에 복귀한 장해급여자에 대하여 사업주가 고용을 유지하거나 직장적응훈련 또는 재활운동을 실시하는 경우(직장적응훈련의 경우에는 직장 복귀 전에 실시한 경우도 포함한다)에 각각 지급하는 **직장복귀지원금, 직장적응훈련비 및 재활운동비** **OIKOS UP　직업재활급여** 직업재활급여는 피재근로자가 취업하는 데 필요한 직업훈련, 직장복귀에 필요한 직장적응훈련, 재활운동 등에 소요되는 비용을 지원하는 급여이다.
제3장의2	진폐에 따른 보험급여의 특례	① 제91조의2(진폐에 대한 업무상의 재해의 인정기준) ② 제91조의3(진폐보상연금) ③ 제91조의4(진폐유족연금) ④ 제91조의5(진폐에 대한 요양급여 등의 청구) ⑤ 제91조의6(진폐의 진단) ⑥ 제91조의7(진폐심사회의) ⑦ 제91조의8(진폐판정 및 보험급여의 결정 등) ⑧ 제91조의9(진폐에 따른 요양급여의 지급 절차와 기준 등) ⑨ 제91조의10(진폐에 따른 사망의 인정 등) ⑩ 제91조의11(진폐에 따른 사망원인의 확인 등) 　산업재해보상보험법령 – 진폐에 따른 보험급여의 특례가 규정되어 있다.(O)
제112조	시효	① 다음 각 호의 권리는 **3년간 행사하지 아니하면 시효로 말미암아 소멸**한다. 다만, 제1호의 보험급여 중 장해급여, 유족급여, 장례비, 진폐보상연금 및 진폐유족연금을 받을 권리는 **5년간** 행사하지 아니하면 시효의 완성으로 소멸한다. 　1. 제36조 제1항에 따른 보험급여를 받을 권리 　2. 제45조에 따른 산재보험 의료기관의 권리 　3. 제46조에 따른 약국의 권리 　4. 제89조에 따른 보험가입자의 권리 　5. 제90조 제1항에 따른 국민건강보험공단 등의 권리

3 고용보험 및 산업재해보상보험의 보험료징수 등에 관한 법률(고용산재보험료징수법)

(1) 개 요
① 2003년 12월 31일 제정되었으며, 2005년 1월 1일 시행
② **관장부처** : 고용노동부(고용보험기획과, 산재보상정책과)

(2) 법률 내용분석(2022.12.31. 일부개정, 2024.1.1. 시행)

제1조	목적	이 법은 **고용보험과 산업재해보상보험의 보험관계의 성립·소멸, 보험료의 납부·징수 등**에 필요한 사항을 규정함으로써 보험사무의 효율성을 높이는 것을 목적으로 한다.
제4조	보험사업의 수행주체	「고용보험법」 및 「산업재해보상보험법」에 따른 보험사업에 관하여 이 법에서 정한 사항은 고용노동부장관으로부터 위탁을 받아 「산업재해보상보험법」 제10조에 따른 **근로복지공단("공단")이 수행**한다. 다만, 다음 각 호에 해당하는 징수업무는 「국민건강보험법」 제13조에 따른 국민건강보험공단("건강보험공단")이 고용노동부장관으로부터 위탁을 받아 수행한다. 1. **보험료 등**(제17조 및 제19조에 따른 <u>개산보험료 및 확정보험료</u>, 제26조에 따른 징수금은 제외한다)**의 고지 및 수납** 2. 보험료 등의 체납관리
제13조	보험료	① 보험사업에 드는 비용에 충당하기 위하여 보험가입자로부터 다음 각 호의 보험료를 징수한다. 1. **고용안정·직업능력개발사업 및 실업급여의 보험료("고용보험료")** 2. **산재보험의 보험료("산재보험료")** ④ 제1항에 따라 사업주가 부담하여야 하는 고용보험료는 그 사업에 종사하는 고용보험 가입자인 근로자의 개인별 보수총액(제2항 단서에 따른 보수로 보는 금품의 총액과 보수의 총액은 제외한다)에 다음 각 호를 각각 곱하여 산출한 각각의 금액을 합한 금액으로 한다. 1. 제14조제1항에 따른 고용안정·직업능력개발사업의 보험료율 2. 실업급여의 보험료율의 2분의 1
제16조의2	보험료의 부과·징수	① 제13조 제1항에 따른 **보험료는 공단이 매월 부과하고, 건강보험공단이 이를 징수한다.** ② 제1항에도 불구하고 건설업 등 대통령령으로 정하는 사업의 경우에는 제17조 및 제19조에 따른다.

제16조의9	보험료의 정산 [정책론 ⑮]	① 공단은 제16조의10제1항·제2항 또는 제4항에 따라 **사업주가 신고한 근로자의 개인별 보수총액에 보험료율을 곱한 금액을 합산하여 사업주가 실제로 납부하여야 할 보험료를 산정**한다. 이 경우 제48조의2제6항 또는 제48조의4제3항에 따른 보험료납부자가 사업주, 예술인 또는 노무제공자의 보험료를 원천공제하여 납부한 경우는 제외한다. ② 공단은 사업주가 제16조의10제1항·제2항 또는 제4항에 따른 보수총액을 신고하지 아니하거나 사실과 다르게 신고한 경우에는 제16조의6 제1항을 준용하여 제1항에 따른 보험료를 산정한다. ③ 건강보험공단은 사업주가 이미 납부한 보험료(개산보험료)가 제1항 및 제2항에 따라 산정한 보험료(확정보험료)보다 더 많은 경우에는 그 초과액을 사업주에게 반환하고, 부족한 경우에는 그 부족액을 사업주로부터 징수하여야 한다. ④ 건강보험공단이 제3항에 따라 **사업주로부터 부족액을 징수하는 경우에는 정산을 실시한 달의 보험료에 합산하여 징수**한다. 다만, 그 부족액이 정산을 실시한 달의 보험료를 초과하는 경우에는 그 부족액을 2등분하여 정산을 실시한 달의 보험료와 그 다음 달의 보험료에 각각 합산하여 징수한다.
제17조	건설업 등의 개산보험료의 신고와 납부	① 제16조의2 제2항에 따른 **사업주는 보험연도마다 그 1년 동안에 사용할 근로자에게 지급할 보수총액의 추정액에 고용보험료율 및 산재보험료율을 각각 곱하여 산정한 금액("개산보험료")을 대통령령으로 정하는 바에 따라 그 보험연도의 3월 31일까지 공단에 신고·납부**하여야 한다. ② 공단은 사업주가 제1항에 따른 신고를 하지 아니하거나 그 신고가 사실과 다른 경우에는 그 사실을 조사하여 개산보험료를 산정·징수하되, 이미 낸 금액이 있을 때에는 그 부족액을 징수하여야 한다.
제19조	건설업 등의 확정보험료의 신고·납부 및 정산	① **사업주는 매 보험연도의 말일까지 사용한 근로자에게 지급한 보수총액에 고용보험료율 및 산재보험료율을 각각 곱하여 산정한 금액("확정보험료")을 대통령령으로 정하는 바에 따라 다음 보험연도의 3월 31일**(보험연도 중에 보험관계가 소멸한 사업의 경우에는 그 소멸한 날부터 30일)**까지 공단에 신고**하여야 한다. ② 제17조 및 제18조 제1항에 따라 납부하거나 추가징수한 개산보험료의 금액이 제1항의 확정보험료의 금액을 초과하는 경우에 공단은 그 초과액을 사업주에게 반환하여야 하며, 부족한 경우에 사업주는 그 부족액을 다음 보험연도의 3월 31일까지 납부하여야 한다.

05 노인장기요양보험법 [⑧⑨⑩⑪⑫⑬⑭⑮⑯⑰⑱㉑㉒]

1 개요

(1) 발달과정

① 2007년 4월 2일 국회에서 제정되어 2008년 7월 1일부터 시행

② 주요 개정사항

㉠ **2014.6.25. 시행령 일부 개정(2014.7.1. 시행)**: 일상생활에 어려움을 겪는 경증의 치매환자에게도 장기요양급여를 제공할 수 있도록 **장기요양 5등급을 신설**하고, 등급별 수급자의 비율을 조정하기 위하여 수급자 간 심신 기능 상태의 차이가 큰 장기요양 **3등급을 3등급 및 4등급으로 세분화**하여 장기요양 등급체계를 현행 3등급에서 5등급으로 **개편**함으로써 수급자의 심신 기능 상태에 따라 요양이 필요한 정도(요양필요도)에 맞추어 요양서비스를 제공하려는 것임

㉡ **2017.12.26. 시행령 일부 개정(2018.1.1. 시행)**: 노인성 질병에 해당하는 치매가 있는 사람이면 장기요양인정을 받을 수 있도록 장기요양 인지지원등급[치매(제2조에 따른 노인성 질병에 해당하는 치매로 한정한다)환자로서 장기요양인정 점수가 45점 미만인 자]을 신설함

(2) 관장부처: 보건복지부(요양보험제도과)

2 법률 내용분석(2024.1.2. 일부개정, 2025.1.3. 시행)

제1장 총 칙

제1조	목적 [정책론 ⑳]	이 법은 **고령이나 노인성 질병 등의 사유로 일상생활을 혼자서 수행하기 어려운 노인 등에게 제공하는 신체활동 또는 가사활동 지원 등의 장기요양급여에 관한 사항을 규정**하여 노후의 건강증진 및 생활안정을 도모하고 그 가족의 부담을 덜어줌으로써 국민의 삶의 질을 향상하도록 함을 목적으로 한다.
제2조	정의 [⑩⑯]	**노인 등** [⑳㉒, 정책론 ⑳]	**65세 이상의 노인 또는 65세 미만의 자로서 치매·뇌혈관성질환 등 대통령령으로 정하는 노인성 질병을 가진 자**를 말한다.
		OIKOS UP 노인성 질병의 종류(시행령 별표1)	
		가. 알츠하이머병에서의 치매 나. 혈관성 치매 다. 달리 분류된 기타 질환에서의 치매 라. 상세불명의 치매 마. 알츠하이머병 바. 지주막하출혈 사. 뇌내출혈 아. 기타 비외상성 두개내출혈 자. 뇌경색증	차. 출혈 또는 경색증으로 명시되지 않은 뇌졸중 카. 뇌경색증을 유발하지 않은 뇌전동맥의 폐쇄 및 협착 타. 뇌경색증을 유발하지 않은 대뇌동맥의 폐쇄 및 협착 파. 기타 뇌혈관질환 하. 달리 분류된 질환에서의 뇌혈관장애 거. 뇌혈관질환의 후유증 너. 파킨슨병

			더. 이차성 파킨슨증　　　　　　버. 중풍후유증 러. 달리 분류된 질환에서의 파킨슨증　서. 진전(震顫) 머. 기저핵의 기타 퇴행성 질환
		장기요양급여 [⑩⑳]	6개월 이상 동안 혼자서 일상생활을 수행하기 어렵다고 인정되는 자에게 신체활동·가사활동의 지원 또는 간병 등의 서비스나 이에 갈음하여 지급하는 현금 등을 말한다.
		장기요양사업 [⑯]	장기요양보험료, 국가 및 지방자치단체의 부담금 등을 재원으로 하여 노인 등에게 장기요양급여를 제공하는 사업을 말한다.
		장기요양기관	제31조에 따른 지정을 받은 기관으로서 장기요양급여를 제공하는 기관을 말한다.
		장기요양요원	장기요양기관에 소속되어 노인 등의 신체활동 또는 가사활동 지원 등의 업무를 수행하는 자를 말한다.
제3조	장기요양 급여 제공의 기본원칙 [⑧⑫⑯⑱㉒] [정책론 ⑮㉑]		① 장기요양급여는 노인등이 자신의 의사와 능력에 따라 최대한 자립적으로 일상생활을 수행할 수 있도록 제공하여야 한다. [⑱] ② 장기요양급여는 노인 등의 심신상태·생활환경과 노인 등 및 그 가족의 욕구·선택을 종합적으로 고려하여 필요한 범위 안에서 이를 적정하게 제공하여야 한다. [⑱] ③ 장기요양급여는 노인 등이 가족과 함께 생활하면서 가정에서 장기요양을 받는 재가급여를 우선적으로 제공하여야 한다. [⑫⑱㉒] ④ 장기요양급여는 노인 등의 심신상태나 건강 등이 악화되지 아니하도록 의료서비스와 연계하여 이를 제공하여야 한다. [⑱]
제4조	국가 및 지방자치단체의 책무 등 [⑯]		① 국가 및 지방자치단체는 노인이 일상생활을 혼자서 수행할 수 있는 온전한 심신상태를 유지하는데 필요한 사업("노인성질환예방사업")을 실시하여야 한다. ② 국가는 노인성질환예방사업을 수행하는 지방자치단체 또는 「국민건강보험법」에 따른 국민건강보험공단("공단")에 대하여 이에 소요되는 비용을 지원할 수 있다. [⑯] ③ 국가 및 지방자치단체는 노인인구 및 지역특성 등을 고려하여 장기요양급여가 원활하게 제공될 수 있도록 적정한 수의 장기요양기관을 확충하고 장기요양기관의 설립을 지원하여야 한다 ④ 국가 및 지방자치단체는 장기요양급여가 원활히 제공될 수 있도록 공단에 필요한 행정적 또는 재정적 지원을 할 수 있다. ⑤ 국가 및 지방자치단체는 장기요양요원의 처우를 개선하고 복지를 증진하며 지위를 향상시키기 위하여 적극적으로 노력하여야 한다. ⑥ 국가 및 지방자치단체는 지역의 특성에 맞는 장기요양사업의 표준을 개발·보급할 수 있다.
제6조	장기요양 기본계획 [⑨]		① 보건복지부장관은 노인 등에 대한 장기요양급여를 원활하게 제공하기 위하여 5년 단위로 다음 각 호의 사항이 포함된 장기요양기본계획을 수립·시행하여야 한다. [⑨] 　1. 연도별 장기요양급여 대상인원 및 재원조달 계획 　2. 연도별 장기요양기관 및 장기요양전문인력 확충 방안 　3. 장기요양요원의 처우에 관한 사항 　4. 그 밖에 노인 등의 장기요양에 관한 사항으로서 대통령령으로 정하는 사항 ② 지방자치단체의 장은 제1항에 따른 장기요양기본계획에 따라 세부시행계획을 수립·시행하여야 한다.

제6조의2	실태조사 [⑯]	① 보건복지부장관은 장기요양사업의 실태를 파악하기 위하여 **3년마다** 다음 각 호의 사항에 관한 조사를 정기적으로 실시하고 그 결과를 공표하여야 한다. [⑯] 1. 장기요양인정에 관한 사항 2. 제52조에 따른 장기요양등급판정위원회("등급판정위원회")의 판정에 따라 장기요양급여를 받을 사람("수급자")의 규모, 그 급여의 수준 및 만족도에 관한 사항 3. 장기요양기관에 관한 사항 4. 장기요양요원의 근로조건, 처우 및 규모에 관한 사항 5. 그 밖에 장기요양사업에 관한 사항으로서 보건복지부령으로 정하는 사항

제2장 장기요양보험

제7조	장기요양 보험 [③⑫⑯⑳㉒]	① 장기요양보험사업은 **보건복지부장관이 관장**한다. [⑫⑳㉒] ② 장기요양보험사업의 **보험자는 공단**으로 한다. [⑫] ③ 장기요양보험의 **가입자("장기요양보험가입자")는 「국민건강보험법」 제5조 및 제109조에 따른 가입자**로 한다. ④ 공단은 제3항에도 불구하고 「외국인근로자의 고용 등에 관한 법률」에 따른 외국인근로자 등 대통령령으로 정하는 외국인이 신청하는 경우 보건복지부령으로 정하는 바에 따라 장기요양보험가입자에서 제외할 수 있다. **OIKOS UP** 관리운영체계 ① 장기요양보험제도의 운영 관장기관 : 보건복지부 ② 장기요양보험제도의 자격관리 및 재정에 관한 사업을 직접적으로 관리·운영하는 기관 : 국민건강보험공단
제8조	장기요양 보험료의 징수 [⑫] [정책론 ⑱⑳]	① 공단은 장기요양사업에 사용되는 비용에 충당하기 위하여 **장기요양보험료를 징수**한다. ② 제1항에 따른 **장기요양보험료는 「국민건강보험법」 제69조에 따른 보험료**(이하 이 조에서 "건강보험료"라 한다)**와 통합하여 징수**한다. 이 경우 공단은 **장기요양보험료와 건강보험료를 구분하여 고지**하여야 한다. [⑫] ③ 공단은 제2항에 따라 **통합 징수한 장기요양보험료와 건강보험료를 각각의 독립회계로 관리**하여야 한다.
제9조	장기요양 보험료의 산정 [⑩]	① 장기요양보험료는 「국민건강보험법」 제69조제4항·제5항 및 제109조제9항 단서에 따라 산정한 보험료액에서 같은 법 제74조 또는 제75조에 따라 경감 또는 면제되는 비용을 공제한 금액에 같은 법 제73조제1항에 따른 건강보험료율 대비 장기요양보험료율의 비율을 곱하여 산정한 금액으로 한다. → 소득차등하여 보험료징수 🔍 장기요양보험료는 소득에 관계없이 일정액을 징수한다.(×) ② 제1항에 따른 장기요양보험료율은 제45조에 따른 장기요양위원회의 심의를 거쳐 대통령령으로 정한다.

OIKOS UP 장기요양보험료

① 직장 및 지역별 건강보험료액에 일정비율(2024년 12.95%)을 곱하여 결정한다. 노인장기요양보험의 2024년 보험료율은 '소득대비 0.9182%'로 건강보험료율 대비 노인장기요양 보험료율은 12.95%이다.
② **사업장 근로자의 경우**는 근로자와 사용자가 각각 50%씩 부담하며, **공무원의 경우**는 해당 공무원과 정부가 각각 50%씩 부담하고, **사립학교교직원의 경우**는 ㉠ 교원, 학교경영자, 정부가 50%, 30%, 20%를 부담, ㉡ 교원을 제외한 교직원, 학교경영자가 50%, 50%를 부담한다.
③ 국민기초생활보장 수급자 등 의료급여 수급권자도 노인장기요양보험제도에 모두 포함되고 이들에 대한 보험료는 정부가 100% 부담한다.

제3장 장기요양인정

제12조	장기요양인정의 신청자격 [⑪⑰]	장기요양인정을 신청할 수 있는 자는 **노인 등으로서 다음 각 호의 어느 하나에 해당하는 자격**을 갖추어야 한다. 1. 장기요양보험가입자 또는 그 피부양자 2. 「의료급여법」 제3조 제1항에 따른 수급권자(이하 "의료급여수급권자"라 한다) **OIKOS UP 장기요양인정의 신청자격** ① 두 가지 요건 ㉠ 노인장기요양보험 적용대상(가입자, 피부양자 또는 의료급여 수급권자)이어야 한다. ㉡ 65세 이상의 노인 또는 65세 미만의 자로서 노인성 질환을 가지고 있어야 한다. ② 노인장기요양보험은 건강보험의 요양급여와 달리 한번 장기요양인정을 받게 되면 거의 임종 때까지 요양급여를 받게 되어 막대한 요양비가 들기 때문에, 건강보험과 달리 적용대상 외에 노인성 질환(치매, 뇌혈관질병 등을 의미)이라는 일정한 요건을 더 요구하고 있다.
제13조	장기요양인정의 신청 [⑪]	① **장기요양인정을 신청하는 자**는 공단에 보건복지부령으로 정하는 바에 따라 **장기요양인정신청서에 의사 또는 한의사가 발급하는 소견서("의사소견서")를 첨부하여 제출하여야 한다.** [⑪] 다만, 의사소견서는 공단이 제15조 제1항에 따라 등급판정위원회에 자료를 제출하기 전까지 제출할 수 있다. ② 제1항에도 불구하고 **거동이 현저하게 불편하거나 도서·벽지 지역에 거주하여 의료기관을 방문하기 어려운 자 등 대통령령으로 정하는 자는 의사소견서를 제출하지 아니할 수 있다.** [⑪] **OIKOS UP 장기요양인정 신청 등에 대한 대리(시행규칙 제10조) [⑪]** 법 제22조에 따라 장기요양급여를 받으려는 사람 또는 수급자를 대리하여 장기요양인정 신청 등을 하려는 사람은 다음 각 호의 구분에 따라 대리인임을 증명하는 신분증 및 서류를 제시하거나 제출하여야 한다. 1. 본인의 가족이나 친족 또는 이해관계인 : 대리인의 신분증 2. 사회복지전담공무원 : 공무원임을 증명하는 신분증 3. 치매안심센터의 장(장기요양급여를 받으려는 사람 또는 수급자가 「치매관리법」

조문	제목	내용
		제2조제2호에 따른 치매환자인 경우로 한정한다) : 대리인의 신분증 및 치매안심센터의 장임을 증명하는 서류 4. 특별자치시장·특별자치도지사·시장·군수·구청장(자치구의 구청장을 말한다. 이하 같다)이 지정한 자 : 별지 제9호서식의 대리인 지정서
제15조	등급판정 등	① 공단은 제14조에 따른 조사가 완료된 때 조사결과서, 신청서, 의사소견서, 그 밖에 심의에 필요한 자료를 제52조에 따른 장기요양등급판정위원회(이하 "등급판정위원회"라 한다)에 제출하여야 한다. ② 등급판정위원회는 신청인이 제12조의 신청자격요건을 충족하고 6개월 이상 동안 혼자서 일상생활을 수행하기 어렵다고 인정하는 경우 심신상태 및 장기요양이 필요한 정도 등 대통령령으로 정하는 등급판정기준에 따라 장기요양급여를 받을 자("수급자")로 판정한다. ■ OIKOS UP 등급판정기준(시행령 제7조) ① 장기요양 1등급 : 심신의 기능상태 장애로 일상생활에서 전적으로 다른 사람의 도움이 필요한 자로서 장기요양인정 점수가 95점 이상인 자 ② 장기요양 2등급 : 심신의 기능상태 장애로 일상생활에서 상당 부분 다른 사람의 도움이 필요한 자로서 장기요양인정 점수가 75점 이상 95점 미만인 자 ③ 장기요양 3등급 : 심신의 기능상태 장애로 일상생활에서 부분적으로 다른 사람의 도움이 필요한 자로서 장기요양인정 점수가 60점 이상 75점 미만인 자 ④ 장기요양 4등급 : 심신의 기능상태 장애로 일상생활에서 일정부분 다른 사람의 도움이 필요한 자로서 장기요양인정 점수가 51점 이상 60점 미만인 자 ⑤ 장기요양 5등급 : 치매(제2조에 따른 노인성 질병에 해당하는 치매로 한정한다) 환자로서 장기요양인정 점수가 45점 이상 51점 미만인 자 ⑥ 장기요양 인지지원등급 : 장기요양인정 점수가 45점 미만인 자(치매환자)

제19조	장기요양
	인정의
	유효기간
	[8]
		① 제15조에 따른 장기요양인정의 유효기간은 최소 1년 이상으로서 대통령령으로 정한다.
		② 제1항의 유효기간의 산정방법과 그 밖에 필요한 사항은 보건복지부령으로 정한다.
		
		■ OIKOS UP 장기요양인정 유효기간(시행령 제8조)
		① 법 제19조 제1항에 따른 장기요양인정 유효기간은 2년으로 한다. 다만, 법 제20조에 따른 장기요양인정의 갱신 결과 직전 등급과 같은 등급으로 판정된 경우에는 그 갱신된 장기요양인정의 유효기간은 다음 각 호의 구분에 따른다.
		  1. 장기요양 1등급의 경우 : 4년
		  2. 장기요양 2등급부터 4등급까지의 경우 : 3년
		  3. 장기요양 5등급 및 인지지원등급의 경우 : 2년
		② 법 제52조에 따른 장기요양등급판정위원회는 제1항에도 불구하고 장기요양 신청인의 심신상태 등을 고려하여 장기요양인정 유효기간을 6개월의 범위에서 늘리거나 줄일 수 있다. 다만, 이 경우에도 장기요양인정 유효기간을 1년 미만으로 할 수 없다.

제20조	장기요양 인정의 갱신 [⑪]	① 수급자는 제19조에 따른 장기요양인정의 유효기간이 만료된 후 장기요양급여를 계속하여 받고자 하는 경우 공단에 장기요양인정의 갱신을 신청하여야 한다. ② 제1항에 따른 장기요양인정의 갱신 신청은 유효기간이 만료되기 전 30일까지 이를 완료하여야 한다.

제21조	장기요양등급 등의 변경 [②]	장기요양급여를 받고 있는 수급자는 장기요양등급, 장기요양급여의 종류 또는 내용을 변경하여 장기요양급여를 받고자 하는 경우 공단에 **변경신청**을 하여야 한다.

제4장 장기요양급여의 종류

제23조	장기요양 급여의 종류 [⑧⑩⑭⑮⑳㉒] [정책론 ⑮⑰]	재가 급여	• **방문요양** : 장기요양요원이 수급자의 가정 등을 방문하여 신체활동 및 가사활동 등을 지원하는 장기요양급여 • **방문목욕** : 장기요양요원이 목욕설비를 갖춘 장비를 이용하여 수급자의 가정 등을 방문하여 목욕을 제공하는 장기요양급여 • **방문간호** : 장기요양요원인 간호사 등이 의사, 한의사 또는 치과의사의 지시서("방문간호지시서")에 따라 수급자의 가정 등을 방문하여 간호, 진료의 보조, 요양에 관한 상담 또는 구강위생 등을 제공하는 장기요양급여 • **주·야간보호** : 수급자를 하루 중 **일정한 시간 동안** 장기요양기관에 보호하여 신체활동 지원 및 심신기능의 유지·향상을 위한 교육·훈련 등을 제공하는 장기요양급여 • **단기보호** : 수급자를 보건복지부령으로 정하는 범위 안에서 **일정 기간 동안** 장기요양기관에 보호하여 신체활동 지원 및 심신기능의 유지·향상을 위한 교육·훈련 등을 제공하는 장기요양급여 • **기타재가급여** : 수급자의 일상생활·신체활동 지원 및 **인지기능의 유지·향상에 필요한 용구**를 제공하거나 가정을 방문하여 재활에 관한 지원 등을 제공하는 장기요양급여로서 대통령령으로 정하는 것
		시설 급여	장기요양기관에 장기간 입소한 수급자에게 신체활동 지원 및 심신기능의 유지·향상을 위한 교육·훈련 등을 제공하는 장기요양급여
		특별 현금 급여	• **가족요양비** : 제24조에 따라 지급하는 가족장기요양급여 • **특례요양비** : 제25조에 따라 지급하는 특례장기요양급여 • **요양병원간병비** : 제26조에 따라 지급하는 요양병원장기요양급여
		※ 장기요양기관은 재가급여 전부 또는 일부를 통합하여 제공하는 서비스("통합재가서비스")를 제공할 수 있음 재가급여에는 방문요양, 방문목욕, 특별현금급여가 포함된다.(×)	
		OIKOS UP 장기요양급여 중복수급 금지(시행규칙 제17조) [⑱] ① **수급자는 재가급여, 시설급여 및 특별현금급여를 중복하여 받을 수 없다.** 다만, 가족요양비 수급자 중 기타재가급여를 받는 경우에는 그러하지 아니하다. ② 수급자는 동일한 시간에 방문요양, 방문목욕, 방문간호, 주·야간보호 또는 단기보호 급여를 2가지 이상 받을 수 없다. 다만, 방문목욕과 방문간호, 방문요양과 방문간호는 수급자의 원활한 급여 이용을 위하여 부득이한 경우 동일한 시간에도 불구하고 각각의 급여를 받을 수 있다. 수급자는 시설급여와 특별현금급여를 중복하여 받을 수 있다.(×)	
제24조	가족요양비	① 공단은 다음 각 호의 어느 하나에 해당하는 **수급자가 가족 등으로부터** 제23조제1항제1호가목에 따른 **방문요양에 상당한 장기요양급여를 받은 때** 대통령령으로 정하는 기준에 따라 해당 수급자에게 **가족요양비를 지급할 수 있다** 1. 도서·벽지 등 장기요양기관이 현저히 부족한 지역으로서 보건복지부장관이 정하여 고시하는 지역에 거주하는 자	

		2. 천재지변이나 그 밖에 이와 유사한 사유로 인하여 장기요양기관이 제공하는 장기요양급여를 이용하기가 어렵다고 보건복지부장관이 인정하는 자 3. 신체·정신 또는 성격 등 대통령령으로 정하는 사유로 인하여 가족 등으로부터 장기요양을 받아야 하는 자
제25조	특례요양비	공단은 수급자가 장기요양기관이 아닌 노인요양시설 등의 기관 또는 시설에서 재가급여 또는 시설급여에 상당한 장기요양급여를 받은 경우 대통령령으로 정하는 기준에 따라 해당 장기요양급여비용의 일부를 해당 수급자에게 특례요양비로 지급할 수 있다.
제26조	요양병원 간병비 [⑩]	공단은 수급자가 「의료법」 제3조 제2항 제3호 라목에 따른 요양병원에 입원한 때 대통령령으로 정하는 기준에 따라 장기요양에 사용되는 비용의 일부를 요양병원간병비로 지급할 수 있다.

제5장 장기요양급여의 제공

제27조	장기요양 급여의 제공 시기	① 수급자는 제17조제1항에 따른 장기요양인정서와 같은 조 제3항에 따른 개인별장기요양이용계획서가 도달한 날부터 장기요양급여를 받을 수 있다. ② 제1항에도 불구하고 수급자는 돌볼 가족이 없는 경우 등 대통령령으로 정하는 사유가 있는 경우 신청서를 제출한 날부터 장기요양인정서가 도달되는 날까지의 기간 중에도 장기요양급여를 받을 수 있다.
제28조	급여외행위의 제공 금지	① 수급자 또는 장기요양기관은 장기요양급여를 제공받거나 제공할 경우 다음 각 호의 행위(이하 "급여외행위"라 한다)를 요구하거나 제공하여서는 아니 된다. 1. 수급자의 가족만을 위한 행위 2. 수급자 또는 그 가족의 생업을 지원하는 행위 3. 그 밖에 수급자의 일상생활에 지장이 없는 행위
제29조	장기요양 급여의 제한 [⑨⑩]	① 공단은 장기요양급여를 받고 있는 자가 정당한 사유 없이 제15조제4항에 따른 조사나 제60조 또는 제61조에 따른 요구에 응하지 아니하거나 답변을 거절한 경우 장기요양급여의 전부 또는 일부를 제공하지 아니하게 할 수 있다. ② 공단은 장기요양급여를 받고 있거나 받을 수 있는 자가 장기요양기관이 거짓이나 그 밖의 부정한 방법으로 장기요양급여비용을 받는 데에 가담한 경우 장기요양급여를 중단하거나 1년의 범위에서 장기요양급여의 횟수 또는 제공 기간을 제한할 수 있다. ③ 제2항에 따른 장기요양급여의 중단 및 제한 기준과 그 밖에 필요한 사항은 보건복지부령으로 정한다.

제6장 장기요양기관

제31조	장기요양기관의 지정 [⑨]	① 제23조제1항제1호에 따른 재가급여 또는 같은 항 제2호에 따른 시설급여를 제공하는 장기요양기관을 운영하려는 자는 보건복지부령으로 정하는 장기요양에 필요한 시설 및 인력을 갖추어 소재지를 관할 구역으로 하는 특별자치시장·특별자치도지사·시장·군수·구청장으로부터 지정을 받아야 한다. ② 제1항에 따라 장기요양기관으로 지정을 받을 수 있는 시설은 「노인복지법」 제31조에 따른 노인복지시설 중 대통령령으로 정하는 시설로 한다. **OIKOS UP** 장기요양기관의 종류 및 기준(시행령 제10조) 법 제23조제1항제1호 및 제2호에 따라 장기요양급여를 제공할 수 있는 장기요양기관의 종류 및 기준은 다음 각 호의 구분에 따른다. 1. 재가급여를 제공할 수 있는 장기요양기관: 「노인복지법」 제38조에 따른 **재가노인복지시설**로서 법 제31조에 따라 지정받은 장기요양기관 2. 시설급여를 제공할 수 있는 장기요양기관 　가. 「노인복지법」 제34조제1항제1호에 따른 **노인요양시설**로서 법 제31조에 따라 지정받은 장기요양기관 　나. 「노인복지법」 제34조제1항제2호에 따른 **노인요양공동생활가정**으로서 법 제31조에 따라 지정받은 장기요양기관 ③ 특별자치시장·특별자치도지사·시장·군수·구청장이 제1항에 따른 지정을 하려는 경우에는 다음 각 호의 사항을 검토하여 장기요양기관을 지정하여야 한다. 이 경우 특별자치시장·특별자치도지사·시장·군수·구청장은 공단에 관련 자료의 제출을 요청하거나 그 의견을 들을 수 있다. 1. 장기요양기관을 운영하려는 자의 장기요양급여 제공 이력 2. 장기요양기관을 운영하려는 자 및 그 기관에 종사하려는 자가 이 법, 「사회복지사업법」 또는 「노인복지법」 등 장기요양기관의 운영과 관련된 법에 따라 받은 행정처분의 내용 3. 장기요양기관의 운영 계획 4. 해당 지역의 노인인구 수, 치매 등 노인성질환 환자 수 및 장기요양급여 수요 등 지역 특성 5. 그 밖에 특별자치시장·특별자치도지사·시장·군수·구청장이 장기요양기관으로 지정하는 데 필요하다고 인정하여 정하는 사항 ④ 특별자치시장·특별자치도지사·시장·군수·구청장은 제1항에 따라 장기요양기관을 지정한 때 지체 없이 지정 명세를 공단에 통보하여야 한다. ⑤ 제23조제1항제1호에 따른 재가급여를 제공하는 장기요양기관 중 의료기관이 아닌 자가 설치·운영하는 장기요양기관이 방문간호를 제공하는 경우에는 방문간호의 관리책임자로서 간호사를 둔다.
제32조	재가장기요양기관의 설치 [⑨] 삭제(2018.12.11)	
제32조의2	결격사유	다음 각 호의 어느 하나에 해당하는 자는 제31조에 따른 장기요양기관의 지정받을 수 없다. 1. 미성년자, 피성년후견인 또는 피한정후견인 2. 「정신건강증진 및 정신질환자 복지서비스 지원에 관한 법률」 제3조제1호의 정신질환자. 다만, 전문의가 장기요양기관 설립·운영 업무에 종사하는 것이 적합하다고 인정하는 사람은 그러하지 아니하다. 3. 「마약류 관리에 관한 법률」 제2조 제1호의 마약류에 중독된 사람 4. 파산선고를 받고 복권되지 아니한 사람 5. 금고 이상의 실형을 선고받고 그 집행이 종료(집행이 종료된 것으로 보는 경우

		를 포함한다)되거나 집행이 면제된 날부터 5년이 경과되지 아니한 사람 6. 금고 이상의 형의 집행유예를 선고받고 그 유예기간 중에 있는 사람 7. 대표자가 제1호부터 제6호까지의 규정 중 어느 하나에 해당하는 법인
제32조의3	장기요양기관 지정의 유효기간	제31조에 따른 **장기요양기관 지정의 유효기간은 지정을 받은 날부터 <u>6년</u>**으로 한다.
제33조	장기요양기관의 시설·인력에 관한 변경 [⑨]	① **장기요양기관의 장은 시설 및 인력 등** 보건복지부령으로 정하는 중요한 사항을 **변경하려는 경우에는** 보건복지부령으로 정하는 바에 따라 특별자치시장·특별자치도지사·**시장·군수·구청장의 변경지정을 받아야 한다.** [⑨] ✗ 장기요양기관은 시설 및 인력 중 중요한 사항을 변경하는 경우, 보건복지부장관에게 신고하여야 한다.(×) ② 제1항에 따른 사항 외의 사항을 변경하려는 경우에는 보건복지부령으로 정하는 바에 따라 특별자치시장·특별자치도지사·시장·군수·구청장에게 변경신고를 하여야 한다. ③ 제1항 및 제2항에 따라 변경지정을 하거나 변경신고를 받은 특별자치시장·특별자치도지사·시장·군수·구청장은 지체 없이 해당 변경 사항을 공단에 통보하여야 한다.

제36조	장기요양기관의 폐업 등 신고 [⑨]	① **장기요양기관의 장은 폐업하거나 휴업하고자 하는 경우 폐업이나 휴업 예정일 전 30일까지 특별자치시장·특별자치도지사·시장·군수·구청장에게 <u>신고</u>하여야 한다.** 신고를 받은 특별자치시장·특별자치도지사·시장·군수·구청장은 지체 없이 신고 명세를 공단에 통보하여야 한다.
		② 특별자치시장·특별자치도지사·시장·군수·구청장은 장기요양기관의 장이 유효기간이 끝나기 30일 전까지 제32조의4에 따른 지정 갱신 신청을 하지 아니하는 경우 그 사실을 공단에 통보하여야 한다. 〈신설 2018. 12. 11.〉
		③ 장기요양기관의 장은 장기요양기관을 폐업하거나 휴업하려는 경우 또는 장기요양기관의 지정 갱신을 하지 아니하려는 경우 보건복지부령으로 정하는 바에 따라 수급자의 권익을 보호하기 위하여 다음 각 호의 조치를 취하여야 한다.
		  1. 해당 장기요양기관을 이용하는 수급자가 다른 장기요양기관을 선택하여 이용할 수 있도록 계획을 수립하고 이행하는 조치
		  2. 해당 장기요양기관에서 수급자가 제40조제1항 및 제3항에 따라 부담한 비용 중 정산하여야 할 비용이 있는 경우 이를 정산하는 조치
		  3. 그 밖에 수급자의 권익 보호를 위하여 필요하다고 인정되는 조치로서 보건복지부령으로 정하는 조치

제36조의2	시정명령	특별자치시장·특별자치도지사·시장·군수·구청장은 장기요양기관 재무·회계기준을 위반한 장기요양기관에 대하여 **6개월 이내의 범위**에서 일정한 기간을 정하여 시정을 명할 수 있다.

제37조	장기요양기관 지정의 취소 등 [⑨]	① 특별자치시장·특별자치도지사·시장·군수·구청장은 장기요양기관이 다음 각 호의 어느 하나에 해당하는 경우 **그 지정을 취소하거나 6개월의 범위에서 업무정지를 명할 수 있다.** 다만, 제1호, 제2호의2, 제3호의5, 제7호, 또는 제8호**에 해당하는 경우에는 지정을 취소하여야 한다.**
		  1. 거짓이나 그 밖의 부정한 방법으로 지정을 받은 경우
		  1의2. 제28조의2를 위반하여 급여외행위를 제공한 경우. 다만, 장기요양기관의 장이 그 위반행위를 방지하기 위하여 해당 업무에 관하여 상당한 주의와 감독을 게을리하지 아니한 경우는 제외한다.
		  2. 제31조제1항에 따른 지정기준에 적합하지 아니한 경우

2의2. 제32조의2 각 호의 어느 하나에 해당하게 된 경우. 다만, 제32조의2제7호에 해당하게 된 법인의 경우 3개월 이내에 그 대표자를 변경하는 때에는 그러하지 아니하다.
3. 제35조 제1항을 위반하여 **장기요양급여를 거부한 경우**
3의2. 제35조 제5항을 위반하여 **본인일부부담금을 면제하거나 감경하는 행위를 한 경우**
3의3. 제35조 제6항을 위반하여 **수급자를 소개, 알선 또는 유인하는 행위 및 이를 조장하는 행위를 한 경우**
3의4. 제35조의4제2항 각 호의 어느 하나를 위반한 경우
3의5. 제36조제1항에 따른 폐업 또는 휴업 신고를 하지 아니하고 1년 이상 장기요양급여를 제공하지 아니한 경우
3의6. 제36조의2에 따른 시정명령을 이행하지 아니하거나 회계부정 행위가 있는 경우
3의7. 정당한 사유 없이 제54조에 따른 평가를 거부·방해 또는 기피하는 경우
4. **거짓이나 그 밖의 부정한 방법으로 재가 및 시설 급여비용을 청구한 경우**
5. 제61조 제2항에 따른 **자료제출 명령에 따르지 아니하거나 거짓으로 자료제출을 한 경우나 질문 또는 검사를 거부·방해 또는 기피하거나 거짓으로 답변한 경우**
6. 장기요양기관의 종사자 등이 다음 각 목의 어느 하나에 해당하는 행위를 한 경우. 다만, 장기요양기관의 장이 그 행위를 방지하기 위하여 해당 업무에 관하여 상당한 주의와 감독을 게을리하지 아니한 경우는 제외한다.
   가. 수급자의 신체에 폭행을 가하거나 상해를 입히는 행위
   나. 수급자에게 성적 수치심을 주는 성폭행, 성희롱 등의 행위
   다. 자신의 보호·감독을 받는 수급자를 유기하거나 의식주를 포함한 기본적 보호 및 치료를 소홀히 하는 방임행위
   라. 수급자를 위하여 증여 또는 급여된 금품을 그 목적 외의 용도에 사용하는 행위
   마. 폭언, 협박, 위협 등으로 수급자의 정신건강에 해를 끼치는 정서적 학대행위
7. 업무정지기간 중에 장기요양급여를 제공한 경우
8. 「부가가치세법」제8조에 따른 **사업자등록** 또는 「소득세법」제168조에 따른 **사업자등록이나 고유번호가 말소된 경우**
⑧ 다음 각 호의 어느 하나에 해당하는 자는 제31조에 따른 장기요양기관으로 지정받을 수 없다.
  1. 제1항 또는 제3항에 따라 지정취소 또는 폐쇄명령을 받은 후 **3년이 지나지 아니한 자**(법인인 경우 그 대표자를 포함한다)
  2. 제1항에 따라 업무정지명령을 받고 업무정지기간이 지나지 아니한 자(법인인 경우 그 대표자를 포함한다)

제7장 재가 및 시설 급여비용 등

제38조	재가 및 시설 급여비용의 청구 및 지급 등 [20]	① 장기요양기관은 수급자에게 제23조에 따른 재가급여 또는 시설급여를 제공한 경우 **공단에** 장기요양급여비용을 청구하여야 한다. [20] 　🔎 장기요양기관은 수급자에게 재가급여 또는 시설급여를 제공한 경우 시·도지사에게 장기요양급여비용을 청구하여야 한다.(×) ② 공단은 제1항에 따라 장기요양기관으로부터 재가 또는 시설 급여비용의 청구를 받은 경우 이를 심사하여 그 내용을 장기요양기관에 통보하여야 하며, 장기요양에 사용된 비용 중 공단부담금(재가 및 시설 급여비용 중 본인부담금을 공제한 금액을 말한다)을 해당 장기요양기관에 지급하여야 한다. ③ 공단은 제54조제2항에 따른 장기요양기관의 장기요양급여평가 결과에 따라 장기요양급여비용을 가산 또는 감액조정하여 지급할 수 있다. ④ 공단은 제2항에도 불구하고 장기요양급여비용을 심사한 결과 수급자가 이미 낸 본인부담금이 제2항에 따라 통보한 본인부담금보다 더 많으면 두 금액 간의 차액을 장기요양기관에 지급할 금액에서 공제하여 수급자에게 지급하여야 한다.
제40조	본인 부담금	① 제23조에 따른 **장기요양급여(특별현금급여는 제외**한다. 이하 이 조에서 같다)를 받는 자는 대통령령으로 정하는 바에 따라 비용의 일부를 본인이 부담한다. 이 경우 **장기요양급여를 받는 수급자의 장기요양등급, 이용하는 장기요양급여의 종류 및 수준 등에 따라 본인부담의 수준을 달리 정할 수 있다.** 〈개정 2021.12.21.〉 **OIKOS UP　　본인부담금(시행령 제15조의8)** 법 제40조제1항에 따라 장기요양급여를 받는 자가 부담해야 하는 비용은 다음 각 호와 같다. 1. **재가급여** : 해당 장기요양급여비용의 100분의 15 2. **시설급여** : 해당 장기요양급여비용의 100분의 20 ② 제1항에도 불구하고 수급자 중 「**의료급여법**」 제3조제1항제1호에 따른 수급자는 본인부담금을 부담하지 아니한다. 〈신설 2021.12.21.〉 ③ 다음 각 호의 장기요양급여에 대한 비용은 수급자 **본인이 전부 부담**한다. 〈개정 2021.12.21.〉 　1. 이 법의 규정에 따른 급여의 범위 및 대상에 포함되지 아니하는 장기요양급여 　2. 수급자가 제17조제1항제2호에 따른 장기요양인정서에 기재된 장기요양급여의 종류 및 내용과 다르게 선택하여 장기요양급여를 받은 경우 그 차액 　3. 제28조에 따른 장기요양급여의 월 한도액을 초과하는 장기요양급여 ④ 다음 각 호의 어느 하나에 해당하는 자에 대해서는 **본인부담금의 100분의 60의 범위**에서 보건복지부장관이 정하는 바에 따라 차등하여 감경할 수 있다. 　1. 「**의료급여법**」 제3조제1항제2호부터 제9호까지의 규정에 따른 수급권자 　2. **소득·재산 등이 보건복지가족부장관이 정하여 고시하는 일정 금액 이하인 자**. 다만, 도서·벽지·농어촌 등의 지역에 거주하는 자에 대하여 따로 금액을 정할 수 있다. 　3. **천재지변 등 보건복지가족부령으로 정하는 사유로 인하여 생계가 곤란한 자** ⑤ 제1항부터 제4항까지의 규정에 따른 본인부담금의 산정방법, 감경절차 및 감경방법 등에 관하여 필요한 사항은 보건복지부령으로 정한다.

제8장 장기요양위원회

제45조	장기요양위원회의 설치 및 기능	다음 각 호의 사항을 **심의하기 위하여 보건복지부장관 소속으로 장기요양위원회**를 둔다. 1. 제9조 제2항에 따른 **장기요양보험료율** 2. 제24조부터 제26조까지의 규정에 따른 **가족요양비, 특례요양비 및 요양병원간병비**의 지급기준 3. 제39조에 따른 **재가 및 시설 급여비용** 4. 그 밖에 대통령령으로 정하는 주요 사항

제46조	장기요양위원회의 구성	① 장기요양위원회는 **위원장 1인, 부위원장 1인을 포함한 16인 이상 22인 이하의 위원으로 구성**한다.
		② 위원장이 아닌 위원은 다음 각 호의 자 중에서 보건복지부장관이 임명 또는 위촉한 자로 하고, 각 호에 해당하는 자를 각각 동수로 구성하여야 한다.
		  1. 근로자단체, 사용자단체, 시민단체(「비영리민간단체 지원법」 제2조에 따른 비영리민간단체를 말한다), 노인단체, 농어업인단체 또는 자영자단체를 대표하는 자
		  2. 장기요양기관 또는 의료계를 대표하는 자
		  3. 대통령령으로 정하는 관계 중앙행정기관의 고위공무원단 소속 공무원, 장기요양에 관한 학계 또는 연구계를 대표하는 자, 공단 이사장이 추천하는 자
		③ **위원장은 보건복지부차관**이 되고, 부위원장은 위원 중에서 위원장이 지명한다.
		④ 장기요양위원회 위원의 임기는 **3년**으로 한다. 다만, 공무원인 위원의 임기는 재임기간으로 한다.

제8장의2 장기요양요원지원센터

제47조의2	장기요양요원지원센터의 설치 등 [㉑]	① 국가와 지방자치단체는 장기요양요원의 권리를 보호하기 위하여 **장기요양요원지원센터를 설치·운영**할 수 있다.
		② 장기요양요원지원센터는 다음 각 호의 업무를 수행한다.
		  1. **장기요양요원의 권리 침해에 관한 상담 및 지원**
		  2. **장기요양요원의 역량강화를 위한 교육지원**
		  3. **장기요양요원에 대한 건강검진 등 건강관리를 위한 사업**
		  4. 그 밖에 장기요양요원의 업무 등에 필요하여 대통령령으로 정하는 사항
		③ 장기요양요원지원센터의 설치·운영 등에 필요한 사항은 보건복지부령으로 정하는 바에 따라 해당 지방자치단체의 조례로 정한다.

제9장 관리운영기관

제48조	관리운영
	기관 등
		① 장기요양사업의 관리운영기관은 공단으로 한다.
		② 공단은 다음 각 호의 업무를 관장한다.
		  1. 장기요양보험가입자 및 그 피부양자와 의료급여수급권자의 자격관리
		  2. 장기요양보험료의 부과·징수
		  3. 신청인에 대한 조사
		  4. 등급판정위원회의 운영 및 장기요양등급 판정
		  5. 장기요양인정서의 작성 및 개인별장기요양이용계획서의 제공
		  6. 장기요양급여의 관리 및 평가
		  7. 수급자 및 그 가족에 대한 정보제공·안내·상담 등 장기요양급여 관련 이용지원에 관한 사항
		  8. 재가 및 시설 급여비용의 심사 및 지급과 특별현금급여의 지급
		  9. 장기요양급여 제공내용 확인
		  10. 장기요양사업에 관한 조사·연구, 국제협력 및 홍보
		  11. 노인성질환예방사업
		  12. 이 법에 따른 부당이득금의 부과·징수 등
		  13. 장기요양급여의 제공기준을 개발하고 장기요양급여비용의 적정성을 검토하기 위한 장기요양기관의 설치 및 운영
		  14. 그 밖에 장기요양사업과 관련하여 보건복지부장관이 위탁한 업무
		③ 공단은 제2항 제13호의 장기요양기관을 설치할 때 노인인구 및 지역특성 등을 고려한 지역 간 불균형 해소를 고려하여야 하고, 설치 목적에 필요한 최소한의 범위에서 이를 설치·운영하여야 한다.
		④ 「국민건강보험법」 제17조에 따른 공단의 정관은 장기요양사업과 관련하여 다음 각 호의 사항을 포함·기재한다.
		  1. 장기요양보험료
		  2. 장기요양급여
		  3. 장기요양사업에 관한 예산 및 결산
		  4. 그 밖에 대통령령으로 정하는 사항

제52조	등급판정
	위원회의
	설치
	[⑧]
		① 장기요양인정 및 장기요양등급 판정 등을 심의하기 위하여 공단(국민건강보험공단)에 장기요양등급판정위원회를 둔다.
		② 등급판정위원회는 특별자치시·특별자치도·시·군·구 단위로 설치한다. 다만, 인구 수 등을 고려하여 하나의 특별자치시·특별자치도·시·군·구에 2 이상의 등급판정위원회를 설치하거나 2 이상의 특별자치시·특별자치도·시·군·구를 통합하여 하나의 등급판정위원회를 설치할 수 있다.
		③ 등급판정위원회는 위원장 1인을 포함하여 15인의 위원으로 구성한다.
		④ 등급판정위원회 위원은 다음 각 호의 자 중에서 공단 이사장이 위촉한다. 이 경우 특별자치시장·특별자치도지사·시장·군수·구청장이 추천한 위원은 7인, 의사 또는 한의사가 1인 이상 각각 포함되어야 한다.
		  1. 「의료법」에 따른 의료인
		  2. 「사회복지사업법」에 따른 사회복지사
		  3. 특별자치시·특별자치도·시·군·구 소속 공무원
		  4. 그 밖에 법학 또는 장기요양에 관한 학식과 경험이 풍부한 자
		⑤ 등급판정위원회 위원의 임기는 3년으로 하되, 한 차례만 연임할 수 있다. 다만, 공무원인 위원의 임기는 재임기간으로 한다.

사회복지서비스법

제2부 **각 론**

제13장 회차별 출제빈도, 출제비중 및 출제논점 1, 2, 3순위

사회복지서비스법	10회 2012	11회 2013	12회 2014	13회 2015	14회 2016	15회 2017	16회 2018	17회 2019	18회 2020	19회 2021	20회 2022	21회 2023	22회 2024
아동복지법	1	1	1	1	1	-	1	1	1	(2)	1	2	1
노인복지법	1	1	1	1	1	1	1	-	1	1(2)	1	-	1
장애인복지법	1	1	1	1	1	1	1	1	1	(1)	1	-	-
한부모가족지원법	1	1	-	-	1	1	-	1	-	(2)	1	1	1
영유아보육법	1	-	-	1	-	-	-	-	-	-	-	-	-
정신건강증진 및 정신질환자 복지서비스 지원에 관한 법률	1	1	-	-	-	-	-	-	-	-	-	1	-
사회복지공동모금회법	-	1	-	-	-	-	1	1	1	1	-	-	1
입양특례법	-	-	-	-	-	-	-	-	-	-	-	-	-
장애인·노인·임산부 등의 편의증진에 관한 법률	-	-	-	-	-	-	-	-	-	-	-	-	-
농어촌주민의 보건복지증진을 위한 특별법	-	-	-	-	-	-	-	-	-	-	-	-	-
식품등 기부 활성화에 관한 법률	-	-	-	-	-	-	-	-	-	-	-	-	-
다문화 가족지원법	1	1	-	-	-	1	1	-	1	(1)	-	-	-
가정폭력 및 피해자보호 등에 관한 법률	-	-	1	1	-	1	1	1	1	-	-	-	-
성매매방지 및 피해자보호 등에 관한 법률	-	-	-	-	0	-	-	-	-	-	-	-	-
성폭력방지 및 피해자보호 등에 관한 법률	-	-	-	-	-	1	-	1	1	1	-	-	-
건강가정기본법	-	-	-	-	-	-	-	-	-	-	-	1	-

목 차	출제 비중	출제 논점		
		1순위 ☺	2순위 ※	3순위 ☆
제13장 사회복지서비스법	35.7			
아동복지법	0.12	① 2번 이상 출제되었던 조문	① 1번 출제되었던 조문	
노인복지법	0.11(2)	① 2번 이상 출제되었던 조문	① 1번 출제되었던 조문	
장애인복지법	0~1	① 2번 이상 출제되었던 조문	① 1번 출제되었던 조문	

1순위 스마일표시(☺) : 출제 빈출도가 높은 부분으로 무조건 시험에 출제되는 영역
2순위 당구장표시(※) : 나왔다 안 나왔다 하는 영역이지만 출제가능성 높은 영역
3순위 별 표(☆)   : 출제 된 적이 있긴 하지만 다시 출제될 가능성은 다소 떨어지는 영역

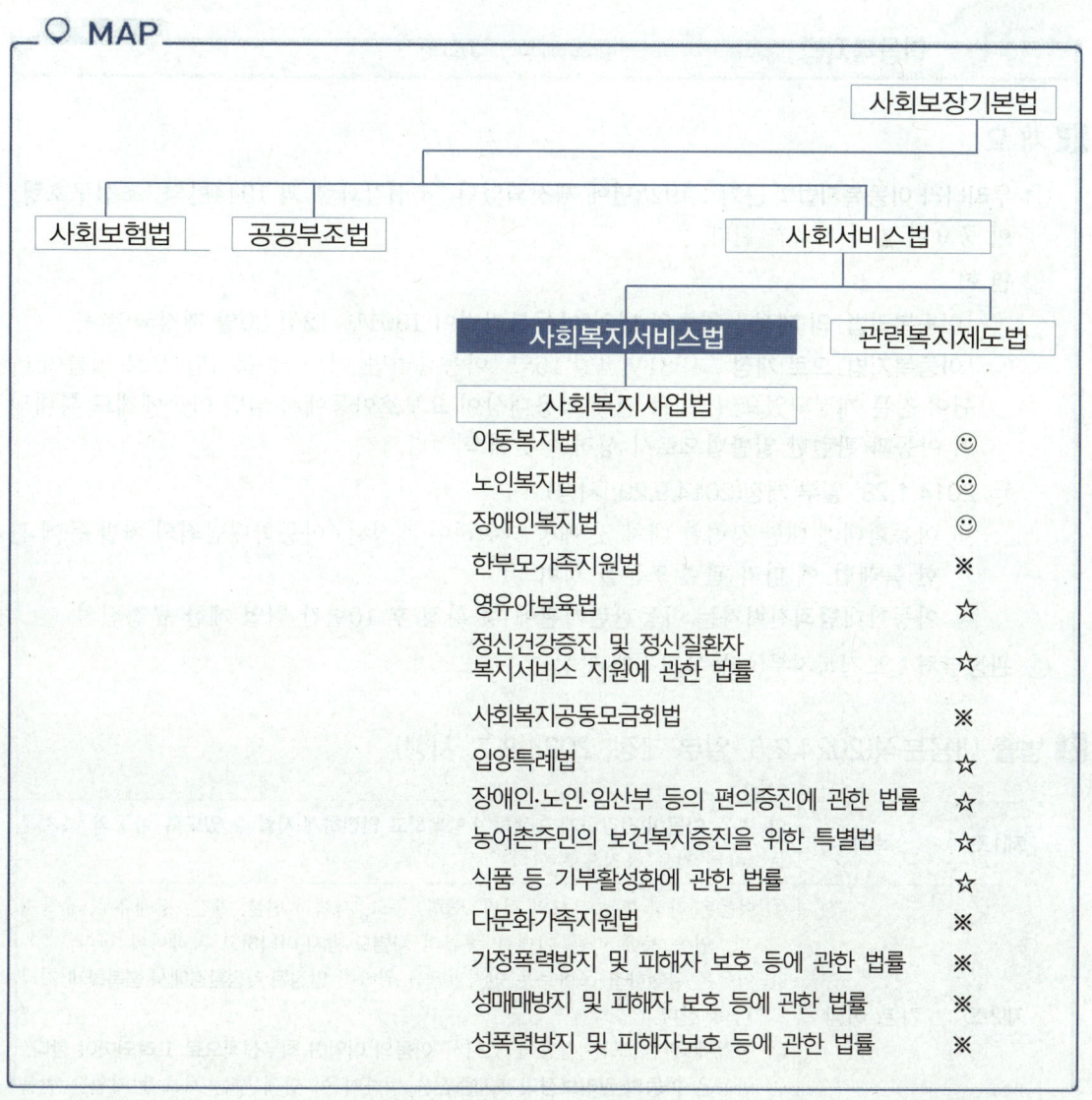

01 아동복지법 [③④⑤⑥⑦⑧⑨⑩⑪⑫⑬⑭⑯⑰⑱⑲⑳㉑㉒]

1 개요

① **우리나라 아동복지법의 근거** : 1923년에 제정되었던 「조선감화령」과 1944년의 「조선구호령」이 중요한 법적 기초가 된다.
② **연 혁**
  ㉠ 「**아동복리법**」**의 제정** : 최초의 법인 아동복리법이 1961년 12월 30일 제정되었다.
  ㉡ 「**아동복지법**」**으로 개정** : 1981년 4월 15일 「아동복리법」이 「아동복지법」으로 이름이 바뀌어 전문 개정되었으며, 이로 인해 적용대상이 요보호아동에서 일반 아동에게로 확대되어 아동과 관련한 일반법으로서 성격을 갖게 되었다. [④]
  ㉢ 2014.1.28. 일부 개정(2014.9.29. 시행)
    ㉮ 아동학대에 대한 강력한 대처 및 예방을 위하여 제정된 「**아동학대범죄의 처벌 등에 관한 특례법**」에 따라 관련 조문을 정비
    ㉯ 아동학대범죄전력자는 아동관련기관에 형 확정 후 10년간 취업 제한 규정신설
③ **관장부처** : 보건복지부(아동복지정책과 등)

2 법률 내용분석(2024.2.6. 일부 개정, 2024.8.7. 시행)

제1조	목적		이 법은 아동이 건강하게 출생하여 행복하고 안전하게 자랄 수 있도록 아동의 복지를 보장하는 것을 목적으로 한다.
제2조	기본 이념		① 아동은 자신 또는 부모의 성별, 연령, 종교, 사회적 신분, 재산, 장애유무, 출생지역, 인종 등에 따른 어떠한 종류의 **차별도 받지 아니하고** 자라나야 한다. ② 아동은 완전하고 조화로운 인격발달을 위하여 **안정된 가정환경에서 행복하게** 자라나야 한다. ③ 아동에 관한 모든 활동에 있어서 **아동의 이익이 최우선적으로 고려되어야 한다.** ④ 아동은 **아동의 권리보장과 복지증진**을 위하여 이 법에 따른 보호와 지원을 받을 권리를 가진다.
제3조	정의	아동 [⑭⑰⑲]	18세 미만인 사람
		보호자	친권자, 후견인, 아동을 보호·양육·교육하거나 그러한 의무가 있는 자 또는 업무·고용 등의 관계로 사실상 아동을 보호·감독하는 자를 말한다.
		보호대상 아동 [⑭]	보호자가 없거나 보호자로부터 이탈된 아동 또는 보호자가 아동을 학대하는 경우 등 그 보호자가 아동을 양육하기에 적당하지 아니하거나 양육할 능력이 없는 경우의 아동을 말한다.
		지원대상 아동	아동이 조화롭고 건강하게 성장하는 데에 필요한 기초적인 조건이 갖추어지지 아니하여 사회적·경제적·정서적 지원이 필요한 아동을 말한다.

		가정위탁	보호대상아동의 보호를 위하여 성범죄, 가정폭력, 아동학대, 정신질환 등의 전력이 없는 보건복지부령으로 정하는 기준에 **적합한 가정에 보호대상아동을 일정 기간 위탁하는 것**을 말한다.
		아동학대 [⑭⑯]	보호자를 포함한 성인이 아동의 건강 또는 복지를 해치거나 정상적 발달을 저해할 수 있는 신체적·정신적·성적 폭력이나 가혹행위를 하는 것과 아동의 보호자가 아동을 유기하거나 방임하는 것을 말한다. → ⊞ **노인학대** : 정서적, 경제적 착취 ⊞ **장애인 학대** : 언어적 ⊗ 교육적 결핍(×)
		아동학대 관련범죄 [⑲]	**아동학대관련범죄란 다음 각 목의 어느 하나에 해당하는 죄를 말한다.** 가. 「아동학대범죄의 처벌 등에 관한 특례법」 제2조제4호에 따른 아동학대범죄 나. 아동에 대한 「형법」 제2편제24장 살인의 죄 중 제250조부터 제255조까지의 죄 ⊗ 아동학대범죄의 처벌 등에 관한 특례법에 따른 아동학대범죄는 아동복지법상 아동학대관련범죄에 해당한다.(O)
제4조	국가와 지방자치 단체의 책무 [정책론 ⑰]		① **국가와 지방자치단체는 아동의 안전·건강 및 복지 증진을 위하여 아동과 그 보호자 및 가정을 지원하기 위한 정책을 수립·시행하여야 한다.** [정책론 ⑰] ② 국가와 지방자치단체는 보호대상아동 및 지원대상아동의 권익을 증진하기 위한 정책을 수립·시행하여야 한다. ③ 국가와 지방자치단체는 아동이 태어난 가정에서 성장할 수 있도록 지원하고, 아동이 태어난 가정에서 성장할 수 없을 때에는 가정과 유사한 환경에서 성장할 수 있도록 조치하며, 아동을 가정에서 분리하여 보호할 경우에는 신속히 가정으로 복귀할 수 있도록 지원하여야 한다. ④ 국가와 지방자치단체는 장애아동의 권익을 보호하기 위하여 필요한 시책을 강구하여야 한다. ⑤ 국가와 지방자치단체는 아동이 자신 또는 부모의 성별, 연령, 종교, 사회적 신분, 재산, 장애유무, 출생지역 또는 인종 등에 따른 어떠한 종류의 차별도 받지 아니하도록 필요한 시책을 강구하여야 한다. ⑥ 국가와 지방자치단체는 「아동의 권리에 관한 협약」에서 규정한 아동의 권리 및 복지 증진 등을 위하여 필요한 시책을 수립·시행하고, 이에 필요한 교육과 홍보를 하여야 한다. ⑦ 국가와 지방자치단체는 아동의 보호자가 아동을 행복하고 안전하게 양육하기 위하여 필요한 교육을 지원하여야 한다.
제5조	보호자 등의 책무		① 아동의 보호자는 아동을 가정에서 그의 성장시기에 맞추어 건강하고 안전하게 양육하여야 한다. ② **아동의 보호자는 아동에게 신체적 고통이나 폭언 등의 정신적 고통을 가하여서는 아니 된다.** ③ 모든 국민은 아동의 권익과 안전을 존중하여야 하며, 아동을 건강하게 양육하여야 한다.
제6조	어린이날 및 어린이주간 [⑯]		어린이에 대한 사랑과 보호의 정신을 높임으로써 이들을 옳고 아름답고 슬기로우며 씩씩하게 자라나도록 하기 위하여 **매년 5월 5일을 어린이날**로 하며, **5월 1일부터 5월 7일까지를 어린이주간**으로 한다.

제7조	아동정책
	기본계획의
	수립
	[17 18 22]
		① **보건복지부장관**은 아동정책의 효율적인 추진을 위하여 **5년마다 아동정책기본계획**(이하 "기본계획"이라 한다)을 **수립**하여야 한다. [17 22]
		   ❌⊙ 보건복지부장관은 아동정책의 효율적인 추진을 위하여 5년마다 아동정책기본계획을 수립하여야 한다.(O)
		② 기본계획은 다음 각 호의 사항을 포함하여야 한다.
		   1. 이전의 기본계획에 관한 분석·평가
		   2. 아동정책에 관한 기본방향 및 추진목표
		   3. 주요 추진과제 및 추진방법
		   4. 재원조달방안
		   5. 그 밖에 아동정책을 시행하기 위하여 특히 필요하다고 인정되는 사항
		③ 보건복지부장관은 기본계획을 수립할 때에는 미리 관계 중앙행정기관의 장과 협의하여야 한다.
		④ 기본계획은 제10조에 따른 **아동정책조정위원회의 심의를 거쳐 확정**한다. 이 경우 보건복지부장관은 확정된 기본계획을 관계 중앙행정기관의 장 및 특별시장·광역시장·도지사·특별자치도지사(이하 "시·도지사"라 한다)에게 알려야 한다.

제10조	아동정책
	조정위원회
	[③ 17 18 20 22]
		① 아동의 권리증진과 건강한 출생 및 성장을 위하여 종합적인 아동정책을 수립하고 관계 부처의 의견을 조정하며 그 정책의 이행을 감독하고 평가하기 위하여 **국무총리 소속으로 아동정책조정위원회**(이하 "위원회"라 한다)를 둔다.
		   ❌⊙ 보건복지부장관 소속으로 아동정책조정위원회를 둔다.(×)
		② 위원회는 다음 각 호의 사항을 심의·조정한다.
		   1. 기본계획의 수립에 관한 사항
		   2. 아동의 권익 및 복지 증진을 위한 기본방향에 관한 사항
		   3. 아동정책의 개선과 예산지원에 관한 사항
		   4. 아동 관련 국제조약의 이행 및 평가·조정에 관한 사항
		   5. 아동정책에 관한 관련 부처 간 협조에 관한 사항
		   6. 그 밖에 위원장이 부의하는 사항
		③ 위원회는 위원장을 포함한 **25명 이내의 위원**으로 구성하되, **위원장은 국무총리**가 되고 위원은 다음 각 호의 사람이 된다.
		   1. 기획재정부장관·교육부장관·법무부장관·행정안전부장관·문화체육관광부장관·산업통상자원부장관·보건복지부장관·고용노동부장관·여성가족부장관
		   2. 아동 관련 단체의 장이나 아동에 대한 학식과 경험이 풍부한 사람 중 위원장이 위촉하는 15명 이내의 위원
		   ❌⊙ 아동정책조정위원회 위원장은 국무총리가 된다.(O)

제10조
의2
	아동권리
	보장원의 설립
	및 운영
		① 보건복지부장관은 아동정책에 대한 종합적인 수행과 아동복지 관련 사업의 효과적인 추진을 위하여 필요한 정책의 수립을 지원하고 사업평가 등의 업무를 수행할 수 있도록 아동권리보장원(이하 "보장원")을 설립한다.
		② 보장원은 다음 각 호의 업무를 수행한다.
		   1. 아동정책 수립을 위한 자료 개발 및 정책 분석
		   2. 제7조의 기본계획 수립 및 제8조제2항의 시행계획 평가 지원
		   3. 제10조의 위원회 운영 지원
		   4. 제11조의2의 아동정책영향평가 지원
		   5. 제15조, 제15조의2, 제15조의3, 제16조, 제16조의2의 아동보호서비스에 대한 기술지원

		6. 아동학대의 예방과 방지를 위한 제22조제6항 각 호의 업무
		7. 가정위탁사업 활성화 등을 위한 제48조제6항 각 호의 업무
		8. 지역 아동복지사업 및 아동복지시설의 원활한 운영을 위한 지원
		9. 「국내입양에 관한 특별법」 및 「국제입양에 관한 법률」에 따른 입양 체계의 구축 및 운영을 위한 다음 각 목의 업무
		   가. 국내외 입양정책 및 서비스에 관한 조사·연구
		   나. 양부모 및 예비양부모에 대한 교육 운영
		   다. 「국내입양에 관한 특별법」에 따른 입양정책위원회 운영 지원
		   라. 입양정보 공개 청구 관련 업무
		   마. 입양 관련 국제협력 업무
		   바. 「국내입양에 관한 특별법」 및 「국제입양에 관한 법률」에 따라 보건복지부장관으로부터 위탁받은 업무
		   사. 그 밖에 「국내입양에 관한 특별법」 및 「국제입양에 관한 법률」에 따른 입양 체계 구축 및 운영과 관련하여 보건복지부장관이 필요하다고 인정하는 업무
		10. 아동 관련 조사 및 통계 구축
		11. 아동 관련 교육 및 홍보
		12. 아동 관련 해외정책 조사 및 사례분석
		13. 그 밖에 이 법 또는 다른 법령에 따라 보건복지부장관, 국가 또는 지방자치단체로부터 위탁받은 업무
		③ **보장원은 법인으로 하고**, 주된 사무소의 소재지에 설립등기를 함으로써 성립한다.
		④ 보장원에는 보장원을 대표하고 그 업무를 총괄하기 위하여 원장을 두며, **원장은 보건복지부장관이 임면**한다.
		⑤ 보건복지부장관은 보장원의 설립·운영에 필요한 비용을 지원할 수 있다.
		⑥ 보장원에 관하여 이 법에서 정한 사항 외에는 「민법」 중 재단법인에 관한 규정을 준용한다.
		⑦ 보장원은 「기부금품의 모집 및 사용에 관한 법률」에도 불구하고 기부금품을 모집할 수 있다.
		⑧ 보장원의 설립 및 운영에 필요한 사항은 대통령령으로 정한다.

제11조	아동종합 실태조사 [⑰⑱]	**보건복지부장관은 3년마다** 아동의 양육 및 생활환경, 언어 및 인지 발달, 정서적·신체적 건강, 아동안전, 아동학대 등 **아동의 종합실태를 조사**하여 그 결과를 공표하고, 이를 기본계획과 시행계획에 반영하여야 한다. 다만, 보건복지부장관은 필요한 경우 보건복지부령으로 정하는 바에 따라 분야별 실태조사를 할 수 있다.
제12조	아동복지 심의위원회 [⑱]	① **시·도지사, 시장·군수·구청장은** 다음 각 호의 사항을 **심의하기 위하여 그 소속으로 아동복지심의위원회**를 각각 둔다. 이 경우 제2호부터 제8호까지의 사항에 관한 심의 업무를 효율적으로 수행하기 위하여 대통령령으로 정하는 바에 따라 심의위원회 소속으로 사례결정위원회를 두고, 사례결정위원회의 심의를 거친 사항은 심의위원회의 심의를 거친 사항으로 본다. [⑱] 1. 제8조에 따른 **시행계획 수립 및 시행에 관한 사항** 2. 제15조에 따른 **보호조치에 관한 사항** 3. 제16조에 따른 **퇴소조치에 관한 사항** 4. 제16조의3에 따른 보호기간의 연장 및 보호조치의 종료에 관한 사항 4의2. 제16조의4에 따른 재보호조치 및 보호조치의 종료에 관한 사항

제12조	아동복지 심의위원회 [⑱]	5. 제18조에 따른 친권행사의 제한이나 친권상실 선고 청구에 관한 사항 6. 제19조에 따른 **아동의 후견인의 선임이나 변경 청구에 관한 사항** 7. **지원대상아동의 선정과 그 지원에 관한 사항** 8. 그 밖에 아동의 보호 및 지원서비스를 위하여 시·도지사 또는 시장·군수·구청장이 필요하다고 인정하는 사항 ② **심의위원회의 조직·구성 및 운영 등에 필요한 사항은** 대통령령으로 정하는 기준에 따라 해당 **지방자치단체의 조례로 정한다.** ③ 시·도지사, 시장·군수·구청장은 대통령령으로 정하는 바에 따라 심의위원회의 구성 및 운영 현황에 관한 사항을 연 1회 보건복지부장관에게 보고하여야 한다.
제13조	아동복지 전담공무원	① 아동복지에 관한 업무를 담당하기 위하여 특별시·광역시·도·특별자치도(이하 "시·도"라 한다) 및 시·군·구(자치구를 말한다. 이하 같다)에 각각 아동복지전담공무원(이하 "전담공무원"이라 한다)을 둘 수 있다. ② 전담공무원은 「사회복지사업법」 제11조에 따른 사회복지사의 자격을 가진 사람으로 하고 그 임용 등에 필요한 사항은 해당 시·도 및 시·군·구의 조례로 정한다. ③ 전담공무원은 아동에 대한 상담 및 보호조치, 가정환경에 대한 조사, 아동복지시설에 대한 지도·감독, 아동범죄 예방을 위한 현장확인 및 지도·감독 등 지역단위에서 아동의 복지증진을 위한 업무를 수행한다. ④ 시·도지사 또는 시장·군수·구청장은 전담공무원의 업무를 지원하기 위하여 보건복지부령으로 정하는 바에 따라 민간전문인력을 둘 수 있다. ⑤ 관계 행정기관, 아동복지시설 및 아동복지단체(아동의 권리를 보장하고 복지증진을 목적으로 설립된 기관 및 단체를 말한다. 이하 같다)를 설치·운영하는 자는 전담공무원 또는 제4항에 따른 민간전문인력(이하 "민간전문인력"이라 한다)이 협조를 요청하는 경우 정당한 사유가 없는 한 이에 따라야 한다.
제14조	아동위원 [⑨⑯⑳㉒]	① **시·군·구**에 아동위원을 둔다. ② 아동위원은 그 관할 구역의 아동에 대하여 항상 그 생활상태 및 가정환경을 상세히 파악하고 아동복지에 필요한 원조와 지도를 행하며 전담공무원, 민간전문인력 및 관계 행정기관과 협력하여야 한다. ③ 아동위원은 그 업무의 원활한 수행을 위하여 적절한 교육을 받을 수 있다. ④ 아동위원은 **명예직으로 하되**, 아동위원에 대하여는 **수당을 지급할 수 있다.** 　㊀ 시·군·구에 두는 아동위원은 명예직으로 수당을 지급할 수 없다.(×) 　㊀ 아동위원은 명예직으로 하되, 아동위원에 대하여는 수당을 지급할 수 있다.(○) ⑤ 그 밖에 아동위원에 관한 사항은 해당 시·군·구의 조례로 정한다.
제15조	보호조치 [정책론 ⑰]	① **시·도지사 또는 시장·군수·구청장은** 그 관할 구역에서 보호대상아동을 발견하거나 보호자의 의뢰를 받은 때에는 아동의 최상의 이익을 위하여 대통령령으로 정하는 바에 따라 다음 각 호에 해당하는 **보호조치를 하여야 한다.** [정책론 ⑰] 1. 전담공무원, 민간전문인력 또는 아동위원에게 보호대상아동 또는 그 보호자에 대한 **상담·지도를 수행하게 하는 것** 2. 「민법」 제777조제1호 및 제2호에 따른 친족에 해당하는 사람의 가정에서 **보호·양육할 수 있도록 조치를 하는 것** 3. **보호대상아동을 적합한 유형의 가정에 위탁하여 보호·양육할 수 있도록 조치하는 것**

		4. 보호대상아동을 그 보호조치에 적합한 아동복지시설에 입소시키는 것 5. 약물 및 알콜 중독, 정서·행동·발달 장애, 성폭력·아동학대 피해 등으로 특수한 치료나 요양 등의 보호를 필요로 하는 아동을 전문치료기관 또는 요양소에 입원 또는 입소시키는 것 6. 「입양특례법」에 따른 입양과 관련하여 필요한 조치를 하는 것 ② 시·도지사 또는 시장·군수·구청장 이외의 자가 보호대상아동을 발견하거나 보호자의 의뢰를 받은 때에는 지체 없이 시·도지사 또는 시장·군수·구청장에게 보호조치를 의뢰하여야 한다. ③ 시·도지사 또는 시장·군수·구청장은 제1항제1호 및 제2호의 보호조치가 적합하지 아니한 보호대상아동에 대하여 제1항제3호부터 제6호까지의 보호조치를 할 수 있다. 이 경우 제1항제3호부터 제6호까지의 보호조치를 하기 전에 보호대상아동에 대한 상담, 건강검진, 심리검사 및 가정환경에 대한 조사를 실시하고, 보호대상아동에게 보호조치 과정과 목적, 예상기간 등 보건복지부령으로 정하는 사항을 충분히 이해할 수 있도록 설명하여야 한다. ④ 시·도지사 또는 시장·군수·구청장은 제1항에 따른 보호조치를 하려는 경우 보호대상아동에 대하여 다음 각 호의 사항이 포함된 개별 보호·관리 계획을 세워 보호하여야 하며, 그 계획을 수립할 때 해당 보호대상아동의 보호자를 참여시킬 수 있다. 1. 제1항에 따른 보호조치 계획 2. 아동 및 보호자에 대한 지원 계획 3. 그 밖에 보건복지부령으로 정하는 사항 ⑤ 시·도지사 또는 시장·군수·구청장은 제1항제3호부터 제6호까지의 보호조치 및 제6항의 일시보호조치를 함에 있어서 **해당 보호대상아동의 의사를 존중하여야 하며, 보호자가 있을 때에는 그 의견을 들어야 한다.** 다만, 아동의 보호자가 「아동학대범죄의 처벌 등에 관한 특례법」 제2조제5호의 아동학대행위자(이하 "아동학대행위자"라 한다)인 경우에는 그러하지 아니하다. ⑥ 시·도지사 또는 시장·군수·구청장은 다음 각 호의 어느 하나에 해당하는 경우 제1항제3호부터 제6호까지의 보호조치를 할 때까지 필요하면 제52조제1항제2호에 따른 아동일시보호시설 또는 제53조의2에 따른 학대피해아동쉼터에 보호대상아동을 입소시켜 보호하거나, 적합한 위탁가정 또는 적당하다고 인정하는 자에게 일시 위탁하여 보호(이하 "일시보호조치"라 한다)하게 할 수 있다. 이 경우 보호대상아동에게 일시보호조치 과정과 목적, 예상기간 등 보건복지부령으로 정하는 사항을 충분히 이해할 수 있도록 설명하여야 하고, 보호기간 동안 보호대상아동에 대한 상담, 건강검진, 심리검사 및 가정환경에 대한 조사를 실시하고 그 결과를 보호조치 시에 고려하여야 한다.
제15조 의3	보호대상아동의 양육상황 점검 [20②]	① **시·도지사 또는 시장·군수·구청장은** 제15조제1항제2호부터 제6호까지의 **보호조치 중인 보호대상아동의 양육상황을 보건복지부령으로 정하는 바에 따라 매년 점검하여야 한다.** 🔎 시장·군수·구청장은 보호조치 중인 보호대상아동의 양육상황을 3년마다 점검하여야 한다.(×) 🔎 시·도지사 또는 시장·군수·구청장은 보호조치 중인 보호대상아동의 양육상황을 분기별로 점검하여야 한다.(×) ② 시·도지사 또는 시장·군수·구청장은 제1항에 따른 양육상황을 점검한 결과에 따라 보호대상아동의 복리를 보호할 필요가 있거나 해당 보호조치가 적절하지 아니하다고 판단되는 경우에는 지체 없이 보호조치를 변경하여야 한다.

제15조의4	아동보호 사각지대 발굴 및 실태조사 [㉑]	① 보건복지부장관은 보호가 필요한 아동을 발견하고 양육환경을 개선할 수 있도록 지원하기 위하여 「사회보장기본법」 제37조에 따른 사회보장정보시스템(이하 "사회보장정보시스템"이라 한다)을 통하여 다음 각 호의 자료 또는 정보를 처리할 수 있으며, 해당 자료를 토대로 아동보호를 위한 실태조사 대상 아동을 선정할 수 있다. 1. 「국민건강보험법」 제41조제1항 각 호에 따른 **요양급여 실시 기록** 2. 「국민건강보험법」 제52조에 따른 **영유아건강검진 실시 기록** 및 「의료급여법」 제14조에 따른 **건강검진 실시 기록 중 6세 미만에 대한 기록** 3. 「초·중등교육법」 제25조에 따른 **학교생활기록 정보** 4. 「사회보장급여의 이용·제공 및 수급권자 발굴에 관한 법률」 제12조제1항 각 호에 따른 정보 5. 「감염병의 예방 및 관리에 관한 법률」 제24조제1항에 따른 **필수예방접종 실시 기록** **▌OIKOS UP 사회보장급여법 제12조(자료 또는 정보의 처리 등) 제1항** 보건복지부장관은 보장기관이 제10조에 따른 업무를 효율적으로 수행할 수 있도록 지원하기 위하여 「사회보장기본법」 제37조에 따른 사회보장정보시스템(이하 "사회보장정보시스템"이라 한다)을 통하여 다음 각 호의 자료 또는 정보를 처리할 수 있다. 1. 「전기사업법」 제14조에 따른 단전(전류제한을 포함한다), 「수도법」 제39조에 따른 단수, 「도시가스사업법」 제19조에 따른 단가스 가구정보(가구정보는 주민등록전산정보·가족관계등록전산정보를 포함한다. 이하 같다) 2. 「초·중등교육법」 제25조에 따른 학교생활기록 정보 중 담당교원이 위기상황에 처하여 있다고 판단한 학생의 가구정보 3. 「국민건강보험법」 제69조에 따른 보험료를 3개월 이상 체납한 사람의 가구정보 4. 「국민기초생활 보장법」 또는 「긴급복지지원법」에 따른 신청 또는 지원 중 탈락가구의 가구정보 5. 「사회복지사업법」 제35조에 따른 시설의 장이 입소 탈락자나 퇴소자 중 위기상황에 처하여 있다고 판단한 사람의 가구정보 6. 「신용정보의 이용 및 보호에 관한 법률」 제25조제2항제1호에 따른 종합신용정보집중기관과 같은 항 제2호에 따른 개별신용정보집중기관이 보유하고 있는 개인신용정보 중 보건복지부장관이 위기상황에 처하여 있다고 판단한 사람의 대통령령으로 정하는 기준에 해당하는 연체정보(대출금·신용카드대금·통신요금 등을 말한다)로서 금융위원회 위원장과 협의하여 정하는 개인신용정보 7. 「공공주택 특별법」 제4조제1항에 따른 공공주택사업자가 보유하고 있는 정보로서 같은 법 제49조에 따른 임대료를 3개월 이상 체납한 임차인의 가구정보 8. 「공동주택관리법」 제2조제1항제10호에 따른 관리주체가 보유하고 있는 정보로서 같은 법 제23조제1항에 따른 관리비를 3개월 이상 체납한 입주자의 가구정보 9. 「국민연금법」 제46조제1항제1호에 따라 국민연금공단에서 실시하는 자금의 대여사업을 이용하는 자의 가구정보 10. 기간통신사업자가 보유한 이용자의 정보로서 「전기통신사업법」 제4조제6항에 따른 전자정보시스템을 통하여 제공할 수 있는 정보 중 보건복지부장관이 위기상황에 처하여 있다고 판단한 이용자의 이동전화번호 정보 11. 그 밖에 지원대상자의 발굴을 위하여 필요한 정보로서 대통령령으로 정하는 정보

제16조	보호대상 아동의 퇴소조치 등 [⑧]	① 제15조제1항제3호부터 제5호까지의 보호조치 중인 **보호대상아동의 연령이 18세에 달하였거나, 보호 목적이 달성되었다고 인정되면** 해당 시·도지사, 시장·군수·구청장은 대통령령으로 정하는 절차와 방법에 따라 **그 보호 중인 아동의 보호조치를 종료하거나 해당 시설에서 퇴소시켜야 한다.** ② 제15조제1항제2호부터 제4호까지의 보호조치 중인 보호대상아동의 친권자, 후견인 등 보건복지부령으로 정하는 자는 관할 시·도지사 또는 시장·군수·구청장에게 해당 보호대상아동의 가정 복귀를 신청할 수 있다.
제16조의2	보호대상아동의 사후관리	시·도지사 또는 시장·군수·구청장은 전담공무원 등 관계 공무원 및 민간전문인력으로 하여금 보호조치의 종료로 가정으로 복귀한 보호대상아동의 가정을 방문하여 해당 아동의 복지 증진을 위하여 필요한 지도·관리를 제공하게 하여야 한다.
제17조	금지행위 [⑦⑩⑯]	누구든지 다음 각 호의 어느 하나에 해당하는 행위를 하여서는 아니된다. 1. **아동을 매매하는 행위** 　☞ 제1호는 10년 이하의 징역 2. **아동에게 음란한 행위를 시키거나 이를 매개하는 행위 또는 아동을 대상으로 하는 성희롱 등의 성적 학대행위** 　☞ 제2호는 10년 이하의 징역 또는 1억원 이하의 벌금 3. **아동의 신체에 손상을 주거나 신체의 건강 및 발달을 해치는 신체적 학대행위** 4. 아동에게 성적 수치심을 주는 성희롱·성폭력 등의 학대행위 　삭제〈2014.1.28〉 5. **아동의 정신건강 및 발달에 해를 끼치는 정서적 학대행위**(「가정폭력범죄의 처벌 등에 관한 특례법」 제2조제1호에 따른 가정폭력에 아동을 노출시키는 행위로 인한 경우를 포함한다) [⑯] 6. 자신의 보호·감독을 받는 아동을 유기하거나 의식주를 포함한 기본적 보호·양육·치료 및 교육을 소홀히 하는 방임행위 7. 장애를 가진 아동을 공중에 관람시키는 행위 8. 아동에게 구걸을 시키거나 아동을 이용하여 구걸하는 행위 　☞ 3~8호까지는 5년 이하의 징역 또는 5천만원 이하의 벌금 9. 공중의 오락 또는 흥행을 목적으로 아동의 건강 또는 안전에 유해한 곡예를 시키는 행위 또는 이를 위하여 아동을 제3자에게 인도하는 행위 　☞ 제9호는 1년 이하의 징역 또는 1천만원 이하의 벌금 10. 정당한 권한을 가진 알선기관 외의 자가 아동의 양육을 알선하고 금품을 취득하거나 금품을 요구 또는 약속하는 행위 11. **아동을 위하여 증여 또는 급여된 금품을 그 목적 외의 용도로 사용하는 행위**[⑩] 　☞ 10호와 11호는 3년 이하의 징역 또는 3천만원 이하의 벌금 ※ 아동에 대한 금지행위 및 벌칙으로 가장 엄중한 벌 : 아동에게 음행을 시키거나 음행을 매개하는 행위(×) ※ 누구든지 아동을 위하여 증여 또는 급여된 금품을 그 목적 외의 용도에 사용하는 행위를 하여서는 아니 된다.(O) ※ 누구든지 아동의 정신건강 및 발달에 해를 끼치는 정서적 학대행위를 하여서는 아니 된다.(O)
제18조	친권상실 선고의 청구 등 [⑨⑯]	① **시·도지사, 시장·군수·구청장 또는 검사는** 아동의 친권자가 그 친권을 남용하거나 현저한 비행이나 아동학대, 그 밖에 친권을 행사할 수 없는 중대한 사유가 있는 것을 발견한 경우 아동의 복지를 위하여 필요하다고 인정할 때에는 **법원에 친권행사의 제한 또는 친권상실의 선고를 청구하여야 한다.** [⑨]

제13장 사회복지서비스법

제18조	친권상실 선고의 청구 등 [⑨⑯]	② 아동복지시설의 장 및 「초·중등교육법」에 따른 학교의 장은 제1항의 사유에 해당하는 경우 시·도지사, 시장·군수·구청장 또는 검사에게 법원에 친권행사의 제한 또는 친권상실의 선고를 청구하도록 요청할 수 있다. [⑨] ③ 시·도지사, 시장·군수·구청장 또는 검사는 제1항 및 제2항에 따라 친권행사의 제한 또는 친권상실의 선고 청구를 할 경우 보장원 또는 아동보호전문기관 등 아동복지시설의 장, 아동을 상담·치료한 의사 및 해당 아동의 의견을 존중하여야 한다. ④ 시·도지사, 시장·군수·구청장 또는 검사는 제2항에 따라 친권행사의 제한 또는 친권상실의 선고 청구를 요청받은 경우에는 요청받은 날부터 30일 내에 청구 여부를 결정한 후 해당 요청기관에 청구 또는 미청구 요지 및 이유를 서면으로 알려야 한다. ⑤ 제4항에 따라 처리결과를 통보받은 아동복지시설의 장 및 학교의 장은 그 처리결과에 대하여 이의가 있을 경우 통보받은 날부터 30일 내에 직접 법원에 친권행사의 제한 또는 친권상실의 선고를 청구할 수 있다.
제19조	아동의 후견인의 선임 청구 등 [⑨]	① 시·도지사, 시장·군수·구청장, 아동복지시설의 장 및 학교의 장은 친권자 또는 후견인이 없는 아동을 발견한 경우 그 복지를 위하여 필요하다고 인정할 때에는 법원에 후견인의 선임을 청구하여야 한다. [⑨] ② 시·도지사, 시장·군수·구청장, 아동복지시설의 장, 학교의 장 또는 검사는 후견인이 해당 아동을 학대하는 등 현저한 비행을 저지른 경우에는 후견인 변경을 법원에 청구하여야 한다. ③ 제1항에 따른 후견인의 선임 및 제2항에 따른 후견인의 변경 청구를 할 때에는 해당 아동의 의견을 존중하여야 한다. [⑨] ④ 아동복지시설에 입소 중인 보호대상아동에 대하여는 「보호시설에 있는 미성년자의 후견직무에 관한 법률」을 적용한다. [⑨]
제20조	아동의 후견인 선임	① 법원은 제19조 제1항 및 제2항에 따른 청구에 따라 후견인을 선임하거나 변경할 경우 「민법」 제932조 및 제935조에도 불구하고 해당 아동의 후견에 적합한 사람을 후견인으로 선임할 수 있다. 삭제〈2014.1.28〉 ② 법원은 제19조제1항 및 제2항에 따라 후견인의 선임청구를 받은 경우 후견인이 없는 아동에 대하여 후견인을 선임하기 전까지 시·도지사, 시장·군수·구청장, 제45조에 따른 아동보호전문기관(이하 "아동보호전문기관"이라 한다)의 장, 가정위탁지원센터의 장 및 보장원의 장으로 하여금 임시로 그 아동의 후견인 역할을 하게 할 수 있다. 이 경우 해당 아동의 의견을 존중하여야 한다.
제21조	보조인의 선임 등 [⑯]	① 법원의 심리과정에서 변호사, 법정대리인, 직계 친족, 형제자매, 제22조제4항에 따른 아동학대전담공무원, 보장원 또는 아동보호전문기관의 상담원은 학대아동사건의 심리에 있어서 보조인이 될 수 있다. 다만, 변호사가 아닌 경우에는 법원의 허가를 받아야 한다. ② 법원은 피해아동을 증인으로 신문하는 경우 검사, 피해아동과 그 보호자 또는 보장원, 아동보호전문기관의 신청이 있는 경우에는 피해아동과 신뢰관계에 있는 사람의 동석을 허가할 수 있다.
제22조	아동학대의 예방과 방지 의무 [④] [정책론 ⑲]	① 국가와 지방자치단체는 아동학대의 예방과 방지를 위하여 다음 각 호의 조치를 취하여야 한다. 1. 아동학대의 예방과 방지를 위한 각종 정책의 수립 및 시행 2. 아동학대의 예방과 방지를 위한 연구·교육·홍보 및 아동학대 실태조사 3. 아동학대에 관한 신고체제의 구축·운영 4. 피해아동의 보호와 치료 및 피해아동의 가정에 대한 지원 5. 그 밖에 대통령령으로 정하는 아동학대의 예방과 방지를 위한 사항

		② 지방자치단체는 아동학대를 예방하고 수시로 신고를 받을 수 있도록 긴급전화를 설치하여야 한다. 이 경우 그 설치·운영 등에 필요한 사항은 대통령령으로 정한다. [④, 정책론 ⑲]
		🔊 아동학대를 예방하고 수시로 신고를 받을 수 있도록 아동보호전문기관은 긴급전화(1391)를 설치하여야 한다.(×)
		③ 시·도지사 또는 시장·군수·구청장은 피해아동의 발견 및 보호 등을 위하여 다음 각 호의 업무를 수행하여야 한다.
		  1. 아동학대 신고접수, 현장조사 및 응급보호 [정책론 ⑲]
		  2. 피해아동, 피해아동의 가족 및 아동학대행위자에 대한 상담·조사
		  3. 그 밖에 대통령령으로 정하는 아동학대 관련 업무
		④ 시·도지사 또는 시장·군수·구청장은 제3항 각 호의 업무를 수행하기 위하여 아동학대전담공무원을 두어야 한다.
		⑤ 아동학대전담공무원은 「사회복지사업법」 제11조에 따른 사회복지사의 자격을 가진 사람으로 하고 그 임용 등에 필요한 사항은 해당 시·도 또는 시·군·구의 조례로 정한다.
		⑥ 보장원은 아동학대예방사업의 활성화 등을 위하여 다음 각 호의 업무를 수행한다.
		  1. 아동보호전문기관에 대한 지원
		  2. 아동학대예방사업과 관련된 연구 및 자료 발간
		  3. 효율적인 아동학대예방사업을 위한 연계체계 구축
		  4. 아동학대예방사업을 위한 프로그램 개발 및 평가
		  5. 아동보호전문기관·학대피해아동쉼터 직원 및 아동학대전담공무원 직무교육, 아동학대예방 관련 교육 및 홍보
		  6. 아동보호전문기관 전산시스템 구축 및 운영
		  7. 그 밖에 대통령령으로 정하는 아동학대예방사업과 관련된 업무
		⑦ 시·도지사 또는 시장·군수·구청장, 보장원의 장 또는 아동보호전문기관의 장은 다음 각 호의 구분에 따른 업무를 수행하기 위하여 필요한 경우 제28조의2에 따른 국가아동학대정보시스템의 아동학대 관련 정보 또는 자료를 활용할 수 있다.
		  1. 시·도지사 또는 시장·군수·구청장 : 제3항 각 호의 업무
		  2. 보장원의 장: 제6항 각 호의 업무
		  3. 아동보호전문기관의 장 : 제46조제2항 각 호의 업무

제22조의2	학생등에 대한 학대 예방 및 지원 등 [정책론 ⑰]	① 국가와 지방자치단체는 「유아교육법」에 따른 유치원의 유아 및 「초·중등교육법」에 따른 학교의 학생(이하 이 조에서 "학생등"이라 한다)에 대한 아동학대의 조기 발견 체계 및 아동보호전문기관 등 관련 기관과의 연계 체계를 구축하고, 학대피해 학생등이 유치원 또는 학교에 안정적으로 적응할 수 있도록 지원하여야 한다. ② 교육부장관 또는 교육감은 아동학대의 조기 발견과 신속한 보호조치를 위하여 대통령령으로 정하는 바에 따라 장기결석 학생등의 정보 등을 보건복지부장관과 공유하여야 한다.[정책론 ⑰] ③ 보건복지부장관과 지방자치단체의 장은 아동학대의 조기 발견과 신속한 보호조치를 위하여 대통령령으로 정하는 바에 따라 학대피해 우려가 있는 아동에 대한 정보를 교육부장관 또는 교육감과 공유하여야 한다.

		④ 제1항에 따른 학교 적응 지원 등 대통령령으로 정하는 업무는 교육부장관 또는 「지방교육자치에 관한 법률」에 따른 교육감이 지정하는 기관에 위탁할 수 있다.
제23조	아동학대 예방의 날 [⑫] [정책론 ⑲]	① 아동의 건강한 성장을 도모하고, 범국민적으로 **아동학대의 예방과 방지에 관한 관심을 높이기 위하여 매년 11월 19일을 아동학대예방의 날로 지정**하고, 아동학대예방의 날부터 1주일을 아동학대예방주간으로 한다. [정책론 ⑲] 📝 **암기법** 식(1)구(9)들이 맴매(11)하지 말라는 날! ② 국가와 지방자치단체는 아동학대예방의 날의 취지에 맞는 행사와 홍보를 실시하도록 노력하여야 한다.
제25조	~~아동학대 신고 의무와 절차~~	삭제 〈2014.1.28.〉 ※ 「아동학대범죄의 처벌 등에 관한 특례법」 제10조(아동학대범죄 신고의무와 절차)

「아동학대범죄의 처벌 등에 관한 특례법」 제10조
아동학대범죄 신고의무와 절차 [④⑤⑩⑪]

① 누구든지 아동학대범죄를 알게 된 경우나 그 의심이 있는 경우에는 특별시・광역시・특별자치시・도・특별자치도(이하 "시・도"라 한다), 시・군・구(자치구를 말한다. 이하 같다) 또는 수사기관에 **신고할 수 있다**.
② **다음 각 호의 어느 하나에 해당하는 사람이 직무를 수행하면서 아동학대범죄를 알게 된 경우나 그 의심이 있는 경우에는 시・도, 시・군・구 또는 수사기관에 신고하여야 한다.**
 → 1천만원 이하의 과태료를 부과
 🚫 경찰관, 종교성직자, 가사도우미(×)

1. 「아동복지법」 제10조의2에 따른 **아동권리보장원 및 가정위탁지원센터의 장과 그 종사자**
2. **아동복지시설의 장과 그 종사자**(아동보호전문기관의 장과 그 종사자는 제외한다)
3. 「아동복지법」 제13조에 따른 **아동복지전담공무원**
4. 「가정폭력방지 및 피해자보호 등에 관한 법률」 제5조에 따른 **가정폭력 관련 상담소 및** 같은 법 제7조의2에 따른 **가정폭력피해자 보호시설의 장과 그 종사자**
5. 「건강가정기본법」 제35조에 따른 **건강가정지원센터의 장과 그 종사자**
6. 「다문화가족지원법」 제12조에 따른 **다문화가족지원센터의 장과 그 종사자**
7. 「사회보장급여의 이용・제공 및 수급권자 발굴에 관한 법률」 제43조에 따른 **사회복지 전담공무원 및** 「사회복지사업법」 제34조에 따른 **사회복지시설의 장과 그 종사자**
8. 「성매매방지 및 피해자보호 등에 관한 법률」 제9조에 따른 **지원시설 및** 같은 법 제17조에 따른 **성매매피해상담소의 장과 그 종사자**
9. 「성폭력방지 및 피해자보호 등에 관한 법률」 제10조에 따른 **성폭력피해상담소,** 같은 법 제12조에 따른 **성폭력피해자보호시설의 장과 그 종사자** 및 같은 법 제18조에 따른 **성폭력피해자통합지원센터의 장과 그 종사자**
10. 「119구조・구급에 관한 법률」 제2조제4호에 따른 **119구급대의 대원**
11. 「응급의료에 관한 법률」 제2조 제7호에 따른 응급의료기관등에 종사하는 **응급구조사**
12. 「영유아보육법」 제7조에 따른 **육아종합지원센터의 장과 그 종사자** 및 제10조에 따른 **어린이집의 원장 등 보육교직원**
13. 「유아교육법」 제2조제2호에 따른 **유치원의 장과 그 종사자**
14. **아동보호전문기관의 장과 그 종사자**
15. 「의료법」 제3조제1항에 따른 **의료기관의 장과 그 의료기관에 종사하는 의료인 및 의료기사**
16. 「장애인복지법」 제58조에 따른 **장애인복지시설의 장과 그 종사자**로서 시설에서 장애아동에 대한 상담・치료・훈련 또는 요양 업무를 수행하는 사람

17. 「정신건강증진 및 정신질환자 복지서비스 지원에 관한 법률」 제3조제3호에 따른 **정신건강복지센터**, 같은 조 제5호에 따른 **정신의료기관**, 같은 조 제6호에 따른 **정신요양시설 및** 같은 조 제7호에 따른 **정신재활시설의 장과 그 종사자**
18. 「청소년기본법」 제3조제6호에 따른 **청소년시설 및** 같은 조 제8호에 따른 **청소년단체의 장과 그 종사자**
19. 「청소년 보호법」 제35조에 따른 **청소년 보호·재활센터의 장과 그 종사자**
20. 「초·중등교육법」 제2조에 따른 **학교의 장과 그 종사자**
21. 「한부모가족지원법」 제19조에 따른 **한부모가족복지시설의 장과 그 종사자**
22. 「학원의 설립·운영 및 과외교습에 관한 법률」 제6조에 따른 **학원의 운영자·강사·직원 및** 같은 법 제14조에 따른 **교습소의 교습자·직원**
23. 「아이돌봄 지원법」 제2조제4호에 따른 **아이돌보미**
24. 「아동복지법」 제37조에 따른 취약계층 아동에 대한 **통합서비스지원 수행인력**
25. 「입양특례법」 제20조에 따른 **입양기관의 장과 그 종사자**
26. 「영유아보육법」 제8조에 따른 **한국보육진흥원의 장과 그 종사자로서** 같은 법 제30조에 따른 **어린이집 평가 업무를 수행하는 사람**

③ 누구든지 제1항 및 제2항에 따른 신고인의 인적 사항 또는 신고인임을 미루어 알 수 있는 사실을 다른 사람에게 알려주거나 공개 또는 보도하여서는 아니 된다.
→ 3년 이하의 징역이나 3천만원 이하의 벌금 [⑩]

④ 제2항에 따른 신고가 있는 경우 시·도, 시·군·구 또는 수사기관은 정당한 사유가 없으면 즉시 조사 또는 수사에 착수하여야 한다.

OIKOS UP 아동학대범죄의 처벌에 관한 특례법

① **제6조(상습범)** 상습적으로 제2조 제4호 가목부터 파목까지의 아동학대범죄를 범한 자는 그 **죄에 정한 형의 2분의 1까지 가중**한다. 다만, 다른 법률에 따라 상습범으로 가중처벌되는 경우에는 그러하지 아니하다.
② **제7조(아동복지시설의 종사자 등에 대한 가중처벌)** 제10조 제2항 각 호에 따른 **아동학대 신고의무자가** 보호하는 아동에 대하여 아동학대범죄를 범한 때에는 그 **죄에 정한 형의 2분의 1까지 가중**한다.
③ **제9조(친권상실청구 등)** 제1항 아동학대행위자가 제5조 또는 제6조의 범죄를 저지른 때에는 검사는 그 사건의 아동학대행위자가 피해아동의 친권자나 후견인인 경우에 법원에 「민법」 제924조의 친권상실의 선고 또는 같은 법 제940조의 후견인의 변경 심판을 청구하여야 한다. 다만, 친권상실의 선고 또는 후견인의 변경 심판을 하여서는 아니 될 특별한 사정이 있는 경우에는 그러하지 아니하다.

제26조	아동학대 신고의무자에 대한 교육	① 관계 중앙행정기관의 장은 「아동학대범죄의 처벌 등에 관한 특례법」 제10조제2항 각 호의 어느 하나에 해당하는 사람(이하 "아동학대 신고의무자"라 한다)의 자격 취득 과정이나 보수교육 과정에 아동학대 예방 및 신고의무와 관련된 교육 내용을 포함하도록 하여야 하며, 그 **결과를 보건복지부장관에게 제출**하여야 한다. ② 관계 중앙행정기관의 장 및 시·도지사는 아동학대 신고의무자에게 본인이 아동학대 신고의무자라는 사실을 고지할 수 있고, 아동학대 예방 및 신고의무와 관련한 교육("신고의무 교육")을 실시할 수 있다. ③ 아동학대 신고의무자가 소속된 기관·시설 등의 장은 소속 아동학대 신고의무자에게 신고의무 교육을 실시하고, 그 결과를 관계 중앙행정기관의 장에게 제출하여야 한다. ④ 제1항부터 제3항까지에 따른 교육 내용·시간 및 방법 등 그 밖에 필요한 사항은 대통령령으로 정한다.

제26조의2	아동학대 예방교육의 실시 [⑰]	① **국가기관과 지방자치단체의 장**, 「공공기관의 운영에 관한 법률」에 따른 공공기관과 대통령령으로 정하는 **공공단체의 장**은 아동학대의 예방과 방지를 위하여 필요한 교육을 연 1회 이상 실시하고, 그 결과를 보건복지부장관에게 제출하여야 한다. [⑰] ② 아동의 보호자 등 제1항에 따른 교육 대상이 아닌 사람은 아동보호전문기관 또는 대통령령으로 정하는 교육기관에서 아동학대의 예방과 방지에 필요한 교육을 받을 수 있다. ③ 보건복지부장관은 제1항 및 제2항에 따른 교육을 위하여 전문인력을 양성하고, 교육 프로그램을 개발·보급하여야 한다. ④ 제1항 및 제2항에 따른 교육 내용·시간 및 방법, 그 밖에 필요한 사항은 대통령령으로 정한다.
제27조의2	아동학대 등의 통보	① **사법경찰관리**는 아동 사망 및 상해사건, 가정폭력 사건 등에 관한 직무를 행하는 경우 **아동학대가 있었다고 의심할 만한 사유가 있는 때에는 시·도지사, 시장·군수·구청장 또는 보장원의 장에 그 사실을 통보하여야 한다**. ② 사법경찰관 또는 보호관찰관은 「아동학대범죄의 처벌 등에 관한 특례법」 제14조 제1항에 따라 임시조치의 청구를 신청하였을 때에는 시·도지사, 시장·군수·구청장 또는 보장원의 장에게 그 사실을 통보하여야 한다. ③ 제1항 및 제2항의 통보를 받은 시·도지사, 시장·군수·구청장 또는 보장원의 장은 **피해아동 보호조치 등 필요한 조치**를 하여야 한다.
제27조의3	피해아동 응급조치에 대한 거부금지	「아동학대범죄의 처벌 등에 관한 특례법」 제12조 제1항 제3호 또는 제4호에 따라 **사법경찰관리, 아동학대전담공무원이 피해아동을 인도하는 경우에는 아동학대 관련 보호시설이나 의료기관은 정당한 사유 없이 이를 거부하여서는 아니 된다**.
제28조	사후관리 등 [⑳]	① 보장원의 장 또는 아동보호전문기관의 장은 아동학대가 종료된 이후에도 **가정방문, 전화상담 등을 통하여 아동학대의 재발 여부를 확인**하여야 한다. ❌ 아동권리보장원의 장은 아동학대가 종료된 이후에도 아동학대의 재발 여부를 확인하여야 한다.(O) ② 보장원의 장 또는 아동보호전문기관의 장은 아동학대가 종료된 이후에도 아동학대의 재발 방지 등을 위하여 필요하다고 인정하는 경우 **피해아동 및 보호자를 포함한 피해아동의 가족에게 필요한 지원을 제공**할 수 있다. ③ 보장원 또는 아동보호전문기관이 제1항 및 제2항에 따라 업무를 수행하는 경우 보호자는 정당한 사유 없이 이를 거부하거나 방해하여서는 아니 된다.
제29조	피해아동 및 그 가족 등에 대한 지원 [정책론 ⑲]	① 보장원의 장 또는 **아동보호전문기관의 장**은 아동의 안전 확보와 재학대 방지, 건전한 가정기능의 유지 등을 위하여 피해아동 및 보호자를 포함한 **피해아동의 가족에게 상담, 교육 및 의료적·심리적 치료 등의 필요한 지원을 제공하여야 한다**. [정책론 ⑲] ② 보장원의 장 또는 아동보호전문기관의 장은 제1항의 지원을 위하여 관계 기관에 협조를 요청할 수 있다. ③ 보호자를 포함한 피해아동의 가족은 보장원 또는 아동보호전문기관이 제1항에 따라 제공하는 지원에 성실하게 참여하여야 한다. ④ 보장원의 장 또는 아동보호전문기관의 장은 제1항의 지원 여부의 결정 및 지원의 제공 등 모든 과정에서 피해아동의 이익을 최우선으로 고려하여야 한다. ⑤ 국가와 지방자치단체는 보건복지부령으로 정하는 일정 소득 이하의 피해아동 및 보호자를 포함한 피해아동의 가족이 제1항의 상담 및 교육 또는 의료적·심리적 치료 등을 받은 경우에는 예산의 범위에서 여비 등 실비(實費)를 지급할 수 있다.

		⑥ 국가와 지방자치단체는 「초·중등교육법」 제2조 각 호의 학교에 재학 중인 피해아동 및 피해아동의 가족이 주소지 외의 지역에서 취학(입학·재입학·전학·편입학을 포함)할 필요가 있을 때에는 그 취학이 원활하게 이루어 질 수 있도록 지원하여야 한다. ⑦ 제6항에 따른 취학에 필요한 사항은 대통령령으로 정한다.
제29조의3	아동관련 기관의 취업제한 등	① 법원은 아동학대관련범죄로 형 또는 치료감호를 선고하는 경우에는 판결(약식명령을 포함한다. 이하 같다)로 그 형 또는 치료감호의 전부 또는 일부의 집행을 종료하거나 집행이 유예·면제된 날(벌금형을 선고받은 경우에는 그 형이 확정된 날을 말한다)부터 일정기간(이하 "취업제한기간") 동안 다음 각 호에 따른 시설 또는 기관(이하 "아동관련기관"이라 한다)을 운영하거나 아동관련기관에 취업 또는 사실상 노무를 제공할 수 없도록 하는 명령(이하 "취업제한명령"이라 한다)을 아동학대관련범죄 사건의 판결과 동시에 선고(약식명령의 경우에는 고지를 말한다)하여야 한다. 다만, 재범의 위험성이 현저히 낮은 경우나 그 밖에 취업을 제한하여서는 아니 되는 특별한 사정이 있다고 판단하는 경우에는 그러하지 아니하다. 1. **보장원, 지방자치단체(전담공무원, 민간전문인력, 아동학대전담공무원으로 한정), 취약계층 아동 통합서비스 수행기관, 아동보호전문기관, 다함께돌봄센터, 가정위탁지원센터 및 아동복지시설** 2. 「가정폭력방지 및 피해자보호 등에 관한 법률」의 **긴급전화센터, 가정폭력관련 상담소 및 가정폭력피해자 보호시설** 3. 「건강가정기본법」의 **건강가정지원센터** 4. 「다문화 가족지원법」의 **다문화 가족지원센터** 5. 「성매매방지 및 피해자보호 등에 관한 법률」의 **성매매피해자 등을 위한 지원시설 및 성매매피해상담소** 6. 「성폭력방지 및 피해자보호 등에 관한 법률」의 **성폭력피해상담소 및 성폭력피해자보호시설 및 성폭력피해자통합지원센터** 7. 「영유아보육법」의 **어린이집, 육아종합지원센터 및 시간제보육서비스지정기관** 8. 「유아교육법」의 **유치원** 9. 「의료법」의 **의료기관**(같은 법 제2조의 의료인에 한정한다) 10. 「장애인복지법」의 **장애인복지시설** 11. 「정신건강증진 및 정신질환자 복지서비스 지원에 관한 법률」에 따른 **정신건강복지센터, 정신건강증진시설, 정신요양시설 및 정신재활시설** 12. 「주택법」의 **공동주택의 관리사무소(경비업무 종사자에 한정)** 13. 「청소년기본법」에 따른 **청소년시설, 청소년단체** 14. 「청소년활동진흥법」의 **청소년활동시설** 15. 「청소년복지 지원법」의 **청소년상담복지센터, 이주배경청소년지원센터 및 청소년쉼터, 청소년자립지원관, 청소년치료재활센터** 16. 「청소년 보호법」의 **청소년 보호·재활센터** 17. 「체육시설의 설치·이용에 관한 법률」의 체육시설 중 아동의 이용이 제한되지 아니하는 체육시설로서 **문화체육관광부장관이 지정하는 체육시설** 18. 「초·중등교육법」의 **학교 및 학습부진아 등에 대한 교육을 실시하는 기관** 19. 「학원의 설립·운영 및 과외교습에 관한 법률」의 **학원** 및 교습소 중 아동의 이용이 제한되지 아니하는 학원과 교습소로서 교육부장관이 지정하는 **학원·교습소**

조	제목	내용
제29조의3	아동관련 기관의 취업제한 등	20. 「한부모가족지원법」의 **한부모가족복지시설** 21. **아동보호전문기관 또는 학대피해아동쉼터를 운영하는 법인** 22. 「보호소년 등의 처우에 관한 법률」에 따른 **소년원 및 소년분류심사원** 23. 「민법」 제32조에 따라 보건복지부장관의 설립 허가를 받아 **아동인권, 아동복지 등 아동을 위한 사업을 수행하는 비영리법인**(대표자 및 아동을 직접 대면하는 업무에 종사하는 사람에 한정한다) 24. 「아이돌봄 지원법」 제11조에 따른 **서비스제공기관** 25. 「입양특례법」 제20조에 따른 **입양기관** 26. 「모자보건법」 제15조의18에 따른 산후조리도우미 서비스를 제공하는 사람을 모집하거나 채용하는 기관(직접 산후조리도우미 서비스를 제공하는 사람에 한정한다) ② 제1항에 따른 **취업제한기간은 10년을 초과하지 못한다.** ③ 법원은 제1항에 따라 취업제한명령을 선고하려는 경우에는 정신건강의학과 의사, 심리학자, 사회복지학자, 아동학대 관련 전문가, 그 밖의 관련 전문가로부터 취업제한명령 대상자의 재범 위험성 등에 관한 의견을 들을 수 있다. ④ 제1항 각 호(제12호 및 제22호는 제외한다)의 아동관련기관의 설치 또는 설립인가·허가·신고를 관할하는 중앙행정기관의 장, 지방자치단체의 장, 교육감 또는 교육장은 아동관련기관을 운영하려는 자에 대하여 본인의 동의를 받아 관계 기관의 장에게 **아동학대관련범죄 전력 조회를 요청하여야 한다.** ⑤ **아동관련기관의 장은** 그 기관에 취업 중이거나 사실상 노무를 제공 중인 사람 또는 취업하려 하거나 사실상 노무를 제공하려는 사람(이하 "취업자등"이라 한다)에 대하여 **아동학대관련범죄 전력을 확인하여야 하며,** 이 경우 본인의 동의를 받아 관계 기관의 장에게 **아동학대관련범죄 전력 조회를 요청하여야 한다.** 다만, 취업자 등이 아동학대관련범죄 전력 조회 회신서를 아동관련기관의 장에게 직접 제출한 경우에는 아동학대관련범죄 전력 조회를 한 것으로 본다.
제38조의2	자립지원 실태조사	① 보건복지부장관은 보호대상아동의 위탁보호 종료 또는 아동복지시설 퇴소 이후의 자립지원, 생활 및 정서적·신체적 건강 등에 대한 실태조사를 **3년마다 실시**하여야 한다. ② 보건복지부장관은 제1항에 따른 실태조사를 위하여 관계 기관·법인·단체·시설의 장에게 필요한 자료의 제출 또는 의견의 진술을 요청할 수 있다. 이 경우 요청을 받은 자는 정당한 사유가 없으면 이에 협조하여야 한다.
제39조	자립지원 계획의 수립 등 [⑳]	**보장원의 장, 가정위탁지원센터의 장 및 아동복지시설의 장은** 보호하고 있는 **15세 이상의 아동을 대상으로** 매년 개별 아동에 대한 **자립지원계획을 수립**하고, 그 계획을 수행하는 종사자를 대상으로 자립지원에 관한 교육을 실시하여야 한다. 🔞 아동복지시설의 장은 보호하고 있는 12세 이상의 아동을 대상으로 자립지원계획을 수립하여야 한다.(×)
제42조	자산형성 지원사업	국가와 지방자치단체는 아동이 건전한 사회인으로 성장·발전할 수 있도록 **자산형성 지원사업을 실시할 수 있다.**
제44조의2	다함께돌봄 센터 [㉑]	① **시·도지사 및 시장·군수·구청장은** 초등학교의 정규교육 이외의 시간 동안 다음 각 호의 돌봄서비스(이하 "방과 후 돌봄서비스"라 한다)를 실시하기 위하여 **다함께돌봄센터를 설치·운영할 수 있다.** 1. **아동의 안전한 보호** 2. **안전하고 균형 있는 급식 및 간식의 제공** 3. **등·하교 전후, 야간 또는 긴급상황 발생 시 돌봄서비스 제공**

		4. 체험활동 등 교육·문화·예술·체육 프로그램의 연계·제공 5. 돌봄 상담, 관련 정보의 제공 및 서비스의 연계 6. 그 밖에 보건복지부령으로 정하는 방과 후 돌봄서비스의 제공 ② 시·도지사 및 시장·군수·구청장은 다함께돌봄센터의 설치·운영을 보건복지부장관이 정하는 법인 또는 단체에 위탁할 수 있다.
제45조	아동보호 전문기관의 설치 등 [⑩]	① 국가는 아동학대예방사업을 활성화하고 지역 간 연계체계를 구축하기 위하여 중앙아동보호전문기관을 둔다. 삭제〈2019.1.15.〉 ② **지방자치단체는** 학대받은 아동의 치료, 아동학대의 재발 방지 등 사례관리 및 아동학대예방을 담당하는 **아동보호전문기관을 시·도 및 시·군·구에 1개소 이상 두어야 한다.** 다만, 시·도지사는 관할 구역의 아동 수 및 지리적 요건을 고려하여 조례로 정하는 바에 따라 둘 이상의 시·군·구를 통합하여 하나의 아동보호전문기관을 설치·운영할 수 있다. ③ 제2항 단서에 따라 아동보호전문기관을 통합하여 설치·운영하는 경우 시·도지사는 아동보호전문기관의 설치·운영에 필요한 비용을 관할 구역의 아동의 수 등을 고려하여 시장·군수·구청장에게 공동으로 부담하게 할 수 있다. ④ 시·도지사 및 시장·군수·구청장은 아동학대예방사업을 목적으로 하는 비영리법인을 지정하여 제2항에 따른 아동보호전문기관의 운영을 위탁할 수 있다.
제46조	아동보호 전문기관의 업무 [⑬] [정책론 ⑲]	① 중앙아동보호전문기관은 다음 각 호의 업무를 수행한다. 삭제〈2019.1.15.〉 ② **아동보호전문기관은 다음 각 호의 업무를 수행한다.** 1. 아동학대 신고접수, 현장조사 및 응급보호 삭제〈2020.4.7.〉 2. 피해아동 상담·조사를 위한 진술녹화실 설치·운영 삭제〈2020.4.7.〉 3. **피해아동, 피해아동의 가족 및 아동학대행위자를 위한 상담·치료 및 교육** 4. **아동학대예방 교육 및 홍보** 5. **피해아동 가정의 사후관리** 6. 자체사례회의 운영 및 아동학대사례전문위원회의 설치·운영 삭제〈2020.4.7.〉 7. 그 밖에 대통령령으로 정하는 아동학대예방사업과 관련된 업무
제48조	가정지원 센터의 설치 등	① 국가는 가정위탁사업을 활성화하고 지역 간 연계체계를 구축하기 위하여 중앙가정위탁지원센터를 둔다. 삭제〈2019.1.15.〉 ② 지방자치단체는 보호대상아동에 대한 가정위탁사업을 활성화하기 위하여 **시·도 및 시·군·구에 가정위탁지원센터를 둔다.** 다만, 시·도지사는 조례로 정하는 바에 따라 둘 이상의 시·군·구를 통합하여 하나의 가정위탁지원센터를 설치·운영할 수 있다. ③ 제2항 단서에 따라 가정위탁지원센터를 통합하여 설치·운영하는 경우 시·도지사는 가정위탁지원센터의 설치·운영에 필요한 비용을 관할 구역의 아동의 수 등을 고려하여 시장·군수·구청장에게 공동으로 부담하게 할 수 있다. ④ 시·도지사 및 시장·군수·구청장은 가정위탁지원을 목적으로 하는 비영리법인을 지정하여 제2항에 따른 가정위탁지원센터의 운영을 위탁할 수 있다. ⑤ 가정위탁지원센터의 설치기준과 운영, 상담원 등 직원의 자격과 배치기준, 제4항에 따른 지정의 요건 등에 필요한 사항은 대통령령으로 정한다. ⑥ 보장원은 가정위탁사업의 활성화 등을 위하여 다음 각 호의 업무를 수행한다. 1. 가정위탁지원센터에 대한 지원

조	구분	내용
제48조	가정지원 센터의 설치 등	2. 효과적인 가정위탁사업을 위한 지역 간 연계체계 구축 3. 가정위탁사업과 관련된 연구 및 자료발간 4. 가정위탁사업을 위한 프로그램의 개발 및 평가 5. 상담원에 대한 교육 등 가정위탁에 관한 교육 및 홍보 6. 가정위탁사업을 위한 정보기반 구축 및 정보 제공 7. 그 밖에 대통령령으로 정하는 가정위탁사업과 관련된 업무
제50조	아동복지 시설의 설치 [⑩⑰]	① 국가 또는 지방자치단체는 아동복지시설을 설치할 수 있다. ② 국가 또는 지방자치단체 **외의 자는** 관할 **시장·군수·구청장에게 신고**하고 아동복지시설을 설치할 수 있다. ③ 시장·군수·구청장은 제2항에 따른 신고를 받은 경우 그 내용을 검토하여 이 법에 적합하면 신고를 수리하여야 한다.
제52조	아동복지 시설의 종류 [⑥⑩]	**아동양육 시설**: 보호대상아동을 입소시켜 보호, 양육 및 취업훈련, 자립지원 서비스 등을 제공하는 것
		아동일시 보호시설: 보호대상아동을 일시보호하고 아동에 대한 향후의 양육대책수립 및 보호조치를 행하는 것
		아동보호 치료시설: 아동에게 보호 및 치료 서비스를 제공하는 다음의 시설 가. 불량행위를 하거나 불량행위를 할 우려가 있는 아동으로서 보호자가 없거나 친권자나 후견인이 입소를 신청한 아동 또는 가정법원, 지방법원소년부지원에서 보호위탁된 19세 미만인 사람을 입소시켜 치료와 선도를 통하여 건전한 사회인으로 육성하는 것을 목적으로 하는 시설 나. 정서적·행동적 장애로 인하여 어려움을 겪고 있는 아동 또는 학대로 인하여 부모로부터 일시 격리되어 치료받을 필요가 있는 아동을 보호·치료하는 시설
		공동생활 가정: 보호대상아동에게 가정과 같은 주거여건과 보호, 양육, 자립지원 서비스를 제공하는 것
		자립지원 시설[⑩]: 아동복지시설에서 퇴소한 사람에게 취업준비기간 또는 취업 후 일정기간 동안 보호함으로써 자립을 지원하는 것
		아동 상담소: 아동과 그 가족의 문제에 관한 상담, 치료, 예방 및 연구 등을 목적으로 하는 시설
		아동전용 시설: 어린이공원, 어린이놀이터, 아동회관, 체육·연극·영화·과학실험전시 시설, 아동휴게숙박시설, 야영장 등 아동에게 건전한 놀이·오락, 그 밖의 각종 편의를 제공하여 심신의 건강유지와 복지증진에 필요한 서비스를 제공하는 것
		지역아동 센터: 지역사회 아동의 보호·교육, 건전한 놀이와 오락의 제공, 보호자와 지역사회의 연계 등 아동의 건전육성을 위하여 종합적인 아동복지서비스를 제공
		아동보호전문기관
		가정위탁지원센터
		아동권리보장원
		자립지원전담기관
		학대피해아동쉼터

제53조	아동전용시설의 설치 [②]	① 국가와 지방자치단체는 아동이 항상 이용할 수 있는 아동전용시설을 설치하도록 노력하여야 한다. 　🔍 지방자치단체는 아동이 항상 이용할 수 있는 아동전용시설을 설치하도록 노력하여야 한다.(O) ② 아동이 이용할 수 있는 문화·오락 시설, 교통시설, 그 밖의 서비스시설 등을 설치·운영하는 자는 대통령령으로 정하는 바에 따라 아동의 이용편의를 고려한 편익설비를 갖추고 아동에 대한 입장료와 이용료 등을 감면할 수 있다. ③ 아동전용시설의 설치기준 등에 필요한 사항은 보건복지부령으로 정한다.
제53조의2	학대피해아동쉼터의 설치 등	① 시·도지사 및 시장·군수·구청장은 피해아동에 대한 보호, 치료, 양육 서비스 등을 제공하는 학대피해아동쉼터를 지역별 아동수, 아동학대 발생건수, 아동의 성별 등을 고려하여 설치·운영할 수 있다. ② 학대피해아동쉼터의 업무는 다음 각 호와 같다. 　1. 피해아동의 보호와 숙식 제공 등의 쉼터 생활 지원 　2. 피해아동의 심리적 안정을 위한 심리상담·치료 　3. 피해아동에 대한 학습 및 정서 지원 　4. 그 밖에 보건복지부령으로 정하는 업무 ③ 시·도지사 및 시장·군수·구청장은 학대피해아동쉼터의 설치·운영을 보건복지부장관이 정하는 비영리법인에 위탁할 수 있다. ④ 학대피해아동쉼터의 설치기준·운영 및 인력 등에 관한 사항은 보건복지부령으로 정한다.
제67조	청문	보건복지부장관, 시·도지사 또는 시장·군수·구청장은 제29조의7에 따른 **지정의 취소**, 제56조에 따른 **위탁의 취소 또는 시설의 폐쇄명령**을 하고자 하는 경우에는 청문을 하여야 한다.

■ 국내 법률상 아동의 유사 개념과 연령 범주 ■

법률	명칭	연령 구분
영유아보육법	영유아	7세 이하의 취학 전 아동
아동복지법	아동	18세 미만의 자
한부모가족지원법	아동	18세 미만(취학 시에는 22세 미만)의 자
국민기초생활보장법	아동	18세 미만의 자
청소년기본법	청소년	9세 이상 24 이하의 자
청소년보호법	청소년	19세 미만의 자
입양특례법	아동	18세 미만의 자
소년법	소년	19세 미만의 자 ① 범죄(犯罪)소년 : 14세 이상 19세 미만의 소년 ② 촉법(觸法)소년 : 10세 이상 14세 미만의 소년 ③ 우범(虞犯)소년 : 10세 이상 19세 미만의 소년
근로기준법	근로청소년	18세 미만의 자
민법	혼인적령	만 18세
민법	미성년자	19세 미만의 자(만 19세 성년)
형법	형사미성년자	14세 되지 아니한 자
형법	형사책임능력자	14세 이상

■ 사회복지법 관련 각종 실태조사 ■

구 분	기간	근거 법률
편의시설 설치에 관한 실태조사	매년	• 장애인·노인·임산부 등의 편의증진보장에 관한 법률(제11조) • 실태조사는 **매년** 전수조사 또는 표본조사의 방법으로 실시하되, **5년마다 1회**는 전수조사의 방법으로 실시
장애인실태조사		• 장애인고용촉진 및 직업재활법(제26조) • 장애인의 고용촉진 및 직업재활을 위하여 **매년 1회 이상** 장애인의 취업 직종·근로형태·근속기간·임금수준 등 고용현황 및 장애인근로자의 산업재해 현황에 대하여 전국적인 실태조사를 실시
아동종합실태조사 [⑰]	3년 마다	• 아동복지법(제11조)
노인실태조사 [⑰]		• 노인복지법(제5조)
보육실태조사		• 영유아보육법(제9조) 2011년 5년 → 3년마다로 개정
장애실태조사 [⑰]		• 장애인복지법(제31조) • 장애인 복지정책의 수립에 필요한 기초 자료로 활용하기 위하여 3년마다 장애실태조사를 실시
장애아동 복지지원 실태조사		• 장애아동복지지원법(제11조)
한부모 가족에 대한 실태조사 [⑰]		• 한부모가족지원법(제6조)
다문화 가족에 대한 실태조사 [⑰]		• 다문화 가족지원법(제4조)
가족실태조사		• 건강가정기본법(제20조)
가정폭력 실태조사		• 가정폭력방지 및 피해자 보호 등에 관한 법률(제4조의2)
성매매 실태조사		• 성매매방지 및 피해자 보호 등에 관한 법률(제4조)
성폭력 실태조사		• 성폭력방지 및 피해자보호 등에 관한 법률(제4조)
정신질환자 등 실태조사	5년 마다	• 정신건강증진 및 정신질환자 복지서비스 지원에 관한 법률(제10조) • 다만, 정신건강증진 정책을 수립하는 데 필요한 경우 수시로 실태조사를 할 수 있다. • 실태조사는 필요한 경우「장애인복지법」제31조에 따른 장애 실태조사와 함께 실시할 수 있다.
노숙인 등의 실태조사		• 노숙인 등의 복지 및 자립지원에 관한 법률(제9조)
농어촌 보건복지 수준에 관한 실태조사		• 농어촌주민의 보건복지증진을 위한 특별법(제6조)

암기법

[실태조사 5년 암기법] **정신건강**(정신건강증진 및 정신질환자 복지서비스 지원에 관한 법률)에 **노숙인**(노숙인 등의 복지 및 자립지원~)봉사경험과 **농어촌**(농어촌의 보건복지증진~) 농활경험은 좋다!

02 노인복지법 [③④⑤⑥⑦⑧⑨⑩⑪⑫⑬⑭⑮⑯⑱⑲⑳㉑]

1 개요

① 연혁 : 1981년 6월 5일 「노인복지법」 제정
② 관장부처 : 보건복지부(노인정책과 등)

2 법률 내용분석(2023.10.31. 타법개정, 2024.11.1. 시행)

제1조	목적	이 법은 **노인의 질환을 사전예방** 또는 **조기발견**하고 질환상태에 따른 적절한 **치료·요양**으로 심신의 건강을 유지하고, **노후의 생활안정을 위하여 필요한 조치를 강구**함으로써 노인의 보건복지증진에 기여함을 목적으로 한다.
제1조의2	정의 [⑲]	**부양의무자**: 배우자(사실상의 혼인관계에 있는 자를 포함한다)와 직계비속 및 그 배우자(사실상의 혼인관계에 있는 자를 포함한다)를 말한다.
		보호자: 부양의무자 또는 업무·고용 등의 관계로 사실상 노인을 보호하는 자를 말한다.
		치매: 「치매관리법」 제2조 제1호에 따른 치매를 말한다.
		노인학대 [⑲]: 노인에 대하여 **신체적·정신적·정서적·성적 폭력** 및 **경제적 착취** 또는 가혹행위를 하거나 **유기** 또는 **방임**을 하는 것을 말한다.
		※ 노인복지법상 노인의 정의에 대한 연령 규정은 없다.(O)
제2조	기본 이념	① 노인은 후손의 양육과 국가 및 사회의 발전에 기여하여 온 자로서 **존경받으며 건전하고 안정된 생활을 보장**받는다. ② 노인은 그 능력에 따라 **적당한 일에 종사하고 사회적 활동에 참여할 기회를 보장**받는다. ③ 노인은 노령에 따르는 심신의 변화를 자각하여 항상 **심신의 건강을 유지**하고 그 **지식과 경험을 활용하여 사회의 발전에 기여**하도록 노력하여야 한다.
제5조	노인실태조사 [⑧⑰]	① **보건복지부장관**은 노인의 보건 및 복지에 관한 실태조사를 **3년마다** 실시하고 그 결과를 공표하여야 한다. ② 보건복지부장관은 제1항에 따른 실태조사를 위하여 관계 기관·법인·단체·시설의 장에게 필요한 자료의 제출 또는 의견의 진술을 요청할 수 있다. 이 경우 관계 기관·법인·단체·시설의 장은 정당한 사유가 없으면 그 요청에 따라야 한다.
제6조	노인의 날 등 [⑦⑭]	① 노인에 대한 사회적 관심과 공경의식을 높이기 위하여 **매년 10월 2일을 노인의 날**로, 매년 10월을 경로의 달로 한다. ② 부모에 대한 효사상을 앙양하기 위하여 **매년 5월 8일을 어버이날**로 한다. ④ 범국민적으로 노인학대에 대한 인식을 높이고 관심을 유도하기 위하여 **매년 6월 15일을 노인학대예방의 날**로 지정하고, 국가와 지방자치단체는 노인학대예방의 날의 취지에 맞는 행사와 홍보를 실시하도록 노력하여야 한다. 📝 **암기법** **육**(6)**십오**(15)세 이상된 분들 학대하지마! ⚠️ 주의 '치매극복의 날 9월 21일' 「치매관리법」제정으로 「노인복지법」에서 삭제

제7조	노인복지 상담원 [⑧]	① 노인의 복지를 담당하게 하기 위하여 **특별자치도와 시·군·구에 노인복지상담원을 둔다.** ② 노인복지상담원의 임용 또는 위촉, 직무 및 보수 등에 관하여 필요한 사항은 대통령령으로 정한다.
제3장	보건·복지 조치 [⑥]	① 노인사회참여지원(제23조) ② 노인일자리전담기관의 설치 및 운영 등(제23조의2) ③ 생산품 우선구매(제23조의3) ④ 지역봉사지도원 위촉 및 업무(제24조) ⑤ 생업지원(제25조) ⑤ 경로우대(제26조) ⑥ 건강진단 등(제27조) ⑦ 홀로 사는 노인에 대한 지원(제27조의2) ⑧ 독거노인종합지원센터(제27조의3) ⑨ 노인성 질환에 대한 의료지원(제27조의4) ⑩ 상담 및 입소 등의 조치(제28조) ⑪ 노인재활요양사업(제30조)
제23조 의2	노인일자리 전담기관의 설치·운영 등 [⑪⑳㉒] 삭제 (2023.10.31. 타법개정, 2024.11.1. 시행)	① 노인의 능력과 적성에 맞는 일자리지원사업을 전문적·체계적으로 수행하기 위한 전담기관("**노인일자리전담기관**")은 다음 각 호의 기관으로 한다. 1. **노인인력개발기관** : 노인일자리개발·보급사업, 조사사업, 교육·홍보 및 협력사업, 프로그램인증·평가사업 등을 지원하는 기관 2. **노인일자리지원기관** : 지역사회 등에서 노인일자리의 개발·지원, 창업·육성 및 노인에 의한 재화의 생산·판매 등을 직접 담당하는 기관 → 2013.12.5. 노인복지시설로 추가 3. **노인취업알선기관** : 노인에게 취업 상담 및 정보를 제공하거나 노인일자리를 알선하는 기관 🔴 주의 「노인 일자리 및 사회활동 지원에 관한 법률」 제정으로 「노인복지법」에서 삭제
제26조	경로우대 [⑪]	① 국가 또는 지방자치단체는 <u>65세 이상의 자</u>에 대하여 대통령령이 정하는 바에 의하여 <u>국가 또는 지방자치단체의 수송시설 및 고궁·능원·박물관·공원 등의 공공시설을 무료 또는 그 이용요금을 할인하여 이용</u>하게 할 수 있다. ② 국가 또는 지방자치단체는 노인의 일상생활에 관련된 사업을 경영하는 자에게 65세 이상의 자에 대하여 그 이용요금을 할인하여 주도록 권유할 수 있다.
제27조	건강진단 등 [⑳]	① 국가 또는 지방자치단체는 대통령령이 정하는 바에 의하여 **65세 이상의 자에 대하여 건강진단과 보건교육을 실시**할 수 있다. [⑳] 이 경우 보건복지부령으로 정하는 바에 따라 성별 다빈도질환 등을 반영하여야 한다. ② 국가 또는 지방자치단체는 제1항의 규정에 의한 건강진단 결과 필요하다고 인정한 때에는 그 건강진단을 받은 자에 대하여 필요한 지도를 하여야 한다.
제27조 의2	홀로 사는 노인에 대한 지원	① 국가 또는 지방자치단체는 홀로 사는 노인에 대하여 방문요양과 돌봄 등의 서비스와 안전확인 등의 보호조치를 취하여야 한다. ② 국가 또는 지방자치단체는 제1항에 따른 사업을 노인 관련 기관·단체에 위탁할 수 있으며, 예산의 범위에서 그 사업 및 운영에 필요한 비용을 지원할 수 있다.

제27조의3	독거노인종합지원센터	① 보건복지부장관은 홀로 사는 노인에 대한 돌봄과 관련된 다음 각 호의 사업을 수행하기 위하여 **독거노인종합지원센터를 설치·운영**할 수 있다. 1. 홀로 사는 노인에 대한 정책 연구 및 프로그램의 개발 2. 홀로 사는 노인에 대한 현황조사 및 관리 3. 홀로 사는 노인 돌봄사업 종사자에 대한 교육 4. 홀로 사는 노인에 대한 돌봄사업의 홍보, 교육교재 개발 및 보급 5. 홀로 사는 노인에 대한 돌봄사업의 수행기관 지원 및 평가 6. 관련 기관 협력체계의 구축 및 교류 7. 홀로 사는 노인에 대한 기부문화 조성을 위한 기부금품의 모집, 접수 및 배부 8. 그 밖에 홀로 사는 노인의 돌봄을 위하여 보건복지부장관이 위탁하는 업무
제28조	상담·입소 등의 조치 [⑧]	① **보건복지부장관, 특별시장·광역시장·도지사·특별자치도지사**("시·도지사"), **시장·군수·구청장**은 노인에 대한 복지를 도모하기 위하여 필요하다고 인정한 때에는 다음 각 호의 조치를 하여야 한다. 1. **65세 이상의 자 또는 그를 보호하고 있는 자**를 관계공무원 또는 노인복지상담원으로 하여금 상담·지도하게 하는 것 2. 65세 이상의 자로서 신체적·정신적·경제적 이유 또는 환경상의 이유로 거택에서 **보호받기가 곤란한 자**를 노인주거복지시설 또는 재가노인복지시설에 입소시키거나 입소를 위탁하는 것 3. 65세 이상의 자로서 신체 또는 정신상의 현저한 결함으로 인하여 항상 보호를 필요로 하고 경제적 이유로 거택에서 보호받기가 곤란한 자를 노인의료복지시설에 입소시키거나 입소를 위탁하는 것 ② 보건복지부장관, 시·도지사 또는 시장·군수·구청장은 <u>65세 미만의 자에 대하여도 그 노쇠현상이 현저하여 특별히 보호할 필요가 있다고 인정할 때에는 제1항 각 호의 조치를 할 수 있다.</u>

제31조	노인복지시설의 종류 [②③⑲, 정책론 ⑰]	시설형태	시설 종류	
		생활시설	노인주거복지시설	양로시설, 노인 공동생활가정, 노인복지주택
			노인의료복지시설	노인요양시설, 노인전문병원(2011.6.7.삭제) 노인요양공동생활가정
			학대피해노인 전용쉼터	
		이용시설	재가노인복지시설	방문요양서비스, 주·야간주간보호서비스, 단기보호서비스, 방문목욕서비스, 재가노인지원서비스, 방문간호서비스, 복지용구지원서비스
			노인여가복지시설	노인복지관, 경로당, 노인교실, 노인휴양소(2011.6.7.삭제)
			노인보호전문기관	
			「노인 일자리 및 사회활동 지원에 관한 법률」 제9조제1항제2호에 따른 노인일자리지원기관	

✏️ **암기법**
여(여가)보(노인보호) 일(일자리)찍 쉬(쉼터)게 재(재가)워(의료)줘(주거)~

❌ 노인복지법상 노인복지시설의 종류 : 독거노인종합지원센터(×)

제32조	노인주거 복지시설 [⑪②]	1. 양로시설 : 노인을 입소시켜 급식과 그 밖에 일상생활에 필요한 편의를 제공함을 목적으로 하는 시설 2. 노인공동생활가정 : 노인들에게 가정과 같은 주거여건과 급식, 그 밖에 일상생활에 필요한 편의를 제공함을 목적으로 하는 시설 ✗ 노인요양공동생활가정은 노인들에게 일상생활에 필요한 편의를 제공함을 목적으로 하는 노인주거복지시설이다.(×) 3. 노인복지주택 : 노인에게 주거시설을 분양 또는 임대하여 주거의 편의·생활지도·상담 및 안전관리 등 일상생활에 필요한 편의를 제공함을 목적으로 하는 시설
제33조	노인주거 복지시설의 설치	① 국가 또는 지방자치단체는 노인주거복지시설을 설치할 수 있다. ② 국가 또는 지방자치단체 외의 자가 노인주거복지시설을 설치하고자 하는 경우에는 특별자치도지사·시장·군수·구청장("시장·군수·구청장")에게 신고하여야 한다.

제33조
의2
	노인복지
	주택의
	입소자격 등
	[⑳②]
		① 노인복지주택에 입소할 수 있는 자는 60세 이상의 노인("입소자격자")으로 한다. [⑳②]
		다만, 다음 각 호의 어느 하나에 해당하는 경우에는 입소자격자와 함께 입소할 수 있다.
		  1. 입소자격자의 배우자
		  2. 입소자격자가 부양을 책임지고 있는 24세 미만의 자녀·손자녀
		  3. 보건복지부령으로 정하는 장애로 인하여 입소자격자가 부양을 책임지고 있는 24세 이상의 자녀·손자녀
		② 노인복지주택을 설치하거나 설치하려는 자는 노인복지주택을 입소자격자에게 임대하여야 한다.

제34조	노인의료 복지시설 [⑪②]	1. 노인요양시설 : 치매·중풍 등 노인성 질환 등으로 심신에 상당한 장애가 발생하여 도움을 필요로 하는 노인을 입소시켜 급식·요양과 그 밖에 일상생활에 필요한 편의를 제공함을 목적으로 하는 시설 2. 노인요양공동생활가정 : 치매·중풍 등 노인성 질환 등으로 심신에 상당한 장애가 발생하여 도움을 필요로 하는 노인에게 가정과 같은 주거여건과 급식·요양, 그 밖에 일상생활에 필요한 편의를 제공함을 목적으로 하는 시설 3. 삭제(노인전문병원) 〈2011.6.7.〉

제36조	노인여가
	복지시설
		1. 노인복지관 : 노인의 교양·취미생활 및 사회참여활동 등에 대한 각종 정보와 서비스를 제공하고, 건강증진 및 질병예방과 소득보장·재가복지, 그 밖에 노인의 복지증진에 필요한 서비스를 제공함을 목적으로 하는 시설
		2. 경로당 : 지역노인들이 자율적으로 친목도모·취미활동·공동작업장 운영 및 각종 정보교환과 기타 여가활동을 할 수 있도록 하는 장소를 제공함을 목적으로 하는 시설
		3. 노인교실 : 노인들에 대하여 사회활동 참여욕구를 충족시키기 위하여 건전한 취미생활·노인건강유지·소득보장 기타 일상생활과 관련한 학습프로그램을 제공함을 목적으로 하는 시설
		4. 삭제(노인휴양소) 〈2011.6.7.〉
		
		OIKOS UP 　노인여가복지시설의 이용대상자 (시행규칙 제24조)
		① 노인여가복지시설의 이용대상자는 다음 각호와 같다.
		  1. 노인복지관 및 노인교실 : 60세 이상의 자
		  2. 경로당 : 65세 이상의 자
		② 노인복지관 및 노인교실 이용대상자의 배우자는 60세 미만인 때에도 이용대상자와 함께 이용할 수 있다.

제38조	재가노인 복지시설	1. **방문요양서비스** : 가정에서 일상생활을 영위하고 있는 노인("재가노인")으로서 신체적·정신적 장애로 어려움을 겪고 있는 노인에게 필요한 각종 편의를 제공하여 지역사회 안에서 건전하고 안정된 노후를 영위하도록 하는 서비스 2. **주·야간보호서비스** : 부득이한 사유로 가족의 보호를 받을 수 없는 심신이 허약한 노인과 장애노인을 주간 또는 야간 동안 보호시설에 입소시켜 필요한 각종 편의를 제공하여 이들의 생활안정과 심신기능의 유지·향상을 도모하고, 그 가족의 신체적·정신적 부담을 덜어주기 위한 서비스 3. **단기보호서비스** : 부득이한 사유로 가족의 보호를 받을 수 없어 일시적으로 보호가 필요한 심신이 허약한 노인과 장애노인을 보호시설에 단기간 입소시켜 보호함으로써 노인 및 노인가정의 복지증진을 도모하기 위한 서비스 4. **방문 목욕서비스** : 목욕장비를 갖추고 재가노인을 방문하여 목욕을 제공하는 서비스 5. **그 밖의 서비스** : 그 밖에 재가노인에게 제공하는 서비스로서 보건복지부령이 정하는 서비스 **OIKOS UP** 재가노인지원서비스 등(시행규칙 제26조의2) 법 제38조 제1항 제5호에서 "보건복지부령이 정하는 서비스"란 다음 각 호의 서비스를 말한다. 1. **재가노인지원서비스** : 재가노인에게 노인생활 및 신상에 관한 상담을 제공하고, 재가노인 및 가족 등 보호자를 교육하며 각종 편의를 제공하여 지역사회 안에서 건전하고 안정된 노후생활을 영위하도록 하는 서비스 2. **방문간호서비스** : 간호사 등이 의사, 한의사 또는 치과의사의 지시서에 따라 재가노인의 가정 등을 방문하여 간호, 진료의 보조, 요양에 관한 상담 또는 구강위생 등을 제공하는 서비스 3. **복지용구지원서비스** : 「노인장기요양보험법 시행규칙」 제19조제1항에 따른 복지용구(이하 "복지용구"라 한다)를 제공하거나 대여하는 서비스
제39조 의2	요양보호사의 직무·자격증의 교부 등 [⑩]	① **노인복지시설의 설치·운영자는** 보건복지부령으로 정하는 바에 따라 노인 등의 신체활동 또는 가사활동 지원 등의 업무를 전문적으로 수행하는 **요양보호사를 두어야 한다.** ② 요양보호사가 되려는 사람은 제39조의3에 따라 **요양보호사를 교육하는 기관**("요양보호사교육기관")에서 교육과정을 마치고 시·도지사가 실시하는 **요양보호사 자격시험에 합격**하여야 한다. ③ **시·도지사는** 제2항에 따라 요양보호사 자격시험에 합격한 사람에게 **요양보호사 자격증을 교부**하여야 한다. **OIKOS UP** 자격시험의 합격자 결정 등(시행규칙 제29조의8) ① 자격시험 합격자는 필기시험과 실기시험에서 각각 만점의 60퍼센트 이상을 득점한 자로 한다. ② 시험실시기관은 시험을 실시한 경우 합격자를 결정·발표하고, 그 합격자가 수료한 요양보호사교육기관을 관할하는 시·도지사에게 합격자의 인적사항 등을 통보하여야 한다.

제39조의3	요양보호사 교육기관의 지정 등[⑨]	① 시·도지사는 요양보호사의 양성을 위하여 보건복지부령으로 정하는 지정기준에 적합한 시설을 **요양보호사교육기관으로** 지정·운영하여야 한다.
		② 시·도지사는 요양보호사교육기관이 다음 각 호의 어느 하나에 해당하는 경우 사업의 정지를 명하거나 그 지정을 취소할 수 있다. 다만, 제1호에 해당하는 경우 지정을 취소하여야 한다.
		  1. 거짓이나 그 밖의 부정한 방법으로 요양보호사교육기관으로 지정을 받은 경우
		  2. 제1항에 따른 지정기준에 적합하지 아니하게 된 경우
		  3. 교육과정을 1년 이상 운영하지 아니하는 경우
		  4. 정당한 사유 없이 제42조에 따른 보고 또는 자료제출을 하지 아니하거나 거짓으로 한 경우 또는 조사·검사를 거부·방해하거나 기피한 경우
		  5. 요양보호사교육기관을 설치·운영하는 자가 교육 이수 관련 서류를 거짓으로 작성한 경우
		③ 시·도지사는 제2항에 따라 지정취소를 하는 경우 청문을 실시하여야 한다.

제39조의4	긴급전화의 설치 등 [⑤⑱]	① **국가 및 지방자치단체는** 노인학대를 예방하고 수시로 신고를 받을 수 있도록 **긴급전화를 설치하여야 한다.** ② 제1항의 규정에 의한 긴급전화의 설치·운영에 관하여 필요한 사항은 대통령령으로 정한다.

제39조의5	노인보호 전문기관의 설치 등 [⑪②]	① 국가는 지역 간의 연계체계를 구축하고 노인학대를 예방하기 위하여 다음 각 호의 업무를 담당하는 중앙노인보호전문기관을 설치·운영하여야 한다. [②]
		  1. 노인인권보호 관련 정책제안
		  2. 노인인권보호를 위한 연구 및 프로그램의 개발
		  3. 노인학대 예방의 홍보, 교육자료의 제작 및 보급
		  4. 노인보호전문사업 관련 실적 취합, 관리 및 대외자료 제공
		  5. 지역노인보호전문기관의 관리 및 업무지원
		  6. 지역노인보호전문기관 상담원의 심화교육
		  7. 관련 기관 협력체계의 구축 및 교류
		  8. 노인학대 분쟁사례 조정을 위한 중앙노인학대사례판정위원회 운영
		  9. 그 밖에 노인의 보호를 위하여 대통령령으로 정하는 사항
		② 학대받는 노인의 발견·보호·치료 등을 신속히 처리하고 노인학대를 예방하기 위하여 다음 각 호의 업무를 담당하는 **지역노인보호전문기관을** 특별시·광역시·도·특별자치도("**시·도**")에 둔다. [②]
		  ※ 지역노인보호전문기관은 시·군·구에 둔다.(×)
		  1. 노인학대 신고전화의 운영 및 사례접수
		  2. 노인학대 의심사례에 대한 현장조사
		  3. 피해노인 및 노인학대자에 대한 상담
		  3의2. 피해노인에 대한 법률 지원의 요청
		  4. 피해노인가족 관련자와 관련 기관에 대한 상담
		  5. 상담 및 서비스제공에 따른 기록과 보관
		  6. 일반인을 대상으로 한 노인학대 예방교육
		  7. 노인학대행위자를 대상으로 한 재발방지 교육
		  8. 노인학대사례 판정을 위한 지역노인학대사례판정위원회 운영 및 자체사례회의 운영
		  9. 그 밖에 노인의 보호를 위하여 보건복지부령으로 정하는 사항

조문	제목	내용
제39조의6	노인학대 신고의무와 절차 등 [⑤⑱㉑]	① **누구든지** 노인학대를 알게 된 때에는 노인보호전문기관 또는 수사기관에 **신고할 수 있다**. 　※ 노인학대를 알게 된 때에는 신고의무자만 신고할 수 있다.(×) ② 다음 각 호의 어느 하나에 해당하는 자는 그 직무상 65세 이상의 사람에 대한 노인학대를 알게 된 때에는 **즉시** 노인보호전문기관 또는 수사기관에 신고하여야 한다. 　1. 의료법 제3조 제1항의 의료기관에서 의료업을 행하는 **의료인 및 의료기관의 장** 　2. 제27조의2에 따른 **방문요양과 돌봄이나 안전확인 등의 서비스 종사자**, 제31조에 따른 **노인복지시설의 장과 그 종사자** 및 제7조에 따른 **노인복지상담원** 　3. 「장애인복지법」 제58조의 규정에 의한 장애인복지시설에서 **장애노인에 대한 상담·치료·훈련 또는 요양업무를 수행하는 사람** 　4. 「가정폭력방지 및 피해자보호 등에 관한 법률」 제5조 및 제7조에 따른 **가정폭력 관련 상담소 및 가정폭력피해자 보호시설의 장과 그 종사자** 　5. 「사회보장급여의 이용·제공 및 수급권자 발굴에 관한 법률」 제43조에 따른 **사회복지전담공무원** 및 「사회복지사업법」 제34조에 따른 **사회복지시설의 장과 그 종사자** 　6. 「노인장기요양보험법」 제31조에 따른 **장기요양기관의 장과 그 종사자** 　7. 「119구조·구급에 관한 법률」 제10조에 따른 **119구급대의 구급대원** 　　※ 「119구조·구급에 관한 법률」에 따른 119구급대의 구급대원은 65세 이상의 사람에 대한 노인학대 신고의무자에 속한다.(O) 　8. 「건강가정기본법」 제35조에 따른 **건강가정지원센터의 장과 그 종사자** 　9. 「다문화가족지원법」 제12조에 따른 **다문화 가족지원센터의 장과 그 종사자** 　10. 「성폭력방지 및 피해자보호 등에 관한 법률」 제10조에 따른 **성폭력피해상담소 및** 같은 법 제12조에 따른 **성폭력피해자보호시설의 장과 그 종사자** 　11. 「응급의료에 관한 법률」 제36조에 따른 **응급구조사** 　12. 「의료기사 등에 관한 법률」 제1조의2 제1호에 따른 **의료기사** 　13. 「국민건강보험법」에 따른 **국민건강보험공단 소속 요양직 직원** 　14. 「지역보건법」 제2조에 따른 **지역보건의료기관의 장과 종사자** 　15. 제31조에 따른 **노인복지시설 설치 및 관리 업무 담당 공무원** 　16. 「병역법」 제2조제1항제10호라목에 따른 사회복지시설에서 복무하는 **사회복무요원**(노인을 직접 대면하는 업무에 복무하는 사람으로 한정한다) ③ 신고인의 신분은 보장되어야 하며 그 의사에 반하여 신분이 노출되어서는 아니된다.
제39조의7	응급조치 의무 등 [⑤⑱]	① 제39조의6의 규정에 의하여 **노인학대신고를 접수한 노인보호전문기관의 직원이나 사법경찰관리는 지체없이** 노인학대의 현장에 출동하여야 한다. 이 경우 노인보호전문기관의 장이나 수사기관의 장은 서로 동행하여 줄 것을 요청할 수 있고, 그 요청을 받은 때에는 정당한 사유가 없으면 소속 직원이나 사법경찰관리를 현장에 동행하도록 하여야 한다. 　※ 노인학대신고를 접수한 노인보호전문기관의 직원은 지체없이 노인학대의 현장에 출동하여야 한다.(O) ② 제1항에 따라 출동한 노인보호전문기관의 직원이나 사법경찰관리는 피해자를 보호하기 위하여 신고된 현장에 출입하여 **관계인에 대하여 조사를 하거나 질문을 할 수 있다**. 이 경우 노인보호전문기관의 직원은 피해노인의 보호를 위한 범위에서만 조사 또는 질문을 할 수 있다. ③ 제2항에 따라 출입, 조사 또는 질문을 하는 노인보호전문기관의 직원이나 사법경찰관리는 그 권한을 표시하는 증표를 지니고 이를 관계인에게 보여주어야 한다.

조문	제목	내용
제39조의7	응급조치 의무 등 [⑤⑱]	④ 제2항에 따라 조사 또는 질문을 하는 노인보호전문기관의 직원이나 사법경찰관리는 **피해자·신고자·목격자 등이 자유롭게 진술할 수 있도록 노인학대행위자로부터 분리된 곳에서 조사**하는 등 필요한 조치를 하여야 한다. ⑤ 제1항의 규정에 의하여 현장에 출동한 자는 학대받은 노인을 노인학대행위자로부터 분리하거나 치료가 필요하다고 인정할 때에는 노인보호전문기관 또는 의료기관에 인도하여야 한다. ⑥ 누구든지 정당한 사유 없이 노인학대 현장에 출동한 자에 대하여 현장조사를 거부하거나 업무를 방해하여서는 아니 된다. ⑦ 국가 및 지방자치단체는 제39조의5에 따른 노인보호전문기관의 장이 학대받은 노인의 보호, 치료 등의 업무를 수행함에 있어서 피해노인, 그 보호자 또는 노인학대행위자에 대한 신분조회 등 필요한 조치의 협조를 요청할 경우 정당한 사유가 없으면 이에 적극 협조하여야 한다.
제39조의9	금지행위 [⑤⑮]	1. 노인의 신체에 폭행을 가하거나 상해를 입히는 행위 　☞ 상해입힌 자 : 7년 이하의 징역 또는 7천만원 이하의 벌금 　☞ 폭행한 자 : 5년 이하의 징역 또는 5천만원 이하의 벌금 2. 노인에게 성적 수치심을 주는 성폭행·성희롱 등의 행위 3. 자신의 보호·감독을 받는 노인을 유기하거나 의식주를 포함한 기본적 보호 및 치료를 소홀히 하는 방임행위 4. 노인에게 구걸을 하게 하거나 노인을 이용하여 구걸하는 행위 　☞ 2호~4호 : 5년 이하의 징역 또는 5천만원 이하의 벌금 5. 노인을 위하여 증여 또는 급여된 금품을 그 목적 외의 용도에 사용하는 행위 　☞ 3년 이하의 징역 또는 3천만원 이하의 벌금 6. 폭언, 협박, 위협 등으로 노인의 정신건강에 해를 끼치는 정서적 학대행위 　☞ 5년 이하의 징역 또는 5천만원 이하의 벌금
제39조의13	요양보호사의 결격사유 [⑪]	다음 각 호의 어느 하나에 해당하는 사람은 **요양보호사가 될 수 없다.** 1. 「정신건강증진 및 정신질환자 복지서비스 지원에 관한 법률」 제3조 제1호에 따른 **정신질환자.** 다만, 전문의가 요양보호사로서 적합하다고 인정하는 사람은 그러하지 아니하다. 2. 마약·대마 또는 향정신성의약품 중독자 3. 피성년후견인 4. 금고 이상의 형을 선고받고 그 형의 집행이 종료되지 아니하였거나 그 집행을 받지 아니하기로 확정되지 아니한 사람 5. 법원의 판결에 따라 자격이 정지 또는 상실된 사람 6. 제39조의14에 따라 **요양보호사의 자격이 취소**(이 조 제3호에 해당하여 자격이 취소된 경우는 제외한다)**된 날부터 1년이 경과되지 아니한 사람**
제39조의14	요양보호사 자격의 취소 [⑳]	① 시·도지사는 요양보호사가 다음 각 호의 어느 하나에 해당하는 경우 그 자격을 취소할 수 있다. 다만, 제1호부터 제3호까지의 경우 자격을 취소하여야 한다. 1. 제39조의13 각 호의 어느 하나에 해당하게 된 경우 2. 제39조의9를 위반하여 제55조의2부터 제55조의4까지의 규정에 따른 처벌을 받은 경우 3. 거짓이나 그 밖의 부정한 방법으로 자격증을 취득한 경우 [⑳] 4. 영리를 목적으로 노인 등에게 불필요한 요양서비스를 알선·유인하거나 이를 조장한 경우 5. 자격증을 대여·양도 또는 위조·변조한 경우 　⊗ 보건복지부장관은 요양보호사가 거짓으로 자격증을 취득한 경우 그 자격을 취소하여야 한다.(×)

		② 시·도지사는 제1항에 따라 요양보호사의 자격을 취소하는 경우 청문을 실시하여야 한다. ③ 제1항의 자격취소의 절차 등에 관하여 필요한 사항은 보건복지부령으로 정한다.
제39조의16	노인학대행위자에 대한 상담·교육 등의 제공	① 노인보호전문기관의 장은 노인학대행위자에 대하여 상담·교육 및 심리적 치료 등 필요한 지원을 제공하여야 한다. ② 노인학대행위자는 노인보호전문기관의 장이 제1항에 따른 상담·교육 및 심리적 치료 등을 제공하는 경우에는 정당한 사유가 없으면 상담·교육 및 심리적 치료 등을 받아야 한다.
제39조의17	노인관련기관의 취업제한 등 [⑱]	① 법원은 노인학대관련범죄로 형 또는 치료감호를 선고하는 경우에는 판결(약식명령을 포함한다. 이하 같다)로 그 형 또는 치료감호의 전부 또는 일부의 집행을 종료하거나 집행이 유예·면제된 날(벌금형을 선고받은 경우에는 그 형이 확정된 날을 말한다)부터 **일정기간**(이하 "**취업제한기간**") 동안 다음 각 호에 따른 시설 또는 기관(이하 "**노인관련기관**")을 운영하거나 노인관련기관에 취업 또는 사실상 노무를 제공할 수 없도록 하는 명령(이하 "**취업제한명령**"이라 한다)을 판결과 동시에 선고(약식명령의 경우에는 고지를 말한다)하여야 한다. 다만, 재범의 위험성이 현저히 낮은 경우, 그 밖에 취업을 제한하여서는 아니 되는 특별한 사정이 있다고 판단하는 경우에는 그러하지 아니하다. 1. 제31조의 **노인복지시설** 2. 「노인장기요양보험법」에 따른 **장기요양기관** 3. 「가정폭력방지 및 피해자보호 등에 관한 법률」의 **긴급전화센터, 가정폭력 관련 상담소 및 가정폭력피해자 보호시설** 4. 「건강가정기본법」의 **건강가정지원센터** 5. 「다문화가족지원법」의 **다문화가족지원센터** 6. 「성폭력방지 및 피해자보호 등에 관한 법률」의 **성폭력피해상담소 및 성폭력피해자보호시설 및 성폭력피해자통합지원센터** 7. 「의료법」의 **의료기관** 8. 「장애인복지법」의 **장애인복지시설** 9. 「정신건강증진 및 정신질환자 복지서비스 지원에 관한 법률」에 따른 **정신건강복지센터 및 정신건강증진시설** 10. 제27조의2에 따라 홀로 사는 **노인에 대한 지원을 하는 기관·단체** 11. 제27조의3에 따른 **독거노인종합지원센터** 12. 「장애인활동 지원에 관한 법률」 제2조제6호에 따른 **활동지원기관** 13. 「치매관리법」 제17조에 따른 **치매안심센터** 14. 「민법」 제32조에 따라 보건복지부장관의 설립 허가를 받아 **노인인권, 노인복지 등 노인을 위한 사업을 수행하는 비영리법인**(대표자 및 노인을 직접 대면하는 업무에 종사하는 사람에 한정한다) ② 제1항에 따른 **취업제한기간은 10년을 초과하지 못한다.** ⊗ 법원이 노인학대관련범죄자에 대하여 취업제한명령을 하는 경우, 취업제한기간은 10년을 초과하지 못한다.(O)

제39조
의19
	학대피해
	노인
	전용쉼터의
	설치
		① 국가와 지방자치단체는 노인학대로 인하여 피해를 입은 노인("학대피해노인")을 일정 기간 보호하고 심신 치유 프로그램을 제공하기 위하여 학대피해노인 전용쉼터("쉼터")를 설치·운영할 수 있다.
		② 쉼터의 업무는 다음 각 호와 같다.
		  1. 학대피해노인의 보호와 숙식제공 등의 쉼터생활 지원
		  2. 학대피해노인의 심리적 안정을 위한 전문심리상담 등 치유프로그램 제공
		  2의2. 노인학대행위자에 대한 고소·고발 등 법률적 사항의 자문을 위한 대한변호사협회, 지방변호사회 또는 「법률구조법」에 따른 법률구조법인 등에 대한 협조 및 지원 요청
		  3. 학대피해노인에게 학대로 인한 신체적, 정신적 치료를 위한 기본적인 의료비 지원
		  4. 학대 재발 방지와 원가정 회복을 위하여 노인학대행위자 등에게 전문상담서비스 제공
		  5. 그 밖에 쉼터에 입소하거나 쉼터를 이용하는 학대피해노인을 위하여 보건복지부령으로 정하는 사항
		③ 국가와 지방자치단체는 쉼터의 운영업무를 제39조의5제1항 및 제2항에 따른 노인보호전문기관에 위탁할 수 있다. 이 경우 국가와 지방자치단체는 위탁에 소요되는 비용을 지원할 수 있다.

제48조	상속인 없는 재산의 처리	① 제32조에 따른 노인주거복지시설 또는 제34조에 따른 노인의료복지시설의 설치·운영자는 그 시설에 입소 중인 사람이 사망하고 그 상속인의 존부가 분명하지 아니한 경우 「민법」 제1053조부터 제1059조까지의 규정에 따라 처리한다. 다만, 사망한 사람의 잔여재산이 「사회복지사업법」 제45조의2제1항 단서에 따른 금액 이하인 경우에는 관할 시장·군수·구청장에게 잔여재산 목록을 작성하여 보고하는 것으로 그 재산의 처리를 갈음할 수 있다. ② 제1항 단서에 따른 보고를 받은 시장·군수·구청장은 상속인, 일반상속채권자, 유증받은 자, 기타 상속재산에 대하여 권리를 주장하려는 자가 있으면 6개월 내에 그 권리를 주장할 것을 3개월 이상 공고하여야 한다. ③ 제2항에 따른 기간 내에 상속재산에 대하여 권리를 주장하는 자가 있는 때에는 시장·군수·구청장이 「민법」 제1034조에 따라 그 기간 내에 신고한 채권자들 간에 배당하여 변제하여야 한다. ④ 제2항에 따른 기간이 경과하여도 상속재산에 대하여 권리를 주장하는 자가 없는 때에는 상속재산은 지방자치단체에 귀속된다. ⑤ 제1항부터 제4항까지에서 규정한 사항 외에 상속인 없는 재산의 처리에 관한 세부절차는 보건복지부령으로 정한다.
제49조	조세감면 [16]	제31조의 규정에 의한 노인복지시설에서 노인을 위하여 사용하는 건물·토지 등에 대하여는 조세감면규제법 등 관계법령이 정하는 바에 의하여 조세 기타 공과금을 감면할 수 있다.
제54조	국·공유재산 의 대부 등 [16]	국가 또는 지방자치단체는 노인보건복지관련 연구시설이나 사업의 육성을 위하여 필요하다고 인정하는 경우에는 국유재산법 또는 지방재정법의 규정에 불구하고 국·공유재산을 무상으로 대부하거나 사용·수익하게 할 수 있다.
제55조	「건축법」에 대한 특례 [16]	① 이 법에 의한 재가노인복지시설, 노인공동생활가정, 노인요양공동생활가정 및 학대피해노인 전용쉼터는 「건축법」 제19조의 규정에 불구하고 단독주택 또는 공동주택에 설치할 수 있다. ② 이 법에 의한 노인복지주택의 건축물의 용도는 건축관계법령에 불구하고 노유자시설로 본다.

03 장애인복지법 [③④⑤⑦⑧⑨⑩⑪⑫⑬⑭⑮⑯⑰⑱⑲⑳]

1 개 요

(1) 연 혁

① 우리나라에서도 1981년 「심신장애자복지법」을 제정하고, 1987년부터 장애인 등록시범사업을 시작하여 그 이듬해 전국으로 확대했다.

② 1988년 서울에서 개최된 제8회 장애인올림픽을 계기로 장애인들에 대한 새로운 인식과 관심이 제고되어 장애인복지에 대한 새로운 인식과 학문적 논의가 시작되었으며, 1989년 12월 30일 「심신장애자복지법」이 「장애인복지법」으로 전면 개정되었다.

③ 장애인복지법과 관련된 법률로는 1990년에 「장애인고용촉진 등에 관한 법률」이 제정, 1994년 전면 개정된 「특수교육진흥법」(현재 「장애인 등에 대한 특수교육법」), 1997년에 「장애인·노인·임산부 등의 편의증진보장에 관한 법률」이 제정되었다.

(2) 관장부처 : 보건복지부(장애인정책과 등)

2 법률 내용분석(2024.1.9. 타법개정, 2024.7.10. 시행)

제1조	목적 [⑧]	이 법은 **장애인의 인간다운 삶과 권리보장**을 위한 국가와 지방자치단체 등의 책임을 명백히 하고, **장애발생 예방**과 장애인의 **의료·교육·직업재활·생활환경개선** 등에 관한 사업을 정하여 장애인복지대책을 종합적으로 추진하며, **장애인의 자립생활·보호 및 수당지급 등에 관하여 필요한 사항**을 정하여 장애인의 생활안정에 기여하는 등 **장애인의 복지와 사회활동 참여증진을 통하여 사회통합에 이바지함**을 목적으로 한다.
제2조	장애인의 정의 등	장애인 [③⑤⑦⑩]	**신체적·정신적 장애**로 오랫동안 **일상생활이나 사회생활에서 상당한 제약**을 받는 자 ❌ 사회적 장애(×), 직업생활에(×) 1. "**신체적 장애**"란 주요 외부 신체 기능의 장애, 내부기관의 장애 등을 말한다. 2. "**정신적 장애**"란 발달장애 또는 정신 질환으로 발생하는 장애를 말한다.
		장애인 학대 [⑲]	장애인에 대하여 **신체적·정신적·정서적·언어적·성적 폭력**이나 **가혹행위, 경제적 착취, 유기 또는 방임을 하는 것**을 말한다. ❌ 장애인복지법상 장애인 학대에 경제적 착취는 포함되지 않는다.(×)
제3조	기본 이념 [⑤]		장애인복지의 기본 이념은 **장애인의 완전한 사회 참여와 평등을 통하여 사회통합**을 이루는 데에 있다.
제4조	장애인의 권리 [⑫⑯]		① 장애인은 인간으로서 존엄과 가치를 존중받으며, 그에 걸맞은 대우를 받는다. ② 장애인은 국가·사회의 구성원으로서 정치·경제·사회·문화, 그 밖의 모든 분야의 활동에 참여할 권리를 가진다. ③ 장애인은 장애인 관련 **정책결정과정에 우선적으로 참여할 권리**가 있다.

제6조	중증장애인의 보호 [⑦⑯]	국가와 지방자치단체는 장애 정도가 심하여 자립하기가 매우 곤란한 장애인("중증장애인")이 필요한 보호 등을 평생 받을 수 있도록 알맞은 정책을 강구하여야 한다.
제7조	여성장애인의 권익보호 등 [⑦]	국가와 지방자치단체는 여성장애인의 권익을 보호하고 사회참여를 확대하기 위하여 기초학습과 직업교육 등 필요한 시책을 강구하여야 한다.
제8조	차별금지 등 [⑤⑪]	① 누구든지 장애를 이유로 정치·경제·사회·문화 생활의 모든 영역에서 차별을 받지 아니하고, 누구든지 장애를 이유로 정치·경제·사회·문화 생활의 모든 영역에서 장애인을 차별하여서는 아니 된다. ② 누구든지 장애인을 비하·모욕하거나 장애인을 이용하여 부당한 영리행위를 하여서는 아니 되며, 장애인의 장애를 이해하기 위하여 노력하여야 한다.
제9조	국가와 지방자치 단체의 책임 [⑦]	① 국가와 지방자치단체는 장애 발생을 예방하고, 장애의 조기 발견에 대한 국민의 관심을 높이며, 장애인의 자립을 지원하고, 보호가 필요한 장애인을 보호하여 장애인의 복지를 향상시킬 책임을 진다. ② 국가와 지방자치단체는 여성 장애인의 권익을 보호하기 위하여 정책을 강구하여야 한다. ③ 국가와 지방자치단체는 장애인복지정책을 장애인과 그 보호자에게 적극적으로 홍보하여야 하며, 국민이 장애인을 올바르게 이해하도록 하는 데에 필요한 정책을 강구하여야 한다.

제10조 의2	장애인정책 종합계획 [⑫⑳]	① 보건복지부장관은 장애인의 권익과 복지증진을 위하여 관계 중앙행정기관의 장과 협의하여 5년마다 장애인정책종합계획("종합계획")을 수립·시행하여야 한다.
		❌ 보건복지부장관은 3년마다 장애인정책종합계획을 수립·시행하여야 한다.(×)
		② 종합계획에는 다음 각 호의 사항이 포함되어야 한다.
		  1. 장애인의 복지에 관한 사항
		  2. 장애인의 교육문화에 관한 사항
		  3. 장애인의 경제활동에 관한 사항
		  4. 장애인의 사회참여에 관한 사항
		  5. 그 밖에 장애인의 권익과 복지증진을 위하여 필요한 사항

제11조	장애인정책 조정위원회 [⑩]	① 장애인 종합정책을 수립하고 관계 부처 간의 의견을 조정하며 그 정책의 이행을 감독·평가하기 위하여 국무총리 소속하에 장애인정책조정위원회를 둔다.
		② 위원회는 다음 각 호의 사항을 심의·조정한다.
		  1. 장애인복지정책의 기본방향에 관한 사항
		  2. 장애인복지 향상을 위한 제도개선과 예산지원에 관한 사항
		  3. 중요한 특수교육정책의 조정에 관한 사항
		  4. 장애인 고용촉진정책의 중요한 조정에 관한 사항
		  5. 장애인 이동보장 정책조정에 관한 사항
		  6. 장애인정책 추진과 관련한 재원조달에 관한 사항
		  7. 장애인복지에 관한 관련 부처의 협조에 관한 사항
		  7의2. 다른 법령에서 위원회의 심의를 거치도록 한 사항
		  8. 그 밖에 장애인복지와 관련하여 대통령령으로 정하는 사항

제12조	장애인정책 책임관의 지정 등 [⑯]	중앙행정기관의 장은 해당 기관의 장애인정책을 효율적으로 수립·시행하기 위하여 소속공무원 중에서 장애인정책책임관을 지정할 수 있다. ❌ 장애인정책조정관(×)

제13조	지방장애인 복지위원회	① 장애인복지 관련 사업의 기획·조사·실시 등을 하는 데에 필요한 사항을 심의하기 위하여 **지방자치단체에 지방장애인복지위원회를** 둔다. ② 제1항의 **지방장애인복지위원회를 조직·운영하는 데에 필요한 사항은 대통령령으로 정하는 기준에 따라 지방자치단체의 조례로 정한다.**
제14조	장애인의 날 [⑦]	장애인에 대한 국민의 이해를 깊게 하고 장애인의 재활의욕을 높이기 위하여 **매년 4월 20일을 장애인의 날로 하며, 장애인의 날부터 1주간을 장애인 주간**으로 한다. ✎ 암기법 사(4)지를 이식(20)할 정도로 다쳤다면!
제17조	장애발생 예방 [⑦⑪]	① **국가와 지방자치단체는 장애의 발생 원인과 예방에 관한 조사 연구를 촉진하여야 하며, 모자보건사업의 강화, 장애의 원인이 되는 질병의 조기 발견과 조기 치료, 그 밖에 필요한 정책을 강구**하여야 한다. ② **국가와 지방자치단체는 교통사고·산업재해·약물중독 및 환경오염 등**에 의한 장애발생을 예방하기 위하여 필요한 조치를 강구하여야 한다.
제22조	정보에의 접근 [④]	① 국가와 지방자치단체는 장애인이 정보에 원활하게 접근하고 자신의 의사를 표시할 수 있도록 전기통신·방송시설 등을 개선하기 위하여 노력하여야 한다. ② 국가와 지방자치단체는 방송국의 장 등 민간 사업자에게 뉴스와 국가적 주요 사항의 중계 등 대통령령으로 정하는 방송 프로그램에 청각장애인을 위한 한국수어 또는 폐쇄자막과 시각장애인을 위한 화면해설 또는 자막 해설 등을 방영하도록 요청하여야 한다. ③ **국가와 지방자치단체는 국가적인 행사, 그 밖의 교육·집회 등 대통령령으로 정하는 행사를 개최하는 경우에는 청각장애인을 위한 한국수어 통역 및 시각장애인을 위한 점자 또는 점자·음성 변환용 코드가 삽입된 자료 등을 제공하여야 하며 민간이 주최하는 행사의 경우에는 한국수어 통역과 점자 또는 점자·음성 변환용 코드가 삽입된 자료 등을 제공하도록 요청할 수 있다.** ④ 제2항과 제3항의 요청을 받은 방송국의 장 등 민간 사업자와 민간 행사 주최자는 정당한 사유가 없으면 그 요청에 따라야 한다. ⑤ **국가와 지방자치단체는 시각장애인과 시청각장애인**(시각 및 청각 기능이 손상된 장애인을 말한다. 이하 같다)**이 정보에 쉽게 접근하고 의사소통을 원활하게 할 수 있도록 점자도서, 음성도서, 점자정보단말기 및 무지점자단말기 등 의사소통 보조기구를 개발·보급하고, 시청각장애인을 위한 의사소통 지원 전문인력을 양성·파견하기 위하여 노력**하여야 한다. ⑥ 국가와 지방자치단체는 장애인의 특성을 고려하여 정보통신망 및 정보통신기기의 접근·이용에 필요한 지원 및 도구의 개발·보급 등 필요한 시책을 강구하여야 한다.
제23조	편의시설	① 국가와 지방자치단체는 장애인이 공공시설과 교통수단 등을 안전하고 편리하게 이용할 수 있도록 **편의시설의 설치와 운영에 필요한 정책을 강구**하여야 한다. ② 국가와 지방자치단체는 공공시설 등 이용편의를 위하여 **한국수어 통역·안내보조 등 인적서비스 제공에 관하여 필요한 시책을 강구**하여야 한다.

제25조	사회적 인식개선 [⑩⑯]	① 국가와 지방자치단체는 학생, 공무원, 근로자, 그 밖의 일반국민 등을 대상으로 **장애인에 대한 인식개선을 위한 교육 및 공익광고 등 홍보사업을 실시**하여야 한다. ② **국가기관 및 지방자치단체의 장**, 「영유아보육법」에 따른 어린이집,「유아교육법」·「초·중등교육법」·「고등교육법」에 따른 각급 학교의 장, 그 밖에 대통령령으로 정하는 **교육기관 및 공공단체**(이하 "국가기관등"이라 한다)의 장은 매년 소속 직원·학생을 대상으로 장애인에 대한 인식개선을 위한 교육(이하 "인식개선교육"이라 한다)을 실시하고, 그 결과를 보건복지부장관에게 제출하여야 한다. ③ 보건복지부장관은 인식개선교육의 실시 결과에 대한 점검을 대통령령으로 정하는 바에 따라 매년 실시하여야 한다. ⑨ **국가는** 「초·중등교육법」에 따른 학교에서 사용하는 교과용 도서에 장애인에 대한 인식개선을 위한 내용이 포함되도록 하여야 한다.

제29조 의2	한국장애인 개발원의 설립 등 [⑱]	① 제29조제1항에 따른 **장애인 관련 조사·연구 및 정책개발·복지진흥 등을 위하여 한국장애인개발원**(이하 "개발원"이라 한다)을 설립한다.
		❌ 장애인복지법에 근거하여 설치 또는 설립하는 것 - 한국장애인개발원(O)
		② 개발원은 법인으로 한다.
		③ 개발원은 다음 각 호의 사업을 수행한다.
		  1. 장애인복지에 관한 정보의 수집·분석·관리, 조사·연구·정책개발 및 국제개발 등의 국제협력 사업
		  2. 장애인에 대한 사회적 인식개선 등 장애인복지 관련 교육, 홍보, 컨설팅
		  3. 중증장애인 직업재활지원 및 재정지원 장애인일자리 개발·지원
		  4. 중증장애인생산품에 대한 공공기관의 우선구매 촉진 지원
		  5. 편의시설 설치 기술지원, 장애물 없는 생활환경 조성 등 장애인 편의증진 사업 지원
		  6. 장애인 재난안전 대응 지침 개발·보급 등 장애인 안전대책 강화를 위한 사업
		  7. 그 밖에 장애인복지와 관련하여 국가 또는 지방자치단체로부터 위탁받은 사업
		④ 국가와 지방자치단체는 개발원의 운영 및 사업에 필요한 비용을 보조할 수 있다.

제31조	실태조사 [⑤⑧⑩ ⑫⑭⑰㉑]	**보건복지부장관은** 장애인 복지정책의 수립에 필요한 기초 자료로 활용하기 위하여 **3년마다 장애실태조사를 실시**하여야 한다. ❌ 보건복지부장관은 5년마다 장애실태조사를 실시하여야 한다.(×)
제32조	장애인 등록 [⑫⑮]	① **장애인, 그 법정대리인 또는 대통령령이 정하는 보호자**(법정대리인등)는 장애 상태와 그 밖에 보건복지부령이 정하는 사항을 **특별자치시장·특별자치도지사·시장·군수 또는 구청장에게 등록**하여야 하며, 특별자치시장·특별자치도지사·시장·군수·구청장은 등록을 신청한 장애인이 제2조에 따른 기준에 맞으면 **장애인 등록증을 내주어야 한다.** ③ 특별자치시장·특별자치도지사·시장·군수·구청장은 제1항에 따라 등록증을 받은 장애인의 장애 상태의 변화에 따른 장애 정도 조정을 위하여 장애 진단을 받게 하는 등 장애인이나 법정대리인등에게 필요한 조치를 할 수 있다. ④ 장애인의 장애 인정과 장애 정도 사정(査定)에 관한 업무를 담당하게 하기 위하여 **보건복지부에 장애판정위원회**를 둘 수 있다. 〈삭 제 : 2024. 1. 9〉 ⑤ 등록증은 양도하거나 대여하지 못하며, 등록증과 비슷한 명칭이나 표시를 사용하여서는 아니 된다.

		⑥ **특별자치시장·특별자치도지사·시장·군수·구청장은** 제1항에 따른 장애인 등록 및 제3항에 따른 장애 상태의 변화에 따른 장애 정도를 조정함에 있어 장애인의 장애 인정과 장애 정도 사정이 적정한지를 확인하기 위하여 필요한 경우 대통령령으로 정하는 「**공공기관의 운영에 관한 법률**」 제4조에 따른 공공기관에 장애 정도에 관한 정밀심사를 의뢰할 수 있다.
제32조 의2	재외동포 및 외국인의 장애인 등록 [⑫⑮⑯⑳]	① **재외동포 및 외국인** 중 다음 각 호의 어느 하나에 해당하는 사람은 제32조에 따라 <u>장애인 등록을 할 수 있다.</u> [⑳] 　1. 「재외동포의 출입국과 법적 지위에 관한 법률」 제6조에 따라 **국내거소 신고를 한 사람** 　2. 「주민등록법」 제6조에 따라 재외국민으로 주민등록을 한 사람 　3. 「출입국관리법」 제31조에 따라 **외국인등록**을 한 사람으로서 같은 법 제10조 제1항에 따른 체류자격 중 **대한민국에 영주할 수 있는 체류자격을 가진 사람** 　4. 「재한외국인 처우 기본법」 제2조 제3호에 따른 **결혼이민자** 　5. 「난민법」 제2조제2호에 따른 **난민인정자** 　❌⑳ 「난민법」 제2조 제2호에 따른 난민인정자는 장애인등록을 할 수 있다.(O) ② **국가와 지방자치단체**는 제1항에 따라 등록한 장애인에 대하여는 예산 등을 고려하여 **장애인복지사업의 지원을 제한할 수 있다.**
제32조 의3	장애인 등록 취소 등 [⑮]	① 특별자치시장·특별자치도지사·시장·군수·구청장은 제32조 제1항에 따라 **등록증을 받은 사람**(제3호의 경우에는 법정대리인등을 포함한다)이 다음 각 호의 어느 하나에 해당하는 경우에는 장애인 등록을 취소하여야 한다. 　1. **사망한 경우** 　2. 제2조에 따른 기준에 맞지 아니하게 된 경우 　3. 정당한 사유 없이 보건복지부령으로 정하는 기간 동안 제32조 제3항에 따른 장애 진단 명령 등 필요한 조치를 따르지 아니한 경우 　4. 장애인 등록 취소를 신청하는 경우 ② 특별자치시장·특별자치도지사·시장·군수·구청장은 다음 각 호의 어느 하나에 해당하는 경우에는 제32조제1항에 따라 등록증을 받은 사람과 법정대리인등 및 부정한 방법으로 등록증을 취득한 사람 등에게 등록증의 반환을 명하여야 한다. 　1. 제1항에 따라 장애인 등록이 취소된 경우. 다만, 제1항제1호의 경우는 제외한다. 　2. 중복발급 및 양도·대여 등 부정한 방법으로 등록증을 취득한 경우
제33조	장애인복지 상담원 [⑨]	① 장애인 복지 향상을 위한 상담 및 지원 업무를 맡기기 위하여 **시·군·구에 장애인복지상담원을 둔다.** ② 장애인복지상담원은 그 업무를 할 때 개인의 인격을 존중하여야 한다. ③ 장애인복지상담원의 임용·직무·보수와 그 밖에 필요한 사항은 대통령령으로 정한다.

조항	제목	내용
제33조	장애인복지 상담원 [⑨]	**OIKOS UP** 　장애인복지상담원 임용(시행령 제21조) ① 법 제33조에 따른 장애인복지상담원(이하 "상담원"이라 한다)은 **다음 각 호의 어느 하나에 해당하는 사람 중에서 특별자치시장·특별자치도지사·시장·군수·구청장이 지방공무원으로 임용**한다. 　1. 「사회복지사업법」 제11조에 따른 사회복지사 자격증의 소지자 　2. 「초·중등교육법」 제21조에 따른 특수학교의 교사자격증 소지자 　3. 장애인복지 관련 직무 분야에서 근무한 경력이 3년 이상인 사람으로서 해당 지방자치단체의 규칙으로 정하는 임용예정 계급에 상당하는 경력기준에 상응하는 사람 　4. 임용예정 직급과 같은 직급에서 공무원으로 2년 이상 근무한 사람 ② 특별자치시장·특별자치도지사·시장·군수·구청장은 제1항에도 불구하고 해당 지방자치단체의 인력 운용상 부득이한 경우에는 소속 공무원 중 「사회보장급여의 이용·제공 및 수급권자 발굴에 관한 법률 시행령」 제23조에 따라 임용한 **사회복지전담공무원에게 상담원의 직무를 수행**하게 할 수 있다.
제35조	장애 유형·장애 정도별 재활 및 자립 지원 서비스 제공 등 [④]	① **국가와 지방자치단체는** 장애인의 일상생활을 편리하게 하고 사회활동 참여를 높이기 위하여 **장애 유형·장애 정도별로 재활 및 자립지원 서비스를 제공**하는 등 필요한 정책을 강구하여야 하며, 예산의 범위 안에서 지원할 수 있다. ② 국가와 지방자치단체는 시청각장애인을 대상으로 직업재활·의사소통·보행·이동 훈련, 심리상담, 문화·여가 활동 참여 및 가족·자조 모임 등을 지원하기 위하여 전담기관을 설치·운영하는 등 필요한 시책을 강구하여야 한다.
제39조	장애인이 사용하는 자동차 등에 대한 지원 등 [④]	① 국가와 지방자치단체, 그 밖의 공공단체는 **장애인이 이동수단인 자동차 등을 편리하게 사용할 수 있도록 하고 경제적 부담을 줄여 주기 위하여 조세감면 등 필요한 지원 정책을 강구**하여야 한다. ② 시장·군수·구청장은 장애인이 이용하는 자동차 등을 지원하는 데에 편리하도록 장애인이 사용하는 자동차 등임을 알아볼 수 있는 표지(이하 "장애인사용자동차등표지")를 발급하여야 한다.
제46조	고용촉진 [⑩]	국가와 지방자치단체는 직접 경영하는 사업에 능력과 적성이 맞는 장애인을 고용하도록 노력하여야 하며, **장애인에게 적합한 사업을 경영하는 자에게 장애인의 능력과 적성에 따라 장애인을 고용하도록 권유**할 수 있다.
제49조	장애수당 [④⑨] [정책론 ⑱㉑]	① 국가와 지방자치단체는 장애인의 장애 정도와 경제적 수준을 고려하여 장애로 인한 추가적 비용을 보전(補塡)하게 하기 위하여 장애수당을 지급할 수 있다. 다만, 「국민기초생활 보장법」 제7조 제1항 제1호에 따른 생계급여 또는 같은 항 제3호에 따른 의료급여를 받는 장애인에게는 장애수당을 반드시 지급하여야 한다. ② 제1항에도 불구하고 「장애인연금법」 제2조 제1호에 따른 **중증장애인에게는** 제1항에 따른 장애수당을 **지급하지 아니한다.** ③ **국가와 지방자치단체는** 제1항에 따라 장애수당을 지급하려는 경우에는 **장애수당을 받으려는 사람의 장애 정도에 대하여 심사**할 수 있다. ④ 국가와 지방자치단체는 장애수당을 지급받으려는 사람이 제3항에 따른 **장애 정도의 심사를 거부·방해 또는 기피하는 경우에는 제1항에도 불구하고 장애수당을 지급하지 아니할 수 있다.** 　❌ 장애수당은 전문가의 진단을 고려하지 않는다.(×)

		OIKOS UP 장애수당 등의 지급대상자(시행령 제30조) ① 법 제49조에 따른 장애수당을 지급받을 수 있는 사람은 18세 이상으로서 장애인으로 등록한 사람 중 「국민기초생활 보장법」에 따른 수급자 또는 차상위계층으로서 장애로 인한 추가적 비용 보전(補塡)이 필요한 사람으로 한다. 다만, 제2항에 따라 장애아동수당을 지급받는 사람은 제외한다. ② 법 제50조제1항에 따른 장애아동수당을 지급받을 수 있는 사람은 다음 각 호의 요건을 모두 갖춘 사람으로 한다. 　1. 18세 미만(해당 장애인이 「초·중등교육법」 제2조에 따른 학교에 재학 중인 사람으로서 「장애인연금법」에 따른 수급자가 아닌 경우에는 20세 이하의 경우를 포함한다)일 것 　2. 장애인으로 등록하였을 것 　3. 「국민기초생활 보장법」에 따른 수급자 또는 차상위계층으로서 장애로 인한 추가적 비용 보전이 필요할 것 ③ 법 제50조제2항에 따른 보호수당을 지급받을 수 있는 사람은 다음 각 호의 요건을 모두 갖춘 사람으로 한다. 　1. 「국민기초생활 보장법」에 따른 수급자일 것 　2. 중증 장애로 다른 사람의 도움이 없이는 일상생활을 영위하기 어려운 18세 이상(해당 장애인이 20세 이하로서 「초·중등교육법」에 따른 고등학교와 이에 준하는 특수학교 또는 각종학교에 재학 중인 경우는 제외한다)의 장애인을 보호하거나 부양할 것
제50조	장애아동수당과 보호수당 [⑨]	① 국가와 지방자치단체는 **장애아동에게** 보호자의 경제적 생활수준 및 장애아동의 장애 정도를 고려하여 장애로 인한 추가적 비용을 보전(補塡)하게 하기 위하여 **장애아동수당을 지급할 수 있다.** ② 국가와 지방자치단체는 **장애인을 보호하는 보호자에게** 그의 경제적 수준과 장애인의 장애 정도를 고려하여 장애로 인한 추가적 비용을 보전하게 하기 위하여 **보호수당을 지급할 수 있다.** 주의 2007년 4월 11일 「장애인복지법」 전부 개정으로 장애아동부양수당은 폐지되고 장애아동수당으로 변경
제50조의2	자녀교육비 및 장애수당 등의 지급 신청	제38조에 따른 **자녀교육비**, 제49조 및 제50조에 따른 **장애수당, 장애아동수당 및 보호수당을 지급받으려는** 사람은 보건복지부령으로 정하는 바에 따라 특별자치시장·특별자치도지사·**시장·군수·구청장에게** 자녀교육비 및 장애수당 등의 지급을 신청할 수 있다.
제54조	장애인자립생활지원센터 [⑱]	① 국가와 지방자치단체는 장애인의 자립생활을 실현하기 위하여 **장애인자립생활지원센터를 통하여 필요한 각종 지원서비스를 제공**한다. ② 제1항의 규정에 따른 장애인자립생활지원센터에 관하여 필요한 사항은 보건복지부령으로 정한다. ③ 국가와 지방자치단체는 장애인자립생활지원센터에 예산의 범위에서 운영비 또는 사업비의 일부를 지원할 수 있다.

제58조	장애인 복지시설 [⑨⑱]	장애인 거주시설	거주공간을 활용하여 일반가정에서 생활하기 어려운 장애인에게 일정 기간 동안 거주·요양·지원 등의 서비스를 제공하는 동시에 지역사회생활을 지원하는 시설
			장애유형별 거주시설, 중증장애인 거주시설, 장애영유아 거주시설, 장애인 단기거주시설, 장애인 공동생활가정
		장애인 지역사회재활 시설	장애인을 전문적으로 상담·치료·훈련하거나 장애인의 일상생활, 여가활동 및 사회참여활동 등을 지원하는 시설
			장애인복지관, 장애인 주간보호시설, 장애인 체육시설, 장애인 수련시설, 장애인 생활이동지원센터, 한국수어 통역센터, 점자도서관, 점자도서 및 녹음서 출판시설, 장애인 재활치료시설
		장애인 자립생활지원 시설	장애인의 자립생활 역량을 강화하기 위하여 동료상담, 지역사회의 물리적·사회적 환경개선 사업, 장애인의 권익 옹호·증진, 장애인 적합 서비스 등을 제공하는 시설 [시행일: 2025. 7. 3.]
		장애인 직업재활시설	일반 작업환경에서는 일하기 어려운 장애인이 특별히 준비된 작업환경에서 직업훈련을 받거나 직업 생활을 할 수 있도록 하는 시설
			장애인 보호작업장, 장애인 근로사업장, 장애인 직업적응훈련시설
		장애인 의료재활시설	장애인을 입원 또는 통원하게 하여 상담, 진단·판정, 치료 등 의료재활서비스를 제공하는 시설
		장애인 생산품판매시설	장애인 생산품의 판매활동 및 유통을 대행하고, 장애인 생산품이나 서비스·용역에 관한 상담, 홍보, 판로개척 및 정보제공 등 마케팅을 지원하는 시설
		장애인 쉼터	제59조의13 제1항에 따른 시설로, 피해장애인의 임시 보호 및 사회복귀 지원을 위한 시설
제59조	장애인복지시설 설치 [⑤⑧]		① **국가와 지방자치단체는 장애인복지시설을 설치할 수 있다.** ② 제1항에 **규정된 자 외의 자가** 장애인복지시설을 설치·운영하려면 해당 시설 소재지 관할 **시장·군수·구청장에게 신고**하여야 하며, 신고한 사항 중 보건복지부령으로 정하는 중요한 사항을 변경할 때에도 신고하여야 한다. 다만, 제62조에 따른 폐쇄 명령을 받고 1년이 지나지 아니한 자는 시설의 설치·운영 신고를 할 수 없다. ③ 시장·군수·구청장은 제2항에 따른 신고 또는 변경신고를 받은 경우 그 내용을 검토하여 이 법에 적합하면 신고 또는 변경신고를 수리하여야 한다. ④ 제58조제1항제1호에 따른 장애인 거주시설의 정원은 30명을 초과할 수 없다. 다만, 특수한 서비스를 위하여 일정 규모 이상이 필요한 시설 등 대통령령으로 정하는 경우에는 그러하지 아니하다.
제59조의3	장애인관련 기관에의 취업제한 등		① 법원은 장애인학대관련범죄나 성범죄(「성폭력범죄의 처벌 등에 관한 특례법」 제2조에 따른 성폭력범죄 또는 「아동·청소년의 성보호에 관한 법률」 제2조제2호에 따른 아동·청소년대상 성범죄를 말한다. 이하 같다)로 형 또는 치료감호를 선고하는 경우에는 판결(약식명령을 포함한다. 이하 같다)로 그 형 또는 치료감호의 전부 또는 일부의 집행을 종료하거나 집행이 유예·면제된 날(벌금형을 선고받은 경우에는 그 형이 확정된 날을 말한다)부터 **일정기간**(이하 "**취업제한기**

		간"이라 한다) 동안 다음 각 호에 따른 시설 또는 기관(이하 "장애인관련기관"이라 한다)을 운영하거나 장애인관련기관에 취업 또는 사실상 노무를 제공할 수 없도록 하는 명령(이하 "취업제한명령"이라 한다)을 장애인학대관련범죄나 성범죄(이하 "장애인학대관련범죄등"이라 한다) 사건의 판결과 동시에 선고(약식명령의 경우에는 고지를 말한다)하여야 한다. 다만, 재범의 위험성이 현저히 낮은 경우, 그 밖에 취업을 제한하여서는 아니 되는 특별한 사정이 있다고 판단하는 경우에는 그러하지 아니한다. 1. 장애인자립생활지원센터, 장애인복지시설 및 장애인권익옹호기관 2. 「노인복지법」의 노인복지시설 3. 「노인장기요양보험법」에 따른 장기요양기관 4. 「발달장애인 권리보장 및 지원에 관한 법률」의 발달장애인지원센터 5. 「아동복지법」에 따른 취약계층 아동 통합서비스 수행기관 및 아동복지시설 6. 「의료법」의 의료기관(같은 법의 의료인, 같은 법의 간호조무사 및 「의료기사 등에 관한 법률」의 의료기사로 한정한다) 7. 「장애아동 복지지원법」의 발달재활서비스 제공기관 및 장애영유아를 위한 어린이집 8. 「장애인활동 지원에 관한 법률」의 활동지원기관 9. 「정신건강증진 및 정신질환자 복지서비스 지원에 관한 법률」의 정신건강복지센터 및 정신건강증진시설 10. 「장애인 등에 대한 특수교육법」의 특수교육기관 및 특수교육지원센터 ② 취업제한기간은 10년을 초과하지 못한다. ③ 법원은 제1항에 따라 취업제한명령을 선고하려는 경우에는 정신건강의학과 의사, 심리학자, 사회복지학자, 장애인학대 관련 전문가, 성범죄 관련 전문가, 장애인단체가 추천하는 장애인 전문가, 그 밖의 관련 전문가로부터 취업제한명령 대상자의 재범 위험성 등에 관한 의견을 들을 수 있다.
제59조의4	장애인학대 및 장애인 대상 성범죄 신고의무와 절차 [⑪]	① 누구든지 장애인학대 및 장애인 대상 성범죄를 알게 된 때에는 제59조의9에 따른 중앙장애인권익옹호기관 또는 지역장애인권익옹호기관("장애인권익옹호기관")이나 수사기관에 신고할 수 있다. ② 다음 각 호의 어느 하나에 해당하는 사람은 그 직무상 장애인학대 및 장애인 대상 성범죄를 알게 된 경우에는 지체 없이 **장애인권익옹호기관 또는 수사기관에 신고하여야** 한다. 1. 「사회보장급여의 이용·제공 및 수급권자 발굴에 관한 법률」에 따른 **사회복지전담공무원** 및 「사회복지사업법」에 따른 **사회복지시설의 장과 그 종사자**(사회복지시설에서 복무하는 「병역법」에 따른 사회복무요원을 포함한다) 2. 제32조의4에 따라 **서비스 지원 종합조사를 하는 자**와 「장애인활동 지원에 관한 법률」에 따른 **활동지원인력 및 활동지원기관의 장과 그 종사자** 3. 「의료법」의 **의료인 및 의료기관의 장** 4. 「의료기사 등에 관한 법률」의 **의료기사** 5. 「응급의료에 관한 법률」의 **응급구조사** 6. 「119구조·구급에 관한 법률」에 따른 **119구급대의 대원** 7. 「정신건강증진 및 정신질환자 복지서비스 지원에 관한 법률」에 따른 **정신건강복지센터, 정신의료기관, 정신요양시설 및 정신재활시설의 장과 그 종사자**

| 제59조의4 | 장애인학대 및 장애인 대상 성범죄 신고의무와 절차 [⑪] | 8. 「영유아보육법」에 따른 **어린이집의 원장 등 보육교직원**
9. 「유아교육법」에 따른 **교직원 및** 같은 법 제23조에 따른 **강사 등**
10. 「초·중등교육법」에 따른 **학교의 장과 그 종사자**
11. 「학원의 설립·운영 및 과외교습에 관한 법률」에 따른 **학원의 운영자·강사·직원 및 교습소의 교습자·직원**
12. 「성폭력방지 및 피해자보호 등에 관한 법률」에 따른 **성폭력피해상담소, 성폭력피해자보호시설, 성폭력피해자통합지원센터의 장과 그 종사자**
13. 「성매매방지 및 피해자보호 등에 관한 법률」에 따른 **지원시설의 장과 그 종사자 및 성매매피해상담소의 장과 그 종사자**
14. 「가정폭력방지 및 피해자보호 등에 관한 법률」에 따른 **가정폭력 관련 상담소의 장과 그 종사자 및 가정폭력피해자 보호시설의 장과 그 종사자**
15. 「건강가정기본법」에 따른 **건강가정지원센터의 장과 그 종사자**
16. 「다문화가족지원법」에 따른 **다문화 가족지원센터의 장과 그 종사자**
17. 「아동복지법」에 따른 **아동권리보장원 및 가정위탁지원센터의 장과 그 종사자**
18. 「한부모가족지원법」의 **한부모가족복지시설의 장과 그 종사자**
19. 「청소년 기본법」의 **청소년시설의 장과 그 종사자 및 청소년단체의 장과 그 종사자**
20. 「청소년 보호법」에 따른 **청소년 보호·재활센터의 장과 그 종사자**
21. 「노인장기요양보험법」의 **장기요양요원 및 장기요양인정 신청의 조사를 하는 자**
22. 「평생교육법」에 따른 **장애인평생교육시설의 장과 그 종사자**
③ 신고인의 신분은 보호되어야 하며, 그 의사에 반하여 신원이 노출되어서는 아니 된다. 삭제 〈2017. 12. 19.〉
④ 보건복지부장관은 제2항에 따른 신고의무자에게 장애인학대 및 장애인 대상 성범죄의 신고 절차와 방법 등을 안내하여야 한다.
⑤ 국가와 지방자치단체는 장애인학대 및 장애인 대상 성범죄를 예방하고 수시로 신고를 받을 수 있도록 필요한 조치를 하여야 한다.
⑥ 제2항 각 호에 따른 소관 중앙행정기관의 장은 제2항 각 호의 어느 하나에 해당하는 사람의 자격 취득 과정이나 보수교육 과정에 장애인학대 및 장애인 대상 성범죄 예방 및 신고의무에 관한 교육 내용을 포함하도록 하여야 한다.
⑦ 제2항에 따른 신고의무자가 소속된 기관·시설 등의 장은 소속 장애인학대 신고의무자에게 신고의무에 관한 교육을 실시하고, 그 결과를 관계 중앙행정기관의 장에게 제출하여야 한다. |
| 제59조의9 | 금지행위 [⑰] | 1. 장애인에게 성적 수치심을 주는 성희롱·성폭력 등의 행위
 ☞ 10년 이하의 징역 또는 1억원 이하의 벌금
2. 장애인의 신체에 폭행을 가하거나 상해를 입히는 행위
 ☞ 상해입힌 자 : 7년 이하의 징역 또는 7천만원 이하의 벌금
 ☞ 2호 폭행을 가한 자 : 5년 이하의 징역 또는 5천만원 이하의 벌금 [⑰]
2의2. 장애인을 폭행, 협박, 감금, 그 밖에 정신상 또는 신체상의 자유를 부당하게 구속하는 수단으로써 장애인의 자유의사에 어긋나는 노동을 강요하는 행위
 ☞ 7년 이하의 징역 또는 7천만원 이하의 벌금
3. 자신의 보호·감독을 받는 장애인을 유기하거나 의식주를 포함한 기본적 보호 및 치료를 소홀히 하는 방임행위
4. 장애인에게 구걸을 하게 하거나 장애인을 이용하여 구걸하는 행위
5. 장애인을 체포 또는 감금하는 행위 |

		6. 장애인의 정신건강 및 발달에 해를 끼치는 정서적 학대행위 　☞ 3호~6호 : 5년 이하의 징역 또는 5천만원 이하의 벌금 7. 장애인을 위하여 증여 또는 급여된 금품을 그 목적 외의 용도에 사용하는 행위 　☞ 3년 이하의 징역 또는 3천만원 이하의 벌금 8. 공중의 오락 또는 흥행을 목적으로 장애인의 건강 또는 안전에 유해한 곡예를 시키는 행위 　☞ 1년 이하의 징역 또는 1천만원 이하의 벌금
제59조 의11	장애인권익 옹호기관의 설치 등 [⑱]	① 국가는 지역 간의 연계체계를 구축하고 장애인학대를 예방하기 위하여 다음 각 호의 업무를 담당하는 **중앙장애인권익옹호기관을 설치·운영하여야 한다.** 　1. 제2항에 따른 지역장애인권익옹호기관에 대한 지원 　2. 장애인학대 예방 관련 연구 및 실태조사 　3. 장애인학대 예방 관련 프로그램의 개발·보급 　4. 장애인학대 예방 관련 교육 및 홍보 　5. 장애인학대 예방 관련 전문인력의 양성 및 능력개발 　6. 관계 기관·법인·단체·시설 간 협력체계의 구축 및 교류 　7. 장애인학대 신고접수와 그 밖에 보건복지부령으로 정하는 장애인학대 예방과 관련된 업무 ② 학대받은 장애인을 신속히 발견·보호·치료하고 장애인학대를 예방하기 위하여 다음 각 호의 업무를 담당하는 **지역장애인권익옹호기관을 특별시·광역시·특별자치시·도·특별자치도에 둔다.** 　1. 장애인학대의 신고접수, 현장조사 및 응급보호 　2. 피해장애인과 그 가족, 장애인학대행위자에 대한 상담 및 사후관리 　3. 장애인학대 예방 관련 교육 및 홍보 　4. 장애인학대사례판정위원회 설치·운영 　5. 관계 기관·법인·단체·시설 간 협력체계의 구축 및 교류 　6. 그 밖에 보건복지부령으로 정하는 장애인학대 예방과 관련된 업무 ③ 장애인권익옹호기관의 장은 제1항 및 제2항에 따른 업무를 수행하기 위하여 필요한 경우 관계 기관의 장에게 사실 확인이나 관련 자료의 제공을 요청할 수 있다. 이 경우 자료 제공을 요청받은 관계 기관의 장은 정당한 사유가 없으면 요청에 따라야 한다. ④ 보건복지부장관, 특별시장·광역시장·특별자치시장·도지사·특별자치도지사는 「공공기관의 운영에 관한 법률」 제4조에 따른 공공기관 또는 장애인 학대의 예방 및 방지를 목적으로 하는 비영리법인을 지정하여 장애인권익옹호기관의 운영을 위탁할 수 있다. 이 경우 보건복지부장관, 특별시장·광역시장·특별자치시장·특별자치도지사는 그 운영에 드는 비용을 지원할 수 있다.
제59조 의12	사후관리 등	① 장애인권익옹호기관의 장은 장애인학대가 종료된 후에도 가정방문, 시설방문, 전화상담 등을 통하여 장애인학대의 재발 여부를 확인하여야 한다. ② 장애인권익옹호기관의 장은 장애인학대가 종료된 후에도 피해장애인의 안전 확보, 장애인학대의 재발 방지, 건전한 가정기능의 유지 등을 위하여 피해장애인, 피해장애인의 보호자(친권자, 「민법」에 따른 후견인, 장애인을 보호·양육·교육하거나 그러한 의무가 있는 사람 또는 업무·고용 등의 관계로 사실상 장애인을 보호·감독하는 사람을 말한다. 이하 이 조에서 같다)·가족 및 장애인학대행위자에게 상담, 교육 및 의료적·심리적 치료 등의 지원을 하여야 한다. ③ 장애인권익옹호기관의 장은 제2항에 따른 지원을 하기 위하여 관계 기관·법인·단체·시설에 협조를 요청할 수 있다. ④ 장애인권익옹호기관의 장은 제2항에 따른 지원을 할 때에는 **피해 장애인의 이익을 최우선으로 고려하여야 한다.**

제59조 의13	피해장애인 쉼터 등 [20]	① 특별시장·광역시장·특별자치시장·도지사·특별자치도지사는 **피해장애인의 임시 보호 및 사회복귀 지원을 위하여 장애인 쉼터를 설치·운영할 수 있다.** ⊗ 보건복지부장관은 피해장애인의 임시 보호 및 사회복귀 지원을 위하여 장애인 쉼터를 설치·운영할 수 있다.(×) ② 특별시장·광역시장·특별자치시장·도지사·특별자치도지사는 장애인학대로 인하여 피해를 입은 장애아동(이하 "피해장애아동"이라 한다)의 임시 보호를 위하여 피해장애아동 쉼터를 설치·운영할 수 있다.
제60조 의3	장애인 거주시설의 서비스 최저기준 [20]	① 보건복지부장관은 **장애인 거주시설에서 제공하여야 하는 서비스의 최저기준을 마련하여야 하며**, 장애인복지실시기관은 그 기준이 충족될 수 있도록 필요한 조치를 취하여야 한다. [20] ⊗ 장애인복지시설의 장은 장애인 거주시설에서 제공하여야 하는 서비스의 최저기준을 마련하여야 한다.(×) ② 시설 운영자는 제1항에 따른 서비스의 최저기준 이상으로 서비스의 수준을 유지하여야 한다. ③ 제1항에 따른 서비스 최저기준의 구체적인 내용과 시행에 관하여 필요한 사항은 보건복지부령으로 정한다.
제71조	장애인복지 전문인력 양성 등 [13]	① 국가와 지방자치단체 그 밖의 공공단체는 **의지·보조기 기사, 언어재활사, 장애인재활상담사, 한국수어 통역사, 점역(點譯)·교정사 등 장애인복지 전문인력**, 그 밖에 장애인복지에 관한 업무에 종사하는 자를 양성·훈련하는 데에 노력해야 한다. ⊗ 장애상담치료사(×) ② 제1항에 따른 장애인복지전문인력의 범위 등에 관한 사항은 보건복지부령으로 정한다. ③ 국가와 지방자치단체는 제1항에 따른 장애인복지전문인력의 양성업무를 관계 전문기관 등에 위탁할 수 있다. ④ 국가와 지방자치단체는 제1항에 따른 장애인복지전문인력의 양성에 소요되는 비용을 예산의 범위 안에서 보조할 수 있다.
제73조	국가시험의 실시 등	① **의지·보조기 기사, 언어재활사 및 장애인재활상담사**("의지·보조기 기사등")의 국가시험은 보건복지부장관이 실시하되, 실시시기·실시방법·시험과목, 그 밖에 시험 실시에 관하여 필요한 사항은 대통령령으로 정한다. ② 보건복지부장관은 제1항에 따른 국가시험의 실시에 관한 업무를 대통령령으로 정하는 바에 따라 「한국보건의료인국가시험원법」에 따른 한국보건의료인국가시험원에 위탁할 수 있다.

3 장애의 종류 [38]

구 분		장애종류(15종)
신체적 장애 (12종)	외부 신체기능의 장애 (6종)	지체장애인, **뇌병변장애인**, 시각장애인, 청각장애인, 언어장애인, 안면장애인
	내부기관의 장애 (6종)	신장장애인, 심장장애인, 간장장애인, 호흡기장애인, 장루·요루 장애인, **뇌전증장애인**
정신적 장애 (3종)	발달장애(2종)	지적장애인, 자폐성장애인
	정신장애(1종)	정신장애인

⊗ 사회적 장애(×), 치매(×), 만성통증장애(×), 한센장애인(×)

04 한부모가족지원법 [③④⑤⑥⑨⑩⑪⑭⑮⑰⑲⑳㉑㉒]

1 개 요

(1) 연 혁

① 「모자복지법」의 제정(1989년 4월 1일) → 「모·부자복지법」으로 변경(2002년 12월 18일)
② 「한부모가족지원법」으로 변경(2007년 10월 17일 일부개정, 2008년 1월 18일 시행)

(2) 약 칭 : 한부모가족법

(3) 관장부처 : 여성가족부(가족지원과)

2 법률 내용분석(2023.4.11. 일부 개정, 2023.10.12. 시행)

제1조	목적	이 법은 한부모가족이 건강하고 문화적인 생활을 영위할 수 있도록 함으로써 **한부모가족의 생활 안정과 복지 증진에 이바지함을 목적**으로 한다.
제2조	국가 등의 책임	① 국가와 지방자치단체는 **한부모가족의 복지를 증진할 책임**을 진다. ② 국가와 지방자치단체는 **한부모가족의 권익과 자립을 지원하기 위한 여건을 조성하고 이를 위한 시책을 수립·시행**하여야 한다. ③ 국가와 지방자치단체는 한부모가족에 대한 사회적 편견과 차별을 예방하고, 사회구성원이 한부모가족을 이해하고 존중할 수 있도록 교육 및 홍보 등 필요한 **조치를 하여야 한다.** ④ 교육부장관과 특별시·광역시·특별자치시·도·특별자치도의 교육감은 「유아교육법」 제2조 제2호의 유치원, 「초·중등교육법」 제2조 및 「고등교육법」 제2조의 학교에서 **한부모가족에 대한 이해를 돕는 교육을 실시하기 위한 시책을 수립·시행**하여야 한다. ⑤ 국가와 지방자치단체는 **청소년 한부모가족의 자립을 위하여 노력**하여야 한다. ⑥ 모든 국민은 **한부모가족의 복지 증진에 협력**하여야 한다.
제3조	한부모가족의 권리와 책임 [⑳]	① 한부모가족의 모(母) 또는 부(父)는 임신과 출산 및 양육을 사유로 합리적인 이유 없이 교육·고용 등에서 차별을 받지 아니한다. ② **한부모가족의 모 또는 부와 아동은 한부모가족 관련 정책결정과정에 참여할 권리가 있다.** [⑳] ③ 한부모가족의 모 또는 부와 아동은 그가 가지고 있는 자산과 노동능력 등을 최대한으로 활용하여 자립과 생활 향상을 위하여 노력하여야 한다.
제4조	정의 [④⑩⑪⑭⑲⑳㉒]	이 법에서 사용하는 용어의 뜻은 다음과 같다. 1. "**모**" 또는 "**부**"란 다음 각 목의 어느 하나에 해당하는 자로서 아동인 자녀를 **양육하는 자**를 말한다. [④] 　가. 배우자와 사별 또는 이혼하거나 배우자로부터 유기(遺棄)된 자 　나. 정신이나 신체의 장애로 장기간 노동능력을 상실한 배우자를 가진 자 　다. 교정시설·치료감호시설에 입소한 배우자 또는 병역복무 중인 배우자를 가진 사람 　라. **미혼자**{사실혼(事實婚) 관계에 있는 자는 제외한다} [㉒]

제4조	정의 [④⑩⑪⑭ ⑲⑳㉒]	마. 가목부터 라목까지에 규정된 자에 준하는 자로서 여성가족부령으로 정하는 자 → 1. **배우자의 생사가 분명하지 아니한 자**, 2. **배우자 또는 배우자 가족과의 불화 등으로 인하여 가출한 자** (시행규칙 제2조) 1의2. "청소년 한부모"란 **24세 이하**의 모 또는 부를 말한다. [⑩⑪⑲⑳㉒] 2. "한부모가족"이란 모자가족 또는 부자가족을 말한다. 3. "모자가족"이란 모가 세대주{세대주가 아니더라도 세대원(世代員)을 사실상 부양하는 자를 포함한다}인 가족을 말한다. 4. "부자가족"이란 부가 세대주{세대주가 아니더라도 세대원을 사실상 부양하는 자를 포함한다}인 가족을 말한다. 5. "아동"이란 **18세 미만**(취학 중인 경우에는 **22세 미만**을 말하되,「병역법」에 따른 병역의무를 이행하고 취학 중인 경우에는 병역의무를 이행한 기간을 가산한 연령 미만을 말한다)**의 자를 말한다.** [⑲] ❌ 한부모가족지원법상 "취학 중인 경우의 아동"은 24세 미만인 사람을 말한다.(×)
제5조	지원대상의 범위	① 이 법에 따른 지원대상자는 제4조 제1호·제1호의2 및 제2호부터 제5호까지의 규정에 해당하는 자로서 여성가족부령으로 정하는 자로 한다. ② 제1항에 따른 지원대상자 중 아동의 연령을 초과하는 자녀가 있는 한부모가족의 경우 그 자녀를 제외한 나머지 가족구성원을 지원대상자로 한다.
제5조의2	지원대상자의 범위에 대한 특례 [⑮]	① 출산 후 해당 아동을 양육하지 아니하는 미혼모는 제5조에도 불구하고 제19조 제1항 제3호의 미혼모자가족복지시설을 이용할 때에는 이 법에 따른 지원대상자가 된다. ② 다음 각 호의 어느 하나에 해당하는 아동과 그 아동을 양육하는 조부 또는 조모로서 여성가족부령으로 정하는 자는 제5조에도 불구하고 이 법에 따른 지원대상자가 된다. 1. 부모가 사망하거나 생사가 분명하지 아니한 아동 2. 부모가 정신 또는 신체의 장애·질병으로 장기간 노동능력을 상실한 아동 3. 부모의 장기복역 등으로 부양을 받을 수 없는 아동 4. 부모가 이혼하거나 유기하여 부양을 받을 수 없는 아동 5. 제1호부터 제4호까지에 규정된 자에 준하는 자로서 **여성가족부령으로 정하는 아동 → 부모가 가정의 불화 등으로 가출하여 부모의 부양을 받을 수 없는 아동**, 그 밖에 부모가 실직 등으로 장기간 경제적 능력을 상실하여 부양을 받을 수 없는 아동 ③ 국내에 체류하고 있는 외국인 중 대한민국 국적의 아동을 양육하고 있는 모 또는 부로서 대통령령으로 정하는 사람이 제5조에 해당하면 이 법에 따른 지원대상자가 된다.
제5조의4	한부모가족의 날 [㉒]	한부모가족에 대한 국민의 이해와 관심을 제고하기 위하여 **매년 5월 10일을 한부모가족의 날**로 한다. ❌ 한부모가족에 대한 국민의 이해와 관심을 제고하기 위하여 매년 9월 7일을 한부모가족의 날로 한다.(×) ✏️ **암기법** 가정의 달 5월에 애경사에 축하 및 위로 오는데 배우자와 동반하지 못하고.. 즉, 딱 보니 1명만 있고(1) 1명은 없음(0)!
제6조	실태조사 등 [⑪⑰㉒]	**여성가족부장관**은 한부모가족 지원을 위한 정책수립에 활용하기 위하여 **3년마다** 한부모가족에 대한 실태조사를 실시하고 그 결과를 공표하여야 한다.

제10조	지원대상에 대한 조사 [③]	특별자치시장·특별자치도지사·시장·군수·구청장은 매년 1회 이상 관할구역 지원대상자의 가족상황, 생활실태 등을 조사하여야 한다.

제12조	복지 급여의 내용 [③⑤] [정책론 ㉑]	① 국가나 지방자치단체는 제11조에 따른 복지 급여의 신청이 있으면 다음 각 호의 복지 급여를 실시하여야 한다.
		  1. 생계비
		  2. 아동교육지원비
		  3. 삭제 〈2011.4.12.〉 (개정 前 : 직업훈련비 및 훈련기간 중 생계비)
		  4. 아동양육비
		  5. 그 밖에 대통령령으로 정하는 비용
		② 이 법에 따른 지원대상자가 「국민기초생활 보장법」 등 다른 법령에 따라 지원을 받고 있는 경우에는 그 범위에서 이 법에 따른 급여를 하지 아니한다. 다만, 제1항제4호의 아동양육비는 지급할 수 있다. [⑳]
		③ 제1항제4호의 아동양육비를 지급할 때에 다음 각 호의 어느 하나에 해당하는 경우에는 예산의 범위에서 추가적인 복지 급여를 실시하여야 한다. 이 경우 모 또는 부의 직계존속이 5세 이하의 아동을 양육하는 경우에도 또한 같다.
		  1. 미혼모나 미혼부가 5세 이하의 아동을 양육하는 경우
		  2. 34세 이하의 모 또는 부가 아동을 양육하는 경우
		④ 국가나 지방자치단체는 이 법에 따른 지원대상자의 신청이 있는 경우에는 **예산의 범위에서** 직업훈련비와 훈련기간 중 생계비를 추가적으로 지급할 수 있다.

제12조의5	복지급여 수급계좌	국가나 지방자치단체는 제12조에 따른 복지 급여를 받는 지원대상자의 신청이 있는 경우에는 복지 급여를 지원대상자 명의의 지정된 계좌("복지급여수급계좌")로 입금하여야 한다.

제13조	복지 자금의 대여 [⑪⑳]	① 국가나 지방자치단체는 한부모가족의 생활안정과 자립을 촉진하기 위하여 다음 각 호의 어느 하나의 자금을 대여할 수 있다.
		  1. 사업에 필요한 자금
		  2. 아동교육비
		  3. 의료비
		  4. 주택자금
		  5. 그 밖에 대통령령으로 정하는 한부모가족의 복지를 위하여 필요한 자금
		  ※ 국가나 지방자치단체는 아동양육비를 대여할 수 있다.(×)
		② 제1항에 따른 대여 자금의 한도, 대여 방법 및 절차, 그 밖에 필요한 사항은 대통령령으로 정한다.

제15조	공공시설에 매점 및 시설 설치	국가나 지방자치단체가 운영하는 공공시설의 장은 그 공공시설에 각종 매점 및 시설의 설치를 허가하는 경우 이를 한부모가족 또는 한부모가족복지단체에 우선적으로 허가할 수 있다.
제16조	시설 우선이용	국가나 지방자치단체는 한부모가족의 아동이 공공의 아동 편의시설과 그 밖의 공공시설을 우선적으로 이용할 수 있도록 노력하여야 한다.
제17조	가족지원 서비스 [⑨]	국가나 지방자치단체는 한부모가족에게 다음 각 호의 가족지원서비스를 제공하도록 노력하여야 한다. 1. 아동의 양육 및 교육 서비스 2. 장애인, 노인, 만성질환자 등의 부양 서비스 3. 취사, 청소, 세탁 등 가사 서비스 4. 교육·상담 등 가족 관계 증진 서비스 5. 인지청구 및 자녀양육비 청구 등을 위한 법률상담, 소송대리 등 법률구조서비스 6. 그 밖에 대통령령으로 정하는 한부모가족에 대한 가족지원서비스

제17조의2	청소년 한부모에 대한 교육 지원 [②]	① 국가나 지방자치단체는 청소년 한부모가 학업을 할 수 있도록 청소년 한부모의 선택에 따라 다음 각 호의 어느 하나에 해당하는 지원을 할 수 있다. 　1. 「초·중등교육법」 제2조에 따른 학교에서의 학적 유지를 위한 지원 및 교육비 지원 또는 검정고시 지원 　2. 「평생교육법」 제31조제2항에 따른 학력인정 평생교육시설에 대한 교육비 지원 　3. 「초·중등교육법」 제28조에 따른 교육 지원 　4. 그 밖에 청소년 한부모의 교육 지원을 위하여 여성가족부령으로 정하는 사항 ② 제1항제3호에 따른 교육 지원을 위하여 특별시·광역시·특별자치시·도·특별자치도의 교육감은 제19조에 따른 한부모가족복지시설에 순회교육 실시를 위한 지원을 할 수 있다. ③ 국가와 지방자치단체는 청소년 한부모의 학업과 양육의 병행을 위하여 그 자녀가 청소년 한부모가 속한 「고등교육법」 제2조에 따른 학교에 설치된 직장어린이집을 이용할 수 있도록 지원할 수 있다. ④ **여성가족부장관은 청소년 한부모가 학업을 계속할 수 있도록 교육부장관에게 협조를 요청하여야 한다.** [②] 　※ 교육부장관은 청소년 한부모가 학업을 계속할 수 있도록 여성가족부장관에게 협조를 요청하여야 한다.(×)
제17조의3	자녀양육비 이행지원 [20]	**여성가족부장관은 자녀양육비 산정을 위한 자녀양육비 가이드라인을 마련하여 법원이 이혼 판결 시 적극 활용할 수 있도록 노력하여야 한다.** [20]
제17조의4	청소년 한부모의 자립지원	① 국가나 지방자치단체는 청소년 한부모가 주거마련 등 자립에 필요한 자산을 형성할 수 있도록 재정적인 지원을 할 수 있다. ② 제1항에 따른 지원으로 형성된 자산은 청소년 한부모가 이 법에 따른 지원대상자에 해당하는지 여부를 조사·확인할 때 이를 포함하지 아니한다.
제17조의5	청소년 한부모의 건강진단 [20]	① **국가와 지방자치단체는 청소년 한부모의 건강증진을 위하여 건강진단을 실시할 수 있다.** [20] ② 국가와 지방자치단체는 제1항에 따른 건강진단의 결과를 청소년 한부모 본인에게 알려주어야 한다.
제17조의6	미혼모 등의 건강관리 등 지원	① **국가와 지방자치단체는 미혼모 또는 미혼부와 그 자녀가 건강하게 생활할 수 있도록 산전(産前)·분만·산후(産後)관리, 질병의 예방·상담·치료, 영양·건강에 관한 교육 등 건강관리를 위한 지원을 할 수 있다.** ② 국가와 지방자치단체는 제19조제1항제3호가목의 기본생활지원 미혼모자가족복지시설에 입소한 미혼모 등의 신청이 있는 경우에는 미혼모 등 본인 및 함께 생활하는 자녀에 대한 의료비를 추가적으로 지원할 수 있다. ③ 제1항에 따른 건강관리와 제2항에 따른 의료비 지원의 기준 및 절차, 그 밖에 필요한 사항은 대통령령 또는 조례로 정한다. **OIKOS UP　"미혼모 등의 건강관리 등 지원" 신설(2018.12.18.) 이유** 한국여성재단의 연구보고서에 따르면 출산 이후 건강상태가 악화되었다고 응답한 양육미혼모의 비율이 59.1%에 달하는데 비해 월 평균 의료비 지출은 67.3%가 1만원 미만이라고 답하여 건강상태에 비해 의료비 지출이 크지 않은 것으로 조사되는 등 저소득 양육미혼모의 신체적·정신적 건강관리가 매우 열악한 상황인바, 국가와 지방자치단체가 미혼모·부와 그 자녀가 건강하게 생활할 수 있도록 건강관리를 위한 지원을 할 수 있도록 하고, 현재 미혼모자가족복지시설 운영비에서 '미혼모 특수치료비' 항목으로 의료비를 지원하고 있으나, 법적 근거가 미흡한 실정이므로 지원근거를 법률에 명시하는 한편, 미혼모가 출산한 자녀에 대한 의료비도 지원할 수 있도록 함으로써 의료복지 사각지대를 해소하려는 것이다.

제17조 의7	아동·청소년 보육·교육	국가와 지방자치단체는 아동·청소년 보육·교육을 실시함에 있어서 한부모가족 구성원인 아동·청소년을 차별하여서는 아니 된다.

제19조	한부모
	가족복지시설
	[⑥⑪㉑]
		1. **출산지원시설** : 다음 각 목의 어느 하나에 해당하는 자의 임신·출산 및 그 출산 아동(3세 미만에 한정한다)의 양육을 위하여 주거 등을 지원하는 시설
		   가. 제4조제1호의 모
		   나. 혼인 관계에 있지 아니한 자로서 출산 전 임신부
		   다. 혼인 관계에 있지 아니한 자로서 출산 후 해당 아동을 양육하지 아니하는 모
		2. **양육지원시설** : 6세 미만 자녀를 동반한 한부모가족에게 자녀를 양육할 수 있도록 주거 등을 지원하는 시설
		3. **생활지원시설** : 18세 미만(취학 중인 경우에는 22세 미만을 말하되, 「병역법」에 따른 병역의무를 이행하고 취학 중인 경우에는 병역의무를 이행한 기간을 가산한 연령 미만을 말한다) 자녀를 동반한 한부모가족에게 자립을 준비할 수 있도록 주거 등을 지원하는 시설
		4. **일시지원시설** : 배우자(사실혼 관계에 있는 사람을 포함한다)가 있으나 배우자의 물리적·정신적 학대로 아동의 건전한 양육이나 모 또는 부의 건강에 지장을 초래할 우려가 있을 경우 일시적 또는 일정 기간 동안 모와 아동, 부와 아동, 모 또는 부에게 주거 등을 지원하는 시설 [㉑]
		5. **한부모가족복지상담소** : 한부모가족에 대한 위기·자립 상담 또는 문제해결 지원 등을 목적으로 하는 시설
		ⓧ 한부모가족복지상담소는 6세 미만 자녀를 동반한 한부모가족에게 자녀를 양육할 수 있도록 주거 등을 지원하는 시설이다.(×)

제20조	한부모가족 복지시설의 설치	① 국가나 지방자치단체는 한부모가족복지시설을 설치할 수 있다. ② 제19조에 따른 한부모가족복지시설의 장은 청소년 한부모가 입소를 요청하는 경우에는 우선 입소를 위한 조치를 취하여야 한다. ③ 국가나 지방자치단체 외의 자가 한부모가족복지시설을 설치·운영하려면 특별자치시장·특별자치도지사·시장·군수·구청장에게 신고하여야 한다. 신고한 사항 중 여성가족부령으로 정하는 중요 사항을 변경하려는 경우에도 또한 같다.

05 영유아보육법 [⑥⑦⑧⑩⑬]

1 개요

(1) 연혁

① 1987년 12월 노동부에서는 남녀고용법에 의한 **직장탁아제도를 도입**하였고, 1989년 9월 보건복지부에서는 **아동복지법에 의한 보육사업을 실시**하였다.

② 1991년 1월 「영유아보육법」을 제정·공포한 후, 1991년 8월 시행령 및 시행규칙을 제정·시행함으로써, **보육사업 주관부처를 보건복지부로 일원화**하고, 종전의 단순 "탁아"사업에서 보호와 교육을 통합한 "보육"사업으로 확대·발전하게 되었다.

(2) 관장부처 : 보건복지부(보육정책과)

2 법률 내용분석(2024.2.6. 일부개정, 2024.8.7. 시행)

제1조	목적	이 법은 **영유아의 심신을 보호하고 건전하게 교육**하여 건강한 사회 구성원으로 육성함과 아울러 보호자의 경제적·사회적 활동이 원활하게 이루어지도록 함으로써 **영유아 및 가정의 복지 증진에 이바지함을 목적**으로 한다.
제2조	정의	**영유아** : **7세 이하**의 취학 전 아동 **보육** : 영유아를 건강하고 안전하게 보호·양육하고 영유아의 발달 특성에 맞는 교육을 제공하는 어린이집 및 가정양육 지원에 관한 사회복지서비스 어린이집 : 영유아의 보육을 위하여 이 법에 따라 설립·운영되는 기관 보호자 : 친권자·후견인, 그 밖의 자로 영유아를 사실상 보호하고 있는 자 보육교직원 : 어린이집의 원장 및 보육교사와 그 밖의 직원
제3조	보육이념	① 보육은 **영유아의 이익을 최우선적으로 고려**하여 제공되어야 한다. ② 보육은 영유아가 **안전하고 쾌적한 환경에서 건강하게 성장**할 수 있도록 하여야 한다. ③ 영유아는 자신이나 보호자의 성, 연령, 종교, 사회적 신분, 재산, 장애, 인종 및 출생지역 등에 따른 **어떠한 종류의 차별도 받지 아니하고 보육**되어야 한다.
제5조	보육정책 조정위원회	보육정책에 관한 관계 부처 간의 의견을 조정하기 위하여 국무총리 소속으로 보육정책조정위원를 둔다. **삭제** 〈2020. 12. 29.〉 **OIKOS UP** — 보육정책조정위원회 폐지 이유 유아교육보육위원회와 기능 중복으로 설립 이후 현재까지 운영되고 있지 않은 보육정책조정위원회를 폐지함
제6조	보육정책 위원회	① 보육에 관한 각종 정책·사업·보육지도 및 어린이집 평가에 관한 사항 등을 심의하기 위하여 **교육부**에 **중앙보육정책위원회**를, **특별시·광역시·특별자치시·도·특별자치도 및 시·군·구**에 **지방보육정책위원회**를 둔다. 다만, 지방보육정책위원회는 그 기능을 담당하기에 적합한 다른 위원회가 있고 그 위원회의 위원이 제2항에 따른 자격을 갖춘 경우에는 시·도 또는 시·군·구의 조례로 정하는 바에 따라 그 위원회가 지방보육정책위원회의 기능을 대신할 수 있다.

조	제목	내용
		② 제1항에 따른 중앙보육정책위원회와 지방보육정책위원회(이하 "보육정책위원회"라 한다)의 위원은 보육전문가, 어린이집의 원장 및 보육교사 대표, 보호자 대표 또는 공익을 대표하는 자, 관계 공무원 등으로 구성한다. ③ 교육부장관은 중앙보육정책위원회의 업무를 효율적으로 수행하기 위하여 분야별 전문위원회를 둘 수 있다. ④ 보육정책위원회의 구성·기능 및 운영 등에 필요한 사항은 대통령령으로 정한다.
제7조	육아종합 지원센터	① 다음 각 호의 업무를 수행하기 위하여 **교육부장관은 중앙육아종합지원센터를, 특별시장·광역시장·특별자치시장·도지사·특별자치도지사(시·도지사) 및 시장·군수·구청장은 지방육아종합지원센터를 설치·운영**하여야 한다. 　1. 어린이집 운영 전반에 관한 전문 컨설팅 　2. 보육에 관한 정보의 수집·제공 　3. 보호자 및 보육교직원에 대한 상담 제공 　4. 영유아 발달 지연 예방·상담·치료연계 지원 　5. 제9조의2에 따른 보호자 교육 지원 　6. 다음 각 목의 어느 하나에 해당하는 보육교직원 교육 제공 　　가. 보육교직원의 역량 강화를 위한 교육 　　나. 제23조의3에 따른 아동학대 방지를 위한 교육 　　다. 「아동복지법」 제26조에 따른 아동학대 신고의무자에 대한 교육 　6의2. 보육교직원 대체인력의 지원 및 관리 　7. 제26조의2에 따른 시간제보육 서비스의 제공 　8. 그 밖에 교육부장관이 필요하다고 인정하는 업무
제8조	한국보육 진흥원의 설립 및 운영	① 보육서비스의 질 향상을 도모하고 보육정책을 체계적으로 지원하기 위하여 **한국보육진흥원(이하 "진흥원")을 설립**한다. ② 진흥원은 다음 각 호의 업무를 수행한다. 　1. 보육정책 및 보육사업에 관한 조사·연구 및 정책분석 　2. 원활한 어린이집 운영 및 보육서비스 제공을 위한 지원 　3. 제22조제1항에 따른 보육교직원의 자격 검정 및 자격증 교부 등 지원 　4. 제23조 및 제23조의2에 따라 실시하는 보수교육의 총괄 관리 및 지원 　5. 보육서비스 품질 관리를 위하여 제25조의2에 따른 부모모니터링단 운영의 지원, 제30조에 따른 어린이집 평가의 지원 및 제30조의2에 따른 공공형어린이집의 지정을 위한 지원과 제41조에 따른 지도와 명령 및 제42조에 따른 보고와 검사에 대한 사전준비 또는 사후관리 지원 　6. 제26조에 따라 실시하는 취약보육 관련 사업의 지원 　7. 제26조의2에 따라 제공하는 시간제보육 서비스 관련 사업의 지원 　8. 영유아 보육 관련 교육 및 홍보에 관한 업무 　9. 가정양육 지원에 관한 업무 　10. 그 밖에 이 법 또는 다른 법령 등에 따라 보건복지부장관, 국가 또는 지방자치단체로부터 위탁받은 업무 ③ 진흥원은 법인으로 하고, 주된 사무소의 소재지에 설립등기를 함으로써 성립한다. ④ 진흥원은 보조금, 기부금, 그 밖의 수입금으로 운영한다. ⑤ 교육부장관은 진흥원의 운영에 필요한 경비를 예산의 범위에서 지원할 수 있다.
제9조	보육실태조사 [⑧]	**교육부장관은** 이 법의 적절한 시행을 위하여 **보육 실태 조사를 3년마다** 실시하고 그 결과를 공표하여야 한다. 🔵 주의 2011.6.7. 개정으로 5년마다에서 3년마다로 변경

제10조	어린이집의 종류	1. **국공립어린이집** : 국가나 지방자치단체가 설치·운영 → **상시 영유아 11명 이상** 2. **사회복지법인어린이집** : 사회복지법인이 설치·운영 → **상시 영유아 21명 이상** 3. **법인·단체 등 어린이집** : 각종 법인이나 단체 등이 설치·운영 　→ **상시 영유아 21명 이상** 4. **직장어린이집** : 사업주가 사업장의 근로자를 위하여 설치·운영 　→ **상시 영유아 5명 이상** 5. **가정어린이집** : 개인이 가정이나 그에 준하는 곳에 설치·운영 　→ **상시 영유아 5명 이상 20명 이하** 6. **협동어린이집** : 보호자 또는 보호자와 보육교직원이 조합(영리를 목적으로 하지 아니하는 조합에 한정)을 결성하여 설치·운영하는 어린이집 　→ **상시 영유아 11명 이상** 7. **민간어린이집** : 제1호부터 제6호까지의 규정에 해당하지 아니하는 어린이집 　→ **상시 영유아 21명 이상**
제12조	국공립 어린이집의 설치 등	① **국가나 지방자치단체는 국공립어린이집을 설치**(국공립어린이집 외의 어린이집을 기부채납 받거나 무상임차 등 사용계약을 통하여 전환하는 경우를 포함한다)·**운영하여야 한다.** 이 경우 국공립어린이집은 제11조의 보육계획에 따라 다음 각 호의 지역에 우선적으로 설치하여야 한다. 　1. 도시 저소득주민 밀집 주거지역 및 농어촌지역 등 취약지역 　2. 삭제 〈2018.12.24.〉 　3. 「산업입지 및 개발에 관한 법률」 제2조제8호에 따른 산업단지 지역 ② 국가나 지방자치단체가 제1항에 따라 국공립어린이집을 설치할 경우 제6조제1항에 따른 지방보육정책위원회의 심의를 거쳐야 한다.
제13조	국공립 어린이집 외의 어린이집의 설치[⑧⑬]	① **국공립어린이집 외의 어린이집을 설치·운영하려는 자는 특별자치시장·특별자치도지사·시장·군수·구청장의 인가를 받아야 한다.** 인가받은 사항 중 중요 사항을 변경하려는 경우에도 또한 같다. ② 특별자치시장·특별자치도지사·시장·군수·구청장은 제1항에 따른 인가를 할 경우 해당 지역의 보육 수요를 고려하여야 한다. ③ 제1항에 따라 어린이집의 설치인가를 받은 자는 어린이집 방문자 등이 볼 수 있는 곳에 어린이집 인가증을 게시하여야 한다.
제14조	직장 어린이집의 설치 등 [⑦]	대통령령으로 정하는 **일정 규모 이상의 사업장의 사업주는 직장어린이집을 설치하여야 한다.** 다만, 사업장의 **사업주가 직장어린이집을 단독으로 설치할 수 없을 때에는 사업주 공동으로 직장어린이집을 설치·운영**하거나, **지역의 어린이집과 위탁계약을 맺어 근로자 자녀의 보육을 지원("위탁보육")**하여야 한다. ● 주의 2014.5.20. 개정(2015.1.1. 시행) : 사업주가 직장어린이집 설치의무를 이행하는 대신 근로자에게 보육수당을 지원하도록 하는 제도를 폐지함 **‖ OIKOS UP** 　직장어린이집의 설치(시행령 제20조) 법 제14조 제1항에 따라 사업주가 직장어린이집을 설치하여야 하는 사업장은 **상시 여성근로자 300명 이상 또는 상시근로자 500명 이상을 고용하고 있는 사업장**으로 한다.

조문	제목	내용

제15조의4	폐쇄회로 텔레비전의 설치 등	① 어린이집을 설치·운영하는 자는 **아동학대 방지 등 영유아의 안전과 어린이집의 보안을 위하여**「개인정보 보호법」및 관련 법령에 따른 폐쇄회로 텔레비전("폐쇄회로 텔레비전")을 설치·관리하여야 한다. 다만, 다음 각 호의 어느 하나에 해당하는 경우에는 그러하지 아니하다.
		  1. 어린이집을 설치·운영하는 자가 보호자 전원의 동의를 받아 특별자치시장·특별자치도지사·시장·군수·구청장에게 신고한 경우
		  2. 어린이집을 설치·운영하는 자가 보호자 및 보육교직원 전원의 동의를 받아「개인정보 보호법」및 관련 법령에 따른 네트워크 카메라를 설치한 경우
		② 제1항에 따라 폐쇄회로 텔레비전을 설치·관리하는 자는 **영유아 및 보육교직원 등 정보주체의 권리가 침해되지 아니하도록 다음 각 호의 사항을 준수**하여야 한다.
		  1. 아동학대 방지 등 영유아의 안전과 어린이집의 보안을 위하여 **최소한의 영상정보만을 적법하고 정당하게 수집**하고, 목적 외의 용도로 활용하지 아니하도록 할 것
		  2. **영유아 및 보육교직원 등 정보주체의 권리가 침해받을 가능성과 그 위험 정도를 고려**하여 영상정보를 안전하게 관리할 것
		  3. **영유아 및 보육교직원 등 정보주체의 사생활 침해를 최소화**하는 방법으로 영상정보를 처리할 것
		③ 어린이집을 설치·운영하는 자는 **폐쇄회로 텔레비전에 기록된 영상정보를 60일 이상 보관**하여야 한다.
		④ 제1항에 따른 폐쇄회로 텔레비전의 설치·관리기준 및 동의 또는 신고의 방법·절차·요건, 제3항에 따른 영상정보의 보관기준 및 보관기간 등에 필요한 사항은 교육부령으로 정한다.

제15조의5	영상정보의 열람금지 등	① 폐쇄회로 텔레비전을 설치·관리하는 자는 다음 각 호의 어느 하나에 해당하는 경우를 제외하고는 제15조의4 제1항의 영상정보를 열람하게 하여서는 아니 된다.
		  1. 보호자가 자녀 또는 보호아동의 안전을 확인할 목적으로 열람시기·절차 및 방법 등 교육부령으로 정하는 바에 따라 요청하는 경우
		  2.「개인정보 보호법」제2조 제6호 가목에 따른 공공기관이 제42조 또는「아동복지법」제66조 등 법령에서 정하는 영유아의 안전업무 수행을 위하여 요청하는 경우
		  3. 범죄의 수사와 공소의 제기 및 유지, 법원의 재판업무 수행을 위하여 필요한 경우
		  4. 그 밖에 보육관련 안전업무를 수행하는 기관으로서 교육부령으로 정하는 자가 업무의 수행을 위하여 열람시기·절차 및 방법 등 교육부령으로 정하는 바에 따라 요청하는 경우
		② **어린이집을 설치·운영하는 자는 다음 각 호의 어느 하나에 해당하는 행위를 하여서는 아니 된다.**
		  1. 제15조의4제1항의 **설치 목적과 다른 목적으로 폐쇄회로 텔레비전을 임의로 조작하거나 다른 곳을 비추는 행위**
		  2. **녹음기능을 사용하거나 교육부령으로 정하는 저장장치 이외의 장치 또는 기기에 영상정보를 저장하는 행위**
		③ 어린이집을 설치·운영하는 자는 제15조의4제1항의 영상정보가 분실·도난·유출·변조 또는 훼손되지 아니하도록 내부 관리계획의 수립, 접속기록 보관 등 대통령령으로 정하는 바에 따라 안전성 확보에 필요한 기술적·관리적 및 물리적 조치를 하여야 한다.
		④ **국가 및 지방자치단체는** 어린이집에 설치한 폐쇄회로 텔레비전의 설치·관리와 그 영상정보의 열람으로 영유아 및 보육교직원 등 정보주체의 권리가 침해되지 아니하도록 **설치·관리 및 열람 실태를** 교육부령으로 정하는 바에 따라 **매년 1회 이상 조사·점검**하여야 한다.

제16조	결격사유 [⑩]	다음 각 호의 어느 하나에 해당하는 자는 **어린이집을 설치·운영할 수 없다.** 1. **미성년자·피성년후견인 또는 피한정후견인** 2. 「정신건강증진 및 정신질환자 복지서비스 지원에 관한 법률」제3조제1호의 **정신질환자** 3. 「마약류 관리에 관한 법률」제2조 제1호의 **마약류에 중독된 자** 4. 파산선고를 받고 복권되지 아니한 자 5. 금고 이상의 실형을 선고받고 그 집행이 종료(집행이 종료된 것으로 보는 경우를 포함한다)되거나 집행이 면제된 날부터 **5년**(「아동복지법」제3조 제7호의2에 따른 아동학대관련범죄를 저지른 경우에는 **20년**)이 경과되지 아니한 자 6. 금고 이상의 형의 집행유예를 선고받고 그 유예기간 중에 있는 사람. 다만, 「아동복지법」제3조제7호의2에 따른 아동학대관련범죄로 금고 이상의 형의 집행유예를 선고받은 경우에는 그 집행유예가 확정된 날부터 20년이 지나지 아니한 사람 7. 제45조에 따라 어린이집의 폐쇄명령을 받고 5년이 경과되지 아니한 자 또는 「유아교육법」제32조에 따라 폐쇄명령을 받고 5년이 경과되지 아니한 자 8. 제54조제2항부터 제4항까지의 규정에 따라 300만원 이상의 벌금형이 확정된 날부터 2년이 지나지 아니한 사람 또는 「아동복지법」제3조 제7호의2에 따른 아동학대관련범죄로 벌금형이 확정된 날부터 10년이 지나지 아니한 사람 9. 제23조의3에 따른 교육명령을 이행하지 아니한 자
제23조	어린이집 원장의 보수교육	① **교육부장관은 어린이집 원장의** 자질 향상을 위한 보수교육(補修敎育)을 실시하여야 한다. 이 경우 보수교육은 집합교육을 원칙으로 한다. ② 제1항에 따른 **보수교육은 사전직무교육과 직무교육**으로 구분한다. ④ 제1항에 따른 보수교육에는 다음 각 호의 사항에 관한 내용을 포함하여야 한다. 1. 성폭력 및 아동학대 예방 2. 실종·유괴의 예방과 방지 3. 감염병 및 약물의 오남용 예방 등 보건위생 관리 4. 재난대비 안전 5. 교통안전 6. 어린이집 원장의 인성함양(영유아의 인권보호 교육을 포함한다) 7. 그 밖에 교육부령으로 정하는 사항
제23조의2	보육교사의 보수교육	① **교육부장관은 보육교사의** 자질 향상을 위한 보수교육(補修敎育)을 실시하여야 한다. 이 경우 보수교육은 집합교육을 원칙으로 한다. ② 제1항에 따른 보수교육은 **직무교육과 승급교육**으로 구분한다.
제28조	보육의 우선 제공 [6]	① 국가나 지방자치단체, 사회복지법인, 그 밖의 비영리법인이 설치한 어린이집과 대통령령으로 정하는 어린이집의 원장은 다음 각 호의 어느 하나에 해당하는 자가 **우선적으로 어린이집을 이용할 수 있도록 하여야 한다.** 다만, 「고용정책 기본법」제40조 제2항에 따라 고용촉진시설의 설치·운영을 위탁받은 공공단체 또는 비영리법인이 설치·운영하는 어린이집의 원장은 근로자의 자녀가 우선적으로 어린이집을 이용하게 할 수 있다. 1. 「국민기초생활 보장법」에 따른 수급자 2. 「한부모가족지원법」에 따른 지원대상자의 자녀 2의2. 「한부모가족지원법」제5조의2제2항에 따른 지원대상자의 손자녀 3. 「국민기초생활 보장법」에 따른 차상위계층의 자녀 4. 「장애인복지법」에 따른 장애인 중 교육부령으로 정하는 장애 정도에 해당하는 자의 자녀 4의2. 「장애인복지법」제2조에 따른 장애인 중 교육부령으로 정하는 장애 정도에 해당하는 자가 형제자매인 영유아

		5. 「다문화 가족지원법」에 따른 다문화 가족의 자녀
		6. 「국가유공자 등 예우 및 지원에 관한 법률」에 따른 국가유공자 중 전몰군경, 상이자로서 교육부령으로 정하는 자, 순직자의 자녀
		7. 제1형 당뇨를 가진 경우로서 의학적 조치가 용이하고 일상생활이 가능하여 보육에 지장이 없는 영유아
		8. 그 밖에 소득수준 및 보육수요 등을 고려하여 **교육부령으로 정하는 자의 자녀**
		
		OIKOS UP 보육의 우선 제공(시행규칙 제29조)
		
		① 법 제28조제1항제4호에서 "보건복지부령으로 정하는 장애등급 이상에 해당하는 자" 및 같은 항 제4호의2에서 "보건복지부령으로 정하는 장애 정도에 해당하는 자"란 「장애인복지법 시행규칙」 별표 1에 따른 장애의 정도가 심한 장애인을 말한다.
		② 법 제28조제1항제6호에서 "보건복지부령으로 정하는 자"란 「국가유공자 등 예우 및 지원에 관한 법률 시행령」 별표 3에 따른 상이등급 중 1급부터 3급까지의 상이등급에 해당하는 사람을 말한다.
		③ 법 제28조 제1항 제5호에서 "보건복지부령으로 정하는 자의 자녀"란 다음 각 호의 영유아를 말한다.
		  1. 「아동복지법」 제52조에 따른 아동복지시설에서 생활 중인 영유아
		  2. 부모가 모두 취업 중이거나 취업을 준비(보건복지부장관이 인정하는 경우로 한정한다) 중인 영유아
		  3. 임신부의 자녀인 영유아
		  4. 자녀가 3명 이상인 가구의 영유아이거나 만 8세 이하 또는 초등학교 2학년 이하인 자녀가 2명 이상인 가구의 영유아
		  5. 산업단지 입주기업체 및 지원기관 근로자의 자녀로서 산업단지에 설치된 어린이집을 이용하는 영유아
		  6. 법인·단체 등이 부지 또는 건물을 국가 또는 지방자치단체에 기부채납하거나 무상임대하여 국공립어린이집으로 운영하는 경우 해당 법인·단체 등의 근로자 자녀로서 그 어린이집을 이용하는 영유아
		  7. 「주택법」 제2조제3호에 따른 공동주택에 「주택건설기준 등에 관한 규정」 제55조의2제3항에 따라 설치하여야 하는 어린이집의 부지 또는 건물을 국가 또는 지방자치단체에 기부채납하거나 무상임대하여 국공립어린이집으로 운영하는 경우 해당 공동주택의 거주자 자녀로서 그 어린이집을 이용하는 영유아
		
		② 사업주는 사업장 근로자의 자녀가 우선적으로 직장어린이집을 이용할 수 있도록 하여야 한다.

제34조	무상보육 [정책론 ⑰]	① 국가와 지방자치단체는 영유아에 대한 보육을 무상으로 하되, 그 내용 및 범위는 대통령령으로 정한다. [정책론 ⑰] ② 국가와 지방자치단체는 장애아 및 「다문화가족지원법」 제2조제1호에 따른 다문화가족의 자녀의 무상보육에 대하여는 대통령령으로 정하는 바에 따라 그 대상의 여건과 특성을 고려하여 지원할 수 있다. ③ 제1항에 따른 무상보육 실시에 드는 비용은 대통령령으로 정하는 바에 따라 국가나 지방자치단체가 부담하거나 보조하여야 한다. ④ 교육부장관은 어린이집 표준보육비용 등을 조사하고 그 결과를 바탕으로 예산의 범위에서 관계 행정기관의 장과 협의하여 제3항에 따른 국가 및 지방자치단체가 부담하는 비용을 정할 수 있다. ⑤ 국가와 지방자치단체는 자녀가 2명 이상인 경우에 대하여 추가적으로 지원할 수 있다.

06 정신건강증진 및 정신질환자 복지서비스 지원에 관한 법률 [③④⑤⑧⑨⑩⑪⑫]

1 개요

① 연혁
  ㉠ 정신보건법(1995.12.30. 제정, 1996.12.31.시행)
  ㉡ 정신건강증진 및 정신질환자 복지서비스 지원에 관한 법률(2016.5.29. 전부 개정, 2017.5.30. 시행)
② 약칭: 정신건강복지법
③ 관장부처 : 보건복지부(정신건강정책과)

2 법률 내용분석(2024.1.23. 일부개정, 2024.7.24.시행)

제1조	목적	이 법은 정신질환의 예방·치료, 정신질환자의 재활·복지·권리보장과 정신건강 친화적인 환경 조성에 필요한 사항을 규정함으로써 **국민의 정신건강증진 및 정신질환자의 인간다운 삶을 영위하는 데 이바지함**을 목적으로 한다.
제2조	기본 이념 [③⑪]	① 모든 국민은 정신질환으로부터 **보호받을 권리**를 가진다. ② 모든 정신질환자는 **인간으로서의 존엄과 가치를 보장**받고, **최적의 치료를 받을 권리**를 가진다. ③ 모든 정신질환자는 정신질환이 있다는 이유로 부당한 **차별대우를 받지 아니한다**. ④ 미성년자인 정신질환자는 특별히 **치료, 보호 및 교육을 받을 권리**를 가진다. ⑤ 정신질환자에 대해서는 입원 또는 입소("입원등")가 최소화되도록 **지역 사회 중심의 치료가 우선적으로 고려**되어야 하며, 정신건강증진시설에 **자신의 의지에 따른 입원 또는 입소("자의입원등")가 권장**되어야 한다. ⑥ 정신건강증진시설에 입원등을 하고 있는 모든 사람은 가능한 한 **자유로운 환경을 누릴 권리**와 다른 사람들과 자유로이 **의견교환을 할 수 있는 권리**를 가진다. ⑦ 정신질환자는 원칙적으로 **자신의 신체와 재산에 관한 사항에 대하여 스스로 판단하고 결정할 권리**를 가진다. 특히 주거지, 의료행위에 대한 동의나 거부, 타인과의 교류, 복지서비스의 이용 여부와 복지서비스 종류의 선택 등을 스스로 결정할 수 있도록 **자기결정권을 존중**받는다. ⑧ 정신질환자는 **자신에게 법률적·사실적 영향을 미치는 사안에 대하여 스스로 이해하여 자신의 자유로운 의사를 표현할 수 있도록 필요한 도움을 받을 권리**를 가진다. ⑨ 정신질환자는 자신과 관련된 **정책의 결정과정에 참여할 권리**를 가진다.
제3조	정의 [⑦]	**정신질환자**: 망상, 환각, 사고(思考)나 기분의 장애 등으로 인하여 독립적으로 일상생활을 영위하는 데 중대한 제약이 있는 사람
		정신건강증진사업: 정신건강 관련 교육·상담, 정신질환의 예방·치료, 정신질환자의 재활, 정신건강에 영향을 미치는 사회복지·교육·주거·근로 환경의 개선 등을 통하여 국민의 정신건강을 증진시키는 사업
		정신건강복지센터: 정신건강증진시설, 「사회복지사업법」에 따른 사회복지시설(이하 "사회복지시설"이라 한다), 학교 및 사업장과 연계체계를 구축하여 지역사회에서의 정신건강증진사업 및 제33조부터 제38조까지, 제38조의2·제38조의3에 따른 정신질환자 복지서비스 지원사업(이하 "정신건강증진사업등"이라 한다)을 하는 다음 각 목의 기

			관 또는 단체를 말한다. 가. 제15조제1항부터 제3항까지의 규정에 따라 국가 또는 지방자치단체가 설치·운영하는 기관 나. 제15조제6항에 따라 국가 또는 지방자치단체로부터 위탁받아 정신건강증진사업등을 수행하는 기관 또는 단체
		정신건강증진시설	정신의료기관, 정신요양시설 및 정신재활시설
		정신요양시설	정신질환자를 입소시켜 요양 서비스를 제공하는 시설
		정신재활시설	정신질환자 또는 정신건강상 문제가 있는 사람 중 대통령령으로 정하는 사람(이하 "정신질환자등"이라 한다)의 사회적응을 위한 각종 훈련과 생활지도를 하는 시설
		동료지원인	정신질환자등에 대한 상담 및 교육 등의 역할을 수행할 수 있도록 정신질환자이거나 정신질환자이었던 사람 중 보건복지부령으로 정하는 동료지원인 양성과정을 수료한 사람
제7조	국가계획의 수립 등		① **보건복지부장관**은 관계 행정기관의 장과 협의하여 **5년마다** 정신건강증진 및 정신질환자 복지서비스 지원에 관한 국가의 **기본계획을 수립**하여야 한다. ② 특별시장·광역시장·특별자치시장·도지사·특별자치도지사("시·도지사")는 국가계획에 따라 각각 특별시·광역시·특별자치시·도·특별자치도("시·도") 단위의 정신건강증진 및 정신질환자 복지서비스 지원에 관한 계획("지역계획")을 수립하여야 한다. 이 경우 해당 지역계획은 「지역보건법」 제7조에 따른 **지역보건의료계획과 연계되도록 하여야 한다.**
제10조	실태조사		① **보건복지부장관**은 **5년마다** 다음 각 호의 사항에 관한 **실태조사를 하여야 한다.** 다만, 정신건강증진 정책을 수립하는 데 필요한 경우 **수시로 실태조사를 할 수 있다.** 1. 정신질환의 인구학적 분포, 유병률(有病率) 및 유병요인 2. 성별, 연령 등 인구학적 특성에 따른 정신질환의 치료 이력, 정신건강증진시설 이용 현황 3. 정신질환으로 인한 사회적·경제적 손실 4. 정신질환자의 취업·직업훈련·소득·주거·경제상태 및 정신질환자에 대한 복지서비스 5. 정신질환자 가족의 사회·경제적 상황 6. 정신질환자 및 그 가족에 대한 차별 실태 7. 우울·불안·고독 등 정신건강 악화가 우려되는 문제 8. 그 밖에 정신건강증진에 필요한 사항으로서 보건복지부령으로 정하는 사항 ② 제1항에 따른 실태조사(이하 "실태조사"라 한다)와 정신건강증진 관련 지도업무를 수행하기 위하여 시·도에 담당 공무원을 둘 수 있다. ③ 보건복지부장관은 실태조사를 하는 데 필요한 자료를 제공하도록 정신건강증진시설 및 대통령령으로 정하는 관련 기관·단체 등에 요청할 수 있다. 이 경우 요청받은 정신건강증진시설 및 관련 기관·단체 등은 자료의 제공이 법령에 위반되거나 정상적인 업무수행에 뚜렷한 지장을 초래하는 등의 정당한 사유가 없으면 그 요청에 따라야 한다. ④ **실태조사는 필요한 경우** 「장애인복지법」 제31조에 따른 장애 실태조사와 함께 실시할 수 있다.

제14조	정신건강의 날	① 정신건강의 중요성을 환기하고 정신질환에 대한 편견을 해소하기 위하여 **매년 10월 10일을 정신건강의 날**로 하고, 정신건강의 날이 포함된 주(週)를 정신건강주간으로 한다. 📝 **암기법** 10(10월) × 10(10일) = 100! 100세까지 정신건강~!! ② 국가와 지방자치단체는 정신건강의 날 취지에 적합한 행사와 교육·홍보사업을 실시할 수 있다.
제15조	정신건강복지센터의 설치 및 운영 [8]	① **보건복지부장관**은 필요한 지역에서의 제12조 제1항에 따른 소관 정신건강증진사업등의 제공 및 연계 사업을 전문적으로 수행하게 하기 위하여 **정신건강복지센터를 설치·운영**할 수 있다. ② **시·도지사**는 관할 구역에서의 제12조 제2항에 따른 소관 정신건강증진사업등의 제공 및 연계 사업을 전문적으로 수행하게 하기 위하여 **광역정신건강복지센터를 설치·운영**할 수 있다. ③ **시장·군수·구청장**은 관할 구역에서의 제12조 제3항에 따른 소관 정신건강증진사업등의 제공 및 연계 사업을 전문적으로 수행하게 하기 위하여 「지역보건법」에 따른 보건소에 **기초정신건강복지센터를 설치·운영**할 수 있다. ④ 정신건강복지센터의 장은 정신건강증진사업등의 제공 및 연계사업을 수행하기 위하여 정신질환자를 관리하는 경우에 정신질환자 본인이나 제39조에 따른 보호의무자의 동의를 받아야 한다. ⑤ **보건복지부장관**은 제2항 및 제3항에 따른 **정신건강복지센터의 설치·운영에 필요한 비용의 일부를 부담**한다. ⑥ 보건복지부장관은 대통령령으로 정하는 바에 따라, 시·도지사 및 시장·군수·구청장은 조례나 규칙으로 정하는 바에 따라 소관 정신건강증진사업등을 정신건강에 관한 전문성이 있는 기관·단체에 위탁하여 수행할 수 있다. ⑦ 시·도지사는 소관 광역정신건강복지센터의 운영 현황 및 정신건강증진사업등의 추진 내용을, 시장·군수·구청장은 관할 시·도지사를 통하여 소관 기초정신건강복지센터의 운영 현황 및 정신건강증진사업등의 추진 내용을 **각각 반기별로 보건복지부장관에게 보고**하여야 한다. ⑧ 보건복지부장관, 시·도지사 및 시장·군수·구청장은 수시로 신고를 받을 수 있는 **정신건강상담용 긴급전화를 설치·운영**하여야 한다.
제17조	정신건강전문요원의 자격 등	① **보건복지부장관**은 정신건강 분야에 관한 전문지식과 기술을 갖추고 보건복지부령으로 정하는 수련기관에서 수련을 받은 사람에게 **정신건강전문요원의 자격을 줄 수 있다** ② 제1항에 따른 **정신건강전문요원**은 그 전문분야에 따라 **정신건강임상심리사, 정신건강간호사, 정신건강사회복지사 및 정신건강작업치료사**로 구분한다. ▶ **OIKOS UP** 정신건강작업치료사(2020.4.7.개정, 2022.4.8.시행) 2020년 4월 7일에 제17조 제2항이 "제1항에 따른 정신건강전문요원(이하 "정신건강전문요원"이라 한다)은 그 전문분야에 따라 정신건강임상심리사, 정신건강간호사, 정신건강사회복지사 및 정신건강작업치료사로 구분한다."라고 개정되어 정신건강전문요원에 정신건강작업치료사가 포함되었다. ③ 보건복지부장관은 정신건강전문요원의 자질을 향상시키기 위하여 **보수교육을 실시**할 수 있다. ④ 보건복지부장관은 제3항에 따른 **보수교육을** 국립정신병원, 「고등교육법」 제2조에 따른 학교 또는 대통령령으로 정하는 **전문기관에 위탁**할 수 있다.

⑤ 정신건강전문요원은 다른 사람에게 자기의 명의를 사용하여 정신건강전문요원의 업무를 수행하게 하거나 정신건강전문요원 자격증을 빌려주어서는 아니 된다.

⑥ 누구든지 정신건강전문요원 자격을 취득하지 아니하고 그 명의를 사용하거나 자격증을 대여받아서는 아니 되며, 명의의 사용이나 자격증의 대여를 알선하여서도 아니 된다.

⑦ 보건복지부장관은 정신건강전문요원이 다음 각 호의 어느 하나에 해당하는 경우에는 그 **자격을 취소하거나 6개월 이내의 기간을 정하여 자격의 정지**를 명할 수 있다. 다만, **제1호 또는 제2호에 해당하면 그 자격을 취소하여야 한다.**
 1. **자격을 받은 후 제18조 각 호의 어느 하나에 해당하게 된 경우**
 2. **거짓이나 그 밖의 부정한 방법으로 자격을 받은 경우**
 3. 제5항을 위반하여 다른 사람에게 자기의 명의를 사용하여 정신건강전문요원의 업무를 수행하게 하거나 정신건강전문요원 자격증을 빌려준 경우
 4. 고의 또는 중대한 과실로 제8항에 따라 대통령령으로 정하는 업무의 수행에 중대한 지장이 발생하게 된 경우

⑧ 제1항부터 제3항까지의 규정에 따른 **정신건강전문요원 업무의 범위, 자격·등급에 관하여 필요한 사항은 대통령령**으로 정하고, 수련과정 및 보수교육과 정신건강전문요원에 대한 자격증의 발급 등에 관하여 필요한 사항은 보건복지부령으로 정한다.

OIKOS UP | 정신건강전문요원의 업무 범위 및 한계

- **정신건강전문요원**: 정신건강임상심리사, 정신건강간호사, 정신건강사회복지사, 정신건강작업치료사
- **등급**: 전문요원의 등급은 각각 1급 및 2급으로 구분
- **수련**: 보건복지부장관의 지정을 받은 시설이나 기관에서 수련하여야 함
- **자격증교부**: 보건복지부장관은 정신건강 분야에 관한 전문지식과 기술을 갖추고 수련기관에서 수련을 받은 자에게 정신건강전문요원의 **자격증 교부**

■ 전문요원의 업무의 범위 및 한계 ■

종 별		업무의 범위 및 한계
공통		1. 정신재활시설의 운영 2. 정신질환자등의 재활훈련, 생활훈련 및 작업훈련의 실시 및 지도 3. 정신질환자등과 그 가족의 권익보장을 위한 활동 지원 4. 법 제44조제1항에 따른 진단 및 보호의 신청 5. 정신질환자등에 대한 개인별 지원계획의 수립 및 지원 6. 정신질환 예방 및 정신건강복지에 관한 조사·연구 7. 정신질환자등의 사회적응 및 재활을 위한 활동 8. 정신건강증진사업등의 사업 수행 및 교육 9. 그 밖에 제1호부터 제8호까지의 규정에 준하는 사항으로 보건복지부장관이 정하는 정신건강증진 활동
개별 업무	정신건강 임상 심리사	1. 정신질환자등에 대한 심리 평가 및 심리 교육 2. 정신질환자등과 그 가족에 대한 심리 상담 및 심리 안정을 위한 서비스 지원

		정신건강 간호사	1. 정신질환자등의 간호 필요성에 대한 관찰, 자료 수집, 간호 활동 2. 정신질환자등과 그 가족에 대한 건강증진을 위한 활동의 기획과 수행
		정신건강 사회 복지사	1. 정신질환자등에 대한 사회서비스 지원 등에 대한 조사 2. 정신질환자등과 그 가족에 대한 사회복지서비스 지원에 대한 상담·안내
제21조	국립·공립 정신병원의 설치 등	① 국가와 지방자치단체는 **국립 또는 공립의 정신의료기관으로서 정신병원을 설치·운영하여야 한다.** ② 국가와 지방자치단체가 정신병원을 설치하는 경우 그 병원이 **지역적으로 균형 있게 분포**되도록 하여야 하며, **정신질환자가 지역사회 중심으로 관리**되도록 하여야 한다. ③ 제1항에 따른 정신병원은 제12조 제1항부터 제3항까지에 따른 정신건강증진사업을 수행하고 정신건강증진사업 인력에 대한 교육·훈련을 담당한다.	
제22조	정신요양 시설의 설치·운영 [⑧]	① 국가와 지방자치단체는 정신요양시설을 설치·운영할 수 있다. ② 「사회복지사업법」에 따른 **사회복지법인과 그 밖의 비영리법인이 정신요양시설을 설치·운영하려는 경우에는 해당 정신요양시설 소재지 관할 특별자치시장·특별자치도지사·시장·군수·구청장의 허가**를 받아야 한다.	
제26조	정신재활 시설의 설치·운영	① **국가 또는 지방자치단체는 정신재활시설을 설치·운영할 수 있다.** ② **국가나 지방자치단체 외의 자가** 정신재활시설을 설치·운영하려면 해당 정신재활시설 소재지 관할 특별자치시장·특별자치도지사·**시장·군수·구청장에게 신고**하여야 한다. 신고한 사항 중 보건복지부령으로 정하는 중요한 사항을 변경할 때에도 신고하여야 한다. ③ 특별자치시장·특별자치도지사·시장·군수·구청장은 제2항에 따른 신고를 받은 경우 그 내용을 검토하여 이 법에 적합하면 신고를 수리하여야 한다. ④ 정신재활시설의 시설기준, 수용인원, 종사자 수·자격, 설치·운영신고, 변경신고 및 정신재활시설의 이용·운영에 필요한 사항은 보건복지부령으로 정한다. ⑤ 국가 또는 지방자치단체는 필요한 경우 **정신재활시설을 사회복지법인 또는 비영리법인에 위탁하여 운영**할 수 있다.	
제27조	정신재활 시설의 종류 [⑤]	① 정신재활시설의 종류는 다음 각 호와 같다. 1. **생활시설** : 정신질환자등이 생활할 수 있도록 주로 의식주 서비스를 제공하는 시설 2. **재활훈련시설** : 정신질환자등이 지역사회에서 직업활동과 사회생활을 할 수 있도록 주로 상담·교육·취업·여가·문화·사회참여 등 각종 재활활동을 지원하는 시설 3. **그 밖에 대통령령으로 정하는 시설** ② 제1항 각 호에 따른 정신재활시설의 구체적인 종류와 사업 등에 관하여 필요한 사항은 보건복지부령으로 정한다.	

[표] 정신재활시설의 구체적인 종류 및 사업

종류		사업
1. 생활시설		가정에서 생활하기 어려운 정신질환자등에게 주거, 생활지도, 교육, 직업재활훈련 등의 서비스를 제공하며, 가정으로의 복귀, 재활, 자립 및 사회적응을 지원하는 시설
2. 재활훈련시설	주간 재활시설	정신질환자등에게 작업·기술지도, 직업훈련, 사회적응훈련, 취업지원 등의 서비스를 제공하는 시설
	공동 생활가정	완전한 독립생활은 어려우나 어느 정도 자립능력을 갖춘 정신질환자등이 공동으로 생활하며 독립생활을 위한 자립역량을 함양하는 시설
	지역사회 전환시설	지역 내 정신질환자등에게 일시 보호 서비스 또는 단기 보호 서비스를 제공하고, 퇴원했거나 퇴원계획이 있는 정신질환자등의 안정적인 사회복귀를 위한 기능을 수행하며, 이를 위한 주거제공, 생활훈련, 사회적응훈련 등의 서비스를 제공하는 시설
	직업 재활시설	정신질환자등이 특별히 준비된 작업환경에서 직업적응, 직무기능향상 등 직업재활훈련을 받거나 직업생활을 할 수 있도록 지원하며, 일정한 기간이 지난 후 직업능력을 갖추면 고용시장에 참여할 수 있도록 지원하는 시설
	아동·청소년 정신건강지원 시설	정신질환 아동·청소년을 대상으로 한 상담, 교육 및 정보제공 등을 지원하는 시설
3. 중독자재활시설		알코올 중독, 약물 중독 또는 게임 중독 등으로 인한 정신질환자등을 치유하거나 재활을 돕는 시설
4. 생산품판매시설		정신질환자등이 생산한 생산품을 판매하거나 유통을 대행하고, 정신질환자등이 생산한 생산품이나 서비스에 관한 상담, 홍보, 마케팅, 판로개척, 정보제공 등을 지원하는 시설
5. 종합시설		제1호부터 제4호까지의 정신재활시설 중 2개 이상의 정신재활시설이 결합되어 정신질환자등에게 생활지원, 주거지원, 재활훈련 등의 기능을 복합적·종합적으로 제공하는 시설

제31조	정신건강 증진시설의 평가 [⑨]	① 보건복지부장관은 정기적으로 정신건강증진시설에 대한 평가("정신건강증진시설평가")를 하여야 한다. 다만, 「의료법」 제58조에 따른 의료기관 인증 또는 「사회복지사업법」 제43조의2에 따른 사회복지시설평가로 정신건강증진시설평가를 갈음할 수 있다. ② 정신건강증진시설의 장은 정당한 사유가 있는 경우를 제외하고는 정신건강증진시설평가를 받아야 한다. ③ 보건복지부장관은 정신건강증진시설평가에 관한 업무를 관계 전문기관 또는 단체에 위탁할 수 있다. ④ 보건복지부장관은 정신건강증진시설평가의 결과를 공표하여야 한다. ⑤ 보건복지부장관은 정신건강증진시설평가 결과가 우수한 정신건강증진시설에 행정적·재정적 지원을 할 수 있다.

제39조	보호의무자 [㉑]	① 「민법」에 따른 후견인 또는 부양의무자는 정신질환자의 보호의무자가 된다. 다만, 다음 각 호의 어느 하나에 해당하는 사람은 보호의무자가 될 수 없다.
		  1. 피성년후견인 및 피한정후견인
		  2. 파산선고를 받고 복권되지 아니한 사람
		  3. 해당 정신질환자를 상대로 한 소송이 계속 중인 사람 또는 소송한 사실

		이 있었던 사람과 그 배우자 4. 미성년자 5. 행방불명자 6. 그 밖에 보건복지부령으로 정하는 부득이한 사유로 보호의무자로서의 의무를 이행할 수 없는 사람
제41조	자의입원 [9]	① 정신질환자나 그 밖에 정신건강상 문제가 있는 사람은 보건복지부령으로 정하는 입원등 신청서를 정신의료기관등의 장에게 제출함으로써 그 정신의료기관등에 **자의입원등**을 할 수 있다. ② 정신의료기관등의 장은 자의입원등을 한 사람이 퇴원등을 신청한 경우에는 지체 없이 퇴원등을 시켜야 한다. ③ 정신의료기관등의 장은 자의입원등을 한 사람에 대하여 입원등을 한 날부터 **2개월마다 퇴원등을 할 의사가 있는지를 확인**하여야 한다.
제42조	동의입원등 [9]	① 정신질환자는 **보호의무자의 동의를 받아** 보건복지부령으로 정하는 입원등 신청서를 정신의료기관등의 장에게 제출함으로써 그 정신의료기관등에 입원등을 할 수 있다. ② 정신의료기관등의 장은 제1항에 따라 입원등을 한 정신질환자가 퇴원등을 신청한 경우에는 지체 없이 퇴원등을 시켜야 한다. 다만, 정신질환자가 **보호의무자의 동의를 받지 아니하고 퇴원등을 신청한 경우**에는 정신건강의학과전문의 진단 결과 환자의 치료와 보호 필요성이 있다고 인정되는 경우에 한정하여 정신의료기관등의 장은 퇴원등의 신청을 받은 때부터 72시간까지 퇴원등을 거부할 수 있고, 퇴원등을 거부하는 기간 동안 제43조 또는 제44조에 따른 입원등으로 전환할 수 있다. ③ 정신의료기관등의 장은 제2항 단서에 따라 퇴원등을 거부하는 경우에는 지체 없이 환자 및 보호의무자에게 그 거부 사유 및 제55조에 따라 퇴원등의 심사를 청구할 수 있음을 서면 또는 전자문서로 통지하여야 한다. ④ 정신의료기관등의 장은 제1항에 따라 입원등을 한 정신질환자에 대하여 입원등을 한 날부터 **2개월마다 퇴원등을 할 의사가 있는지를 확인**하여야 한다.
제43조	보호의무자에 의한 입원 [9]	① 정신의료기관등의 장은 **정신질환자의 보호의무자 2명 이상**(보호의무자 간 입원등에 관하여 다툼이 있는 경우에는 제39조 제2항의 순위에 따른 선순위자 2명 이상을 말하며, 보호의무자가 1명만 있는 경우에는 1명으로 한다)**이 신청한 경우로서 정신건강의학과전문의가 입원등이 필요하다고 진단한 경우에만 해당 정신질환자를 입원등을 시킬 수 있다.** 이 경우 정신의료기관등의 장은 입원등을 할 때 보호의무자로부터 보건복지부령으로 정하는 바에 따라 입원등 신청서와 보호의무자임을 확인할 수 있는 서류를 받아야 한다. ② 제1항 전단에 따른 **정신건강의학과전문의의 입원등 필요성에 관한 진단은 해당 정신질환자가 다음 각 호의 모두에 해당하는 경우** 그 각각에 관한 진단을 적은 입원등 권고서를 제1항에 따른 입원등 신청서에 첨부하는 방법으로 하여야 한다. 　1. 정신질환자가 정신의료기관등에서 입원치료 또는 요양을 받을 만한 정도 또는 성질의 정신질환을 앓고 있는 경우 　2. 정신질환자 자신의 건강 또는 안전이나 다른 사람에게 해를 끼칠 위험(보건복지부령으로 정하는 기준에 해당하는 위험)이 있어 입원등을 할 필요가 있는 경우

제44조	특별자치 시장·특별자치 도지사·시장 ·군수·구청 장에 의한 입원 [⑨]	① **정신건강의학과전문의 또는 정신건강전문요원은** 정신질환으로 자신의 건강 또는 안전이나 다른 사람에게 해를 끼칠 위험이 있다고 의심되는 사람을 발견하였을 때에는 특별자치시장·특별자치도지사·**시장·군수·구청장**에게 **대통령령으로 정하는 바에 따라** 그 사람에 대한 진단과 보호를 신청할 수 있다. ② **경찰관**(「국가공무원법」 제2조 제2항 제2호에 따른 경찰공무원과 「지방공무원법」 제2조 제2항 제2호에 따른 자치경찰공무원을 말한다. 이하 같다)은 정신질환으로 자신의 건강 또는 안전이나 다른 사람에게 해를 끼칠 위험이 있다고 의심되는 사람을 발견한 경우 정신건강의학과전문의 또는 정신건강전문요원에게 그 사람에 대한 **진단과 보호의 신청을 요청**할 수 있다.
제50조	응급입원 [⑨]	① 정신질환자로 추정되는 사람으로서 **자신의 건강 또는 안전이나 다른 사람에게 해를 끼칠 위험이 큰 사람을 발견한 사람은 그 상황이 매우 급박하여** 제41조부터 제44조까지의 규정에 따른 입원등을 시킬 **시간적 여유가 없을 때에는** 의사와 경찰관의 동의를 받아 정신의료기관에 그 사람에 대한 응급입원을 의뢰할 수 있다. ② 제1항에 따라 입원을 의뢰할 때에는 이에 동의한 경찰관 또는 구급대원은 정신의료기관까지 그 사람을 호송한다. ③ 정신의료기관의 장은 제1항에 따라 **응급입원이 의뢰된 사람을 3일(공휴일은 제외한다) 이내의 기간 동안** 응급입원을 시킬 수 있다.

제53조	정신건강
	심의위원회의
	설치·운영
	[⑩]
		① **시·도지사와 시장·군수·구청장은** 정신건강에 관한 중요한 사항을 심의 또는 심사하기 위하여 **시·도지사 소속으로 광역정신건강심의위원회를 두고, 시장·군수·구청장 소속으로 기초정신건강심의위원회를 둔다.** 다만, 정신의료기관등이 없는 시·군·구에는 기초정신건강심의위원회를 두지 아니할 수 있다.
		② **광역정신건강심의위원회는 다음 각 호의 사항을 심의 또는 심사**한다. 다만, 특별자치시 및 특별자치도에 두는 광역정신건강심의위원회에서는 다음 각 호의 사항 외에 제3항 각 호의 사항을 심의 또는 심사한다.
		  1. 정신건강증진시설에 대한 감독에 관한 사항
		  2. 제60조에 따른 재심사의 청구
		  3. 그 밖에 보건복지부령으로 정하는 사항
		③ **기초정신건강심의위원회는 다음 각 호의 사항을 심의 또는 심사**한다.
		  1. 제43조 제6항에 따른 입원등 기간 연장의 심사 청구
		  1의2. 제52조제4항 및 제66조제8항에 따른 퇴원등의 사실 통보 여부 심사
		  2. 제55조 제1항에 따른 퇴원등 또는 처우개선의 심사 청구
		  3. 제62조 제2항에 따른 입원 기간 연장의 심사
		  4. 제64조에 따른 외래치료 명령
		  5. 그 밖에 보건복지부령으로 정하는 사항
		④ 광역정신건강심의위원회는 10명 이상 20명 이내의 위원으로 구성하고, 기초정신건강심의위원회는 6명 이상 12명 이내의 위원으로 구성하며, 위원의 임기는 각각 2년으로 하되, 연임할 수 있다. 다만, 공무원인 위원의 임기는 그 직위에 재직하는 기간으로 한다.

07 사회복지공동모금회법 [③⑤⑦⑪⑰⑱⑲⑳㉒]

1 개요

① 1997년 3월 27일 법률 제5317호로「사회복지공동모금법」을 신규 제정, 1999년 3월 31일「사회복지공동모금법」전부개정을 통해「사회복지공동모금회법」을 개칭
② 관장부처 : 보건복지부(사회서비스자원과)

2 법률 내용분석(2019.1.15. 일부개정, 2019.1.15. 시행)

제1조	목적 [③]	이 법은 사회복지공동모금회의 **공동모금을 통하여 국민이 사회복지를 이해하고 참여하도록 함**과 아울러 **국민의 자발적인 성금**으로 조성된 재원(財源)을 효율적이고 공정하게 관리·운용함으로써 사회복지 증진에 이바지함을 목적으로 한다.
제3조	기본 원칙 [③⑪⑲]	① **기부하는 자의 의사에 반하여** 기부금품을 모집하여서는 **아니 된다.** ② 제17조에 따라 조성된 재원(이하 "공동모금재원"이라 한다)은 지역·단체·대상자 및 사업별로 **복지수요가 공정하게 충족되도록 배분**하여야 하고, 제1조의 목적 및 제25조에 따른 용도에 맞도록 공정하게 관리·운용하여야 한다. ③ 공동모금재원의 **배분은 객관적인 기준에 따라 효율적**으로 이루어지도록 하고, 그 **결과를 공개**하여야 한다.
제4조	사회복지공동 모금회의 설립 [⑪㉒] [지역복지 ⑲㉒]	① 사회복지공동모금사업을 관장하도록 하기 위하여 사회복지공동모금회(이하 "모금회"라 한다)를 둔다. ② **모금회는「사회복지사업법」제2조 제3호의 사회복지법인으로 한다.** 　※ 사회복지공동모금회 : 사회복지사업법에 의한 사회복지법인이다.(O) ③ 모금회는 정관을 작성하여 **보건복지부장관의 인가**를 받아 등기함으로써 설립된다. [㉒]
제5조	사업 [⑦] [지역복지 ⑳]	모금회는 다음 각 호의 사업을 수행한다. 1. 사회복지공동모금사업 2. 공동모금재원의 배분 3. 공동모금재원의 운용 및 관리 4. 사회복지공동모금에 관한 조사·연구·홍보 및 교육·훈련 5. 제14조에 따른 사회복지공동모금지회의 운영 6. 사회복지공동모금과 관련된 국제교류 및 협력증진사업 7. 다른 기부금품 모집자와의 협력사업 8. 그 밖에 모금회의 목적 달성에 필요한 사업
제7조	임원 [⑳㉒] [지역복지 ⑨⑰]	① 모금회에는 다음 각 호의 임원을 둔다. 　1. 회장 1명 　2. 부회장 3명 　3. **이사**(회장·부회장 및 사무총장을 포함한다) **15명 이상 20명 이하** 　4. 감사 2명 ② **임원의 임기는 3년**으로 하며, **한 차례만 연임**할 수 있다. ③ 부득이한 사유로 후임임원이 선임(選任)되지 못하여 모금회의 업무수행에 지장이 있는 경우에는 후임임원이 선임될 때까지 임기가 만료된 임원이 그 업무를 수행한다.

제12조	사무조직 [지역복지 ⑳]	모금회의 업무를 처리하기 위하여 **사무총장 1명과 필요한 직원 및 기구**를 둔다.
제13조	분과실행 위원회 [⑳㉒] [지역복지 ⑲]	① 모금회의 기획·홍보·모금·배분 업무에 관한 사항을 심의하기 위하여 해당 분야의 전문가와 시민대표 등으로 구성되는 기획분과실행위원회, 홍보분과실행위원회, 모금분과실행위원회 및 배분분과실행위원회 등 분과실행위원회를 둔다. ✏️ 암기법 모(모금)기(기획) 배(배분)는 피빨아먹어서 붉은 홍(紅)! 홍(홍보)색이다! ② 분과실행위원회는 **위원장 1명을 포함하여 20명 이내의 위원으로 구성**한다. 다만, 모금분과실행위원회 및 배분분과실행위원회는 각각 20명 이상의 위원으로 구성한다. [㉒] ❌ 배분분과실행위원회는 위원장 1명을 포함하여 20명 이내의 위원으로 구성한다.(×) ③ **분과실행위원회 위원의 임기는 2년으로 하며, 연임할 수 있다.** 다만, 배분분과실행위원회 위원은 한 차례만 연임할 수 있다.
제14조	지회 [⑤] [지역복지 ⑳㉒]	① **모금회에 지역단위의 사회복지공동모금사업을 관장하기 위하여** 특별시·광역시·특별자치시·도·특별자치도("시·도") 단위 사회복지공동모금지회("지회")를 둔다. ② 지회에는 지회장을 두고 모금회에 준하는 필요한 조직을 둘 수 있다. ③ 지회장은 이사회의 의결을 거쳐 회장이 임명한다. ④ 지회의 구성 및 운영 등에 필요한 사항은 모금회의 정관으로 정한다.
제15조	지회의 관리 [⑤]	① 모금회의 회장은 지회의 운영 개선을 위하여 지회를 지도·감독하며, 지회가 지역의 특성에 맞게 자율적으로 운영될 수 있도록 노력하여야 한다. ② 모금회의 회장은 지회의 운영이 현저히 부당하다고 인정할 때에는 그 시정을 명할 수 있다. ③ **지회에서 조성한 공동모금재원은 해당 시·도의 배분대상자에게 배분하는 것을 원칙으로 한다.** ④ 모금회의 회장은 회계연도가 시작되기 2개월 전에 각 지회로부터 사업계획서를 제출받아 이를 종합·조정하여 보건복지부장관에게 보고하여야 한다.
제17조	재원 [⑪]	모금회의 사업에 필요한 경비는 다음 각 호의 재원으로 조성한다. 1. 사회복지공동모금에 의한 기부금품 2. 법인이나 단체가 출연하는 현금·물품 또는 그 밖의 재산 3. 「복권 및 복권기금법」 제23조 제1항에 따라 배분받은 복권수익금 4. 그 밖의 수입금
제18조	기부금품의 모집 [⑪⑬㉒]	① 모금회는 사회복지사업이나 그 밖의 사회복지활동을 지원하기 위하여 연중 기부금품을 모집·접수할 수 있다. ② 모금회는 제1항에 따라 **기부금품을 모집·접수한 경우 기부금품 접수 사실을 장부에 기록하고, 그 기부자에게 영수증을 내주어야 한다.** 다만, 기부자가 성명을 밝히지 아니한 경우 등 기부자를 알 수 없는 경우에는 모금회에 영수증을 보관하여야 한다. ③ 모금회는 제2항에 따른 영수증에 기부금품의 금액과 그 금액에 대하여 세금혜택이 있다는 문구를 적고 일련번호를 표시하여야 한다. ④ **모금회는 효율적인 모금을 위하여 기간을 정하여 집중모금을 할 수 있다.** ⑤ 모금회는 집중모금을 하려면 그 모집일부터 15일 전에 그 내용을 보건복지부장관에게 보고하여야 하며, 그 모집을 종료하였을 때에는 모집종료일부터 1개월 이내에 그 결과를 보건복지부장관에게 보고하여야 한다.

제18조 의2	복권의 발행 [⑪⑰] [지역복지 ⑳②]	① 모금회는 사회복지사업이나 그 밖의 사회복지활동 등을 지원하기 위한 재원을 조성하기 위하여 **복권을 발행**할 수 있다. ② 제1항에 따른 복권을 발행하려면 그 종류·조건·금액 및 방법 등에 관하여 미리 **보건복지부장관의 승인**을 받아야 한다. ✗ 사회복지사업이나 그 밖의 사회복지활동 등을 지원하기 위한 재원을 조성하기 위하여 기획재정부장관의 승인을 받아 복권을 발행할 수 있다.(×)
제19조	모금창구의 지정 [⑪⑰⑳]	모금회는 기부금품의 접수를 효율적이고 공정하게 하기 위하여 언론기관을 모금창구로 지정하고, 지정된 언론기관의 명의로 모금계좌를 개설할 수 있다.

제20조	배분기준
	[⑱②]
		① 모금회는 매년 8월 31일까지 다음 각 호의 사항이 포함된 다음 회계연도의 공동모금재원 배분기준을 정하여 공고하여야 한다. [②]
		  1. 공동모금재원의 배분대상
		  2. 배분한도액
		  3. 배분신청기간 및 배분신청서 제출 장소
		  4. 배분심사기준
		  5. 배분재원의 과부족(過不足) 시 조정방법
		  6. 배분신청 시 제출할 서류
		  7. 그 밖에 공동모금재원의 배분에 필요한 사항
		✗ 공동모금재원 배분기준 : 배분신청자의 재산(×)

제20조 의2	국제보건의료 지원사업에 대한 배분	모금회는 제27조제1항에 따라 지정되지 아니한 기부금품의 100분의 10의 범위에서 이사회 의결로 정하는 비율에 따라 다음 각 호의 사업에 배분할 수 있다. 1. 「한국국제보건의료재단법」 제7조제1호에 따라 시행하는 개발도상국가를 비롯한 외국 및 군사분계선 이북지역의 보건의료수준의 향상을 위한 사업 2. 주요 감염병 퇴치 등에 대한 사업
제24조	배분결과의 공고 등	① 모금회는 각 회계연도의 공동모금재원 **배분을 종료한 날부터 3개월 이내**에 전국적으로 배포되는 1개 이상의 일간신문에 그 배분결과를 공고하여야 한다. ② 모금회는 제1항에 따른 공고 외에 다양한 방법과 매체를 통하여 그 배분결과를 알려야 한다.
제25조	재원의 사용 등	① 공동모금재원은 사회복지사업이나 그 밖의 사회복지활동에 사용한다. ② 매 회계연도에 조성된 공동모금재원은 해당 회계연도에 지출하는 것을 원칙으로 한다. 다만, 재난구호 및 긴급구호 등 긴급히 지원할 필요가 있을 때를 대비하여 매 회계연도의 공동모금재원 일부를 적립하는 경우에는 그러하지 아니하다. ③ 기부금품 모집과 모금회의 관리·운영에 필요한 비용은 바로 앞 회계연도 모금총액의 100분의 10의 범위에서 이사회의 의결을 거쳐 사용할 수 있다.
제27조	기부금품의 지정 사용 [⑪⑰⑳]	① 기부금품의 기부자는 배분지역, 배분대상 또는 사용 용도를 지정할 수 있다. ② 모금회는 제1항에 따른 지정 취지가 이 법의 목적·취지나 「공직선거법」을 위반하는 경우 그 사실을 기부자에게 설명하고 이 법의 목적·취지와 「공직선거법」을 위반하지 아니하도록 지정할 것을 요구하거나 그 지정을 철회할 것을 요구하여야 한다. 기부자가 이에 따르지 아니하는 경우에는 기부금품을 접수하지 아니하여야 한다. ③ 모금회는 제1항 및 제2항에 따른 지정이 있는 경우 그 지정 취지에 따라 기부금품을 사용하여야 한다.
제28조	회계연도 [⑰]	모금회의 회계연도는 1월 1일부터 12월 31일까지로 한다.

제29조	유사명칭 사용금지 [지역복지 ②]	모금회가 아닌 자는 사회복지공동모금 또는 이와 유사한 명칭을 사용하지 못한다.
제33조	보조금 등 [⑲⑳②]	① 국가나 지방자치단체는 모금회에 기부금품 모집에 필요한 비용과 모금회의 관리·운영에 필요한 비용을 보조할 수 있다. [㉒] ② 제1항에 따른 보조금은 그 목적 외의 용도에 사용할 수 없다. ③ 국가나 지방자치단체는 모금회가 다음 각 호의 어느 하나에 해당할 때에는 이미 지급한 보조금의 전부 또는 일부의 반환을 명할 수 있다. 　1. 사업목적 외의 용도에 보조금을 사용하였을 때 　2. 거짓이나 그 밖의 부정한 방법으로 보조금을 받았을 때 　3. 이 법 또는 이 법에 따른 명령을 위반하였을 때
제34조	다른 법률과의 관계 [⑲⑳]	이 법 또는 모금회의 정관으로 규정하지 아니한 사항은 「민법」 중 재단법인에 관한 규정을 준용한다. 🔍 이 법 또는 모금회의 정관으로 규정하지 아니한 사항은 「민법」 중 사단법인에 관한 규정을 준용한다.(×)

08 입양특례법 [⑤⑨]

1 개 요

(1) 연 혁

① 1961년 9월 30일 「고아입양특례법」을 제정함으로써 입양의 법적 근거 마련
② 1976년 12월 31일 「입양특례법」이 제정
③ 1995년 1월 5일 전부개정으로 「입양촉진 및 절차에 관한 특례법」으로 법제명이 변경
④ 2011년 8월 4일 전부개정으로 「입양특례법」으로 다시 법제명이 변경
⑤ 2023년 7월 18일 전부개정(2025년 7월 19일 시행 예정)으로 「국내입양에 관한 특별법」으로 법제명이 변경

(2) 관장부처 : 보건복지부(아동복지정책과)

2 법률 내용분석(2024.1.23. 일부개정, 2024.1.23. 시행)

제1조	목적	이 법은 요보호아동의 입양(入養)에 관한 요건 및 절차 등에 대한 특례와 지원에 필요한 사항을 정함으로써 양자(養子)가 되는 아동의 권익과 복지를 증진하는 것을 목적으로 한다.
제4조	입양의 원칙	이 법에 따른 입양은 아동의 이익이 최우선이 되도록 하여야 한다.
제5조	입양의 날	5월 11일을 입양의 날로 하고, 입양의 날부터 1주일을 입양주간으로 한다.
제7조	국내입양 우선 추진 [정책론 ⑰]	① 국가 및 지방자치단체는 입양의뢰 된 아동의 양친(養親)될 사람을 국내에서 찾기 위한 시책을 최우선적으로 시행하여야 한다. ② 입양기관의 장은 보건복지부령으로 정하는 바에 따라 입양의뢰된 아동의 양친을 국내에서 찾기 위한 조치를 취하고, 그 결과를 보건복지부장관에게 보고하여야 한다.

		③ **입양기관의 장은** 제2항에 따른 국내입양을 위한 조치에도 불구하고 양친을 찾지 못한 경우 「아동복지법」 제15조의2에 따른 아동통합정보시스템을 활용한 관련 기관과의 정보공유를 통하여 <u>국내입양을 추진</u>하여야 한다. ④ 입양기관의 장은 제2항 및 제3항에도 불구하고 **국내에서 양친이 되려는 사람을 찾지 못하였을 경우에 한하여** <u>국외입양을 추진</u>할 수 있다.
제8조	국외입양의 감축	국가는 아동에 대한 보호의무와 책임을 이행하기 위하여 **국외입양을 줄여나가기 위하여 노력**하여야 한다.
제10조	양친이 될 자격 [⑤]	① 이 법에 따라 양친이 될 사람은 다음 각 호의 요건을 모두 갖추어야 한다. 　1. 양자를 부양하기에 충분한 재산이 있을 것 　2. 양자에 대하여 종교의 자유를 인정하고 사회의 구성원으로서 그에 상응하는 양육과 교육을 할 수 있을 것 　3. 양친이 될 사람이 아동학대·가정폭력·성폭력·마약 등의 범죄나 알코올 등 약물중독의 경력이 없을 것 　4. 양친이 될 사람이 <u>대한민국 국민이 아닌 경우 해당 국가의 법에 따라 양친이 될 수 있는 자격이 있을 것</u> 　5. 그 밖에 양자가 될 사람의 복지를 위하여 <u>보건복지부령으로 정하는 필요한 요건을 갖출 것</u> ▎**OIKOS UP**　기타 양친이 될 자의 자격요건(시행규칙 제4조) 법 제10조제1항제5호에서 "보건복지부령으로 정하는 필요한 요건"이란 양친이 될 사람의 나이가 다음 각 호의 구분에 따른 범위에 있을 것을 말한다. 다만, 보건복지부장관이 양친이 될 사람의 가정환경이 양자(養子)를 건전하게 양육하기에 적합하다고 인정하는 경우에는 그러하지 아니하다. 　1. 대한민국 국민인 경우 : 25세 이상으로서 양자가 될 사람과의 나이 차이가 60세 이내 　2. 대한민국 국민이 아닌 경우 : 25세 이상 45세 미만 ② 양친이 될 사람은 양자가 될 아동이 복리에 반하는 직업이나 그 밖에 인권침해의 우려가 있는 직업에 종사하지 아니하도록 하여야 한다. ③ **양친이 되려는 사람은 입양의 성립 전에 입양기관 등으로부터** 보건복지부령으로 정하는 소정의 교육을 마쳐야 한다.
제11조	가정법원의 허가	① 아동을 입양하려는 경우에는 **가정법원의 허가를 받아야 한다.** ② **가정법원은** 양자가 될 사람의 복리를 위하여 양친이 될 사람의 입양의 동기와 양육능력, 그 밖의 사정을 고려하여 **허가를 하지 아니할 수 있다.**
제13조	입양동의의 요건 등	① 제12조 제1항에 따른 **입양의 동의는 아동의 출생일부터 1주일이 지난 후에 이루어져야 한다.** ② 입양동의의 대가로 금전 또는 재산상의 이익, 그 밖의 반대급부를 주고받거나 주고받을 것을 약속하여서는 아니 된다. ③ **입양기관은** 제12조 제1항에서 정한 **입양동의 전에** <u>친생부모에게</u> 아동을 직접 양육할 경우 지원받을 수 있는 사항 및 입양의 법률적 효력 등에 관한 **충분한 상담을 제공**하여야 하며, 상담내용 등에 대하여는 보건복지부령으로 정한다. ④ **입양기관은** 제12조 제4항에서 정한 **입양동의 전에** <u>입양될 아동에게</u> 입양동의의 효과 등에 관한 **충분한 상담을 제공**하여야 하며, 상담내용 등에 대하여는 보건복지부령으로 정한다.

제14조	입양의 효과	이 법에 따라 입양된 아동은 「민법」상 친양자와 동일한 지위를 가진다. ⊙ 주의 입양하려는 친부모는 법적으로 아동에 대한 권리포기는 물론 의무도 없어진다.
제20조	입양기관 [⑨]	① 입양기관을 운영하려는 자는 「사회복지사업법」에 따른 사회복지법인으로서 보건복지부장관의 허가를 받아야 한다. 다만, 국내입양만을 알선하려는 자는 시·도지사의 허가를 받아야 한다. ② 제1항에 따라 허가받은 사항 중 대통령령으로 정하는 중요한 사항을 변경하려고 하는 경우에는 신고하여야 한다. ③ 보건복지부장관 및 시·도지사는 제2항에 따른 변경신고를 받은 경우 그 내용을 검토하여 이 법에 적합하면 변경신고를 수리하여야 한다. ④ 외국인은 입양기관의 장이 될 수 없다. ⑤ 입양기관의 장과 그 종사자는 입양아동의 인권을 보호하고 건전한 입양문화를 정착시키기 위하여 정기적으로 보건복지령으로 정하는 보수교육을 받아야 한다. ⑥ 입양기관의 장이 입양을 원하는 국가나 그 국가의 공인을 받은 입양기관과 입양업무에 관한 협약을 체결하였을 때에는 보건복지부장관에게 보고하여야 한다. [⑨] 이 경우 입양업무에 관한 협약에 포함되어야 할 사항은 대통령령으로 정한다. ⑦ 입양기관의 시설 및 종사자의 기준과 허가 및 변경신고 등에 필요한 사항은 보건복지령으로 정한다.
제21조	입양기관의 의무 [⑨]	① 입양기관의 장은 입양의뢰된 사람의 권익을 보호하고, 부모를 알 수 없는 경우에는 부모 등 직계존속을 찾기 위하여 노력을 다하여야 한다. ② 입양기관의 장은 입양을 알선할 때 그 양친이 될 사람에 대하여 제10조에서 정한 사실을 조사하여야 한다. ③ 입양기관의 장은 양친이 될 사람에게 입양 전에 아동양육에 관한 교육을 하여야 하며, 입양이 성립된 후에는 보건복지령으로 정하는 바에 따라 입양아동과 그에 관한 기록 등을 양친 또는 양친이 될 사람에게 건네주고, 그 결과를 특별자치시장·특별자치도지사·시장·군수·구청장에게 보고하여야 한다. [⑨] ④ 입양기관의 장은 입양업무의 효율 및 입양기관 간의 협력체계 구축을 위하여 입양아동과 가족에 관한 정보를 보건복지령으로 정하는 바에 따라 「아동복지법」 제10조의2에 따른 아동권리보장원(이하 "아동권리보장원"이라 한다)에 제공하여야 한다. ⑤ 입양기관의 장은 입양업무에 관한 사항을 보건복지령으로 정하는 바에 따라 기록하여야 한다. 이 경우 입양기록은 전자문서로서 기록할 수 있다. ⑥ 제5항에서 정한 입양업무에 관한 기록은 입양아동에 대한 사후관리를 위하여 영구보존하여야 하다.
제23조	가족관계 등록 창설[⑨]	입양기관의 장은 양자가 될 아동을 가족관계등록이 되어 있지 아니한 상태에서 인계받았을 때에는 그 아동에 대한 가족관계 등록 창설 절차를 거친다.

제25조	사후서비스
	제공
	[⑨]
		① 입양기관의 장은 입양이 성립된 후 1년 동안 양친과 양자의 상호적응을 위하여 다음 각 호의 사후관리를 하여야 한다. 국외입양 사후관리에 관한 내용, 방법 등 구체적 사항은 대통령령으로 정한다.
		  1. 양친과 양자의 상호적응상태에 관한 관찰 및 이에 필요한 서비스
		  2. 입양가정에서의 아동양육에 필요한 정보의 제공
		  3. 입양가정이 수시로 상담할 수 있는 창구의 개설 및 상담요원의 배치
		② 입양기관의 장은 해당 국가의 협력기관을 통하여 입양아동이 입양된 국가의 국적을 취득하였는지를 확인하고 그 결과를 아동권리보장원의 원장을 통하여 보건복지부장관에게 보고하여야 한다.
		③ 입양기관의 장은 국외로 입양된 아동을 위하여 모국방문사업 등 대통령령으로 정하는 사업을 실시하여야 한다.

제13장 **사회복지서비스법** 847

OIKOS UP 입양의 유형

① 입양의 분류
  ㉠ 입양아동과 입양부모 사이의 가족관계 유무 : 친족입양 vs 비친족입양
  ㉡ 기관을 통해 이루어지는 것인지, 개인적으로 이루어지는 것인지 : 기관입양 vs 독립입양
  ㉢ 입양 사실의 공개 여부와 친부모와의 접촉유무 : 비밀입양 vs 개방입양
② 우리나라 입양의 유형
  ㉠ 민법에 의한 입양 : 당사자 간의 동의와 신고만으로 입양이 가능하고 양부모의 적격성을 전혀 고려하지 않음
    ※ 아동의 권리보호를 위해 입양기관을 통하지 않은 입양은 금지(×)
  ㉡ 입양특례법에 의한 입양 : 입양은 입양알선의 전문성을 가지고 있는 입양기관에 의해 이루어져야함을 명시

09 장애인·노인·임산부 등의 편의증진 보장에 관한 법률 [③⑦]

1 개요
① 1997년 4월 10일 제정되어 1998년 4월 11일부터 시행
② **약칭** : 장애인 등 편의법
③ **관장부처** : 보건복지부(장애인권익지원과)

2 법률 내용분석(2023.3.28. 일부개정, 2023.6.29. 시행)

조	구분		내용
제1조	목적		이 법은 장애인·노인·임산부 등이 **일상생활에서 안전하고 편리하게 시설과 설비를 이용하고 정보에 접근할 수 있도록 보장**함으로써 이들의 사회활동 참여와 복지 증진에 이바지함을 목적으로 한다.
제2조	정의	장애인 등	장애인·노인·임산부 등 일상생활에서 이동, 시설 이용 및 정보 접근 등에 불편을 느끼는 사람
		편의시설	장애인등이 일상생활에서 이동하거나 시설을 이용할 때 편리하게 하고, 정보에 쉽게 접근할 수 있도록 하기 위한 시설과 설비
제4조	접근권		장애인 등은 인간으로서의 존엄과 가치 및 행복을 추구할 권리를 보장받기 위하여 장애인 등이 아닌 사람들이 이용하는 **시설과 설비를 동등하게 이용하고 정보에 자유롭게 접근할 수 있는 권리**를 가진다.
제6조의2	편의증진의 날		① 편의시설에 대한 국민의 인식을 제고하고 관심을 확대하기 위하여 **매년 4월 10일**을 편의증진의 날로 한다. ② 국가와 지방자치단체는 편의증진의 날의 취지에 맞는 행사 등 사업을 시행하도록 노력하여야 한다.
제7조	대상시설 [③⑦]		편의시설을 설치하여야 하는 대상(이하 "대상시설"이라 한다)은 다음 각 호의 어느 하나에 해당하는 것으로서 대통령령으로 정하는 것을 말한다. 1. **공원** 2. **공공건물 및 공중이용시설** 3. **공동주택**

		4. 통신시설 5. 그 밖에 장애인등의 편의를 위하여 편의시설을 설치할 필요가 있는 건물·시설 및 그 부대시설 **주의** 도로, 교통수단 2005년 삭제 **OIKOS UP** 교통약자의 이동편의 증진법(2005.1.27. 제정, 2006.1.28. 시행) ① 교통약자의 이동편의 증진법 제정으로 도로와 교통수단은 삭제되었다. **도로와 교통수단은『교통약자의 이동편의 증진법』에 규정**되어 있다. ② 법 제9조(이동편의시설의 설치 대상) 이동편의시설의 설치 대상(이하 "대상시설"이라 한다)은 다음 각 호의 어느 하나에 해당하는 것으로서 대통령령으로 정하는 것으로 한다. 　1. 교통수단 　2. 여객시설 　3. 도로
제11조	실태조사	① 시설주관기관은 편의시설 활성화 정책의 기초자료 확보 등을 위하여 **편의시설 설치에 관한 실태조사를 실시하고, 그 결과를 공표**하여야 한다. ② 제1항에 따른 실태조사는 **매년 전수조사 또는 표본조사**의 방법으로 실시하되, **5년마다 1회는 전수조사**의 방법으로 실시하여야 한다.

10 농어촌주민의 보건복지증진을 위한 특별법 [5]

1 개 요
① 2004년 1월 29일 제정되어 2004년 4월 30일부터 시행
② 약칭 : 농어촌복지법
③ 관장부처 : 보건복지부(복지정책과)

2 법률 내용분석(2018.12.11. 일부개정, 2019.3.12. 시행)

제1조	목적	이 법은 **농어촌주민의 보건복지증진을 위한 시책을 강화하고 이에 관한 국가 및 지방자치단체의 책임을 명확히 하며 농어촌에 보건의료 및 사회복지시설을 확충함**으로써 농어촌주민의 인간다운 삶을 보장함을 목적으로 한다.
제6조	실태조사의 실시	보건복지부장관은 농어촌의 보건복지수준에 관한 **실태조사를 5년마다 실시**하여 공표하여야 한다.
제7조	농어촌보건복지기본계획의 수립	① 보건복지부장관은 제6조에 따른 실태조사를 토대로 **관계 중앙행정기관의 장과 협의하여 농어촌보건복지 기본계획을 5년마다 수립**하여야 한다. ② 기본계획에는 다음 각 호의 사항이 포함되어야 한다. 　1. 농어촌보건복지정책의 기본목표 및 추진방향 　2. 주요 추진과제 및 추진방법 　3. 필요한 재원의 규모와 조달 방안 　4. 농어촌보건복지의 전달체계 　5. 그 밖에 농어촌보건복지 증진을 위하여 특별히 필요하다고 보건복지부장관이 인정하는 사항

제3장	농어촌 보건의료의 기반조성	① 공공보건의료기관의 우선 지원(제10조) ② 보건진료소의 통합 등에 관한 지역주민의 의견수렴(제11조) ③ 응급의료체계의 구축(제12조) ④ 민간의료기관에 대한 보건의료의 제공에 관한 협조요청 등(제13조) ⑤ 농어촌민간의료기관의 육성(제14조) ⑥ 암검진사업의 우선 실시(제15조) ⑦ 정신보건사업의 우선 실시(제16조) ⑧ 구강보건사업의 우선 실시(제17조) ⑨ 한방산업의 육성지원(제18조)
제4장	농어촌 사회복지의 증진 [⑤]	① 국민기초생활보장법상 수급권자 선정기준의 특례(제19조) ② 자활지원시책의 시행(제20조) ③ 사회복지시설의 우선 지원(제21조) ④ <u>영유아의 보육지원 등(제22조)</u> (국공립어린이집 우선설치 등) ⑤ 아동가정보호사업의 지원 확대(제23조) ⑥ 복합노인복지시설의 설치·운영(제24조) ⑦ 저소득층 노인의 요양지원(제25조) ⑧ 한부모가족 선정기준의 특례(제26조) ⑨ 「국민건강보험법」에 따른 보험료 지원(제27조) → 50% 이내 ⑩ 부과표준소득의 산정에 관한 특례(제28조) ⑪ 보험료 등의 결손처분에 관한 특례(제29조) ⑫ 보험료 등 납부기한의 유예(제30조) ⑬ 국민연금보험료의 지원(제31조) → 50% 이내 ⑭ 농어촌특별세의 우선 지원(제32조) ⑮ 준농어촌에 대한 특례(제33조)
제27조	「국민건강 보험법」에 따른 보험료 지원	① 국가는 농어업인이 「국민건강보험법」 제69조에 따라 부담하여야 하는 보험료를 같은 법 제72조에 따른 보험료부과점수에 따라 예산의 범위에서 차등하여 지원할 수 있다. 이 경우 그 지원금액과 「국민건강보험법」 제75조 제1항 제1호에 따라 경감되는 금액을 합친 금액은 같은 법 제69조에 따라 **부담하여야 하는** 보험료의 100분의 50 **이내여야 한다**. ② 제1항에 따른 보험료의 차등 지원 비율, 지원 범위 등의 기준은 대통령령으로 정한다.
제31조	국민연금 보험료의 지원	국가는 농어업인이 「국민연금법」 제88조 제4항에 따라 부담하여야 하는 국민연금보험료 중 100분의 50 이내의 **금액을** 같은 법에서 정하는 바에 따라 예산의 범위에서 지원할 수 있다.

11 식품등 기부 활성화에 관한 법률 [④⑥]

1 개 요

① 연 혁
  ㉠ 식품기부활성화에 관한 법률 : 2006년 3월 24일 제정되어 2006년 9월 25일 시행
  ㉡ 식품등 기부 활성화에 관한 법률 : 2016년 2월 3일 일부개정되어 2017년 2월 4일 시행
② 약칭 : 식품기부법
③ 관장부처 : 보건복지부(사회서비스정책과)

2 법률 내용분석(2019.4.23. 일부개정, 2019.4.23. 시행)

제1조	목적	이 법은 **식품기부를 활성화**하고 기부된 식품을 생활이 어려운 자에게 지원함으로써 **사회복지의 증진 및 사회공동체문화의 확산**에 이바지함을 목적으로 한다.
제2조	정의	**식 품** : 「식품위생법」 제2조 제1호의 규정에 따른 식품 **생활용품** : 세제·세면용품 등 개인 위생관리에 필요한 물품 **기부식품** : 생활이 어려운 자에게 지원할 목적으로 제공된 식품 **이용자** : 기부식품을 이용하는 자 **제공자** : 기부식품을 이용자에게 직접 또는 간접으로 제공하는 자 **사업자** : 제공자 중 기부식품제공사업을 계속적으로 영위하는 자
제3조	신고	① 사업자는 사업장 소재지를 관할하는 특별자치시장·특별자치도지사·**시장·군수·구청장에게 신고할 수 있다.** ② 제1항의 규정에 불구하고 사업의 규모 및 범위 등을 고려하여 **대통령령이 정하는 사업자**의 경우에는 사업장 소재지를 관할하는 특별자치시장·특별자치도지사·**시장·군수·구청장에게 신고**하여야 한다.
제3조의2	기부식품등 지원센터의 지정 등	① 보건복지부장관 또는 특별시장·광역시장·특별자치시장·도지사·특별자치도지사("시·도지사")는 사업자에 대한 기부식품등의 조정·배분과 교육 실시 등을 위하여 제3조에 따라 신고한 사업자가 운영하는 사업장 중에서 **전국기부식품등지원센터 또는 광역기부식품등지원센터를 각각 지정**할 수 있다. ② 제1항에 따른 전국기부식품등지원센터 또는 광역기부식품등지원센터로 지정받으려는 자는 대통령령으로 정하는 바에 따라 시설 등에 관한 요건을 갖추어 전국기부식품등지원센터는 보건복지부장관에게, 광역기부식품등지원센터는 **해당 소재지를 관할하는 시·도지사에게 신청**하여야 한다.
제4조	기부식품등 제공사업 [⑥]	**기부식품제공사업의 범위**는 다음 각 호로 한다. 1. 기부식품 등의 모집·관리 및 제공 2. 식품등의 기부를 활성화하기 위한 홍보 3. 그 밖에 기부식품등의 제공과 관련된 부수사업

제5조	기부식품등의 모집 및 제공 [6]	① 사업자는 기부식품등의 모집 및 제공 과정을 **투명하게** 하기 위하여 기부식품등 모집과 제공에 관한 장부를 비치하여야 하고, 증빙서류를 작성하여 보관 하여야 한다. ② 제공자 및 사업자는 기부식품등을 모집하거나 제공함에 있어서 **선량한 관리자로서의 주의의무를 다하여 기부식품등을 안전하게 취급**하여야 한다.
제6조	기부식품등의 무상제공 [6]	제공자 및 사업자는 이용자에게 기부식품등을 <u>무상으로 제공</u>하여야 한다.
제7조	국가 등의 지원 [6]	① **국가 및 지방자치단체**는 식품등 기부 및 기부식품등 제공사업을 지원·장려하기 위하여 필요한 시책을 강구하여야 한다. ② 국가 및 지방자치단체는 제공자 또는 사업자에게 **기부식품등 제공사업에 필요한 운영비 또는 사업비의 전부 또는 일부를 보조**할 수 있다. ③ 국가, 지방자치단체 및 공공기관은 필요한 경우 **보유하고 있는 식품등의 일부를 제공자 및 사업자에게 제공**할 수 있다.
제8조	민·형사상의 책임감면 [6]	① 기부식품 등의 취식 또는 사용으로 인하여 이용자가 피해를 입은 때에는 **다음 각 호의 어느 하나에 해당하는 경우를 제외하고는 제공자**(제3조의 규정에 따라 신고한 사업자를 제외한다) **및 기부식품등 제공활동에 참여한 자는 민사상 책임을 지지 아니** 한다. 1. 고의 또는 <u>중대한 과실</u>이 있는 경우 2. 「식품위생법」 제3조의 **위생적 취급 기준을 위반한 경우** 3. 「식품위생법」 제4조에 따른 **위해식품 등인 경우** ② 기부식품등의 취식 또는 사용으로 인하여 이용자가 사상(死傷)에 이른 때에는 **제공자·사업자 그 밖에 기부식품등 제공활동에 참여한 자에게 중대한 과실이 없는 경우에는 그 정상을 참작하여 「형법」 제266조 내지 제268조의 형을 감경하거나 면제**할 수 있다.
제9조	이용자 보호	① 국가 및 지방자치단체는 이용자 보호를 위하여 필요한 시책을 강구하여야 한다. ② 제3조 제1항 또는 제2항의 규정에 따라 **신고한 사업자는** 제공된 식품의 취식 또는 사용으로 인하여 **이용자의 생명·신체에 발생한 손해를 보상하기 위하여 손해보험에 가입하여야 한다.** ③ 국가와 지방자치단체는 제2항에 따른 보험료의 일부 또는 전부를 보조할 수 있다.
제10조	지도·감독 등	① **보건복지부장관, 시·도지사 또는 시장·군수·구청장은** 제공자 또는 사업자가 제5조 제2항을 위반하거나 기부식품등으로 인한 중대한 위생상의 위해가 우려되는 때에는 그 업무에 관하여 보고 또는 관계서류의 제출을 명하거나 소속 공무원으로 하여금 제공자 및 사업자의 사무소 또는 시설에 출입하여 검사 또는 질문하도록 하는 등 **지도·감독**을 할 수 있다. ② 제1항에 따라 관계공무원이 사무소 또는 시설에 출입하여 검사 또는 질문하는 때에는 **그 권한을 표시하는 증표를 관계인에게 내보여야 한다.**

12 다문화가족지원법 [8⑩⑪⑮⑯⑱⑲]

1 개 요

① 2008년 3월 21일 제정되어 2008년 9월 22일 시행
② **약칭** : 다문화가족법
③ **관장부처** : 여성가족부(다문화가족과) [⑧]

2 법률 내용분석(2020.5.19. 일부개정, 2020.5.19. 시행)

제1조	목적	이 법은 다문화 가족 구성원이 안정적인 가족생활을 영위할 수 있도록 함으로써 이들의 삶의 질 향상과 사회통합에 이바지함을 목적으로 한다.
제2조	정의 [⑧⑪⑲]	이 법에서 사용하는 용어의 뜻은 다음과 같다. 1. "**다문화 가족**"이란 다음 각 목의 어느 하나에 해당하는 **가족**을 말한다. 　가.「재한외국인 처우 기본법」제2조 제3호의 **결혼이민자**와 「**국적법**」제2조부터 **제4조까지의 규정에 따라 대한민국 국적을 취득한 자로 이루어진 가족** 　나.「국적법」제3조 및 제4조에 따라 대한민국 국적을 취득한 자와 같은 법 제2조부터 제4조까지의 규정에 따라 대한민국 국적을 취득한 자로 이루어진 가족 　　※ 다문화가족은 대한민국 국적을 취득한 자로 이루어진 가족이어야 한다.(×) 2. "**결혼이민자 등**"이란 다문화 가족의 구성원으로서 다음 각 목의 어느 하나에 해당하는 자를 말한다. 　가.「재한외국인 처우 기본법」제2조 제3호의 **결혼이민자** 　나.「국적법」제4조에 따라 **귀화허가를 받은 자** 3. "**아동·청소년**"이란 **24세 이하**인 사람을 말한다. [⑲]
제3조	국가와 지방자치단 체의 책무 [⑯]	① 국가와 지방자치단체는 다문화가족 구성원이 안정적인 가족생활을 영위하고 경제·사회·문화 등 각 분야에서 사회구성원으로서의 역할과 책임을 다할 수 있도록 필요한 제도와 여건을 조성하고 이를 위한 시책을 수립·시행하여야 한다. ② **특별시·광역시·특별자치시·도·특별자치도 및 시·군·구에는 다문화가족 지원을 담당할 기구와 공무원을 두어야 한다.** ③ 국가와 지방자치단체는 이 법에 따른 시책 중 외국인정책 관련 사항에 대하여는 「재한외국인 처우 기본법」제5조부터 제9조까지의 규정에 따른다.

제3조 의2	다문화 가족 지원을 위한 기본계획의 수립 [⑩⑯⑱]	① 여성가족부장관은 다문화 가족 지원을 위하여 <u>5년마다</u> 다문화 가족정책에 관한 기본계획을 수립하여야 한다. ② 기본계획에는 다음 각 호의 사항을 포함하여야 한다. 　1. 다문화 가족 지원 정책의 기본 방향 　2. 다문화 가족 지원을 위한 분야별 발전시책과 평가에 관한 사항 　3. 다문화 가족 지원을 위한 제도 개선에 관한 사항 　3의2. 다문화 가족 구성원의 경제·사회·문화 등 각 분야에서 활동 증진에 관한 사항 　4. <u>다문화 가족 지원을 위한 재원 확보 및 배분에 관한 사항</u> 　5. 그 밖에 다문화 가족 지원을 위하여 필요한 사항 ③ 여성가족부장관은 기본계획을 수립할 때에는 <u>미리 관계 중앙행정기관의 장과 협의</u>하여야 한다. ④ 기본계획은 제3조의4에 따른 <u>다문화 가족정책위원회의 심의</u>를 거쳐 확정한다. 이 경우 여성가족부장관은 확정된 기본계획을 지체 없이 국회 소관 상임위원회에 보고하고, 관계 중앙행정기관의 장과 특별시장·광역시장·특별자치시장·도지사·특별자치도지사(이하 "시·도지사"라 한다)에게 알려야 한다. ⑤ <u>여성가족부장관은 기본계획을 수립하기 위하여 필요하다고 인정하는 경우 관계 기관의 장에게 기본계획의 수립에 필요한 자료의 제출을 요구할 수 있다.</u> ⑥ 제5항에 따라 자료의 제출을 요구받은 관계 기관의 장은 정당한 사유가 없으면 이에 따라야 한다.
제3조 의3	연도별 시행계획의 수립·시행	① 여성가족부장관, 관계 중앙행정기관의 장과 시·도지사는 매년 기본계획에 따라 다문화가족정책에 관한 시행계획(이하 "시행계획"이라 한다)을 수립·시행하여야 한다. ② 관계 중앙행정기관의 장과 시·도지사는 전년도의 시행계획에 따른 추진실적 및 다음 연도의 시행계획을 대통령령으로 정하는 바에 따라 매년 여성가족부장관에게 제출하여야 한다. ③ 시행계획의 수립·시행 및 추진실적의 평가 등에 필요한 사항은 대통령령으로 정한다.
제3조 의4	다문화가족 정책위원회 의 설치 [⑯]	① 다문화가족의 삶의 질 향상과 사회통합에 관한 중요 사항을 심의·조정하기 위하여 국무총리 소속으로 다문화가족정책위원회(이하 "정책위원회"라 한다)를 둔다. ② 정책위원회는 다음 각 호의 사항을 심의·조정한다. 　1. 제3조의2에 따른 다문화가족정책에 관한 기본계획의 수립 및 추진에 관한 사항 　2. 제3조의3에 따른 다문화가족정책의 시행계획의 수립, 추진실적 점검 및 평가에 관한 사항 　3. 다문화가족과 관련된 각종 조사, 연구 및 정책의 분석·평가에 관한 사항 　4. 각종 다문화가족 지원 관련 사업의 조정 및 협력에 관한 사항 　5. 다문화가족정책과 관련된 국가 간 협력에 관한 사항 　6. 그 밖에 다문화가족의 사회통합에 관한 중요 사항으로 위원장이 필요하다고 인정하는 사항 ③ 정책위원회는 위원장 1명을 포함한 20명 이내의 위원으로 구성하고, 위원장은 국무총리가 되며, 위원은 다음 각 호의 사람이 된다. 　1. 대통령령으로 정하는 중앙행정기관의 장 　2. 다문화가족정책에 관하여 학식과 경험이 풍부한 사람 중에서 위원장이 위촉하는 사람

		④ 정책위원회에서 심의·조정할 사항을 미리 검토하고 대통령령에 따라 위임된 사항을 다루기 위하여 정책위원회에 실무위원회를 둔다. ⑤ 그 밖에 정책위원회 및 실무위원회의 구성 및 운영 등에 필요한 사항은 대통령령으로 정한다.
제4조	실태조사 등 [⑧⑮⑯⑰]	① **여성가족부장관은** 다문화 가족의 현황 및 실태를 파악하고 다문화 가족 지원을 위한 **정책수립에 활용하기 위하여 3년마다 다문화 가족에 대한 실태조사를 실시**하고 그 결과를 공표하여야 한다. ② 여성가족부장관은 제1항에 따른 실태조사를 위하여 관계 공공기관 또는 관련 법인·단체에 대하여 필요한 자료의 제출 등 협조를 요청할 수 있다. 이 경우 자료의 제출 등 협조를 요청받은 관계 공공기관 또는 관련 법인·단체 등은 특별한 사유가 없는 한 이에 협조하여야 한다. ③ **여성가족부장관은** 제1항에 따른 실태조사를 실시함에 있어서 외국인정책 관련 사항에 대하여는 **법무부장관과**, 다문화가족 구성원인 아동·청소년의 교육현황 및 아동·청소년의 다문화가족에 대한 인식 등에 관한 사항에 대하여는 **교육부장관과 협의를 거쳐 실시**한다.
제5조	다문화 가족에 대한 이해증진 [⑧⑯]	① **국가와 지방자치단체는** 다문화 가족에 대한 사회적 차별 및 편견을 예방하고 사회구성원이 문화적 다양성을 인정하고 존중할 수 있도록 **다문화 이해교육을 실시하고 홍보 등 필요한 조치를 하여야 한다.** ② 여성가족부장관은 제1항에 따른 조치를 함에 있어 홍보영상을 제작하여 「방송법」 제2조제3호에 따른 방송사업자에게 배포하여야 한다. ③ 여성가족부장관은 「방송법」 제2조제3호에 따른 방송사업자(이하 이 조에서 "방송사업자"라 한다)에게 같은 법 제73조제4항에 따라 대통령령으로 정하는 비상업적 공익광고 편성비율의 범위에서 제2항의 홍보영상을 채널별로 송출하도록 요청할 수 있다. ④ 방송사업자는 제2항의 홍보영상 외에 독자적으로 홍보영상을 제작하여 송출할 수 있다. 이 경우 여성가족부장관에게 필요한 협조 및 지원을 요청할 수 있다. ⑤ 교육부장관과 특별시·광역시·특별자치시·도·특별자치도의 교육감은 「유아교육법」 제2조, 「초·중등교육법」 제2조 또는 「고등교육법」 제2조에 따른 학교에서 다문화가족에 대한 이해를 돕는 교육을 실시하기 위한 시책을 수립·시행하여야 한다. 이 경우 제4조에 따른 실태조사의 결과 중 다문화가족 구성원인 아동·청소년의 교육현황 및 아동·청소년의 다문화가족에 대한 인식 등에 관한 사항을 반영하여야 한다. ⑥ 교육부장관과 특별시·광역시·특별자치시·도·특별자치도의 교육감은 「유아교육법」 제2조 및 「초·중등교육법」 제2조에 따른 학교의 교원에 대하여 대통령령으로 정하는 바에 따라 다문화 이해교육 관련 연수를 실시하여야 한다.
제6조	생활정보 제공 및 교육 지원 [⑪]	① **국가와 지방자치단체는 결혼이민자 등이 대한민국에서 생활하는데 필요한 기본적 정보**(아동·청소년에 대한 학습 및 생활지도 관련 정보를 포함한다)**를 제공**하고, 사회적응교육과 직업교육·훈련 및 언어소통 능력 향상을 위한 한국어교육 등을 받을 수 있도록 필요한 지원을 할 수 있다. ② 국가와 지방자치단체는 결혼이민자등의 배우자 및 가족구성원이 결혼이민자등의 출신 국가 및 문화 등을 이해하는 데 필요한 기본적 정보를 제공하고 관련 교육을 지원할 수 있다. ③ 국가와 지방자치단체는 제1항 및 제2항에 따른 교육을 실시함에 있어 거주지 및 가정환경 등으로 인하여 서비스에서 소외되는 결혼이민자등과 배우자 및 그 가족구성원이 없도록 방문교육이나 원격교육 등 다양한 방법으로 교육을 지원하고, 교재와 강사 등의 전문성을 강화하기 위한 시책을 수립·시행하여야 한다.

제6조	생활정보 제공 및 교육 지원 [⑪]	④ 국가와 지방자치단체는 제3항의 방문교육의 비용을 결혼이민자등의 가구 소득수준, 교육의 종류 등 여성가족부장관이 정하여 고시하는 기준에 따라 차등지원할 수 있다. ⑤ 국가와 지방자치단체가 제4항에 따른 비용을 지원함에 있어 비용 지원의 신청, 금융정보 등의 제공, 조사·질문 등은 「아이돌봄 지원법」제22조부터 제25조까지의 규정을 준용한다. ⑥ 결혼이민자등의 배우자 등 다문화가족 구성원은 결혼이민자등이 한국어교육 등 사회적응에 필요한 다양한 교육을 받을 수 있도록 노력하여야 한다.
제7조	평등한 가족관계의 유지를 위한 조치 [⑱]	국가와 지방자치단체는 **다문화 가족이 민주적이고 양성평등한 가족관계를 누릴 수 있도록 가족상담, 부부교육, 부모교육, 가족생활교육 등을 추진**하여야 한다. 이 경우 문화의 차이 등을 고려한 전문적인 서비스가 제공될 수 있도록 노력하여야 한다. ⊗ 국가와 지방자치단체는 다문화가족에 대해 가족생활교육 등을 추진하는 경우, 문화의 차이를 고려한 전문적인 서비스가 제공될 수 있도록 노력하여야 한다.(O)
제8조	가정폭력 피해자에 대한 보호·지원 [⑧⑪]	① 국가와 지방자치단체는 「가정폭력방지 및 피해자보호 등에 관한 법률」에 따라 **다문화가족 내 가정폭력을 예방하기 위하여 노력**하여야 한다. ② 국가와 지방자치단체는 **가정폭력으로 피해를 입은 결혼이민자 등을 보호·지원**할 수 있다. ③ 국가와 지방자치단체는 가정폭력의 피해를 입은 결혼이민자등에 대한 보호 및 지원을 위하여 외국어 통역 서비스를 갖춘 가정폭력 상담소 및 보호시설의 설치를 확대하도록 노력하여야 한다. ④ 국가와 지방자치단체는 결혼이민자등이 가정폭력으로 혼인관계를 종료하는 경우 의사소통의 어려움과 법률체계 등에 관한 정보의 부족 등으로 불리한 입장에 놓이지 아니하도록 의견진술 및 사실확인 등에 있어서 언어통역, 법률상담 및 행정지원 등 필요한 서비스를 제공할 수 있다.
제9조	의료 및 건강관리를 위한 지원[⑪]	① 국가와 지방자치단체는 **결혼이민자 등이 건강하게 생활할 수 있도록 영양·건강에 대한 교육, 산전·산후 도우미 파견, 건강검진 등의 의료서비스를 지원**할 수 있다. ② 국가와 지방자치단체는 결혼이민자등이 제1항에 따른 의료서비스를 제공받을 경우 외국어 통역 서비스를 제공할 수 있다.
제10조	아동 보육·교육 [⑧]	① 국가와 지방자치단체는 아동 보육·교육을 실시함에 있어서 <u>다문화 가족 구성원인 아동을 차별하여서는 아니 된다.</u> ② 국가와 지방자치단체는 다문화가족 구성원인 아동·청소년이 학교생활에 신속히 적응할 수 있도록 교육지원대책을 마련하여야 하고, 특별시·광역시·특별자치시·도·특별자치도의 교육감은 다문화가족 구성원인 아동·청소년에 대하여 학과 외 또는 방과 후 교육 프로그램 등을 지원할 수 있다. ③ 국가와 지방자치단체는 다문화가족 구성원인 18세 미만인 사람의 초등학교 취학 전 보육 및 교육 지원을 위하여 노력하고, 그 구성원의 언어발달을 위하여 한국어 및 결혼이민자등인 부 또는 모의 모국어 교육을 위한 교재지원 및 학습지원 등 언어능력 제고를 위하여 필요한 지원을 할 수 있다. ④ 「영유아보육법」제10조에 따른 어린이집의 원장, 「유아교육법」제7조에 따른 유치원의 장, 「초·중등교육법」제2조에 따른 각급 학교의 장, 그 밖에 대통령령으로 정하는 기관의 장은 아동·청소년 보육·교육을 실시함에 있어 다문화가족 구성원인 아동·청소년이 차별을 받지 아니하도록 필요한 조치를 하여야 한다.

제11조	다국어에 의한 서비스 제공 [⑪]	국가와 지방자치단체는 제5조부터 제10조까지의 규정에 따른 지원정책을 추진함에 있어서 결혼이민자 등의 의사소통의 어려움을 해소하고 서비스 접근성을 제고하기 위하여 다국어에 의한 서비스 제공이 이루어지도록 노력하여야 한다.
제11조 의2	다문화 가족 종합정보 전화센터의 설치·운영 등	① 여성가족부장관은 다국어에 의한 상담·통역 서비스 등을 결혼이민자 등에게 제공하기 위하여 다문화 가족 종합정보 전화센터("전화센터")를 설치·운영할 수 있다. 이 경우 「가정폭력방지 및 피해자보호 등에 관한 법률」 제4조의6 제1항 후단에 따른 외국어 서비스를 제공하는 긴급전화센터와 통합하여 운영할 수 있다. ② 여성가족부장관은 전화센터의 설치·운영을 대통령령으로 정하는 기관 또는 단체에 위탁할 수 있다. ③ 여성가족부장관은 전화센터의 설치·운영을 위탁할 경우 예산의 범위에서 그에 필요한 비용의 전부 또는 일부를 지원할 수 있다. ④ 전화센터의 설치·운영에 필요한 사항은 여성가족부령으로 정한다.

제12조	다문화
	가족지원
	센터의
	설치·운영
	등
	[⑱]
		① 국가와 지방자치단체는 **다문화 가족지원센터를 설치·운영**할 수 있다.
		② 국가 또는 지방자치단체는 **지원센터의 설치·운영을 대통령령으로 정하는 법인이나 단체에 위탁**할 수 있다.
		③ 국가 또는 지방자치단체 아닌 자가 지원센터를 설치·운영하고자 할 때에는 미리 **시·도지사 또는 시장·군수·구청장의 지정**을 받아야 한다.
		④ 지원센터는 다음 각 호의 업무를 수행한다.
		  1. 다문화가족을 위한 교육·상담 등 지원사업의 실시
		  2. **결혼이민자등에 대한 한국어교육** [⑱]
		  3. 다문화가족 지원서비스 정보제공 및 홍보
		  4. 다문화가족 지원 관련 기관·단체와의 서비스 연계
		  5. 일자리에 관한 정보제공 및 일자리의 알선
		  6. 다문화가족을 위한 통역·번역 지원사업
		  7. 다문화가족 내 가정폭력 방지 및 피해자 연계 지원
		  8. 그 밖에 다문화가족 지원을 위하여 필요한 사업
		⑤ 지원센터에는 다문화가족에 대한 교육·상담 등의 업무를 수행하기 위하여 관련 분야에 대한 학식과 경험을 가진 전문인력을 두어야 한다.
		⑥ 국가와 지방자치단체는 제3항에 따라 지정한 지원센터에 대하여 예산의 범위에서 제4항 각 호의 업무를 수행하는 데에 필요한 비용 및 지원센터의 운영에 드는 비용의 전부 또는 일부를 보조할 수 있다.

제12조 의2	보수교육의 실시	① 여성가족부장관 또는 시·도지사는 지원센터에 두는 전문인력의 자질과 능력을 향상시키기 위하여 보수교육을 실시하여야 한다. ② 제1항에 따른 보수교육의 내용·기간 및 방법 등은 여성가족부령으로 정한다.
제12조 의3	유사명칭 사용 금지	이 법에 따른 지원센터가 아니면 다문화가족지원센터 또는 이와 유사한 명칭을 사용하지 못한다.
제13조	다문화가족 지원업무 관련 공무원의 교육	국가와 지방자치단체는 다문화가족 지원 관련 업무에 종사하는 공무원의 다문화가족에 대한 이해증진과 전문성 향상을 위하여 교육을 실시할 수 있다.

제13조의2	다문화가족지원사업 전문인력 양성	① 국가 또는 지방자치단체는 다문화가족지원 및 다문화 이해교육 등의 사업 추진에 필요한 전문인력을 양성하는 데 노력하여야 한다. ② 여성가족부장관은 제1항에 따른 전문인력을 양성하기 위하여 대통령령으로 정하는 바에 따라 대학이나 연구소 등 적절한 인력과 시설 등을 갖춘 기관이나 단체를 전문인력 양성기관으로 지정하여 관리할 수 있다. ③ 국가 또는 지방자치단체는 제2항에 따라 지정된 전문인력 양성기관에 대하여 예산의 범위에서 필요한 경비의 전부 또는 일부를 지원할 수 있다. ④ 제2항에 따른 전문인력 양성기관의 지정 기준 및 절차 등은 대통령령으로 정한다.
제14조	사실혼 배우자 및 자녀의 처우	제5조부터 제12조까지의 규정은 대한민국 국민과 사실혼 관계에서 출생한 자녀를 양육하고 있는 다문화가족 구성원에 대하여 준용한다.
제14조의2	다문화가족 자녀에 대한 적용 특례 [⑱]	다문화가족이 이혼 등의 사유로 해체된 경우에도 그 구성원이었던 자녀에 대하여는 이 법을 적용한다.

제15조의2	정보 제공의 요청	① 여성가족부장관 또는 지방자치단체의 장은 이 법의 시행을 위하여 필요한 경우에는 법무부장관에게 다음 각 호의 정보 중 결혼이민자등의 현황 파악을 위한 정보로서 대통령령으로 정하는 정보의 제공을 요청할 수 있다. 이 경우 지방자치단체의 장은 해당 관할구역의 결혼이민자등에 관한 정보에 한정하여 요청할 수 있다.
		  1. 「재한외국인 처우 기본법」 제2조제3호에 따른 결혼이민자의 외국인 등록 정보
		  2. 「국적법」 제6조제2항에 따라 귀화허가를 받은 사람의 귀화허가 신청 정보
		② 제1항에 따라 정보의 제공을 요청받은 법무부장관은 정당한 사유가 없으면 이에 따라야 한다.
		③ 제1항에 따라 정보를 제공받은 여성가족부장관 또는 지방자치단체의 장은 제공받은 정보를 제12조제1항·제3항에 따른 지원센터에 제공할 수 있다.

제16조	민간단체 등의 지원	① 국가와 지방자치단체는 다문화가족 지원 사업을 수행하는 단체나 개인에 대하여 필요한 비용의 전부 또는 일부를 보조하거나 그 업무수행에 필요한 행정적 지원을 할 수 있다. ② 국가와 지방자치단체는 결혼이민자등이 상부상조하기 위한 단체의 구성·운영 등을 지원할 수 있다.

13 가정폭력방지 및 피해자 보호 등에 관한 법률 [⑤⑧②③⑤⑥⑰⑱]

1 개요

① 1997년 12월 31일 제정되어 1998년 7월 1일 시행
② **약칭** : 가정폭력방지법
③ **관장부처** : 여성가족부(복지지원과)

2 법률 내용분석(2023.4.11. 타법 개정, 2023.4.11. 시행)

제1조	목적	가정폭력을 예방하고 가정폭력의 피해자를 보호·지원함을 목적으로 한다.	
제2조	정의	피해자	가정폭력으로 인하여 직접적으로 피해를 입은 자
		아동 [⑱]	18세 미만인 자

제4조	국가 등의 책무 [⑤]	① 국가와 지방자치단체는 가정폭력의 예방·방지와 피해자의 보호·지원을 위하여 다음 각 호의 조치를 취하여야 한다.
		  1. 가정폭력 신고체계의 구축 및 운영
		  2. 가정폭력의 예방과 방지를 위한 조사·연구·교육 및 홍보
		  3. 피해자를 보호·지원하기 위한 시설의 설치·운영
		  4. 임대주택의 우선 입주권 부여, 직업훈련 등 자립·자활을 위한 지원서비스 제공
		  5. 법률구조 및 그 밖에 피해자에 대한 지원서비스 제공
		  6. 피해자의 보호와 지원을 원활히 하기 위한 관련 기관 간의 협력 체계 구축 및 운영
		  7. 가정폭력의 예방·방지와 피해자의 보호·지원을 위한 관계 법령의 정비와 각종 정책의 수립·시행 및 평가
		  8. 피해자와 제4조의6에 따른 긴급전화센터, 제5조에 따른 가정폭력 관련 상담소, 제7조에 따른 가정폭력피해자 보호시설의 상담원 등 종사자의 신변보호를 위한 안전대책 마련
		  9. 가정폭력 피해의 특성을 고려한 피해자 신변노출 방지 및 보호·지원체계 구축
		  10. 가정폭력을 목격하거나 피해를 당한 아동의 신체적·정신적 회복을 위하여 필요한 상담·치료프로그램 제공
		② 국가와 지방자치단체는 제1항에 따른 책무를 다하기 위하여 이에 필요한 재원을 확보하는 등 예산상의 조치를 취하여야 한다.
		③ **특별시·광역시·도·특별자치도 및 시·군·구**에 가정폭력의 예방·방지 및 피해자의 보호·지원을 **담당할 기구와 공무원을 두어야** 한다.
		④ 국가와 지방자치단체는 제5조 제2항과 제7조 제2항에 따라 설치·운영하는 **가정폭력 관련 상담소와 가정폭력피해자 보호시설에 대하여 경비(經費)를 보조하는 등 이를 육성·지원**하여야 한다.	

제4조의2	가정폭력 실태조사 [⑱]	**여성가족부장관은 3년마다 가정폭력에 대한 실태조사를 실시**하여 그 결과를 발표하고, 이를 가정폭력을 예방하기 위한 정책수립의 기초자료로 활용하여야 한다. ✗ 국가인권위원회 위원장은 3년마다 가정폭력에 대한 실태조사를 실시하여야 한다.(✕)	
제4조의3	가정폭력 예방교육의 실시 [⑤]	① **국가기관, 지방자치단체** 및 **「초·중등교육법」**에 따른 각급 **학교의 장** 그 밖에 대통령령으로 정하는 공공단체의 장은 가정폭력의 예방과 방지를 위하여 필요한 교육을 실시하고, 그 결과를 **여성가족부장관에게 제출**하여야 한다. ② 제1항에 따른 예방교육을 실시하는 경우 「성폭력방지 및 피해자보호 등에 관한 법률」 제5조에 따른 **성교육 및 성폭력 예방교육**, 「양성평등법」 제31조에 따른 **성희롱 예방교육** 및 「성매매방지 및 피해자보호 등에 관한 법률」 제4조에 따른 **성매매 예방교육** 등을 성평등 관점에서 통합하여 실시할 수 있다. ③ 여성가족부장관 또는 특별시장·광역시장·특별자치시장·도지사·특별자치도지사(이하 "시·도지사"라 한다)는 제1항에 따른 교육의 대상이 아닌 국민에게 가정폭력의 예방과 방지를 위하여 필요한 교육을 실시할 수 있다. 이 경우 여성가족부장관 또는 시·도지사는 교육에 관한 업무를 제5조에 따른 가정폭력 관련 상담소 또는 대통령령으로 정하는 교육기관에 위탁할 수 있다.	

제4조 의4	아동의 취학지원 [⑤]	**국가나 지방자치단체는** 피해자나 피해자가 동반한 가정구성원(「가정폭력범죄의 처벌 등에 관한 특례법」 제2조 제2호의 자 중 피해자의 보호나 양육을 받고 있는 자를 말한다. 이하 같다)**이 아동인 경우 주소지 외의 지역에서 취학**(입학·재입학·전학 및 편입학을 포함한다. 이하 같다)**할 필요가 있을 때에는 그 취학이 원활히 이루어지도록 지원하여야 한다.**

제4조
의6
	긴급전화
	센터의
	설치·운영
	등
	[⑯⑰⑱]
		① **여성가족부장관 또는 시·도지사는** 다음 각 호의 업무 등을 수행하기 위하여 **긴급전화센터를 설치·운영하여야 한다.** [⑰] 이 경우 외국어 서비스를 제공하는 긴급전화센터를 따로 설치·운영할 수 있다. [⑱]
		  1. 피해자의 신고접수 및 상담
		  2. 관련 기관·시설과의 연계
		  3. 피해자에 대한 긴급한 구조의 지원
		  4. 경찰관서 등으로부터 인도받은 피해자 및 피해자가 동반한 가정구성원(이하 "피해자등"이라 한다)의 임시 보호
		    ※ 시·도지사는 외국어 서비스를 제공하는 긴급전화센터를 따로 설치·운영할 수 있다.(O)
		② 여성가족부장관 또는 시·도지사는 제1항에 따른 긴급전화센터의 설치·운영을 대통령령으로 정하는 기관 또는 단체에 위탁할 수 있다.
		③ 여성가족부장관 또는 시·도지사는 제2항에 따라 긴급전화센터의 설치·운영을 위탁할 경우 그에 필요한 경비를 지원하여야 한다.

제5조	상담소의 설치·운영 [⑱]	① 국가나 지방자치단체는 가정폭력 관련 상담소(이하 "상담소"라 한다)를 설치·운영할 수 있다. ② 국가나 지방자치단체 외의 자가 상담소를 설치·운영하려면 특별자치시장·특별자치도지사·시장·군수·구청장(구청장은 자치구의 구청장을 말하며, 이하 "시장·군수·구청장"이라 한다)에게 신고하여야 한다. 신고한 사항 중 여성가족부령으로 정하는 중요 사항을 변경하려는 경우에도 또한 같다. ③ 시장·군수·구청장은 제2항에 따른 신고를 받은 날부터 10일 이내(변경신고의 경우 5일 이내)에 신고수리 여부 또는 민원 처리 관련 법령에 따른 처리기간의 연장을 신고인에게 통지하여야 한다. ④ **상담소는 외국인, 장애인 등 대상별로 특화하여 운영할 수 있다.** ※ 지방자치단체는 가정폭력 관련 상담소를 외국인, 장애인 등 대상별로 특화하여 운영할 수 있다.(O) ⑤ 상담소의 설치·운영기준, 상담소에 두는 상담원의 수와 신고절차 등에 필요한 사항은 여성가족부령으로 정한다.

제6조	상담소의
	업무
	[⑧⑰]
		상담소의 업무는 다음 각 호와 같다.
		  1. **가정폭력을 신고받거나 이에 관한 상담에 응하는 일**
		  1의2. 가정폭력을 신고하거나 이에 관한 상담을 요청한 사람과 그 가족에 대한 상담
		  2. 가정폭력으로 정상적인 가정생활과 사회생활이 어렵거나 그 밖에 긴급히 보호를 필요로 하는 피해자 등을 임시로 보호하거나 의료기관 또는 제7조제1항에 따른 가정폭력피해자 보호시설로 인도(引渡)하는 일
		  3. 행위자에 대한 고발 등 법률적 사항에 관하여 자문하기 위한 대한변호사협회 또는 지방변호사회 및 「법률구조법」에 따른 법률 구조법인(이하 "법률구조법인"이라 한다) 등에 대한 필요한 협조와 지원의 요청
		  4. 경찰관서 등으로부터 인도받은 피해자 등의 임시 보호
		  5. **가정폭력의 예방과 방지에 관한 교육 및 홍보** [⑰]
		  6. 그 밖에 가정폭력과 그 피해에 관한 조사·연구

제7조	보호시설의 설치 [⑬⑰]	① **국가나 지방자치단체는** 가정폭력피해자 보호시설을 설치·운영할 수 있다. ② 「사회복지사업법」에 따른 **사회복지법인과 그 밖의 비영리법인은 시장·군수·구청장의 인가(認可)**를 받아 보호시설을 설치·운영할 수 있다. [⑰] ③ **보호시설에는 상담원을 두어야 하고, 보호시설의 규모에 따라** 생활지도원, 취사원, 관리원 등의 종사자를 둘 수 있다. ④ 보호시설의 설치·운영의 기준, 보호시설에 두는 상담원 등 종사자의 직종(職種) 과 수(數) 및 인가기준(認可基準) 등에 필요한 사항은 여성가족부령으로 정한다.

제7조 의2	보호시설의 종류 [⑤⑫⑬⑮⑰]	① 보호시설의 종류는 다음 각 호와 같다.
		  1. **단기보호시설** : 피해자 등을 **6개월의 범위에서** 보호하는 시설 [⑰]
		  2. **장기보호시설** : 피해자 등에 대하여 **2년의 범위에서** 자립을 위한 주거편의(住居便宜) 등을 제공하는 시설
		  3. **외국인보호시설** : 외국인 피해자 등을 **2년의 범위에서** 보호하는 시설
		  4. **장애인보호시설** : 「장애인복지법」의 적용을 받는 장애인인 피해자 등을 **2년의 범위에서** 보호하는 시설
		② 단기보호시설의 장은 그 단기보호시설에 입소한 피해자 등에 대한 보호기간을 여성가족부령으로 정하는 바에 따라 **3개월의 범위에서 두 차례 연장**할 수 있다.

제7조 의4	보호시설의 퇴소 [⑬]	제7조의3에 따라 보호시설에 입소한 자는 본인의 의사 또는 같은 조 제1항 제2호에 따라 입소 동의를 한 보호자의 요청에 따라 보호시설을 퇴소할 수 있으며, **보호시설의 장은 입소한 자가 다음 각 호의 어느 하나에 해당하는 경우에는 퇴소를 명할 수 있다.** 1. 보호의 목적이 달성된 경우 2. 보호기간이 끝난 경우 3. 입소자가 거짓이나 그 밖의 부정한 방법으로 입소한 경우 4. 보호시설 안에서 현저한 질서문란 행위를 한 경우

제8조	보호시설의 업무[⑬]	① **보호시설은 피해자 등에 대하여 다음 각 호의 업무를 행한다.** 다만, 피해자가 동반한 가정 구성원에게는 제1호 외의 업무 일부를 하지 아니할 수 있고, 장기보호시설은 피해자 등에 대하여 제1호부터 제5호까지에 규정된 업무(주거편의를 제공하는 업무는 제외한다)를 하지 아니할 수 있다.
		  1. 숙식의 제공
		  2. 심리적 안정과 사회적응을 위한 상담 및 치료
		  3. 질병치료와 건강관리(입소 후 1개월 이내의 건강검진을 포함한다)를 위한 의료기관에의 인도 등 의료지원
		  4. 수사기관의 조사와 법원의 증인신문(證人訊問)에의 동행
		  5. 법률구조기관 등에 필요한 협조와 지원의 요청
		  6. 자립자활교육의 실시와 취업정보의 제공
		  7. 다른 법률에 따라 보호시설에 위탁된 사항
		  8. 그 밖에 피해자 등의 보호를 위하여 필요한 일
		② 장애인보호시설을 설치·운영하는 자가 제1항 각 호의 업무를 할 때에는 장애인의 특성을 고려하여 적절하게 지원할 수 있도록 하여야 한다.
		③ 보호시설의 장은 제1항 각 호로 인한 비용의 전부 또는 일부를 가정폭력행위자로부터 구상(求償)할 수 있다. 삭제 〈2015.6.22.〉

제8조 의3	가정폭력 관련 상담원 교육훈련 시설	① **국가나 지방자치단체는 상담원**(상담원이 되려는 자를 포함한다)**에 대하여 교육·훈련을 실시하기 위하여 가정폭력 관련 상담원 교육훈련시설**(이하 "교육훈련시설"이라 한다)**을 설치·운영할 수 있다.** ⊗⊗ 지방자치단체는 가정폭력 관련 상담원 교육훈련시설을 설치·운영할 수 있다.(O) ② 다음 각 호의 자로서 교육훈련시설을 설치하려는 자는 시장·군수·구청장에게 신고하여야 한다. 신고한 사항 중 여성가족부령으로 정하는 중요 사항을 변경하려는 경우에도 또한 같다.

		1. 「고등교육법」에 따른 학교를 설립·운영하는 학교법인 2. 법률구조법인 3. 사회복지법인 4. 그 밖의 비영리법인 ③ 시장·군수·구청장은 제2항에 따른 신고를 받은 날부터 10일 이내(변경신고의 경우 5일 이내)에 신고수리 여부 또는 민원 처리 관련 법령에 따른 처리기간의 연장을 신고인에게 통지하여야 한다. ④ 교육훈련시설의 설치기준, 교육훈련시설에 두는 강사의 자격과 수, 상담원 교육훈련과정의 운영기준 및 신고절차 등에 필요한 사항은 여성가족부령으로 정한다.
제9조	피해자 의사의 존중 의무 [⑮]	상담소나 보호시설의 장은 피해자 등의 명시한 의사에 반하여 제8조 제1항과 제18조의 보호를 할 수 없다.
제13조	경비의 보조 [⑰]	① 국가나 지방자치단체는 제5조제2항 또는 제7조제2항에 따른 상담소나 보호시설의 설치·운영에 드는 경비의 일부를 보조할 수 있다. [⑰] ② 국가나 지방자치단체는 장애인보호시설이 여성가족부장관이 정하는 기준에 맞는 시설과 설비를 설치할 수 있도록 그 비용을 지원하여야 한다.

제18조	치료보호
	[⑮]
		① 의료기관은 피해자 본인, 가족, 친지나 긴급전화센터, 상담소 또는 보호시설의 장 등이 요청하면 피해자에 대하여 다음 각 호의 치료보호를 실시하여야 한다.
		  1. 보건에 관한 상담 및 지도
		  2. 신체적·정신적 피해에 대한 치료
		  3. 그 밖에 대통령령으로 정하는 의료에 관한 사항 → 시행령 제6조(그 밖의 의료범위) : 1. 임산부의 심리적 안정을 위한 각종 치료프로그램의 실시 등 정신치료, 2. 임산부와 태아를 보호하기 위한 검사나 치료, 3. 가정폭력피해자 가정의 신생아에 대한 의료
		② 제1항의 치료보호에 필요한 일체의 비용은 가정폭력행위자가 부담한다.
		③ 제2항에도 불구하고 피해자가 치료보호비를 신청하는 경우에는 국가나 지방자치단체는 가정폭력행위자를 대신하여 제1항의 치료보호에 필요한 비용을 의료기관에 지급하여야 한다.
		④ 국가나 지방자치단체가 제3항에 따라 비용을 지급한 경우에는 가정폭력행위자에 대하여 구상권(求償權)을 행사할 수 있다. 다만, 피해자가 보호시설 입소 중에 제1항의 치료보호를 받은 경우나 가정폭력행위자가 다음 각 호의 어느 하나에 해당하는 경우에는 그러하지 아니하다.
		  1. 「국민기초생활보장법」 제2조에 따른 수급자(受給者)
		  2. 「장애인복지법」 제32조에 따라 등록된 장애인

14 성매매방지 및 피해자 보호 등에 관한 법률 [⑧⑨⑮]

1 개요

① 2004년 3월 22일 제정되어 2004년 9월 23일에 시행
② 약칭 : 성매매피해자보호법
③ 관장부처 : 여성가족부(권익기반과)

2 법률 내용분석(2018.3.13. 일부 개정, 2018.9.14. 시행)

제1조	목적	이 법은 **성매매를 방지**하고, **성매매피해자 및 성을 파는 행위를 한 사람의 보호, 피해회복 및 자립·자활을 지원**하는 것을 목적으로 한다.
제4조	성매매 실태조사	**여성가족부장관**은 **3년마다** 국내외 성매매 실태조사(성접대 실태조사 포함)를 실시하여 성매매 실태에 관한 종합보고서 발간, 성매매 예방을 위한 정책수립에 기초자료로 활용하여야 한다.
제5조	성매매 예방교육	**국가기관, 지방자치단체, 초·중·고등학교**, 그 밖에 대통령령으로 정하는 공공단체의 장은 성에 대한 건전한 가치관 함양과 성매매 방지 및 인권보호를 위하여 **성매매 예방교육**을 실시하고, 그 결과를 **여성가족부장관에게 제출**하여야 한다.

제9조	지원시설의 종류	① 성매매피해자 등을 위한 지원시설(이하 "지원시설"이라 한다)의 **종류**는 다음 각 호와 같다.
		  1. **일반 지원시설** : 성매매피해자등을 대상으로 1년의 범위에서 숙식을 제공하고 자립을 지원하는 시설
		  2. **청소년 지원시설** : 19세 미만의 성매매피해자등을 대상으로 19세가 될 때까지 숙식을 제공하고, 취학·교육 등을 통하여 자립을 지원하는 시설
		  3. **외국인 지원시설** : 외국인 성매매피해자등을 대상으로 3개월(「성매매알선 등 행위의 처벌에 관한 법률」 제11조에 해당하는 경우에는 그 해당 기간)의 범위에서 숙식을 제공하고, 귀국을 지원하는 시설
		  4. **자립지원 공동생활시설** : 성매매피해자등을 대상으로 2년의 범위에서 숙박 등의 편의를 제공하고, 자립을 지원하는 시설
		② **일반 지원시설의 장은 1년 6개월의 범위**에서 여성가족부령으로 정하는 바에 따라 **지원기간을 연장**할 수 있다.
		③ **청소년 지원시설의 장은 2년의 범위**에서 여성가족부령으로 정하는 바에 따라 **지원기간을 연장**할 수 있다.
		④ **자립지원 공동생활시설의 장은 2년의 범위**에서 여성가족부령으로 정하는 바에 따라 **지원기간을 연장**할 수 있다.

제11조	지원시설의 업무[⑧]	① 일반 지원시설은 다음 각 호의 업무를 수행 [⑧]
		  1. 숙식 제공
		  2. 심리적 안정과 피해 회복을 위한 상담 및 치료
		  3. 질병치료와 건강관리를 위하여 의료기관에 인도(引渡)하는 등의 의료지원
		  4. 수사기관의 조사와 법원의 증인신문(證人訊問)에의 동행
		  5. 「법률구조법」 제8조에 따른 대한법률구조공단 등 관계 기관에 필요한 협조와 지원 요청
		  6. 자립·자활 교육의 실시와 취업정보 제공
		  7. 「국민기초생활 보장법」 등 사회보장 관계 법령에 따른 급부(給付)의 수령 지원
		  8. 기술교육(위탁교육을 포함한다)
		  9. 다른 법률에서 지원시설에 위탁한 사항
		  10. 그 밖에 여성가족부령으로 정하는 사항
		② **청소년 지원시설**은 제1항 각 호의 업무 외에 진학을 위한 교육을 제공하거나 교육기관에 취학을 연계하는 업무를 수행한다.
		③ **외국인 지원시설**은 제1항 제1호부터 제5호까지 및 제9호의 업무와 귀국을 지원하는 업무를 수행한다.
		④ **자립지원 공동생활시설**은 다음 각 호의 업무를 수행한다.
		  1. 숙박 지원

		2. 취업 및 창업을 위한 정보 제공 3. 그 밖에 사회 적응을 위하여 필요한 지원으로서 여성가족부령으로 정하는 사항 **OIKOS UP 자립지원 공동생활시설의 업무(시행규칙 제8조)** 법 제11조제4항제3호에서 "사회적응을 위하여 필요한 지원으로서 여성가족부령으로 정하는 사항"이란 지역사회와의 연계 및 적응 활동의 지원을 말한다.
제14조	지원시설에 대한 보호비용 지원	① 국가 또는 지방자치단체는 제9조의 지원시설 중 **일반·청소년·외국인 지원시설에 입소한 성매매피해자 등의 보호를 위하여** 필요한 경우 다음 각 호의 보호비용을 해당 지원시설의 장 또는 지원시설에 입소한 성매매피해자 등에게 지원할 수 있다. 다만, 지원시설에 입소한 성매매피해자 등이「국민기초생활 보장법」등 다른 법령에 따라 지원을 받고 있는 경우에는 그 범위에서 이 법에 따른 지원을 하지 아니한다. 1. **생계비** 2. **아동교육지원비** 3. **아동양육비** 4. **그 밖에 대통령령으로 정하는 비용**
제15조	자활지원센터의 설치 및 운영	① 국가 또는 지방자치단체는 성매매피해자등의 회복과 자립에 필요한 지원을 제공하기 위하여 **자활지원센터를 설치·운영**할 수 있다. ② 국가 또는 지방자치단체 외의 자가 자활지원센터를 설치·운영하려면 특별자치시장·특별자치도지사, **시장·군수·구청장에게 신고**하여야 한다. 신고한 사항 중 여성가족부령으로 정하는 중요 사항을 변경하려는 경우에도 또한 같다. ③ 특별자치시장·특별자치도지사, 시장·군수·구청장은 제2항에 따른 신고를 받은 날부터 10일 이내(변경신고의 경우 5일 이내)에 신고수리 여부 또는 민원 처리 관련 법령에 따른 처리기간의 연장을 신고인에게 통지하여야 한다. ④ 자활지원센터는 이 법에 따른 성매매피해자등이라면 누구라도 이용할 수 있다.
제16조	자활지원센터의 업무	**자활지원센터는 다음 각 호의 업무를 수행**한다. 1. 작업장 등의 설치·운영 2. 취업 및 기술교육(위탁교육을 포함한다) 3. 취업 및 창업을 위한 정보의 제공 4. 그 밖에 사회 적응을 위하여 필요한 지원으로서 **여성가족부령으로 정하는 사항** **OIKOS UP 자활지원센터의 업무(시행규칙 제14조)** 법 제16조제4호에서 "사회적응을 위하여 필요한 지원으로서 여성가족부령으로 정하는 사항"이란 자활과정에 필요한 심리적 안정과 피해 회복을 위한 과정 등의 운영 지원을 말한다.
제17조	상담소의 설치	① 국가 또는 지방자치단체는 성매매피해상담소를 설치·운영할 수 있다. ② 국가 또는 지방자치단체 **외의 자**가 상담소를 설치·운영하려면 **특별자치시장·특별자치도지사, 시장·군수·구청장에게 신고**하여야 한다. 신고한 사항 중 여성가족부령으로 정하는 중요 사항을 변경하려는 경우에도 또한 같다. ③ 특별자치시장·특별자치도지사, 시장·군수·구청장은 제2항에 따른 신고를 받은 날부터 10일 이내(변경신고의 경우 5일 이내)에 신고수리 여부 또는 민원 처리 관련 법령에 따른 처리기간의 연장을 신고인에게 통지하여야 한다.

		④ 상담소에는 상담실을 두어야 하며, 이용자를 임시로 보호하기 위한 보호실을 운영할 수 있다. ⑤ 상담소의 설치기준·신고절차·운영기준, 상담원 등 종사자의 자격기준 및 수 등에 필요한 사항은 여성가족부령으로 정한다.
제18조	상담소의 업무	1. 상담 및 현장 방문 2. 지원시설 이용에 관한 고지 및 지원시설에의 인도 또는 연계 3. 성매매피해자 등의 구조 4. 제11조 제1항 제3호부터 제5호까지의 업무 5. 성매매 예방을 위한 홍보와 교육 6. 다른 법률에서 상담소에 위탁한 사항 7. 성매매피해자 등의 보호를 위한 조치로서 여성가족부령으로 정하는 사항 **OIKOS UP 상담소의 업무(시행규칙 제15조)** 법 제18조제7호에서 "성매매피해자등의 보호를 위한 조치로서 여성가족부령으로 정하는 사항"이란 일시적인 숙식 제공을 위한 지원시설과의 연계를 말한다.

제19조	성매매방지
	중앙지원
	센터의 설치
	등
	[⑨]
		① 국가는 성매매방지활동 및 성매매피해자등에 대한 지원서비스 전달체계의 효율적인 연계·조정 등을 위하여 **성매매방지중앙지원센터**를 설치·운영할 수 있다.
		② 중앙지원센터는 다음 각 호의 업무를 수행한다.
		  1. 이 법에 규정된 지원시설·자활지원센터·상담소 간 종합 연계망 구축
		  2. 성매매피해자 등 구조체계 구축·운영 및 성매매피해자 등 구조활동의 지원
		  3. 법률·의료 지원단 운영 및 법률·의료 지원체계 확립
		  4. 성매매피해자 등의 자립·자활 프로그램 개발·보급
		  5. 성매매피해자 등에 대한 지원대책 연구 및 홍보활동
		  6. 성매매 실태조사 및 성매매 방지대책 연구
		  7. 성매매 예방교육프로그램의 개발
		  8. 상담소 등 종사자의 교육 및 상담원 양성, 상담기법의 개발 및 보급
		  9. 그 밖에 여성가족부령으로 정하는 사항
		
		OIKOS UP 성매매방지중앙지원센터의 업무(시행규칙 제16조)
		법 제19조제2항제9호에서 "여성가족부령으로 정하는 사항"이란 성매매 방지활동, 성매매피해자 및 성을 파는 행위를 한 사람(이하 "성매매피해자등"이라 한다)의 지원을 위하여 여성가족부장관이 필요하다고 인정하는 사항을 말한다.

15 성폭력방지 및 피해자보호 등에 관한 법률 [16][17][18][19]

1 개요

① 「성폭력범죄의 처벌 및 피해자보호 등에 관한 법률」의 내용 중 성폭력피해자 보호·지원에 관한 사항을 분리하여 규정하여, 2010년 4월 15일 제정하여 2010년 4월 15일에 시행되었다.
② **약칭** : 성폭력방지법
③ **관장부처** : 여성가족부(권익지원과)

2 법률 내용분석(2023.4.18. 일부 개정, 2024.4.19. 시행)

제1조	목적	이 법은 성폭력을 예방하고 성폭력피해자를 보호·지원함으로써 인권증진에 이바지함을 목적으로 한다.
제3조	국가 등의 책무 [17]	① 국가와 지방자치단체는 성폭력을 방지하고 성폭력피해자(이하 "피해자")를 보호·지원하기 위하여 다음 각 호의 조치를 하여야 한다. 1. **성폭력 신고체계의 구축·운영** 2. **성폭력 예방을 위한 조사·연구, 교육 및 홍보** 3. 피해자를 보호·지원하기 위한 시설의 설치·운영 4. **피해자에 대한 주거지원, 직업훈련 및 법률구조 등 사회복귀 지원** 5. 피해자에 대한 보호·지원을 원활히 하기 위한 관련 기관 간 협력체계의 구축·운영 6. **성폭력 예방을 위한 유해환경 개선** 7. 피해자 보호·지원을 위한 관계 법령의 정비와 각종 정책의 수립·시행 및 평가 ② 국가와 지방자치단체는 제1항에 따른 책무를 다하기 위하여 이에 따른 예산상의 조치를 하여야 한다.
제4조	성폭력 실태조사	여성가족부장관은 성폭력의 실태를 파악하고 성폭력 방지에 관한 정책을 수립하기 위하여 **3년마다** 성폭력 실태조사를 하고 그 결과를 발표하여야 한다.
제7조	피해자등에 대한 취학 및 취업 지원	① 국가와 지방자치단체는 피해자나 피해자의 가족구성원(이하 "피해자등"이라 한다)이 「초·중등교육법」 제2조에 따른 각급학교의 학생인 경우 주소지 외의 지역에서 취학(입학, 재입학, 전학 및 편입학을 포함한다. 이하 이 조에서 같다)할 필요가 있을 때에는 다음 **각 호에 따라 그 취학이 원활히 이루어지도록 지원하여야 한다.** 이 경우 취학을 지원하는 관계자는 피해자등의 사생활이 침해되지 아니하도록 유의하여야 한다. 1. 초등학교의 경우에는 다음 각 목에 따른다. 　가. 보호자가 피해자등을 주소지 외의 지역에 있는 초등학교에 입학시키려는 경우 초등학교의 장은 피해자등의 입학을 승낙하여야 한다. 　나. 피해자등이 초등학교에 다니고 있는 경우 그 초등학교의 장은 피해자등의 보호자(가해자가 아닌 보호자를 말한다) 1명의 동의를 받아 교육장에게 그 피해자등의 전학을 추천하여야 하고, 교육장은 전학할 학교를 지정하여 전학시켜야 한다. 2. 그 밖의 각급학교의 경우: 각급학교의 장은 피해자등이 다른 학교로 전학·편입학할 수 있도록 추천하여야 하고, 교육장 또는 교육감은 교육과정의 이수에 지장이 없는 범위에서 전학·편입학할 학교를 지정하여 배정하여야 한다. 이 경우 그 배정된 학교의 장은 피해자등의 전학·편입학을 거부할 수 없다.

		② 출석일수 산입 등 제1항에 따른 취학 지원에 필요한 사항은 대통령령으로 정한다. ③ 국가와 지방자치단체는 피해자를 보호하는 자에 대한 직업훈련 및 취업을 알선할 수 있다. ④ 취업 지원 대상의 범위 등 제3항에 따른 취업 지원에 필요한 사항은 여성가족부령으로 정한다.
제7조 의2	피해자에 대한 법률상담등 [⑮]	① 국가는 피해자에 대하여 법률상담과 소송대리(訴訟代理) 등의 지원(이하 "법률상담등"이라 한다)을 할 수 있다. ② 여성가족부장관은 「법률구조법」 제8조에 따른 대한법률구조공단 또는 대통령령으로 정하는 그 밖의 기관에 제1항에 따른 법률상담등을 요청할 수 있다. ③ 제1항에 따른 법률상담등에 드는 비용은 대통령령으로 정하는 바에 따라 국가가 부담할 수 있다.
제8조	피해자에 대한 불이익처분 의 금지 [⑮]	누구든지 피해자 또는 성폭력 발생 사실을 신고한 자를 고용하고 있는 자는 성폭력과 관련하여 피해자 또는 성폭력 발생 사실을 신고한 자에게 다음 각 호의 어느 하나에 해당하는 불이익조치를 하여서는 아니 된다. 1. 파면, 해임, 해고, 그 밖에 신분상실에 해당하는 불이익조치 2. 징계, 정직, 감봉, 강등, 승진 제한, 그 밖의 부당한 인사조치 3. 전보, 전근, 직무 미부여, 직무 재배치, 그 밖에 본인의 의사에 반하는 인사조치 4. 성과평가 또는 동료평가 등에서의 차별이나 그에 따른 임금 또는 상여금 등의 차별 지급 5. 직업능력 개발 및 향상을 위한 교육훈련 기회의 제한, 예산 또는 인력 등 가용자원의 제한 또는 제거, 보안정보 또는 비밀정보 사용의 정지 또는 취급자격의 취소, 그 밖에 근무조건 등에 부정적 영향을 미치는 차별 또는 조치 6. 주의 대상자 명단 작성 또는 그 명단의 공개, 집단 따돌림, 폭행 또는 폭언 등 정신적·신체적 손상을 가져오는 행위 또는 그 행위의 발생을 방치하는 행위 7. 직무에 대한 부당한 감사 또는 조사나 그 결과의 공개 8. 그 밖에 본인의 의사에 반하는 불이익조치
제10조	상담소의 설치·운영	① 국가 또는 지방자치단체는 성폭력피해상담소(이하 "상담소"라 한다)를 설치·운영할 수 있다. ② 국가 또는 지방자치단체 **외의 자가** 상담소를 설치·운영하려면 특별자치시장·특별자치도지사 또는 **시장·군수·구청장**(자치구의 구청장을 말한다. 이하 같다)에게 신고하여야 한다. 신고한 사항 중 여성가족부령으로 정하는 중요 사항을 변경하려는 경우에도 또한 같다. ③ 특별자치시장·특별자치도지사 또는 시장·군수·구청장은 제2항에 따른 신고를 받은 날부터 10일 이내(변경신고의 경우 5일 이내)에 신고수리 여부 또는 민원 처리 관련 법령에 따른 처리기간의 연장을 신고인에게 통지하여야 한다. ④ 상담소의 설치·운영 기준, 상담소에 두는 상담원 등 종사자의 수 및 신고 등에 필요한 사항은 여성가족부령으로 정한다.
제11조	상담소의 업무	상담소는 다음 각 호의 업무를 한다. 1. 성폭력피해의 신고접수와 이에 관한 상담 2. 성폭력피해로 인하여 정상적인 가정생활 또는 사회생활이 곤란하거나 그 밖의 사정으로 긴급히 보호할 필요가 있는 사람과 제12조에 따른 성폭력피해자보호시설 등의 연계 3. 피해자 등의 질병치료와 건강관리를 위하여 의료기관에 인도하는 등 의료 지원 4. 피해자에 대한 수사기관의 조사와 법원의 증인신문(證人訊問) 등에의 동행

제11조	상담소의 업무	5. 성폭력행위자에 대한 고소와 피해배상청구 등 사법처리 절차에 관하여 「법률구조법」 제8조에 따른 대한법률구조공단 등 관계 기관에 필요한 협조 및 지원 요청 6. 성폭력 예방을 위한 홍보 및 교육 7. 그 밖에 성폭력 및 성폭력피해에 관한 조사·연구

제12조	보호시설의 설치·운영 및 종류
	[⑮⑱]
		① 국가 또는 지방자치단체는 **성폭력피해자보호시설**을 설치·운영할 수 있다.
		② 「사회복지사업법」에 따른 사회복지법인이나 그 밖의 비영리법인은 특별자치시장·특별자치도지사 또는 **시장·군수·구청장의 인가**를 받아 보호시설을 설치·운영할 수 있다.
		③ 제1항 및 제2항에 따른 보호시설의 종류는 다음 각 호와 같다.
		  1. **일반보호시설** : 피해자에게 제13조 제1항 각 호의 사항을 제공하는 시설
		  2. **장애인보호시설** : 「장애인차별금지 및 권리구제 등에 관한 법률」 제2조 제2항에 따른 장애인인 피해자에게 제13조 제1항 각 호의 사항을 제공하는 시설
		  3. **특별지원 보호시설** : 「성폭력범죄의 처벌 등에 관한 특례법」 제5조에 따른 피해자로서 19세 미만의 피해자에게 제13조 제1항 각 호의 사항을 제공하는 시설
		  4. **외국인보호시설** : 외국인 피해자에게 제13조 제1항 각 호의 사항을 제공하는 시설. 다만, 「가정폭력방지 및 피해자보호 등에 관한 법률」 제7조의2 제1항 제3호에 따른 외국인보호시설과 통합하여 운영할 수 있다.
		  5. **자립지원 공동생활시설** : 제1호부터 제4호까지의 보호시설을 퇴소한 사람에게 제13조 제1항 제3호 및 그 밖에 필요한 사항을 제공하는 시설
		  6. **장애인 자립지원 공동생활시설** : 제2호의 보호시설을 퇴소한 사람에게 제13조 제1항 제3호 및 그 밖에 필요한 사항을 제공하는 시설
		  ⊗◎ 성폭력피해자보호시설의 종류: 상담지원시설(×)
		④ 국가 또는 지방자치단체는 보호시설의 설치·운영을 대통령령으로 정하는 기관 또는 단체에 위탁할 수 있다.

제13조	보호시설의 업무	① 보호시설은 다음 각 호의 업무를 한다.
		  1. 피해자등의 보호 및 숙식 제공
		  2. 피해자등의 심리적 안정과 사회 적응을 위한 상담 및 치료
		  3. 자립·자활 교육의 실시와 취업정보의 제공
		  4. 제11조제3호·제4호 및 제5호의 업무
		  5. 다른 법률에 따라 보호시설에 위탁된 업무
		  6. 그 밖에 피해자등을 보호하기 위하여 필요한 업무
		② 제12조제3항제2호에 따른 장애인보호시설 및 같은 항 제6호에 따른 장애인 자립지원 공동생활시설을 설치·운영하는 자가 제1항 각 호의 업무를 할 때에는 장애인의 특성을 고려하여 적절하게 보호·지원될 수 있도록 하여야 한다.

제14조	보호시설에 대한 보호비용 지원
	[⑲]
		① 국가 또는 지방자치단체는 보호시설에 입소한 피해자등의 보호를 위하여 필요한 경우 다음 각 호의 보호비용을 보호시설의 장 또는 피해자에게 지원할 수 있다. 다만, 보호시설에 입소한 피해자등이 「국민기초생활 보장법」 등 다른 법령에 따라 보호를 받고 있는 경우에는 그 범위에서 이 법에 따른 지원을 하지 아니한다.
		  1. 생계비
		  2. 아동교육지원비
		  3. 아동양육비
		  4. 그 밖에 대통령령으로 정하는 비용

제15조	보호시설의 입소 [⑮]	② 제1항에 따른 **보호비용의 지원 방법 및 절차 등에 필요한 사항은 여성가족부령으로 정한다.** [⑲]
		① 피해자등이 다음 각 호의 어느 하나에 해당하는 경우에는 보호시설에 입소할 수 있다. 　1. 본인이 입소를 희망하거나 입소에 동의하는 경우 　2. 미성년자 또는 지적장애인 등 의사능력이 불완전한 사람으로서 성폭력행위자가 아닌 보호자가 입소에 동의하는 경우 ② 제12조 제2항에 따라 인가받은 보호시설의 장은 제1항에 따라 보호시설에 입소한 사람의 인적사항 및 입소사유 등을 특별자치시장·특별자치도지사 또는 시장·군수·구청장에게 지체 없이 보고하여야 한다. ③ 보호시설의 장은 친족에 의한 피해자나 지적장애인 등 의사능력이 불완전한 피해자로서 상담원의 상담 결과 입소가 필요하나 보호자의 입소 동의를 받는 것이 적절하지 못하다고 인정하는 경우에는 제1항에도 불구하고 보호시설에 입소하게 할 수 있다. 이 경우 제12조 제2항에 따라 인가받은 보호시설의 장은 지체 없이 관할 특별자치시장·특별자치도지사 또는 시장·군수·구청장의 승인을 받아야 한다. ④ 제3항에 따른 입소 및 승인에 있어서 보호시설의 장과 특별자치시장·특별자치도지사 또는 시장·군수·구청장은 피해자의 권익 보호를 최우선적으로 고려하여야 한다.
제16조	보호시설의 입소기간 [⑮]	① 제12조 제3항에 따른 **보호시설의 종류별 입소기간**은 다음 각 호와 같다. 　1. **일반보호시설 : 1년 이내.** 다만, 여성가족부령으로 정하는 바에 따라 1년 6개월의 범위에서 한 차례 연장할 수 있다. 　2. **장애인보호시설 : 2년 이내.** 다만, 여성가족부령으로 정하는 바에 따라 피해회복에 소요되는 기간까지 연장할 수 있다. 　3. **특별지원 보호시설 : 19세가 될 때까지.** 다만, 여성가족부령으로 정하는 바에 따라 2년의 범위에서 한 차례 연장할 수 있다. 　4. **외국인보호시설 : 1년 이내.** 다만, 여성가족부령으로 정하는 바에 따라 피해회복에 소요되는 기간까지 연장할 수 있다. 　5. **자립지원 공동생활시설 : 2년 이내.** 다만, 여성가족부령으로 정하는 바에 따라 2년의 범위에서 한 차례 연장할 수 있다. 　6. **장애인 자립지원 공동생활시설 : 2년 이내.** 다만, 여성가족부령으로 정하는 바에 따라 2년의 범위에서 한 차례 연장할 수 있다. ② 제1항 제1호에도 불구하고 일반보호시설에 입소한 피해자가 대통령령으로 정하는 특별한 사유에 해당하는 경우에는 입소기간을 초과하여 연장할 수 있다. ③ 제2항에 따른 입소기간의 연장에 관한 사항은 여성가족부령으로 정한다.
제24조	피해자등의 의사 존중 [⑲]	상담소, 보호시설 및 통합지원센터의 장과 종사자는 **피해자등이 분명히 밝힌 의사에 반하여 제11조(상담소의 업무) 및 제13조제1항(보호시설의 업무)에 따른 업무 등을 할 수 없다.** [⑲] ❌ 피해자의 의사에 반하여 피해자 상담을 할 수 있다.(×)
제26조	경비의 보조	① 국가 또는 지방자치단체는 상담소, 보호시설 또는 통합지원센터의 설치·운영에 드는 경비를 보조할 수 있다. ② 제1항에 따라 경비를 보조할 때에는 제4조에 따른 성폭력 실태조사와 제25조에 따른 평가 및 제32조에 따른 보고 등의 결과를 고려하여야 한다.

제27조	성폭력 전담의료기 관의 지정 등 [⑲]	① 여성가족부장관, 특별자치시장·특별자치도지사 또는 **시장·군수·구청장은** 국립·공립병원, 보건소 또는 **민간의료시설을 피해자등의 치료를 위한 전담의료기관으로 지정**할 수 있다. [⑲] ㊓ 시장·군수·구청장은 민간의료시설을 피해자등의 치료를 위한 전담의료기관으로 지정할 수 있다.(O) ② 제1항에 따라 지정된 전담의료기관은 피해자 본인·가족·친지나 긴급전화센터, 상담소, 보호시설 또는 통합지원센터의 장 등이 요청하면 피해자등에 대하여 다음 각 호의 의료 지원을 하여야 한다. 1. 보건 상담 및 지도 2. 치료 3. 그 밖에 대통령령으로 정하는 신체적·정신적 치료
제28조	의료비 지원 [⑮⑲]	① **국가 또는 지방자치단체는 제27조 제2항에 따른 치료 등 의료 지원에 필요한 경비의 전부 또는 일부를 지원할 수 있다.** [⑮⑲] ② 제1항에 따른 의료비용의 지원범위 및 절차 등에 필요한 사항은 여성가족부령으로 정한다.
제29조	영리목적 운영의 금지	누구든지 영리를 목적으로 상담소, 보호시설 또는 교육훈련시설을 설치·운영하여서는 아니 된다. 다만, 교육훈련시설의 장은 상담원 교육훈련과정을 수강하는 사람에게 여성가족부장관이 정하는 바에 따라 수강료를 받을 수 있다.
제30조	비밀 엄수의 의무 [⑲]	상담소, 보호시설 또는 통합지원센터의 장이나 그 밖의 종사자 또는 그 직에 있었던 사람은 **그 직무상 알게 된 비밀을 누설하여서는 아니 된다.**

16 건강가정기본법 [21]

1 개요

① 2004년 2월 9일 제정하여 2005년 1월 1일에 시행되었다.
② 관장부처 : 여성가족부(가족정책과)

2 법률 내용분석(2020.5.19. 일부 개정, 2020.5.19. 시행)

제1조	목적	이 법은 건강한 가정생활의 영위와 가족의 유지 및 발전을 위한 국민의 권리·의무와 국가 및 지방자치단체 등의 책임을 명백히 하고, 가정문제의 적절한 해결방안을 강구하며 가족구성원의 복지증진에 이바지할 수 있는 지원정책을 강화함으로써 건강가정 구현에 기여하는 것을 목적으로 한다.
제3조	정의 [21]	이 법에서 사용하는 용어의 정의는 다음과 같다. 1. **"가족"**이라 함은 혼인·혈연·입양으로 이루어진 사회의 기본단위를 말한다. [21] 2. **"가정"**이라 함은 가족구성원이 생계 또는 주거를 함께 하는 생활공동체로서 구성원의 일상적인 부양·양육·보호·교육 등이 이루어지는 생활단위를 말한다. 2의2. **"1인가구"**라 함은 1명이 단독으로 생계를 유지하고 있는 생활단위를 말한다. [21] ※ "1인가구"라 함은 성인 1명 또는 그와 생계를 같이하는 미성년자녀로 구성된 생활단위를 말한다.(×) 3. **"건강가정"**이라 함은 가족구성원의 욕구가 충족되고 인간다운 삶이 보장되는 가정을 말한다. 4. **"건강가정사업"**이라 함은 건강가정을 저해하는 문제(이하 "가정문제"라 한다)의 발생을 예방하고 해결하기 위한 여러 가지 조치와 가족의 부양·양육·보호·교육 등의 가정기능을 강화하기 위한 사업을 말한다.
제8조	혼인과 출산 [21]	① 모든 국민은 혼인과 출산의 사회적 중요성을 인식하여야 한다. [21] ② 국가 및 지방자치단체는 출산과 육아에 대한 사회적 책임을 인식하고 모·부성권 보호 및 태아의 건강보장 등 적절한 출산·육아환경을 조성하기 위하여 적극적으로 지원하여야 한다.
제22조	자녀양육지원의 강화 [21]	① **국가 및 지방자치단체는** 자녀를 양육하는 가정에 대하여 자녀양육으로 인한 부담을 완화하고 아동의 행복추구권을 보장하기 위하여 보육, 방과후 서비스, **양성이 평등한 육아휴직제 등의 정책을 적극적으로 확대 시행하여야 한다.** [21] ② 국가 및 지방자치단체는 다양한 가족형태를 고려하여 아동양육지원사업 시책(아이돌보미 서비스를 포함한다. 이하 같다)을 수립·시행하여야 한다. ③ 국가 및 지방자치단체는 아동양육지원사업을 예산의 범위에서 지원할 수 있다. ④ 국가 및 지방자치단체는 가사노동의 가치에 대한 사회적 인식을 제고하고 이를 관련 법·제도 및 가족정책에 반영하도록 노력하여야 한다.
제24조	가족의 건강증진 [21]	국가 및 지방자치단체는 영·유아, 아동, 청소년, 중·장년, 노인 등 **생애주기에 따르는 가족구성원의 종합적인 건강증진대책을 마련하여야 한다.** [21]

17 기타 사회복지서비스법

1 발달장애인 권리보장 및 지원에 관한 법률

(1) 개 요
① 2014년 5월 20일 제정되어 2015년 11월 21일부터 시행
② **약칭** : 발달장애인법
③ **관장부처** : 보건복지부(장애인서비스과)

(2) 법률 내용분석(2024.1.23. 일부개정, 2024.6.14. 시행)

제1조	목적	이 법은 발달장애인의 의사를 최대한 존중하여 그들의 생애주기에 따른 특성 및 복지욕구에 적합한 지원과 권리옹호 등이 체계적이고 효과적으로 제공될 수 있도록 필요한 사항을 규정함으로써 발달장애인의 사회참여를 촉진하고, 권리를 보호하며, 인간다운 삶을 영위하는 데 이바지함을 목적으로 한다.	
제2조	정의	발달장애인	가. **지적장애인**: 정신 발육이 항구적으로 지체되어 지적 능력의 발달이 불충분하거나 불완전하여 자신의 일을 처리하는 것과 사회생활에 적응하는 것이 상당히 곤란한 사람 나. **자폐성장애인**: 소아기 자폐증, 비전형적 자폐증에 따른 언어·신체표현·자기조절·사회적응 기능 및 능력의 장애로 인하여 일상생활이나 사회생활에 상당한 제약을 받아 다른 사람의 도움이 필요한 사람 다. 그 밖에 통상적인 발달이 나타나지 아니하거나 크게 지연되어 일상생활이나 사회생활에 상당한 제약을 받는 사람으로서 대통령령으로 정하는 사람
제6조	실태조사	보건복지부장관은 발달장애인의 실태파악과 복지정책 수립을 위한 기초자료로 활용하기 위하여 **3년마다** 발달장애인과 그 가족에 대한 실태조사를 실시하여야 한다.	
제2장	권리의 보장	① 자기결정권의 보장(제8조) ② 성년후견제 이용지원(제9조) ③ 의사소통지원(제10조) ④ 자조단체의 결성 등(제11조) ⑤ 형사·사법 절차상 권리보장(제12조)	⑥ 발달장애인에 대한 전담조사제(제13조) ⑦ 발달장애인 대상 범죄 방지(제14조) ⑧ 신고의무(제15조) ⑧ 현장조사(제16조) ⑨ 보호조치 등(제17조)
제3장	복지지원 및 서비스	① 발달장애인과 복지서비스 제공기관 등의 연계(제20조) ② 계좌의 관리 등(제21조) ③ 계좌 관리의 점검 등(제22조) ④ 조기진단 및 개입(제23조) ⑤ 재활 및 발달 지원(제24조) ⑥ 고용 및 직업훈련 지원(제25조) ⑦ 평생교육 지원(제26조) ⑧ 문화·예술·여가·체육 활동 등 지원(제27조) ⑨ 소득보장(제28조) ⑩ 거주시설·돌봄 지원(제29조) ⑪ 주간활동·방과 후 활동 지원(제29조의2)	

제4장	발달장애인 가족 및 보호자 지원	① 보호자에 대한 정보제공과 교육(제30조) ② 보호자에 대한 상담지원(제31조) ③ 휴식지원 등(제32조)
제33조	발달장애인 지원센터 [⑱]	① **보건복지부장관**은 제4조에 따른 책무를 효과적으로 수행하고 발달장애인에 대한 통합적 지원체계를 마련하기 위하여 **중앙발달장애인지원센터를 설치**하여야 한다. ② **시·도지사**는 발달장애인의 권리보호 활동, 당사자와 그 가족에 대한 상담 등을 담당하는 **지역발달장애인지원센터를 특별시·광역시·특별자치시·도·특별자치도에 설치**하여야 한다. 이 경우 시·도지사는 필요성을 고려하여 지역발달장애인지원센터를 시·군·구에 설치할 수 있다. 📝 장애인복지법에 근거하여 설치 또는 설립하는 것 – 발달장애인지원센터(×)

2 노숙인 등의 복지 및 자립지원에 관한 법률

(1) 개 요

① 2011년 6월 7일 제정되어 2012년 6월 8일부터 시행
② 약칭 : 노숙인복지법
③ 관장부처 : 보건복지부(자립지원과)

(2) 법률 내용분석(2020.12.29. 일부개정, 2021.6.30. 시행)

제1조	목적	이 법은 **노숙인(露宿人) 등의 인간다운 생활을 할 권리를 보호**하고 재활 및 자립을 위한 기반을 조성하여 이들의 건전한 사회복귀와 복지증진에 이바지하는 것을 목적으로 한다.
제2조	정의	노숙인 등	가. 상당한 기간 동안 일정한 주거 없이 생활하는 사람 나. 노숙인시설을 이용하거나 상당한 기간 동안 노숙인시설에서 생활하는 사람 다. 상당한 기간 동안 주거로서의 적절성이 현저히 낮은 곳에서 생활하는 사람
		노숙인 시설	노숙인 등을 위한 노숙인복지시설, 노숙인종합지원센터
제7조	노숙인 등의 복지 및 자립지원 종합계획의 수립 등	① **보건복지부장관**은 노숙인 등의 보호 및 자립 등을 지원하기 위하여 **5년마다** 다음 각 호의 사항을 포함하는 노숙인 등의 복지 및 자립지원 종합계획(이하 "종합계획"이라 한다)을 수립·시행하여야 한다. 1. 노숙인 등에 대한 정책의 목표와 방향 1의2. 노숙인 등의 성별 특성을 반영한 정책 2. 노숙인 등의 발생예방·사후관리 및 감소 방안 3. 정책성과 지표와 재정계획 4. 노숙인시설의 설치·확보 및 주거지원·복지서비스 등에 관한 사항 5. 민간협력에 관한 사항 6. 노숙인 등의 보호와 자립을 위한 관계 중앙행정기관의 장과의 협력에 관한 사항 7. 그 밖에 대통령령으로 정하는 노숙인 등 정책에 관한 사항 ② 보건복지부장관은 종합계획을 수립할 때 미리 관계 중앙행정기관의 장과 협의하여야 한다.

제9조	실태조사	① 보건복지부장관은 이 법의 적절한 시행을 위하여 노숙인 등의 현황·욕구 및 심리와 이들에 대한 공공 및 민간의 지원상황에 대하여 **5년마다 실태조사를 실시**하고 그 결과를 공표하여야 한다. ② 보건복지부장관은 제1항에 따른 실태조사를 위하여 필요한 경우 관계 중앙행정기관의 장, 지방자치단체의 장, 「공공기관의 운영에 관한 법률」에 따른 공공기관의 장, 그 밖에 관련 시설·법인·단체의 장에게 필요한 자료의 제출 또는 의견의 진술 등을 요청할 수 있다. 이 경우 관계 중앙행정기관의 장 등은 특별한 사유가 없으면 그 요청에 따라야 한다.
제3장	복지서비스 제공	① 주거지원(제10조)　　④ 여성노숙인 등에 대한 보건위생 ② 급식지원(제11조)　　　 물품 지원(제12조의2) ③ 의료지원(제12조)　　⑤ 고용지원(제13조) 　　　　　　　　　　　⑥ 응급조치의 의무(제14조)
제15조	노숙인 시설의 설치·운영 등	① 국가와 지방자치단체는 노숙인 등의 자립과 사회복귀 등을 지원하기 위하여 **노숙인시설을 설치·운영하거나 사회복지법인 또는 비영리법인에 위탁하여 운영**할 수 있다. ② 국가와 지방자치단체 외의 자가 노숙인복지시설을 설치·운영하고자 하는 때에는 보건복지부령으로 정하는 바에 따라 **시장·군수·구청장에게 신고**하여야 한다. ③ 시장·군수·구청장은 제2항에 따른 신고를 받은 경우 그 내용을 검토하여 이 법에 적합하면 신고를 수리하여야 한다.
제16조	노숙인복지 시설의 종류	① **노숙인일시보호시설** : 노숙인 등에게 일시보호 및 복지서비스 연계 등을 제공하는 시설 ② **노숙인자활시설** : 노숙인 등의 자립을 지원하기 위하여 전문적인 직업상담·훈련 등의 복지서비스를 제공하는 시설 ③ **노숙인재활시설** : 신체 및 정신장애 등으로 자립이 어려운 노숙인 등에게 치료 및 재활서비스를 제공하는 시설 ④ **노숙인요양시설** : 건강상의 문제 등으로 단기간 내 가정 및 사회복귀가 어려운 노숙인 등에게 요양서비스를 제공하는 시설 ⑤ **노숙인급식시설** : 제11조에 따른 급식시설 ⑥ **노숙인진료시설** : 제12조에 따른 진료시설 ⑦ **쪽방상담소** : 쪽방 밀집지역에서 쪽방거주자에 대한 상담·취업지원·생계지원, 그 밖의 행정지원 서비스를 제공하는 시설 ⑧ 그 밖에 보건복지부령으로 정하는 시설

MEMO

사회복지 관련법

제2부 **각 론**

제14장 회차별 출제빈도, 출제비중 및 출제논점 1, 2, 3순위

사회복지관련법	10회 2012	11회 2013	12회 2014	13회 2015	14회 2016	15회 2017	16회 2018	17회 2019	18회 2020	19회 2021	20회 2022	21회 2023	22회 2024
자원봉사활동 기본법	-	1	-	-	1	-	1	-	-	1	-	-	-
장애인고용촉진 및 직업재활법	1	-	-	-	-	-	-	-	-	-	-	-	-

목 차	출제 비중	출제 논점		
		1순위 ☺	2순위 ※	3순위 ☆
제14장 사회복지 관련법	0~1			
자원봉사활동 기본법	0~1	① 2번 이상 출제되었던 조문	① 1번 출제되었던 조문	
장애인고용촉진 및 직업재활법	0~1	① 2번 이상 출제되었던 조문	① 1번 출제되었던 조문	

1순위 스마일표시(☺) : 출제 빈출도가 높은 부분으로 무조건 시험에 출제되는 영역
2순위 당구장표시(※) : 나왔다 안 나왔다 하는 영역이지만 출제가능성 높은 영역
3순위 별 표(☆) : 출제 된 적이 있긴 하지만 다시 출제될 가능성은 다소 떨어지는 영역

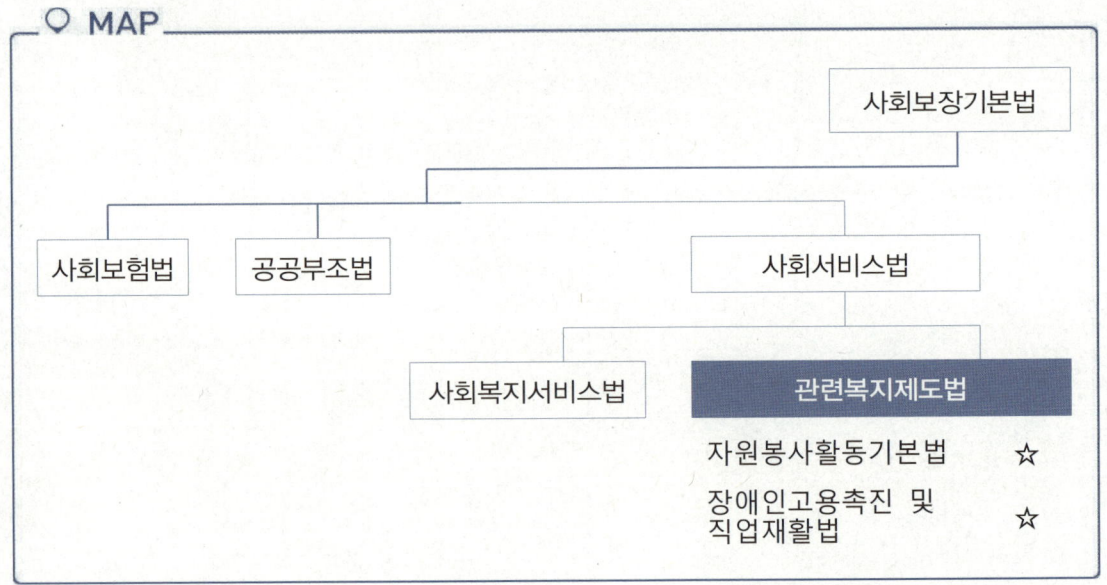

01 자원봉사활동기본법 [6⑪⑭⑯⑲]

1 개요

① 2005년 8월 4일 제정되어 2006년 2월 5일에 시행
② **약칭** : 자원봉사법
③ **관장부처** : 행정안전부(민간협력과)

2 법률 내용분석(2023.8.16. 타법개정, 2024.2.17. 시행)

제1조	목적	이 법은 자원봉사활동에 관한 기본적인 사항을 규정함으로써 자원봉사활동을 진흥하고 행복한 공동체 건설에 이바지함을 목적으로 한다.
제2조	기본방향 [6⑩⑯⑲]	자원봉사활동의 진흥을 위한 정책은 다음 각 호의 사항을 기본 방향으로 하여야 한다. 1. 자원봉사활동은 국민의 협동적인 참여 능력을 높일 수 있는 방향으로 추진하여야 한다. 2. 자원봉사활동은 무보수성, 자발성, 공익성, 비영리성, 비정파성(非政派性), 비종파성(非宗派性)의 원칙 아래 수행될 수 있도록 하여야 한다. [⑲] ※ 비집단성(×), 무차별성(×) 3. 모든 국민은 나이, 성별, 장애, 지역, 학력 등 사회적 배경에 관계없이 누구든지 자원봉사활동에 참여할 수 있도록 하여야 한다. 4. 자원봉사활동의 진흥을 위한 정책은 민·관 협력의 기본 정신을 바탕으로 하여 추진하여야 한다.
제3조	정의 [⑩]	**자원봉사활동** [⑩] : 개인 또는 단체가 지역사회·국가 및 인류사회를 위하여 대가 없이 자발적으로 시간과 노력을 제공하는 행위
		자원봉사자 : 자원봉사활동을 하는 사람
		자원봉사단체 : 자원봉사활동을 주된 사업으로 하거나 이를 지원하기 위하여 설립된 비영리 법인 또는 단체
		자원봉사센터 : 자원봉사활동의 개발·장려·연계·협력 등의 사업을 수행하기 위하여 법령과 조례 등에 따라 설치된 기관·법인·단체 등
제4조	국가와 지방자치단체의 책무	국가와 지방자치단체는 자원봉사활동의 진흥에 관한 시책을 마련하여 국민의 자원봉사활동을 권장하고 지원하여야 한다.
제5조	정치활동 등의 금지 의무 [⑩⑪⑭]	① 제14조, 제18조 및 제19조에 따라 지원을 받는 자원봉사단체 및 자원봉사센터는 그 명의 또는 그 대표의 명의로 특정 정당이나 특정인의 선거운동을 하여서는 아니 된다. ② 제1항에서 "선거운동"이란 「공직선거법」 제58조 제1항에 따른 선거운동을 말한다.

제5조의2	자원봉사활동의 강요 금지	누구든지 개인 또는 단체에 대하여 자원봉사활동을 강요하여서는 아니 된다.
제7조	자원봉사활동의 범위	이 법의 적용을 받는 자원봉사활동의 범위는 다음 각 호와 같다. 1. 사회복지 및 보건 증진에 관한 활동 2. 지역사회 개발·발전에 관한 활동 3. 환경보전 및 자연보호에 관한 활동 4. 사회적 취약계층의 권익 증진 및 청소년의 육성·보호에 관한 활동 5. 교육 및 상담에 관한 활동 6. 인권 옹호 및 평화 구현에 관한 활동 7. 범죄 예방 및 선도에 관한 활동 8. 교통질서 및 기초질서 계도에 관한 활동 9. 재난 관리 및 재해 구호에 관한 활동 10. 문화·관광·예술 및 체육 진흥에 관한 활동 11. 부패 방지 및 소비자 보호에 관한 활동 12. 공명선거에 관한 활동 13. 국제협력 및 국외봉사활동 14. 공공행정 분야의 사무 지원에 관한 활동 15. 그 밖에 공익사업의 수행 또는 주민복리의 증진에 필요한 활동
제8조	자원봉사진흥위원회	자원봉사활동에 관한 주요 정책을 심의하기 위하여 행정안전부장관 소속으로 관계 공무원 및 민간 전문가로 구성된 자원봉사진흥위원회를 둔다.
제9조	자원봉사활동의 진흥에 관한 국가기본계획의 수립	① 행정안전부장관은 관계 중앙행정기관의 장과 협의하여 자원봉사활동의 진흥을 위한 국가기본계획을 5년마다 수립하여야 한다. ② 기본계획에는 다음 각 호의 사항이 포함되어야 한다. 1. 자원봉사활동의 진흥에 관한 기본 방향 2. 자원봉사활동의 진흥에 관한 추진 일정 3. 관계 중앙행정기관의 자원봉사활동에 관한 추진 시책 4. 자원봉사활동의 진흥을 위하여 필요한 재원(財源)의 조달방법 5. 그 밖에 자원봉사활동의 진흥을 위하여 특히 필요하다고 인정되는 사항 **OIKOS UP 자원봉사활동의 진흥에 관한 국가기본계획** ① 자원봉사진흥 위한 국가기본계획은 개시년도 전년도 수립 ② 2006.2월 자원봉사활동기본법 시행 후 2007.5월 제1차 국가기본계획 수립 ③ 1차 국가기본계획은 2008년부터 2012년까지였으며, 2차(2013년부터 2017년까지), 3차(2018년부터 2022년까지), 현재는 4차(2023년부터 2027년까지) 5개년 국가기본계획에 따른 사업이 진행 중이다.
제11조	학교·직장 등의 자원봉사활동 장려 [⑩]	① 학교는 학생의 자원봉사활동을 권장하고 지도·관리하기 위하여 노력한다. ② 직장은 직장인의 자원봉사활동을 촉진하기 위하여 노력한다. ③ 학교·직장 등의 장은 학생 및 직장인 등의 자원봉사활동에 대하여 그 공헌을 인정하여 줄 수 있다.

제12조	포상	국가와 지방자치단체는 국가와 사회에 현저한 공로가 있는 자원봉사활동을 한 자원봉사자, 자원봉사단체, 자원봉사센터 등에 대하여 대통령령으로 정하는 바에 따라 포상할 수 있다.
제13조	자원봉사자의 날 및 자원봉사주간	국가는 국민의 자원봉사활동에 대한 참여를 촉진하고 자원봉사자의 사기를 높이기 위하여 **매년 12월 5일을 자원봉사자의 날**로 하고 자원봉사자의 날부터 **1주일간을 자원봉사주간**으로 설정한다.
제14조	자원봉사자의 보호	① 국가와 지방자치단체는 **자원봉사활동이 안전한 환경에서 이루어질 수 있도록 노력**하여야 한다. ② 자원봉사자에 대한 보험의 가입 등 보호의 종류와 내용에 관하여 필요한 사항은 대통령령으로 정한다.
제16조	국유·공유 재산의 사용 [⑪]	국가와 지방자치단체는 「국유재산법」 또는 「공유재산 및 물품 관리법」에도 불구하고 자원봉사활동의 진흥을 위하여 자원봉사단체 및 자원봉사센터가 대통령령으로 정하는 특정한 사업을 수행하기 위하여 **국유·공유 재산이 필요하다고 인정하면 이를 무상으로 대여하거나 사용**하게 할 수 있다.
제17조	한국자원봉사 협의회 [⑪]	① **자원봉사단체는** 전국 단위의 자원봉사활동을 진흥·촉진하기 위한 다음 각 호의 활동을 하기 위하여 **한국자원봉사협의회를 설립**할 수 있다. 　1. 회원단체 간의 협력 및 사업 지원 　2. 자원봉사활동의 진흥을 위한 대국민 홍보 및 국제교류 　3. 자원봉사활동과 관련된 정책의 개발 및 조사·연구 　4. 자원봉사활동과 관련된 정책의 건의 　5. 자원봉사활동과 관련된 정보의 연계 및 지원 　6. 그 밖에 자원봉사활동의 진흥과 관련하여 국가 및 지방자치단체로부터 위탁받은 사업 ② **한국자원봉사협의회는 법인**으로 한다. ③ 한국자원봉사협의회는 정관을 작성하여 **행정안전부장관의 인가**를 받아 등기함으로써 설립된다.
제18조	자원봉사단체에 대한 지원 [⑪]	**국가 및 지방자치단체는** 자원봉사단체의 활동에 필요한 행정적 지원을 할 수 있으며 「비영리민간단체지원법」에 따라 사업비를 지원할 수 있다.
제19조	자원봉사센터의 설치 및 운영 [⑪⑭]	① **국가기관 및 지방자치단체는** 자원봉사센터를 설치할 수 있다. 이 경우 **자원봉사센터를 법인으로 하여 운영하거나 비영리 법인에 위탁하여 운영하여야 한다**. ② 제1항 후단에도 불구하고 자원봉사활동을 효율적으로 추진하기 위하여 필요하다고 인정할 경우에는 국가기관 및 지방자치단체가 운영할 수 있다. ③ 국가는 자원봉사센터의 설치·운영이 활성화될 수 있도록 적극 노력하여야 하며, 지방자치단체는 자원봉사센터의 운영에 필요한 경비를 지원할 수 있다. ④ 자원봉사센터 장의 자격요건과 자원봉사센터의 조직 및 운영 등에 필요한 사항은 대통령령으로 정한다.

02 장애인고용촉진 및 직업재활법 [⑧⑨⑩]

1 개요

(1) 연혁

① 장애인들의 직업재활 및 고용기회확대를 통하여 자활여건을 조성하고 복지를 향상시키기 위해 1990년 1월 13일 「장애인고용촉진 등에 관한 법률」로 제정되었다.

② 2000년 1월 12일 직업재활을 포함하여 「장애인고용촉진 및 직업재활법」으로 개칭하였다.
   ㉠ 의무고용제는 상시 근로자 300인 이상을 고용하는 사업체에 대해 시행 첫해인 1991년 1%, 1992년 1.6%, 1993년 이후 2%를 적용하였다.
   ㉡ 2009년 개정에서 중증장애인 2배수 고용제인 **더블카운트제도가 도입**되고 공공부문과 민간부문의 의무고용률을 상향조정하였다.
   ㉢ 공기업, 준정부기관 등 공공기관의 장애인의무고용률은 2010년 부터 2%에서 3%로 오르고, 민간 기업의 부담금 산정 시 적용되는 의무고용률은 2010년부터 2011년까지는 2.3%, 2012년부터는 2.5%, 2014년부터는 2.7%로 상향조정하였다.

(2) 약칭 : 장애인고용법

(3) 관장부처 : 고용노동부(장애인고용과)

2 법률 내용분석(2022.1.11. 일부개정, 2022.7.12. 시행)

제1조	목적	이 법은 **장애인이 그 능력에 맞는 직업생활을 통하여** 인간다운 생활을 할 수 있도록 장애인의 고용촉진 및 직업재활을 꾀하는 것을 목적으로 한다.
제2조	정의	**장애인 등**: 신체 또는 정신상의 장애로 장기간에 걸쳐 <u>직업생활에 상당한 제약</u>을 받는 **자**로서 대통령령으로 정하는 기준에 해당하는 자를 말한다.
		고용촉진 및 직업재활: 장애인의 직업지도, 직업적응훈련, 직업능력개발훈련, 취업알선, 취업, 취업 후 적응지도 등에 대하여 이 법에서 정하는 조치를 강구하여 장애인이 직업생활을 통하여 자립할 수 있도록 하는 것을 말한다.
제3조	국가와 지방자치단체의 책임	① 국가와 지방자치단체는 장애인의 고용촉진 및 직업재활에 관하여 사업주 및 국민 일반의 이해를 높이기 위하여 **교육·홍보 및 장애인 고용촉진 운동을 지속적으로 추진**하여야 한다. ② 국가와 지방자치단체는 사업주·장애인, 그 밖의 관계자에 대한 지원과 장애인의 특성을 고려한 직업재활 조치를 강구하여야 하고, **장애인의 고용촉진을 꾀하기 위하여 필요한 시책을 종합적이고 효과적으로 추진하여야 한다.** 이 경우 중증장애인과 여성장애인에 대한 고용촉진 및 직업재활을 중요시하여야 한다.

제4조	국고의 부담	① 국가는 <u>매년</u> 장애인 고용촉진 및 직업재활 사업에 드는 비용의 일부를 일반회계에서 부담할 수 있다. ② 국가는 <u>매년</u> 예산의 범위에서 장애인 고용촉진 및 직업재활 사업의 사무 집행에 드는 비용을 적극 지원한다.
제5조의2	직장 내 장애인 인식개선 교육	① 사업주는 장애인에 대한 직장 내 편견을 제거함으로써 장애인 근로자의 안정적인 근무여건을 조성하고 장애인 근로자 채용이 확대될 수 있도록 장애인 인식개선 교육을 실시하여야 한다. ② 사업주 및 근로자는 제1항에 따른 장애인 인식개선 교육을 받아야 한다. ③ 사업의 규모나 특성을 고려하여 대통령령으로 정하는 사업주가 자체적으로 제1항에 따른 장애인 인식개선 교육을 실시하는 경우에는 고용노동부령으로 정하는 강사의 자격기준을 갖춘 사람이 실시하여야 한다. ④ 고용노동부장관은 제1항 및 제2항에 따른 교육실시 결과에 대한 점검을 할 수 있다. ⑤ 고용노동부장관은 제1항에 따른 사업주의 장애인 인식개선 교육이 원활하게 이루어지도록 교육교재 등을 개발하여 보급하여야 한다. ⑥ 제1항 및 제2항에 따른 장애인 인식개선 교육의 내용·방법 및 횟수 등은 대통령령으로 정한다.
제7조	장애인 고용촉진 및 직업재활 기본계획 등	고용노동부장관은 관계 중앙행정기관의 장과 협의하여 **장애인의 고용촉진 및 직업재활**을 위한 기본계획(이하 "기본계획"이라 한다)을 <u>5년마다</u> 수립하여야 한다.

제9조	장애인 직업재활 실시 기관
	[⑨]
		① 장애인 직업재활 실시 기관("재활실시기관")은 장애인에 대한 직업재활 사업을 다양하게 개발하여 장애인에게 직접 제공하여야 하고, 특히 중증장애인의 자립능력을 높이기 위한 직업재활 실시에 적극 노력하여야 한다.
		② <u>재활실시기관은</u> 다음 각 호의 어느 하나와 같다.
		  1. 「장애인 등에 대한 특수교육법」에 따른 **특수교육기관**
		  2. 「장애인복지법」에 따른 **장애인 지역사회재활시설**
		  3. 「장애인복지법」에 따른 **장애인 직업재활시설**
		  4. 「장애인복지법」에 따른 **장애인복지단체**
		  5. 「근로자직업능력 개발법」에 따른 **직업능력개발훈련시설**
		  6. 그 밖에 <u>고용노동부령으로 정하는 기관</u>으로서 고용노동부장관이 장애인에 대한 직업재활 사업을 수행할 능력이 있다고 인정하는 기관
		
		OIKOS UP 　장애인 직업재활 실시 기관(시행규칙 제5조)
		제9조 제2항 제6호에서 "고용노동부령으로 정하는 기관"이란 다음 각 호의 어느 하나에 해당하는 기관을 말한다.
		  1. 장애인 고용촉진 및 직업재활 사업을 수행할 목적으로 **고용노동부장관으로부터 법인 설립의 허가를 받은 법인**
		  2. 「안마사에 관한 규칙」에 따른 안마수련기관

제13조	지원고용	**고용노동부장관과 보건복지부장관은** 중증장애인 중 **사업주가 운영하는 사업장에서는** 직무 수행이 어려운 장애인이 직무를 수행할 수 있도록 지원고용을 실시하고 필요한 지원을 하여야 한다.

조	제목	내용
제14조	보호고용	국가와 지방자치단체는 장애인 중 정상적인 작업 조건에서 일하기 어려운 장애인을 위하여 **특정한 근로 환경을 제공하고 그 근로 환경에서 일할 수 있도록 보호고용을 실시**하여야 한다.
제21조	장애인 고용 사업주에 대한 지원	① 고용노동부장관은 장애인을 고용하거나 고용하려는 사업주에게 장애인 고용에 드는 다음 각 호의 비용 또는 기기 등을 융자하거나 지원할 수 있다. 이 경우 중증장애인 및 여성장애인을 고용하거나 고용하려는 사업주를 우대하여야 한다. 1. 장애인을 고용하는 데에 필요한 시설과 장비의 구입·설치·수리 등에 드는 비용 2. 장애인의 직업생활에 필요한 작업 보조 공학기기·장비 또는 그 공학기기·장비의 구입·대여에 드는 비용 3. 장애인의 적정한 고용관리를 위하여 장애인 직업생활 상담원, 작업 지도원, 수화 통역사 또는 낭독자 등을 배치하는 데에 필요한 비용 4. 그 밖에 제1호부터 제3호까지의 규정에 준하는 것으로서 장애인의 고용에 필요한 비용 또는 기기 ② 고용노동부장관은 장애인인 사업주가 장애인을 고용하거나 고용하려는 경우에는 해당 사업주 자신의 직업생활에 필요한 작업 보조 공학기기·장비를 지원하거나 그 공학기기·장비의 구입·대여에 드는 비용을 지원할 수 있다.
제26조	장애인 실태조사	고용노동부장관은 장애인의 고용촉진 및 직업재활을 위하여 **매년 1회 이상** 장애인의 취업직종·근로형태·근속기간·임금수준 등 고용현황 및 장애인근로자의 산업재해 현황에 대하여 **전국적인 실태조사를 실시**하여야 한다.
제26조의2	장애인 기능경기 대회 개최	**고용노동부장관 및 특별시장·광역시장·특별자치시장·도지사 또는 특별자치도지사는** 사회와 기업의 장애인고용에 대한 관심을 촉구하고 장애인의 기능을 향상시키기 위하여 **장애인 기능경기 대회를 개최**할 수 있다.
제26조의3	국제장애인 기능올림픽 대회 개최 등	**고용노동부장관은** 장애인의 국제교류를 통하여 기능 수준을 향상시키고 사회참여를 증진시키기 위하여 **국제장애인기능올림픽대회에 선수단을 파견하거나 국내에서 대회를 개최**할 수 있다.
제27조	국가와 지방자치단체의 장애인 고용 의무 [⑧]	① 국가와 지방자치단체의 장은 **장애인을 소속 공무원 정원에 대하여 다음 각 호의 구분에 해당하는 비율 이상 고용**하여야 한다. 1. 2021년 1월 1일부터 2021년 12월 31일까지 : 1천분의 34 2. 2022년 1월 1일부터 2023년 12월 31일까지 : 1천분의 36 3. **2024년 이후** : **1천분의 38** ② 국가와 지방자치단체의 각 시험 실시 기관("각급기관")의 장은 신규채용시험을 실시할 때 **신규채용 인원에 대하여 장애인이 제1항 각 호의 구분에 따른 해당 연도 비율**(장애인 공무원의 수가 제1항 각 호의 구분에 따른 해당 연도 비율 미만이면 그 비율의 2배) **이상 채용**하도록 하여야 한다.
제28조	사업주의 장애인 고용 의무 [⑧] [정책론 ㉑]	① **상시 50명 이상의 근로자를 고용하는** 사업주(건설업에서 근로자 수를 확인하기 곤란한 경우에는 공사 실적액이 고용노동부장관이 정하여 고시하는 금액 이상인 사업주)는 그 근로자의 총수(건설업에서 근로자 수를 확인하기 곤란한 경우에는 대통령령으로 정하는 바에 따라 공사 실적액을 근로자의 총수로 환산한다)의 **100분의 5의 범위에서 대통령령으로 정하는 비율**("**의무고용률**") **이상에 해당**(그 수에서 소수점 이하는 버린다)**하는 장애인을 고용**하여야 한다.

		② 제1항에도 불구하고 특정한 장애인의 능력에 적합하다고 인정되는 직종에 대하여는 장애인을 고용하여야 할 비율을 대통령령으로 따로 정할 수 있다. 이 경우 그 비율은 의무고용률로 보지 아니한다. ③ **의무고용률은 전체 인구 중 장애인의 비율, 전체 근로자 총수에 대한 장애인 근로자의 비율, 장애인 실업자 수 등을 고려하여** 5년마다 **정한다.** **OIKOS UP 사업주의 의무고용률(시행령 제25조)** 법 제28조 제1항에 따른 장애인 고용의무가 있는 사업주의 장애인 상시 근로자 의무고용률은 다음 각 호와 같다. 다만, 사업주가 법 제9조 제2항 제3호에 따른 장애인 직업재활시설을 직접 설치·운영하는 경우에는 이 시설의 장애인 근로자를 사업주가 고용하여야 하는 장애인 수에 포함한다. 1. 2015년 1월 1일부터 2016년 12월 31일까지 : 1,000분의 27 2. 2017년 1월 1일부터 2018년 12월 31일까지 : 1,000분의 29 3. 2019년 이후 : 1,000분의 31
제28조 의3	장애인 고용인원 산정의 특례	제27조·제28조·제28조의2·제29조 및 제33조에 따라 **장애인 고용인원을 산정하는 경우 중증장애인의 고용은 그 인원의 2배에 해당하는 장애인의 고용으로 본다.** 다만, 소정근로시간이 대통령령으로 정하는 시간 미만인 중증장애인은 제외한다. **OIKOS UP 더블카운트제도** ① 2009년 개정에서 중증장애인 2배수 고용제인 더블카운트제도가 도입 ② 중증장애인을 고용하면 그 고용인원의 2배수의 일반장애인을 고용한 것으로 간주하는 제도이다. ③ 사업주의 장애인 의무고용률과 부담금을 산정할 때만 적용되고, 고용장려금 지급금액을 적용할 때는 적용되지 않는다.
제30조	장애인 고용장려금 의 지급	**고용노동부장관은** 장애인의 고용촉진과 직업 안정을 위하여 장애인을 고용한 사업주에게 고용장려금을 지급할 수 있다.
제32조 의2	국가와 지방자치단체 등의 장애인 고용부담금의 납부 등	제27조제6항 각 호에 따른 기관 중 같은 조 제1항에 따른 **의무고용률에 못 미치는 장애인 공무원을 고용한 기관의 장은 매년 고용노동부장관에게 장애인 고용부담금(이하 "부담금"이라 한다)을 납부하여야 한다.**
제33조	사업주의 부담금 납부 등 [정책론 ㉑]	**의무고용률에 못 미치는 장애인을 고용하는 사업주**((상시 100명 미만의 근로자를 고용하는 사업주는 제외)는 대통령령으로 정하는 바에 따라 매년 고용노동부장관에게 부담금을 납부하여야 한다.
제43조	한국장애인 고용공단의 설립	장애인이 직업생활을 통하여 자립할 수 있도록 지원하고, 사업주의 장애인 고용을 전문적으로 지원하기 위하여 **한국장애인고용공단을 설립한다.**

CHAPTER 15 판 례

제2부 **각 론**

제15장 회차별 출제빈도, 출제비중 및 출제논점 1, 2, 3순위

10회 2012	11회 2013	12회 2014	13회 2015	14회 2016	15회 2017	16회 2018	17회 2019	18회 2020	19회 2021	20회 2022	21회 2023	22회 2024
–	1	–	1	–	1	–	1	–	1	–	1	–

출제 비중	출제 논점		
	1순위 ☺	2순위 ※	3순위 ☆
0~1	① 1번 이상 출제되었던 판례 결정요지 &주요논점		

1순위 스마일표시(☺) : 출제 빈출도가 높은 부분으로 무조건 시험에 출제되는 영역
2순위 당구장표시(※) : 나왔다 안 나왔다 하는 영역이지만 출제가능성 높은 영역
3순위 별 표(☆) : 출제 된 적이 있긴 하지만 다시 출제될 가능성은 다소 떨어지는 영역

MAP

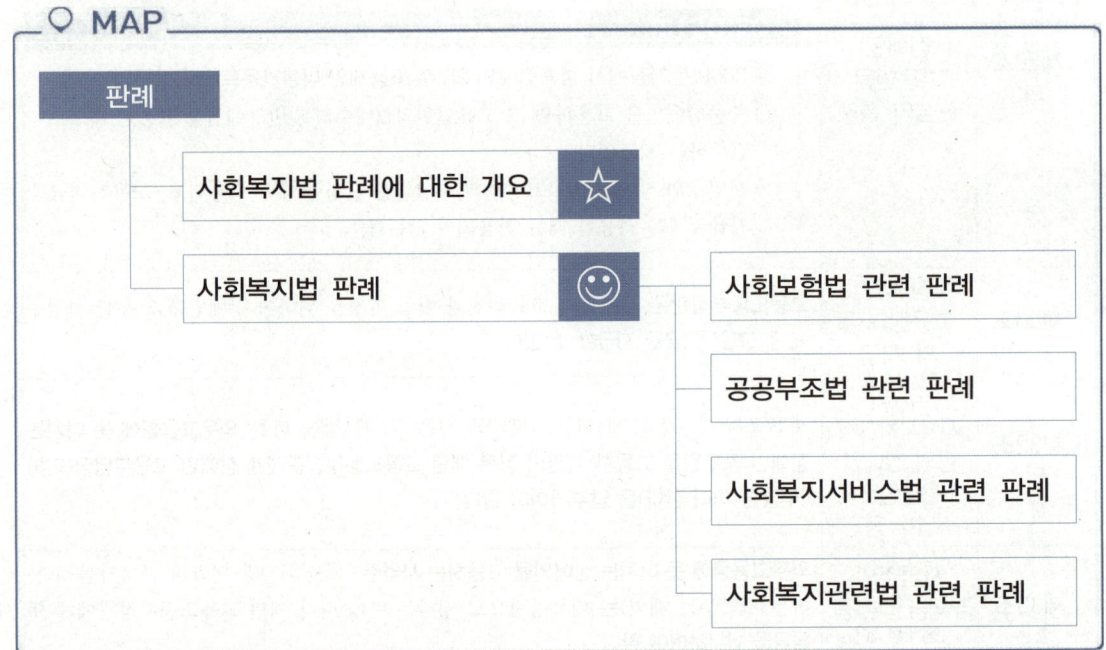

01 사회복지법 판례에 대한 개요

1 판례(判例, precedents)의 의의

① 선례가 되는 재판으로 법원이 특정 소송사건에 대해 법을 해석하거나 적용하여 내린 판단을 말하는 것으로, 법적 분쟁에 대하여 법원 또는 헌법재판소가 내린 판단에 의해 형성된다.

② 우리나라의 경우 **심급제도(審級制度)**를 택하고 있기 때문에 **하급심에서는 대법원 같은 상급심에서 파기될 가능성이 명백한 판결을 내리기 어렵고, 소송당사자도 재판에서 승소하기 위해서 판례를 존중하여야 하기 때문에 판례는 사실상 구속력을 발휘하게 되고 법규범으로 작용하게 된다.**

2 공익소송의 의미를 지닌 사회복지판례 [④]

① **공익소송은** 소송의 당사자가 집단이거나 또는 개인이라 할지라도 그것이 다중(多衆)에게 그대로 적용될 수 있는 공공의 이익을 위하여 수행되는 소송이라 할 수 있다.

② **사회복지법 관련 소송은** 개인의 이익을 추구하거나 개인적 갈등을 처리하는 수준에 머무르지 않으며, 이는 곧 **공익소송으로서의 의미를 갖는 것이다.**

OIKOS UP 3심제도(三審制度, =심급제도)

① **재판의 심급제**: 헌법은 법원을 최고법원인 대법원과 각급법원으로 조직하게 함으로써 간접적으로 상하의 심급제를 규정하고 있다.

② **3심제(三審制)**
  ㉠ 헌법은 상하의 심급제만을 규정하고 있을 뿐 반드시 3심제를 요구하고 있는 것이 아니지만, 법원조직법은 3심제의 원칙을 규정하고 있다.
  ㉡ 민사사건과 형사사건에 관한 소송 중 합의부관할사건은 지방법원(행정법원)합의부 → 고등법원 → 대법원으로 진행되고, 단독판사관할사건(소액사건심판법에 의한 소액사건 또는 경미한 사건에 관한 소송)은 지방(가정)법원(지원)단독부 → 지방(가정)법원(본원)합의소송부 → 대법원으로 진행된다.
  ㉢ 1심법원(지방법원 지원, 지방법원)의 종국판결에 불복하여 2심법원(지방법원지원이 1심법원인 경우 지방법원 본원 합의부, 1심법원이 지방법원인 경우 고등법원)에 소를 제기하는 것을 항소(抗訴, appeal)라 하고, 2심법원의 종국판결에 불복하여 3심법원(대법원)에 소를 제기하는 것을 상고(上告)라고 한다.

02 사회복지법 판례

1 사회보험법 관련 판례

(1) 국민연금수급권 관련 판례

국민연금법 제52조 위헌확인 (2000.6.1. 97헌마190 전원재판부)	
사건개요	국민연금수급권자에게 2 이상의 급여의 수급권이 발생한 때에는 수급권자의 선택에 의하여 그 중의 하나만을 지급하고 다른 급여의 지급은 정지되는 것으로 규정하고 있는 국민연금법 제52조에 의하여 헌법상의 평등권, 행복추구권 등을 침해받았다고 주장하면서 위 법률조항의 위헌확인을 구하는 이 사건 헌법소원심판을 청구하였다.
판시사항	공무원연금법상 급여의 수급권자에게 2 이상의 급여의 수급권이 발생한 때 수급권자의 선택에 의하여 그 중의 하나만을 지급하고 다른 급여의 지급을 정지하도록 한 것이 기본권 제한의 입법한계를 넘어 재산권인 급여를 받을 권리와 평등권을 침해하는지 여부
결정요지 및 주요논점	① 국민연금은 국민이 인간다운 생활을 할 수 있도록 최저생활을 보장하기 위한 사회보장적 급여로서 법상의 급여액은 국민의 생활수준·물가 기타 경제사정에 맞추어 최저생활을 유지할 수 있도록 될 수 있으면 많은 급여를 지급하는 것이 바람직할 것이나, 한편 급여에 필요한 재원은 한정되어 있고, 인구의 노령화 등으로 급여대상자는 점점 증가하고 있어 급여수준은 국민연금 재정의 장기적인 균형이 유지되도록 조정되어야 할 필요가 있다. ② 그러므로 한 사람의 수급권자에게 여러 종류의 연금의 수급권이 발생한 경우 그 연금을 모두 지급하는 것보다는 일정한 범위에서 그 지급을 제한하여야 할 필요성이 있고 국민연금의 급여수준은 수급권자가 최저생활을 유지하는데 필요한 금액을 기준으로 결정해야 할 것이지 납입한 연금보험료의 금액을 기준으로 결정하거나 여러 종류의 수급권이 발생하였다고 하여 반드시 중복하여 지급해야 할 것은 아니다. ③ 이 사건 법률조항이 **수급권자에게 2 이상의 급여의 수급권이 발생한 때 그 자의 선택에 의하여 그 중의 하나만을 지급하고 다른 급여의 지급을 정지하도록 한 것은 공공복리를 위하여 필요하고 적정한 방법으로서 헌법 제37조 제2항의 기본권 제한의 입법적 한계를 일탈한 것으로 볼 수 없고, 또 합리적인 이유가 있으므로 평등권을 침해한 것도 아니다.**
주문 및 결정형식	청구인의 심판청구는 이유없으므로 이를 기각하기로 하여 관여재판관 전원의 일치된 의견으로 주문과 같이 결정한다.

(2) 국민연금기금 관련 판례 [⑦⑬]

공공자금관리기금법 제5조 제1항 등 위헌제청 (1996.10.4. 96헌가6 전원재판부)	
사건개요	국민연금기금의 여유자금을 **공공자금관리기금에 강제로 예탁하도록 규정**한 공공자금관리기금법 제5조 제1항, 제2항과 **국민연금기금의 운용에 관한 중요사항을 심의·의결하는 국민연금기금운용위원회의 구성방법을 규정**한 국민연금법 제84조 제3항 및 국민연금법시행령 제54조 제1항은 각 위헌이라고 주장하면서 그 위헌제청신청(위 법원 95카기6548)을 하였다. ◉주의 2001년부터 국민연금기금의 공공자금관리기금으로서의 강제예탁이 폐지되고, 2005년부터 공공자금관리기금에 예탁된 기존 자금마져 만기되어 전액회수 됨.
판시사항	① 국민연금기금을 공공자금관리기금에 예탁하도록 한 법률 규정의 위헌여부 ② 국민연금기금운용위원회 구성에 관한 법률 규정의 위헌여부
결정요지 및 주요논점	① 법원의 위헌여부심판제청은 "법률"이 헌법에 위반되는 여부가 재판의 전제가 된 경우에 할 수 있는 것이고, 명령이나 규칙이 헌법에 위반되는 여부는 법원 스스로 이를 판단할 수 있는 것이므로, 이 사건 위헌여부심판제청 중 국민연금법시행령 제54조 제1항에 대한 부분은 법률이 아닌 대통령령에 대한 것으로서 부적법하다. ② 법원의 위헌여부심판제청에 있어서 위헌여부가 문제되는 법률 또는 법률조항이 재판의 전제성 요건을 갖추고 있는지 여부는, 되도록 제청법원의 이에 관한 법률적 견해를 존중해야 할 것이며, 다만 그 전제성에 관한 법률적 견해가 명백히 유지될 수 없을 때에만 헌법재판소가 그 제청을 부적법하다 하여 각하할 수 있다. 그런데 이 사건 심판대상이 된 법률조항의 위헌여부와 관계없이 이 사건의 당해 소송사건에서 원고들(제청신청인들)의 청구가 인용될 수 없음이 명백한지의 여부는 헌법재판소가 함부로 판단할 사항이 아니므로, 이 사건 법률조항들이 재판의 전제성 요건을 갖추고 있다는 전제하에 그 위헌여부심판 제청을 한 제청법원의 법률적 견해는 존중되어야 한다. ③ **공공자금관리기금법 제5조 제1항 제1호 및 제2항 제1호의 규정은 국민경제 전체적인 관점에서 그 입법목적이 정당하고 국민연금 가입자의 입장에서 보더라도 그것이 곧 그들의 장래의 연금수급권을 침해한다고는 볼 수 없으므로, 국민 개개인의 재산권과 인간다운 생활을 할 권리를 보장하고 있는 헌법규정에 위반된 과잉입법이라고 할 수 없다.** ④ 국민연금기금운용위원회의 위원장인 재정경제원장관이 위 위원회를 자의적으로 주도할 수 있는 것은 아니며 그 위원회의 위원 중에는 사용자 대표, 사용자 외의 가입자 대표, 수급권자 대표 등도 포함되어 있으므로, 연금가입자들의 위 기금 관리·운용에 관한 참여권이 사실상 박탈되고 있다고 볼 수 없다.
주문 및 결정형식	① 공공자금관리기금법(1993.12.31. 법률 제4677호) 제5조 제1항 제1호 및 같은 조 제2항 제1호와 국민연금법(1993.3.6. 법률 제4541호로 개정된 것) 제84조 제3항은 모두 헌법에 위반되지 아니한다. ② 국민연금법시행령 제54조 제1항에 대한 위헌여부심판제청은 이를 각하한다.

(3) 국민연금 강제가입과 소득재분배 관련 판례 [⑨⑪⑮⑰]

국민연금법 제75조 등 위헌확인 (2001.2.22. 99헌마365 전원재판부)	
사건개요	청구인들은 국민연금법상의 사업장가입자와 지역가입자들로서 국민연금관리공단으로부터 연금보험료를 1999. 5. 10.까지 납부하라는 통지를 받았다. 이에 청구인들은 **소득재분배와 강제가입을 전제로 한 국민연금법 제75조, 제79조가 헌법상의 조세법률주의에 위배되며 청구인들의 재산권과 행복추구권을 침해**하고 개인의 경제상의 자유와 창의를 존중하는 헌법 제119조 제1항에 반한다는 이유로 위 법률조항의 위헌확인을 구하기 위하여 1999. 6. 22. 이 사건 헌법소원심판을 청구하였다.
판시사항	① 강제가입과 소득재분배 효과를 전제로 한 연금보험료의 강제징수에 관한 국민연금법 규정이 조세법률주의나 재산권보장 원칙에 위배되는지 여부 ② 강제가입에 관한 국민연금법 규정이 행복추구권을 침해하는지 여부 ③ 위 국민연금법 규정이 헌법상의 시장경제질서에 위반되는지 여부
결정요지 및 주요논점	① 국민연금제도는 가입기간 중에 납부한 보험료를 급여의 산출근거로 하여 일정한 급여를 지급하는 것이므로 **반대급부 없이 국가에서 강제로 금전을 징수하는 조세와는 성격을 달리한다.** 비록 국민연금법 제79조가 연금보험료의 강제징수에 관하여 규정하고 있으나 이는 국민연금제도의 고도의 공익성을 고려하여 법률이 특별히 연금보험료의 강제징수 규정을 둔 것이지 그렇다고 하여 **국민연금보험료를 조세로 볼 수는 없다.** 또한 국민연금제도에 소득재분배의 효과가 있지만, 이는 사회보험의 본질적 요소로서 소득재분배를 어느 정도로 할 것인지는 입법정책의 문제이며, 뿐만 아니라 연금보험료의 징수는 재산권행사의 사회적 의무성의 한계 내에 있다고 볼 수 있다. 또한 고소득자가 자신이 원래 받아야 할 급여액보다 적게 받는다고 볼 수 없고 따라서 **고소득자의 구매력을 강제로 빼앗아 저소득자에게 이전시키는 것이 아니므로 재산권 침해가 있다 할 수 없다.** 따라서 **국민연금제도는 조세법률주의나 재산권보장에 위배되지 않는다.** ② 강제가입과 연금보험료의 강제징수를 전제로 한 국민연금제도는 자신 스스로 사회적 위험에 대처하고자 하는 개인들의 행복추구권을 침해한다고 볼 수 있다. 그러나 **국민의 노령·폐질 또는 사망에 대하여 연금급여를 실시함으로써 국민의 생활안정과 복지증진에 기여할 것을 그 목적으로 하는 국민연금법의 입법목적에 정당성이 있으며, 국가적인 보험기술을 통하여 사회적 위험을 대량으로 분산시킴으로써 구제를 도모하는 사회보험제도의 일종으로서 그 방법 또한 적정하고, 필요한 최소한도로 개인의 선택권이 제한되며, 국민연금제도를 통하여 달성하고자 하는 공익이 개별적인 내용의 저축에 대한 선택권이라는 개인적 사익보다 월등히 크다고 보아야 할 것이어서 과잉금지의 원칙에 위배되지 아니하므로, 결국 위 행복추구권 침해는 헌법에 위반된다고 할 수 없다.** ③ 우리 헌법의 경제질서 원칙에 비추어 보면, 사회보험방식에 의하여 재원을 조성하여 반대급부로 노후생활을 보장하는 **강제저축 프로그램으로서의 국민연금제도는 상호부조의 원리에 입각한 사회연대성에 기초하여 고소득계층에서 저소득층으로, 근로세대에서 노년세대로, 현재 세대에서 다음 세대로 국민 간에 소득재분배의 기능을 함으로써 오히려 위 사회적 시장경제질서에 부합하는 제도라 할 것이므로, 국민연금제도는 헌법상의 시장경제질서에 위배되지 않는다.**
주문 및 결정형식	국민연금의 강제가입과 연금보험료 강제징수에 관한 국민연금법의 각 규정은 헌법에 위반되지 아니하므로 **청구인들의 이 사건 심판청구를 기각**하기로 하여 관여 재판관 전원의 일치된 의견으로 주문과 같이 결정한다.

(4) 국민연금 가입대상 관련 판례 [⑪⑬⑰]

	국민연금법 제6조 등 위헌확인 (2001.4.26. 2000헌마390 전원재판부)
사건개요	청구인들은 장차 80, 90세, 또는 그 이상까지의 삶을 누림에 있어서 행복하게 노후를 살아갈 권리가 헌법에 의하여 보장되어 있음에도 **국민연금법 제6조가 국민연금의 가입대상을 18세 이상 60세 미만의 국민으로 제한**함으로써 헌법 제10조의 인간으로서의 존엄과 가치, 행복을 추구할 권리, 헌법 제11조 제1항의 평등원칙 및 헌법 제34조 제1항의 인간다운 생활을 할 권리 등을 침해한다는 이유로 위 법률조항의 위헌확인을 구하기 위하여 2000. 6. 15. 이 사건 헌법소원심판을 청구하였다.
판시사항	① **국민연금제도의 가입대상을 18세 이상 60세 미만의 국민으로 제한**하는 이 사건 법률조항이 합리적인 이유없이 60세 이상의 국민을 차별함으로써 **헌법상의 평등원칙에 위배**되는지 여부 ② **60세 이상의 국민에 대한 국민연금제도 가입을 제한**하는 것은 노후를 편안하고 안락하게 살아갈 권리를 부여하고 있는 헌법상의 **인간다운 생활을 할 권리를 침해**하는지 여부
결정요지 및 주요논점	① 국민연금의 가입대상, 가입기간, 보험료, 연금수급자격 및 급여수준 등을 구체적으로 어떻게 정할 것인가는 국민의 소득수준, 경제활동연령, 정년퇴직연령, 평균수명, 연금재정 등 여러 가지 사회적, 경제적 사정을 참작하여 입법자가 폭넓게 그의 형성재량으로 결정할 수 있는 사항이라고 할 것이고, 그 결정이 명백히 자의적인 것으로서 입법재량을 벗어나지 않는 한 헌법에 위반된다고 할 수 없다. 현재 우리나라 국민의 일반적 퇴직연령은 60세 전·후이고, 평균추정수명은 74.9세이며, 60세 이상의 국민 중, 경제활동에 참가하고 있는 국민은 20%~30%에 불과하여 우리나라 국민의 60세 전·후 시기는 소득활동이 중단되거나 축소됨으로써 소득보장을 받아야 하는 때이다. 그렇다면 **국민연금의 가입대상을 경제활동이 가능한 18세 이상 60세 미만의 국민으로 제한하고 있는 이 사건 법률조항은 노후의 소득보장이라는 연금제도의 입법취지에 따라 국민연금제도를 합리적으로 운영하기 위한 것으로 정당하고 60세 미만의 국민에 비하여 청구인들을 불합리하게 차별대우함으로써 헌법상의 평등원칙을 침해한다고 볼 수 없다.** ② 현행 국민연금법상의 연금제도는 자기 기여를 전제로 하는 사회보험의 전형적인 한 형태이다. 그렇다면, 국가가 국민의 인간다운 생활을 보장하기 위한 헌법적 의무를 다하였는지 여부는 국민연금제도와 같은 사회보험에 의한 소득보장제도만으로 판단하여서는 아니 되고, 사회부조의 방식에 의하여 행하여지는 각종 급여나 각종 부담의 감면 등을 총괄한 수준을 가지고 판단하여야 할 것이다. 사실조회 회신에 의하면, 국민기초생활보장법, 노인복지법 등 법령에 의하여 저소득 노인에 대한 각종 급여 및 부담의 면제, 시설제공 등으로 인한 노인들의 생활여건에 비추어 볼 때, 이 사건 법률조항이 청구인들과 같은 노인들의 국민연금가입을 제한하고 있다고 하더라도 인간다운 생활을 보장하기 위하여 국가가 실현해야 할 객관적 내용의 최소한도의 보장에도 이르지 못하였다거나 헌법상 용인될 수 있는 재량의 범위를 명백히 일탈하였다고는 보기 어렵고 청구인들이 국민연금제도에서 제외되었다는 사실만으로 곧 그것이 헌법에 위반된다거나 청구인들의 인간으로서의 존엄과 가치, 행복추구권이나 인간다운 생활을 할 권리를 침해한 것이라고는 볼 수 없다 할 것이다.
주문 및 결정형식	이 사건 법률조항은 헌법에 위반되지 아니하므로 청구인들의 **이 사건 심판청구를 기각하기로** 하여 관여 재판관 전원의 일치된 의견으로 주문과 같이 결정한다.

(5) 국민건강보험 의무가입과 체납 시 급여제한 관련 판례 [⑨⑬⑰]

	국민건강보험법 제5조 등 위헌확인 (2001.8.30. 2000헌마668 전원재판부)
사건개요	청구인은 국민건강보험법에 의한 건강보험의 가입자로서 2000. 9. 30.경 국민건강보험공단 강서지사장으로부터 1993. 9.부터 1998. 4.까지 청구인이 미납한 보험료 512,070원을 2000. 10. 10.까지 납부하지 않으면 이미 압류된 청구인의 전화를 처분하여(설비비 반환신청) 체납된 보험료에 충당할 예정이라는 독촉장을 받았다. 청구인은 국민건강보험의 의무가입 등을 규정한 국민건강보험법 제5조 등이 인간다운 생활을 할 권리, 재산권 등을 침해하는 것이라며 2000. 10. 25. 이 사건 헌법소원심판을 청구하였다.
판시사항	① 국민건강보험공단은 보험료를 대통령령이 정하는 기간 이상 **체납한 지역가입자에 대하여 보험료를 완납할 때까지 보험급여를 실시하지 아니할 수 있다**는 국민건강보험법 제48조 제3항이 헌법소원에 있어서 **기본권 침해의 직접성 요건**을 충족하는지 여부 ② 국민건강보험에 의무적 가입을 규정하고 임의해지를 금지하면서 보험료를 납부케 하는 국민건강보험법 규정이 재산권 등을 침해하는 여부
결정요지 및 주요논점	① 국민건강보험법 제48조 제3항은 그 자체로 직접 자유의 제한, 의무의 부과 또는 권리나 법적 지위의 박탈을 초래하는 것이 아니며, 국민건강보험공단의 보험급여거부처분이라는 집행행위를 통하여 비로소 기본권에 대한 직접적 현실적 침해가 있게 되므로 기본권 침해의 직접성이 없다. ② 국민건강보험법이 의무적 가입을 규정하고 임의해지를 금지하면서 보험료를 납부케 하는 것은, 경제적인 약자에게도 기본적인 의료서비스를 제공하기 위한 국가의 사회보장·사회복지의 증진 의무(헌법 제34조 제2항)라는 정당한 공공복리를 효과적으로 달성하기 위한 것이며, 조세가 아닌 보험료를 한 재원으로 하여 사회보험을 추구하기 위한 것이다. 다만 보험료가 과도할 경우 그런 제도의 정당성이 문제되지만, 동법 제62조(보험료) 자체가 과도한 보험료를 정하고 있다거나 그에 대한 근거가 된다고 할 수 없다. 또한 동법은 생활이 어려운 자 등은 보험료의 부담없이 의료혜택을 받을 수 있게 하고, 일정한 계층을 위한 보험료 경감장치를 두고 있다. 한편 의무가입과 임의해지금지 및 보험료 납부에 관한 규정이 추구하는 공익에 비하여 제한되는 사익이 과도하다고 할 수도 없다. 그렇다면 동법 제5조 제1항 본문 및 제62조가 청구인의 재산권이나 인간다운 생활을 할 권리 혹은 행복추구권을 침해한다고 할 수 없다.
주문 및 결정형식	청구인의 심판청구 중 법 제48조 제3항 부분은 부적법하므로 각하하고, 나머지 부분은 이유 없으므로 기각하기로 하여 관여재판관의 일치된 의견으로 주문과 같이 결정한다. **청구인의 심판청구 중 국민건강보험법 제48조 제3항 부분을 각하하고 나머지 부분을 기각한다.**

(6) 요양불승인처분취소 관련 판례 [⑫]

산업재해보상보험법 상 업무상 재해 (대법원 2006.3.24. 선고 2005두5185 판결)	
판시사항	① 출장 중 입은 재해가 업무상 재해로 인정받기 위한 조건 ② 언론사 홍보업무를 수행하던 광고대행사 직원이 신문기자와 새벽까지 술을 마셔 만취한 후 혼자 여관에 투숙하였다가 12시간 이상 지나 뇌실 내 출혈 등을 입은 경우, 업무상 재해에 해당한다고 한 사례
결정요지 및 주요논점	① 근로자가 사업장을 떠나 출장 중인 경우에는 그 용무의 이행 여부나 방법 등에 있어 포괄적으로 사업주에게 책임을 지고 있다 할 것이어서 특별한 사정이 없는 한 출장과정의 전반에 대하여 사업주의 지배하에 있다고 말할 수 있으므로 그 업무수행성을 인정할 수 있다. ② 다만 출장 중의 행위가 출장에 당연히 또는 통상 수반하는 범위 내의 행위가 아닌 **자의적 행위**이거나 사적 행위일 경우에 한하여 업무수행성을 인정할 수 없고, 그와 같은 행위에 즈음하여 발생한 재해는 업무기인성을 인정할 여지가 없게 되어 업무상 재해로 볼 수 없다고 할 것이다. ③ 이 사건 상병은 원고의 업무수행과정에서 일어난 업무상 재해라고 보는 것이 타당하다고 본 조치는 정당한 것으로서 원심의 위와 같은 사실인정과 판단은 수긍이 가고, 거기에 상고이유에서 주장하는 바와 같이 채증법칙 위배로 인한 사실오인이나 산업재해보상보험법에서 정한 업무상 재해에 관한 법리오해의 위법이 있다고 할 수 없다.
주문 및 결정형식	**상고를 기각**한다. 상고비용은 피고(근로복지공단)가 부담한다.

(7) 의족 파손에 따른 요양급여 청구사건 관련 판례 [㉑]

의족 파손에 따른 요양급여 청구 사건 (대법원 2014.7.10. 선고 2012두20991 판결)	
판시사항	의족을 착용하고 아파트 경비원으로 근무하던 갑이 제설작업 중 넘어져 의족이 파손되는 등의 재해를 입고 요양급여를 신청하였으나, 근로복지공단이 '의족 파손'은 요양급여 기준에 해당하지 않는다는 이유로 요양불승인처분을 한 사안
결정요지 및 주요논점	아래 내용을 종합적으로 고려하면, 의족은 단순히 신체를 보조하는 기구가 아니라 신체의 일부인 다리를 기능적·물리적·실질적으로 대체하는 장치로서, **업무상의 사유로 근로자가 장착한 의족이 파손된 경우는 산업재해보상보험법상 요양급여의 대상인 근로자의 부상에 포함된다**고 보아야 한다. ① 산업재해보상보험법과 장애인차별금지법의 입법 취지와 목적, 요양급여 및 장애인보조기구에 관한 규정의 체계, 형식과 내용, 장애인에 대한 차별행위의 개념 등에 의하면, 산업재해보상보험법의 해석에서 **업무상 재해로 인한 부상의 대상인 신체를 반드시 생래적 신체에 한정할 필요는 없는 점** ② 의족 파손을 업무상 재해로 보지 않을 경우 장애인 근로자에 대한 보상과 재활에 상당한 공백을 초래하는 점 ③ 앞서 본 의족의 신체 대체성에 비추어 볼 때, **신체 탈부착 여부를 기준으로 요양급여 대상을 가르는 것이 합리적이라고 할 수 없는 점** ④ 의족 파손을 업무상 재해에서 제외한다면, 사업자들로 하여금 의족 착용 장애인들의 고용을 더욱 소극적으로 만들 우려가 있는 점 ⑤ 피고(근로복지공단)는 재해근로자의 재활 및 사회 복귀라는 설립 목적의 달성을 위해 장애인 근로자를 포함한 모든 근로자의 재활을 적극적으로 지원할 의무가 있는 점
주문 및 결정형식	원심판결을 파기하고, 사건을 서울고등법원에 환송한다.

2 공공부조법 관련 판례

(1) 생계보호수준 관련 판례

1994년 생계보호기준 위헌확인 (1997.5.29. 94헌마33 전원재판부)	
사건개요	청구인들은 부부이고 생활보호법 제6조 제1항 및 동법 시행령 제6조 제1호 소정의 "거택보호대상자"로서, 1994. 1.경 보건복지부장관이 고시한 1994년 생활보호사업지침상의 "94년 생계보호기준"에 의하여 생계보호급여를 받고 있는바, 이 보호급여 수준은 최저생계비에도 훨씬 미치지 못하여 헌법상 보장된 청구인들의 행복추구권과 인간다운 생활을 할 권리를 침해하고 있다는 이유로 1994. 2. 25. 위 "94년 생계보호기준"에 대한 헌법소원심판을 청구하였다.
판시사항	보건복지부장관이 고시한 생활보호사업지침상의 "94년 생계보호기준"이 헌법상의 행복추구권과 인간다운 생활을 할 권리를 침해하는 것인지의 여부
결정요지 및 주요논점	① 모든 국민은 인간다운 생활을 할 권리를 가지며 국가는 생활능력 없는 국민을 보호할 의무가 있다는 헌법의 규정은 입법부와 행정부에 대하여는 국민소득, 국가의 재정능력과 정책 등을 고려하여 가능한 범위 안에서 최대한으로 모든 국민이 물질적인 최저생활을 넘어서 인간의 존엄성에 맞는 건강하고 문화적인 생활을 누릴 수 있도록 하여야 한다는 행위의 지침 즉 행위규범으로서 작용하지만, 헌법재판에 있어서는 다른 국가기관 즉 입법부나 행정부가 국민으로 하여금 인간다운 생활을 영위하도록 하기 위하여 객관적으로 필요한 최소한의 조치를 취할 의무를 다하였는지의 여부를 기준으로 국가기관의 행위의 합헌성을 심사하여야 한다는 통제규범으로 작용하는 것이다. 그러므로 국가가 인간다운 생활을 보장하기 위한 헌법적인 의무를 다하였는지의 여부가 사법적 심사의 대상이 된 경우에는, 국가가 생계보호에 관한 입법을 전혀 하지 아니하였다든가 그 내용이 현저히 불합리하여 헌법상 용인될 수 있는 재량의 범위를 명백히 일탈한 경우에 한하여 헌법에 위반된다고 할 수 있다. ② 국가가 행하는 생계보호의 수준이 그 재량의 범위를 명백히 일탈하였는지의 여부, 즉 인간다운 생활을 보장하기 위한 객관적 내용의 최소한을 보장하고 있는지의 여부는 생활보호법에 의한 생계보호급여만을 가지고 판단하여서는 아니되고 그외의 법령에 의거하여 국가가 생계보호를 위하여 지급하는 각종 급여나 각종 부담의 감면 등을 총괄한 수준을 가지고 판단하여야 하는바, 1994년도를 기준으로 생활보호대상자에 대한 생계보호급여와 그 밖의 각종 급여 및 각종 부담감면의 액수를 고려할 때, 이 사건 생계보호기준이 청구인들의 인간다운 생활을 보장하기 위하여 국가가 실현해야 할 객관적 내용의 최소한도의 보장에도 이르지 못하였다거나 헌법상 용인될 수 있는 재량의 범위를 명백히 일탈하였다고는 보기 어렵고, 따라서 비록 위와 같은 **생계보호의 수준이 일반 최저생계비에 못미친다고 하더라도 그 사실만으로 곧 그것이 헌법에 위반된다거나 청구인들의 행복추구권이나 인간다운 생활을 할 권리를 침해한 것이라고는 볼 수 없다.**
주문 및 결정형식	이 사건 생계보호기준의 위헌확인을 구하는 청구인들의 이 사건 심판청구는 이유없으므로 이를 모두 기각하기로 하여 재판관 전원의 일치된 의견으로 주문과 같이 결정한다. **청구인들의 심판청구를 모두 기각한다.**

(2) 국민기초생활보장 최저생계비 관련 판례

2002년도 국민기초생활보장최저생계비 위헌확인 (2004.10.28. 2002헌마328 전원재판부)	
사건개요	청구인들은 2002.5.14. 위 최저생계비 고시가 청구인들의 인간으로서의 존엄과 가치 및 행복추구권, 인간다운 생활을 할 권리 및 평등권을 침해하는 것이라고 주장하면서 이 사건 헌법소원심판을 청구하였다.
판시사항	보건복지부장관이 2002년도 최저생계비를 고시함에 있어 **장애로 인한 추가지출비용을 반영한 별도의 최저생계비를 결정하지 않은 채 가구별 인원수만을 기준으로 최저생계비를 결정한 2002년도 최저생계비고시**가 생활능력 없는 장애인가구 구성원의 인간의 존엄과 가치 및 행복추구권, 인간다운 생활

	을 할 권리, 평등권을 침해하였는지 여부
결정요지 및 주요논점	① 국가가 생활능력 없는 장애인의 인간다운 생활을 보장하기 위하여 행하는 사회부조에는 국민기초생활보장법에 의한 생계급여 지급을 통한 최저생활보장 외에 다른 법령에 의하여 행하여지는 것도 있으므로, 국가가 행하는 최저생활보장 수준이 그 재량의 범위를 명백히 일탈하였는지 여부, 즉 인간다운 생활을 보장하기 위한 객관적 내용의 최소한을 보장하고 있는지 여부는 보장법에 의한 생계급여만을 가지고 판단하여서는 아니되고, 그 외의 법령에 의거하여 국가가 최저생활보장을 위하여 지급하는 각종 급여나 각종 부담의 감면 등을 총괄한 수준으로 판단하여야 한다. ② 보건복지부장관이 2002년도 최저생계비를 고시함에 있어 장애로 인한 추가지출비용을 반영한 별도의 최저생계비를 결정하지 않은 채 가구별 인원수만을 기준으로 최저생계비를 결정한 것은 생활능력 없는 장애인가구 구성원의 인간의 존엄과 가치 및 행복추구권, 인간다운 생활을 할 권리, 평등권을 침해하였다고 할 수 없다.
주문 및 결정형식	이 사건 고시는 헌법에 위반되지 않는다 할 것이므로, 이 사건 헌법소원심판청구는 이유 없어 이를 기각하기로 하여 관여재판관 전원의 일치된 의견으로 주문과 같이 결정한다. **청구인들의 심판청구를 기각한다.**

(3) 국민기초생활보장 금융거래조사 관련 판례 [⑰]

	국민기초생활보장법 제23조 위헌확인 (2005.11.24. 2005헌마112 전원재판부)
사건개요	청구인은 이러한 금융거래 조사는 청구인의 사생활의 비밀과 자유 및 행복추구권 등을 침해하여 위헌이라고 주장하면서 다음 '나.' 기재 심판대상조항의 위헌확인을 구하는 헌법소원을 제기하였다.
판시사항	① 국민기초생활보장법(1999.9.7. 법률 제6024호로 제정된 것, 이하 '보장법'이라 한다)상의 급여를 신청하고 있는 자가 보장법상 수급자에 대한 정기조사 규정인 보장법 제23조에 관하여 자기관련성이 인정되는지 여부 ② 보장법상의 **급여신청자에게 금융거래정보의 제출을 요구**할 수 있도록 한 보장법 시행규칙 제35조 제1항 제5호가 급여신청자의 **개인정보자기결정권을 침해**하는지 여부 ③ 보장법 시행규칙 제35조 제1항 제5호가 **급여신청자의 평등권을 침해**하는지 여부
결정요지 및 주요논점	① 보장법상 수급자에 대한 정기조사 규정인 보장법 제23조는 보장법상의 급여를 받고 있는 수급자에게 적용되는 규정이므로 보장법상의 급여를 신청하고 있을 뿐인 경우에는 적용되지 않아 자기관련성이 없다 ② 보장법 시행규칙 제35조 제1항 제5호는 급여신청자의 수급자격 및 급여액 결정을 객관이고 공정하게 판정하려는 데 그 목적이 있는 것으로 그 정당성이 인정되고, 이를 위해서 금융거래정보를 파악하는 것은 적절한 수단이며 금융기관과의 금융거래정보로 제한된 범위에서 수집되고 조사를 통해 얻은 정보와 자료를 목적 외의 다른 용도로 사용하거나 다른 기관에 제공하는 것이 금지될 뿐만 아니라 이를 어긴 경우 형벌을 부과하고 있으므로 정보주체의 자기결정권을 제한하는 데 따른 피해를 최소화하고 있고 위 시행규칙 조항으로 인한 정보주체의 불이익보다 추구하는 공익이 더 크므로 개인정보자기결정권을 침해하지 아니한다. ③ 보장법 시행규칙 제35조 제1항 제5호는 급여대상자의 소득과 재산을 정확히 파악하여 급여가 정말 필요한 사람들에게 제대로 지급되도록 하기 위한 불가피한 조치이므로 그 차별의 합리성이 인정되므로 급여신청자의 평등권을 침해하지 않는다.
주문 및 결정형식	청구인의 심판청구 중 국민기초생활보장법(1999.9.7. 법률 제6024호로 제정된 것) 제23조 부분은 각하하고, 국민기초생활보장법 시행규칙(2000.8.18. 보건복지부령 제169호로 제정된 것) 제35조 제1항 제5호 부분은 기각한다.

3 사회복지서비스법 관련 판례

(1) 사회복지사업법 제23조 제2항 등 위헌소원 [17]

사회복지사업법 제23조 제2항 등 위헌소원 (2005.2.3. 2004헌바10 전원재판부)	
판시사항	① 사회복지법인의 재산을 보건복지부령이 정하는 바에 따라 기본재산과 보통재산으로 구분하도록 규정한 사회복지사업법 제23조 제2항의 규정내용 중 **기본재산과 보통재산의 의미가 불명확하여 명확성의 원칙에 위반되는지 여부** [17] ② 사회복지사업법 제23조 제2항이 포괄위임금지의 원칙에 위반되는지 여부 ③ 사회복지법인의 **기본재산을 처분함에 있어 보건복지부장관의 허가를 받도록 규정**한 사회복지사업법 제23조 제3항 제1호와 **사회복지법인의 운영자유, 재산권과의 관계** ④ 사회복지사업법 제23조 제3항 제1호가 **입법형성의 한계를 일탈하거나 기본권제한의 입법한계를 벗어난 것으로서 헌법에 위반되는지 여부**
결정요지 및 주요논점	① 사회복지사업법 제23조 제2항은 "사회복지법인의 재산은 보건복지부령이 정하는 바에 의하여 기본재산과 보통재산으로 구분한다."고 규정하고, 위 법률조항과 같은 조 제3항 제1호는 결합하여 사회복지법인이 기본재산을 처분할 때 보건복지부장관의 허가를 받도록 하고 있어 위 제23조 제2항은 기본권을 제한하는 성질을 가지고 있으므로, 그 입법에 있어서 명확성의 원칙을 준수할 것이 요구된다. 그러나, 기본재산과 보통재산에 관한 사전적 의미 및 통상적 사용법이나 사회복지사업법의 관련조항들, 그리고 하위법령인 보건복지부령 제12조 제2항을 종합하여 보면, **사회복지법인의 기본재산은 사회복지법인이 정관에 정한 목적사업을 수행하는데 꼭 필요한 재산으로서,** 통상 사회복지시설 등을 설치하는데 직접 사용되는 재산(목적사업용 기본재산)과 임대수입이 있는 건물이나 주식 등 그 수익으로 목적사업의 수행에 필요한 경비를 충당하기 위한 재산(수익용 기본재산)이 속할 것이라고 충분히 해석이 가능하여 **집행당국에 의한 자의적 해석의 여지를 주거나 수범자의 예견가능성을 해할 정도로 불명확하다고 볼 여지는 없다.** [17] ② 사회복지사업법 제23조 제2항이 위임되는 사항이 무엇인지 명시적으로 밝혀놓고 있지는 않지만, 사회복지법인의 기본재산과 보통재산이라는 개념은 본질적으로 그 해석에 한계가 있고, 위 법률조항에서 보건복지부령에 위임하고자 하는 내용은 사회복지법인의 기본재산과 보통재산이 구체적으로 무엇을 의미하고 어떻게 구분될 것인지, 사회복지법인의 존립과 운영에 필요하여 반드시 갖추어야 할 기본재산의 규모는 어느 정도인지 등이라는 것은 누구라도 충분히 예측할 수 있다고 보일 뿐만 아니라 위와 같은 사항 외에 새로이 국민의 권리를 제한할 가능성이 있는 내용을 담을 것이라고 보여지지도 않으므로, **포괄위임금지의 원칙에 반하지 않는다.** ③ 사회복지사업법 제23조 제3항 제1호는 사회복지법인이 그 기본재산을 처분하기 위하여는 보건복지부장관의 허가를 받지 않으면 되지 않도록 규정하고 있으므로, 사회복지법인의 운영에 관련된 각종 경제활동, 특히 물적·인적 시설의 관리와 운영에 있어 보건복지부의 관여를 받게 됨으로써 헌법 제10조의 행복추구권의 구체적인 한 표현인 일반적인 행동자유권 내지 사적자치권으로 보장되는 사회복지법인의 운영의 자유의 한 내용인 재산을 자유롭게 관리할 권리를 제한하고 있다. 한편, 사회복지법인의 기본재산에 관하여 보건복지부장관의 허가를 받지 못한 처분의 사법적 효력은 일반적으로 무효라고 해석하는 것이 대법원 판례의 경향이기 때문에, 사회복지법인의 채권자나 기본재산에 관한 권리를 취득한 자는 보건복지부장관의 허가가 결여되었다는 이유로 사후에 권리의 취득이 무효로 돌아감으로써 경제적 손실을 입게 될 수 있으므로, 이럴 경우 그들에게 실질적으로 불이익을 입히게 되어 재산권에 영향을 미치는 것이다. ④ 사회복지사업법 제23조 제3항 제1호는 **사회복지법인의 특수성을 고려하여 그 재산의 원활한 관리 및 유지 보호와 재정의 적정을 기함으로써 사회복지법인의 건전한 발달을 도모하고 사회복지법인으로 하여금 그 본래의 사업목적사업에 충실하게 하려는데 그 목적이 있으므로 그 입법목적은 정당하고,** 법인의 기본재산을 처분함에 있어 사회복지법인이 설립자나 법인 운영자의 사익이나 자의적 경영

	을 방지하기 위하여 보건복지부장관의 허가를 받도록 하는 것은 그 목적을 달성하는데 적절한 수단이라 하지 않을 수 없다. 또한 사회복지법인의 모든 재산에 대하여 보건복지부장관의 허가를 요하는 것이 아니라 정관에 등재된 기본재산만을 허가의 대상으로 제한하고 있고, 파산법에 의한 파산절차를 통한 채권변제절차를 막고 있는 것도 아니므로, 위 법률규정은 피해의 최소성이라는 요건을 갖춘 것이다. 아울러 **입법자가 위 법률조항의 입법을 통하여 사회복지법인의 운영자유와 거래의 안전이나 거래의 상대방의 재산권보다 사회복지법인의 재정의 건전화에 대한 공익적 요구를 더욱 중요한 가치로 선택한 것을 두고 합리적인 근거가 없는 기본권의 침해라 할 수 없다.**
주문 및 결정형식	사회복지사업법 제23조 제2항, 제3항 제1호는 **헌법에 위반되지 아니한다.**

(2) 저상버스도입의무불이행 위헌확인 [⑦⑨⑪⑬]

저상버스 도입의무 불이행 위헌확인 (2002.12.18. 2002헌마52 전원재판부)	
사건개요	청구인은 2001. 11. 26. 보건복지부장관에게 장애인이 편리하게 승차할 수 있는 저상(低床)버스의 도입을 청구하였으나 보건복지부장관은 건설교통부와 협의해야 한다는 등의 이유를 들며 이를 이행하지 않자, 보건복지부장관을 상대로 저상버스를 도입하지 않은 부작위가 청구인의 행복추구권, 인간다운 생활을 할 권리 등을 침해한다는 주장으로 2002. 1. 22. 이 사건 헌법소원심판을 청구하였다.
판시사항	① 행정권력의 불행사에 대한 헌법소원의 적법성 요건 ② 헌법 제34조 제5항의 '신체장애자'에 대한 국가보호의무의 헌법적 의미 ③ 장애인을 위한 '저상버스'를 도입해야 할 국가의 구체적 의무가 헌법으로부터 도출되는지의 여부
결정요지 및 주요논점	① 행정권력의 불행사에 대한 헌법소원은 공권력의 주체에게 헌법에서 유래하는 작위의무가 특별히 구체적으로 규정되어 있어 이에 따라 기본권의 주체가 행정행위를 청구할 수 있음에도 공권력의 주체가 그 의무를 해태하는 경우에 비로소 허용된다. ② 헌법은 제34조 제1항에서 모든 국민의 "인간다운 생활을 할 권리"를 사회적 기본권으로 규정하면서, 제2항 내지 제6항에서 특정한 사회적 약자와 관련하여 "인간다운 생활을 할 권리"의 내용을 다양한 국가의 의무를 통하여 구체화하고 있다. 헌법이 제34조에서 여자(제3항), 노인·청소년(제4항), 신체장애자(제5항) 등 특정 사회적 약자의 보호를 명시적으로 규정한 것은, '장애인과 같은 사회적 약자의 경우에는 개인 스스로가 자유행사의 실질적 조건을 갖추는 데 어려움이 많으므로, 국가가 특히 이들에 대하여 자유를 실질적으로 행사할 수 있는 조건을 형성하고 유지해야 한다'는 점을 강조하고자 하는 것이다. ③ 장애인의 복지를 향상해야 할 국가의 의무가 다른 다양한 국가과제에 대하여 최우선적인 배려를 요청할 수 없을 뿐 아니라, 나아가 헌법의 규범으로부터는 '장애인을 위한 저상버스의 도입'과 같은 구체적인 국가의 행위의무를 도출할 수 없는 것이다. **국가에게 헌법 제34조에 의하여 장애인의 복지를 위하여 노력을 해야 할 의무가 있다는 것은, 장애인도 인간다운 생활을 누릴 수 있는 정의로운 사회질서를 형성해야 할 국가의 일반적인 의무를 뜻하는 것이지, 장애인을 위하여 저상버스를 도입해야 한다는 구체적 내용의 의무가 헌법으로부터 나오는 것은 아니다.**
주문 및 결정형식	청구인의 심판청구를 각하한다.

(3) 이사회의 의결 없이 사회복지법인의 재산 처분 [⑦⑨⑬]

	기본재산처분허가신청절차이행 (대법원 2002.6.28. 선고 2000다20090 판결)
판시사항	사회복지법인의 대표자가 이사회의 의결 없이 사회복지법인의 재산을 처분한 경우, 그 처분행위의 효력(무효)
결정요지 및 주요논점	사회복지사업법 제32조에 의하여 사회복지법인에 관하여 준용되는 공익법인의 설립·운영에 관한 법률 제1조, 제6조, 제7조, 그 밖에 위 각 법의 여러 규정을 아울러 살펴보면, 공익법인의 설립·운영에 관한 법률 제7조에서 공익법인의 재산의 처분에 관한 사항 등을 이사회에서 심의결정한다고 한 것은 공익법인의 특수성을 고려하여 그 재산의 원활한 관리 및 유지 보호와 재정의 적정을 기함으로써 공익법인의 건전한 발달을 도모하고 공익법인으로 하여금 그 본래의 목적사업에 충실하게 하려는 데 그 목적이 있다 할 것이므로, **사회복지법인의 대표자가 이사회의 의결 없이 사회복지법인의 재산을 처분한 경우에 그 처분행위는 효력이 없다.**
주문 및 결정형식	상고를 모두 기각한다. 상고비용은 원고들의 부담으로 한다.

(4) 노령수당지급대상자 관련 판례 [⑦]

	노령수당지급대상자선정제외 처분취소 (대법원 1996.04.12 선고 95누7727 판결)
판시사항	① 보건사회부장관이 정한 1994년도 노인복지사업지침의 법적 성질 ② 노령수당의 지급대상자를 '70세 이상'으로 규정한 지침이 노인복지법 제13조, 같은 법 시행령 제17조의 위임한계를 벗어나 효력이 없다고 한 사례
결정요지 및 주요논점	① 보건사회부장관이 정한 1994년도 노인복지사업지침은 노령수당의 지급대상자의 선정기준 및 지급수준 등에 관한 권한을 부여한 노인복지법 제13조 제2항, 같은 법 시행령 제17조, 제20조 제1항에 따라 보건사회부장관이 발한 것으로서 실질적으로 법령의 규정내용을 보충하는 기능을 지니면서 그것과 결합하여 대외적으로 구속력이 있는 법규명령의 성질을 가지는 것으로 보인다. ② 법령 보충적인 행정규칙, 규정은 당해 법령의 위임한계를 벗어나지 아니하는 범위 내에서만 그것들과 결합하여 법규적 효력을 가지고, 노인복지법 제13조 제2항의 규정에 따른 노인복지법 시행령 제17조, 제20조 제1항은 노령수당의 지급대상자의 연령범위에 관하여 위 법 조항과 동일하게 '65세 이상의 자'로 반복하여 규정한 다음 소득수준 등을 참작한 일정소득 이하의 자라고 하는 지급대상자의 선정기준과 그 지급대상자에 대한 구체적인 지급수준(지급액) 등의 결정을 보건사회부장관에게 위임하고 있으므로, 보건사회부장관이 노령수당의 지급대상자에 관하여 정할 수 있는 것은 65세 이상의 노령자 중에서 그 선정기준이 될 소득수준 등을 참작한 일정소득 이하의 자인 지급대상자의 범위와 그 지급대상자에 대하여 매년 예산확보상황 등을 고려한 구체적인 지급수준과 지급시기, 지급방법 등일 뿐이지, 나아가 지급대상자의 최저연령을 법령상의 규정보다 높게 정하는 등 노령수당의 지급대상자의 범위를 법령의 규정보다 축소·조정하여 정할 수는 없다고 할 것임에도, **보건사회부장관이 정한 1994년도 노인복지사업지침은 노령수당의 지급대상자를 '70세 이상'의 생활보호대상자로 규정함으로써 당초 법령이 예정한 노령수당의 지급대상자를 부당하게 축소·조정하였고, 따라서 위 지침 가운데 노령수당의 지급대상자를 '70세 이상'으로 규정한 부분은 법령의 위임한계를 벗어난 것이어서 그 효력이 없다.**
주문 및 결정형식	원심판결을 파기하고, 이 사건을 서울고등법원으로 환송한다.

4 사회복지관련법 관련 판례

(1) 장애인고용할당제도가 사업주의 헌법상 권리 침해하는지 여부 [⑨⑲]

구 장애인고용촉진 등에 관한 법률 제35조 제1항 본문 등 위헌소원(2003.7.24. 2001헌바96 전원재판부)	
판시사항	① 대통령령이 정하는 일정 수 이상의 근로자를 고용하는 사업주는 **기준 고용률 이상에 해당하는 장애인을 고용해야 한다**고 규정한 구 장애인고용촉진 등에 관한 법률(2000.1.12. 법률 제6166호로 전문개정되기 전의 것. 이하 "구법"이라 한다) 제35조 제1항 본문이 **사업주의 행동자유권, 경제활동의 자유, 평등권을 침해**하고 포괄위임입법금지원칙에 위배되는지 여부 ② 장애인고용의무제의 실효성을 확보하는 수단으로서의 **장애인고용부담금제도에 관한 규정**인 구법 제38조 제1항·제2항·제3항·제5항·제6항, 제39조 제1항이 **사업주의 계약 및 직업수행의 자유, 재산권, 평등권을 침해**하는지 여부
결정요지 및 주요논점	① 장애인은 그 신체적·정신적 조건으로 말미암아 유형·무형의 사회적 편견 및 냉대를 받기 쉽고 이로 인하여 능력에 맞는 직업을 구하기가 지극히 어려운 것이 현실이므로, 장애인의 근로의 권리를 보장하기 위하여는 사회적·국가적 차원에서의 조치가 요구된다. 이러한 관점에서 볼 때, 자유민주적 기본질서를 지향하는 우리 헌법이 원칙적으로 기업의 경제활동의 자유를 보장(헌법 제119조 제1항)하고 개인의 계약자유의 원칙을 천명(헌법 제10조 전문)하고 있다 하더라도 일정한 범위에서 이러한 자유를 제약하는 것은 불가피한 조치라고 할 수 있다. 청구인이 주장하는 **계약자유의 원칙**과 **기업의 경제상의 자유**는 무제한의 자유가 아니라 헌법 제37조 제2항에 의하여 공공복리를 위해 법률로써 **제한이 가능**한 것이며, 국가가 경제주체간의 조화를 통한 **경제의 민주화**를 **위해 규제와 조정**을 할 수 있다고 천명(헌법 제119조 제2항)하고 있는 것은 사회·경제적 약자인 장애인에 대하여 인간으로서의 존엄과 가치를 인정하고 나아가 인간다운 생활을 보장하기 위한 불가피한 요구라고 할 것이어서, 그로 인하여 **사업주의 계약의 자유 및 경제상의 자유가 일정한 범위 내에서 제한된다고 하여 곧 비례의 원칙을 위반하였다고는 볼 수 없다**. ⊗⊘ 기업의 경제상 자유는 공공복리를 위해 법률로 제한할 수 있다.(O) ⊗⊘ 국가는 경제주체 간의 조화를 통한 경제민주화를 위해 규제와 조정을 할 수 있다.(O) ② **고용부담금제도는 이러한 장애인고용의무제의 실효성을 확보하는 수단이므로 입법목적의 정당성이 인정된다.** 사업주의 재산권 등을 과도하게 침해하는 것이라고 할 수 없고, 헌법상 요구되는 장애인의 고용촉진이라는 공익에 비추어 볼 때 법익의 균형성을 크게 잃었다고 볼 수도 없다. ⊗⊘ 고용부담금제도는 장애인고용의무제의 실효성을 확보하는 수단이므로 입법목적의 정당성이 인정된다.(O) ③ 이 사건 고용부담금 규정은 일정한 요건에 해당하는 사업주에게는 일정한 방식에 따라 고용부담금을 차등없이 부과하고 있다. 따라서 고용의무제가 적용되는 사업주와 그렇지 아니한 사업주 간의 구분자체에 불합리한 차별이 있는지 여부는 별론으로 하고 **고용부담금제도 자체의 차별성은 문제가 되지 않는다**고 할 것이다. 고용부담금제도는 그 자체가 고용의무를 성실히 이행하는 사업주와 그렇지 않는 사업주간의 경제적 부담의 불균형을 조정하는 기능을 하기 때문이다. ⊗⊘ 고용부담금제도는 그 자체가 고용의무를 성실히 이행하는 사업주와 그렇지 않는 사업주간의 경제적 부담의 불균형을 조정하는 기능을 하기 때문에 고용부담금제도 자체의 차별성은 문제가 되지 않는다.(O)
주문 및 결정형식	구 장애인고용촉진 등에 관한 법률(2000.1.12. 법률 제6166호로 전문개정되기 전의 것) **제35조 제1항 본문 중 "대통령령이 정하는 일정 수 이상의 근로자를 고용하는 사업주" 부분** 및 제38조 제1항·제2항·제3항·제5항·제6항, 제39조 제1항은 **헌법에 위반되지 아니한다**. ⊗⊘ 대통령령이 정하는 일정수 이상의 근로자를 고용하는 사업주는 기준고용률 이상에 해당하는 장애인을 고용해야 한다고 규정한 구 장애인고용촉진등에관한법률 제35조제1항 본문은 헌법에 불합치한다.(×)

(2) 가산점제도로 인한 침해 관련 판례 [⑨]

제대군인지원에 관한 법률 제8조 제1항 등 위헌확인 (1999.12.23. 98헌마363 전원재판부)	
사건개요	청구인들은 제대군인이 6급 이하의 공무원 또는 공·사기업체의 채용시험에 응시한 때에 필기시험의 각 과목별 득점에 **각 과목별 만점의 5퍼센트 또는 3퍼센트를 가산**하도록 규정하고 있는 제대군인지원에 관한 법률 제8조 제1항, 제3항 및 동법 시행령 제9조가 자신들의 **헌법상 보장된 평등권, 공무담임권, 직업선택의 자유를 침해**하고 있다고 주장하면서 1998.10.19. 이 사건 헌법소원심판을 청구하였다.
판시사항	① 가산점제도로 여성, 신체장애자 등의 **평등권이 침해**되는지 여부(적극) ② 가산점제도로 여성, 신체장애자 등의 **공무담임권이 침해**되는지 여부(적극)
결정요지 및 주요논점	① 가산점제도는 제대군인에 비하여, 여성 및 제대군인이 아닌 남성을 부당한 방법으로 지나치게 차별하는 것으로서 헌법 제11조에 위배되며, 이로 인하여 **청구인들의 평등권이 침해**된다. ② 헌법 제25조의 공무담임권 조항은 모든 국민이 누구나 그 능력과 적성에 따라 공직에 취임할 수 있는 균등한 기회를 보장함을 내용으로 하므로, 공직자 선발에 관하여 능력주의에 바탕한 선발기준을 마련하지 아니하고 해당 공직이 요구하는 직무수행능력과 무관한 요소를 기준으로 삼는 것은 국민의 공직취임권을 침해하는 것이 되는바, 제대군인 지원이라는 입법목적은 예외적으로 능력주의를 제한할 수 있는 정당한 근거가 되지 못하는데도 불구하고 **가산점제도는 능력주의에 기초하지 아니하고** 성별, '현역복무를 감당할 수 있을 정도로 신체가 건강한가'와 같은 불합리한 기준으로 여성과 장애인 등의 공직취임권을 지나치게 제약하는 것으로서 헌법 제25조에 위배되고, 이로 인하여 **청구인들의 공무담임권이 침해**된다.
주문 및 결정형식	제대군인지원에 관한 법률(1997.12.31. 법률 제5482호로 제정된 것) 제8조 제1항, 제3항 및 동법 시행령(1998.8.21. 대통령령 제15870호로 제정된 것) 제9조는 **헌법에 위반된다.**

(3) 맞춤형 복지제도 차별적용 관련 판례 [⑪]

맞춤형 복지제도 차별적용 위헌확인 (2007.5.31. 자 2006헌마186 전원재판부)	
사건개요	청구인은 **대한민국 정부가 지방자치단체 소속의 지방공무원에게도 맞춤형 복지제도를 시행할 수 있도록 법규제정과 예산지원을 하지 아니한 부작위**로 인하여 **국가공무원과는 달리 맞춤형 복지제도의 혜택을 받지 못하는 차별취급**을 받고 있다고 주장하면서, 2006.2.8. 대한민국 정부를 피청구인으로 하여 그 부작위의 위헌확인을 구하는 이 사건 헌법소원심판을 청구하였다.
판시사항	① 피청구인 **대한민국 정부가 지방공무원에게 맞춤형 복지제도를 시행하기 위한 법규 제정**을 하지 아니한 **부작위의 위헌확인**을 구하는 이 사건 심판청구의 적법 여부(소극) ② 피청구인 **대한민국 정부가 지방공무원에게 맞춤형 복지제도를 시행하기 위한 예산지원**을 하지 아니한 **부작위의 위헌확인**을 구하는 이 사건 심판청구의 적법 여부(소극)
결정요지 및 주요논점	① 지방공무원법 제77조는 지방공무원의 보건·휴양·안전·후생 기타 능률증진에 필요한 사항의 기준설정 및 실시 의무를 관할 지방자치단체의 장에게 부여하고 있고, **피청구인 대한민국 정부에게는 이를 위한 법령, 규칙 등 세부기준의 제정의무를 부여하고 있지 아니하므로, 그 부작위를 다투는 이 사건 심판청구는 부적법**하다. ② 지방재정법, 지방교부세법 및 지방자치법 조항 어디에도 **피청구인 대한민국 정부에게 지방공무원에 대한 맞춤형 복지제도의 실시를 위한 예산지원의무 등을 규정하고 있지 아니하므로, 그 부작위를 다투는 심판청구 역시 부적법**하다.
주문 및 결정형식	이 사건 심판청구를 모두 각하한다.

MEMO

김진원 OIKOS 사회복지사1급 통합이론서 3교시

부 록

- 참고문헌
- 찾아보기

참고문헌

- 감정기 외 공저(2002). 『사회복지의 역사』. 서울 : 나남출판
- 강영실(2007). 『사회복지정책의 이해』. 경기 : 신정.
- 강용규 외 공저(2008). 『사회복지행정론』. 서울 : 청목출판사.
- 강용규 외 공저(2015). 『사회복지행정론』. 경기 : 공동체.
- 강욱목 외 공저(2003). 『사회복지정책론』. 서울 : 청목출판사.
- 강희갑(2006). 『사회복지법제론』. 경기 : 양서원.
- 강희갑 외 공저(2008). 『사회복지법제론』. 경기 : 양서원.
- 고명석(2008). 『사회복지개론』. 경기 : 동문사.
- 고수현 외 공저(2002). 『사회복지개론』. 서울 : 대학출판사.
- 고재욱 외(2013). 『사회복지행정론』. 경기 : 정민사.
- 곽효문(2000). 『사회복지법제론』. 서울 : 제일법규.
- 구자헌(1984). 『한국사회복지사』. 서울 : 홍익제.
- 권구영 외 공저(2009). 『사회복지실천론』. 서울 : 창지사.
- 권영성(1999, 2006). 『헌법학원론』. 경기 : 법문사.
- 권오구(1994). 『사회복지발달사』. 서울 : 홍익제.
- 권육상(2001). 『최신노인복지론』. 서울 : 유풍출판사.
- 권육상 외 공저(2007). 『최신사회복지법제론』. 서울 : 나눔의집.
- 권중돈 외 공저(2011). 『사회복지개론』. 서울 : 학지사.
- 김경우(2005). 『사회보장론』. 서울 : 대왕사.
- 김경우 외 공저(2013). 『사회복지행정론』. 서울 : 동문사.
- 김광병 외 공저(2007). 『사회복지법제론』. 서울 : 창지사.
- 김귀환 외 공저(2007). 『사회복지법제론』. 서울 : 나눔의집.
- 김근조(2000). 『사회복지법론』. 서울 : 광은기획.
- 김기원(2000). 『공공부조론』. 서울 : 학지사.
- 김기원(2009). 『사회복지법제론』. 서울 : 나눔의집.
- 김동국(2000). 『서양사회복지사론 : 영국의 빈민법을 중심으로』. 서울 : 유풍출판사.
- 김만두(1998). 『사회복지법제론』. 서울 : 홍익제.
- 김만두(1994). "사회복지서비스 관련법의 문제점과 개선방향." 『한국사회복지학회 추계학술대회 자료집』. 한국사회복지학회. pp.3-10.
- 김만두 외(1993). 『현대사회복지개론』. 서울 : 홍익제.
- 김상균(1995). 『현대사회와 사회정책』. 서울 : 서울대학교출판부.
- 김상균 외 공저(2008). 『사회복지개론』. 서울 : 나남출판.
- 김성이(2002). 『사회복지의 발달과 사상』. 서울 : 이화여자대학교출판부.

- 김성천 외 공저(2009). 『사회복지학의 원리와 실제』. 서울 : 학지사.
- 김송남(1996). 『헌법관 이론』. 서울 : 광개토.
- 김수정(2009). 『사회복지법제』. 서울 : 학지사.
- 김수정 외 편저(2001). 『현대사회보장론』. 서울 : 한국복지정책연구소.
- 김영옥(1996). 『법학개론』. 서울 : 학문사.
- 김영종(2013). 『사회복지행정』. 서울 : 학지사.
- 김용준 외 공저(2005). 『교정복지학 개론』. 서울 : 교학사.
- 김유성(1992). 『한국사회보장법론』. 서울 : 법문사.
- 김유성 외 공저(2003). 『사회복지학개론』. 서울 : 동인.
- 김익균 외 공저(2005). 『사회복지법제』. 서울 : 교문사.
- 김정헌(2003). 『복지국가론』. 대구 : 대명.
- 김종명 외 공저(2009). 『사회복지정책론』. 경기 : 양서원.
- 김종엽 외 공저(2009). 『사회복지법제론』. 경기 : 학현사.
- 김중규(1999). 『행정학』. 서울 : 성지각.
- 김태성 외 공저(1996). 『복지국가론』. 서울 : 나남출판.
- 김태성 외 공저(2001). 『사회보장론』. 서울 : 청목출판사.
- 김태성 외 공저(2005). 『현대 복지국가의 변화와 대응』. 서울 : 나남출판.
- 김태성(2008). 『사회복지정책입문』. 서울 : 청목출판사.
- 김태성 외 공저(2010). 『사회복지개론』. 서울 : 청목출판사.
- 김통원(2007). 『사회복지 프로그램 개발과 평가』. 서울 : 학지사.
- 김학성(1995). 『객관식 헌법』. 서울 : 신영사.
- 김학성 외 공저(2001). 『사회복지행정론』. 서울 : 동인.
- 김훈(2009). 『사회복지법제론』. 서울 : 학지사.
- 남기민(2006). 『사회복지정책론』. 서울 : 학지사.
- 남기민 외 공저(2012). 『사회복지법제론』. 경기 : 공동체.
- 남세진 외 공저(1999). 『한국사회복지론』. 서울 : 나남출판.
- 남찬섭 외 공역(2007). 『사회복지정책론 : 분석 틀과 선택의 차원』. 서울 : 나눔의집.
- 노병일(2001). 『사회보장론』. 서울 : 대학출판사.
- 박경일(2007). 『사회복지정책론』. 서울 : 공동체.
- 박경일 외 공저(2008). 『사회복지학강의』. 서울 : 양서원.
- 박광준(2002). 『사회복지사상과 역사』. 서울 : 양서원.
- 박상하 외 공저(2008). 『사회복지개론』. 서울 : 양서원.
- 박석돈(2003). 『사회복지서비스법』. 서울 : 삼영사.
- 박석돈(2006). 『사회보장론』. 경기 : 양서원.
- 박석돈(2007). 『핵심 사회복지법제론』. 서울 : 삼영사.
- 박승두(2001). 『사회보장법총론』. 법률SOS.
- 박승희(2006). 『한국사회복지정책론』. 서울 : 성균관대학교출판부.
- 박용순 외 공저(2010). 『사회복지행정론』. 서울 : 창지사.

- 박차상 외 공저(2007). 『한국사회복지법강의』. 서울 : 학지사.
- 배은영 외 공저(2010). 『사회복지행정론』. 경기 : 공동체.
- 백윤철 외 공저(2006). 『사회복지법제』. 서울 : 형설출판사.
- 보건복지부(2019). 『국민기초생활보장사업안내』
- 보건복지부(2019). 『긴급지원사업안내』
- 보건복지부(2015). 『복지사각지대발굴지원우수사례』
- 보건복지부(2019). 『장애인복지사업안내』
- 보건복지부(2019). 『장애인연금사업안내』
- 보건복지부(2015, 2016). 『희망복지단업무안내』
- 봉민근(2004). 『사회복지정책론』. 서울 : 학문사.
- 서울복지재단(2005). 『사회복지 프로그램 매뉴얼 개발연구 : 가족복지실천방법』.
- 성규탁(1993). 『사회복지행정론』. 서울 : 법문사.
- 송근원·김태성(1999). 『사회복지정책론』. 서울 : 나남출판.
- 신복기 외 공저(2010). 『사회복지행정론』. 경기 : 공동체.
- 신섭중 (2001, 2004). 『한국사회복지법제』. 서울 : 대학출판사.
- 우재현 역(1982). 『복지국가론』. 서울 : 경진사.
- 우종모 외 공저(2006). 『사회복지행정론』. 경기 : 양서원.
- 우종모 외 공저(2007). 『사회복지법제론』. 경기 : 공동체.
- 원석조(2006). 『사회보장론』. 경기 : 양서원.
- 원석조(2010). 『사회복지정책론』. 경기 : 공동체.
- 원용찬(1998). 『사회보장발달사 : 포스트 복지자본주의와 패러다임』. 전주 : 신아.
- 유지태(2001). 『행정법신론』. 서울 : 박영사.
- 윤찬영(1998). 『사회복지법제론 I』. 서울 : 나남출판.
- 이덕로(2018). 『조직행동론』. 경기 : 피엔씨미디어.
- 이두호 외(1991). 『빈곤론』. 서울 : 나남출판.
- 이영철 외 공저(2003). 『사회복지학』. 경기 : 양서원.
- 이용환 외 공저(2006). 『사회복지법제론』. 서울 : 대왕사.
- 이인재 외 공저(1999). 『사회보장론』. 서울 : 나남출판.
- 이태복·심복자(2006). 『사회복지정책론』. 서울 : 나남출판.
- 이태영(2008). 『정책실천을 위한 사회복지정책론』. 경기 : 학현사.
- 장동일(2008). 『한국사회복지법제론』. 서울 : 동문사.
- 장동일(2010). 『사회복지행정론』. 서울 : 동문사.
- 장인협 외 공저(2000). 『사회복지행정론』. 서울 : 서울대학교출판부.
- 정영석(1989). 『법학통론』. 경기 : 법문사.
- 정영택 역(2005). 『사회정책과 사회국가』. 경기 : 21세기사.
- 전광석(2009). 『한국사회보장법론』. 경기 : 법문사.
- 조만형·한승훈(2008). 『핵심사회복지법제론』. 서울 : 청목출판사.
- 조원탁 외 공저(2006). 『사회복지법제론』. 서울 : 형설출판사.

- 조추용 외 공저(2007). 『사회복지법제론』. 경기 : 양서원.
- 지은구(2007). 『사회복지행정론』. 서울 : 청목출판사.
- 채구묵(2009). 『사회보장론』. 경기 : 학현사.
- 천정웅 외 공저(2015). 『사회복지행정론』. 서울 : 신정.
- 최성재 외 공저(1995). 『사회복지행정론』. 서울 : 나남출판.
- 최정섭(2009). 『사회복지법제론』. 경기 : 법문사.
- 최종고(1991). 『법학통론』. 서울 : 박영사.
- 하상락(1994). 『한국사회복지사론』. 서울 : 나남출판.
- 한국복지행정학회(2010). 『사회복지행정론』. 경기 : 양서원.
- 한동일 외 공저(2010). 『사회복지행정론』. 경기 : 양서원.
- 함세남 외(2000). 『선진국사회복지발달사』. 서울 : 홍익제.
- 함세남 외(2001). 『사회복지역사와 철학』. 서울 : 학지사.
- 현외성(2008). 『사회복지정책강론』. 경기 : 양서원.
- 현외성(2018). 『현대사회보장론』. 서울 : 동문사.
- 현외성(2008). 『한국사회복지법제론』. 경기 : 양서원.
- 현외성(2008). 『사회복지정책강론』. 경기 : 양서원.
- 황성철(2006). 『사회복지 프로그램 개발과 평가』. 경기 : 공동체.
- 황성철(2006). 『사회복지행정론』. 경기 : 학현사.
- 황인옥 외 공저(2008). 『사회복지법제론』. 경기 : 학현사.
- 황진수(2004). 『사회복지행정론』. 서울 : 대영문화사.
- 황진수 외 공저(2010). 『사회복지행정론』. 경기 : 양서원.
- 홍원식(1996). 『홍원식헌법론』. 서울 : 정명사.
- 홍원식(1997). 『홍원식헌법전 및 부속법률』. 서울 : 형설출판사.
- 홍원식(1997). 『홍원식헌법재판론Ⅰ, Ⅱ』. 서울 : 형설출판사.
- 홍봉수 외 공저(2010). 『사회복지행정론』. 경기 : 공동체.
- Ables, P. and Murpy, M. J.(1981), *Administration in the Humanservice : A Normative Systerms Approach*, Englewood Cliffs, N.J. : Prentice-Hall.
- Beverigde, W.(1958), *Social Insurance and Allied Services*, London : Her Majesty's Stationery Office.
- Esping-Andersen, G.(1990), *The Three World of Welfare Capitalism*, Cambridge, UK : Polity Press.
- Gilbert, N. and Terrell, P.(1998), *Dimensions of Social Welfare Policy*, Englewood Cliffs, N.J. : Prentice-Hall.
- Hasenfeld, Y.(1992), *Human Service as Complex Organizations*, Newbury Park : Sage Publications.
- Marshall, T. H.(1950), *Citizenship and Social Class*, Cambridge : Cambridge University Press.
- Mishra, R.(1977), *Society and Social Policy*, London : Macmillan.
- Skidmore, R. A.(1990), *Social Work Administration*, Englewood Cliffs, N.J. : Prentice-Hall.
- Weiner, M.(1990), *Human Services Management : Analysis and Applications*, Belmont, CA : Wadsworth Publishing.
- 고용노동부. www.moel.go.kr

- 국민건강보험공단 홈페이지. www.nhic.or.kr
- 국민연금공단. www.nps.or.kr
- 근로복지공단. www.welco.or.kr
- 노인장기요양보험. www.longtermcare.or.kr
- 대법원 홈페이지. www.scourt.go.kr
- 법제처 홈페이지. www.moleg.go.kr
- 보건복지부 홈페이지. www.mw.go.kr
- 헌법재판소 홈페이지. www.ccourt.go.kr

MEMO

찾아보기

[ㄱ]

가격혁명 …… 78
가입기간 추가 산입 …… 261, 718
가정폭력 …… 858
가족요양비 …… 275, 772
간병급여 …… 281, 761
간장애인 …… 822
감액노령연금 …… 262, 720
강의 …… 420
개별가구 …… 672
개별실적요율 …… 281, 756
개산보험료 …… 282, 766
개정빈민법 …… 86
객관적 빈곤 …… 225
거래적 리더십 …… 404
건강검진 …… 697, 736
건강보험심사평가원 …… 738
경계 하위체계 …… 336
계약 자유의 원칙 …… 547
계약의 공정성 …… 549
계층화 …… 138
계획(plan) …… 373
고용보험사업 …… 740
고용안정·직업능력개발사업 …… 744
공공재 …… 58
공급의 원칙 …… 52
공법 …… 542
공식조직 …… 349
공익연계 마케팅 …… 507
공장법 …… 86
공제조합 …… 91
과실에 대한 자기책임의 원칙 …… 548
과잉동조현상 …… 324
과정분석 …… 179
관리 하위체계 …… 337
관리격자모형 …… 399

관습법 …… 539
광역 구직활동비 …… 749
교육급여 …… 240, 678
구상권 …… 568, 618
구직급여 …… 745
구체적 권리설 …… 559
국가 책임주의 …… 95
국가론 …… 134
국민보험법 …… 94
국민연금공단 …… 719
국제법 …… 537, 603
국제법규 …… 537
국제인권규약 …… 604
국제조약 …… 537
권력 …… 190
권력자원이론 …… 134
귀속적 욕구 …… 183
규모의 경제 …… 59
규범적 욕구 …… 475
규칙 …… 534
근로복지공단 …… 756
근로자 …… 755
기대이론 …… 433
기본권 …… 553
기본연금액 …… 720
기업복지(직업복지) …… 206
기여식 연금 …… 256
기준 중위소득 …… 671
기준소득월액 …… 713
기준연금액 …… 707
기초급여 …… 710
기초생활보장 계획 …… 242, 685
기초연금액 …… 248, 707
기회 …… 190
기회의 평등 …… 66
기획(Planning) …… 373
긴급지원대상자 …… 701

긴급지원심의위원회 ······················· 704
길버트법 ······································ 84

[ㄴ]

내부접근모형 ······························· 162
네트워크(Network)조직 ··············· 361
노령연금 ··································· 724
노숙인 등 ·································· 873
노인보호전문기관 ······················· 806
노인여가복지시설 ······················· 804
노인의 날 ·································· 801
노인의료복지시설 ······················· 804
노인주거복지시설 ······················· 804
노인학대 ··································· 801
녹색주의(생태주의) ···················· 147
뇌병변장애인 ····························· 822
뇌전증장애인 ····························· 822
뉴딜(New Deal)정책 ··················· 96

[ㄷ]

다운사이징 ································ 346
단기보호 ··································· 772
단일화된 인테이크 ······················ 494
대량 마케팅 ······························· 505
대안선택 흐름도표 ······················ 388
대처리즘 ··································· 103
더블카운트제도 ·························· 883
델파이(Delphi)기법 ···················· 389
도덕적 해이 ······························· 58
독점자본주의 이론 ······················ 130
동기요인 ··································· 428
동원모형 ··································· 161
등급판정위원회의 설치 ················ 779
디딤씨앗통장(CDA) ···················· 152

[ㄹ]

라운트리(Rowntree) 방식 ············ 228
라이덴(Leyden) 방식 ·················· 230
레이거노믹스 ····························· 103
로렌츠 곡선 ······························· 231

리스트럭처링 ····························· 347
리엔지니어링 ····························· 347

[ㅁ]

마르크스주의 ····························· 145
만족모형 ··································· 172
맞춤형 급여 체계 ······················· 236
매트릭스(Matrix)조직 ·················· 359
맬서스주의 ·························· 87, 148
명목집단 기법 ···························· 390
목표전치현상 ····························· 324
목표효율성 ································ 68
무과실책임 ································ 550
무기여연금 ································ 256
무사안일주의 ····························· 324
문제해결적 의사결정 ··················· 386
물품평등주의 ····························· 59
미시간(Michigan) 연구 ················ 398
미시적 마케팅 ···························· 505
민영화 ······························ 102, 195

[ㅂ]

반집합주의 ································ 143
반환일시금 ······················ 262, 610, 727
발달장애인 ································ 872
방문간호 ··································· 275
방문목욕 ··································· 275
방문요양 ··································· 275
배분적 효율 ······························· 69
버츠컬리즘 ································ 100
번문욕례 ··································· 324
범주적 보조금 ···························· 199
법규명령 ··································· 533
법률 ··· 531
법률불소급의 원칙 ······················ 530
법인 ··· 584
법적 안정성 ······························· 530
베버리지 보고서 ························· 97
벤치마킹 ··································· 346
변혁적 리더십 ···························· 405
병급 ··· 566

보상	184
보육	828
보장기관	236, 241, 671
보장시설	689
보충성의 원리	234
보편주의	181
보험의 원칙	52
보호고용	882
보호대상아동	782
보호수당	817
복지개혁법	103
복지다원주의	62
복지사무전담기구	313
복지혼합	62, 207
본인부담상한제	735
부(富)세	200
부가급여	250, 710
부과방식	258
부담금	714
부양가족연금액	721
부양의무자	671
부의 소득세	251
부조의 원칙	52
분권화 조직	353
분할연금	724
불문법	538
브레인스토밍	391
비공식 부문	62, 207
비공식조직	350
비교적 욕구	476
비례적 평등	67
비용편익분석	170
비용효과분석	170
비정규적(비정형적) 의사결정	387
빈곤갭	231
빈곤과의 전쟁	101
빈곤율	231
빈곤함정	50
빈민감독관	82

[ㅅ]

사례관리	367
사례옹호	367
사법	542
사업장가입자	713
사용자	730
사용자부담	204
사유재산 또는 소유권 절대불가침의 원칙	548
사회민주적 복지국가	140
사회민주주의	146
사회법	542
사회보장 최저기준에 관한 조약	607
사회보장법	96
사회보장성 조세	201
사회보장위원회	619
사회보장정보시스템	496
사회복지관	643
사회복지법인	643
사회복지수급권	563
사회복지전담공무원	591
사회복지전문요원제도	313
사회복지협의회	656
사회서비스	616
사회양심론	124
사회적 이슈	158
사회정의	530
사회투자국가	151
산물분석	179
산술적 평등	67
산업화 이론	127
상대가치 수가제	271
상대적 박탈	225
상대적 빈곤	225
상대적 욕구	71
상병보상연금	763
상황이론	332
생계급여	676
생산 하위체계	335
생존권	557
생활보장위원회	684
서비스구매계약	191
선별주의	181
성과(성취)목표	481
성과분석	179
성문법	531
세분화 마케팅	505
세이의 법칙	95
소극적 자유	70

소극적 집합주의	144
소득비례연금	256
소득세	199
소득재분배	48
소멸시효	530, 568
소비세	199
소유권의 사회성	550
소진	438
소집단투표방법	390
속인주의	541
속지주의	541
수급권자	671
수급자	671
수급품	671
수량적 평등	67
수렴이론	127
수장령	78, 81
수직적 재분배	48
수직조직	351
수평적 재분배	48
수평조직	352
순환보직	422
슈퍼비전	423
슘페테리안 근로연계복지국가	104
스펜서주의	148
스핀햄랜드법	85
시민권	553
시민권론	126
시민법	547
시설급여	772
시장세분화	504
시장포지셔닝	505
시행규칙	533
시행령	533
신우파	143
신자유주의	149
신장장애인	822
신청주의의 원칙	618
실업급여	287, 744
실업함정	50
심사청구	570
심장장애인	822
쓰레기통 모형	174

[ㅇ]

아동권리협약	606
아동보호전문기관	797
아동위원	786
아동정책조정위원회	784
아동학대	783
아동학대 예방의 날	792
아웃소싱	347
아이오와(Iowa) 연구	397
아젠다	160
안면장애인	822
애드호크러시	346
언어장애인	822
업무 세분화	365
업무상 사고	757
업무상 질병	758
업무수행지원 시스템	470
업종별 차등요율체계	281, 756
엔클로져	80
엘리자베스 빈민법	81
엘리트 모형	175
여론조사에 의한 방법	230
역의선택	58
역할연기	421
연합모형(회사모형)	177
연대성의 원칙	50
엽관주의	324
예외주의	39
오가통제도	109, 597
오샨스키 척도	228
오하이오(Ohio) 연구	398
온정주의	148
완전노령연금	262, 724
외부주도모형	161
외부효과	57
요양급여	272, 280, 733, 760
요양병원간병비	275, 772
요양보호사	805
요양비	187, 272, 696, 735
우발적 재분배	48
운영 효율성	68
운영기획	376

원조성의 원칙 ………………………………… 52
위기상황 …………………………… 245, 700
위생요인 ……………………………………… 428
위험의 비독립성 ………………………………… 59
위험집단 ……………………………………… 478
유족급여 …………………………… 281, 762
유족연금 …………………………… 262, 725
유지 하위체계 ……………………………… 335
육아휴직 급여 ……………………………… 750
음모이론 ……………………………………… 125
의례주의 ……………………………………… 324
의뢰 시스템 ………………………………… 494
의료급여 ……………………… 244, 679, 695
의료급여기관 ……………………………… 692
의료급여심의위원회 ……………………… 694
의사결정 나무 분석 ……………………… 388
의사결정지원 시스템 …………………… 470
이의신청 …………………………………… 570
이익집단 이론 …………………………… 132
이용자목표 ………………………………… 481
이주비 ……………………………………… 749
인권 ………………………………………… 553
인두제 ……………………………………… 270
인적자원관리 ……………………………… 417
인지적 욕구 ……………………………… 476
일몰법 ……………………………………… 451
일반교부세 ………………………………… 199
일반예산 …………………………………… 199
일반집단 …………………………………… 478
일신전속성 ………………………………… 566
임계경로 …………………………………… 381
임신·출산진료비 ………………………… 735
임의가입자 ………………………………… 714
임의계속가입자 …………………………… 714
입양의 날 ………………………………… 845

[ㅈ]

자료처리응용단계 ………………………… 469
자발적 기여 ………………………………… 205
자산조사 …………………………………… 184
자원봉사자의 날 ………………… 667, 879
자원봉사활동 ……………………………… 877

자유방임주의 ……………………………… 148
자유주의적 복지국가 …………………… 139
자치법규 …………………………………… 534
자활급여 …………………………………… 679
자활기업 …………………………………… 682
작업장법 …………………………………… 83
잔여적 사회복지 ……………… 37, 38, 39
장기요양급여 ……………………………… 768
장기요양사업 ……………………………… 768
장기적 재분배 ……………………………… 48
장루·요루 장애인 ………………………… 822
장애수당 …………………………………… 816
장애아동수당 ……………………………… 817
장애연금 …………………………… 262, 725
장애인 ……………………………………… 811
장애인 보조기기 ………………………… 736
장애인의 날 ……………………………… 813
장애인정책조정위원회 …………………… 812
장애인학대 ………………………………… 811
장례비 ……………………………… 281, 763
장제급여 …………………………………… 679
장제비 ……………………………… 272, 735
장해급여 …………………………………… 761
재가급여 …………………………………… 772
재가노인복지시설 ………………………… 805
적극적 복지 ……………………………… 150
적극적 자유 ………………………………… 70
적립방식 …………………………………… 257
적응 하위체계 …………………………… 336
적절성 ……………………………………… 490
전국적 통일의 원칙 ……………………… 88
전달체계 …………………………………… 191
전략적 관리 ……………………………… 345
전략적 기획 ……………………………… 376
전문성 ……………………………………… 490
절대적 욕구 ………………………………… 71
점증모형 …………………………………… 172
접근권 ……………………………………… 848
접근성 ……………………………………… 303
접근용이성 ………………………………… 491
정규적 의사결정 ………………………… 387
정보의 비대칭성 …………………………… 58
정신장애인 ………………………………… 822
정실주의 …………………………………… 323

정액연금	256
정주법	83
정책	41
정책결정	166
정책집행	166
정책평가	167
제3의 길	150
제도적 사회복지	39
조건적 평등	66
조기재취업수당	749
조례	534
조리법	540
조선구호령	110
조세의 누진성	201
조세의 역진성	201
조세지출	203
조직문화	413
조합주의	140
조합주의적 복지국가	139
종합서비스센터	494
종합합적인 정보와 의뢰 시스템	494
주·야간보호	275, 772
주거급여	239, 678
중도노선	146
중상주의	80, 147
중위소득	229, 236
증서	188
지니계수	232
지속성	491
지식기반시스템	470
지역가입자	716, 732
지역자활센터	681
지원고용	881
지적장애인	822
지체장애인	822
직관적 의사결정	386
직권주의의 보완	618
직무기술서	418
직무분석	418
직무순환	366
직무충실	366
직무확대	366
직무확충	366
직업재활급여	764
직원개발	420
직장가입자	732
직장어린이집	830
진단적 구분	184
집권화 조직	353

[ㅊ]

차상위계층	236, 671
참여적 관리	345
책임성	491
청각장애인	822
청문	569
총괄평가	170, 514
총액계약제	270
최소극대화원칙	72
최저보장수준	236, 671
최저생계비	236, 671
최적 모형	173
추상적 권리설	559
출산전후 휴가급여	287, 752
취업촉진수당	287, 749

[ㅋ]

카바(KAVA)	311
케인즈주의	149
코포라티즘	133
크레딧	718
크리밍(creaming)현상	324
클라이언트 집단	479

[ㅌ]

탈가족화	141
탈상품화	138
통합성	491
통합주의	268
투과성 조직	355
트래킹	494
특례노령연금	724
특례요양비	772
특별법	540

특별현금급여 ·············· 772
특수직역연금제도 ·············· 263
틈새 마케팅 ·············· 505

[ㅍ]

파레토 효율 ·············· 69
파레토 개선 ·············· 69
파킨슨의 법칙 ·············· 324
판단적 의사결정 ·············· 386
판례법 ·············· 539
패널토론 ·············· 421
페미니즘 ·············· 146
페이비언 사회주의 ·············· 144
편의시설 ·············· 848
평균소득 ·············· 229
평균소득월액 ·············· 260, 713
평등성 ·············· 491
평생사회안전망 ·············· 616
포괄성 ·············· 491
포괄수가제 ·············· 269
포괄적 보조금 ·············· 199
표적집단 ·············· 478
표현적 욕구 ·············· 476
프로그램 규정설 ·············· 558
프로젝트 조직 ·············· 359
플렉스타임 ·············· 422

[ㅎ]

한국사회복지사협회 ·············· 312
한부모가족 ·············· 823
한시법 ·············· 541
할거주의 ·············· 324
합리모형 ·············· 171
합목적성 ·············· 530
해산급여 ·············· 679
행동계류평정식 ·············· 436
행위별 수가제 ·············· 268
행정심판 ·············· 571
헌법 ·············· 531
현금급여 ·············· 185
현물급여 ·············· 186

형성평가 ·············· 170, 514
호흡기장애인 ·············· 822
혼합모형 ·············· 173
확산 이론 ·············· 129
확정급여연금 ·············· 256
확정기여연금 ·············· 256
확정보험료 ·············· 282, 766
활동목표 ·············· 481
활용 ·············· 495
회계 ·············· 455
회계감사 ·············· 455
효과성 평가 ·············· 170, 514
효율성 평가 ·············· 170, 514
후순위성의 원리 ·············· 234
휴업급여 ·············· 281, 760
희망복지지원단 ·············· 315, 497

[숫자]

5분위 분배율 ·············· 233
10분위 분배율 ·············· 233

[영문]

off-JT ·············· 421
OJT ·············· 421
SDS ·············· 422
W이론 ·············· 332
X이론 ·············· 330
Y이론 ·············· 330
Z이론 ·············· 331

MEMO

2025 김진원 Oikos 사회복지사1급
통합이론서 제3교시

발행일	2024년 2월 2일
편저자	김진원
발행인	김신은
발행자	오이코스북스
주소	서울시 금천구 한내로 62, 9동 905호
전화	070-7531-1469
주문공급	010-7582-1259

저자와의 협의하에 인지생략

ISBN 979-11-92648-13-2(13330)

가격 48,000원

이 책의 무단전재 또는 복제행위는 저작권법 제136조 제1항에 의거 5년 이하의 징역 또는 5천만원 이하의 벌금에 처하게 됩니다.